Nürmberg

W0173553

1 S. Sebald.	13 S. Clara Closter.	25 Das Schloß.	37 Thiergartner thor.
2 Rahthaus.	14 S. Margretha Cl.	26 Kornhaus.	38 Fleisch Brück.
3 Prediger Clost.	15 Zeüghaus.	27 Lüg ins landt.	39 Kornmarckt
4 Unser Frawen.	16 Weyste thürn.	28 Ochsenfelder.	40 Marstall
5 Augustiner Cl.	17 Teütsch haus.	29 Hew marckt.	41 Hadermühl.
6 S. Ægidij.	18 Roßmarckt.	30 New thor.	42 Hallerwisen.
7 Spital.	19 Fischbach.	31 Haller thorlem.	43 Mühlen
8 Barfüßer Cl.	20 Der Marckt.	32 Spital thor.	44 Steinbrück.
9 S. Catharina Cl.	21 Anna Lauffen thürn.	33 Frawen thor.	45 Vestner thor.
10 S. Laurentij.	22 Schieß graben.	34 Werder thorlein.	
11 S. Iacobi.	23 Schid thürn.	35 Lauffer thor.	
12 Casthus Cl.	24 Die Schütt.	36 Die Pegnitz.	

Berühmte Nürnberger aus neun Jahrhunderten

Herausgeber Christoph von Imhoff

Berühmte Nürnberger aus neun Jahrhunderten

Verlag Albert Hofmann Nürnberg

Gesamtherstellung:
Druckerei und Verlag A. Hofmann, Nürnberg
Umschlaggestaltung: Fritz Henry Oerter
Schutzumschlag-Klappentext:
Rudolf Contino.
© beim Verlag A. Hofmann
Nachdruck auch auszugsweise
nur mit Genehmigung des Verlages
ISBN 3 87191 088 0
Printed in Germany 1984
Auslieferung an den Buchhandel:
M. Edelmann, Nürnberg

Nürnbergs Geschichte durch Lebensbilder einzufangen — das ist der Sinn dieses Buches. Die Idee stammt von Buchhändler Heiko Kistner, dem wir schon mehrere Veröffentlichungen über die Stadt Nürnberg verdanken.

Zuerst war die Frage zu klären, wer ist ein Nürnberger? Wie sollten wir unter rund tausend „Anwärtern" auswählen? Wir durften uns nicht auf die in Nürnberg Geborenen beschränken; Nürnberg hat seit Anbeginn lebendige Geister angezogen und sie hier heimisch werden lassen. Das beginnt schon bei den meisten Ratsfamilien, bei den Handwerkern und Künstlern und endet für den Chronisten bei Hermann Luppe, dem mutigen Oberbürgermeister zwischen 1920 und 1933. Das Problem der Auswahl hatten auch schon Autoren vergangener Zeiten, die sich mit berühmten Nürnbergern beschäftigten und uns damit als Vorbild dienten: Conrad Celtis mit seiner „Norimberga" im 15. Jahrhundert, Johannes Neudörfer mit seinen „Nachrichten von den vornehmsten Künstlern und Werkleuten" im 16. Jahrhundert, Johann Gabriel Doppelmayr im 17. Jahrhundert und Emil Reicke am Ende des 19. Jahrhunderts.

Es war viel Hilfe nötig, um dieses Buch entstehen zu lassen. Für Beratung und Mitarbeit hat der Herausgeber herzlich zu danken: Stadtrat und Kulturreferent Dr. Hermann Glaser, Dr. Rainer Gömmel von der Universität Regensburg, Dipl.-Ing. Helmut Freiherr Haller von Hallerstein, Archivdirektor i. R. Dr. Gerhard Hirschmann samt seinen engsten Mitarbeitern, den Archivräten Albert Bartelmeß und Dr. Helmut Häußler, Bibliotheksdirektorin Dr. Elisabeth Rücker, Studiendirektor i. R. Siegfried Freiherr von Scheurl, Professor Dr. Wolfgang Freiherr von Stromer und Archivdirektor Dr. Ludwig Veit. Sie alle haben dazu beigetragen, das Grundkonzept des Buches mit zu entwickeln. Ebenso verbunden bin ich den insgesamt 168 Autoren, die durch ihre 370 Arbeiten am Gelingen des Buches mitgewirkt haben. In Ehrfurcht gedenke ich besonders der vier Autoren, die zwischenzeitlich verstorben sind: Der Nestor der Nürnberger Geschichtsforschung unserer Tage, Dr. Wilhelm Schwemmer, Studiendirektor i. R. Otto Jakob, Dr. Johann Günther Muhri und Dr. Willi Wörthmüller.

Der Herausgeber weiß nur zu gut, wie schwer es für alle Autoren gewesen sein muß, eine Fülle von Quellenmaterial und Wissen auf nur wenige Seiten oder gar Zeilen zusammenzufassen, um dann noch — im Interesse der Gesamtausgabe — Kürzungen hinzunehmen. Für ihre Geduld und ihre Bereitschaft zu Kompromissen macht er ihnen sein Kompliment. Einem sei hier für alle gedankt: Professor Dr. Karl Bosl, der durch seine Erfahrungen und durch seine profunden Kenntnisse der fränkischen Geschichte dieses Buch bereichert hat.

Sehr verbunden für alle Unterstützung bin ich dem Germanischen Nationalmuseum, der Universität Nürnberg — Erlangen, der Georg-Simon-Ohm-Fachhochschule, dem Stadtrat der Stadt Nürnberg, dem Stadtarchiv, der Stadtbibliothek, den Städtischen Museen, der Stadtbildstelle, dem Staatsarchiv, dem Landeskirchlichen Archiv, den Inhabern von Privatarchiven, der Industrie- und Handelskammer, und Vertretern des Handwerks und der Industrie.

Ganz besonders danke ich als Herausgeber meiner Frau, deren intensive und kritische Mitarbeit das Gelingen des Buches erheblich beflügelt hat und der deshalb meine Arbeit als Herausgeber gewidmet sei, und dem Verleger Günter Hofmann. Er hat das Risiko auf sich genommen, das dieses Buchprojekt mit sich brachte. Großer Dank gebührt dem Oberbürgermeister der Stadt Nürnberg, Dr. Andreas Urschlechter, der die Idee aufgegriffen und sie von Anfang an mit viel Verständnis und Entgegenkommen gefördert hat. Als Dritten im Bunde danke ich dem Initiator Heiko Kistner, der immer mit Rat zur Verfügung stand. Das Buch wäre aber in dieser würdigen Form nie zustande gekommen, hätte sich nicht der enge Mitarbeiter des Verlegers, Herr Werner Kempe, mit seiner Sachkenntnis und mit viel Einfühlungsvermögen der technischen Gesamtherstellung angenommen.

In der Spanne zwischen 1050 und 1930 gibt es viele zeitliche Verknüpfungen. Sie sind meist durch kleine Pfeile im Text aufgezeigt. Der → verweist auf das umfangreiche Namensregister und auf Zusammenhänge mit anderen Lebensbildern. Eine Bibliographie am Ende des Buches bietet die Möglichkeit, mehr über die beschriebenen „Berühmten" zu erfahren, als es der Umfang des Bandes erlaubt.

Für weitere Anregungen und Ergänzungen dankt der Herausgeber bereits jetzt. Möge der Leser, der wohl manchen der Dargestellten nur durch Namen von Straßen kennt, mit Staunen erleben, was unsere „Berühmten Nürnberger" Außerordentliches geleistet haben.

Christoph von Imhoff

*D*ieses Buch soll kein Denkmal sein und schon gar nicht eine Walhalla. Es soll die Namen von 370 „Berühmten", denen Nürnberg seinen Ruf als eine der bedeutendsten deutschen Städte in Spätgotik, Renaissance und Industriezeit verdankt, nicht versteinern, sondern neu beleben. Die Wurzeln unserer Stadtgeschichte sollen sichtbar werden. Sie liegen nicht unter oder in den alten Bauten und Kunstwerken Nürnbergs verborgen, sondern sie werden uns in den Menschen offenbar, die Kunst, Handwerk, Handel, Wirtschaft, Wissenschaft, Technik und Industrie in immer wieder neuen Zeitabschnitten in dieser Stadt bis heute betrieben und heimisch gemacht haben. Aus diesen Wurzeln leben wir.

Dies allen Nürnberger Bürgern und den Freunden der Stadt im In- und Ausland nahe zu bringen, war unsere Aufgabe. Einen Anspruch auf Vollkommenheit kann das Buch nicht erheben! Dazu bedürfte es eines vielbändigen Werkes.

Wenn das Buch Antworten auf offene Fragen gibt, wenn es zu weiteren Studien anregt und Beispiele setzt, hat es seinen Zweck erfüllt.

Zu danken habe ich dem Herausgeber, der die schwierige Aufgabe übernahm; Herrn Oberbürgermeister Dr. Andreas Urschlechter, der die Idee gefördert hat; den Autoren und allen Mitarbeitern an diesem Buch.

Nürnberg, im Oktober 1984   Günter Hofmann

DIE AUTOREN

Am Ende eines jeden Beitrages steht das rechts angegebene Signum des Autors.

A Katrin **Achilles**, Berlin   *Ac*
Dr. Joachim **Ahlborn**, Gymnasialprofessor i. R., Schonungen/Forst   *Ah*
Dieter **Amon**, Dipl. Verw.-Rat in der Georg-Simon-Ohm-Fachschule, Nürnberg   *Am*
Yehuda **Ariel**, Journalist und Archäologe, Naharija, Israel   *YA*
Dr. Fritz **Aschka**, Journalist, Prokurist der Nürnberger Nachrichten, Nürnberg   *As*
Hans Max Frhr. **von und zu Aufsess**, Generaldir. i. R., Schloß Oberaufsess/Ofr.   *vA*

B Dr. Monica **Bachtler**, Kunsthistorikerin, Bielefeld   *Bac*
Dr. Helmut **Baier**, Direktor des Landeskirchlichen Archivs, Nürnberg   *Bai*
Dr. Karl Heinz **Bartels**, Apotheker, Lohr a. M.   *brt*
Albert **Bartelmeß**, Archivrat am Stadtarchiv Nürnberg, Nürnberg   *Ba*
Dr. Christian **Bauer**, Landesamt für Denkmalpflege, München   *B-r*
Herbert **Bauer**, Prodekan an der St. Lorenzkirche, Nürnberg   *B*
Dr. Otto **Baumgärtel**, Arzt, München   *B-l*
Dr. Walter **Bausch**, Prof. für Geologie an der Universität Erlangen— Nürnberg, Dormitz *bau*
Dr. Georg **Bayer**, Vorstandsvorsitzender der Nürnberger Lebensversicherung AG   *By*
Eberhard **Bibelriether**, 1. Pfarrer an der Kirche St. Sebald, Nürnberg   *Bib*
Dr. Hans **Birkner**, Chefarzt in den Städtischen Krankenanstalten Nürnberg, Nürnberg *Bi*
Dr. Johannes **Bischof**, Stadtarchivdirektor i. R., Weiher/Post Uttenreuth   *Bf*
Friedel **Blaul**, Gesellschafter der Lyra-Bleistift-Fabrik, Nürnberg   *Bl*
Dr. Ingomar **Bog**, Wirtschaftshistoriker, Prof. a. d. Universität Marburg, Marburg *Bg*
Erika **Bosl**, Kunsthistorikerin, München   *Bsl*
Dr. Karl **Bosl**, Historiker, Prof. em. der Universität München, München
Professor Dr. Gerhard **Bott**, Generaldirektor des Germ. Nationalmuseums, Nürnberg *Bo*
Dr. Christoph Frhr. **v. Brandenstein**, Landeskirchliches Archiv, Nürnberg   *Br*
Dr. Günther **Bräutigam**, Hauptkonservator, Germ. Nationalmuseum, Nürnberg   *Btm*
Hendrik **Budde**, Berlin   *Bud*
Helmut **Bühl**, Rechtsanwalt, Stadtrat, Nürnberg   *Büh*
Dr. Wolfgang **Buhl**, Studioleiter des Bayer. Rundfunks, Nürnberg   *Bu*

C Mag. Dr. Heimo **Cerny**, Amstetten, Österreich   *C*

D Pater Georg **Deichstetter** SJ, Kirchenrektor in St. Klara, Nürnberg   *Dei*
Dr. Bernward **Denecke**, ltd. Museumsdirektor d. Germ. Nationalmuseum, Nürnberg *De*
Dr. Wolfgang **Dietzfelbinger**, Prodekan, Nürnberg-Mögeldorf   *Di*
Dr. Wilhelm **Doni**, berufsmäßiger Stadtrat, Nürnberg   *Do*

E Dr. Alfred **Eckert**, Pfarrer, Hersbruck   *eck*
Dr. Ernst **Eichhorn**, Bezirksheimatpfleger, Regierungsbezirk Mfr., Nürnberg   *EE*
Dr. Rudolf **Endres**, Prof. der Universität Erlangen—Nürnberg, Erlangen-Buckenhof *En*

F Dr. W. L. **Fischer**, Prof. der Universität Erlangen—Nürnberg, Fürth   *Fi*
Oskar **Fleischmann**, Geschäftsführer u. Gesellschafter, Nürnberg   *Fl*
Dr. Ursula **Frenzel**, Kunsthistorikerin im Germ. Nationalmuseum, Nürnberg   *Fr*
Dr. Renate **Freitag-Stadler**, Kunsthistorikerin, Forchheim   *Stdl*

G Georg **Gärtner**, Journalist, Nürnberg   *G*
Kurt **Gemählich**, Oberschuldirektor, Nürnberg   *Gem*
Dr. Gisela **Goldberg**, Landeskonservatorin, Neue Pinakothek, München   *GG*
Dr. Hermann **Glaser**, berufsm. Stadtrat in Nürnberg, Roßtal   *Gl*
Dr. Helmut **Goldmann**, Musikwissenschaftler, Bayer. Rundfunk, Nürnberg   *Gm*

Dr. Rainer **Gömmel,** Wirtschaftshistoriker, Univ. Regensburg, Wendelstein b. Nbg.   *gö*
Otto Peter **Görl,** berufsm. Stadtrat, Nürnberg   *Gör*
Dr. Norbert **Götz,** Kunsthistoriker, Germ. Nationalmuseum, Nürnberg   *Göt*
Dr. Klaus **Guth,** Professor der Universität Bamberg, Bamberg   *Gu*

H Dipl. Ing. Helmut Frhr. **Haller von Hallerstein,** Nürnberg, Großgründlach   *H*
Arno **Hamburger,** Stadtrat, Leiter d. israelit. Kultusgemeinde, Nürnberg   *Hbg*
Dr. Hermann **Hanschel,** Studiendirektor, Neunkirchen am Brand   *HH*
Dr. Helmut **Häußler,** Archivrat des Stadtarchivs Nürnberg, Nürnberg   *Hä*
Prof. Hermann **Harrassowitz,** Kantor St. Lorenz, Nürnberg   *hss*
Dr. Monika **Heffels,** Kunsthistorikerin, Nürnberg   *Hef*
Dr. Rüdiger **an der Heiden,** Bayer. Staatsgemäldesammlungen, München   *ada*
Rotraud **Henze,** Oberstudienrätin i. R., Nürnberg   *Hz*
Dr. Gerhard **Hirschmann,** Stadtarchivdirektor i. R., Nürnberg   *Hi*
Dr. Alois **Hoch,** Physiker und Historiker, Solingen-Olix   *Hoc*
Susanne **Hoerner,** Oberstudienrätin, Neuendettelsau   *Hoe*
Georg **Holzbauer,** Bezirkstagspräsident und Fraktionsvorsitzender, Nürnberg   *Hlzb*
Dr. Gerhard **Honig,** stv. Hpt.Gesch.Führer, Handwerkskammer Mittelfr., Nürnberg   *Hg*

I Dr. Andreas Frhr. **von Imhoff,** Musikwissenschaftler, Köln   *vI*
Dr. Christoph Frhr. **von Imhoff,** Journalist und Schriftsteller, Nürnberg   *Im*
Dr. Eduard **Isphording,** Bibliotheksoberrat, Germ. Nationalmuseum, Nürnberg   *Isph*

J Dr. Peter **Jaeckel,** München   *Jae*
Otto **Jakob** †, Studiendirektor, Nürnberg   *Jak*
Dr. Axel **Janeck,** Oberkonservator Germ. Nationalmuseum, Nürnberg   *Ja*

K Dr. Lotte **Kurras,** Germ. Nationalmuseum, Lauf a. d. Pegnitz   *K*
Dr. Rainer **Kahsnitz,** Oberkonservator Germ. Nationalmuseum, Nürnberg   *kahs*
Hans **Kaiser,** Universität Bamberg, Bamberg   *Ka*
Dr. Hans Otto **Keunecke,** Bibliotheksrat, Universität Erlangen—Nürnberg, Effeltrich   *Keu*
Dr. Bernhard **Klaus,** Professor em. d. Universität Erlangen—Nürnberg, Erlangen   *Ks*
Dr. Eva **Klesatschke,** Wissenschaftl. Mitarbeiterin, Universität Würzburg, Erlangen   *kle*
Hans Karl Frhr. **Kreß von Kressenstein,** Aalen   *Kr*
Dr. Franz **Krautwurst,** Prof. f. Musikwissenschaft, Univ. Augsburg, Erlangen-Buckenhof   *Kra*
Dr. Joachim **Kröll,** Literaturwissenschaftler, Universität Bayreuth, Creußen   *Krö*
Dr. Herbert **Krüger,** Museumsdirektor i. R., Fürstenfeldbruck   *Krü*

L Martin **Lagois,** Pfarrer i. R., Nürnberg   *Lag*
Dr. Wolfgang **Leiser,** Rechtshistoriker Universität Erlangen, Neunkirchen a. Br.   *Lei*
Dr. Manfred **Laithe-Jasper,** Dir., Leiter f. Plastik u. Kunstgewerbe, Kunsthist. Mus., Wien   *LJ*
Dr. Max **Liedtke,** Prof. a. d. Universität Erlangen—Nürnberg, Röthenbach/Pegnitz   *Lie*
Julius **Lincke,** Baudirektor a. D., Nürnberg   *Li*
Hermann **von Loewenich,** Dekan, Nürnberg   *Loe*
Dr. Kurt **Löcher,** ltd. Museumsdirektor, Germ. Nationalmuseum, Nürnberg   *Löc*
Dr. Jürgen **Lorz,** Pfarrer, Rummelsberg   *Lor*
Wilhelm Frhr. **Löffelholz von Colberg,** Staatsanwalt i. R., Coburg-Bertelsdorf   *Lz*
Hermann **Lutzner,** Dipl. Kaufmann, Nürnberg   *Lu*

M Dr. Franz **Machilek,** Staatsarchivdirektor, Bamberg   *M-k*
Dr. Hermann **Maué,** Konservator, Germ. Nationalmuseum, Nürnberg   *M-e*
Dr. John Henry **van der Meer,** Landeskonservator i. R., Fürth i. B.   *vdM*
Dr. Inge **Meidinger-Geise,** Schriftstellerin, Erlangen   *MG*
Meinhard **Meisenbach,** Verleger, Bamberg   *MM*
Dieter **Merzbacher,** wissenschaftl. Mitarbeiter, Nürnberg   *me*
Dr. Johann Günther **Muhri** †, Erlangen   *muh*

Dr. Erich **Mulzer,** Oberstudienrat, Vors. d. Vereins d. Altstadtfreunde, Nürnberg   *Mz*
Alfred **Munkert,** Dipl.-Kaufmann u. Geschäftsführer, Nürnberg   *mt*

N Dr. Norbert **Neudecker,** Leiter d. Presse- u. Informationsamtes d. Stadt Nbg., Nürnberg *NN*

P Dr. Klaus **Pechstein,** Kunsthistoriker, Oberkonservator, Germ. Nat.Mus., Nürnberg   *Pe*
Dr. Claus **Pese,** Kunsthistoriker u. Konservator. Germ. Nationalmuseum, Nürnberg   *P*
Dieter **Piechulleck,** Redakteur, Nürnberg   *Pi*
D. Dr. Gerhard **Pfeiffer,** Prof. em. d. Universität Erlangen—Nürnberg, Nürnberg   *Pf*
Dr. Eckard **Pohl,** Astronom, Leiter der Sternwarte Nürnberg, Nürnberg   *Pl*
Michael Matthias **Prechtl,** Maler und Graphiker, Nürnberg   *Pre*
Willy **Prölß,** Bürgermeister der Stadt Nürnberg, Nürnberg   *Prö*
Wunibald **Puchner,** Prof. em. der Akademie der Bildenden Künste Nbg., Nürnberg   *Pu*

R Irene **Reif,** Schriftstellerin, Nürnberg   *IRF*
Gustav **Roeder,** Chefredakteur, Nürnberg   *roe*
Hans **Roser,** Pfarrer, Roth b. Nürnberg   *Ros*
Dr. Dieter **Rossmeissl,** Historiker, Studienrat, Stadtrat, Nürnberg   *Ross*
Dr. Elisabeth **Rücker,** Bibliotheksdirektorin, Germ. Nationalmuseum, Nürnberg   *Rü*

S Dr. Hermine **Stöckl-Sammetreuther,** Musikwissenschaftlerin, Schwaig b. Nürnberg   *Sa*
Dr. Friedrich **Seegy,** Architekt, Nürnberg   *See*
Klaus Jürgen **Sembach,** Sammlungsdir., Leiter d. Centrums Industriekultur, Nürnberg   *Sem*
Dr. Lore **Sporhan-Krempel,** Historikerin, Stuttgart-Vaihingen   *Spk*
Dr. Karl **Schaffert,** Oberstudiendirektor, Nürnberg   *Schf*
Christa **Schaper,** Historikerin, Nürnberg   *scha*
Walter **Schatz,** Leiter der Lokalredaktion der NN, Nürnberg   *WS*
Hermann **Scherzer,** Dipl.Ing., Architekt u. Prof., G.-S.-Ohm-Fachhochsch., Nürnberg   *scher*
Lic. Siegfried Frhr. **Scheurl von Defersdorf,** Studiendirektor i. R., Nbg.-Altenfurt   *svs*
Dr. Hildegard **Schlee,** Sozialpädagogin u. Kunsthistorikerin, Nürnberg   *Schl*
Hanni **Schmitz,** Bibliothekarin und Autorin, Nürnberg   *Sch*
Otto **Schmidt-Rosenberger,** Kulturredakteur, Würzburg   *SR*
Ursula **Schmidt-Fölkersamb,** Staatsarchivrätin, Nürnberg   *SF*
Dr. Dr. habil. Jürgen **Schneider,** Privatdozent a. d. Universität Erl.—Nbg., Winkelhaid *Schn*
Dr. Oscar **Schneider,** Bundesminister, Nürnberg   *S*
Gusti **Schneider-Hiller,** Verw.Amtsrätin, Stadtarchiv Nürnberg, Erlangen   *S-r*
Dr. Rainer **Schoch,** Kunsthistoriker, Germ. Nationalmuseum, Nürnberg   *Sc*
Dr. Arno **Schönberger,** Kunsthistoriker, Generaldirektor i. R., Nürnberg   *Schö*
Dr. Peter **Schönlein,** Fraktionsvorsitzender im Stadtrat, Nürnberg   *schö*
Godehard **Schramm,** Schriftsteller, Nürnberg   *Schra*
Dr. Günther **Schuhmann,** Staatsarchivdirektor, Nürnberg
Helga **Schultheiß,** Redakteurin, Nürnberg   *Schu*
Familie **Schwanhäußer,** Nürnberg   *Sh*
Dr. Wilhelm **Schwemmer** †, ehem. Dir. d. Städt. Kunstsamml. u. Museen, Nürnberg   *Schw*
Dr. Heinz **Stafski,** Landeskonservator a. D., Nürnberg   *Stf*
Prof. Dr. Helmut **Stahl,** Präsident der Georg-Simon-Ohm-Fachhochschule, Nürnberg   *sta*
Irene **Stahl,** Münster/Westf.
Friedrich G. **Stern,** Redakteur, Nürnberg   *Srn*
Dr. Joseph **Stingl,** Professor, Präsident d. Bundesanstalt f. Arbeit i. R., Taufkirchen   *Sti*
Dr. Peter **Strieder,** ltd. Museumsdirektor i. R., Nürnberg   *Str.*
Dr. Wolfgang Frhr. **von Stromer,** Prof. a. d. Uni. Erl.—Nbg., Grünsberg b. Altdorf   *St*
Dr. Hauke **Stroszeck,** Professor der Universität Aachen, Aachen   *S-k*
Georg **Stolz,** Architekt und Baumeister von St. Lorenz, Fürth i. Bay.   *Stz*
Dr. Rudolf **Stöckl,** Redakteur, Schwaig b. Nürnberg   *stö*

T Dr. Alfred **Tausendpfund,** Archivoberrat, Höchberg b. Würzburg — *T*
Dr. Günther **Thomann,** Bibliotheksoberrat, Nürnberg — *Th*
Dr. Hans-Ulrich **Tietze,** Prof. u. Chefarzt der Cnopf'schen Kinderklinik, Nürnberg — *Tie*
Dr. Edgar **Traugott,** Chefredakteur i. R. und Schriftsteller, Nürnberg — *Tr*
Dr. Hermann Frhr. **von Tucher,** Brauereidirektor, Nürnberg — *Tu*

U Dr. Hilde **Ulrich, Nürnberg** — *Uch*
Dr. Karl **Ulrich,** Pfarrer i. R., Nürnberg — *Ul*
Dr. Kuno **Ulshöfer,** Stadtarchivdirektor, Nürnberg — *U*

V Dr. Ludwig **Veit,** Archivdirektor, Germ. Nationalmuseum, Nürnberg — *VE*

W Klaus Ritter **von Waechter,** Geschäftsinhaber, Nürnberg — *Wae*
Dr. Ekkehard **Wagner,** Prof. a. d. Georg-Simon-Ohm-Fachhochschule Nbg., Lauf — *Wgn*
Dipl.-Ing. Horst **Weigelt,** Präsident der BB-Direktion, Nürnberg — *Wt*
Dr. Dr. Ursula **Weisser,** Medizinhistorisches Institut, Erlangen — *Wei*
Hubert Frhr. **von Welser,** Rechtsanwalt, München — *We*
Dr. Leonie **von Wilkens,** Landeskonservatorin Germ. Nationalmuseum, Nürnberg — *LW*
Dr. Johannes **Willers,** Oberkonservator Germ. Nationalmuseum, Nürnberg — *Wil*
Dr. Willi **Wörthmüller** †, Schwabach — *WW*
Dr. Dieter **Wuttke,** Professor d. Univ. Bamberg, Deutsche Philologie d. MA, Bamberg — *Wu*

Anfang und Aufbau

Zu Beginn unseres Jahrtausends führt der Salier-Kaiser Heinrich III., gleichzeitig Herzog von Franken, Bayern und Schwaben, die westeuropäische Kaiserwürde auf ihren ersten Höhepunkt.

Durch sein Gebot eines allgemeinen Landfriedens im Reich, stabilisiert er sein aus fünf Stammesherzogtümern bestehendes Herrschaftsgebiet.

Am Ostrand des Königslandes Franken begründet er den Marktflecken Noremberc, der zum östlichen Stützpunkt jenes Herzogtums wird, das von Mainz bis Creußen und von Kassel bis Hirsau reicht. Zum Schutz gegen die vordrängenden Slawen wird das Gebiet noch durch die Vorposten Nabburg und Cham erweitert.

Heinrich III. setzt „Ministeriale" als königliche Dienstmannen und Vertraute ein, um innenpolitisch der Landnahme großer Teile Frankens durch die rings um Noremberc gelegenen Bistümer zu begegnen.

Die folgenden Staufenkaiser (1138 – 1254) geben Noremberc weitere Privilegien und schlagen im Zeitalter der Kreuzzüge (1096 – 1270) das Königreich Böhmen-Mähren zum Reich. Noremberc erhält 1219 den Freiheitsbrief und wird, gleich Eger, unter Kaiser Friedrich II. zur Reichsstadt erhoben, die nur dem König (Kaiser) untersteht. Durch weitreichende Privilegien wird die Stadt zu einem befestigten Verkehrsknotenpunkt, in dem der Handel Sicherheit findet. Unter Karl IV. (1347 – 1378) aus dem Hause Luxemburg, wird Nürnberg durch die Goldene Bulle (bis 1806 gültige Reichsverfassung) zu einem wirtschaftlichen Mittelpunkt des Reiches. Je stärker diese Zentralfunktion Nürnbergs wird, desto größer wird die Zahl klangvoller Namen, die der Stadt Ruhm und Ansehen verleihen.

Die profillose Sigena-Statue

Nürnbergs Name und seine Anfänge werden in jener frühesten Urkunde eingefangen, die → Kaiser Heinrich III. (1039 – 1056) am 16. Juni 1050 über die Freilassung der unfreien Frau Sigena ausgestellt hat. Dieses Dokument illustriert die Herrschaftsansprüche des Sachsenkaisers im fränkischen Raum, die Problematik mittelalterlicher Freiheit und erlaubt zumindest vorsichtige Schlüsse über Funktion und Bedeutung jener Hörigen zu Beginn der Geschichte Nürnbergs. Für spätere Zeitgenossen avancierte Sigena zum Symbol der Freiheit nach einer Zeit verordneter Unfreiheit durch das „Tausendjährige Reich".

Unsere Kenntnisse über die frühen Jahre der fränkischen Siedlung sind lückenhaft. Die oben genannte Freilassung Sigenas und Angaben der Niederaltaicher Annalen aus jener Zeit bezeugen, daß der Ort Nürnberg bereits feste Gestalt angenommen hatte. Denn dort in „Nuorenberg, auf seinem Grund und Boden", rief Kaiser Heinrich III. die Fürsten aus ganz Baiern zusammen, um auf diesem Hoftag über den Ungarnfeldzug zu beraten. Der steil aufragende Felssporn, der Nuorinberg, bot Burg wie Ansiedlung natürlichen Schutz.

Wie jüngste Forschung bestätigt, sind beide Nachweise das „sichere Zeugnis für den raschen Aufschwung des erst im Herbst 1040 aus wilder Wurzel errichteten, durch zwangsweise Verlegung des Marktes aus dem nahen domkapitelschen bambergischen Fürth begünstigten ... Platzes" (H. H. Hofmann), der als Siedlungsort durch den Bau einer Burg und durch die Anlage eines Wirtschaftshofes aus karolingischer Zeit — hier stand einst eine Martinskapelle aus dem 7. oder 8. Jahrhundert — als Stützpunkt der Reichsgewalt ausgewiesen war. Letzterer lag an der Stelle des 1146 erstmals erwähnten späteren Schottenklosters St. Egidien, das ebenfalls vom König gestiftet worden ist.

Nürnbergs Burg und Burgsiedlung hatten unter der Herrschaft Heinrich III. feste Konturen angenommen. Ein wuchtiger fünfeckiger Turm „Altnürnberg"ragte ins Land. Die Burganlage selbst erstreckte sich an der schmalsten Stelle des Bergsporns. Sie diente als Verwaltungsort und strategischer Stützpunkt für das umliegende Königsland. Die Siedlung selbst verlief wohl in den Grenzen, die durch Straßenzüge von heute wie Schmied-, Krämers-, Schildgasse abgesteckt sind. Ein Markt bildete den Mittelpunkt dieser Siedlung. Von St. Peter aus (seit 1379 St. Sebald), auf Bamberger Kirchengrund als Kapelle errichtet, betreute der „Eremit" → Sebald als Seelsorger bald den jungen Marktort und fand in seiner Kapelle auch die letzte Ruhe (vor 1072). — Heinrich III. hielt sich verschiedene Male auf der „Reichsburg" auf. Dadurch setzte der Kaiser auch ein Zeichen seiner neuen Reichspolitik in Reaktion auf die Reichskirchengutpolitik des letzten Ottonen und die Schenkungen Kaiser Heinrichs II. (1002 – 1024) an die Kirche. Der alte Königshof Fürth war 1007 an das Reichsbistum Bamberg gegangen. Vielleicht ist die Nennung des Adeligen Richolf, der um die Freilassung Sigenas den Kaiser 1050 in „Nôrenberc" ersuchte, im Zusammenhang einer neuen königlichen Reichsgutpolitik zu sehen.

Jener Richolf, der als Leibherr die Freilassung Sigenas verfolgte, scheint nicht irgendwer gewesen zu sein, sondern edelfreiem (Bamberger?) Ministerialengeschlecht zu entstammen. Die Forschung verweist auf eine bedeutende edelfreie „Rich-Sippe" im Bamberger Raum, wenngleich auch diese nicht eindeutig zu lokalisieren ist. Oder kann man Richolf dem Geschlecht des → Otnand (von Eschenau-Schellenberg) zurechnen, dem Stammvater der „reichsministerialen Sippen von Gründlach, Berg und Marienthal"? Sicher war er bereits zu einem im Umkreis Nürnbergs begüterten Ministerialen aufgestiegen, auch nicht ohne Bedeutung für die Burgsicherung, als er in jenem denkwürdigen Juni des Jahres 1050 vor den Kaiser trat. Was er forderte, ist klar: die Freilassung einer ihm vom Recht her unterstellten Frau, einer „serva" also, durch einen Rechtsakt, den nur der Herrscher vornehmen konnte. Dieser Vorgang der Nobilitierung, symbolisch durch das Hinwerfen der Münze vor den König (iactando denario) oder, wie in unserem Fall, dadurch vollzogen, daß der König die dargebotene Münze dem Antragsteller aus der Hand schlug (excusso denario), stellte die hörige Sigena dem Stand des Bittstellers gleich. Sigena genoß dadurch die gleichen freiheitlichen Rechte wie alle anderen, die der König durch „Manumissionsakt" in den Stand der Freiheit erhoben hatte.

Analoge Quellen-Beispiele aus der Regierungszeit Heinrich III. lassen vermuten, warum der edelfreie Richolf gerade für Sigena den Rechtsakt der Präsentation und den Schatzwurf vor dem Kaiser vollzog. Konnte er nicht durch diesen Akt seine Ehe mit Sigena ermöglichen oder die bereits geschlossene dadurch legalisieren? Die Folgen für die Kinder, die dieser Verbindung entsprossen, scheinen sehr gewichtig: Sie wurden „ebenbürtig" und konnten nicht mehr in die Unfreiheit absinken. Stellung und Funktion des „nobilis vir", der sich vor dem Kaiser um Sigena bemühte, kennen wir Heutigen nicht genauer. Wie so oft in der Geschichte des Mittelalters, taucht in der Urkunde von 1050 nur sein Name auf und verliert sich wieder im Dunkel der Vergangenheit. Vermutungen über seine Tätigkeit im Umkreis der „Reichsburg", als Königsgutverwalter, Befehlshaber der Burg, sind nicht von der Hand zu weisen, nicht minder die Möglichkeit einer Ehe mit Sigena, der vom Kaiser freigelassenen Frau aus Richolfs Hörigenverband.

Für Nürnbergs Geschichte als spätere Reichsstadt jedoch scheint der königliche Rechtsakt von 1050 symbolische Bedeutung zu erhalten. Nicht nur, daß dabei Nürnbergs Name zum ersten Mal urkundlich als Burgort auftaucht, sondern daß damit zugleich im Namen Sigena, einer sonst nicht weiter bekannten Frau, die Möglichkeit der Freiheitsgeschichte der späteren freien Reichsstadt angedeutet wird. Sie entwickelte sich im Schutze königlicher Herrschaft und unter dem Patronat des Bürgerheiligen Sebald. Das Vermächtnis kaiserlicher Freiheit, in der Gestalt der Sigena konkretisiert, haben spätere Bürger der Reichsstadt in Variationen zu einem freiheitlichen Leben entfaltet. Die „Sigenastraße", das „Sigena-Gymnasium", das vor ihm stehende „Sigena-Denkmal" und die Erhebung des 16. Juni zum Stadtgründungstag in Nürnberg nach 1945 wollen zugleich zeigen, daß der Name Sigena für die wieder aufgebaute Noris mehr ist als nur historische Erinnerung. *Gu*

Sebaldus · Bürger- und Stadtpatron   Mitte 11. Jahrhundert

Nürnberg ist ohne Sebaldus nicht denkbar. Der Erforscher dieses Heiligen, Arno Borst, begründet dies: Es sei „unwahrscheinlich, daß die Verehrung eines Stadtheiligen irgendwo im mittelalterlichen Deutschland so intensiv mit dem Selbstbewußtsein der Stadtgemeinde verquickt war wie in Nürnberg". Offenkundig begann diese Verquickung schon vor oder kurz nach der Entstehung von Nuorenberc (um 1050) durch Kaiser → Heinrich III. und der Freisprechung einer bis dahin Unfreien namens → Sigena; nur mit dem Unterschied, daß wir von Sigena kaum etwas wissen, während sich Legende und Verehrung sehr früh des Sebaldus bemächtigten.

Seine Existenz bekunden zwei Urkundenbücher: In den „Annales Hirsaugenses" schreibt → Lampert von Hersfeld, Abt des Klosters von Hasungen, Zeitgenosse Sebalds, daß der Eremit „im ganzen Frankenland" Wunderheilungen gewirkt und „großen Zulauf der Bevölkerung" gehabt habe. In den „Annales Augustanae" wird der Ruhm des „Seboldus" bis nach Elsaß, Schwaben, Hessen und Olmütz (Mähren) bekundet.

Beide Urkunden stammen aus dem Jahr 1070; also muß Sebald vorher in Nürnbergs Waldungen tätig gewesen sein — wahrscheinlich als Anhänger jener messianischen Armutsbewegung der Kirche des Evangeliums im 10. und 11. Jahrhundert, die den Versuch unternommen hat, die Kirche aus den Bindungen an Fürsten- und Königshäuser zu lösen.

St. Sebald, Holzschnitt von Hans Springinklee

Kurz nach 1070 ist Sebald wohl im Schottenkloster (Areal des Königshofes bei St. Egidien) gestorben. Seine Gebeine wurden dann nach der von ihm noch selbst organisierten Überführung mittels Ochsengespann — so die Legende — im Holzkirchlein von St. Peter bestattet, das an der Stelle der heutigen Sebalduskirche gestanden hat.

Aber weder die Bischöfe von Eichstätt, Bamberg, Regensburg oder Würzburg — alle vier mit insgesamt acht Heiligen im Abstand von 60 bis 70 Kilometern rings um Nürnberg gelegen —, noch Könige oder Burggrafen kümmerten sich ernsthaft um den Eremiten, der nach wie vor wegen der Legenden um seine Wundertaten vom „kleinen Volk" verehrt wurde. Die Bischöfe und ihre Verbündeten, die Hocharistokraten, unternahmen alles, um das Königsland Ostfranken beiderseits der Pegnitz territorial zu unterwandern. Dagegen setzten die Könige oder Kaiser seit Heinrich III. die Politik mit den Ministerialen, Beamten des Königs aus niederem Adel, wie etwa → Otnand von Eschenau. Als Dienstmannen des Königs haben sie in Forchheim, Gründlach, Langenzenn, Schweinau und anderen Orten von der Kirche entwendetes Kron- und Reichsgut zurückerobert oder neu erworben. Die Marken Nabburg und Cham wurden zu Stützpunkten gegen die böhmischen Przemysliden ausgebaut. In solchem Zusammenhang entsteht die Bürgersiedlung Noremberc rings um die kleine Peterskirche mit dem Leichnam des Sebaldus.

Erst als der Investiturstreit nach dem ersten Kreuzzug beendet wurde (Wormser Konkordat 1122), der Kaiser also das Recht erhielt, die Bischöfe *vor* deren Weihe zu belehnen, war Nürnbergs Existenz einigermaßen gesichert. Die Ministerialen (später Bürger vom Rat) konnten die Siedlung ausbauen; der erste Stauferkönig → Konrad III. (1138 — 1152) gab ihnen dazu Hilfen durch verstärkte Reichslandpolitik. Seither wurde „die Ergebung an einen Kirchenheiligen" unter Nürnbergs ersten Stadtvätern mit der Sicherung ihrer wirtschaftlichen und politischen Position identisch. Diese begann unter Heinrich III. mit Markt-, Münz- und Zollrechten und schien seit → Friedrich Barbarossa (1152 — 1190) konsolidiert und für die ortsansässigen Händler abgesichert zu sein. → Kaiser Friedrich II. (1212 — 1250) hat diesen Start von insgesamt 200 Jahren mit seinem Freiheitsbrief 1219 abgeschlossen und gekrönt. Das zur freien Reichsstadt erkorene Nürnberg (Datum unbekannt), dem König und Kaiser direkt unterstellt, war gesichert; Anlaß genug für den Rat der Stadt, dem Heiligen der Bevölkerung aus eigener Überzeugung verstärktes Profil zu geben. So trat an die

Stelle der kleinen Peterskirche zu Beginn des 13. Jahrhunderts die spätromanische Pfeiler-
basilika, geweiht auf die Namen Petrus, Paulus und Sebaldus. Im Westchor der Sebalduskirche von heute und in den darunter liegenden Fundamenten sind die romanischen Rest-
bestände noch zu sehen.

Der Rat der Stadt pflegte den Patron, indem er engagiert an seinem Image durch Interpretation seiner Legenden arbeitete. In einem wundergläubigen Jahrhundert machte er Sebaldus
zu einem „Vorbild mönchischen Lebens", zum „Missionar" und Kirchenlehrer". In Nürnbergs romanischer Basilika wurde der von Lampert von Hersfeld festgelegte 19. August als
Festtag Sebaldi begangen; eine eigene Liturgie profilierte den Eremiten als skurrilen Nürnberger, der Unheil von den Gläubigen abwenden könne. Von diesem gegenseitigen Geben
und Nehmen hing letztlich auch Nürnbergs Stadtrecht ab, das damals in einem Gemeinwesen ohne Bischofs- und Fürstensitz nur durch einen solchen Patron denkbar wurde. Dop-
peltes Gewicht bekam diese Beziehung zwischen Gläubigen und Heiligen, als sich kaiserliche Privilegien aus Vergangenheit und Gegenwart samt der Straßenbaupolitik der Staufer
mit dem „Zentrum Nürnberg" für die Stadt auszuzahlen begannen. Damals kristallisierten
sich Fernhandel und Handwerk als künftig bedeutendste Geldquellen der Stadt heraus. Das
Erzgebirge mit seinen Erz- und Silbergruben, Schlesien samt den Rohstoffen im Riesen-
und dem angrenzenden Karpatengebirge (Krakau), Böhmerwald und Oberpfalz mit ihren
Erzreichtümern, Regensburg an der schiffbaren Donau gelegen, die Städte und Marktflek-
ken an Tauber und Main bis hin zum Handelsumschlagplatz Frankfurt, Tirol und die österreichischen Erblande zwischen Ybbs, Enns und Eisenerz — das waren die Märkte, auf die
die Nürnberger Bürger im Rat ihr Augenmerk richteten. Denn ihnen ging es darum, inmitten einer durch das Interregnum (1256 — 1273) in Deutschland ausgebrochenen Unsicherheit ihre Noris wirtschaftlich stabil zu halten. Zu diesem Zweck wurde Sebaldus auch die
Rolle des Handelspatrons zuerkannt, der die Kaufleute auf ihren Handelswegen begleitete.
Als die zollerischen Burggrafen durch → Kaiser Rudolf von Habsburg (1273 — 1291)
umfangreiche Rechte im Reichswald und in der Stadtverwaltung erhielten, definierte eine
weitere Fixierung der Sebaldlegenden die Freiheitsrechte der Nürnberger aufgrund des
Freiheitsbriefes von 1219. Die Nürnberger wollten keine Zwischeninstanz zwischen sich und
dem Kaiser dulden, sondern nur des Reichsoberhauptes getreueste Bürger sein. Sie wehrten
sich mit Sebaldlegenden gegen Übergriffe des Burggrafen und begannen ihre Stadt „höher
als die Nachbarstädte" zu werten und sie wegen „des erhabenen PATRONS" (Sebald) als
„geheime Hauptstadt des Reiches" (vgl. → Conrad Celtis) anzusprechen. Unterton: Wehe
dem, der sich gegen den Heiligen versündigt! Da Sebald den Nürnbergern das Evangelium
gepredigt hatte, war der Aufstieg der Stadt für sie durch Sebalds Heiligkeit gesichert.
Damals tauchte der Rufname Sebald zum ersten Mal häufiger zwischen Braunschweig und
Oberitalien auf. Die Legenden machten den Patron berühmt, der Andrang an seiner Grabstätte mehrte sich. Damit wuchsen aber auch die Wunderlegenden des inzwischen zum Gra-
fen- oder gar zum Königssohn avancierten Ortsheiligen, dessen Legenden die Rechte des
einfachen Mannes gegen die Willkür der Burggrafen verteidigten. Nürnberg hatte nun
plötzlich einen Magneten, heute sagt man eine „Public-Relations-Figur".

Als zwischen 1347 und 1378 der Luxemburger → Kaiser Karl IV. regierte und die letzte bis
heute bestehende Ummauerung der Stadt förderte, begann Nürnberg das zu werden, was es
sich in den Sebalduslegenden erträumt hatte: ein Zentrum des deutschen Lebens. Hier hat
Karl IV., alles zusammengerechnet, viereinhalb Jahre regiert. Er machte die Stadt durch die
Goldene Bulle (1356) zum Schauplatz des ersten Reichstages eines deutschen Königs, schuf
— freilich nach dem Judenpogrom als schwarzer Fleck auf den Ruinen des alten jüdischen
Gettos — den Herrenmarkt (Hauptmarkt) in seiner bis heute erhaltenen Struktur, stiftete als
Markzeichen den Goldenen Brunnen und als Kaiserkirche die Frauenkirche, ließ an ihr die
erste steinerne Skulptur des Sebaldus anbringen und erwarb als Reliquienfanatiker ein paar

Gebeine des noch immer nicht konsekrierten Heiligen für seine Reliquiensammlung auf der Karlsburg bei Prag.

Seither nahm die Figur des Sebaldus auf Nürnbergs Handelswegen u. a. bis nach Breslau, Wien, Gaflenz/Weyer (vgl. → Kunz Horn), Venedig (Bartholäuskirche neben dem Fondaco dei Tedeschi, in dem sich deutsche Kaufleute unter Führung der Nürnberger seit 1391 etabliert hatten), Egling bei Wolfratshausen plastische Gestalt an und erhöhte damit deren Verehrung. Er war Bürgerpatron, Schutzpatron des Großhandels quer über den Kontinent. Seine Figur in allen Nürnberger Altstadtkirchen bürgte für Nürnbergs Zukunft. Aus der romanischen Basilika Peter, Paul und Sebaldus wurde durch den Neubau des Ostchors (1379) nun die Sebalduskirche.

→ Kaiser Sigismund, Sohn Karls IV., brachte die Reichsinsignien nach Nürnberg (1424) und erreichte durch eine letzte Interpretation der Legende und durch das diplomatische Geschick → Conrad Konhofers ein Jahr später in Rom die offizielle Heiligsprechung des Bürgerheiligen, der damit auch zum Stadtheiligen wurde, willfuhr aber auch zugleich den Bitten der Bürger vom Rat, die zollerischen Burggrafen abzulösen. Er verlieh ihnen die Markgrafschaft Brandenburg. Damit begann Nürnbergs Blütezeit. Unter → Kaiser Maximilian wurde der Stadtpatron schließlich in die Reihe der Habsburger Hausheiligen, Vorfahren und Verwandten eingereiht, was der Probstei Sebald 1512 auch ein eigenes kaiserlich privilegiertes Wappen einbrachte. Der Schrein → Peter Vischers für den Heiligen in seiner eigenen Kirche war also nur der konsequente Schlußpunkt. Als er 1519 im Ostchor der Kirche aufgestellt wurde, stand die Reformation vor der Tür. Aber sie stürzte den Heiligen nicht. Er blieb der Bürgerheilige der Noris, dessen Geschichte auf den Reliefs des Grabgehäuses und auf den Chorteppichen im Germanischen Nationalmuseum bis heute einzusehen ist.   *Im*

Christine Ebner · Mystikerin   1277 — 1356

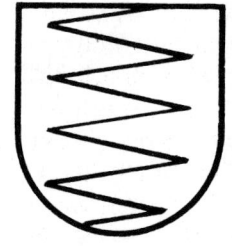

Engelthal im Hammerbachgrund bei Hersbruck hat nur knapp tausend Einwohner. Im hohen Mittelalter war es eine ansehnliche Klosteranlage. Zwei Tortürme stehen noch vor dem Buchenberg, und die Reste einer ehedem stattlichen Ortsummauerung sind noch zu sehen. Hier schlug einst das Herz der fränkischen Mystik. „Die selig Christin Ebnerin ward geboren im eintausendzweihundertsiebenundsiebzigsten Jahr und ward 79 Jahr alt und starb im 1356. Jahr am St. Johanntag zu Weihnachten. In dem Kloster Engelthal liegt sie begraben." So wird in einer alten Chronik berichtet.

Christine Ebner liefert ein frühes Zeugnis jener großen geistigen Bewegung, die das mittelalterliche Abendland erfüllte — und dies ausgerechnet zu der Zeit, als das westliche Europa eine Phase der Urbanisierung erlebte. Viele hervorragende Gestalten der frühen (urbanen) Christenheit hingen mystischen Gedanken nach. Am deutlichsten wird dies neunhundert Jahre vorher in der Idee Augustins vom Aufstieg des Menschen zu Gott durch dessen Einkehr in die Seele des Menschen. Unverkennbar war an jener mystischen Bewegung des Mittelalters die Kritik an der Veräußerlichung des kirchlichen Lebens und an der Überbetonung der Vernunft in der scholastischen Theologie — eine geistlich alternative Bewegung des Mittelalters.

Ein Zweig spezifisch deutscher und fränkischer Prägung der Mystik war die Frauenmystik des 13. Jahrhunderts. Abgeschiedenheit von den Dingen der Welt, Meisterung des Lebens von innen heraus, nicht Abkapselung, sondern Freiheit und Überlegenheit dieser Welt gegenüber: dazu ist der Christ aufgerufen, gleichgültig ob Priester, Laie oder Ordensmitglied. Die Hingabe an den leidenden Christus, den man im Zeitalter der Minnesänger gerne Bräutigam, Seelenbräutigam, nennt, und die Liebe des Jesuskindes verselbständigen sich zu eigenen Visionen. Christine Ebner, die Priorin des weiblichen Dominikanerklosters, hat von ihren Erfahrungen eingehend berichtet. Mit ihren Aufzeichnungen ist sie in die Geschichte der Frömmigkeit eingegangen. Durch die Ausstrahlung ihrer Persönlichkeit hat sie ihre Zeitgenossen beschäftigt und die Zeitgeschichte bewegt. „Glühen ist mehr als Wissen", hatte sie bei Bernhard von Clairvaux gelernt.

Die Mystikerin von Engelthal entstammte der Nürnberger Ratsfamilie Ebner. Mit zwölf Jahren trat sie in das Dominikanerinnenkloster in Engelthal ein. Sie selbst berichtet: „Da ich in das Kloster kam, da nahm ich mich dessen an, daß ich viel wachte. Wie groß die Kälte auch war, so lag ich auf der Erde und hatte nichts an, denn ein Hemdlein, wie weh mir der Frost tat, und geschah mir auch so weh, daß ich mußt heimlich tun und vor Furcht der Leut, dann viel Ungemach litt ich von Drohen und Strafen ... und litt auch Schläg, und das litt ich geduldig, ohn alle Widerrede und dankte Gott dafür mit Mund und Herzen." Kein Wunder, daß die Entbehrungen ihren Körper zermürbten. Bußgesinnt nahm sie ein Messer „und schnitt ein Kreuz auf meine Brust und viel Fleisch und weinte so emsiglich, daß kein Tag wär vergangen, da ich blieb ungeweint". Da muß es zu Visionen kommen. Sieben ihrer Mitschwestern sieht sie im folgenden Jahr zur Fastenzeit sterben. Sie erahnt die Zukunft. Ihre Gesichte werden immer intensiver, theologischer, christozentrischer. Ihre Wirkung muß enorm gewesen sein. Als Zwanzigjährige steht sie im Ruf der Heiligkeit mit allen Folgen z. B. der Zudringlichkeit derer, die sich der Bekanntschaft mit der jungen frommen Prominenten rühmen wollen und des Neides anderer. Tagsüber arbeitet sie wie alle anderen Schwestern, nachts wacht sie, betet und gerät in Verzückung.

Mit vierundzwanzig Jahren hat sie eine Vision, die sie in der dritten Person, wie sie es gerne hält, so schildert: „Sie blickte auf und sah, daß ihre Lippen lauter Tau, mit Wasser besprengt, wären; da neigte sich unser Herr zu ihr, und mit seiner Hand zog er sie zu sich und umfing sie mit seinem rechten Arm und drückte sie an sich, daß sie an ihm klebte, wie ein Siegel drückt ins Wachs ..." Es versteht sich, daß die Visionärin in den Bildern und Ausdrucksformen ihrer Zeit aufschrieb, was sie empfand — die späte Zeitgenossin des großen Minnesängers aus Thannhausen, Wolframs von Eschenbach und Walters von der Vogelweide.

Die Klosterfrauen im entlegenen Engelthal nahmen Anteil am Geschehen ihrer Zeit. Die kämpferischen Auseinandersetzungen zwischen Ludwig dem Bayern und Friedrich dem Schönen von Österreich hielten die informierten Zeitgenossen in Atem. 1348 erschütterte ein gewaltiges Erdbeben Europa und verwüstete weite Teile Italiens, die Pest drang von Kleinasien her in Westeuropa ein. Die Priorin hatte es ein Jahr vorher geahnt. Sie notiert, wie „ein großes Erdbeben käme und die Leut zu Steinen würden, und ganze Städte versanken; da der Papst wohnt, stürben viel Leut gehends". In dieser Zeit des Wachsens und der ersten Blüte der Städte kommt es zu sozialen Unruhen. In Nürnberg erregt 1348 der „Handwerkeraufstand" die Gemüter. Christine Ebner beruft sich wie die alttestamentlichen Propheten auf eine Gottesoffenbarung, als sie die Ursachen beim Namen nennt, die sie sieht: „... daß die Frauen so groß Gezierde an ihren Leib legten; ... daß sie so karg und unmild gegen arme Leut waren; ... daß sie Witwen und armen Leut auf Gericht schmählich getan haben und nicht gerichtet nach Gottes Lob."

Da nimmt es kaum Wunder, daß sogar der Kaiser, Karl IV., die Mystikerin und Sozialkritikerin zu Engelthal besuchte. 1350 „kam der römisch König Karl zu ihr und ein Bischof und drei Herzöge und viele Grafen, die knieten vor ihr nieder und baten sie, daß sie ihnen zu trinken gäbe, und den Segen mit großer Begierde". Das ist alles, was sie berichtet, dann geht sie über dieses für das Kloster historische Ereignis weg. Der Besuch Heinrichs von Nördlingen, den sie als 74jährige erlebt, scheint ihr wichtiger gewesen zu sein — das späte Erlebnis einer tiefen Seelenverwandtschaft. In Heinrich, der aus Meidingen angereist war, begegnete die oft Verkannte einem Menschen, der auf der gleichen Ebene und auf die gleiche Weise empfand wie sie. Noch nach Jahren notiert sie: „... und der Herr sprach von dem vorgenannten

Priester: Ich will ihm geben eine Sicherheit meiner Freundschaft und eine Hitze von meinem göttlichen Herzen . . .“

Drei Jahre vor ihrem Tod hörte Christine auf zu schreiben. Der Herr sprach zu ihr: „Ich bin ein nie ausfließender Brunnen. Ich hab dir wohl zu geben . . . Und alsbald kam er zu ihrer Seelen.“ Ihr Hauptwerk lautet „Von der Genaden überlastet“.

Wenn es etwas gibt, was im Geistigen das formale Streben der gotischen Dome anschaulich macht, etwas, das den himmelsuchenden Eifer der Gotik geistig vollzieht, dann ist es die Mystik jener Zeit, auch jener Frau: die Mystik der Herzen und der Steine. Zur Ehre offizieller Heiligkeit brachte es Christine Ebner, wie so viele Mystiker in der römischen Kirche, nicht. *Ros*

Konrad Groß · Großkaufmann, Reichsschultheiß   1280 — 1356

Die „erste Nürnberger Patriziergestalt mit deutlichen Konturen“ — so rangiert er im Geschichtsbewußtsein der Stadtbewohner — dieser Konrad Groß, reichster Mann seiner Vaterstadt; Finanzgenie des im 14. Jahrhunderts aufkommenden Frühkapitalismus; Hofbankier der beiden Kaiser, Ludwig des Bayern und Karls IV.; der Reichsmünzmeister und Reichsschultheiß; frommer Stifter des heute noch bestehenden Heilig-Geist-Spitals für Arme und Alte, der ersten Sozialinstitution der Reichsstadt.

Schon der Vater Heinrich Groß, verheiratet mit Sophia v. Vestenberg, hatte ein beträchtliches Vermögen hinterlassen. Der Sohn vervielfachte es in wenigen Jahren. Zu Erträgen aus städtischem und ländlichem Grundbesitz kamen die Gewinne aus Unternehmungen mit Mühlen und dem Hammerwerk Gleißhammer, dem ersten nachweisbaren Werk der Metallindustrie Nürnbergs hinzu, in dem oberpfälzisches Eisenerz zu Blechen verarbeitet wurde. Die Produkte konnten in der während seiner Generation anhaltenden Krisensituation günstig verkauft werden. Dies war Konrads eisernes Fundament. Das andere ergab sich aus den politischen Kämpfen um die Macht im Reich, in denen der Nürnberger Rat, soweit man damals schon von einem solchen sprechen konnte, zu den entschiedenen Parteigängern → Kaiser Ludwigs des Bayern zählte. Mit ihm war Konrad Groß eng verbunden, sorgte auch mit hohen Geldsummen für den kaiserlichen Haushalt (die Kaiser hatten damals noch keinen festen Standort), wußte dabei aber auch seinen Vorteil zu wahren. Während der 33jährigen Regierungszeit hielt sich Ludwig etwa 70 Mal in Nürnberg auf, wohnte aber — aus Geldnöten — mit seinem Gefolge nicht oben auf der Kaiserburg, sondern quartierte sich bei vermögenden Bürgern ein, etwa bei dem als „lieben Wirt“ bezeichneten → Ulrich Haller oder dem „getreuen“ Konrad Groß. Aber nicht umsonst! Da die Rechnung für Aufenthalt und Verköstigung eines so großen Stabes vom Kaiser zumeist nicht bezahlt werden konnte, verpfändete er Reichsbesitz an die „Bürger vom Rat“. So erhielt Groß 1339 das Amt des Reichsschultheissen samt Zollhoheit und — als Reichsmünzmeister — auch die Münzhoheit.

Die in Bargeld ausgezahlten Darlehen an den Kaiser mußten — weit über dem heute üblichen Durchschnitt — verzinst werden. Obwohl nach der Lehre der mittelalterlichen Kirche das Zinsnehmen für Christen streng verboten war, hatte man bei der sich entwickelnden Finanzwirtschaft in Italien, längst Wege gefunden, solch eingrenzende Bestimmungen zu umgehen. So wurde, da aus leeren kaiserlichen Kassen nicht einmal die Zinsen bezahlt werden konnten, weiterer Reichsbesitz an Konrad Groß verpfändet. Kurzum: Der Reichsschultheiß und „erste Patrizier" Nürnbergs spielte in seiner Stadt damals jene Rolle, die die Fugger zwei Jahrhunderte später in Augsburg übernahmen.

Seit 1324 geriet Konrad Groß — weniger wegen des Zinsnehmens, als vielmehr wegen seiner Parteinahme für Ludwig den Bayern — in Gewissensnöte; denn der vom französischen König in Avignon gefangengehaltene Papst Johannes XXII. hatte über den Kaiser den Kirchenbann verhängt — und dieser Bann traf auch Konrad Groß samt den Bürgern des Rats. Dennoch ging das kirchliche Leben in der Noris seinen gewohnten Gang. Die Glocken wurden geläutet, die Messen gefeiert. Ludwig hatte sogar den Nürnberger Geistlichen mit Sanktionen gedroht, falls sie sich an das päpstliche Interdikt halten würden. In dieser konfliktreichen Situation stiftete Konrad Groß das Bürgerspital zum Heiligen Geist. In den Jahren 1332 bis 1339 wurde es für 128 Sieche gebaut. Mit seinem Reichtum stattete er diese wohltätige Einrichtung großzügig aus; die 1339 verfaßte abschließende Stiftungsurkunde verrät seine tiefreligiöse Motivation. Er dachte — wie viele seiner Zeitgenossen — vor allem an die Vorsorge für die Zukunft. So blieb es nicht beim Spitalbau an der Pegnitz. Er half auch Gräfin Kunigunde von Orlamünde bei der Stiftung des Klosters Himmelthron (1343 — 1348 nach Großgründlach verlegt); er half bei der Gründung des Klosters Pillenreuth und des Spitals in Kitzingen.

Die Bürger im Rat — und mit ihnen Konrad Groß — mußten sich 1347 nach dem überraschenden Tod Ludwigs des Bayern ziemlich unverhofft auf den Luxemburger Kaiser Karl IV. aus Böhmen umstellen, ein Ereignis, das in Nürnberg mit dem sog. Handwerkeraufstand von 1348 — geschürt u. a. durch das Haus Wittelsbach — verbunden gewesen ist. An dem Aufstand nahmen Ratsherrn auf kaiserlicher wie auf wittelsbachischer Seite teil. Als der Aufstand niedergeschlagen war, kam Groß, der sich vorübergehend in Bamberg in Sicherheit gebracht hatte, nach Nürnberg zurück und wurde vom neuen Kaiser wieder in seine Ämter eingesetzt. Inzwischen wütete aber in Nürnberg die Pest, die 1348 aus Asien eingeschleppt worden war. Die drei Parteien des Aufstandes fanden den höchst makabren „Ausweg", die Juden der Brunnenvergiftung zu beschuldigen und einigten sich auf dem Rücken der Juden im Judenpogrom des Jahres 1349. An die Stelle der Synagoge baute Karl IV. nun Nürnbergs Kaiserkirche, die Frauenkirche.

Konrad Groß erlebte noch die ersten Jahre des steilen Aufstiegs der Stadt Nürnberg in eine neue Epoche. Er verstarb 1356 mit 76 Jahren in Bamberg und wurde im Chor der von ihm gestifteten Heilig-Geist-Kirche zu Nürnberg unter einem Hochgrab burgundischen Stils begraben. Nach der Zerstörung des Gotteshauses im Zweiten Weltkrieg wurde es in der Halle am Ende des Spitalhofes aufgestellt. Die vier Söhne Konrads, die oftmals ihren Unwillen über die frommen Stiftungen ihres Vaters gezeigt hatten, konnten den Lebensstandard nicht mehr auf der Höhe des Vaters halten. Mit dem letzten verarmten Groß starb 1589 das einst so einflußreiche Geschlecht aus. *Lag*

Peter d. Ä. Stromeir · Ratsherr 1310—1388

Nürnberg hat in seinen Reichswäldern zum ersten Male in der Geschichte der Forstkultur planmäßig und in großem Maße Wald angesät. Der Erfinder dieser Waldsaat ist der Nürnberger Montanunternehmer, Rats- und Handelsherr Peter d. Ä. Stromeir. Er rettete mit der Entwicklung der Nadelwald-Saattechnik, die ihm 1368, also vor mehr als 600 Jahren, nach langen, systematischen Versuchen gelang, zunächst seine Vaterstadt und deren damals schnell expandierende Wirtschaft aus einer existenziellen Not- und Mangellage. Wir erleben sie vergleichbar derzeit durch das Waldsterben. Stromeirs Erfindung bewährte sich über die

Zeiten, breitete sich weltweit aus und ist bis heute in der Forstkultur der gemäßigten Klimazone gültig, d. h. in den am stärksten industrialisierten Teilen der Welt. Peters Halbbruder → Ulman berichtet darüber um 1390 in seinem „Püchel von meim geslecht und von abenteur":

„Peter Stromeir mein bruder pracht aus, daz man den walt und holtz seet, davon nu gross vil weld kumen sein . . . Anno domini 1368 zu ostern, do hub man mit dem ersten an, den walt zu seen bey dem Lichtenhoff, und darnach vil hundert morgen, di man geseet hat; und dez waz alles anheber und der den funt mit dem ersten fand Peter Stromeir, mein bruder . . ."

Zeitgenössische Dokumente bestätigen Peter's Leistungen und Erfolge für die mitteleuropäische Forstwirtschaft und die Lebensverhältnisse von damals. Mehr noch als die Gebrauchsmetalle war bis zum Industriezeitalter Holz der wichtigste Roh- und Werkstoff für Alltag und Wirtschaft. Vor Steinkohle und Erdöl waren Holz und Holzkohle der Heiz- und Brennstoff der Haushalte, Energielieferant der Gewerbe, Rohstoff für Häuser, Hausrat, Werkzeug, Waffen, Kisten und Fässer, Fuhrwerke und Schiffe. Durch Brand und Rodung waren im Hochmittelalter die Wälder zurückgedrängt worden. Sie hatten Siedlungen, Wiesen und Feldern weichen müssen. In der expandierenden Export-Gewerbe-Stadt Nürnberg, die an keinem schiff- und flößbaren Gewässer lag, wurde daher schon an der Wende zum Spätmittelalter Holz- und Holzkohlen-Mangel akut, wie in anderen Regionen erst seit Beginn der Neuzeit. Deshalb Waldschutz und Wiederaufforstung um Nürnberg seit 1309!

Peter stammte aus einer Familie der Staufischen Reichsministerialität, den Ramungen von Kammerstein-Reichenbach-Schwabach, wovon sich ein Zweig seit Übersiedlung nach Nürnberg, um 1230/50, „Stromair de Swabach" nannte. Die Stromeir/Stromer gehörten fortan bis 1806 zu den Ratsgeschlechtern, später Patriziat genannt. Peter wurde um 1310/15 als erstes von 18 Kindern des Heinrich Stromeir († 1347) „am Salzmarkt" (= Hauptmarkt) aus dessen erster Ehe mit Kunigunde, Tochter des Glashütten-Unternehmers Cunz Glatznapf geboren. Peter erscheint erstmals 1347 als Zeuge für seinen Oheim, den Reichserbforstmeister Cunrat Wald-Stromair. Er hatte sein Haus „am Vischbach, St. Lorenz gegenüber", vermutlich das romanische Turmhaus „Nassauer Haus" oder dessen unmittelbaren Umgriff. Er war Pfleger der Lorenzkirche, für die er reiche Stiftungen machte, und seit 1351 bis zu seinem Tod (3. Dezember 1388) Ratsherr im „Kleinen Rat", zuletzt im einflußreichsten Amt des Ersten der drei Obersten Hauptleute. Zuerst war er mit Sieglind, Tochter des Ratsherrn und Großkaufmanns → Hermann Ebner verheiratet, dann mit Margarete, Tochter des Reichserbforstmeisters → Ott Coler-Forstmeister, und hinterließ zwei Söhne.

Seit ca. 1360 war Peter einer der Hauptherren des Handelshauses Stromeir, eines gemischten Konzerns für Bergbau und Hüttenwesen, Geldgeschäft, Waffenverlag und Fernhandel, dessen Geschäfte sich über ganz Mitteleuropa hinweg bis nach Oberitalien und Spanien und bald bis zum Schwarzen Meer erstreckten. Die Bedürfnisse der im Handelshaus zusammengefaßten Betriebe und Unternehmen nach Holz- und Holzkohle waren wohl Hauptanlaß für Peters Forstkultur-Versuche. So enge Beziehungen wie die zu den Waldstromer und Coler-Forstmeister schufen günstige Voraussetzungen. Peter selbst hatte nie ein Amt im Forstwesen inne. Das Handelshaus aber benötigte für seine Bergwerke, Schmelzhütten und Eisenhämmer in Oberpfalz und Karpaten Grubenholz und Holzkohle. Das gleiche gilt für die von der Firma verlegten Waffenschmiede und Metallhandwerke. Das Handelshaus brauchte Bau- und Werkholz für die Mühlwerke, welche die Hämmer, Erzstampfe und bald auch Papier- und Drahtmühlen trieben, für Werkzeug, Waffen, Emballagen und Fahrzeuge in ungewohnten Mengen. Die Stromeir-Firma war der größte Holzbezieher aus den Reichswäldern. Dort und im Nürnberg-Oberpfälzer „Ruhrgebiet des Mittelalters" hatten die expandierenden Gewerbe die Wälder verzehrt. Deshalb waren große Blößen und, nach dem Massensterben durch die Große Pest von 1348—49, war auch brachliegendes Acker- land aufzuforsten.

Mochte Peter Stromeir für seine Forstarbeit auch einige Anregungen von den Agrarschrift- stellern der Antike und des Islam und aus dem Werk des Petrus de Crescentiis von Bologna (1309) bekommen haben — lösen konnte er die selbstgestellte Aufgabe nur mit der Methode der modernen Naturwissenschaften: Beobachtung, Versuch und Irrtum, Lernen aus Ergebnissen und Fehlschlägen. Erst dadurch konnten Methoden der Saatgutgewinnung und -behandlung, der Saat selbst nach günstiger Zeit, nach der Bodenart und -aufbereitung, dem Pflanzabstand und der Pflanztiefe, dem Schutz des keimenden Walds vor Frost, Dürre, Wild- und Viehverbiß gewonnen werden. Die geflügelten Koniferensamen mußten geerntet werden, bevor sie in der Reife ausflogen, und dann durch eine dosierte Wärmebehandlung, das „Klengen", nachgereift werden, um keimfähig zu sein. Für die beste Saattiefe war ein besonderer Waldpflug zu konstruieren.

All dies waren damals vorbildlose, erst zu entwickelnde Erfindungen und Techniken. Zu Ostern 1368 war es geglückt. Peter Stromeir und seine Mitarbeiter, aus denen später die Forstfacharbeiterfamilie Hülpühel (Almoshof) diese Praktiken fortführte und als „Tannen- säer" in Deutschland verbreitete, säten fortan große Wälder vor allem mit Föhren, Tannen, Fichten, aber auch Birken an. Peters Neffe → Paulus Vorchtel bepflanzte die Hallerwiese mit Linden zum ersten öffentlichen Park des Mittelalters. Für die trostlose Monokultur des „Steckerleswaldes" sind dagegen Raubbau und eine verfehlte Forstpolitik späterer Genera- tionen verantwortlich.

Peters Enkel Paulus, seine Neffen, Großneffen und fernere Verwandte aus den Ratsfamilien Grundherr, Groland und Haller setzten die Waldsaat fort, verbreiteten sie durch Mittel- europa und siedelten ab 1485 erfolgreich alpine Lärchen aus dem Allgäu im Nürnberger Flachland an. Die Forstkultur der industrialisierten Klimazone, dort alle Nadelwälder außer den Gebirgswäldern, gehen auf Peter Stromeirs Erfindung zurück. Wo künstliche Auffor- stung nicht rechtzeitig angewandt wurde, verwandelte sich die durch Übernutzung und Raubbau entwaldete Landschaft in Karst und Heide. Vom Erfinder der Forstkultur, Peter Stromeir, kündet heute kein Denkmal, kein Straßenname, kein nach ihm benanntes Forst- amt, keine damals beim Bundespostministerium beantragte Briefmarke, die zum 600. Jah- restag der Erfindung fällig gewesen wäre. *St*

Herdegen Valzner · Bankier † 1423

Herdegen Valzner gehörte zu jenen Bankiers, die im Spätmittelalter das stets an Bargeld knappe Königtum mit flüssigen Mitteln versorgten. Das damit verbundene politische Risiko ließen sie sich materiell entgelten. Valzner war zunächst in Prag tätig. Von dort aus verwal- tete er die königlichen Bergwerke in Kuttenberg; er bringt es bis zum Ratsherrn, löst aber Ende des 15. Jahrhunderts seine enge Bindung an die Krone. Noch vor der Absetzung König Wenzels (1400) transferiert er sein Vermögen nach Nürnberg, wo wir ihn bereits 1401, kurz nach der Anerkennung des neuen Königs Ruprecht von der Pfalz (1400—1410) als Neubürger treffen.

Schon König Wenzel hatte Valzner erhebliche Besitztitel in und bei Nürnberg übereignen

bzw. verpfänden müssen, z. B. Schloß Hiltpoltstein bei Gräfenberg, die Nürnberger Zeidel-
weide mit der Honiggült, Jagdschloß Brunn im Südosten Nürnbergs und das Privileg, in
Nürnberg Goldmünzen auszuprägen. Die Pfandschaft an der Nürnberger Reichsmünzstätte
hatte Herdegen schon zuvor von → Leupold Groß erworben. 1401 tritt er bereits als Geldgeber Ruprechts auf und betreibt weiterhin seine Münz- und Bergwerksangelegenheiten. In
diesem Jahr überschreibt ihm Ruprecht die Stadt Altdorf mit Markt und Hofmark sowie
weitere Besitzungen. 1402 bestätigt der König ihm den Pfandbesitz der Reichsmünzstätte in
Nürnberg. Dort hatte Herdegen Hausbesitz in der Tetzelgasse erworben. 1403 wurde er in
den Inneren Rat gewählt. In den Jahren von 1403—1416 bekleidete er das ehrenvolle Amt
eines Pflegers für das Heiliggeistspital.
Der erfolgreiche und vermögende Mann dürfte einer der reichsten Nürnberger seiner Zeit
gewesen sein. Dies ermöglichte ihm zahlreiche kirchliche Stiftungen, u. a. eine Kapelle auf
dem Moritzberg, eine Pfarrei in Kappel bei Hiltpoltstein und eine eigene Kapelle am Ostchor der Heiliggeistkirche, wo er nach seinem Tode (1423) beigesetzt wurde. Sein Tafel-
Grabmal im Spitalhof erinnert an einen der bedeutendsten Vertreter der Nürnberger Hochfinanz. *Keu*

Ulman Stromeir · Großkaufmann und Politiker   1329 — 1407

Ulman Stromeir ist bekannt, weil er die erste Papiermühle
Deutschlands gründete. Dies geschah am Johannistag
1390 in der Gleißmühle an der Pegnitz vor deren Einfluß
nach Nürnberg. Sein „Püchel von meim geslecht und von
abenteur", worin er mit dem Bericht über seine Papiermühle zugleich die früheste Geschichte eines groß-
gewerblichen Unternehmens liefert, ist zugleich die erste
Autobiographie eines Großkaufmanns und Großbürgers
in deutscher Sprache und das erste Werk Nürnberger
Geschichtsschreibung. Ulman berichtet in seinem
„Püchel" wichtige Ereignisse der damaligen deutschen
Reichsgeschichte, an denen er oder nächste Verwandte
nicht nur als Augenzeugen, sondern oft als Schlüsselfigu-
ren und Drahtzieher mitwirkten. Als Hauptherr des Han-
delshauses der Stromeir, das sich unter ihm zu einem
Weltunternehmen entwickelte, und zugleich als Erster
Oberster Hauptmann höchster Würdenträger der „ungekrönten Reichshauptstadt" war
Ulman schließlich Zentralfigur der Oberdeutschen Hochfinanz im Zeitalter der Könige
Wenzel und Ruprecht.
Ulman wurde 1329 als zwölftes von achtzehn Kindern seines Vaters Heinrich († 1347) und
viertes Kind von dessen zweiter Frau Margarete († 1350), der Tochter des Reichsschult-
heißen → Heinrich Geusmit, geboren. Die Jugendjahre verbrachte er vermutlich zur Ausbil-
dung (und im Dienst des Handelshauses) an Außenstationen, über deren Handelsbräuche
und -wege er in seinem „Püchel" ausführlicher berichtet. Seine Stationen waren Barcelona,
Genua, Mailand und Krakau. Von dort führten ihn Geschäfte der Firma bis Lemberg und
womöglich bis Tana-Asow an der Donmündung. Urkundlich erscheint er erst 1360 in der
Bergstadt Sulzbach, wo er 1358 mit Anna, Tochter des reichsten Hammer- und Hüttenherrn
Ulrich Hegnein entsprechende Beteiligungen erheiratet hatte. Sie starb 1365 und hinterließ
ein kaum einjähriges Töchterchen. Ulman heiratete schon 1366 die erst vierzehnjährige →
Agnes Groland († 1413), Tochter und Schwester von Nürnberger Geschäftspartnern.
Agnes zog das Stieftöchterchen Anna und sieben eigene Kinder auf und stand dem großen

Haushalt des Handelsherrn, Finanzmanns und Politikers in dem von dessen Vater ererbten Haus am Hauptmarkt vor. Ulman hatte das Anwesen ab 1368 nach Zuerwerb einstiger Judenhäuser (ein Teil des einstigen Gettos) zu einem den ganzen Häuserblock umfassenden Kauffartei-Hof ausgebaut. Agnes übernahm nach Ulmans Tod von 1407 bis 1409 alleine die Leitung der Papiermühle, erwarb das Rittergut Kalbensteinberg (bei Spalt) und trieb Geld- und Handelsgeschäfte, die nach Böhmen und Köln reichten.

Seit 1370 ist Ulman neben seinen Brüdern Peter und Andreas Leiter des Handelshauses, eines Konzerns für Fernhandel, Montanwesen und Industrieunternehmen, Bankgeschäft und Textilverlag. Die Geschäfte überspannen dicht ganz Mittel-Europa, NW-Europa und Oberitalien, reichen von Barcelona bis Riga und Asow und erlangen unter Ulmans Sohn Georg (1375 — 1437) ihre größte Ausdehnung, von London bis Pera-Konstantinopel, von Kopenhagen bis Neapel. 1390 errichtet Ulman die Papiermühle. 1401 fördert er auch Entwicklungsarbeiten für die Erfindung und Innovation des endlich 1415 geglückten mechanischen, halbautomatischen Drahtzugs, der Drahtziehmühlen, zu deren führendem Unternehmer sein Enkel Andreas (1403 — 1449) wird. Gerühmt in der Geschichte der mittelalterlichen Wissenschaften wird auch Ulmans Erfindung einer „Visier-Rute", zum Ausmessen des Inhalts von Fässern, ein mathematisches Problem, mit dem sich später auch → Regiomontan beschäftigte. Erst → Kepler löste es.

Dem regierenden Rat der Reichsstadt gehörte Ulman von 1371 bis zu seinem Tod 1407 an, ab 1396 im damals höchsten Rang des Vordersten der drei Obersten Hauptleute, ist aber schon seit 1384 der führende Politiker der Stadt, die er in den Schwäbischen Bund führt. Beim Ausbruch des Großen Städtekriegs 1388 versucht er mit dem Zollernschen Burggrafen Frieden zu wahren, läßt aber dann den Krieg um so energischer und mit Erfolg führen, um frühzeitig zu einem Kompromißfrieden zu gelangen. Seit 1374 ist er „Wirt", Ratgeber und Finanzier der Pfälzer Wittelsbacher. Zwar beteiligt sich Nürnberg unter seiner Mitverantwortung 1385 und 1391 an den Gangsterstreichen der „Großen Judenschulden-Tilgungen" König Wenzels. Angesichts Wenzels zunehmender Führungsschwäche aber wendet sich Ulman von ihm ab, wobei ihm die anderen oberdeutschen Finanzleute folgen, und trägt wesentlich zu Wenzels Sturz, zur Erhebung Ruprechts von der Pfalz zum Deutschen König und dessen Anerkennung in Nürnberg bei. Ruprecht war „sein König", der als Gast im Stromeirhaus Ulmans Enkel aus der Taufe hebt, und für seine Politik Ulmans Rat und Geld in Anspruch nimmt. Hochbetagt bemühte sich Ulman noch im Frühjahr 1407 bei der Belagerung der von König Ruprecht geächteten Stadt Rothenburg vergeblich um Vermittlung. Heimgekehrt fällt er, wenige Wochen nach seinem Sohn Ulman d. J. und mit acht weiteren Mitgliedern der Familie am 3. April 1407 einer Pestepidemie zum Opfer.

Aus dem Bankerott, den das Handelshaus 1434 unter Ulmans Sohn Georg erlitt, konnte der Enkel Andreas dank Manipulationen (an denen sich selbst → Kaiser Sigismund und der Reichskanzler Kaspar Schlick beteiligen), die Papiermühle, Drahtmühlen und eine Strohmannfirma (die Gesellschaft Gruber) retten. Aber im Städtekrieg von 1449 fand Andreas den Tod und die Papiermühle ging in Flammen auf.

Der Vertrieb aus der Stromeir'schen Mühle, die bald „Hadermühle" (von „Hader-Lumpen" abstammend) genannt wurde, läßt sich längs der Handelswege der Firma quer durch Mitteleuropa, anhand der charakteristischen Wasserzeichen nachweisen (Ochsenkopf mit Sternblume die bessere Qualität, Lilie — vom Lilienwappen der Familie herrührend — mit Sternblume die mindere Sorte). Ähnlich bedeutungsvoll war die Herstellung von Packpapier aus farbigen Hadern, das für den Detailvertrieb des „Nürnberger Tands" — dazu zählen die Massenprodukte der Metallwaren- und vor allem der Drahtwaren-Gewerbe (Näh- und Stecknadeln, Hefteln, Ösen, Häckchen, Kettchen, Angelhaken, Siebe, Messer, Scheren und der sprichwörtlich gewordene Nürnberger Trichter) — unentbehrlich gewesen ist. Kulturgeschichtlich bedeutsam ist es, daß auf dem billigen Lilienpapier drei der fünf frühesten, anhand ihrer Wasserzeichen datierbaren Holzschnitte gedruckt sind. Sie beweisen, daß diese massenweise und billig produzierte Volkskunst — darunter Spielkarten und Devotionalien — vom Zentrum Nürnberg aus in alle Welt ging. *St*

Rudel Geisbart · Sozialrevolutionär 1348 — 1349

Der Kampf um die deutsche Königskrone nach → Kaiser Ludwigs des Bayern Tod (1347) zwischen dem „Pfaffenkönig" (und späteren Kaiser) → Karl IV. und den Wittelsbachern spaltete auch die Nürnberger. Der Aufruhr vom 4. Juni 1348 und der die Stadt bis zum 27. September 1349 regierende Rat der Aufrührer war getragen von der prowittelsbachischen Partei, wobei Handwerker eine maßgebliche Rolle spielten. Es war das einzige Ereignis der reichsstädtischen Geschichte zwischen 1219 und 1806, das die Alleinherrschaft der Ratsgeschlechter in Frage stellte.

Kein anderer Vorgang wurde bis jüngst derart mißdeutet wie dieser. Der Humanist → Siegmund Meisterlin, der 1488 das erste „offizielle" Geschichtswerk der Noris zu schreiben hatte, fälschte den Aufruhr um in eine Pöbelherrschaft, geführt vom „Geisbart und Pfauentritt". Die romantische Geschichtsschreibung des 19. und noch die des 20. Jahrhunderts sprach von „Zunftherrschaft" bzw. „Handwerkeraufstand". Jedoch von den vierzig namentlich faßbaren Ratsherren des Aufruhrrats gehörte die Mehrzahl den alten oder künftigen Ratsgeschlechtern und der „Ehrbarkeit" an, während sich unter den Handwerkern im Rat meist wohlbetuchte Leute befanden.

Nur einen von ihnen kann man als Sozialrevolutionär und Volksführer erkennen, Rudel Geisbart. Der „Pfauentritt" dagegen ist wohl nur eine Erfindung Meisterlins. Vermutlich gehörte Geisbart dem Handwerk der Schmiede oder einem der Waffenhandwerke an, die das Rückgrat der Erhebung bildeten. Jedoch fehlen alle näheren Nachrichten über Geisbarts Herkunft und Status. Erst als die Aufrührer schließlich vor Karl IV. kapitulieren mußten, wird er wieder erwähnt. Auf der Liste der 170 wegen ihrer Rolle im Aufruhr aus der Stadt Verbannten — Todesurteile wurden nicht gefällt — finden wir am 6. Oktober 1349 „Geizbart ist die stat verboten 30 meil hindan ewiglich bei dem hals", ebenso seinem Sohn Cunrat und seinen Brüdern Cunrat und Fritz. Seine führende Rolle wird nochmals bestätigt durch Burggraf Johann II. von Nürnberg, der im Oktober 1350 den Aufruhr „bei Geispartz gezeiten" nannte. *St*

Conrad Konhofer (Kunhofer) · Propst, Bauherr, Diplomat 1374 — 1452

Der Diplomat, Stadtjurist, Propst und Initiator des Chorneubaus von St. Lorenz, der wohl aus „landadeligem" Geschlecht des Nürnberger Umlandes stammte, wurde als Sohn des Conrad (oder Heinrich) Konhofer (Kunhofer) und der Gerhaus Hofmann um 1374 geboren. Er verkörpert den Typus eines juristisch umfassend gebildeten Geistlichen von ausgeprägt reichsstädtischem Charakter. Durch Gelehrsamkeit, diplomatisches Geschick und politische Umsicht erwarb er sich in der Regierungszeit von Kaiser Sigismund (1410 — 1437) besonders auf kirchenpolitischem Gebiet große Verdienste um seine Vaterstadt Nürnberg und deren Ansehen.

Sein Studium an der Universität Prag schloß Conrad Konhofer 1399 mit dem Doktorgrad der vier Fakultäten ab. Mit zahlreichen Pfründen ausgestattet, wird er 1402 Kanonikus an der Alten Kapelle zu Unserer Lieben Frau in Regensburg und gleichzeitig Rat, ein Jahr später Generalvikar des Bamberger Bischofs Albrecht. 1405 ist er für den Bischof von Eichstätt und zugleich als Generalvikar des Passauer Bischofs tätig. 1409 wird er Kanonikus, zwei

Jahre darauf Chorrichter in Eichstätt. 1412/13 verhandelt er in Eichstätter Angelegenheiten erstmals in Rom und sammelt seine Erfahrungen im Umgang mit der Kurie. Hervorragende Rechtskenntnisse, kluge Verhandlungspolitik und ein untadeliger, tiefgläubiger Charakter verliehen ihm große Autorität. Deshalb übertrug man ihm in der Folgezeit vielfältige geistliche und diplomatische Aufgaben. Seit 1424 wirkte er an der Alten Kapelle zu Regensburg als Propst. Dort hatte er auch seinen ständigen Wohnsitz. Im gleichen Jahr aber berief ihn seine Vaterstadt Nürnberg zu der ebenso schwierigen wie politisch hochbedeutsamen Mission, vom Papst die Bestätigung über die Verwahrung und Weisung der Reichskleinodien in der Noris und zugleich die Kanonisierung des Stadtpatrons → Sebald zu erwirken. Nach schwierigen Verhandlungen mit der Kurie setzte er im November 1424 die Ausstellung der Heiltumsbulle und im März 1425 die Heiligsprechung des Sebaldus durch. Nach diesem, freilich kostspieligen, aber glänzenden Erfolg für Nürnberg wurde der nunmehr 50jährige von 1426 bis 1434 besoldeter Jurist der Stadt und vertrat deren Interessen auf Reichstagen, bei Verhandlungen in Eger, Würzburg, Venedig und wiederholt auf dem Konzil in Basel. Da er seinen Wohnsitz in Regensburg beibehielt, unterstand er nicht der Jurisdiktion des Bamberger geistlichen Gerichtes. Dies war ein erheblicher Vorteil bei den Auseinandersetzungen zwischen Nürnberg und Bamberg. Denn in dem an sich schon labilen Vertrauensverhältnis zwischen beiden Städten war Verstimmung und Distanzierung eingetreten. Mit Konhofers Berufung zum Pfarrer von St. Lorenz (1438), die mit seinem Amt als juristischer Berater der Stadt zu verbinden war, wurden die Beziehungen zu Bamberg wieder enger. Nürnberg brauchte ihn bei innerstädtischen Rechtsstreitigkeiten und bei Auseinandersetzungen mit geistlichen und weltlichen Fürsten. Seit 1441 ist er als Dompropst von Regensburg nachzuweisen, wo er bereits seit 1436 das Amt eines „magister fabricae" innehatte, dem die Aufsicht der Gebäude und die Behebung von Bauschäden oblag.

Die praktischen Bauerfahrungen kamen ihm bei seiner zweiten großen Lebensaufgabe für Nürnberg als Initiator des Chorneubaus von St. Lorenz zustatten. Zusammen mit dem aus einer Ratsfamilie stammenden → Christian Imhoff (Stifter des Kruzifixus auf dem Triumphbogen in St. Lorenz), nahm er entscheidenden Einfluß auf die Wahl des Baumeisters → Konrad Heinzelmann. Am 28. Oktober 1439 wurde der Grundstein zum Chorneubau gelegt. An den immensen Baukosten, die von der Bürgerschaft aufgebracht wurden, weil die Nürnberger keine Bischofs- oder Fürstenkirche, sondern eine Bürgerkirche bauen wollten, beteiligte er sich ein Jahr lang mit eigenen Mitteln. 1446 stiftete er „dem newen Chor zu notdürftiger Zyerung" zwei Altäre: Auf der Nordseite den Konrads-Altar mit der Darstellung der 14 Nothelfer, auf der Südseite den Kirchenväter-Altar.

Seine grosse Fensterstiftung in der südlichen Chorhauptkapelle konnte erst nach seinem Tode 1477 ausgeführt werden, da zu seinen Lebzeiten der Chor noch nicht vollendet war. Mit Sicherheit bestimmte Konhofer noch das Bildprogramm der Glasmalereien, die das Thema seiner beiden Altarstiftungen aufnehmen und zu einer gewaltigen Weltgerichtsdarstellung vereinen, in die der Stifter einbezogen ist. Außerdem wird in dem Fenster noch ein zu Lebzeiten Konhofers aktuelles Ereignis dokumentiert, das den frommen Pfarrherrn sehr bewegt haben muß: es sind die für 1445/46 verzeichneten Visionen des Klosterhirten von Langheim (bei Lichtenfels), → Hermann Leicht, über die vierzehn Nothelfer, an deren Erscheinungsort zunächst eine Kapelle und später die Wallfahrtskirche Vierzehnheiligen erbaut wurde.

Konhofer war aber auch auf sozialem und gemeinnützigem Gebiet freigebig mit Schenkungen aller Art: So überließ er dem Rat 1443 endgültig seine stattliche Bibliothek, ein Grundstock der späteren Stadtbibliothek. 1445 setzte er ein jährliches Stipendium für je einen Studenten der vier Fakultäten aus, „daß die Stadt Nürnberg mit achtbaren, gelehrten Leuten gezieret werde". Als er am 7. Juli 1452 in Regensburg starb, wurde sein Leichnam mit großer Anteilnahme nach Nürnberg überführt und in dem erst zur halben Höhe gediehenen, ungedeckten Chor von St. Lorenz beigesetzt. Sein Grab befand sich auf der Chorsüdseite nahe dem von ihm gestifteten Kirchenväter-Altar. *Fr*

Ulrich Kamerer · Großunternehmer   genannt 1385—1439

Ulrich Kamerer — unbekannter Herkunft — gehörte zu den großen Unternehmer-Persönlichkeiten und Wirtschaftspolitikern im Zeitalter der Könige aus dem Hause Luxemburg, Wenzel und Sigismund, und Ruprechts von der Pfalz. Als Nürnberger Kaufmann erscheint er erstmals 1385. Er gründete und leitete eine Firma von europäischem Rang, woran die mit ihm verschwägerten Brüder Burkhart, Peter und Conrad Seiler Mitgesellschafter waren, die aus St. Gallen nach Nürnberg übersiedelt waren. Hier stiftete Burkhart Seiler das „Reiche Almosen". Die Geld- und Handelsgeschäfte der Firma überspannten Oberitalien, Mittel- und Nordwesteuropa. Sie war führend im Bergbau auf Bunt- und Edelmetalle in den Karpatenländern. Zwischen 1394 und 1422 hatte Ulrich Kamerer mehrfach das Amt des „Kammergrafen" in den Gold-, Silber- und Kupfer-Bergbaustädten Kremnitz, Schemnitz und Kaschau inne (heute Slowakei), zeitweise auch das des Oberstkammergrafen der Stephans-Krone, im Wechsel mit seinem Landsmann → Marcus von Nürnberg.
Zunächst diente Ulrich Kamerer König Wenzel (1378—1400) als Bankier. Dann förderte er mit Rat und Geld die Thronerhebung Ruprechts von der Pfalz zum König (1400—1410) und dessen Italienpolitik. Dies führte ihn 1403 in den Konkurs. In Ostmitteleuropa gelang ihm ein neuer Aufstieg. Im Zusammenspiel mit Marcus von Nürnberg und der Medici-Bank errang er die Herrschaft über den Bleibergbau Polens. Durch das von Nürnberger Montan-Experten entwickelte „Saiger-Hütten"-Verfahren konnte man mittels Blei aus dem Rohkupfer den wertvollen Silberanteil abscheiden. Kamerer und Marcus veranlaßten 1411 König Sigismund, in Kaschau eine Baumwoll-Barchent-Industrie ins Leben zu rufen. Mit neuartigen „Wasserkünsten" und mit Hilfe jüdischer Experten entwässerte Kamerers Konzern ertrunkene Bergwerke bei Schemnitz und Schmölnitz (heute Slowakei) und bei Krakau, deren Kupfer- und Blei-Erze er gemeinsam mit Gewerken aus Nürnberg, u. a. Eberhard Vorchtel, der Stadtbaumeister Lutz Steinlinger und → Hans Kammermeister, erfolgreich ausbeutete. Vielleicht entstammte er selbst der aus Bamberg stammenden und in Nürnberg ratsfähigen Familie Kammermeister-Camerarius, nach der in Gostenhof eine Straße benannt ist. *St*

Wilhelm I. Rummel · Bankier   † 1425

Das Jahr 1388 kann als Gründungsjahr des Handelshauses Rummel angesehen werden, nachdem sich Heinrich I. Rummel, der später „der Reiche" genannt wurde, vom gemeinsamen Handel mit seinem Schwager → Friedrich Kreß am 11. Mai in Güte getrennt hatte. Rummel erhielt die enorme Summe von 19.664 Gulden als die Hälfte des gemeinsamen Handelsvermögens in bar ausgezahlt. Damit war das neue Handelshaus auf eine liquide Grundlage gestellt.
Wilhelm I., Heinrichs jüngerer Bruder, ist erstmals 1389 als Kaufmann in Mainz nachzuweisen. Mit Sicherheit hat er seine Lehrzeit vordem in Venedig erlebt. Er war Amado di Amadi aus dem venezianischen Handelshaus wohl bekannt, der ihn mehrfach 1392 in seinen Briefen an Hilpolt Kreß als „vielmo Romel" in Zusammenhang mit Kaufmannsgeschäften anspricht. Wilhelm Rummel hat sich um 1400 zu einem Finanzier von großer Bedeutung entwickeln können. Die Kreditwürdigkeit des Hauses war in Bologna, Florenz, Mailand und Venedig wohl bekannt.

Nach 1400 nahm sich Wilhelm Rummel tatkräftig der Sorgen von → König Rupprecht (1400 — 1410) um die Finanzierung seines Italienfeldzuges an. Der König ernannte ihn — wohl als ersten Nürnberger — im Oktober 1401 zum königlichen Familiaren mit dem Privileg, mit seinen Dienern und drei Packpferden im ganzen Reich zoll- und steuerfrei zu reisen. Am 23. Januar 1402 bot der Name „Wilhelm Rummel von Nürnberg" auf einer in Venedig ausgestellten Quittung über dem König ausgezahlte florentiner Hilfsgelder den → Medici von Florenz sichere Gewähr. Dies ist bedeutsam. In solchem Zusammenhang wird auch der Dank der Stadt Florenz an „amice karissime Guillelmo Romer de Nurimbergh" verständlich. Man ehrte ihn, weil er ihrer Sache wie der des Königs so vortrefflich gedient hat. Dahinter steht natürlich die Meinung der Medici. Nach dem unglücklich verlaufenen Feldzug leistete Rummel 1402 zusammen mit anderen Kaufleuten in Venedig weitere Hilfe, die gegen Verpfändung von Krone und Tafelsilber durch den König erbeten wurde.

In Venedig bestand eine Außenstelle des Handelshauses Gozzadini in Bologna. Gabbione Gozzadini war 1401 Depositar der apostolischen Kammer in Rom geworden. Es erhielt sich die Anweisung des Generaldepositars Gozzadini vom 31. Mai 1403, daß bei seiner Abwesenheit von Rom Wechsel von „Vielmo Romel de Norimbergo" bis zu einer Höhe eingelöst werden sollten, für die die Gozzadini-Filiale in Venedig gutgesagt hatte. Neben Rummel genossen aus Nürnberg nur noch → Hans und Konrad Pirckheimer solches Vertrauen. Damit ist der Geldverkehr Rummels nach Rom und an die päpstliche Kurie erwiesen.

Das spektakulärste Geldgeschäft, das Wilhelm Rummel durchführen half, ist urkundlich für das Jahr 1419 festgehalten. 35.000 Kammergulden (= 38.500 fl. rh.) waren bereit gestellt worden, um sie Pfalzgraf Ludwig bei Rhein auszuzahlen, sobald dieser den vom Konzil in Konstanz abgesetzten und von diesem gefangengehaltenen Gegenpapst Johannes XXIII. (1410 gewählt) freigegeben hätte. Das geschah in Heidelberg im April 1419.

Vom persönlichen Leben Wilhelm Rummels wissen wir, daß er drei Ehen geschlossen hatte. Die erste verband ihn mit Barbara → Pfinzing. Bei einer Gedächtnisstiftung an das Frauenbrüderkloster werden seine Frauen Christine und Ursula erwähnt, von denen eine aus der Familie → Reich stammte. Am Roßmarkt (heute: Adlerstraße) hatte er Grundbesitz. Er hing mit großer Liebe an den drei Enkelinnen aus der Ehe seiner vor ihm verstorbenen Tochter Agathe mit Jacob → Waldstromer. In seinem Testament vom 15. Juni 1425, das wir nur in Abschrift kennen, ist die Hinterlassenschaft venezianischer Staatspapiere vermerkt. Ihr Besitz war eine ungewöhnliche Vergünstigung für einen Ausländer. Der Mann mit dem außergewöhnlichen finanziellen Sachverstand starb im Juni 1425. *scha*

Die drei Brüder Mendel · Mäzene u. Großkaufleute   14. u. 15. Jahrh.

Nächst ihrem Großvater, dem Reichsschultheißen und Spitalstifter → Conrad Groß († 1356), waren die drei Brüder Marquart I., Conrad und Peter Mendel diejenigen Nürnberger, die ihren Mitbürgern die großzügigsten sozialen Wohltaten mit ihren Stiftungen gewährten. Damit hinterließen sie uns ein einzigartiges kulturgeschichtliches Erbe. Schon der erste urkundlich faßbare Mendel, Eberhard († 1315), Urgroßvater der drei Brüder, hatte sich durch Stiftung der (im Zweiten Weltkrieg vernichteten) Moritzkapelle neben der Sebalduskirche hervorgetan. Sie diente nach der Reformation als Gemäldegalerie der Reichsstadt. An sie angelehnt war das Bratwurstglöckle. Marquart I. Mendel († 1385) stiftete 1378 das Kartäuserkloster, dessen Bauten heute den Kern des Germanischen Nationalmuseums bilden. Peter stiftete zusammen mit seinem Bruder Conrad ein „Seelhaus" am Paniersberg als Heim für Beghinen-Schwestern, die sich unentgeltlicher Krankenpflege widmeten. Conrad war 1388 Stifter des Zwölfbrüderhauses, an dessen Stelle sich der Bibliotheksbau des Germanischen Museums erhebt, während die Stiftertafel im Depot vermodert.

Die materielle Basis dieses Mäzenatentums bildete ein Unternehmen des transkontinentalen Fernhandels, das zwischen 1305 und 1449 florierte, bis es infolge alchymistischer Versuche des „Wechslers" (Bankiers) Wilhelm Mendel, Gold zu machen, bankrott machte und samt dem Hausbesitz gegenüber der Turmfront von St. Lorenz in die Hände der → Imhoff überging.

Die Mendelfirma handelte zwischen Venedig, Brügge, Antwerpen und einer Hauptfiliale in Köln mit orientalischen Gewürzen und Drogen, Nürnberger Metallwaren und nordwesteuropäischen Qualitätstuchen, mit Baumwolle, Glaswaren aus Murano, Wein, Lachs und Pökelheringen. Dazu unterhielt sie über mehr als ein Jahrhundert in Venedig im Fondaco dei Tedeschi für sich allein eine ausschließlich deutschen Kaufleuten zur Verfügung stehenden 56 Kammern (Kontore). Man stattete sie so reich aus, daß die Kammer der Mendel „das Paradies" hieß. Der Warenfernhandel war überlagert von Geldtransaktionen. Deren spektakulärste war der Transfer von 60.000 fl, die die toscanische Stadt Lucca an Kaiser Karl IV. 1396 für ihre „Libertas" zahlte, d. h. für ihre Befreiung vom Joch der Pisaner. Die Firma Mendel unterhielt enge Beziehungen nach Prag zum Hof der Kaiser und Könige aus dem Haus Luxemburg, sozusagen als Hof-Lieferanten und -Bankiers. In Köln dagegen überbrachte jährlich ein Repräsentant der Mendel das Ehrengeschenk der Nürnberger für die ihnen in der Rheinmetropole gewährte Zollfreiheit, bestehend aus einem Paar Falknerhandschuhen, einem hölzernen Becher, einem Zimtstengel und einem Pfund Pfeffer. Wir sind über den Geschäftsbetrieb der Mendelfirma besonders gut unterrichtet, weil sich aus ihm eines der ältesten deutschen Kaufmannsbücher erhalten hat: das von Conrads Enkel, Marquart II., 1425 – 1438 geführte „Buch der Hantierung".

Der offenbar sehr schreibgewandte Marquard II. Mendel hinterließ darüber hinaus eine Beschreibung und Bestandsaufnahme des Nürnberger Reichswalds Sebaldi, die er als Waldamtmann der Reichsstadt 1429 angelegt hatte, weiter ein Formularbuch für Briefe und Verträge. Außerdem legte er die inzwischen zu Weltruhm gelangten „Hausbücher der Mendel'schen Zwölfbrüderstiftung" an, als er 1425 Pfleger der Stiftung wurde. Seit 1317 gehörten die Mendel den Nürnberger Ratsgeschlechtern an. Marquart I. stiftete seine Kartause 1378 auf Grund eines religiösen Damaskuserlebnisses, und stattete sie mit Gütern aus, wozu seine Verwandten reiche Spenden und König Wenzel nur einen Gulden beitrugen. Die Stiftung des Zwölfbrüderhauses 1388 durch Conrad Mendel trug dagegen von vorneherein einen strikt antiklerikalen Zug. Zwar nahm sich die Zwölfzahl der Brüder deutlich die Jüngerschar Christi zum Vorbild. Frommes Leben war Voraussetzung für Aufnahme unter die Pfründner. Jedoch sollte die Stiftung stets in Laienhand bleiben, kein Geistlicher im Hause wohnen und kein „Päpstler impetrieren" dürfen. Grund und Anlaß dafür war wohl nicht nur der Verfall des Papsttums in Avignon und das 1376 ausgebrochene Große Schisma des Abendlandes mit zwei, schließlich gar drei, sich gegenseitig bekämpfenden Päpsten, sondern die großen Bestechungsgelder an Kardinäle und Erzbischöfe, die über das Bankhaus der Mendel gelaufen waren. Im Unterschied zu den mittelalterlichen Wohltätigkeitsstiftungen war die Zwölfbrüderstiftung, bald anderwärts vielfach kopiert, die erste moderne Sozialstiftung in recht verstandenem Sinn: Zur Bedürftigkeit mußte auch die Würdigkeit kommen mit der ausdrücklichen Forderung an ein ehrliches und arbeitsames Leben. Dies nahm der Stifter derart ernst, daß er die Aufzeichnungen nicht nur jedes Pflegers, sondern auch jedes der Zwölfbrüder in einem Buch verlangte. Ein Bruder in der vorgeschriebenen Tracht wurde als Hauszeichen in Stein gehauen, steht jedoch heute nicht mehr an seinem Ort, sondern irrgeleitet und daher dem Beschauer unverständlich im Hof des Heilig-Geist-Spitals.

Die vom Stifter gewünschten Aufzeichnungen über Pfleger und Pfründner des Bruderhauses legte allerdings erst 1425 sein Enkel Marquart II. an. Er hatte die Idee, das „Hausbuch" nicht nur als schriftliches Verzeichnis zu führen, sondern jede Person abkonterfeien zu lassen und zwar möglichst von einem dazu geschickten Hausgenossen. Aus einem Zeitalter, in dem Portraits selbst von Fürsten, Prälaten, Heerführern oder Wirtschaftsmagnaten noch sehr selten sind, verfügen wir dank dieses Einfalls über eine dichte Reihe von Miniaturbildchen „kleiner Leute", nach der Stiftungssatzung bevorzugt von Nürnberger Handwerkern. Für die satzungsgemäß „ehrlichen und arbeitsamen" Brüder war auch in den Mußestunden im Spital ihr bisheriges Arbeitsleben Daseinsinhalt und Dauerthema. So wurden sie regelmäßig durch einen der zeichnerisch geschickten Mitbrüder im Bild so festgehalten, als stünden sie noch im Arbeitsleben, an ihrer Werkbank mit dem jeweils charakteristischen Gerät. Des öfteren liegt uns dadurch die früheste Darstellung einer handwerklichen Technik vor, so etwa beim Drahtzug, beim Nadel- oder Laternenmachen. Für Kultur- und Sozialgeschichte aber ist die bis zum Ende der Reichsstadt und ihres vorbildlichen Fürsorgesystems weitergeführte Serie dieser Handwerker-Minaturen in schließlich drei Hausbüchern der Mendelstiftung und weiteren zweien der später eingerichteten Landauerstiftung eine auf der Welt einzigartige Dokumentation. (Nach der Familie ist eine Straße in Nürnberg-Gostenhof benannt). *St*

Mordechaj ben Hillel Hakohen · Rabbi   ca. 1240 — 1298

Bis heute gehört der Nürnberger Rabbi Mordechaj ben Hillel Hakohen zu den hervorragendsten Kapazitäten des Judentums. Es gibt keinen Religionskodex, der ihn nicht zitiert, und keinen Talmudisten, der ihn nicht kennt. Mordechaj ist der Vorname des Gelehrten, ben Hillel ist — in Deutsch — der Sohn von → Hillel, → Hakohen ist der Stammname des zur Priestersekte gehörenden Rabbi. Mordechaj wurde von → Rabbi Meir ben Baruch in Rothenburg o. T. erzogen. Er amtierte einige Zeit in Goslar und leitete anschließend mit seinem Lehrer und mit → Rabbi Jakob Mölln die Talmud-Lehranstalt im mittelalterlichen Nürnberg, das im 13. Jahrhundert etwa tausend Juden beherbergte (bei der Machtübernahme durch Hitler lebten 9000 Juden in der Stadt).

Mordechaj wohnte damals im Judenviertel (heute Haupt- und Obstmarkt) und wurde beim Pogrom von 1298 („Rindfleisch-Aufstand") mit seiner Frau und fünf Kindern erschlagen. Er teilte das Schicksal mit 628 weiteren Juden. Doch sein riesiger Nachlaß blieb bis heute erhalten. In jedem vollständigen Talmud und in allen einschlägigen Religionskodices ist sein Name zu finden. Er verfaßte das „Buch Mordechaj", das den religiösen Ritus, die Rechte und die Gebete von damals (im Rheinland, in Frankreich, Böhmen und Mähren) beschreibt. Das Buch wurde 1484 zum ersten Mal zusammen mit dem Talmud gedruckt und enthält Zitate von mehr als 33 Talmud-Gelehrten, auch von Schriften der damaligen Zeit, von denen die Originale größtenteils nicht mehr existieren. Das Buch ist bis heute wegen seiner strengen Logik und der Distanz gegenüber aller Mystik besonders geachtet. Außerdem schrieb Mordechaj Bemerkungen zum Meisterwerk des Maimonides und ein bis heute gebrauchtes Klagelied zum jüdischen Jahresende, das er den Nürnberger Juden widmete → Jakob Weil, → Jakob Margolioth u. a. m. waren andere große Rabbinen in Nürnberg. Mordechaj aber überragte sie. *YA*

Die Blütezeit

Selten kann man die Hochblüte einer Stadt zeitlich so klar umreißen wie die Nürnbergs. Sie reicht vom ersten Jahrzehnt des 15. bis in das zweite Drittel des 16. Jahrhunderts. Rat und Handelshäuser öffnen seit Kaiser Karl IV. die Wege nach der nun in Hochblüte stehenden Republik Venedig, der Beherrscherin des Mittelmeers. Damit sind die Wege in den Orient frei. Von der Noris aus sind die Handelsstraßen nach Ost- und Südosteuropa erschlossen. Der Handel geht von Nürnberg über Lübeck nach Bergen in Norwegen und nach Nowgorod am Ilmensee (Russisches Reich). Handwerk und Frühindustrie beginnen zu blühen. Beide werden aus den Karpaten, dem Erzgebirge, dem Böhmerwald, aus Tirol, den österreichischen Erblanden zwischen Ybbs und Enns und aus den Gruben im Mansfeldischen Revier mit Rohstoffen versorgt. Nürnberg wird zur reichen, montanverarbeitenden Stadt. Sie verfügt über viele Münz- und Zollprivilegien quer durch den Ost- und Südteil unseres Kontinents. Trotz der in Augsburg anhebenden Konkurrenz zu Nürnberg werden die Geschäfte der Fugger und Welser über Nürnberg abgewickelt. Der für das (aus Litauen und Polen bestehende) Jagellonenreich erfolgreiche Krieg gegen den Deutschen Orden (1410) hindert durch deutliche Absprachen Nürnbergs Handelsverkehr nach Osten weniger als die Hussiten-Unruhen in Böhmen. Seit 1424 werden die Reichsinsignien „für ewige Zeit" aus der Karlsburg bei Prag nach Nürnberg verbracht. 1425 wird der Stadt- und Handelspatron Sebaldus in Rom kanonisiert und steht damit endlich gleichberechtigt neben den Heiligen der benachbarten Bischofsstädte. Als aber die Osmanen 1453 Konstantinopel erobern, bis zur Donau vordringen und durch ihre Handelssperre den Seeweg wie den Landweg der Nürnberger in den Orient zu verriegeln suchen, wird die Noris um die Wende vom 15. zum 16. Jahrhundert gezwungen, das Gewicht ihres Handels auf die Atlantikhäfen zu verlagern. In Lissabon, dem westlichen Erben Venedigs, in Antwerpen, Sarragossa und Lyon entstehen Nürnberger Vertretungen und Faktoreien. Sie dirigieren den Überseehandel nach Amerika und Indien, zum Teil durch seefahrende Kaufleute. Handelsplätze und Handelswege in Osteuropa und im Orient werden deshalb nicht aufgegeben. Der barbarische Markgrafenkrieg behindert zwar seit 1449 die reichsstädtische Ostpolitik. Dennoch führen nun die Handelsstraßen von Krakau nach Lyon und Lissabon, von Venedig und Lissabon nach Lübeck, von der Donau nach Frankfurt und Antwerpen — alle kreuzen den Umschlagplatz Nürnberg. Durch Erfinder, Entdecker, Humanisten und Künstler wird Nürnberg zum Magneten. Sein Geld und „Tand" sind in aller Welt gefragt. Als erster Territorialstaat nimmt die Noris 1525 die Reformation an und erklimmt dadurch — trotz aller damit verbundenen Schwierigkeiten — ihren Höhepunkt.

Von einem wahrhaft genialen Verfassungs- und Wirtschaftspolitiker des Spätmittelalters, Marcus von Nürnberg, fehlen uns nahezu sämtliche persönliche Daten. Fest steht nur seine Herkunft aus Nürnbergs wirtschaftlicher Führungsschicht. Seit seiner ersten urkundlichen Nennung (1392 in Krakau) erscheint er als Repräsentant großer Nürnberger Unternehmen: der Handelshäuser → Stromeir, Flexdorfer & Zenner, → Kamerer & Seiler, die für Fernhandel, Geldgeschäft, Montanwesen und gewerbliche Innovationen marktbeherrschende Stellungen in Ostmitteleuropa suchten. Dabei ging es um Gold, Silber, Kupfer und Blei in den Sudeten- und Karpatenländern, die damals ungefähr zu je einem Drittel der Welterzeugung beitrugen. In diesem Konkurrenzkampf bediente sich die internationale Hochfinanz — zu den drei oberdeutschen Firmen kamen noch die Medici und Bardi aus Florenz — aller politischen Mittel.

Im Hintergrund stand der Thron Groß-Ungarns, der zwischen 1383 und 1403 von drei Anwärtern beansprucht wurde: den beiden Italienern Karl und Ladislaus von Anjou-Neapel und dem Deutschen → Sigismund von Luxemburg. Alle drei waren auf Geld und Hilfe ihres nationalen Großkapitals angewiesen. Sigismund konnte sich schließlich durchsetzen. Im Jahr 1395, dem Jahr seines Erfolges, wurde auch der wichtigste Wirtschaftsfunktionär der Stephans-Krone ausgewechselt. An die Stelle des Medici-Repräsentanten Venturi trat (bis 1415) Marcus von Nürnberg, abwechselnd oder gemeinsam mit einem zweiten Nürnberger: → Ulrich Kamerer. Sie waren „Kammergrafen", d. h. höchste Amtsträger der Berg- und Münzkammern, also der Prägestätten Ungarns in den Gold-, und Silber-Bergbaustädten Kremnitz, Schemnitz, Kaschau, Frauenseifen oder Offenburg-Hermannstadt. Von 1399 bis 1405 war Marcus sogar Oberstkammergraf aller Münzprägestätten der Stephanskrone. Die unter ihm geprägten Goldgulden tragen als Kennzeichen seine Initiale „M", zuweilen kombiniert mit einem Symbol ✝, einem Firmenzeichen der Stromeir. Das einzige von Marcus erhaltene Siegel auf einem Brief an die preußische Hansestadt Thorn zeigt einen Königskopf, also ein Hoheitszeichen. So fehlen weitere Indizien für eine genauere Zuordnung des Marcus.

König Sigismund und Marcus nahmen nach ihrem Erfolg eine große Reform der Staats- und Wirtschafts-Verfassung Ungarns in Angriff. Anstelle des damals in Europa üblichen, wirtschaftshemmenden Binnenzoll-Systems führte der König auf Rat von Marcus ein Grenzzoll-System mit einheitlichem Tarif ein, den „Dreißigst" (= $3\frac{1}{3}$ %), und verlegte die Zollhauptstellen in die Grenzstädte Ungarns. Generalpächter der gesamten Zolleinnahmen — gegen Vorschuß in die königliche Kasse — wurde ein oberdeutsch-ungarndeutsches Konsortium mit Marcus an der Spitze. Mit der Handhabung der Zollpraxis an den Grenzen bekam Marcus ein starkes Instrument für kommende außenwirtschaftliche Auseinandersetzungen in die Hand. Hinzu kamen 1405 die Vereinheitlichung aller Maße, Gewichte und Münzen, die Monopolisierung des Geld-Wechsels und des Ex- und Imports von Bunt- und Edelmetallen bei der königlichen Kammerverwaltung, deren Amtschef Marcus war. Mit diesen Waffen führte und gewann er 1405—06 den Wirtschaftskrieg um den Kupferexport Ungarns, der über die schiffbare Weichsel durch Polen und zu den Weltmärkten lief. Dabei erlangte er auch die Herrschaft über die Blei-Vorkommen Polens, die vorher die deutschen Kaufleute von Krakau innehatten. Blei war unentbehrlich zur Abscheidung des Silbergehalts aus dem Kupfer Ungarns.

Der König und Marcus wandten das gleiche Instrumentarium auch gegen die Seerepublik Venedig an, als diese sich 1409 der ungarischen Adria-Häfen in Dalmatien bemächtigt hatte. Um gegenüber den Importen aus der Mittelmeerwelt und der Levante autark zu werden, erschloß Sigismund mit Hilfe der von Marcus repräsentierten oberdeutschen Firmen den Handel über die Donau zum Schwarzen Meer. Mit der von dort bezogenen Baumwolle baute er ab 1411 in Kaschau auf Initiative von Marcus und Ulrich Kamerer eine ungarische Textilindustrie auf. Unterwegs nach Aachen zur Königskrönung ließ sich Sigismund 1414 in Nürnberg zusammen mit Marcus die Stromeir'sche Papiermühle vorführen. Er wurde fachkundig beraten, um zuhause die Papierfabrikation einführen zu können.

Als römisch-deutscher und ungarischer König holte Sigismund nun zum großen Schlag aus. Er sperrte ab 1412 alle Grenzen, Häfen und Handelsstraßen seiner beiden Großreiche für den Venetianer Handel. Er ließ durch Verhandlungen der zu seinen Gesandten erhobenen Vertreter der oberdeutschen Handelshäuser mit europäischen und orientalischen Mächten, Napoleons Versuch von 1806 vorwegnehmend, alle großen Häfen schließen und durch eine „Kontinentalsperre" Venedigs Handel lahmlegen. Der Plan, der die Handschrift von Marcus trug, mußte zwar langfristig scheitern, versetzte aber Sigismund, anders als später Napoleon, in die Lage, beim Friedensschluß 1433 mit dem Inselreich vorteilhafte Kompromisse für die Wirtschaft seiner Länder zu erzielen.

Zum letzten Mal wird Marcus 1418 in Konstanz genannt, wo der Reichstag 1415 und 1418 parallel zu jenem Großen Konzil zusammengetreten war, das dank Sigismunds Initiative die große Kirchenspaltung beendete. Wie in Ungarn im Jahre 1405, so sollte auch im „Heiligen Römischen Reich deutscher Nation" die Verfassung („Goldene Bulle", von Karl IV., dem Vater Sigismunds, 1356 erlassen) im Sinne einer Stärkung der Zentralgewalt reformiert werden. Für beide Reformen gilt Marcus als Urheber, für Ungarns Reform ist er als solcher bezeugt. Dort hat er ein in der Verfassung verankertes Bündnis zwischen König, niederem Adel und freien Städten vorgesehen und als Gegengewicht zu Willkür und Egoismus der Magnaten, die gegen den König standen, auch für etliche Jahre durchgedrückt. Das hielt bis zur Invasion der Osmanen, wo Sigismund, auf das militärische Aufgebot der Magnaten angewiesen, die Reformen wieder fallen lassen mußte. Im „Heiligen Reich" ging es parallel dazu um ein Bündnis zwischen König, Reichsstädten und niederem Adel. Die Willkür der gegen die Königsmacht frondierenden Kurfürsten sollte eingedämmt werden. 1422 erreichte Sigismund zwar die reichsrechtliche Privilegierung für die Ritterschaft, sich korporativ zusammenzuschließen und die Reichsstädte in ihren Bund aufzunehmen. Aber die vielen kleinen Reichsstädte Schwabens verweigerten sich trotz aller Bemühungen der Ulmer und besonders der Nürnberger Ratsherren dieser Verfassungsreform, die der deutschen Geschichte eine Wende zum Besseren geben wollte. *St*

Hans Rosenplüt · Rotschmied und Dichter   um 1400 bis nach 1460

Das Bürgerverzeichnis der Reichsstadt Nürnberg von 1426 erwähnt Rosenplüt als einen von außen zugezogenen Taglöhner im Handwerk der „Sarwürcht", der Panzerhemdmacher. Schon ein Jahr später wurde er Meister und wohnte in der Vorstadt vor dem Laufertor. Das von ihm ausgeübte, heute fast vergessene Handwerk der Panzerhemd- oder Kettenhemdenmacher war im Spätmittelalter schon im Absteigen begriffen. Das Kriegshandwerk erreichte durch die Modernisierung der Waffentechnik eine neue Qualität. Rosenplüt beschäftigte in seiner Werkstatt nur einen Gesellen und keinen Lehrling; er war offenbar in seinem Handwerk nicht sehr erfolgreich. Dies ist vielleicht auch eine Erklärung dafür, daß er mit Hausstand und Werkstatt in den ersten sieben Jahren nach dem Erwerb des Bürgerrechts mindestens viermal innerhalb der Stadt umzog. Rosenplüt scheute das Risiko nicht! Mit einem Wechsel in das Handwerk der Rotschmiede, d. h. der Messinggießer, wagte er einen beruflichen Neubeginn. Er legte auch in diesem Handwerk die Meisterprüfung ab. Der Messingguß mit seiner besonderen Verwendbarkeit für die Geschützherstellung wurde im 15. Jahrhundert zu einer Spezialität der Reichsstadt. Nürnberg entwickelte sich zu einem der beiden Orte, die bis weit über die Renaissancezeit hinaus des Reiches größte Waffen- und Geschützproduzenten für den europäischen Kontinent und die Mittelmeerländer waren.

Rosenplüts „Umschulung" — bisher Herstellung von Verteidigungsgerät, nun Produktion von Angriffswaffen — brachte Erfolg. 1444 wurde er vom Rat der Stadt als Büchsenmeister, und damit als anerkannter Geschützfachmann, angestellt. Die damit verbundene Auszeichnung bedeutete im aufblühenden Handwerkerbürgertum des Spätmittelalters auch soziale Anerkennung. In den Auseinandersetzungen der Jahre 1449/50 mit Markgraf Albrecht Achilles von Brandenburg gehörte Rosenplüt an nicht unbedeutender Stelle zum Nürnberger Kriegsaufgebot.

Die Ernennung zum geschworenen Meister des Rotschmiedehandwerks, d. h. zum Vorsteher dieses Handwerks, folgte in den fünfziger Jahren und belegt fachliches Können, Berufserfahrung und gewachsenes Ansehen. Er machte jedoch schon lange vorher durch eine andere Begabung auf sich aufmerksam: er war Dichter und schrieb das erste Lobgedicht auf die Noris. Sein erstes historisch belegbares Gedicht stammt aus dem Jahre 1427. Er pflegte vorzugsweise die literarische Form des spätmittelalterlichen Spruchgedichts, das seit dem 13. Jahrhundert in Deutschland bekannt war. Aber auch in anderen literarischen Gattungen war er zuhause. Er gehörte nicht zu den Meistersingern, muß aber als der erste einer Reihe von Handwerkern gesehen werden, die einen neuen, insbesondere in Nürnberg aufkommenden Autorentypus vertreten: Handwerker als grundsolide Reimeschmiede, die sich ausdrücklich auf die reichsstädtische Bürgerschaft bezogen; Dichtung als Neben- oder Feierabendbeschäftigung. Rosenplüt verschrieb sich zunächst dem Fastnachtspiel, mit dem innerhalb des Freiraums kurz vor Beginn der Fastenzeit gesellschaftliche und politische Mißstände angeprangert werden konnten. In unverhüllter, teilweise derber Sprache, aber auch ernst und nachdenklich drückte er in einer für ihn charakteristischen Weise aus, was „das gemeine Volk" dachte und bewegte. Er machte zusammen mit dem aus Worms zugewanderten → Hans Folz Nürnberg zum spätmittelalterlichen Zentrum des deutschen Fastnachtsspiels.

Dazu kam ein umfangreiches Spruchwerk, eine größtenteils noch unerforschte Fundgrube für die Wissenschaft. Mit Reimpaarsprüchen volkstümlichen oder auch belehrenden Inhalts brachte er Erbauliches unter die Leute. Die bekannteste Kleinkunstform, das Priamel, in dem mehrere aufeinanderfolgende und sich steigernde Aussagen in einem überraschenden Schlußvers pointenhaft zusammengefaßt sind, wurde durch Rosenplüt zu einer festen Literaturgattung entwickelt. Sein wohl berühmtestes Gedicht ist ein 1447 erschienener Lobspruch auf die Stadt Nürnberg; ein Novum, mit dem erstmals in deutscher Sprache das Selbstbewußtsein des reichsstädtischen Bürgertums Ausdruck fand.

> „. . . O Nürmberg du vil edler fleck
> dein eren polz steckt an dem zweck
> den hat dein weisheit dor an geschossen
> die wahrheit ist in dir entsprossen. . ."

Rosenplüt nannte sich in den Schlußzeilen seiner Gedichte „Schnepper" oder „Schnepperer", setzte gleichsam eine Signatur, deren Herausnahme Zerstörung des Reims wie des Metrums bewirkt; ein mittelalterlicher Vorläufer unseres „Copyright"? In einem seiner Gedichte formulierte er selbst: „Hans Schnepperer ist er genannt. . . der ihn einen großen Schwätzer nennt, tut keine Sünde daran." Nach neuesten Forschungen ist dieser im Sinne eines redegewandten Poeten zu interpretierende Beiname ab 1429 in allen städtischen Urkunden als offizieller Name Rosenplüts zu finden. Ein Übername wurde damit zum Bürgernamen, ja zum Markenzeichen des Dichters (vgl. Jörn Reichel; Hans Rosenplüt genannt Schnepperer). Das letzte datierbare Gedicht Rosenplüts stammt aus dem Jahre 1460. Danach wird er in keiner historischen Quelle mehr erwähnt.

Mit seinem Tod verliert sich die Spur seines Geschlechts. In Rosenplüts umfangreichem Werk manifestiert sich besonders augenfällig die Abwendung von der höfisch orientierten und die Hinwendung zur bürgerlichen Poesie. Er hat den Beginn einer für das Spätmittelalter in Nürnberg eigentümlichen Dichtung entscheidend mitgeprägt. Ihr Spannungsbogen reicht über seinen Zeitgenossen Hans Folz quer durch 150 Jahre bis zum Tode von → Hans Sachs. Zu dessen bedeutendsten Vorläufern ist „der Schnepperer" zu zählen. (Zu Nürnberg-Sündersbühl ist eine Straße nach ihm benannt.) *Am*

Markus u. Matthäus Landauer · Maler u. Kaufleute   1396 — 1515

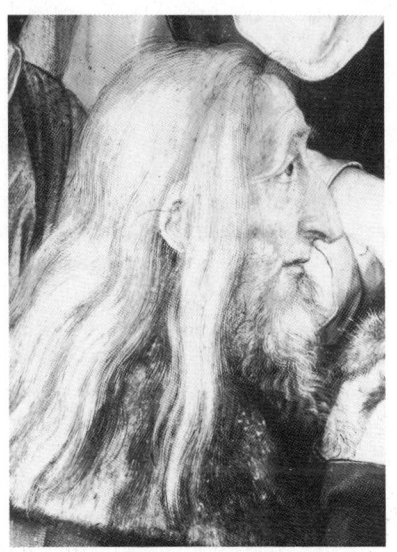

Matthäus Landauer von Albrecht Dürer

Im Zeitraum zwischen 1396 — 1432/33 wandte sich die Malerfamilie Berthold Landauer nach Nürnberg, vom Glanz und Ruhm der Reichsstadt angezogen. Berufliche und verwandtschaftliche Beziehungen zu Sebald Weinschröter, dem Hofmaler Kaiser Karls IV., bewirkten einen raschen Aufstieg, der sich in zahlreichen künstlerischen Aufträgen niederschlug. Die vier Kinder des Meisters Berthold arbeiteten zunächst gemeinsam in der anerkannten Werkstatt mit, bis Markus und Matthäus d. Ä. den Malerberuf aufgaben, mit sicherem Blick erkennend, daß Nürnberg dank seiner vielfältigen und weitreichenden Wirtschaftsverbindungen Möglichkeiten eröffnete, auf dem kaufmännischen Gebiet weit lukrativere Gewinne zu erzielen als auf dem künstlerischen. Der Berufswechsel wurde durch Einheirat in eine bereits Fernhandel treibende Familie erleichtert. Außer Markus war auch der Bruder Matthäus d. Ä. an der damals üblichen „Gesellschaftsgründung" beteiligt, die sich vorwiegend den Ostraum (Zentralen Breslau und Krakau) als offenen Absatzmarkt mit vielfältigem Warensortiment erschloß.

Nürnberg als bedeutender Mittelpunkt der Montan- und Metallverarbeitung bot Markus Landauer einen noch aufnahmebereiten Markt an, dessen Fertigwaren in Form von Waffen vorwiegend nach Innsbruck geliefert wurden. Die damit erzielten Gewinne kamen auch Nürnberg selbst zugute, denn der reiche Waffenlieferant unterstützte tatkräftig und mit beträchtlichen Geldmitteln die Stadt, die im Existenzkampf mit dem Markgrafen Albrecht Achilles lag. Die Handelsverbindungen, die Markus mit Hilfe seiner im böhmischen Raum sitzenden Verwandten pflegte, führten ihn auch auf das politische Parkett; es gelang Landauer nicht nur die wichtigen Transportwege für Salpeter mit offen zu halten. Er war in diesem Gebiet auch ein ausgezeichneter Kundschafter für die Reichsstadt. Denn von dort aus wurden immer wieder gefährliche kriegerische Unternehmungen in Szene gesetzt. Ohne sich jedoch weiter politisch zu engagieren, wurde Markus die Ehre zuteil, zu den „Genannten" zu zählen.

Als Markus im Jahre 1468 schwer leidend verstarb, übernahm der einzige Sohn Matthäus d. J. als Haupterbe ein sehr stattliches Vermögen, das er als versierter Kaufmann gewinnbringend arbeiten ließ. Längst hatte Matthäus in seiner Vaterstadt die entscheidenden Zeichen einer neuen Zeit erkannt, indem er sich mit dem Schwager → Hans Starck einer revolutionären technischen Erfindung bediente, der Saigerung von Schwarzkupfer. Das Jahr 1479 wurde für die neue Gesellschaft entscheidend; denn es gelang, mit Herzog Wilhelm von Sachsen in Weimar den bedeutungsvollen Vertrag über die Errichtung einer Saigerhütte zu Eisfeld bei Coburg abzuschließen. In nur einjähriger Bauzeit nahmen die Unternehmer aus Nürnberg ihren Betrieb im Quellgebiet der Werra auf. Das Rohkupfer kam aus Eisleben, Hans Luther, der Vater → Dr. Martin Luthers, war hier Geschäftspartner. Außerdem bezogen Landauer und Starck Rohprodukte aus Leipzig, Stolberg, Zwickau und Freiberg. Sie wurden auf Spezialwagen herangeschafft. Die zum Saigern erforderlichen Bleisorten nahmen ihren Weg von Goslar, Köln, Frankfurt und Nürnberg nach Eisfeld.

Auf die günstige Geschäftsentwicklung fielen 1512 dunkle Schatten. Die Firma mußte sich eine Reihe gravierender Beschwerden gefallen lassen, die sich auf erhebliche Umweltschäden bezogen. Die Bevölkerung von Eisfeld führte Klage über die Luftverpestung, die Verschmutzung des Wassers und den Ausfall landwirtschaftlich genutzter Flächen. Dazu wurde den Nürnberger Unternehmern das rücksichtslose Abholzen der Wälder angelastet, so daß die Städter an Bau- und Brennholz Mangel hatten. Ob die Verantwortlichen, Herzog und Fabrikherren, Abhilfe geschaffen haben, scheint zweifelhaft, denn beide Parteien waren wohl weit mehr an hohen Einnahmen interessiert.

Bis zu seinem Todesjahr 1515 hat Matthäus d. J. das Unternehmen geleitet und produzierte außer Kupfer auch Messing. Die reichlichen Gewinne legte der letzte Landauer im sicheren Erwerb von Grundstücken in und außerhalb Nürnbergs an. Hatte bereits der Vater Markus erhebliche Beträge für Stiftungen und Kunstwerke ausgegeben, so übertraf ihn der Sohn darin bei weitem. Er beauftragte → Adam Kraft, das Landauer-Schreyer Epitaph, eine dreiteilige Reliefkomposition, an der Ostseite der Sebalduskirche zu schaffen, das 1490 aufgestellt, alle Stürme der Zeiten überstanden hat.

Eine weitere soziale und künstlerische Leistung vollbrachte Matthäus, indem er das Zwölfbrüderhaus erstellen ließ. 1501 wurde der Grundstein gelegt und 1509/10 war der Bau vollendet. In der Stiftung fanden 12 alte arbeitsunfähige Nürnberger Handwerker bis zum Lebensende eine Heimstätte. Diesem Gebäudekomplex ließ Landauer durch den Baumeister → Hans Beheim d. Ä. die Allerheiligenkapelle einfügen, die 1507 erstellt war. Er beauftragte, vielleicht in Erinnerung an seine kunstbeflissenen Vorfahren, keinen geringeren als → Albrecht Dürer, für die Kapelle ein einmaliges Kleinod zu gestalten, das herrliche Allerheiligenbild (heute im kunsthistorischen Museum zu Wien). Der letzte Landauer starb 1515. Er wurde in seiner Stiftung bestattet. Noch heute ruht er dort im einfachen Tertiariergewand, wie die Öffnung seines Grabes 1955 bei den Bauarbeiten am Realgymnasium ergeben hat, zu dem die Allerheiligenkapelle nun gehört. Der Handwerkerfamilie (Maler) war zwar der Eintritt in die Ratsfamilien versagt. Aber ihre Leistungen haben zum Ruhme Nürnbergs bis in die Gegenwart beigetragen und wurden mit der Benennung einer Gasse am Lauferschlagturm, ostwärts der einstigen Stiftungsgebäude, geehrt. *Ah*

Konrad Paumann · Organist und Komponist 1415 — 1473

Aus der Frühzeit Nürnberger Musikgeschichte ragt ein Name heraus, der zunächst für seine Vaterstadt, dann aber für den ganzen südeuropäischen Raum außergewöhnliche Bedeutung gewann: Konrad Paumann, optimus organista, Lehrer und Musiktheoretiker von außergewöhnlichem Format. In den wenigen erhaltenen Musiktraktaten aus dem 15. Jahrhundert ist es immer sein Name, der in der Kunst des Orgelspiels und der Komposition hochgerühmt wird.

Daß die Nürnberger seine Größe von Anfang an erkannt hatten (die Vordersten Losunger → Ulrich und Paul Grundherr nahmen sich seiner Ausbildung an), kann man u. a. aus der Klausel seines Vertrags schließen, die es ihm nicht gestattete, jemals die Stadt ohne Erlaubnis seiner Dienstherren zu verlassen. Dies hinderte ihn freilich nicht daran, schon nach vierjähriger Amtszeit dem verlockenden Angebot aus München zu folgen, als ihm der bayerische Fürstenhof die sechsfache Summe seiner Nürnberger Einkünfte anbot.

Um 1415 in Nürnberg geboren, war der blinde Paumann zunächst von Nürnberger Organisten, Stadtpfeifern und Lautenisten ausgebildet worden. Mit 30 Jahren wurde er Organist an St. Sebald. 1450 ernannte ihn Herzog Albrecht III. zum Hoforganisten, ein Amt, das er auch noch unter den Nachfolgern, den Herzögen Sigmund und Albrecht IV., behielt. Die Vielseitigkeit auf instrumentalem und musiktheoretischem Gebiet muß außergewöhnlich gewesen sein. Daß nur sehr wenige seiner Werke vorliegen, rührt daher, daß er seine Kompositionen selbst nicht aufzeichnen konnte und alles aus dem Gedächtnis spielte. Neben der Erfindung der Lautentabulatur, die man ihm zuschreibt, wird sein Hauptwerk, das „Fundamentum organisandi" in vier Teilen, zur grundlegenden Musiklehre, die im „Lochamer Liederbuch" aus der Nürnberger Zeit und im „Buxheimer Liederbuch" seiner Münchener Jahre zu finden ist.

Auf seinen Kunstreisen wurden Paumann zahlreiche Ehrungen zuteil. So erhob ihn der von seinem Spiel auf den verschiedensten Instrumenten begeisterte Markgraf Ludovico Gonzaga von Mantua in den Ritterstand. Italienische und spanische Fürsten suchten ihn für ihre Dienste zu gewinnen.

Obwohl Paumann die zweite Hälfte seines Lebens in München verbracht hat — er fand nach seinem Tode 1473 dort auch seinen Ehrenplatz in der Münchner Liebfrauenkirche von dem heute noch die Grabplatte unter der Orgelempore zeugt — zählt er doch zu den Nürnberger Meistern. Von hier aus hat er seinen Weg durch die damalige Musikwelt angetreten.   *Gm*

Hans Pleydenwurff · Glasmaler   gestorben 1472

Hans Pleydenwurff hat der Malerei in Nürnberg, die nach dem Tod des mit Namen nicht bekannten, aber bedeutenden Meisters des Tucheraltars (Frauenkirche) in die Mittelmäßigkeit zu versinken drohte, neue Impulse gegeben. Zwischen dem 28. März und dem 10. Oktober 1475 wird er Bürger der Stadt Nürnberg. Die Angabe, er habe bereits 1451 in Nürnberg gelebt, beruht auf einem Irrtum → Georg Lochners. Wahrscheinlich war er vorher in Bamberg tätig, wo 1432 ein Maler Fritz Pleydenwurff erwähnt wird und ein Maler Kunz Pleydenwurff 1435 und 1447 städtische Aufträge erhält.

Schon am 15. Oktober 1457 wird Hans Pleydenwurff genehmigt, aus den Außenbezirken Nürnbergs in die Innenstadt zu ziehen. Wo er seine Wohnung nimmt, ist unbekannt. Am 8. Oktober wird der Kauf des Hauses „Unter der Veste an der Schildröhre" (heute Burgstr. 21) vor den Geschäftsvormündern des verstorbenen Malers → Lukas Landauer beurkundet. Pleydenwurffs spätere Lebensjahre scheinen einen Niedergang gebracht zu haben, der ihn 1471 zwingt, das Haus an den Goldschmied → Sebald Groland zu verkaufen. Ein letzter nachweisbarer Auftrag wird dem Maler 1469 im Testament des → Nikolaus Muffel zuteil. Bereits in Bamberg heiratet er Barbara, die ihm drei Söhne, Hans, Sebald und Wilhelm, schenkt. Wilhelm war offenbar der jüngste der Brüder und wird ebenfalls Maler. Er arbeitet in der väterlichen Werkstatt weiter, nachdem Frau Barbara bald nach dem Tode ihres Mannes (1472) den Maler → Michael Wolgemut heiratete. Wilhelm stirbt bereits 1494 und läßt eine unmündige Tochter, Magdalena, zurück, die im Testament ihrer Großmutter mit 30 Gulden bedacht wird.

Den Nürnberger Urkunden haben wir es zu danken, daß wir erstmals mit Nachrichten zu Leben und Familie eines Malers auch Arbeiten verbinden können, die mit Sicherheit von dessen Hand geschaffen wurden. Blieb auch die von Robert Vischer vorgeschlagene Lesung von Zierbuchstaben an der turbanartigen Kopfbedeckung eines der Zuschauer der Kreuzigung Christi (Alte Pinakothek München) als Künstlermonogramm JP bis heute umstritten, so sicherte die Entdeckung der Reste eines von Hans Pleydenwurff an die Elisabethkirche in Breslau gelieferten Altars auch die Münchner Tafel dem Werk des Meisters. Der Transport des mächtigen Passionsaltars, von dem sich ein Flügel mit der Kreuzabnahme Christi (Germanisches Nationalmuseum) erhalten hat, begleitete der Maler selbst, leitete auch die Aufstellung in der Kirche und nahm am 30. Juni 1462 in Breslau Abnahmebestätigung und Zahlung für sein Werk entgegen. Aus einem Brief, den Vorderster Losunger und Rat der Stadt Nürnberg an die Amtskollegen in Breslau richteten, geht hervor, daß der Künstler den großen Auftrag der Empfehlung der Stadtoberhäupter verdankte.

Komposition und Farbigkeit von Pleydenwurffs Werken verraten die Kenntnis der neuesten Schöpfungen niederländischer Malerei durch Rogier van der Weyden und Dirk Bouts, von denen bereits in der Mitte der Fünfzigerjahre bedeutende Werke auch in Kölner Kirchen zu sehen waren. Hier konnte Pleydenwurff die Verteilung lebhaft agierender Figurengruppen auf die Tiefe des Bildraums kennenlernen und die Wirkungsmöglichkeiten einer farbigen Gestaltung erfahren, die zugleich mit der Vergegenwärtigung des Dargestellten durch ihren Glanz dem Kunstwerk den Charakter des Kostbaren vermittelt. Auch die psychologische Durchdringung eines in seinem Ablauf mit Akribie geschilderten Vorgangs wie die Erfassung der inneren Bewegung der einzelnen Figur, die Pleydenwurffs Werken lebendige Eindringlichkeit verleihen, ist durch die wahrscheinlich persönlich erlebten niederländischen Erfahrungen gefördert worden.

Der Künstler ist bereits fertiger Meister, als er dem Sog folgt, den Nürnbergs pulsierendes Handelsleben auch auf Kunsthandwerker jeder Art ausübte. Nach dem Vorbild niederländischer Devotionsdyptichen entstand möglicherweise vor der Niederlassung in der Reichsstadt in Bamberg das Bildnisdiptychon, das den Domherrn und Subdiakon → Georg Graf von Löwenstein im Gebet vor dem Schmerzensmann zeigt (Basel/Nürnberg GNM). Im Porträt des greisen Klerikers beginnt die Reihe der deutschen selbständigen Bildnisse mit einem Meisterwerk. Mit diesem Porträt, dem Breslauer Altar und dem Kalvarienberg der Alten Pinakothek München, denen noch ein Altarflügel unbekannter Herkunft mit dem hl. Leonhard (Raleigh, USA) zuzufügen ist, sind bereits die Werke genannt, die von dem Maler ganz eigenhändig geschaffen wurden. An einem 1465 vollendeten Altar für die St. Michaelskirche in Hof wurden auch andere Maler, darunter wahrscheinlich → Michael Wolgemut, beteiligt. Die bekannten Daten und die Erfahrung, daß eher ein junger Künstler bereit ist, sein ganzes Schaffen nach Impulsen auszurichten, die von fremder Kunst ausgingen, lassen darauf schließen, daß Hans Pleydenwurff bei seinem Tod im Januar 1472 das vierzigste Lebensjahr kaum überschritten hatte. *Str*

Nikolaus Muffel · Vorderster Losunger 1410—1469

Der Ratsherr und Vorderste Losunger Nikolaus Muffel entstammt einem der ältesten Ratsgeschlechter, das sich erstmals 1286 in Nürnberg nachweisen läßt. Die Familie gehörte wahrscheinlich dem → Dienstmannenstand (Ministeriale) an, zog in der zweiten Hälfte des 13. Jahrhunderts aus der Gegend von Neumarkt (Opf.) nach Nürnberg und fand dort bald Aufnahme in den sich damals bildenden → Ratsfamilien (später Patriziat genannt). Bereits 1332 läßt sich ein Muffel als Mitglied des Rates nachweisen.

Geboren wurde Nikolaus Muffel, dritter Träger dieses Vornamens in seiner Familie, im Jahre 1410. Seine Eltern starben schon in jungen Jahren, so daß er unter der Obhut seiner Großmutter Barbara aufwuchs. Diese soll nach einem Bericht des Enkels dem → König Wenzel bei seinem Aufenthalt in Nürnberg 1387 den Kopf gewaschen haben. Als Dank dafür erhielt sie von ihm ein Stück vom Span des Kreuzes Christi, den Wenzel als Reliquie mit sich führte.

Als der junge Mann im Jahre 1425 nach damaligen Recht mündig wurde, trat er das Erbe eines ansehnlichen Besitzes an. Als Reichslehen gehörten dazu Eschenau, das nahe davon gelegene Eckenheid und, etwas weiter entfernt, Ermreuth. Hinzu kamen noch mehrere Güter in verschiedenen Dörfern. Im Alter von 21 Jahren heiratete Nikolaus Muffel Margarete von Laufenholz. 1433 wurde er in den Rat der Stadt gewählt, dem er von da an ununterbrochen bis zu seinem Tode 1469 angehörte. Erfolgreich durchlief er die damalige Ämterlaufbahn. 1443 wurde er Älterer Bürgermeister, zwei Jahre später einer der sieben Älteren Herren. Während der folgenden Jahre war der Ratsherr wiederholt als diplomatischer Vertreter der Reichsstadt tätig. Seit 1444 vertrat er die Nürnberger Interessen nahezu vier Jahre lang beim Schwäbischen Bund in Ulm. Nach dem Ausbruch des Ersten Markgrafenkrieges 1449 sandten ihn die Ratskollegen an den königlichen Hof in Wiener Neustadt, um zu Gunsten Nürnbergs auf → König Friedrich III. einzuwirken. Aus über 170 Briefen des Rates an ihn (bis heute erhalten) wissen wir von seiner vielseitigen Tätigkeit.

Den äußeren Höhepunkt seiner Gesandtschaft bildete für Muffel die Teilnahme am Italienzug des Königs. Er stand an der Spitze der Nürnberger Abordnung und war verantwortlich für die Mitführung der Reichskleinodien zur Kaiserkrönung im März 1452 zu Rom. Stolz schreibt er selbst über seine Beteiligung an diesem Ereignis: „Do nam ich aller Freyheit der Stat Bestetigung und sollig Freyheit erwarb ich unter der Messe in sant Peters Munster, ee dann nyemantz kein Freyheit erwarb, und wurde erlichen gehalten vom Babst und vom Keyser, dann ich furet mit mir Keyser Karls Cron und auch die Zierde, zu den keyserlichen Wirden gehornde . . . Item kein Potschaft von den anderen Reichsteten wurd also geert als die Stat Nuremberg: Die het den grosten Namen." Nach weiteren drei Jahren kehrte Muffel 1455 endgültig nach Nürnberg zurück. Der Rat ist mit seiner diplomatischen Tätigkeit zufrieden gewesen. Muffel hatte die ihm gestellten Aufgaben erfolgreich erfüllt.

Nach seiner Wahl zum Vordersten Losunger 1457 stand Muffel zusammen mit dem zweiten Losunger an der Spitze des Rates und damit der Stadt. Den Losungern oblag die gesamte Finanzverwaltung, also Steuereinnahmen und Rechnungslegung. Aller Schriftverkehr ging durch ihre Hände. So entsprach dieses Amt einerseits dem des heutigen Oberbürgermeisters, andererseits reichte es weit darüber hinaus, da die Reichsstadt als Stadt-Staat zugleich Landesherrschaft ausübte und selbständige Außenpolitik betrieb. Nikolaus III. Muffel hatte den Gipfel seiner Laufbahn erreicht. Er hatte das höchste Amt erklommen und war aller Würden teilhaftig, war umgeben von einer Kinderschar, belehnt mit reichem Grundbesitz und bewohnte ein stattliches Haus am Egidienberg. Da kam es 1469 für ihn zum überraschenden, tragischen Sturz.

Man warf dem Vordersten Losunger Unterschlagung öffentlicher Gelder und Verrat von Amtsgeheimnissen an den Ansbacher Markgrafen vor. Es kam zu Anklage und Gerichtsverhandlung. Der Grund für die Unterschlagung war Muffels fanatische Sammelleidenschaft von Reliquien. Sie war ein Ausdruck der Frömmigkeit damaliger Zeit, die sich bei ihm extrem gesteigert hatte. Darüber schreibt er selbst: „Dann die allergröst Müe ist mir gewest mit dem Heiligtum (=Reliquien), das ich daz also vil zu wegen bracht han; dann ich was in Meynung, des Heyligtumbs so vil zu erreichen, das ich alle Tag durch das Jar eins Heiligen Gepein gehabt het, also das der Ablass der 800 Tag alle Tag do gewest were, des ich aber in den 33 Jaren nicht zu wegen bringen mocht." Insgesamt brachte es Muffel auf 308 Reliquien.

Ihr Ankauf überstieg wohl erheblich seine Mittel; hinzu kamen Verluste an Einkünften, z. B. durch die Einäscherung von Eschenau im Markgrafenkrieg oder durch die Verwicklung in den Konkurs → Anton Baumgartners. Das führte zur Aufnahme von Darlehen und zur Verpfändung ihm gehöriger Dörfer. Um in dieser wirtschaftlichen Notlage geliehene Gelder zurückzahlen zu können, entwendete er im Sommer 1468 aus der Kasse der Losungsstube tausend Goldgulden. Dabei wurde er ertappt; doch ging man erst im Februar 1469, als Muffel sich einen Bruch des Amtsgeheimnisses zu Schulden kommen ließ, gerichtlich gegen ihn vor. Fraglos, Muffel hat schwere Schuld auf sich geladen. Daß man jedoch in einem kurzen Prozeß am 28. Februar 1469, in dem die Folter nicht ausgespart wurde, um ein entsprechendes Geständnis zu erpressen, die Höchststrafe verhängte und auf Gnadengesuche nicht reagierte, hat immer wieder Fragen nach der Rechtmäßigkeit des Verfahrens aufkommen lassen. Der schmähliche Tod durch den Strang, am Tag des Urteils vollzogen, hat wohl seinen

Grund in dem selbstherrlichen und hochmütigen Auftreten des Schuldigen gegenüber seinen Ratskollegen. Hier liegt vermutlich die eigentliche Ursache; denn durch sein Verhalten hatte sich Muffel allerhand Feindschaft zugezogen. Der Enkel Jakob Muffel (1471–1526) gehörte als einer der sieben Älteren Herren wieder dem Rat an. Besonders bekannt wurde er durch sein von Albrecht Dürer gemaltes Porträt. An ihn erinnert die Jakob-Muffel-Straße. *Hi*

Erhard Schürstab · Bürgermeister   † 1461

In der Mitte des 15. Jahrhunderts gehörte Erhard Schürstab „am marck pey dem schon prunnen gesessen" zu jenen führenden Männern, die politische Verantwortung trugen. Die erstmals im Rat vertretene Familie hat sich schon durch den gleichnamigen Vater († 1439) große Verdienste erworben. Nach ihm wurde Erhard Schürstab 1440 in den Rat gewählt und blieb darin als Bürgermeister bis zu seinem Tode.

Noch vor 1449 erkannte der Rat der Stadt die Gefahr eines Krieges mit dem Zollern-Markgrafen Alcibiades. Er erließ Gebote an die Bürger, Korn und Salz, Pferde und Harnische in Bereitschaft zu halten. Erhard Schürstab sammelte alle „Ordnungen" und hinterließ sie uns als Niederschrift. Als einer der sechs gewählten Kriegsherren führte er am ersten Kriegstag im Jahr 1449 Truppen ins markgräfliche Gebiet. Höchste Verantwortung trug er als wortführender Bürgermeister. Anfang 1450 ließ er die Bevölkerung Nürnbergs als Unterlage für die Lebensmittelversorgung zählen. Sie betrug ohne die Tausende der in die Stadt geflüchteten Bauern 20 219 Einwohner. Die Geschichte des ersten Markgrafen-Krieges 1449/50 ist ihm zu verdanken. Als sein schriftliches Denkmal ist sie erhalten geblieben. Wegen seiner ungewöhnlichen Verdienste im Krieg stieg er 1455 zum Vordersten Losunger auf.

Der Wohlfahrt der Stadt verpflichtet, ließ er 1459 Brunnen und Wasserleitungen erfassen, damit diese Versorgung gewährleistet blieb. Nach einer kinderlosen Ehe mit einer Stromerin, schenkte ihm eine Muffel einen Sohn. Mit → Agathe Drechsler als dritter Ehefrau hatte er sieben Söhne und eine Tochter. Seinem Testament entsprechend wurde er 1461 in des Vaters Grab beigesetzt. *scha*

Niklas Staud · Rotschmid, Bergwerksunternehmer   † 1484

Er stammte aus einer 1370 nachweisbaren Rotschmiedsfamilie und wohnte in der Ledergasse im väterlichen Haus. Er besaß aus der Ehe mit Katharina, des → Fritz Kreß und der → Barbara Stromer Tochter, drei Söhne und eine Tochter. Der frühe Besitz von Bergwerksanteilen regte seinen ingeniösen Verstand an, selbst Werkzeuge zu entwickeln, die der Entwässerung ertrunkener Bergwerke dienten. Dadurch wurde er zu einem in Mitteleuropa gesuchten Fachmann. Eine transportable Bulgenkunst (eine Paternoster-Maschine mit ledernen Wasserkübeln) setzte er 1473 zum Ausschöpfen des Silber- und Kupferbergwerkes Hohenhorst bei Schneeberg ein; parallel dazu taten die Wolf v. Wolfsberg, → die Welser und die → Imhoff das gleiche. Niklas Staud arbeitete aus gleichem Grunde an dem Kupferbergwerk „zum Heiligenborn" im Stolbergischen, dem Silberbergwerk „zum Drachen" am Harz und 1477 am einstigen Kupferbergwerk zu Naila. Auch in Venetien war er tätig und führte von dort seine Maschinen über Nürnberg 1477 nach Schneeberg, das ihm zur zweiten Heimat wurde. In der Umgebung des Erzgebirgstädtchens besaß er wenigstens ein Silberbergwerk mit Hütte. Dem Chronisten von Schneeberg, Christian Meltzer, hat 1684 eine inzwischen verschollene Handschrift von Niklas Staud vorgelegen mit dem Titel „Der Aufstand". Darin wußte er vom Handel mit Kuxen berühmter Zechen und von den Arbeiten mit eigenen Erfindungen zu berichten. So ist er, schon früh Ingenieur; 1482 auch in Olkusz in Polen gewesen, wo er dem Krakauer Bergherren Thurzo dessen Bergwerke auspumpt. Thurzo und Kilian Staud, Sohn des Niklas, ließen sich 1487 von König Kasimir IV. Patente auf die Staud'schen Wasserkünste, „dwa zugy rören", geben. Niklas Staud ist 1484 auswärts von Nürnberg gestorben — vielleicht in Schneeberg. *scha*

Sigismund Meisterlin · Chronist um 1420 bis nach 1491

Sigismund Meisterlin stammt nicht aus Nürnberg und hat auch nur etwa ein Dutzend Jahre in der Nürnberger Gegend gelebt, spielt aber für die Historiographie der Reichsstadt eine bedeutende Rolle. Wir kennen weder Geburts- noch Todesjahr, weder Heimat- noch Sterbeort dieses Mannes. Fünfzehnjährig, so berichtet er uns, trat er in das Augsburger Benediktinerkloster St. Ulrich und Afra ein, doch das Datum dieses Ereignisses ist ebenfalls nicht überliefert. Erste sichere Daten haben wir aus den fünfziger Jahren des 15. Jahrhunderts. Im Jahre 1456 vollendete Meisterlin seine erste schriftstellerische Arbeit, eine „Chronographia Augustensium", die er auf Wunsch des Augsburger Bürgermeisters → Sigismund Gossembrot verfaßt hat. Einen Teil dieser Stadtchronik übersetzt er anschließend ins Deutsche; Anfang 1457 kann er dem Rat der Stadt Augsburg diese Fassung überreichen.

Im April desselben Jahres zieht Meisterlin zu Studienzwecken nach Italien und verbringt den größten Teil dieser Zeit in Padua, wo er in dem Reformkloster St. Justina wohnt. Neben dem kanonischen Recht beschäftigt ihn der italienische Humanismus. Sein ausgedehnter Briefwechsel aus dieser Zeit ist überliefert, und unter den Adressaten taucht auch → Hermann Schedel auf, der seit 1455 Stadtarzt in Augsburg ist. Von Ulrich Gossembrot, dem Sohn des Augsburger Bürgermeisters, der zur selben Zeit in Padua studiert, gibt es eine wenig günstige Schilderung von Meisterlins Charakter. Er klagt über die zänkische und leicht erregbare Natur des Benediktinermönchs. Zahlreiche Zeugnisse bestätigen diese Veranlagung Meisterlins.

Nach seiner Italienzeit finden wir Meisterlin 1462 als Novizenmeister in St. Gallen, danach in Murbach, Öttingen und 1476 als Prediger in Würzburg. Bald hernach kommt er nach Nürnberg, wo auch Hermann Schedel schon seit 1467 ansässig ist. Meisterlin ist hier zunächst Prediger und Bibliothekar an St. Sebald und gerät alsbald in eine so heftige Kanzelfehde mit dem Nürnberger Dominikanermönch Peter von Kaden, daß der Rat sich zum Einschreiten genötigt sieht.

Im Jahre 1481 übernimmt Meisterlin die Pfarre von Gründlach (Großgründlach), und nun entstehen seine wichtigsten historiographischen Werke. Zunächst schreibt er auf Anregung des Abtes seines Heimatklosters das „Chronicon ecclesiasticum augustanum", eine Geschichte der Heiligen, Bischöfe und Äbte von Augsburg, sowie einen „Index monasterii ss. Udalrici et Afrae". Für beide Werke hat er lange Zeit Quellen über die Geschichte seines Klosters gesammelt. Nicht nur Chroniken, Annalen, Werke klassischer Schriftsteller und der Kirchenväter sind darin verwertet, sondern auch Inschriften, Wandmalereien und die Grabsteine von Äbten und Bischöfen dienen ihm zur historischen Erkenntnis. Die Geschichte seiner Klosterbibliothek hat er mit Erfolg erforscht.

Meisterlins Tätigkeit für die Nürnberger Geschichte beginnt mit einer „Vita S. Sebaldi", und zwar in offiziellem Auftrag. Nach zähen Verhandlungen in Rom hatte Nürnbergs Obrigkeit durch den Lorenzer Pfarrer → Konrad Konhofer die Kanonisation ihres im Laufe des 13. Jahrhunderts zum Patron der Reichsstadt gewordenen Heiligen erreicht: am 26. März 1425 war Sebald von Papst Martin V. heiliggesprochen und sein Kult durch eine päpstliche Bulle vorgeschrieben worden. Aber Aufnahme in die Liturgie fand der Nürnberger Heilige den-

noch kaum, und die vielen Widersprüche in den einzelnen Versionen seiner Legende nähr-
ten das Unbehagen der Geistlichkeit in der Diözese Bamberg. In dieser Situation wird
Meisterlin vom Nürnberger Rat damit beauftragt, eine Neufassung der Sebaldsvita zu
schreiben. Als gelehrter Humanist versucht er im ersten Entwurf, die Legende auf historische Tatsachen zurückzuführen und läßt die meisten der vom Nürnberger Volk verehrten
Sebaldswunder aus. Dies stieß begreiflicherweise in Nürnberg auf Widerspruch, und
Meisterlin schrieb seine zweite Fassung der „Vita S. Sebaldi", die uns im Original überliefert
ist. Sie enthält, was man sich seit Jahrhunderten vom Stadtpatron erzählte.
Den Plan zu einer Chronik der Reichsstadt Nürnberg faßte Meisterlin nach der ersten und
vor der zweiten Fassung seiner Sebaldslegende. Bei der Anlage dieser Arbeit ist → Enea
Silvio sein wichtigstes Vorbild; ein Hauptziel seiner Darstellung ist verfassungsgeschicht-
licher Art: die Beziehungen zwischen Stadt und Reich, zwischen Bürgerschaft und Burggraf,
zwischen Ratsfamilien und Handwerkern. Den angeblich römischen Ursprung der Stadt,
den bis zu → Müllner hin viele Generationen als unbestreitbar annehmen, „verdankt" die
Nürnberger Chronistik Sigismund Meisterlin. Der erste Teil der „Nieronbergensis cronica"
ist 1485 vollendet. Die anschließende deutsche Bearbeitung von 1488 ist keine Übersetzung
der lateinischen Fassung, sondern eine freie Umgestaltung des Stoffes. Sie ist ein wichtiges
Denkmal aus der Frühzeit der deutschen Prosa. Meisterlin erreicht hier Verständlichkeit bei
der Verwendung der Muttersprache zur Historiographie. Als deutscher Geschichtsschrei-
ber war Meisterlin der erste, der planmäßig Quellenstudien betrieb. Nürnberg verdankt ihm
die erste alte Geschichte der Stadt, die für Generationen zur festen Grundlage späterer Tradition wird. Ein Jahr nach Vollendung der deutschen Nürnberger Chronik wird Meisterlin
1489 Pfarrer in Feucht. Zwei Jahre später verläßt er die Nürnberger Gegend. Seine Spur
verliert sich.   *K*

Wilhelm Löffelholz · Diplomat und Ratsherr   1424 — 1475

Bis zu den Bombennächten des Zweiten Weltkrieges war auf dem
Gang des zweiten Obergeschosses im Nürnberger Rathaus das „Gesel-
lenstechen" von 1446 zu sehen. Reste davon finden wir an gleicher
Stelle und im Stadtmuseum Fembohaus bis heute. Abbildungen davon
liegen bis heute in den Archiven der Stadt und der alten Ratsfamilien.
Das Stuckrelief auf der Decke zeigte ein Turnier, das zur Hochzeit des
Wilhelm Löffelholz mit → Kunigunde Baumgartner, Tochter eines sehr
einflußreichen Ratsherrn, ausgerichtet worden war. Es besiegelte die
Aufnahme der erst seit einer Generation in der Noris ansässigen Bamberger Ministerialen-
familie in den Nürnberger Rat. Der Vater des Bräutigams wandte sich von Bamberg nach
Nürnberg, hielt 1423 „alhier uf der vesten" Hochzeit mit Barbara, der Tochter des Otto
Hayd (erster reichsstädtischer Pfleger der den zollernschen Burggrafen durch die Stadt
abgekauften Burggrafenburg). Wilhelms Geburtsjahr (1424) ist symbolhaft identisch mit
dem Jahr, da die Reichskleinodien nach Nürnberg überführt wurden. Im Jahr darauf folgte
die → Sebald-Kanonisation. Mit dem Stuckrelief von 1446 wurde — zusätzlich zum Machtzuwachs durch die neuerworbene Burggrafenburg — die Reichskleinodien und die Heiligsprechung Sebalds — ein viertes Privileg dokumentiert: Die Wappen- und Lehensfähigkeit
der Nürnberger Ratsfamilien, die von der Reichsritterschaft bestritten worden war, die aber
durch das Relief im Rathaus und das Wappen an der Vorhallenbrüstung der Kaiserkirche
(Frauenkirche) mit dem altrömischen SPQR (Senatus Populusque Romanus) neben den
Wappen des Reiches, der Kurfürsten und der Stadt dokumentiert wurde. Der Mehrung von
Macht und Ansehen Nürnbergs hat Wilhelms nur kurz bemessenes Leben gegolten. Er

wurde in Pilsen ausgebildet, um „Latein und die Sprachen zu lernen", tut sich dann zunächst im Ersten Markgrafenkrieg beim siegreichen Gefecht am Pillenreuther Weiher (1450) an der Seite des Feldhauptmanns Kunz von Kaufungen hervor, wird 1454 in den Inneren Rat gewählt und steigt bis zum Septemvir und Kriegsobersten Hauptmann auf, hat aber auch vielfältige diplomatische Missionen zu erfüllen. Im unruhigen 15. Jahrhundert — ständige Fehden, Plackereien mit dem Landadel, Überfälle auf Nürnberger Kaufmannszüge — muß Wilhelm vermitteln und Streitigkeiten beilegen. Diplomatische Aufträge führen ihn zu den Bischöfen von Würzburg und Bamberg, zu Bayerns Herzögen, zum pfälzischen Kurfürsten und an den kaiserlichen Hof nach Wien. Er mußte zusammen mit → Nicolaus Muffel Unruhen im Mainstädtchen Heidingsfeld beilegen. Besonderen Ärger hatte Löffelholz mit dem Straßenräuber Peter Schüttensamen aus Bayreuth der u. a. den Gütern der Familie im Bambergischen großen Schaden zufügte, auch den Seehof (offenbar Vorgänger des späteren bischöflichen Sommerschlosses) niederbrannte und nach Ergreifung (1474) vom Rat der Stadt hingerichtet wurde.

Besondere Meriten hat sich Löffelholz erworben, als es darum ging, die kirchliche Selbständigkeit Nürnbergs gegenüber Bamberg — schon hundert Jahre vor der Reformation — aufgrund mehrerer päpstlicher Privilegien zu erreichen. Er hat sich mit dieser Idealvorstellung, die zwei Jahre nach Wilhelms Tod mit der Gründung der beiden selbständigen Propsteien durch Papst Sixtus IV. im Jahr 1477 Wirklichkeit wurde, völlig identifiziert. Beim Tod seiner ersten Ehefrau hat er für St. Sebald einen Katharinenaltar gestiftet, auf dessen Predella er das Kaiserpaar Heinrich II. und Kunigunde mit ihrem Bamberger Dom (als Zeichen von Bambergs kirchlicher Oberhoheit) dem heiligen Sebald mit dem Symbol seiner Kirche konfrontieren und damit auch dessen Eigenständigkeit sinnbildhaft darstellen ließ. Fraglos war dieses Motiv vom Auftraggeber inspiriert worden.

Es führte auf dem eingeschlagenen Weg auch einen ganz wesentlichen kirchenpolitischen Schritt weiter. Man nennt den Schöpfer des Altars heute den „Meister des Löffelholzaltars" und sagt, es handle sich um einen „Parallelgänger" → Hans Pleydenwurffs, der aus einer Bamberger Künstlerfamilie stammt. Sie aber stand mit den Löffelholz schon während deren Bamberger Zeit in enger Verbindung, so daß man annehmen muß, Wilhelm Löffelholz habe Hans Pleydenwurff die Werkstatt in Nürnberg vermittelt, was damals gar nicht leicht, aber für den Berufserfolg eines selbständigen Künstlers das A und O gewesen war. Das aber hieße, daß Pleydenwurff selbst — als einer der bedeutsamsten Maler zwischen dem „Meister des Tucheraltars" und → Albrecht Dürer — der Schöpfer dieses Altars gewesen ist. Der Altar leitet mit dem niederländischen Landschaftshintergrund eine neue Kunstepoche ein. Die Witwe Pleydenwurffs hat später Dürers Lehrmeister → Michael Wohlgemut geheiratet und ihm die Übernahme der Werkstatt ermöglicht. Der Altar hatte fünf Jahrhunderte seinen angestammten Platz im Westchor von St. Sebald, in der sog. Löffelholzkapelle und ist durch die Einwirkungen des letzten Krieges lediglich seines spätbarocken Gehäuses beraubt worden. Heute ist er auseinandergerissen. Die gemalten Flügel fristen ein Schattendasein in der Sebalder Nordsakristei.

Die Überlieferung berichtet, daß sich Wilhelm auch im Nürnberger Handel sehr engagiert habe — nicht verwunderlich; denn seine zweite Ehefrau → Barbara Hirschvogel stammte aus einem alten Rats- und Handelsgeschlecht. Aus beiden Ehen sind elf großjährig gewordene Kinder hervorgegangen. Drei Töchter haben geheiratet, zwei wurden Klosterfrauen bei St. Katharina; zwei von sechs Söhnen wurden Wissenschaftler (Johann: Rechtsgelehrter und als Humanist Freund des → Conrad Celtis mit dem Humanistennamen "Cocles", reichsstädtischer Rechtskonsulent, hzgl.-bayer. und kurmainz. Rat, Mitglied des Reichskammergerichts, Stifter des Löffelholzfensters in St. Lorenz; Georg: Dr. jur. utr., Priesterweihe in Rom, Dompropst zu Passau, kurfürstl. und markgräfl. Rat). Ein dritter Sohn, Wolfgang, saß im Nürnberger Rat. Drei Söhne Wilhelms standen im auswärtigen Militärdienst, zwei von ihnen wurden von → Kaiser Maximilian zum Ritter geschlagen. Der Sohn Thomas erwarb sich als hzgl.-bayer. Feldhauptmann und Pfleger zu Abensberg besondere Verdienste im Landshuter Erbfolgekrieg. Dafür erhielt er das Schloß Colberg bei Altötting (daher: Löffelholz von Colberg) samt kaiserlicher Adelsbestätigung und Wappenvermehrung. Wilhelm, gestorben am 1. Mai 1475, wurde bei den Augustinern in Nürnberg begraben. Er war ihr Pfleger und besonderer Förderer.   *Lz*

Bernhard Walther · Kaufmann und Astronom   1430 — 1504

„Ein berühmter Sternkundiger ist zu Nürnberg um 1430 geboren worden. Er legte einen guten Grund in der lateinischen und griechischen Sprache und ergab sich hernach der Astronomie, in welcher er es unter der Anführung des berühmten → Regiomontanus so weit brachte, daß man ihn nach dem Tod dieses seines Lehrers für den größten Astronomen seiner Zeit hielt." So beginnt eine Eloge auf Bernhard Walther in einer Archivschrift von 1758. Freilich wurde der Schüler und spätere Mitarbeiter Regiomontans nicht in Nürnberg, sondern in Memmingen geboren. Erst nach seiner Übersiedlung wurde er 1467 Nürnberger Bürger. Der Kaufmann betätigte sich hier als Faktor der → Welser-Vöhlin'schen Handelsgesellschaft in Memmingen. Etwa ab 1498 wirkte Walther auch als Vertreter der Augsburger Welser-Gesellschaft. Von 1468 — 1501 war Walther im Besitz des Anwesens Hauptmarkt 11, ab 1501 gehörte ihm das Haus in der heutigen Albrecht-Dürer-Straße 36, das → Albrecht Dürer ab 1509 bewohnte (heute Albrecht-Dürer-Haus).
Walther wird in alten Schriften als „sehr reicher Mann" bezeichnet, der zur Förderung der Mathematik und Sternkunde eine eigene Druckerei in Nürnberg errichtet hat, in der auch Regiomontan „ein Werk um das andere glücklich herausgab". Tatsächlich war Walther von Person und Arbeit Regiomontans von Anfang an so begeistert, daß er sich sogleich unterrichten ließ und umfangreiche Kenntnisse in dieser Wissenschaft erwarb. Er stiftete kostspieliges Zubehör zu einer ganzen Anzahl astronomischer Instrumente, die Regiomontanus angeblich selbst verfertigte, und begann zusammen mit seinem Lehrer und Freund im Sommer 1471 „die Observationes". Walther führte seine Himmelsbeobachtungen noch rund drei Jahrzehnte nach dem Tod Regiomontans fort. Die Sorgfalt und Akribie seiner Arbeit fanden weithin Beachtung.
Johannes Regiomontanus starb 1476 in Rom. Walthers eigene Beobachtungen beginnen mit dem 2. 8. 1475. So belegen es die Eintragungen. Er übernahm den gesamten Regiomontanus-Nachlaß mit allen Instrumenten und Aufzeichnungen. Man nimmt an, daß Walther seine Arbeit in den oberen Teilen der Giebel seiner Häuser verrichtete, denn dort brachte er kleine Balkone an. Im Dürerhaus läßt sich das bis heute nachvollziehen. Die niedergeschriebenen Himmelsbeobachtungen, die Walther wie einen kostbaren Schatz in einer Kapsel hütete, verraten sensible Genauigkeit; selbst Angaben über unterschiedliche Beobachtungsumstände sind darin enthalten. Walther eröffnete insofern Neuland, als er Beobachtungsdaten mit besonderen Anmerkungen über Luftbeschaffenheit, Windstärke und Wolken versah. Erst 40 Jahre nach seinem Tod, 1544, wurden diese wertvollen Beobachtungen durch → Schöner veröffentlicht und 1618 durch Willibrod Schnell in Leyden (Observationibus Hilliacis) gedruckt.
Johannes Kepler, Tycho Brahe und Nicolaus Copernicus machten sich Walthers Beobachtungen zunutze. Walther interessierte sich für die verschiedensten Himmelsobjekte, besonders aber für die Sonnenhöhe. 746 Werte dieser Messungen sind bekannt. Zu seinen Messungen benutzte er einen zweieinhalb Meter langen „Jakobsstab" aus Messing und gewann damit hohe Genauigkeit. 1490 machte er eine Aufsehen erregende Entdeckung. Er stellte fest, daß die Sonne in der Nähe des Horizonts höher zu stehen schien als aus der gleichmäßigen Tagesbewegung der Sonne vorauszuberechnen war; ein Effekt, der durch die Strahlen-

brechung in der Erdatmosphäre entsteht; streng genommen, eine Wiederentdeckung der schon im Altertum teilweise bekannten „Refraktion". 1472, 1491 und 1500 beobachtete Walther die Bahnen der hellen Kometen. In seinen Aufzeichnungen sind insgesamt 615 Positionsbestimmungen des Mondes, der Planeten Merkur, Mars, Jupiter, Saturn und Venus festgehalten. Wie leidenschaftlich Walther seiner Arbeit zugetan war, bezeigt die Eintragung von 1477 „Wie gern hätte ich die Zusammenkunft von Saturn und Mars, wobei höchstwahrscheinlich der eine den anderen bedeckt, beobachtet — dieses äußerst seltene Ereignis". Auch interessierte sich der beobachtende Astronom für die Finsternisse, die er vorausberechnete. Er sagte das Ende der Mondfinsternis von 1504 bis auf eine Minute voraus.

1488 machte sich Walther um Verbesserung und genauere Bestimmung der großen Nürnberger Uhr verdient. Bis dahin war in Nürnberg noch immer die aus antiker Zeit stammende Tageseinteilung üblich. Das bedeutete, daß die Zeit in zwölf Stunden von Sonnenauf- bis Sonnenuntergang aufgeteilt war. Auf die Nachtbahn der Sonne entfielen ebenfalls zwölf Stunden. So waren die Stunden je nach der Jahreszeit verschieden lang. Die Uhren zeigten nur die volle Stunde an. Schon 1484 führt Walther für seine Berechnungen die Räderuhr ein. Ab 1488 wurde in Nürnberg durch sein Bemühen die mittlere Sonnenzeit als Zeiteinteilung eingeführt. Die Stunden wurden also von nun an in Nürnberg gleich lang.

Walthers Testament (er starb Ende Mai 1504) enthält den Wunsch, daß die astronomischen Handschriften, Bücher und Instrumente gemeinsam verkauft werden sollten. Seine Erben jedoch kümmerten sich kaum um seinen letzten Wunsch. Man darf heute von Glück reden, daß trotzdem ein Teil seines Besitzes erhalten blieb. Die Geräte und Beobachtungstabellen befinden sich heute im Besitz des Germanischen Nationalmuseums, der Städtischen Museen und der Stadtbibliothek. *Po/IRF*

Georg und Nikolaus Glockendon · Maler   15. und 16. Jahrhundert

Auf dem Gebiet der Buchillustration und Kleinmalkunst gehörte die Familie Glockendon zu den Kunsthandwerkerfamilien, deren Arbeiten Nürnbergs hohen künstlerischen Ruf zu Beginn der Neuzeit in der Welt verbreiteten. Wie die Glasmalerfamilie → Hirsvogel waren Glockendon in mehreren Generationen bis über die Dürerzeit hinaus aktiv. Als Illuministen, Briefmaler und Formschneider stellten sie Miniaturen auf unterschiedlichem Material und in manigfaltigster Art und Weise her und betrieben damit einen eigenen Handel. Georg d. Ä. und Nikolaus d. Ä. Glockendon, Vater und Sohn, ragen durch ihre Werke besonders hervor.

Georg d. Ä. scheint das Familienunternehmen in Nürnberg begründet zu haben. Im Juni 1484 wurde er Bürger; 1490/91 ist er als Illuminist vor Gericht in einem Rechtsstreit gegen Hans Rieger genannt, dessen Sohn bei ihm in die Lehre gegangen, dann aber ausgetreten war; 1499 kaufte er ein Haus im Taschental (alias Judengasse), in dessen Besitz er auch später urkundlich erwähnt wird. An seiner Arbeit rühmt → Johann Neudörfer im Jahre 1547 vor allem das Illuminieren von Gesang- und Meßbüchern, von Wappenbriefen und anderen „gemalten Briefen", die er mit großer Kunstfertigkeit, insbesondere auf Goldgrund und in reichem Buchstabenschmuck, ausmalte. Seine Söhne und Töchter waren ihm dabei behilflich. Er hielt sie dazu an, „daß sie täglich dem Illuminieren und Briefmalen hart mußten obsitzen" (Neudörfer).

Aufträge erhielt er von hohen und höchsten Stellen, und sein Handel erstreckte sich weit über die Grenzen des Reiches hinaus. Kurfürst → Friedrich der Weise von Sachsen bestellte Arbeiten bei ihm; zum Begräbnis des spanischen Königs, Philipps des Schönen, schuf er sechs Wappen für das Tabernakel; Kalender verkaufte er an Michael Kempf, den Spitalmeister des St. Annaspitals zu Ofen in Ungarn. Und nicht zuletzt: er bemalte unter Mitwirkung seiner Frau innnerhalb von fünfzehn Wochen für 16 Gulden den als ältesten erhaltenen Globus berühmt gewordenen Erdapfel des → Martin Behaim, der das Weltbild kurz vor der Entdeckung Amerikas überliefert. Bei der Herausgabe der geographischen Karten → Erhard Etzlaubs erwies sich Georg d. Ä. mehr als Zeichner und Formschneider. Als früheste deutsche Kartendrucke sind diese Holzschnitte für die Geschichte der deutschen Kartographie bedeutsam geworden. 1509 brachte Georg d. Ä. noch die deutsche Ausgabe von Jenan Pélerins Werk „Perspectiva articialis" heraus, wozu er 37 Holztafeln mit französischen und anderen Baudenkmälern geschnitten hat. Als er im Jahre 1514 starb, führte seine Witwe das Geschäft mit den Söhnen Albrecht und Nikolaus, sowie etlichen Gesellen weiter. Nikolaus Glockendon ist die bedeutendste Künstlerpersönlichkeit der Familie geworden. 1521 verkauften er und seine Frau Anna ihren Anteil an der elterlichen Behausung in der Judengasse an den Maler → Michael Graf und bezogen ein Haus in der Tetzelgasse neben dem Engeltaler Hof, in dem sie bis zu ihrem Lebensende wohnten. Hier arbeitete Nikolaus, unterstützt von seinen zwölf Söhnen, die er alle „zu Kunsten" erzog (Neudörfer). Sein Ruf als ausgezeichneter Buchillustrator war weithin bekannt. Fürsten, Äbte und andere hohe Standespersonen ließen bei ihm Gebet- und Meßbücher mit fein ausgeführten, buntfarbigen Miniaturen kostbar ausstatten. 1524 z. B. illuminierte er im Auftrag des Kardinal-Erzbischofs von Mainz ein Missale zu einem prächtigen Codex mit 23 ganzseitigen Bildern. Aus dem gleichen Jahr stammt die sog. Glockendon-Bibel, ein zweibändiges, 2270 Pergamentseiten umfassendes Werk mit dem Neuen Testament. Die künstlerischen Motive zu seinen umfangreichen Illustrationen schöpfte er aus Werken der großen Maler wie → Lucas Cranach, → Ludwig Krug, → Martin Schongauer und vor allem → Albrecht Dürer, mit dem er persönlich in Verbindung stand und dessen Einfluß auf seine Kunst von wesentlicher Bedeutung war.

Auch für seine Vaterstadt Nürnberg führte N. Glockendon Arbeiten aus. Im Jahr 1520 schmückte er u. a. Titelblatt und Initialen eines Aktenbandes, der sämtliche Schriftstücke des Nürnberger Rates über die Fehde des Hans von Geißlingen wider die Reichsstadt Nürnberg (1510 — 1513) enthielt. Wohl gleichzeitig entstanden Deckblatt und Initialen für die Berichte des Ratsschreibers → Lazarus Spengler über den bayerischen Erbfolgekrieg (1504/05), die Fehden mit Heinz Baum (1503 — 1512) und → Götz von Berlichingen (1512 — 1514); auch das Religionsgutachten für Markgraf → Georg den Frommen von Brandenburg - Ansbach (1529) verzierte er mit Initiale und Wappenbild.

Die Werke der beiden Glockendons zeigen, daß Nürnbergs geistiges und künstlerisches Profil in der Zeit des deutschen Humanismus von ihnen mitgeprägt wurde.   *SF*

Hans Folz · Dichter   um 1450 — 1513

Hans Folz (1450 ? bis Anfang 1513) zählt zu den fast vergessenen Dichtern des Mittelalters, obwohl ihn sein größerer Nachfahre → Hans Sachs einen „durchleuchtig poet" nannte und den zwölf alten Meistern zurechnete. Er stammte — nach eigener Angabe — aus Worms und lebte spätestens seit 1479 als Barbier und Meister der Wundarzneikunst in Nürnberg. Seine Schriften verraten beachtliche Kenntnisse auch in Spezialgebieten der akademischen Medizin. Als Dichter war Hans Folz vermutlich aus eigenem Antrieb tätig, wenngleich Teile seines umfangreichen Werks und seiner Meisterlieder nach honorierter Auftragsarbeit aussehen. Wahrscheinlich besaß er eine Druckerei, in der er seine Werke selbst herausgab; am Ende eines Spruchs, der von einem griechischen Arzt stammt, heißt es: „gedruckt von Hansen Folzen, Barwirer zu Nürnberg". Für seine formal wie dramatisch kunstvoll gestalteten Fastnachtspiele (sieben sind namentlich für ihn bezeugt) ist „Salomon und Markolf" beispielhaft. Am eindrucksvollsten entfaltet sich Folzens unbestreitbares poetisches Talent in den Erzählungen, vor allem in den 19 derben Schwankmären, die mit zu den besten ihrer Art im Mittelalter gehören. Die unter seinem Namen herausgegebenen Meisterlieder sind größtenteils für ihn gesichert. In der Mehrzahl dienen sie dem Marienpreis und der geistigen Unterweisung. Hans Sachs hat sich im Schwank wie im Fastnachtspiel an Hans Folz geschult, seinen Vorgänger allerdings weit übertroffen. *Stz*

Heinrich Deichsler · Sozialchronist — 1430 – 1506/07

Heinrich Deichsler war kein studierter Humanist. Er stammte aus einer der ehrbaren, aber nicht ratsfähigen Familien der Reichsstadt, wohnte in der Hundsgasse (heute Agnesgasse, Stadtteil St. Sebald) und übte den Beruf eines Bierbrauers aus. Mit Stolz berichtet er von seiner Bestellung zum Nürnberger Armenpfleger, dem ‚Bettelherrn', im Jahre 1486. Auf seine Anordnung hin muß hinfort jeder gesunde Bettler sonn- und feiertags bei Strafe die Messe hören, einmal jährlich beichten und die zehn Gebote auswendig können.
Deichslers Chronik ist also nicht wie die → Meisterlins eine gelehrte Arbeit, die sich auf Quellenstudien beruft und um einen geschlossenen Stil bemüht ist, sondern die Kompilation eines interessierten Dilettanten. Durch die Unbeholfenheit seiner Ausdrucksweise ist Deichslers Chronik, die als dreibändiges Autograph erhalten ist, gelegentlich schwer verständlich. Deichsler verwendete für den ersten Teil seines Werkes die beiden Reihen der Nürnberger Jahrbücher in mehreren Redaktionen, die er umfänglich abschrieb. Der zweite Teil seiner Chronik ab 1487 ist ohne Vorlagen Deichslers eigenes Werk. Er verzeichnet darin alles Selbsterlebte, was ihm berichtenswert erscheint, alltägliche und festliche Ereignisse, Verbrechen und Fürstenbesuche, das Wetter und die Preise, etwa das, was auch heute den Lokalteil einer Zeitung ausmacht. Auf diese Weise ist seine Chronik wenig ergiebig für Nürnbergs politische Geschichte, umso mehr aber für Sozial-, Kultur- und Sittengeschichte. Es ist das umfangreichste Werk der Nürnberger Historiographie im 15. Jahrhundert. (In den Gärten bei Wöhrd trägt eine Straße seinen Namen.) *K*

Lienhard Nunnenbeck · Dichter u. Meistersinger — 15./16. Jahrh.

Lienhard Nunnenbeck, an den in Nürnberg heute noch eine Straße erinnert, konnte sich nie aus dem Schatten seines berühmten Schülers → Hans Sachs lösen. Zu Unrecht, denn sein zwar nicht sehr umfangreiches Werk weist ihn als bedeutenden Vertreter der Nürnberger Meistersingergesellschaft vor der Reformation aus. Der Leineweber und Meistersinger war kein gebürtiger Nürnberger. Er zog vermutlich aus dem schwäbischen Raum zu. Archivalisch belegt ist sein Leben nur durch die Einbürgerung in Nürnberg, 1514, und die Ernennung zum Meister des Leineweberhandwerks am 12. Mai 1515. Nunnenbecks 47 Lieder beschäftigen sich überwiegend mit geistlichen Themen. Marienlob und die gelehrte Erörterung theologischer Lehrsätze dominieren. Eines seiner drei weltlichen Lieder, das die Geschichte vom trojanischen Krieg erzählt, wurde noch zu seinen Lebzeiten gedruckt und machte ihn über die Grenzen der Meistersingergesellschaften hinaus bekannt. Neben den Meisterliedern verfaßte Nunnenbeck einen Lobspruch auf die Nürnberger Metzger. Seine Texte gerieten nach der Reformation in Vergessenheit, seine zehn Töne jedoch — „Ton" nennt man die Einheit von metrischem Schema, Reimschema und Melodie — wurden bis ins 18. Jahrhundert benutzt. Nunnenbeck verstand es, die Form des Meisterliedes geschickt zu variieren; inhaltlich ist sein Werk von einer traditionsverhafteten, der offiziellen kirchlichen Lehre konformen Frömmigkeit geprägt. *kle*

Michael Wolgemut · Maler 1434/oder 1437 — 1519

Bildnis von Albrecht Dürer

Mit Michael Wolgemut wird erstmals in Nürnberg die Figur eines Unternehmers deutlich, der in seiner Werkstatt, oder wenigstens für diese, Maler aller Sparten, Bildhauer, Schreiner und Schmiede auf seine Rechnung arbeiten läßt und in der Lage ist, Tafelbilder und farbig gefaßte Figuren aus Lindenholz zu liefern. Nach seinen Entwürfen werden Stöcke zur Illustration von Büchern geschnitten, für deren sachgemäßen Druck er die Verantwortung übernimmt. Am Vertrieb ist er finanziell beteiligt.

Sehr bald nach seiner Niederlassung in Nürnberg muß Wolgemut der erste große Auftrag zugegangen sein, die Lieferung eines Altars mit Skulpturen im Schrein, doppeltem beweglichem Flügelpaar und Standflügeln, Predella und Gespreng an die St. Marienkirche in Zwickau. Der Unternehmer erhielt einschließlich der Transportkosten den hohen Betrag von 1400 Gulden, womit alle Arbeiten abgegolten waren. Weitere große Aufträge ergingen in den folgenden Jahren und wurden mit Hilfe wechselnder Mitarbeiter in der Werkstatt ausgeführt: ein von Levinus Memminger († 1493) gestifteter Katharinenaltar (St. Lorenz), der 1547 von → Johann Neudörfer in seinen Nachrichten von Künstlern und Werkleuten hervorgehobene Marien- und Passionsaltar des 1494 verstorbenen Sebald Peringsdörfer (Nürnberg, Friedenskirche), ein 1590/91 aus der Kirche des Augustiner-Eremiten-Klosters nach St. Jakob in Straubing abgewanderter Marienaltar, ein heute verstreuter Apostelaltar, gestiftet von → Andreas Harsdorfer († 1498) und endlich der 1508 vollendete Marien-Passions- und Johannesaltar für die Schwabacher Pfarrkirche. Daneben haben sich zahlreiche kleinere Altäre und Epitaphien als Gut der Werkstatt erhalten. Der Meister hat seinen Mitarbeitern zunehmend freie Hand gelassen und sich schließlich nur noch in geringem Maß, manchmal nur an den Predellenflügeln, selbst in die Ausführung eingeschaltet. Bedeutendes hat Wolgemut zur Porträtkunst in Nürnberg beigetragen und dabei auch auf die Anfänge seines Schülers → Albrecht Dürer eingewirkt. Ein erster Auftrag erging 1478 durch Ursula Harsdorfer, deren Porträt (Kassel) 1481, nach der Eheschließung, das Bildnis des → Hans Tucher (Nürnberg, Dr. Lorenz-Tucher-Stiftung) zugefügt wurde.

Entscheidend hat Wolgemut die Entwicklung des Holzschnitts und damit der Buchillustration gefördert. Die in seiner Werkstatt entstandenen Entwürfe, Risse genannt, wandeln den Holzschnitt von der Wiedergabe einfacher Umrißzeichnungen, die durch nachträgliche farbige Behandlung verdeutlicht wurden, zu selbständigen, nach den Gesetzen der Tafelmalerei komponierten Bildern. Schraffuren erlauben eine Abstufung der Helligkeitswerte und eine stoffliche Beschreibung des Gegenständlichen. Die notwendige Verfeinerung der Schneidetechnik war nur bei enger Zusammenarbeit zwischen Reißer und Formschneider möglich, so daß beide in Wolgemuts Werkstatt tätig zu denken sind. Es sind vor allem zwei Werke, in denen dieser neue Holzschnittstil entwickelt wird: die von Wolgemut zusammen mit seinem Stiefsohn Wilhelm Pleydenwurff 1491 vollendeten ganzseitigen Illustrationen zu einer, „Schatzbehalter" betitelten Sammlung von Predigten des Franziskaners Stephan Fridolin und die von 645 Stöcken gedruckten Bilder einer 1493 erschienenen, von → Hartmann Schedel bearbeiteten Weltchronik. Wolgemuts Werke werden von einem kräftigen, zum Derben und Häßlichen tendierenden spätgotischen Realismus bestimmt, der von einigen seiner Mitarbeiter noch gesteigert wird. Neben niederländischen Einflüssen, die eher

49

auf einer Vermittlung durch → Hans Pleydenwurff als auf persönlicher Erfahrung beruhen dürften, haben Kupferstiche Martin Schongauers seinen Stil gebildet.

Das Aussehen des Meisters in seinen späten Jahren hat Albrecht Dürer zusammen mit einigen Lebensdaten in einem Porträt Wolgemuts überliefert. Rechts unten hat Dürer sein Monogramm und die Jahreszahl 1516 angebracht — oben in einer Inschrift nähere Auskunft über sich und den Dargestellten gegeben: „Das hat albrecht durer abconterfet noch siene Lehrmeister michel wolgemut jn (jor) 1516". Als Wolgemut starb, nahm Dürer das Bild erneut zur Hand und fügte hinzu: „vnd er was 82 Jor vnd hat gelebt pis das man zelet 1519 Jor do ist er ferschiede(n) an sant endres dag frv ee dy sun awff gyng". Im allgemeinen wurde die Altersangabe, obwohl später zugefügt, auf das Entstehungsjahr des Bildes bezogen, doch ist es auch möglich, daß Dürer vom Todesjahr ausgegangen ist.

Michael Wolgemut ist ein Nürnberger Kind, 1434 oder 1437 geboren. Die erste Ausbildung wird er bei dem Vater Valentin empfangen haben, von dem kein erhaltenes Werk mit Sicherheit nachgewiesen werden kann. Um 1470/71 ist der Sohn in München bei dem vielbeschäftigten Maler Gabriel Mälesskircher tätig. Ein Altarflügel mit der Messe Papst Leos IX. (Kloster Andechs) könnte eine in dieser Zeit von seiner Hand geschaffene Arbeit sein. Der Versuch, in die Werkstatt einzuheiraten, scheitert, da Wolgemut den Prozeß verliert, den er vor dem geistlichen Gericht in Freising gegen Magdalena, der Tochter Mälesskirchers wegen gebrochenen Eheversprechens angestrengt hat. Erfolgreicher ist der nach Nürnberg Zurückgekehrte 1472 bei Barbara, der Witwe des Malers Hans Pleydenwurff, die ihren Mann zu Beginn des Jahres verloren hat. 1479 kauft Wolgemut das Haus „am perg unter der vesten oberhalb der schiltroren" (Burgstraße 21), das 1464 — 1471 die Werkstatt des Hans Pleydenwurff und vorher die des Malers → Lukas Landauer beherbergt hatte. 1493 erwirbt er dazu das Eckhaus Burgstraße/Obere Krämersgasse (Krämersgasse 2) und das Nebenhaus (Krämersgasse 4), doch werden diese beiden Gebäude bereits 1495 wieder abgegeben. *Str*

Johannes Regiomontanus · Astronom und Mathematiker 1436 — 1476

Johannes Regiomontanus gilt als der bedeutendste Astronom und Mathematiker des späten Mittelalters. In seinem kurzen Leben (6. Juni 1436 — 6. Juli 1476) hat er entscheidende Fortschritte in beiden Wissenschaften erzielt. Er war einer der ersten, der sich von der ausschließlich reproduzierenden Denkweise der Naturwissenschaftler des Mittelalters löste und seine Forschungen bereits unter dem Gesichtspunkt der kritischen „Frage an die Natur" betrieb. Sein mehrjähriges Wirken in der Freien Reichsstadt machte Nürnberg zum astronomischen Zentrum im damaligen Europa.

Johannes Müller, der sich später Regiomontanus (der Königsberger) nannte, wurde in Königsberg (Franken) geboren. Bereits mit 11 Jahren studierte er an der Universität Leipzig. Seine erste große Leistung war die Berechnung des Astronomischen Jahrbuches, mit den Planetenpositionen für jeden Tag des Jahres 1448, mit früher unerreichter Genauigkeit — und dies im Alter von 11 Jahren! 1450 studierte er an der Universität Wien Mathematik und Astronomie bei Georg Peuerbach. Hier lernte er auch die Werke der antiken Naturphilosophen kennen. 1457 wurde er Magister an der Artistischen Fakultät der Wiener Universität und hielt in den darauffolgenden Jahren selbst Vorlesungen. Es schlossen sich Aufenthalte in Rom, Venedig und Padua an. 1467 folgte er einem Ruf an die Universität Pressburg. Der wissenschaftsbegeisterte ungarische König → Matthias Corvinus förderte Regiomontanus in seinen Forschungen. 1471, auf dem Höhepunkt seines Schaffens, nahm er seinen Wohnsitz in der Freien Reichsstadt Nürnberg. Er begründete gegenüber König Matthias seine Übersiedlung damit, daß er nur in Nürnberg die nötigen Mitarbeiter für eine völlige Neugestaltung der Himmelskunde finden könne. In einem Brief an den Rektor der Universität Erfurt, Christian Roder, äußerte er, daß in der Freien Reichsstadt die besten Instrumente hergestellt würden, nur dort der schnelle Gedankenaustausch mit anderen Gelehrten gewährleistet und Nürnberg das „quasi centrum Europae" sei.

Von 1471 bis 1475 verbrachte Regiomontanus seine „Meisterjahre" in Nürnberg; er ahnte nicht, daß sein Tod so unmittelbar bevorstand. Im Sommer 1475 reiste er auf Wunsch des Papstes Sixtus IV. nach Rom, um an der Kalenderreform mitzuarbeiten und starb dort nach Vollendung seines 40. Lebensjahres, bereits im folgenden Jahr, noch bevor er viele seiner wissenschaftlichen Pläne verwirklicht hatte.

Eineinhalb Jahrtausende lang wurden die Werke der antiken Naturphilosophen grundsätzlich als richtig angesehen und man versuchte sie immer besser zu verstehen und zu interpretieren. Der Wunsch, das Wissen über die niedergeschriebenen Kenntnisse der antiken Autoritäten hinaus zu erweitern, bestand nicht oder nur ausnahmsweise. Der Name Regiomontanus ist mit dem Wandel zur Denkweise der Neuzeit verbunden, er übte Kritik an den antiken Werken und drückte mehrfach seine Überzeugung aus, daß Fortschritte in der Sternkunde nur durch bessere Beobachtungen und Rechenmethoden zu erzielen seien. Folgerichtig beschäftigte er sich auch mit dem Entwurf und der Herstellung genauerer Beobachtungsgeräte. Schon bei seinen Beobachtungen in Wien fand er häufig Abweichungen in der Position der Planeten von der Rechnung. In Nürnberg setzte er (im späteren Dürerhaus) seine Himmelsbeobachtungen fort, die auf einen langen Zeitraum angelegt waren und später durch seinen Schüler → Bernhard Walther fortgesetzt wurden. Zahlreiche Beobachtungen der Planeten, der Sonnenhöhen und von Finsternissen sind von Regiomontanus überliefert; mit gewissen Einschränkungen kann er auch als Begründer der Astronomie der Kometen angesehen werden, die ja in früheren Jahrhunderten nicht als Himmelskörper galten. 1472 veröffentlichte Regiomontanus eine Schrift über den im gleichen Jahr erschienenen hellen Kometen mit einer ausführlichen Beschreibung seiner systematischen Beobachtungen und der verwendeten Instrumente. Als ganz besondere Leistung gilt die Berechnung und Veröffentlichung seiner weltberühmten Ephemeriden, ein umfangreiches Werk, 900 Druckseiten, mit den täglichen Positionen der Planeten für einen Zeitraum von 32 Jahren (1475 — 1506). Regiomontanus erreichte bei seinen Berechnungen eine bis dahin nicht bekannte Genauigkeit. Die Ephemeriden enthielten auch zahlreiche Angaben über die Positionen von Sonne und Mond, die Mondphasen und Finsternisse. Unter anderem wurde dieses Werk auch zur Ortsbestimmung auf See verwendet. Christoph Columbus benutzte sie (möglicherweise durch → Martin Behaim übermittelt) nachweislich auf seiner Entdeckungsfahrt nach Amerika.

Die von Regiomontanus in Nürnberg herausgegebenen Kalender enthielten für einen Zeitraum von 57 Jahren alle Angaben über Feste, Mondphasen, den Lauf von Sonne und Mond und viele andere Dinge. Wichtig für Nürnberg waren seine Läutetafeln: Entsprechend den verschiedenen Tageslängen ergaben sich von der Jahreszeit abhängige Läutezeiten. Seine eigenen und zahlreichen antiken Werke verlegte er in seiner Druckerei, die er unmittelbar nach seiner Ankunft in Nürnberg in der Vorderen Kartäusergasse einrichtete. In einer Verlagsanzeige kündigte er 22 eigene und 29 fremde Titel an, aber nur drei eigene und zwei andere Werke konnte er herausbringen.

Auch als Mathematiker hat Regiomontanus Wichtiges geleistet. Seine „Dreieckslehre" enthält erstmals die Trigonometrie in geschlossener Formulierung; außer schon bekannten Lehrsätzen hat er eigene Entdeckungen hinzugefügt. Die in unseren höheren Schulen gelehrte Trigonometrie ist inhaltlich im wesentlichen identisch mit der von Regiomontanus. Mit großem Erfolg hat sich Regiomontanus der Verbesserung und Herstellung astronomischer Meßinstrumente vor und während seiner Nürnberger Zeit gewidmet. So vervollkommnete er den seit dem 14. Jahrhundert bekannten Jakobsstab und das Torquetum (Türkengerät). Er stellte Astrolabien, Sonnenuhren und andere Instrumente her. Eine kunstvolle astronomische Uhr wurde von ihm in Nürnberg konstruiert, aber erst nach seinem Tod fertiggestellt; sie ist leider verschollen. Umstritten ist, ob Regiomontanus in Nürnberg eine kleine Sternwarte errichtet hat. Es läßt sich auch nicht mit Sicherheit nachweisen, ob er im Auftrage des Rates „Vorlesungen" über Astronomie hielt; vermutlich nur von einem kleineren Kreis; darunter → Bernhard Walther und → Martin Behaim.

Wie alle Astronomen seiner Zeit befaßte sich Regiomontanus auch mit der Sterndeutung; wobei er allerdings offensichtlich eine gemäßigte Ansicht vertrat, etwa in dem Sinne: „Die Sterne zwingen nicht, sie machen nur geneigt." Bekannt ist sein Horoskop für Leonore von Portugal, die Braut Kaiser Friedrichs III., und ihren Sohn, den späteren deutschen Kaiser Maximilian I.; zwischen seinen Vorhersagen und den tatsächlichen Lebensläufen ergaben sich allerdings erhebliche Unterschiede.

Als einer der ganz großen Naturwissenschaftler der damaligen Zeit stellte er den unerschütterlichen Glauben der Gelehrten an die Unfehlbarkeit der alten Naturphilosophen infrage. Er war einer der ersten, die den Mut dazu hatten. Eine briefliche Bemerkung Regiomontans, von der der Altdorfer Professor → Johannes Praetorius berichtet: „Es ist notwendig, die Bewegung der Sterne etwas zu ändern wegen der Erdbewegung", aber auch sein gesamtes Lebenswerk, weist Regiomontan als Vorläufer des Copernicus aus. Vielleicht wäre er ein Copernicus geworden, hätte er ein wenig mehr Zeit für seine Forschungen gehabt. Nach ihm ist eine Straße am Rechenberg benannt, die von der Lützowstraße zur Sternwarte führt. *Pl*

Kunz Horn · Großkaufmann und Stifter   gest. 1517

An der äußeren Westwand der Sakristei von St. Lorenz ist das größte Marmorrelief Süddeutschlands angebracht. Darauf sehen wir — von der Hand des Salzburger Bildhauers Hans Valkenauer gemeißelt — unter einem Baldachin die Majestät Gottes als Weltenrichter in der Gestalt des mit der Kaiserkrone gekrönten „großen Kaisers" dieser Erde. Er ist umgeben von seinem kaiserlichen Hofstaat, in dem Engel die Symbole des Richteramtes — zwei Lilien und ein Schwert — halten.

Das irdische ist auf das himmlische Herrscheramt nach dem spätgotischen Verständnis des frühen 16. Jahrhunderts übertragen. Im unteren Teil des Reliefs finden wir Bildnis und Wappen des Nürnberger Großkaufmanns und Stifters Kunz Horn (links) und seiner Ehefrau Barbara, geborene Krell (rechts), Angehörige einer aus den österreichischen Erblanden stammenden Familie, die in Nürnberg zu den ehrbaren Geschlechtern zählte. Ihr Elternhaus stand (bis gegen Ende des Zweiten Weltkrieges) in der Nonnengasse. Das Relief an der Sakristei von St. Lorenz durfte zu Zeiten des Stifters nicht im Kirchenraum angebracht werden, da Horn nicht zu den Ratsfamilien zählte.

Den gleichen roten Adneter Marmor, die gleichen Stifterwappen mit ähnlichen Umschriften und wohl von des gleichen Künstlers Hand finden wir in einer Ölbergsscene an der inneren Nordseite des Chors der Pfarrkirche von Aschach an der Donau (vier Meilen westlich Linz), wo die Nürnberger seit 1323 Zollfreiheit genossen haben, und auf der Reliefplatte mit einer Kreuzigungsgruppe in Steyr, Seifentruhe 36, kurz vor Beginn der heutigen Eisenerzstraße. Die drei Monumente zeichnen einmal den Weg, den der heilige → Sebald über Regensburg auf seiner Romreise benutzt haben soll, und den u. a. die → Gebrüder Mendel, → Sigmund Tetzel, → Hieronymus Geuder, → Berchthold Holzschuher zwischen dem 14. und 16. Jahrhundert nach Eisenerz, in das dort benachbarte Radmer zu ihren eigenen Saigerhütten, nach Waidhofen an der Ybbs (dort waren die Tetzel „Ratsbürger"), nach Gaflenz und Weyer benutzt haben. Sie traten wie Horn „im 15. und 16. Jahrhundert mit den Schmiede- und

Hämmerbesitzern an Enns und Ybbs in Verbindung, da sie deren Halbfabrikate suchten. Daraus ergaben sich schon im 15. Jahrhundert verwandtschaftliche Beziehungen. Damals begann auch der Name Sebald als Taufname an Enns und Ybbs aufzutreten" (Leopold Schmidt).

Die Frage liegt nahe, ob die Wallfahrtskirche St. Sebaldus auf dem Heiligenstein oberhalb von Gaflenz und Weyer so etwas wie eine geistige Ruhestatt Nürnberger Kaufleute auf dem Weg nach Eisenerz und von dort zum Handelsplatz Venedig gewesen war. Auch in der Bartholomäuskirche zu Venedig, neben dem einstigen Fondaco dei Tedesci (deutsches Handelszentrum), steht die von Nürnberger Kaufleuten gestiftete Figur des Nürnberger Stadt- und Handelspatrons. Von diesem Weg hat Kunz Horn gewußt; denn sein Schwiegervater Franz Krell, ein reicher Nürnberger Gewandhändler, der Bruder jenes Magisters → Jobst Krell, welcher den Krell-Altar in St. Lorenz mit einer der ältesten Nürnberger Stadtansichten stiftete, war ein sehr reicher Kaufmann. Er war auch an Montangeschäften für Nürnberg beteiligt, die Franz Krell nach Wien führten. Dort war er durch einen Faktor vertreten, zu dessen Aufgaben es gehörte, die Handelsbewegungen in Süd- und Südosteuropa zu beobachten. Auch für Kunz Horn standen „Metallwaren und Tuche an erster Stelle" (G. Hirschmann) seines Handelskatalogs.

Horn, dessen Geburtsjahr wir nicht kennen, setzte auf den Nürnberger Umschlagshandel, von dem die österreichische Wissenschaft sagt, der Handelsweg aus Oberösterreich und der Steiermark habe zum einen Teil über Aschach und Regensburg, zum anderen Teil über Passau nach Nürnberg und von dort nach Lübeck und Frankfurt geführt. Wir begegnen Horn folgerichtig in Lübeck wie in Frankfurt, wo er die Messe rege belieferte. Sein einer österreichischer Stützpunkt war Steyr. Auf dem Weg dorthin beteiligte er sich als Tuchhändler an der Linzer Messe. In Steyr verfügte er über Hausbesitz im Voglsang und hinterließ erhebliche Stiftungen für seine Mitarbeiter und die Stadtkirche (u. a. ein großer Messingleuchter); wie überhaupt die Kirche von Steyr, beginnend mit der Sakristeitür, erhebliche Erinnerungen an die Nürnberger Blütezeit auslöst — ähnlich wie die Kirchen und Friedhöfe in Weyer, Gaflenz und Waidhofen mit ihren Epitaphien und Altären, die an die → Kraft-, → Riemenschneider- und → Stoßzeit gemahnen. Der andere Stützpunkt auf österreichischem Boden war für Horn die Kaiserstadt Wien, wo er am Hof gerne gesehen wurde und von dort bis nach Böhmen, Ungarn und Siebenbürgen vorgestoßen sein soll. Mit seinem Schwiegervater Krell ist er an Wechselgeschäften in Wien beteiligt, macht für St. Stephan, wo wir Altarbilder für den heiligen Sebald finden, fromme Stiftungen und erwirbt Anteile an einem Haus in Pressburg.

In Nürnberg, wo → Stefan Tucher als Buchhalter für ihn tätig war, begegnen wir Horn, nun Genannter des Größeren Rats, als Erbauer der Annenkapelle (einst hinter dem Lorenzer Ostchor), als Stifter für St. Sebalds Sarkophag und in der Lorenzkirche. Die Altarbilder von St. Anna malte → Wolf Traut. Die Altarflügel wanderten über Artelshofen ins Bayerische Nationalmuseum. Die Glasfenster der Annenkapelle stammen von → Veit Hirsvogel d. J. und sind heute in den Kunstsammlungen der Veste Coburg zu sehen. Das erhaltene Testament sah erhebliche Stiftungen für Nürnbergs Kirchen (darunter Ewiggelder), für Klöster, Handwerker, Findelkinder, Arme Schüler von St. Lorenz und Arme im Heilig-Geist-Spital vor. Der Rest des Vermögens wurde testamentarisch u. a. für kirchliche Zwecke im weiteren Nürnberger Umkreis (Beerbach, Behringersdorf, Gustenfelden, Förrenbach, Kalchreuth und Lauf) und für „hausarme Männer und Frauen aus dem Tuchmachergewerbe" bestimmt. Horn hinterließ reichen Grundbesitz (darunter das Wohnhaus am alten Roßmarkt, am Galgenhof, bei der Marthakirche und am Hauptmarkt). Er starb kinderlos im Mai 1517 und wurde in der von ihm gestifteten Anna-Kapelle beerdigt, mußte aber 1806 in ein Grab auf dem Rochusfriedhof umgebettet werden, weil damals die Annakapelle zwecks Erweiterung des Lorenzerplatzes abgerissen wurde. *Im*

Hieronymus Münzer · Arzt und Geograph   1437—1508

Im Hauptberuf war der Vorarlberger Hieronymus Münzer (geb. 1437 in Feldkirch) Arzt und als solcher, trotz bisweilen überhöhter Honorarforderungen, bei den Nürnbergern auch geschätzt. Sein großes Ansehen aber verdankt er ausgedehnten Reisen nach Spanien, Portugal und Frankreich, auf denen er seltene Schriften für seine vielseitige Bibliothek kaufte und genaue Kenntnisse über die Entdeckungen der Seefahrer erwarb. Diese kamen seiner Bearbeitung des geographischen Teils der „Weltchronik" seines Freundes → Hartmann Schedel zugute. Auch die darin wiedergegebene Deutschlandkarte ist von ihm entworfen..
1493 schlug er dem portugiesischen König II. im Auftrag → Kaiser Maximilians I. — leider ohne Erfolg — die Erkundung des westlichen Seeweges nach China vor und empfahl Martin Behaim als Expeditionsleiter. Hieronymus Münzer widmete sich seit 1466, dank einem Stipendium, zehn Jahre lang auf der Universität Leipzig, erst studierend und dann als Magister artium lehrend, den freien Künsten. 1476 erhielt er mit 39 Jahren als Hofmeister des → Anton Tetzel in Nürnberg Gelegenheit zum Studium der Medizin in Padua. 1480 erwarb er als Arzt in Nürnberg das Bürgerrecht und heiratete im gleichen Jahr die Kaufmannstochter Dorothea Kiefhaber. Er gehörte zum Humanistenkreis der „Sodalitas Staupiziana". 1499 wurde er in der Noris Schwiegervater des Ratsherrn → Hieronymus Holzschuher. Münzer, mit → Conrad Celtis eng befreundet, starb am 27. August 1508.   *Wei*

Hartmann Schedel · Verfasser der Weltchronik   1440 — 1514

Die Verbreitung humanistischen Gedankengutes in der zweiten Hälfte des 15. Jahrhunderts basierte auf den Bibliotheken, die Nürnberger Bürger und Klöster — besonders das zu St. Egidien — angelegt hatten und ständig mehrten. Die Familie der → Pirckheimer besaß eine umfangreiche Büchersammlung, ebenso der Astronom → Regiomontanus; von diesen beiden Bibliotheken sind nur mehr wenige Bände nachweisbar. Günstiger liegen die Verhältnisse bei der Nürnberger Ratsbibliothek, die seit 1430 bestand, öffentlich zugänglich war und aus der sich die heutige Stadtbibliothek entwickelt hatte. Diese Ratsbücherei zählte um 1490 ca. 370 Bände. Von den Bibliotheken der Ärzte und Humanisten → Dr. Hieronymus Münzer (1437—1508) und Dr. Hartmann Schedel sind beachtliche Bestände erhalten geblieben; aus Münzers Besitz 185 Bände, und von Schedels Bibliothek mehr als die Hälfte von den 623 Titeln, die sein von ihm selbst verfaßter Katalog enthält.
Danach interessierten ihn folgende Wissensgebiete: Grammatik, Rhetorik, Philosophie, griechische und lateinische, sowie neulateinische Dichter, Historie, Geographie, Naturwissenschaften und besonders Medizin; Werke dieser Disziplinen besaß er als Druck, meist Inkunabeln, und als Handschriften, die er im Laufe seines Lebens weitgehend selbst von Vorlagen abgeschrieben hatte. Schedels Bedeutung als Wissenschaftler und Humanist liegt daher im Bemühen um die Verbreitung antiker und italienischer Autoren des 14. und 15. Jahrhunderts im Norden, nicht aber auf eigener schöpferischer Leistung. Schedels Bibliothek wurde von seinem kinderlosen Enkel Melchior an Hans Jacob → Fugger für 500 Gulden verkauft, so daß sie zusammen mit der Fuggerschen Bibliothek zum Grundbestand der heutigen Bayerischen Staatsbibliothek gehört.
Wer war dieser bibliophile Arzt? Seine Familie läßt sich bis ins 12. Jahrhundert zurückverfolgen. Historisch faßbar ist sein um 30 Jahre älterer Vetter → Dr. Hermann Schedel (1410—1485), ebenfalls Arzt und den humanistischen Studien ergeben, der eine umfangreiche Bibliothek angelegt hatte, die er Hartmann Schedel vererbte. Zuvor hatte sich der Ältere der Erziehung des am 13. Februar 1440 in Nürnberg geborenen und elf Jahre später verwaisten Hartmann angenommen. Er ließ ihn von 1456 bis Anfang 1463 in Leipzig studieren und

anschließend in Padua, wo er wie viele Deutsche damaliger Zeit neben seinem Medizinstudium auch humanistische Studien betrieb, sowie Griechisch und Italienisch erlernte. Am 17. April 1466 erwarb er in Padua den medizinischen Doktorgrad; anschließend unternahm er eine Reise nach Flandern und begann — vermutlich ab 1470 — seine berufliche Laufbahn in Nördlingen, wo er 1475 Anna Heugel (gest. 1485) ehelichte, die ihm sechs Kinder gebar, von denen jedoch nur ein Sohn gleichen Vornamens (geb. 1481 in Amberg) am Leben blieb und daher im Testament Schedels vom März 1494 bedacht wurde. Amberg war die nächste Station seines beruflichen Wirkens, und 1483 — vielleicht auch schon ein Jahr früher — kann er nach Nürnberg übersiedeln, wo er sich bereits 1477 längere Zeit aufgehalten hatte, um Abschriften für seine Bibliothek anzufertigen. 1484 wird er Nürnberger Stadtphysikus, 1487 heiratet er in zweiter Ehe → Magdalena Haller, die ihm ebenfalls sechs Kinder zur Welt bringt, von denen die Söhne Erasmus und Sebastian überleben. 1505 wird Schedel zum zweiten Male Witwer, 1514 stirbt er in seiner Vaterstadt Nürnberg.

Zwei Aspekte haben Hartmann Schedel einen Platz innerhalb der deutschen Kulturgeschichte eingebracht, die beide nicht unmittelbar mit seinem Beruf als Arzt zu tun haben: Seine bedeutende Bibliothek und seine Autorschaft an der nach ihm benannten Weltchronik, deren Drucklegung → Anton Koberger in einer lateinischen und in einer deutschen Ausgabe — beide 1493 — besorgte. Diese Chronik, (vgl. → Conrad Celtis), die mit der biblischen Erschaffung der Welt beginnt und bei Tagesereignissen der Lebenszeit des Autors endet, ist eine Kompilation aus Schriften vieler Autoren, die Schedel in seiner Bibliothek besaß. Sie ist gleichzeitig ein Zeugnis für die noch gefestigte Religiosität des Frühhumanismus am Vorabend der Reformation. Mit ihren über 1800 Holzschnitten, gedruckt von 645 Holzstöcken, die nach Zeichnungen von → Michael Wolgemuth und → Wilhelm Pleydenwurff geschnitten wurden, ist sie nicht nur das am reichsten illustrierte Buch der Frühdruckzeit, ihre Städteansichten lassen durch ihre topographische Genauigkeit bereits den neuen Geist eines aufkommenden Realismus erahnen. Schedels Weltchronik stellt damit ein repräsentatives Werk einer Zeitwende vom Mittelalter zur Neuzeit dar; ebenso wie die Persönlichkeit des Autors selbst den Geist einer im Umbruch begriffenen Zeit repräsentiert. Schedels Wissenschaft macht ihn lebenslang zum Kopisten vorwiegend humanistischer Texte. (Nach ihm ist eine Straße in Zerzabelshof benannt.) *Rü*

Anton Koberger · Drucker und Großverleger   1440 — 1513

„Die Kunst der truckerey hat sich erstlich in teutschem lannd in der statt Mayntz am Rhein gelegen im jar Christi 1440 ereigt unnd füro an schier in alle örter der welt auß gespreußt, dadurch die kostpern schetze schrifftlicher kunst und weißheit so in den alten büchern langzeit als der werlt unbekant in dem grabe der unwissenheit verborgen gelegen sind, herfür an das liecht gelangt haben." So → Hartmann Schedel in der nach ihm benannten „Schedelschen Weltchronik", die in der lateinischen Fassung am 12. Juli 1493 und in der vom Stadtschreiber Georg Alt besorgten deutschen Übersetzung einige Monate später, am 23. Dezember, herauskam. Und zwar bei Anthoni Koberger, dem Nürnberger Großverleger, dem das leistungsfähigste Druckhaus der damaligen Welt gehörte.

Verhältnismäßig spät wurde der Buchdruck in der wohlhabenden Reichsstadt eingeführt, nämlich anderthalb Jahrzehnte nach seiner Erfindung durch Johannes Gutenberg, im Jahr 1469. Außer in Mainz druckte man in sieben Städten früher als in Nürnberg; die Namen einer Reihe von Druckern, die freilich oft nur kurze Zeit arbeiteten, sind überliefert, darunter der Astronom → Regiomontanus (die neue Kunst diente ihm zur Vervielfältigung seiner Tabellen über die Umlaufbahnen der Gestirne); sie alle verblassen gegenüber dem Großunternehmen, das Anton Koberger seit 1470 aufbaute. „Dieser Koberger", heißt es in

→ Neudörfers „Nachrichten von Künstlern und Werkleuten aus dem Jahre 1547", „hat täglich mit 24 Pressen gearbeitet, dazu erhielt er einhundert und etlich Gesellen, die waren eines Theils Setzer, Correctoren, Drucker, Possilierer, Illuministen, Componisten, Buchbinder. . . Sie hatten eine gewisse Stund von und zu der Arbeit zu gehen, ließ keinen ohne den andern ins Haus, so auf dem S. Gilgenhof war, mußte einer des andern vor der Hausthür warten. Er hatte einen gewaltigen Handel und weitläufftig mit Büchern, und ein sonderliche Druckerei in Frankreich, da er dann viel schöner großer Werk zu beiden Rechten drucken ließ."

Im Gegensatz zum mittelalterlichen Handwerkerbetrieb, ähnelt Kobergers Unternehmen bereits einer Fabrik (die Gesellen wohnten auch nicht mehr im Haus des Meisters); arbeitsteilige Verfahren beschleunigten die Produktion; die „Illuministen" zum Beispiel hatten die Großbuchstaben mit roten Auszeichnungszeichen zu versehen und die Initialen zu malen. Der Großhandel war mit dem Einzelhandel verbunden — in Nürnberg wie in den anderen Niederlassungen. Ein großer Teil der Auflagen wurde ungebunden, in „rohen Bogen" aufbewahrt, doch standen auch jeweils einige gebundene Exemplare im „Ladengeschäft" zur Verfügung. Koberger hatte Dependancen in Leipzig, Regensburg, Breslau, Krakau, Ofen (Budapest), Frankfurt, Paris und Lyon; von ihnen aus reisten die Vertreter („Diener") in die jeweiligen Absatzgebiete; die zentrale Leitung erfolgte von Nürnberg, in straffer Form mit Hilfe eines exakten Schriftverkehrs und einer genauen (doppelten) Buchführung. Koberger war Verleger und Buchhändler; er verkaufte die eigene Produktion — und handelte mit Auflagen, die er in anderen Druckereien ein- bzw. aufkaufte. „Neben Barkauf und gelegentlichem Tauschhandel arbeitete Koberger in bedeutendem Umfange mit Krediten, die auf den Messen in Frankfurt oder über Lyon abgerechnet wurden. Rascher Kapitalumschlag und Verteilung des Risikos waren leitende Gesichtspunkte. Dank dieses Wirtschaftsstils handelskapitalistischer Großunternehmer gewann Koberger als Buchhändler eine Sprach- und Ländergrenzen übergreifende, marktbeherrschende Stellung für das lateinische Gelehrtenbuch der Zeit." (Hans Lülfing)

Die Humanisten feierten den Nürnberger Drucker als Verehrer und Förderer aller Gelehrten; in Erinnerung an den „herrlichen Nürnberger" schrieb Jodocus Badius, einer der bedeutendsten niederdeutschen Humanisten: „Da Du der Fürst der Buchhändler bist und unter treuen und ehrenwerten Kaufleuten nicht niedriger gestellt, so möchte ich Deines Prinzipats nichts würdiger schätzen, als solche Geisteshelden in Deine königlichen Gemächer, ein Heiligtum aller Ehrenhaftigkeit und Rechtschaffenheit aufzunehmen. Lebewohl, Zierde und Stütze des ehrbaren Handelsgeschäfts." Zu dieser Zeit war Koberger schon einige Jahre tot; unter seinen Nachfolgern kam es zu einem raschen Niedergang des Unternehmens; 1520 wurde die Niederlassung in Paris, drei Jahre später die in Lyon geschlossen; die Nürnberger Druckerei bestand bis 1526, das auf humanistische Literatur spezialisierte Sortiment bis 1533.

Unter den rund 200 Drucken, die aus Kobergers Werkstatt kamen, waren Prachtbände wie die deutsche Bibel von 1483 mit besonders schönen Lettern. Und vor allem die „Schedelsche Weltchronik" mit mehr als 1800 Holzschnittillustrationen, mit Hilfe von 645 Holzstöcken gedruckt; der Band zeigte ein modernes „Layout", bei dem Schrift und Bild zu einer Einheit zusammengefügt waren. Der Verkaufspreis betrug etwa zwei rheinische Gulden für ein ungebundenes, unkoloriertes, und etwa sechs rheinische Gulden für ein „gemalt eingebundenes" Exemplar. Sechzehn Jahre nach dem Druck des Werkes lagen freilich immer noch 557 Exemplare bei den Kommissionshändlern; da aber Koberger, der wohl das Risiko dieses Werkes richtig eingeschätzt hatte — für sehr lange Zeit hat sich kein Verleger mehr an eine derart schwierige Aufgabe herangewagt! —, nur „im Auftrag" tätig geworden war, betraf ihn das Verlustgeschäft nicht; (der Humanist → Sebald Schreyer und der Ratsherr → Sebastian Kammermeister hatten als Mäzene einen Selbstverlag ermöglicht, wobei der

Nürnberger Maler → Michael Wolgemut mit seinem Stiefsohn → Wilhelm Pleydenwurff die Holzstöcke druckreif zu liefern hatten).

Anton Koberger wurde um 1440 in Nürnberg geboren; er stammte aus einer Bäckerfamilie; einer seiner Vorfahren, der Genannte im Größeren Rat, Rüdiger Koberger, war 1348/49 führend bei dem vom Haus Wittelsbach inszenierten Aufruhr der Handwerker. Koberger, von der Ausbildung her möglicherweise Goldschmied, ist kurz nach 1470 als Drucker nachweisbar; etwa um die gleiche Zeit begründete er einen eigenen Hausstand. Aus zwei Ehen gingen 25 Kinder hervor, von denen 12 jung starben. Koberger nahm eine angesehene Stellung in der Stadt ein. Seine Familie gehörte zu den gerichtsfähigen und ehrbaren Geschlechtern. Die rasche Vermögenszunahme spiegelt der Erwerb mehrerer Häuser. Anton Koberger unternahm, zwecks Ausbau und Sicherung seines Großunternehmens, viele Reisen ins Ausland. Am 3. Oktober 1513 ist er gestorben. Der Kobergerplatz und die Kobergerstraße erinnern an ihn.   *Gl.*

Lienhart II. Hirschvogel · Kaufmann und Handelsherr   1440 — 1525

Noch im späten Mittelalter — im Jahr 1440 — wurde er in Nürnberg geboren. Auf dem Höhepunkt seines Lebens wurde er Zeitgenosse einer bedeutenden weltgeschichtlichen Epoche: 1492 Entdeckung Amerikas, 1498 Entdeckung des Seeweges nach Ostindien. Beides wurde möglich durch die Vorarbeiten des Nürnberger Seefahrers → Martin Behaim, der Lienharts II. Hirschvogel Vetter war und sich längere Zeit seines Lebens in Portugal aufhielt. Diese verwandtschaftliche Verbindung ermöglichte es Lienhart die Spannweite seines Handelshauses nach 1500 bis nach Indien auszudehnen.

Lienhart leitete schon in jungen Jahren das von seinem Großvater Ulrich († 1436) gegründete Unternehmen, dessen Handel sich im 15. Jahrhundert von Venedig als Mittelpunkt über ganz Mitteleuropa erstreckte. Als Kaufmann im Fernhandel reiste er landauf, landab und führte erst 1485 die blutjunge → Katharina Imhoff, die Tochter Konrads III. Imhoff und seiner zweiten Frau Katharina, geb. → Kammermeister, in seinen geräumigen Familienbesitz an der Barfüßerbrücke (heute Museumsbrücke). Damit begann die enge Zusammenarbeit der beiden Handelshäuser → Hirschvogel und Imhoff. Sie verdichtete sich noch durch die Ehe von Lienharts jüngerem Bruder Bernhard im Jahre 1493 mit Barbara Imhoff, Schwester von Lienharts Frau.

Im letzten Viertel des 15. Jahrhunderts wurde Antwerpen zu einem neuen Mittelpunkt des Handels beider Familien. Die Hirschvogel wurden an der Schelde, etwa zwischen 1477 und 1484, vertreten vom Enkel einer Hirschvogel, jenem → Martin II. Behaim, der später in Lissabon tätig war. Lienhart hat 1488 Antwerpen auf einer Inspektionsreise selbst besucht. Da Vasco da Gama von Lissabon aus den Weg über die Südspitze Afrikas nach Indien gefunden hatte, wurde Lissabon, bislang am Ende der bekannten Welt gelegen, zum Zentrum des europäischen Überseehandels. Dorthin entsandte Lienhart Hirschvogel nun den Bruder der beiden Frauen beider Hirschvogel, Ulrich Imhoff. An diesem „Kap Europas" wurde 1503 zwischen → Lucas Rehm, dem Faktor der Welser, und den Vertretern anderer Handelshäuser, darunter auch → Ulrich Imhoff und der Faktoreischreiber Hans Mayr auf der einen und den Repräsentanten der Krone Portugals auf der anderen Seite ein Vertrag ausgehandelt, wonach sich Augsburger und Nürnberger Kaufleute an einer Expeditionsreise mehrerer Schiffe im Gefolge der portugiesischen Flotte beteiligen sollten. Aus Nürnberg stellten die Imhoff 3000, die Hirschvogel 2000 Cruzados für dieses kühne Unternehmen zur Verfügung. Dazu kamen in Augsburg die erheblichen Beiträge der → Welser, → Fugger, Hochstetter, Gossenbrot und → Vöhlin.

Der wagemutige Entschluß der oberdeutschen Handelshäuser und ihrer Vertreter fand rühmende Erwähnung in einem Brief des Augsburger Humanisten und Stadtschreibers → Dr. Konrad Peutinger an den kaiserlichen Sekretarius Blasius Hölzl: „Wir sind die ersten Teutschen, die India aufsuchen!". Für ihn und seinen Nürnberger Freund → Willibald Pirckheimer, die das „Unternehmen Indien" förderten, war die Reise mit der Hoffnung verknüpft, sie könnte dazu beitragen, die überholte mittelalterliche Wirtschaftsordnung in Europa durch eine neue Weltwirtschaftsordnung abzulösen. Die Entdeckung neuer Kontinente und deren Einbeziehung in den Handel sollten dazu den Anstoß geben.

Am 25. März 1505 legte die Flotte, mit großen Ladungen oberpfälzischer Erze als Tauschware, unter dem Donner der Geschütze von der Küste Europas ab. Am 22. Oktober kam sie nach abenteuerlichen kriegerischen Zwischenfällen an Afrikas Ostküste, auf arabischen Inselgruppen, in Canamor und wenig später in Cotschin (Südindien) an. Die erste Gruppe mit zwei oberdeutschen Schiffen kehrte am 22. Mai, die zweite mit einem der drei Handelsschiffe nach harten Zusammenstößen auf Mozambique und bitteren Erfahrungen in den Gewässern des Kaps der Guten Hoffnung am 25. November 1506 nach Lissabon zurück. Die drei Ladungen brachten — laut Abrechnung von Lucas Rehm — einen Gewinn von 150 Prozent in Gestalt von Gewürzen, Reis, Seidenstoffen, Baumwolle, Edelsteinen, Edelmetallen und Perlen. Ulrich Imhoff und Hans Mayr waren also die ersten Nürnberger, die nach einer abenteuerlichen Schiffsreise Indien erlebt und den Grundstein zum Indienhandel der Hirschvogel gelegt haben; Imhoff starb aber schon 1507 in Lissabon.

Erst 1517 taucht in den Quellen wieder der Name eines Beauftragten von Lienhart Hirschvogel in Indien auf: Lazarus Nürnberger aus Neustadt/Aisch, der später in Sevilla als Fachmann für Edelsteinhandel auftrat. Die Kenntnisse dafür hatte er wohl im Dienste der Hirschvogel erworben. Bedeutendster Zeuge für das Handelshaus in Lissabon war von 1518—1520 Faktor Georg Pock aus Heidingsfeld. Von ihm sind Briefe aus Lissabon und einer aus Indien erhalten, die bezeugen, daß er sein Haus und dessen Freunde mit Papageien und anderen „fremden Merkwürdigkeiten" versorgte. Von Indien aus, wo er sich seit 1520 aufhielt, kamen viele Edelsteine, rohe und geschliffene Hyazinthen und Diamanten, nach Nürnberg. Jahre lang wartete Lienhart II. vergeblich auf Pocks Rückkehr und somit auf die Abrechnung. Am 15. Juni 1525 starb der große Hirschvogel, drei Monate nach der Einführung der Reformation in Nürnberg. Seine Familie starb 1550 aus. Ihre Totenschilde und Glasfenster sind bis heute in der Lorenzkirche zu sehen.   *scha*

Sebastian Lindenast · Kupferschmied   um 1450—1526

Die größte Fremdenattraktion in Nürnberg, das Männleinlaufen auf der Frauenkirche, stammt von einem fast vergessenen Künstler, dem Kupferschmied Sebastian Lindenast (1450—1526). Er muß im wahrsten Sinne des Wortes ein Original gewesen sein. Denn er war der einzige, der es schaffte, vergoldete Kupferarbeit herzustellen und zu vertreiben. Dafür besaß er ein Privileg von → Kaiser Maximilian I. Von diesem Lindenast schreibt → Neudörfer : „ . . . hab ihn darum desto lieber zu diesen Künstlern gesetzt, da er und → Peter Vischer Rothschmid der älter, auch der vorgemelte → Meister Adam Kraft Steinmetz, gleich mit einander aufgewachsen und wie Brüder gewesen sein, sind auch alle Feiertag in ihrem

Alter zusammen gangen . . ." Außer den Figuren des Männleinlaufens bewahrt das Germanische Nationalmuseum eine Figur des hl. Jacobus aus Kupfer auf, die von Lindenast — wohl nach Modell des Adam Kraft — stammt. *Pe*

Johannes Radenecker · Abt von St. Egidien   um 1441 — 1504

Radenecker zählt zu jenen Klostervorstehern im Nürnberg um 1500, die sich dem Gedanken der Klosterreform und zugleich den neuen humanistischen Bildungsvorstellungen verpflichtet fühlten. 27 Jahre lang leitete er das Benediktinerkloster St. Egidien, das als Gründung des Stauferkönigs Konrad III. (1138—1152) und reichsunmittelbare Abtei unter den Nürnberger Klöstern einen besonderen Rang einnahm.

Radenecker, um 1441 geboren, war Sohn einer zur reichsstädtischen Mittelschicht zählenden Familie der Ehrbaren, studierte seit 1457 in Leipzig und erlangte dort zwei Jahre später das artistische Bakkalariat. Mit ihm zusammen studierte → Hartmann Schedel, sein späterer enger Freund. 1464 legte Radenecker unter Abt Georg Moringer von St. Egidien, einem führenden Vertreter der vom Kloster Kastl geprägten Reformbewegung innerhalb des Benediktinerordens, Profeß ab. Unter den Äbten Sebald Helmannsberger und Johann Seßler, die im Rahmen der Bamberg-Mainzer Ordensprovinz im Sinne der Reform wirkten, erlebte er den geistig-disziplinären Aufschwung des Klosters am Egidienberg. Um 1496 wurde Radenecker Prior dieses Klosters, das er von 1477—1504 selbst leitete.

Er mühte sich von Anfang an um Verbesserung der wirtschaftlichen Voraussetzungen im Interesse des Konvents. 1480 entstand beim Kloster ein neues Kornhaus; seit 1487 wurde der klösterliche Grundbesitz in einem Gesamturbar verzeichnet. Die Bibliothek wurde ausgebaut und räumlich erweitert. Sie umfaßte um 1495 ca. 200 Handschriften und mehr als 600 Inkunabeln. In den ersten Abteilungen standen — wie damals üblich — vorwiegend scholastische Autoren, in der letzten in größerer Zahl von den Humanisten bevorzugte Werke. Die neuplatonische Literatur war Radeneckers besonderes Sammelgebiet. Sein Interesse dafür teilte er mit Nürnberger Humanisten wie → Hieronymus Münzer, Johann und Georg → Pirckheimer und → Peter Danhauser. Schedel war ihm beim Sammeln behilflich. Die Vermutung liegt nahe, daß Radenecker seinerseits Schedel bei dessen wissenschaftlichen Vorhaben (z. B. bei der „Weltchronik") unterstützt hat. Belegt ist Radeneckers Teilnahme an der Grundsteinlegung zu dem unter Beteiligung von → Sebald Schreyer geplanten Erweiterungsbau des Heiliggeist-Spitals südlich der Pegnitz. Radenecker wurde auch zur Planung des Sebastianspitals vor den Toren der Stadt beigezogen, das zur Aufnahme von Pestkranken bestimmt war.

Seit Übernahme des Abbatiats trug Radenecker maßgeblich dazu bei, die von den Kapiteln der Ordensprovinz beschlossenen Reformen in die Wirklichkeit umzusetzen. Er fungierte mehrfach als einer der Kapitelspräsidenten (Blaubeuren 1482, Augsburg 1485, Seligenstadt 1496, Fulda 1501), als Kapitelsprediger oder als Thesaurar. Zwischen den Kapiteln war er an Visitationen der Benediktinerklöster in den Diözesen Eichstätt und Augsburg beteiligt. Seit 1490/91 unterstützte er Abt Johannes Trithemius von Sponheim, mit dem er seit Jahren eng verbunden war, beim Sammeln der Beschlüsse der Ordenskapitel, regte seinen Freund zur Abfassung eines Traktats über die Klostervisitation an, half ihm bei der Sammlung von Informationen über bedeutende Gelehrte des Ordens für einen Schriftstellerkatalog, und schrieb deshalb auch an den Abt des Klosters San Paolo fuori le mura, wobei er vergessenen Benediktinern u. a. aus Monte Cassino nachging. Abt Andreas Lang vom Michelsberg bei Bamberg waren er und Schedel besonders verbunden. Jakob Locher Philomusus, der Ingolstädter Humanist, widmete ihm ein Gedicht auf den heiligen Benedikt. Nach Radeneckers Tod verfaßte Schedel ein warmherziges Epitaph auf den Freund und würdigte ihn in seiner kurzen Chronik des Egidienklosters als einen Mann, der sein Leben der Wissenschaft widmete und sich zugleich dem Orden des heiligen Benedikt hingab, damit er niemals durch menschliche Sorgen von der Betrachtung des Göttlichen abgelenkt werde. „Er hat 27 Jahre lang glücklich regiert", schrieb der unter Radenecker ins Kloster aufgenommene Mönch Benedictus Chelidonius Musophilus, der literarisch fruchtbarste unter den Nürnberger Klosterhumanisten (später Abt des Schottenklosters in Wien), über Johannes Radenecker. *M-k*

Veit Stoß · Bildhauer   vor 1450 — 1533

In den Acta officiala des Krakauer Konsistoriums wurde 1952 eine Urkunde entdeckt, welche „Horb" als Herkunftsort des Veit Stoß benennt. Kunstgeographische Überlegungen führen zu der Annahme, daß die am Neckar gelegene Stadt dieses Namens der Platz seiner Wiege und ersten Ausbildung war. Die Kunstmetropole Straßburg (durch das Kinzigtal leicht erreichbar), bot sich dem Wandergesellen als Reiseziel an: das Frühwerk des späteren Meisters zehrt von oberrheinischen Erinnerungen.

Um 1473 taucht er in Nürnberg auf, heiratet die Gastwirtstochter → Barbara Hertz und gibt 1477 sein Bürgerrecht wieder auf, um nach Polen zu ziehen. Vorher in Nürnberg geschaffene Werke sind nicht mit Sicherheit feststellbar. Als Künstler wird er erst in Krakau faßbar. Für die deutsche Gemeinde der Marienkirche arbeitet er bis 1489 an dem gewaltigen Hochaltar mit dem Marientod im Schrein (Höhe der Figuren 2,80 m). Seine Leistung erregt die Aufmerksamkeit des Hofes: König Kasimir beauftragt ihn mit der Erstellung seines Grabmals aus Rotmarmor. Aufträge für Bischofsgrabmäler folgen. Trotz erworbener Reichtümer und Privilegien entschließt er sich 1496 aus unaufgehellten Gründen mit Frau und Kindern zur Rückkehr nach Nürnberg.

Erstes in Nürnberg geschaffenes Werk des Neueingebürgerten ist die 1499 vollendete Gedächtnisstiftung des → Paulus Volckamer in St. Sebald: drei Sandsteinreliefs mit Passionsszenen. Der am Oberrhein angeeignete und im entfernten Krakau konservierte Niederländische Realismus ist hier noch wirksam in den lebensvollen Apostelköpfen (des Abendmahls), in denen die Überlieferung Bildnisse der damaligen Ratsherren (auch ein Selbstbildnis) erkennen will.

Ende des Jahres 1503 wird Veit Stoß auf offener Straße festgenommen und ins Lochgefängnis abgeführt. Was war vorgefallen? Er war um 1265 Gulden (im Tuchhandel angelegt), betrogen worden und hatte einen Schuldschein auf den Namen eines beteiligten Mittelsmannes ausgestellt. Das Eingeständnis brachte ihm die öffentliche Brandmarkung ein (glühendes Eisen auf die Wangen). Damit war er „unehrlich" geworden. Ein Gnadenbrief des Kaisers rehabilitierte ihn 1506 und verschaffte ihm die Gunst neuer Auftraggeber. Zu Förderern seiner Kunst gehörten Mitglieder der Familie → Tucher. Für den Baumeister Endres Tucher (gest. 1506) schuf er die überlebensgroße Holzstatue von dessen Namenspatron (in St. Sebald). Anton II. Tucher stiftete als Vorderster Losunger 1517 den „Englischen Gruß" (Engelsgruß), also die Verkündigung im Rosenkranz, ein frei hängendes Schnitzwerk, das den Hallenchor der Lorenzkirche zentriert. Das letzte große Werk des Meisters ist ein Auftrag seines Sohnes Andreas, Prior der Nürnberger Karmeliter. Er bestellte bei seinem Vater 1520 einen Hochaltar mit der Anbetung des Kindes für die Klosterkirche. Als Wortführer der Altgläubigen wurde der Prior Stoß 1524 aus der protestantisch gewordenen Stadt gewiesen, ehe das ausbedungene Honorar des Vaters beglichen war. Die angebotene Rückgabe des aufgestellten Werkes verletzte den Stolz des Meisters. Nach seinem Tode 1533 veräußerten die Erben den Altar nach Bamberg, wo er heute den Dom (im südlichen Seitenschiff) ziert.

Unter den vielen übrigen Werken verdienen Hausmadonnen aus Holz und Stein sowie die Kruzifixe Erwähnung, denen die Bewunderung der Barockzeit galt, weil sie Wahrheit und Schönheit verbinden, d. h. den Ausdruck des Leidens durch künstlerische Überhöhung erträglich machen. Zweifellos verdankt Veit Stoß das Gelingen dieser Synthese von Gehalt und Form dem Einfluß → Dürers. Im ersten Jahrzehnt nach 1500 glaubte er ihm noch ausweichen zu können: der Hl. Andreas zu St. Sebald (vor 1506) ist in dem ungehemmten Ausdruck von Schmerz und Zorn ein Zeugnis dieser Ignorierung Dürers, wogegen die Altersklassik des „Bamberger Altars" die Lehren des Malerkollegen beherzigt. Anhänger antiklassischer Kunstgesinnung (Expressionismus!) werden im Hl. Andreas ihr Formideal verwirklicht sehen: schöpferische Leidenschaft ist unverhüllt in die bewegte Faltenführung eingegangen. So durchschreitet Veit Stoß zwei Stilwelten von der Spätgotik zur Renaissance. (In Gostenhof ist ein Platz nach ihm benannt.) *Stf*

Georg Alt · Losungsschreiber 1450—1510

Er stammte aus Augsburg (geb. ca. 1450), studierte in Erfurt, wurde mit ca. 23 Jahren (1473) Bürger von Nürnberg und drei Jahre später kaiserlicher Notar und Gerichtsprokurator. Wichtiger aber war für ihn, daß er als Kanzleischreiber (1478) zum Losungsschreiber im Rat der Stadt aufrückte und zum Nürnberger Humanistenkreis zählte. 1492 entwarf er — wohl auf Wunsch von → Hartmann Schedel — eine „Descriptio Nuremberge" und eine deutsche Beschreibung der Stadt Nürnberg. Alt übertrug 1493 die dritte Bearbeitung des „Processus Satanae", welche dem Bartolus zugeschrieben wird, ins Deutsche. Ferner übersetzte er die Weltchronik Hartmann Schedels und im Auftrag des Nürnberger Rates die erste Fassung der „Norimberga", des → Conrad Celtis. Alt starb am 28. Juli 1510 in Nürnberg. *Bsl*

Paulus Volckamer · Vorderster Losunger 1450—1505

Die 1337 aus der Oberpfalz in Nürnberg eingewanderten Volckamer gehörten zu jenen wenigen führenden Geschlechtern, die als Bürger im Rat saßen und damit allein Zugang zum Stadtregiment hatten. Auch Paulus Volckamer scheint sich zeit seines Lebens im wesentlichen Aufgaben der städtischen Verwaltung gewidmet zu haben. Er muß vor der Mitte des 15. Jahrhunderts geboren worden sein. Im Jahre 1468 kam er in den Rat, 1476 wurde er einer der alten Bürgermeister. Wichtiger war, daß er seit 1479 einer der Septemvirn, also des inneren Ratsgremiums war und 1489 einer der drei obersten Hauptleute wurde. Zuletzt war er bis zu seinem Tode 1505 Vorderster Losunger und Reichsschultheiß und damit für Jahre einer der einflußreichsten Männer der Stadtverwaltung.

Der Ruhm des Paulus Volckamer knüpft sich bis heute an sein in St. Sebald errichtetes monumentales Gedächtnismal, mit dessen Ausführung er den größten Nürnberger Bildhauer → Veit Stoß beauftragte. Mit dem 1499 an überaus prominenter Stelle im Chor der

Kirche vollendeten Werk war die Stiftung einer jeden Donnerstag abzuhaltenden feierlichen liturgischen Andacht zu seinem Gedächtnis verbunden. Das Steinrelief zeigt Szenen der Passion Christi: Letztes Abendmahl (darunter auch die häufig als Portraitbilder gedeuteten Jünger [so → Willibald Pirckheimer und → Konrad IV. Imhoff, Kapellenstifter von St. Rochus]), dann Christus im Gebet auf dem Ölberg und schließlich Gefangennahme des Heilands; dazu noch überlebensgroße Eichenholzfiguren von Christus als Schmerzensmann und Maria als mater dolorosa. *kahs*

Hans Beheim d. Ä. · Stadtwerkmeister 1455/60 — 1538

Neben den großen Namen aus Nürnbergs „Dürerzeit", verblaßt im Allgemeinbewußtsein zu Unrecht die Persönlichkeit des genialen Nürnberger Stadtbaumeisters an der Wende vom Mittelalter zur Neuzeit, des älteren Hans Beheim. Er hat dem „Florenz des Nordens", als das Nürnberg damals, getragen von der Mäzenatenschaft reicher Ratsgeschlechter, seinen Aufstieg nahm, den ebenbürtigen architektonischen Rahmen gegeben. Mit den kommunalen Großbauten gewaltiger Kornhäuser vom Unschlitthaus (1490/91) über die „Kaiserstallung" auf der Nürnberger Burg (1494/95) bis zur „Mauthalle" (1498 — 1502) setzte er im Stadtbild neue Baugewichte entsprechend der Tradition früherer Kornhäuser und der dominierenden Hallenchöre der Nürnberger Stadtkirchen St. Sebald und St. Lorenz.

Beheim d. Ä. stammte aus Sulzbach/Opf., wo er an der Stadtkirche (1488) tätig war. Dieses aktenkundige Wirken hat ihn über den engeren Bereich seiner Heimat hinaus bekannt gemacht. Es folgte seine Tätigkeit am Schloßbau der Pfalzgrafenstadt Neumarkt/Opf. und in der Reichsstadt Windsheim. Eine eklatante Baumeisterkrise in Nürnberg, die sich 1489 bei der Überbrückung des Pegnitzausflusses offenbarte, war wohl der Anlaß zu seiner Berufung nach Nürnberg, der „fürnehmsten Stadt" des alten Reiches.

Frühzeitig gewann der neue „Stadtwerkmeister" hohes Ansehen. Hätte man ihm sonst, schon nach wenigen Jahren Aufenthalt in der Reichsstadt, die verantwortungsvolle Aufgabe anvertraut, im Bereich der „Reichsveste", der empfindlichsten Stelle des Stadtbildes, auf dem Grund der vernichteten ehem. Burggrafenburg (1420) mit der „Kaiserstallung" ein Projekt zu verwirklichen, das die grandiose Komposition des Stadtprospektes wie eine schließende Fermate bekrönte? Beheim kann als Hauptrepräsentant der monumentalen „Großen Form" gelten, die für Nürnberg - „ein Gemeinwesen von geheimer innerer Ordnung erfüllt" - auf allen künstlerischen Gebieten maßgebend werden sollte, nicht zuletzt für

Das Rathaus in seiner gotischen Form, Vorläufer des Wolff'schen Baus von heute

das Schaffen → Albrecht Dürers. Ein Gesamtblick von der Burgfreiung auf die Altstadt läßt die Grundzüge dieser „Großen Form" selbst nach den eingreifenden Zerstörungen des Zweiten Weltkrieges noch erkennbar werden. Charakteristisch für Beheims schöpferische Begabung sind sein intuitiver Sinn für die Durchdringung sakraler und profaner Bauformen, wie sie noch in dem zum Teil erhaltenen ehemaligen „Welserhof" (Theresienstraße 7) vor Augen steht, und für die Organisation des reichsstädtischen Bauwesens. Zwei weitere entscheidende Leitlinien seiner hohen Begabung: Die souveräne Bewältigung schwieriger Ingenieuraufgaben bei den Substruktionen auf dem unebenen Gelände der Kaiserstallung und bei dem mehrschiffigen kryptenhaften Unterbau der Mauthalle auf dem Grund des inneren zweiten Stadtgrabens. Die Pegnitzüberbrückung für den damals „modernen" Ausbau des Heiliggeist-Spitals (Visierung 1511) stellt eine Meisterleistung der Wasserbaukunst dar, eine Aufgabe, an der vor ihm bereits mehrere Baumeister gescheitert waren.

Dieses technische Talent verband sich mit außergewöhnlicher künstlerischer Vielseitigkeit. Beheim beherrschte alle damals in Nürnberg geübten Bautechniken und verstand es, sie zu einer überzeugenden künstlerischen Symbiose zu verbinden. Als Beispiel sei die Mauthalle genannt, deren massiver Quaderbau durch Ziergiebel mit Backsteinornamenten und mehrgeschossige Fachwerkerker in der Dachzone eindrucksvoll ergänzt wurde. Als Meister in der Verbindung älterer und neuerer Bauteile zeigt sich Beheim am Erweiterungsbau des alten gotischen Rathauses. Auch an der Vollendung des mittelalterlichen Nürnberger Sakralbaus war er beteiligt, besonders an der von Dürer und → Stoß mitausgestatteten Allerheiligenkapelle des Landauerschen Zwölfbrüderhauses (1508 — 1512), einst kongenialer Rahmen für Dürers berühmtes Allerheiligenbild. Im Oeuvre Beheims wird seine Verwandtschaft mit dem Formenschatz → Adam Krafts (mit dem er mehrfach zusammenarbeitete) sichtbar, besonders in den hängenden Schlußsteinen, die ebenso am Kraftschen Sakramentshaus von St. Lorenz, im Kleinen Rathaushof, in der Holzschuherkapelle (Johannisfriedhof) und in der Allerheiligenkapelle auffallen.

Im Befestigungsbau leistete Beheim ebenso hervorragende Arbeit: Die beiden eigenartigen Rundbastionen (1526) am Fürther Tor (Plärrer) und am Kappenzipfel nördlich des Laufer Tores zeigen gewisse Anklänge an Befestigungsentwürfe Leonardo da Vincis. Unter dem Aspekt damals neuzeitlicher Feuerwaffentechnik betont als Tiefbauten gestaltet, bekunden sie die Abkehr vom mittelalterlichen Turmbau, allerdings noch nicht so entscheidend und in die Zukunft blickend, wie Dürer sie in seiner Befestigungslehre von 1527 vorgestellt hat. Zu den Profanbauten Beheims zählen u.a. noch das alte Sebastiansspital, der Deutschordens-Speicher, die im letzten Krieg zerstörten Gebäude Peststadel, Waaggebäude, Marstallgebäude und das schon früher abgerissene ehemalige Lorenzer Schulhaus.

Beheims ausgeprägte soziale Einstellung tut sich in seinen Plänen für Spitäler und in seiner konstruktiven Mitwirkung bei der Gestaltung der Spitalordnung des Heiliggeist-Spitals kund - einer jahrhundertelangen Nürnberger Tradition der Spitalpflege (Weinstadel, Pilgerhospiz Heiligkreuz u.a.) folgend. Seine auf profunde Sachkenntnis gegründete Autorität reichte weit über die Mauern Nürnbergs hinaus: u.a. fertigte er Gutachten im Dienste der Grafen von Mansfeld, auch für Schloß Hartenfels bei Torgau, das schon 1547 im Schmalkaldischen Krieg samt den Fresken von Lucas Cranach zugrunde ging.

Hans Beheim d. Ä. hat als Künstler von universaler Begabung vor dem Hintergrund von Renaissance und Reformation im „Gesamtkunstwerk Nürnberg" seine eigentliche Lebensaufgabe erfüllt. Erst → Wolf Jakob Stromer, → Johann Carl, → Jakob Wolff d. Ä. und sein Sohn (Fembohaus, Neues Rathaus, Baumeisterhaus) haben diese Gesinnung der „Großen Form" äquivalent weitergepflegt, ehe sie durch die Wirren des Dreißigjährigen Krieges einen jähen Abbruck erfuhr. Hans Beheims d. Ä. kulturelles Erbe lebte im genialen Manierismus des Paulus Beheim weiter, vor allem in den vier Geschützrondellen an den Nürnberger Haupttoren. *EE*

In seinen „Nachrichten über Nürnberger Künstler und Werkleute" vermerkte der Nürnberger Schreib- und Rechenmeister → Johann Neudörfer im Jahre 1547: „Was geschickter, fleißiger und kunstreicher Baumeister und Steinmetz dieser Meister Adam gewesen ist, zeigt das Sacrament-Haus in St. Lorenzen Chor . . . darunter er zuvorderst, als wäre er im Leben, sich selbst conterfeit hat, und hinter ihm seine zwei Gesellen. Dazu hat er den schönen Ölberg oder Passions-Figuren bei St. Sebald außen an der Kirchen . . . gemacht, und sonsten allenthalben in Kreuzgängen, bei St. Ägidien, Augustinern und Predigern, viel künstlicher Gedächtniß hinter ihm gelassen, wie dann auch bei der → Imhof Häusern, da er viel zierliche Arbeit gemacht hat, zu sehen ist . . . Dieser Adam Kraft war ein berühmter Bildhauer und Steinmetz allhie zu Nürnberg, wohnte auf dem Steig bei den zwölf Brüdern, in einem großen Hof, vornen am großen Haupttor war gemacht ein steinerner Lindwurm, daraus Wasser fleußt . . ."

Neudörfers Bericht, in dem noch mehr über die Kunstfertigkeit des Meisters und seiner Werke zu lesen steht, enthält keine Angaben über Alter, Herkunft, Lehr- und Wanderjahre des Adam Kraft. Ebenso fehlt es an anderen Quellen zu dieser Frühzeit. Die überblickbare Schaffenszeit umfaßt den knappen Zeitraum von achtzehn Jahren: 1490 bis 1508. Von wenigen Ausnahmen abgesehen, sind Krafts bekannte und erhaltene Werke in Nürnberg konzentriert; Werke, die ihn als Steinmetz, Steinbildhauer, Baumeister ausweisen. Doch wird ihm auch das Modell für einen sehr wahrscheinlich von → Peter Vischer d. Ä. ausgeführten Bronzeguß zugeschrieben: die kniende Figur des 1490 datierten sogenannten „Astbrechers" (heute im Bayerischen Nationalmuseum München). Im Vertrag über das Sakramentshaus für die Klosterkirche Kaisheim aus dem Jahre 1500 heißt er „Meister Adam Kraft, bildsnitzer", was überdies für ein — zumindest gelegentliches — Arbeiten in Holz sprechen könnte. Der Vertrag zeigt auch, daß Kraft über die Grenzen seiner Vaterstadt hinaus bekannt und geschätzt war.

Nur einige der wichtigsten unter den privaten und reichsstädtischen Aufträgen, die Adam Kraft in Nürnberg ausführte, können hier festgehalten werden: Das → Schreyer-Landauer-Epitaph außen am Ostchor der Sebalduskirche, 1490—92; das — fast 19 Meter hohe — Sakramentshaus im Chor der Lorenzkirche, eine Stiftung des Ratsherrn und Losungers → Hans IV. Imhoff, eine Meisterleistung an durchbrochener Steinarbeit, 1493—96; das Relief von der Stadtwaage, datiert 1497 (Originale im Germanischen Nationalmuseum, wie das der sieben Kreuzwegstationen in der Burgschmietstraße bis zum Johannisfriedhof, wo heute Abgüsse der Originale stehen). Die Kreuzwegstationen des Adam Kraft sind gestiftet von dem Bamberger Ritter Heinrich Marschalk von Rauheneck, 1506—08; der Giebel am Michaelschor der Frauenkirche wurde vom Nürnberger Rat bei Kraft bestellt, 1506—08. Keines der urkundlich für Adam Kraft gesicherten Werke hat die Jahrhunderte völlig unversehrt überstanden. Seine Handschrift bleibt trotzdem unverkennbar, besonders in der szenischen Anlage von Reliefs: Seine Beobachtungsgabe wird deutlich, die Fähigkeit, Ereignisse bühnenmäßig zu schildern, sehr fränkische Personen und ihre Gefühle zu charakterisieren — gelegentlich, wo es das Thema erlaubte, mit einem tiefgründigen Sinn für Humor.

Das von Neudörfer erwähnte Selbstbildnis Adam Krafts als Trägerfigur am Sockelgeschoß des Sakramentshauses im Chor der Lorenzkirche blieb bis in die Gegenwart erhalten: Der etwa 35 bis 40 Jahre alte, mit einem kräftigen Bart geschmückte Meister erscheint in Arbeitstracht, den hölzernen Klöpfel des Bildhauers auf den rechten Oberschenkel gestemmt. Die Selbstdarstellung gegen 1495 weist auf ein Geburtsjahr zwischen 1455 und 1460. Der Vater des Meisters könnte der Schreiner → Ulrich Kraft gewesen sein, der 1451 das Nürnberger Bürgerrecht erwarb. Die beste Gelegenheit, sein späteres Handwerk zu erlernen, bot sich für Adam Kraft bei der Errichtung des Ostchors von St. Lorenz, dem größten Nürnberger Bauvorhaben dieser Zeit (1439 — 1477). Dort war 1464 — 67 auch Ulrich Kraft als Geselle tätig, seit 1480 Bürger und Meister, 1490 Steinmetz des „Neuen Spitals" (Heilig Geist), der Meister Adam bei seinem ersten Großauftrag, dem Schreyer-Landauer-Epitaph, als für ihn bürgender Verwandter zur Seite trat.

Gegen 1490 heiratete Adam Kraft nach längeren Wanderjahren seine erste Frau Margareta und wurde selbständiger Meister mit einer eigenen Werkstatt. Sein von Neudörfer geschildertes Anwesen befand sich auf der Lorenzer Stadtseite, nicht weit vom Mendelschen Zwölfbrüderhaus, in der heutigen Entengasse. Nach dem Tode seiner ersten Frau ging der Meister 1503 eine zweite Ehe ein, mit einer Frau Barbara, wohl einer Witwe. Trotz reichlicher Aufträge und unermüdlicher Tätigkeit gelangte er nicht zu einer von Schuldenlasten freien Existenz. In seinen späten Jahren von Krankheit geplagt, am Ende arbeitsunfähig und bettlägerig, verbrachte er die letzten Monate seines Lebens, gemeinsam mit seiner Frau, als Pfründner im Spital zu Schwabach. Am 21. Januar 1509 wurde er in Nürnberg bestattet, auf dem Friedhof von St. Lorenz, der 1518 geschlossen und nach St. Rochus verlegt wurde. Die Einebnung der Grabstellen erfolgte nach wenigen Jahrzehnten. Das Kraft'sche Anwesen fiel 1510, nach einer erfolglosen Ausschreibung zum Verkauf an → Peter Imhoff d. Ä., der den Meister nicht nur mit Aufträgen bedacht, sondern ihm auch mehrfach Geld geliehen hatte, insgesamt die stattliche Summe von 310 Gulden. (Nach ihm ist die Adam-Kraft-Straße in St. Johannis benannt.)   *Btm*

Sixtus Oelhafen · Oberster Sekretär des Kaisers   um 1456 — 1539

Durch Jahrhunderte taucht, in enger Verbindung mit der Freien Reichsstadt Nürnberg, immer wieder der Name des Geschlechts der Oelhafen auf, obwohl es seine Bindungen und Beziehungen zur Stadt erst relativ spät festigte. An der Spitze der Oelhafen'schen Genealogie steht um 1340 als erster der schweizerische Regimentsrat Rueger Oelhafen, Sproß eines ehemaligen Züricher Stadtgeschlechts. 1370 tauchen Oelhafens in Lauingen und dann mit Bürgerrecht in der Freien Reichsstadt Nördlingen auf; sie verbreiten sich von hier nach Leipzig, Breslau (ähnlich den → Scheurls) und ab 1499 nach Nürnberg, wo Sixtus 1519 für die Familie das Bürgerrecht erwerben konnte und selbst zugleich Genannter des Größeren Rats wurde.

Er wurde etwa 1456 als Sohn des Nördlinger Ratsherrn Georg Oelhafen geboren, wird Secretarius in der Kanzlei → Kaiser Friedrichs III. (1440 — 1493), der ihm 1489 die Adelsfreiheiten und ein vermehrtes Wappen verleiht, und bleibt auch unter den Nachfolgekaisern → Maximilian I. und → Karl V. in dieser Position. Unter Maximilian I. (1393 — 1519) wird den Oelhafen das seltene Privileg zuteil, mit rotem Wachs siegeln zu dürfen. Schon zwei Jahre nach der Übersiedelung aus Nördlichen steht die Familie im Mittelpunkt von Nürnbergs gesellschaftlichem Leben; denn seit dem Jahr 1500 tagte in Nürnberg das Reichsregiment unter Vorsitz des Reichsstatthalters Friedrichs des Weisen, Kurfürst von Sachsen. Der Kaiser erscheint nur zweimal kurz zu den Verhandlungen. Auch der Dichter und Humanist → Conrad Celtis nimmt an ihnen teil. Während jener Tagung des Reichsregiments, die vorwiegend als Reichsgericht gegen König Ludwig von Frankreich agierte und über die „Türkennot" beraten hat, heiratet Sixtus Oelhafen am 24. April 1501 Anna Pfinzing, die Schwester des Propstes → Melchior Pfinzing. Es war, wie Chronisten berichten, eine Hochzeit mit „ungeheurem Prunk und Aufwand", die Erzbischof Bechthold von Mainz — ein Gegner des Kaisers — selbst ausrichtete. Zu Gast seien zahlreiche Fürsten, kirchliche Würdenträger und Vertreter des Hochadels gewesen. Bei dieser Gelegenheit erhielt Sixtus von Maximilian I. eine Vermehrung des Oelhafenschen Wappens durch das Geuschmiedische Wappen, das auch die Pfinzing in ihrem vermehrten Wappen führten. Anna Oelhafen starb schon nach fünf Jahren; 1508 verehelichte sich daraufhin Sixtus — diesmal in aller Stille — mit → Barbara Rieter von Kornburg und erwarb 1512 die Güter Ober- und Unterschöllenbach von der Familie Rech von Rechenberg. Seither nennt sich die Familie Oelhafen von Schöllenbach. Im Dienst dreier Kaiser erarbeitete sich Sixtus den Ruf eines sehr geschickten und geachteten Politikers, dessen diplomatisches Talent dem Kollegium der Reichsstädte auf den Reichstagen (die beiden anderen Kollegien wurden von Kurfürsten und von weltlichen und geistlichen Fürsten bestimmt) und den Verträgen des Hauses Habsburg zugute kam.Diese Verträge sicherten Maximilians Herrschaft über Spanien und seine Nebenländer, sowie über Böhmen und Ungarn. Sie kamen indirekt auch Nürnberg und der Reformation zugute. Sixtus starb im Range eines kaiserlichen Hofrats am 22. Juni 1539. Er wurde 1513 von → Albrecht Dürer porträtiert.

Die Familie erlangte die Gerichtsfähigkeit in Nürnberg im Jahr 1546, die Ratsfähigkeit mit kaiserlicher Bestätigung im Jahr 1729. Seither zählte sie zu den ratsfähigen Geschlechtern der Stadt. Im Norden Nürnbergs erinnert eine Straße an das Wirken der Oelhafen in Nürnberg. *IRF*

Konrad Nachtigall · Meistersinger 15. Jahrhundert

„Der Erst ein peck hies Cunrat Nachtigalle / / Sein thoen er lieplich melodeit" rühmt Hans Sachs in seinem Dichterkatalog der Zwölf Alten Nürnberger Meister (1527; Zwickau Ratsarchiv) den 1436 erstmals belegten und am 15. Dezember 1484 begrabenen Konrad Nachtigall. Er hat nachweislich fünf Lieder gedichtet: drei mariologische, eines über Schulkunst und eines, das 81 Namen verstorbener Dichter nennt. Dieser Dichterkatalog, der einem ähnlichen, aber etwas späteren des → Hans Folz verglichen werden kann, begründete nachhaltiges Interesse an dem Meistersinger.

Selbstbewußt bezeugt er von sich: „der meister künst ist mir wol kant / / der mir ein deil wont peie" (Cramer, die kleineren Liederdichter d. 14. u. 15. Jhdts). Auch seinen nach Nürnberg zugezogenen Vater Michael Nachtigall, der seit 1414 als Bäckermeister nachweisbar ist (gest. zw. 1427 u. 1433), lobt er dort, weil dieser „sein gesank mit musica krönt schone". Er dichtete ein Mailied in seinem eigenen, kompliziert gebauten kurzen Ton (viele Pausenreime). Es handelt sich offenkundig um eine sehr musikalische Familie. Konrads Sohn → Sebald (1460/65 — 1518) war ein bedeutender Organist und Komponist. Die dreizehn Töne Konrad Nachtigalls waren beliebt. Seine Texte sind in der vorreformatorischen Handschrift des → Hans Sachs überliefert, die Schulkunst in einer späteren Handschrift. In Nürnberg-Weiherhaus ist eine Straße nach ihm benannt. *me*

Johann Sensenschmid · Buchdrucker 2. Hälfte 15. Jahrhundert

Johann Sensenschmid(t) gilt als der erste Buchdrucker Nürnbergs. Er wurde wohl noch vor der Mitte des 15. Jahrhunderts in Eger geboren, erlernte sein Handwerk vermutlich in Mainz und Bamberg und errichtete um 1469 in Nürnberg eine Druckerei, an der als Geldgeber offenbar der Ratsherr → Heinrich Rummel beteiligt war. Es ist wahrscheinlich, aber nicht belegbar, daß der erstmals 1473 in einem Druck genannte Heinrich Keffer, der 1455 als Knecht und Gehilfe Gutenbergs in Mainz erwähnt wird, schon vorher Gesellschafter Sensenschmids war. 1474 trat → Dr. Andreas Frisner aus Wunsiedel in die Offizin ein, anfangs als Korrektor, später als Teilhaber. 1479 verlegte Sensenschmid seine Werkstatt nach Bamberg, nachdem Frisner als Professor an die Universität Leipzig gegangen war. Umfaßte die Nürnberger Produktion Sensenschmids vor allem umfangreiche theologische und juristische Werke sowie Bibeln, so stellte er in seiner Bamberger Druckerei überwiegend liturgische Drucke unter Beteiligung verschiedener Gesellschafter her. Für den Druck der Meßbücher von Regensburg, Eichstätt und Augsburg stellte Sensenschmid seine Presse allerdings am Sitz der bischöflichen Auftraggeber selbst auf. Seine großformatigen Drucke sind ausgezeichnet durch die sorgfältige Bearbeitung der Texte, durch das ausgewogene Schriftbild, durch die klaren, gut lesbaren Typen und die dekorativen, meist in Rot gedruckten Initialen. (Eine nach ihm benannte Straße liegt in den Gärten bei Wöhrd.)   *Isph*

Ulrich Wagner · Rechenmeister   † um 1490

In der Reihe bedeutender Nürnberger Rechenmeister, der Nurenbergenses docti numerandi artifices, ist Ulrich Wagner — gelegentlich auch unter dem Namen H. Paur auftretend — für den Historiker von besonderer Bedeutung. Denn von ihm stammt das erste (uns bekannte) gedruckte Deutsche Rechenbuch. Die Nachrichten über sein Leben sind dürftig. Einige Daten finden sich in den Rats„verlässen", d. h. den Ratsprotokollen der Reichsstadt Nürnberg, in der Gerichtsbüchersammlung „Conservatorium" und in den „Libri Litterarum" im Nürnberger Stadtarchiv. Erstmals hören wir 1486 von ihm. Er ist im scharfen Konkurrenzkampf mit seinen angesehenen Kollegen Jobst Jöppel und Rupprecht Kohlberger in verschiedene Streitigkeiten verwickelt. Durch den regen Besuch seiner Schreib- und Rechenschule verbessert sich seine wirtschaftliche Lage. 1489 kauft er für 140 rhein.fl. von Ploben ein Haus „in der spitalgassen zwischen Anna Pfisterin und Fritz Poppen sneidern heusern gelegen". In der Gerichtsbüchersammlung „Conservatorium" finden sich 1489 Eintragungen über Erbstreitigkeiten mit der Familie seiner Frau. Über seinen Schwiegervater, den Rotschmied Bartholomäus Gutbier, ist Wagner mit dem Erzgießer → Peter Vischer versippt. Seit 1489 hören die Nachrichten über Wagner auf. Er dürfte 1490 gestorben sein. In diesem Jahr tritt „Kunigund, Ulrich Wagners seligen eliche wittib, auch Hanns Wagner ir sone" vor Gericht auf.
Der Sohn ergreift den gleichen Beruf und übernimmt die Schule. Zunehmend gewinnt freilich → Johann Neudörfer in seiner Rechenschule verstärkten Zulauf. Die Wagnersche Rechenschule gerät in Verfall, Hans Wagner muß häufig die Gerichte anrufen, um das „Kostgeld" für seine Schüler einzutreiben. 1523 schließlich verkauft er das inzwischen mit einem „padstublein" ausgestattete Haus in der Spitalgasse um die Summe von 920 rhein.fl. Als „Rechenmeister auffm heffners Platz" stirbt Hans Wagner 1541.
Von Ulrich Wagners Rechenbuch sind uns nur wenige Fragmente erhalten (Bamberger Staatsbibliothek). Ein einseitig bedruckter Pergamentbogen enthält sechs Duodez-Seiten, die in zwei nebeneinander stehenden Streifen zu je drei Druckseiten angeordnet sind. Alle weiteren Bruchstücke sind Teile von Exemplaren des gleichen Druckbogens. Glücklicher-

weise ist die letzte Seite des Buches erhalten geblieben. Sie nennt uns in ihren letzten Zeilen das Erscheinungsjahr, den Drucker und den Autor: „Anno dñi rc 1482 kl' 16. Junij p. Henr. Peczensteiner Babenberge : finit:" und darunter in rot: „Ulrich Wagner Rechēmeister zu Nürnberg".

Die Größe der Seiten — der Satzspiegel beträgt in der Höhe nur 8,2 cm — sowie die angesprochenen Rechenoperationen, Rechenverfahren und Aufgabenstellungen (von „Allerlei kauflagen, ingwer, pfeffer, wein", „Unschlit, korn, zin, leinbat", „Von gekürntem silber", „Von golde, saffran und wechsel", „Von geselschaften und überschlahen", „Von überschlahen") zeigen, daß es sich um ein Taschenbuch für den täglichen Gebrauch des Kaufmanns gehandelt hat.

Genaueres wissen wir über Themen und Methoden der damaligen Rechenkunst aus einem nur elf Monate später (1483) ebenfalls bei Petzensteiner in Bamberg gedruckten und vollständig erhaltenen Rechenbuch, dessen Verfasser leider nicht genannt ist. Vieles spricht dafür, daß auch für dieses, in der Literatur als „Bamberger Rechenbuch" bekannte Buch Ulrich Wagner als Autor in Frage kommt. *Fi*

Anton II. Tucher · Stadtoberhaupt 1458 — 1524

Die politische, wirtschaftliche und kulturelle Hochblüte Nürnbergs im Spätmittelalter hängt eng mit der Ratsfamilie Tucher, ihrem Ansehen und ihrem Einfluß auf das Gemeinwesen zusammen. Von 1474 bis 1568 hatten in drei aufeinanderfolgenden Generationen Anton I., Anton II. und Lienhard Tucher - Vater, Sohn und Enkel - die politische Spitzenposition im Ratsregiment inne: das Amt des Vordersten Losungers. „Vater des Vaterlands" Anton II., die bedeutendste Figur des Tuchergeschlechts, war Stadtoberhaupt von 1507 bis 1524, gerade als Nürnberg aus dem Landshuter Erbfolgekrieg 1504/05 ein umfangreiches neues Landgebiet hinzugewonnen hatte und nicht nur zum größten deutschen Stadtstaat, sondern auch endgültig zu einer der führenden Territorialmächte in Franken aufstieg. In den beiden Jahrzehnten seiner Regierung bemühte sich der Rat, den erworbenen Machtzuwachs nach außen hin zu sichern und das Nürnberger Land der sog. Pflegamtsverwaltung zu unterstellen. Innenpolitisch war er bemüht, die seit Luthers Thesenanschlag einsetzenden Bestrebungen zur Reformation mit ihrer Abkehr von der alten kirchlichen Ordnung behutsam zu fördern. In dieser bedeutenden Phase Nürnberger Geschichte hat Anton II. mit dazu beigetragen, die Lage politisch vorsichtig und klug zu meistern.

1458 als Sohn Antons I. Tucher und der → Barbara Stromer in Nürnberg geboren, lernte er den Großhandel, hielt sich deswegen längere Zeit in Venedig auf und führte schließlich die Tucher'sche Handelsgesellschaft, eines der größten nürnbergischen Unternehmen dieser Art seit Ende des 15. Jahrhunderts. Von 1475 bis 1493 war er mit → Anna Reich, der Tochter des Thomas Reich und der → Anna Haller verheiratet. Von den elf Kindern, die aus dieser Ehe hervorgingen, verstarben sieben bereits im frühesten Alter. Nach 1493 lebte Anton als Witwer, ein fürsorglicher Vater, Hauswirt und Familienältester, dessen Aufzeichnungen über tägliche Ausgaben für Haus und Hof in seinem noch vorhandenen „Haushaltsbuch" aus der Zeit von 1507 bis 1523 ein Muster an Buchführung darstellen.

1477 begann seine 47jährige Laufbahn im öffentlichen Dienst seiner Vaterstadt: Er wurde in den Inneren Rat gewählt, 1491 zum Alten Bürgermeister, 1493 zum Älteren Herrn berufen, war 1500 einer der drei Obersten Hauptleute, 1505 zweiter und 1507 schließlich Vorderster Losunger. Mit Beginn der reformatorischen Bewegung gewann sein freundschaftliches Verhältnis zu → Friedrich dem Weisen, Luthers Landesherrn, politische Bedeutung.

Dank Tucher'schen Geschäftskorrespondenten oder städtischen Delegierten übermittelte er dem sächsischen Kurfürsten laufend neueste Nachrichten von Vorgängen in und außerhalb des Reiches; dieser versorgte ihn seinerseits mit aktuellen Informationen über den Reformator. Anton II. war wie die meisten seiner Ratsfreunde von tiefer spätmittelalterlicher Frömmigkeit durchdrungen und gleichzeitig als Verehrer des → Johann von Staupitz, einer der ersten Anhänger → Martin Luthers geworden. An der Spitze der Stadt stehend, war er vor allem darauf bedacht, daß der Wechsel von der „alten" zur „neuen" Kirche ohne revolutionäre Erschütterungen in Nürnberg vor sich gehe.

Nicht nur als Handelsherr, Politiker und Förderer der Reformation tritt Antons II. Persönlichkeit hervor, sondern auch als frommer Stifter und Kunstmäzen. Weit über Nürnbergs Grenzen bekannt wurde sein in die Lorenzkirche gestifteter und von → Veit Stoß geschaffener „Rosenkranz mit dem Engelsgruß" aus dem Jahre 1517. Den dazugehörigen Marienleuchter mit 55 Kerzen ließ er von Jakob Pulman anfertigen. Veit Stoß schnitzte nach einem Entwurf Albrecht Dürers auch den sog. Drachenleuchter, den Anton II. 1522 in der neuen Ratsstube aufhängen ließ, ein vom sächsischen Kurfürsten Friedrich, geschenktes mächtiges Rentiergeweih. An den öffentlichen Arbeiten → Dürers für die Reichsstadt war der Vorderste Losunger in hohem Maße interessiert. 1510 entstanden die beiden Kaiserbilder für die Heiltumskammer, deren Schlüssel er mit bewahrte; Kaiser Karl der Große sollte an die Begründung des Reiches erinnern, Sigismund an jenen Kaiser, der Nürnberg die Reichsheiltümer auf ewige Zeiten in Obhut gegeben hatte. 1516 wurde die schon erwähnte Ratsstube nach Angaben Dürers neu ausgemalt. Ab Frühjahr 1520 begann die grundlegende Erneuerung des Großen Rathaussaales, dessen Programm für die Wandmalereien → Willibald Pirckheimer und Albrecht Dürer entwickelten. An den Erzgießer → Peter Vischer gab Anton II. bereits im Jahre 1507 in seiner Eigenschaft als Kirchenpfleger von St. Sebald das Gehäuse für das Sebaldusgrab in Auftrag. Nachdem er die angesehensten Bürger aufgefordert hatte, den Restbetrag von 800 Gulden aufzubringen, konnte am 19. Juli 1519 dieses größte Werk des Nürnberger Bronzegusses über dem silbernen Sarkophag des → Stadtpatrons Sebaldus in der Kirche aufgestellt werden.

→ Dr. Christoph Scheurl rühmte Anton II. im Tucherbuch von 1542: pflichtgetreu, weder ehr- noch geldgierig, eher still, aber durchaus tapfer und überfleißig, ein „Vater des Vaterlandes"; war er abwesend, schien der Rat ein „Wittib" zu sein - „und dieweil er auf den beinen stund, so war das gemeinwesen sicher, gesund und wohlmeinend". Er starb am 27. April 1524 und fand als erster seines Geschlechts in der Tuchergruft auf dem Johannisfriedhof vor der Grabeskapelle seine letzte Ruhestätte. Nach seiner Familie sind benannt die Tuchergartenstraße, der Tucherzwinger und die Tucherstraße. *SF*

Sixtus Tucher · Propst von St. Lorenz   1459 — 1507

Juristische Fachkenntnisse, humanistische Interessen und geistliches Amt vereinigte in seiner Person Sixtus Tucher, ein Sohn des Vordersten Losungers → Anton (I.) Tucher und seiner Frau Barbara, geb. Stromer von Reichenbach. Der Jurisprudenz widmete Sixtus sich zunächst als Student in Heidelberg und dann an den damals in Europa führenden Hohen Schulen Italiens, in Pavia und Bologna (dort 1485 Doktor beider Rechte) und schließlich in Paris.

Schon von Italien aus ging ihm der Ruf besonderer Gelehrsamkeit voraus; im Mai 1487 wird er Professor, ein Jahr später bereits Rektor der herzoglich-bayerischen Universität Ingolstadt. Er wirkt mit Erfolg weit über sein Fachgebiet hinaus, verschafft → Conrad Celtis eine Professur und wird zusätzlich noch 1490 Rat bei Herzog Georg dem Reichen von Bayern-Landshut. Zum Priester geweiht, übernimmt er 1496 das Amt des Propsts von St. Lorenz in

Nürnberg und beginnt seine Arbeit, zusammen mit dem Abt von St. Egidien und dem Propst von St. Sebald, in einer fast bischofsgleichen Stellung. Neben seinen geistlichen Pflichten erfüllt er Aufgaben als juristischer Ratgeber der Reichsstadt. Er fördert das Bildungswesen und betreibt die Gründung einer Poetenschule, ein Vorhaben, das am Widerstand konservativer Kräfte scheitert. Auch in Staatsgeschäften war Sixtus tätig, als er z. B. einen Friedensschluß zwischen Kaiser Maximilian und dem französischen König vermittelt. Nach sieben Jahren von ihm als höchst anstrengend empfundener Tätigkeit als Propst läßt er sich 1503 von seinem Amt entpflichten, zieht sich in sein Haus beim Kartäuserkloster zurück und widmet sich vermehrt seinen Studien. Er pflegt regen Gedankenaustausch u. a. mit → Caritas Pirckheimer, der Äbtissin des Klaraklosters, und der Priorin Apollonia Tucher, seiner Cousine. Die Briefe des Propstes hat → Christoph Scheurl 1515 unter dem Titel „Vierzig Sendbriefe" veröffentlicht. Sixtus Tucher schuf u. a. eine jährliche Tuchspende für zwanzig Bedürftige und vermachte einen großen Teil seiner Bibliothek der Propstei St. Lorenz. Erst 48jährig, starb er am 24. Oktober 1507. Er wurde im Familiengrab von St. Sebald beigesetzt. *Keu*

Martin Behaim · Kosmograph und Seefahrer 1459 — 1507

Als die Stadt München in den späten fünfziger Jahren unseres Jahrhunderts zu ihrem achthundertsten Geburtstag ihren bisherigen Necknamen eines Millionendorfs in den ernster gemeinten einer „Weltstadt mit Herz" abwandelte, hatte Nürnberg schon fast ein Jahrtausend hinter sich. Durch seine Reichstage hatte es sich bereits dem Status der deutschen Weltstadt schlechthin genähert. Damals leuchtete deren Name von West-Indien (Mittelamerika) bis zum wirklichen Indien und vom baltischen Reval bis zum Katharinenkloster auf dem Berg Sinai. Einer ihrer Herolde war zu dieser Zeit Martin Behaim (geboren 1459), Kosmograph und Seefahrer, Sproß einer alten Nürnberger Ratsfamilie, die ursprünglich aus Böhmen stammte, im 12. Jahrhundert nach Nürnberg einwanderte, um die Wende vom 13. zum 14. Jahrhundert in den Rat der Stadt kam und später u. a. in Tirol, Oberösterreich und Böhmen im Bergbau engagiert war. 1433 wurde Martins Vorfahre Sigmund auf der Tiberbrücke in Rom von → Kaiser Sigismund zum Ritter geschlagen, ein Vorbild für Martin, der ja mit seinem noch heute so berühmten Erdglobus in Kugelform nicht nur ein Denkmal des neuen Lebensgefühls setzte, sondern — nach damaligem Verständnis — auch das Bild des neuen Menschen auf dieser neuen Erde verkörpert.

Nürnberg war damals, in der zweiten Hälfte des 15. Jahrhunderts, die für Behaim zwischen 1499 und 1507 ja auch fast genau seine Lebenszeit gewesen war, nicht nur ein Zentrum des neuen Humanismus. Es war auch — gleich Augsburg — die Pforte in eine sich vergrößernde Erde. In sie schickte der Nürnberger Ratsherr → Leonhard Behaim seinen Neffen Martin in jungen Jahren hinaus, um in Mecheln den Tuchhandel zu erlernen (1477/78). Nach zwei Jahren schon hatte sich dieser als Leiter einer Agentur in Antwerpen selbständig gemacht und kam, wohl durch seine dort geknüpften portugiesischen Handelsbeziehungen, 1479 auf die Azoreninsel Fayal, die von Flandern aus kolonisiert wurde. Dort fand er dann Anschluß an die von König Johann (Joao) II. in Portugal aufgenommene Kolonialpolitik, kam an den königlichen Hof, wurde 1484 in die „Junta dos matematicos" (Junta der Astronomen und Mathematiker) berufen, wo er sich vor allem mit den nautischen Entdeckungen beschäftigen sollte, und unternahm von seiner neuen portugiesischen Heimat aus zahlreiche Seefahrten entlang der afrikanischen und der europäischen Atlantikküste.

Und eben damit war Behaim am rechten Ort, da der „Schüler → Regiomontans" zu niederländischen Kenntnissen auch die Ansichten seines, wie er sagte, „Nürnberger Lehrers" einbrachte, der in Nürnberg seine eigene Schule begründet hatte. Schließlich standen Martin Behaims Elternhaus und das Haus Regiomontans auf dem Hauptmarkt; Begegnungen also lagen nahe. Möglicherweise lernte Behaim bei → Bernhard Walther die Beobachtung der Sonnenhöhen und die Berechnung der geographischen Breite daraus. Als Behaim an den Hof in Portugal kam, waren ihm also die Forschungen Regiomontans gut bekannt. Er besaß seine Ephemeriden und hatte auch astronomische Meßinstrumente, die zur Ortsbestimmung auf See geeignet waren, aus Nürnberg mitgebracht. Dies war entscheidend; denn König Johann II. hatte den Wunsch, daß bei der Navigation Ortsbestimmungen mit Hilfe von Sonnenhöhen vorgenommen und damit wichtige Voraussetzungen für die Schiffahrt auf hoher See geschaffen werden sollten. Tatsächlich erhielt Behaim den Auftrag, die Breitenbestimmung in Portugal zu verbessern.

Dies alles brachte ihm die Berufung in eine portugiesische Expedition nach dem Süden Afrikas ein. Er benutzte während dieser Seereise 1484/85 die Ephemeriden. Auch wenn das Kap der Guten Hoffnung damals noch nicht entdeckt, der Seeweg nach Indien nur angepeilt und noch nicht erschlossen worden war, sondern die Seereise nur bis an die Walfischbucht (Namibia/Südwest-Afrika) führte — Behaims Verdienste reichten für König Johann aus, ihn zum Ritter des Christusordens zu schlagen und ihn nun auch in den Hofdienst zu übernehmen (1485). Behaim schloß die Ehe mit → Johanna, Tochter des Erbstatthalters von Fayal, die ihm zwei Söhne schenkte. Ab 1486 lebte er daher wieder auf der Azoreninsel. Für seinen „Plan der sieben Städte" fand er in Portugal freilich nicht jene Unterstützung, die Kolumbus sieben Jahre später in Spanien fand, als er sich vor dem spanischen König auf Behaims Pläne und Regiomontans Ephemeriden berufen konnte. Columbus hatte Behaim schon 1474 kennengelernt.

Als Martin Behaim 1491 in Vermögensangelegenheiten wieder für zwei Jahre in seine Heimatstadt Nürnberg zurückkehrte, wurde er von Kaiser → Maximilian I. als „weitest gereister Bürger meines Reiches" angesprochen und vom Kleinen Rat, der Regierungsspitze Nürnbergs, um seinen Bericht gebeten, den er auch für seine Heimatstadt festhalten sollte. Daraufhin hat er mit Hilfe des Nürnberger Graphikers → Georg Glockendon und des Verfassers der „Weltchronik" → Hartmann Schedel den „Erdapfel", den ersten Erdglobus in Kugelform (heute im Germanischen Nationalmuseum), geschaffen. Der Globus ist mit der Hand gezeichnet, Glockendon hat ihn ausgemalt. Er wurde 1493 fertiggestellt, stellt also knapp vor der Entdeckung Amerikas das ganze damals bekannte Wissen von der Erde dar. In den gleichen Nürnberger Jahren brachte Behaim, ebenfalls im Auftrag des Rats der Stadt, eine heute nicht mehr erhaltene Weltkarte heraus, auf die sich Magellan noch berief, als er im Dienst Spaniens seine erste Weltumsegelung vorbereitete und danach die Südspitze Südamerikas umsegelte. Damit gehörte Behaim zu den Eröffnern der Welt. (An ihn erinnert das Denkmal auf dem Theresienplatz.)

Dennoch lag dieser ruhmreiche Nürnberg-Besuch, der ihn wegen Teilnahme an einer jüdischen Hochzeit auf kurze Zeit ins Gefängnis brachte, für Behaim schon auf seiner absteigenden Lebensbahn. Für seinen Vorschlag, die Expedition des Columbus an anderen Stellen für Portugal zu wiederholen, fand er bei König Johann II. keine Unterstützung. Seine delikate Mission bei König Maximilian, diesen für die Nachfolge seines natürlichen Sohns auf dem Thron zu gewinnen, endete für Behaim mit der Ungnade des dann tatsächlich auf den Thron gelangten Manuel I., auch mit dem Verlust von Behaims Hofamt und damit, daß ihn seine Frau verließ. In Lissabon vereinsamte er dann. Sein Sohn vermochte in Nürnberg nicht Fuß zu fassen und Martin Behaim selbst starb verarmt im deutschen Bartholomäusspital zu Lissabon. In der Dominikaner-Kirche wurde er beigesetzt wie so mancher seiner Landsleute. Ein beinahe faustisches Schicksal, dessen in der Nähe des Maxfelds eine nach Behaim genannte Straße gedenkt! *Tr/Pl*

→ Albrecht Dürer und Conrad Celtis präsentierten sich in Nürnberg zu Beginn des 16. Jahrhunderts mit gesundem Selbstvertrauen — erworben durch handwerkliche und künstlerische Meisterschaft — als die den mächtigsten Herrschern ebenbürtigen Kunst- und Geistesfürsten. Neben Dürers Programm, das in seinem Selbstbildnis von 1500 Gestalt gewann, sehr wahrscheinlich im Zwiegespräch mit Celtis entwickelt, steht das des Conrad Celtis, dessen Beziehungen zur Reichsstadt gewichtiger sein dürften, als bisher erkannt. Die Noris war — so scheint es — ein wesentlicher Förderer seiner kosmographischen Konzeption.

Der 1459 in Wipfeld bei Schweinfurt geborene Conrad Pickel war Sohn eines Winzers und in jungen Jahren wohl von einem geistlichen Verwandten unterrichtet worden, ehe er an den Universitäten Köln und Heidelberg studierte. Am Neckar war → Rudolf Agricola, ein aus Holland stammender Wegbereiter des deutschen Humanismus, sein Lehrer. 1486/87 begegnen wir Celtis als Lehrer für Poetik in Erfurt, Rostock und Leipzig. Am 18. April 1487 ist er zum ersten Mal in Nürnberg. Er wird von Kaiser Friedrich III. auf der Burg zum Dichter gekrönt: der erste Deutsche, dem diese Ehre wiederfuhr; Zeit seines Lebens hebt er dies stolz hervor.

Daß diese Krönung in Nürnberg stattfand, hob dessen kulturelle Aufgeschlossenheit. Der Humanistenkreis um → Hartmann Schedel, → Sebald Schreyer (Kirchenmeister und Stifter des Sebastian-Spitals), → Johannes Löffelholz, → Johannes Pirckheimer, Peter Danhauser, → Hieronymus Münzer, → Johannes Regiomontanus u. a. wollte der bereits international verflochtenen Handels- und Handwerkerstadt, die zudem seit 1424 die Reichskleinodien beherbergte, den ihr gebührenden geistig-kulturellen Rang geben. Dieser Kreis mit gleichem Konzept trat an Celtis während seines ersten Nürnberger Aufenthaltes heran. Dadurch fiel das Licht der großen symbolischen Geste auch auf diesen Kreis.

Interessant zu sehen, welche Fähigkeiten des Celtis bei dem Festakt auf der Burg hervorgehoben wurden: Einmal der „neue Orpheus" zu sein, der die Dichter nördlich und südlich der Alpen vollkommen übertreffe; zum anderen der Dichter zu sein, der von exotischen Weltgegenden und von den über seiner Geburt leuchtenden Sternen zu singen wisse. Celtis also wurde in den Rang eines Dichterkosmographen erhoben. Das paßte zu dem, was er 1486 in seiner „Ars versificandi" (Anleitung zum Dichten) über das Amt des Dichters geschrieben hatte. Welt- und Himmelsbeschreibungen werden von ihm auch weiterhin erwartet. Unter den Festgästen auf der Burg wurde einer durch Celtis besonders beeindruckt: Der Arzt, Geograph, Weltreisende und Büchersammler Dr. Hieronymus Münzer. Celtis schloß mit ihm, der die Kentnisse der Himmels- und Weltkunde mit jener der Medizin verband und „der gelehrt die Gelehrten liebevoll aufnahm", spontane Freundschaft und sandte ihm seine „primaeva carmina", seine Jugendgedichte.

Sechs Jahre später (1493), nach seinem Aufenthalt in Italien und dann als Lehrer und Student der Astronomie an der Universität Krakau, treffen wir Celtis zum zweiten Male in der Noris. Niemand weiß, wie lange er geblieben ist. Anlaß war das Erscheinen der „Weltchronik" des Arztes und Autors — besser noch des Kompilators — Hartmann Schedel. → Wolgemut, → Pleydenwurff, Münzer und → Koberger, der damals die größte Druckerei Deutschlands unterhielt, hatten daran mitgearbeitet. Sebald Schreyer und sein Schwager → Sebastian Cammermeister (Camerarius) hatten dieses „größte Buchunternehmen der Dürerzeit" finanziert. → Regiomontan, der hier ein paar Jahre wohnte, hatte die Stadt den „Mittelpunkt Europas" genannt. In der „Weltchronik" schreibt Schedel, Freund von Celtis, Nürnberg sei „die ungefähre Mitte Deutschlands". Diese Angaben faßt Celtis 1495 in der handschriftlichen und 1502 in der gedruckten Fassung seiner Beschreibung Nürnbergs zusammen, indem er Nürnberg „in der Mitte Deutschlands und Europas" liegen läßt. Schedel und Celtis wollten Nürnbergs Ruf in der Welt verbreiten.

Die „Weltchronik" schildert den Lauf der Welt von der Schöpfung bis zur „aetas Maximiliana", dem maximilianischen Zeitalter, erwähnt auch die Dichterkrönung des Celtis und hofft (so aus der Feder Schedels), daß Kaiser Maximilian das Heilige Land von den Türken zurückerobern werde: „Dann wird die Muse des Conrad Celtis gleichsam von den Toten aufstehen und den sterblichen König der Unsterblichkeit überantworten". Der merkwürdige Satz zeigt, daß Celtis damals als *der* deutsche Dichter der „aetas Maximiliana" galt. Der äußere Abschluß der Arbeit konnte weder Schedel noch seine Freunde darüber hinwegtäuschen, daß große Teile Europas und insbesondere Deutschlands in der Chronik nicht berücksichtigt waren. Eine kurzfristig von Schedel hinzugefügte Gesamtskizze Deutschlands konnte das neu erwachte Interesse für eine auf wirklicher Erfahrung beruhende Land- und Städtebeschreibung nicht befriedigen. Der äußere Bruch in der Komposition des Werkes ließ in dem wahrscheinlich wichtigsten Mäzen der Chronik, Sebald Schreyer, noch vor der Publikation der deutschen Übersetzung den Entschluß reifen, eine vollkommen veränderte zweite Auflage durch Conrad Celtis herausbringen zu lassen. Am 23. November 1493 schloß er mit Celtis einen Geheimvertrag, in dem es — mit leicht modernisierter Rechtschreibung — heißt: „Ich Cunnradus Celtis... das werck der Cronica, so jetzo gedruckt ist, sol und will... mit allem vleyß von neuem corigieren und in ainen andern form prinngen, mit sampt einer Neuen Europa, und andern darzu gehorig... Alles nach Rat des hochgelerten Herrn Johann Löffelholtz doktors..." Das heißt: Celtis hat die Chronik genau gekannt und Schreyer davon überzeugt, daß das Werk im Zeitpunkt des Erscheinens nicht mehr aktuell war. Sicher, daß Celtis, Entdecker der Werke der Roswitha von Gandersheim und Korrektor der deutschen Lehrmethoden, dem Mäzen gegenüber Gedanken entwickelte, die ihn selbst als den berufenen neuen Bearbeiter erscheinen ließen.

Aber Celtis legt weder nach einem halben Jahr noch überhaupt je eine Neubearbeitung der Chronik vor, wobei die Geheimklausel Celtis wie Schreyer vor einem Gesichtsverlust bewahrte. 1495 brachte Celtis dann seine komplette Beschreibung des Mittelpunktes Nürnberg heraus. Sie wurde aber nicht als Ersatz für den neuen Text der „Weltchronik" betrachtet. Wohl aber taucht in der Beschreibung Nürnbergs der Hinweis auf das von ihm zu bearbeitende Werk „Germania illustrata" auf; ein Hinweis, der sich von da an wie ein Leitmotiv durch alle weiteren Werke des Celtis hindurchzieht und den Eindruck vermittelt, daß wichtige Werke von ihm Vorstudien für die „Germania illustrata" seien. Obwohl in einer Werkzusammenstellung von 1500 als fertiggestellt gemeldet und auf dem von Celtis selbst entworfenen, von → Hans Burgkmair ausgeführten Sterbebild des Celtis 1507 unter die Hauptwerke eingereiht, scheint die „Germania illustrata" doch nie vollendet worden zu sein. Aber der Titel dieses Werkes führt uns wahrscheinlich an das Geheimnis des mit Schreyer geschlossenen, aber nicht erfüllten Vertrages: Was für den Mäzen und den Erzhumanisten als eine reine Bearbeitung der Weltchronik machbar schien, bekam in der sich entfaltenden Phantasie des Celtis Dimensionen, die mehr als ein Lebenswerk daraus hätten werden lassen. So konnte Celtis seinen Freunden nur zeigen, daß er sich „auf dem Wege" befinde. Celtis, Nürnberg nun schon 13 Jahre verbunden, wollte diese Stadt im Jahre 1500 zum

Schauplatz des nach der „Weltchronik" nächsten bedeutenden Buchereignisses der deutschen Landschaften machen. Seine Muse sollte den ihm zugesprochenen Rang, der führende Dichter des Heiligen Römischen Reiches deutscher Nation zu sein, wie mit einem Donnerschlag belegen. Die vier Bücher „Amores" sollten mit der „Norinberga", die vier Bücher „Oden" sollten mit einem Buch „Epoden" und dem „carmen saeculare" und die fünf Bücher „Epigramme" mit insgesamt 500 Epigrammen gleichzeitig im Druck erscheinen. Offenbar rächte sich das Schicksal an dem Dichter, der in den Jahren zuvor mit großen Würfen nicht recht hervortreten wollte und am 4. Februar 1508 als Professor für Beredsamkeit und Dichtkunst in Wien starb: der Druck der geplanten Gesamtausgabe kam nicht zustande — es kam nur zu einer hübsch ausgestatteten, auf Pergament geschriebenen Gesamtausgabe in einem einzigen Exemplar, von dem lediglich ein Amores-Fragment in Wien und als wertvollstes Stück der Band mit den Epigrammen in Kassel erhalten sind. Unter den zuletzt (Anfang 1500) gedichteten Epigrammen befinden sich vier mit dem Lob auf Dürer; die früheste, bisher über ihn gefundene literarische Äußerung. Im vierten Epigramm wird der schon im ersten zum „Phidias" und „Apelles" „beförderte" Dürer, zu einem „neuen Albertus Magnus" ausgerufen. Was Albertus in der „Philosophia" vermocht habe, das vermöge Dürer in der „Symmetria" (Proportionslehre und auf Mathematik aufbauende Kunsttheorie) und der „Pictura". Gott habe beiden eine gleichgroße Begabung gegeben. Das in dieser Zeit einzigartige Lob erhebt den Meister Dürer, berufsmäßig ein Handwerker, in den Rang eines „Philosophus", ein Rang, den Celtis schon seit etlichen Jahren für sich selbst beanspruchte. Die Celtis und Dürer verbindende „Philosophia" kommt, bildhaft gestaltet, in dem Holzschnitt zum Ausdruck, den Dürer auf Bitten des Freundes für dessen „Amores" gestaltete; eine Repräsentationsausgabe, die 1502 in Nürnberg als Ersatz für die nicht zustandegekommene Gesamtausgabe erschien und nach der Roswitha-Edition des Celtis von 1501 das zweite in der Noris gedruckte humanistische Buch ist. (Nach Celtis sind benannt: Der Celtisplatz in Tafelhof und der Celtistunnel westlich des Bahnhofs.)   *Wu*

Peter Vischer d. Ä. · Erzgießer   um 1460 — 1529

Peter Vischer wurde um 1460 in Nürnberg als Sohn des vermutlich aus Niederdeutschland eingewanderten Rotschmiedes Hermann Vischer geboren. Er erlernte das väterliche Handwerk, das wegen der reichen Vorkommen guter Tonerde in der Nähe der fränkischen Reichsstadt in Nürnberg Tradition hatte und gutes Fortkommen gewährleistete. 1489, ein Jahr nach dem Tode seines Vaters, wurde er Meister, doch scheint sein Ruf als Gießer schon vorher beträchtlich gewesen zu sein, denn bereits 1488 bestellen → Rupprecht Haller und → Paulus Volkamer bei ihm ein Gehäuse für den aus dem 14. Jahrhundert stammenden silbernen Schrein mit den Gebeinen des Heiligen Sebaldus, des Patrons der Stadt. Der in der Bibliothek der Akademie der Bildenden Künste in Wien erhaltene, mit Peter Vischers Hausmarke bezeichnete und 1488 datierte Entwurf, sieht einen etwa 12 Meter hohen, in reichsten spätgotischen Formen gegliederten Aufbau vor. Der 1519 endlich vollendete Schrein weicht von diesem Entwurf jedoch grundlegend ab. Die architektonischen Formen, des nunmehr in der Höhe nur mehr 4,71 Meter messenden Messinggehäuses sind in einem aus Elementen der Gotik und der Renaissance bestehenden Mischstil gebildet, die Ornamentik und der gesamte figürliche Schmuck atmen den Geist reiner Renaissance.
Dieses Grabdenkmal, eines der bedeutendsten Kunstwerke nicht nur Süddeutschlands, sondern Europas, markiert, wie kaum ein anderes in Deutschland, eine Zäsur: den Übergang vom Mittelalter zur Neuzeit. Dieser Wandel in der Kunst und nicht nur chronischer Geldmangel der Stadt, war wohl auch ein wesentlicher Grund für die ständigen Verzögerungen, für den langsamen Fortschritt und für seine späte Vollendung, hatte sich doch die Kunst

Nürnbergs mit → Albrecht Dürer um die Jahrhundertwende entschieden der Renaissance zugewandt. Die neue Zeit forderte das künstlerisch Individuelle; etwas, das vorher in dem technisch hochspezialisierten Betrieb einer Gußhütte sicherlich nicht in diesem Maße von Bedeutung war. Es ist daher verständlich, daß sich gerade am Sebaldusgrab, dessen figürlicher und ornamentaler Schmuck mit gutem Grund den Söhnen Peter Vischers, dem 1486 geborenen Hermann, vor allem aber dem 1487 geborenen Peter d. J. zugewiesen worden ist, eine Diskussion entzündete, ob Peter Vischer der Ältere überhaupt Künstler im neuzeitlichen Sinne, oder ob er „nur" Gießer und Unternehmer war, der eine Reihe von Bildschnitzern beschäftigte, die nach eigenen und fremden Entwürfen (etwa von Malern) die Gußmodelle schnitzten. Konnte Peter der Ältere vielleicht nur die künstlerischen Neuerungen nicht nachvollziehen, und beschränkte er sich deshalb später auf die technische Leitung der Werkstatt? Das Sebaldusgrab ist sicherlich das Denkmal eines künstlerischen Generationenkonfliktes; aber war es wirklich ein tragischer? Dem widerspricht die Inschrift: „Peter Vischer Pvrger zu Nurmberg machet das Werck mit seinem Sunne, vnd wurd follbracht im Jahr 1519 . . ."; dem widerspricht auch das Bildnis, das der Sohn dem Vater als Denkmal am Sebaldusgrab angebracht hat.

Jede weitere Diskussion über die künstlerische Bedeutung Peter Vischers des Älteren scheint müßig, solange nicht sein Werk, oder besser gesagt, die Produktion seiner Werkstatt einer eingehenden Analyse unterzogen wurde. Obwohl die Literatur schon beinahe unüberschaubar ist, steht sie im Gesamten doch noch aus. Nur Peter der Jüngere steht als faßbare künstlerische Individualität plastisch vor uns. Anzunehmen ist jedenfalls, daß Maler wie Dürer und → Schäufelein Entwürfe für Gußwerke der Hütte lieferten. Sicherlich goß sie auch nach Modellen des → Veit Stoß. Unbezweifelt ist, daß die Vischer'sche Hütte nicht nur die bedeutendste Nürnbergs, sondern Mitteleuropas war und ihr Ruhm zu Recht gleichzusetzen ist mit jenem des Meisters, der bis zu seinem Tode diesem Großunternehmen vorstand. Die Aufträge kamen nicht nur aus Franken, sondern auch aus Sachsen, der Mark Brandenburg, aus Schlesien und Polen. Domherren, Äbte, Bischöfe und Erzbischöfe, polnische Edelleute, die Grafen von Henneberg, die Kurfürsten und Herzöge von Sachsen ebenso wie die Kurfürsten von Brandenburg betrauten die Vischerwerkstatt mit der Errichtung ihrer Grabdenkmäler. Selbst → Kaiser Maximilian I., der in Mühlau bei Innsbruck eine Gußhütte eingerichtet hatte, die sein von ihm geplantes Grabmal, „das größte Unternehmen in Erzguß", verwirklichen sollte, beauftragte 1512 Peter Vischer mit dem Guß zweier Erzbilder, der Statuen Arthurs und Theoderichs, ja er scheint sogar versucht zu haben, Vischer zur Übersiedlung von Nürnberg nach Innsbruck zu bewegen.

Soweit bekannt, bestand die Produktion der Vischer-Hütte auffallenderweise fast ausschließlich aus Grabdenkmälern. Die Ausnahmen bilden das heute nur mehr in späterer Überarbeitung und in Fragmenten erhaltene Fugger- oder Rathausgitter, das aber von der Forschung mit Entschiedenheit den Söhnen, Hermann und Peter, zugewiesen wird, sowie die Statuette des „Astbrechers", deren nachträglich eingeschlagene Jahreszahl 1490 zu Kontroversen über die Zuschreibung an Peter Vischer den Älteren geführt hatte und bei der heute wohl zu Recht ein Modell → Adam Krafts als Vorlage vermutet wird. Erst die Söhne produzierten, ganz im Sinne der italienischen Renaissance, auch Statuetten und figürlich geschmücktes Gerät. Sowohl Hermann als auch Peter unternahmen Reisen nach Italien; doch beide starben vor dem Vater.

Als Peter der Ältere am 7. Januar 1529 starb, lebte noch Hans, sein dritter Sohn. Er führte die Werkstatt weiter, bis er, 1549 hochverschuldet nach Eichstätt zog, und die Leitung seinem Sohn Georg übergab. Er scheint die Werkstatt noch einige Jahre weitergeführt zu haben, dann hört man nichts mehr über sie. In Nürnberg wurden nun Brunnen gegossen, und auch, wie früher die Grabmäler exportiert. Die Vischer-Hütte war daran nicht mehr beteiligt, sie wurde inzwischen von jener des → Pankraz Labenwolf abgelöst. Peter Vischer dem Älteren gebührt jedoch der Ruhm, das Gießerhandwerk in Nürnberg zur Blüte gebracht zu haben. Peter Vischer ist auf dem Rochusfriedhof beerdigt. In der Altstadt von Nürnberg trägt eine Straße den Namen des Erzgießers.   *L-J*

Erhard Etzlaub · Kartograph, Uhren-, Kompaßmacher   ca. 1460 — 1532

Der Sonnenuhren- und Kompaßmacher Erhard Etzlaub spielt mit seinen Straßenkarten vom Etzlaub-Typ in der Geschichte der Nürnberger und der gesamteuropäischen Kartographie eine entscheidende Rolle. Dennoch hatte es langer stadtgeschichtlicher und kartenhistorischer Forschungen bedurft, um ihn als den Autor der „ältesten Straßenkarte des christlichen Europa" ausfindig zu machen. Denn diese Holzschnitt-Karte mit dem erklärenden Titel: „Das ist der Rom Weg . . .", war anonym, undatiert und ohne Druckernamen um die Wende vom XV. zum XVI. Jahrhundert in Nürnberg erschienen.

Heute wissen wir, daß es den spätestens um 1460 in Erfurt Geborenen früh nach Nürnberg gezogen hat, weil hier die Herstellung wissenschaftlicher Instrumente in hoher Blüte stand. Schon 1484 wurde er ins Bürger- und Meisterbuch der Stadt eingetragen. Er stellte kleine, mit einem Kompaß kombinierte Taschensonnenuhren, die Horologiae, her, ein Nürnberger Erzeugnis, das man auch in Rom kannte und liebte. Sie hätten längst den Weg zu Etzlaub als Kartographen weisen können; denn auf den 10,5 : 8,5 cm großen Deckeln dieser Horologiae waren auf Papier gezeichnete, vom Äquator bis Jütland reichende Landkärtchen aufgeklebt. Sie besitzen bereits alle Merkmale der Karten vom Etzlaub-Typ: die sich aus der Benutzung der Sonnenuhren ergebende Orientierung gegen Süden, und die trotz ihrer Kleinheit konsequent durchgeführte Kartenprojektion der polwärts wachsenden Breiten, die man lange Zeit Gerhard Mercator zugeschrieben hatte. Doch die Existenz zweier Exemplare von 1511 und 1513 konnte erst 1917 nachgewiesen werden.

Außerdem kannte man Etzlaub längst als Schreib- und Rechenmeister und 1500 als „Astronom und Arzt". Seiner sozialen Stellung entspricht es, daß er seit 1511 das Ehrenamt eines Hauptmanns im Viertel am Salzmarkt bekleidete. Verheiratet, aber kinderlos bewohnte er ein Haus „bei der alten Schmelzhütte". Er starb 1532 als „der freyen kunst und ertzney Liebhaber".

Im letzten Jahrzehnt des XV. Jahrhunderts, in dem in Eichstätt eine auf Nicolaus Cusanus zurückgehende „Ptolemäus"-Karte erschien, und die → Münzersche Karte von Mitteleuropa der → Schedelschen Weltchronik von 1493 beigegeben wurde, in der 1492 der Erdapfel des → Martin Behaim in der Druckerei des → Georg Glogkendon fertiggestellt wurde, erschien 1492 auch Etzlaubs erstes selbständiges kartographisches Werk, eine Karte der Nürnberger Umgebung. Hier werden Jörg Glogkendon als Verleger und das Jahr 1492 erstmals genannt. Eine Legende und ein Meilenmaßstab erläutern, wie die Entfernungen „von einer stat zu der andern" mit dem Zirkel abzustecken sind. In einem Kreis von je 16 Meilen um Nürnberg sind, von Coburg „unten" und über die Donau hinaus „oben" einhundert Orte in ihrer deutschen Namensform verzeichnet. Zugleich vertritt sie die Funktion einer ersten politischen Karte, weil sie in roten Linien die Ämter- und Besitzgrenzen des begrenzten Raumes verzeichnet hat.

Obwohl die Kleinkarten der Sonnenuhren bereits eine Reihe spezieller Merkmale der Karten vom Etzlaub-Typ erkennen lassen, bleibt es dennoch ein Rätsel, wie zwischen 1492 und 1501 das Erstlingswerk einer Straßenkarte in der Fülle ihrer kartographischen Erstmaligkeiten unvermittelt in geradezu klassischer Vollendung erscheinen konnte. In Erwartung eines sich zum Heiligen Jahr 1500 verstärkenden Pilgerreiseverkehrs herausgebracht, liefert der 30 : 40 cm messende Holzschnitt-Tafeldruck ein in seiner topographischen Mannigfaltigkeit bisher unbekanntes Kartenbild von Mitteleuropa. Es umfaßt Mitteleuropa von Jütland unten bis Neapel oben, von Paris seitenverkehrt rechts und von Budapest, Krakau und Danzig links. Das von groben Fehlern freie Flußnetz und die erstmalig verwendete Gebirgssignatur liefern die Leitlinien für 558 Ortssignaturen und die auch hier in deutsch verzeichneten Ortsnamen, die trotz gedrängter Fülle bewundernswert lesbar gestochen sind.

Hier ist erstmals „die Straße" als kartographisches Element realisiert. Es verbindet 212 Etappen zu Straßenzügen in genialer Einmaligkeit „von meylen zu meylen mit puncten verzeichnet . . .", Streckenführung und Entfernungsangabe kombinierend. Kennzeichnend für die spezielle Bestimmung als Pilgerstraßen-Karte sind die meisten Ausgangspunkte und der Endpunkt der Routen sowie die Markierung der Wallfahrtsorte durch die Signatur kleiner Kirchlein: die Marienburg, der Kösliner Gollenberg, Sternberg, Wilsnack, Marburg, Aachen, St. Odilien, Altötting, St. Wolfgang, St. Loreto und Rom.

Einem aus langer Reisepraxis erwachsenen Bedürfnis trägt die Romweg-Karte erstmals Rechnung: man kann die Tageshelligkeit aus der Karte ablesen. Aus der auf der rechten Randleiste aufgetragenen Stundengliederung ist ersichtlich, daß während des Sommerhalbjahres in Jütland der Reisetag bis zu drei Stunden länger ausgedehnt werden kann als in Rom. Und auf der linken Randleiste sind, korrespondierend von 41 Grad oben bis 58 Grad unten, wiederum in der sog. Mercator-Projektion die Breitengrade abgeteilt. Den beiden folgenden Neuauflagen der Romweg-Karte gibt Etzlaub ein selbständiges zweiunddreißigzeiliges „Register" mit weiteren Informationen bei. Der schnelle Absatz des Erstlingswerkes wird dazu beigetragen haben, daß Etzlaub bereits 1501 die in der Plattengröße auf 40 x 55 cm (Maßstab 1 : 4 100 000), im Karteninhalt nur gegen Westen bis Canterburry, Paris und Barcelona erweiterte Landstraßen-Karte hatte folgen lassen; schon vom Stecher her eine enorme Leistung, zumal sich die Zahl der beschrifteten und verzeichneten Etappen auf 404, die Gesamtzahl der Orte auf 830 erweitert hat. Der Karteninhalt hat sich von einer zielorientierten Straßenlinien- zu einer flächenorientierten Straßennetz-Karte entwickelt, bei der die zentrale Position Nürnbergs im System Nord-Süd-West-Ost geführter Fernstraßen deutlich herausgearbeitet worden ist. Neu erscheinen die Diagonalroute Canterburry, Aachen, Mainz, Nürnberg, Regensburg, Wien, Budapest; Danzig, Berlin, Erfurt, Nürnberg, Ulm, Genf, Valence, Nimes, Perpignan, Barcelona.

Erst 1533, ein Jahr nach Etzlaubs Tod, ist die Landstraßen-Karte, im Karteninhalt unverändert, von → Glogkendon jun., nochmals herausgegeben worden. Der erst in Augsburg, dann in Bamberg als Stecher und Drucker tätige Georg Erlinger hat die Landstraßen-Karte Etzlaubs als Plagiator in den Jahren 1515, 1524 und 1530 überarbeitet und nachgedruckt. → Fritz Schnelbögl hat 1959 die Frage beantwortet, warum der geniale Nürnberger Kartograph gerade wegen der Nachdrucke nicht selbst erneut zum Zeichenstift gegriffen hat: Etzlaub war durch städtische Arbeitsaufträge vollauf in Anspruch genommen. 1507 arbeitet er als „geschworener Feldmesser" im Auftrage der Stadt; in jahrelanger Feldmeß- und Kartenzeichentätigkeit hat er an jenen Kartenwerken gearbeitet, von denen → Neudörfer 1547 berichtet hatte: „machet die Gelegenheit um Nürnberg auf viele Meilen in eine Landtafel, die drucket Georg Glogkendon", zwei einander ähnliche Karten von 1516 und 1519, die er dem Rat der Stadt abzuliefern hatte. Beide sind erhalten geblieben, die eine im Germanischen Nationalmuseum, die andere in einer Kopie von 1600. Mit seiner Feldmeß- und Zeichentechnik ist Erhard Etzlaub für seine Wahlheimat Nürnberg Lehrmeister gewesen. Ohne ihn kein → Niklas und Jörg Nöttelein und kein → Paul Pfinzing. (Ein Weg in Langwasser trägt Etzlaubs Namen.)   *Krü*

Charitas Pirck=heimerin
Aptißin in st. Claron Closter.
in Nürnberg. Obijt ı ş ş ² .

Caritas Pirckheimer war nicht nur, wie so oft gesagt wird, die Schwester des berühmten Humanisten → Willibald Pirckheimer. Sie war in erster Linie die große Äbtissin von St. Klara. Sie wurde als erstes Kind des Rechtsgelehrten Dr. Johannes Pirckheimer und der Barbara → Löffelholz am 31. März 1467 in Eichstätt geboren und erhielt den Namen ihrer Mutter „Barbara". Der Vater unterwies frühzeitig Barbara und Willibald in der deutschen und lateinischen Sprache. Mit zwölf Jahren übergab er seine Tochter zur geistig-religiösen Ausbildung dem St. Klarakloster zu Nürnberg, das sich höchsten Rufes erfreute, ließ sie aber bei seinen Eltern im Haus am Hauptmarkt wohnen. Mit 16 Jahren wurde Barbara in die Gemeinschaft der Klarissen aufgenommen und erhielt bei ihrer Einkleidung den Namen „Caritas". Dieser Name war ihr zeitlebens oberste Richtschnur. Über ihren Bruder Willibald entstand ein Briefwechsel mit dem damals berühmten Dichter → Conrad Celtis, der sie in einer Ode besang als „Jungfrau, schönste Zier der deutschen Erde. Caritas, mir von Herzen teure, herrliche Jungfrau". 1503 wurde Caritas einstimmig zur Äbtissin gewählt. Dies blieb sie bis zu ihrem Tode am 19. August 1532.

Jahrhundertelang hatte man vergessen, was der Nürnberger Stadtjurist Dr. Christoph Scheurl über Caritas geschrieben hat: „Es sei Sitte gewesen, daß jeder, der hohen Geistes oder besonderen Ansehens war, die Äbtissin von St. Klaren aufsuchte, ihre Gelehrsamkeit, ihre Humanität, Beredtsamkeit, Weisheit und Lauterkeit verehrte; denn diese bedeutende Frau ist in Wahrheit eine Zierde, ein Ruhm ihres Geschlechts". Am 14. März 1525 hatte der Rat der Stadt nach → Osianders Vortrag beschlossen, die „neue Lehre", wie man damals sagte, anzunehmen und die Reformation durchzuführen. Er war um die Einheit des Stadtwesens, die im Religiösen fundiert war, besorgt. Als man an die Äbtissin des Klaraklosters herantrat, sie möchte sich auch zur Reform bekennen, sagte sie den Herren, sie hätten im Kloster schon längst die Reform durchgeführt. Der Rat der Stadt schickte Prediger in die St. Klarakirche, die die neue Lehre darlegen sollten. Caritas Pirckheimer horchte genau zu, aber sie ließ sich nicht umstimmen. Sie sagte: „111 Predigten habe ich bereits gehört, da werde ich wohl wissen, was sie wollen. . . Ich werde nie etwas gegen mein Gewissen tun, noch meinen Schwestern etwas befehlen, was gegen ihr Gewissen ist". Für sie gab es auf die Widersprüche der einzelnen Prediger und Ratsherren wie z. B. → Caspar Nützel nur eine Antwort: „Laßt mich die eine, allgemeine, christliche Kirche fragen, was sie sagt, dem wollen wir uns nicht entziehen". In ihrer Treue zum Gewissen liegt die Größe dieser Frau. In ihrem Wesen ist keine Starrköpfigkeit.

Als gelehrte Humanistin (sie konnte Latein und Griechisch, auch etwas Hebräisch) wußte sie um die Bedeutung des Gewissens als letzte Norm sittlichen Handelns. Aus vielen Texten ihrer Briefe ergibt sich ihre tiefe Überzeugung, daß allein die Gnade Christi uns erlösen kann. Bestärkt wurde Caritas Pirckheimer in dieser Überzeugung durch ein Gespräch mit → Philipp Melanchthon. Als die Angriffe gegen das Kloster immer stärker wurden und der Pöbel das Kloster zu stürmen drohte, wandte sich ihr Bruder Willibald an seinen Freund Melanchthon und bat ihn nach Nürnberg zu kommen. Caritas Pirckheimer schätzte Melanchthon und sprach lange mit ihm. Sie schrieb: „Wollte Gott, es wäre jedermann von solcher Bescheidenheit wie Herr Philippus, dann könnten wir hoffen, daß vieles unterblieben sei, was nicht zum Besten ist". Wenn Caritas Pirckheimer in der Festschrift von 1983

„Vorbild der Ökumene" genannt wird, so hat dies seine Begründung in dem Gespräch mit Philipp Melanchthon. In ihren „Denkwürdigkeiten" (Kapitel 50) schreibt Caritas Pirckheimer: „. . . als er hörte, daß wir unsere Hoffnung auf die Gnade Gottes und nicht auf die eigenen Werke setzten, sagte er, wir könnten ebenso wohl im Kloster selig werden als in der Welt, wenn wir nur nicht allein auf unsere Gelübde vertrauten. Wir concordierten auf beiden Seiten in allen Punkten, nur der Gelübde wegen, konnten wir nicht einig werden . . . Er schied in guter Freundschaft von uns". Ein gründliches Studium ihres Lebens zeigt, wieviel Caritas Pirckheimer mit Martin Luther gemeinsam hat: Die Bedeutung der Gewissensfreiheit, die Hochschätzung der Heiligen Schrift, ihre tiefe Christusfrömmigkeit, besonders ihre Liebe zum Gekreuzigten. Das Leben der Äbtissin zeigt, wie wahr das Wort Martin Luthers ist: Crux probat omnia (das Kreuz ist der Prüfstein für alles). Dies gab ihr Kraft zur letzten Treue. Von dieser Kraft des Kreuzes war auch das Leben ihrer Schwestern geprägt. Keine, bis auf eine, verließ den Orden, auch nicht nach dem Tod der Äbtissin. Die Krönung des Lebens von Caritas Pirckheimer war die Feier ihres 25jährigen Äbtissinnen-Jubiläums, Ostern 1529. Wir haben über diese Feier genauen Bericht von der Tochter des Willibald Pirckheimer, ebenfalls Ordensschwester im Kloster. „. . . dann schenkte die Äbtissin jeder Schwester ein Ringlein der Treue, es war solche Freude unter uns, daß ich es nicht beschreiben kann, jede einzelne konnte es kaum erwarten, bis sie zur Umarmung dran kam. Wir hätten die Mutter fast erdrückt. . . Und zuletzt, als wir zu Abend gegessen hatten, wurde ein Tanz daraus, es tanzten die Alten sowohl wie die Jungen. . . Und die Mutter schlug dazu das Hackbrett". In octava St. Clarae 1532 starb Caritas Pirckheimer und wurde im „ersten Grab bei der Kapellentür beim Weihkessel" bestattet. 1959 wurde das vergessene Grab wieder entdeckt. 1961 wurden die irdischen Überreste in der St. Klarakirche beigesetzt.   *Dei*

Jakob Welser · Kaufmann und Montanherr   1468 — 1541

Die von Kaiser Maximilian I. und Karl V. gewährten Handelsprivilegien im gesamten habsburgischen Weltreich, sowie Schlüsselpositionen in der europäischen Kupfer-, Silber- und Zinnproduktion verhalfen dem Handelshaus der Augsburger Familie Welser zu ihrem gewaltigen Reichtum. In ihren geschäftlichen Unternehmungen von der Gunst der Krone abhängig, finanzierten sie zusammen mit den → Fuggern und anderen nicht nur die Wahl Karls V. zum Kaiser, sondern auch seine Kriege.

1493 übernahm Jakob Welser (1468 — 1541) die zunächst in einem Hinterhaus eingerichtete Nürnberger Niederlassung der Firma. Seine Heirat mit → Ehrentraut Thumer aus der Steiermark, verband ihn mit einer sehr reichen Familie der Reichsstadt; das Vermögen seines Schwiegervaters Hans Thumer wird Jakobs Handelsgeschäfte sicher gefördert haben. Zur schnelleren Kapitalgewinnung investierte er auch in andere Firmen: 1494 werden „unsere Bürger Jacob Welser und Conrad → Imhof" als Handelspartner in den Nürnberger Ratsbriefbüchern erwähnt.

Die im Tiroler Silberhandel beschäftigte Memminger Firma der → Vöhlin schloß 1498 mit den Welsern einen Gesellschaftsvertrag, der durch ehelichen Verbund beider Familien besiegelt wurde. Jakobs älterer Bruder Anton (1451—1518) wurde Leiter der „Welser-Vöhlin-Gesellschaft", die 1508 achtzehn Mitglieder zählte und Faktoreien in allen wichtigen Handelszentren Europas unterhielt. Jakob blieb weiterhin in Nürnberg und nahm die

Interessen der neuen Firma so erfolgreich wahr, daß 1511 → Lazarus Holzschuher in seiner Beschreibung der Nürnberger Familien über ihn notierte: „Jacob Welser treibt den grossen handel in alle land dan nie kein kauffmann purger zu Nürmberg getrieben hat." Der Abriß des altehrwürdigen Ratsherren-Wohnsitzes des ausgestorbenen Geschlechts der Stromer „zur Rose", den Jakob, um Platz für sein prächtiges „Stadtpalais" zu schaffen, vornehmen ließ, zeigt das ausgeprägte Selbstbewußtsein des Neubürgers. Dieses 1509 — 1512 errichtete Stammhaus der Nürnberger Welser (Theresienstr. 7), dessen Entwurf → Hans Beheim zugeschrieben wird, bringt die Tradition der Familie im Italien- und Fernhandel architektonisch zum Ausdruck. Der mit weiten Sandsteinarkaden umstandene Innenhof, wesentliches Bauelement der mediterranen „Fondachi" (Handelsstationen), ist nach der Zerstörung im Zweiten Weltkrieg im Innenhof wieder restauriert worden. (Eine Straße in Nbg.-Schoppershof ist nach der Familie benannt.)

Nach Auflösung der „Welser-Vöhlin-Gesellschaft" (1517) beteiligte sich Jakob nicht an der Nachfolgefirma, die Antons Sohn Bartholomäus V. weiterführte, sondern gründete nun sein eigenes Handelshaus, in das er seine drei jungen Söhne und einige der Familie nahestehende Teilhaber aufnahm. Das „Register der Ratschläge in unserer Versammlung" — Aufzeichnungen über Beschlüsse und Absprachen der Gesellschafter von 1529 bis 1551 — läßt die Struktur des Handels und seine Ausdehnung erkennen. Gewürze, insbesondere der kostbare Safran, dessen europäischen Markt die Welser zusammen mit den Imhoff fast monopolistisch beherrschten, bildete die Grundlage des Warenhandels.

Schon früh hatten die Welser auch überseeische Gewürzmärkte erschlossen. 1505 leiteten sie das Augsburg/Nürnberger Firmenkonsortium der Fugger, → Hochstetter, → Gossembrot, Imhoff und → Hirschvogel, das sich an der Indienflotte des portugiesischen Vizekönigs beteiligte. Doch galten die transozeanischen Unternehmungen nicht nur dem Gewürzhandel. Um 1500 hatten die Welser bereits Zuckerrohrplantagen auf den Canarischen Inseln angelegt, 1528 — 1546 unterstanden weite Teile des heutigen Venezuelas der wirtschaftlichen Nutzung durch die Augsburger Gesellschaft. Von den vierzehn Schiffen der Expeditionsflotte des spanischen Konquistadors Pedro de Mendoza, die 1534 von Cadiz an den Rio de la Plata auslief, „hat eins zugeherrt den herren Sewastian Neithart (Augsburg) und Jacoben Welser zu Nurmberg, so ihren facktor Heinrich Paimen mit kauffmanschafft geschiekt", berichtet der Abenteurer Ulrich Schmidel, der auf diesem Schiff mitgefahren und an der Gründung von Buenos Aires beteiligt war.

Wie alle Nürnberger Firmen war auch Jakob zurückhaltend in Kreditgeschäften. Der Faktor in Antwerpen war angehalten, „über 12.000 fl nicht zu verfinanzen". Die Maestrazgos-Geschäfte — Pachtverträge über Liegenschaften und Bergwerke der spanischen Ritterorden, die vom spanischen König gegen Kredite vergeben wurden — überstiegen aber bei weitem diesen Antwerpener Richtwert. 1534 lieh Jakob Welser der spanischen Krone 100.000 fl. Auch die hohen Schulden der Fugger an die Nürnberger Welser lassen auf ausgedehntere Geldgeschäfte schließen.

Jakob Welsers besonderes Interesse galt dem Bergbau. Zusammen mit → Jakob Nützel beteiligte er sich an der böhmischen Silber- und Zinngewinnung; mit Graf Albrecht von Mansfeld und weiteren Landadeligen sowie einigen Geschäftsfreunden gründete er eine Montangesellschaft, die im mansfeldischen Kupfersaigerhandel eine führende Rolle einnahm. Große Bedeutung kam der eng mit den Fuggern zusammenarbeitenden Augsburger Filiale der Nürnberger Welser zu, die Jakobs ältester Sohn Hans leitete. Dieser brachte es zu hohem Ansehen und wurde Bürgermeister von Augsburg. Die Augsburger Welser blieben allerdings ihrerseits auch weiterhin in Nürnberg präsent und kauften für ihre Niederlassung die Häuser der gesamten nördlichen Seite des heutigen Hauptmarkts auf.

Im Gegensatz zu den katholischen Augsburger Welsern bekannte sich die Nürnberger Linie, Hans Welser eingeschlossen, der nach dem Sieg Karls V. im Schmalkaldischen Krieg sein

Bürgermeisteramt in Augsburg aufgeben mußte, zur neuen Lehre. Politisch stand Jakob dem Kaiser und dem französischen König neutral gegenüber. Abneigung gegen politisches Engagement kennzeichnete auch sein öffentliches Leben in Nürnberg. Von seinen Pflichten als Genannter des Größeren Rats ließ er sich aus geschäftlichen Gründen nur allzuhäufig entbinden. „Ein milter Almusengeber, ein Kron aller burgerschafft", so rühmte → Christoph Scheurl seinen Freund Jakob Welser. In der Tat vermachte Jakob testamentarisch dem Almosenamt eine größere Summe. → Johann Neudörfer berichtet, daß der Baumeister und Bildschnitzer Hieronymus Schön seinen Lebensabend im Hause Jakobs verbringen durfte. Für die Frauenkirche stiftete er um 1522 den Hochaltar und ließ nach einer heute noch erhaltenen Entwurfszeichnung Hans von Kulmbachs durch die Hirsvogelwerkstatt ein 1360 von den Thumern gestiftetes Chorfenster ersetzen. Nach der Mediatisierung der Reichsstadt Nürnberg und der Säkularisierung der Frauenkirche Anfang des 19. Jahrhunderts wurde die gesamte Inneneinrichtung mit den Fenstern herausgerissen. Von dem um 1525 entstandenen Altar blieben die Altarflügel (Hans von Kulmbach-Nachfolge) sowie vom bildhauerischen Schmuck (Veit Stoß-Umkreis) eine lebensgroße, in den Altar einbezogene Marienfigur aus der Mitte des 15. Jahrhunderts erhalten. Einen Eindruck von dem Welser-Thumer-Chorfenster, das Jakob und seine Frau kniend vor einer Schutzmantelmadonna darstellte, können nur die wenigen heute noch vorhandenen Scheiben vermitteln. *Bud*

Johannes Werner · Pfarrer und Astronom   1468 — 1522

Johannes Werner, geb. 14. Februar 1468 in Nürnberg, war Geistlicher und Astronom; er studierte ab 1484 an der Universität Ingolstadt, 1493 bis 1497 an der päpstlichen Universität in Rom; dort hat er auch mit seinen astronomischen Beobachtungen begonnen. Zwischen 1490 und 1503 war er möglicherweise Kaplan in Herzogenaurach mit mehrjähriger Unterbrechung zu Studienzwecken wiederum in Rom. Von 1503 bis 1508 war er Diakon an der St. Bartholomäuskirche in Wöhrd, ab 1508 am ehemaligen Siechenkobel in Johannis. Neben seiner Tätigkeit als Pfarrer hat er sich intensiv mit Mathematik, Astronomie, Astrologie und Wetterkunde beschäftigt.
Während seines Italienaufenthaltes bestimmte Werner aus den Schattenwürfen des Obelisken in Rom die Polhöhe und berechnete daraus und aus der Mondfinsternis vom 18. Januar 1497 den Längenunterschied zwischen Rom und Nürnberg. Vermutlich hat Werner als erster Astronom auf die Möglichkeit der Bestimmung der geographischen Breiten aus der Messung der oberen und unteren Kulminationen (Meridiandurchgängen) von Zirkumpolarsternen hingewiesen. Diese Methode ist genauer als die Berechnung aus Sonnenhöhen. Im April 1500 entdeckte er einen Kometen und beobachtete ihn zusammen mit → Bernhard Walther und deutete ihn auch, entsprechend den Auffassungen der damaligen Zeit; denn Kometen wurden als Unheilkünder angesehen. Von Werner stammt eine Neuberechnung der Schiefe der Ekliptik und der Präzession, der Kreiselbewegung der Erdachse. Aus den Jahren 1513 bis 1520 sind seine Aufzeichnungen des Wetterablaufs bekannt; er versuchte Wettervorgänge und Planetenstellungen in Zusammenhang zu bringen. Wie alle Astronomen früherer Jahrhunderte widmete sich Werner der Verbesserung von Instrumenten; deshalb verfaßte er neue Tabellen für die Einteilung des Jakobsstabs, eines astronomischen Winkelmeßgerätes.
Die heute noch vorhandene große Sonnenuhr an der Südfassade des Ostchors von St. Lorenz in Nürnberg wurde 1502 nach Anregung und entsprechenden Vorarbeiten von Werner konstruiert. Ihre Herstellung übernahm Sebastian Sperantius, der 1499 bis 1503 an der Lateinschule zu St. Lorenz in Nürnberg lehrte. Diese Sonnenuhr ist seither mehrfach restauriert worden, zuletzt 1966. In der heutigen Form entspricht sie nicht mehr ganz der

ursprünglichen Konstruktion. Auf einem Netz verschiedenartiger Linien kann man die wahre Sonnenzeit sowie die seit Sonnenaufgang verflossenen Stunden ablesen. Größtenteils nicht mehr erhalten sind die von Werner entworfenen Sonnenuhren an der Laurentiuskirche in Roßtal bei Nürnberg.

Da sich Werner auch als Sterndeuter betätigte, hat er für eine größere Zahl Nürnberger Bürger Horoskope berechnet, so für → Willibald Pirckheimer, → Christoph II. Scheurl und → Wilhelm IV. Haller. Darüber hinaus kennen wir seine Horoskope für die Kaiserin Blanca-Maria, die zweite Frau Maximilians I., und für Erzherzog Ferdinand von Österreich, den späteren König Ferdinand I. Schon damals stieß die Astrologie häufig auf Widerspruch: Der Nürnberger Geistliche → Lorenz Behaim urteilt in einem Brief an Willibald Pirckheimer vom 19. März 1507 sehr abfällig über Werners astrologische Tätigkeit und beschuldigte ihn sogar der Lüge!

Von den zahlreichen Schriften Werners sind nur zwei (1514 und 1522) gedruckt worden; sie betreffen Übersetzungen aus der Antike, unter anderem von Ptolemäus, sowie eigene mathematische und astronomische Untersuchungen. Zahlreiche Handschriften Werners sind bekannt und werden in verschiedenen Quellen erwähnt. Aus einem Brief → Albrecht Dürers an den Mathematiker Nicolaus Kratzer vom 5. Dezember 1524, zwei Jahre nach dem Tode Werners (1522 in Nürnberg), geht hervor, daß der Nachlaß des Nürnberger Pfarrers und Astronomen, der zum großen Teil nicht mehr auffindbar ist, wahrscheinlich während einer Pestepidemie zerstreut wurde! In Nürnberg-Langwasser ist ein Weg nach Johannes Werner benannt. *Pl*

Willibald Pirckheimer · Universalgelehrter 1470 — 1530

Willibald Pirckheimer, geboren am 4. Dezember 1470 in Eichstätt, gehört zu den Männern, die Nürnbergs Blütezeit im 16. Jahrhundert geprägt haben. Der Vater war Jurist und Diplomat, die Mutter → Barbara Löffelholz stammt, gleich den Pirckheimer, aus einer alten Nürnberger Ratsfamilie. Seine Jugend verbrachte Willibald in Eichstätt und mit dem Vater → Johannes auf dessen Diplomatenreisen nach München, Tirol und zeitweise nach Nürnberg, wo er den jungen → Albrecht Dürer kennenlernte und mit ihm Freundschaft fürs Leben schloß. Sein in der Familie verwurzeltes und durch das Studium der Rechte, der Geschichte, Philosophie, Geographie, Numismatik und Mathematik in Padua und Pavia (1489 — 1495) ständig vertieftes Interesse für den Humanismus war ausschlaggebend für das gesamte Leben des letzten männlichen Namensträgers der Pirckheimer. Mit ihm war er geistig für seine Ratstätigkeit gerüstet. Zuvor heiratete er 1495 → Crescentia Rieter, Tochter aus alter Ratsfamilie. Sie hat ihm fünf Töchter (darunter seine Lieblingstochter Felicitas, später die Frau von → Hans VI. Imhoff und die Mutter des → Willibald Imhoff) und einen Sohn geschenkt, der wie seine Mutter kurz nach der Geburt starb. Seither blieb er unverheiratet und widmete sich vorwiegend der Wissenschaft und der Tätigkeit im Rat, freilich mit sehr kritischen Gedanken.

Seine Arbeit als Übersetzer und Herausgeber klassischer Autoren der Antike, machten ihn bald weit über Nürnberg hinaus bekannt. Er trat mit den Humanisten im westlichen Europa durch Briefwechsel und durch Begegnungen im eigenen Haus, in Verbindung; unter den Geistesgrößen dieser Zeit fehlt im Korrespondenz-Register bis hin zu → Erasmus von Rotterdam und → Thomas Morus (der ihm die Schweizer Ausgabe seiner „Utopia" widmete) kaum ein Name. Seine eigenen Schriften zu Problemen der Reformation, zum Klosterstreit (in den seine Schwester → Caritas Pirckheimer in St. Klara mit verwickelt war), sein „Lob der Podagra", an der er in den letzten zehn Jahren seines Lebens selbst gelitten hat, seine Kommentare zu zeitaktuellen Ereignissen, oft verquickt mit seinen Übersetzungen und seinen jeweiligen Widmungen, sein in der deutschen Literatur erstmaliges Landschaftsfeuilleton (über die Gegend Neunhof b. Lauf und Kalchreuth) umreißen das Leben dieses Universalgelehrten während des Zusammenstoßes zweier Geschichtsepochen: Gotik und Renaissance; Formung eines von der Scholastik unabhängigen Menschenbildes; Umstellung von der Tausch- auf die Geldwirtschaft, vom Binnenhandel auf den Überseehandel, von der Scheiben- auf die Kugelgestalt der Erde, auf ein neues Himmelssystem und auf eine neue Form von Gottes Wort.

Das alles wurde bei den großen Tafelrunden im Pirckheimer'schen Haus am Herrenmarkt (heute Hauptmarkt), Ecke Augustinerstraße, besprochen. Celtis war bei Pirckheimer zu Gast; er nennt das Haus im 12. Kapitel seiner „Norimberga" die „Herberge der Gelehrten", deren eigenartige Atmosphäre von seinen Zeitgenossen bewundert wurde.

Nürnberg war für Willibald Plattform und Experimentierfeld für alles, was er zugunsten des deutschen Sprachraumes, zugunsten von West- und Mitteleuropa geleistet hat. Er scheint sich selbst vorwiegend wohl als Bildungspolitiker verstanden zu haben; denn ihm ging es darum, in einer neuen Ära der Geschichte einen neuen Lebens- und Geistesstil zu prägen. In der von seinem Vater mitbegründeten Poetenschule in der Alten Waage hinter der heutigen Handelskammer (Winklerstraße), nutzte er seine humanistischen Kenntnisse und erschloß auch neue Bildungsmöglichkeiten. Als sie 1509 ihre Tore schließen mußte, übertrug er seine Erfahrungen auf die vier Lateinschulen an St. Sebald, St. Lorenz, Heilig Geist und St. Egidien. Damit war sein Ideal des Humanismus in den Schulunterricht eingeschleust. Griechische und römische Autoren wurden dort in Lateinisch gelesen, astronomische Geographie wurde gelehrt. So wurden die Lateinschulen zu unmittelbaren Vorstufen des Universitätsstudiums und zu Fundamenten des 1526 gegründeten ersten deutschen Gymnasiums, das auf Pirckheimers Initiative zurückgeht — des heutigen Melanchthon-Gymnasiums, damals am Egidienberg, heute in der Sulzbacherstraße.

Seine große Sorge galt (nach der Entdeckung Amerikas und des Seeweges nach Ostindien) der Gewichtsverlagerung des Handels vom Zentrum Europas — mit Nürnberg als „Spinne im Netz" — nach Portugal, Spanien und den Niederlanden. Wie kann ein „tiefer Sturz" à la Venedig — so schrieb er an seinen Neffen → Andreas Imhoff, den späteren Vordersten Losunger — für Nürnberg verhindert werden? Das war sein Thema, vielleicht sogar sein Trauma als Delegierter Nürnbergs am kaiserlichen Hof, auf Konferenzen und Reichstagen. Um „meinem Vaterland Nürnberg" das Schicksal Venedigs zu ersparen, engagierte er sich im Zusammenwirken mit seinem Augsburger Freund → Konrad Peutinger, dem Humanisten und Ratsschreiber, für eine gewichtige Rolle beider Städte, Nürnbergs wie Augsburgs, in der neuen Überseewirtschaft und tat alles, um seine Stadt — als Ausgleich zu ihrer bisher führenden Handelsposition in Europa — zum Zentrum der humanistischen Erneuerung von Kunst, Erziehung, Wissenschaft und Religion zu machen.

Deshalb unterstützten und förderten er und seine nähere Verwandtschaft seinen Freund Albrecht Dürer. Ihn begleitete er wohl während dessen erster Reise durch Italien und subventionierte — zusammen mit seinen Verwandten — wahrscheinlich auch die zweite Italien- und die Flandernreise. Dürer nahm diese „Lehr-Gönnerschaft und Beschirmung" dankbar an. Es waren Hilfen geistiger wie materieller Art, die dazu beitrugen, ihm zum größten deutschen Renaissancekünstler zu machen. Manch bildliche Wiedergabe von Pirckheimers Reichsidealen für Kaiser Maximilian I. finden wir — eine Folge der ungezählten Gespräche zwischen beiden Freunden — in Dürers Graphik (z. B. Triumphbogen, Triumphwagen), hier auch ganz im Sinne des zu früh verstorbenen → Conrad Celtis. Indem er Dürer auch als wissenschaftlichen Buchautor zu internationalem Ansehen verhalf, stärkte Willibald zugleich die Position der Reichsstadt. Freilich spürte er — anders als Dürer — hinter der von ihm anfänglich im Sinne des Humanismus befürworteten Reformation → Luthers, mit dem er 1517 in seinem Haus konferierte, je länger desto mehr die revolutionären Bestrebungen, „die das Reich und das Ziel der Humanisten gefährden". Aus diesen und vielen anderen Gründen überwarf sich der unbequeme Mann, der harte Querkopf, oft mit dem Rat, dem er von 1496 bis 1501 und von 1506 bis 1523 als außenpolitischer Delegierter und als Kaiserlicher Rat (seit seiner Teilnahme am Schweizer Krieg 1499) angehörte. Niemals aber überwarf er sich mit Dürer. Als Katholik und Protestant, der eigenen Kirche so wenig verbunden wie der neuen, hat Willibald der modernen Wissenschaft und dem öffentlichen Leben starke Impulse gegeben. In der Geschichte steht er, der Koordinator der europäischen Humanisten, als einer der letzten Universalgelehrten der alten Ära und als einer der ersten großen Europäer am Anfang einer neuen Geschichtsepoche. Er starb am 22. Dezember 1530, gerade 60 Jahre alt, als letzter Pirckheimer. Er ist auf dem Johannisfriedhof nahe der Holzschuherkapelle begraben. Eine Straße (zwischen Bucher Straße und Maxfeld) und ein Humanistisches Gymnasium in der Südstadt sind nach ihm benannt. *Im*

Albrecht Dürer · Maler   1471 — 1528

Mit Dreizehn zeichnete er sich selbst. Der Fingerzeig aufs Spiegelbild sollte dem Vater bedeuten: Ich will ein Maler werden!
Es half nichts; Albrecht Dürer mußte in die Lehre der väterlichen Werkstatt zu Silber und Gold. Zwei Jahre brauchte er, den Vater zu überreden, der ihn endlich zum Nachbarn Michael Wolgemut, dem weitbekannten Maler und Illustrator, gab. In drei Jahren lernte er alles, was da an Kunst zu lernen war. Als Gesellenstück malte er im Doppelbild Vater und Mutter, hinten drauf als Wappen: den Holperschen Springinsfeld und Dürers offene Tür. So begann die Wanderschaft.
Fast fünf Jahre war er unterwegs, am Rhein, in Basel, in Italien. Im letzten Jahr unterbrach er die Reise nur kurz, um die vom Vater ausgesuchte Braut, → Agnes Frey,

Der kranke Dürer · Selbstbildnis

eines „Mechanicus" Tochter, zu heiraten. Aus Venedig zurückgekehrt, richtete er sich 1493 eine Werkstatt ein. Die eigene Arbeit konnte beginnen. Keine günstige Zeit für einen Anfang, da das nahe Ende der Welt prophezeit wurde (vgl. → Conrad Celtis). Dürer begegnete dem Jüngsten Gericht auf seine Art. Er schnitt des Johannes apokalyptische Visionen ins Holz und ließ sie vom Paten Koberger drucken; Frau Agnes verkaufte das Buch auf Märkten und Messen. Der Weltuntergang wurde dann doch auf später vertagt.
Bei Dürer häuften sich die Werke. Er wurde bekannt und durch Verbreitung seiner Graphik in ganz Europa berühmt. Humanisten, Gelehrte, Künstler suchten seine Freundschaft, Fürsten und Kardinäle nutzten sein Können. In Zeichnungen und Drucken brachte er das Volk ins Bild: Bauern, Bettler, Händler, Köche und Handwerker. Erst Breughel und später Rembrandt haben den Leuten auf ähnliche Weise ins Gesicht geschaut. An sich selbst prüfte er

Gottes Ebenbildlichkeit, an den Menschen versuchte er göttliches Mittelmaß zu berechnen. Mit gleicher Sorgfalt zeichnete er Rüstungen, Suppenlöffel und Madonnen; die Kinderlosigkeit seiner Ehe und seine Sehnsucht nach einem eigenen Kind beschwört eine große Zahl von Darstellungen der Mutter Maria mit dem Kind.

Nicht alles wurde ihm zum Meisterwerk; wie Leonardo da Vinci interessierte ihn die Erfindung und langweilte ihn die Ausführung. Neben nüchtern berechneter Gestaltung, der Arbeit mit Zirkel und Lineal, graust Abgründiges, Teufel, Hexen und Dämonen. Dem Kaiser zeichnete er den Fuchs und die Hühner, Ritter gegen Bauern, phantastische Fauna und Flora ins Gebetbuch — jeder Andacht zuwider. In einer Radierung verzweifelt der zum Tod entblößte Erlöser, an Händen und Füßen stigmatisiert, vor den ewig gleichen Sünden der Welt.

Noch einmal war Dürer in Italien und später in den Niederlanden. Dort wie hier wurde er gefeiert, geehrt von Kollegen und Königen; Bürgermeister und Kunstfreunde suchten ihn mit großen Geldversprechnungen zum Bleiben zu bewegen. Warum blieb er nicht in Antwerpen und vorher nicht in Venedig? Wäre ihm der Lagunendunst besser bekommen als die sandtrockene Nürnberger Luft? Giorgione ist jung gestorben, Tizian wurde uralt, Dürer nur siebenundfünfzig.

Aus Brüssel kam er krank zurück, malte und zeichnete sich als Schmerzensmann — ecce homo! Eine große Aufgabe erwartete ihn: Die Ausmalung des Rathaussaales. Mit → Willibald Prickheimer, seinem Jugendfreund, entwarf er ein den Funktionen des Raumes entsprechendes Bildprogramm von gerechten und ungerechten Richtern, von Tugenden und Lastern der Mächtigen, vom Triumph des Reiches, personifiziert im Kaiser, da capo die Musik zum Tanz. Sein letztes Werk, die vier Apostel schenkte er dem Rat zu seinem ewigen Gedächtnis (ein Jahrhundert danach wurde das Bild in Kriegszeiten nach München entführt).

Sein Vermächtnis an die nachgeborenen Künstler, die Summe seiner Erkenntnisse, das „Große Buch von der Malkunst", ist nicht fertig geworden. Nur die „Unterweisung der Messung" und die „Proportionslehre" kamen zum Druck. Mitten in der Arbeit, am selben 6. April, der acht Jahre zuvor Raffael den Tod brachte, starb er unerwartet früh. „Was von Albrecht Dürer sterblich war, ruht unter diesem Hügel", schrieb ihm Freund Pirckheimer aufs Grab. (Nach ihm benannt: Albrecht-Dürer-Platz, Dürerhaus, Albrecht-Dürer-Straße). Historiker ziehen gewöhnlich die Genlinie vom Großvater, zum Vater, zum Sohn und vergessen dabei die Mütter, deren Anteil doch ohne Zweifel ist. So wird bei Dürer viel von des Vaters Herkunft aus Ungarn geschrieben. Eine Koryphäe will gar am Dreizehnjährigen einen „mongolischen Augenschnitt" erkennen. Vergleicht man aber Dürers Selbstdarstellungen mit den Bildnissen des Vaters und der Mutter, so wird augenscheinlich: Albrecht hat kaum Ähnlichkeit mit dem Vater, aber übereinstimmende mit seiner Mutter. Dieselbe Kopfform, die gleiche mächtige Nase, die Augen, der Mund — er war ganz seiner Mutter Sohn!

Im Leben liebte Dürer das gesellige Gespräch, sogar derbe Scherze. Er aß und trank gern, spielte um Geld, ritt zu Pferde, übte sich im Fechten und Ringen (daher sein Buch über dieses Thema). Er war über alle Maßen neugierig, stets hinter Kuriositäten her, interessiert an Astronomie. (Er befaßte sich mit der Herstellung von Sternkarten des nördlichen und südlichen Sternenhimmels. In seinem Buch „Underweisung der messung", 1525 und 1528 verlegt, bietet er Entwürfe von Sonnenuhren horizontalen, vertikalen und universalen Typs mit Zeichnungen und ausführlichen Erklärungen. Pl) Ein Leben lang suchte Dürer Gottes Ebenbild im Menschen. Oft genug überkam ihn Verzweiflung, ängstigten ihn Traumgesichte, verdunkelte ihm Melancholie (sein Kupferstich „Melancholia") alle Hoffnung, durch fleißige Übung die Kunst zu gottgegebener Schöpfung, zur Natur selbst werden zu lassen. Albrecht Dürer vermerkt in seinem Tagebuch vom August 1520 bis zum Juli des nächsten Jahres Arbeit an über 100 Portraitzeichnungen, 20 Gemälden, ungezählten Skizzen und Entwürfen. Diese Produktion der zwölf Monate auf seine Lebensarbeitszeit hochgerechnet, ergäbe über 650 Gemälde aller Art und etwa 4500 Aquarelle, Zeichnungen, Skizzen, Entwürfe. Die Zeiten haben nur 86 Bilder, an die 900 Arbeiten auf Papier überdauert, dazu rund 500 Kupferstiche und Holzschnitte. Was wir von Dürer kennen, ist noch nicht einmal die halbe Wahrheit. *Pre*

Kaspar Nützel · Ratsherr   1471 — 1529

Kaspar Nützel gehört als Sohn einer Nürnberger Handels- und Ratsfamilie zu jenem Kreis junger Intellektueller, die durch ihr frühes Ja zu Luthers Lehre in die Geschichte der Freien Reichsstadt und in die Deutschlands, Eingang gefunden haben. Er wurde wahrscheinlich 1471 geboren, wurde 1502 Ratsmitglied und war ab 1524 während der entscheidenden Epoche, als die Reformation in der Freien Reichsstadt eingeführt wurde, Zweiter Losunger neben dem Vordersten Losunger Hieronymus → Ebner; damit gehörte Nützel in seiner Zeit zu den einflußreichsten Repräsentanten Nürnbergs. Sein Haus stand zwischen der heutigen Karolinen- und der Adlerstraße, dicht bei der Lorenzkirche (deren Pfleger er war), auf dem Grundstück, auf dem sich heute ein Großkaufhaus etabliert hat.
Wiederholt war Kaspar Nützel Mitglied reichsstädtischer Delegationen oder wurde mit diplomatischen Missionen z. B. in Ansbach, Heidelberg, Bamberg und Würzburg betraut. 1506 vertrat er gemeinsam mit → Willibald Pirckheimer die Stadt Nürnberg in Donauwörth bei der Versammlung des Schwäbischen Bundes; im März 1517 reisten er und Pirckheimer im Auftrag des Rates erst nach Augsburg, um beim Kaiser Klage gegen die Raubritter zu führen, anschließend wegen des Streits mit Götz von Berlichingen nach Linz. 1521 war Nützel Mitglied der fünfköpfigen Delegation beim Wormser Reichstag. Die dortigen Verhandlungen über den Wittenberger Augustinermönch berührten ihn sehr persönlich; schließlich kannte er ja → Martin Luther von dessen Aufenthalt in der Sodalitas Staupiziana (1518) im Nürnberger Augustinerkloster, wo der Augustinermönch so überzeugend gewirkt hatte, daß sich die Staupitzgesellschaft in „Martins-Gesellschaft" umbenannte. Im Gegensatz zur althergebrachten theologischen Richtung der Scholastik war man in diesem Kreis um eine lebensnahe, vom Humanismus geprägte Frömmigkeit bemüht.
Genau wie → Lazarus Spengler hatte sich Nützel persönlich sehr stark für Luthers Sache exponiert: Er übersetzte dessen Wittenberger Thesen 1519 aus dem Lateinischen ins Deutsche. Am 4. November erhielt sie Nützels Freund → Christoph Scheurl, der ehemalige Wittenberger Professor und nunmehrige Nürnberger Ratskonsulent, der sie an mehrere Freunde weiterleitete. Nützel wollte — echt humanistisch, erziehungs- und informationsbewußt — Luthers 95 Thesen allem Volke zugänglich machen und trug durch die Übersetzung der Thesen dazu bei, daß aus dem Disput der Theologen, der zunächst beabsichtigt gewesen war, eine Volksbewegung wurde.
Schon 1514 war Kaspar Nützel vom Rat der Stadt als Pfleger des Klarissenklosters St. Klara bestellt; Äbtissin → Caritas Pirckheimer. Als Pfleger hatte er die Verwaltung und Bewirtschaftung des Klostergutes zu überwachen, arbeitete auch seit langem als guter Berater mit der Äbtissin eng zusammen. Seine und seines Kollegen Ebner Tochter nahmen noch am „Brauttag" 1519 den Schleier der Klarissen. Zu Spannungen zwischen Nützel und der Äbtissin kam es erst, als nach dem Religionsgespräch im Rathaussaal und der damit verbundenen Reformation durch den Rat der Stadt alle Klöster aufgelöst werden sollten. Von seiner Sache fest überzeugt, versuchte Nützel die Äbtissin von St. Klara für die neue Lehre zu gewinnen. Im Auftrag des Rates bedrängte er sie beharrlich und ließ auch das Argument einfließen, „wenn der Rat sie auf seiner Seite hätte, so hätte er damit die ganze Landschaft". D. h., daß sich der Rat durch eine positive Entscheidung von Caritas Wirkungen auf die ande-

ren Frauenklöster der Umgebung erhoffte. Gerne hätte Nützel, laut einer Aufzeichnung der Äbtissin, den populären Prediger Poliander gewonnen, „damit er uns bekehre". Aber alle Versuche waren vergeblich, Caritas und deren Schwester (Leiterin der Klosterschule) weigerten sich beharrlich, die lutherische Lehre anzunehmen. Caritas stellte den Nonnen das Verlassen des Klosters frei, wollte aber ihre Nonnen nicht von ihrem Gelübde gegenüber Gott entbinden. Nachdem es den Frauen des Vordersten Losungers Ebner, des Zweiten Losungers Nützel, des Ratsherrn → Fürer und der Witwe → Tetzel nicht gelungen war, ihre Töchter zum freiwilligen Verlassen des Klosters zu bewegen, fuhren sie am 12. Juni 1525 in zwei Wagen vor, drangen in das Kloster ein und zerrten ihre weinenden Töchter in einem dramatischen Durcheinander in die Wagen. Nützels Frau also war an der gewaltsamen Aktion beteiligt. Als Begleiter Melanchthons stattete er dann noch einmal der Äbtissin einen Besuch ab. Melanchthon verurteilte die Gewaltmaßnahmen und stellte den äußeren Frieden wieder her. Die Äbtissin gestand später ein, daß Nützel alles aus bester Absicht getan habe.

Die Ursachen der Auseinandersetzungen, die Kaspar Nützel mit seinem langjährigen Reisegefährten und Gesinnungsgenossen Pirckheimer hatte, sind bis heute nicht geklärt. Der — wie so viele seiner Gesinnungsgenossen — altgläubig gebliebene Humanist bringt seinen Entschluß, im Frühjahr 1522 „aller Sorge für die Öffentlichkeit zu entsagen", mit Kaspar Nützel in Zusammenhang; dabei werden Nützel die „Vielzahl von Söhnen" und seine „Armut" vorgehalten, die ihn dazu gebracht habe, „für sich und die Seinen nützliche, für das Staatswesen aber sehr verderbliche Pläne zu fassen". Nützel blieb unangefochten weiter im politischen Geschäft. Der Groll Pirckheimers gegen Nützel saß tief: Ein Angebot des Rates, der Stadt gegen einen festen Sold ehrenamtlich zu dienen, schlug er aus, weil er von Nützel kam und er dahinter eine Falle seines „verkappten Feindes" vermutete.

Am 25. September 1529, ein Jahr nach dem mit ihm gleichaltrigen Albrecht Dürer und ein Jahr vor Pirckheimer, mit denen er in der theologischen Humanistenrunde zusammensaß, ist der verdienstvolle Kaspar Nützel gestorben. Auf dem Rochusfriedhof wurde er zur letzten Ruhe gebettet. Sein Geschlecht starb 1747 aus. Ein authentisches Portrait von ihm ist nicht bekannt. Doch vermutet man mit guten Gründen, daß er auf der leider schlecht erhaltenen Kreidezeichnung von Albrecht Dürer (1517 ?) dargestellt ist, die in der Staatlichen Graphischen Sammlung in München aufbewahrt wird. *Ros/Lag*

Johannes Schöner · Mathematiker   1477 — 1547

Johannes Schöner aus Karlstadt am Main, der sich in bekannter Humanistenart aus Dankbarkeit gegenüber seiner Vaterstadt stets Johannes Schonerus „Carolipolitanus" und später „Carolostadius" nannte, wurde am 16. Januar 1477 — also ein Jahr nach dem Tode des fränkischen Neubegründers der Astronomie → Johannes Regiomontanus im fernen Rom — geboren und ist am 16. Januar 1547, ein Jahr nach seiner Emeritierung am Egidiengymnasium, als hochgeachteter Meister seines Fachs in Nürnberg gestorben. So wörtlich erfüllte der stets auf strenge Genauigkeit bedachte fromme Mathematicus das Wort des 90. Psalms: „Unser Leben währet 70 Jahre".

15 Jahre seines Wirkens in Nürnberg sollten neben seiner Lehrtätigkeit der umsichtigen Publikation der hier aus den Jahren 1471 bis 1475 hinterlassenen Handschriften seines weltberühmten Vorläufers aus Königsberg an den Haßbergen gewidmet sein. Wie Regiomontanus war Schöner ein Gelehrter, der die seit Ptolemäus im zweiten Jahrhundert n. Chr. geozentrisch festgelegte Astronomie und Astrologie zu einem in seiner Art imponierenden Abschluß brachte. Dabei verhalf er in seinen letzten Jahren mit der Wiederentdeckung des genialen Aristarch von Samos (ca. 320 — 250 v. Chr.) dem heliozentrischen Weltbild des Frauenburger Domherrn → Nicolaus Copernicus zum Durchbruch.

Seine Studien in Philosophie, Mathematik und Theologie absolvierte er zwischen 1496 und 1498 an der damals führenden Humanistenschule Erfurt, also im Jahrzehnt vor → Martin Luther, dessen Anhänger er später werden sollte. 1500 zum Priester geweiht, wirkte er in den nächsten Jahren in Hallstadt bei Bamberg, in seiner Vaterstadt Karlstadt und schließlich in Bamberg, wo er 1515 als Seelsorger bei St. Jakob erstmals in eigener Druckerei und als eigener Buchbinder ein Werk über zylindrische Uhren herausbrachte. Bedeutsamer aber ist die im selben Jahr bei Stüchs in Nürnberg erschienene (als Erläuterung für die von ihm eigenhändig geschaffene Erdkugel gedachte) Erdbeschreibung „Luculentissima quaedam Terrae totius descriptio . . .“; denn sie erhebt den Anspruch, das neueste, mit größter Sorgfalt erarbeitete Bild Europas zu bieten. Daneben bringt sie auch das neuentdeckte Amerika. Schöners Geschicklichkeit bei Entwurf und Herstellung von Erd- und Himmelsgloben sowie von astronomischen Geräten war so groß, daß er nicht nur bei seinem verständnisvollen Bischof Georg III. von Limpurg und seinen z. T. aus Nürnberg stammenden Beratern, sondern auch früh schon bei den bedeutendsten Männern Nürnbergs, mit → Willibald Pirckheimer an der Spitze, auch bei vielen Fürsten des Reichs und des Auslands in hohem Ansehen stand. Sein trefflicher Erdglobus von 1520 ist heute neben → Martin Behaims „Erdapfel" eine ganz besondere Kostbarkeit des Germanischen Nationalmuseums. Die exakte Festlegung aller Orte nach geographischer Länge und Breite hat Schöner zum Haupt der mathematisch orientierten Nürnberger Kosmographenschule werden lassen. Sie stand in ihrer Bedeutung neben der von Sebastian Münster, die historisch-ethnographisch ausgerichtet war. Nach kurzer Versetzung in das abseits gelegene, aber auch vom Bauernkrieg erfaßte Kirchehrenbach wurde er 1525 nach St. Stephan in Bamberg zurückberufen.

Die große Wende in seinem Leben brachte das Jahr 1526. Willibald Pirckheimer und → Joachim Camerarius aus Bamberg, den → Philipp Melanchthon als Rektor an das von ihm eröffnete Gymnasium am Egidienberg gebracht hatte, konnten den — wegen seines „barbarischen" Lateins — lange Widerstrebenden schließlich doch bewegen, die Professur für die mathematischen Wissenschaften an der neuen Schule zu übernehmen. Neben der dortigen Lehrtätigkeit hatte er dem Rat im Stil der Zeit jährlich astronomisch-astrologisch orientierte Kalender zu erstellen. Sein 1528 in Nürnberg geborener Sohn Andreas wird dem Vater 1551 bei der Herausgabe seiner gesammelten Werke in seiner Widmung an den Rat der Stadt bezeugen, daß er sich nie geirrt habe. Paracelsushafte Züge bekommt für uns das Bild Schöners mit dem seinem Bruder Peter in Karlstadt gewidmeten Büchlein von 1528: „Ein nutzlichs buchlein viler bewerter Artzney . . . mit einem nützlichen unterricht zu welchen zeyten solche und andere artzney dem Krancken . . . geraicht sollen werden nach dem laufft und mansion des Mon(d)s . . .".

1531 begutachtet er im Auftrag des Rats den später nach Halley benannten Kometen. Gleichzeitig aber beginnt er nun die Edition der ihm anvertrauten Manuskripte Regiomontans, die ihn neben seiner umfangreichen astrologischen Schriftstellerei so berühmt macht, daß er für Melanchthon und seinen Kreis der beste Sachkenner auf beiden Gebieten ist. Das war sicher der Grund, warum der junge Wittenberger Mathematikprofessor Georg Joachim Rheticus 1538 zuerst ihn in Nürnberg um Rat angeht, als er eine Reise ins ostpreußische Frauenburg plant, um dort authentische Kunde von dem neuen Weltbild des Domherrn → Copernicus einzuholen. Schöners Zuspruch war so ermunternd, daß Rheticus im Frühjahr 1540 seinen Vorbericht über die Lehre des Copernicus „an den hochberühmten Herrn Johannes Schöner" adressiert. Und zwei Jahre später wird Schöner neben → Andreas Osiander den Druck des bei → Johannes Petreius in Nürnberg erscheinenden epochalen astronomischen Werkes betreuen. So hat Johannes Schöner in seinem letzten Lebensjahrzehnt entscheidend dafür gesorgt, daß die neuen und doch schon alten Gedanken des Copernicus und Aristarch, den sein Schüler und Freund Thomas Venatorius mit dem Erstdruck der Werke des Archimedes 1543/44 der wissenschaftlichen Welt wieder bekannt machte, mindestens ein Anrecht auf unvoreingenommene, ernste Diskussion haben sollten. Es ist eine tiefere historische Gerechtigkeit, daß Schöners Name in der Folgezeit lange neben denen eines Ptolemäus und Copernicus genannt wurde. *Jak*

Johannes Cochlaeus · Humanist und Theologe   1479 — 1552

In seiner 1512 in Nürnberg gedruckten „Kurzen Beschreibung Deutschlands" („Brevis Germaniae descriptio"), dem ersten für den Unterricht an Lateinschulen konzipierten Erdkundelehrbuch über Deutschland, hat Cochlaeus seinen damaligen Wirkungsort Nürnberg in kurzen Zügen beschrieben. Er hob darin die Mittelpunktslage der Reichsstadt in Deutschland und in Europa besonders hervor und hatte dabei die geographische Lage Nürnbergs im Auge: „Diese Stadt scheint sich also vor der gewöhnlichen Unkultur (barbaria) hervorragend gesichert und zugleich nach Tüchtigkeit und Lage in die Mitte gesetzt zu haben…" Die Tüchtigkeit der Nürnberger Bürger ist für ihn wirtschaftlicher, politischer, ethisch-religiöser und auch geistiger Natur.

Cochlaeus wurde 1479 als Johannes Dobeneck zu Raubersried bei Wendelstein südlich Nürnberg als Sohn des Kunz Dobeneck (Meister im Steinbruch zu Kornburg) und dessen Ehefrau Kunigunde geboren. Der von ihm seit der Studienzeit in Köln geführte Humanistenname Cochlaeus stellt die latinisierte Form seines Herkunftsnamens Wendelstein dar (lat. cochlea = die Schnecke, die Wendeltreppe). In Köln wurde er zum Bakkalar und Magister in den Künsten promoviert. 1510 verwendeten sich der gleichaltrige Propst von St. Lorenz, → Dr. Anton Kreß, und → Willibald Pirckheimer erfolgreich für ihn, damit er — im Zug der von Pirckheimer eingeleiteten Neuorganisation des Nürnberger Schulwesens im Geist des Humanismus — zum Rektor der Pfarrschule bei St. Lorenz berufen wurde. Er fand in Nürnberg rasch Anschluß an Pirckheimers Freundeskreis, insbesondere beim Benediktinermönch Benedictus Chelidonius von St. Egidien und bei → Albrecht Dürer. Nach fünfjähriger erfolgreicher Tätigkeit in Nürnberg zog Cochlaeus als Mentor dreier Neffen Pirckheimers und zur Weiterführung seiner eigenen Studien nach Italien, wo er in Bologna → Johannes Eck, → Ulrich v. Hutten und Crotus Rubeanus kennenlernte, in Ferrara 1517 die theologische Doktorwürde erlangte und in Rom frühestens 1518 die Priesterweihe empfing. Während seiner ausgedehnten Studien nahm er sowohl die scholastisch-theologische Bildung des ausgehenden Mittelalters, als auch die neue humanistische Geistesrichtung in sich auf. Mit vielen älteren Humanisten sah er ausreichende philosophische Grundkenntnisse in der Wissenschaft als unerläßlich an und schrieb in diesem Sinn in seiner Ausgabe der „Meteorologia" des Aristoteles: „… die humanistischen Studien, so sehr sie der Gelehrsamkeit zum Schmuck dienen, sind doch überaus schädlich für den, der sich keine gründliche wissenschaftliche Bildung erworben hat. Daher jener Leichtsinn gewisser Leute, die von Unkundigen mit Unrecht den Titel Poeten erhalten, daher ihre Possenreißerei, ihr lasterhaftes, schändliches Leben . . ."

Nach seiner Rückkehr 1519 wurde Cochlaeus während eines halbjährigen Aufenthalts in Nürnberg Zeuge des nach der Leipziger Disputation einsetzenden Umschwungs der Reichsstadt zur Reformation. Wenngleich Cochlaeus (ebenso wie Pirckheimer) damals Luther im ganzen positiv gegenüberstand, bat er den Reformator doch um der Ruhe für Studien, Religion und Gemeinwesen willen brieflich um Mäßigung in seinem Handeln und riet ihm, sich auf die Verkündigung des Evangeliums zu beschränken. Im Frühjahr 1520 trat Cochlaeus das ihm bereits während seines Italienaufenthalts übertragene Dekanat am Liebfrauenstift in Frankfurt am Main an. Nach Erscheinen von Luthers programmatischen Schriften (1520) — der Adelsschrift, der Babylonica und dem Freiheitstraktat — wandte sich Cochlaeus von Luther ab. Er suchte Luther auf dem Reichstag in Worms 1521 noch persönlich zur Umkehr zu bewegen, allerdings ohne Erfolg. Er war bis ins hohe Alter einer der bedeutendsten, wenn auch im eigenen Lager nicht unbestrittenen Wortführer der römischen Kirche. Für sie setzte er sich — seit 1525 in Köln, seit 1526 in Mainz, seit 1528 am Dresdener Hof, seit 1535 als Domherr in Breslau, seit 1543 als theologischer Berater des Bischofs von Eichstätt und seit 1549 wieder in Breslau — auf Reichstagen und bei Religionsgesprächen sowie in einer nicht abreißenden Serie von Briefen und Veröffentlichungen unermüdlich ein, fühlte sich selbst aber von Kurie und Bischöfen gelegentlich im Stich gelassen.

Cochlaeus verfügte über gute Kenntnisse der Bibel und der Väterschriften, war aber kein überragender spekulativer Theologe. Seine Stärke lag in der Kontroverse, doch enthält sein Werk an vielen Stellen durchaus auch Ansätze zu einer positiven Theologie, insbesondere der Kirche und der Messe. Auf dem Augsburger Reichstag 1530 war Cochlaeus maßgeblich an der „Confutatio", der offiziellen katholischen Erwiderung auf die → Kaiser Karl V. von den protestantischen Ständen vorgelegte „Augsburgische Konfession", beteiligt. Für ein Zugeständnis der Lutheraner in der Frage der Messe wären Cochlaeus und andere altgläubige Theologen damals zu entgegenkommender Haltung in den Fragen des Laienkelchs und der Priesterehe bereit gewesen. Die von Cochlaeus 1534 begonnenen, wahrscheinlich schon 1536 abgeschlossenen, aber erst drei Jahre nach Luthers Tod im Druck veröffentlichten „Kommentare über die Taten und Schriften Luthers" — ein „ausgesprochenes Kampfbild, das Zorn, Haß und Empörung gegen Luther atmet" (Adolf Herte) — haben das katholische Lutherbild bis in jüngere Zeit zwar stark mitbestimmt, ihre Wirkung auf die Nachwelt blieb jedoch insgesamt geringer als lange angenommen. Cochlaeus ging es bei seinen mit den publizistischen Mitteln der Zeit geführten polemischen Auseinandersetzungen nicht um die Person Luthers, sondern um die Sache, wie er selbst ausdrücklich betont hat.

Zur Wiederherstellung des religiösen Friedens setzte sich Cochlaeus für die Einberufung eines seit langem geforderten allgemeinen Konzils ein. Unter dem Eindruck seiner Begegnungen mit dem stark von Erasmus von Rotterdam beeinflußten Julius Pflug in Meißen und dem Jesuiten Pierre Lefèvre während des Wormser Religionsgesprächs wandte sich Cochlaeus in zunehmendem Maß der vermittelnden Richtung unter den Theologen der alten Kirche zu. Er war u. a. auch zu Konzessionen in der Frage der Rechtfertigung bereit, die damals jedoch von Rom und Luther abgelehnt wurden. Zugleich wuchs bei Cochlaeus die Überzeugung, daß jede Reform der Kirche beim Klerus zu beginnen habe. 1540 bezeichnete ihn Kardinal Morone gegenüber Farnese als den ärmsten, aber zugleich sittenreinsten unter den deutschen Theologen. Cochlaeus gilt als einer der hervorragenden Wegbereiter der Katholischen Reform, deren erste Erfolge er um die Mitte des 16. Jahrhunderts noch selbst erleben durfte. Er starb 1552 in Breslau.   *M-k*

Lazarus Spengler · Ratsschreiber   1479 — 1534

Die Einführung der Reformation und die Wahrung und Ausdehnung der Stellung Nürnbergs im Reich ist die Lebensleistung von Lazarus Spengler. Der persönlich bescheidene und demütige Mann, Sohn des Vordersten Ratsschreibers, brachte gute Voraussetzungen für seine schwierige Aufgabe mit. Am 13. März 1479 wurde er geboren, studierte an der Universität Leipzig, mußte aber beim Tod des Vaters abbrechen und trat schon früh in die Ratskanzlei ein. 1507 übernahm er die einstige Stellung des Vaters. Als Teilnehmer am bayerischen Erbfolgekrieg (1504) und mit seinem gründlichen Bericht darüber hatte er sich für das hohe Amt ausgewiesen. Als Schlüsselfigur der Verwaltung führte er seit seinem achtundzwanzigsten Lebensjahr die Geschäfte der damals bedeutendsten Stadt des Reiches bis zu seinem Tod im Jahr 1534.

Schon frühzeitig hatte er sich die veränderungswilligen, geschichtsbewußten Vorstellungen des Humanismus zu eigen gemacht, bekannte sich zu ihnen und pflegte sie, besonders seit er der 1498 geschaffenen „Herrentrinkstube" — heute würden wir sagen: einem humanistischen Herrenklub — angehörte. Daneben traf er sich im nahen Augustinerkloster, dem Rathaus benachbart, mit einem Kreis, dem es um Fragen der kirchlichen Erneuerung ging. Darin saß auch → Willibald Pirckheimer, dem es um internationale Weitsicht der Stadt ging. 1516 luden Nürnbergs Humanisten den Generalvikar der Augustiner-Eremiten, → Johann von Staupitz, Professor in Wittenberg, zu einer Reihe von Adventspredigten ein. Staupitz wandte sich dabei entschieden gegen das Ablaßwesen. Nach ihm wurde der Kreis „Sodalitas Staupiziana" genannt (später nach Augustinus „Sodalitas Augustiana" und nach der Begegnung mit dem jungen Luther 1519 „Sodalitas Martiniana"). Auf Luthers Ablaßthesen war Spengler gut vorbereitet. Sie müssen ihn rasch überzeugt haben; denn schon 1519 erschien seine, allerdings ohne sein Wissen veröffentlichte „Schutzred und christenliche Antwort ains erbarn liebhabers goetlicher warhait der hailigen geschrifft . . .". Damit leistete Spengler einen Beitrag zum Thema, warum „Luthers Lehre nicht als unchristlich verworfen, sondern für christlich gehalten werden soll". Dieses frühe Bekenntnis brachte ihm, wie Pirckheimer, die namentliche Erwähnung in der Bannandrohungsbulle gegen Luther und schließlich den päpstlichen Bann ein, von dem sich der in exponierter Stellung tätige Spengler notwendigerweise mit großen Anstrengungen zu befreien mühte. Noch als „Geächteter" nahm er 1521 am Reichstag zu Worms teil, ehe im Dezember gleichen Jahres → Johann Eck aus Ingolstadt dem Rat von Nürnberg Spenglers Absolution mitteilte.

Seine Schutzrede, sein großes öffentliches Bekenntnis, machte Spengler für Nürnberg zum Programm. Das Auftreten Luthers in Worms hatte ihn persönlich fasziniert. Dessen Lehre — so das Urteil Spenglers — stimme mit der Schrift überein. Dem Kaiser sollte nicht genommen werden, was ihm nach Spenglers Überzeugung zukam: die weltliche Herrschaft. Zunehmend deutlicher wurde dementsprechend Spenglers Politik des doppelten Gehorsams: einmal gegenüber dem Wort Gottes, zum anderen gegenüber dem Kaiser als weltlichem Herrn. An dieser Linie der Nürnberger Politik hielt er fest. „Fast aller Anschläge Urheber und Förderer" nannte ihn sein zeitweiliger Mitbürger und erster Leiter des nachmaligen Melanchthon-Gymnasiums, der europäische Universitätsreformer → Joachim Camerarius.

Spengler hat die Einführung der Reformation, die das „Werk sehr junger Leute war", politisch gesteuert. Er hat den theologischen Reformator Nürnbergs und Prediger von St. Lorenz, → Andreas Osiander, der oftmals radikale Predigten hielt, gegenüber den Beobachtern des Reichs abzuschirmen gewußt und war dennoch bedacht, wie einst im Erbfolgekrieg, die Kompetenzen des Nürnberger Stadtstaates auszudehnen — etwa gegenüber den Bischöfen von Bamberg und Eichstätt, deren kirchlicher Jurisdiktion sich die Stadt zu entziehen trachtete. Im Frühjahr 1525 wurde Nürnberg dann durch eine „basisdemokratische" Entscheidung evangelisch. Spengler hatte den organisatorischen Rahmen gesteckt und gab der Reformation in Nürnberg die nötige Strukturen. Sorgfältig achtete er auf Unterrichtung der zuständigen Bischöfe und des erzherzoglichen Hofes in Wien. Dabei lieferte er Begründungen, die ihn als Diplomaten, als profilierten Theologen und glänzenden Stilisten ausweisen: Der Rat habe nichts weiter als seine Pflicht wahrgenommen, für die reine Predigt des Evangeliums zu sorgen. Zugleich habe er dem Drängen der Gemeinden nachgegeben, dem „Hunger der christlichen Versammlung nach dem Worte Gottes". Und das in einer Lage, in der es allein um das menschliche Gewissen und um die christliche Freiheit gehe, wo man nur auf Gott und auf keine menschliche Instanz hören könne. — Spengler machte deutlich ein weisungsfreies, gewissengebundenes Denken geltend.

Bei aller Behutsamkeit hatte Spengler keine Scheu, seine Kontakte, die er sorgfältig pflegte, zu nutzen. Gegenüber der Markgrafschaft Brandenburg holte er Nürnberg aus der Isolierung. Sein enges Verhältnis zu → Johann von Schwarzenberg, der von 1521/1522 bis 1526 das in Nürnberg geschaffene Reichsregiment leitete, kam ihm dabei ebenso zugute wie das enge Verhältnis zu Ansbachs → Kanzler Vogler, mit dem zusammen er und Osiander zum Vater der Nürnbergisch-Brandenburgischen Kirchenordnung wurden. Sie war nach kursächsischem Vorbild geschaffen und trat bereits 1533 in Kraft. Reichstadt und Reichsfürst übten in ihren Territorien das Kirchenregiment aus. Dieses Modell wurde vielfältig nachgeahmt.

Auch literarisch war Spengler aktiv. Er übersetzte aus dem „Jüdischen Krieg" von Flavius Josphes und trug so zu einer Schrift Pirckheimers bei, die seinem Freund Johann von Schwarzenberg gewidmet war. Noch heute steht im evangelischen Kirchengesangbuch ein Lied Spenglers, das die reformatorische Einsicht klar formuliert: „Durch Adams Fall ist ganz verderbt menschlich Natur und Wesen . . ." Mit Luther verband ihn enge wissenschaftliche Zusammenarbeit. 1530 gab der Reformator Spenglers „Auszug aus den päpstlichen Rechten" heraus, fünf Jahre später das große Glaubensbekenntnis, das Spengler kurz vor seinem Tod geschrieben hatte.

Im August 1534 schrieb Spengler an → Veit Dietrich, den Prediger von St. Sebald: „Wir warten alhie mit begirden auff die Bibl, wann die ain mal gar absolviert und im gedruck gefertigt werd. Dazu verleihe Got seyn gnad". Im September 1534 ist er gestorben. (Nach ihm benannt die Spenglerstraße in Gostenhof.)   *Ros*

Christoph III. Fürer von Haimendorf · Kaufmann   1479 — 1537

Christoph Fürer war einer der wichtigsten Montanunternehmer Nürnbergs. Die Familie stammte aus dem Elsaß und wurde nach ihrer 1274 erfolgten Zuwanderung in die Ratsfamilien aufgenommen (1496). Christoph wurde nach dem Erbgut seiner Mutter von Haimendorf genannt und übertrug diesen Namen auch auf das heute noch lebende (1688 im Reichsadel bestätigte) Geschlecht der Fürer. Haimendorf am Fuße des Moritzberges ist heute noch im Besitz der Familie. Geboren wurde Christoph am 9. Mai 1479 als Sohn von Sigmund II. Fürer und → Anna Tucherin. Schon früh wurde er von seinem Vater auf den Beruf des Kaufmanns vorbereitet. Nach dem Besuch der Lateinschule am Heilig-Geist-Spital und dem Unterricht bei Leonhard Hirschfelder (genannt der Guldenschreiber) wurde er in der Rechenschule des Ruprecht Koberger in kaufmännischer Rechenlehre unterrichtet.

Um 1492 ging er als Lehrling nach Venedig und gewann Einblick in die Zusammenhänge des Welthandels. Nach seiner Rückkehr bestand er eine ihm vom Vater auferlegte Bewährungsprobe: mit glücklicher Hand legte er die ihm anvertrauten 3000 Gulden an. Seit 1498 vertrat er die Interessen der Familie in der Saigerhütte von Gräfenthal/Thür. Nach dem Tode des Vaters (1501) kam er mit seinem älteren Bruder Sigmund an die Spitze des Familienunternehmens. Bis zu seinem Tode (1537) stand er der Arnstädter Hütte vor. Vom militärischen Leben fühlte er sich angezogen: neben verschiedenen höfischen Waffengängen kämpfte er im Landshuter Erbfolgekrieg (1504) und später im kaiserlichen Heer in verschiedenen italienischen Feldzügen. 1513 heiratete er → Katharina Imhoff, die Tochter des Ratsherren Hans V. Imhoff und der Catharina Muffel, und wurde, noch im selben Jahr, in den Inneren Rat der Stadt gewählt. Seit diesem Zeitpunkt übte er u. a. das Amt des Jüngeren Bürgermeisters, des Zinsmeisters für Gostenhof, des Stadtzeugmeisters — eingedenk seiner militärischen Fähigkeiten —, und auch mehrmals das des Botschafters bei Kaiser und Reichstag aus.

Daneben galt es, die wirtschaftlichen Interessen der Familienunternehmen zu verteidigen. Die Fürer waren die größten und wichtigsten Montanunternehmer Nürnbergs, mit großen Interessen im thüringischen und mansfeldischen Kupferbergbau, und entsprechend von der Weltmarktlage abhängig, die sich seit 1510 zusehends verschlechterte. Eine erste Depressionsphase bewirkte eine Konzentration zu größeren Unternehmen. Nur dank Fürers und seines Bruders Umsicht konnte das Familienunternehmen — und mithin wohl auch das verarbeitende Gewerbe der Stadt — die Krise dieser Jahre unbeschadet, ja sogar gestärkt überstehen. Sie waren auch nebenbei als Kreditgeber in Mansfeld, im Handel mit Eibenholz, dem seltenen und wichtigen Rohstoff für Bogen und Lafetten, und im Immobilienmarkt in Nürnberg und Umgebung tätig, ohne die Bedeutung anderer Geschlechter zu erlangen, obwohl sie vier Vorderste Losunger stellten. Seit Anfang der 20er Jahre des 16. Jahrhunderts mußten sich die Nürnberger Unternehmer außerdem gegen den Ansturm billigen Kupfers aus Tirol erwehren, das sie aus dem metallverarbeitenden Gewerbe in der Stadt zu verdrängen drohte. So finden wir Christoph Fürer seit 1524 darin engagiert, den Zusammenschluß mehrerer Montanunternehmer herbeizuführen, um ihnen eine Monopolstellung auf dem Nürnberger Markt zu sichern. Nach einigen Widerständen konnte 1534 das Syndikat entstehen. Bereits zwei Jahre später war der Erfolg so groß, daß der Zusammenschluß verlängert wurde.

Fürers schwierige und zeitraubende Tätigkeit fielen in eine für Nürnberg bewegte Epoche. Die Reformation war voll im Gange, und der Rat neigte entschieden zu → Luther. Christoph Fürer begrüßte den Ansatz wegen der weltlichen Mißstände, doch konnte er in entscheidenden Glaubensfragen nicht zustimmen. Er behielt den alten Glauben und war wohl deshalb im Rat etwas isoliert. Dies und die dringenden Geschäfte — so seine Begründung — bewogen ihn, 1526 um Entlassung aus dem Rat zu bitten (man wurde auf Lebenszeit gewählt). Seine Mitarbeit wurde so hoch eingeschätzt, daß der Bitte erst zwei Jahre später stattgegeben wurde.

Schon seit 1523 verfaßte Christoph Fürer Denkschriften, und ab 1528 wandte er sich dieser Tätigkeit verstärkt zu. Besonders wichtig ist seine Schrift über Rechte und Pflichten der Ratsherren, eine Art politischen Vermächtnisses und ein Erfahrungsbericht. Er verfaßte Schriften über Münzvereinfachung und -verbesserung, und über die Möglichkeit, Sonderlasten — besonders gegen die Türken — in reichlicher Menge und doch „one sondere beschwerung" der Reichsstände einzutreiben. Trotz starker Beachtung wurden sie nie verwirklicht und blieben, obwohl von Kaiser Ferdinand unterstützt, nur ein Denkanstoß. Fürers Tod (1537) bedeutete einen Verlust für die Stadt und den Anfang des Rückgangs des thüringischen und mansfeldischen Kupfers auf dem Weltmarkt. *Schn*

Hans Süß von Kulmbach · Maler um 1480 — 1522

Von den jungen, hochbegabten Malern, die in den Jahren nach 1500 in der Werkstatt → Albrecht Dürers arbeiteten, ging → Hans Baldung Grien nach Straßburg, Hans Schäufelein nach Nördlingen. Hans Süß von Kulmbach blieb in Nürnberg, wo er am 15. März 1511 das Bürgerrecht erwarb. Er starb im Herbst 1522. Der Beiname „von Kulmbach" spricht für die Herkunft des Künstlers aus Kulmbach in Oberfranken. Nach Mitteilung → Johann Neudörfers, des ersten Biographen der Nürnberger Künstler und Kunsthandwerker, lernte Hans von Kulmbach bei Jacopo de' Barbari. Der Italiener, dem Dürer manches verdankt, ließ sich im Dienst → Kaiser Maximilians I. im Jahr 1500 für einige Zeit in Nürnberg nieder. Es ist immerhin denkbar, daß die Arbeiten des venezianisch geschulten Künstlers den jungen Maler Hans Süß beeindruckten und daß er durch sie eine Bestätigung für seinen Farbensinn erhielt.

Geht man davon aus, daß Hans von Kulmbach um 1480 geboren wurde, dann hat er in einer verhältnismäßig kurzen Schaffenszeit ein Werk von erstaunlicher Vielfalt hervorgebracht. Eine Reihe von Holzschnittillustrationen, so die zu den „Opera" der Roswitha von Gandersheim, Ulrich Pinders „beschlossen gart des Rosenkranz Mariae" und den „Quatuor libri amorum" des → Conrad Celtis, wird mit seinem Namen verbunden. Hier und da wurden italienische Vorlagen verarbeitet, so für den bekannten Holzschnitt mit der Verwandlung der Daphne.

Gewichtiger war der Beitrag des Künstlers zur Glasmalerei. Neben einer Reihe von Entwürfen haben sich die großen, von → Kaiser Maximilian und den Ansbacher Markgrafen in die Sebalduskirche gestifteten Glasfenster erhalten: frei posierende, festlich gekleidete Standfiguren von Mitgliedern der Häuser Habsburg und Brandenburg werden paarweise gruppiert und von ihren Wappen gerahmt, wobei der Aufbau der Fenster durchaus architektonisch ist — im Sinne der Renaissance. Da Dürer einen Großteil seiner Schaffenskraft den graphischen Künsten widmete und ab 1512 umfangreiche Arbeiten für den Kaiser übernahm, fielen Hans von Kulmbach zahlreiche Altaraufträge zu, darunter der für einen Peter- und Pauls-Altar (Florenz, Uffizien) mit der populär gewordenen Predigt des Hl. Petrus, zu dessen Füßen Nürnberger Bürger und Bürgerinnen versammelt sind. Die Mehrzahl dieser Altäre dürfte in Verbindung mit Bildschnitzern geschaffen worden sein wie der in der Lorenzkirche — wenn schon nicht vollständig — verbliebene Annenaltar. Des Künstlers beste Fähigkeiten zeigt die „Anbetung der Könige" von 1511 in Berlin-Dahlem. Die Architektur des Stalles von Bethlehem entwickelt sich folgerichtig im Sinne Dürerscher Perspektivkunst, die Figuren sind flüssig miteinander verbunden, ihre Blicke und Gesten verraten ein reiches und zartes Innenleben, die Farbigkeit ist von einer der Dürerschule sonst nicht geläufigen Feinheit der Abstufungen.

Auch im Porträt erweist sich der Künstler als behutsamer Psychologe, dem es gegeben war, seelische Schwebezustände festzuhalten — so im Bildnis des Markgrafen Kasimir von Brandenburg-Kulmbach (München, Alte Pinakothek). Die Mehrzahl der von ihm Porträtierten — wohl meist Angehörige der Nürnberger Ratsfamilien (wie in jenen Glasfenstern der Rochuskapelle die Verwandtschaft des Stifters → Konrad Imhoff, an denen nach Dürer'schen Vorlagen → Veit und Augustin Hirsvogel und Hans Süß von Kulmbach mitgearbeitet haben) — läßt sich leider nicht identifizieren. Einige verlorengegangene Frauenbildnisse wie das der Felicitas Pirckheimer (verheiratete Imhoff) sind glücklicherweise in alten Kopien überliefert.

Das Ansehen des Künstlers blieb nicht auf Nürnberg beschränkt. Gleich dem Bildschnitzer → Veit Stoß schuf er Altarwerke für Kirchen in Krakau. Beim 1514/15 datierten Katharinenaltar in der dortigen Marienkirche überraschen der große Anteil der romantisch gesehenen Landschaft und die duftige Atmosphäre, in die der Maler das Schlußbild — die Überführung der Heiligen durch Engel auf den Berg Sinai — hüllt. Es ist nicht ausgeschlossen, daß die Aufträge einen oder mehrere Aufenthalte in Krakau mit sich brachten.

Neben Dürer, dem umfassenden Geist und dramatischen Gestalter, steht Hans von Kulmbach als eine weicher gestimmte Natur, als ein sensibler Kolorist, der freilich seine Kräfte mit den Aufgaben zu steigern wußte. In dem Gedächtnisbild für Propst Lorenz Tucher von 1513 in der Sebalduskirche erreichte er eine den Italienern vergleichbare Monumentalität und Harmonie. Das liegt zunächst an dem von Dürer zur Verfügung gestellten Entwurf. Doch war Hans von Kulmbach fähig, die Zeichnung in die volle farbige Anschauung zu übersetzen und so ein Werk zu schaffen, das zu den Mustern der Renaissance in Deutschland zählt. *Löc*

Wolf Traut · Maler und Zeichner   um 1480 — 1520

Obwohl → Johann Neudörffer 1547 Wolf Traut seinem Vater Hans „in der Kunst des Malens und Reissens" überlegen bezeichnet hatte, war Traut der Forschung des 19. Jahrhunderts vor allem als Anfertiger von Rissen für den Holzschnitt des Kreises um Albrecht Dürer und als Angehöriger der Dürerschule bekannt. Diese Tätigkeit Trauts reichte von dem 1505 erschienenen „Beschlossen Gart des Rosenkranz Mariae" über die „Bamberger Halsgerichtsordung" (1507), die Legende der „Hl. Heinrich u. Kunigunde" (1509), verschiedene Passionsdarstellungen der folgenden Jahre bis zur Mitarbeit am „Teuerdank" (1516/17; vgl. → Melchior Pfinzing). Noch viel bekannter wurde Trauts Beteiligung an Dürers „Ehrenpforte Maximilians" (1515). Damit aber war Traut im wesentlichen als untergeordneter Dürer-Schüler künstlerisch festgelegt.
Als 1885 der „Artelhofener Altar" (1514) vom Bayer. Nationalmuseum erworben und die Autorschaft Wolf Trauts entdeckt wurde, staunte man über das beachtliche Können eines bisher kaum bekannten Malers. Die Beziehung zu Dürer wurde bestätigt, wenngleich sich manches, wie z. B. das Kolorit, nicht einordnen ließ. Inzwischen ist Trauts Abhängigkeit von seinem Vater Hans und damit von der mittelrheinischen spätgotischen Tradition — Hans Traut stammt aus Speyer — stärker beachtet worden. Hans Trauts Altar in Katzwang (1498) und der Dreikönigsaltar in Heilsbronn (1502/03), an dem Wolf mitgearbeitet hat, sind hier zu nennen. Im Gegensatz zu diesen, in spätgotischer Abhängigkeit befindlichen Werken stehen Wolfs Altarbilder für die St. Johanniskirche in Nürnberg, die nach Dürerschen Stichvorlagen gearbeitet sind. Doch das gilt auch für andere Werke nach 1510; zu nennen sind die Tafelbilder von einem Johannesaltar, u. a. die „Taufe Christi" (1516/17), heute im Germ. Nationalmuseum; die Flügel des „Mauritius-Altars" in Heilsbronn (Münster) 1516/18 und die Flügelbilder des vom gleichen Stifter wie die Altarbilder in der Johanniskirche stammenden Hochaltars der Rochus- oder → Imhoff-Kapelle in Nürnberg (1520/21 mit Beteiligung eines Schülers). Neuerdings ist vorgeschlagen worden, Wolf Traut neben Hans Traut und Wolgemut den Hauptteil der Tafelbilder des Schwabacher Hochaltars (1506/08) zuzuschreiben. Mit diesem aussagekräftigen spätgotischen Schreinaltar, dessen Malerei die neue Zeit vor allem in der Landschaft und im Kolorit ahnen läßt, erzielte Trauts Werk zwar keine größere Einheitlichkeit, aber eine ganz ungewöhnliche Spannweite. Nach ihm ist eine Straße im Stadtteil Kraftshof benannt.   *B-r*

Jörg Graff · ein Handwerker-Dichter   um 1480 — 1542

Der um 1480 in Dachsbach (Landkr. Neustadt a. d. Aisch) geborene Jörg Graff wußte sich, obwohl er Handwerker (Gürtler bzw. Beutler) war, zum „orden der landsknecht" hingezogen. Im Dienste Kaiser Maximilians stehend, nimmt er in seinen Texten für ihn Partei. Um 1517 bei einer Brandkatastrophe „für schreckhen blindt worden", verdient er sich seinen Lebensunterhalt mit dem Verfassen und Kolportieren von Liedern. Anfangs schützt der Rat seine Textproduktion; doch seit u. a. das Verlangen „ain Spil mit einer Saw zu haben" aus Sorge vor „auffruhr" abschlägig beschieden wird und da er zudem 1518 seinen Hauswirt erschlägt, treffen ihn Turmhaft und mehrmalige Ausweisungen. Am 26. Mai 1542 stirbt „der plind Jörg von Dachspach".
Die 17 authentischen Texte Graffs repräsentieren die Palette möglicher reichstädtischer Kleindichtungen. Ein vorreformatorisches Lied, Kontrafaktur eines Pfaffenscheltliedes, preist Gottes Gnade. Drei Lieder reflektieren die Reformation, nicht theologisch spekulativ, sondern von der Hoffnung des „arm mans" auf das Ende der Klerikerprivilegien sprechend. Üble Nachrede und Verderblichkeit des Geldes, Klage des verschmähten Liebhabers, Liebeswerben im Bild der Jagd (mit lokalen Anspielungen), Städtelob (Straßburg), eine in der

95

Märentradition stehende Erzählung und historisches Ereignis (Brüsseler Verhandlungen 1517), sowie Landsknechtsleben sind Themen seiner in zumeist gängige Melodien gekleideten Lieder. Da er auch den „Sanften Ton" des Nürnbergers → Konrad Nachtigall verwendet, hatte er wohl zu den Meistersingern Verbindung, doch läßt er sich nicht als Meistersinger nachweisen. Graffs Texte sind in Einzeldrucken überliefert, einige auch in der Handschrift des Valentin Holl (Nürnberg GNM). Eine Gesamtedition steht noch aus.   *me*

Melchior Pfinzing · Kaiserlicher Geheimsekretär   1481 — 1535

Der „Teuerdank", den Melchior Pfinzing im Stil der deutschsprachigen Versepik des frühen 16. Jahrhunderts mitverfaßte und vollendete, ist ein Heldenepos. Es stellt die Geschichte der Werbung Kaiser Maximilians um Maria von Burgund in einer Reihe von Erlebnissen und Abenteuern poetisch in Form einer allegorischen Ritterlegende dar. Die gefahrvolle Brautfahrt als mittelalterliches Grundmotiv wird im Lebenswerk → Kaiser Maximilians als siegreicher Kampf gegenüber der „bösen Welt" dargestellt, um göttliche und menschliche Ehre zu verherrlichen. Pfinzings Autorenschaft ist auch im Widmungsschreiben vom 1. März 1517 an den spanischen → König Karl V. bezeugt; die Heldengestalten verkörpern in den persönlichen und politischen Feinden auch „allgemein sittliche Qualitäten und astrale, kosmische Gewalten". Nur mit Gottes Gnade kann der Titelheld diesen Mächten seine Ehre abgewinnen.

Nürnberg hatte nicht viele kaiserliche Geheimsekretäre und vielleicht nur einen Melchior Pfinzing, der als Propst zu St. Sebald bei drohender Einführung der Reformation in der Reichsstadt, dem alten Glauben getreu, seine Geburts- und geliebte Vaterstadt verließ. Er wollte seine wichtigsten und letzten Lebensjahre als Katholik in der Metropole des Reichserzbistums Mainz verbringen. In der Reichsstadt Nürnberg war er aufgewachsen. In der Kaiserstadt Wien hatte er während seines frühen Studiums diplomatische Kenntnisse erworben und wurde von Kanzler Serntein Kaiser Maximilian zu treuen Diensten empfohlen. Während der entscheidenden Studien- und Reifejahre → Martin Luthers gewann Melchior Pfinzing das kaiserliche Wohlwollen. Er wurde mit ausgezeichneten Zeugnissen und im vollen Vertrauen des Reichsregenten der Reichsstadt Nürnberg und ihrem Rat als Nachfolger des um das kirchliche Leben im vorreformatorischen Jahrzehnt Nürnbergs so verdienten Propstes → Erasmus Doppler empfohlen (1512).

In den kaum zehn Jahren seines Nürnberger Wirkens als Propst an der Sebalduskirche war er häufig in kaiserlichen Diensten unterwegs und hatte kirchliche Ämter und Pfründen. Als Kanonikus in den Bischofsitzen Trient und St. Stephan zu Bamberg bewährte er sich ebenso wie in der Propstei des Ritterstiftes zu St. Alban und im Dekanat St. Viktor zu Mainz. Für die Jahre 1512 — 1521 ist er als Propst und Pfarrer zu St. Sebald „in hoher betrachtung römischer kaiserlicher maiestät fürschrift und erpietens ihrer maiestät secretarj" nachgewiesen. Ein weiterer Nachweis: Es ist ein Dokument mit einem Gelübde erhalten geblieben, das ein Johannes Kuen von Gunzenhausen in Gegenwart zweier Zeugen des Rats — → Lazarus Holzschuher und → Stephan Haller — am 16. März 1517 auf dem Petersaltar in St. Sebaldus in die Hände von Propst Pfinzing legte. In dem Gelübde geht es um die Erfüllung eines Stiftungsbriefes dreier Stifterinnen, um bestimmte Jahrtage einzuhalten; also um eine Art

Amtseid, der aber nach Pfinzings Weggang aus Nürnberg nur noch vor dem Ratsvertreter abgelegt wurde. Die beiden Pröpste von St. Lorenz und St. Sebald wurden von da an nicht mehr zur Entgegennahme dieses Amtseides zugezogen.

Als sich die führenden Männer in kirchlichen Positionen nach dem Wormser Reichstag 1521 vor die Entscheidung pro oder contra Luther gestellt sahen, trat Pfinzing von seinem Nürnberger Amt zurück und siedelte kurz nach dem Tode seines Kaiserlichen Gönners nach Mainz über. Den Nürnberger Stadtvätern erschien seine häufige, in kaiserlichem Auftrag erfolgte Abwesenheit als Verletzung seiner pastoralen Pflichten; vielleicht waren gerade die Pfründenhäufung (Trient, Bamberg, Mainz), im Zusammenhang mit den diplomatischen, für die Reichsstadt unkontrollierbaren Aktivitäten, ja seine Interesselosigkeit für Luthers Reformation, Anlaß dafür, seinen Weggang hinzunehmen. Wahrscheinlich haben ihm, der keinerlei Verständnis für den Wittenberger zeigte, auch mehrere ihm verantwortliche Geistliche in Nürnberg, die für Luthers Sache standen, sein Amt als Propst in der Reichsstadt verleidet. Der Rat bewilligte widerspruchslos seine Entlassung und erfüllte sogar Pfinzings Bedingungen: 100 Gulden jährliches Ruhegehalt auf Kosten seines Nachfolgers, damit die 1100 Gulden, die er einst zum Ausbau des Pfarrhofes von St. Sebald persönlich aufgebracht hatte (Pfinzingerker), eine Meßpfründe bei St. Sebald und eine Wohnung in seinem früheren Elternhause (1481 in Nürnberg geboren) abgegolten werden konnten. Als Nachfolger im Nürnberger Propstamte war kein Geringerer vorgesehen, als der aus der Ratsfamilie stammende → Hieronymus Baumgartner, bekannt als einer der vertrautesten Schüler → Philipp Melanchthons, → Luthers, und dessen Frau Käthe nicht unbekannt. Der spätere Bürgermeister lehnte jedoch ab, so daß an seiner Stelle Dr. Georg Peßler nach Ratsbeschluß mit „übergroßem Dank" annehmen konnte. (Eine Straße im Stadtteil Gostenhof erinnert an Melchior Pfinzing.) *eck*

Christoph II. Scheurl · Humanist und Jurist 1481 — 1542

Im Leben dieses humanistisch gebildeten Juristen treffen — für eine bestimmte Gesellschaftsgruppe dieser Zeit kennzeichnend — mehrere Linien zusammen. Die väterlichen Vorfahren hatten als turnierfähiges Geschlecht im Schwäbischen (Eßlingen, Lauingen, Gundelfingen), später als angesehene Kaufleute in Breslau gelebt. Von dort aus reichten ihre Handelsbeziehungen bis Krakau und Venedig. Christophs Vater, 1485 in Nürnbergs Bürgerrecht aufgenommen, hatte eine Tochter aus der Ratsfamilie → Tucher zur Frau gewonnen. Dies alles hat dem jüngeren Sohn Albrecht, später Kaufherr, Genannter des Großen Rats in Nürnberg und Bergwerksbesitzer in Joachimstal (durch den Raubritter Hans Thomas von Absberg 1531 ermordet), und dem Sohn Christoph, der die Tochter Katharina der Ratsfamilie → Fütterer heiratete, den beruflichen und gesellschaftlichen Start erleichtert. Bei seinen Eltern erlebte er zweimal → Kaiser Maximilian als Quartiergast, knüpfte selbst noch Beziehungen und zeigte Bildungseifer und Kontaktfreudigkeit. In der Familienchronik heißt es: „Er hatte von Jugend auf große Begierde zu Büchern, zum Lernen, zu Reiten und zu Reisen." Dazu gehörte auch die früh geübte Gewandtheit in Fremdsprachen. Er studierte erst in Heidelberg, später in Bologna, Treffpunkt humanistisch gesinnter Juristen. Als Syndikus der deutschen Studenten vertrat er dort erfolgreich — auch im persönlichen Auftreten vor Papst Julius II. — deren Belange. Eine Rede aus dieser Zeit „zum Lobe Deutschlands" wurde mehrfach nachgedruckt. Im gleichen Jahr 1506 erlebte er in Bologna den Einzug Albrecht Dürers und seine eigene Promotion zum Doktor der Rechtswissenschaft. Daß kaiserliche Gesandte ihn als Dolmetscher und Unterhändler mit den oberitalienischen Städten zuzogen, wirft ein Schlaglicht auf sein frühzeitig gewonnenes Ansehen.

Nach Abschluß des Studiums berief ihn 1507 Kurfürst Friedrich der Weise von Sachsen als Professor an die Universität Wittenberg. Sehr bald zum Rektor ernannt, gab er der hohen Schule Statuten nach dem Vorbild Bolognas. 1512 nahm er einen Ruf seiner Vaterstadt als Ratskonsulent an, eine Position, die er bis zum Lebensende ausfüllte. Dieser Posten in der „heimlichen Hauptstadt" des „Heiligen Reiches" ermöglichte ihm intensive Verbindungen nach allen Richtungen. Die Stadt sandte ihn mehrmals zum Kaiser. Zahlreiche geistliche und weltliche Herren und viele Städte holten sich bei dem in der Fachwelt hochgeachteten Juristen Rat. „Zeitungen" aus aller Welt liefen bei ihm zusammen und gingen von dort als wichtiges Informationsmaterial an zahlreiche Staatsmänner Europas weiter. Manche Widmungseinträge in seiner umfangreichen Bibliothek zeugen vom wissenschaftlichen Gedankenaustausch mit gelehrten Zeitgenossen. Adelsbestätigung durch König Ferdinand (1540) und Wappenvermehrung durch Kaiser Karl V. (1541) bedeuteten ihm gegen Ende seines Lebens die abschließende Anerkennung seines Wirkens.

In seinem stadt-staatlichen Dienst hatte er 1514 an der Modernisierung des Stadtrechts von 1479 mitzuarbeiten. Von seiner Hand stammt die erste Zusammenfassung der Nürnberger Verfassung in einem aus dem Jahr 1516 datierten Brief an Johannes von Staupitz (vgl. → Sebald Welser). 1525 leitete er im Rathaus das Religionsgespräch, das mit der Einführung von Luthers Lehre in Nürnberg endete.

Bezeichnend für den gläubigen Rechtsgelehrten ist seine Rolle in den Auseinandersetzungen um die Kirchenerneuerung. Er suchte die Freundschaft aller bedeutenden Kirchenleute und war ein liebenswerter Helfer und Gesprächspartner für → Caritas Pirckheimer, der gegenüber er ein großes Loblied auf die Pirckheimer-Familie sang. Er erleichterte Caritas die Auseinandersetzungen mit Luthers Lehre und ihren Kampf um das Recht der alten Kirche.

Gerne wollte er auch die Gegensätze unter den Theologen und Humanisten, die er wohl nicht in ihrer Tiefe erfaßt hat, überbrücken. Seine Grundposition ist durch eine Inschrift über seiner Wohnungstür ausgesprochen: „Es ist gut für mich, mich an Gott zu halten, meine Hoffnung auf meinen Herrn zu setzen (Psalm 73, 28)". Was darüber hinausging — etwa juristische Zwistigkeiten — meinte er in theoretischen Verhandlungen bereinigen zu können. Daß dies nicht gelang und zum Bruch zwischen den beiden Humanisten → Pirckheimer und Scheurl führte, daß zudem die Evangelischen die bestehende — freilich stark kirchlich geprägte — Rechtsordnung antasteten, machten den die Reformation zunächst innerlich mittragenden Juristen zurückhaltend. Er sagte sich deshalb aber nicht von ihren Bestrebungen los.

Christophs großes Geschichtsinteresse ermöglichte ihm das Verständnis für das Geschehen in seiner Zeit und gab ihm die Möglichkeit, Ratschläge zu geben für sachgemäßes Verhalten gegenüber aktuellen Problemen. Ständig ergänzte er seine Sammlung früherer Rechtsfälle, um seinerzeitige Lösungen bei Bedarf als Beispiele abrufbar zu haben. Viel Zeit verwandte er zu Forschungen über die Geschichte Nürnberger Ratsfamilien. Dabei beschäftigten ihn die geschichtlichen Verzahnungen ebenso wie ableitbare Ansprüche.   *svs*

Hans Kraft · Goldschmied und Stempelschneider   1481 — 1542

Das Recht zur Münzprägung gab der Stadt Nürnberg neben wirtschaftlichen Vorteilen zugleich die Möglichkeit, mit den Münzbildern über die Grenzen der Stadt hinaus zu werben. Deshalb legte sie großen Wert darauf, tüchtige Handwerker als Stempelschneider in ihren Diensten zu haben. Von 1509 — 1512 bekleidete dieses Amt Hans Kraft, ein ausgebildeter Goldschmied. Er war ein äußerst geschickter Handwerker, den neue, technisch schwierige Aufgaben reizten. Neben Münzeisen fertigte er auch Prägestöcke für Medaillen.

Über mehrere Jahre beschäftigte ihn ein Auftrag des sächsischen Kurfürsten Friedrich des Weisen, der aus Anlaß der Übernahme des Generalstatthalteramtes im Jahre 1507 eine große, repräsentative Bildnismedaille wünschte. Die Bedeutung, die Friedrich diesem Unternehmen beimaß, wird dadurch unterstrichen, daß Lukas Cranach ein Steinmodell, das die gewünschte Relieftiefe genau angab, für diese Medaille anfertigte. Zur Herstellung einer derartigen Medaille waren Druckkräfte erforderlich, die mit der damaligen Hammerprägung kaum zu erzielen waren und denen die Eisenstempel nicht standhalten konnten. Wohl nur in der Nürnberger Münzstätte hielt Friedrich die technischen Einrichtungen und das Können der Münzmeister für ausreichend, eine Lösung für diese Aufgabe zu finden. Krafts Vorgänger im Amt, Hans Krug d. Ä. und Konrad Eber, bemühten sich jedoch mehrere Jahre vergeblich, da die Stempel immer wieder unter dem hohen Druck zersprangen. Erst 1513 fand nach längeren Versuchen Hans Kraft die Lösung des Problems: Er goß zunächst sehr präzise das Relief des Schrötlings und überprägte es dann in einem weiteren Arbeitsgang; so ließ sich der erforderliche Prägedruck erheblich reduzieren. Mit dem ersten Stempelpaar konnte er 74 Prägungen herstellen, bevor der Unterstempel zerbrach. Mit neuem Stempel prägte Hans Kraft diese Statthaltermedaille im Auftrag Friedrichs bis 1519.

Im selben Jahr wollte ihn die Stadt erneut als Stempelschneider verpflichten. Im Bewußtsein seines außerordentlichen Könnens stellte Kraft jedoch so hohe finanzielle Forderungen, daß sich die Verhandlungen zerschlugen. Gleichwohl war man in Nürnberg, einer Stadt, die an allen technischen Neuerungen und Entwicklungen größtes Interesse zeigte, auf das von Hans Kraft entwickelte Verfahren sehr stolz. Als 1519 Karl V. zum Nachfolger des im selben Jahr verstorbenen Kaisers Maximilian gewählt wurde, beschloß der Rat, dem Kaiser, dessen erster Reichstag 1521 in Nürnberg stattfinden sollte (er wurde wegen der einsetzenden Pestepidemie nach Worms verlegt), eine zu diesem Anlaß geprägte Medaille zu überreichen. Künstlerische und technische Fähigkeiten sollten sich zur Ehre der Stadt vereinigen: → Albrecht Dürer fertigte die Werkzeichnungen, nach denen Hans Kraft die Medaille ausführte; das umfängliche heraldische Programm hatte → Willibald Pirckheimer ausgearbeitet. In Größe und Gewicht stellt diese Dedikationsmedaille alles bisherige in den Schatten.

Die ausgeführte Medaille zeigt auf der Vorderseite das Brustbild des Kaisers im Profil, bekleidet mit einem Harnisch, darüber trägt er die Ordenskette des Goldenen Vließes. Er ist gekrönt mit einer Bügelkrone. Außen herum sind in einem Kranz auf Vorder- und Rückseite Wappen der spanischen Besitzungen des Kaisers angebracht; außerdem zeigt die Medaille die Devise des Kaisers: zwei Säulen mit verschlungenem Schriftband sowie dem Motto plus ultra und ein N im Kranz für Nürnberg. Die Medaille hat einen Durchmesser von 72 mm, das Gewicht beträgt annähernd 200 g.

Der Rat stellte bis zu 100 Exemplare, was vom Material her etwa 40 Pfund Silber entspricht, in Aussicht. Er betonte jedoch, daß das Besondere dieser Gabe weniger im Materialwert als in der künstlerischen Gestaltung und technischen Perfektion beruhe. Mindestens 24 Medaillen waren, wie aus einem Inventar des Rathauses von 1613 hervorgeht, ausgeprägt, um sicherzustellen, daß wirklich die technischen Möglichkeiten zur Herstellung auch einer größeren Medaillenzahl gegeben waren. Neben den Medaillen hatte man im Nürnberger Rathaus auch die Prägeeisen aufbewahrt, die später nach München kamen. Ihr wenig abgenutzter Zustand, das hohe Relief und die schöne Zeichnung verleiteten zu dem Versuch, neue Abschläge herzustellen. Da man freilich von dem komplizierten technischen Guß- und Prägevorgang nichts mehr wußte, sind die Eisen bei den Versuchen zersprungen. Von den ehemals mindestens 24 ausgeprägten Medaillen sind heute noch etwa 10 nachweisbar; sie gehören von der Herstellung her zu den aufwendigsten und von ihrem künstlerischen Reiz zu den schönsten Beispielen deutscher Medaillenkunst. *M-é*

Wenzeslaus Linck gehört nicht zu jenen Reformatoren, die den Umbruch des kirchlichen und geistlichen Lebens in Nürnberg entscheidend geprägt haben. Trotzdem ist er als Prediger, der streng an Luthers Theologie festhielt, im Spiel der reformatorischen Kräfte wichtig.

Am 8. Januar 1483 in Colditz/Sachsen geboren, führte ihn das Theologiestudium, das er 1511 mit der Promotion abschloß, schon ein Jahr später als Dekan an die Spitze der Wittenberger Fakultät. Seit 1503 erscheint sein Name mit dem Zusatz einer Ordensabkürzung: Linck war, wie Luther, Augustinereremit. Seine besonderen Fähigkeiten in der Seelsorge und seine hervorragende Predigtbegabung brachten ihn von 1517 bis 1520 auf Veranlassung des Generalvikars der deutschen Augustinerkongregation, → Johann von Staupitz, in das Nürnberger Augustinerkloster und damit in die Brunnenstube der reformatorischen Bewegung dieser Stadt. Seine Predigten im Kreis der „Sodalitas Staupitiana" wurden von vielen Mitgliedern reichsstädtischer Ratsfamilien ebenso geschätzt wie von Künstlern und Humanisten. Mit → Willibald Pirckheimer und Dürer verband ihn eine herzliche Freundschaft.

Seine Verbundenheit mit dem „geliebten, ehrwürdigen Vater" konnte Linck dem also betitelten Dr. Martin Luther 1517 handgreiflich beweisen, indem er seinen Ordensbruder zum Augsburger Verhör vor Kardinal Cajetan begleitete und die — freilich wenig entscheidenden — Vorverhandlungen führte. Luthers grundstürzende Erkenntnisse begleiten Linck zunächst, vermittelt durch die Lektüre der Schriften des Wittenbergers, auf seinem weiteren Weg. Direkt nachweisbare Auswirkungen auf ihn oder sein Amt hatten sie zunächst noch nicht. Lincks Weg führte ins Generalvikariat seines Ordens, das ihm 1520 von Staupitz übertragen wurde. Auf vielen Visitationsreisen versuchte er, eine Reform des zum Teil geistlich völlig entwurzelten Mönchtums augustinischer Prägung zu erreichen. Ein Generalkapitel in Wittenberg führte zu generellen Auseinandersetzungen zwischen Linck und den Altkirchlichen über die Frage des Klosterlebens. Linck konnte sein Amt nicht länger mit seiner neu geprägten Glaubensüberzeugung vereinbaren und legte am 22. Februar 1523 das Generalvikariat nieder, nachdem er Prediger in Altenburg geworden war. Nach großen Auseinandersetzungen gelang es Linck, dort ein reformatorisch geprägtes Kirchenwesen von der Neuerrichtung einer Schule bis zur Armenfürsorge ins Leben zu rufen. In seiner Altenburger Zeit konnte er eigene Vorstellungen entfalten. Ein Ruf des Nürnberger Rats holte ihn in die Reichsstadt zurück. Dort hatte er zunächst die Klarissinnen, vor allem die Äbtissin → Caritas Pirckheimer, mit Unterstützung des Klosterpflegers → Kaspar Nützel im reformatorischen Glauben zu unterweisen. Lincks „Unterweisung", die von der Äbtissin protokollarisch niedergeschrieben wurde, gibt Zeugnis von seinem Bemühen, mit dem Konvent seelsorgerlich und auf der angestrebten Basis eines beichtväterlichen Vertrauensverhältnisses umzugehen. Doch es gelang ihm nicht, die Nonnen zum Verlassen des Konvents zu bewegen. Im Dezember 1525 wurde ihm das Amt übertragen, das er bis zu seinem Tode innehatte: er versah die Prädikatur und Custorei am Neuen Spital „Zum Heiligen Geist".

Zu den Predigtpflichten traten Gutachterpflichten für den Rat, wenn theologische Fragen aufbrachen. Daraus entstanden langwierige Arbeitsauflagen im Rathaus, wobei in den meisten Sitzungen allein → Osianders Meinung zum Tragen kam. Einige umfangreichere Gutachten Lincks blieben nahezu wirkungslos. Der Spitalprediger schrieb eine Anzahl fast vergessener Werke. Seine Mitarbeit am Gelingen der Brandenburg-Nürnbergischen Kirchenordnung brachte für Linck und einige seiner Kollegen eine Fülle von Belastungen und Auseinandersetzungen — sowohl mit dem „Papst von St. Lorenz" — so nannte man Osiander wegen seiner dominierenden Stellung unter den Nürnberger Predigern — als auch mit dem Rat und seinem wichtigen Exponenten → Lazarus Spengler. Mit Osiander hatte der Spitalprediger kurz nach dem Druck der Kirchenordnung einen lange andauernden Streit über den Wert der allgemeinen Absolution. Der Lorenzer Prediger wollte unter allen Umständen an der alleinigen Gültigkeit der Privatabsolution festhalten; Linck stand — sicher weniger aus theologischer Überzeugung als aus Loyalität gegenüber dem Rat — auf Seiten der Ratsfamilien, die Osianders Position ablehnten. Trotz vieler Versuche der Wittenberger, den Streit beizulegen, schwelte die Auseinandersetzung bis 1539 weiter, teils im öffentlichen Bereich der Verkündigung, teils im privaten. Linck empfand deswegen eine Berufung nach Leipzig als Befreiung aus der unerfreulichen Lage. Zudem hätte ihm ein Lehrauftrag an der dortigen Universität wieder die Möglichkeit zu theologischen Studien gegeben. Aber Luther, in dessen Rat Linck immer die Bestimmung des Höchsten zu vernehmen glaubte, riet zur Weiterarbeit in Nürnberg.

Die Jahre 1540/41 brachten mit der Entsendung Osianders und Lincks zu den Religionsgesprächen nach Hagenau und Worms noch eine herbe Enttäuschung für den Spitalprediger. Denn man sprach damals schon — zumindest gerüchteweise — von einer bevorstehenden militärischen Auseinandersetzung zwischen den beiden seit dem Augsburger Reichstag 1530 getrennten Konfessionen. Nach Nürnberg zurückgekehrt, mußten sich Linck und Osiander eine scharfe Rüge des Rates gefallen lassen, denn ihre in Worms geführten Gespräche über die Wiedereinführung des Kirchenbannes als einem Instrument zur Durchführung der Kirchenzucht waren den Stadtvätern bekannt geworden. Lincks literarisches Hauptwerk, die „Annotationes" zum Alten Testament, wurden daraufhin einer strengen Zensur unterzogen, ein Vertrauensbruch, den der Autor sicher nur schwer verschmerzt hat: von 1541 an beschäftigte sich der Spitalprediger nicht mehr als selbständiger Schriftsteller. Lediglich editorische Arbeiten liegen noch vor, sie sind heute in Vergessenheit geraten. Die letzten Lebensjahre des Spitalpredigers, die mit der Epoche des „alten Luther" zusammenfielen, zeigen Spuren einer tiefgreifenden Resignation: Linck hatte erkennen müssen, daß die Generation des Rates, die eine reformatorische Wende, ein neues geistliches Leben in Stadt und Kirche heraufzuführen bereit war, einer neuen, wesentlich nüchterner denkenden, selbstbewußten städtischen Oberschicht hatte weichen müssen. Viele der einst mit dem Feuer der Begeisterung erstrebten Ziele hatten sich als Illusionen erwiesen — der „theologische Schriftsteller des gemeinen Mannes", dessen Predigten einst die Spitzen der Nürnberger Ratsfamilien mitgerissen hatten, wird zum einsamen, schweigenden, vielleicht wie Luther den „lieben jüngsten Tag" herbeisehnenden Mann. Am 12. März 1547 stirbt Linck im Gebet. Sein Grabstein auf dem Nürnberger Johannisfriedhof trägt die Inschrift: „Doctoris Vinceslai Link, Theologi Tumulus. Autorem Vitae, dum viveret, atque salutis assuerit, docuit, glorificabit, habet." *Lor*

Bartholomäus Haller von Hallerstein · Handelsherr   1486—1551

Bartholomäus Haller von Hallerstein ist Repräsentant einer Familie, die schon seit Beginn des 13. bis zum Ende des 19. Jahrhunderts in Fürstendiensten, vorwiegend für das Haus Habsburg, stand. Zur Zeit der Kaiser → Karl V. und → Ferdinand I. zählte der Familien-Clan 15 Mitglieder in deren Diensten, und ließ damit Nürnbergs Namen in der damals bekannten Welt erklingen.

Bartholomäus gehört mit seinem jüngeren Bruder Wolf, seinen drei Söhnen Christoph, Wolf und Ruprecht II. und mit seinen Vettern Peter (in Siebenbürgen) und Sebald zu den einflußreichsten Nürnbergern dieser Zeit. Die

Vorbedingungen waren vom Großvater Ruprecht I. gegeben. Er war Vorderster Losunger und Vertrauter vieler Fürsten, darunter König Wladislaus zu Böhmen. Der Vater des Bartholomäus, Wolf Haller, Fernhändler und Hauptmann, gefallen 1504 im Bayerischen Erbfolgekrieg, und dessen Brüder Ruprecht, kgl. ungarischer Oberrichter zu Ofen, und Wilhelm, Rat Karls des Kühnen von Burgund, übten nicht wenig Einfluß auf den 1486 geborenen Bartholomäus aus.

Dieser ging zunächst in die normale Reichsstädtische Laufbahn (Richter am Bauerngericht, Stadtgerichtsschöffe, Stadtrichter), bekam aber dann über seinen Bruder Wolf, der um 1515 als Faktor der → Fugger in den Niederlanden tätig war und engere Kontakte zu Karl V. gefunden hatte, im Jahre 1520 einen Schirm- und Schutzbrief des Kaisers. Als dessen Räte waren Wolf und Bartholomäus 1521 auf dem Luther-Reichstag in Worms, wobei sie eine Wappenbesserung und etliche Freiheiten errangen. Der Markgraf von Brandenburg gewährte ihnen 1521 das Sonderrecht der hohen Jagd im Nürnberger Reichswald. 1532 ist Bartholomäus als Reichpfennigmeister tätig, ein Amt, das dann sein Sohn Wolf jahrzehntelang ausübte, wobei dieser noch oft in dieser Funktion von seinem Vater vertreten wird. Auf dem Reichstag zu Speyer 1528 waren anwesend: die beiden Brüder, ihre Vettern Conrad, Beisitzer am Reichskammergericht zu Speyer, und Sebald, der — als kaiserlicher Rat — Karl V. nach England begleitet hatte. Sie erhielten dort weitere Privilegien, u. a. auch die Namensführung „Haller von Hallerstein".

Hauptsitz des Bartholomäus war die Burg Ziegelstein, die er 1533 in einem Aquarell auf Pergament darstellen ließ; Dazu kamen der Besitz Galgenhof, den er allerdings 1538 an die Glockengießer verkaufte, ein großes Haus in der Hirschelgasse und die Lobdeburg bei Jena, sowie zahlloser Eigen- und Lehenbesitz in Franken.

Er interessierte sich stark für die Geschichte seiner Vaterstadt, wie viele Chroniken und ähnliche Werke mit seinem Besitzeintrag beweisen. Angeregt durch Rixners Turnierbuch und insbesondere von den 1437, 1488/90 und 1526 von den Vorfahren verfaßten Hallerschen Geschlechtsbüchern, ließ er 1533 prachtvolle Codices mit kolorierten Darstellungen aller Familienangehörigen seit 1290 in drei Exemplaren anfertigen. Je eines war bestimmt für die Nürnberger Linie, für die niederländisch-spanische Linie seines Bruders und seiner Söhne, für die siebenbürgisch-ungarische Linie seiner Vettern Peter, Königsrichter und Sachsengraf zu Hermannstadt, und Hans, Unterschatzmeister zu

Bartholomäus Haller v. Hallerstein

Ofen. (Heute im Schloß Gründlach, in der Königlichen Bibliothek Brüssel und [als Leihgabe] im Nationalmuseum Budapest.)

Waren schon sein mütterlicher Großvater Knebel, sein Schwiegervater Memminger, dessen Tochter er 1507 ehelichte, und auch sein Vater als Fernhändler tätig, so war es naheliegend, daß auch er in diese Richtung einschlug. Jedoch, abgesehen von einer Beteiligung am Eisenbergwerk bei Betzenstein (1527), sind nur Beschaffungen für den Brabanter Hof überliefert. Andere Möglichkeiten eröffneten sich ihm 1531 nach Übernahme der Statthalterschaft in den Niederlanden durch Königin Maria von Ungarn. Er wurde ihr Geheimsekretär und Bevollmächtigter. Sein Bruder Wolf streckte zu dieser Zeit Maria große Summen vor (1538 schuldete ihm diese 100.000 Livres) und wurde bald darauf ihr Schatzmeister. Beide waren von 1531 bis 1548 für die Sicherung der Einnahmen Marias aus den oberungarischen Bergwerken tätig. Mit zahllosen, teils geheimen Instruktionen reisten die Brüder immer wieder von Brüssel bzw. Nürnberg nach → Kremnitz, → Schemnitz, Neusohl, Pressburg, Wien usw., um Marias Interessen zu vertreten und die Machenschaften von zwei Kammergrafen aufzudecken. Ebenso waren sie Marias Unterhändler in den langwierigen finanziellen Auseinandersetzungen zwischen → König Ferdinand (seit 1526 König von Böhmen und Ungarn, 1556 — 1564 Deutscher Kaiser) und Maria, bis diese 1548 ihre Ansprüche in Ungarn gegen entsprechende Zahlungen an Ferdinand abtrat.

Wieder ein anderes Betätigungsfeld öffnete sich für Bartholomäus, als Karl V. der Reichsstadt Frankfurt am Main wegen ihrer Parteinahme gegen ihn im Schmalkaldischen Krieg nicht wohl gesonnen war. Trotz ihres Privilegs seit 1372, ihren Reichsschultheißen selbst zu bestimmen, verlangte Karl am 9. 1. 1549 von den Frankfurtern, seinen Rat, den Ritter Bartholomäus Haller von Hallerstein, als Schultheiß anzunehmen. Er hatte das Amt vom 1. 5. 1549 bis zu seinem Tod am 4. 3. 1551 inne. Noch heute steht im Frankfurter Dom sein prächtiges Grabmal, auf dem Bartholomäus in voller Ritterrüstung zu sehen ist. Sein prunkvoller Totenschild befindet sich neben einem zweiten Grabmal im Schloß Gründlach. (Dazu: Hallerhüttenstr., Hallerstr., Hallertor, Hallertorbrücke, Hallerwiese). *H*

Hans Kleberger · Faktor und Bankier   1486 — 1546

Auf der Sebalder Seite der alten Reichsstadt, im Nachbarhaus des Buchdruckers → Johannes Petrejus, in der Oberen Schmiedgasse, wird Hans Kleberger am 6. Februar 1486 als Sohn eines Harnischmachers geboren. Der Vater wendet sich vom Handwerk ab und Handelsgeschäften zu. Nicht ganz geklärt scheint bis heute, ob die Familie ursprünglich Scheu(c)henpflug geheißen hat und den Namen Kleberger spätestens seit der Wappenverleihung von 1500 als Zusatz führte, oder ob, wie böswillige Meinung in späteren Jahren behauptete, unredliche Geschäfte zum Namenswechsel zwangen.

Nach dem Tode des Vaters vergleicht Hans Kleberger sich mit seinem Bruder über das nicht sonderlich große Erbe und sucht seinen Erwerb im Ausland. Ab 1511 finden wir ihn auf

Kleberger-Denkmal in Lyon

der Lyoner Messe, in den folgenden Jahren ist er als Faktor für die → Baumgartner und für das Haus → Imhoff tätig. Schon in dieser Zeit als Angestellter muß er eigene Geschäfte betrieben haben; denn bereits 1518 kann er sich mit der stattlichen Summe von 12.500 Ecus an einem Darlehen für den französischen → König Franz I. beteiligen und noch einmal, 1522, finanziert er dessen Vorhaben, diesmal mit über 17.000 Ecus. Da die Rückzahlung des Darlehens sich verzögert, verpfändet man ihm die Treidelgebühren der Rhône-Schiffahrt im Jahr 1526, und erst 1533 zahlt Franz I. das Geld zurück.

Da bei Geschäften dieser Art das Risiko groß war, waren auch die Aufschläge der Geldgeber beträchtlich; Kleberger dürfte also bei solchen Unternehmungen — wenn der Gläubiger zurückzahlte — erhebliche Gewinne gemacht haben. Und tatsächlich gilt er schon in diesen Jahren als Mittdreißiger seinen Zeitgenossen als wohlhabend, und 1527, als er ein erstes Haus in Genf erwirbt, wird er geradezu als reich bezeichnet. Kleberger war sich seiner materiellen Möglichkeiten immer sehr bewußt und hat stets sehr viel Wert darauf gelegt — in seinem Testament kommt das besonders deutlich zum Ausdruck — , daß er seinen Reichtum nicht etwa väterlichem Erbe, sondern eigener Leistung verdankt.

Geldgeschäfte machen nunmehr seinen Hauptberuf aus. Er berät die Stadt Bern in Münzfragen und erwirbt 1521 das dortige Bürgerrecht, das er bis zu seinem Tode beibehält. Wir finden darin ein deutliches Zeichen, wie wenig er sich seiner Geburtsstadt verbunden fühlte. Diese sucht er 1526 auf, um dort mit einigen Unterbrechungen bis 1530 zu bleiben. Er läßt sich von Dürer porträtieren, erwirbt im Oktober 1527 das Nürnberger Bürgerrecht, beteiligt sich mit mehr als 3.000 Gulden an einer Handelsgesellschaft der Brüder → Endres und Gabriel Imhoff und wird vorübergehend deren Faktor in Lyon. Deren ältester Bruder, Hans VI. Imhoff, war 1526 gestorben und hatte Kinder (darunter → Willibald) und eine Witwe Felicitas, die Lieblingstochter → Willibald Pirckheimers, zurückgelassen. Sie wird nun von Hans Kleberger eifrig umworben, wobei er unterstützt wird von seinem Onkel Endres Imhoff. Pirckheimer widersetzt sich zunächst heftig, gibt seinen Widerstand aber schließlich, nicht zuletzt wegen des Klebergerschen Reichtums, auf; im Oktober 1528 wird die Ehe geschlossen mit der Abmachung, daß die Eheleute in Nürnberg seßhaft bleiben. Kleberger sucht jedoch diese Bindung an die — so scheint es — ungeliebte Vaterstadt aufzulösen, verkauft, da Felicitas kränkelt, trotz aller Einreden Pirckheimers seinen inzwischen erworbenen Nürnberger Grundbesitz und verläßt seine kaum geehelichte Frau, die im gleichen Jahr wie ihr Vater stirbt (1530). Willibald Pirckheimer bezichtigt seinen Schwiegersohn noch des Giftmordes und verleumdet ihn mit anderen Beschuldigungen, deren Wahrheitsgehalt mit Vorsicht zu betrachten sein dürfte. Kleberger gibt dann sein Nürnberger Bürgerrecht auf und kehrt Nürnberg endgültig und verbittert den Rücken. Er wendet sich wieder Geschäften auf Schweizer (besonders Genfer) und französischem Boden zu, seinen Hauptsitz in Lyon nehmend, wo er 1535 auch das französische Bürgerrecht erwirbt. Er heiratet 1536 in zweiter Ehe Pelonne de Bonzin aus Doornik in Flandern, die Witwe eines in Paris hingerichteten Anhängers der Reformierten, bleibt selber aber beim katholischen Glauben. Aus dieser Ehe geht ein Sohn, David, hervor. Kleberger wird 1543 königlicher Kammerknecht ("Valet de Chambre") und 1545 in Lyon zum Schöffen gewählt, ein hohes Amt, das ihm in seiner Heimatstadt unerreichbar gewesen wäre.

Diese Wahl zum Ratsherren war nur eine der zahlreichen Anerkennungen und Ehrungen, die Kleberger in Lyon erfuhr. Die Neigung seiner Mitbürger hatte er sich im Laufe der Jahre durch eine Fülle von Wohltaten erworben, die er den Einwohnern der Stadt in vorbildlicher Freigiebigkeit erwiesen hatte. Für die Hochherzigkeit des Spenders spricht nicht zuletzt, daß einige der wichtigsten Zuwendungen anonym geleistet wurden, und Kleberger durchaus keinen Wert darauf legte, als Urheber der Wohltaten genannt zu werden. So war 1531 nur von einem „marchand Allemand", einem ungenannten deutschen Kaufmann die Rede, als anläßlich einer Pestepidemie für verlassene Kinder 500 Livres gegeben wurden. Weitere Stiftungen folgen, und 1533 ist Kleberger Hauptbegründer des „Großen Almosen", dessen Beisitzer er einige Zeit später wird.

Seiner Fürsorge für die Bedürftigen wegen erhielt er schon zu Lebzeiten den ehrenvollen Beinamen „der gute Deutsche", eine Bezeichnung, die erstmals 1536 bei der schon erwähnten Verleihung des französischen Bürgerrechts offiziell gebraucht wird. In der Urkunde Franz I. heißt es: „Jean Cleberg, le bon Allemand, banquier, demeurant à Lyon". Die Bürger Lyons, die armen vor allem, gedachten des „guten Deutschen" auch nach seinem Tode und errichteten noch im 16. Jahrhundert ein hölzernes Denkmal, das nach mehrmaligen Erneuerungen durch die Packträger des Armenviertels Bourgneuf 1849 schließlich vom Stadtrat durch ein heute noch erhaltenes Marmorstandbild ersetzt wurde, (s. Bildausschnitt).

Freilich hat Kleberger mit seinen Zuwendungen an soziale Einrichtungen seinen Wohlstand nicht wesentlich geschmälert, seinen Reichtum im wesentlichen unangetastet gelassen; in Genf gehörten ihm ganze Häuserblocks, ein Hotel ist bis heute nach ihm benannt. Bei seiner Wahl zum Schöffen in Lyon von 1545 befand er sich mit einer Steuersumme von 1.000 Livres unter den zehn reichsten Bürgern der Messestadt. Als er starb, wurde sein Besitz auf über 100.000 Kronen geschätzt. Unter den von ihm erworbenen Liegenschaften ragen drei herrschaftliche Landgüter heraus, auf denen er durch eigene Richter staatliche Rechte ausübte. Er war also ein angesehener und erfolgreicher Mann geworden, jemand, auf den seine

Vaterstadt Nürnberg eigentlich hätte stolz sein können. Die Nürnberger aber, immer noch beeinflußt von den einst erhobenen Beschuldigungen Pirckheimers, behandelten Kleberger weiterhin von oben herab. So wird es eine besondere Genugtuung für den von den Nürnberger Ratsfamilien Gemiedenen gewesen sein, daß die Stadt Nürnberg ihm 1545, als er für sie eine Zollbefreiung beim französischen König erwirkt hatte, einen offiziellen Dankbrief übersenden mußte. Sonderliche Zuneigung zu seiner Heimatstadt sollte man aus diesem Eintreten für deren Wirtschaftsinteressen nicht ablesen wollen; Klebergers Abneigung gegen Nürnberg blieb erhalten bis an die Schwelle seines Todes, der ihn am 6. September 1546 in Lyon ereilte. In seinem Testament hatte er, falls seine Familie aussterben sollte, fünf Städte zu Erben eingesetzt: Augsburg, Bern, Straßburg, Ulm und Zürich — Nürnberg war nicht darunter. *Keu*

Peter Henlein · Uhrmacher   um 1485 — 1542

Der heute wohl bekannteste Nürnberger Handwerker — nicht Künstler, nicht Kunsthandwerker — ist der Uhrmacher Peter Henlein (auch Hele oder Henle). Schauspiel, Roman, Film, Denkmal, Straßenname und Briefmarke haben dafür gesorgt, daß sein Bekanntheitsgrad dem eines → Veit Stoß oder → Albrecht Dürer nahekommt. 1979 hat eine in der Öffentlichkeit geführte heftige Kontroverse zwischen Uhrmachern und Historikern um das angebliche 500-jährige Jubiläum seines Geburtstages die Problematik um Person und Werk des historischen Peter Henlein deutlich gemacht. Was ist nun über diesen Mann, der die Taschenuhr erfunden haben soll, als gesichert bekannt?

Am 16. November 1509 wurde Henlein, der Sohn des Messerschmieds Hans Henlein und dessen Frau Barbara, Meister des Schlosserhandwerks. Da er in der „Brevis Germaniae Descriptio" des → Johannes Cochläus 1512 „fast noch ein Jüngling" genannt wird, kann man Henleins Geburt in den Jahren um 1485 vermuten. Bei der Ernennung zum Meister wäre er dann 24, 1512 mithin 27 Jahre alt gewesen. In Quellen wird Henlein erstmals 1504 erwähnt, als er in eine Totschlagsaffäre verwickelt war. Er floh damals ins Asyl des Barfüßerklosters und erhielt von dort aus 22 mal freies Geleit für die Verhandlung. 1508 wurde der Fall gerichtlich abgeschlossen. Es war nicht festzustellen, wer von den insgesamt beteiligten Schlossern den tödlichen Schlag geführt hatte. Das Sühnegeld von 21 Gulden wurde der Familie des Opfers erst 1515 bezahlt. Zwischenzeitlich war Henlein Meister geworden. Dies zeigt, daß die Angelegenheit damals nicht als ehrenrührig oder kriminell im heutigen Sinn betrachtet wurde; denn in jener sehr unruhigen Zeit waren Totschläge an der Tagesordnung, so daß die Beteiligung Henleins also wohl als Merkmal der Zeit, keineswegs als besonderes Charaktermerkmal Henleins gewertet werden darf.

Henlein hat wohl um 1509, als er Meister wurde, geheiratet. Seine erste Frau Kunigunde, Tochter des Färbers Andreas Ernst, starb nach etwa zehn Jahren. Bereits 1521 wird eine Margarethe als zweite Frau erwähnt, die 1540, zwei Jahre vor ihrem Mann, gestorben ist. Im gleichen Jahr vermählte sich Henlein nochmals mit Walburga Schreyer, die ihn überlebte. Er besaß am Katharinengraben ein Haus — in guter Lage, wie man heute sagen würde. Seine finanziellen Verhältnisse scheinen gut gewesen zu sein. Sein Bruder Hermann, ein Messerschmied, hat ihm große Sorgen bereitet. Nach einem schweren Verbrechen auf der Flucht, wurde er in Augsburg gefaßt und hingerichtet. In Trauer und Erregung über diesen Tod bezeichnete Henlein einen Augsburger Messerschmied als Denunzianten, mußte der Rache abschwören, ließ sich erneut zu Angriffen hinreißen und wurde bestraft.

Was aber ist nun an Nachrichten über Henleins Ruhm und Arbeit bekannt? Ein wichtiges Indiz für seine Bedeutung ist die mehrfache Lieferung von Uhren (zwischen 1521 und 1525) an den Rat, die dieser als politisches Geschenk für bedeutende Besucher oder Freunde vorgesehen hatte. Es waren „selbstgehende" Uhren, bzw. ein vergoldeter Bisamapfel mit einer

Uhr. Außerdem erhielt er weitere städtische Aufträge: 1529 als er — vermutlich in Zusammenhang mit der Anfertigung einer komplizierten Planetenuhr für → Markgraf Albrecht IV. von Brandenburg — nach Straßburg reiste; 1535, als er an einer Uhr für das Rathaus arbeitete; 1541, als er eine Turmuhr für die Nürnberger Exklave Lichtenau lieferte. Neben diesen archivalischen Zeugnissen gibt es noch zwei aus der zeitgenössischen Literatur. Das wichtigste Zeugnis aber ist die bei Cochläus angesprochene Stelle: „... Petrus Hele macht Uhren, die selbst die gelehrtesten Mathematiker bewundern. Er fertigt nämlich aus wenig Eisen Werke mit sehr vielen (Zahn-)rädern die, wie immer man sie kehrt und wendet, ohne jedes Gewicht 40 Stunden lang (die Zeit) zeigen und schlagen, auch wenn man sie an der Brust oder in der Gürteltasche trägt". 1547, also fünf Jahre nach Henleins Tod, schrieb → Johann Neudörfer, Henlein sei „fast der ersten einer gewesen", der kleine Uhren in die Bisamköpfe zu machen „erfunden" habe. Der Zeitgenosse weiß also — anders als die Schreiber des 19. Jahrhunderts — noch nicht, daß Henlein der Erfinder der Taschenuhr als solcher war. Worin bestand Henleins Leistung? Die Antwort gibt Cochlaeus: Henlein verbesserte die feinmechanische Arbeit an eisernen Uhrwerken soweit, daß für damalige Verhältnisse winzige, aber robuste tragbare Uhren hergestellt werden konnten, die die Zeit zeigten und schlugen. Diese Uhren waren sowohl vom Antrieb (Federzug) als auch von der Unruhe her relativ schwerkraftunabhängig und konnten deshalb am Körper getragen werden. Henlein erfand weder den Federzugantrieb (seit der ersten Hälfte des 15. Jahrhunderts bekannt), noch die Unruhe. Er war auch nicht „der Erfinder" der Taschenuhr als solcher, aber er war einer der ersten, die kleine, präzis gehende Uhren herstellen konnten. Er fügt sich also in die lange Reihe jener Handwerker ein, die in den ersten Jahrzehnten des 16. Jahrhunderts in Nürnberg die Feinmechanik in Eisen und Stahl zu einem ersten europäischen Höhepunkt führten — eine Leistung, die der Miniaturisierung in der Elektronik der Gegenwart vergleichbar ist. Peter Henlein war erster herausragender Vertreter dieser Arbeitsrichtung. Zwischen dem 4. Juni und dem 14. September 1542 läuteten die Glocken von St. Sebald zu seinem Begräbnis. (Eine Straße im Stadtviertel Steinbühl/Galgenhof ist nach Henlein benannt. Sein Denkmal steht am Hefnersplatz.) *Wil*

Georg Öllinger · Apotheker 1487—1557

Mit dem Apotheker Georg („Jörg") Öllinger (Olinger) [1487—1557] beginnt die lange Reihe bedeutender Nürnberger Pharmazeuten wie A. Pfister (1500—1569), J. L. Stöberlein (1636—1696) oder J. A. Beurer (1716—1754). Er wird zuerst als Leiter der Spital-Apotheke genannt; 1512 heiratete er in die älteste Nürnberger Offizin ein, die Apotheke „zu den Fleischbänken" am Hauptmarkt. Wohl autodidaktisch eignete er sich umfassende botanische und hortologische Kenntnisse an, die er in dem von ihm mit einem Arzt 1553 in Nürnberg herausgegebenen Medizinaldrogen-Buch „Magnarum medicinae partium herbariae et zoographiae imagines" verwertete. Das Werk enthält 647 vorzüglich handgemalte und kolorierte Zeichnungen, insbesondere von Pflanzen in Einzeldarstellungen und sogenannten „Kompositionen. Der Autor stand mit den Gelehrten seiner Zeit, wie etwa den „Vätern der Botanik" Hieronymus Bock und Otto Brunfels, in Verbindung. Ihnen lieferte er seltene Gewächse aus seinem Arzneipflanzengarten, den Fachleute wie Valerius Cordus als „weit berühmt" bezeichneten. Der Garten wurde von → Joachim Camerarius übernommen und schließlich nach Eichstätt verlegt; hier beschrieb ihn → Basilius Besler (1561—1629), Besitzer der Nürnberger Apotheke „am Heumarkt", in seinem bekannten Werk „Hortus Eystettensis" (Eichstätt und Nürnberg 1613).
Seit 1526 saß Öllinger, von dem J. Deschler zwei Schaumünzen schuf, im Größeren Rat. In einer der wichtigsten Perioden der Nürnberger Apothekengeschichte fungierte er als Sprecher seiner Kollegen. In dieser Zeit festigte die Reichsstadt nicht zuletzt dank seiner Mit-

arbeit ihren Ruf als „Vorort pharmazeutischer Gesetzgebung"; sie erließ in den Jahren 1529, 1547 und 1555 Apothekerpflichten, in denen u. a. das Dispensatorium („Norimbergense") des Valerius Cordus als erste deutsche Pharmakopöe (1547) und ein spezifisches („Nürnberger") Apothekengewicht (1555) eingeführt wurden. Mit den Apotheken „bei den Fleischbänken" (erstmals 1442 erwähnt, später Schwanen-Apotheke, bis 1689), „bei den Predigern" (1457 — 1572), „bei unserer lieben Frau" (1465, Paradies-Apotheke bis 1945), Spital-Apotheke (1489), „am Herrenmarkt" (1515, Mohren-Apotheke), „unter den Hutern" (1541, Kannen-Apotheke bis 1945), „am Heumarkt" (1542, Stern-Apotheke) und drei weiteren heute nicht mehr existierenden Offizinen wies Nürnberg zur Zeit Öllingers eine ungewöhnlich hohe Apothekendichte auf.   *Ba*

Die Hirsvogel · Glasmaler und Graphiker   15./16. Jahrhundert

Augustin Hirsvogel

Generationenlang betrieben die Hirsvogel in Nürnberg (nicht zu verwechseln mit der Ratsfamilie gleichen Namens) vom 15. Jahrhundert bis weit über die Dürerzeit hinaus die führende Glasmalereifirma. Veit d. Ä. (1461 — 1525), selber schon Sohn eines Glasmalers, des vor 1485 verstorbenen Heinrich H., war der eigentliche Begründer der berühmten Werkstätte und dreißig Jahre lang Stadtglaser in Nürnberg. Werke seines Vaters sind nicht bekannt. Sein älterer Sohn Veit d. J. (1485 — 1553) folgte ihm in diesem Amt und in der Leitung der Werkstätte, während sein künstlerisch bedeutenderer Sohn Augustin (1503 —1553, gest. in Wien) wohl nur vorübergehend in der Werkstatt tätig war und sich später anderen Aufgaben zuwandte. Auch weitere Mitglieder der Familie werden im 15. und 16. Jahrhundert gelegentlich als Glasmaler genannt.

Es war die Zeit entscheidenden Wandels in der Herstellung von Glasgemälden. Lag bei den älteren Malern Entwurf und Ausführung stets in einer Hand, wenngleich die Ausführung der großen Fenster auch die Mitwirkung zahlreicher Gehilfen und einer großen Werkstatt erforderte, so wandelte sich das Bild spätestens in der Dürerzeit vollkommen. Noch die Werkstatt → Michael Wolgemuts, den wir im wesentlichen nur als Maler und Lieferanten von Altären kennen, hatte in großem Umfang selbst Glasfenster nach Entwürfen des Meisters und anderer Mitglieder der Werkstatt — etwa für St. Lorenz in Nürnberg oder für die Stadtpfarrkirche in Fürth — hergestellt. Vor allem durch die Tätigkeit → Albrecht Dürers und mehr noch seiner Schüler → Hans von Kulmbach, Hans Baldung Grien und anderer trennte sich die künstlerische Entwurfstätigkeit von der rein handwerklichen Ausführung der Malerei. So entstanden in der Werkstätte Veits d. Ä. alle namhaften Arbeiten nach solchen Dürers oder seines Umkreises: 1508 die berühmten Scheiben der Landauer Brüderkapelle (1945 mit den Beständen des Berliner Schloßmuseums vernichtet), 1509 das von → Johann Löffelholz gestiftete Fenster im südlichen Seitenschiff der Nürnberger Lorenzkirche, nach Entwürfen Hans von Kulmbachs 1511 das Markgrafenfenster und 1515 das Pfinzing-Fenster im Chor von St. Sebald. Für die Rochuskapelle fertigte er 1520 — 1521 insgesamt elf Fenster in Anlehnung an Arbeiten Dürers im Auftrage der → Imhoff.

Von seinem Sohn Veit d. J. kennen wir keine größeren Werke, was wenig erstaunt, da nach der Einführung der Reformation in Nürnberg praktisch alle größeren kirchlichen Aufträge für Glasmalereien entfielen. Ohne Zweifel wird er, wie schon sein Vater, als Stadtglaser im wesentlichen Blankverglasungen in städtischen Gebäuden, gelegentlich Wappen- und Kabinettscheibenmalereien ausgeführt und Reparaturen an älteren Fenstern vorgenommen haben, mit Sicherheit auch an den von den Stiftern aus den Ratsfamilien weiter in Ehren gehaltenen kirchlichen Glasmalereien der älteren Zeit. Seine bescheidenen Verhältnisse beleuchtet der Umstand, daß er mehrfach gezwungen war, die Stadt um Vorschüsse und Darlehen zu bitten.

Sein jüngerer Bruder Augustin arbeitete, wie so viele Familienmitglieder, wohl bis zum Tode des Vaters 1525 in der väterlichen Werkstatt. Danach scheint er einen eigenen Betrieb zur Herstellung von Glaswaren in venezianischer Art gegründet zu haben. Wegen eines Compagnie-Geschäftes mit den Hafnermeistern Hanns Nickel und Osswald Reinhardt 1531 und einer falsch verstandenen Notiz bei Neudörfer hat man ihm lange Zeit die typischen Nürnberger bunten Renaissance-Keramiken zugeschrieben, die im 19. Jahrhundert sogar als Hirsvogel-Krüge bezeichnet wurden. In Wirklichkeit sind sie um die Mitte des 16. Jahrhunderts in der Werkstätte des Paulus Preuning entstanden. Bei Augustin Hirsvogels Arbeiten aus dieser Zeit, von denen freilich sichere Stücke nicht erhalten sind, muß es sich um Gefäße in italienischer Art, wahrscheinlich um Gläser, gehandelt haben. Auch als Wappensteinschneider besaß er einen guten Ruf. Seine künstlerisch beachtenswertesten Leistungen liegen jedoch auf dem Gebiete der Radierung und der Kartographie. 1536 verließ er Nürnberg, um zunächst nach Laibach zu gehen. Kaiserliche Aufträge, vor allem für Landkarten, veranlaßten seine Übersiedlung nach Wien, wo er sich 1544 endgültig niederließ. Er schuf für Kaiser Ferdinand I. 1542 eine Karte von Österreich, 1544 Karten von Kärnten und Krain. 1543 verfaßte er ein Lehrbuch der Geometrie; eine Arbeit, die er später auch in Wien fortsetzte, so daß er den Ehrentitel eines „Mathematicus" erhielt. In den vierziger Jahren schuf er über 300 Radierungen von Landschaften, Jagdszenen etc., die sich durch außerordentliche Subtilität in der Ausführung, sowie eine ausgeprägte Kompositionsgabe auszeichnen, welche die zierlichste Zeichnung mit der Massenwirkung der Bäume, Berge und Landschaften aufs Glücklichste zu vereinigen wußte. 1550 gab er einen Bilderatlas mit 152 Radierungen zum Alten und Neuen Testament heraus. Auch eine größere Anzahl von Zeichnungen sind von ihm erhalten. Neuerdings hat man ihm auch Glasmalereien von besonders feiner Ausführung zugeschrieben, die seinen Landschaftszeichnungen nahestehen. *kahs*

Johann Ketzmann · Humanist   1487 — 1542

Zu den Humanisten, die in Nürnberg ihre Heimat fanden, zählt auch Johann Ketzmann. Über Eltern und Schulbildung des 1487 in Schwabach Geborenen ist wenig bekannt. Er soll in Ingolstadt studiert und dort die Magisterwürde erlangt haben. Im Jahre 1516 bewarb er sich von Köln aus um die Stelle des Rektors an der Lorenzer Lateinschule in Nürnberg. Ein Jahr später wurde ihm dieses Amt übertragen, das er bis zu seinem Tode 1542 innehatte. Es ist zu vermuten, daß Ketzmann schon vorher Beziehungen zu → Johannes Cochlaeus, seinem Vorgänger im Amt, und zu → Willibald Pirckheimer hatte. Der Rektor, der seine Funktion zur vollen Zufriedenheit ausfüllte, gilt als gründlicher Gelehrter und Verfasser verschollener Gedichte. Mit den Nürnberger Humanisten stand er in enger Verbindung. Zusammen mit dem ihm befreundeten Rektor der Sebalder Lateinschule → Sebald Heyden war er beim Religionsgespräch von 1525 als Protokollant tätig. 1535 zog ihn der Rat als Gutachter über die Hersbrucker Schulordnung bei. Ein Sammelband mit Briefen, Liedern, Anekdoten und verschiedenen Reformationsschriften aus der Zeit zwischen 1546 und 1552 von der Hand seines Sohnes († 1570) befindet sich in der Staatsbibliothek München. *Hi*

Die Glocke in Altdorf b. Nürnberg, die „Hallerin" des Eichstätter Doms und die Glocke der Hauptkirche von Ellwangen, die bedeutendsten unter den erhaltenen Werken, erinnern bis heute an den berühmtesten unter den Glockengießern der Familie Glockengießer. Hans III. war — 1490 geboren und 1559 gestorben — ein angesehener, auch von Kaiser Friedrich III. sehr geachteter und ausgezeichneter Kunsthandwerker, der seit 1519 als Genannter im → Größeren Rat der Stadt saß. Im Jahr 1528 erwarb er den Landsitz Galgenhof bei Nürnberg, der später — nach seinem Inhaber — Glockenhof genannt wurde und Jahrhunderte zum Familienbesitz gehörte. Die Familie Glockengießer und ihre Glashütte (heute Königstraße 55) gegenüber dem einstigen Klarakloster gehen bis auf das Jahr 1400 zurück. Hans III. war zweimal verheiratet, ab 1518 mit Barbara Grätz, ab 1540 mit Ursula Ungelter, der Witwe des verstorbenen Christoph Glockengießer, der als Ratsherr und Stadtkämmerer in Regensburg wirkte. *Bsl*

Peter Flötner · Formschneider u. Bildhauer   um 1490/95 — 1546

Peter Flötner:
Apoll- und Daphne-Brunnen, GNM.

Einen „Bahnbrecher der Renaissance in Deutschland" hat man ihn zu Recht genannt und wohl kein anderer deutscher Künstler, Dürer nicht ausgenommen, hat so stark auf so vielen Gebieten und so lange nachwirkend die Zierformen des 16. Jahrhunderts in Graphik, Plastik und Kunstgewerbe beeinflußt wie Peter Flötner.

Seine Handzeichnungen, Holzschnitte, Medaillen und Plakettenfolgen geben eine sichere Grundlage zur Bestimmung seines Stils. Seine wenigen Skulpturen, ein Adam in Wien, der Apollobrunnen und die Apollo- und Daphne-Gruppe in Nürnberg sind gesicherte Werke seiner Hand. Sein Einfluß auf seine Zeitgenossen, die Entwicklung eines persönlichen Zeitstiles waren so stark und weitreichend, daß man noch im 20. Jahrhundert ihm auch Werke zuschrieb, wie z. B. den Mainzer Marktbrunnen, den er nie gesehen hat. So bedarf sein Gesamtœuvre einer neuen Sichtung. Die Zuschreibungen zahlreicher Werke an ihn bedürfen noch der Klärung.

Sicher ist, daß der hauptsächlich in Nürnberg tätige Meister unendlich viele kleinformatige Vorlagen, Ornamente und Formen geschaffen hat, mit denen er Scharen von zeitgenössischen und späteren Kunsthandwerkern Vorlagen und Vorbilder lieferte. Allein die Verwendung seiner Plakettenfolgen bei Zinngießern, Glockengießern, Goldschmieden und Rotschmieden ist unüberschaubar.

Die künstlerische Leistung Peter Flötners war es, die Formensprache der Renaissance als erster in Deutschland selbständig geschaffen zu haben, zwar geschult an der italienischen Kunst, aber alle gotischen Reminiszenzen hinter sich lassend. Es war kein monumentaler Stil, den Flötner entwickelte, sondern er legte den Grund für das Schaffen der Kleinmeister. Symptomatisch für ihn ist der Kirschkern mit den 199 Gesichtern. Mit der Wahl des kleinen und oft winzigen Formates wies er ganzen Gewerken für neue Ziermöglichkeiten den Weg. Seine Zusammenarbeit mit dem berühmten Goldschmied Melchior Baier meldet uns bereits → Johann Neudörfer in seinen ‚Nachrichten'; der → Holzschuherpokal des Germanischen Nationalmuseums ist dafür das großartigste Zeugnis und zugleich ein Bekenntnis des

Künstlers zu dionysischer Ausgelassenheit bei der Schilderung des Themas ‚Die Wirkung des Weines auf den Menschen'.

Aufnahme und Gestaltung der Themen aus Mythologie, Altem Testament und Historie sind bei ihm ebenso unerschöpflich wie vielgestaltig. Vielseitig gestaltet er ornamentale Motive aufs neue, wie z. B. die Mauereske (jenes aus der islamischen Kunst übernommene und in der Renaissance so beliebte Flächenornament aus streng stilisierten Blüten und Blättern) in immer neuen Variationen.

Trotz seiner fruchtbaren Tätigkeit, oft im Zusammenwirken mit anderen Kunsthandwerkern, brachte Flötner es nicht zu Wohlstand und gesellschaftlichem Ansehen in Nürnberg. Über sein Leben ist sehr wenig bekannt. Unklar bleibt auch seine Herkunft: wenn sie nicht in Thurgau in der Schweiz zu suchen ist, so liegt seine Heimat wohl in Oberdeutschland. Um 1490/95 ist er geboren. 1522 beschließt der Nürnberger Rat „den fremden Bildschnitzer von Ansbach Meister Peter" als Bürger aufzunehmen. Was er dort und vorher in Augsburg gearbeitet hat, bleibt weitgehend im Dunkeln. Seine Rolle als Architekt in Nürnberg — im → Tucherschlößchen und im → Hirschvogelsaal (Stadtmuseum) — ist umstritten. Fraglich ist auch die eigenhändige Beteiligung bei der Herstellung von Möbeln. Sicher hat er aber dafür zahlreiche Entwürfe geschaffen, von denen sich einige erhalten haben. Am 23. Oktober 1546 ist er in Nürnberg gestorben. (An ihn erinnert die Flötnerstraße in den Gärten bei Wöhrd.) *Pe*

Andreas I. Imhoff · Kaufmann/Vorderster Losunger   1491 — 1579

Am 29. November 1491 kommt Andreas (Endres) Imhoff als Sohn des Ratsherrn, Diplomaten und Geschäftspartners im Handelshaus der Familie, Hans V. Imhoff, zur Welt. Er verbringt seine Jugend in der Zeit, in der Amerika und der Seeweg nach Indien entdeckt werden, und wurde später „der Mann, der das Gesicht Nürnbergs im 16. Jahrhundert geprägt hat" — so Wilhelm Schwemmer, Stadthistoriker und langjähriger Leiter der Stadtmuseen.

Sehr früh, wie damals üblich, wird er, dreizehnjährig, in die Lehre zu Jeronimo de Piero in Venedig geschickt, der ihm die moderne italienische Buchführung beibringt, die Andreas ca. zwanzig Jahre später in der eigenen Firma einführte. In Casalmaggiore (Po-ebene) lernt er den Safranhandel kennen, den schon sein Vater zusammen mit dem Handelshaus Welser in Nürnberg eingeführt hatte (strenge Warenprüfung am Schönen Brunnen). Verwandte und ältere Kollegen vermitteln dem jungen Andreas im Fondaco dei Tedesci Handels-, Wirtschafts-, Transport- und Wegekenntnisse und gute kaufmännische Verbindungen, ehe er 1509 über Mailand, Florenz und Rom nach Aquila zieht. Dort baut er mit den Verwandten in Bari (sie nannten sich „in curia") eine Imhoff'sche Faktorei auf. Im Schloß zu Bari „erhielten ich und Hans Pfisterer (Faktor der Nürnberger Welser-Gesellschaft) gleiche Zollprivilegien wie die Mailänder: durch Schenk erlangt und durch Gnad der ducesa de Milano, Isabella de Aragonia, erworben", so schreibt der junge Safranero 1510 stolz nach Hause. Der Erfolg von Süditalien und das „pundtnuss" (Einkaufskartell) mit den Welsern sind für Andreas das Sprungbrett nach Lyon.

Dort übernimmt er 1514 die Leitung der 1490 von seinem Vater begründeten Faktorei und organisiert zunächst den Einkauf von Safran im Ebrotal und an Afrikas Nordküste. Sein

Hauptziel: Ausbau und Verflechtung der Handelsbeziehungen zwischen Lyon, Saragossa, Lissabon, Aquila und Venedig. Er pilgert, wie schon einmal im Jahr 1505, nach Santiago de Compostela an das Grab des Apostels Jakobus, begegnet in Saragossa wieder der Duchesa Isabella, die zur Erfüllung seiner Handelswünsche beiträgt, organisiert in Lissabon das Sammeln der Übersee-Nachrichten für die eigene Faktorei und schöpft aus den Erfahrungen dreier Imhoff'scher Indienfahrer (vgl. → Hirschvogel). Der Höhepunkt seiner bald zehnjährigen Arbeit in Südwesteuropa ist für ihn der „monopolistische Vertrag" zwischen ihm als Vertreter seiner Handelsfirma und dem König von Portugal; ein Vertrag, der ihn veranlaßt, die Beobachtertätigkeit von „Respondenten" einzuführen, welche Qualität und Mengen der aus Arabien, Afrika und „von India gen Lißboa" ankommenden Waren an ihn nach Lyon melden. So gewann er den Überblick und hatte die Möglichkeit, die Ware durch Maulesel in die Umschlagszentren Südwesteuropas bringen zu lassen.

Während eines längeren Aufenthaltes in Nürnberg heiratet er 1518 Ursula Schlaudersbach aus begüterter, alter Hüttenfamilie in der Steiermark, die inzwischen in Nürnberg ansässig geworden war, geht aber noch einmal 1519 für zwei Jahre nach Lyon. 1523 begegnen wir ihm — nach kurzer Dienstzeit als Assessor und Schöffe am Stadtgericht — schon als Mitglied des Kleinen Rats und als Rugsherr (Planung der Gewerbepolitik); er verliert aber 1521 seine kleine Tochter, 1525 seine 24jährige Frau, heiratet jedoch im Jahr danach die nach kurzer Ehe mit Peter Totzler verwitwete Regensburgerin → Magdalena Reich, die ihm drei Söhne und fünf Töchter schenkt. Die Familie wechselt auf ihren Besitzungen zwischen den Häusern bei St. Lorenz, Gleishammer und auf der Weidemühle (wo → Albrecht Dürer aquarellierte); zwei der Besitze verbunden mit Hammer-, Drahtzieher- und Papiermühlen vor der Stadt. Damit hat Andreas die Basis gefunden, auf der er Gelerntes, Erfahrenes und im Ausland schon Praktiziertes für Heimatstadt, Familie und Handelshaus — drei Begriffe, die für ihn nicht voneinander zu trennen sind — in die Wirklichkeit umsetzen kann.

Für Stadt und Firma hieß dies: Rigorose Umstellung von Ost- auf Westhandel, also von reinem Kontinental- auf Überseehandel, wie es sein Vater eingeleitet und sein Onkel → Willibald Pirckheimer befürwortet hatte, ohne alte Fundamente des Ost- und Orienthandels aufzugeben. 1528 wird Andreas Chef der umorganisierten Handelsgesellschaft, die nun „Andreas Imhoff und Mitverwandte" heißt. Sie bezieht alle männlichen Imhoffs in den Familienzweigen zu Augsburg, Donauwörth, Rothenburg, Lauingen (Ursprungsort der Familie), Antwerpen, Lissabon, Venedig und Bari mit ein. Handelshaus und Zweigniederlassungen werden modernisiert. Von Venedig aus wird — soweit möglich — die Osmanische Handelsblockade durchbrochen. Die Wege nach Krakau und Prag werden noch immer befahren. Die kraft Lage nach Westen orientierten Zweigniederlassungen (Aquila, Messina, Neapel, Genua) nehmen an Bedeutung zu. Sie hören auf Lyons Weisungen, die Andreas' Neffe, → Willibald Imhoff ausgibt. Ziel dieser Strategie: Die europäischen Weststaaten zwischen Lissabon und Antwerpen sollten Stadt und Firma nicht erpressen können. Nur so ist es Andreas möglich, am Überseehandel der Westmächte Europas teilzuhaben.

Seit 1530 ist er Jüngerer Bürgermeister im Kleinen Rat, 1544 wird er Zweiter Losunger und Erster Stadthauptmann. Neffe Willibald wird sein Vertrauter; Andreas' jüngerer Bruder Gabriel, erst in Antwerpen, dann in Venedig tätig, geht ihm als Koordinator zur Hand. In einem Buch über Welthandelsbräuche wird Andreas von seinem Faktor Lorenz Meder 1558 (in diesem Jahr stirbt Magdalena) bestätigt, daß seine Handelsverbindungen und Geldtransaktionen in Südwesteuropa funktionieren. Als er 1564 Vorderster Losunger (Stadtoberhaupt) wird, erreichen Nürnbergs Handelsnetz und die Firma die größte Ausdehnung: Von Krakau bis Lissabon, von Prag bis Antwerpen, von Aquila bis Amsterdam, von Venedig bis Lübeck; für alle Routen dient Nürnberg als Umschlagplatz. Der Gewinn der Firma beträgt am Lebensabend des Andreas eine halbe Million Gulden.

Auch wenn ein Übermaß an Arbeit auf ihm lastet — für seine Familie hat Andreas offenbar

Zeit gehabt. Auf Clavicords und Lauten musiziert er mit seinen Kindern, zeigt ihnen neuge-
kaufte Weltkarten, erklärt ihnen den Globus und versucht als gelehrter Humanist, sie in wissenschaftliche Literatur einzuführen. Er sammelt leidenschaftlich Münzen, Fayenceplatten,
Pokale und Tafelaufsätze aus Edelmetall, kauft Teppiche aus Flandern, verfaßt Gebetbücher und schrieb Luthers Bibel zweimal ab. Er sorgt für die Ausbildung seiner Kinder und
für deren Ehen, die ihn auch mit den Familien → Tucher, → Scheurl, → Kreß, Gugel, → Geuder, Schmidtmayer und Mannlich enger verbinden. Er setzt stark auf → Andreas II., der später sein Nachfolger wird, genau wie dessen Sohn Andreas III. wiederum seinen Vater ablöst.
Innenpolitisch gilt der erste Andreas Imhoff als liberal. Er setzt im Rat die Aufführungen der
kritischen Kommödien des → Hans Sachs durch, sorgt schon als Jüngerer Bürgermeister für
die Absicherung von Nürnbergs südöstlichen Vorposten Heideck, Allersberg und Hilpoltstein, indem er das Landpflegeramt wahrnimmt. Sozialpolitisch engagiert er sich als Pfleger
des Pilgrimhospitals St. Martin und des Mendelschen Zwölfbrüderhauses in der Karthause
(heute Teil des Germanischen Nationalmuseums). Durch kapitalkräftige Stiftungen für den
Bau der in seiner Amtszeit errichteten Akademie in Altdorf — der späteren Reichsstadtuni-
versität — wird er zum Initiator einer breitangelegten Bildungspolitik. Durch eigene Mittel
hält er die Stadt aus dem Schmalkaldischen Bund heraus, engagiert sich materiell und geistig
für die Reformation, für die Wahrung des Augsburger Konfessionsfriedens von 1555, für
die Bereinigung der Folgen des Markgrafenkrieges und pendelt sehr vorsichtig die Kredite
aus, die er den französischen, spanischen und portugiesischen Königen geben kann. Denn er
darf den Kaiser nicht verletzen; dies könnte den Status der Freien Reichsstadt und die eigene
Firma gefährden.
1571 wird ihm nach dem Tode des letzten nicht-nürnbergischen Reichsschultheißen von
Westhausen zusätzlich zu seiner Aufgabe als Vorderster Losunger auch noch dieses Amt
(offiziell: Reichsschultheißen-Amtsverweser) übertragen. Von da an wurden beide Ämter
stets in der Hand des Vordersten Losungers von Nürnberg vereinigt. Fast jedes Amt, das
Andreas einmal verwaltet hat, ist in seinem Testament mit hohen Gaben bedacht. Der ener-
giegeladene und phantasievolle Mann starb am 24. Oktober 1579 nach 56-jähriger Amts-
tätigkeit im Rat der Stadt. Er wurde in der Rochuskapelle (dahinter die nach der Familie
benannte Imhoff-Straße) als „guter Christ, kluger Regent und wahrer Patriot" zu Grabe
getragen. *Im*

Erhard Schön · Maler und Zeichner   um 1491 — 1542

Der Maler und Zeichner Erhard Schön, Sohn des Malers Marx Schön, wurde um 1491 in
Nürnberg geboren. Er stammte aus einer Familie von Brief-, Glas- und Faßmalern, die seit
der Mitte des 15. Jahrhunderts in der Reichsstadt ansässig war. Aus dieser handwerklichen
Kunsttradition hat sich Schön nie ganz gelöst, auch wenn er im zweiten Jahrzehnt des 16.
Jahrhunderts → Hans Springinklee, den engsten Mitarbeiter → Dürers, bei der Ausführung
der großen Holzschnittaufträge für Kaiser Maximilian I. unterstützte und so an dem allgemeinen Aufschwung der Kunstfertigkeit teilhatte, den Dürers Schaffen in Nürnberg
bewirkte. 1515 lag Schön in einem Rechtsstreit mit → Veit Stoß. Aus dieser Zeit stammen
auch seine ersten erhaltenen Holzschnitte. Obwohl Schön in den zwanziger und dreißiger
Jahren zu den meistbeschäftigten Nürnberger „Reißern" zählte, ist an persönlichen Daten
wenig überliefert: Er bewohnte ein Haus am Weinmarkt, was auf einen gewissen Wohlstand
schließen läßt. Er war zweimal verheiratet. Seine erste Frau, Helena, starb 1540. Eine zweite
Ehe, die er 1541 einging, währte kaum mehr als ein Jahr: Im Herbst 1542 starb der Künstler.
Obgleich Schön auch als Maler und — mit einer Schrift zur „Unterweisung der Proportion"
(1538) — auch als Kunstschriftsteller hervortrat, liegt seine Bedeutung in erster Linie in seiner außerordentlich fruchtbaren Tätigkeit als Entwerfer von Holzschnitten. Sein umfang-

reiches, rund 1200 Blätter umfassendes Holzschnittwerk ist noch immer nicht fest umrissen — auch deshalb, weil er immer wieder den wechselnden Einflüssen bedeutenderer Meister seiner Umgebung unterlag. Schön begann als Entwerfer von Buchholzschnitten für verschiedene große Nürnberger Verleger. So lieferte er, zusammen mit Springinklee, die Holzschnitte zu den Ausgaben des „Hortulus Animae" (1516) und für die Lyoner Bibeln (1518) des Kobergerschen Verlages. Wenig Klarheit herrscht über Art und Umfang seiner Mitarbeit an den Holzschnitten zu Dürers „Ehrenpforte". Einen eigenen Holzstock steuerte er erst für die um 1520 gedruckten Separatausgaben bei. Um 1515 wandte sich Schön dem Einblattholzschnitt zu und schuf — etwa mit seinem großen Rosenkranzblatt — Arbeiten, die zu seinen besten gehören. In seinen Frühwerken verdankt er viel dem feingratigen Holzschnittstil Springinklees, tendiert aber bereits zu einer flächig-dekorativen, um nicht zu sagen „plakativen", Auffassung, die sich in den zwanziger Jahren noch verstärkt.

Seit die Reformation tiefgreifende Veränderungen für Funktion und Thematik der Druckgraphik mit sich gebracht hatte, seit das Andachtsbild an Bedeutung verlor und dagegen belehrende, erbauliche, satirische und religiös-polemische Blätter die populäre Holzschnittproduktion bestimmten, wandte sich Schön verstärkt der Flugblattgraphik zu. Dabei folgte er dem Vorbild → Sebald Behams, dessen breitlinig-großflächiger Holzschnittstil für die populären Drucke der Zeit maßgeblich wurde. Wegen ihrer Nähe zu Beham wurde eine ganze Gruppe Schön'scher Holzschnitte unter dem Notnamen „Pseudo-Beham" geführt. Im letzten Jahrzehnt seines Lebens — nach Behams Wegzug — wurde Schön zum führenden Nürnberger Reißer und Flugblattentwerfer, der mit zahlreichen Briefmalern, Formschneidern und Druckern zusammenarbeitete. Sein Werk umfaßte dabei das gesamte Spektrum gängiger Themen: Er schuf die Holzschnittporträts zeitgenössischer Fürsten; auch das eindrucksvolle Profilbildnis des alten Dürer (1527) wird ihm zugeschrieben. Als Vorläufer des modernen Bildjournalismus zeichnete er großformatige Holzschnitte der Türkenbelagerung von Wien (1529) und der Belagerung von Tunis durch Karl V. (1535), ferner Mißgeburten und Kriminalfälle. Ganze Holzschnittfolgen sind der Darstellung der türkischen Armee und den Landsknechten gewidmet. Das Bauerngenre ist in seinem Werk ebenso vertreten wie allegorische und satirische Blätter auf Mißstände seiner Zeit. Besondere Beachtung verdienen dabei die zahlreichen Holzschnitte zu den Spruchgedichten des → Hans Sachs, der mit keinem Reißer so eng zusammenarbeitete wie mit Erhard Schön. *Sc*

Pankraz und Georg Labenwolf · Erzgießer   1492—1585

Pankraz Labenwolf, geboren 1492 in Nürnberg, war der Sohn eines aus Augsburg zugewanderten Erzgießers. Er leistete am 4. Juni 1519 den Bürgereid, wurde noch im gleichen Jahr Rotschmiedemeister und besaß 1523 seine eigene Werkstatt. Er muß vor 1533 seine Frau Anna geheiratet haben, und hatte zwei Söhne.

Sein Aufstieg begann mit dem Tod der führenden Nürnberger Erzgießer → Peter d. J. (1528) und Peter d. Ä. Vischer (1529) und hing eng zusammen mit einer sich nun ausbildenden neuen Art figürlicher Haus- und Hofbrunnen, die in Nürnberg rasch beliebt wurde und zu Bestellungen von auswärts führte. Aus dem Jahre 1532 stammt als frühes und künstlerisch überaus bedeutendes, weil ganz aus dem Geiste der Renaissance gestaltetes Beispiel der Apollobrunnen für das Schießhaus am Sand, der heute im Hof des → Pellerhauses steht. Einem Briefwechsel zwischen dem Humanisten → Dr. Christoph Scheurl und Kardinal Bernhard von Cles, Bischof von Trient, zufolge hatte mit hoher Wahrscheinlichkeit → Peter Flötner das Holzmodell geschnitzt.

1533 lieferte Labenwolf zwei Brunnen nach Trient, davon einen mit einer Gruppe von Apollo und Daphne, von der es mehrere Varianten gibt. Auch für sie hatte wohl Flötner das Modell geliefert. Mit zwei, auch heute noch in Nürnberg besonders beliebten Brunnen, dem

Gänsemännchen- und dem Rathausbrunnen, war Labenwolfs Name wegen ihrer Volkstümlichkeit so verbunden, daß er der Nachwelt auch als ihr künstlerischer Gestalter galt. Erst durch Forschungen (Klaus Pechstein), ist schlüssig nachgewiesen, daß Hans Peisser der Schnitzer der Modelle war. Der ursprüngliche Standort des um 1550 gegossenen Gänsemännchenbrunnens, heute im Hof des Neuen Rathauses, war der Obstmarkt gewesen. Das Motiv, ein Bauer, der zwei Gänse zum Verkauf auf dem Nürnberger Markt im Arm hat, ist so volksnah, daß im 19. Jahrhundert, das solch genrehafte Darstellungen besonders liebte, Nachgüsse, deren erste Goethe für Weimar angeregt hatte, in verschiedenen Städten aufgestellt wurden. Dies hat Labenwolfs Namen weit über Nürnberg hinaus berühmt gemacht. Der Rathausbrunnen mit einem über wasserspeienden Meeresungeheuern stehenden Putto, der in der Linken eine Standarte und mit der Rechten das Wappen der Reichsstadt hält, ist 1557 datiert und mit PL signiert. Hans Peisser, dem Schnitzer des in den Sammlungen des Germanischen Nationalmuseums aufbewahrten Holzmodells, und dem Gießer Labenwolf sind (so Pechstein) eine Reihe weiterer Kleinbronzen zuzuschreiben, die früher wohl ebenfalls den Schmuck ähnlicher Hof- und Hausbrunnen gebildet hatten.

Der Rat der Reichsstadt hat, da es in seinem Interesse lag, Labenwolf wiederholt die Ausnahmegenehmigung erteilt, auswärtige Aufträge zu erfüllen: so der im alten Bestand erhaltene Planetenbrunnen in Linz, wohl ein Gemeinschaftswerk von ihm und Peisser, und das große Bronzeepitaph des Grafen von Simmern in der Kirche von Messkirch (b. Sigmaringen), das 1551 datiert und voll bezeichnet ist: „Bancraz Labenwolf zu Nürnberg auf der Schmelchütten gos mich". Das Epitaph erscheint wie ein Rückgriff auf die Bronzegrabmäler der Vischerwerkstatt, in deren Tradition stehend, aber auch von deren Ruhm überschattet, sich das Lebenswerk von Pankraz Labenwolf (gest. 1563) darstellt.

In der Werkstatt folgte ihm sein ältester Sohn Georg Labenwolf, der, vor 1530 geboren, schon lange Mitarbeiter des Vaters gewesen war. Über sein bedeutendstes Werk, einen figurenreichen Brunnen, den er nach Modellen von Lienhardt Schacht im Auftrag von König Friedrich II. von Dänemark für den Hof des Renaissanceschlosses Kronborg goß, berichtet anschaulich J. G. Doppelmayr: „ . . . von den Werken, die er verfertiget, wurde ein großes Brunnen-Werck, das aus purem Metall, so bei 200 centner schweer, bestunde, und vor den König in Dänemarck gehörte, als das considerabelste, indeme man noch nie zuvor eines von dergleichen Grösse in Nürnberg zu sehen bekommen, durchgehendst bewundert. Zu öberst, in einer Höhe von mehr als 20 Schuhe, waren Neptunus mit dreyen Meer-Pferden, der vermöge des in die Höhe steigenden Wassers und eines innwendig beweglichen Rades sich immer umdrehen musste, unter diesen aber verschiedene Meer-Weiblein, noch weiter hinab einige Göttinen mit verschiedenen Vögeln, endlich zu unterst um den Brunnen sechserley Nationes, eigentlich anzutreffen, da alle diese Bilder, in der Anzahl von 36, springende Wasser . . . von sich geben". Wir erfahren hier auch, daß Labenwolf, was ein Ratsverlaß von 1853 bestätigt, genehmigt worden war, den Brunnen vor seinem Transport nach Dänemark im Stadtgraben beim Einlauf des Fischbaches drei Tage aufzustellen," . . . um ein prob zu thun, ob und wie es lauffen werde". Der Brunnen ist 1659 von den Schweden im Krieg mit Polen bis auf 3 Figuren eingeschmolzen worden. Nur ein kleiner Stich in „Braunius' Theatrum Urbium", der den prächtigen Innenhof des Schlosses aus der Vogelschau wiedergibt, vermag in etwa eine Vorstellung von seiner einst zentrierenden Kraft und seiner auf die Renaissancefassaden zurückstrahlenden Wirkung zu vermitteln. Dem Werk in Kronborg vorausgegangen war ein, ebenfalls nicht erhaltener Brunnen, den Labenwolf im Auftrage des Landgrafen Wilhelm von Hessen 1570/71 für den Lustgarten in der Aue bei Kassel gegossen hatte. Vor der Zerstörung bewahrtgeblieben ist nur der Minervabrunnen im Hof der Altdorfer Universität, der aber, einfigurig und zierlich, wie ein retrospektives, den Nürnberger Brunnen des Vaters nahestehendes Werk erscheint. So ist Georg Labenwolfs (gest. 1585) bedeutender Beitrag zur Ausbildung des figurenreichen, vielgestaltigen und gestuft aufgebauten süddeutschen Brunnentyps der Spätrenaissance heute nur mehr durch das Medium des Tugendbrunnens (Lorenzkirche) seines Schülers und späteren Mitarbeiters → Benedikt Wurzelbauer erkennbar. (Zu Labenwolfs Ehren: Labenwolfstraße und Labenwolfschule.) *Schö*

Hans Sachs · Schuhmacher und Poet   1494 — 1576

Im Jahre 1527 hatte Hans Sachs zu den Holzschnitten einer antipäpstlichen Flugschrift des Lorenz-Predigers → Andreas Osiander erläuternde Reime verfaßt. Der aus politischen Erwägungen stets vorsichtig agierende Rat der Stadt Nürnberg beschlagnahmte das Pamphlet umgehend und rügte den Dichter: „Nun sey solichs seynes ampts nit, gepüre ime auch nicht; dorümb eins raths ernster bevelch, das er seins handtwerks und schüechmachens warte, sich auch enthalte, eynich büechlin oder reymen hinfur außgeen zu lassen". Der Schuhmacher Hans Sachs ist der dringlichen Empfehlung, bei seinem Leisten zu bleiben, nicht nachgekommen. Als er 1576 starb, hinterließ der 81 jährige mit mehr als 6000 Dichtungen in 33 handschriftlichen Bänden vielmehr ein außergewöhnlich umfangreiches literarisches Œuvre, das die Popularität des Dichters zu seinen Lebzeiten begründete: „Gestorben ist Hannß Sachs, der alte teutsche Poet" — so der Eintrag im Ratstotenbuch. Aber dieser „teutsche Poet", nach seinem Tode noch als „Euripides Germanicus" und „Teutscher Vergilius" gepriesen, geriet Mitte des 17. Jahrhunderts in Vergessenheit. In den Literaturfehden des beginnenden 18. Jahrhunderts erneuerte sich das Interesse an seinem Werk, das nun aber auf heftige Kritik stieß. Aus dieser Zeit ist uns auch der bekannte Zweizeiler
                    „Hans Sachs war ein Schuh-
                    Macher und Poet dazu"
überliefert, der die vorgeblich kunstlose Verstechnik des Hans Sachs karikieren sollte. Nach der Rehabilitierung des Dichters durch Goethe — „In Froschpfuhl all das Volk verbannt, Das seinen Meister je verkannt!" — formte sich im Zuge der romantischen Entdeckung Nürnbergs ein zunehmend verklärtes Sachs-Bild, das schließlich — unter dem Einfluß von Richard Wagners 1868 uraufgeführter Oper „Die Meistersinger von Nürnberg" — zum Klischee erstarrte. Seither gilt der Handwerker-Dichter als Prototyp des Volkspoeten und geradezu als Inkarnation deutscher Sittsamkeit und bürgerlichen Biedersinns. Der historischen Person und ihrem Werk — heute nur noch in Teilbereichen rezipiert — wird diese Einschätzung jedoch kaum gerecht.

Aus zahlreichen archivalischen Quellen und autobiographischen Dichtungen sind wir über das Leben des Hans Sachs gut unterrichtet. Am 5. November 1494 wurde er als einziges Kind des Schneidermeisters Jörg Sachs und dessen Frau Christina in Nürnberg geboren. Von 1501 bis 1509 besuchte er die Lateinschule im Heilig-Geist-Spital und begann danach eine zweijährige Schuhmacherlehre. Die anschließende Wanderschaft führte ihn durch Süddeutschland und an den Rhein. Im Jahre 1516 kehrte er nach Nürnberg zurück und verließ — von wenigen Ausnahmen abgesehen — die Stadt zeit seines Lebens nicht mehr. Am 30. Januar 1520 wurde Sachs zum Meister des Schuhmacherhandwerks gesprochen, das er dann mehr als vier Jahrzehne lang ausübte. Als Angehöriger der städtischen Mittelschicht — Sachs war nicht unvermögend und besaß vier eigene Häuser — lebte er frei von materieller Bedrängnis. Bereits 1519 hatte er Kunigunde Creutzer geheiratet. Von den sieben Kindern dieser Ehe überlebte nicht eines den Dichter. Nach dem Tode seiner ersten Ehefrau heiratete Sachs 1561 die 27 jährige Witwe Barbara Endres. Im folgenden Jahre beendete er seine Tätigkeit als Schuhmacher, und am 1. Januar 1567 zog er unter dem Eindruck der Beschwernisse des Alters mit der „Summa all meiner gedicht" auch die Bilanz seines dichterischen Schaffens. Seine letzten Gedichte entstanden 1573. Hans Sachs starb am 19. Januar

1576 und wurde auf dem Johannisfriedhof an heute nicht mehr nachweisbarer Stelle begraben. Zu seinen Ehren wurden eine Gasse und ein Platz in der Altstadt, auf dem sein Denkmal steht, nach ihm benannt.

Schon während seiner Lehrzeit erwarb sich Hans Sachs unter der Anleitung des Leinewebers und Meistersingers → Lienhard Nunnenbeck die elementaren Fertigkeiten des Meistergesanges. Neben Liebesliedern entstand auf der Wanderschaft 1514 auch sein erstes von insgesamt 4000 Meisterliedern in 275 verschiedenen Meistertönen, darunter 13 eigene Töne, die er selbst komponierte. Kein anderer Meistersinger hat eine solche Anzahl von Liedern hervorgebracht. Die Nürnberger Meistersingergesellschaft erlebte durch die enorme Produktivität von Sachs — der Meistergesang bildet den weitaus umfangreichsten Teil seines Werkes — und durch seine Erneuerungen ihre bedeutendste Zeit. Stand der Meistergesang des 15. Jahrhunderts noch ganz überwiegend im Zeichen geistlicher Thematik, so bearbeitete Sachs in diesem Genre mit Fabeln, Schwänken, antiken und populären Stoffen nun auch weltliche Themenbereiche. Den religiösen Meistergesang dagegen stellte er ganz in den Dienst der Reformation. Der neue Glaube und die Kenntnis der Bibel Luthers konnten auf diese Weise in den Singschulveranstaltungen einem breiteren Publikum bekanntgemacht werden. Sachs war darüber hinaus an der Entstehung der Nürnberger Singschulordnung beteiligt, in der die Richtlinien für die Erstellung regelgemäßer Meisterlieder und die Statuten der Gesellschaft niedergelegt sind. Von 1555 — 1561 übte er das Amt eines Merkers aus.

Die beinahe lückenlose, sieben Jahrzehnte während Schaffenszeit des Dichters ist lediglich durch einen dreijährigen Zeitraum unterbrochen, in dem nicht ein einziges Gedicht entstand. In dieser Zeit setzte sich Sachs intensiv mit der Lehre Luthers auseinander, für die er 1523 mit der Flugschrift „Die Wittenbergisch Nachtigall" erstmals nachdrücklich eintrat. Noch im gleichen Jahre erschienen sechs weitere Drucke dieser Schrift und machten ihren Autor überaus populär. Einer literarischen Mode folgend veröffentlichte Sachs 1524 vier ungemein erfolgreiche und ebenfalls mehrfach aufgelegte Prosadialoge — neben zwei weiteren erhaltenen Dialogen die einzigen nicht versifizierten Texte seines Werkes — , in welchen er gegen die katholische Kirche polemisierte, die wesentlichen Inhalte des neuen Glaubens darlegte, aber auch die Anhänger der reformatorischen Bewegung zur Besonnenheit und zu einem gottgefälligen Leben aufrief. Die Lehre Luthers blieb bestimmend für das Werk des Hans Sachs. Auch in späteren Jahren engagiert er sich immer wieder für sie. Dabei stand für ihn nicht so sehr deren theologisch-theoretische Fundierung im Vordergrund, sondern ihre ethische und lebenspraktische Konsequenz: die sich im Glauben entäußernden Werke tätiger Nächstenliebe. Die Teilnahme des Hans Sachs am aktuellen Geschehen galt über die Reformation hinaus dem Bauernaufstand, der Türkengefahr, dem Markgrafenkrieg (Texte hierzu fielen noch nach dem Tode des Dichters der Zensur anheim) und anderen zeitkritischen Themen. Mit Einblattdrucken zu aktuellen Ereignissen und gesellschaftlichen Mißständen trat er an die Öffentlichkeit. Das Klischee vom „Biedermann der deutschen Literaturgeschichte" ist mit solchen Aktivitäten nicht vereinbar.

Für seine aktuelle politische Dichtung und Zeitsatire benutzte Sachs vor allem die Gattung des Spruchgedichts. Diese literarische Form — nichtstrophische, in Reimpaaren abgefaßte, zum Lesen oder Sprechvortrag bestimmte Texte mittleren Umfangs — verwandte er auch für fast 2000 Dichtungen unterschiedlichster Art: Fabeln, Schwänke, Lobsprüche, Historien, Klag- und Kampfgespräche, Mären und Gelegenheitsgedichte. Bevorzugt griff Sachs auf antike und mittelalterliche Erzählstoffe, biblische und historische Inhalte zurück. Nicht die Originalität seiner Dichtung war ihm wichtig, sondern — insofern es sich nicht um rein unterhaltende Texte handelte — die moralisch-sittliche Belehrung, die er mit den tradierten Stoffen verband. Gleiches gilt auch für seine nach humanistischem Muster verfaßten mehr als 100 Komödien und Tragödien. Neben den Meisterliedern gehören sie zu dem heute kaum

116

noch rezipierten Teil seines Werkes. Dagegen wird eine Reihe der insgesamt 85 Fastnacht-spiele auch gegenwärtig beachtet. Zahlreiche Bearbeitungen und Inszenierungen von Laienspielgruppen beweisen es. Zur Aufführung in Wirtsstuben oder Privaträumen vorge-sehen, waren sie als unterhaltender — zuweilen ernsthafter — Beitrag im Rahmen der Fast-nacht bestimmt.

Die Intention der Sachs'schen Dichtung liegt in einem dezidiert didaktischen Anspruch, der alle Lebensbereiche einbezieht. In ihrer belehrenden Tendenz knüpft sie an die Tradition der didaktischen Literatur des Mittelalters und der Frühen Neuzeit an. Ihr Ziel ist die Besserung und Erziehung des Menschen. Sie gibt Anweisungen für rechtes Verhalten, indem sie Maß-stäbe für sittliches Handeln vermittelt, Lasterhaftigkeit tadelt und lebenspraktisch orientier-ten Rat erteilt. Höchste Handlungsmaxime ist dabei die im Einklang mit dem „Wort Gottes" stehende Vernunft. Dadurch sollen Diesseitsbewältigung und Bewahrung jenseitigen See-lenheils gewährleistet werden. Den pädagogischen Zweck seiner Dichtung hat Hans Sachs in der „Summa all meiner gedicht" explizit formuliert:

> „Und meine gedicht laß zu-letz
> Dem guthertzig gemeinen mann,
> Mit gotts hülff sich besser darvon." *Ka*

Wilhelm Breitengraser · Komponist   1495 — 1542

Wilhelm Breitengraser (ca. 1495 — 1542) war der bedeutendste Nürnberger Komponist der Dürer-Zeit. Obwohl er es nach offenbar abgebrochenem Studium in Leipzig zeitlebens nicht über eine kärglich besoldete Schulmeisterstelle an der Nürnberger Trivialschule von St. Egi-dien hinausbrachte, auch ständig in wirtschaftlichen Schwierigkeiten war, zählte er doch zu dem humanistischen Dichter-Kränzchen des Poeten → Eoban Hesse, dem neben anderen Ratsherren auch → Willibald Pirckheimer und → Albrecht Dürer angehörten. Das hohe Ansehen Breitengrasers als Komponist ist schon daran abzulesen, daß er mit mehr als einem Dutzend mehrstimmiger Sätze in der weitverbreiteten Liedsammlung von → Hans Ott („Hundert und ainundzweintzig neue Lieder", Nürnberg 1534) neben Johannes Senfl ehrenvoll vertreten war. Hier wie auch in seinen anderen kunstvollen Vokalwerken erweist er sich als meisterhafter, weiträumig disponierender Beherrscher des niederländischen Chorstils. Die tatsächliche Bedeutung Breitengrasers für seine Zeit läßt sich nur schwer abschätzen, da offenbar nur ein geringer Teil seiner Werke erhalten blieb. (Eine Seitenstraße der Ostendstraße auf dem Weg nach Mögeldorf ist nach ihm benannt.)   *WW*

Johann Petreius · Drucker und Verleger   1496/1497 — 1550

Als am 16. Mai 1523 die Nürnberger Kanzlei den „Johann Petri, Puchtrucker" gegen Zah-lung der üblichen Gebühr in das Neubürgerverzeichnis aufnahm, war dies für den reichs-städtischen Beamten sicher nur ein Vorgang alltäglicher Verwaltungsroutine. Für den Buch-drucker Johann Petreius aber, wie er sich später selbst nannte und wie er auch noch heute bezeichnet wird, war der Erwerb des Bürgerrechtes der Beginn einer neuen Existenz als selbständiger Unternehmer.

Petreius war 1496 (oder 1497) in dem kleinen fränkischen Dörfchen Langendorf bei Hammelburg geboren worden. Wahrscheinlich durch verwandtschaftliche Beziehungen zur Basler Druckerfamilie Petri bestimmt, nimmt er im Wintersemester 1512/13 sein Studium in Basel auf. Dort erwirbt er 1517 den Grad eines Magisters und arbeitet anschließend in der Offizin von Adam Petri. Für die nächsten Jahre bis 1523 können wir mangels Nachrichten nur annehmen, daß er Berufskenntnisse und Wissen erweitert und vertieft hat; denn seine Arbeit in Nürnberg beginnt gewissermaßen aus dem Stand mit erstaunlicher Produktivität. 1523 bringt er seine ersten Drucke heraus; 1525 beweist er die Leistungsfähigkeit seines Betriebes durch ein Schriftmusterblatt, mit dem er zwölf verschiedene Typenalphabete, darunter ein griechisches und zwei hebräische, für die Druckaufträge seiner zumeist gelehrten Kundschaft anbieten kann.

Etwa in dieser Zeit seines beruflichen Starts in Nürnberg beginnt auch in seinem Privatleben ein neuer Abschnitt: er heiratet Barbara Neudörfer, die Schwester des berühmten Schreib- und Rechenmeisters → Johann Neudörfer, dem wir wichtige Nachrichten zur Person des Druckers Petreius verdanken. Die bedeutendste Quelle für dessen Schaffen sind jedoch die von ihm gedruckten Bücher. Zunächst stellt er humanistische und theologische Werke her, vor allem aus dem reformatorischen Lager, über 50 theologische Titel allein in den Jahren 1524 bis 1526; eine Häufung, in der sich die Ereignisse der Nürnberger Kirchengeschichte und die Einführung der Reformation widerspiegeln. In der Folgezeit treten neben die philologischen und theologischen auch naturwissenschaftliche und juristische Bücher, die in seiner Offizin hergestellt werden. Unter den letzteren ragt der mehrbändige „Codex iuris civilis" heraus, den Petreius unter finanzieller Beteiligung des Nürnberger Rates in den Jahren von 1529 bis 1531 herausbringt. Dem Gutachten von → Willibald Pirckheimer ist es zu danken, daß diese für die Rechtsgeschichte so bedeutungsvolle Edition in Nürnberg verlegt und gedruckt werden konnte.

Für die Kirchengeschichte der fränkischen Territorien und weit darüber hinaus war ein anderes Buch von Gewicht, das Petreius gemeinsam mit seinem Druckerkollegen Jobst Gutknecht 1533 produziert hat: die von → Osiander und dem württembergischen Reformator → Brenz erarbeitete und von → Markgraf Georg dem Frommen und der Reichsstadt gemeinsam herausgebrachte Nürnberg-Brandenburgische Kirchenordnung. Sie wurde in den folgenden Jahrzehnten ein Hauptinstrument bei der Durchführung der Reformation und wurde zum Vorbild für entsprechende Regelungen in vielen anderen Teilen des Reiches.

Ein gänzlich anderes Gebiet publizistischer Tätigkeit eröffnet sich Petreius ab etwa 1529 durch die Herausgabe sogenannter „Neuer Zeitungen", Flugschriften von geringem Umfang, die über aktuelle Ereignisse berichten. Weit über 20 solcher Kleindrucke sind bislang bekannt geworden; die tatsächliche Zahl liegt jedoch weit höher, da von jenem nur für den Tagesanlaß bestimmten Schriftgut natürlich nicht viel aufbewahrt worden ist. Bei einigen dieser „Neuen Zeitungen" nennt sich der Autor bzw. Übersetzer: der Ratskonsulent → Christoph Scheurl, mit dem Petreius vor allem um 1535/36 besonders eng zusammenarbeitete. Neben Humanisten und Theologen stand der Drucker und Verleger auch mit Mathematikern auf vertrautem Fuße. Seine Kontakte zu → Georg Joachim Rhetikus und zu → Johann Schöner brachten ihn in Verbindung mit → Nikolaus Kopernikus, dessen Hauptwerk „De revolutionibus orbium coelestium" 1543 bei Petreius herauskam. Diese, für die Wissenschaftsgeschichte des gesamten Abendlands bahnbrechende Publikation, ist Petreius zu danken. Er hatte wesentlichen Anteil an der Zusammensetzung seines Veröffentlichungsprogramms und war keineswegs „nur" ein Drucker, der gegen Bezahlung herstellte, was man ihm an Manuskripten übergab. Seine eigene gelehrte Bildung, sein Umgang mit den führenden Köpfen seiner Zeit, nicht zuletzt auch seine verwandtschaftlichen Beziehungen zu Neudörfer, dem wohl Petreius' Hinwendung zur Mathematik zu danken ist, ließen ihn Anteil nehmen auch am Gehalt der von ihm publizierten Bücher.

Nicht alle Werke, die seine Druckerei verließen, hatten solches Gewicht. Sein Geschäft lebte von der Produktion zahlreicher, nach Umfang und Inhalt ganz verschiedener Opera, von denen wir bis heute über 400 Titel kennen. Der wirtschaftliche Erfolg dieser Unternehmungen dürfte ansehnlich gewesen sein. Schon im März 1533 erwirbt er ein Haus „undter der vesten, an der obern Schmidgassen" (jetzt Haus Ölberg Nr. 9) um 365 Gulden; 1538 kauft er das Nachbarhaus (Ölberg Nr. 11) dazu, im folgenden Jahr macht er es schuldenfrei und 1544 kann er gar 400 Gulden als Hypothek ausleihen.

Das von ihm zuerst erworbene Haus hat die Jahrhunderte und auch die Bombennächte des Zweiten Weltkrieges einigermaßen unbeschadet überdauert. Die Stadt Nürnberg hat mit der Anbringung einer Erinnerungstafel am renovierten Haus ihres bedeutenden Mitbürgers Petreius gedacht und auf das in diesem Gebäude gedruckte Buch von Kopernikus hingewiesen. Auf der Höhe seines geschäftlichen Erfolges, im Frühjahr 1545, stirbt Petreius' Frau; drei Kinder, zwei Mädchen und ein Junge, starben im Kindesalter. Die Tochter Margaretha heiratete 1550 den Buchführer Gabriel Hain und ist nach dem unerwarteten Tod ihres Vaters (18. März 1550) dessen einzige Erbin. Petreius heiratete noch im August 1545 die Witwe Anna Dürnhofer, die den Sohn Lorenz aus ihrer Ehe mit Leonhard Dürnhofer in die neue Verbindung einbringt. Für die Ausbildung des Stiefsohnes als Theologe kann Petreius in den folgenden Jahren seine guten Beziehungen zu Philipp Melanchthon einsetzen und ihm den Studienbeginn in Wittenberg erleichtern. Eine bronzene Grabplatte auf dem Johannisfriedhof erinnert den Besucher noch heute an einen der bedeutendsten Nürnberger Drucker und Verleger.   *Keu*

Johann Neudörfer d. Ä. · Schreibmeister und Historiograph 1497—1563

Der Schreibmeister: Er war zwar nur ein „gemeiner deutscher Schul- und Rechenmeister, erlangte aber mehr Ruhm als mancher Gelehrte . . .“ (→ Will 1765). Obgleich er in der Regel als Rechenmeister signierte — die größte Bedeutung gewann er als Schreibmeister bzw. als Modist, wie sich die Schreibmeister, die ihre Schrift nach einem künstlerischen „Modus“ gestalteten, seit dem 15. Jahrhundert nannten. Als Schreibmeister war er wohl auch für den Erstlese- und Erstschreibunterricht zuständig. Er soll mit Hilfe einer „besonderen Figur“ seinen Schülern das Lesen „behend und glücklich“ (Will 1765) vermittelt haben. Neudörfers Anliegen war aber vielmehr das „zierliche Schreiben“, das künstlerisch gestaltete Schönschreiben.

Mit seinem 1519 herausgegebenen „Fundament..., seinen schülern zur einer unterweysung gemacht“ schuf er das erste deutschsprachige Schriftmusterbuch. Er legte damit die Basis für die Frakturschrift, die — zunächst für → Dürers theoretische Schriften genutzt —, bis ins 19. Jh. beherrschende Drucktype war, machte die entscheidenden Vorgaben für die Entwicklung einer deutschen Kurrentschrift und markierte im übrigen durch seine Vorlagen einen hohen künstlerischen Anspruch für die Gebrauchsschrift. Obgleich das 'Fundament' nur wenige und sehr knapp kommentierte Bogen umfaßte — das später (ca. 1549) wohl ergänzte Exemplar der Nürnberger Stadtbibliothek hat 16 Bogen —, bleibt diese Schrift die Grundlage des Neudörfer'schen Werkes. Die späteren größeren Arbeiten, z. B. die „Gute Ordnung... Zierlichs schreyben“ (1538) und das „Gesprechbüchlein“ (1549) lösen sich nicht vom 'Fundament', sondern sind gradlinige — abgesehen von den mathematisch-geometrischen Konstruktionsversuchen zu den lateinischen Großbuchstaben — inhaltliche und methodische Ergänzungen sowie gestalterische und methodische Weiterführungen des Frühwerkes. Um die Mitte des 16. Jh. gab es bereits eine große Anzahl Schriftmusterbücher, die ausdrücklich oder faktisch die Entwürfe Neudörfers übernahmen, die aber auch schon eine Gefährdung der Neudörfer'schen Schrift, nämlich die ornamentale Verdeckung der Großbuchstaben erkennen lassen. Das hohe künstlerische Ansehen Neudörfers zeigt sich darin, daß er von Dürer gebeten wurde, die Texte auf dessen für die Ratsstube bestimmten

Apostel-Bilder zu schreiben. Diese Texte sind — als vermutlich protestantische Texte — allerdings abgetrennt worden, nachdem die Gemälde 1627 nach München „gebracht" worden waren. Erst 1922 hat man sie den Gemälden wieder beigefügt.

Der Rechenmeister: Der Rechenmeister Neudörfer (Schüler → E. Etzlaubs) steht zwar an Wirkung dem Schreibmeister Neudörfer nach, aber nicht in der Wertschätzung des Faches. In der Beherrschung der „Arithmetica" und der „Geometria" sieht er die wichtigsten Schlüssel zum Verständnis der Welt (Gesprechbüchlein 1549), zugleich aber auch die wichtigsten Hilfsmittel zur künstlerischen Gestaltung der Welt. Am Beispiel der Konstruktion der lateinischen Großbuchstaben innerhalb eines geometrischen Beziehungsschemas wird diese Ansicht Neudörfers offenkundig. Obwohl Neudörfer ohne Zweifel auch die im 16. Jh. oft noch sehr gering geschätzten mathematischen Studien zu fördern suchte, hat er selbst keine mathematische Schrift veröffentlicht. Erst einer seiner Schüler, → Caspar Schleupner, hat nach einem Manuskript Neudörfers 1598 ein 'Rechenbüchlein' herausgebracht.

Der Historiograph: Von einmaliger kunst- und stadtgeschichtlichen Bedeutung sind „Johann Neudörfers Nachrichten von den vornehmsten Künstlern und Werkleuten, so innerhalb hundert Jahren in Nürnberg gelebt haben"; er hat sie im Jahre 1547 geschrieben. Mit dieser Schrift, die nicht zur Veröffentlichung vorgesehen war und die innerhalb von acht Tagen — zur Nachtzeit — entstanden ist, wollte Neudörfer zeigen, „..wie unser Herr Gott diese löbliche Stadt allemahl mit Künstlern und Kunstverständigen Leuthen vor anderen Städten begabt hat". Wegen der großen Eile, mit der die „Nachrichten" geschrieben wurden, haben sich mancherlei Ungenauigkeiten eingeschlichen. Aber gleichwohl gibt diese Arbeit auch wegen der breit gestreuten Kontakte und Interessen Neudörfers einen einmaligen und anschaulichen Einblick in das künstlerische und kunsthandwerkliche Leben der Dürerzeit. Ohne die „Nachrichten" Neudörfers wären uns viele bedeutende Namen wie auch die Zuschreibung mancher Kunstwerke unbekannt geblieben. — Die „Nachrichten" sind von Andreas Gulden 1660 ergänzt und 1828 von → Friedrich Campe erstmals gedruckt worden. → G.W.K. Lochner hat 1875 eine kommentierte Ausgabe herausgebracht.

Johann Neudörfer d. Ä. wurde im Oktober 1497 als Sohn des Kürschners Stephan Neudörfer in Nürnberg geboren. Nach einer mutmaßlichen Lehrzeit als Kürschner im väterlichen Haus wurde er bei dem Schreib- und Rechenmeister Caspar Schmid und dem Kanzleischreiber Paulus Vischer zum „Arithmeticus" und „Modisten" ausgebildet. 1519 gab er das erste Schreibmusterbuch nördlich der Alpen heraus. 1522 heiratete er Magdalena Schellenmann und erwarb 1524 das unterhalb der Burg gelegene und im Zweiten Weltkrieg zerstörte Haus, an dessen Standort die Gedenktafel am Haus Burgstraße 16 erinnert. Das Haus war Wohnsitz und Schulhaus der Neudörfer. Ab 1531 „Genannter des Größeren Rats" der Stadt Nürnberg, 1542 zweite Ehe mit Katharina Sidelmann, 1543 Verleihung des Titels eines kaiserlichen Pfalzgrafen. Er starb am 12. November 1563 und ist auf dem Johannis-Friedhof begraben. — Sein Sohn Johann Neudörfer d. J. (1543—1581) und dessen Sohn Anton Neudörfer (gest. 1628?), bis mindestens 1601 in Nürnberg, dann in Regensburg, setzten sein Werk fort; (Eine Straße und ein Steg in Nürnbergs Stadtteil St. Peter tragen seinen Namen.) *Lie*

Hieronymus Baumgartner (Paumgartner) · Ratsherr   1498 — 1565

Hieronymus Baumgartner, am 9. März 1498 als Sohn einer Nürnberger Ratsfamilie geboren, ist aus dem politischen, kulturellen und vor allem kirchlichen Leben seiner Heimatstadt zur Zeit der Reformation nicht wegzudenken. Sein Bildungsweg führte ihn zunächst nach Ingolstadt, wo sein Vater 20 Jahre als Professor gewirkt hatte, ehe er 1498 Ratskonsulent in Nürnberg wurde. An der Bayerischen Universität wurde Hieronymus vor allem von dem

Humanisten J. Locher (Philomusus) ausgebildet, wechselte dann kurz nach Leipzig und immatrikulierte sich schließlich 1518 an der Universität Wittenberg, wo er Philosophie, Mathematik und Rechtswissenschaften studierte. Bald machte er auch die Bekanntschaft → Philipp Melanchthons und → Martin Luthers, wodurch er zum überzeugten Anhänger des neuen Glaubens wurde. Seine enge Vertrautheit mit dem Kreis der Reformatoren führte sogar dazu, daß ihm Katharina von Bora, die später → Luther heiratete, zunächst als Frau zugedacht war. Baumgartner aber nahm Sibilla Dichtel zu seiner Frau, zweite Tochter des bayerischen Pflegers in Starnberg, der mit Nürnberg enge wirtschaftliche Beziehungen unterhielt, vornan im Kupferhandel; sie schenkte Hieronymus Baumgartner einen Sohn und sechs Töchter.

Die Rückkehr nach Nürnberg eröffnete Baumgartner eine steile Karriere in reichsstädtischen Diensten: bereits 1525 erhielt er das Amt eines Senators, 1533 wurde er Älterer Bürgermeister, 1549 Mitglied des Septemvirats und 1558 des Triumvirats. Er zählte damit zu den einflußreichsten, führenden Männern in der Reichsstadt. Seine hervorragende Rednergabe und das ihm zugeschriebene oftmals auch bewiesene diplomatische Geschick ließen ihn zu einem bevorzugten Diplomaten Nürnbergs auf nahezu sämtlichen Reichstagen, Conventen und Städtetagen der Reformationszeit werden.

Die vertrauensvolle, für die reichsstädtische Politik und die Sache der Reformation so wichtige diplomatische Tätigkeit Baumgartners begann in den späten zwanziger Jahren u. a. auf dem Reichstag zu Speyer 1529, dann zu Augsburg 1530 und dem Tag zu Schmalkalden 1536. Dabei erwies er sich stets als weitsichtiger Vertreter der Interessen Nürnbergs und als engagierter Verfechter des Protestantismus. So ersuchte er, als ihm in Augsburg Melanchthons Haltung zu nachgiebig erschien, Luther in einem Schreiben, er möge Melanchthon zu einer härteren Linie anhalten.

Seine diplomatische Reisetätigkeit brachte auch Zwischenfälle mit sich. Am 31. März 1544 wurde er bei der Rückkehr vom Reichstag zu Speyer von dem gefürchteten Raubritter und Strauchdieb Albrecht von Rosenberg gefangen genommen. Vorwand: noch nicht erledigte Streitigkeiten zwischen der Reichsstadt Nürnberg und dem schon seit Jahren aufgelösten Schwäbischen Bund. Über 14 Monate mußte der Nürnberger Diplomat in Gefangenschaft verbringen, ehe er gegen 800 Gulden Lösegeld und Leistung der Urfehde wieder frei gelassen wurde.

Baumgartners größte Leistung war wohl seine Rolle bei der Einführung der Reformation in Nürnberg, sowie bei der inneren und äußeren Festigung und Ausgestaltung der neuen Kirche. Als junger Ratsherr nahm er an dem Religionsgespräch im Rathaus (14. März 1525) teil, an dem → Osiander seine 14 Artikel vortrug und die Entscheidung zugunsten der Reformation fiel. Führend war Baumgartner an der Kirchenvisitation von 1528 beteiligt, die nach sächsischem Vorbild in den Nürnberger Landpfarreien und in der Reichsstadt von einer gemischten Kommission aus Theologen und Ratsherrn durchgeführt wurde. Als Pfalzgraf Ottheinrich die Ämter Allersberg, Hilpoltstein und Heideck an Nürnberg verpfändete, gab er dem Rat die Gelegenheit, die ihm für mehrere Jahrzehnte gehörigen Lande nach der Brandenburg-Nürnbergischen Kirchenordnung von 1533 zu reformieren. Daran hatte Hieronymus Baumgartner maßgeblichen Anteil.

Als erstem Kirchenpfleger in der evangelisch gewordenen Reichsstadt oblag ihm der Auf- und Ausbau des evangelischen Kirchen- und Schulwesens. Hierfür holte er sich immer wieder den Rat der befreundeten Wittenberger Reformatoren, Melanchthon und Luther; doch verlor er bei der Realisierung seiner Vorhaben niemals die besonderen Gegebenheiten Nürnbergs aus den Augen. Schon 1524 hatte der junge Baumgartner, von Melanchthons Persönlichkeit fasziniert und von dessen humanistisch-reformatorischer Lehre geprägt, den großen Humanisten selbst für die Einrichtung einer neuen Schule in Nürnberg gewinnen wollen. Als junger Ratsherr führte er die wichtigsten Verhandlungen mit Philipp Melanchthon. Das Ergebnis: 1526 wurde die bisherige Lateinschule bei St. Egidien in eine „Obere Schule" umgewandelt, zu dem noch heute blühenden Melanchthon-Gymnasium, Melanchthon selbst versagte sich als Lehrer, brachte aber drei junge Gelehrte mit: den Latinisten → Eobanus Hesse, den Graecisten → Joachim Cammerarius und Baumgartners Freund Michael Roting aus Sulzfeld am Main. Wegen seiner hohen Verdienste um die Gründung des Gymnasiums wurde Baumgartner wahrscheinlich zum Vorbild des Markus auf → Albrecht Dürers Vier-Apostel-Bild. Sein Amt als Kirchenpfleger, das er seit 1533 mit großem Verantwortungsbewußtsein wahrnahm, brachte eine Vielzahl von Aufgaben mit sich: Bestallung der evangelischen Geistlichen und Lehrer, Vergabe von Stipendien an bedürftige Schüler und Studenten, Abhaltung von Kirchen- und Schulvisitationen, Mitwirkung bei der Ausgestaltung der Gottesdienstordnung und der Kirchenverfassung etc. Daß die Reformation in Nürnberg politisch und organisatorisch abgesichert werden konnte, war mit ein wesentlicher Verdienst Baumgartners.

Trotz vielfältiger Ämter und Aufgaben fand Baumgartner noch Zeit für eigene wissenschaftliche und humanistische Studien. Sie schlugen sich in einer reichen Bibliothek nieder, die später der Nürnberger Stadtbibliothek übertragen wurde. Für deren Neuorganisation war Baumgartner zusammen mit → Erasmus Ebner ab 1538 verantwortlich. Niederschlag fanden seine intensiven Studien aber vor allem in einem reichhaltigen Briefwechsel mit den führenden Reformatoren und Humanisten, voran mit Melanchthon, Luther, Cammerarius, Caspar Peucer, Johannes Stigel und vielen anderen. Hieronymus Baumgartner starb am 8. Dezember 1565 in seiner Heimatstadt Nürnberg. Ihm verdankt die Stadt, daß sie weiterhin unangefochten gut kaisertreu bleiben und trotzdem zugleich das reformierte kirchliche Leben konsolidieren konnte.   *En*

Hans Ott · Musikverleger   † 1546

Hans Ott war weder Komponist noch ein berühmter Interpret und doch ist sein Name untrennbar mit der deutschen Musikgeschichte verbunden. Als Verleger und Herausgeber ist dem „civis Norimbergensis" Ott ein grundlegendes Sammelwerk des frühen 16. Jahrhunderts, die nach ihm benannte Liedersammlung, zu danken.

1534 erschienen in Nürnberg 121 „newe Lieder", drei Jahre später das „Novum opus musicum", 1538 ein zweiter Band dazu und schließlich 1544 noch einmal 115 vier- bis sechsstimmige Liedsätze. Neu an dieser Sammlung ist, daß Ott zum einen weltliche Lieder auswählte, die zugleich einen Übergang vom aristokratischen Liedgut zum bürgerlichen Gesang darstellen; zum andern, daß Ott nicht alles Erreichbare aufnimmt, sondern sich auf wenige bedeutende Komponisten konzentriert wie Heinrich Finck, → Caspar Othmayr und Ludwig Senfl. Auf geistlichem Gebiet erschienen 1539 „Missae tredecim", vierstimmige Messen der Niederländischen Schule. Zu der geplanten Herausgabe der Vokalwerke von Heinrich Isaac ist es aber nicht mehr gekommen. So verbreitete sich von Nürnberg aus deutsches Liedgut aus nachreformatorischer Zeit über ganz Deutschland und bildet bis heute den Grundstock weltlicher Chorliteratur.

Weit weniger als von seinem Verlagswerk weiß man von Otts Leben, der sich in einem Impressum von 1544 als „Normbergae impensis honesti viri Johannis Otthonis Bibliopolae" bezeichnet, ohne sein Geburtsdatum zu nennen. Sicher ist nur, daß er 1531 als „Buchführer" das Nürnberger Bürgerrecht erhielt, das ihm zuvor in Regensburg gerade wegen seiner Buchhändlertätigkeit entzogen worden war. Er ließ seine Liedersammlung bei dem angesehenen Hieronymus Formschneider in Nürnberg drucken. Sein Interesse an Veröffentlichungen ging über das musikalische Gebiet hinaus. Auf sein Ansuchen erhielt er die Genehmigung → Kaiser Karls V., auch geschichtliche und medizinische Werke zu verlegen.

Deshalb ist der 1546 in Nürnberg gestorbene Hans Ott auch in Nachschlagewerken des Verlagswesens und des Handels zu finden. Berühmt gemacht aber haben ihn die von ihm gesammelten Lieder, durch deren Auswahl und die dazugegebenen Präambeln er sich als feinsinniger Kunstkenner profiliert hat. *Gm*

Andreas Osiander · Reformator in Nürnberg   1498 — 1552

Es stimmt nicht, daß Andreas Osiander in der Lorenzkirche den Engelsgruß des Veit Stoß wegen der Marienfigur habe verhängen lassen. Dennoch war er ein deutlicher Mann der Reformation. Im Nürnberger Augustinerkloster trat er seit 1529 als Lehrer für die biblisch-klassischen Sprachen Griechisch und Hebräisch, die er sich vorwiegend im Selbststudium angeeignet hatte, ins volle Licht der Reformationsgeschichte. Philologische Arbeiten am Bibeltext begründeten seinen Ruf der Gelehrsamkeit. Er selbst sprach bei Gehaltsforderungen dem Nürnberger Rat gegenüber ganz offen aus, daß er der Überzeugung war, es gebe in Deutschland nicht einmal zehn Gelehrte, die ihm das Wasser reichen könnten. Im Nürnberger Augustinerkloster war er auf die frühen Schriften Luthers gestoßen und wurde von ihnen überzeugt. Der Lorenzer Propst Jakob Böhmer berief ihn 1522 im Alter von knapp 24 Jahren zum Prediger an die Lorenzkirche.

In diesem Amt mußte er manche seiner wissenschaftlichen Ambitionen wie z.B. die Vorliebe für die jüdischen Schriften des Mittelalters — was ihn zur damals seltenen Verteidigung der Juden gegen ungerechtfertigte Angriffe veranlaßte — oder für Astrologie und Astronomie zugunsten eines harten reformatorisch-organisatorischen Wirkens zurückstellen. In relativ kurzer Zeit entstand auf Grund der Predigten Osianders und seiner Kollegen, besonders → Caspar Nützel, → Lazarus Spengler und die Sodalitas Staupiziana/Martiniana, in die Osiander als Hebräisch-Lehrer berufen war, in Nürnberg eine derart starke reformatorische Volksbewegung, daß der Rat es nicht mehr wagte, die Änderungen rückgängig zu machen, die die evangelischen Prediger unter Führung Osianders im Sommer 1524 vornahmen.

Am 14. März 1525 diskutierten in Anwesenheit des Kleinen und Großen Rates die katholischen Klosterprediger und die evangelischen Stadtprediger im großen Rathaussaal über zwölf von Osiander aufgestellte Artikel. Der Rat entschied für die Reformation. Nürnberg wurde protestantisch und ein geschätzter Mittelpunkt der lutherischen Reformation. Osiander bestimmte seitdem in Nürnberg, was als reformatorisch galt. Seine Gegner sprachen vom „Papst bei St. Lorenz". Er war ein selbstbewußter Mann von großer Hartnäckigkeit, reizbar beim geringsten Widerspruch, in der Sache des Evangeliums eindeutig gewillt, sogar Martin Luther als Prediger der Bibel zu übertreffen, wobei seine Selbsteinschätzung ihm nicht nur Freunde schuf. Mehrere Reichsfürsten entschieden sich während der Reichstage in Nürnberg unter seiner Kanzel für die Kirchenerneuerung ihrer Territorien.

Über Nürnberg hinaus erweiterte sich Osianders Einfluß, als 1528 der Rat gemeinsam mit dem benachbarten Fürstentum Brandenburg-Ansbach eine Kirchenvisitation beschloß. Daraus wurde die Brandenburgisch-Nürnbergische Kirchenordnung von 1533, in der Osiander die evangelische Lehre darstellte, auch mit Predigten über Luthers Kleinen Katechismus. Als Andreas Osiander wegen der von ihm befürchteten Rekatholisierung in schwere Differenzen mit dem kaisertreuen Rat der Stadt Nürnberg geraten war, verließ er 1549 —inzwischen das dritte Mal verheiratet und deswegen auch von seinen Gegnern angegriffen — die Stadt. Als Vertrauter des Herzogs von Preußen wurde er nach Königsberg berufen und dort gegen den Willen der Universität zum Professor der Theologie ernannt. Er setzte die reformatorische Tätigkeit durch deutliche eigene theologische Akzente fort. Es kam u.a. zum heftigen Streit über die lutherische Rechtfertigungslehre, in dessen Verlauf Osiander ins Abseits geriet.

Für Nürnberg war der deutliche Mann Osiander der eigentliche städtische Reformator im Amte eines evangelischen Predigers auf einflußreicher Kanzel. In der Vatikanischen Bibliothek in Rom hängt sein Bild, auf dem er anstelle des zu erwartenden Gelehrtentalars oder Predigerrockes in schwerem Tuch mit Pelzkragen, pikfeinem Hemd und kostbarem Ring dargestellt wird: das Bild eines energischen, selbstbewußten und standesorientierten Mannes, der sich seiner eigenen Bedeutung gewiß ist. Das Porträt in der Sakristei der Nürnberger Lorenzkirche stellt ihn anders dar: als beredten Ausleger der Bibel auf der Kanzel. Er war beides. *B.*

Dominicus Schleupner · Prediger   gestorben 1547

Zwischen Nürnberg und Schlesien haben in der Reformationszeit mancherlei geistige Beziehungen bestanden. Stammte der Breslauer Reformator Johannes Heß aus Nürnberg, so ist Schleupner in Neiße geboren und wurde in Breslau Notar der bischöflichen Kanzlei. Er studierte in Wittenberg bei Luther, um anschließend in Leipzig bereits im Sinne der neuen Lehre zu wirken.

Schon 1522 wurde er auf Luthers Empfehlung als Prediger an die Sebalduskirche in Nürnberg berufen, von wo er elf Jahre später an die Katharinenkirche überwechselte. Auch wenn er nicht zu den vornehmsten Männern der Reformation gehört, erfreuten sich seine Predigten bald großer Beliebtheit. An den vielfältigen Verhandlungen und Denkschriften, die vom Nürnberger Rat in Fragen der Reformation veranstaltet und eingeholt wurden, hat der bedachtsame Schleupner tatkräftig mitgewirkt. Beim Religionsgespräch von 1525, als die Stadt evangelisch wurde, hielt der offensichtlich recht irenisch eingestellte Theologe die Eröffnungsrede; zur ersten Kirchenvisitation war er Beauftragter des Rates.

In die öffentliche Diskussion geriet er durch sein Familienleben. 1525 verheiratete er sich, 1527 kurz nach dem Tode seiner Frau ein zweites Mal. In anonymen Thesen deshalb angegriffen, verteidigte ihn Luther mit seiner Gegenschrift zur legitimen Zweitehe von Geistlichen. Schleupner starb 1547. *Bai*

Georg Unger · Stadtbaumeister   um 1500 — 1559

Die Hauptakzente der Nürnberger Stadtmauer werden von den vier mächtigen Rundtürmen gesetzt. Ihre Gestalt haben wir dem Stadtbaumeister Georg Unger zu verdanken. Er stammt wohl aus Bamberg und begegnet uns erstmals 1537 als Autor eines Lehrbuches zum Vermessungswesen. Ab 1538 ist er urkundlich als „Parlier auf der Peundt", also als Steinmetz auf dem städtischen Bauhof, nachweisbar. 1539 erwirbt er das Bürgerrecht und bleibt von da an mit kurzen Unterbrechungen in städtischen Diensten. Er unternimmt Studienreisen vor allem in die Niederlande; 1542 ist er am Neubau der Burgbasteien unter → Fazuni beteiligt. Mehrfach schickt der Rat ihn aus, Befestigungen zu schleifen (niederzulegen); so zur Burg Streitberg, nach Baiersdorf und auf die Plassenburg. 1554 wird er erst unter die Meister des Steinmetzhandwerks aufgenommen, im gleichen Jahr Stadtbaumeister. Ab 1556 erneuert er die Türme am Laufer-, am Spittler-, am Frauen- und auch am Neuen Tor, das aber erst einige Zeit nach Ungers Tod fertiggestellt wird. Die neuen Rundtürme werden um die alten, viereckigen herum mit etwa 20 Metern Durchmesser und bis auf 40 Meter Höhe aufgeführt, der Raum zwischen altem und neuem Mauerwerk wird mit Schutt und Steinen aufgefüllt. In jedem der vier Unger-Türme steckt also noch der alte, eckige drinnen. Dachgestaltung und vorkragende Gesimsringe dienen dann als Vorbild für den Sinnwellturm auf der Burg. Unger hatte Haus- und Grundbesitz beim Markt und in Wöhrd. Er starb am 27. Oktober 1559. Sein Grab auf dem Johannisfriedhof ist nicht erhalten. *Keu*

Eng verflochten mit der Einführung der Reformation in Nürnberg ist der Name Sebald Heyden. Die Schreibweise variiert: Heyden, Hayden, Haiden, Heiden. Am 8. Dezember 1499 wurde er in Bruck bei Erlangen — damals nürnbergisches Gebiet — als Sohn des Bierbrauers Hans Heyden geboren. Wenig später verlegten die Eltern ihren Wohnsitz in die Reichsstadt. Hier besuchte Sebald von 1505 — 1510 die Schule von St. Lorenz, deren Rektorat an Pfingsten 1510 der aus Raubersried bei Wendelstein bei Nürnberg stammende Musiktheoretiker und Humanist → Johannes Cochlaeus übernahm. Von ihm ist der zehnjährige Heyden „unter andern schulern vorn an gestellet und in eine andere class promuiert worden". Die nächsten drei Schuljahre verbringt der Vorzugsschüler an der Lateinschule von St. Sebald. Anschließend studiert er an der Universität Ingolstadt, wo er 1519 zum Magister promoviert. (Die Annahme, Heyden habe auch in Wittenberg studiert, ist unwahrscheinlich.)

Nach seinem Studium fungiert der Magister kurze Zeit als Kantor und Lehrer in der Steiermark. Über Regensburg kehrt er in seine Vaterstadt zurück, wo man ihm noch im gleichen Jahr (1519) das Kantorat an der Spitalschule zum Heiligen Geist überträgt. Zwei Jahre später wird er Rektor dieser Schule. Nach weiteren zwei Jahren, noch vor dem Nürnberger Religionsgespräch (1525), wagt er 1523 einen Vorstoß in Richtung Reformation. Um „die Ehre Gottes und Christi Jesu von dem abergläubischen Mariendienst zu retten", dichtet er die Marienantiphon „Salve Regina misericordiae" zum „Salve Christe, rex misericordiae" um. Als er seine Chorknaben die christologische Version singen läßt, wirbelt er gewaltigen Staub auf. Besonders die Orden bezichtigen den verwegenen Neuerer der Ketzerei. Er antwortet auf alle Vorwürfe und Verdächtigungen mit einer geschliffenen Rechtfertigungsschrift. Im Jahr darauf ist das „Salve Regina" in Nürnberg abgeschafft. Der Rat der Stadt zieht den „Ketzer" 1525 zum Nürnberger Religionsgespräch hinzu, bei dem es um die definitive Einführung der Reformation in der Reichsstadt geht. „Wegen seiner bewährten Reinigkeit in der evangelischen Lehre" wird Heyden im selben Jahr Rektor an der Lateinschule von St. Sebald. Er feiert den beruflichen Aufstieg gleichzeitig mit seiner Hochzeit.

Im darauffolgenden Jahr 1526 gibt → Philipp Melanchthon der mit seiner Hilfe neu gegründeten Lateinschule von St. Egidien eine neue Schulordnung, die von den bestehenden Nürnberger Lateinschulen übernommen wird. Alte Sprachen und Musik werden zentrale Unterrichtsfächer, weil nach Melanchthons Meinung die Theologie die Sprache und der Gottesdienst die Musik braucht. Bei Heyden findet diese Fächergewichtung schöpferische Resonanz. Er entwirft für die Schüler der unteren Klassen eine musikalische Elementarlehre. Für die höheren Schülerjahrgänge stellt er in zwei, „Ars canendi" betitelten Bänden eine Auswahl figuraler Musik zusammen. An den ausgewählten Beispielen sollen gleichzeitig musikalische Zeichen für Zeitmaße, Pausen, Deklamation u.ä. erlernt und in praktisches Musizieren umgesetzt werden. Seine gesamten musiktheoretischen Arbeiten hat der Sebaldusrektor dem Schuldezernenten der Stadt, dem Ratsherrn → Hieronimus Baumgartner d. Ä. gewidmet.

Eigene Kompositionen von Heyden sind nicht bekannt. Als ausübender Musiker scheint er, wie in seinen „Ars canendi", großen Wert auf die „Musica figurata", die mehrstimmige und rhythmisch differenzierte Musik gelegt zu haben. Er hatte die Erfahrung gemacht, daß „übermäßiges Choralsingen" auf die Schüler eher niederschlagend wirke, als daß es Nutzen bringe. So wird auch berichtet, daß er die Absicht hatte, für die Hochzeit des → Paul Behaim 1549 „neue gesang zu machen in der kirchen", wofür er „die singer zum figurirn etlich mal erfordert" hat.

Die junge reformatorische Kirche verdankte Heyden den Text zu acht Liedern, deren Melodien aber nur zum kleinen Teil von ihm selbst stammten. Im heute gebräuchlichen Evangelischen Kirchengesangbuch sind noch zwei der ursprünglich 25 Strophen seines Passionsliedes „O Mensch bewein dein Sünde groß" erhalten. Die Melodie wird dem süddeutschen Kleriker Matthäus Greiter zugeschrieben. Am 9. Juli 1561 starb „Der Erbar und wolgelart Magister Sebaldus Heyden". Er wurde am Tag danach von seinen Schülern auf dem Rochusfriedhof zu Grabe getragen. Neben seinen musiktheoretischen Schriften hat er wegweisende humanistisch-philologische und kathechetische Lehrwerke hinterlassen.

Sein jüngster Sohn Hans und dessen Sohn Hans Christoph gingen unter dem Namen Haidn in die Musikgeschichte ein. Hans Haidn war erfolgreicher Kaufmann im Dienste der → Welser. Um 1575 erfand er das „Nürnbergische Geigenwerk", auch Geigen-Clavicymbel genannt. Es diente bis ins 19. Jahrhundert als Vorbild für den Bau sogenannter Streichklaviere, die den starren Cembaloklang durch „Streichereffekte" variabler machen sollten. Sein Sohn Hans Christoph (1572 — 1617) gab als Komponist eine Sammlung vierstimmiger Tanzlieder: „Gantz neue lustige Täntz" heraus. Von 1591 — 1616 wirkte er in Nürnberg als Organist, zuerst an der Spitalkirche, danach von 1596 — 1616 an St. Sebald. *Sa*

Georg Pencz · Maler und Kupferstecher   um 1500 — 1550

Von der Jugend des Georg Pencz wissen wir nur, daß er um 1500 geboren und 1523 Nürnberger Bürger wurde. Seine Mitarbeit in der Dürerwerkstatt ist nicht erwiesen. Dennoch zählt er zu den bedeutendsten Künstlern im engeren Kreis um → Albrecht Dürer. Pencz nahm leidenschaftlichen Anteil an den sozialen und religiösen Kämpfen der Reformationszeit. Zusammen mit → Sebald und Barthel Beham wurde ihm 1525, im Jahr des Bauernkriegs, wegen ketzerischer und aufrührerischer Äußerungen der Prozeß gemacht. Als Anhänger der radikalen Lehre Karlstadts und Müntzers wurden die drei „Gottlosen Maler" der Stadt verwiesen. Pencz wartete diese Zeit in Windsheim ab. Noch im gleichen Jahr wurde ihm die Rückkehr gestattet. Nach Dürers Tod, um 1530, unternahm er eine Reise nach Italien, die ihn auch nach Mantua geführt haben muß. Auf einer zweiten Italienreise, um 1542, gelangte er vermutlich bis nach Rom.

Pencz scheint die meiste Zeit seines Lebens in bescheidenen Verhältnissen gelebt zu haben, obwohl er 1532 zum Ratsmaler mit festem Einkommen ernannt worden war. Er war zweimal verheiratet, zunächst mit einer Tochter des Malers Michel Graff, dann, seit etwa 1540, mit der Malerstochter Margarete Prunner. Aus beiden Ehen stammen, zusammengenommen, mindestens sieben Kinder. Als Pencz 1550 einem Ruf des Herzogs Albrecht von Preußen folgte, um in Königsberg das Amt eines Hofmalers zu übernehmen, überraschte ihn unterwegs der Tod. (Vielleicht wurde er auf Anraten → Osianders gerufen, der von Nürnberg nach Königsberg gegangen war.) Er starb zwischen dem 10. und 15. Oktober in Leipzig oder Breslau. Der Rat beglich die Schulden der Witwe „in ansehung irer vyl kinder und grossen armut".

Pencz gehört einer Generation Nürnberger Renaissancekünstler an, die bereits auf den Leistungen der großen Neuerer aufbauen konnte. Als Maler, Kupferstecher, Zeichner von Holzschnitten und Glasgemälden stand er zunächst ganz unter dem Eindruck von Dürers Kunst. So viel er diesem Vorbild jedoch verdankte, er ging in mancher Hinsicht auch über Dürer hinaus und wandte sich neuen künstlerischen Aufgaben zu. Pencz vertritt bereits die nachreformatorische Kunstepoche, in der große kirchliche Aufträge ausblieben, säkulare Aufgaben an Bedeutung gewannen und künstlerische Anregungen zunehmend wieder von höfischen Zentren ausgingen. Mehr als andere Nürnberger Künstler seiner Generation beherrschte er die Formensprache der italienischen Renaissance und schloß sich weitergehenden manieristischen Tendenzen an.

Bei dem erwiesenen Engagement des jungen Künstlers in den sozialen und geistigen Auseinandersetzungen der Reformationszeit ist es doppelt bedauerlich, daß es keine urkundlich gesicherten Frühwerke vor 1531 gibt. Die Annahme, Pencz habe 1521 unter Dürers Leitung maßgeblich an den Wandfresken des Nürnberger Rathaussaals mitgewirkt, beruht auf späteren Angaben. Glaubhaft, aber nicht unwidersprochen, wurden ihm die Kupferstiche mit dem Monogramm IB (Jörg Bentz ?) als Frühwerke zugeschrieben, die zwischen 1523 und 1530 entstanden.

Die graphische Tätigkeit gehört sicher zu den Hauptleistungen des Künstlers. Als Kupferstecher zählt Pencz zu den Nürnberger „Kleinmeistern", so genannt nach ihrer Vorliebe für das kleine Format. In minutiöser und zartester Grabstichelarbeit stach Pencz Themen der antiken Mythologie, der römischen Heldengeschichte, Allegorien und Ornamente, die von Kunsthandwerkern als Vorlagen benutzt wurden. Diese Kleingraphik war breiten Publikumsschichten zugänglich und hat wesentlich zur Propagierung humanistischen Bildungsguts im deutschen Bürgertum beigetragen.

Pencz erregte in Nürnberg aber auch mit großen Deckengemälden Aufsehen. Sie waren wegweisend für die Entwicklung der illusionistischen Dekorationsmalerei in Deutschland; so schuf er 1534 im großen Saal des Gartenhauses der Familie → Hirschvogel ein monumentales Deckenbild mit dem „Sturz des Phaëton". Mit Resten der ehemaligen Zimmerdekoration wird das Gemälde heute im Fembohaus aufbewahrt. Als wahres Wunderwerk wurde ein — heute verlorenes — Deckengemälde im ehemaligen → Volckamerschen Lustgarten gerühmt. Es zeigte Zimmerleute beim Aufrichten eines Dachstuhls. Zwei Zeichnungen geben noch einen Eindruck von diesem Meisterwerk perspektivisch-illusionistischer Malerei, das zu seiner Zeit in Deutschland einzigartig war. Die Anregungen dazu muß Pencz während seiner ersten Italienreise vor den Fresken → Mantegnas und Giulio Romanos in Mantua erhalten haben.

Ausschlaggebend für die Ernennung des Künstlers zum Ratsmaler, dürften seine Fähigkeiten als Porträtmaler gewesen sein. Bis heute werden die Porträts als die persönlichste Leistung des Künstlers anerkannt. Über die traditionellen Porträtdarstellungen der Dürerzeit hinausgehend, schuf Pencz einen repräsentativen Bildnistypus, der den Dargestellten nicht nur in seiner Individualität, sondern auch als Standesperson kennzeichnet. Meist posiert der Dargestellte in strenger, oft frontaler Haltung als Halbfigur vor architektonischem Hintergrund und ist mit den Attributen seines Standes ausgezeichnet. Ratsherrn, Kaufleute, Beamte, Gelehrte und Künstler hat Pencz auf diese Weise porträtiert. Auch in seinen Bildnissen schloß sich der Künstler italienischen Vorbildern, wie Bronzino und den oberitalienischen Manieristen an. Seine Porträts zeigen eine letzte Steigerung bürgerlichen Selbstbewußtseins zu einer Zeit, als die reichsstädtische Macht ihren Zenit bereits überschritten hatte. *Sc*

Leonhard Culmann · Prediger   1500 — 1561

Culmanns Bedeutung für die Nürnberger Kulturgeschichte beruht darauf, daß er als Mann der Nachfolgegeneration der Reformation das Erbe seiner Vorgänger zu bewahren suchte. Der aus Crailsheim stammende (geboren um das Jahr 1500) hatte nach den Studienjahren in Erfurt 1518 eine Anstellung an der Spitalschule zum Hl. Geist gefunden, für die er Elementarlehrbücher schuf. Dabei vernachlässigte er nicht das erzieherische Schrifttum, schrieb auch Hilfsmittel für die Erziehung der von den Gelehrtenschulen nicht erfaßten, von deutschen Schulmeistern betreuten Jugendlichen und bemühte sich auch, in der kirchlichen Praxis durch Trostschriften auszuhelfen. Seine pädagogische Tätigkeit fand ihren Höhepunkt in seinen deutschen Dramen, die, meist für Schüler geschrieben, Gegenstücke zur Schuldramatik der Jesuitenschulen sind. Sie nehmen ihre Stoffe aus der Bibel oder der antiken Literatur und gewinnen das Interesse des Lesers durch Einzelheiten aus der Vorstellungs- und Lebenswelt des damaligen Nürnberg. Nach dem Tode des → Veit Dietrich wird er Prediger bei St. Sebald, schreibt Handbücher für den theologischen Nachwuchs und kann während des Interims 1550 seine sacrae contiones veröffentlichen. Von den Lehren → Osianders stark beeinflußt, muß er 1555 aus Nürnberg in den Dienst der Grafen von Helfenstein ausweichen, in deren Pfarrei Bernstadt bei Ulm er am 7. November 1561 stirbt. *Pf*

Wolf Kern · der erste Marktvorsteher 1503 — 1582

Um die Mitte des 16. Jahrhunderts, als Nürnberg durch den zweiten Markgrafenkrieg und den Zusammenbruch einiger namhafter Handelshäuser wirtschaftlich geschwächt war, zogen sich viele Rats-Geschlechter aus dem aktiven Wirtschaftsleben zurück. In die dadurch entstandene Lücke stieß eine Anzahl bürgerlicher Kaufleute, deren Führer der Großkaufmann und Metallindustrielle Wolf Kern gewesen ist. Er wurde wahrscheinlich 1503 in München als Sohn des Arztes Dr. Wolfgang Kern geboren, hat in Venedig den Kaufmannsberuf erlernt und wurde 1546 als „Genannter" des Größeren Rates nach Nürnberg berufen.

In jener Zeit hatte sich der Nürnberger „Herrenmarkt" an der Westseite des Hauptmarktes, auf dem die Großhändler verkauften, nach dem Vorbild anderer Städte, zur Börse entwickelt, so daß das Bedürfnis entstand, eine Marktordnung zu schaffen (vgl. Kapitel → „Der Handelsvorstand"). Deshalb regten am 9. Februar 1560 insgesamt 61 Kaufleute — Ratsherren, ehrbare Geschlechter und bürgerliche Namen, quer durcheinander gewürfelt — auf Initiative Wolf Kerns beim Rat in einer Denkschrift an, eine förmliche Ordnung für den „Herrenmarkt" zu erlassen und eine Glocke aufhängen zu dürfen, mit der die Marktzeit ein- und ausgeläutet werden sollte. Am 16. März 1560 erließ der Rat die gewünschte Marktordnung. „Am 16. April ward die Marktglocken angefangen zu läuten". Dieser Ratserlaß gilt als die erste Konstituierung der kaufmännischen Selbstverwaltung in Nürnberg, aus der auch der Handelsvorstand Nürnberg, der Vorläufer der IHK entstand. Erster Marktvorsteher wurde Wolf Kern. *Pi*

Veit Dietrich · Prediger von St. Sebald 1506 — 1549

Veit Dietrich hat nach der Einführung der Reformation, das Leben der evangelisch gewordenen Bürger in Kirche, Schule und Haus, über Nürnberg hinaus, neu gestaltet und der theologischen Neuorientierung eine neue Ordnung der kirchlichen Praxis folgen lassen. Seine Ideen brachte er in einem von anderen Nürnberger Theologen mit unterzeichneten Schreiben zum Ausdruck. Darin wird der Wunsch ausgedrückt, sie alle wollten sich nicht den Vorwurf machen lassen, daß sie Wunden und Narben der Kirche nur aufgekratzt und ihre Schmerzen erneuert hätten, ohne ihr geholfen zu haben; so gehe es ihnen darum, eine gute christliche Ordnung des Kirchenlebens zu schaffen und eine sorgfältig, recht und christlich geordnete Kirche zu hinterlassen. Für diese Aufgabe brachte der Nürnberger Veit Dietrich, der aus der Schule Luthers kam, die besten Voraussetzungen mit.

Am 6. Dezember 1506, als Sohn eines Schuhmachers in Nürnberg geboren, besuchte er die Lateinschule bei St. Lorenz und bezog 1522 die Universität Wittenberg. Schon während seiner Studienzeit nahm → Martin Luther ihn in sein Haus auf. Als Famulus begleitete Dietrich den Reformator 1529 zum Marburger Religionsgespräch. Nach der Magister-Promotion diente er Luther als Amanuensis und ging mit ihm 1530 auf die Veste Coburg. Fünf Monate lang teilte er hier in engster Gemeinschaft mit ihm die Einsamkeit; Luther diktierte ihm die Ergebnisse seiner Arbeit in der Auslegung biblischer Bücher und seine Briefe. Dietrich durfte Abschriften auch von der eingehenden Post anfertigen. Danach stand er bis 1534 im Dienste Luthers und lebte bei ihm im Schwarzen Kloster zu Wittenberg. Hier gehörte Veit Dietrich zu Luthers wenigen Vertrauten, die seine Vorlesungen, seine Predigten und seine Reden bei Tisch mitzuschreiben hatten. Luther diktierte ihm weiterhin seine Briefe und erlaubte Dietrich, von der gesamten Korrespondenz Abschriften anzufertigen und eine Briefsammlung anzulegen.

Ein reicher Schatz an Luthergut war die Ernte, die Dietrich 1534 als neuer Prediger in St. Sebald nach Nürnberg brachte. (Der gesamte Handschriftenschatz wird bis heute in der Nürnberger Stadtbibliothek aufbewahrt und steht dort für wissenschaftliche Arbeiten zur Verfügung.) In Nürnberg gab Dietrich der evangelisch gewordenen Gemeinde in zahlreichen Schriften Anleitungen für die Gestaltung christlichen Lebens in Haus und Schule. Dem Gebetsleben widmete er besondere Sorgfalt. Als Hilfe zur evangelischen Unterweisung der Kinder schrieb er „Summarien Christlicher Lehre für das junge Volk". Die besonderen Anfangsschwierigkeiten evangelischen Gemeindelebens lernte er als Visitator in den neu erworbenen Landgebieten Heideck, Hilpoltstein und Allersberg (vgl. → J. J. Gilardi) kennen. Dort mühte er sich um die Bildung, der für ihre reformatorischen Aufgaben noch unzureichend ausgebildeten Geistlichen. Zum Hauptwerk wurde sein „Agend-Büchlein für die Pfarrherren auf dem Land". Bis ins 18. Jahrhundert wurde es immer wieder aufgelegt. Ausführliche Anleitungen für den Seelsorgedienst ergänzten die liturgischen Formulare. Als Hilfe für den Predigtdienst, der der Mehrzahl der Geistlichen bis dahin unbekannt geblieben war, veröffentlichte er die in Wittenberg mitgeschriebenen Predigten Luthers. Er ergänzte den Bestand mit eigenen Arbeiten, so daß den Pfarrern für jeden Sonn- und Festtag eine gedruckte Predigt, mit einigen methodischen Anleitungen versehen, zur Verfügung stand. Dadurch war die „Hauspostille D. Martin Luthers" entstanden, die sich als Lehrbuch bewährte. An ihm konnten evangelisch gewordene Geistliche die Kunst der Predigt des Evangeliums lernen. Zu einem wichtigen Erbe für die Nachfahren der reformatorischen Kirche aller Zeitläufe, gediehen die Veröffentlichungen seiner Nachschriften von Vorlesungen Luthers. Es waren wissenschaftlich-theologische Auslegungen biblischer Bücher. Dietrichs unmittelbar persönlicher Einfluß erstreckte sich bis weit über die Grenzen deutscher Länder, nach Ungarn, ins Venetianische, nach Dänemark, Schweden und Finnland. Als er am 25. März 1549 in Nürnberg starb, würdigten ihn die Zeitgenossen als einen den Reformatoren Luther und Melanchthon ebenbürtigen Theologen. Er hinterließ als reiches literarisches Erbe 38 eigene Werke und 31 Editionen von Werken Luthers und anderer Reformatoren. Dietrichs Werke, die später in keiner Pfarrbibliothek fehlen durften, sicherten ihm seine bis heute unbestrittene Bedeutung. Eine nach ihm benannte Straße im Stadtteil Lichtenhof würdigt seine Verdienste. *Ks*

Sebald und Barthel Beham · Maler   16. Jahrhundert

Der Marien- und Heiligenverehrung im späten Mittelalter verdankte die deutsche Kunst eine Fülle großartiger Altarwerke. Die Reformation zog hier einen Schnitt. Der Nürnberger Rat vermied zwar den Bildersturm, der zum Beispiel in Augsburg die Kirchen leerfegte; aber es wuchs keine Kunst nach, die es an Erlebniskraft, Gedankentiefe und formaler Geschlossenheit mit derjenigen der Dürerzeit hätte aufnehmen können. → Dürers „Vier Apostel", obschon ein Monument der neuen Gesinnung, sind als Werk altdeutscher Malerei Abschluß, nicht Neubeginn. Jüngere Künstler, die sich seine Schüler nennen durften, wurden durch die reformatorische Bewegung und zumal durch die sozial-revolutionären Ideen → Thomas Müntzers verunsichert oder zu einer obrigkeitsfeindlichen Haltung getrieben, die den Nürnberger Rat in seiner Eigenschaft als Ordnungshüter aufrief. Er machte den Brüdern Sebald und Barthel Beham (und → Georg Pencz), welche sogar die Existenz Christi in Frage stellten, den Prozeß und schickte sie nach dem 26. Januar 1525 in die Verbannung. Noch im selben Jahr, nachdem die Stadt zur Reformation übergetreten war, erhielten die „drei gottlosen Maler" die Erlaubnis zur Rückkehr.

Sebald Beham, der im Jahr 1500 in Nürnberg geboren wurde, griff schon in den frühen zwanziger Jahren mit schlagkräftigen, die Position → Luthers vertretenden Holzschnitten wie der „Höllenfahrt des Papstes" oder „Luther und die Handwerker" in den durch die Reformation ausgelösten Bilderkampf ein. Wort und Bild stärkten einander bei dieser Art Flugblätter, deren Texte oft von Hans Sachs stammten. Nachdem Beham Ende 1525 aus der Verbannung zurückgekehrt war, blieb er dem Rat doch verdächtig. So wurde ihm der Druck des Büchleins von der Proportion der Rosse untersagt, da es sich angeblich um ein Plagiat der bis dahin noch unedierten Dürerschen Proportionslehre handeln sollte. Beham wußte sich im Recht, wenn er die Schrift erscheinen ließ; doch konnte er sich dem Zugriff des Rates nur durch die Flucht entziehen. Zwar wurde der Künstler rehabilitiert; aber wir finden ihn seither immer wieder außerhalb Nürnbergs. In München war er Augenzeuge der Festlichkeiten, die der bayerische Herzog 1530 zu Ehren → Kaiser Karls V. veranstaltete. Ein großer Holzschnitt mit einem als kriegerisches Schauspiel dargestellten Manöver war das Ergebnis. Für Kardinal →Albrecht von Brandenburg, einen der Führer der katholischen Partei, schmückte Beham zwei Gebetbücher mit Miniaturen — ein Beispiel mehr, daß Fürsten zunächst auf die Kunstfertigkeit eines Malers und nicht auf seine Konfession sahen. 1532/33 trat Beham in Beziehung zum Buchdrucker und Verleger Christian Egenolff in Frankfurt am Main und wurde in der Folgezeit zum vielbeschäftigten Buchillustrator. Am 24. Juli 1535 kündigte er sein Nürnberger Bürgerrecht auf, am 14. Oktober erhielt er das Bürgerrecht in Frankfurt. Am 22. November 1550 starb er. Vielseitigkeit, soziales Engagement, theoretische Bildung und virtuose künstlerische Fähigkeiten sichern dem breitgefächerten Werk Sebald Behams ein bleibendes Interesse. Im Kupferstich, einer Kunst für Kenner, behandelte er klassische Themen wie die Römertugenden oder die Taten des Herkules, stellte er die Planeten und Freien Künste in nackten oder antikisch gewandeten Figuren vor, erwies er sich als Meister ornamentaler Erfindung, widmete er sich aber auch der Darstellung bäuerlichen Lebens. Die Holzschnittproduktion hat ihre Stärke im Flugblatt und in der Buchillustration. Sebald Beham monogrammierte HSB, aber auch HSP (jeweils ligiert).

Sebalds jüngerer Bruder, der im Jahr 1502 in Nürnberg geborene Barthel Beham, trat seit 1520 als Kupferstecher hervor. Seine kleinformatigen Marien- und Heiligenbilder, Bauern- und Landsknechtsdarstellungen sind voller Atmosphäre und von sensibler Linienführung. Später kamen Kampfgruppen in virtuoser Behandlung der verkürzt wiedergegebenen nackten Körper hinzu. Die Möglichkeiten des Holzschnittes zeigt die derb-volkstümliche „Spinnstube". Seinem Monogramm BP (durch einen Querstrich verbunden, = Barthel Peham) gab der Künstler 1527/28 die endgültige Form: B B (durch einen Querstrich verbunden). Barthel Beham kehrte nach Aufhebung der Verbannung nur kurz nach Nürnberg zurück und ließ sich spätestens 1527 in München nieder.

Er trat dort in den Dienst des katholischen Herzogs Wilhelm IV., der sich gerade anstrengte, seine Residenz zu einem Zentrum der Künste zu machen. Für den Zyklus biblischer und klassischer Historien, der durch → Albrecht Altdorfers „Alexanderschlacht" berühmt ist, malte Barthel Beham die „Auffindung des Hl. Kreuzes durch die Kaiserin Helena", ein im Sinne der Renaissance überlegen komponiertes Vielfigurenbild, dem freilich etwas „Akademisches" anhaftet. Für die Münchner Bildniskunst vorbildlich wurden seine Darstellungen vornehm und selbstbewußt aufgefaßter bürgerlicher Paare. Noch die Bildnisserien von Mitgliedern des Hauses Wittelsbach, welche durch die Gleichförmigkeit des Auftrags gefährdet waren, imponieren durch die in sich ruhende Präsenz der fürstlichen Persönlichkeiten. Barthel Beham hat nicht nur mit seinem Nürnberger Erbe gewuchert, sondern auch von den jüngeren Italienern gelernt. 1534 kopierte er eine Vanitas-Darstellung Tizians (Augsburg, Städt. Kunstsammlungen). Es ist zu bedauern, daß Zeit und Umstände einer vollen Entfaltung seiner Begabung entgegenstanden. 1537/38 schloß Beham auch einen Vertrag mit Herzog Ludwig X. von Bayern, der in Landshut residierte. Schon 1540 verstarb er auf einer Studienreise in Italien.   *Löc*

Jörg Dietherr und seine Nachkommen · Münzmeister   16. Jahrhundert

Die Dietherr von Anwanden (bei Cadolzburg im Westen von Nürnberg) stammen möglicherweise aus dem hochmittelalterlichen Ministerialenadel. Sie zählen zu den gerichtsfähigen Geschlechtern der Reichsstadt Nürnberg. Mit dem Patriziat waren sie vielfach versippt und verschwägert. Jörg Dietherr d. Ä., Goldschmiedemeister seit 1495, Münzmeister 1517—1527, hatte eine → Schlüsselfelderin, Sohn Jörg d. J. (1490— 1547) heiratete 1516 eine → Tucherin, Enkel Christoph eine → Ketzelin und der letzte der vier Münzmeister, Paulus (1556— 1610), eine Neidhard von Baustetten. Alle vier wirkten in der Münzstätte der Reichsstadt Nürnberg, einer der bedeutendsten Münzstätten des Reiches — und dazu noch in einer Zeit tiefgreifender währungspolitischer und prägetechnischer Veränderungen. Zur Reichsstadt standen sie in einem relativ freien Arbeitsverhältnis. Vertraglich gebunden arbeiteten sie als festbesoldete Betriebsleiter der Münzstätte. Dazu waren diffizile Kenntnisse und große Erfahrungen Voraussetzung. Auf eigene Rechnung prägten sie für auswärtige Münzherrn und private Auftraggeber. Als freie Unternehmer trieben sie Edelmetallhandel und versorgten die Münzstätte mit dem notwendigen Rohstoff. Sie besaßen Anteile am Silberbergbau in St. Annaberg (Erzgebirge) und wohl auch in Siebenbürgen. Jörg Dietherr d. Ä. erhielt 1502 durch Kaiser Maximilian eine Wappen-Konfirmation (roter Wolfsrumpf in Silber). 1505 wurde er als „Silberschmelzer und Silberbrenner" bestellt. 1509 wurde er Genannter des Größeren Rats. 1513 kaufte er den später sogenannten Löffelholz'schen Herrensitz Erlenstegen. 1517 wurde er Münzmeister. Der Sohn Jörg d. J., später „der Reiche" genannt, wirkte seit 1517 neben seinem Vater in gleichen Eigenschaften. Durch kaiserliche, markgräfliche, bambergische und leonrodische Lehen wurde sein Grundbesitz beträchtlich gemehrt. Er hinterließ bei seinem Tode ein Vermögen von mehr als 20 000 Gulden. Die Tätigkeit der beiden Jörg Dietherr fällt in die Glanzperiode des Münz- und Geldwesens der Neuzeit. Der Taler entsteht. Nürnberg ist Verhandlungsort der ersten Reichsmünzordnung (1524 in Eßlingen erlassen). Im Gefolge verfügte der Rat am 2. November 1526 die Emission einer „großen silbernen Münz", die unter den Münzmeistern Dietherr 1527 und 1528 ausgebracht wurde. Damit hat der Siegeszug des „Talers" („Joachimsthalers") auch Nürnberg erreicht. Die Prägung der Lorenzer Goldgulden — neben den Kleinmünzen — wurde fortgeführt, wobei vorübergehend → Albrecht Dürer in die Gestaltung des Münzbildes eingriff. Der Nürnberger Rat verfügte am 1. Dezember 1517: „Alt und jung jorg Diethern haben zu dem müntzmaisterampt pflicht gethan. Und inen sagen, das sy die neuen eisen nach rat Albrecht Dürers lassen machen". 1521 entstand eine der schönsten Renaissance-Medaillen, die Ehrenmedaille der Stadt auf → Karl V., für die Albrecht Dürer die Visierung lieferte, wegen des ungewöhnlich hohen Reliefs eine technische Meisterleistung der von den Dietherrn geleiteten Münzstätte.

Es zeugt vom Selbstbewußtsein des Münzmeisters Christoph Dietherr, daß er offensichtlich auf die ersten von ihm geprägten Laurentius-Goldgulden (1554) das Wappenbild der Familie setzt. Er prägte von den Städten Windsheim und Rothenburg eingeliefertes Silber zu Talern bzw. deren Teilstücken um. Er betrieb eine Schmelzhütte am Dutzendteich für das Silberschmelzen. Er erscheint als Gewerke der Silberbergwerke in St. Annaberg im Erzgebirge. In seiner Amtsperiode wird die das Münz- und Geldwesen der folgenden Zeit bestimmende Reichsmünzordnung von 1559 (Augsburg) erlassen, Nürnberg auf dem Münzprobationstag des Fränkischen Kreises (1572) zu einer der vier Kreismünzstätten erhoben.

1583 wird sein Sohn Paulus Mitmünzmeister. Aber das Auftauchen von falschen Laurentiusgulden, die man den beiden Dietherrn anlastete, führte zu deren Entlassung aus Nürnberger Diensten; freilich ist ihr Ansehen so groß, daß sie schon 1587 als Münzmeister bei der Konkurrenz, dem Deutschen Orden in Nürnberg, wieder tätig sind; dafür wird ihnen sogar das städtische Münzgebäude zur Verfügung gestellt. Das damals verwaiste Münzmeisteramt der Reichsstadt wurde 1590 schließlich wieder Christoph anvertraut. Dieser und seine drei Söhne erhielten von → Kaiser Rudolph II. ein Schutzprivileg wegen einer Erfindung zum Kupfersaigern. Christoph starb 1594 in Siebenbürgen, offenbar auf einer Reise in Bergwerksangelegenheiten.

Der Rat hat auch Christophs Sohn Paulus 1594 wieder als Münzmeister und Genannten des Größeren Rats installiert. Auf seine Initiative wird „auf dem Marstall" ein neues Münzgebäude errichtet. Er war ein versierter Mann, der auch als Eisengraber tätig war und einschneidende technische Neuerungen zugunsten der Schnelligkeit des Prägevorgangs und der Qualität des Münzbildes eingeführt hat. Die seit der Antike ausschließlich angewandte Prägung mit Hammerschlag wurde damals durch Einsatz sogenannter Walzen bzw. Taschenwerke abgelöst (nachweisbar 1595 bei der Prägung der Medaille auf die Nürnberger Fleischbrücke). *Ve*

Berchtold Holzschuher · Finanzpolitiker und Techniker   1511 — 1582

Berchtold Holzschuher, Sohn einer alten Ratsfamilie, kann mit Fug und Recht als der erste Nürnberger gelten, der 1566 dem Reichstag konkrete Vorschläge für eine Art Lebensversicherung vorlegte. Er war 1511 geboren worden; der Vater war Historiker, der Sohn war in erster Ehe mit einer Welserin, in zweiter mit einer Ebnerin verheiratet und wurde nach zwölfjähriger Tätigkeit als Richter 1551 junger Bürgermeister in Nürnberg. Aber nach zwölf Jahren bat er um seine Entlassung, um sich seinen Kupfer-Bergwerken in der Steiermark, in Radmer bei der Bergwerksstadt Eisenerz, derart widmen zu können, wie es Hieronymus → Geuder, Sigmund → Tetzel (zugleich „Ratsbürger" in Waidhofen/Ybbs) und die Brüder → Mendel getan haben.

In diesen Jahren hat sich Holzschuher mit Konstruktionen von automobilen Wagen, Antriebsmaschinen, Zahnradkonstruktionen, Greif- und Hebewerkzeugen und mit solchen eines Mühlenwerkes befaßt. Er hat sie auch in einem Manuscript niedergelegt — heute im Germanischen Nationalmuseum. Er machte sich Gedanken um die Hebung der öffentlichen Finanzen und faßte sie, aufgrund seiner Erfahrungen als Unternehmer, in einem Versicherungsplan zusammen, den er dem Reichstag vortrug: Für jedes neugeborene Kind solle ein Taler bei einer Kasse eingezahlt werden, wofür den Kindern dann bei der Heirat die dreifache Summe, also drei Taler, ausgezahlt werden sollen. Zur Begründung, woher diese Aussteuersumme denn zu nehmen sei, beschäftigte er sich eingehend mit den Problemen der Verzinsung, der Kapitalanlagen, des Risikos und der Wahrscheinlichkeit. Er ging davon aus, daß nur die Hälfte aller Neugeborenen das heiratsfähige Alter erreichen und viele auch nicht heiraten würden. Anregungen für Holzschuher kamen wohl aus Italien und wurden durch den technischen Erfindergeist dieser Zeit beflügelt. Kann sein, daß er auch an die ersten Versuche der Nürnberger Überland- und Überseekaufleute anknüpfte, die sich schon seit 40 Jahren angesichts eines Schiffsverlustes (Aufbringung durch Piraten) mit der Frage befaßten, wie man das Risiko des Seehandels verringern könne. Schier zur gleichen Zeit wie Holzschuher macht ein italienischer Kaufmann → König Philipp II. von Spanien mit Hilfe von → Lazarus Tucher den schriftlichen Vorschlag einer Seeversicherung; es sind ähnliche Gedanken, die → Konrad Groß, die → Gebrüder Landauer und die → Mendel bei ihren Stiftungen der Altersfürsorge bewegt haben mögen.

Berchtold Holzschuher

Diese Gedanken, ob mit oder ohne fromme Überzeugung, haben die Nürnberger offenbar niemals losgelassen. Gut 150 Jahre nach Holzschuher (1717) veröffentlichte der Nürnberger Paul Jakob Marperger eine Schrift mit dem Titel „Wohlgemeynter Vorschlag von Verheyrathung armer Bürgers Töchter und Dienst-Mägde", in der er eine Art gesetzlicher Aussteuerversicherung für Dienstmägde vorschlug. Gegen Zahlung eines vierteljährlichen Beitrags in Höhe von ein bis zwei Groschen sollte den Dienstmägden bei der Hochzeit eine Summe von 50 Talern ausgezahlt werden. Am intensivsten hat sich in der neueren Zeit Johann Michael Leuchs in seiner „Lehre des Wahrscheinlichen" (Beginn des 19. Jahrhunderts) mit dem Versicherungswesen befaßt und gab grundlegende Hinweise für die Kalkulation von Transport- und Sachversicherungsprämien. Ihm folgte etwa 50 Jahre später → Lothar von Faber. 1884 gründete er zusammen mit anderen Nürnberger Geschäftsleuten und Bürgern die Aktiengesellschaft „Nürnberger Lebensversicherungsbank". Holzschuhers Vorarbeit war also nicht umsonst, auch wenn der Reichstag von 1566 seine Vorschläge ablehnte. (Nach der Familie benannt ist die gleichnamige Straße in Gostenhof.) *By*

Hans Neuschel (Meuschel) · Trompeten- u. Posaunenmacher 16. Jahrh.

In der Herstellung von Blechblasinstrumenten (Naturtrompeten und Posaunen, im 18. Jahrhundert auch Naturwaldhörner) war Nürnberg drei Jahrhunderte lang in Westeuropa führend. Die Trompeten- und Posaunenmacher sind Ende des 15. Jahrhunderts aus den Rotschmieden hervorgegangen. Ob der „Rotschmieddrechsel" Hans Neuschel d. Ä. (gest. 1503 oder 1504) schon Instrumente hergestellt hat, ist nicht gewiß. Zweifellos war sein gleichnamiger Sohn als Trompetenmacher tätig, anfänglich in Zusammenarbeit mit seinem Bruder Lienhard (gest. 1515). Hans Neuschel d. J. lieferte Instrumente für den Hof Kaiser Maximilians I. und fertigte für Papst Leo X. silberne Posaunen an, die er ihm selbst überbrachte. Nach Murr (1778) erfand er „ausnehmende Vorteile im Posaunenmachen. . ., die er selbst meisterhaft zu blasen wußte". Welche Erneuerungen das sind, ist nicht zu ermitteln. Doppelmayr (1730) schreibt seinen Namen „Meuschel", der in der Nürnberger Meuschelstraße verewigt ist. Er starb 1533.

Auch Jörg (Georg) Neuschel, „genannt Stengel" war Trompeten- und Posaunenmacher. Vermutlich hat Hans Neuschel seinen Vetter Georg Stengel adoptiert, obwohl erst 1537 „das new burgerrecht" (nach dem er den Namen Neuschel führen durfte) verliehen wurde. Jörg Neuschel war nicht nur Trompeten- und Posaunenmacher, sondern auch als Händler von Holzblasinstrumenten, Pauken und Noten tätig (z. B. Briefwechsel 1541 — 1545 zwischen Herzog Albrecht von Preussen und ihm). Mit seinem Tode (1557) erlosch die Familie. Ein Instrument der Familie Neuschel ist erhalten: eine 1557 datierte Tenorposaune von Jörg Neuschel, die das Kunsthistorische Museum in Wien 1983 für seine Sammlung Alter Musikinstrumente erwarb. *vdm*

Familie Jamnitzer · Goldschmiede   16. und 17. Jahrhundert

Solange sich der berühmte Merkel'sche Tafelaufsatz in Nürnberg befand, war hier Wenzel Jamnitzers Ruhm und Name unvergessen. Im Jahre 1880 erwarb ihn der größte Sammler deutscher Goldschmiedekunst, Baron Rothschild in Frankfurt. Von da an blieb er für lange Zeit, nahezu unzugänglich, in dessen Familienbesitz. Der Tafelaufsatz, als Geschenk des Nürnberger Rates 1549 für Kaiser Karl V. bestellt und erworben, ist das bedeutendste erhaltene Werk Wenzel Jamnitzers, ein etwa 1 m hoher Tafelaufsatz, dessen Schale von der Gestalt der Mutter Erde getragen wird. Diese zierreiche Arbeit aus vergoldetem Silber, mit bemalten Naturabgüssen und vielen Ornamentformen, befindet sich heute im Amsterdamer Rijksmuseum. Jamnitzers Hauptwerk und, man darf wohl annehmen, das der ganzen deutschen Renaissancegoldschmiedekunst, ist schon Mitte des 18. Jahrhunderts in Wien eingeschmolzen worden: der große, über drei Meter hohe Prager Lustbrunnen. An ihm hat Jamnitzer lange Jahre gearbeitet. Er war von → Kaiser Maximilian II.

Wenzel Jamnitzer

bestellt, wurde erst 1578 an dessen Sohn → Kaiser Rudolf II. geliefert und bildete das Prunkstück von dessen Schatzkammer; dargestellt war, figuren- und beziehungsreich, die Verherrlichung des Hauses Habsburg. Erhalten hat sich dagegen eine Anzahl hervorragender Werke Jamnitzers: der Kaiserpokal in Berlin, Prunkgefäße und Schatztruhen in München und Madrid, in Wien und Dresden.

Wenzel Jamnitzer war aber nicht nur das Haupt einer großen Goldschmiedefamilie, mit der er eng zusammenarbeitete; er hat auch seine Arbeiten entworfen und hat dabei thematisch ganz neue Wege beschritten. So schuf er zahlreiche Kassetten, sogen. künstliche Schreibtische, deren Inhalt verschiedenes technisches Werkzeug enthielt, sowie Zimmerbrunnen mit Wassermechanik. Zahlreiche Zeichnungen, Skizzen und Visierungen geben darüber Auskunft. Nachhaltig hat er auch eine Reihe von Nürnberger Goldschmieden beeinflußt, die von ihm entworfene Zierate und Techniken — z. B. geprägte Ornamentstreifen — übernahmen. Meister war er im Naturabguß, er konnte hauchdünne Blätter und kleines Getier abgießen, womit er seine Gefäße schmückte.

Solches Können und seinen Ruhm anerkannten bereits seine Zeitgenossen: 1568 widmete der Verleger Sigmund Feyerabend die von → Hans Sachs mit Versen und von → Jost Amman mit Holzschnitten versehene „Eygentliche Beschreibung aller Stände auf Erden" dem „Ehrgeachteten weitberümpten und kunstreichen Wentzel Gommitzer, Goldschmied und Bürger zu Nürnberg". Der Musiker → Leonhard Lechner widmete ihm ein Liederbuch. 1568 erscheint Jamnitzers „Perspectiva corporum regularium", die er → Kaiser Maximilian II. zueignet. Dieses Lehrbuch läßt erkennen, wie weit Jamnitzer über sein eigentliches Gebiet hinaus sich mit aktuellen Fragen der Zeit, z. B. der Entdeckung und Darstellbarkeit des Raumes, beschäftigt hat.

Unter seinen Nachfolgern ist der Enkel Christoph der begabteste und schöpferischste, fast ein Universalkünstler: Goldschmied, Bildner, Zeichner und Stecher eines 1610 erschienenen „Grotteskenbuches", Lieferant virtuoser Gießgarnituren für den Kaiser und für Fürsten des Reiches, bei denen er die souveräne Beherrschung aller Goldschmiedetechniken nebeneinander vorführt. Eine vollständige Garnitur für Kaiser Rudolf II. mit dem weitschichtigen Thema „Triumph" hat sich in Wien, die Gießgefäße solcher Garnituren haben sich in Berlin und Dresden erhalten. Von Christoph Jamnitzer stammt auch der prächtige, große kupferne Adler am Nürnberger Rathaus, dessen Portalschmuck er entworfen hat.

Wenzel Jamnitzer wurde 1508 in Wien geboren, seine Familie war im ausgehenden 15. Jahrhundert in Wiener-Neustadt ansässig. Bereits damals haben Goldschmiede aus dieser Familie für die Habsburger, zuerst für → Kaiser Friedrich III., gearbeitet und standen mit dem Erzhaus in Beziehungen. 15 Goldschmiede dieses Namens sind nachweisbar. Wenzel Jamnitzer wurde 1534 Bürger in Nürnberg und Meister bei den Goldschmieden; im gleichen Jahre heiratete er Anna Braunreuch (gest. 1575), mit der er sechs Söhne und fünf Töchter hatte. Jamnitzer bekleidete wichtige Ehrenämter in der Stadt: 1556 wird er Genannter des Großen Rates, 1573 Handwerksherr im Kleinen Rat. 1585 ist Wenzel Jamnitzer, vermutlich während einer Pestepidemie, gestorben. Sein Porträt, heute in Genf, schenkte sein Sohn Hans Jamnitzer (1539 — 1603), als Goldschmied Meister von Reliefdarstellungen und Plaketten, dem Nürnberger Rathaus. Der Sohn des Hans Jamnitzer, Christoph, wurde 1563 in Nürnberg getauft und ist in seiner Vaterstadt 1618 begraben worden. Er wurde 1592 Meister, 1607 Genannter des Großen Rats, 1613 Geschworener. Sein Porträt, in den Städtischen Kunstsammlungen Nürnbergs, schuf Georg Strauch im Jahre 1597, es zeigt den jungen Meister beim Modellieren einer Bacchusstatuette. *Pe*

Virgil Solis · Zeichner und Kupferstecher   1514 — 1562

Virgil Solis war in der Mitte des 16. Jahrhunderts der erfolgreichste Nürnberger „Reißer". Aus seiner großen Werkstatt gingen in der Zeit zwischen 1530 und 1562 über 2000 Holzschnitte, Kupferstiche und Radierungen hervor: Buchillustrationen, Landsknechts-, Tier- und Jagddarstellungen, Schlachten, Porträts und Landschaften, Wappen und Exlibris, Entwürfe für Goldschmiedearbeiten und Ornamentstiche. Sie fanden in ganz Europa Verbreitung als Vorlagen für Künstler und Kunsthandwerker. Solis' Holzschnitte zu der 1560 bei Siegmund Feyerabend in Frankfurt/Main erschienenen Lutherbibel und zu den „Metamorphosen" des Ovid (Frankfurt 1563), sind Handwerke deutscher Buchillustration. Lineare Prägnanz und dekorative Wirkung begründeten den europäischen Erfolg des Zeichners und Graphikers Solis.

Obwohl auf der Tradition → Dürers und der Nürnberger Kleinmeister fußend, gelang es Solis, sich aus lokalen Bindungen zu lösen und Anschluß zu finden an den neuesten Geschmack des Manierismus niederländischer, französischer und italienischer Prägung. Durch die schöpferische Aneignung dieses Formenvokabulars wurde er zum Begründer eines neuen Nürnbergischen Ornamentstils der Spätrenaissance.

Solis wurde 1514 an einem unbekannten Ort geboren. Vermutlich war er der Sohn des Malers Hans Solis, der 1525 das Nürnberger Bürgerrecht erwarb. Virgil dürfte bereits Meister gewesen sein, als er 1539 mit Dorothea Dalmenin die Ehe schloß, aus der mindestens 13 Kinder hervorgingen. 1540 entstanden die ersten signierten und datierten Arbeiten. 1555 erwarb er ein Haus „hinter dem Tezelhof". Nach dem Tod seiner Frau (1556), heiratete er ein Jahr später Margareta Lehwin, die ihm weitere vier Kinder gebar. Im Totengeläutbuch von St. Lorenz ist verzeichnet, daß Virgil Solis, „maler und kunststecher am alten Roß-markt" am 1. August 1562 verstarb. Auch nach dem Tod des Meisters arbeitete die Werk-statt mit mehreren Söhnen von Virgil Solis weiter. Balthasar Jenichen, langjähriger Alt-geselle der Solis-Werkstatt, heiratete 1564 die Witwe des Künstlers. Von seiner Hand stammt auch das einzige Bildnis des Künstlers. *Sc*

Hans Tetzel · Kaufmann 1518 — 1571

Hans Tetzel stammt aus einer 1736 ausgestorbenen Ratsfamilie, die seit dem 14. Jahrhundert im Montanbereich tätig und im 16. Jahrhundert mit den wichtigsten Nürnberger Montanunternehmern, den → Fürer, verschwägert war. Man vermutet, daß er in den Fürer'schen Hütten in Thüringen über Bergbau und Verhüttung Erfahrung sammelte. Als etwa Zwanzigjähriger hielt er sich wohl im Zusammenhang mit Kupfer-geschäften in Sevilla auf. Dort kommt er manchmal als Bürge vor. Das große Interesse an einer eigenen Kupferproduktion in den Kolonien veranlaßte Spanien dazu, mit einem Bergwerk auf Kuba mehrere Versuche zu unternehmen. Deswegen setzte Hans Tetzel, mit finanzieller Unterstützung seines Bruders Jobst, 1542 auf diese Insel über. Er überzeugte sich von Reichhaltigkeit und Qualität der Vorkommen. 1544 kam er mit Erzproben nach Nürnberg, wo er ein geeignetes Schmelzverfahren fand. Nach einem Vertrag mit der spanischen Krone von 1546 über die Ausbeutung der Minen kehrte er 1547 nach Kuba zurück. Hier mußte er sich erst mit den Bewohnern einigen, die heftigen Widerstand gegen die ihm zugestandenen Monopolrechte leisteten. Erst 1550, nach einem Vergleich, konnte er die Arbeit aufnehmen. Bis 1554 blühte das Unternehmen, dann wurde Tetzel durch Korsareneinfälle und heftige Orkane, die seine Installationen mehrmals zer-störten, an den Rand des Ruins gebracht. 1562 wandte er sich erfolglos an die spanische Krone, begann die Verhandlungen zur Vertragsverlängerung, erreichte sein Ziel aber erst 1571, mit erheblichen Einbußen. Er konnte den neuen Vertrag nicht mehr nutzen: im selben Jahr starb er in Madrid. Am 24. Dezember erklang für ihn in Nürnberg das Totengeläut. (Nach der Familie benannt die Tetzelgasse im Stadtteil St. Sebald, von ihr gestiftet die Tet-zelkapelle an der Egidienkirche.) *Schn*

Willibald Imhoff · Kaufmann und Kunstsammler 1519 — 1580

Willibald Imhoff wurde geboren am 16. November 1519 in Nürnberg als Sohn des Hans VI. Imhoff (1488 — 1526) und der Felizitas (1497 — 1530), einer Tochter → Willibald Pirckheimers. Er verlor sei-nen Vater 1526, also im Alter von 7 Jahren. Für das Kind bedeutete es sicher eine schwere Belastung, als seine Mutter 1528 gegen den Wider-stand des Großvaters Pirckheimer den Kaufmann → Hans Kleberger, eine der umstrittensten Persönlichkeiten Nürnbergs, heiratete und die-ser seine eben angetraute Frau wieder verließ, um in Lyon seinen Geschäften als Kaufmann und Finanzmakler nachzugehen. Als Felizitas zwei Jahre danach starb, erhob Pirckheimer schwere Vorwürfe gegen seinen Schwiegersohn Kleberger, die in der Beschuldigung gipfelten, dieser habe seine Frau durch Gift ermordet. Als Vormund Willibald Imhoffs fungierte Oheim → Endres I. Imhoff, der damals die Handelsgesellschaft der Familie leitete. Er sorgte für intensive kaufmännische Ausbildung seines Neffen. Deshalb wurde Willibald 1533 nach Lyon, Mittelpunkt des Handels mit Südfrankreich und wichtiger Etappenort an der Handelsstraße nach Spanien, geschickt. Dort unterhielten die Imhoff seit dem 15. Jahrhundert eine Faktorei, die vorübergehend von Kleberger geleitet wurde. Man kann nicht ausschließen, daß die Ausbildung Willibalds im Kontor des Stiefvaters Kleberger erfolgte, der dort als einer der bedeutendsten Kaufleute galt und sich eben anschickte, zum wichtigsten Finanzier der französischen Krone aufzusteigen. Wegen seiner milden Stiftungen hat die Stadt dem 1546 Verstorbenen ein bis heute erhaltenes Denkmal gesetzt und ihm den Beinamen „Le bon Allemand" zugelegt.

1537 verließ Willibald Imhoff Lyon, um in Antwerpen seine Ausbildung zu vollenden. Antwerpen war zu einem der bedeutendsten Handelsplätze geworden, seit der Seeweg nach Ostindien 1498 durch die Portugiesen entdeckt und der Handelsschwerpunkt vom Süden (Venedig) nach dem Westen verlagert wurde. Die Portugiesen kauften seither unter Umgehung des Vorderen Orients selbst in Indien ein. Von Lissabon gingen die Erzeugnisse Asiens nach Antwerpen, wo der Handel mit Spezereien im Vordergrund stand. Doch die Blüte der Stadt war nur von kurzer Dauer; die niederländischen Unabhängigkeitskriege brachten 1585 ihren Niedergang. Die Imhoff hatten dort schon vorher finanzielle Verluste in Höhe von nicht weniger als 34.000 Carolus-Gulden erlitten, und zwar mit den spanisch-niederländischen Rentmeisterbriefen anläßlich des spanischen Staatsbankrotts; 45.000 Livres verloren sie im Gefolge des französischen Staatsbankrotts. Willibald war damals, zusammen mit seinem Oheim Endres, Leiter der Imhoffschen Handelsgesellschaft. Er hatte sich insbesondere des Handels mit Spanien und Frankreich angenommen. Etwa seit 1540 reiste er fast jedes Jahr dorthin. Spanisch und Französisch beherrschte er perfekt. So rühmen die Imhoff'schen Geschlechterbücher. Aufgrund seiner Erfahrungen schrieb er ein „Rechenbuch", in Wirklichkeit ein Wege- und Straßenbuch für den internationalen Handel (Original heute in den graphischen Sammlungen des Britischen Museums in London). Die Wegstrecken im Viereck Nürnberg-Südfrankreich-Portugal/Spanien-Norditalien-Nürnberg hatte er größtenteils selbst abgeritten und dabei die Zeiten für die Übermittlung von Eilnachrichten, Transport beladener Planwagen und Handelszüge fixiert. Es war ein entscheidender Beitrag zum Ausbau der Mittlerstellung des Frankenlandes zwischen dem südeuropäisch-mittelmeerischen und dem nordeuropäischen, auf Nord- und Ostsee abgestellten Handel der Hanse. Es war zum ersten Mal kein Geheimbuch einer Handelsfirma, sondern es war öffentlich zugängig.
Willibald heiratete am 12. Februar 1545 → Anna Harsdörffer (1528 — 1601), Tochter des Wolff Harsdörffer und der → Edeltraut Welser. Er wohnte mit seiner jungen Frau zunächst im Hause seines Oheims Endres, seit 1556 im heutigen sogenannten „Nassauerhaus", gegenüber der Westfassade der Lorenzkirche. Nach dem Tode seiner Tante Barbara Straubin (1560), Schwester seiner Mutter Felizitas und Witwe des → Hans Straub, nahm Willibald die Gelegenheit wahr, das Straub'sche Haus zu erwerben, indem er die Anteile seiner Miterben, des Bruders Hieronymus und der Schwester Sabine (Frau des Peter Harsdörffer), erkaufte. „Die frei lauter aigene behausung vnd hofraith alhie in St. Sebalts pfarr vf St. Egidien hof..." wurde bei seinem Tode 1580 mit 5.600 Gulden bewertet.

Gemäß dem Vermögensinventar Willibald Pirckheimers vom 30. Juni 1531 war der Nachlaß zwischen der Tochter Barbara und den Enkeln, den Kindern von Hans Imhoff, Willibald, Hieronymus, Felizitas und Sabina aufgeteilt worden. Mit dem Tode der Barbara Straubin waren weitere wesentliche Teile der Kunstsammlungen Pirckheimers an Willibald übergegangen. Nach dem Tode der → Agnes Dürer und des Endres Dürer (Bruder Albrechts), konnte Willibald überdies noch Teile des Nachlasses von Albrecht Dürer erwerben. In den Geschlechterbüchern wird er als bedeutender Kenner von Antiquitäten gerühmt, der seine Sammlungen durch Ankauf auch im Ausland beträchtlich vermehrte, auch als Gutachter und Berater fürstlicher Freunde, die in seinem Hause häufig als Gäste abstiegen. Es wird vermerkt, daß er die Antiquitäten, insbesondere die Münz- und Medaillen-Sammlung Herzog Albrechts V. von Bayern geordnet und katalogisiert habe.

Das von ihm selbst 1573/74 verfaßte Inventar seiner „Antiquitäten und andere Künst, samt dem, was mich solche kosten", ferner das bei seinem Tode 1580 ausgefertigte Vermögensinventar weisen eine „Kunstkammer" von höchstem Range aus. Im Inventar von 1580, das ein Gesamtvermögen von über 76.000 Gulden beschreibt, finden sich u.a. die reich besetzten Rubriken Silbergeschirr, Ringe und Edelsteine, Medaillen, Bronze-, Marmor- und Alabaster-Bildwerke, Bücher, Kupferstichwerke, vor allem „künstliche gemehl vnnd conterfect von oell vnnd waßerfarben...", darunter eine Reihe von Gemälden, die mit heute noch vorhandenen identifiziert werden können, an erster Stelle das Dürer'sche Rundbildnis Klebergers von 1526, das heute im Kunsthistorischen Museum in Wien verwahrt wird. Der Sohn vermerkt in der über seinen Vater abgefaßten Vita, daß dieser „zu der Malerkunst eine besondere Affection, Lust und Lieb getragen deren auch genugsam verstendig gewesen". Besonders förderte er den Dürer-Kopisten Hans Hoffmann, den er mit Erfolg an Kaiser Rudolf II. empfohlen hatte. Willibald Imhoff starb am 25. Januar 1580. Obwohl er seinen Besitz als unveräußerliches Familienvermögen (Fideikommiß) deklariert hatte, konnte er den Verkauf seiner Sammlungen durch seine Witwe, sowie die Kinder — von zehn lebten damals noch vier Söhne und zwei Töchter — und Enkel nicht verhindern. Die Sammlungen sind über ganz Europa verstreut, in München, Wien, London, Dresden, Braunschweig und Amsterdam. Die Büste des Willibald Imhoff, heute im Museum Preußischer Kulturbesitz, wurde von Gregor van der Schardt 1570 geschaffen. *Ve*

Hans Lobsinger · Mechaniker und Erfinder 1519 — 1584

Hans Lobsinger (geb. um 1519) war von Haus aus Spinnrädleinmacher wie sein Vater Lienhart. Im Laufe seines Lebens reichte jedoch die Spannweite seines Schaffens von der Herstellung von Musikinstrumenten (Orgeln, Harfen, Geigen, Lauten) bis zum Mühlen-, Brunnen- und Gebläsebau, von der Uhrmacherei bis zur Fertigung von Metallpressen, von verschiedensten Form- und Gießkünsten bis zur Produktion von Farben, Chemikalien und Feuerwerkskörpern. Für mehrere Handwerke (z. B. Kürschner, Schreiner) entwarf er Spezialwerkzeuge. Leider hat sich der genial veranlagte Lobsinger mit der Vielfalt seiner Projekte verzettelt. Die erforderliche Konsequenz bei der Durchführung einzelner Vorhaben, fehlende Geldgeber und Förderer sowie mangelnder kaufmännischer Sinn verhinderten gebührenden Lohn und allgemeine Anerkennung. Trotz der Sorge um sein tägliches Auskommen vollbrachte er, wie der erhalten gebliebene Katalog seiner Erfindungen, Versuche und Arbeiten ausweist, in den acht Werkstätten seines Hauses bedeutende Leistungen. Lobsinger, gestorben 1584 in Nürnberg, ist geradezu typisch für den erfindungsreichen Nürnberger, voller Ideen und Einfälle, wie ihn die Stadt im 16. und 17. Jahrhundert mehrfach hervorgebracht hat, so z. B. Hans Bulmann, → Wolf Danner und Johann Hautsch, alle drei Mechaniker wie er. *Ba*

Hans Lencker von Neufchatel

Hans Lencker, geboren um 1523, gehörte neben → Wenzel Jamnitzer zu den führenden Goldschmieden Nürnbergs. Er war ein angesehener Bürger der Stadt und bekleidete mehrere Ämter im Gewerbe der Goldschmiede. 1550 erhält er das Meisterrecht und erwirbt im Jahr 1554 das Haus Nr. 12 in der Zisselgasse (heute Albrecht-Dürer-Straße). Neben seiner Tätigkeit als Goldschmied, von der uns nur fünf gesicherte Arbeiten in Dresden und München überliefert sind, gibt Lencker zwei kunsthistorische Schriften heraus, 1567 die „Perspectiva literaria" und 1571 die „Perspectiva corporum", was ihm den Ruf an den Kurfürstenhof zu Dresden einbringt. Dort unterrichtet er den späteren Kurfürsten Christian I. von Sachsen in der Perspektive. 1585 stirbt er am 28. November zu Nürnberg und wird auf dem Johannisfriedhof beigesetzt. Zu seinen Auftraggebern gehören der hessische Landgraf Wilhelm IV. von Kassel, der Kastellan von Posen und ein Hans Poner aus Krakau. Diese Aufträge, u. a. sechs Medaillons oder auch Medaillen und ein nicht näher zu beschreibendes Kleinod sind jedoch nur archivalisch nachweisbar. Auch der Gebetbuchdeckel in der Bayerischen Staatsbibliothek ist mutmaßlich eine Auftragsarbeit, die für Herzog Albrecht V. von Bayern gefertigt wurde.

Neben Hans Lencker ist vor allem sein Bruder Elias zu erwähnen. Dieser erhält 1562 das Meisterrecht, bekommt aber zunächst nur für ein Jahr die Erlaubnis, eine Werkstatt zu führen. Erst mit Erlangung des Bürgerrechtes 1566 ist es für ihn möglich, seine eigene Werkstatt zu leiten, die möglicherweise am Alten Milchmarkt (heute: Platz am Tiergärtnertor Richtung Albrecht-Dürer-Platz) lag, wo er 1567 ein Haus für 460 Gulden kaufte, das er bis zu seinem Tode 1591 bewohnt. Auch er wird auf dem Johannisfriedhof beigesetzt, wo er bereits 1583 für sich und seine Familie ein Grab erwarb. Elias Lencker war — jedenfalls nach dem erhaltenen Bestand — der produktivere Meister. Seine Arbeiten sind in den wichtigsten europäischen Sammlungen zu finden. Allein die staatliche Rüstkammer zu Moskau bewahrt vier Arbeiten des Elias Lencker, die sicherlich als Gesandtengeschenke an den russischen Hof gelangten. Zu seinen Auftraggebern zählen die Nürnberger Ratsherren → Veit Holzschuher, → Sebald Welser, → Christoph Scheurl und der hessische Landgraf Wilhelm IV. von Kassel, der auch Hans Lencker mit Aufträgen versehen hat. Seine Lehrjungen waren u. a. → Christoph Ritter, → Abraham und Bartel Jamnitzer sowie → Nikolaus Schmidt. Sein Œuvre zeigt wenig Gemeinsamkeit mit dem seines Bruders Hans, obgleich anzunehmen ist, daß beide in der Werkstatt des Hans Lencker tätig gewesen sind. *Bac*

Georg Noettelein · Organist und Komponist   1525—1567

Nach kurzer Tätigkeit als Kantor in Schulpforta übernahm der aus Wendelstein stammende Georg Noettelein (geboren etwa 1525) am 4. Juni 1545 das Organistenamt an St. Lorenz, ab 27. März 1565 versah er bis zu seinem Tode (21. Mai 1567) das gleiche Amt an St. Sebald. Er war zweimal verheiratet und hatte neun Kinder. In doppelter Hinsicht ist Noettelein für die Nürnberger Kirchenmusik bedeutsam: 1. Er war der erste bestallte Organist einer Nürnberger Hauptkirche nach Einführung der Reformation. Die orgelfeindliche Haltung des Nürnberger Reformators Andreas Osiander hatte die Orgeln für 20 Jahre zum Verstummen gebracht. 2. Von Noettelein stammt die früheste erhaltene Komposition eines Lorenzer Meisters, wohl nach 1540 entstanden: „Missa composita ad Hierusalem Richaforti", d. h. eine vierstimmige a cappella-Messe über Themen der Motette „Hierusalem luge" von Jean Richafort (etwa 1480—1547), die die schlichten Motive der Vorlage recht genau und gleichförmig in allen drei Sätzen der Messe polyphon verarbeitet. *hss*

Hugo Donellus · Rechtsgelehrter   1527 — 1591

Der Jurist, der sich nur als solcher betätigt, erwirbt in Deutschland selten Nachruhm: Diese Wissenschaft war nie populär, und gegenüber ihren eigenen Koryphäen ist sie pietätlos: Was gut ist, wird Fundament, auf dem spätere Geschlechter weiterbauen, ohne daß sie erst zur Vergewisserung nachgraben. Die Spezialdisziplin der Rechtsgeschichte schätzt Donellus als Vertreter der sog. eleganten Jurisprudenz: Scholastische Methoden und Fragestellungen, die ihren Dienst getan hatten, wurden seit der Mitte des 16. Jahrhunderts abgelegt, im Geiste des Humanismus wurden die antiken Quellen, welche die europäische Rechtskultur bis heute speisen, aus sich selbst interpretiert. Über das ungelenke System hinaus, in welches die Berater Kaiser Justinians das Römische Recht im Corpus Juris Civilis gepreßt hatten, erspürte gerade Donellus den inneren Systemzusammenhang dieses hoch entwickelten Rechts.

Sein Gelehrtenruhm kam in jener Zeit der frühreifen Geister spät, wirkte dann aber nachhaltig und in die Breite: Als Mittvierziger war er eine europäische Berühmtheit. Daß und wie er nach Altdorf kam, hängt indes weniger mit Gelehrtenruhm zusammen, als mit religiöser Verfolgung. Er zierte die kleine reichsstädtische Universität, und der Reichsstadt gereicht es bis heute zur Ehre, daß sie ihn aufnahm. Wer in die Pfarrkirche St. Lorenz zu Altdorf kommt, sieht dort zur Linken im Chor ein mittelgroßes Epitaph: Aus dem Rollwerk der Spätrenaissance blickt ein ernstes Gelehrtengesicht auf den Besucher. Ein vorlagengleiches Ölporträt schmückt das Dekanat der Erlanger Juristenfakultät.

Wer war der Mann, was hat seine Vita uns Heutigen zu sagen? Hugues Doneau wurde am 23. Dezember 1527 als Abkömmling der „noblesse de robe" in Chalons-sur-Saône geboren und vom Vater für die Juristenlaufbahn bestimmt. Noch während seiner vorbereitenden Studien überzeugte ihn die ältere Schwester von der Lehre Calvins, die er fortan entschieden vertrat. Das juristische Studium absolvierte er in Toulouse und Bourges, berühmte Fakultäten mit berühmten Lehrern, von denen ihn besonders Duarenus für die neue humanistische Jurisprudenz gewann. In Bourges promovierte Donellus 1551 und wurde alsbald auf einen der dortigen Lehrstühle berufen. Seine ruhige Gelehrtenlaufbahn wurde durch die Hugenottenverfolgung unterbrochen: 1572 mußte Donellus nach Genf fliehen. Dort erreichte ihn ein Ruf an die Universität Heidelberg — die Kurpfalz war von ihrem Landesherrn gerade dem Calvinismus zugeführt worden. 1576 zwang der nächste Kurfürst das Land zum Luthertum zurück, und Donellus, den man durchaus halten wollte, zog nach Leiden weiter. 1582 wurde er wiederum in konfessionelle Auseinandersetzungen verstrickt, denn das pragmatische Regiment der Generalstaaten drängte die strenge Genfer Observanz zurück. So war auch dort seines Bleibens nicht mehr, und er folgte 1588 einem Ruf an die kleine Universität Altdorf, wo er mit hohen Ehren aufgenommen wurde. Lange Jahre waren ihm nicht mehr vergönnt. Er hat noch in Scipio Gentilis einen Schüler und Freund als Kollegen nachgezogen, einer Studentengeneration den Geist des juristischen Humanismus vorgelebt, dann trug man ihn am 7. Mai 1591 zu Grabe — die wissenschaftliche Ernte war noch nicht eingebracht, die erste Gesamtausgabe seiner Werke erschien posthum.

Ein großer Gelehrter, der den Ruf seiner letzten Wirkungsstätte erhöhte, ein streng religiöser Mann, der seiner Überzeugung unter Opfern treu blieb. Man muß aber bei allem

Respekt daran erinnern, daß er ein Repräsentant des „konfessionellen Zeitalters" war, einer jener Intransigenten, die als Verfolgte menschliche Anteilnahme erwecken, aber da, wo sie das Regiment haben, selbst als Verfolger auftreten. Der strenge Calvinist fand und nahm Zuflucht bei einer Obrigkeit, die ihrerseits nicht einmal die Konkordienformel unterschrieben hatte, und deren Universität im zweifelhaften Ruf des „Philippismus" stand! Ob er selbst am Ende seines Lebens einen höheren Standpunkt gewonnen hatte, ist nicht überliefert. In jedem Fall hat er ein großes Werk hinterlassen, indem er als erster das gesamte Privatrecht in ein organisch entwickeltes und zusammenhängendes System brachte. Er gilt deshalb als „Schöpfer der modernen Jurisprudenz" (Sintzing). Verheiratet war er seit 1573 mit Suzanne Mondekeus aus Leiden. *Lei*

Nicolas und Paulus Juvenell · Maler 16./17. Jahrhundert

Zu den weltberühmten Söhnen und Töchtern der Noris zählen sie sicher nicht, die Maler und Goldschmiede der Familie Juvenell. Aber sie kamen weit in der europäischen Welt herum; die Portraits, die Nicolas d. Ä. von der Augsburger → Fugger-Familie, von Herzog Ludwig von Bayern sowie vom Nürnberger Rats-Geschlecht der → Tucher schuf, trugen dazu bei, den Künstler-Namen über die Grenzen Nürnbergs hinaus bekannt zu machen. „Stammvater" Nicolas war in seiner Heimat, den Spanischen Niederlanden, bei der künstlerischen Ausgestaltung der von Maria von Ungarn erbauten Schlösser Binche und Mariemont im Hennegau beschäftigt gewesen, bevor er 1561 als Glaubensflüchtling in Nürnberg auftauchte, wo er im gleichen Jahr das Bürgerrecht erhielt. Der Calvinist aus Dünkirchen (Geburtsjahr unbekannt) heiratete 1569 Clara Wagner. Von den fünf Kindern trat Sohn Paulus, geboren 1579, als Portrait- und Architekturmaler in die Fußstapfen seines Vaters, dessen Spezialität perspektivische Architekturmalereien gewesen sind; offenbar war Nicolas im ganzen süddeutschen Raum der erste, der auf diese Weise, dem Stil des Niederländers Hans Vredemann de Vries nachempfunden, Kirchen- und Tempelansichten mit biblischer Staffage gemalt hat. Seine Portraits erscheinen dagegen wie Nachahmungen der feinen Bildniskunst des Antwerpeners Nicolas Neufchatel; nur, daß bei Nicolas Juvenell eine kühle, graugrüne Färbung vorherrscht und er die Lebendigkeit und Meisterschaft des Vorbildes nicht ganz erreicht. Zugeschrieben wird ihm in der Nürnberger Kaiserburg die Türbemalung zur Kaiserkapelle. Ein Schüler von Nicolas war der Nürnberger Maler Johann Kreuzfelder. Nicolas starb 1597 und wurde neben seiner Frau auf dem Rochusfriedhof beigesetzt.
Paulus vervollkommnete das vom Vater Erlernte erst bei Adam Elsheimer in Frankfurt, später in Italien. Er hatte wesentlichen Anteil bei der Ausschmückung des Nürnberger Rathauses; u. a. restaurierte er 1613 (zusammen mit anderen Nürnberger Malern) die Fresken → Dürers im Großen Rathaussaal. Auch er machte sich, wie sein Vater, einen Namen als Kopist von Dürers Gemälden. Von den eigenständigen Arbeiten des Paulus Juvenell ist ein fünfteiliger Fries in der Alten Hofhaltung in Bamberg bemerkenswert: Darauf 82 Idealfiguren als Allegorien europäischer Nationen und Städte. Von seinen raumschmückenden Prunkgemälden sind noch zwei in Nürnberg zu sehen: die Deckengemälde im Prunksaal des Rathauses von 1622 und die 1608 entstandenen 21 Gemälde mit mythologisch-allegorischen Darstellungen in der Kassettendecke des Schönen Zimmers im Pellerhaus (jetzt im Fembohaus). Seit dem 2. Januar 1945 ist das letzte Zeugnis der Fassadenmalkunst des Paulus Juvenell endgültig aus der Stadt verschwunden: An diesem Tag wurde das Haus Königstraße 2 zerstört, das einzige, das noch eine Wandmalerei von der Hand dieses Künstlers trug. Paulus Juvenell, der als Maler und Freskant großen Anteil an der frühbarocken Ausschmückung der Stadt hatte, verließ Nürnberg im Jahre 1638. Er ging nach Wien und von da aus nach Preßburg, wo er 1643 starb. Nach Vater und Sohn Juvenell ist eine Straße im Norden von Nürnberg (Stadtteil St. Johannis) benannt. *Srn*

Das 16. Jahrhundert, in das des Groningers Volcher Coiter (geb. 1534) allzu kurz bemessene Wirkungszeit fällt, ist in der Medizin ein Jahrhundert der Anatomie. In ihm nimmt die moderne, auf Naturstudium gegründete Lehre vom Bau des menschlichen Körpers mit dem Werk Andreas Vesals ihren Anfang und erreicht zugleich ihren ersten Höhepunkt. Zu spät geboren, um selbst Begründer der neuen Anatomie zu werden, hat Coiter wie seine berühmten Lehrer Gabriele Fallopio und Bartolomeo Eustachi an ihrem Ausbau mitgearbeitet. Er hat manche Lücke gefüllt, manchen Irrtum richtiggestellt.

In Bologna, wo er nach Montpellier und Padua mit einem Stipendium studierte, promovierte und nach einem Studienaufenthalt in Rom von 1564—1566 auch Chirurgie lehrte, veröffentlichte er nur zwei noch ganz der Tradition verhaftete Anatomieschriften für Studenten. Ergebnisse eigener Forschung gibt er erst in der neuen Heimat Nürnberg in Druck, wohin der gebürtige Niederländer trotz großer akademischer Berufschancen — seines protestantischen Glaubens wegen von der italienischen Inquisition verfolgt — auswich: Dort wurde er (nach zwei Jahren Tätigkeit als Leib- und Regierungsarzt am Oberpfälzer Hof in Amberg) 1569, vermutlich auf Fürsprache seines Studienfreundes → Joachim Camerarius, Stadtarzt. Er war unter seinen akademisch ausgebildeten Kollegen wohl der einzige, der zugleich wundärztlich tätig war.

Ein anatomisch-embryologischer Sammelband, den er 1572 in Nürnberg herausgibt, bietet neben systematischen Darstellungen des Skeletts, der inneren und der äußeren Organe die ersten Monographien über Auge und Gehörorgan sowie originelle Erkenntnisse über das Zentralnervensystem. Befaßten sich die Anatomen vor ihm nur mit dem Körperbau des Erwachsenen, so beschreibt er erstmals das Knochensystem bei Fetus und sechsmonatigem Säugling. Die Illustrationen seiner Schriften stammen mit wenigen Ausnahmen von eigener Hand. Seine ungemein naturgetreuen anatomischen Kupferstiche, deren Technik er wohl bei dem zu jener Zeit überragenden Nürnberger Stecher → Jost Ammann erlernt hat, sind von hohem künstlerischem Wert. Sein bildnerisches Talent beweist er zudem mit der Verfertigung eines anatomischen Muskelmodells, das auf seinem Porträt von 1575 mitabgebildet ist.

Mit der Forschung freilich geht es in Nürnberg nicht so recht voran. Statt der geplanten Muskel- und Nervenanatomie gibt Coiter die Vorlesungen seines Padovaner Lehrers Fallopio über die Gewebe nach Hörernachschriften heraus, weil es ihm an Studienobjekten zur Fortsetzung seiner Arbeit fehlt. Zwar überläßt ihm der Rat der Stadt Leichen von Hingerichteten zu öffentlicher Sektion, doch sind dies nicht mehr als vier in fünf Jahren. So erscheint die Überlieferung glaubhaft, wonach er am Feldzug des Pfalzgrafen Johann Kasimir gegen Frankreich zur Unterstützung der Hugenotten (bei dem er 1576 den Tod, wahrscheinlich durch Typhus, findet) in der Hoffnung auf mehr Sektionsmaterial teilnimmt. Bei seinem Entschluß hat aber gewiß auch Coiters Eifer für die hugenottische Sache eine Rolle gespielt. Für seine in Nürnberg gedruckten embryologischen und zoologischen Werke kann er weitgehend auf ältere Untersuchungen zurückgreifen, die er in Bologna auf Anregung des Zoologen Ulisse Aldrovandi durchgeführt hat. Er gibt erstmals eine lückenlose Beschreibung der Entwicklung des Hühnerembryos. Dafür hat er zwei Hennen je 23 Eier untergelegt, von denen er jeden Tag je eines geöffnet und untersucht hat. Wenigstens teilweise in Nürnberg entstanden ist seine illustrierte Beschreibung des Skelettsystems verschiedener Tierarten, übrigens die erste ihrer Art. Eine der Abbildungen trägt die Signatur seines Arztkollegen Georg Palm. Besonders wertvoll sind Coiters Studien zur Anatomie der Vögel, wegweisend ist sein Versuch, sie nach rein morphologischen Kriterien zu klassifizieren

Sein Wirken in und für Nürnberg ist überwiegend ärztlicher Natur. Zu seiner Klientel zählen angesehene Ratsfamilien wie die → Imhoff und → Kreß. Häufig muß ihn der Rat beurlauben, weil auswärtige Persönlichkeiten wie die Bischöfe von Bamberg und Würzburg seiner ärztlichen Hilfe bedürfen. Von seiner Hand sind uns zwei Kurpläne erhalten, die er für Badereisen von Nürnbergern zusammenstellte. Wie sehr ihm, ungeachtet seiner Liebe zur Anatomie, die praktische Medizin am Herzen liegt, zeigt seine Forderung, bei ungeklärten Krankheitsfällen mit tödlichem Ausgang die Leichenöffnung obligatorisch zu machen, um die Kenntnis der Krankheitsursachen zu erweitern.

Coiter ist zu seiner Zeit der einzige unter den studierten Nürnberger Stadtärzten, der sich auch auf Chirurgie versteht, die ansonsten von Barbieren ausgeübt wird. Mit einigen von ihnen, die ihre Befugnisse überschreiten, hat er heftige Auseinandersetzungen. 1574 verfaßt er für den Rat ein Gutachten, wie die bei der alljährlichen Lepraschau aufgetretenen Mißstände zu beseitigen seien. Wahrscheinlich hat er auch an dem Entwurf für eine Nürnberger Medizinalordnung, die sein Freund Camerarius 1571 vorlegt, maßgeblich mitgewirkt.

In Nürnberg pflegt Coiter auch seine nicht auf die bildende Kunst beschränkten musischen Interessen. Er gehört zu den ersten Mitgliedern der „Musicalischen Krentzleinsgesellschaft", einer Vereinigung zur Pflege der Hausmusik.   *Wei*

Benedikt u. Hans Wurzelbauer · Erzgießer u. Bildhauer   16./17. Jahrh.

Der Erzgießer und Bildhauer Benedikt Wurzelbauer, ein Enkel Pankraz Labenwolfs, war Schüler und langjähriger Mitarbeiter seines Onkels Georg Labenwolf und folgte ihm 1585 in der Leitung der städtischen Schmelzhütte. Noch im gleichen Jahr begann er mit der Arbeit am Tugendbrunnen, die 1589 abgeschlossen war. Der Grundform einer sich verjüngenden Säule einbeschrieben, tragen drei übereinander angeordnete tellerförmige Schalen im Hauptgeschoß die Gestalten der sechs Kardinaltugenden, darüber sechs posaunenblasende Knaben als Herolde mit den Wappen des Reichs und der Reichsstadt und, als bekrönenden Abschluß, die Freifigur der Justitia, der ein Kranich als Symbol der Wachsamkeit beigegeben ist.

Gegenüber dem pyramidenförmig geschichteten Aufbau der Spätrenaissancebrunnen erscheint die steile Übereinanderstellung relativ kleiner Bildwerke altertümlicher, wie noch in der Tradition gotischer Turmbrunnen stehend, und da in Augsburg mit dem im gleichen Jahr errichteten Augustusbrunnen Hubert Gerhards bereits ein neuer in Italien ausgebildeter und durch niederländische Künstler vermittelter breitgelagerter Brunnentyp mit großen Liegefiguren am Beckenrand beispielhaft vertreten war, hat eine rein formal urteilende Kunstgeschichte den Schluß gezogen, daß Nürnberg damals zumindest vorübergehend den Anschluß an die europäische Stilbewegung verloren habe. Aber es wäre auch eine andere Erklärung der ihm gegenüber „rückständig" erscheinenden Brunnenform möglich. Der Tugendbrunnen ist seinem ikonographischen Programm zufolge ein Denkmal rechtssymbolischer Bedeutung. Im Blick auf das Jüngste Gericht, im Tympanon des Westportals von St. Lorenz dargestellt, rufen die Kardinaltugenden dazu auf, ein tugendhaftes Leben nach Recht und Gesetz zu erfüllen. Als Rechtsdenkmal hatte aber der Tugendbrunnen eine andere Wertigkeit als die nur dekorativen Brunnenanlagen, ja mußte sich fast von ihnen for-

mal unterscheiden. Diese Überlegung erlaubt, in der Steilheit seines Aufbaus einen bewuß-
ten Rückgriff auf die Turmgestalt des älteren Rechtsdenkmals der Stadt, des Schönen Brunnens, zu sehen und seine Säulenform durch den in der Renaissance erneuerten Symbol-
gehalt der Säule als eines Hoheitszeichens zu erklären. Dies würde den Vorwurf seiner
Rückständigkeit entkräften und den Blick freigeben auf die große bildhauerische Leistung
Wurzelbauers. Er hat mit dem Tugendbrunnen ein Kunstwerk geschaffen, das in seiner
goldschmiedehaften Gesamterscheinung, in dem Reichtum dekorativer Elemente, der
erregten Formensprache der Bildwerke und nicht zuletzt auch in der Einbeziehung der Was-
serstrahlen, die „gleich einem Liniengespinst der Natur die Figurationen des Säulenschaftes
umfangen" (Theodor Müller, Plastik der Renaissance), auf der Höhe des manieristischen
Zeitstils steht.

1599/1600 entstand ein figurenreicher Venusbrunnen, den Christoph von Lobkowitz,
Oberlandesmeister des Königreichs Böhmen, für sein Palais auf dem Hradschin in Auftrag
gegeben hatte. Es spricht für die hohe Schätzung dieses Werkes, daß Albrecht von Wallen-
stein 1630 den Brunnen erwarb und ihn an hervorragender Stelle des prächtigen Gartenpar-
terres des Waldsteinpalastes aufstellen ließ. Er wurde 1648 von den Schweden geraubt,
gelangte später in Privatbesitz und kehrte 1889 als Geschenk des Fürsten Johann II. von
Liechtenstein nach Prag zurück. 1603 lieferte Wurzelbauer einen Herkulesbrunnen für die
markgräfliche Residenz in Durlach, der nicht erhalten geblieben ist. Neben diesen großen
Werken hat Wurzelbauer Bronzeepitaphien und zahlreiche kleinere Bildwerke geschaffen,
die in ihrer stilistischen Entwicklung den zunehmenden Einfluß italienisch-niederländi-
scher Vorbilder erkennen lassen.

1583 heiratete Benedikt Wurzelbauer Margarethe Kronberger; 1599 wurde er Genannter
des Größeren Rats und 1604 Gassenhauptmann im Salzmarktviertel, ein Zeichen, daß er
nicht nur als Künstler, sondern auch als Bürger der Reichsstadt hohes Ansehen genossen
hat.

Über seinen Sohn Hans berichtet Doppelmayr, er habe bereits 1618, also noch vor dem Tode
des Vaters, für König Sigismund III. von Polen „unterschiedliche Bilder welche zusammen
auf 4000 Thaler zu stehen kamen" geliefert. 1644 goß er ein prunkvolles schrankartiges
Chorpult für den Würzburger Dom, ein schon vom Geist des Barocks erfülltes Werk. 1653
lieferte er nach Moskau „einige sehr grose Cronen-Leuchter, die mit allerhand Bildern, als
mit dem Ritter St. Georgen zu Pferde, Adlern, Creutzen, auch Uhrwercken ausgezieret
waren" (Doppelmayr).

Durch die Notzeit des 30jährigen Krieges war es Wurzelbauer verwehrt, seine Erfüllung als
Künstler in der Bewältigung bedeutender Aufträge zu finden. Aber es ist ihm zu verdanken,
daß die Tradition des Erzgusses in Nürnberg in diesen schweren Jahren nicht unterbrochen
wurde und die nun folgende Generation in sie eintreten konnte.   *Schö*

Bartholomäus Viatis · Großkaufmann   1538 — 1625

Im Jahr 1550 gab der Venezianer Bernardo Viatis seinen zwölfjährigen Sohn Bartholomäus,
den späteren Nürnberger Großkaufmann, zu dem Nürnberger Federmacher Hans Wollandt
(Volland) in die Lehre. Sieben Jahre lang sollte der Junge „in der Kaufmannschaft" bei dem
Deutschen ausgebildet werden. Bernardo stand in Verbindung mit dem Deutschen Haus,
dem Fondaco dei Tedesci in Venedig, wo sich stets viele Nürnberger Kaufleute aufhielten. In
Nürnberg trat der junge Viatis verschiedene Landsleute an, weil einige italienische Firmen
Niederlassungen in Nürnberg gegründet hatten. Bartholomäus hatte sicherlich ursprünglich
nicht beabsichtigt, länger als sieben Jahre in Nürnberg zu bleiben, doch — er wurde ein
Nürnberger.

Wollandt schickte ihn nach Beendigung der Lehrzeit für vier Jahre nach Lyon, dem großen französischen Handelsumschlagplatz nach Spanien, Portugal und Italien, in dem es auch eine Anzahl Faktoreien Nürnberger Handelshäuser gegeben hat (vgl. → Tucher und → Imhoff). Dort lernte Viatis Französich. Als sich aber zwischen dem Lehrherrn Wollandt und dem jungen Bartholomäus Unstimmigkeiten ergaben, verließ ihn Viatis und gründete 1570 mit den zwei Nürnberger Kaufleuten Forst (Fürst) und Lang eine Handelsgesellschaft. Im Januar 1569 heiratete er Anna, die Witwe des Gewandschneiders Scheffer. Von den vier Kindern aus dieser Ehe blieben zwei, die älteste Tochter Maria und der Sohn Bartholomäus d. J. am Leben.

In diesem Jahr 1569 erhielt Viatis auch das Nürnberger Bürgerrecht und kaufte ein Haus gegenüber der Barfüßerkirche, das er prächtig ausbauen ließ. Als Viatis 1585 gerade auf der Frankfurter Herbstmesse war, erreichte ihn die Nachricht vom plötzlichen Tod seiner Frau. Zur zweiten Frau nahm Viatis 1586 die Gmünder Bürgerstochter Florentina Jeger, mit der er zwar eine Anzahl Kinder hatte, aber nicht glücklich war. In erster Linie blieb er den Kindern aus seiner ersten Ehe verbunden.

Die Handelsgesellschaft von Viatis blieb als erfolgreiches Unternehmen über zwanzig Jahre bestehen. Viatis selbst wurde ein reicher Mann. 1581 war er mit 70.000 fl an der Gesellschaft beteiligt. So konnte er 1589 aus dem Konkurs der Gößwein-Rottenburger-Gesellschaft den Herrensitz Schoppershof um 8.500 fl erkaufen. Längst war er Genannter des Größeren Rats geworden und bekleidete verschiedene städtische Ehrenämter. Nach dem Ausscheiden Langs wurde unter den beiden anderen Teilhabern ein neuer Vertrag auf zehn Jahre geschlossen.

1582 hatte Viatis bereits jenen Mann als wichtigsten Mitarbeiter in den Dienst seiner Nürnberger Gesellschaft berufen, den er in Venedig kennengelernt hatte: → Martin Peller, der 1590 die Tochter Maria aus Bartholomäus' erster Ehe heiratete. Ein Jahr später schlossen sich Schwiegervater und Schwiegersohn zu einer Gesellschaft auf zehn Jahre zusammen, der nach Ablauf der Zeit erneuert wurde. 1609 wurde Bartholomäus d. J. Mitgesellschafter. Es wurde eine Art Arbeitsteilung durchgeführt; Viatis d. Ä. blieb als „Hauptherr" vorwiegend in Nürnberg tätig, Peller übernahm den Außendienst und überwachte die Filialen, die die Firma nach und nach eingerichtet hatte. Das Vermögen der Gesellschaft und der Gesellschafter wuchs rasch. 1606 gründeten Viatis und Peller mit → Georg und Martin Pfinzing und → Wilhelm und Andreas III. Imhoff die „Neue Handlung", die neben der alten Gesellschaft (mit deren Warenhandel aller Art, Geld- und Bankgeschäften, seit der Jahrhundertwende vorwiegend mit Leinwand- und Barchenthandel) selbständig war. Das alte Unternehmen war so gut fundiert, daß ihm auch die schweren Zeiten des Dreißigjährigen Krieges nichts Wesentliches anhaben konnten. Ein wenig überspitzt könnte man sagen, die Viatis-Peller-Gesellschaft habe im 17. Jahrhundert die Rolle der Fugger übernommen.

Bartholomäus blieb tatkräftig und rüstig bis ins hohe Alter. Er starb am 18. November 1625 mit 87 Jahren. Bei seinem Tod betrug das Vermögen der Gesellschaft mehr als eine Million Gulden, wovon der größte Teil auf die Viatis entfiel. Haupterben waren seine Kinder aus erster Ehe, Maria Pellerin und Bartholomäus d. J. Neuer „Hauptherr" wurde nun Martin Peller, der aber schon vier Jahre nach seinem Schwiegervater — 1629 — aus dem Leben schied. Söhne und Enkel der Firmengründer führten nun die Gesellschaft unter wechselnden Namen weiter. Doch das Interesse an der Handelschaft wurde bei den Nachfahren immer geringer. Paul Martin Viatis, der 1683 starb, war der letzte seines Namens, der in der Gesellschaft tätig war. Danach leiteten nur noch Nachfahren von Martin Peller die Firma. Viele der männlichen Nachkommen waren Beamte, Juristen oder Soldaten geworden. Die einst so fruchtbare Handelsgesellschaft der Viatis und Peller wurde 1729 endgültig aufgelöst. *Spo*

Jost Amman wurde in Zürich geboren und am 13. Juni 1539 in Großmünster getauft. Er entstammte einer angesehenen Gelehrtenfamilie. Der Vater Johann Jakob war Chorherr am Großmünster und Professor der griechischen und lateinischen Sprache am Collegium Carolinum, der Züricher Gelehrtenschule. Eine gründliche protestantisch-humanistische Erziehung hinderte den „züchtigen und flyssigen jüngling" nicht daran, eine Künstlerlehre aufzunehmen. Vermutlich verbrachte er seine Lehrzeit bei dem Basler Glasmaler Ludwig Ringler. Über Schaffhausen und Kolmar kam er 1561 nach Nürnberg, vielleicht in die Werkstatt des berühmten „Reißers" → Virgil Solis, dessen künstlerische Nachfolge Amman nach dem Tod des Meisters 1562 antrat. Erst nach über zehnjähriger erfolgreicher Tätigkeit an der Spitze eines künstlerischen Großbetriebs scheint sich Amman für Nürnberg als endgültigen Wohnsitz entschieden zu haben: 1574 heiratete er Barbara Wilke, die Witwe eines Goldschmieds, verkaufte sein Haus in Zürich und legte das Bürgerrecht seiner Vaterstadt ab. Der Nürnberger Rat verlieh dem hochgeschätzten „maler und kunststückreißer" 1577 das Bürgerrecht. Amman bewohnte damals ein Haus in der Oberen Schmiedgasse. Künstlerische und freundschaftliche Beziehungen unterhielt er u.a. zu → Hans Sachs, dem Goldschmied → Wenzel Jamnitzer, dem Arzt und Botaniker → Joachim Camerarius und dem Mathematiker und Kartographen Philipp Apian. Er genoß die Protektion patrizischer Auftraggeber, vor allem der Familien → Pfinzing und → Tucher. Auswärtige Auftraggeber wie Marx → Fugger, der pfälzische Kurfürst Ludwig und vor allem sein Verleger Sigmund Feyerabend veranlaßten ihn zu Reisen nach Augsburg, Heidelberg, Frankfurt und Würzburg. 1586 starb Ammans Frau, die ihm zwei Söhne und zwei Töchter geboren hatte. Noch im gleichen Jahr ging der Künstler eine zweite Ehe mit der Witwe Elisabeth Maler, geb. Schwarz ein. Er starb 1591.

Jost Amman war wohl nicht der bedeutendste, mit Sicherheit aber einer der einflußreichsten Künstler in Nürnbergs letzter großer Blütezeit. Seine vielseitige Tätigkeit als „Reißer", d.h. als Zeichner, als Maler und Glasmaler, als Entwerfer von Holzschnitten und Goldschmiedearbeiten, als Radierer und Formschneider hat die Künstler und Kunsthandwerker seiner Zeit nachhaltig beeinflußt. Seine Arbeiten gehören zu den bedeutsamsten Bildquellen, auf die sich unsere kulturgeschichtliche Kenntnis des bürgerlichen Lebens im 16. Jahrhundert stützt. Sein immenses Lebenswerk ist noch immer nicht vollständig erfaßt. Allein seine Druckgraphik umfaßt an die fünftausend Holzschnitte und Radierungen. Dieses Oeuvre war nur mit einer großen, leistungsfähigen und arbeitsteilig organisierten Werkstatt zu bewältigen. Der Meister lieferte meist nur den zeichnerischen Entwurf und überließ die Ausführung spezialisierten Mitarbeitern.

Als Maler ist Amman nur mit einem einzigen Gemälde, einem 1565 datierten Gelehrtenporträt, faßbar. Als Zeichner schuf er — neben einer Vielzahl von Scheibenrissen — Blätter biblischen, mythologischen oder emblematischen Inhalts, die häufig auch als Vorlagen für Kunsthandwerker dienten. So ist vor allem die Zusammenarbeit mit Wenzel Jamnitzer und anderen Nürnberger Goldschmieden überliefert. Kulturhistorischen Wert besitzen seine illuminierten Zeichnungen zu denkwürdigen Ereignissen der Stadt, etwa dem letzten Gesellenstechen von 1561 und dem Einzug → Kaiser Maximilians II. im Jahr 1570. Dasselbe gilt für die Illustrationen zu den Geschlechterbüchern der Pfinzing und Tucher. In Ammans Zeichenstil dominiert das dekorative Element. Seine virtuosen Federkunststücke scheinen in ihrem Linienschwung mit dem Kupferstich zu wetteifern. Stilistische Ausgangspunkte sind die Arbeiten des Virgil Solis und der Nürnberger Kleinmeister. Seine Scheibenrisse und Federzeichnungen auf farbig grundiertem Papier stehen in der Tradition der Schweizer Zeichnung der ersten Hälfte des 16. Jahrhunderts. Bei alledem erweist sich Amman weniger als Neuerer, denn als geschickter Verwerter verschiedener Stilvarianten des internationalen Manierismus.

Ammans Fähigkeit, den Geschmack und die Interessen seiner Zeitgenossen zu treffen, begründete auch seinen Erfolg als Buchillustrator. Mit seinen Holzschnittillustrationen übte er die größte Breitenwirkung aus. Waren Nürnbergs Drucker und Verleger seit der Jahrhundertmitte auch nicht mehr führend in Deutschland, so besaßen die Nürnberger „Reißer" doch noch ungeschmälerten Ruhm. Über ein Vierteljahrhundert währte die Zusammenarbeit Ammans mit dem geschäftstüchtigen Frankfurter Verleger Sigmund Feyerabend, für den bereits Solis gearbeitet hatte. Jahr für Jahr lieferte Ammans Werkstatt hunderte von Druckstöcken für die laufenden Neuerscheinungen des Verlags. Der Künstler fungierte dabei nur noch als Zulieferer für den Großverleger, der die Aufgaben nach Belieben diktierte. Amman selbst hat sich darüber beklagt, daß ihn Geldnot in diese Abhängigkeit und die fieberhafte Massenproduktion getrieben habe.

Die über vierzig von Amman illustrierten Bücher umfassen das gesamte literarische Spektrum seiner Zeit: sie reichen von Bibelausgaben und theologischen Erbauungsschriften, römischen Geschichtsschreibern und Reisebeschreibungen über unterhaltende Literatur, heraldisch-genealogische Werke, enzyklopädische Darstellungen der Stände und Trachten, bis hin zu wissenschaftlichen Werken über die Kriegskunst, die Landwirtschaft, die Zoologie und die Medizin. Auch ein Kochbuch hat er hinterlassen.

Am bekanntesten ist bis heute Ammans „Ständebuch" von 1568 geblieben. → Hans Sachs hat dazu begleitende Verse verfaßt. Vom Papst bis zum Narren sind hier auf 113 Tafeln alle Berufe und Stände mit zum Teil profunder Sachkenntnis lebendig dargestellt. Eine erstrangige kulturhistorische Quelle ist auch das 1586 erschienene „Frauen-Trachtenbuch". In beiden Hauptwerken Ammans verbindet sich die sachliche Information mit einem Bekenntnis zur hierarchischen Ständeordnung seiner Zeit. *Sc*

Paulus II. Praun · Kaufmann und Kunstsammler   1548 — 1616

Zu den „vornehmsten Merkwürdigkeiten" Nürnbergs gehörte noch am Ende des 18. Jahrhunderts das sogenannte Praunsche Kabinett (vgl. → Willibald Imhoff), das zu besichtigen sich auch Goethe 1797 bei seinem Aufenthalt in der Stadt nicht entgehen ließ. Begründer dieser für die deutsche Renaissance einzigartigen, bis zu ihrem Verkauf 1801 fast unverändert in der Familie erhaltenen privaten Kunstsammlung war der unverheiratete Paulus II. Praun (1548 — 1616). Einen großen Teil seines Lebens verbrachte er in Bologna, wo die Praun, die seit dem 15. Jahrhundert im Italienhandel bezeugt sind, eine Faktorei besaßen. Mit beträchtlichem Zeit- und Geldaufwand widmete sich Paulus von Jugend an zunächst in Nürnberg, später vorwiegend in Italien dem Erwerb von Kunstwerken, wobei er sich weniger von spekulativen oder repräsentativen Gesichtspunkten als von künstlerischen Kriterien und persönlichem Geschmack leiten ließ. Sein sammlerisches Interesse, dokumentiert durch den 1797 erschienenen und knapp 10.000 Positionen umfassenden Katalog → Christoph Gottlieb von Murrs, war zum einen auf Antiken und altdeutsche Kunst, zum anderen auf zeitgenössische Künstler gerichtet, zu denen er persönliche Kontakte pflegte und die er teilweise als Mäzen förderte. Neben Münzen, Gemmen, Skulpturen, Gemälden und Druckgraphik besaß Paulus Praun bereits eine umfangreiche Sammlung von Handzeichnungen, die in wesentlichen Beständen noch heute nachgewiesen werden kann.

Die Familie von Praun (eine Straße mit deren Namen in Schoppershof) stammt aus Zürich, wo ein Burkhard Brun bereits 1187 als Ratsmitglied genannt wird. Ritter Rudolf Brun (geb. 1225) vertrieb im Bunde mit den Zünften die herrschenden Geschlechter und machte sich 1336 — 1362 zum Oberhaupt der Stadt. Unter seiner Regierung trat der Staat Zürich 1351 dem Bund der Eidgenossen bei und unterzeichnete den Friedensschluß der Eidgenossenschaft mit dem Erzhause Österreich. Die Brunbrücke über der Limmat und ein Relief an der Peterskirche in Zürich erinnern noch an ihn. Seine drei Söhne wurden 1371 aus der Schweiz verbannt. Ein Mitglied der Familie wandte sich nach Nürnberg. Seine Nachkommen unterhielten hier ein Handelshaus mit Faktoreien in Italien (Bologna und Florenz). Niklas Praun kaufte 1537 von der Ratsfamilie Stark den Sitz Almoshof. Das jetzt geführte Wappen wurde 1474 von Kaiser Friedrich III. verliehen. Die Familie wurde in Nürnberg 1730 als gerichtsfähig, 1789 als ratsfähig erklärt. Friedrich von Praun, Vorsteher des Evgl. Luth. Landeskirchenamtes in Ansbach, starb als Widerständler gegen die Herrschaft Hitlers im Untersuchungsgefängnis Nürnberg-Fürth am 19. April 1944. Nach der Familie ist eine Straße im Stadtteil Schoppershof benannt.   *Ac*

Hans Petzolt · Goldschmied   1551 — 1633

Hans Petzolt gehört zu den hervorragendsten Nürnberger Goldschmieden der Renaissance. Bereits im vorigen Jahrhundert hat man ihn als den besten Meister neben → Wenzel Jamnitzer gestellt. Solche Einschätzung wird den beiden Goldschmieden aber nicht gerecht, ganz abgesehen davon, daß Petzolt fast zwei Generationen jünger als Jamnitzer ist. Wohl aber ist ihre Stellung in der Nürnberger Goldschmiedekunst vergleichbar, wenn man auch sagen muß, daß Petzolt allein Goldschmied gewesen ist. Außer seinen prachtvollen, aufs eleganteste ausgearbeiteten Gefäßen ist kein Entwurf, keine Skizze von ihm bekannt.

Obwohl er in den Ratsverlässen über einhundertmal zwischen 1577 und 1633 genannt wird, erfahren wir über sein Leben nicht viel. → J. G. Doppelmayr weiß in seinen Historischen Nachrichten noch rund hundert Jahre nach Petzolts Tod zu berichten „J. Petzolt. Ein Goldschmidt, wiese was besonders in seiner Kunst, indeme sich seine Arbeit von Geschirren und Pokalen vor vielen andern an der Schönheit distinguirte, und erwarb sich dadurch einen guten Ruhm. Er mußte vor Kayser Rudolphus II. ein künstliches Brunnenwerck renoviren, und es durch seine angebrachte Kunstarbeit in einen bessern Stand setzen". In Prag ist Petzolt mehrfach bei → Rudolf II. gewesen und der Nürnberger Rat mußte sich mehrfach einschalten, um ausstehende Zahlungen für Petzolt einzufordern, um „ihme bei seinem so lang bei uns erhaltenen guten Namen gern lenger aufrecht sehen". Im Inventar Kaiser Rudolfs ist „Des Bezolts von Nurnberg schon groß perlenmutterschneggengeschirr in vergultem schwarzen futural" 1609 neben weitern, heute nicht mehr nachweisbaren Stücken verzeichnet.

Der Nürnberger Rat wußte, warum er für Petzolt intervenierte und was man an diesem Meister hatte: Um 84 große Gefäße, zumeist „vergult knorrete Trinkgeschirr in Form eines Weintraubens" hat er nach dem Silberzettel von 1613 zwischen 1610 und 1616 von ihm für den städtischen Silbervorrat erworben. Fast ein halbes Hundert Werke hat sich von Hans Petzolt bis heute erhalten, mehr als von den meisten seiner Nürnberger Mitmeister. Sie sind über die großen Sammlungen der ganzen Welt verteilt, einige sind in Privatbesitz. Gerade die Traubenpokale mit dem Meisterzeichen des Hans Petzolt (ein Widderkopf im Profil) sind, wenn man sie mit der Masse der üblichen Erzeugnisse vergleicht, von einer ganz besonderen handwerklichen und materiellen Gediegenheit. Sie zeichnen sich durch eine große Feinheit der Details wie durch imposante Erscheinung aus. Buckelgefäße, besonders Traubenpokale, sind seine Spezialität. Man hat ihm sogar die Erfindung dieses einst so beliebten Gefäßtypus zuschreiben wollen. Vermutlich aber gab es diesen Typus schon vor ihm, jedoch hat er ihm jene Gestalt gegeben, die Schule machen sollte und weite Verbreitung über Nürnberg hinaus gefunden hat.

Petzolt ist der „Meister der Neogotik um 1600" genannt worden. Dies stimmt mit der Einschränkung, daß er gotische Formen aufnimmt, das Gefäß aber immer renaissancemäßig gliedert und verziert. Die Datierung seiner Arbeiten ist schwierig. Nach 1595 ist ein Becher mit drei gravierten Darstellungen des Aufbaus der Nürnberger Fleischbrücke entstanden. Man hat ihn dem Stadtbaumeister → Wolf Jacob Stromer verehrt.

Einige seiner Werke waren offenbar so begehrt, daß er sie paarweise schuf bzw. wiederholte, wie z. B. die Nautilusgefäße in Stuttgart und Budapest. Wohl die prächtigste Arbeit, der Dianapokal in Berlin, dürfte um 1610 entstanden sein. Eine der interessantesten ist der 46,5 cm hohe Pokal von 1626 (Sammlung Thyssen, Lugano) mit neun Darstellungen des Bergbaus und der Gewinnung und Verhüttung von Erzen. Laut Widmungsinschrift handelt es sich um ein Geschenk der drei Kinder des Nürnberger Patriziers → Veit Georg Holzschuher an ihren Oheim und Vormund → Andreas II. Imhoff, der Oberverwalter des Imhoffschen Saigerhandels war und dessen Wappen zweimal figürlich an dem Gefäß angebracht ist.

Hans Petzolt wurde 1551 geboren. 1577 wird er Bürger, 1578 Meister in Nürnberg. Dreimal war er verheiratet. 1611 wurde er Ratsfreund. Am 19. März 1633 starb er in Nürnberg. Sein Bildnis wird uns durch eine Medaille von 1628 überliefert, sein Name den Nürnbergern durch eine Straße in Gostenhof.   *Pe*

Johann Sibmacher · Kupferstecher und Heraldiker   gest. 1611

Geburtsort, Geburtsjahr und die Lehrer Johann Sibmachers sind unbekannt. In einer Eingabe an Kaiser Rudolf II. von 1601 nennt er sich Radierer und Nürnberger Bürger. Sein frühester signierter Kupferstich trägt die Jahreszahl 1590.

Sibmacher ist wohl der produktivste Nürnberger Kupferstecher; mehr als 7000 Arbeiten haben seine Werkstatt, in der er einige Helfer gehabt haben muß, verlassen. Seine Stärke und zugleich die Bedeutung für die Kunst liegen in seinen Ornamentblättern und Vorlagen für Kunsthandwerker, namentlich Goldschmiede, die bis ins 19. Jahrhundert Verwendung fanden und mehrfach Neuauflagen erfuhren. Seine Modelbücher, ebenfalls in mehreren Auflagen erschienen, boten Vorlagen für gestickte und gewebte Arbeiten und gehören zu dem Schönsten, was es überhaupt auf diesem Gebiet gibt. Mehrfach druckte Sibmacher großformatige Blätter, die oftmals mit acht Kupferplatten hergestellt wurden; zu nennen sind ein Riesenprospekt der Stadt Nürnberg (1595) und zahlreiche Karten, u. a. des Nürnberger Pflegamtes Lichtenau (1592) und des Amtes Hersbruck (1596).

Sibmachers Hauptwerk ist neben einem Stick- und Spitzenmusterbuch jedoch sein Wappenbuch, dessen beide erste Bände (1605 — 1609) mit nahezu 6000 in Kupferstichen wiedergegebenen Wappen erschienen sind. Für die Heraldik ist dieses Werk von unschätzbarem Wert; es erfuhr in den folgenden Jahrhunderten zahlreiche Ergänzungen. Seit 1855 erscheint eine Neuauflage mit inzwischen mehr als 620 Lieferungen, die noch immer Johann Sibmachers Namen im Titel führen und ihn bei allen Heraldikern zu einem feststehenden Begriff werden ließen. In den Gärten bei Wöhrd ist eine Straße nach ihm benannt.   *M-é*

Leonhard Lechner · Komponist   1553 — 1606

In der 2. Hälfte des 16. Jahrhunderts wurde Nürnberg zur bedeutungsvollsten Durchgangsstation im Leben eines Komponisten, dessen Nürnberger Position keineswegs so repräsentativ war, wie es seinem Rang entsprochen hätte. Trotzdem haben er und die Stadt Nürnberg von diesem rund zehnjährigen Aufenthalt außergewöhnlich profitiert. Die Rede ist von Leonhard Lechner, um 1553 in Südtirol geboren, im September 1606 in Stuttgart gestorben. Aus den ersten Lebensjahren Lechners ist nichts bekannt, nicht einmal der Geburtsort (im Etschtal/Südtirol) läßt sich mit Sicherheit nachweisen. Erst als Kantoreiknabe der Landshuter Hofkapelle tritt er in das Licht der Musikgeschichte. Als seinen Lehrer nennt er Orlando di Lasso, was auf eine Mitwirkung in der Münchner Hofkapelle, der damals angesehensten musikalischen Institution Süddeutschlands, schließen läßt. Mit achtzehn Jahren trat er nach eigenen Worten „zur wahren Christlichen und Evangelischen Kirchen" über. Studien- und Reisejahre, die ihn bis nach Italien geführt haben könnten, schlossen sich an. Zweiundzwanzigjährig nimmt er in Nürnberg die Stelle eines Schulgehilfen (Kollaborators) an St. Lorenz an. Seinem großen Förderer, dem für die Kirchen und das Schulwesen zuständigen Ratsherrn → Hieronymus Baumgartner, widmet er sein erstes großes Werk — die 31 vier- bis achtstimmigen „Motectae sacrae" 1575. Man hatte sehr bald erkannt, welch „gewaltiger Componist und Musicus" Lechner, der „Archimusicus", war. Er scheint infolgedessen maßgebenden Einfluß auf das Nürnberger Musikleben gehabt zu haben, ohne daß sich dadurch sein offizielles, untergeordnetes Dienstverhältnis geändert hätte. Für die Gründungsfeier der Universität Altdorf (1575) und zahlreiche repräsentative Ereignisse im kulturellen, kirchlichen und gesellschaftlichen Leben lieferte er die Musik. Trotzdem wäre es verfehlt, seine Werke als „Gelegenheitskompositionen" einzustufen. Gerade das für die Hochzeit → Sebald Welsers mit → Magdalena Imhoff 1582 geschriebene „Epithalamium" ist mit seinen 24 Stimmen in drei Chören ein epochemachendes Meisterwerk, entstanden vor dem Bekanntwerden der venezianischen Mehrchörigkeit in Deutschland.

Im Laufe von dreißig Jahren erscheinen immer neue Sammlungen „teutscher Lieder", weltliche und geistliche Vokalwerke, Psalmen, Messen, Passionen und Huldigungsmotetten. Lechner nahm zwar die Anregungen großer Vorbilder auf, so die eines Orlando di Lasso, Ivo de Vento und Jakob Regnart, aber er imitiert nicht einfach das Überkommene, sondern wertet es durch die Tiefe des Ausdrucks und durch geistvolle Verarbeitung der Themen auf. Er beherrscht die Stilmittel und scheut sich auch nicht, gelegentlich tonmalerische Elemente einfließen zu lassen, wie das auch 150 Jahre später →Johann Sebastian Bach noch getan hat. Neue Formen durchkomponierter Lieder entstehen bis hin zu der von Lechner eingeführten Form der Liedmotette. Detaillierte Angaben über seine Vielseitigkeit finden sich bei Konrad Ameln, dem führenden Lechner-Forscher und Herausgeber der auf 15 Bände vorausberechneten Gesamtausgabe.

Die Beziehungen zur Nürnberger Gesellschaft, die Verbindungen zu den musikalischen „Kräntzlein" und nicht zuletzt seine Verheiratung mit einer Nürnbergerin, der Dorothea Lederer, verw. Kast, vermehrten Ansehen und Beliebtheit. Aber Lechner blieb auf der Suche nach verbesserten Arbeitsbedingungen. Vor und nach einem kurzen Gastspiel als Kapellmeister am Hof des Grafen Eitel Friedrich von Hohenzollern zu Hechingen, das schon nach einem Jahr unter mißlichen Umständen endete, die beinahe zu seiner Inhaftierung wegen eines nicht genehmigten Urlaubs geführt hätten, bemühte sich Lechner um die vakante Kapellmeisterstelle am Dresdner Hof. Trotz dreier gewichtiger Empfehlungsschreiben, des Herzogs Ludwig von Württemberg, des Herzogs von Bayern und seines Lehrers Orlando di Lasso nebst beigefügter eigener Huldigungsmotette auf Kurfürst August von Sachsen wurde nichts aus seiner Bewerbung. Lechner mußte sich daraufhin — weit unter seinem künstlerischen Niveau — als Tenorist der Württembergischen Hofkapelle verdingen, wird später allerdings Hofkomponist und schließlich nach weiteren neun Jahren (1594) Hofkapellmeister in Stuttgart. Die aus acht Kapellknaben, 16 Sängern und 24 Instrumentisten bestehende Hofkapelle erlebt unter seiner Leitung ihre Glanzzeit. Zwölf Jahre erfüllter musikalischer Arbeit, die in seinem Meisterwerk, den „Deutschen Sprüchen von Leben und Tod", gipfelt (1606) bilden den Höhepunkt in seinem künstlerischen Schaffen. Ein Ehrenplatz in der Nähe des Altars der Oberen Spitalkirche, der sonst nur dem Fürstenhaus vorbehalten war, zeugt noch heute von dem hohen Ansehen, das Leonhard Lechner schon zu Lebzeiten genoß. Eine Straße in Mögeldorf ist nach ihm benannt.   *Gm*

Paul Pfinzing d. Ä. · Kartograph   1554—1599

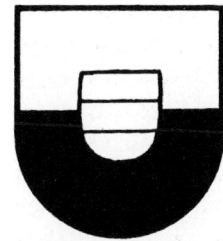

Hatte der Reformator Martin Luther Nürnberg das „Auge des deutschen Reiches" genannt, so bezeichneten die ersten Kartographen wie → Regiomontan, → Erhard Etzlaub, → Martin Behaim und → Johannes Schöner — vier führende Naturwissenschaftler der Reformationszeit — die Reichsstadt an der Pegnitz als „Mittelpunkt Europas". Etzlaub und → Jörg Nöttelein sind die unmittelbaren Vorgänger Paul Pfinzing d. Ä.; Pfinzing selbst, 1554 in Nürnberg geboren, wurde — auch wenn sein Werk fast 350 Jahre verschollen war — der „Meister der Nürnberger Kartographie".

Er entstammte einer der ältesten Nürnberger Ratsfamilien und studierte in Leipzig, wo seine Familie seit langem ein gutgehendes Handelskontor unterhielt. Von dort unternahm er ausgedehnte Reisen und entdeckte — bei Gesprächen im Elternhaus mit Nürnberger Künstlern wie → Solis und → Jost Amman — seine Vorliebe für Kartenzeichnen und Geometrie. Er verbreitete sein Wissen in maßgeblichen Standardwerken der damaligen Zeit.

Als seine Lehrmeister nennt der 1587 zum Ratsherrn berufene Paul Pfinzing zuerst → Albrecht Dürer mit seiner „Unterweisung der Kunst des Messens", den Maler und Goldschmied → Heinrich Lautensack, der in Nürnberg seine Bücher über Geometrie und Perspektive geschrieben hat, dann aber nach Frankfurt übersiedelte. Auf → Hans Haiden und dessen Geometrie- und Perspektivestudien beruft sich der Forscher Pfinzing ebenso wie auf den Florentiner Architekten Lorenzi Sirigatti und dessen Werk „La Pratica di Prospettiva". Dies alles sind die Wurzeln von Pfinzings beiden Schriften „Methodus geometrica" (1598) und „Extrakt der Geometrie und Perspektive" (1599).

Das Ergebnis seiner Wissenschaft konnte der so früh verstorbene Paul Pfinzing († 1599) der Nachwelt noch im Druck überlassen. Aus dieser Arbeit sind für alle weiteren Generationen entscheidende Hilfen und Fortschritte erwachsen: Pfinzings „Vortel" = das von ihm erfundene und nach Vorlagen verbesserte Gerät zur Kartenaufnahme; der Schrittzähler (per pedes oder zu Roß oder zu Wagen); seine Überarbeitungen, d. h. das Verjüngen früherer kartographischer oder geographischer Vorlagen. Als Meisterstück gilt seine Karte von Hersbruck (dort im Paul-Pfinzing-Gymnasium), mit der er durch die Farben blaugrün für Talauen, braun für Hänge und weiß für Hochflächen eine hervorragende, pionierartige (wenn auch heute andersfarbige) Ausdruckskraft erreichte. In der „Kliffzeichnung" kann er bereits Geländegefälle herausheben.

Die so entstandene ungewöhnliche Charakteristik einer Landschaft galt lange Zeit als einmalig. Gegenüber früheren Kartographen verzichtete er auf „bildliche Überladung", vereinfacht die Signaturen und ist bereits mit seinen Meßmethoden wissenschaftlich gerüstet, nicht nur Orte, Gewässer und Straßen, auch Felseinschnitte, Flurdenkmäler und sehr alte, markante Baumgruppen oder alleinstehende Bäume ins Kartenbild einzubringen, es dadurch stärker als bisher zu beleben und es gleichzeitig zu verdeutlichen. Charakteristisch sind auch die Maßstäbe der von ihm bearbeiteten Karten.

Die Methode des Maltesers Antonio Faggioni, lokalperspektivisch zu zeichnen, übernahmen schon → Jörg Nöttelein und nach ihm → Paul Pfinzing, der sich auch für das Festungsbauwesen ausbilden ließ — wie Jahrhunderte nach ihm Balthasar Neumann —, um dem Rat der Stadt Nürnberg militärische Unterlagen liefern zu können. Viele seiner Originalarbeiten liegen im Germanischen National-Museum und im Staatsarchiv zu Nürnberg. Pfinzings Schüler und Mitarbeiter Hieronymus Braun hat die in Nürnberg begonnene kartographische Arbeit fortgesetzt. Hans Carl, Wolf Trexel und dessen Zwillingssöhne, schließlich Hans Bien, Andreas Albrecht und Petrus Zweidlein haben es bis zum Dreißigjährigen Krieg weitergeführt.

Ebenso kann man Paul Pfinzings gleichnamigen und schon früh verstorbenen Sohn (1588 — 1631) als einen der Erben des Meisterkartographen bezeichnen. Er griff stark auf seines Vaters Vorarbeiten zurück (etwa im Plan des Territoriums der Reichsstadt) und hat auch kartographische Vorlagen für die Ämter Gräfenberg, Hiltpoltstein und Betzenstein 1622 in farbiger Zeichnung vorgelegt. Aus dem Jahre 1621 stammt sein farbiger Grundriß der Stadt Nürnberg, in dem des Vaters Vorlagen nicht verleugnet werden können. Neu war dabei der Versuch, die dritte Dimension dadurch zu charakterisieren, daß er die Konturen der Gebäudeblöcke farbig umsäumte. *eck*

Lorenz Strauch · Maler   1554 — 1630 (?)

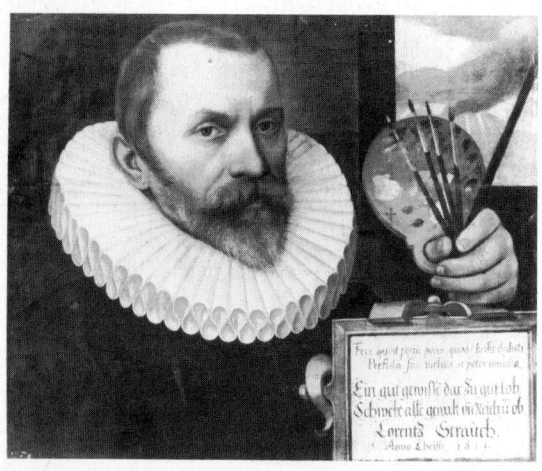

Seine Ausbildung als Maler erhielt Lorenz Strauch wahrscheinlich in Nürnberg bei Nikolaus Juvenell d. Ä. Sein Werk umfaßt zahlreiche Porträts, überwiegend Mitglieder der Nürnberger Ratsfamilien, und Ansichten der Stadt Nürnberg sowie von Orten, die er auf einer Reise nach Tirol im Jahre 1613 besuchte. Strauch legt in seinen Arbeiten großen Wert auf die genaue Wiedergabe seines Motivs. Seinen Porträts fehlt mitunter die natürliche, lebendige Frische, kennzeichnend ist eher eine gewisse Trockenheit und Distanz, mitunter auch Steifheit in der Haltung; dabei beobachtet er peinlich genau stoffliche und kostümliche Eigenarten. Seine Aufträge umfaßten sowohl lebensgroße, ganzfigurige Bildnisse wie auch kleine eindrucksvolle Miniaturen. Das Germanische Nationalmuseum bewahrt ein Selbstporträt des Malers von 1614, das ihn mit der Farbpalette in der Hand zeigt.

Die Genauigkeit in der Aufnahme seines Motivs macht seine Landschaften und Stadtveduten zu wertvollen Zeugnissen verlorener Zustände, besonders der Nürnberger Altstadt. Hier sind hervorzuheben eine 1594 gemalte Ansicht des Nürnberger Hauptmarktes, eine Ansicht der Stadt von Osten aus demselben Jahr, sowie ein Blick auf den Henkersteg. Eine Straße im Stadtviertel St. Peter trägt Strauchs Namen.

Sein Sohn Hans lebte ebenfalls als Maler in Nürnberg. Ob auch zu Georg Strauch, einem angesehenen Maler und Radierer in Nürnberg, verwandtschaftliche Beziehungen bestehen, ist nicht bekannt.   *M-é*

Balthasar Herold u. Nachkommen · Rotschmiede 16. u. 17. Jahrhundert

Die Herold stellten vom 15. bis zum 19. Jahrhundert zahlreiche Rotschmiede und seit Balthasar I. (2. 7. 1553—28. 8. 1628) für fast 200 Jahre die bedeutendsten Nürnberger Geschütz- und Glockengießer. Überregionale Bedeutung erlangte als erster Georg Herold (1590—1632), dessen wichtigste Arbeit das Grabmal des Markgrafen Joachim Ernst von Brandenburg († 1625) nach Modell von Abraham Grass in Heilsbronn ist. Georgs Söhne übernahmen die wichtigsten europäischen Gießhütten. Balthasar II. (1620—1683) war seit 1654 als Glocken-, Geschütz- und Kunstgießer in Wien tätig (Mariensäule; Grabplatte der Kaiserin Claudia Felizitas). Hans Georg (1621—nach 1671) arbeitete in Stuttgart, Esslingen und Breslau. Andreas (1623—1696) war seit 1649 in Dresden ansässig und lieferte Geschütze, Glocken und Großplastiken. Johannes (1625—1656) schuf den Augsburger Neptunbrunnen. Wolf Hieronymus (1627—1693) goß in Nürnberg den Neptunbrunnen (vollendet 1668, Original 1797 an Zar Paul I. verkauft) nach einem Modell Georg Schweiggers und 1683 die Nepomukstatue für die Prager Karlsbrücke. Neben Plastiken, Glocken und Geschützen lieferte er auch Gerät (Leuchter, Kronleuchter). Die Herold wurden wegen ihrer Verdienste 1654 in den „Reichs- und erbländischen Adelsstand" erhoben.   *B-l*

Sebald Welser · Ratsherr und Mäzen   1557 — 1589

Die unmittelbarste Begegnung mit Sebald Welser bringt sein Tagebuch von 1577, dessen interessantester Teil Sebalds Studienaufenthalt zwischen Juni und November des gleichen Jahres in den Niederlanden beschreibt. Das sind die Monate zwischen der Genfer Pazifikation und dem Einmarsch der Spanier unter Don Juan d'Austria nach dessen Sieg über die Truppen der Generalstaaten bei Gembloux. Zwar noch völlig ohne Reflexion und Gefühlsäußerung entwirft Sebald ein für seine Zeit ungewöhnlich persönliches Bild: Das Beispiel eines sich mit völlig innerer Unabhängigkeit und Unbetroffenheit auf der Bühne eines der schrecklichsten Kriege seiner Zeit bewegenden jungen Sohnes einer reichsstädtischen Ratsfamilie, konsequent zwar die Bibel lateinisch lesend, aber unbekümmert um den Glaubensstreit, der diesem Krieg Antrieb und Dauer gab.

Sebald, am 11. September 1557 als Urenkel des Nürnberger Firmenstifters → Jakob I. Welser in der Reichsstadt geboren, von Mutters Seite her mit den → Geuder und → Haller verwandt, war Erbe eines großen Vermögens, nachdem er seinen Vater ungewöhnlich früh verloren hatte. Die Welsersche Handlung in Nürnberg wurde von seinem Oheim Hans Welser, dem Losunger (wohnhaft im heute teils restaurierten Haus Theresienstraße 7) geführt, Sebald aber hatte seinen Anteil. Er wußte — beraten von seinem Stiefvater Julius Geuder und seinem in der Stadt berühmten Großvater → Sebald Haller — seinen Anteil an dem weitverzweigten Handel der Firma mit Safran, Kupfer, Tuch, Leinwand, Getreide, Geldverleih u. v. a. m. für sein intensives juristisches Studium zu nutzen. Er hörte in Straßburg, Padua, Löwen, Bologna, wo er consiliarius der „Natio Germanica" gewesen war, zum Teil begleitet von seinen Freunden → Wolfgang Harsdörffer und → Karl Imhoff. 1580 kehrte er nach Nürnberg zurück, wurde Genannter des Größeren Rats und Schöffe im Stadtgericht, wo er die Gerichtsordnungen aus den Verlässen des Rates seit 1526 zusammenstellte, mit dem Ziel, das Stadtrecht zu kodifizieren.

Die 1582 mit großer Prachtentfaltung gefeierte Hochzeit Sebalds mit Magdalena, Tochter von → Andreas II. Imhoff, fand ihren Höhepunkt in der von → Leonhard Lechner komponierten und aufgeführten Messe und in dem dreimal achtstimmigen Chorwerk, dem Ephitalamion des späthumanistischen Textdichters Paulus Melisius, das Lechner vertont hatte; das größte Chorwerk dieser Zeit. Lechner wollte damit offensichtlich das Verbot der Instrumentalmusik bei Hochzeiten noch übertrumpfen. Der Originalkodex dieses Ephitalamions von der Hand des Schreibmeisters → Neudörfer mit Wappen von Jost Amman wie die lebensgroßen Portraits des Ehepaars Welser (1577 in Löwen gemalt, einst im Altdorfer Auditorium Maximum), ist im Stiftungsbesitz der Welser noch vorhanden. Die Hochzeit war für Sebald auch Anlaß, für Altdorf ein ansehnliches Studien-Stipendium und das „Welserianum", den juristischen Hörsaal, zu stiften, der auch als Auditorium Maximum diente. Seinem Egidiengymnasium, das er vom 6. bis zum 14. Lebensjahr besucht hat, stiftete er eine ansehnliche Bibliothek.

Sebald Welsers Haus, oberhalb der Egidienkirche, im Zweiten Weltkrieg zerstört und nicht wieder aufgebaut, war mit flandrischen Teppichen, einem nahezu märchenhaften Schatz an Gold und Silbergeräten und mit einer großen Bibliothek ausgestattet. All dies samt einem Barvermögen von 80.000 fl. weist das 1591 geschriebene Erbschaftsinventar aus. Der den Wissenschaften, der Kunst und dem Recht zugetane Humanist und Mäzen starb im Alter von 32 Jahren auf einer diplomatischen Mission für seine Vaterstadt im Jahr 1589 zum Kreistag in Ulm am 1. September 1589, nachdem er zwei Jahre zuvor in den Kleinen Rat der Stadt gewählt worden war. Er hinterließ vier Kinder. (An die Familie Welser erinnert eine nach ihr benannte Straße im Osten Nürnbergs).   *We*

Martin Peller · Großkaufmann   1559 — 1629

Das Pellerhaus auf dem Egidienberg gehörte bis 1944 zu den schönsten deutschen Renaissance-Häusern und war eine der bedeutendsten Sehenswürdigkeiten Nürnbergs. Es gab dem Egidienplatz sein Profil. Erbauer und Eigentümer war Martin Peller, der 1559 als Sohn des Bürgermeisters Balthasar Peller von Radolfszell am Bodensee zur Welt kam. Die Familienursprünge der Pellers reichen in die Schweiz zurück; eine vom Bruder des Martin begründete Linie lebte lange in Vorarlberg und starb am Ende des 18. Jahrhunderts aus. Martin, der → Bartholomäus Viatis im Fondaco dei Tedesci in Venedig kennengelernt hatte, kam 1582 nach Nürnberg und wurde von Bartholomäus Viatis nach seiner Hochzeit (1590) mit Maria Viatis, der Tochter des Bartholomäus, als Teilhaber in dessen Firma aufgenommen. 1585 wurde Martins Familie in den erblichen Reichsadel aufgenommen, 1730 wurden die Erben in Nürnberg als gerichtsfähig, 1788 als ratsfähig erklärt.

Martin Peller hat sich als umsichtiger Leiter im Außendienst der Viatis-Peller-Gesellschaft bewährt. Die Firma gedieh so gut, daß er sich am Ende des 17. Jahrhunderts das alte → Groland-Haus auf dem Egidienberg kaufen und an dessen Stelle in den Jahren 1600 — 1605 das große Renaissancehaus bauen konnte. Viele hohe Gäste waren in dem „Palast", wie er damals genannt wurde, während ihrer Besuche zu Gast. Auf ihn als dem Nachbarn des Imhoff'schen Handelshauses (heute Stadtarchiv) ging wohl auch die Gründung der „Neuen Handlung" mit seinem Schwiegervater und mit zwei → Imhoff'schen Handelsherrn im Jahr 1606 zurück, die selbständig neben der alten Handelsfirma Viatis-Peller agierte. Als Martin Pellers Schwiegervater im Jahr 1624 starb, erbte seine Frau mit ihm das Schloß Schoppershof (heute → Tucher'scher Besitz) „nebst allen Zugehörungen", in dem von Piccolomini und dem schwedischen Kanzler Oxenstierna die Präliminarien zum Westfälischen Frieden unterzeichnet wurden. Entsprechend dem Namen des Schlosses nannte sich dann die Familie „Peller von Schoppershof". Martin starb fünf Jahre nach dem Tod seines Schwiegervaters Viatis. Die Familie erwarb 1699 noch das Gut Muggenhof. Damit war sie dem Ritterkanton

Altmühl einverleibt. Der letzte männliche Sproß der Peller starb nach schwerer Verwundung im August 1870 während des deutsch-französichen Krieges. Das Pellerhaus wurde am 2. Januar 1945 vollständig zerstört. Nur der Innenhof, die Fundamente und die Eingangshalle (zu Ausstellungen des Stadtarchivs verwandt) blieben teilweise noch erhalten. *Spo*

Franz Schmidt · Nachrichter   ca. 1559 — 1623

Er käme sich wohl etwas deplaziert vor im Kreis der „berühmten Nürnberger"; und diese wären peinlich berührt, ihn in ihrer Mitte zu sehen, den Nachrichter der Stadt. Er zählte zu den Personen, die für ein Gemeinwesen unverzichtbar sind, deren Arbeit man selbst aber keineswegs verrichten möchte: So trifft die Verachtung den, der sie dennoch tut. Wir können uns nicht vorstellen, wie ein Mensch die Spannung seines Lebens aushielt, die von berufsmäßigem Quälen und Töten einerseits, gesellschaftlicher Ächtung andererseits bestimmt war: Wie konnte er leben, ohne neurotisch zu werden? In der Person des Franz Schmidt haben wir nun einen Mann, der sich aufs Strafen verstand, ohne das seelische Gleichgewicht zu verlieren. Wenn ich richtig zähle, hat er 171 Verbrecher gehenkt, 178 geköpft, 30 gerädert, 3 ertränkt, 2 lebendig verbrannt. . . Nach über 40 Dienstjahren „hat er seinen dienst auff geben und (ist) wider redlich gemacht worden"; er starb als Pensionär in seiner Dienstwohnung beim Henkersteg.
Der Tag seiner Geburt wie seines Todes ist nicht überliefert, so wichtig nahm man Personen dieser Schicht damals nicht. Er stammte aus dem Bambergischen (d. h. er war ursprünglich katholisch), hat dort 1573 seine erste Exekution vorgenommen und damit sein „Meisterstück" abgelegt. 1577 hat er erstmals in Nürnberg gerichtet, am 2. Juni 1578 wurde er von der Stadt formell angestellt, durch Vertrag vom 5. Oktober 1584 auf Lebenszeit übernommen (er muß also wohl in der Zwischenzeit konvertiert sein). Nach eigenem Zeugnis war bereits sein Vater Nachrichter. Seine Frau, von der wir nicht einmal den Namen kennen, dürfte gleicher Herkunft gewesen sein, der Sohn, „Franzenhans" genannt, brachte sich auf andere Weise irgendwie durch. Die Lebensdaten von ca 1559 — 1623 sind nur als wahrscheinlich erschlossen.
„Nachrichter" war er also. Was seines Amtes war, braucht nicht näher dargelegt zu werden. Seine Arbeit stellte ihn außerhalb der damaligen Gesellschaft, er gehörte der sog. Unterständischen Schicht an. Arm war der Nachrichter deshalb jedoch nicht, weder in Nürnberg, wo er ein festes Beamtengehalt bezog und freie Dienstwohnung hatte, noch in anderen Städten, die mit der Scharfrichterei ähnlich fatale, aber gewinnbringende Tätigkeiten verbanden, wie die Abdeckerei, die Grubenleerung, die Bordellaufsicht. . . .
Man würde sich nicht wundern und es dem Manne nicht verübeln, wenn er gefühlsroh und stumpfen Geistes gewesen wäre. Er tut uns indes nicht den Gefallen, das Klischee zu bestätigen. Franz Schmidt hat Aufzeichnungen hinterlassen, die unter dem Titel „Maister Franntzn Schmidts, Nachrichters inn Nürmberg, all sein Richten" zweihundertfünfzig Jahre lang handschriftlich weit verbreitet waren und seither viermal gedruckt wurden. „Memoiren" im Stil jener der Sansons (der Pariser Henker-„Dynastie") sind es nicht, eher nüchterne Rechenschaftsberichte des Mannes für sich selbst. Geschichte und Kritik des Textes sind in manchem unklar; auch wissen wir nicht, wann und wie der Text in dritte Hände und ins Publikum kam. Sensationen muß man in diese Zeilen erst hineinlesen; bei nüchterner Befragung zeigen sie uns einen Vollstreckungsbeamten, der nicht stupide zu Werk geht, sondern sich dafür interessiert, was sich die Delinquenten hatten zuschulden kommen lassen (die Notizen berichten manches, was im amtlichen Urteil als juristisch irrelevant nicht aufgeführt ist), wer sie waren, wo sie herkamen, wie sie unter seiner Hand starben, und wie dem Schreiber die Exekution gelang; eine glatte Enthauptung war technisch wie psychologisch

gar nicht einfach, auch der vielgeübte Franz Schmidt muß gelegentlich notieren, daß er „putzte", d. h. mehr als einmal zugeschlagen habe. Nicht selten hat er sich vom Gericht die Erlaubnis erbeten, die Leichen Gerichteter sezieren zu dürfen; vermutlich ging es ihm dabei nicht nur um „berufliche Fortbildung" (der Nachrichter hatte Gefolterte hinterher ärztlich zu versorgen), sondern um wissenschaftliches Interesse; Franz Schmidt dürfte wie viele seiner Profession nebenbei die Heilkunde ausgeübt haben (vornehmlich an abergläubischen Patienten).

Das sachliche Interesse des Mannes, seine genaue Beobachtung und nüchterne Berichterstattung machen Schmidts Aufzeichnungen zu einer historisch wichtigen Quelle. Die Unperson des verachteten Nachrichters gewinnt menschliche Züge und mahnt zum Nachdenken. *Lei*

Die Rittershausen · eine Gelehrtenfamilie   1560 — 1670

Mit Konrad Rittershausen, geboren 1560, beginnt der fränkische Zweig eines braunschweigischen Gelehrtengeschlechts. Konrad wurde nach Studien in Helmstädt, Altdorf, Ingolstadt und Basel (wo er promovierte) 1591 Professor in Altdorf und 1599 zusätzlich Rechtskonsulent der Reichsstadt Nürnberg. Er war ein glänzender Jurist, zählte noch zum Altdorfer Schülerkreis des → Donellus und ist mit seinen Abhandlungen über die justinianischen Novellen rühmlich bekannt geblieben (Jus Justinianeum h. e. Novellarum expositio methodica, Straßburg 1615). Der kränkliche Mann, der schon 53jährig starb, war auch auf den Gebieten der Theologie und klassischen Philologie ein fruchtbarer Schriftsteller, stand mit den führenden Humanisten seiner Zeit in brieflichem Verkehr und wurde von ihnen geschätzt.

Von seinen drei Söhnen wurde Nikolaus Rechtsgelehrter, tat sich aber vor allem als einer der ersten wissenschaftlichen Genealogen hervor. Der Sohn des berühmten Vaters genoß eine lange und sorgfältige Ausbildung: Das Studium führte ihn von Altdorf nach Helmstedt, Leyden, Bourges, Königsberg, Paris und Genf, die anschließende Bildungsreise mitten im Dreißigjährigen Krieg durch halb Europa. Sofort nach seiner Altdorfer Promotion wurde Nikolaus Rittershausen dort 1634 zum Professor des Lehensrechtes (für heutige Begriffe ein Teil des Staatsrechtes) berufen. Der vielseitige Mann griff Anregungen seiner Lehrer Diephold in Helmstedt und Clüver in Leyden auf und betätigte sich in Randgebieten des öffentlichen Rechtes: Nachdem er zwischen 1638 und 1642 als Geograph und Kartograph hervorgetreten war, erschien 1653 die erste Auflage jenes Werkes, das bis heute mit seinem Namen verbunden ist: „Genealogiae Imperatorum Regum Ducum Praecipuorumque Aliorum Procerum Orbis Christiani. . .". Nikolaus wollte die Verwandtschaftsverhältnisse der regierenden Dynastien offenlegen, um in der Epoche des monarchischen Absolutismus eine solide erbrechtliche Grundlage für die staatsrechtlichen Vorgänge zu besitzen. 125 Geschlechter hat er „bearbeitet", in Nachträgen zum Hauptwerk weitere 11, wobei er bis zum Jahr 1400 zurückging, weil dieses Vierteljahrtausend nach menschlichem Ermessen alle erbrechtlich relevanten Vorgänge abdeckte. Ein solches, ganz auf die Praxis von Staatsrecht und Politik gerichtetes Werk mußte übersichtlich und anschaulich sein: So brachte Nikolaus in der dritten Auflage schließlich 212 Tafeln; da der jeweils neueste Stand geboten werden mußte, ergab sich der Zwang zu häufigen Neuauflagen. Unter Mithilfe namhafter Gelehrter, darunter Ph. J. Spener, legte Rittershausen selbst bis 1664 drei Auflagen vor, nach seinem Tod erschienen noch weitere sechs revidierte Ausgaben (letzte ist die 9. Aufl. von 1734).

Man kann den Namen des Nikolaus Rittershausen nicht nennen, ohne seiner Mitarbeiter und Nachfolger zu gedenken, darunter → Wilhelm III. Imhoff (1622 — 1690), sein Schüler, später auch Kurator der Universität Altdorf, der den Gelehrten bei seinen Forschungen angeregt und finanziert hat (→ Will nennt Wilhelm in seinem Gelehrtenlexikon einen „trefflichen Genealogen und Altertümerkenner", unter seinen Zeitgenossen galt er als „lebendiges Archiv"). Noch folgenreicher war, daß Imhoff seinen Sohn → Jakob Wilhelm bei Rittershausen studieren ließ und ihm nach dessen Tod die Fortsetzung der „Genealogiae" übertragen hat. In der Arbeit am Nachlaß Rittershausens schulte sich Jakob Wilhelm Imhoff zu einem der größten Genealogen seiner Zeit (J. W. Imhoff sprach sechs Sprachen), seine Hauptwerke sind „Genealogische Opera", darunter „Notitia S. Rom. Germanici Imperii Procerum, Genealogia Familiae Sfortianae", Historische und genealogische Nachrichten von den Grandes oder Großen in Spanien", ein weiterer Band über das gleiche Thema in Portugal etc. Fast komplett ist der Briefwechsel des Jakob Wilhelm mit den Großen seiner Zeit in einer Privatsammlung erhalten.

Der älteste Sohn von Konrad Rittershausen, Georg, wie der Vater Jurist, trat nach seiner Altdorfer Promotion 1624 als Anwalt in den Dienst der Reichsstadt, wechselte aber schon im folgenden Jahr als Richter in brandenburgische Dienste, brachte es bis zum Geheimen Rat und Lehensprobst des Burggraftums Nürnberg, wurde am 12. Mai 1653 in den erblichen Reichsadel erhoben und starb als Erbherr auf Buch und Weißdorf, dessen Kirche einen von ihm gestifteten vergoldeten Abendmahlskelch besitzt. Auch als Schriftsteller ist Georg hervorgetreten, sein verdienstlichstes Werk ist eine Lebensbeschreibung und Bibliographie der Schriften seines Vaters. *Lei*

Caspar Enderlein · Zinngießer   1560 — 1633

Das Handwerk der Zinngießer gehört zu den nachweisbar ältesten in Nürnberg. Man muß seine Entstehung auf das 13., bestimmt aber auf das frühe 14. Jahrhundert datieren. Jedenfalls stand um die Wende vom Mittelalter zur frühen Neuzeit der handwerkliche, künstlerische und merkantile Erfolg des Zinngießergewerbes in der Noris in höchster Blüte. Sein hoher Ruf lockte manchen tüchtigen Vertreter dieses Metiers an den Strand der Pegnitz; so auch Caspar Enderlein aus Basel, der dort 1574 Lehrling bei H. Friedrichs gewesen ist. 1583 treffen wir ihn als Gesellen seines Handwerks in Nürnberg. Es zeugt von seiner Tüchtigkeit und seinem Fleiß, daß er hier schon nach zwei Jahren (1585) sein Meisterstück anfertigte und ein Jahr später Meister wurde. In seiner Innung hat er im nachhinein dreimal die Stelle eines der drei Geschworenen bekleidet. Enderlein wurde auch bekannt für vielerlei technische Neuerungen, die er in die Arbeitspraxis seines Gewerbes eingeführt hat. Er fertigte technisch meisterhafte Gußmodelle u. a. von Kannen und Leuchter und brachte französische Renaissance-Formen nach Deutschland. Daß er nur mit wenigen, dafür aber wohl auserlesenen Gesellen arbeitete, schlug sicher bei der Spitzenqualität seiner Erzeugnisse zu Buche. Die Herstellung des ersten hängenden Zinnleuchters in hiesiger Gegend wird ihm zugeschrieben. Enderlein betätigte sich, nach eigenem Zeugnis, auch als Formschneider und Maler. Es existieren Bildnisse aus seiner Hand, darunter auch sein eigenes. Seine formale Handschrift auf Zinntellern, Schüsseln und Kannen mit ihrem eigenwilligen Ornamentstil reichten bis ins Spätbarock hinein. Er starb 1633 in Nürnberg. *Hä*

Basilius Besler · Botaniker und Naturaliensammler   1561 — 1629

Die Botanik begegnet uns in Nürnberg sehr früh. → Kaiser Friedrich III. baute 1487 botanische Gärten auf den Wällen der alten Reichsveste. Ihm folgten der Apotheker → Georg Oellinger († 1550) und der Botaniker → Johann Christoph Volckamer. Ihnen allen ging es zunächst um die „Hortikultur", die Pflege der Blumen, vorwiegend ausländischer, seltener Gewächse in ebenso kunstvoll wie kostbar angelegten Gärten. Johann Karl August Musaeus, der Erzähler aus Jena (1735 — 1787), bezeichnet in seinen Volksmärchen „Melechsala" Nürnberg als diejenige unter den deutschen Städten, in der die Morgenröte der Gartenkunst anbrach. In diese Ahnenreihe gehört auch Basilius Besler, der Botaniker und Naturaliensammler, der 1561 in Nürnberg als Sohn eines Predigers geboren wurde und als Folge seiner außerordentlichen Liebe zur Kräuterwissenschaft sich einen botanischen Garten anlegte. Er war von Beruf „Apotheker, guter Chemyikus un Botanikus", war Besitzer der Apotheke „Zum Marienbild", Mitglied des Größeren Rats in Nürnberg und wegen seiner großen Naturaliensammlung besonders angesehen. Nach dem Tod des Arztes → Camerarius, der als Botaniker einen guten Namen hatte, kam ein Teil von dessen Pflanzen nach Eichstätt. 1609 ließ der kunstsinnige Fürstbischof Johann Konrad von Gemmingen rings um die Willibaldsburg großartige Gartenanlagen errichten und holte sich dazu den Nürnberger Basilius Besler, der diese Gärten auch beschreiben und als Buch herausgeben sollte. Das vierbändige Werk erschien erstmals 1613 in Nürnberg unter dem Titel: „Hortus Eysttensis sive omnium plantarum, florum, stirpium..." in großem Format als erstes botanisches Prachtwerk in Deutschland. Besler ist nicht der alleinige Verfasser. Aus einer Bemerkung in der 3. Auflage des Werkes (1713) geht hervor, daß der aus Leipzig stammende und später als Professor in Altdorf tätige → Ludwig Jungermann (1572 — 1653) einen erheblichen Teil des Werkes geschrieben hat.   *Bi*

Wolf Jacob Stromer · Stadtbaumeister   1561 — 1614

→ Hans Beheim d. Ä. und (nach → Hieronymus Holzschuher) dessen Nachfolger Wolf Jacob Stromer bestimmen für Jahrhunderte bis zum Untergang Altnürnbergs im Bombenhagel des Zweiten Weltkriegs das Gesicht der Reichsstadt. Die Mehrzahl der großen Altstadtbauten, darunter Bauwerke von Weltrang, wurden von diesen Architekten und Stadtbaumeistern geschaffen. Kaum einer, der über die Fleischbrücke geht, weiß heute noch, daß es sich um ein Spitzenwerk der Bauingenieurskunst aus der Renaissancezeit handelt, das vorbildlos ist und sich bis zur Epoche des Stahl- und Betonbrückenbaus rund 400 Jahre unübertroffen unter extremen Beanspruchungen bewährt hat. Es ist unter den vielen Bauten des Wolf Jacob Stromer sein Hauptwerk, und eben nicht — wie es so oft heißt — eine „verkleinerte Kopie" des Ponte di Rialto in Venedig.

Stromer entstammte einer alten Nürnberger Ratsfamilie. Sein Vater Fritz Friedrich (1522 — 1580) hatte sich seit seinem 13. Lebensjahr, 21 Jahre lang, auf allen Kriegsschauplätzen Europas herumgetrieben, ehe er sich 1557 durch die Ehe mit → Barbara Tucher konsolidierte und in den Kleinen Rat kooptiert wurde. Der einzige Sohn, Wolf Jacob, studierte ab 1575 in Altdorf, Ingolstadt, Bologna und vermutlich in Padua, war auf Bildungsreisen in Rom, Florenz, Augsburg und Venedig und wahrscheinlich einige Zeit in einem der von Nürnbergern beherrschten Montanunternehmen im östlichen Mitteleuropa. Auf diesen Reisen und auch über seinen Verwandten, den Erfinder-Unternehmer → Berthold Holzschuher (1511 — 1582), eignete er sich Architektur und Ingenieurkenntnisse an. 1584 heiratete er Sabina, die Tochter des Ratsjuristen → Dr. Christoph Scheurl, die ihm zwölf Kinder schenkte. Im gleichen Jahr begann seine Arbeit als Amtmann des Sebalder Forsts, in der er sich durch umfangreiche Wiederaufforstung (mittels Nadelwald-Saat) auszeichnete. Ab 1589 versah er 25 Jahre lang, länger als jeder Vorgänger oder Nachfolger, sein Amt als Stadtbaumeister. Er vollendete den Ausbau Nürnbergs zur größten Festung der damaligen Welt, der während der Hussitenkriege begonnen und durch → Dürer und → Fazuni auf modernsten Stand der Fortifikationstechnik gebracht worden war.

Seine ersten Amtsaufgaben waren der Abschluß des Zeughauses (mit dem Portalbau durch Hans Dietmair, 1589), Modernisierung und endgültige Gestaltung der Festung Lichtenau sowie Neubau der Stadtmauerpartie westlich des Frauentors. Von seinem Dienstantritt an organisierte Stromer das gesamte Bauwesen Nürnbergs völlig neu. Für jeden öffentlichen und (erstmals) privaten Neubau oder größeren Umbau mußten seinem Amt exakte Pläne, Risse und Fassadenentwürfe eingereicht werden. Um Geschmacksverirrungen oder übermäßige Verschwendung zu steuern, wurden allzu protzige Projekte auf bescheidenere Maße reduziert. Dabei zeigte Wolf Jacob seine eigentümliche Vorliebe für gotisierende Elemente. Dies blieb, da keiner von Stromers Amtsnachfolger sich mehr derart engagierte, das Charakteristikum der Reichsstadt bis zu → Heideloffs Neugotik im 19. Jahrhundert.

Mehr als tausend Handzeichnungen, Pläne und Risse hinterließ Stromer, teils in Einzelblättern, meist in zwölf großen „Baumeisterbüchern", die Zeugnisse seiner Amts- und Bautätigkeit sind. Hauptgegenstände der zwölf Bände sind Stadtplanung, Städte- und Festungsbau, Bau von Kirchen, Burgen, Schlössern, Rathäusern, Bürgerhäusern, Grab- und Denkmälern, Brunnen und Brücken, Konstruktionen von Kraft- und Arbeitsmaschinen, Waffen, Kranen, Automaten (z. T. eigene Erfindungen).

Seine erste große Bewährungsprobe im Bauamt war ein furchtbares Hochwasser mit Eisgang (im Februar 1595), wobei nahezu sämtliche Brücken der Pegnitz schwerer beschädigt wurden, dabei Henkersteg, Fleischbrücke und Brücke vor dem Hallertor bis zum Einsturz. Noch im Strudel der Katastrophe leitete Stromer die Rettungs- und Wiederaufbauarbeiten. Nach einem zweiten ähnlichen Hochwasser 1602 gab es schließlich keine der 18 Überbrückungen der Pegnitz im nürnbergischen Stadtbereich, die Stromer nicht wieder neu gebaut oder an der er nicht eine Hauptreparatur hätte durchführen müssen. Aus den Brückenneubauten von 1602 hebt sich die eigentümliche „A-B-C-Brücke", Vorläuferin der heutigen Karlsbrücke, heraus. Ihre Gestalt lehnte sich an Palladios berühmten Entwurf für die Brentabrücke von Bassano di Grappa an; jedoch setzte Stromer auf die Brücke zwei Reihen von Krambuden für Tandler, Trödler, Kerzen- und Lebkuchenverkäufer, und bezeichnete die Buden mit Großbuchstaben von A bis Z, wovon sie ihren Namen bekam.

Das Hauptwerk unter seinen Brückenbauten ist die Fleischbrücke. Die bösen Erfahrungen der Hochwasser mit Überschwemmungen des Hauptmarktviertels hatten gezeigt, daß an der Engstelle des Flusses, die von der Hauptverkehrsachse der Stadt überquert wurde, eine Steinbrücke wie bisher — zweibogig mit Mittelpfeiler— nicht mehr errichtet werden dürfe. Ein nicht ableitbares und nicht absenkbares Fließgewässer mit einem einzigen, und des Fahrverkehrs wegen unvermeidlich sehr flachen Bogen zu überbrücken, war bei der erforderlichen Spannweite und einer Fundierung auf beiden Ufern in grundlosem Sumpf eine bis dahin im Brückenbau noch nie gelöste Aufgabe. Erstmals hatte man sich an eine Steinbrücke großer Spannweite mit einem Viertelskreisbogen-Gewölbe beim Bau des Ponte di Rialto in Venedig 1587 — 1592 gewagt, wo auch vergleichbare Fundierungsprobleme zu bewältigen waren wie bei der Fleischbrücke. Aber in Venedig verkehrten über die Brücke nur Fußgänger, die 56 Stufen hoch steigen mußten, in Nürnberg aber ging es um die Hauptachse und den Kreuzungspunkt von sieben Hauptwegen des transkontinentalen Fernhandels mit großem Schwerlast-Fahrverkehr. Auffahrten und mit ihnen der Bogen mußten hier also wesentlich flacher ausfallen, im Ergebnis nur etwa ein Sechstelkreis, was wesentlich mehr Horizontalschub und damit bisher nie dagewesene Fundierungsprobleme schuf. Durch einen Architekten-Wettbewerb besorgte sich Stromer, ebenso wie durch direkte Kontakte mit auswärtigen und ausländischen Baukünstlern, Entwürfe und Anregungen aus weiten Teilen Deutschlands und Italiens, darunter auch das zerlegbare Modell für den Bau der Rialtobrücke, das dort 1588 den Wettbewerb gewonnen hatte. Für die Verhältnisse an der Pegnitz mußte Stromer jedoch eigenständige Lösungen finden. Dies gelang ihm mit Hilfe hervorragender Mitarbeiter, des aus Bamberg angeworbenen Bau- und Steinmetzmeisters

Jacob Wolff und der Zimmermeister Schweher und → Peter Carl. Carl, der eine neuartige Konstruktion des Lehrgerüsts für die Bogenwölbung und von Pfahlrosten unter den Steinfundamenten erfand, die mit übermannsgroßen Schrägpfählen den Horizontalschub auffangen sollten. Wolff reichte drei Konstruktionsentwürfe für Fundamente und Gewölbe ein, und führte schließlich auch die Steinmetz- und Steinbau-Arbeiten durch. Die endgültige Gestalt der Brücke und die Gesamtlösung der statischen Probleme waren jedoch Stromers Werk, der 1596—1598 zwei Jahre vor Ort die Ausführung leitete. Den eigentlichen Brückenbogen von 27 m Spannweite konnte er aus 2800 vorgefertigten Sandsteinquadern in nur knapp neun Wochen, vom 11. Juli bis 15. September 1598, aufführen und schließen — eine beispiellose organisatorische Leistung!

Für den Neubau des Rathauses hatte er schon die ersten Entwürfe gefertigt, als er beim Bau der letzten großen Festungsbastion, der Wöhrder Torbastei 1613 — 1614, unerwartet früh starb. Die unter ihm herangebildeten Söhne seiner Mitarbeiter, Jakob Wolff d. J. und Johann Carl, führten das Werk zu Ende. Die Fleischbrücke überstand bisher fast 400 Jahre, davon viele mit Hochwassern und 370 Jahre mit Schwerlastverkehr, 1945 einen Bombenvolltreffer auf das Südfundament. Die Substanz der Brücke war dank ihrer einzigartigen Konstruktion unverwüstlich. *St*

Hans Leo Haßler · Musiker und Komponist　　　　　　1564 — 1612

An der Wende der Spätrenaissance zum Barock ist Hans Leo Haßler einer der bedeutendsten Musiker gewesen. Er nimmt unter den deutschen Komponisten noch vor dem etwas jüngeren Michael Praetorius den höchsten Rang zwischen Leonhard Lechner und Heinrich Schütz ein. Schon 1601 kann der Nürnberger Ratsherr Georg → Volckamer über ihn zu Protokoll geben, „daß dieser Zeit seinsgleichen in Teutschland nit ist, und auch unter den Teutschen bis auf diese Zeit kein solcher Componist gefunden worden". Dennoch gehört Haßler nicht zu den großen, auf breitem Felde bahnbrechenden Neuerern — wiewohl gerade bei ihm die bruchlose Verschmelzung deutscher Satztradition mit italienischen Darstellungs- und Ausdrucksmitteln eine so hohe Vollendung erreicht wie erst später wieder bei Mozart — greift er doch weder den Concerto-Stil eines Giovanni Gabrieli noch die Monodie der geistlichen Konzerte Lodovico Viadanas auf. Was Zeitgenossen und Nachfahren gleichermaßen an ihm schätzen, ist jene feine Geschliffenheit der Form und die maßvolle Zurückhaltung des Ausdrucks — die wir als typisch deutsch empfinden — gepaart mit überragender Meisterschaft in der Satztechnik. In weitgehender Vermeidung von Chromatik und affekthaftem Pathos, in der Hinneigung zu moderner Dur-Moll-Tonalität und bisweilen zu harmonischer Fülle, in einem Zug zum Lyrischen, Beschaulichen und Volkstümlichen — nicht nur im Lied, sondern gelegentlich auch in Messe und Motette — ist Haßler der „Nürnberger Schule" der Organisten von → Staden bis → Pachelbel und darüber hinaus mehreren Generationen süd- und mitteldeutscher Musiker zum Vorbild geworden.

Ohne Zweifel lernt Haßler jene verinnerlichte Durchdringung niederländisch-deutscher polyphoner Musikgesinnung mit italienisch-madrigalesker Ausdruckskraft innerhalb des Motettenschaffens, jene Blutauffrischung des deutschen Liedes durch Madrigal, Canzonetta und Villanella, nicht zuletzt auch jene Klangpracht venezianischer Mehrchörigkeit, die dann seinen eigenen Werken das Gepräge geben, bereits in seiner Vaterstadt Nürnberg kennen, bevor er selbst seine Schritte über die Alpen lenkt. Schon die ersten, noch in den 1580er Jahren in Sammelwerken gedruckten Kompositionen zeigen ihn als fertigen, formgewandten Meister, in der Satztechnik und Wortausdeutung an Orlando die Lasso geschult, in der Klangentfaltung besten venezianischen Mustern verpflichtet. Seine frühen selbständigen Veröffentlichungen, die „Canzonette a quatro voci" (1590) und die zweimal wiederaufgelegten „Sacrae cantiones" (1591), machen ihn mit einem Schlage in weiten Kreisen bekannt. Bestechen die nach Texten von Petrarca, Tasso, Guarini u. a. komponierten „Madrigali" (1596) durch ihre Verquickung südländischer Leidenschaft und italienischer Grazie mit deutscher Verinnerlichung und Gemütstiefe, so wird in den „Neuen teutschen Gesang nach Art der welschen Madrigalien und Canzonetten" die Form des Madrigals erstmals ins Deutsche übertragen und zugleich nicht mehr von der Kanzonette geschieden; die Gattungsgrenzen beginnen sich zu verwischen; es findet sich hier nahezu alles wieder, was italienische Musik jener Zeit zu bieten hat, von den Balletti Gastoldis bis zu den Motetten Giovanni Gabrielis. Kurz nach den acht „Messen" (1599) und den „Sacri concentus" (1601) erscheint Haßlers berühmtestes Werk, der „Lustgarten neuer teutscher Geseng, Balletti, Galliarden und Intraden" (1601), der neben elf Instrumentalstücken 39 deutsche Lieder enthält. Mit ihnen führt der Meister die Entwicklung des mehrstimmigen deutschen Gesellschaftsliedes insofern zu einem vorläufigen Höhe- und Endpunkt, als hier bei aller Wahrung eines Restes kontrapunktischer Grundhaltung die Strophenmelodie zum alleinbeherrschenden musikalischen Bestandteil wird. Die Weise des Liebesliedes „Mein Gmüt ist mir verwirret" (Nr. 24) ist als ökumenischer Kirchengesang „O Haupt voll Blut und Wunden" bis heute ununterbrochen lebendig geblieben. Erst die letzten, schon von der Todeskrankheit überschatteten Lebensjahre zeigen Haßler schließlich auch als Meister wesenseigener evangelischer Kirchenmusik: Die „Psalmen und christlichen Gesäng... fugweiß componiert" (1607) haben in ihrer kunstvollen kontrapunktischen Verarbeitung der Gemeindeliedmelodien vielen Generationen zum Vorbild vokaler Choralbearbeitung gedient und sind durch Johann Sebastian Bachs Schüler Johann Philipp Kirnberger 1777 als ein beispielhaftes „Choralwerk, welches den ganzen Kern der Musik in sich enthält", nachgedruckt worden, während die „Kirchengesäng: Psalmen und geistliche Lieder... simpliciter gesetzt" (1608) den Nachfahren zu einem Muster des schlichten, Note gegen Note gehaltenen Kantionalsatzes werden.

Hans Leo Haßler wurde als Sohn des Edelsteinschneiders und Spitalorganisten Isaak Haßler am 26. Oktober 1564 in Nürnbergs Sebalduskirche getauft. Vom Vater ererbte er neben der musikalischen Begabung auch kunsthandwerkliche Fertigkeit und ausgeprägten Kaufmannsgeist. Seine ersten Lehrer dürften die Organisten Paulus (III) Lautensack und Wilhelm Endel, der Egidienkantor Friedrich Lindner und vor allem → Leonhard Lechner, der bedeutendste Schüler Lassos, gewesen sein. Ein ganzjähriger Studienaufenthalt in Venedig führte ihn 1584/85 in die Schule Andrea Gabrielis und Baldassare Donatos. 1586 — 1600 wirkte er als Kammerorganist Oktavians II. → Fugger in Augsburg, versah dort auch das Organistenamt an St. Moritz, beschäftigte sich daneben mit dem Bau und Handel von mechanischen Orgelwerken und anderen Musikautomaten, die er unter Mithilfe des Uhrmachers Georg Heinlein zu höchster Vollendung brachte, und betrieb Geldgeschäfte für den deutschen Hochadel. Kaiser Rudolph II. verlieh ihm, wohl aufgrund der Bewährung in solchen finanziellen Unternehmungen, mit seinen Musikerbrüdern Caspar (1562 — 1618) und Jacob (1569 — 1622) 1595 den Adel, dem 1604 eine weitere Standeserhöhung mit neuerlicher Wappenbesserung und Beilegung des Prädikats „von Roseneckh" folgte. Nach kurzer Tätigkeit an der Spitze der Augsburger Stadtpfeifer und als „Oberster Musikus" seiner Vaterstadt trat Haßler 1602 ganz in kaiserliche Dienste, heiratete 1605 die Kaufmannstochter Cordula Clauß aus Ulm, ließ sich dort als Mitglied der Kaufleutezunft nieder und beteiligte sich mit einem jährlichen Umsatz von 12.000 Gulden, aber zusehends abnehmendem Erfolg am erzgebirgischen Kupfer- und Silberbergbau, während er zwischen 1603 und 1611 mehrere um seine Spieluhren entstandenen Prozesse verlor. Seit 1608 Kammerorganist der sächsischen Kurfürsten Christian II. und Johann Georg I. in Dresden, starb er während des Aufenthalts der kursächsischen Hofkapelle bei der Kaiserwahl am 8. Juni 1612 in Frankfurt am Main an Lungenschwindsucht. *Kra*

Der bedeutendste Chronist, den die Reichsstadt Nürnberg hervorgebracht hat, ist der Ratsschreiber Johannes Müllner (daher die Müllnerstraße in Nürnberg-Gostenhof).

Am 1. April 1565 wurde er als Sohn eines Pfarrers in Nürnberg geboren und wuchs im Pfarrhof von St. Sebald auf. Dort herrschte ein reges geistiges Leben, da der Vater mit mehreren angesehenen Gelehrten befreundet war. Nach häuslichem Unterricht besuchte der junge Müllner die Lorenzer Schule und studierte anschließend an den Universitäten Altdorf, Heidelberg und Ingolstadt Philosophie und Rechtswissenschaften; daneben gehörte sein besonderes Interesse der Geschichte. Im reichsstädtischen Altdorf war er ein Hörer der Professoren → Hugo Donellus und Hubert Gyphanius. Der Sitte der Zeit folgend, unternahm der Student Bildungsreisen, die ihn noch in andere Universitätsstädte führten.

Schon 1592 trat er in den Dienst seiner Vaterstadt, zuerst als Syndicus und seit 1602 als Ratsschreiber. Neben der Protokollführung in den Ratssitzungen oblag ihm die Teilnahme an diplomatischen Reisen und die vielseitige Beratung der Bürgermeister. Seit 1624 in der Stellung des Vordersten Ratsschreibers, war Müllner bis zu seinem Tode am 15. August 1634 für die Stadt tätig; seine letzte Ruhe fand er auf dem Johannisfriedhof, wo bis heute ein Epitaph auf dem Grabstein die Erinnerung an ihn wachhält. Drei Ehefrauen, von denen ihn die dritte überlebte, brachten ihm 15 Kinder zur Welt.

Das besondere Verdienst Müllners war seine schriftstellerische Tätigkeit. Die erste historiographische Arbeit lieferte er mit dem Bericht über den Einzug des Kaisers Matthias in Nürnberg 1612. Im Gesamtwerk des Chronisten bedeutet dieser Bericht den Auftakt, während seine „Annalen" den Höhepunkt darstellen und die „Relationen" den zusammenfassenden Abschluß bilden. An den Annalen, einer chronologischen Geschichte der Stadt Nürnberg von den ersten Anfängen bis zum Jahre 1600, arbeitete der Ratsschreiber etwa 25 Jahre neben seiner beruflichen Tätigkeit. Müllners eigenhändiger Entwurf umfaßt sechs Bände. Drei Kopisten fertigten davon eine Reinschrift in vier prächtig gebundenen Folianten mit insgesamt 4878 Seiten an. 1623 war das Gesamtwerk abgeschlossen. Heute werden Entwurf und Reinschrift im Staatsarchiv Nürnberg aufbewahrt.

Nach den Annalen hat Müllner noch die „Relationen" verfaßt. In 21 Einzeldarstellungen handelte er darin die wichtigsten staatsrechtlichen Materien der Reichsstadt ab und schuf damit ein Kompendium des Nürnberger Staatsrechtes. Beide Werke waren ursprünglich nur für den amtlichen Gebrauch bestimmt und wurden deshalb im Archiv des Rathauses streng geheim gehalten. Es ließ sich aber trotzdem nicht verhindern, daß man beides, „Annalen" und „Relationen", in späterer Zeit ob ihres wertvollen Inhalts wiederholt abschrieb.

Müllner, der mit der gesamten historischen Literatur seiner Zeit gut vertraut war, zitiert in den Annalen bei der Darstellung der Reichsgeschichte eine Vielzahl der damals gedruckt vorliegenden Werke. Für die stadtgeschichtlichen Vorgänge benutzte er dagegen die Urkunden, Akten und Bände des reichsstädtischen Archivs. Darin liegt sein außerordentliches Verdienst. Er hat auch als erster die damalige historische Überlieferung einer scharfen Kritik unterzogen. Dadurch räumte er mit manchen Irrtümern, vor allem bei der sagenhaften Frühgeschichte der Stadt, auf. Die Fülle des von ihm gebotenen Stoffes machen seine Annalen bis heute zu einer erstrangigen Quelle für die Stadtgeschichtsforschung, besonders weil in der Mitte des 19. Jahrhunderts, also lange nach Müllners Auswertung, manche Urkunden und Teile der ältesten Stadtbücher verlorengegangen sind. Die Texte der „Annalen" können dadurch in vielen Fällen als Ersatzüberlieferung dienen.

Angesichts ihres hohen Wertes haben in den ersten Jahrzehnten des 19. Jahrhunderts zwei Stadthistoriker unabhängig voneinander den Versuch unternommen, die Annalen im Druck zu veröffentlichen. Über das erste Drittel des 14. Jahrhunderts sind beide nicht hinausgekommen. Erst im vergangenen Jahrzehnt ist es dem Stadtarchiv Nürnberg gelungen, eine wissenschaftliche Edition der Chronik des Stadtschreibers in Gang zu bringen. Bisher liegen die beiden ersten, bis zum Jahre 1469 reichenden Bände gedruckt vor.   *Hi*

Elisabeth Kraus · Mutter der Armen   1569 — 1639

Am Lichtmeßtag 1579 wurde die zehnjährige Elisabeth Streit von ihren Eltern, die Bauersleute waren, das erste Wegstück von ihrem Geburtsort Bronnamberg bei Cadolzburg in Richtung Nürnberg begleitet. Dort trat das Kind eine Dienststelle an, weil die Eltern nicht länger für den Unterhalt sorgen konnten. Sechzig Jahre später, im April 1639, gibt dieser Elisabeth Streit, seit 1598 verheiratete Kraus und zu hohem Ansehen in der Stadt Nürnberg gelangt, auf ihrem letzten Weg von ihrem Wohnhaus „Zur Goldenen Kraussen" hin zum Rochus-Friedhof ein imposanter Zug Geistlicher, Ratsherren, Handwerker, Frauen und Kinder das letzte Geleit. Längst war sie in Nürnberg zur verehrten „Mutter der Armen und Waisen" geworden; ein Ehrentitel, den ihr auch der Grabredner Jakob Ried zusprach. Soweit ihre Zeit und ihre Kräfte dies nur zuließen, hatte sie sich in den Gassen und Hospizen derer angenommen, die durch ein ungutes Schicksal oder durch die Wirren des Dreißigjährigen Krieges hilfsbedürftig waren.

Daß ihr mildtätiges Werk, dem sie in zunehmenden Maße auch einen nicht geringen Teil ihres finanziellen Besitzes bereits zu Lebzeiten zukommen ließ, auch über ihren Tod hinaus weiterleben konnte — dafür trug Elisabeth Kraus in ihrem Testament Sorge. Von dem ehelichen Vermögen, immerhin über hunderttausend Gulden, das sie und ihr Mann in den Jahren erworben hatten, hatte sie einen beträchtlichen Teil für wohltätige Stiftungen bestimmt. So konnte auch noch nach ihrem Tod denen, für die sie selbst mit Geld-, Kleider- und Essensspenden gesorgt hatte, geholfen werden: mittellosen Verwandten, hilfsbedürftigen Theologiestudenten, Waisen- und Findelkindern, notleidenden Mitbürgern und armen Schulkindern. Der persönliche Lebensweg der „Kraussen" war wechsel- und leidvoll. Dem Herzen am nächsten standen ihr, die erleben mußte, wie die drei eigenen Kinder allzu früh starben, die armen Waisen „in der Findel". Verbunden mit einem starken Gottesglauben waren ihr eben diese selbstdurchlebten Schicksalsschläge Triebfeder zum beispielhaft selbstlosen Tun. Die Stadt hat sie durch eine nach ihr benannte Straße in Gostenhof geehrt.   *Schu*

Jörg Gärtner · Maler   um 1575 — 1654

„Felicissimus Düreri imitator" wurde Georg (Jörg) der jüngere Gärtner (Gertner, Hortolanus, Hortulanus), Sohn des gleichnamigen Nürnberger Malers, von seinen Zeitgenossen genannt. Dieser jüngere Gärtner — etwa zwischen 1575 und 1580 in Nürnberg geboren — gehörte zu den bedeutenderen Nürnberger Vertretern der frühbarocken, retrospektiv ausgerichteten, jedoch nicht auf Nürnberg allein beschränkten Kunstrichtung, die sich vornehmlich an die annähernd hundert Jahre zurückliegende Kunst anlehnte. Das Kopieren der als vorbildlich erkannten älteren Werke und das Schaffen neuer Werke im Stil der Spätgotik und frühen Renaissance sind charakteristische Tätigkeiten der Künstler dieser Stilphase. Lange Zeit wurde die historisierende Kunstströmung wenig günstig beurteilt, doch hat die Kunstwissenschaft damit begonnen, sie neu zu bewerten und zu würdigen. Dabei stellt sich heraus, daß die in den zwanziger Jahren unseres Jahrhunderts dafür gefundene Bezeichnung „Dürer-Renaissance" zu eng gefaßt ist: inzwischen wurde erkannt, daß Dürer zwar einer der prominentesten, nicht aber der einzige im späten 16. und frühen 17. Jahrhundert als vorbildlich geltende Künstler gewesen ist.

Der „felicissimus Düreri imitator" ist als solcher insbesondere in zwei großen Nürnberger Werken nachzuweisen. Er restaurierte 1613 zusammen mit → Paul Juvenel d. Ä., → Jobst

Harrich und Gabriel Weyer die von → Dürer 1521 geleitete Neuausmalung der Wandfelder im Nürnberger Rathaussaal. 1624 schuf er neben einem kleinen Gedenkschrein weitgehend die sogen. Dürersche Stiftungstafel in der Rochuskapelle zu Nürnberg (Epitaph des Kunstsammlers → Hans VII. Imhoff, 1563 — 1629, für seinen Vater → Willibald Imhoff und weitere Ahnen). Hier griff Gärtner kopierend auf Werke zurück, die sich in der Sammlung seines Auftraggebers wohl unter dem Namen Dürers befunden haben, beschränkte sich aber nicht nur auf Vorlagen dieses Meisters.

Die Forschung ist über die 1920 von → Theodor Hampe publizierten Ergebnisse seiner Recherchen zum Leben des als Maler und Porträtist bezeichneten, aber auch auf dem Gebiet der Druckgraphik tätig gewesenen Jörg Gärtner nicht wesentlich hinausgekommen: 1611 Tod seiner ersten Frau Magdalena; bis 1612 Zusammenarbeit mit seinem Vater; 1615 zusammen mit seiner zweiten Frau Kauf eines Hauses gegenüber dem Rosenbad (spätere Wohnung „in der Allmosmühl uffn Graßberglein"); 1620 — 1624, 1638 — 1642 „Vorgeher" seines Handwerks; 1652 Tod seiner zweiten Frau. 1654 in Nürnberg gestorben. Außer den genannten Werken ist noch, mit teilweisem Vorbehalt, die Imhoffsche Stiftungstafel von 1628 in St. Sebald zu Nürnberg anzuführen. Durch Inschriften weisen sich folgende graphische Blätter als Werke seiner Hand aus: Leichenzug des Markgrafen Georg Friedrich von Brandenburg (1603), Vase mit Blumen (1612) und Fleischbrücke in Nürnberg (undatiert). (Die Gärtnerstraße ist nach ihm benannt.)   *GG*

Johann Weinreich · Novellant   um 1570 — 1627

Anfangs des 17. Jahrhunderts tauchen in Nürnberg die ersten Zeitungsschreiber, die „Novellanten" auf. Sie unterhielten meist handgeschriebene Zeitungen, die verschickt und von Lesern auch abonniert wurden. Der wichtigste dieser Novellanten war damals Johann Weinreich. Er stammte aus der Nähe von Kulmbach, wo sein Vater das Schneiderhandwerk betrieb, und verheiratete sich am 25. August 1607 in Nürnberg mit Katharina Gabrun aus Antwerpen. Bei der Heirat wird er als „Scholastikus bei St. Egidien" bezeichnet, eine Art Hilfsschulmeister. In anderen behördlichen Erlässen heißt er „Novellant", „Zeitungsschreiber" und „Schreibereiverwandter".

Im Januar 1612 fiel er dem Rat erstmals unangemehm auf. Er wurde beschuldigt, daß er „allerlei nachteiligs ding ohne grund von ihnen hinweg (nach auswärts) schreibe". Worum es sich genau handelt, wird nicht gesagt, aber es war so schwerwiegend, daß der Rat befahl, Weinreich auf einen versperrten Turm zu bringen, ihn zur Rede zu stellen und sein Haus und seine Schreibstube auf verdächtiges Material zu untersuchen. Da tatsächlich allerlei Belastendes gefunden wurde, verschärfte sich seine Lage. Zudem wollte der Gefangene nicht preisgeben, von wem er „diese erdichte zeitung" erhalten habe. Sein Fall wird einem Konsulenten am Stadtgericht übergeben. Nach einigen Tagen ließ man ihn „auf Urfehde" frei. Aber er mußte, laut Urteil, die Gefängniskosten bezahlen. Zudem verlor er das Bürgerrecht und er mußte die Stadt und deren Gebiet „verschwören". Nach alle dem dürfte sein „Verbrechen" in den Augen des Rats doch sehr belastend gewesen sein. Schon vier Wochen später bat Weinreich darum, wieder ins Bügerrecht eingelassen zu werden. Der Rat zu Windsheim und verschiedene nicht genannte Personen verwendeten sich für ihn, aber ohne Erfolg. Erst nach drei Jahren — im Februar 1615 — wurde auf abermaliges Bitten von Dritten das Urteil aufgehoben. Weinreich sollte wieder als Bürger in Nürnberg wohnen dürfen, aber verbunden mit der Mahnung „durch andere zugelassene mittel und nit durch solch gefährlich zeitungsschreiben seine nahrung zu suchen". Doch der Novellant ließ nicht ab von seinem „gefährlichen" Beruf und stieß wieder mit der Obrigkeit zusammen. 1627 starb er in der Oberen Schmiedgasse.

Weinreich ist der erste uns bekannte Nürnberger Novellant, der regelmäßig eine geschriebene Zeitung pro Woche herausgab. Wir haben Nachweise dafür, daß er diese Zeitung an den pfalzgräflichen Hof nach Sulzbach schickte, auch in Weiden/Oberpfalz las man sie. Der Abonnementspreis betrug zu dieser Zeit zehn Gulden. Weinreichs Briefdienst war mit größter Wahrscheinlichkeit die Grundlage für den seit 1609 in Wolfenbüttel gedruckten „Aviso". Obwohl diese geschriebene Zeitung eigentlich schon alle Ansprüche erfüllte, die an eine Zeitung im modernen Sinn gestellt werden, war sie kein Lesestoff für die Allgemeinheit. Sie erschien zwar periodisch, sie war auch allgemein zugänglich und konnte — de jure — von jedermann gekauft werden. De facto war für den „kleinen Mann" ein so hoher jährlicher Abonnementspreis geradezu unerschwinglich.. Er hätte dafür ca. 30 Tage arbeiten müssen. So blieb der Abonnentenkreis dieser geschriebenen Zeitung auf ganz bestimmte Personen beschränkt: auf Fürsten, deren Beamte, die Ratsobrigkeit der Städte als Gesamtkörper und einzelne Ratsmitglieder, auf Klöster, Stifte, Angehörige des Adels, des Patriziats und der Gelehrtenwelt.

In seinem Buch „Simplicius Simplicissimus" gibt Grimmelshausen die Beschreibung eines solchen „Zeitungsbüros", das er wohl aus eigener Anschauung in Nürnberg kennengelernt hat. Was dort für etwas spätere Zeitungsschreiber gilt, hat sicher, wenn auch in beschränkterem Maß, schon für die geschriebene Zeitung von Weinreich gegolten.   *Spk*

Jakob Wolff d. J. · Stadtbaumeister   1572 — 1620

Jakob Wolff d. J., vermutlich Selbstporträt
am Wolff'schen Bau; Hauptportal

Jakob Wolff, der Jüngere, wurde als Sohn des Stadtbaumeisters Jakob Wolff, 1572 in Nürnberg geboren. Der Vater hat von 1596 bis 1612 als „Kunstreicher Meister" in der Freien Reichsstadt das bauliche Geschehen gestaltet. Der Sohn steht, obwohl noch nicht Meister, schon 1600 als Werk- und Stadtmeister im Sold Nürnbergs. Mit Erlaubnis des Rates geht er auf Reisen, „um in deutschen und welschen Ländern der Gepäu halben etwas mehreres zu sehen und zu erfahren". Sicher hat sein Gönner, der Ratsbaumeister → Wolf Jakob Stromer, die geniale Begabung Jakob Wolff d. J. entdeckt und seine Abwanderung zu verhindern versucht. 1602 aus Italien zurück, übernimmt Wolff d. J. neben dem Vater die zweite Position als Stadtwerkmeister. Er ist beeindruckt und erfüllt mit einer Zuneigung für zentralisierende Bauformen der italienischen Renaissance, der Bevorzugung stereometrischer Körper vorden geometrischen, zweidimensionalen Formen der Flächengliederung; er kennt den Formenkanon der italienischen Renaissance, Kubus, Quader, Kugel oder Halbkugel, Pyramide und Zylinder. Er wird dieses Vokabular der italienischen Renaissance in den folgenden Jahren in der vielfältigsten Weise mit heimischen Traditionen kreuzen. Er kommt in ein Nürnberg zurück, dessen Rat, prachtliebend und repräsentationsfreudig, von einem Streben nach Selbstdarstellung ratsherrlicher Autorität geprägt ist; ein Rat, „der auf aristokratischen Rang und adelige Abkunft pochte und zunehmend bestrebt war, es in seinem Regierungsgebaren dem Gottesgnadentum der Fürstenhäuser gleichzutun".

Nach dem Tod des Vaters 1612, kommen die großen baukünstlerischen Aufträge. Am 5. Februar 1613 gibt der Nürnberger Rat die Weisung, „Meister Jakob Wolff innerhalb der nächsten acht Tage nichts zu befehlen, damit er den Schönbergischen Abriß des Baus beim Wöhrder Türlein verfertigen möge". Mit der Wöhrder Torbastei wird das letzte größere Werk an der Befestigung als rein zyklopischer Festungsstil geschlossen. Mit seinen abgeböschten Mauerflanken ist es der Höhepunkt europäischer Festungsbaukunst und ein Baudenkmal, das den Stolz und die Macht des Stadtstaates widerspiegelt. Leider wurde es im 19. Jahrhundert abgetragen; nur noch der Kupferstich bringt uns die kraftvolle Schönheit dieses Festungsbauwerkes in Erinnerung. Nach dieser Vereinheitlichung des Stadtbildes, mit den einprägsamen figuralen Körpern der vier Rundtürme der Stadtumwallung, der wehrhaften Wöhrder Bastei, ist der monumentale Rahmen der Freien Reichsstadt abgerundet.

Im Oktober 1614 beginnen die Arbeiten am Baumeisterhaus in der Peunt. Bereits im Dezember 1615 ist es vollendet: Ein wuchtiges Haus mit einer zyklopenhaften Basis und Eckausbildung, mit einem mächtigen Satteldach und zwei Giebeln. Das Haus, Sitz des Ratsbaumeisters, zeigt noch den Geist der Festungsbaukunst und bereits das machtvolle, monumentale Selbstverständnis der Reichsstadt. Manche Teile, so das Portal mit einem von einer vergoldeten Wappenkartusche durchbrochenen Giebel, weisen schon auf Architekturelemente des späteren Rathausbaues hin, mit dessen Entwurf Jakob Wolff d. J. 1616 beauftragt wird. Ein monumentaler Rathausbau solle im Herzen der Stadt unter Einbeziehung der mittelalterlichen Baugruppe, des Beheim-Baues und des Rathaussaales, entstehen.

Aus mehreren Entwürfen wird eine einheitliche Lösung gewählt, die unter Schonung des alten Rathaussaales die ganze Baugruppe durch eine Fassade zusammenfassen soll. Zum Ruhme der Stadt und dem aristokratischen, fürstlichen Selbstverständnis des Rates werden Einzelhäuser der mittelalterlichen Bürgergotik abgetragen und weichen einem italienischen Palast der Renaissance als Rathaus. Trotz italienischem Vorbild schafft Jakob Wolff d. J. ein *Nürnberger* Rathaus: Mit erstaunlicher Kühnheit übersetzt er die Formensprache der italienischen Spätrenaissance zu einem einzigartigen Monumentalbau nördlich der Alpen. Der horizontale, asymmetrische Baukörper ist durch das zur Burg hin ansteigende Gelände in einer Folge der Fenster mit Bänderung rhythmisiert. Die asymmetrische Anordnung der Portale, das Verhältnis des blockhaften Unterbaus steht im kraftvollen Spannungsverhältnis zu den pavillonförmigen Aufbauten — eine großartige „manieristische" Architektur, fremdartig und doch korrespondierend mit heimischen Unregelmäßigkeiten fränkischer Häuserzeilen. „In diesem Rathaus lebt bereits etwas von der Kühnheit und Bauleidenschaft des Barocks. In dieser Hinsicht steht der Nürnberger Palast am Anfang einer fürstlichen Bauentwicklung in Deutschland, deren Höhepunkt im 18. Jahrhundert die Würzburger Residenz einnimmt."

1620 stirbt Jakob Wolff noch vor der endgültigen Baueinstellung des Gesamtkomplexes im Jahre 1622. Von dem geplanten Geviert kann der Ostflügel infolge finanzieller Schwierigkeiten, hervorgerufen durch den Beginn des Dreißigjährigen Krieges, nicht vollendet werden. In reichsstädtischer Zeit ruht die Fertigstellung des Gesamtwerkes. Im 19. Jahrhundert wird der Baukomplex nach den Plänen von → August von Essenwein zum Geviert geschlossen und nach den Zerstörungen im Zweiten Weltkrieg im Zuge des Wiederaufbaues im Jahre 1960 im Bereich des Nordostflügels um zwei Fensterachsen verkürzt, so daß die Westfassade nun als symmetrische Architektur in Erscheinung tritt. Mit Jakob Wolff d. J. starb ein genialer Baumeister. Im Totenbuch ist am 24. Februar 1620 eingetragen: „Der Ersam + kunstreich Jakob Wolff, Steinmetz- und Stadtmeister auf dem Lorenzer Platz". Er wurde mit einer „Vierherrenleiche" auf dem St. Rochusfriedhof beigesetzt. Nach ihm ist eine Straße in Nürnberg-Gostenhof benannt.   *Gör*

Nachtrag ➤➤

Sebald Schreyer, von 1482—1503 Kirchenmeister von St. Sebald, ist der Prototyp eines Mannes, der inmitten einer Zeitwende, inmitten des Schwankens aller herkömmlichen Werte lebt und arbeitet. In ihr sind christlich-religiöse, familien-kultische und geschäftliche Aspekte eng miteinander verquickt" (K. A. Knappe). „Praktisches Wirtschaften, kapitalistisches Gewinnstreben und tiefe, ins Jenseits gerichtete Frömmigkeit spätmittelalterlicher Prägung" (Elisabeth Caesar) gehören also auch „für Sebald Schreyer zusammen"; vielleicht ausgeprägter und sichtbarer als bei so manchen Zeitgenossen in den Ratsfamilien, mit denen er im Laufe seiner Amtszeit als Geldzähler in der Losungsstube, als Genannter im Größeren Rat, als Beisitzer im Land- und Bauerngericht, als Schöffe im Stadtgericht, als Pfleger von Stiftungen, als Initiator und Mitbegründer des St. Sebastian-Spitals für Pestkranke (Veilhofstraße) und als Kirchenmeister von St. Sebald — dem Höhepunkt seiner Laufbahn — eng zusammenarbeitet. Umsonst also hat man nicht eine Straße in Gostenhof nach ihm benannt.

Sein Lebensweg beginnt 1446 in Nürnberg. Der Vater Hans ist als Kürschner Bürger von Nürnberg, treibt erfolgreich in Polen und Thüringen Handel, macht sich nach manchem Mißgeschick schuldenfrei und kauft ein Haus in der Burgstraße — unmittelbar neben dem seines Schwiegersohnes → Martin Landauer. Sebald ist Kind der zweiten Ehe des Vaters und wird mit zwölf Jahren zu priesterlicher Erziehung nach Amberg geschickt. 14jährig besucht er die Universität Leipzig, die er nach zweieinhalb Jahren mit dem Bakkalaureat der sieben freien Künste verläßt. Den Versuch, den Magister zu machen, bricht er nach einem Jahr offensichtlich aus Abneigung gegen die Theologie ab und tritt in das Pelzhandelsgeschäft seines Halbbruders ein, um Handel und Gewerbe kennenzulernen. Er verläßt es aber bald wegen dessen offenbar unlauterer Geschäfte, gerät aber in undurchsichtige Intrigen gegen → Kaiser Friedrich III. In Regensburg erhält Sebald wegen „seiner getrewen dienst, die er Uns und dem Reich bißher getan hat" — möglicherweise wegen eines Berichts aus der Verschwörergruppe — 1471 einen Dienst-, Schutz- und Schirmbrief des Kaisers, dem er vier Jahre diente; ein Lebensabschnitt, den Schreyer nur höchst kursorisch in der Eigenbiographie erwähnt. 1472 erhalten sein Vater und er ein Wappen (zwei Majoran-Äpfel und ein geschmückter Frauenrumpf mit abstehendem Zopf). Es macht Schreyer lehensfähig.

Die Verdienste Sebald Schreyers am kaiserlichen Hof müssen bedeutsam gewesen sein; denn nach seiner Rückkehr von dort heiratet er →Margarethe Kammermeister, Tochter einer Ratsfamilie, und erreicht damit den Einstieg in Nürnbergs großbürgerliche Gesellschaftsschicht. Der Vater trägt dem Rechnung, indem er sein Wohnhaus in der Burgstraße auf Sebald überschreiben läßt, der es in den folgenden Jahren immer mehr ausbaut. Sebalds Heiratsgeld und das am kaiserlichen Hof gesammelte Vermögen sind sein Startkapital. Sehr bald kann er in der Stadtverwaltung Fuß fassen. 1477 wird er Genannter im Größeren Rat. Die Ehrenämter häufen sich, darunter 1479 die Mitgliedschaft in der Kommission, die das Nürnberger Zivilgesetzbuch revidieren soll („Nürnberger Reformation"), ein paar Jahre später Baumeister bei der Erhöhung der Türme von St. Sebald und beim Erweiterungsbau des Neuen Spitals zum Heiligen Geist. In diesen Jahren vermehrt sich sein Grundbesitz in Nürnberg durch Erbschaften oder Kauf ebenso rasant wie der im weiten Umland der Noris bis nach Ebermannstadt, Forchheim, Hilpoltstein, Kitzingen, Neumarkt, Sulzbach-Rosenberg. Er beteiligt sich mit „wachem Sinn für Spekulation" am Silberbergbau in Schneeberg/ Erzgebirge; da allerdings weniger erfolgreich als im Mansfeldischen. In den achtziger Jahren gründet er zusammen mit → Hartmann Schedel einen frühhumanistischen Zirkel und vergrößert so seinen Freundeskreis. Zusammen mit seinem Schwager → Sebastian Kammermeister subventioniert er die Herausgabe von Schedels „Weltchronik".

Im eigentlichen Sinn ist Schreyer kein schöpferischer Mensch, wohl aber einer, dem bei der Verwaltung seiner Stadt- und Kirchenämter der Ruf großer Ordnungsliebe und Gründlichkeit vorausgeht; zudem einer, der vor Ideen und Anregungen sprüht. Dies bringt ihm die Freundschaften mit → Pirckheimer, → Dürer und → Conrad Celtis ein, der bei seinen Besuchen in der Reichsstadt stets Schreyers Gast ist. Celtis hat — neben dem großen Schriftwechsel zwischen ihm und Schreyer — seines Freundes Gedanken oft, auch in Schreyers Haus, in Verse umgesetzt. Dem verdanken wir z. B. Celtis' Ode auf den → heiligen Sebald (1495), die mit einem Holzschnitt → Wolgemuts als Einblattdruck erscheint. Er regt Celtis auch an, seine bisher ungedruckten Werke, darunter die „Norimberga", 1502 zu veröffentlichen.

Schreyers Verehrung für Sebaldus findet erstens in den Kirchen des weiten Umkreises Widerhall, vor allem in Schwäbisch Gmünd, Fluchtort des Ehepaars Schreyer vor der Pest. In die dortige Stadtpfarrkirche stiftet er 1505 eine Sebalduskapelle mit einem Altar aus der Dürerschule. Zum zweiten geht die Initiative für → Peter Vischers Sebaldusgrab wohl ebenso von Schreyer aus wie die Aufnahme des Nürnberger Stadtpatrons in die vage Ahnenreihe der Habsburger. → Melchior Pfinzing setzt die Idee dann am kaiserlichen Hof in Wien durch. Dadurch erhält die Propstei St. Sebald ein kaiserlich privilegiertes Wappen mit Siegelrecht. Zum dritten stiftet Schreyer für Nürnbergs Sebalduskirche die Prädikatur, schafft ein Meßnerpflichtbuch und ein Salbuch mit einer präzis formulierten „Verfassung" der Kirche. Durch diesen Weitblick wird die herkömmliche Kirchlichkeit in Nürnberg überwunden und unbewußt die Voraussetzung für die Reformationsbewegung mitgeschaffen. Schreyer stirbt 1520 und wird in dem von ihm und seinem Neffen → Matthäus Landauer gestifteten „Schreyerschen Grabmal", einer Grablegung Christi, Frühwerk von → Adam Kraft, an der Außenseite des Ostchors von St. Sebald begraben.   *Im*

Hans Frey · Rotschmied   1450 — 1523

Hans Frey, Schwiegervater → Albrecht Dürers, war ein wohlhabender Rotschmied, geboren 1450 in Nürnberg, seit 1472 verheiratet mit der aus einem ratsfähigen Geschlecht stammenden → Anna Rummel († 1521). Frey wurde 1475 Meister, war bis 1486 städtischer Honig- und Nußmesser, 1494 — 1501 Hauswirt auf dem Rathaus, seit 1496 Genannter des Größeren Rats, 1507 Reisiger im Nürnberger Kontingent für → Kaiser Maximilians geplanten Romzug, seit 1515 Verwalter des Bettelstocks am Schuldturm. Er starb am 21. November 1523; in dem Grab der Freys im Johannisfriedhof (Nr. 649) wurde auch Albrecht Dürer beigesetzt. Frey war berühmt für seine luftgetriebenen, transportablen Tischbrunnen, von denen sich jedoch keiner erhalten hat. Die Zuschreibung einiger Brunnenplastiken an seine Werkstatt ist unsicher. Drei originalgroße Entwürfe für Tischbrunnen stammen vielleicht von ihm oder wurden in seiner Werkstatt verwendet (Universitätsbibliothek Erlangen). Auch einige Brunnenentwürfe Dürers könnten für ihn bestimmt gewesen sein. Neudörffer rühmt Frey als „in allen Dingen erfahren" und als guten Harfenspieler.   *B-l*

Abstieg der Reichsstadt

Die Erinnerung an Albrecht Dürer überdauert seinen Tod noch gut hundert Jahre. Die künstlerischen und wirtschaftlichen Impulse der Stadt sind nach dem Zweiten Markgrafenkrieg (1552 — 1554), trotz schwerer Verluste im Nürnberger Landgebiet, noch lebendig. Die Stadtumwallung wird 1556 — 1564 verstärkt. Die vier Türme der Haupttore erhalten ihre Rundform. Der Augsburger Religionsfrieden (1555) dämpft den konfessionellen Streit. Melanchthons Form von Luthers Lehre fördert das religiöse Leben, die Pflege der Wissenschaft, das Schulwesen und die Allgemeinbildung. Aber in den folgenden politischen und religiösen Kämpfen, auch der Gegenreformation, bildet sich durch den Absolutismus der Nationalstaat heraus, verbunden mit dem Wirtschaftsnationalismus (Merkantilismus), der an die Stelle der freien Marktwirtschaft tritt. Nürnbergs alte Handelshäuser geraten unter Druck, da ihre Schuldner — vorwiegend Frankreich und Spanien — den Staatsbankrott erklären. Verlust für Nürnberg: mehr als eineinhalb Millionen Gulden; dazu die etwa gleich hohe Schuldenlast aus dem Zweiten Markgrafenkrieg. Nur drei von 24 alten Handelshäusern der Noris überleben die Belastung. 1560 entsteht die Nürnberger Marktordnung mit dem Handelsvorstand; unter 61 Großkaufleuten nur noch sieben „Bürger vom Rat". Die neue Organisation nutzt nochmals, verbunden mit der Modernisierung des Transport- und Botenwesens wie des Nachrichtendienstes, alle Vorteile der Nürnberger Zentrallage und verhilft der Bürgerschaft zu relativer Wohlhabenheit. Die große Zahl barocker Wohnbauten, die das Stadtbild verändert, ohne die Gotik zu vergessen, entsteht in drei Stilepochen zwischen 1591 und 1735. Die Nürnberger Bautätigkeit erreicht ihren Höhepunkt; Handwerk und Kunsthandwerk sind besser situiert als in allen übrigen Teilen des Reiches und erleben eine nochmalige Blüte. Aber es ist ein Dasein, das auch nach dem Dreißigjährigen Krieg (1618 — 1648), in dem die letzten drei alten Handelshäuser ihre Tore schließen, keine großen politischen und wirtschaftlichen Akzente mehr setzen kann. Der Rat weiß, daß mit dem Friedensmahl in Nürnbergs Großem Rathaussaal und dem gleichzeitig in der Noris konferierenden Kongreß zur Ausarbeitung der Vollzugsbestimmungen des Friedens (1649/50) Nürnbergs große politische Rolle zu Ende gegangen war. Zwar ist im Westfälischen Frieden (1648) Nürnbergs Selbständigkeit im Reich gewahrt. Aber sein einziger Schutzherr, der Kaiser, verliert — auch angesichts der Unsumme „souveräner" Fürstentümer — immer mehr an innenpolitischer Macht. Die alten internationalen Handels-, Zoll- und Münzprivilegien der Noris erlöschen. Seit 1750 ist Nürnberg eine verarmte Stadt in dem dahinsiechenden Heiligen Römischen Reich Deutscher Nation.

Jobst Harrich · Maler   um 1580 – 1617

Er stammte aus einer Maler-Familie und lernte bei einem Maler, von dem wir nur wissen, daß er als Lehrmeister einen Ruf genossen haben muß, ohne daß wir Werke von ihm kennen: Martin Beheim (offenbar Mitglied der Baumeisterfamilie, nicht der Ratsfamilie Behaim), bei dem auch Lienhard Pantzer, Hans Ammon u. a. m. in die Lehre gingen. Sein Lehrling Jobst Harrich, etwa um 1580 in Nürnberg geboren, erarbeitete sich den Meisterbrief. In Nürnberg wird er „Konterfetter" genannt. Ausbildung und nur lückenhaft überkommenes künstlerisches Schaffen von ihm weisen beratende und reproduzierende Arbeit vor. 1614 findet man die nachweislich ersten Spuren, als er mit Kollegen einen erneuerten Altar in St. Sebald beurteilt. Seinen Ruf erlangt er durch Kopieren, zuerst in Frankfurt/Main, als er eine „Himmelfahrt Mariä" aus Dürers verlorengegangenem Hellerschen Altar kopiert. Er kopiert auch Lukas Cranach. Vorwiegend jedoch scheint er sich mit dem malerischen Opus → Dürers beschäftigt zu haben. Eine Christgeburt am zweiten Südpfeiler des Hallenchores von St. Lorenz in Nürnberg zeigt die Fähigkeit Harrichs, sich die Stilelemente der Frührenaissance —Behandlung des Spektrums, Auffassung des Themas — angeeignet zu haben. Er war ein bedeutender Interpret Dürers und half dessen malerisches Werk zu verbreiten. Er starb 1617 in seiner Heimatstadt, die ihm einen Straßennamen (Gärten h. d. Veste) gewidmet hat. *Schl*

Peter Isselburg · Kupferstecher   um 1580 – nach 1630

Er war Kupferstecher und Verleger. Etwa 1580 wurde er in Köln geboren. Gestorben ist er nach 1630. Im niederländischen Schulkreis, vielleicht bei Crispin de Passe d. Ä., wurde er ausgebildet. Er kam um 1610 von Köln nach Nürnberg, heiratete 1613 Anna Hochamer, blieb aber „Inwohner" auf Zeit. 1620 war → Joachim von Sandrart sein Schüler. 1622 wurde er wegen politisch-satirischer Nachstiche ausgewiesen und ist nach Bamberg verzogen. 1626/27 war er für Herzog Johann Kasimir von Sachsen-Coburg tätig. 1630 ist er noch einmal in Nürnberg erwähnt. Kurz danach ist er gestorben.

Von Sandrart als „zu seiner Zeit berühmtester teutscher Künstler" gepriesen, war der produktive Stecher eigener und fremder Vorlagen eines der respektabelsten graphischen Talente in der zeitgenössischen Nürnberger Kunstszene. Mit seinen religiösen und zeitgeschichtlichen Publikationen, aktuellen Bildnissen, Ansichten und allegorischen Buchillustrationen lag er im Trend der Zeit. Seine Hauptwerke wie der Stich der 1612 für → Kaiser Matthias in Nürnberg errichteten Triumphpforte und die 1617 in Buchform herausgegebenen „Emblemata politica" nach den sinnbildlichen Wandgemälden im alten Rathaussaal haben zugleich dokumentarischen Wert. *Hef*

Familie Weinmann · Rotschmiede   16./17. Jahrhundert

Die Familienverhältnisse der Weinmann, die vom 15. bis zum 18. Jahrhundert zahlreiche Rotschmiede stellten, lassen sich vorerst nicht völlig klären, da gleichnamige Meister zur selben Zeit lebten. Viele arbeiteten als Gewichtmacher; die meisten Epitaphien der Nürnberger Friedhöfe St. Johannis und St. Rochus zwischen 1560 und 1630 wurden von ihnen gegossen. Von Albert II., Meister 1563, begraben 1585, sind mehrere ungewöhnlich reich verzierte Einsatz- und Silbergewichte erhalten, darunter Arbeiten für den sächsischen Hof. Das Epitaph des Hans Georg von Klingenberg im Konstanzer Münster (1580) ist von ihm signiert und mit der Marke, dem Osterlamm, bezeichnet. Über 100 Epitaphien der Nürnberger Friedhöfe, mit Daten zwischen 1562 und 1585, stammen vielleicht aus seiner Werkstatt. Von Georg Weinmann, Meister wohl 1579, gestorben 1604, sind ebenfalls Gewichte und von 1582 bis 1603 rund 250 unsignierte Epitaphien erhalten. In der Werkstatt Jakob Weinmanns, Meister 1596, entstand seit 1597 eine ähnlich große Gruppe von teils recht großen Epitaphien in Nürnberg und zahlreichen fränkischen Kirchen. Die meisten sind mit den Initialen IW oder mit dem Namen bezeichnet. *B-l*

Johann Staden · Organist   1581 — 1634

Staden war zu seiner Zeit der führende Musiker Nürnbergs. Er komponierte die frühesten geistlichen Konzerte Deutschlands. Sein Stil ist geprägt durch den Übergang von der alten kirchentonalen a cappella-Kunst zur konzertierenden Musik mit Dur-Moll-Harmonik. In seinen Doppelchören ist der Einfluß der venezianischen Schule unverkennbar. In die Nürnberger Musik führte er erstmals den Generalbaß, selbständige instrumentale Partien, das solistische Vokalkonzert und die Partitur ein.
Er schrieb Chor-, Orgel- und Instrumentalwerke, geistliche und weltliche Lieder und Tänze. Seine Vorbilder waren die Nürnberger Komponisten → Leonhard Lechner und → Hans Leo Haßler.
Staden, 1581 in Nürnberg geboren, war ab 1604 als Organist beim Markgrafen von Bayreuth in Bayreuth und Kulmbach tätig. In Nürnberg wurde er 1616 an der Spital-(Heilig Geist-)Kirche Organist, noch im gleichen Jahr wechselte er nach St. Lorenz, 1618 nach St. Sebald, wo er bis zu seinem Tode blieb. Als der führende Musiker Nürnbergs mußte er für den Rat die Musik prüfen, die diesem gewidmet wurde. Da er als guter Organist und Komponist berühmt war, lud ihn Markgraf Christian 1619 zu einer Orgelprobe nach Bayreuth ein, wo er mit den drei größten Komponisten seiner Zeit zusammentraf: Michael Prätorius, Samuel Scheidt und Heinrich Schütz. Johann Staden starb im November 1634 an der Pest. Er wurde auf dem Johannisfriedhof (wahrscheinlich im Grab Nr. 536) beigesetzt. *hss*

Die Wurfbain · Historiker, Reisende, Kaufleute   16./17. Jahrhundert

Der Familie Wurfbain verdankt Nürnberg eine Vielzahl hervorragender Männer, die sich als Advokaten, Kaufleute, Ärzte und Apotheker im 16. und 17. Jahrhundert großes Ansehen erwarben. Es gibt zwei bedeutende Vertreter der Familie: Der erste ist Leonhard Wurfbain (1581 — 1654), der als Advokat und Historiker wirkte und sich wegen seiner genealogischen Forschungen (Aufstellung von Geschlechterregistern) bei Kaiser, Königen und Fürsten großer Wertschätzung erfreute. An ihn erinnert eine Straße im Stadtteil Mögeldorf. Der zweite ist sein 1613 geborener Sohn Johann Siegmund, der als Kaufmann lernte, sich wegen des Dreißigjährigen Krieges an die „Ostindische Compagnie" verdingte und ein berühmter Reisender wurde.
Johann Siegmund diente drei Jahre in Hinterindien als Soldat. Dann eröffnete sich ihm eine kaufmännische Karriere. Man beförderte ihn schließlich zum Oberkaufmann und übertrug ihm den diplomatischen Verkehr mit den befreundeten indischen Fürsten. Seine Geschäftsreisen führten ihn auch in arabische Länder. Als man ihm, da nicht gebürtiger Niederländer, den Posten eines Handelsdirektors in Persien verweigerte, kehrt er endlich 1646 nach Nürn-

berg zurück. Er eröffnet hier eine Handlung und verfaßt eine ausführliche Reisebeschreibung, die allerdings erst 25 Jahre nach dem Tode des Verfassers (gestorben 1661 in Nürnberg) von seinem Sohn Dr. Johann Paul Wurfbain herausgegeben wird. *Büh*

Anna Köferlin · und ihr Puppenhaus   gestorben 1647

Die größte Sammlung von Puppenhäusern in Deutschland steht im Germanischen Nationalmuseum. Die kleinen Häuser gehören zu den attraktivsten Ausstellungsgegenständen des Muscums, weil man an ihnen die alten Haushaltungen des 17., wahrscheinlich bereits des 16. Jahrhunderts ablesen kann. Sie waren vorwiegend dazu bestimmt, den Töchtern eines Bürgerhauses schon in frühen Jahren die Übersicht über einen Haushalt und über ein Haus, zugleich aber auch dessen Funktionen beizubringen. Das älteste Puppenhaus stammt aus dem Jahre 1611, das berühmteste ist das auf dem Erbweg der Ratsfamilie → Stromer zugekommene aus dem Jahr 1639. Die über tausend Inventarstücke eines solchen Puppenhauses bis hin zu Eßgeschirr, Spiegel, Uhren und Betten zeigen den Sinn solcher Puppenhäuser, nicht gedacht als Spielzeug, sondern als Lehrgegenstand.
Von den Herstellern solcher Puppenhäuser wissen wir wenig. Noch vor etlichen Jahren kannte man nur den Namen der Anna Köferlin, die als Herstellerin eines Puppenhauses galt, zu dessen Besichtigung ein Flugblattholzschnitt aus dem Jahr 1631 eingeladen hat: „Abriß/Entwerffung vnd ERzehlung/was in dem/lang zusammen getragenem Kinder-Hauß/dergleichen nie gesehen noch gemacht/anzutreffen/vnd wie ettlich Hundert Stuck/ alle zum gemeinen Nutz auch dienstlich/darinn zusehen". Ihre Daten waren im Nürnberger Landeskirchlichen Archiv zu finden. So hat diese tatkräftige Frau aus dem Handwerkerstand, deren anschaulichen Knittelversen wir die einzige zeitgenössische Beschreibung eines Nürnberger Puppenhauses des 17. Jahrhunderts verdanken, einige Umrisse gewonnen. Als eine geborene Hübner scheint sie aus Neustadt (an der Saale?) zu stammen. 1596 heiratete sie den Kaufmann Hans Köferll, dessen Vater Simon, ein Rechenmeister, bereits vier Jahre zuvor verstorben war. Der 1632 verstorbene Ehemann mag den mit HK signierten Holzschnitt gefertigt und als Anspielung auf seinen Namen einen Käfer daneben gesetzt haben. Zwei 1598 und 1599 geborene Kinder sind offenbar früh verstorben, so daß Anna Köferlin von sich sagte, daß sie „zu keiner Kinder Mutter gewürdigt" worden sei, ehe sie 1647 in Nürnberg verstorben ist. *LW*

Georg Forstenheuser · Faktor und Agent   1584 — 1659

Georg Forstenheuser, am 22. April 1584 in St. Sebald zu Nürnberg getauft, entstammte einer angesehenen Kaufmannsfamilie. Anfangs führte er mit seinem Bruder Hans nach dem Tod des Vaters die elterliche Firma weiter; doch als das Handelshaus um 1613 in Schwierigkeiten kam, löste er sich vom Bruder. Er hatte in jener Zeit angefangen für verschiedene z. T. benachbarte Fürsten — den Wittelsbacher zu Sulzbach, die Kurbrandenburger in Ansbach und Bayreuth und den Braunschweiger zu Wolfenbüttel — Geschäfte als Agent und Faktor zu tätigen.
Er besorgte für seine Auftraggeber Lebensmittel, Wein, Schmuck und Gemälde, er schickte Arzneien für die fürstlichen Apotheken oder Gerätschaften für den fürstlichen Marstall. Für → Herzog August d. J. von Braunschweig-Wolfenbüttel sandte er vornehmlich dessen Briefe und Pakete nach Süddeutschland. Regelmäßig legte er seinen Briefen die neuesten „Zeitungen" bei, was seit dem Ausbruch des Dreißigjährigen Krieges immer wichtiger wurde. Für die Krone Schweden arbeitete er fast ausschließlich als Nachrichtenmann. Das Beschaffen von Informationen — vor allem von geheimen — war ein kostspieliges und oft

sehr gefährliches Unternehmen. Georg hatte in verschiedenen Städten im Reich und auch im Ausland seine Vertrauensmänner sitzen, von denen er jederzeit mit den jüngsten Informationen versorgt wurde, die er dann weiterleitete. Vom Umfang seiner Tätigkeit kann man sich ein Bild machen, wenn man erfährt — er berichtet es an Herzog August d. J. —, daß bei der Doppelhochzeit seiner Töchter 1656 nicht nur Abgeordnete der regierenden Häuser Wasa, Brandenburg und Braunschweig-Wolfenbüttel teilgenommen hatten, sondern auch „siebenzehn fürstliche, fünfzehn gräfliche und freiherrliche, sieben städtische und zwei landschaftliche".

Georgs Tätigkeit und seine Verläßlichkeit scheinen also geschätzt worden zu sein. Er hatte alle die Eigenschaften, über die ein Agent und Faktor verfügen mußte: Verschwiegenheit, Kreditwürdigkeit, Gewandtheit im Umgang mit Menschen, Organisationstalent und Engagement. Kaum ein anderer Nürnberger durfte zu seiner Zeit so vielseitig in Anspruch genommen worden sein wie er. Für Herzog August d. J. von Braunschweig-Wolfenbüttel wurde er auch mehr und mehr zu dessen süddeutschem Bankier und, vor allem nach dem Friedensschluß von 1648, zum „Bücherrat". Herzog August war ein leidenschaftlicher Bücherfreund und -sammler, er hatte seinen Büchern ein eigenes Haus gebaut (heute: die Herzog-August-Bibliothek). Forstenheuser vermittelte ihm viele wertvolle Bücher, unter anderem auch das sogenannte Misale Bavaricum, ein prachtvolles Meßbuch aus der Zeit um 1520, mit sieben großen Messen und mit Illustrationen, an denen auch → Dürer beteiligt war. Durch Fürsprache der Brandenburger wurde Georg im Frühjahr 1631 das Amt des Kassierers im Fränkischen Kreis übertragen. Wahrscheinlich auf Veranlassung des schwedischen Kanzlers → Axel Oxenstierna — setzte man ihn als „Pfennigmeister" des anno 1633 gegründeten Heilbronner Bundes ein. Forstenheuser starb am 21. November 1659 in seinem Nürnberger Haus „zu den Wilden Männern". *Sp*

Daniel Schwenter · Sprachenpoet   1585 — 1636

1629 wurde Daniel Schwenter in Altdorf zum Poet der hebräischen, chaldäischen und syrischen Sprachen ernannt. Das war der Höhepunkt eines Lebens, das am 31. Januar 1585 in Nürnberg begann. Der Vater war Genannter des Größeren Rats und sandte ihn in Sulzbach und Nürnberg zur Schule. Ab 1602 studierte er an der Universität Altdorf vorwiegend Mathematik, kehrte vier Jahre später nach Nürnberg zurück und heiratete 1606 Magdalene Fischer in erster, Maria Gruber 1624 in zweiter Ehe. Schon mit 21 Jahren wurde er Professor für Hebräisch, 1610 Magister, und übernahm 1628 bis zu seinem und seiner Frau Tod im Jahr 1636 noch die Professur für Mathematik in Altdorf. Er war als Forscher wie als Erfinder gleich groß. Seine Erfindungen — wie etwa den ersten Füllfederhalter — betrieb er in seinen „Erquichungsstunden". Zwei seiner bedeutendsten Werke: 1619 „Die Beschreibung des geometrischen Tischleins" und 1625/26 „die Geometria practica nova". *Bsl*

Isaac Ehe · Trompetenmacher   1586 — 1632

Isaac Ehe (1586 — 1632) war der Begründer einer der bedeutendsten Nürnberger Instrumentenbauer-Familien. Als Trompeten- und Posaunenmacher trug er samt seiner bis ins 18. Jahrhundert hinein wirkenden Familie Wesentliches zu dem Ruf und der Exklusivität der Nürnberger Blechblasinstrumente bei, die dank hoher technisch-klanglicher Qualität und kunstvoller Ausführung damals konkurrenzlos waren. Isaac Ehe hat sein Können vermutlich in der Werkstatt der angesehenen Trompetenmacher-Familie Schnitzer erworben, gelangte durch lukrative Aufträge für Kaiser- und Fürstenhöfe rasch zu Vermögen. Die 1625 erlassene Nürnberger Trompetenmacher-Ordnung, die dem Instrumentenmacher-Handwerk der Stadt durch zünftische Schranken und Qualitätsnormen (vgl. Aufsatz „Das Nürnberger Handwerk" im Anhang) auf lange hinaus den goldenen Boden sicherten, konnte ihn allerdings nicht davor bewahren, daß sein Wohlstand durch selbstverschuldetes Mißgeschick gegen Ende seines Lebens dahinschwand. Die weitreichende, durch viele erhaltene Instrumente belegte Bedeutung der Familie Ehe, vor allem für die Entwicklung der barokken Naturtrompete, wurde dann vor allem durch die Nachkommen seines Bruders Georg (1495 — 1668) begründet. *WW*

Johann Carl · Festungsarchitekt und Zeugmeister   1587 — 1655

Abgesehen von Jacob Grimm, Vollender des Lorenzer Hallenchores, war die Baukunst im spätmittelalterlichen Nürnberg vorwiegend von auswärtigen reichsstädtischen Baumeistern (den Parlern aus Schwäbisch-Gmünd und Prag, Conrad Heinzelmann aus Rothenburg, den Roritzern [Roritzerstraße] aus Regensburg und Hans Kugler aus Nördlingen) beeinflußt. Erst seit dem aus Sulzbach berufenen Stadtwerkmeister Hans Beheim d. Ä. setzte sich im 16. Jahrhundert die einheimische Komponente durch. Teilweise im Schatten von Architekten wie den zu ihrer Zeit führenden Ratsbaumeistern → Wolf Jacob Stromer und → Jacob Wolff, Vater und Sohn stand lange Zeit zu Unrecht der vielseitige Johann Carl. Er wurde 1587 als Sohn des angesehenen Zimmermeisters Peter Carl (1541 — 1617) geboren, der als auswärtiger Bausachverständiger (Heidelberg, Amberg) und als konstruktiver Mitarbeiter an dem seinerzeit viel diskutierten Projekt der Fleischbrücke (1596 — 1598) und an der „Dachvierung" des im Zweiten Weltkrieg zerstörten Pellerhauses (1605) einen Namen besaß.
Johann Carl war zweimal verheiratet: In erster Ehe 1615 mit Ursula Koch († 1635), in zweiter Ehe (1637) mit Magdalena Cath. Bosch. Seinem Vater verdankt Johann Carl wohl seine zeichnerische Ausbildung, dem älteren Jacob Wolff die Unterweisung in der Perspektive. Wertvolle Erfahrungen sammelte er ab 1610 in den Niederlanden und in kurbrandenburgischen Diensten, wo er vor allem durch den Obristen Meinhard von Schönberg, eine Zentralfigur des damaligen Kriegswesens, wichtige Impulse empfing.
In den Problemen der Befestigungsbaukunst war Johann Carl auf der Höhe seiner Zeit. Das bewies er in Nürnberg, wo er im Auftrag des Rates und des Schwedenkönigs Gustav Adolf um 1630 eine Neubefestigung mit Erdschanzen durchführte. Im Nürnberger Land plante er 1629 — als Gegenpol zur bayerischen Veste Rothenberg — eine Neuarmierung der mittelalterlichen Kirchenburg Ottensoos. In der „Civilarchitektur" hatte er während des Dreißigjährigen Krieges 1627 — 1631 die Regensburger Dreieinigkeitskirche in vorbarocken, teilweise noch manieristisch durchsetzten Formen erbaut und in das vielschichtige Stadtbild der Donaumetropole integriert. Besonders gerühmt wurde die protestantischem Kulturempfinden entsprechende stützenlose Einräumigkeit des emporenumzogenen Langhauses. Es ist ein frühes „Gesamtkunstwerk" der neuen Konfession, vorwiegend unter Mitwirkung Nürnberger Werkleute entstanden, dessen weiträumige Segmenttonnenwölbung mit stuckierten Sterngewölben als Symbol des Himmels verstanden wird. Weitere auswärtige Aufträge galten der Mitwirkung bei der Fünfsternzitadelle Wülzburg oberhalb der Reichsstadt Weißenburg und dem unausgeführt gebliebenen Remparierungsplan (verstärkte Bastion-Vorbefestigung) der Reichsstadt Rothenburg von 1621. Als hervorragender Artilleriefachmann wurde er 1631 zum Zeugmeister der Stadt Nürnberg ernannt. Ihm verdankt Nürnberg u. a. die für diese Zeit beispielhafte, für das städtische Zeughaus bestimmte Modellsammlung von Geschützen und Kriegsgerät in Form von Demonstrationsmodellen nach eigenen Konstruktionszeichnungen, das sogenannte „Kleine Nürnberger Zeughaus".
Die vom Vater begründete Familientradition wird von seinem Sohn Magnus und dem Enkel Johann Daniel, beide gleichfalls Zeugmeister, fortgesetzt. Der schon zu seiner Zeit als

„Teutscher Archimed" gepriesene Johann Carl (gestorben 1655), ist ein Zeuge für die bis in die Zeit des Dreißigjährigen Krieges hineinwirkende künstlerisch-technische Ambition der großen Reichsstädte. *EE*

Johannes Saubert d. Ä. u. d. J. · Theologieprofessoren 16. u. 17. Jahrh.

Das Leben des aus ärmlichen Verhältnissen in Altdorf stammenden (1592 geborenen) Johannes Saubert war ein fortgesetzter Kampf für das orthodoxe Luthertum. Nach dem Besuch der Universitäten Altdorf, Tübingen, Gießen und Jena hatte er es bei Ausbruch des Dreißigjährigen Krieges zum Professor der Theologie in der nürnbergischen Universität Altdorf gebracht. Vier Jahre später führte ihn sein Wirken an die Egidien-, dann an die Frauen- und die Lorenzkirche, um schließlich Hauptprediger an St. Sebald zu werden. Hier führte er als Senior des Geistlichen Ministeriums herbe Auseinandersetzungen mit denen, die sich nicht dem strengen Luthertum verpflichtet fühlten, in unerbittlicher Härte. Der dennoch beliebte und geistreiche Prediger hat in den schweren Kriegszeiten das geistliche Wohl Nürnbergs nach innen und außen vertreten. Insbesonders sorgte er für die Hebung der Moral der Prediger, verbesserte das Schulwesen, nahm sich vertriebener österreichischer Protestanten, insbesondere aus der Steiermark, an und betätigte sich zugleich als Stadtbibliothekar. Diese Stellung bot ihm Gelegenheit zu gelehrten Studien und zu einem ausgedehnten Briefwechsel mit Gelehrten und Fürsten, die seinen Rat suchten. Er starb 1646 in dem Bewußtsein, daß Nürnberg nach überstandenem Krieg am Augsburgischen Bekenntnis festgehalten hatte. Nach ihm ist eine Straße in Gostenhof benannt.

Bedeutender als sein Vater, genoß auch der Sohn (geb. 1638) die Universitätsausbildung in Altdorf und Jena. Er blieb jedoch bald an der heute nicht mehr bestehenden Universität Helmstedt, wo er schon im Alter von 23 Jahren zum Professor für orientalische Sprachen berufen wurde, der sich bald ein theologischer Lehrstuhl hinzugesellte. Dank seiner hervorragenden Beziehungen zum gelehrten → Herzog August von Braunschweig-Wolfenbüttel trug ihm dieser eine sprachlich genaue Neuübersetzung der Bibel ins Deutsche auf. Nur mit Widerstreben übernommen, gedieh die Arbeit langsam. Saubert fehlte die Sprachgewalt Luthers. Nach herber Kritik an dem Werk und dem Tode Herzog Augusts (1666) stellte Saubert seine Versuche ein. Er, der schon immer die Einsamkeit geliebt und die Geselligkeit gemieden hatte, folgte 1673 einem Ruf seiner Vaterstadt Nürnberg als Theologieprofessor und Superintendant nach Altdorf. Er starb 1688. Größere wissenschaftliche Leistungen blieben aber dem passionierten Tabakraucher, der hierfür eine eigene Kammer und eigene Kleider besaß, aufgrund einer schweren Krankheit versagt. *Bai*

Wolf von Endter d. Ä. · Verleger   1593–1659

Unter den 15 Buchdruckern, Buchhändlern und Verlegern, mit denen die Großfamilie Endter zwischen 1550 und 1740 weitgehend das Nürnberger und das oberdeutsche Buchwesen beherrschte, war Wolf d. Ä. die bedeutendste Persönlichkeit. Bereits mit 25 Jahren betrieb Wolf in der Noris eine Druckerei und entwickelte sich Schritt um Schritt zu einem Geschäftsmann großen Formats, der über mehrere Druckereien verfügte. Zu deren Unterstützung erwarb er Papiermühlen in der Nähe Nürnbergs, im Allgäu und im schwäbischen Oberland. Bei anderen Papierwerken — z. B. in Ravensburg — sicherte er sich durch Verlagsverträge die gesamte Produktion. Sein Handel erstreckte sich über Süd- und Mitteldeutschland bis in die preußischen Länder und nach Dorpat. Mit Schweden verband ihn die Verehrung für → Gustav Adolf und die Achtung gegenüber dessen Engagement zugunsten der protestantischen Sache; deshalb verlegte Wolf d. Ä. Endter wohl auch Bücher verschiedener schwedischer Autoren.

Sein bedeutendstes Verlagswerk, das ihn weithin berühmt gemacht hat, war die sog. „Kurfürsten-" oder „Weimar-Bibel". Zu deren Druck erhielt er ein Privileg von Herzog Ernst dem Frommen von Sachsen-Weimar und brachte sie 1641 — also gegen Ende des Dreißigjährigen Krieges — heraus, legte sie auch zu seinen Lebzeiten verschiedene Male neu auf. Seine Erben folgten seinem Beispiel. Außerdem betrieb Wolf einen ausgedehnten Kalenderverlag, druckte Schul- und Volksbücher, theologische Erbauungsliteratur und medizinische Abhandlungen. Niederlassungen unterhielt er in Frankfurt und Leipzig. Entsprechend der Ausdehnung seines Unternehmens war er viel auf Reisen, wurde dabei mehrfach überfallen und ausgeplündert, einmal sogar gefangengenommen und verschleppt.

Im Jahr 1651 erbat und erhielt er von → Kaiser Ferdinand III. für sich, seine Erben und Neffen den Reichsadel, was aber aus den Endtern noch keine in Nürnberg ratsfähige Familie machte, obwohl Wolfs d. Ä. Großvater Michael schon 1548 als „Buchführer" das Bürgerrecht erworben hatte. Allerdings wandten sich erst Michaels beide Enkel — Georg d. J. und Wolf d. Ä. — auch dem Buchdruck zu, wobei Georg seine Druckerei in Fürth unterhielt und dem Nürnberger Rat oft Ärger machte, weil er vornehmlich katholische Werke in die österreichischen Erblande lieferte, eine Niederlage in Wien unterhielt und — abgesehen von den Buchmessen in Frankfurt und Leipzig — auch die Märkte in Linz und Krems besuchte. Aber sein jüngerer Bruder Wolf d. Ä. blieb ein treuer Anhänger der Reformation und machte als solcher größere Zuwendungen an die Heilig-Geist- und an die Sebalduskirche. Er stiftete auf dem Johannisfriedhof ein Grab für „Buchdruckereiverwandte".

Seit 1620 war Wolf d. Ä. Endter mit Maria Öder, Tochter des in Nürnberg sehr angesehenen Nürnberger Handelsmannes Daniel Öder d. J., verheiratet. Aus dieser Ehe überlebten ihn, der den gesamten Dreißigjährigen Krieg ohne wesentlichen Schaden überstanden hatte, drei Söhne und eine Tochter, als er im Mai 1659 nach kurzer Krankheit starb. Der älteste Sohn war vor ihm, der jüngste dann schon kurz nach ihm gestorben. Für die hochangesehene Firma Endter war es tragisch, daß die vierte Generation der Familie kaum „die besten Jahre" erreichte. Die Bestrebungen der einzelnen Nachkommen waren zu divergierend. Als dann Wolfs d. Ä. Sohn Christoph auch schon 1672 starb, war das Verlagshaus praktisch verwaist. Der Nachwuchs war noch zu jung, um einen Firmenleiter stellen zu können. Vier Nachkommen des Firmengründers Wolf schlossen sich zwar „zu gemeinsamer Verantwortung" zusammen. Aber die Harmonie fehlte. Einer der vier gründete einen Sortimentbuchhandel, die anderen führten das alte Geschäft unter dem Namen „Johann Andreas Endter sel. Söhne" weiter. Aber diese Nachkommen des Gründers hatten keine männlichen Erben mehr. Im ersten Drittel des 18. Jahrhunderts waren die Buchhändler und Buchdrucker dieses Namens und der Wolf'schen Linie ausgestorben. Zu ihren Ehren wurde in Nürnberg-Tafelhof eine Straße benannt. Die Nachkommen des Gründerbruders Georg waren noch einige Generationen als Juristen im Dienst der Stadt Nürnberg tätig.   *Spk*

Familie Denner · Instrumentenbauer   17. und 18. Jahrhundert

In der Nähe des Plärrers befindet sich die Dennerstraße. Wenigen Nürnbergern wird es bekannt sein, daß dieser kurze Straßenzug nach der berühmtesten Holzblasinstrumentenmacherfamilie des deutschen Sprachgebiets benannt ist. Die meisten Mitglieder der Familie Denner waren vier Generationen lang in der Zunft der Wildruff- und Horndreher tätig, so auch Heinrich Denner, der 1653 oder 1654 von Nürnberg nach Leipzig emigrierte, wo sein Sohn Johann Christoph (1655 — 1707) geboren wurde. Um 1666 kehrte die Familie nach Nürnberg zurück, wo Johann Christoph sich nach Abschluß der Gesellenzeit bei den Wildruff- und Horndrehern dem Holzblasinstrumentenbau zuwandte.

Christoph Weigel widmet in seinem Ständebuch (1698) dem „Wildruff- und Horndreher" und dem „Pfeiffenmacher" zwar je ein Kapitel, aber der Kupferstich der Wildruffdreherwerkstatt zeigt auch einige Pommer, während der Autor von den Pfeifenmachern schreibt, daß sie „mit den Wildruff- und Horndrehern heben und legen". Nach Weigel seien unter den Pfeifenmachern „der Zeit in Nürnberg zwey berühmte Meister annoch am Leben und aller Orten bekannt", wohl J. Chr. Denner und Johann Schell. Den gleichen Beruf hatte Johann Carl Denner (1660 — nach 1702), das „schwarze Schaf" der Familie, von dem keine Instrumente erhalten sind, der aber nach eigenen Angaben (Block-)Flöten und Flageolette gefertigt hat. Gleiche Kunstfertigkeit im Holzblasinstrumentenbau wie J. Chr. Denner bewies sein Sohn Jacob (1681 — 1735). Dessen Bruder Johann David (1691 — 1764) war zwar auch Flötenmacher, scheint sich aber hauptsächlich als Musikalienhändler betätigt zu haben.

J. Chr. Denner begann nach Abschluß seiner Gesellenzeit 1678 Instrumente in renaissansischer Bauart und in Übergangsformen herzustellen. Eine Sopranblockflöte in Eisenach (Bachhaus), eine später umgebaute Baßblockflöte in Nürnberg (Germanisches Nationalmuseum, Slg. Rück), ein ehemals zum Frankfurter Pfeifergericht gehöriger Altpommer (Frankfurt/M., Historisches Museum), mehrere Baßdulziane oder Choristfagotte, von denen drei in Nürnberg (GNM), sowie zwei Rackette auf C, von denen eines in Wien (Sammlung Alter Musikinstrumente), legen von dieser frühen Periode Zeugnis ab. 1696 reichte J. Chr. Denner mit Schell beim Rat der Stadt ein Gesuch um die Verleihung des Meisterrechts ein. Darin bezeichnen sich beide als die einzigen Verfertiger „der französischen Musicalischen Instrumenta", wie sie „ohngefehr vor 12 Jahren in Franckreich erfunden worden". Die zwei Instrumentenmacher beziehen sich auf Holzblasinstrumente barocker Bauart, wie sie in den 1650er Jahren, also nicht „vor 12 Jahren" (1684) entwickelt worden waren. 1684 haben J. Chr. Denner und Schell wohl als erste diese Bauart im deutschen Sprachgebiet angewandt. Die meisten erhaltenen Instrumente J. Chr. Denners sind aus dieser späteren Periode: viele Alt-, Tenor- und Baßblockflöten, eine Diskantblockflöte aus Elfenbein ehemals in Neuwied (Slg. Giesbert), Oboen, Tenoroboen in F, eine gerade Tenoroboe (Englischhorn) mit birnenförmigem Schallstück in Linz (Oberösterreichisches Landesmuseum), eine Unteroktavoboe in Nürnberg (GNM), dreiklappige Fagotte, ein Fragment eines Fagotts, das neben den üblichen noch zwei As-Klappen besaß, in Salzburg (Museum Carolino Augusteum), ein Oberoktavfagott in Boston (Museum of Fine Arts).

Der wichtigste Beitrag J. Chr. Denners liegt aber bei den Instrumenten mit aufschlagenden Einzelrohrblättern. Nach Johann Gabriel Doppelmayrs „Historischer Nachricht" (1730) habe jener zu Anfang des Jahrhunderts das Chalumeau verbessert und die Klarinette erfunden. Die Verbesserung des Chalumeaus bestand in der Hinzufügung zweier Klappen, wodurch der Umfang nach oben erweitert wurde. Ein Tenorchalumeau von J. Chr. Denner ist in München (Bayerisches Nationalmuseum). Ob die Klarinette tatsächlich von ihm erfunden wurde, ist unsicher: ein sehr weit entwickeltes Instrument in der Universität Berkeley, Kalifornien, ist vielleicht von ihm.

Von Jacob Denner sind außer einer von der barocken Bauart beeinflußten Diskantschalmei in Frankfurt/M. (Historisches Museum) nur Instrumente neuerer Konstruktion erhalten: Alt- und Tenorblockflöten, Oboen, gerade Tenoroboen mit birnenförmigem Schallstück (z. B. Berlin, Instrumentenmuseum), ein Fagott mit bereits fünf Klappen in Rheinfelden (Fricktaler Museum). Neu sind bei ihm Querflöten (eine mit zwei Mittelstücken in Nürnberg, GNM) und Oboi d'amore (zwei in den USA). Chalumeaux sind nicht erhalten, aber Jacob lieferte sie 1710 im Auftrag des Nürnberger Rats an den Grafen von Gronsfeldt und 1720 an die Abtei Göttweig. In diesen Lieferungen waren auch Baßblockflöten enthalten, die von diesem Erbauer sonst nicht mehr erhalten sind. Wenn nicht Johann Christoph, so hat Jacob Denner die Klarinette erfunden: 1710, 1711 bzw. 1713 lieferte er je zwei an den Grafen von Gronsfeldt, an die Nürnberger Frauen- und Sebalduskirche, drei zweiklappige Exemplare sind erhalten, eines in Nürnberg (GNM). Porträts dieser beiden Meister sind nicht bekannt, ihre Gräber — Johann Christoph auf dem Rochus-, Jacob auf dem Johannisfriedhof — existieren nicht mehr. Sie leben aber in ihren Erzeugnissen weiter, den besten ihrer Art im deutschen Sprachgebiet vor der Blüte des sächsischen Holzblasinstrumentenbaus in der zweiten Hälfte des 18. Jahrhunderts. *vdm*

Jobst Christoph Kreß v. Kressenstein · Diplomat — 1597 — 1663

Jobst Christoph Kreß von Kressenstein war der vom Rat der Stadt Nürnberg im Jahr 1648 ausersehene Nürnberger Diplomat im Dreißigjährigen Krieg (1618 — 1648) und der „Legatus primarius" für die Friedensverhandlungen zu Münster und Osnabrück, die diesen Krieg beenden sollten. Es war der Höhepunkt der Laufbahn des Mannes, der — im Januar 1597 in Nürnberg geboren — einer vermutlich aus dem Raume Würzburg — Rothenburg o. T. nach Nürnberg eingewanderten Familie entstammte. Sie hatte ihren Sitz im „Burgstall Kraftshof" und erwarb 1307 das Bürgerrecht. Nach dem Aufstand von 1349 wurde sie in den Kreis der Ratsfamilien aufgenommen und stellte darin eine lange Reihe bedeutsamer Mitglieder, die zum Teil, wie Jobst Christoph, über den engeren Rahmen Nürnbergs hinausgewachsen sind.

Seine Laufbahn begann Kreß mit 13 Jahren auf der Universität Altdorf. Er studierte später in Jena, Leyden und Oxford, bereiste die Niederlande, Belgien, England, Frankreich und Italien. Er beherrschte vier Fremdsprachen, was ihm später sehr zustatten kam. Nach vorübergehender Betätigung bei Friedrich IV., Kurfürst v. d. Pfalz, dem späteren Winterkönig von Böhmen, und der Verwaltung mehrerer Ämter in seiner Vaterstadt beauftragte ihn der Rat zu diplomatischen Missionen bei König Gustav Adolf von Schweden, dessen Armee in Europa einen Krieg um die Bewahrung von Luthers Lehre führte. Die Position des Ratsdiplomaten war nicht einfach; denn er mußte eine Reichsstadt vertreten, die auf ein gutes Verhältnis zum Kaiser bedacht, aber als protestantisches Gemeinwesen auf schwedische Hilfe angewiesen war, dazu aber noch von den brandenburgischen Staaten, besonders den Markgrafschaften Ansbach und Bayreuth beargwöhnt und angefeindet wurde. Als der kaiserliche Oberkommandierende Tilly mehrfach mit seinen Truppen die Stadt bedrohte, schickte der Rat Jobst Christoph mehrfach zum Schwedenkönig und bat um Hilfe, mußte aber zugleich den Abzug der in Nürnberg übel hausenden schwedischen Soldateska des Grafen Solms erbitten. Zwei Missionen führten Kress zu Kaiser Ferdinand III. und zu Kurfürst Maximilian I. von Bayern.

1646 wurde Kreß Alter Bürgermeister, wurde aber schon nach gut einem Jahr wieder als Diplomat zu den Verhandlungen um den Westfälischen Frieden nach Münster und Osnabrück entsandt. Er unterzeichnete ihn nicht allein für Nürnberg, sondern auch für Speyer, Worms, Frankfurt/M., Rothenburg o. T. und viele kleine Reichsstädte. 1649/50 wohnte er in Nürnberg den Friedensexekutionsverhandlungen bei, war Gast beim Friedensmahl des schwedischen Generalissimus Karl Gustav, des späteren Königs von Schweden, und beim Bankett, das Octavio Piccolomini im Auftrag des Kaisers im Großen Rathaussaal gab. Auf dem Reichstag zu Regensburg (1663) vertrat er die Interessen Nürnbergs. Zur Krönung

Kaiser Ferdinands III. (1637) wie auch zu jener des Kaisers Leopold I. (1658) brachte er die Reichsinsignien nach Frankfurt/M., begrüßte Leopold mit lateinischer Rede an Nürnbergs Toren und überreichte ihm die Schlüssel der Stadt. 1659 stiftete er die große Kressische Totentafel in der Sebalduskirche. Seine Frau Maria Sabine, eine geborene → Rieter von Kornburg, begleitete ihn zumeist auf seinen Reisen. Seine Marmorbüste steht noch heute in der 1305 von Friedrich I. Kreß erbauten, und nach dem Zweiten Weltkriege wieder erstellten Kirche zu Kraftshof bei Nürnberg, wo er beigesetzt ist. (Ein Straßenname im Stadtteil St. Peter ehrt die Familie Kreß.)   *Kr*

Tobias Oelhafen · Ratskonsulent   1601 — 1666

Neben → Jobst Christoph Kress gab es einen Nürnberger Abgesandten, der — nicht allein für Nürnberg, sondern auch für Speyer, Worms, Frankfurt/Main, Rothenburg und viele kleine Reichsstädte — am 24. Oktober 1648 in Osnabrück und Münster den Westfälischen Frieden unterschrieben und den Exekutionsverhandlungen samt dem Friedensmahl im Großen Nürnberger Rathaussaal beigewohnt hat: Tobias Oelhafen von Schöllenbach. Für ihn (und Kress) war dieser Frieden keineswegs das Werk der Unentwegten auf beiden Seiten, eher ein Kompromiß, der die politische Ohnmacht des Reiches und das Ende von Nürnbergs Blütezeit besiegelte.

Tobias war der Sohn des Losungsrates Elias Oelhafen und dessen Frau Hedwig, einer geborenen → Löffelholz. Er wurde 1601 in Nürnberg geboren, besuchte das Lyzeum in Altdorf, studierte in Tübingen, Straßburg und Basel und unternahm zwischen 1623 und 1626 ausgedehnte wissenschaftliche Reisen nach Frankreich, Nordengland, Flandern, Holland, Tirol und Italien. Danach promovierte er zum Doktor beider Rechte in Altdorf, wurde Konsulent am Nürnberger Stadtgericht und rückte bald als Rechtskonsulent des Rates in eine beachtliche Vertrauensstellung, die viel Fingerspitzengefühl verlangte. Denn es war eine Zeit, in der Nürnbergs Macht, sein gesellschaftliches Leben und seine wirtschaftliche Kraft stark zurückgingen. Tobias muß, den Chroniken zufolge, in der Stadt viel Vertrauen genossen und großen Einfluß besessen haben; denn er wurde oft als Gesandter zu Reichstagen und in Reichsstädte eingesetzt. Das brachte ihm auch die Berufung als Delegierter zum Westfälischen Friedenskongreß ein. Sein Name taucht u. a. auch als Kunstsachverständiger auf, der es sich sogar gestatten konnte, hin und wieder zu irren; so in seinem Gutachten von 1627, als er im Zusammenhang mit der Rathausausstattung eine Skulptur im Renaissancestil → Albrecht Dürer zuschrieb. Er tröstet die Stadtväter in einem Gutachten, der unruhigen Zeiten gedenkend, daß Nürnberg immerhin noch dieses Kunstwerk besitze, wenn es auch viele seiner Kunstschätze an mächtige Potentaten habe abgeben müssen. In Wahrheit dürfte Dürer nur einen Entwurf dieser Skulptur gefertigt haben; Ausführender war wohl der in Nürnberg um 1520 lebende Künstler → Hans Schwarz.   *IRF*

Georg Schwanhardt d. A. · Glasschneider   1601 — 1693

Das ruhmvolle Kapitel der Nürnberger Glasschneidekunst des 17. Jahrhunderts, das in Deutschland nicht seinesgleichen kennt, wird durch den Nürnberger Georg Schwanhardt eingeleitet. Er, seine Söhne und ein sich ständig erweiternder Kreis namhafter Meister prägen diese Kunst als spezifisch nürnbergisch bis ins 18. Jahrhundert hinein. Allerdings hat es bereits vor Schwanhardt in Nürnberg Kunsthandwerker gegeben, die sich mit dem Glasschnitt beschäftigten, so z. B. Hans Wessler (gest. 1632). In Prag bei Caspar Lehmann, der zu den Hofkünstlern → Kaiser Rudolfs II. gehört hatte, lernte Georg Schwanhardt seit 1618. Dort in Prag wurde diese Technik, die zuvor von der Mailänder Bergkristallkünstlerfamilie Miseroni auf dem edleren Material angewendet worden war, auf das Glas übertragen. Als Lehmann 1622 starb, erbte Schwanhardt dessen kaiserliches Privileg, die Kunst des Glasschnittes.

Mit diesem Privileg kehrte Schwanhardt nun in seine Vaterstadt zurück, wo er eine Werkstatt und seinen Hausstand gründete. Ein breitgestreuter Kreis von Auftraggebern, fürstliche Herren und vor allem Mitglieder der Nürnberger Ratsfamilien, sind seine Bewunderer und Abnehmer seiner Kunst. Es sind zuerst zylindrische Gläser, oft mit kunstvoller Silbermontierung versehen, mit fein geschnittenen Ornamentborten, emblematischen Darstellungen oder Wappen, mit denen er hervortritt. Aber bald erweitert sich das Programm seiner Darstellungen; Bildnisse, Landschaften und figürliche Szenen nehmen den Platz auf den Wandungen der von ihm verzierten Gläser ein. Er liebt es, nebeneinander Blank- und Mattschnitt, Kugelschliff und Diamantriß anzuwenden. Seine Gläser zählen — nicht erst heute — zu den gesuchtesten und hochbezahltesten der ganzen Gattung.

Von ihm lernte sein Sohn Heinrich, der seinerseits Schwestern und Mägde anlernte. Heinrich Schwanhardt (1625 — 1693) wird bereits von→ Doppelmayr wegen seiner kalligraphischen Inschriften auf seinen Gläsern gerühmt; diese Eigentümlichkeit erlaubt es heute, ihm eine ganze Reihe von Gläsern mit Inschriften, meist kleinere Becher auf Kugelfüßen, zuzuweisen. Im Germanischen Nationalmuseum befindet sich eine Glasscheibe mit der geätzten Inschrift „Auxilium Jesu Christi adveniat" mit der Jahreszahl 1686, die bestätigt, was Doppelmayr noch von ihm berichtet: er habe sich mit dem Glasätzen beschäftigt. Diese Technik ist aber Episode geblieben. Auch sein Bruder Georg Schwanhardt d. J. (1640 — 1676) hat den Beruf des Glasschneiders ausgeübt: sein Anteil im Schaffen der Familie tritt aber weniger deutlich hervor.

Das kaiserliche Privileg hat der Familie nicht lange geholfen, denn immer mehr Künstler ergriffen in Nürnberg dieses Handwerk, ohne daß der Rat sie daran hindern konnte oder wollte. Diese alle — → Hermann Schwinger, Hans Wolfgang Schmidt, Georg Friedrich Killinger, Paulus Eder bis zu Anton Wilhelm Mäuerl — stehen im Gefolge der Schwanhardts, wenn sie auch einen eigenen Stil entwickelten. Von Georg Schwanhardt d. Ä. besitzen wir einen Porträtstich nach einem verschollenen Gemälde, das aber nur wenig individuelle Merkmale verrät; von den beiden Brüdern kennen wir ein Doppelporträt, eine Handzeichnung in der Staatsbibliothek Bamberg von 1672, die vermutlich von Georg Schwanhardt d. J. stammt. *Pe*

Johann Michael Dilherr · Prediger und Schulreferent 1604 — 1669

Mit 38 Jahren wurde der 1604 in Themar bei Hildburghausen geborene Johann Michael Dilherr Rektor des Egidiengymnasiums und Leiter des Nürnberger Schulwesens. In Nürnberg heiratete er dann 1644 Maria Schmidt, die Witwe des Kaufmanns Nikolaus Deschauer aus Eger. 1646 übernahm er zusätzlich noch das Predigeramt an St. Sebald. Als Prediger, Lehrer und Redner gewann er bald in Nürnberg erheblichen Einfluß, erreichte beim Rat auch die Beseitigung von Auswüchsen des studentischen Lebens in Altdorf, versammelte Theologen zu Disputier- und Redeübungen und gründete 1666 ein bis heute existierendes Predigerseminar in Nürnberg. Was er in seiner Studienzeit bei Johann Gerhard in Jena, in den vorpietistischen Reformbestrebungen J. M. Meyfarts gelernt und als Professor der Beredsamkeit (1631), dann der Geschichte und Poesie (1634) und schließlich der Theologie (ab 1640) in Jena gelehrt hatte, konnte Dilherr in der Noris in die Wirklichkeit umsetzen. Einfluß nahm er auch auf den Pegnesischen Blumenorden → Harsdörffers, → S. v. Birkens und → Klajs. Hier wuchs ihm die Gunst schöngeistiger Kreise zu. Ihnen diente er als Dichter von Schäferspielen, vermochte aber auch, ihr Interesse an religiösen Fragen zu wecken. Um die ethischen Schäden der Zeit zu bessern, nahm er sich der Erziehungsprobleme an, stiftete Schulstipendien und erreichte ein Ratsmandat gegen die Entheiligung des Sonntags. Als Liederdichter und als Autor zahlreicher pädagogischer wie religiös-erbaulicher Publikationen wurde er weit über Nürnbergs Grenzen hinaus bekannt. Dilherr starb 1669 in Nürnberg und wurde auf dem Rochus-Friedhof beerdigt. Seine wertvolle Bibliothek, der Kirche vermacht, befindet sich jetzt im Landeskirchlichen Archiv in Nürnberg. Seine Münzsammlung vermachte er der Stadt (heute im Germ. Nat. Museum). Nach ihm ist eine Straße in Gostenhof benannt. *Ks*

Joachim von Sandrart · Gründer der Malerakademie 1606 — 1688

„Das gnädige Schicksal . . . liesse der Teutschen Kunstwelt eine neue Sonne aufgehen, die die schlummernde Freulin Pictura wieder aufweckte, die Nacht zertriebe und ihr den Tag anbrechen machte. Dieser ist der Woledle und Gestrenge Herr Joachim von Sandrart, auf Stockau, Hochfürstl. Pfalz-Neuburgischer Raht, welchen die Natur mit einem solchen Geist begabet, der nicht anders als leuchten konnte . . .". Diese, im Stile der Zeit verfaßte Beschreibung findet sich im ersten Hauptteil der „Teutschen Academie" von 1675 bei Lebenslauf und Würdigung der Werke des Autors — und, wie die Forschung inzwischen feststellen konnte, schrieb der Hochgelobte die Würdigung selbst! Der einstmals als Maler und Radierer so gepriesene Künstler, der weitgereiste Sammler von umfassender Bildung, der vollendete Kavalier, durch Heirat zu einem Schloßgut gekommen, geadelt, ist uns heute hauptsächlich als Verfasser des ersten und grundlegenden Lehrbuches zur Kunsttheorie und Kunstgeschichte in Erinnerung. Er kannte die bedeutendsten Künstler Europas (so lebte er in Venedig in Ateliergemeinschaft mit Johann Liss, war in Rom befreundet mit Claude Lorrain), besuchte während seines römischen Aufenthaltes Galilei, den Dichter Jost Vondel in Amsterdam, war in Nürnberg befreundet mit → Georg Philipp Harsdörffer und → Siegmund von Birken. Mehrere bedeutsame Ereignisse — bedeutsam in kunsthistorischer, soziologischer und historischer Hinsicht — verbinden den Namen Sandrart mit Nürnberg. 1650 malte der Künstler im Auftrag des Pfalzgrafen Karl Gustav, des späteren Königs von Schweden, das Friedensbankett für die schwedischen und kaiserlichen Kommissarien und Reichsstände, das am 25. September 1649 nach Beendigung des grausamsten Krieges des 17. Jahrhunderts im Nürnberger Rathaus stattgefunden hat. Nach der offenen Bankrotterklärung der Stadt 1647 war die Einberufung dieser hochpolitischen Versammlung von außerordentlicher Bedeutung für die Noris, wie das ganze Land; denn in Nürnberg wurden die Einzelfragen geklärt, nachdem in Münster und Osnabrück der Vorfrieden geschlossen war. Diese letzte große Einberufung dauerte vom Frühjahr 1649 bis in den Sommer des Jahres 1650. Das 290 x 445 cm große Auftragswerk (heute im Fembohaus) wurde zu Sandrarts opus maximum, für uns heute besonders interessant aus historischer und soziologischer Sicht. An langer Tafel sind die schwarzgekleideten Gesandten aufgereiht, der gastgebende Pfalzgraf, Octavio Piccolomini und Pfalzgraf Karl Ludwig mit dem Rücken zum Betrachter gegeben; der mit 2000 rheinischen Gulden und Goldkette reichlich entlohnte Künstler sitzt mit Skizzen-block, zu uns blickend, vor Nürnberger Ratsherren am Bildrand.

Wieder in Verbindung mit Nürnberg, wenn auch nur indirekt, aber doch von größter Wich-tigkeit in kultureller Hinsicht, kam Sandrart durch die Gründung der ersten deutschen Aka-demie im Jahre 1662. Der Künstler war spiritus rector dieser zuerst einmal privaten Unter-nehmung. Er zählte zu den engagierten Verfechtern des Akademiegedankens (er selbst spricht anläßlich seiner weiteren Ausbildung in Rom von „täglicher Besuchung der antichen Statuen und Academien"). Der große und lange Krieg hatte Verwurzelung, Ordnung, Mäzenatentum und zentrale Ausbildungsstätten für Künstler nicht entstehen lassen kön-nen. Dic Gründung der Nürnberger Akademie, der dann weitere in Deutschland folgten, gab erste Impulse für ein Wiedererblühen der Malerei in einem fast völlig verwüsteten und verarmten Land.

1675 beendete Sandrart seine „Teutsche Akademie" (= Teutsche Academie der Edlen Bau-, Bild- und Mahlerey-Künste) in Nürnberg, die dort im gleichen Jahr erschien. Nach eigener Aussage schrieb der Künstler dieses bis heute so bedeutsame Werk, das in der Nach-folge von Van Mander, Vasari, Ridolfi und de Bie steht, „damit unser liebes teutsches vatter-landt künftig iritieren (anregen) und anderen ursach geben, noch ein mehrers lob machen, und also anderen Nationen ein mehrers zeigen, als von unß gehalten worten . . ." (in einem Brief an S. von Birken, 16. 9. 1672). So sehr das Werk die italienische Kunst als alles über-ragendes Vorbild schildert, fließt doch auch Nationalstolz ein: „Wir sagen diesorts allein, daß unser Hochteutschland zwar vorlängst mit seinem vortrefflichen → Albrecht Dürer und dessen Nachfolgern geprangt, aber nachmals durch leidige Kriegsläufte gleichwie fast aller anderen also auch dieser Zierde beraubt worden."

Schließlich kaufte dieser vielseitig engagierte Mensch 1681 Dürers Grabstätte zurück, ließ sie renovieren und schenkte sie (stellte sie in Obhut) der Nürnberger Akademie; etwa in der Mitte des 16. Jahrhunderts war bereits die Gruft ausgeräumt worden!

Sandrarts Selbstbildnisse und die in der Druckgraphik vielfältig überkommenen Bildnisse weisen einen energischen, selbstsicheren „großen Herrn" aus. Er war 1606 in Frankfurt als Sohn einer wohlhabenden Familie geboren, die ihres protestantischen Glaubens wegen aus dem Hennegau ausgewandert war. Seine Ausbildung erhielt er in Nürnberg, Prag und Utrecht. Er bereiste London, Venedig, Bologna, Rom und Neapel, wohnte in Frankfurt (ab 1635), Amsterdam (1638/42), Stockau und München (ab 1642), Augsburg (1660/74), seit 1674 bis zu seinem Lebensende 1688 in Nürnberg. Ein Jahr vor der Übersiedlung dorthin heiratete der Künstler in zweiter Ehe die 21-jährige Esther Barbara Blommart, die Tochter einer calvinistischen Familie aus Nürnberg, die ebenfalls emigriert war. Der berühmteste deutsche Künstler seiner Zeit, der Zugang zu fast allen Fürstenhöfen hatte, hatte sich nach Nürnberg zurückgezogen: Die Bedeutung für das kulturelle Ansehen der Stadt war nicht hoch genug einzuschätzen; er selbst meinte : „. . . also hat sie (Nürnberg) nun auch diesen großen Mann im ihrem Schoße . . . ". Im Stadtteil St. Johannis ist eine Straße nach ihm benannt. *adh*

Georg Philipp Harsdörffer · Ratsherr und Poet   1607 — 1658

Der Festdirigent des großen Nürnberger Friedensmahles (1649), ein Jahr nach den Beschlüssen in Münster und Osnabrück, und des Nürnberger Staatsbesuches von → Kaiser Leopold I. (1657) war Georg Philipp Harsdörffer. Er war damals auch eine Leitgestalt der Reichsstadt, die in den jahrzehntelangen Kämpfen vorher schwer betroffen und in ihren Handelsinteressen schwer geschädigt worden war, in ihrem kulturellen und gesellschaft-lichen Leben gegenüber den vorausgegangenen Höhepunkten auch schon ernstlich gelitten hatte. Um so mehr stürmische Hoffungen knüpfte sie nun an die Wiederherstellung des Friedens und an den Kaiserbesuch, der ihre innere Sicherheit und die Öffnung zur Welt des Handels und Geistesleben wiederherstellen sollte.

Eben dafür schien Harsdörffer damals der rechte Mann. Seine Familie kam aus dem Land-adel unweit Bayreuth; sie war auf dem zum Kanton Gebürg immatrikulierten Rittersitz Harsdorf ansässig. Ein Harsdorf war 1337 bambergischer Pfleger zu Neudeck. Seine Nach-kommen findet man ab 1380 im Nürnberger Rat, auch in Prag, Pilsen, Kuttenberg (Böh-men) und in Ungarn. Ab 1521 wurden die Harsdörffer zu den Ratsfamilien gezählt (heute → Frhr. Harsdorf von Enderndorf) und bewohnten ab 1537 das Schloß und Stammgut Fisch-bach. Georg Philipps Vater verfügte über beträchtlichen Wohlstand und sandte den 1607 geborenen Sohn im 16. Lebensjahr an die Universität Altdorf; von dort ging es bald über Ingolstadt nach Straßburg, Genf und Paris, auch nach England und in die Niederlande. Dabei gewann er seine Welt-, Staats- und Rechtskenntnisse. Doch erst in Italien, vor allem in Neapel ging ihm dann die Offenbarung des neuen barocken Lebensgefühls mit seinem Schwulst und Schäferspiel auf.

Diese Kavaliersreise großen Stils kam Harsdörffer freilich nicht so direkt zustatten, als er nach fünf Jahren ins heimatliche Nürnberg zurückkehrte, das samt ganz Deutschland mitten im Krieg stand. Noch dazu verlor er eben damals seinen Vater. Doch verstand er seine neu erworbene Weltkenntnis mit Hilfe seines Freundes und Gönners → Johann Jakob Tetzel auf Reisen nach Frankfurt, Mainz und Heidelberg bei Verhandlungen zu nutzen, die dieser mit dem schwedischen Kanzler → Oxenstierna führte. Zunächst war Georg Philipp Assessor am Nürnberger Untergericht, schaffte jedoch bald den Sprung in das Nürnberger Führungsgre-mium, den „Kleinen Rat". Daneben trachtete er, seine Kenntnisse einer größeren Welt, ihrer Möglichkeiten und Maßstäbe, im geschrumpften Nürnberg nach Kräften zu entfalten, sobald sich die Stadt nach den Schwedenkämpfen nur einigermaßen erholt hatte.

Mit lateinischen Gedächtnisreden, Übersetzungen aus dem Französischen und einer Frie-denspredigt auf das „Beklagenswerte Deutschland" gab er Proben seines erworbenen Wis-sens und Könnens. Zusammen mit dem jungen Theologen und gekrönten Poeten → Johann Klaj (aus Meißen) stiftete Harsdörffer 1644 nach dem Vorbild der „Fruchtbringenden Gesellschaft" in Weimar, den Pegnesischen Blumenorden und wurde dessen erster Präses. Als „Pegnese", führte er den Vereinsnamen „Strephon mit der Maienblume". Auch mit die-sem Sprach-Orden schaffte er sich ein gewisses Fundament in der Gesellschaft und im öffentlichen Leben. Dahin gehören seine Übersetzung von Loredanos „Diana", ein „Rätsel-gedicht", ein „Pegnesisches Schäfergedicht" und „Hundert Andachtsgemählde". Alles Moden und Proben des neuen Zeitgeists draußen, an dem auch Nürnberg teilhaben sollte. Auf einer Halbinsel der Pegnitz unterhalb der Weidenmühle und später in einem dafür gestifteten barocken „Irrgarten" bei Kraftshof traf man sich in Schäferkleidung und unter Hirtennamen. Der Freundeskreis pflegte dabei eine uns heute unverständliche Allegorien-und Lautmalerei, die uns mehr oder minder gestelzt dünkt, wie man sie damals ja auch anderswo fand. Harsdörffer allein brachte acht Bände „Frauenzimmer-Gespräche" zur Unterhaltung und wohl auch zur Ablenkung von den unerfreulichen Zeitsorgen zuwege. Nur mußte das ihn und seine Freunde auch in einen gewissen Zwiespalt bringen. Auch die damalige Welt war modisch; sie war französisch, italienisch, voll griechischer Mythologie und lateinischer Gelehrsamkeit. Doch schwebte man mit ihr in der nicht geringen Gefahr, den Boden zu verlieren, auf dem man selber stand — nämlich die deutsche Sprache. Und da hätte Harsdörffer nicht Harsdörffer sein dürfen, wenn er nicht auch getan hätte, was andern-orts geschah, nämlich eine neue Sprachpflege zu entwickeln. Der Mangel eines Hofs hielt den Einfluß des Französischen in Nürnberg zwar in Grenzen und der lateinisch-griechische Humanismus lief keine Gefahr, zur Umgangssprache zu werden. Nürnberg behielt so auch einen guten Teil seiner Lebenskraft, zu der Harsdörffer erheblich beigetragen hat. Sein Bio-graph (Hermann Rusam) faßt dieses Verdienst in wenigen Sätzen zusammen: „Rund 50, teils dickleibige Werke stammen aus seiner Feder. 1646 ließ er ein Buch erscheinen, das den Titel trägt: 'Poetischer Trichter/Die Teutsche Dicht- und Reimkunst ohne Behuf der Lateinischen Sprache/In VI Stunden einzugießen'. Auf dieses Werk gründet sich die bekannte Redensart vom 'Nürnberger Trichter', mit dem man „Weisheit einflößen" kann ... Allein auf Harsdörffer gehen zahlreiche Wortschöpfungen, wie etwa Beispiel, Betrachtung, Briefwechsel, Dichtkunst, Gesichtskreis, Grundlinie, Hochschule, Mittelpunkt, Unterweisung, Verfasser usw. zurück, die inzwischen selbstverständliche Bestandteile unserer Sprache geworden sind."

Aber der Nürnberger Charakter des „poetischen Nürnberger Trichters", der der Stadt ebenso wie der „Pegnesische Blumenorden" bis in unsere Tage erhalten blieb, reichte nicht aus, um den Namen Nürnberg neu zu begründen. Harsdörffer selbst hatte zu seiner Zeit zwar eine starke Wirkung und Stellung bei Zeitgenossen und Mitbürgern; doch verband sich mit ihm trotz allen Aufwands später ein sehr viel schwächeres Bild der Stadt.   *Tr*

Watt, Hager, Metzger · Meistersinger   Anfang 17. Jahrhundert

Zu Beginn des 17. Jahrhunderts kommt es in Nürnberg erneut und zum letztenmal zu einer Blüte des Meistergesangs. Der 1589 aus St. Gallen zugezogene, in der Vorstadt Wöhrd wohnhafte Goldreißer Benedict von Watt (1569 — 1616), ein Großneffe Vadians, sammelt Meistertöne. Seine ausnehmend gekonnten Melodienaufzeichnungen gehören neben jenen des Breslauer Meistersingers Adam Puschman (1532 — 1600) zu den Hauptzeugen meistersingerischer Melodie-Überlieferungen. Watt hat sich für umfangreiche Auftragsarbeiten bezahlen lassen. Sein Mitsinger, der Ortbandmacher und Hochzeitlader Hans Deisinger (1572 — 1617) berichtet von ihm: „Nehret sich in rechter armut / / thet nur goldt teffel den Kürseneren reisen". Neben zahlreichen Textabschriften hat Watt selbst bis zu tausend Lieder in nahezu 400 Tönen gedichtet (Versifikationen der Sonntagsperikopen, des Pentateuch, des Buches Jesus Sirach). Gängige Kompilationswerke (Hondorffs Promptuarium, Münsters Cosmographia, Kirchhoffs Wendunmuth) waren Vorlagen der zumeist zyklisch gereihten Texte über → Martin Luther, Karl d. Kühnen, Wilhelm Tell, Miklós Zrinyi. Der Prosaroman „Wilhelm von Österreich" kehrt bei ihm versifiziert wieder. 25 Töne Watts sind überliefert, nur von vieren sind die Melodien erhalten.

Seit 1608 war neben Watt auch der Schuster Georg Hager (1552 — 1634) Merker der Meistersingergesellschaft. Sein Vater, der bei → Hans Sachs in die Lehre ging, unterrichtete ihn im Meistergesang. „Wo mich nit der lust zu dem hoch loblichen meister gsang getriben, so könd ich auf dise stund weder leben noch schreiben", sagt er von sich. In seinem „valette" zählt er folgende Werke auf: 937 Meisterlieder, 42 „gemeine Lieder", neun Spiele, 16 Sprüche und ein „Gespräch" zwischen ihm und Hans Sachs (400 Verse). Erhalten sind 620 Meisterlieder (alle ediert) und 39 weitere Lieder, 17 Meistertöne und vier andere Weisen. Von seinen 13 Liederbüchern existieren noch fünf. Beim Singschulstreit im Jahre 1624 führt Hager die Gruppe der Traditionalisten an, von welchen Ambrosius Metzger sagt, sie wollten „viel lieber ieder frist / / verbleiben nur bey ihrer alten Gaigen". Worin die Neuerungen bestanden, die zum Zwiespalt führten, ist strittig. Sicher war der Messerschmied Hans Winter (1591 — 1627) die treibende Kraft. Er verfaßte eine neue Tabulatur. Seine Töne mißfielen den Alten, wie Metzger konstatiert: „Auch hat er Componiret / / vber aus Maisterliche thön / / die so sie all probiret / / gehalten würden wert vnd schön / / doch auß gwissen Vrsachen / / wolt er diese Tön der Censur / / der Meister pur / / nicht vnnderwürffig Machen". Heute ist nur ein Ton Winters (Posaunenweise) bekannt. Seine 300 nicht edierten Texte verdienen ihrer Typenvielfalt wegen Beachtung.

Winters Wirksamkeit wäre undenkbar ohne sein enges Verhältnis zu Ambrosius Metzger

(1573 — 1632), der nie auf einer Singschule sang, von dem aber 1400 Meisterlieder und 311 eigene Töne nachgewiesen werden können. Vorrangig Winter hat diese Texte bei den Meistersingern eingebracht. Metzger verdankt ihm die Hinführung zum Meistergesang. Nach Lateinschule, Wanderschaft, Studium in Altdorf und Magistergrad im Jahre 1607 mußte sich Metzger, der Sohn eines Handwerkers, mit dem bescheidenen Auskommen im Schuldienst bei St. Egidien zufrieden geben, nachdem eine Bewerbung um die Stelle eines Kaplans bei St. Jakob, wohl eines Augenleidens wegen, abgewiesen worden war.

Viele Meisterlieder Metzgers sind in Zyklen eingebunden. Am Anfang stehen die 155 nach Ovids Metamorphosen gearbeiteten Lieder von 1624. Zweimal hat er das Buch Jesus Sirach versifiziert, ferner den Psalter Davids, alle Evangelien der Sonn- und Feiertage und die „Geistlichen Emblemata" Sauberts. Seine letzten Meisterlieder handeln von → Gustav Adolf (Juni 1632). Unabhängig vom Meistergesang war er Autor sowohl der Tonsätze als auch der Texte einer Sammlung von Liebes-, Tanz- und Jagdliedern. Er hat auch „in der gebräuchlichsten Kirchengesänge Melodeyen" einen Psalter gedichtet und ein aus 58 paarreimigen Alexandrinern bestehendes Hochzeits-Carmen. *me*

Sigmund Theophil Staden · Musiker   1607 — 1655

Als Komponist ist uns S. Th. Staden, anders als sein Vater → Johann, heute fast unbekannt. Das mag zum Teil an den nur wenigen erhaltenen Werken liegen, namentlich alle großbesetzten Kompositionen sind verloren. Andererseits muß er (am 6. 11. 1607 in Kulmbach getauft) als der originellste der Nürnberger Musiker gelten, der sich auf vielen Gebieten betätigte, berühmt und hochgeachtet war und im übrigen auch durch ein Doppelgehalt zum höchstbezahlten Musiker Nürnbergs aufstieg. (Eine Straße in Erlenstegen erinnert an Vater und Sohn Staden.)

1636 verfaßte S. Th. Staden sein „Rudimentum musicum", ein Sing-Lehrbuch für die Schule, denn er stand als Lorenzer Organist in engem Kontakt zur Lorenzer Lateinschule, die sich neben der Kirche befand. Am 31. März 1643 veranstaltete er auf Anregung von Joh. Michael Dilherr im Saal eines Privathauses ein höchst ungewöhnliches „Historisches Konzert", das in 22 Nummern und mit einem großen Aufgebot an Sängern und Instrumentalisten die musikalischen Ereignisse des Alten und Neuen Testaments musikalisch darstellte. Die Komponisten waren → Luther, Lasso, → H. L. Haßler, → J. Staden und vor allem Sigmund Theophil selbst. Leider sind alle Kompositionen verloren. Nur ein Jahr später entstand Stadens „Geistliches Waldgedicht" Seelewig. Es ist die erste erhaltene deutsche Oper. Der Text stammt von → Georg Philipp Harsdörffer, dem Mitbegründer des Pegnesischen Blumenordens. Der durchkomponierte Text wird auf Rezitative und Strophenlieder, unterbrochen von Instrumental-Ritornellen, verteilt. Sein dürftiger, äußerst moralischer Inhalt läßt Dramatik oder Spannung nicht aufkommen. Das Werk hat heute nur noch musikhistorische Bedeutung. Verloren sind ebenfalls die geistlichen Dramen auf Texte von →Johann Klaj, die Staden für St. Sebald schrieb.

Einen Höhepunkt in seinem Leben bedeutete die Oberleitung über die vier Musikchöre, die am 25. September 1649 das Friedensmahl im Nürnberger Rathaus-Saal musikalisch umrahmten. Von den hier aufgeführten Kompositionen sind wenigstens die 12 „Musikalischen Friedensgesänge" von S. Th. Staden erhalten geblieben. 1651 gab Staden das „Officium Organicum" heraus, eine Dienstanweisung für die Organisten von St. Lorenz. Es enthält neben der Beschreibung der Orgeln (als Beigabe zwei kolorierte Abbildungen) und der Auflistung der bisherigen Lorenzer Organisten die genaue Verteilung und Reihenfolge der Orgel- und Chorstücke nebst den liturgischen Weisen (mit Textanfängen) durchs ganze Kirchenjahr. Dies stellt eine unerhört wichtige Dokumentation der gottesdienstlichen Praxis an einer lutherischen Stadtkirche im 17. Jahrhundert dar. Die Schrift harrt noch immer der Veröffentlichung.

Als Maler und Dichter hat sich Staden in seiner letzten Veröffentlichung, kurz vor seinem Tod, vorgestellt: Es ist der Kupferstich „Poetische Vorstellung der irdischen und himmlischen Musik", von ihm selbst kommentiert und mit einem 48strophigen Gedicht versehen. Seine Ausbildung zum Organisten und Stadtpfeifer erhielt Staden bei → Jakob Paumann in Augsburg, das Spiel der Viola bastarda erlernte er in Berlin bei Walter Rowe. Ab 1627 war er in Nürnberg Stadtpfeifer, ab 1634 bis zu seinem Tode (Ende Juli 1655) zusätzlich Organist an St. Lorenz. Er war zweimal verheiratet und ist auf dem Johannisfriedhof (Grab-Nr. 536) begraben. *hss*

Christoph (III.) Ritter · Goldschmied   1610 — 1676

Von den über siebenhundert Nürnberger Goldschmieden, die bis zum Erscheinen seiner „Academie der Bau-, Bild- und Mahlerey-Künste von 1675" hier wirkten, nennt → Joachim von Sandrart allein zwei: → Wenzel Jamnitzer und Christoph Ritter (III.). Was er über seinen Zeitgenossen Ritter mitteilt, ist viel ergiebiger als das, was er über den Renaissance-Goldschmied sagt: „Christoff Ritter wird zu Nurnberg für einen guten Goldschmidt ausgeruffen, in der Warheit aber ist er ein ausgemachter Bildhauer und aller zugehörigen Wißenschaften und Zierahten preißwürdig erfahren, er hat andern Meistern in Nurnberg großen Vorschub und Beyhülf gethan. Sonderlich von seinen Werken ein großes Lampet (Zierbecken) berühmt, in deßen Mitte die mit ihren Nymfen von der Jagd kommende Göttin Diana in eine zierliche Landschaft gebildet, vor welche allerley gefältes erlegtes vierfüßig — und geflügeltes Wildbrät gelegt wird, darinnen die nakkende Bilder und ubrige Stuck nach der Zeichenkunst so perfect gemacht, daß es für eine sonderbare Rarität gehalten und in Amsterdam um 1200 Gulden geschätzt war. Zu bedauern ist, daß dieser ehrliche Mann mit einem so starken Zustand seines Haupts und Leibes behaftet, daß er in allen seinen Vornehmen verhindert und also ihm wegen seiner Kunst wol bäßeres Gluck anzuwünschen ist". Zu den anderen Meistern, denen Christoph Ritter „Vorschub und Beyhulf" geleistet hat, gehört → Georg Schweigger, mit dem zusammen er den größten erzenen Neptunbrunnen errichtete, dessen Modell er in Wachs geschaffen hatte.

Die Ritter waren eine berühmte Goldschmiededynastie, Christoph Ritter I. (gest. 1587) lieferte dem Rat der Stadt Nürnberg 1551 ein Salzfaß mit Kalvarienberg, das sich in einer Londoner Privatsammlung erhalten hat — ein Hauptwerk der deutschen Goldschmiedekunst! Sein gleichnamiger Sohn Christoph II. Ritter (1548 — 1616) hat hervorragende Arbeiten im Stil der ausgehenden Renaissance mit Schweifwerkdekor in hervorragender Vollendung geschaffen.

Den gesellschaftlichen Aufstieg der Familie sicherte sein Sohn Jeremias Ritter (1582 — 1646), der zahlreiche überlieferte Arbeiten schuf, 1606 Meister wurde, Münzmeister,

1631 — 1635 Geschworener, 1632 Vertreter des Handwerks im Kleinen Rat und 1645 in dieser Eigenschaft auch Losunger. Sein Sohn Christoph (III.) entwickelte sich zu einem vielseitigen Künstler, gefragtem Goldschmied und erfolgreichem Lehrer (sein bedeutendster Schüler als Goldschmied ist der aus Regensburg gebürtige Johann Jacob Wolrab). Für Ritter ließ sich — außer seiner entscheidenden Mitarbeit am Neptunbrunnen — bis vor kurzem kein einziges Werk nachweisen. Ein silbernes Prunkbecken mit überreichem Dekor und fünf figürlichen Szenen, das kürzlich als Leihgabe aus Privatbesitz ins Germanische Nationalmuseum gelangte, kann Ritter zugewiesen werden. Zeichnungen in Erlangen aus der Zeit um 1650 zeigen eben diesen stark bildhauerartig ausgeprägten Stil. In den Stadtrechnungen des Nürnberger Rates wird Ritter mehrfach für „Pfennige", die er schuf, bezahlt, dies dürften jene getriebenen Porträtmedaillons sein, die zumeist prächtige barocke Porträts Nürnberger Ratsherren zeigen.

Christoph Ritters Werk ist noch zusammenzutragen — was wir jetzt schon kennen, rechtfertigt Sandrarts Wertschätzung — , aber wie sein eigenes ist auch das Oeuvre der Familie noch zu erforschen. Auch endet mit ihm nicht die Geschichte der Goldschmiedefamilie Ritter: sein Sohn Paul Hieronymus Ritter (1654 — 1679) lernte bei ihm 1668 — 1673, arbeitete in Wien und hauptsächlich in Venedig, wo er starb. Kein Werk konnte diesem Meister bisher zugewiesen werden. (Nach Christoph III. Ritter ist ein Platz in Nürnberg benannt.) *Pe*

Georg Schweigger · Bildhauer   1613 — 1690

Auf einem Porträtstich von G. C. Eimmart rühmt den damals 60jährigen Bildhauer ein Vierzeiler seines Freundes Polyanthus: „Diss ist der Mann, den ja so manche Fürst begrüsst / ob vieler Wissenschaft, womit er ausgerüst / Metal, Holtz, Stein und Bein, die machen von ihm reden / Sein Kunst und Ehren-Ruhm wird selbst der Tod nicht töden".

Georg Schweiggers Ruhm als bedeutender Bildhauer des deutschen Frühbarock gründet in dem großen Neptunbrunnen, den der Rat 1660 für den Hauptmarkt in Auftrag gegeben hatte. (Daher: die Schweigger-Straße). Dieser Brunnen aber wurde, als 1668 alle größeren Bronzebildwerke gegossen waren, angeblich wegen Wassermangels, in Wirklichkeit der schwierigen Finanzlage der Stadt wegen, nicht aufgestellt. Mit dem Gott der Meere auf hohem Postament inmitten von Nereiden und Tritonen, von Meerpferden und Delphinen, mit seiner nicht mehr in dünnen Strahlen springenden, sondern im Schwall strömenden Wasserkunst wäre der Neptunbrunnen die erste aus dem Geiste des Barocks gestaltete Brunnenanlage nördlich der Alpen gewesen. Sie hätte, auf dem Hauptmarkt errichtet, den Ruhm Nürnbergs als einer Stadt der Kunst erneuert. Statt dessen kamen die Bronzebildwerke in eine Holzbaracke auf dem Gelände des städtischen Bauhofs, wo sie in fingiertem Aufbau gegen Eintrittsgeld besichtigt werden konnten.

Da die Stadt für das monumentale Werk sehr offensichtlich keine andere Verwendung sah, kamen in der Folgezeit wiederholt Anfragen, die erste 1680, wahrscheinlich im Auftrage Ludwigs XIV., ob sie zu einem Verkauf bereit sei. Im 18. Jahrhundert bekundeten ihr Interesse an dem Brunnen Kurfürst Maximilian Joseph von Baiern, Kaiserin Katharina II. von

Rußland und die Könige von Polen, Neapel und Preußen. Aber erst 1797 entschloß sich der Rat unter der Drohung des Staatsbankrotts zum Verkauf. Für 66.000 fl. erwarb ihn Kaiser Paul I. von Rußland für den an Wasserkünsten bereits reichen Park des Schlosses Peterhof bei Petersburg. Eine Kopie des Neptunbrunnens, die 1902 als Schenkung des → Kommerzienrates von Gerngross auf dem Hauptmarkt errichtet wurde, machte deutlich, welche Wirkung das Original auf diesem Platz entfaltet hätte, und welchen Verlust an künstlerischer Substanz die Stadt durch seinen Verkauf erlitten hatte.

Da der Brunnen in das ferne Rußland entrückt war, hat sich die kunstgeschichtliche Forschung erst nach seiner während des Zweiten Weltkriegs erfolgten detaillierten photographischen Dokumentation eingehender mit ihm befaßt. Schon immer war bekannt, daß der Goldschmied → Christoph Ritter (1610—1676) für ein Wachsmodell des Brunnens 100 fl. erhalten hatte. Doch stets war angenommen worden, daß die Umsetzung dieser kleinen Vorlage in monumentale Gestaltung das alleinige Verdienst Schweiggers sei. Nun aber ergaben die Forschungen Klaus Pechsteins, daß der Brunnen vom Beginn der Arbeiten an bis zu ihrer Vollendung ein Gemeinschaftswerk beider Meister gewesen sein muß, wobei die künstlerischen Inventionen mehr dem Goldschmied als dem Bildhauer zu verdanken waren. Die früheren Werke Schweiggers würden für die Richtigkeit dieser Annahme sprechen. Es handelt sich bei ihnen in den meisten Fällen nicht um eigene Formerfindungen, sondern um Übersetzungen graphischer Vorlagen, im Zeichen der Dürer-Renaissance vor allem solcher des frühen 16. Jahrhunderts in Bildwerke aus „Metal, Holtz, Stein und Bein, die machen von ihm reden". Solchen kleinformatigen, von den fürstlichen Kunstkammern hochbegehrten Arbeiten verdankte Schweigger seinen frühen zeitgenössischen Ruhm. Dann kam — wenn auch schon einige im Format größere Arbeiten (Nikolausaltar und die Kanzel für St. Sebald von 1659) vorausgegangen waren — mit dem Auftrag des Neptunbrunnens der überraschende Durchbruch zu monumentaler Gestaltung, die Mutation des Meisters im Kleinen zum Großbildhauer. Wenn die nun entstehenden Bildwerke — und dies wieder hat Schweiggers späteren Ruhm begründet — in der Monumentalisierung graphischer Vorlagen oder kleiner Modelle Christoph Ritters, über den Zeitstil hinausweisend, fast klassisch gestaltet wurden, so könnte dieses Phänomen, so paradox es klingen mag, gerade durch die geringere originäre Erfindungskraft Schweiggers erklärt werden.   *Schö*

Georg Strauch · Künstler   1613—1675

Der Künstler, von dem sein Zeitgenosse → Sandrart schreibt, er habe sich „durch eine große Mänge seiner zierlichen Inventionen in Historien, Poesien, Landschaften und Grotesche-Zieraten sehr benahmet und berühmt gemacht", wurde am 17. September 1613 als Sohn des Ratsvisierers Hans Strauch in Nürnberg geboren. Seit 1628 erlernte er sechs Jahre lang bei Johann Hauer das Malen, Radieren und Verzieren von Rüstungen durch Ätzen. Am 8. September 1635 wurde er aufgrund eines (leider verlorenen) Probestücks, eines Gemäldes mit der Darstellung des hl. Sebastian, als Meister in den Kreis der etwa 20 selbständigen Maler Nürnbergs aufgenommen. Er beschäftigte auch jeweils einen Lehrling und hin und wieder wandernde Gesellen wie den später als Schlachtenmaler berühmt gewordenen Johann Philipp Lembke. Sein Ansehen und seine soziale Stellung bezeugen die Wahlen zum „Vorgeher" des Malerhandwerks in den Jahren 1647/51 und 1654/58 und zum Genannten des Größeren Rats 1651. 1667 übernahm er das Amt des Kirchners bei St. Sebald. Am 13. Juli 1675 starb Georg Strauch und hinterließ seine Frau Magdalena und sechs Kinder.

Georg Strauch hat sich in verschiedenen künstlerischen Gattungen betätigt. Er ist als Porträtist hervorgetreten, doch sind nur wenige gemalte Bildnisse nachweisbar. Besser läßt sich sein Wirken als Radierer und Zeichner dokumentieren. Bei den Porträts handelt es sich meist um Brust- oder Halbfigurenbilder vor neutralem, architektonischem Grund in reich dekoriertem Rahmen. Der Künstler gibt den Kopf in nur leichter seitlicher Wendung, den Oberkörper meist stärker gedreht wieder. Neben eigenhändigen Radierungen sind es vor allem teils lavierte und gehöhte Vorlagen in Feder, Rötel oder schwarzer Kreide, die von verschiedenen Künstlern durch den Kupferstich vervielfältigt wurden. Seine Porträtauffassung kennzeichnet zurückhaltende Nüchternheit und treffende Charakterisierungskunst, die das bürgerliche Selbstgefühl der dargestellten Mitglieder aus Ratsfamilien, Handelsherrn, Gelehrten und Offiziere durchaus sinnfällig zum Ausdruck bringt.

Wichtiger aber ist Strauchs Beitrag zur Buchgraphik und hier besonders zur Emblematik. Seine Freundschaft mit Mitgliedern des Pegnesischen Blumenordens, in deren Kreis die Erfindung von Sinnbildern theologischen, moralischen und politischen Inhalts sehr beliebt war, führte zur Mitarbeit als Zeichner an mehreren Werken → Georg Philipp Harsdörffers und → Johann Michael Dilherrs. Für sechs der Predigtsammlungen und Erbauungsschriften dieses bedeutenden Theologen, Pädagogen und Hauptpredigers von St. Sebald zeichnete Strauch über 350 Illustrationen. Die Sinnbilder zeigen trotz des kleinen Formats detailgenaue Szenen aus allen Lebensbereichen. Die emblematischen Gegenstände und Personen erscheinen zumeist in oder vor Innenräumen und Gärten, Landschaften, Stadt- und Dorfansichten. Die handelnden Personen treten häufig in der Nachfolge der Cupido-Figuren, die in der jesuitischen Emblemliteratur der ersten Jahrhunderthälfte eine so große Rolle spielen, als Kinder auf. Vielfach versinnbildlichen die Embleme Grundgedanken bestimmter Bibeltexte, die Dilherr in seinen Predigten ausgelegt hat. Zu den die Bibel illustrierenden Bildelementen treten jedoch in charakteristischer Weise allegorische und andere bedeutungstragende Bildteile hinzu.

Als Kupferstecher standen Strauch eine Reihe fähiger Künstler aus Nürnberg und Augsburg zur Verfügung wie → Jakob von Sandrart, Andreas Khol, Johann Friedrich Fleischberger, Melchior Küsell und Mitglieder der Familie Kilian. Außerdem entwarf Strauch eine Reihe von allegorischen, mit reichem bildlichen und ornamentalen Schmuck versehenen Titelbildern, zeichnete Folgen von Trachten- und Monatsbildern und schuf Einzelblätter für verschiedenartige Zwecke.

Ein weiteres Betätigungsfeld erschloß sich der Künstler um die Jahrhundertmitte mit der Emailmalerei. Die mit bunten Metalloxydfarben auf meist weißem Emailgrund bemalten Platten wurden von Goldschmieden gefaßt und in Schraubflaschen, Pokalen oder auch Buchdeckel montiert. Unter den von Kupferstichen holländischer oder französischer Provenienz angeregten Motiven überwiegen reichgekleidete Halbfiguren, die verschiedene Allegorien, biblische und mythologische Szenen und Putten wiedergeben. Die figürlichen Darstellungen werden von ornamentalen Füllungen mit Vögeln, Hasen, Ranken, Blüten und Früchten eingerahmt. Vermutlich hat Georg Strauch auch Hohlglas mit einem Dekor aus im Muffelofen eingebrannten opaken Emailschmelzfarben verziert. Auf diesen Gläsern sind in bunten, glänzenden Farben miniaturartig feine mythologische Szenen oder Monatsdarstellungen in Kartuschen oder umlaufend dargestellt. Allerdings ist keines der Glasgefäße signiert, so daß die Zuweisung an Strauch nicht gesichert ist. *Isph*

Johann Erasmus Kindermann · Musiker und Komponist 1616 — 1655

Im Schatten des Dreißigjährigen Krieges wuchs der 1616 in Nürnberg geborene Komponist und Organist Johann Erasmus Kindermann heran. Schon früh zeigte er eine außergewöhnliche Musikalität, die der Sebalduskantor → Johann Staden als Lehrer entsprechend förderte. Wie andere berühmte Nürnberger Musiker vor ihm, konnte auch Kindermann mit Unterstützung des Rates der Stadt seine Studien in Italien vervollkommnen. Über ein Jahr verbrachte er wahrscheinlich in Venedig — vielleicht auch teilweise in Rom. Nach Nürnberg zurückgerufen, wird er zunächst zweiter Organist an der Frauenkirche. Im Jahr 1640 rückt er zum Organisten an St. Egidien auf, wo er nicht nur an der Orgel und im Gottesdienst, sondern darüber hinaus durch Konzerte mit verschiedenster Vokal- und Instrumentalbesetzung das Nürnberger Musikleben im Stil des frühen Generalbaßzeitalters mitprägt. Im Rektor der Lateinschule von Egidien, → Johann Michael Dilherr, findet Kindermann einen Dichter, dessen geistliche Lyrik er vertont, und einen Freund, der für das dritte seiner neun Kinder die Patenschaft übernimmt. Trotz seiner herausragenden Vielseitigkeit als praktizierender Musiker und als Komponist, besteht jedoch für Kindermann nahezu keine Aussicht, nach St. Sebald oder St. Lorenz aufzurücken. Beide Stellen bleiben bis zu seinem frühen Tod (1655) von repräsentativen Musikern besetzt. Deshalb hielt Kindermann immer wieder in anderen Städten nach einer lukrativeren Stelle Ausschau, ohne deshalb sein großes Ansehen in seiner Vaterstadt einzubüßen. Sowohl bei dem von Dilherr angeregten Historischen Konzert 1643, wie auch bei dem Friedensfest, das nach dem Ende des Dreißigjährigen Krieges 1649 in der Reichsstadt gefeiert wurde, wirkte er führend mit. Er gehörte zu den bedeutendsten Vertretern der „Nürnberger Schule", die, von seinem Lehrer Staden ausgehend, ihren kantablen Stil bis ins frühe 18. Jahrhundert tradiert hat. Durch seine „Harmonia organica" (25 fugierte Orgelsätze) hat er die Entwicklung der Orgelmusik mit obligatem Pedal nachhaltig beeinflußt. *Sa*

Johannes Schaper · Glas- und Fayencen-Maler   1621 — 1670

Schaper war Glasmaler, als diese Kunstgattung fast erloschen war. Stärker ist sein Name mit der Bemalung von Glasgefäßen und Fayencekrügen verbunden. Johannes Schaper war von Geburt Hamburger; für den 10. Mai 1621 ist dort die Taufe bezeugt. Ins hellere Licht der Geschichte tritt er freilich erst, als er 1655 nach Nürnberg kam, wo ihm der Rat zunächst für zwei Monate Aufenthaltsrecht gewährte. Zugleich wurde eine Probe seiner Kunst als Glasmaler verlangt, übrigens auch den Nürnberger „glaßmalergesellen" bei dieser Gelegenheit eine solche abgefordert, die dann gegeneinandergehalten werden sollten. Die Probe Schapers fiel offenbar zur Zufriedenheit des Rates aus, seine Aufenthaltsgenehmigung wurde verlängert. Im Januar 1658 erhielt er in Nürnberg Bürger- und Meisterrecht. Bis zu seinem Tode am 2. Februar 1670 sollte er zwölf Jahre in Nürnberg leben und arbeiten, unterbrochen nur 1664 durch eine Tätigkeit für den französischen Gesandten Granvelle in Regensburg, zu der ihm der Rat Urlaub gewährte.

Aus Schapers Hamburger Zeit gibt es keine Nachrichten, noch kennen wir Werke vor der Zeit seiner Ankunft in Nürnberg. Hier dürfte er sich zunächst als Glasmaler betätigt haben. Für das Familiengedächtnis der → Tucher in St. Sebald schuf er bereits 1657 neue Wappenscheiben und besserte die Glasmalereien des 14. Jahrhunderts aus. Für ein öffentliches Gebäude in Nürnberg muß er 1658 die im Germanischen Nationalmuseum bewahrten Scheiben mit den Nürnberger Stadtwappen und den Schilden der Septemvirn gearbeitet haben, die er mit vollem Namen signierte. In derselben Zeit mag die bisher unbekannte Kabinettscheibe mit Christus und der Ehebrecherin (im selben Museum) entstanden sein. Von 1659 stammt eine Serie Glasmalereien für die Kartause Prüll bei Regensburg mit Szenen aus dem Leben des Ordensgründers, des hl. Bruno (heute im Bayerischen Nationalmuseum München), die ihm zusammen mit einer Reihe Wappenscheiben ebenda zugeschrieben werden. Eine Scheibe mit dem Wappen der Stadt Ulm (im Besitz des ehemaligen württembergischen Herrscherhauses) von 1663 ist wiederum signiert. Im selben Jahr schuf er in reiner Schwarzlotmalerei auf einer Glasscheibe ohne Verwendung farbigen Glases oder Emails das Bildnis des Pastors Christoph Sigmund Donauer von Regensburg (Württembergisches Landesmuseum Stuttgart).

Sein eigentlicher Ruhm aber knüpft sich an seine bemalten Hohlgläser und Fayencekrüge. Offensichtlich übertrug Schaper als erster die Technik der reinen Schwarzlotmalerei von der flachen Glasscheibe auf Gefäße. Die Beschränkung auf einen Farbton, der von tiefem Schwarz bis zu hellem Sepiabraun reichen kann, und die überaus sorgfältig durch Stupfen mit dem Pinsel und durch Auskratzen der Farbschicht (sogenanntes Radieren) ausgeführte Malerei, die dann anschließend eingebrannt wurde, steigerte er zu subtiler Raffinesse. Bis zu dieser Zeit war bei Gläsern allein das Aufbrennen relativ derber Schmelzfarben üblich. Mit ihnen waren vor allem die großen Humpen geschmückt. Meist wählte Schaper kleine Bechergläser auf Kugelfüßen, die er mit phantastischen Landschaften voller Ruinen oder Bauerngehöfte, voller Tiere und Landleute, aber auch mit topographisch getreuen Ansichten von Landsitzen der Nürnberger Ratsfamilien nebst zugehöriger Dörfer verzierte. Daneben gab es, dem Zeitgeschmack entsprechend, emblematische Kompositionen mit geistreich verschlüsselten Sinnsprüchen und Allegorien, wie sie schon die Wappendarstellungen auf den Glasfenstern umgeben hatten. Seine Technik und seine Thematik, die in Nürnberg bald reiche Nachfolge finden sollten, übertrug Schaper auch auf die Bemalung von Fayencekrügen und wurde damit zum Vater der „Hausmaler", die unmittelbar nach Begründung der Hanauer und Frankfurter Fayencemanufaktur 1661 und 1666 vor allem in Nürnberg auftraten und mit ihren delikaten und liebenswerten Kleinmalereien bis heute das Entzücken der Kenner bilden. In dieser Art staffierte Gläser und Fayencen sind aus den sechziger Jahren in vielen Museen und Sammlungen bewahrt. 1925 kannte man 13 Birnkrüge und eine Fächerschüssel aus Fayence mit Schapers Malerei — mit vollem Namen oder dem Monogramm signiert — sowie 28 Gläser, von diesen allein zwölf aus den Jahren 1660 — 1667, davon fünf aus dem Jahr 1665. Die größte Sammlung von Gläsern ist im Berliner Schloßmuseum am Ende des Zweiten Weltkrieges zugrunde gegangen. Doch sind seitdem einige weitere Stücke aufgetaucht, so daß sich Zeugnisse seiner Kunst heute in den Museen von Berlin, Düsseldorf, Frankfurt a. Main, Köln, London, München, New York, Nürnberg, Stuttgart, Wien und anderenorts befinden. Sie sind jedoch jeweils nur als Einzelstücke und recht unvollkommen publiziert.

Die Leichtigkeit von Schapers Hand zeigt nichts schöner als das mit wenigen Federstrichen hingeschriebene und „in Eyl Nürnberg Johannes Schaper Ao. 1660" bezeichnete Selbstbildnis, das im Museum für Kunsthandwerk in Frankfurt bewahrt wird.   *kahs*

Johann Christoph Arnschwanger · Pfarrer   1625 — 1696

Johann Christoph Arnschwanger, am 28. Dezember 1625 in Nürnberg geboren, ist Sohn eines Handelsmannes. Nach dem Besuch des Melanchthongymnasiums unter → Dilherr bezieht er 1644 die Universität Altdorf, verläßt dann seine Heimat für einige Jahre; wird 1647 Magister in Jena, hört dort Vorlesungen bei Johann Gerhard, dem bedeutendsten Vertreter der lutherischen Orthodoxie. Als einziges Abenteuer seines Lebens gibt es aus dem Jahr 1648 einen Überfall zu berichten: Auf der Reise von Leipzig nach Hamburg wird er von habgierigen Soldaten ausgeplündert. Sie rauben ihm alles, er kommt knapp mit dem Leben davon. Auf der Heimreise nimmt er in Helmstedt Kontakt mit den Professoren Calixt und Horneius auf. 1650 kehrt er nach Nürnberg zurück und wird dort nach kurzer Vikarszeit Pfarrer bei St. Egidien. Anscheinend gab es schon damals, nach dem Dreißigjährigen Krieg, eine Art „Halbstarkenproblem" in Nürnberg: Arnschwanger beschwert sich einmal, „daß er von der Jugend sehr gehöhnt und gespöttelt würde, wenn er ihnen zureden täte". 1659 wird er zweiter, einige Jahre später erster Pfarrer von St. Lorenz. Er stirbt mit 71 Jahren am 10. Dezember 1696. Es wird berichtet, daß Arnschwanger gerne und viel gesungen habe. Vor allem aber war er selbst ein produktiver Dichter von nahezu 400 geistlichen Liedern. Die

Nürnberger Organisten und Chormusikdirektoren lieferten dazu die Melodien. Vom „Pegnesischen Blumenorden" seiner Heimatstadt (→ Gg. Ph. Harsdörffer), ist er nicht unbeeinflußt, sucht aber die gekünstelte Manier der „Pegnitzschäfer" zu vermeiden. In schlichter Einfalt will er für das Volk dichten. Er steht in reger Korrespondenz mit den gelehrten und sangesliebenden Herzögen von Braunschweig. In deren „Fruchtbringende Gesellschaft" wird er 1675 unter dem Namen „Der Unschuldige" aufgenommen. Arnschwangers Lieder, zum guten Teil weitschweifige Reimereien, sind vergessen. Erhalten hat sich einzig sein Kirchweihlied „Kommt her, ihr Christen, voller Freud" mit zehn Versen, Bayrischer Anhang des Evangelischen Kirchengesangbuchs Nr. 429. *Di*

Wolf Eberhard Felsecker · Buchdrucker   1626 — 1680

Nur ein Straßenschild im Stadtteil Wöhrd erinnert noch an die berühmte Buchdruckerfamilie Felsecker, die ein beachtliches Kapitel Nürnberger Pressegeschichte schrieb. Ihr „Nürnberger Friedens- und Kriegskurier" war die älteste politische Tageszeitung der Reichsstadt, später die zweitälteste bayerische Zeitung und über lange Jahre hinweg eine beachtliche Stimme unter den deutschen Blättern. Im Jahre 1658 gründete Wolf Eberhard Felsecker (geb. 18. Januar 1626 in Bamberg) die gleichnamige Druckerei am Burgberg und begann mit dem Druck von Flugschriften, Kalendern und periodischen „neuen Zeitungen". Sein Geschäftserfolg erlaubte es ihm schon drei Jahre später, das Haus zu erwerben, in dem sein Betrieb untergebracht war.

Von 1663 bis 1667 gab Wolf Eberhard Felsecker mit Unterbrechungen vermutlich die „Wochenentliche ordinari Zeitungen" heraus; ihnen folgte in den anschließenden sechs Jahren die „Ordinari Postzeitung". Der Nürnberger Rat hatte mit den in der Stadt erscheinenden Zeitungen oft Unannehmlichkeiten und erwog ernstlich, das Zeitungsdrucken zu verbieten. Deshalb erhielt Felsecker nach langen, harten Kämpfen mit dem Rat erst im Jahr 1673 die Erlaubnis den „Teutschen Kriegskurier" (später „Teutscher Friedens- und Kriegskurier") erscheinen zu lassen; die erste Nummer kam am 9. September 1673 heraus. Ein kaiserliches Privileg sicherte das Erscheinen des Blattes. Aus dem scharfen Zeitungswettbewerb mit den beiden anderen großen Buchdruckerfamilien der → Endter und Lochner ging Wolf Eberhard Felsecker siegreich hervor. Als rührigster unter den Nürnberger Zeitungsdruckern konnte er 1679 durch ein Abkommen mit dem Nürnberger Postmeister den Druck und die Herausgabe der „Kaiserlichen Reichs-Oberpostamtszeitung" übernehmen und somit täglich ein Blatt auf den Markt bringen. Am 16. Oktober 1680 starb in Nürnberg der Mann, der die Grundlage zu einer Tageszeitung geschaffen hat, die bis zur Mitte des vorigen Jahrhunderts existierte — allerlei wirtschaftlichen Schwierigkeiten und widerlichen politischen Verhältnissen zum Trotz. *Stz*

Sigmund von Birken · Dichter   1626 — 1681

Sigmund von Birken, Sohn eines Pfarrers zu Wildenstein in Böhmen, der in erster Ehe mit der Nürnbergerin Veronika Khobelt verheiratet war, fand seine eigentliche Heimat seit 1632 in der Freien Reichsstadt. Dort besuchte er die Schule; u. a. war → Johann Michael Dilherr sein Lehrer, auf dessen Rat er 1643 an der Universität Jena das theologische Studium aufnahm. Nach einem Jahr kehrte er ohne Abschlußexamen nach Nürnberg zurück, wurde mit → Georg Philipp Harsdörffer bekannt, der den jungen Poeten in seinen „Pegnesischen Blumenorden" aufnahm, Birken mit einigen Gedichten bei einer Hochzeit in einer Ratsfamilie 1644 an die Öffentlichkeit treten ließ und ihn dann mehrmals als Autor beanspruchte. Mit Harsdörffers Empfehlung wurde er für ein knappes Jahr der Erzieher des jungen Herzogs → Anton Ulrich von Braunschweig, mit dem ihn zeit seines Lebens eine für die damalige Zeit vom Standesunterschied her ungewöhnliche Freundschaft verband. Nach dem Besuch einiger Städte in Norddeutschland — wie Hamburg, Pinneberg und Lübeck — zurückgekehrt, verfaßte er in Nürnberg eine Reihe von Festspielen. Sie wurden während der Ratifizierung des Westfälischen Friedens in Nürnberg 1649/50 aufgeführt, von den Mächtigen der Epoche, wie dem Fürsten Piccolomini, hoch geschätzt. Graf Gottlieb von Windischgrätz wurde dadurch lebenslang sein Protektor. Die großen, in ganz Europa bewunderten Feste gingen vorüber, der junge Poet kam nach schnell verblaßtem Ruhm in finanzielle Verlegenheiten, die ihn die meisten Lebensjahre hindurch nicht verlassen sollten.

Es ist bewunderswert, daß ein junger Mann von 24/25 Jahren damals den Beruf des freien Schriftstellers erwählte. Was er auch immer quantitativ und qualitativ geschrieben, wie er, den sozialen Duktus des Jahrhunderts sicher verstehend, sich als Knecht oder Diener in seinen Poesien präsentierte: er war ein freier Mann. Demütigungen, Abstriche wegen Honorarforderungen, Schmeicheleien um die Gunst Hochgestellter, auch schon um weiterer poetischer Aufträge willen, darf man nicht mit modernen Maßstäben beurteilen. Er wurde nobilitiert, vom Kaiser mit einer goldenen Kette geehrt, wurde dank der Vermittlung des Grafen von Windischgrätz in die „Fruchtbringende Gesellschaft" 1658 in Weimar aufgenommen. Schließlich fand er eine seinem Stande entsprechende Ehefrau in Magdalena Margareta Göring, Tochter des wegen seiner Verdienste am Kaiserhof geadelten Bürgermeisters von Creußen, die mit ihm die dritte Ehe schloß. Die Frau war reich, aber ihr Geld kam ihm nicht zu. Von Creußen aus versuchte er vergeblich, am Bayreuther Hof eine bezahlte Stelle als Poet zu finden. Schließlich übersiedelte er 1660 nach Nürnberg. Dort blieb er bis zu seinem Tode.

Sein Anfang in der Freien Reichsstadt war nicht leicht, denn sein soziales Ansehen litt unter dem vulgären Benehmen seiner Frau. Daß er eine Unzahl von sogenannten „Gelegenheitsgedichten" für die Nürnberger Ratsfamilien als Auftragsarbeiten zusammenschrieb, half seinem literarischen Ansehen mehr als seinem persönlichen. Er schuf sich einen eigenen, alle anderen Dichter überragenden Stil, der über Nürnberg hinaus für den mitteleuropäischen Sprachraum maßgebend werden sollte. So wurde er der literarische Vermittler zwischen Nord und Süd, Ost und West. Dank seiner unermüdlichen Arbeit, seiner Beherrschung aller literarischen Formen der Zeit galt er, zum Dichter gekrönt, als „Praezeptor Germaniae". Er saß wie eine Spinne im Netz.

1662 hatte er, fünf Jahre nach Harsdörffers Tod, als „Floridan mit dem Tausendschön" den „Pegnesischen Blumenorden" wieder zum Leben erweckt, eine „Sprachgesellschaft", die als einzige von der Menge der im 17. Jahrhundert gegründeten heute noch existiert. Birken fand u. a. Mitglieder in Elbing, Lübeck, Königsberg i. Pr., Pinneberg, meist Theologen, die er vorher nie gesehen hatte. Andererseits beanspruchten ihn das Markgrafenhaus in Bayreuth, die Kurfürsten von Sachsen, der Herzog von Wolfenbüttel, das Kaiserhaus in Wien, für das er 1668 den „Spiegel der Ehren" (gedruckt bei →Endter in Nürnberg) der Öffentlichkeit vorstellte.

Es gibt nur wenige Poeten in diesem Jahrhundert, deren Namen einen so gewichtigen Klang hatten wie der seine. Die ehrenden Gedichte, die ihm schon zu Lebzeiten von Freunden gewidmet wurden, beweisen seine unangefochtene Macht auf dem Felde der Poesie. Mit seinen Pegnesischen Ordensgenossen traf er sich mittwochs auf der Insel Schütt, meist fünf, sechs Theologen oder Schulmänner; dann gingen sie ins Wirtshaus zu Görg Popp am Obstmarkt, dem Gatten der aus Seisenegg/Niederösterreich stammenden Susanna Priefer, der Vertrauten der ihm befreundeten Dichterin → Catharina Regina von Greiffenberg, deren Werke er druckreif machte.

Birken war kein glücklicher Mann. Erfolg, Ansehen, eigenes Schicksal klaffen auseinander. Seine zweite Ehe mit Clara Katharina, Tochter des Nürnberger Viertelmeisters Ambrosius

Bosch, erhellte sein Leben nicht. Schon seit 1669 sind seine Steinschmerzen, seine Melancholie, Sehnsucht nach einem baldigen Ende bezeugt. Durch Arbeit überwand er viel. Freunde und Gönner haben die wachsende Kälte der Isolation nicht aufhalten können. Sein Ende am 12. Juni 1681, auch durch Alkohol und Fettsucht mitbestimmt, befreite ihn von schweren Leiden. Auf dem Kupferstich zu seiner Leichenpredigt zieht er, gekleidet wie Dante, von triumphierenden Engeln angemeldet, in den Himmel ein. Diese versöhnliche, wenn auch unrealistische Apotheose möge auf einen Mann hinweisen, dessen Ruhm für Jahrzehnte auch seiner Heimatstadt Nürnberg zugute kam. Sein Grab findet man noch heute auf dem Johannisfriedhof. In Steinbühl ist eine Straße nach ihm benannt.   *Krö*

Catharina Regina von Greiffenberg · Barockdichterin   1633 – 1694

„Die Greiffenberg" gilt heute unbestritten als die bedeutendste deutsche Lyrikerin des Hochbarock. Nachdem ihre poetischen Leistungen mehrere Jahrhunderte lang unterschätzt worden waren, wurde ihr erst neuerdings von der Literaturwissenschaft der gebührende Rang zugewiesen. Die von Österreich aus Glaubensgründen emigrierte Dichterin erkor sich die Freie Reichsstadt Nürnberg zur zweiten Heimat (vorübergehende Aufenthalte ab 1663, ständiger Wohnsitz ab 1679). Nürnberg war von Anfang an der geistige Nährboden für ihr Schaffen; hier fand sie ihre literarischen Vorbilder; hier wurden ihre Werke gedruckt und verlegt; hier konnte sie nach Jahrzehnten der Bedrängnis einen unbeschwerten Lebensabend genießen.

Freiin Catharina Regina von Greiffenberg wurde am 7. Sept. 1633 auf Schloß Seisenegg bei Amstetten an der Ybbs in Niederösterreich geboren. Gleich den meisten Angehörigen des Landadels hielten die Greiffenberg zum lutherischen Glauben, wodurch sie den religionspolitischen Repressalien der Gegenreformation ausgeliefert waren. Die überaus fromme Mutter sensibilisierte das Kind frühzeitig und nachhaltig für das Religiöse. Ihre Laufbahn als Schriftstellerin begann bei der „Ister-Gesellschaft", einem kleinen, poetisch-arkadischen Zirkel kunstsinniger Adeliger in Niederösterreich. Als erster Zeitgenosse hatte Johann Wilhelm v. Stubenberg, Übersetzer von Schäferromanen und Mitglied der „Fruchtbringenden Gesellschaft", die Begabung Catharinas entdeckt und gefördert. Er führte sie in den Kreis der Nürnberger Pegnitzschäfer (Pegnesischer Blumenorden) ein und vermittelte die Bekanntschaft mit → Sigmund v. Birken, der in ihr spontan die echte Künstlerin erkannte. Er lektorierte ihre Gedichte, verschaffte ihr einen Verleger und übernahm bis an sein Lebensende die Redaktion ihrer sämtlichen Werke. Darüber hinaus verband die beiden Poeten eine „Innigfreundschaft", die sich in einer regen Korrespondenz niederschlug. 150 noch erhaltene Briefe Catharinas an Birken sind ein einzigartiges Zeugnis der Literaturgeschichte des 17. Jahrhunderts.

Trotz dem aufkeimenden Ansehen und dem Erfolg blieben die Jahre der künstlerischen Entfaltung der Greiffenberg von mancher Widerwärtigkeit und seelischem Leid überschattet: Die gegen ihren Willen 1664 in Frauenaurach geschlossene Ehe mit dem um 30 Jahre älteren Oheim Hans Rudolf, die ständigen Angriffe auf ihre Glaubensüberzeugung, der wirtschaftliche Ruin durch entschädigungslosen Verlust aller Besitzungen in der österreichischen Heimat sowie häufige Krankheiten verdüsterten und erschwerten ihr Leben und ihr Schaffen. Catharina emigrierte 1679, nach dem Tod ihres Mannes völlig verarmt, endgültig nach Nürnberg, wo sie im St. Egidienhof einen bescheidenen Witwensitz bezog. Hier konnte sie endlich, von Gleichgesinnten umgeben, in Ruhe arbeiten. Die alternde Dichterin wurde zu einer weit über Nürnberg hinaus geachteten Persönlichkeit. Der Hamburger Philipp v. Zesen nahm sie als erstes weibliches Mitglied in seine „Teutschgesinnte Genossenschaft" auf. Sie starb nach kurzer Krankheit am 10. April 1694. Ihre letzte Ruhestätte am St. Johannisfriedhof ist leider heute nicht mehr auffindbar.

Die bedeutendste künstlerische Leistung der Greiffenberg liegt auf dem Gebiet des Sonetts, das sie, wenn auch zeitgebunden, geradezu klassisch vollendet und vertieft hat. Die 1662 bei → Endter in Nürnberg erschienenen „Geistlichen Sonette, Lieder und Gedichte" zeigen, daß die Dichterin bereits früh ihren ausgeprägten und unverwechselbaren Stil gefunden hat. Zwar bedient sie sich der gedanklichen und formalen Konventionen ihrer Zeit (Wortspiel und Klangmalerei der Nürnberger Schule), doch das Charakteristische erhalten diese Gedichte durch eine spezifische Färbung, durch die auf individuelle Erfahrung verweisenden Bezüge, die den modernen Leser noch unmittelbar anzusprechen vermögen. Das Faszinierende liegt in der ungewöhnlichen Bildsprache, der Vielzahl kühner Komposita-Metaphern, die nicht nur auf ästhetischen Reiz abzielen. Mitunter gemahnen manche Wortkonstellationen (z. B. vertikale Worthäufungen) an die Verfahrensweisen der Konkreten Poesie der Gegenwart! Als politische Schriftstellerin erweist sich Catharina v. Greiffenberg in der „Sieges-Säule der Buße und Glaubens wider den Erbfeind christlichen Namens" (1675), einem Epos in 7000 alexandrinischen Versen, das der Türkengefahr und ihrer bisher siegreichen Abwehr gewidmet ist. Die Botschaft des Werkes ist ökumenischer Art: Eine im christlichen Glauben geeinte und von einem — natürlich lutherischen — Kaiser regierte Welt steht der Autorin als Wunschbild vor Augen. Das geheime Anliegen ihres Herzens war tatsächlich, den Kaiserhof in Wien zum Protestantismus zu bekehren! Mehr als ein Jahrzehnt widmete sie sich, von einem mystisch-spekulativen Sendungsbewußtsein erfüllt, diesem utopischen Projekt. Leider sind jene allegorisch verschlüsselten Schriften, die Kaiser Leopold I. zur Konversion bewegen sollten, verschollen. Den größten Publikumserfolg erzielte sie zu Lebzeiten mit der Reihe ihrer „Andächtigen Betrachtungen", Meditationen über das Leben Jesu.

Catharina v. Greiffenberg läßt sich nicht in jene Gruppe adeliger und gelehrter Frauen einordnen, die in jener Epoche zur Feder griffen, um ihre Mußestunden dilettierend auszufüllen; auch sucht man in ihr vergebens einen Vorläufer emanzipierter Poeterei. Ihr war das Schreiben einzig und allein Gottesdienst, asketische Übung. Das Verkünden des Gotteslobes betrachtete sie zu jeder Stunde als ihre Aufgabe und Pflicht, wie sie in einem ihrer schönsten Sonette (Nr. 6) bekennt:

> „Ach lobe, lobe, lob' ohn Unterlaß und Ziel
> Den, den zu loben du, o meine Seel, geboren.
> Zu diesem Engelwerk bist du von Gott erkoren,
> Daß du ihm dienen sollst im Wunderpreisungsspiel."

Dichten als Wunderpreisungsspiel! Mit dieser eigenartigen, für sie so typischen Wortkomposition hat die Greiffenberg ihr Schaffensmotiv markant selbst formuliert.   *C*

Andreas Ingolstädter · Kaufmann und Mäzen   1633 — 1711

Andreas Ingolstädter (Ingolstetter, Ingolstätter) wurde am 19. April 1633 in Nürnberg geboren, aber wir wissen nichts über die Jugend- und Ausbildungszeit dieses Nürnberger Mäzens im 17. Jahrhundert. Er beherrschte, außer dem Lateinischen, noch eine Vielzahl lebender Sprachen und beschäftigte sich mit Mathematik und Astronomie. 1672 wurde er Mitglied des Pegnesischen Blumenordens mit dem Namen „Poliander mit der Ringelblume", gab dafür das „Poetenwäldchen" auf der Pegnitz-Halbinsel unterhalb der Weidenmühle frei und trug später einen großen Teil der Unkosten zur Errichtung des Irrhains (vgl. → Harsdörffer und von Birken). 1674 trat seine erste, 1705 seine zweite Frau dem Orden bei. Ingolstädter war in gleichem Maße als Kaufmann, Gelehrter, gekrönter Dichter und Mäzen für Künste und Wissenschaften berühmt. In seiner Vaterstadt gründete er eine Armenschule und verstarb am 6. Juni 1711. Seine weltlichen Dichtungen sind heute verschollen. Von seinen geistlichen Liedern finden sich noch einige in den Gemeindegesangbüchern, z. B. „Ich bin mit Dir, mein Gott, zufrieden." *Bsl*

Johann Christoph Wagenseil · Polyhistor   1633 — 1705

Im Jahr 1809, drei Jahre nach Gründung des Königreiches Bayern, wurde die reichsstädtische Universität Altdorf aufgehoben. Damit ging eine fast zweihundert Jahre während Tradition zu Ende. Einer der bedeutendsten Gelehrten dieser fränkischen Universität war der Jurist, Historiker und Sprachgelehrte Johann Christoph Wagenseil (26. 11. 1633 Nürnberg — 9. 10. 1705 Altdorf). Er entstammte einer angesehenen Nürnberger Kaufmannsfamilie, die aus geschäftlichen Gründen ein unstetes Leben führen mußte. So verbrachte Wagenseil die ersten 13 Jahre seines Lebens in Stockholm, Greifswald und Rostock. Ab 1646 besuchte er in Nürnberg das Gymnasium zu St. Egidien und begann 1649 in Altdorf zu studieren. Mit dem Jahre 1652 setzte Wagenseils ausgedehnte Reisetätigkeit ein, die ihn durch fast alle Länder Europas führte und ihn mit zahlreichen Männern des geistigen und politischen Lebens bekannt machte. 1665 wurde er in Orléans zum Doktor der Rechte promoviert. Zwei Jahre später nahm er einen Ruf der Universität Altdorf als ordentlicher Professor für Geschichte und öffentliches Recht an. Im folgenden Jahr wurde er Ratsherr in Nürnberg. Es ist nur mit Wagenseils hoher Intelligenz, seiner großen Gelehrsamkeit und seiner außerordentlichen Bildung zu erklären, daß er 1674 die Tätigkeit als Historiker und Jurist aufgab und orientalische Sprachen lehrte. Im Jahre 1697 wechselte er die Fakultät nochmals und übernahm in der juristischen Fakultät den Lehrstuhl für kanonisches Recht. Neben zahlreichen Publikationen zu den unterschiedlichsten Wissensgebieten kennen wir ihn durch seine pädagogischen Schriften und als Mitglied von italienischen Akademien. Insgesamt hat Wagenseil 38 Jahre als Professor und Polyhistor in Altdorf gewirkt. Dort starb er am 9. Oktober 1705.   *P*

Johann Christoph Sturm · Universalgelehrter   1635 — 1705

Johann Christoph Sturm, geboren 1635 zu Hilpoltstein/Obpflz. gehört zu den bedeutendsten Professoren der Nürnberger Universität Altdorf. Seine Zeit, die „Frühaufklärung", kreierte einen Gelehrtentypus, der wissenschaftlich, technisch, vor allem aber pädagogisch in avantgardistischer Form agierte.
In der Gegenreformation wurden die Eltern Sturm samt dem Sohn aus der Oberpfalz vertrieben. Johann Christoph wird in Weißenburg und seit 1653 in Nürnberg erzogen, beginnt 1656 sein Studium in Jena, führt es in Leyden fort und erweitert seine Kenntnisse durch Studienreisen. Ein weiteres Jahr in Jena dient sowohl einer Einübung ins Lehrfach als auch der Erweiterung theologischer Kenntnisse. 1669 wird er von den Stadtvätern Nürnbergs nach Altdorf berufen und lehrt dort bis zu seinem Tode 1704.
Sturm gehört zum Kreis der Gelehrten um den in Jena tätigen → Erhard Weigel, „ein Professor Mathematum", wie ihn → I. G. Doppelmeyr kennzeichnet. Ihn verbindet mit Sturm die gemeinsame Herkunft aus der Oberpfalz (Erhard stammt aus Weiden und war kayserlicher

und pfalz-sulzbachischer Rat, in Jena auch Lehrer von Leibniz und dem späteren Historiographen Samuel Frhr. v. Pufendorf). Weigel war ein typisch allseitiger barocker Wissenschaftler. Sein Kampf um die „Mathesis" als Lehrfach in den Gymnasien und um die Einführung neuer Sprachen wird von seinen Schülern, die sich im Nürnberg des 17. Jahrhunderts reichlich finden, tatkräftig unterstützt. Weigels Primärinteresse ist die Pädagogik. Sein Schüler Sturm ist ihm auf dem Gebiet kongenial. Daher kommt durch Sturm frischer Wind nach Altdorf.

Seine Vorlesungen sind ungeheuer vielseitig, scheinen aber vorwiegend „den Realien" zu gelten. Dabei geht es Sturm nicht allein um Wissensvermittlung, er ist zugleich ein großartiger Didaktiker. Kompendien, die er im Auftrag des Nürnberger Rates für das Gymnasium St. Egidien schreibt, wären für jeden Lehrer heute noch eine anregende Lektüre. Sturm ist im Gegensatz zu Weigel ein Systematiker, was in einem Memorandum an Friedrich Carl Herzog zu Württemberg zur Einführung der Mathematik in Schulen und Gymnasien beispielhaft zu erkennen ist. Doppelmeyr weiß zu berichten, daß „Gelehrte in London... ihren Hut lupften, wenn nur Sturms Name fiel". Aus einem Briefnachlaß Sturms wird seine Bedeutung ersichtlich, zugleich aber bekannt, daß seine gelehrte Korrespondenz die Grenzen der deutschsprachigen Welt weit überschreitet. Andere Universitäten holen bei ihm Rat, um physikalische oder chemische Experimente mit ihren Studenten durchführen zu können. In Sturms Briefen lernt man zwar einen qualifizierten Gelehrten kennen, noch mehr aber einen Lehrer, der um die Verinnerlichung ethischer Werte seiner Schüler ringt, ihnen voll Vertrauen begegnet und dem die pädagogische Tugend „Humor" in hohem Maße gegeben ist. *Schl.*

Martin Löhner · Röhrenmeister   1636 — 1707

Das Amt eines Röhrenmeisters besaß in der Reichsstadt eine große Bedeutung. Seinem Inhaber oblag die Aufsicht über alle Rohrleitungen und Brunnen. Damit war er verantwortlich für das Funktionieren der Wasserversorgung in Nürnberg. Der bedeutendste in der Reihe dieser Meister war der in Nürnberg geborene Martin Löhner. Seine Ausbildung erhielt er bei dem Röhrenmeister Johann Wirth. Nach einer weiteren Lehrzeit in fremden Städten kehrte er als „ein in Hydraulicis trefflich geübter Mann" nach Nürnberg zurück. Der Rat stellte ihn 1658 als Röhrenmeistergesellen an, zwei Jahre später wurde er Röhrenmeister für die Lorenzer Stadtseite. Seine besonderen Fähigkeiten im Wasserwerk- und Brunnenbau wurden weit bekannt, so daß er von zahlreichen auswärtigen Regierungen, vor allem in Thüringen und Sachsen, Aufträge erhielt. Von diesen Arbeiten ist die Errichtung einer Wasserleitung für das Schloß in Schillingsfürst 1702 hervorzuheben, da das von ihm dort geschaffene Pumpwerk mit einem Ochsentretrad bis heute erhalten ist. In Nürnberg selbst erbaute er vor seinem Wohnhaus, dem städtischen Röhrenmeisterhaus auf der Insel Schütt, einige Wasserkünste, bei denen sich verschiedene der Antike entstammende Figuren durch die Kraft des Wassers bewegten. Dazu gehörte auch eine Wasserorgel, die mehrere Lieder spielte. Eine Straße in Nürnberg-Schoppershof trägt Löhners Namen. *Hi*

Friedrich Staedtler · Bleistiftmacher   1636 — 1688

Friedrich Staedtler ist einer der ersten Zeugen für ein neues Nürnberger Handwerk — die Bleistiftmacher. Sein Vater Hanns wanderte im Jahr 1632 aus dem Werra-Städtchen Eisfeld in die Nürnberger Johannisvorstadt ein, heiratete hier eine Pfarrerstochter und wechselte vom Beruf des Bäckers zu dem des Drahtziehers (gest. nach 1661). Sein Sohn Friedrich, 1636 in Nürnberg geboren, war 1664 „Bleiweißschneider und Stefftmacher", unterhielt

1678 „einen der vielen kleinen Kramläden auf der heutigen Karlsbrücke", reichte aber schon 1662 ein Bittgesuch an den Rat der Stadt ein, ihm trotz Widerstand des Schreiner-handwerks „ungehindert das bleiweißsteftmachen zu erlauben". Nachdem ihm der Rat unter Hinweis auf „Michel Jenigs und anderer Widersetzen" diese Bitte abgeschlagen hatte und ihm nur den Schutz als Krämer gewährte, setzte Friedrich, mit Anna Sabina Jenich (Jenig) seit 1661 in zweiter Ehe verheiratet, sein Bemühen fort. Es war genau hundert Jahre nach der ersten Erwähnung des Graphits. Man hatte dieses Schreibmaterial erstmals in eine Holzummantelung gefaßt und fest verleimt (7. Januar 1662). Friedrich Staedtler starb 1688 und wurde auf dem Rochusfriedhof beerdigt. Für seine Familie begründete er eine durch sie-ben Generationen (mehr als 300 Jahre) reichende Bleistiftmachertradition. Als 1731 die Bleistiftmacher vom Nürnberger Rugamt eine eigene Zunftordnung erhielten, wurde der Boden bereitet, auf dem schließlich Johann Sebastian Staedtler 1835 die nach ihm benannte Bleistiftfabrik „J. S. Staedtler" gründen konnte. Sie stellte außer Bleistiften und Rötelkreide die ersten Farbstifte, sog. Ölkreidestifte, her. Die Firma gehört heute zu den weltweit füh-renden Schreib- und Zeichengeräteherstellern. *Lu*

Johann und Gottlieb Trost · Baumeister · 17. u. 18. Jahrhundert

Zwei Stadtbaumeister aus einer Familie prägten zwischen 1672 und 1728 das barocke Nürn-berg: Vater Johann Trost (1639 — 1700) und Sohn Gottlieb Trost (1672 — 1728). Kennt-nisse und Ansehen im zivilen und militärischen Bauwesen erwarben sich beide schon in jun-gen Jahren als Offiziere und Festungsbaumeister im Ausland, ehe sie vom Magistrat der Stadt als Leiter von Bauamt und Zeughaus nach Nürnberg zurückgerufen wurden.
Beide gelangten in ihrer Zeit zu großem Ansehen durch den Wiederaufbau zweier romani-scher abgebrannter Kirchen, die sie im Barockstil neu gestalteten. Von Johann Trosts Bar-füßerkirche (1682 — 1689) ist nach dem Abbruch im 19. Jahrhundert außer Resten des Chores am östlichen Gebäudeteil der heutigen Hypo-Bank (Museumsbrücke) nichts mehr vorhanden. Gottlieb Trosts Kirchenbau, die Egidienkirche (1710 — 1718), stand bis zur Zerstörung am 2. Januar 1945. Die am alten Platz wiedererstandene Kirche gibt den Ein-druck der Trost'schen Konzeption einer protestantischen Predigerkirche annähernd wieder. Von beiden Baumeistern, zu ihrer Zeit geachtet und bekannt, gibt es, nach den Zerstö-rungen des letzten Krieges, kaum noch Zeugnisse ihrer Bautätigkeit in Nürnberg. (In Gostenhof ist eine Straße nach G. Trost benannt.) *Hz*

Martin Limburger · Pfarrer 1637 — 1692

Zu → Georg Philipp Harsdörffer, dem Ratsherrn aus der alten Patrizierfamilie, zu → Sig-mund von Birken und zum jungen Theologen → Johann Klaj, gekrönter Poet, gehört als Vierter im Bunde der Magister Martin Limburger, Pfarrer von Kraftshof. Zählen Harsdörf-fer, Birken und Klaj zu den Gründern des „Pegnesischen Blumenordens", so ist Limburger (Ordensname: Myrtillus II. mit der Kornblume) der Schöpfer des Irrhains im Osten von Kraftshof. Von ihm stammt der Gedanke, dieses Waldstück zum Versammlungsort der „Pegnitzschäfer" zu machen, nachdem das „Poetenwäldchen" auf der Halbinsel unterhalb der Weidenmühle, das dem Kaufmann → Andreas Ingolstätter (Ordensname: Poliander mit der Ringelblume) gehörte, als Treffpunkt aufgekündigt worden war. Aus einer „düsteren Wüsteney" schuf Limburger, zusammen mit dem Kraftshofer Gärtner Georg Schwarz, einen mit Laub- und Nadelbäumen durchsetzten Hain, an den sich im Osten ein streng geo-metrisch geplanter Irrgarten anschloß. Den Hauptteil der Kosten trug Andreas Ingolstätter. Das Ganze glich ein wenig einer Klosteranlage. In diesem Hain hat der Kraftshofer Landpfarrer, 1637 nahe der Nürnberger Burg geboren und 1692 in Kraftshof gestorben, über seine Predigten und sein Seelsorgeamt meditiert, noch ehe die Gesellschaft der Pegnitz-schäfer am 1. Februar 1681 vom Nürnberger Rat durch den „Waldherrn-Verlaß" das Recht erhielt, den „Irrgarten immerwährend" zu benützen.

Der Gründer des Irrhains war ein offenkundig sehr begabter und aufgeschlossener Mann. Noch nicht sechsjährig wurde er zum Schreib- und Rechenmeister Ulrich Hofmann in Kost gegeben. Anfangsgründe des christlichen Glaubens, des Lateinischen und des Griechischen wurden ihm durch den Vater vermittelt. Er besuchte die Schule bei St. Sebald und im Neuen Spital, wurde mit 19 Jahren nach dem Studium auf der Universität Altdorf Magister und gekrönter Dichter, wechselte vom Medizinstudium zur Theologie über und wurde 1659 Adjunkt des Vaters, 1664 dessen Nachfolger in Kraftshof. Er war mit der dichterisch begab-ten Pfarrerstochter Regine Magd. Fink aus Happurg verheiratet. Von seinen zehn Kindern überlebten ihn ein Sohn und eine Tochter. Im einzigen bis heute existierenden Orden des Barock zur Pflege der deutschen Sprache und Literatur wie in seinen Predigten war er auf die Würde unserer Sprache bedacht. Er leitete den Pegnesischen Blumenorden nach Harsdörf-fer und Birken in den Jahren 1682 — 1692. Er hinterließ Gedichte und Arbeiten über die in Kraftshof ansässige Ratsfamilie → Kreß und den Pegnesischen Blumenorden.   *svs*

Georg Christoph Eimmart · Mathematiker und Astronom 1638 — 1705

Georg Christoph Eimmart war Mathematiker, Astronom, Graphiker und Maler. Seine Bedeutung als Astronom verdankt er vorwiegend seinen umfangreichen Himmelsbeobach-tungen in seiner großen Sternwarte auf der Vestnertorbastei an der Burg.

Eimmart wurde 1638 in Regensburg geboren, ging bei seinem Vater, dem Maler und Kup-ferstecher, und dann bei → J. v. Sandrart in die Lehre, studierte in den Jahren 1654 bis 1658 an der Universität Jena Mathematik, Astronomie und Jura und nahm 1660 seinen Wohnsitz in Nürnberg, wo er 1668 Anna Walther heiratete. Seit 1674 war er Mitdirektor, ab 1699 Direktor der Malerakademie. Einen Ruf König Karl XI. von Schweden nach Stockholm lehnte er ab, vermutlich auch mehrere Berufungen an andere Universitäten. Nach seinem Tode setzte seine Tochter Maria Clara Eimmart (1676 — 1707) seine astronomischen Beobachtungen, an denen sie sich schon zu Lebzeiten ihres Vaters beteiligt hatte, fort.

Eimmart konstruierte und verbesserte verschiedene astronomische Meßinstrumente, vor allem Geräte zur Winkelmessung (Sextanten, Quadranten usw.) Aus seiner Sternwarte (bei der Nürnberger Burg) benutzte er astronomische Uhren und entwickelte ein Helioskop, ein Fernrohr, das speziell der Sonnenbeobachtung diente. Ein besonders aufwendiges Demon-strationsgerät war das in seinem Auftrag von Johann Ludtring, einem Nürnberger Mechani-ker und Zirkelschmied, hergestellte Planetarium, um dessen Hilfe das copernicanische System dargestellt werden konnte: Die im Zentrum stehende Sonne dreht sich um ihre Achse und alle damals bekannten Planeten kreisen an Metallringen in einer Horizontal-ebene um die Sonne. Die Erde kann sich auch um die eigene Achse drehen. Das Planetarium hat einen Durchmesser von rund einem halben Meter. Eimmart hat auch mehrere Erd- und Himmelsgloben hergestellt oder nach seinen Entwürfen herstellen lassen. Seine große Sternwarte bestand zunächst bis 1688. Sie wurde 1691 nach Kriegsereignissen neu einge-richtet und bis zum Jahre 1757 zu verschiedenen astronomischen Beobachtungen benutzt. Mehr als ein Dutzend Winkelmeßgeräte und Fernrohre standen zur Verfügung.

Von den Forschungsergebnissen Eimmarts ist die Entdeckung der Tagesperiode der Strah-lenbrechung des Sternenlichtes durch die Erdatmosphäre (gleichzeitig mit dem Niederlän-der Christian Huygens) wohl am wichtigsten. Von 1678 an beobachtete und untersuchte er das Zodiakallicht, eine Streuung von Sonnenlicht an dünnen Staubschichten im Planetensystem. Ausführliche Beobachtungsreihen existieren von Finsternissen, Kometen und dem Mond. Seine Mondzeichnungen dienten ihm als Grundlage zur Herstellung einer kompletten Mondkarte. Mit zahlreichen Instrumenten, die teilweise aus dem Besitz des Nürnberger Georg Hartmann (1489 — 1564) stammten, führte Eimmart genaue Bestimmungen der magnetischen Mißweisung, der Abweichung der Magnetnadel von der genauen Nordrichtung, durch. Aus Pendelversuchen konnte Eimmart einen Beweis für die Erdrotation ableiten.

Maria Clara Eimmart, die Tochter, die den Vater um nur zwei Jahre überlebte, hat mehrere hundert Zeichnungen von Mondphasen, Beobachtungen von Kometen, Sonnen- und Mondfinsternissen sowie Sonnenflecken hinterlassen. Sie war als Zeichnerin und Illustratorin ähnlich begabt wie der Vater. *Pl*

Sebastian Denner · Rotschmied   1640—1691

Sebastian Denner war Rotschmied (Leuchtermacher) und Verleger für die Arbeiten anderer Rotschmiede in der Alten Ledergasse. Sohn des Wirts Hans Joachim Denner, getauft 22. 7. 1640, Meister 1665, verheiratet seit 1679 mit Anna Schiller, Geschworener des Handwerks 1684—1688, gestorben 13. 8. 1691. Ein Bildnis von 1688 ist bei den Handwerksakten der Rotschmiede erhalten. Denner goß für die Nürnberger Friedhöfe St. Johannis und St. Rochus eine größere Anzahl qualitätvoller, meist von ihm selbst modellierter Epitaphien, die durch die sorgfältige Technik, die sauberen Inschriften und die geschmackvolle Anordnung barocker Blumen- und Fruchtgehänge auffallen. In viel größerer Zahl erhalten sind Haus- und Kirchengeräte (Tisch- und Altarleuchter, Ampeln, Rauchfässer usw.) aus seiner Werkstatt, die viel nach Südtirol und Italien lieferte. Die Ornamentik einiger reich verzierter Arbeiten berücksichtigt deutlich den Geschmack der italienischen Besteller. In der Bozener Pfarrkirche befindet sich ein großer Kronleuchter Denners von 1675. Die plastischen Werke sind oft signiert, sonst meist Marke: Tanne zwischen S D (seit 1667). *B-l*

Hans Eisler · Goldschmied   1640—1708

Daß eine Familie über acht Generationen bedeutende Vertreter für ein wichtiges Gewerk stellte, ist selbst in Nürnberg, wo der väterliche Beruf oft weitervererbt wurde, ungewöhnlich. Die Goldschmiedefamilie Eisler (Aysler, Eißler, Eyßler) ist ein solcher Fall. Ihre Geschichte beginnt mit Jobst Eisler dem Älteren, der 1497 Meister bei den Silberarbeitern wird und 1544 starb. Mit Hans Eisler wurde in der fünften Generation das bekannteste Mitglied der Familie 1640 geboren. Sein Vater, Sigmund Eisler, war 1636 Meister bei den Goldarbeitern geworden.

Der Start des außerordentlich erfolgreichen Lebensweges von Hans Eisler ist in der Lehrjungenrolle der Nürnberger Goldschmiede nachzulesen: „Anno Adi 1 Juli erscheint vor den Geschworenen Hannß Eißler, soll lernen bei Philipp Plappert, 6 Jahre, gehet sein Zeit an von Johanni 1652 und endet sich uff Johanni 1658". Die Zeit bis 1658 muß Eisler gründlich genutzt haben, denn als er 1665 Meister wird, zeigt er sich bald vielseitig, gediegen und erfinderisch in seinen Werken, von denen die prächtigsten — silbermontierte Elfenbeinkannen — sich im Grünen Gewölbe zu Dresden befinden.

Zahlreiche seiner hochgeschätzten Werke befinden sich heute in Privatbesitz. Auch kirchliches Silber hat er für evangelische Gemeinden in Nürnberg, Thüringen und Sachsen geschaffen. Seine Meistermarke — ein Schild mit zwei Sternen über einem Helm — zeigt eine Reihe von Bechern mit verschiedenartigen Dekoren im Germanischen Nationalmuseum, z. B. für die Familien → Kreß und → Peller, deren gravierter Dekor von beachtlichem Können zeugt.

Eisler, der 1683 Geschworener, 1685 Genannter und 1695 Ratsfreund wurde, darf als der herausragende Meister seines Faches im Nürnberg des ausgehenden 17. Jahrhunderts gelten. Als Ratsfreund, mit dem Ratsherrenhut in der Hand, zeigt ihn ein lebensvolles Porträt des I. D. Preißler von 1706 im Geschworenenbuch der Nürnberger Goldschmiede.

Von seinen beiden Söhnen verdient Johann Leonhard Eisler (get. 6. 7. 1672, begr. 5. 5. 1733) besondere Erwähnung: seine Ornamentstichfolgen (zumeist mit Bandlwerkdekor) waren weit verbreitet und in Augsburg und in Wien geschätzt, als die Blüte der Nürnberger Goldschmiedekunst vorüber war. Als Goldschmied schuf er im Zeitstil, den er wesentlich beeinflußte, Pokale, Becher und Prunkplatten mit dem Schmuck der vier Jahreszeiten. Mitglieder der Familie Eisler, Goldschmiede und Kupferstecher, wirkten noch bis zum Ende des 18. Jahrhunderts in Nürnberg.   *Pe*

Johann Christoph Volckamer · Hortologe   1644 — 1720

Der Name Johann Christoph Volckamer klopft in meinem Kopf — er gibt einen Anstoß: Ich schlage den Stadtplan auf; es gibt einen Volckamerplatz. Später Nachmittag mit mattem Dezemberlicht. Im Süden der Stadt, dicht bei einer Schnellstraße und zugleich abgetrennt, wölbt sich von einer noch befahrenen Straße ein stiller Halbkreisbogen zu einem Platz. Diese Hälfte eines Runds faßt der weite Bogen eines langen zweigeschossigen Hauses ein; und wo es, nach Westen, zur Volckamerstraße geht, überwölben zwei Torbögen die Straße — obenauf rostrot ein Uhrentürmchen. Das Gras auf dem Platz ist wintermüde. Ist Volckamer auf 'seinem' Platz gegenwärtig? Das Denkmal gilt dem Gründer der Gartenstadt Werderau (→ Anton Rippel) — doch stehen zwei mächtige Eibenbüsche wie ruhende Pole auf der Grasfläche, und erinnern an den Hortologen Volckamer. Das eine Eckhaus, eine Apotheke, hat etwas vom Schwulst der Gründerzeit. Was würde Volckamer, der Agrumennarr, zu dem türkischen Lebensmittelladen daneben sagen? Jetzt ist die von ihm herbeigesehnte Nähe ferner Früchte da: auf unsere Weise. . . Das Tor am Volckamerplatz, um 1912 gebaut, erinnert an eine schöne Idee: Siedlungen noch einmal einzufassen, zu schützen — da man längst wußte, daß es vor dem Tempo der Technik keinen Schutz mehr gibt.

Die Volckamerstraße beginnt. Ein schmales Sträßlein. Birkenstammweiß leuchtet; in den Vorgärten schlummert Lebensbaumgrün, dazwischen ein Fliederbaum. An den niedrigen, wohnlich anmutenden Häusern, deren Sandsteinportale jeweils paarweise nebeneinanderstehen, herrschen sanfte Farben vor: Sandgelb, Ockerorange, Orangegelb. Die Hortensienbüsche sind winterbraun. Hätte Volckamer an diesen Ziergärtlein als Gartenfanatiker seine Freude? Ach, sie sind so liebevoll gepflegt — aber von Gartenstil kann keine Rede sein. Ich gehe die Straße auf und ab. Aus dem hellen Wirtshaus zur Werderau, in dessen Garten noch gedrehte Holzsäulen als Zierrat ein Dach stützen, klingen die Stimmen junger Ausländer, die sich langweilen. Ich biege in die Hoffmannstraße ein: eine intime, fast anmutige Siedlung tut sich auf; kleine Gartenparzellen; nirgendwo kalte Symmetrie. Ein dunkelbraunes Haus ist herrlich von Efeu bewachsen. Eine kleine Grüninsel inmitten der Stadt — ringsum Getriebe. Hier begrenzt im Süden der Ringbahnwall die Siedlung: ein kleines Stück Weltende — und in Gedanken geht es, in der nahen Forsterstraße, hinaus zur „Weltreise", die der

Dichter Johann Christian Adam Forster (1754—1794) unternahm; auch einer von der vergessenen Zunft — doch für den Straßennamen stand → Georg Christoph von Forster (Kaufmann und Botaniker, 1766—1857) Pate. Wer Volckamer war: niemand kann es mir hier sagen. Doch dank Volckamer habe ich jetzt von der Werderau-Insel eine Vorstellung: ein Miniaturkosmosstück inmitten meiner Stadt habe ich mir entdeckt.

Ich ging dann in die Stadtbibliothek. Auch da war zunächst wenig in Erfahrung zu bringen. Ich lasse mir den großformatigen, in dunkelbraunem Leder gebundenen Band bringen, der hinten die Jahreszahl MDCCVIII (1708) trägt. Ruhig blättere ich auf: „HESPERIDES NORIMBERGENSES sive de malorum citreonum, limonum avratiroumque. . ." Die schweren Büttenblätter mit großer Schrift gefüllt; alles Lateinisch. Einmal ein deutscher Spruch: „Wann kommt das Fest Sebastian / so lauft der Safft den Baeumen an." Ruhige Beschreibungen, sicheres Wissen: es geht um Agrumengewächse, „de aquae utilitate", Schädlinge etc. Immer mehr Kupferstiche tauchen auf: Fruchtschalen, Gartenwerkzeuge. Plötzlich eine Aussicht auf den mir liebsten See, den Lago di Garda: offenbar schon damals ein Limonenparadies. Sogleich fallen mir die bitteren Orangen von Saló ein. Nun folgen weitere Gartenbeispiele — und mit einem Mal bin ich ganz weg; ich blättere und blättere: ganzseitige, herrliche Kupferstiche: ein grandioser Katalog scharf gezeichneter Citrusfrüchte. „Cedro Bondolotto" heißt die eine. Ich schaue und schaue, merke mir die Namen nicht, bemerke nur die Fülle der Formen: die Variation von ein und demselben — und wie die Kupferstecher (einmal heißt's „B. Kenkel fecit", ein andermal „P. Decker fecit") immer wieder die Ansicht wandelten: die Frucht als Körper, als Gestalt; und dann durch einen Schnitt die Innenansicht der Frucht. Ich blättere und staune und bin entzückt: wie schön allein ein „cedro ordinario" ist; wie dickschalig sie damals waren — „cedro bibitane", die Eßzitrone, die süße vom Gardasee, fällt mir ein. Ich las nichts im Text, ließ meine Lateinkenntnisse schlummern; ich schaute nur, und nach etlichem Blättern erst erkannte ich, daß die Zitronen- und Orangenbilder nur gut vier Fünftel der Blattfläche einnehmen: darunter zeigt jedes Bild eine andere Ansicht von damals: von unserem Nürnberg, als noch die Vorortnester nicht miteinander verschmolzen waren. Fast keck und lustig, belebt jedenfalls immer, tauchen sie jetzt zwinkernd auf: „Gibenzenhof" zum Beispiel. Nun weiß ich, wie der Zeichner → M. M. Prechtl auf 'seine' „Hesperidengärten" kam, in denen Orangen und Limonen als etwas Zeitloses leuchten. Er brauchte nur diese herrliche Anleihe aufzunehmen. Kunst — von einer Existenzbedrohtheit her betroffen machende Kunst: nein, das ist dies alles nicht — aber hohe Handwerkskunst.

Weiter blättere ich in dem von Volckamer 1708 herausgegebenen Buch; es ist eines der schönsten Nürnberger Bilderbücher: Wie nun Garten auf Garten folgt. Fast wehmütig wird's mir ums Herz: das sind ja alles versunkene, verlorene Welten — als noch viele wohlhabende Familien ihre Gärten hatten: barock gestaltet, streng angelegt, voller Formbewußtsein.

Den Charakter dieses Mannes und seine Geschichte kann ich mir nicht vorstellen, aber ich spüre, wie er sich als Kaufmann und 'Bankogerichts-Adjunkt' und „Hortologe" mit Besessenheit einer Sache widmete: den Gärten, den Pflanzen. Da leuchtet nürnbergische Sehnsucht und Lebenskunst auf: hartnäckig bleiben und das Fremde-Schöne hierherholen. Fremdeninfektion und Fernweltsucht vor über zweihundert Jahren. . . Volckamer muß sich ein immenses Wissen angeeignet haben. Volckamer, der Agrumennarr, ließ in Gostenhof unter Gewächshäusern in fränkischem Sand südliche Sonnen gedeihen.

Hesperidengärten — Gärten des Hesperus — Mythensehnsucht: nicht sehr originell, aber eigenartig, barockzeittypisch: ganz ohne Mythisches schien auch die Waren- und Kaufmannswelt nicht auskommen zu können. Zwischen den Münzen leuchtet die Sehnsucht nach etwas Schönem — selbstherrliche Verschwendung: Ja, das vermochte man damals. Benommen von der Fülle schloß ich das kostbare Buch.

Volckamers Hesperidengärten sind nur noch in seinem einmaligen Buch lebendig — vielleicht entzünden sie einmal wieder die Phantasie eines anderen Besessenen? Immerhin wurde sein Sohn, Johann Georg, ein berühmter Pflanzenkenner; er schrieb ein Buch über die „Flora Norimbergensis sive catalogus plantarum. . ." Ich hielt das Buch mit seiner tintenbraunen Handschrift in der Hand.

Dr. Johann Christoph Volckamer: am 7. Juni 1644 geboren, am 28. August 1720 gestorben. Die aus dem thüringischen Lobenstein stammende Familie — sie ist nicht mit der Ratsfamilie Volckamer verwandt — brachte, so las ich, etliche Gelehrte hervor. Johann Christoph war dreimal verheiratet; elf Kinder schenkten ihm seine Frauen. Uns schenkte er die „Nürnberger Hesperiden", die 1708 und 1714 erschienen. Im Städtischen Hochhaus am Plärrer treffen wir auf die Vergrößerung eines Kupferstichs über seinen Garten in Gostenhof, auf dem Plärrer, just dort, wo heute das Städtische Hochhaus steht und zu Ehren Volckamers einmal ein Obelisk gestanden hat, dessen Kopie heute im Zentrum der vermutlich ersten deutschen Industrieanlage in Hammer (zwischen Mögeldorf und Laufamholz) postiert ist. Ich bin einen Augenblick dankbar; mehr will ich nicht wissen.   *Schra*

Johann Löhner · Nürnberger Komponist   1645 — 1705

Löhner war ein vielseitiger Komponist geistlicher und weltlicher Vokalmusik, ein guter Melodiker mit lyrischem und volkstümlichem Einschlag. Etwa 300 geistliche Lieder von ihm wurden zu Lebzeiten gedruckt. Die (jetzt stark vereinfachte) Melodie zu „Jesus Christus herrscht als König" findet sich heute noch im Evangelischen Kirchengesangbuch.

Bedeutend war Löhner auch als Komponist dreier Opern: „Die triumphierende Treue", „Der gerechte Zeleukus" und „Theseus". Mit ihnen verließ er die bis dahin geistliche Richtung der Nürnberger Oper und gestaltete zum ersten Mal antike Stoffe nach italienischem Muster. Löhners Werke bildeten den Höhepunkt in der Geschichte der Nürnberger Oper im 17. Jahrhundert.

Drei Kantaten sind verschollen. Seiner Verbindung zum Pegnesischen Blumenorden und dessen Präses → Sigmund von Birken verdanken wir einige weltliche Lieder. Löhners Vater → Martin war Röhrenmeister. Der kleine Johann (geboren im November 1645) — er wurde schon früh Waise — wuchs bei seinem Schwager, dem Sebald-Organisten Georg Caspar Wecker, auf. Nach Aufenthalten in Wien und Bayreuth war er in Nürnberg an verschiedenen Kirchen als Tenorist und Organist tätig. Im März 1694 erhielt er als Nachfolger von A. M. Lunßdörfer das Organistenamt an St. Lorenz und behielt es bis zu seinem Tode (2. 4. 1705). Er war unverheiratet. Im Familiengrab auf dem Rochusfriedhof (Nr. 1643) wurde er bestattet.

Den Nürnberger Ratsverlässen vom 11. 4. 1689 entnehmen wir die folgende Begebenheit: „Johann Löhnern Musicum, welcher gestrigen Tags etwas betrunken in die Beeren Schanz gekommen, und die Wacht allda behörig nicht respektiret hat, darüber in Arrest herein auff die Haupt Wacht gebracht worden, soll man über die von Michel Bradengeyer, Corporal, deßwegen gethane Anzeig vernehmen, und wann kein mehrer auff ihn zubringen, mit Warnung von dannen kommen lassen. Kriegsambt. Schöpfen."   *hss*

Magnus Daniel Omeis · Poet und Philosoph   1646 — 1708

Omeis, der spätere Professor der Philosophie, Beredsamkeit und Poesie in Altdorf, wurde am 6. September 1646 in Nürnberg als Sohn des damaligen Diakon von St. Sebald, Johann Heinrich Omeis, geboren. Bis 1664 besuchte er das Nürnberger Gymnasium. Anschließend studierte er bis 1668 in Altdorf Philosophie, Philologie und Theologie. 1667 wurde er, nun Magister, mit dem Namen „Damon" in den Pegnesischen Blumenorden aufgenommen (vgl. → Harsdörffer). 1697 wurde er Präsident des Blumenordens. 1668—1672 hielt er sich in Wien, Ungarn und Böhmen auf und heiratete fünf Jahre nach der Rückkehr Maria Dorothea Rostia, mit hervorragenden Sprachkenntnissen, selbst Dichterin, begabt und als „Diana die andere" Mitglied des Pegnesischen Blumenordens. Die Vorarbeiten Omeis' zu einem Nürnbergischen Gelehrtenlexikon bildeten die Grundlage zu → Georg Andreas Will's eigenen Arbeiten. Omeis starb am 22. November 1708 in Altdorf. *Bsl*

Johann Alex. Boener · Kupferstecher und Kunsthändler   1647 — 1720

Johann Alexander Boener, am 29. September 1647 in Nürnberg als Sohn des Mauthallen-Angestellten geboren, erhielt während seiner Lehrzeit bei dem niederländischen Kupferstecher Mathias van Somer (1656 nach Nürnberg zugewandert) Kontakte mit dem bedeutenden Verleger Paulus Fürst. Dies hat seinen Horizont beträchtlich erweitert. Er hat erste Erfahrungen im Verlagswesen sammeln können. Nach den Wanderjahren schuf er in verschiedenen Werkstätten ab 1666 vor allem Portraits, darunter viele Bildnisse von Ratsherren der Stadt und erwarb sich, nach Gründung einer eigenen Werkstatt im Jahre 1669, einen ausgezeichneten Ruf als Kupferstecher. Dies führte auch zur Mitarbeit bei → Joachim von Sandrarts 1680 erschienenen Skulpturenwerk. In diese Zeit fallen auch Allegorien und weitere, in Schabkunst ausgeführte Buchillustrationen. Unter dem Einfluß des Erfolges und seiner offenbar sehr tüchtigen zweiten, nach 1684 geheirateten Frau gründete er einen eigenen Verlag und trat ab 1690 auch als Kunsthändler auf. Hauptverlagswerke waren wiederum Bildnisse von Prominenten, Trachten und Volkstypen Nürnbergs und Umzüge und Gebräuche Nürnberger Handwerker. Seine wichtigsten Werke jedoch waren die verschiedenen Serien von Ansichten Nürnbergs und seiner Umgebung, die sich durch eine vom künstlerischen Standpunkt aus manchmal geradezu rücksichtslose Naturtreue der Wiedergabe auszeichnen, und durch die er zum Mittler zwischen seinen Vorgängern → Isselburg, Meissner und → Graff und dem ihn selbst am Ende seines Lebens überflügelnden → Johann Delsenbach wurde. Seit 1710 kränkelnd und nicht mehr leistungsfähig starb er verarmt am 2. November 1720. Die Stadt hat in Steinbühl eine Straße nach ihm benannt. *Ja*

Johann Philipp von Krieger · Komponist/Organist   1649—1725

„Dieweil er lebet, hat er einen größern Nahmen, denn andere tausend; und, nach seinem Tode, bleibt ihm derselbe Nahmen." Johann Mattheson setzte dieses Wort aus dem Alten Testament an den Schluß seines Aufsatzes über den Nürnberger Komponisten Johann Philipp Krieger, und da der Hamburger Musikgelehrte die Musiker, deren Lebensläufe er in seiner „Grundlage einer Ehrenpforte" (1740) beschrieb, nur selten in solcher Weise lobte, muß er von der besonderen Bedeutung Kriegers doch wohl überzeugt gewesen sein.
Johann Philipp Krieger wurde im Februar 1649 als Sohn eines Nürnberger Teppichmachers geboren. Johann Drechsel, dessen Identität bis heute nicht völlig geklärt ist, und der Nürnberger Stadtmusicus Gabriel Schütz waren seine Musiklehrer. Im Alter von 14 oder 16 Jahren nahm er Unterricht beim Kammerorganisten des dänischen Königs; als Gegenleistung versah er fünf Jahre lang den Organistendienst an der deutschen Kirche in Kopenhagen. Eine Berufung nach Norwegen mußte er ablehnen, weil sein Vater die Zustimmung verweigerte.
Um das Jahr 1670 kehrte Krieger nach Nürnberg zurück. Der Rat versprach dem jungen

Musiker die nächste freiwerdende Musikerstelle und bot ihm bis dahin ein Wartegeld an. Doch Krieger zog es vor, einen Ruf nach Bayreuth anzunehmen. Als Stipendiat des Markgrafen Christian Ernst unternahm er eine zweijährige Italienreise, während der er berühmte Musiker kennenlernte. Sein Ansehen war bereits so groß, daß man ihn sogar die Orgel in der päpstlichen Kapelle spielen ließ, was — wie Doppelmeyer versichert — „sonsten denen Frembden nicht leicht zugestanden wird". Ein weiterer Höhepunkt für den jungen Musiker war ein Aufenthalt in Wien, wo er zweimal vor Kaiser Leopold I. (1658—1705) spielte und zusammen mit seinen Geschwistern in den Adelsstand erhoben wurde. Nur noch vorübergehend war Krieger dann in Bayreuth tätig; im Jahre 1677 nahm er einen Ruf als „Cammermusicus und Cammerorganist" an den Hof nach Halle an. Selbstbewußt erklärte er in einem Gesuch schon wenige Wochen nach seinem Amtsantritt, daß er nur noch vom Herzog selbst Befehle annehmen wolle, und prompt wurde er bald darauf zum Vizekapellmeister ernannt. Als der Hof 1680 nach Weißenfels übersiedelte, wurde der 31jährige Nürnberger dort Hofkapellmeister und damit Leiter der bedeutendsten deutschen Oper jener Zeit. Das war eine Aufgabe, die ihm offensichtlich zusagte: der bis dahin so ruhelose Krieger blieb bis an sein Lebensende 1725 weißenfelsischer Kapellmeister.

In dieser Eigenschaft komponierte Johann Philipp Krieger rund 20 Opern, von denen leider nur noch die Textbücher überliefert sind. Trotzdem können wir uns eine Vorstellung von Kriegers Opernmusik machen: im Jahre 1690 gab der Komponist selbst ein Heft mit „Auserlesenen Arien" aus seinen Opern heraus und zwei Jahre später erschien noch ein zweites Heft unter dem gleichen Titel — sicher ein Zeichen für die große Beliebtheit der Krieger'schen Opernkompositionen. Der Form nach handelt es sich bei diesen „Arien" um schlichte Strophenlieder mit volksliedhafter Melodik; die große dreiteilige italienische Arie, die Krieger sicher gekannt hat, hat er für sein eigenes Schaffen nicht übernommen.

Wichtiger als die Opern Kriegers sind für die musikgeschichtliche Entwicklung seine Instrumentalkompositionen geworden. In seinen Triosonaten und in seinen Suiten machen sich im formalen Aufbau wie auch in der Satztechnik italienische und französische Einflüsse geltend, wie man sie später auch in Bachs Instrumentalmusik findet. Und schließlich mußte Krieger auch für „Musicalische Auffwartungen" in der Weißenfelser Schloßkirche sorgen. Nicht weniger als 2000 Kantaten hat Krieger dafür im Verlauf von 35 Jahren geschrieben — eine fast unvorstellbare Zahl, wenn man bedenkt, daß es der so produktive Johann Sebastian Bach „nur" auf rund 325 Kantaten gebracht hat.

Nach Nürnberg, wo seit 1695 → Johann Pachelbel als Sebaldus-Organist die wichtigste Musikerstelle innehatte, ist Johann Philipp Krieger offensichtlich nicht mehr zurückgekehrt; jedenfalls gibt es keine Anhaltspunkte für einen Aufenthalt in der Freien Reichsstadt. Trotzdem bot ihm das immer noch blühende Nürnberger Verlagswesen die Gelegenheit, die Verbindung mit der Noris zu halten und seine Werke repräsentativ und wohl auch lukrativ herauszubringen. Die zwei Hefte seiner „Auserlesenen Arien" erschienen 1690 bei → Wolfgang Moritz Endter, während die Sammlung „Musicalischer Seelen-Friede", eine Vertonung von deutschen und lateinischen Psalmen, sieben Jahre später bei → J. J. Felsecker in Nürnberg verlegt wurde.

Mit seiner Vaterstadt in Verbindung blieb auch Johann Philipp Kriegers jüngerer Bruder, der 1652 in Nürnberg geborene Organist und Komponist Johann Krieger, der (ab 1682) 54 Jahre Musikdirektor in Zittau gewesen ist und seine „Sechs musicalischen Partien" (Suiten) für das Clavichord dem Schönerischen Collegium Musicum in Nürnberg widmete. (Verleger Moritz Endter). Mattheson schrieb zu diesen kunstvollen Doppelfugen Johann Kriegers, er wüßte niemanden, der ihn darin übertreffe. Georg Friedrich Händel, der ein Exemplar der ebenfalls in Nürnberg erschienenen Krieger'schen „Clavier-Übung" mit nach England genommen hatte, hielt J. Krieger für „one of the best writers of his time for the Organ", für einen der besten Orgelkomponisten seiner Zeit. *stö*

Johann Philipp v. Wurzelbaur · Kaufmann u. Astronom   1651 — 1725

Wurzelbaur war Kaufmann und Astronom, hatte ab 1692 eine kleine Sternwarte auf dem Dach seines Nürnberger Hauses und führte umfangreiche Beobachtungsreihen der Sonne und vieler Fixsterne durch. Er beschrieb den Ablauf mehrerer Sonnen- und Mondfinsternisse und veröffentlichte eine Reihe von Büchern über Astronomie.

Wurzelbaur wurde im September 1651 in Nürnberg getauft. Sein Wunsch zu studieren, war, vermutlich aus finanziellen Gründen, nicht zu verwirklichen. So trat er als Lehrling in das kaufmännische Geschäft des Hieronymus Pez, seines späteren Schwiegervaters, ein. Mit der Astronomie beschäftigte er sich nebenbei im Selbststudium. Später wurde er bei dem Mathematiker und Astronomen → Georg Christoph Eimmart ausgebildet. Ab 1682 hatte Wurzelbaur dann im ersten eigenen Haus auch einen Beobachtungsstand. Nach dem Rückzug von der kaufmännischen Tätigkeit errichtete er 1692 auf dem Dach seines neu erworbenen Hauses am Spitzenberg (heute Maxplatz) einen kleinen achteckigen Beobachtungsturm mit aufklappbarem Dach für seine astronomischen Instrumente. Der Turm existierte sicher bis 1898; das Haus selbst wurde erst im Zweiten Weltkrieg zerstört. 1692 wurde Wurzelbaur in den Adelsstand erhoben und Mitglied mehrerer wissenschaftlicher Gesellschaften u. a. in Paris und Berlin. Sieben Jahre nach dem Tod seiner ersten Frau Maria Magdalena († 1713) heiratete er 69jährig → Sabina Dorothea Kreß, die Tochter des Wilhelm Kreß und der → Klara Viatis. Am 26. Juli 1725 wurde Wurzelbaur in Nürnberg begraben.

Während seiner 40jährigen Tätigkeit als Astronom standen ihm eine größere Zahl astronomischer Instrumente, vor allem für Winkelmessungen, zur Verfügung; Darunter mehrere Quadranten, ein Gnomon (Schattenstab) und ein Dreistab. Insgesamt führte er mehr als 4000 Messungen der Sonnenhöhen sowie größter und kleinster Höhen von Zirkumpolarsternen durch. Aus beiden sehr umfangreichen Beobachtungsreihen berechnete er sehr genau die geographische Breite von Nürnberg; der von → Bernhard Walther um 1500 errechnete Wert von 49° 28′ konnte von Wurzelbaur wesentlich genauer zu 49° 28′ 7″ angegeben werden. Aufgrund verschiedener Beobachtungen verbesserte Wurzelbaur die Berechnung der Bahnelemente der Erde; zusammen mit Eimmart und → Johann Christoph Volckamer führte er Messungen des Magnetfeldes und der Schwankung der magnetischen Mißweisung durch; über den Ablauf der Sonnenfinsternisse 1684, 1689, 1699 und 1706 sowie die Mondfinsternisse 1685 und 1707 veröffentlichte er zusammen mit Eimmart genauere Daten. Ein besonderes Werk von ihm führt den Titel „URANIES NORICAE BASIS ASTRONOMICO-GEOGRAPHICA" (Nürnberg 1697). Darin werden vor allem die Bestimmungen der Nürnberger geographischen Breite beschrieben. Es enthält zudem ein Bild seiner Dachsternwarte, eine Radierung des Nürnberger Kupferstechers Johann Conrad Reiff. Das dem Nürnberger Rat verehrte Exemplar des Buches ist in der Stadtbibliothek erhalten. *Pl*

Johann Pachelbel · Barockmusiker   1653 — 1706

Johann Pachelbel gilt als der bedeutendste Nürnberger Musiker. Über 40 Jahre sollte es jedoch dauern, bis der in Nürnberg, am 1. September 1653, geborene Organist und Komponist in seiner Heimatstadt ein musikalisches Amt erhielt: Pachelbel hatte eine „vocation" erhalten. Der berühmte Musiker, im thüringischen Gotha in Stellung, schrieb in seinem Kündigungsgesuch, man möge ihm „die Veränderung und annehmung solches Dienstes gönnen. Welcher dergestalt beschaffen, daß umb ein merklich ich mich dann beßeren und mein arm Weib und 5 unerzogene Kinder in der Education reichlicher versorgen kan, da bey hiesiger Besoldung ich noch allezeit zubüßen, und mich und die meinigen gar spärlich hinbringen müßen. . . weil ich denn ein Stadt Kind bin, in solcher erzogen und meine Wissen-

schafft alda erlernet, auch von vielen Vornehmen Leuthen vorlängst und biß dato rühmliche benificia genoßen, Sie auch von vielen Jahren her auff meine Beförderung gesonnen. . .".
Johann Pachelbels Familie — sein Vater war „Flaschner" — kam aus Eger. Er absolvierte alle Klassen der Lorenzer Hauptschule, danach Vorlesungen im Auditorium Aegidianum, dann folgte die Universität Altdorf. Knapp ein Jahr später wurde er vom Scholarchat als ein Alumnus Gymnasii poetici am Gymnasium poeticum in Regensburg aufgenommen. Ein für die sozialen Verhältnisse damals erstaunlicher Ausbildungsgang.
Früh begann Pachelbel in Nürnberg seine musikalischen Studien, bei Heinrich Schwemmer und Georg Caspar Wecker. Bereits in Altdorf hatte er eine Hilfsorganistenstelle inne. In Regensburg erhielt er durch seinen Lehrer Kaspar Prentz einen ersten, umfassenden Einblick in die zeitgenössische Musikliteratur Europas. Hier liegen die Wurzeln seines musikalischen Stils: die Begegnung mit der ungemeinen Pracht, Vielfalt und Virtuosität der italienischen Musik für Tasteninstrumente. 1671 siedelte er zu weiteren Studien nach Wien über, wurde als Protestant (!) bald „Vicarius" am Stefansdom und Schüler des berühmten Organisten Kaspar Kerll, einem Schüler Frescobaldis.
Es spricht für Pachelbel, daß er sich 1677 selbständig nach einer eigenen (und ersten) Stelle umsah und damit die engen Verhältnisse in Wien verließ. Für ein Jahr war er Hoforganist in Eisenach. Dort ergaben sich sehr enge freundschaftliche Bindungen zu Ambrosius Bach und dessen Sohn Johann Christoph, dem wichtigsten Lehrer Johann Sebastian Bachs. Für 12 Jahre weilte Pachelbel dann als anerkannter Organist und Lehrer an der Predigerkirche in Erfurt. Herausgefordert durch die strengen Anstellungsbedingungen und Verpflichtungen wurde er zur bestimmenden Figur für den gesamten mitteldeutschen Raum. 1690 folgte er einem Ruf als Hoforganist nach Stuttgart, wechselte zwei Jahre später nach Gotha und 1695 nach Nürnberg als Organist von St. Sebald, dem damals wohl bedeutendsten protestantischen Organistenposten Süddeutschlands. 1719 übernahm sein Sohn Wilhelm Hieronymus (1686 — 1764) dasselbe Amt. Ähnlich wie in Erfurt war Johann Pachelbel bald von einer großen Schülerzahl umgeben, die sein Werk in alle Himmelsrichtungen verbreitete. Pachelbels Orgelkunst war landesweit hochgeschätzt; sein kompositorisches Schaffen wirkt bis heute. Es entstanden viele Kompositionen für Kammermusik und Chor, vor allem aber beschäftigte sich Pachelbel mit dem Tasteninstrument. Bis heute wegweisend sind seine vielen verschiedenen Formen des Choralvorspiels, die er in seiner Erfurter Zeit zur Perfektion verfeinerte. Mit gleicher weitreichender Meisterschaft schuf er in Nürnberg die sogenannten Magnificat-Fugen.
Pachelbel war ein Meister der Variationsformen, der Ausschmückung und der Variationseinfälle; er schuf Musik immer unter der Prämisse der Klarheit, der Verständlichkeit von musikalischen Motiven und Zusammenhängen. In seinem Werk verbindet sich die schlichte Sprache des weitläufig fränkisch-thüringischen Raums mit der fast übersensitiven, bejahenden Kunst der italienischen (d.h. auch der süddeutschen) Lebendigkeit. Pachelbel schlug die Brücke zwischen Süden und Norden und entwickelte aus traditionellen wie neuen Elementen etwas Neues und Höheres. Die „Cantabilität" seiner Stimmführungen und die hohe Kunst der Variationstechnik hatte schließlich in Johann Sebastian Bach ihren Höhepunkt erklommen, der ohne Pachelbel nicht zu denken war. Mit Sicherheit wurde Pachelbel von seiner Zeit sehr stark beeinflußt. Ihm waren die Namen seiner Zeitgenossen Couperin, Buxtehude, Biber, Muffat, Werckmeister, Stradivari u.v.a. nicht verborgen geblieben. Er lebte in einer großen musikalischen Umbruchphase, die er teilweise stark mitbestimmte. In seinem Werk verbindet sich die früher ausschließlich für den kirchlichen Gebrauch geschriebene Musik mit der weltlichen Strömung, die er selbst als „Musicalische Ergötzung" bezeichnete. Seine Erfurter Orgelabende waren Vorläufer der „Abendmusiken" Buxtehudes, die als erste öffentliche Konzerte gelten. Seine Kammermusik, u. a. auch für konzertante Solo-Besetzung mit Instrumentalbegleitung, nahm alle Neuerungen seiner Zeit auf, etwa die

Mehrchörigkeit südlicher Prägung oder die Erweiterung der Tonarten; Formen und Stile verband er kongenial mit den zeitgenössischen Strömungen. Leider ist bis heute die Mehrzahl der Werke dieses am 3. März 1706 in Nürnberg verstorbenen Wegweisers für die protestantische Kirchenmusik noch ungedruckt; nach wie vor steht Pachelbel, völlig zu Unrecht, im Schatten. Obwohl er durch sein Wirken von Erfurt und vor allem von Nürnberg aus ganze Generationen und geographische Gebiete mit seiner Kunst stimulierend befruchtete, ist er der am meisten unterschätzte Komponist in der Gunst des Publikums. (Der Name einer Straße in der Gartenstadt erinnert an ihn.) Wie frisch, wie klar und erregend seine Musik klingt, läßt sich an seiner wohl bekanntesten Komposition, „Canon und Fuge a tre" D-dur, nachvollziehen, die zu einem Lieblingsstück der klassischen Unterhaltung geworden ist. Sein Grab befindet sich auf dem Friedhof von St. Rochus.   *v. I.*

Johann Konrad Feuerlein · Pädagoge und Rektor   1656 — 1718

Wenn im Nürnberg des ausgehenden 17. Jahrhunderts von „unserem Feuerlein" gesprochen wurde, wußte man nie, ob Vater Konrad oder Sohn Johann Konrad gemeint waren. Beide Theologen, der Sohn 1656 in Eschenau geboren, waren so populär, der Vater als Prediger und der Sohn als Rektor des Egidien-Gymnasiums, der einen außergewöhnlichen Bildungsgang zurückgelegt hat. Nach dem Besuch der Sebalder Stadtschule und des Gymnasiums studiert er in Altdorf und Jena Theologie, reist nach England und schließt dort — dank seiner Kommunikationsfähigkeit und seiner vielseitigen Begabung — Freundschaften, studiert in Oxford, wird bei der Royal Society empfangen und überbringt Briefe von dort nach Jena. Seiner Zugehörigkeit zum Kreis um → Erhard Weigel verdankt er die Berufung in den Gründungsausschuß des „Collegium Artis Consultorum" (dessen Ideen übernimmt Leibniz später zur Gründung der Berliner Akademie) und wird schließlich Pfarrer in Nürnberg. Ein Brand zerstört die Kirche und das Gymnasium zu St. Egidien. 1699 — Feuerlein wurde inzwischen deren Rektor — wird die Schule mit einer originellen, von pädagogischem Engagement erfüllten Rede eröffnet.

Vier wichtige methodische Erkenntnisse ziehen sich durch diese von Witz und Unerschrockenheit gekennzeichnete Oratio: 1. Die Schule ist ein Abbild der menschlichen Gesellschaft, ein Übungsfeld für soziale Tugenden; sie ist, wegen der Auseinandersetzung mit anderen, ein Lernfeld für Fairneß und Einübung in die Aufgaben eines mündigen Bürgers. 2. Die Pflege der Muttersprache bringt wegen unseres „in vulgus verderbten Noriscismo" Probleme für das Erlernen auch moderner Fremdsprachen mit sich. Dialektfrei sollte im Unterricht gelehrt werden. Damit es den Nürnberger Patriziern auch einleuchtet, warum das Latein weltfremd mache, erzählt er eine Anekdote aus seiner Schulpraxis. Ein Schüler fragt: „Domini, quid significat ein Guglhupf (Nürnberger Fachausdruck für bestimmte Kuchenform)?" Und er antwortet: „Du Hass, meinst du, der Cicero werde Guglhupf gefressen haben?" 3. In der Schule muß die Mathematik ihren festen Platz haben. Kompendien dazu sind → Professor Sturm zu Altdorf in Auftrag gegeben. 4. Teamarbeit und Selbstverantwortung, moderne Schlagworte, gebraucht Feuerlein zwar nicht: aber er weist darauf hin, daß im Egidien-Gymnasium größter Wert auf Zusammenarbeit aller Lehrenden und Lernenden gelegt wird. Der Schüler kann selbst an Hand eines „Dariums" beweisen, daß er fähig sei in die nächste Klasse zu kommen.

Die Rede, ein pädagogischer Entwurf des als Superintendent und Inspektor der deutschen und lateinischen Schulen 1718 in Nördlingen verstorbenen Theologen, wirkt heute noch mitreißend. Sie zeigt ein Maß an Begeisterung, das an die Gedanken des Hrabanus Maurus erinnert: in einer Schule müßten die Kinder fröhlich, die Lehrer fröhlicher, der Rektor aber am fröhlichsten sein.   *Schl*

Joseph Schaitberger kam aus dem Salzburgischen als mittelloser Exulant im Jahr 1686 nach Nürnberg. Hier wurde er unversehens zum Seelsorger und zum Sprecher der Salzburger, später auch der österreichischen Exulanten. Denn seine religiösen Schriften erreichten nicht nur die Protestanten in der ehemaligen Heimat, sondern auch in der österreichischen und bayerischen Umwelt. Die darin niedergelegten Glaubenserfahrungen, die im Leidenszug zwischen Dürrnberg und Nürnberg und weit darüber hinaus bis ins sächsische Erzgebirge, nach Holland und Ostpreußen erprobt waren, wirkten in Schaitbergers Schriften zurück in die alte Heimat und bis hinein in die Gegenwart.

Die Salzburger Exulanten waren das Opfer des (falsch interpretierten) Reichsrechts, auf das sich die verschiedenen Salzburger Erzbischöfe als Landesherrn nach der Mitte des 17. Jahrhunderts bis zum Jahr 1732 beriefen. Danach glaubten sie die Religion ihrer Untertanen bestimmen zu können. Sie „übersahen" aber das im Augsburger Religionsfrieden (1555) verankerte und bis heute gültige Recht auf freie Auswanderung derer, die nicht den Glauben des Landesherrn teilen wollten. So kam es zu Bestrafungen, Verfolgungen und Folterungen und schließlich zu Vertreibungen der Evangelischen in verschiedenen Wellen, 1684 aus dem Defregger-Tal, 1686 aus dem Gebiet Dürrnberg und letztmalig 1732 aus den restlichen Gebieten des Erzstifts — alles unter grober Mißachtung des „beneficium emigrandi".

Joseph Schaitberger wurde die zweite Welle zum Schicksal. Er war am 19. März 1658 in Dürrnberg bei Hallein geboren worden und übte dort in den Salinen den Beruf eines Salzknappen aus. Als einer der Führer der dortigen Protestanten wurde er inhaftiert und nach erfolglosen „Bekehrungsversuchen" Anfang 1686 mit weiteren 60 Männern und Frauen ausgewiesen. Dabei mußte Schaitberger nicht nur Hab und Gut, sondern auch zwei kleine Töchter von eineinhalb und drei Jahren zurücklassen. Seine erste Frau starb in Nürnberg. Schaitberger war in Nürnberg erst Taglöhner und Gepäckträger, später Arbeiter in einer Silberdrahtzieherei. Er wurde niemals Bürger der Noris und lebte in ihr sehr bescheiden, wenn auch engagiert. Seinen Lebensabend konnte er ohne Not verbringen; denn aufgrund eines Ratsverlasses wurde er 1722 im Alter von 65 Jahren unter die „Zwölf armen Brüder" aufgenommen, die in der Stiftung der Gebrüder → Mendel im ehemaligen Kartäuserkloster (heute ein Teil des Germanischen Nationalmuseums) Kost und Wohnung hatten.

Auf dem Weg nach Nürnberg hatte er das Lied „Ich bin ein armer Exulant" gedichtet. Die Fülle seiner in Nürnberg niedergeschriebenen Schriften und Lieder wurde mit Hilfe vermögender Kaufleute gedruckt. Sie erschienen in einem Sammelband mit dem Titel „Evangelischer Sendbrief geschrieben an die Landsleute in Salzburg". Trotz strenger Kontrollen wurden sie durch Kraxenträger ins Salzburger Land gebracht. „Der Schaitberger" wurde Andachtsbuch unter den Salzburger Protestanten. Immer wieder mahnte Joseph Schaitberger: „Wer Jesum suchen will, der suche ihn nicht im Rosengarten. . . sondern du mußt dein Kreuz auf dich nehmen und ihn suchen an dem traurigen Ölberg. . . Wenn es heißen wird: Dies mußt du glauben oder alles verlassen, Güter und Kinder, so bitte ich euch, macht keinen Gott aus den zeitlichen vergänglichen Gütern, sondern seid beständig im Glauben!"

Nach der großen Ausweisung der Salzburger Protestanten im Jahr 1732 — mehr als vierzig Jahre nach der eigenen — konnte er seine Landsleute beim Durchzug durch das Nürnberger Gebiet begrüßen. Ihnen galt er bereits als legendäre Gestalt. Am 3. Oktober 1733 verstarb er. Sein Grab auf dem Rochusfriedhof wird noch heute gepflegt. Ein Sohn zweiter Ehe mit der Exulantin Catharina Brockenberger (gest. 1697) trat samt seiner Nachkommen an die Stelle der bisher welschen Kaminkehrer in den brandenburgischen Fürstentümern Ansbach und Bayreuth. Die Schaitberger saßen z. T. bis 1880 mit großen Kaminfege-Bezirken in Ansbach, Cadolzburg, Coburg, Erlangen u. a. m. *Loe/Bi*

Susanna Maria v. Sandrart · Kupferstecherin   1658 — 1716

Susanna Maria Sandrart, geboren 1658 in Nürnberg, stammte aus einer bekannten Künstlerfamilie. Ihr Vater Jakob war der Neffe → Joachim von Sandrarts, des „Malerfürsten" im deutschen Barock. Jakob selbst war Kupferstecher und betrieb in Nürnberg einen großen Kunstverlag. Susannas Mutter Regina Christina gehörte einer bedeutenden Regensburger Künstlerfamilie an. In der Bibliothek des Germanischen Nationalmuseums zu Nürnberg liegt ein Buch, in dem Susanna Maria alle von ihr gefertigten Kupferstiche und Zeichnungen gesammelt hat, das sogenannte „Malbuch" der Susanna Maria Sandrartin. Wie sie zu ihrer künstlerischen Arbeit gekommen war, berichtet sie in einer eigenhändig geschriebenen Vorrede des Buchs. „Ich, Susanna Maria, Jakob von Sandrarts selig tochter, obwohl von meiner seligen Mutter von jüngster jugend an zur erlernung der haus- und anderer arbeiten angewöhnt worden, bekame doch endlich auch lust zum zeichnen und malen bei müsiger zeit finge auch aus eigenen trieben an, etwas auf das kupfer zu ätzen. Als nun mein vater sahe, dass bei mir eine natürliche neigung zu dieser kunst sei, hat er mich mehreres dazu veranlasst und mir kupfer zu radieren unter die hände gegeben; endlich auch solche, welche er in seiner kunsthandlung nützen können. Diese arbeit aber wurde unterbrochen, als ich ao. 1683 meinem ersten sel. ehemann Johann Paul Auer verheiratet worden." Auer starb schon nach vier Ehejahren und Susanna Maria arbeitete als junge Witwe wieder für den Verlag ihres Vaters und Bruders. Sie konnte von ihrer künstlerischen Arbeit leben, 'Mithin niemand beschwerlich sein,' wie sie schreibt. Als sie im Jahre 1695 eine zweite Ehe mit → Wolfgang Moritz v. Endter schloß, mußte sie diese Arbeit 'wegen grosser haushaltung völlig einstellen.'
Im „Malbuch" sammelte sie alle ihre Stiche und Zeichnungen, ließ einen schönen Einband dafür machen und verehrte es ihrem zweiten Ehemann. Susanna Marias Name taucht bereits in der ersten Auflage (1675) der international bekannten „Teutschen Academie der Bau-Bildhauer- und Malerkünste" auf, das ihr Großonkel Joachim verfaßt hatte. Der große Sandrart widmete der damals Zwanzigjährigen nicht nur in „Prosa" ein begeistertes Lob, sondern huldigte ihrem Talent auch in einem echt barocken Gedicht. Er nahm auch einige ihrer Radierungen in seine „Academie" auf. In Susanna Marias „Malbuch" finden sich vielerlei Motive: Darstellung der Jahreszeiten, der fünf Sinne, bildliche Wiedergabe von Sprichwörtern, ebenso Städteansichten, Kostümstudien, Portraits und Bilder religiösen Inhalts. Ihr erster Mann, Johann Paul Auer, war ein bekannter Maler und wesentlich älter als sie gewesen. Von ihm hatte sie zwei Söhnlein gehabt, die aber schon als Kleinkinder gestorben waren. Ihr zweiter Mann, Wolfgang Moritz Endter, war ihr im Alter näher. Er stammte aus der berühmten Nürnberger Buchdrucker-, Buchhändler- und Verlegerfamilie und war selbst im Buchwesen tätig. Das Talent und die künstlerische Arbeit seiner Frau verstand und schätzte er hoch und verfügte in einem Nachwort im „Malbuch", daß dieses nach ihrer bei-

der Tod in die Stadtbibliothek Nürnberg kommen sollte. Von dort fand es dann — auf welche Weise, ist noch unklar — den Weg ins Germanische Nationalmuseum. Susanna Maria starb am 20. Dezember 1716; ihr Mann, Wolf Moritz v. Endter, überlebte sie um sieben Jahre. *Spk*

Johann Baptist Homann · Kartograph 1664 — 1724

Johann Baptist Homann, einer der großen Kartographen Nürnbergs, wurde 1664 in Oberkammlach bei Mindelheim geboren. Sein Vater war Verwalter der Frhrl. v. Rehlingschen Besitzungen. Über Johann Baptists Jugend und Ausbildung wissen wir nur wenig. Er besuchte das von Jesuiten geleitete Gymnasium in Mindelheim, hielt sich dann in verschiedenen Klöstern auf, um seine Studien zu vervollkommnen. Ob er dabei auch die Gelübde abgelegt hat, ob er 1687 aus dem Dominikanerkloster Würzburg entflohen ist oder ob er es mit Einverständnis verlassen hat, ist nicht sicher belegt. Von Glaubenszweifeln heimgesucht, wandte er sich nach Nürnberg. Entschlossen, zur protestantischen Konfession überzutreten, bat er den Rat der Reichsstadt um Aufnahme und Unterstützung bei der Konversion, was bewilligt wurde. Homann wohnte im Hause des Predigers Ungelenk und verdiente seinen Lebensunterhalt mit Zeichnen und mit Illuminierung von Kupferstichen. Die Einkünfte hieraus müssen dürftig gewesen sein, denn der Magistrat erließ ihm für die nächsten Jahre die Bezahlung des Schutzgeldes.

Sein weiterer Werdegang als Kupferstecher und vor allem als Kartograph von internationalem Rang ist nicht eindeutig zu klären. So soll er Autodidakt gewesen sein und sich seine Fertigkeiten in kürzester Zeit angeeignet haben, denn bereits 1690 sind von ihm drei gestochene Landkarten nachweisbar. Seine zusätzliche Tätigkeit als „Notarius Publicus Caesareus" brachte ihm offensichtlich die finanziellen Voraussetzungen, um die Tochter des Zuchthauspfarrers M. J. L. Ströbel zu heiraten und auch das Nürnberger Bürgerrecht zu erlangen. Er bedankte sich hierfür mit einer Karte des „Nürnberger Landes. . .", die in ihrer technischen Ausführung bereits ein hohes Maß an Vollendung zeigte. Der vielversprechende berufliche und private Neubeginn wurde jedoch durch neuerliche religiöse Zweifel und Kämpfe jäh unterbrochen, die ihn sogar in den nächsten Jahren zu zweimaliger Rückkehr zum „Papismus" bewegten. Als er öffentlich erklärte, daß seine Frau nicht seine rechtmäßige Ehegattin sei, wurde er wegen Unzucht in Haft genommen und erst nach dem erneuerten Bekenntnis zum evangelischen Glauben wieder entlassen, verlor aber sein Bürgerrecht. 1695 floh er überstürzt aus Nürnberg, wobei er den älteren Sohn mitnahm und ihn dem Pfleger zu Allersberg zur Erziehung übergab, der ihn sogleich zum Katholizismus konvertieren ließ, was dem Vater schwere Vorwürfe des Nürnberger Rates eintrug. Die folgenden Jahre Homanns waren von inneren Kämpfen, von Unrast und unsteter Lebensführung gekennzeichnet. Sein Weg führte ihn bis nach Wien und schließlich zurück nach Erlangen, wohin ihm seine Frau mit dem jüngeren Sohn folgte. Ihr Vater, deshalb vom Rat mit Vorwürfen überhäuft, beging schließlich Selbstmord.

Mehrere Gesuche, den Nürnberger Rat zur Wiederaufnahme des Kartographen zu bewegen, scheiterten. Homann siedelte daraufhin nach Leipzig über, wo er 34 Karten zu Chr.

Cellarius „Notitia orbis antiqui" stach und damit hohe Anerkennung fand. Wenig später gewährte der Nürnberger Rat dem inzwischen berühmten Kartographen die Rückkehr und erteilte ihm wieder das Bürgerrecht. Der offensichtlich auch innerlich zur Ruhe gekommene Homann widmete sich bis zu seinem Tode am 1. Juli 1724 ausschließlich geographisch-kartographischen Aufgaben. Er war zunächst für → Jakob von Sandrart tätig, für den er elf Karten schuf, und dann für H. Scherer, für dessen „Atlas novus" (1703 — 1710) er alle Karten stach. Nachdem er sich mit einem dritten Auftraggeber überworfen hatte, eröffnete er 1702 seine eigene Offizin, für die er bald das Haus am Kornmarkt erwarb („Fembohaus"). Das erklärte Ziel des kartographischen Unternehmens war, die teuren niederländischen und französischen Karten aus Deutschland zu verdrängen und durch billigere Eigenproduktion zu ersetzen. Homanns Werk umfaßte mehr als 200 Karten und mehrere Atlanten, voran den 1707 erschienenen, 40 Karten zählenden Atlas, der fünf Jahre später zum „Atlas von 100 Karten" erweitert wurde. 1716 erschien dann sein Hauptwerk, der „Große Atlas über die gantze Welt. . ." mit 122 Karten. Weite Verbreitung fanden auch die „Deutschlandkarte", die deutsche „Flußkarte" und die „Poststraßenkarte". Bei seinen astronomischen Karten folgte Homann den Entwürfen des Nürnberger Mathematik-Professors → J. G. Doppelmayr, doch bei den Landkarten griff er meist auf ausländische Originale zurück. Sie waren also nur Kopien, was die häufigen Fehler erklärt, die jedoch nicht weiter beanstandet wurden. Als erster Kupferstecher übernahm er die Herstellung von Atlanten im großen Stil und ist daher in der Geschichte der Kartographie gleich hinter Mercator einzureihen. Daß bereits die Zeitgenossen seine außergewöhnlichen Fähigkeiten und die Qualität seiner Karten zu schätzen wußten, zeigen die Ehren und Auszeichnungen, die ihm zuteil wurden. 1715 verlieh ihm Kaiser Karl VI. den Titel „Kaiserlicher Geograph" und noch im gleichen Jahr wurde er Mitglied der „Kgl. Societät der Wissenschaften zu Berlin"; wenige Jahre später nannte er sich „Moscowiter Agent". Nach seinem Tode erlebte der Verlag unter den „Homännischen Erben" nochmals einen kurzen Aufschwung mit mehreren Atlaswerken. 1804/13 kaufte dann G. Chr. Fembo den Verlag auf; nach dessen Tod im Jahre 1848 ging die Firma ein. 1876 wurde der gesamte Homännische Nachlaß versteigert. Er ist in alle Winde verstreut. Der Verlust für Nürnberg und die deutsche Kartographie ist unersetzlich. Eine Straße in Nürnberg-Langwasser ist nach ihm benannt. *En*

Malerfamilie van Bemmel   17./18. Jahrhundert

Dem Begründer der ersten deutschen Malerakademie, → Joachim Sandrart, ist es zu danken, daß der Landschaftsmaler Willem van Bemmel, ein Holländer, 1630 in Utrecht geboren, nach Nürnberg gekommen ist. Der Offizierssohn entstammte einer alten Familie, die aus Glaubensgründen von den spanischen Territorien in die nördlichen Niederlande ausgewandert war. In Nürnberg wurde er zum Stammvater einer Familie, die durch sechs Generationen von 1662 bis etwa 1800 hier ansässig geblieben ist. Vor allem sein Verdienst ist es, daß die Noris „den Anschluß an das deutsche und europäische Kunstschaffen nicht verloren hat" (→ W. Schwemmer); denn die Zeit, in der Willem van Bemmel seine Arbeit in Nürnberg begann, war gekennzeichnet durch einen vom Dreißigjährigen Krieg verursachten Rückgang deutschen Kunstschaffens. Es fehlte allgemein nicht nur an guten Künstlern (in großer Zahl überschwemmten sie bald, besonders aus der Lombardei, der Toskana und Neapel kommend, Deutschland und Europa), es fehlte besonders in Nürnberg auch an dem Bewußtsein, daß diese Stadt noch hundert Jahre zuvor und weit bis über den Tod → Dürers hinaus Zentrum der deutschen Malerei gewesen war. Die Künstler des 17. Jahrhunderts hingegen hatten „keinen Zugang mehr zum Künstlertum der Zeit".
Um diesen Mangel zu beheben, suchte Sandrart nach bildenden Künstlern, die Nürnbergs alten Ruf neu begründen konnten. Willem van Bemmel hatte seine Grundausbildung in

Rotterdam erworben. Seine Studienreisen führten ihn in „die fürtrefflichsten Oerter Italiens", nach Venedig, Rom und Neapel; dort lernte er Claude Lorrain, Jean Dughet und besonders Sandrart kennen. Nach einem Englandaufenthalt war Bemmel einige Jahre als Hofmaler in Hessen (Kassel) tätig. Er folgte dann über Augsburg dem Ruf Sandrarts nach Nürnberg, wo er die Kürschnerstochter Agnes Pianus heiratete. Er wohnte in Wöhrd, hatte Verbindung zu Sandrarts Akademie und nutzte — genau wie → Georg Christoph Eimmart, Franz Ermel aus Köln und andere von Sandrart Auserwählte — seine Chance als ein damals schon „virtuos begabter" und „rennomierter" Künstler. Sandrart charakterisierte in seinem Opus „Teutsche Akademie" (1675) Bemmel als einen vortrefflichen Landschaftsmaler von gutem Verstand und unverdrossenem Fleiß, der bereits in Italien zu großem Ruhm gekommen sei und dessen Lob sich auch bald in Deutschland verbreitet habe; er sei „sonderlich aber zu Nürnberg sehr berühmt und sind daselbst (in Deutschland) die meiste curiose Kunstzimmer mit seiner Arbeit gezieret". Man sammelte ihn also für die Kunst- und Raritätenkabinette. Es hieß, daß er „ein ausgemachter Meister seye und noch täglich seine Erfahrenheit vermehre". Sandrart rühmte Bemmels sinnreiche Inventionen ebenso wie die Fertigkeit seiner Hand. Schwemmer nennt ihn den „bahnbrechenden Hauptvertreter der stilisierten idealen Landschaft", der sich aber der bodenständigen Kunst Nürnbergs und ihrer typischen Neigung zum Realismus nicht versagt habe. Seine realistischen Bilder der Nürnberger Stadtbefestigung samt den Stadttoren und Gemälde wie die der abgebrannten Nürnberger Egidienkirche (1669) mit den belebenden figürlichen Staffagen, die er zum Teil von anderen Künstlern, auch von seinem Sohn Georg, in seine Kompositionen einfügen ließ, sind Zeugen von Bemmels Kunst.

Fünf nachfolgende Generationen mit insgesamt 14 männlichen Erben traten in die Fußstapfen des Malerahnen Willem van Bemmel, der 1708 starb und auf dem Wöhrder Friedhof begraben liegt. Sie waren z. T. Schüler von Johann Daniel und Georg Martin → Preißler oder auch von → Johann Kupezky und arbeiteten als Landschafts- und Porträtmaler, auch als Radierer. Einige von ihnen waren Mitglieder der Malerakademie. Der Urenkel Georg Christoph Gottlieb (1738 — 1794) und dessen gleichnamiger Sohn (1765 — 1811) ragen unter Willems Nachfolgern besonders heraus. Der erste war ein in und um Nürnberg berühmter Porträtmaler, dessen Bilder in Museen Nürnbergs, im Schützenhaus zu Erlenstegen und in Privatbesitz noch heute anzutreffen sind. Der zweite wurde als Landschafts- und Porträtmaler der unverkennbare Lehrer → Johann Adam Kleins. Beide haben samt dem Vetter Karl Sebastian Bemmel (1743 — 1796) der realistischen Landschaftsmalerei vor deren eigentlicher Begründung in Nürnberg den Weg geebnet.   *U*

Donatus Polli · Stukkateur   1663 — 1738

Zu den ausländischen Künstlern, die seit der zweiten Hälfte des 17. Jahrhunderts die künstlerische Entwicklung in unserem Lande prägten, gehört der Stukkateur Donatus Polli. Er wurde 1663 in Muzzani, Agnii-Muzano bei Lugano geboren und verbrachte seine Lehrzeit in Mailand. Seit 1690 war er in Nürnberg ansässig, konnte allerdings nie Nürnberger Bürger werden, weil er katholisch war. Deshalb wurde er auch, als er im Dezember 1738 starb, in Büchenbach bei Erlangen beigesetzt.

Sicherlich war Polli bei der Gründung seiner Nürnberger Werkstatt im Besitz guter technischer Vorlagen italienischer Herkunft. Denn die Kunst der Stuckierung war seit dem späten 16. Jahrhundert vor allem durch lombardische oder tessinische Wandertrupps in das deutschsprachige Gebiet getragen worden. Noch im 18. Jahrhundert wirkte diese lombardisch-tessinische Schule in Süddeutschland stilbildend. Von den Arbeiten seiner mehr als vierzigjährigen Tätigkeit (u. a. Nürnberger Exklave Lichtenau bis Sulzbürg/Opf.) ist vieles verloren oder unbekannt geblieben. Einer der ersten Nürnberger Auftraggeber Pollis war → Johann Michael Welser, denn 1699 entstanden die Stuckarbeiten im sog. Weißen Saal des Welserschlosses (früher im Besitz der → Pirckheimer) in Neunhof bei Lauf.

Hauptwerk des Künstlers ist die Ausschmückung der Egidienkirche in Nürnberg. Sie wurde um 1718 begonnen, 1945 aber wurden die Stukkaturen vernichtet, allerdings beim Wiederaufbau der Kirche zum Teil wieder hergestellt. 1719 entstanden der erhaltene Deckenschmuck der ev.-luth. Pfarrkirche von Behringersdorf und die noch teilweise vorhandene Stuckierung der Schloßkirche St. Michael in Sulzbürg. Bewahrt blieb auch die reiche Stuckdecke der kath. Pfarrkirche in Büchenbach bei Erlangen von 1726. An Polli als „artis stuccatoriae peritissimus" erinnert im Chor der Kirche ein Bronze-Epitaph. Zum reifen Spätwerk des Meisters gehört 1734 die Dekoration der Götterstube im Welserschloß von Neunhof bei Lauf und im gleichen Jahr die Um- und Neugestaltung des ersten Obergeschosses des Nürnberger Fembohauses. Hier bietet sich der Vergleich an mit der 60 Jahre älteren Stuckdecke im Vestibül des zweiten Obergeschosses von dem Mailänder Carlo Brentano, wobei der Wandel vom schwellenden Barock zum elegant flächigen Rokokostil deutlich wird.   *Stdl*

Johann Kupezky · Maler   1669 — 1740

Johann Kupezky wurde 1669 zu Prag als Sohn eines Webers geboren. Dieser gehörte der Glaubensgemeinschaft der „Böhmischen Brüder" an, die in den Habsburger Landen verboten war, so daß sich der Geburtstag des jungen Kupezky nicht feststellen läßt. Der Vater wollte den Sohn, den er streng christlich erzog, zum Weberhandwerk zwingen, was diesem aber nicht behagte; es blieb ihm kein anderer Ausweg, als die Flucht aus dem Vaterhaus, in das er nie mehr zurückkehrte. Er gelangte in das Schloß eines Grafen Czabor, wo der Schweizer Maler B. Claus Restaurierungsarbeiten ausführte. Graf und Meister erkannten die künstlerische Begabung des Jungen und Claus nahm ihn für drei Jahre in die Lehre. Er erhielt eine gute, technisch-handwerkliche Ausbildung und begab sich zunächst auf Gesellenreise; erst nach Venedig, dann nach Rom, wo er durch Vermittlung des Schweizer Malers Füßli in einem Atelier angestellt wurde, in dem in Akkordarbeit Porträtkopien angefertigt wurden. Schon nach kurzer Zeit erwarb er den Ruf eines guten Malers. Er schuf anfangs Genrebilder, von denen eines dem polnischen Prinzen Sobjesky so gefiel, daß er den Künstler für zwei Jahre in seinen Dienst nahm. Nun konnte Kupezky große Reisen durch Italien unternehmen, auf denen er in Florenz, Mantua und Venedig die Arbeiten großer italienischer Meister studierte und kopierte. Er wollte in seine Heimat zurückkehren, erfuhr aber in Wien, daß sein Vater gestorben sei. Er war nur durch die Mitteilung zu trösten, daß der Vater ihm verziehen habe. Er heiratete 1710 die in Not lebende Tochter seines ebenfalls verstorbenen Lehrmeisters Claus. Die Ehe war nicht glücklich. Kupezky wurde in Wien mit Aufträgen überhäuft, er durfte Kaiser Joseph I. und dessen Frau porträtieren, in Dresden auch den Polenkönig August den Starken. Durch Vermittlung von Aristokraten konnte er die junge Kaiserin Elisabeth Christine (Enkelin des Herzogs → Anton Ulrich von Braunschweig-Wolfenbüttel) malen, wobei ihr Mann, Kaiser Karl VI., zusah und ihn zu seinem Hofmaler machen wollte. Als Bedingung erbat Kupezky, ihn sowie Frau und Kind bei ihrem Glauben zu belassen. Der Kaiser war darüber erzürnt und soll geäußert haben: „Kupezky ist ein tüchtiger Maler, aber in seiner Aufführung ein Narr". Die Hofkreise rückten nun von Kupezky ab. Da die Verfolgung der Nichtkatholiken unter Karl VI. wieder strenger wurde und die fast liberale Ära Kaiser Josephs I. vorüber war, fühlte sich Kupezky in Wien nicht mehr sicher und beschloß zu emigrieren.

Künstlerisch läßt sich die Wiener Epoche Kupezkys als Entwicklungsabschnitt bezeichnen. Die verinnerlichten Bildnisse entsprachen nicht mehr der Zeitmode. Das offizielle Porträt mußte jetzt von pompösem Geist erfüllt sein. Man kann jedoch die „Pflichtschöpfungen" des Künstlers von denen unterscheiden, in denen er sein künstlerisches und menschliches Glaubensbekenntnis abgelegt hat. Diese Werke zeigen seine Größe und haben seinen Ruhm begründet. Durch diese „privaten" Schöpfungen hat er sich eine Stelle unter den Porträtisten seiner Zeit gesichert.

Kupezkys Freund, der Nürnberger Maler Johann Georg Blendinger, gab ihm mit Frau und Sohn eine Wohnung in seinem Haus. Der Rat beschloß am 23. Juli 1723: „Johann Kupezky, berühmten Maler und Virtuosen von Wien, welcher für sich, sein Weib und ein Kind um Erteilung hiesigen Stadtschutzes bittlich ansuchet, soll man willfahren". An Aufträgen fehlte es ihm auch hier nicht. Sie kamen aus dem fränkischen Landadel und den Nürnberger Ratsfamilien, darunter die → Haller, → Holzschuher, → Imhoff, → Volckamer und die → König von Königsthal (Ratskonsulent der Stadt).

Auf kleinen Reisen porträtierte er den Herzog von Gotha (1726), die Bischöfe von Bamberg und Würzburg (1727); auch für die Grafen von Schönborn arbeitete er. Verlockende Einladungen des Königs von England und der Königin von Dänemark schlug er aus. Sein Privatleben war jedoch überschattet von der Untreue seiner Frau, die von dem Prediger Schlickeisen nicht lassen wollte. Der schwerste Schlag war für ihn der Tod seines Sohnes, der zu den schönsten Hoffnungen berechtigte und 1733, 16jährig, an den Blattern starb. Der Künstler litt an Podagra und an einer schmerzhaften Wassersucht. Er starb am 16. Juli 1740. Die Nürnberger Geistlichkeit verweigerte ihm ein würdiges Begräbnis, da er sich nicht zur Kirche gehalten hatte. Sein Sarg wurde in einer Kutsche auf den Johannisfriedhof gefahren und „unbesungen" im Grab seines Sohnes (NF.E320) beigesetzt. Kein Epitaph erinnert an ihn. Seine Witwe heiratete 1741 ihren Prediger, starb 1759 und erhielt ebenfalls nur eine „Kutschenleiche".

Johann Kupezky gehört zu den bedeutendsten deutschen Malern des 18. Jahrhunderts. Er hat wesentlich dazu beigetragen, daß der traditionelle Ruhm Nürnbergs als Kunststadt nicht verblaßte. Da er die deutsche Sprache nie einwandfrei beherrschte und ihm ein verbindliches Wesen fehlte, galt er als „rauh" und „unwirsch". Überaus umfangreich war sein Lebenswerk. Angeblich hat er mehr als 1000 Arbeiten geschaffen, von denen aber nur etwa 200 in Sammlungen und in Privatbesitz nachweisbar sind.   *Schw*

Johann Georg Romsteck   1675 — 1716

Der Rotschmied (Leuchtermacher) J. G. Romsteck wohnte in der Hinteren Beckschlagergasse, war Korporal der Artillerie. Geboren am 6. 4. 1675 als Sohn des Messingbrenners Georg Romsteck, lernte er seit 1691 bei Hans Georg Beck. Seit 1696 ist er auf Wanderschaft in Niedersachsen, Polen und Schlesien; 1701 Meister. Er heiratete 1702 Kunigunde Reschel und starb am 27. 7. 1716. Aus seiner Werkstatt stammen zahlreiche Haus- und Kirchengeräte sowie jüdische Kultgegenstände aus Messing, teils Stücke von hoher Qualität. Viele seiner Arbeiten gingen nach Italien. Für die Sternapotheke fertigte er Mörser (Germanisches Nationalmuseum), für die Nürnberger Friedhöfe und auswärtige Kirchen (z. B. Heilsbronn) zahlreiche Epitaphien. Im Germanischen Nationalmuseum eine Brunnenplastik „Herkules und die lernäische Hydra" mit dem Holzmodell, aus einem Nürnberger Bürgerhaus. 1708 ziselierte er für den Stückgießer Johann Balthasar Herold zwölf mit den Monaten und mit Nürnberger Patrizierwappen bezeichnete Geschütze (Wien, Arsenal). In der Nürnberger St. Egidienkirche stehen zwei prachtvolle, in der Grundform auf italienische Vorbilder zurückgehende Standleuchter von 1715. Die plastischen Werke sind signiert oder monogrammiert, sonst Marken: Engelskopf und Name (1701/2 — 1706/7), Tanne und Name oder Initialen IGR (seit 1706).   *B-l*

Johann Gabriel Doppelmayr · Astronom   1677 — 1750

Johann Gabriel Doppelmayr, Mathematiker und Physiker, wurde 1677 in Nürnberg geboren. Er studierte ab 1696 an den Universitäten Altdorf und Halle/Saale Jura, Mathematik
und Physik, wechselte 1700 zum Studium der Astronomie nach Leiden (Niederlande) und
lernte dort nebenher das Schleifen von Linsen. Nach einem kurzen Aufenthalt in England
kehrte er 1702 nach Nürnberg zurück und war hier von 1704 bis 1750 Professor für Mathematik am Gymnasium Egidianum. Er machte sich durch zahlreiche wissenschaftliche Veröffentlichungen und durch Herstellung zahlreicher Erd- und Himmelsgloben einen Namen.
Doppelmayr war Mitglied mehrerer Akademien und Gelehrtengesellschaften: Akademie
der Wissenschaften (London), Royal Society (London, Kaiserlich Leopoldinische Akademie der Naturforscher (Halle/Saale), Preußische Akademie der Wissenschaften (Berlin)
und Kaiserliche Akademie der Wissenschaften (St. Petersburg).
Von seinen zahlreichen Werken seien hier einige aufgeführt: Historische Nachricht von den
Nürnbergischen Mathematicis und Künstlern (Nürnberg 1730); Neue und gründliche
Anweisung wie nach einer universalen Methode Grosse Sonnen-Uhren . . . accurat zu
beschreiben und richtig zu verzeichnen . . . sind, (Nürnberg 1719); Grosser Atlas über die
Gantze Welt, wie diese . . . aus den heutigen Grund-Sätzen der berühmtesten Astronomen
Nicolai Copernici und Tychonis de Brahe . . . zu betrachten ist (Nürnberg 1731); Zuberei-
tung und der Gebrauch verschiedener Astronomischer Instrumente (Nürnberg 1738).
Besonders bekannt sind die beiden astronomischen Atlanten „Atlas Coelestis" und „Atlas
Novus Coelestis" (Nürnberg 1742). In beiden Atlanten werden 30 Himmelskarten mit den
Sternbildern und den mit bloßem Auge sichtbaren Sternen sowie Weltsysteme nach den
Auffassungen von Ptolemaeus, Copernicus und Tycho Brahe dargestellt. Doppelmayr hat
auch eine Reihe von Werken deutscher und ausländischer Wissenschaftler neu herausgegeben bzw. übersetzt.
Eine große Anzahl von Erd- und Himmelsgloben wurde von Doppelmayr konstruiert; für
die Himmelsgloben benutzte er die von dem Danziger Astronomen Johannes Hevelius für
1730 berechneten Daten. Die erforderlichen Kupferstiche wurden von Johann Georg
Puschner d. Ä. gefertigt. Der Astronomie-Historiker Zinner gibt 1956 allein 49 Himmelsgloben an, die in verschiedenen europäischen Sammlungen nachweisbar sind. Die Globen
haben Durchmesser von zehn bis zu mehr als 30 cm. Mehrere Exemplare gehören zum
Bestand des Germanischen National-Museum in Nürnberg. Zur Erinnerung an Doppelmayr hat die Stadt in Langwasser einen Weg nach ihm benannt.   *Pl*

Johann Jakob Gilardi · Kaufmann   1684—1739

Um das Jahr 1700, das Ziel einer gediegenen kaufmännischen Ausbildung vor Augen,
führte den „Italiener" Giovanni Ciacomo Gilardi der Weg von seiner Geburtsstadt Mailand
(24. 1. 1684) über Augsburg nach Nürnberg. Dort wurde er zu einem derjenigen „Ausländer" (den Begriff gab es damals noch nicht), die gleich den → Viatis der Nürnberger Wirtschaft, dem Nürnberger Handel und Gewerbe in der Zeit des Abstieges der Noris neue
Impulse geben sollten.
Im überregional bedeutsamen Handelshaus Brentano-Cimaroli lernte er die gegenüber
gängigen deutschen Gebräuchen verfeinerten italienischen Geschäftsgepflogenheiten kennen. Gleichzeitig aber werden ihm die kaum mehr lösbaren Wechselbeziehungen zwischen
einem Handwerk, das schon seit längerem in seiner Investitionsfreudigkeit gelähmt war, und
einem engagierten Handelsstand wie dem seines Lehrhauses bewußt geworden sein. Denn
Handel und Handwerk lagen ihm selbst im Blute. Sein Vater, von Brüsseler Abkunft

(Geraert, Girard), war selbst Goldschmied, seine Brüder waren Kaufleute in Lissabon oder gleich dem Vater wiederum Goldschmiede. Giovanni Giacomo (später Johann Jakob) wußte also schon frühzeitig, worauf es ihm ankam. Deshalb folgte er auch 1708 dem Werben der jung verwitweten Sibylla Heckel und übernahm nach seiner Ausbildungszeit als deren Ehemann die Leitung der 1698 von Johann Georg Heckel d. Ä. gegründeten leonischen Drahtmanufaktur in Allersberg. Dafür schlug er das Ansinnen der Firma Brentano-Cimaroli aus, für sie als Repräsentant nach Westindien zu gehen.

Als Leiter dieser leonischen Manufaktur beschritt er sogleich neue Bahnen in der Unternehmensorganisation, in Geschäftsführung, Buchhaltung, Preiskalkulation und Absatzgestaltung. Der Befriedigung des anspruchsvollen Zeitgeschmacks, der nicht zuletzt von der Wirkung gold- und silberumhüllter Kupferdrähte bestimmt war, galt sein besonderer Geschäftssinn. Vor allem ging es ihm um den Erfolg eines nach kaufmännischen Gesichtspunkten betriebenen Fernhandels. Mit großem Geschick bezog er dabei als „gelernter Nürnberger", der in der Noris seine Augen aufgemacht hatte, die Stadt, in der er seine Lehre absolviert hatte, in sein Kalkül ein. Nach Nürnberger Vorbild gestaltete er für die Firma Heckel ein Warenzeichen und enthielt sich nicht des Hinweises auf die unmittelbare Nähe Nürnbergs; denn Allersberg lag ja tatsächlich im Fürstentum Neuburg. Er verstand es aber, sich bei Umschlag und Vermittlung seiner Produkte, wider alle Verbote, Nürnberger Händler zu bedienen. Als es darüber zum Streit zwischen den Marktvorstehern und den Vorgehern der leonischen Drahtzieher in Nürnberg kam, bemerkten jene geradezu resignierend: „Und was gehet denen allhiesigen Drahtziehern ab oder zu, ob der Allersberger Draht hier durch die Stadt oder nebenherum gehet, es kommt doch solcher an Ort und Stelle, wo er hin soll".

Tatsächlich hatte Gilardi 1735 nicht nur in allen westeuropäischen Ländern, sondern auch in Moskau, Petersburg, Archangelsk, Konstantinopel, ja selbst in Lima, Portobello, Veracruz, Havanna und „Babilonien" seine Kunden. Sein zwischen 1708 und 1735 erwirtschafteter Umsatz von 1 464 200 Marken-Draht mag einem Warenwert von annähernd 950 000 Gulden entsprochen haben.

Der Tod seiner Frau Sibylla im Jahr 1730 bedeutete auch für die gutetablierte Firma einen neuen Abschnitt. Denn an ihre Stelle trat zwei Jahre später die Mitwirkung von Gilardis zweiter Ehefrau Maria-Katharina, Witwe des Augsburger Kaufmanns Johann Friedrich von Brentano-Mezzagra und Tochter des Fugger'schen Rats Johann Adam Gratter. Die bei 240 Dauerbeschäftigten im Jahre 1735 von den Zeitgenossen erkannte finanziell-wirtschaftliche und sozialpolitische Bedeutung von Gilardis Manufaktur für Fürstentum, Ort und Bürger erfuhr im Neubau eines palaisartigen Wohnhauses samt zugehörigen Werkräumen am Allersberger Markt durch → Gabriel de Gabrieli eine signifikante Übersteigerung. Was Wunder, daß die Neuburger Regierung Gilardi (nach anhaltenden Schwierigkeiten mit seinen Stiefsöhnen) die Einrichtung eines eigenen Unternehmens und dessen Ausgliederung aus dem Heckelschen Gesamtunternehmen bewilligte.

Gilardi repräsentierte damals schon — das Altersportrait von unbekannter, vielleicht italienischer Hand bezeugt es — den Typus eines für seine Zeit neuartigen Wirtschaftspioniers. Ihm hatte der Freiraum der neuen Betriebsform der Manufaktur alle Kräfte abgefordert, denn sein Unternehmen war hineingestellt zwischen die besondere Staatlichkeit von Pfalz —

Neuburg und den wirtschaftlichen Kosmos Nürnberg. Man konnte aber nach seinem Tode am 4. Februar 1739 sagen, daß ihm ein Höchstmaß an irdischem Erfolg beschert gewesen ist. Ein Bronzeepitaph in der Pfarrkirche zu Allersberg bewahrt noch heute das Gedächtnis an den in Deutschland heimisch gewordenen Unternehmer, dessen geistige Tradition in Nürnberg und im Nürnberger Raum noch heute fortlebt. Nach dem Tod Gilardis folgte zunächst sein Schwager, Joseph Anton (von) Gratter, ehe Gilardis ältester Sohn, Andreas Alois Jakob Franz Xaver, das Werk übernehmen konnte. Unterdessen erwarb Maria-Katharina die Rittergüter Schwenningen, Blindheim und Hunda unweit von Höchstädt/Donau und schuf damit die Voraussetzung für die Nobilitierung der Familie.   *T*

Johann Adam Delsenbach · Kupferstecher   1687 — 1765

Delsenbach wurde im Dezember 1687 als Sohn eines Geleitsreiters — eines kleinen städtischen Beamten, der Handelstransporte begleitete — in Nürnberg geboren. Nach dreijähriger Lehrzeit bei dem Kupferstecher Augustin Christian Fleischmann, besuchte er die Nürnberger Akademie unter → Eimmart und → Preißler. 1708 folgte er einem Ruf nach Leipzig und reiste zwei Jahre später über Wittenberg, Berlin, Dresden und Prag nach Wien. Die Kaiserstadt wurde neben Nürnberg zur Hauptwirkungsstätte des Künstlers. Bei dem ersten Wiener Aufenthalt 1710 — 1713 wurde Delsenbachs Talent zur graphischen Architekturdarstellung durch die Zusammenarbeit mit dem großen Barockbaumeister Johann Bernhard Fischer von Erlach gefördert. Einen zweiten Aufenthalt von 1718 — 1721 verdankte er dem Ruf des kaiserlichen Antiquitäten-Inspectors Heraeus und einer Anstellung als Hofkupferstecher des Fürsten von Liechtenstein. Nach dessen Tod ließ sich Delsenbach 1721 endgültig in Nürnberg nieder.

Er heiratete 1724 eine verwitwete Wirtstochter und wohnte in einem Haus zwischen dem Laufer Schlagturm und Landauerkapelle. Hier widmete er sich vor allem seinen 'Nürnbergischen Prospekten', die 1715 — 1725 erschienen. Förderung erfuhr er dabei von Nürnberger Ratsfamilien, besonders der → Ebner. Nach dem Tod seiner Frau 1731 heiratete Delsenbach noch zweimal. Als angesehener Bürger wurde er 1733 Genannter des Großen Rates. Im gleichen Jahr begleitete er einen niederländischen Diplomaten nach Holland. Auch von dieser letzten größeren Reise brachte er eine Reihe topographischer Ansichten mit. Delsenbach starb am 16. Mai 1765 und wurde auf dem Johannisfriedhof begraben.

Johann Adam Delsenbachs Verdienst ist es, das Gesicht des alten Nürnberg in wirklichkeitsgetreuen und lebensvollen Bildern überliefert zu haben. Seine Leistung wiegt besonders, seit die städtebaulichen Veränderungen im Zuge der industriellen Revolution, die Verwüstungen des Weltkriegs und die Eingriffe in der Zeit des Wiederaufbaus die historische Substanz der Stadt bis auf wenige Reste dezimiert haben. Delsenbachs Nürnberger Prospekte, insgesamt 113 Blätter, gehören zu den wertvollsten Bildquellen der historischen Topographie und Baugeschichte Nürnbergs. Sie übertreffen ähnliche Bildfolgen von Johann Ulrich Kraus, → Johann Alexander Boener und Johann Melchior Roth an historischer Treue, künstlerischem Reiz und technischer Raffinesse. Seine Darstellungen der Stadt mit ihren Kirchen, Toren und Befestigungen, ihren öffentlichen Gebäuden, Plätzen, Straßen, Brücken, Bürgerhäusern und Gärten samt den Herrensitzen und Siechenhäusern vor den Mauern sind einerseits beredte Zeugnisse Nürnberger Architekturgeschichte. Sie vermitteln aber auch ein anschauliches Bild von der Urbanität der alten Reichsstadt im Zeitalter des Barock. In zahlreichen Episoden am Rande ist das geschäftige Leben und Treiben der Bürger und Passanten, der Handwerker, Fuhrleute und Marktbauern in das Bild der Stadt miteinbezogen.

Diese Auffassung der Vedute entspricht dem künstlerischen Selbstverständnis Delsenbachs, der sich zeitlebens als akademischer Künstler, nicht als handwerklicher Stecher fühlte. In seinem selbstverfaßten Lebenslauf legte er Wert auf die Feststellung, er habe „so wohl en mignature als auch in Oelfarben Cabinet Stücke, Portraits und Historische Sachen gemahlet". Das wenige, das sich davon erhalten hat, beweist jedoch keine große Meisterschaft. Da auch seine Porträtstiche — vor allem Wiener und Nürnberger Persönlichkeiten — über das künstlerische Mittelmaß nicht hinausragen, tut man Delsenbach nicht Unrecht, wenn man seine eigentliche Leistung in seinen Prospekten erkennt.

Allerdings vergessen die Nürnberger Lokalhistoriker gelegentlich Delsenbachs Wiener Unternehmungen, die seinen Ruhm weit über die Heimatstadt hinaustrugen. Hier sind vor allem die Kupfertafeln zu Fischer von Erlachs 'Entwurf einer Historischen Architektur', dem wohl bedeutendsten Architekturtraktat des deutschen Barock, zu erwähnen. Wien glich zu Anfang des 18. Jahrhunderts einer großen Baustelle. Für einen Architekturzeichner und -stecher mit Beziehungen zum Hof boten sich unendliche Möglichkeiten. Delsenbach schuf verschiedene Gesamtansichten der Stadt sowie Ansichten neuerbauter Barockpalais. Als Hofkupferstecher des Fürsten von Liechtenstein hatte er dessen Schlösser, Güter und Besitzungen in Österreich, Mähren, Böhmen und Schlesien zu zeichnen und zu stechen. Bei dieser Folge der Liechtensteinischen Prospekte ist Delsenbachs Interesse an marginaler Handlung bereits unverkennbar.

Delsenbachs „Stiche" — korrekterweise muß von Radierungen gesprochen werden — zeichnen sich durch einen zunehmend freieren, zeichnerischen Umgang mit der Radiernadel aus. Lediglich bei den Porträts hielt Delsenbach länger an dem strengeren Lineament des Kupferstichs fest. Seine Wiener Erfolge und seine verfeinerte Technik empfahlen Delsenbach bei seiner Rückkehr nach Nürnberg zur Mitarbeit an den berühmten „Nürnberger Hesperiden" des → Johann Christoph Volckamer. Im Auftrag des Losungers → Hieronymus Wilhelm Ebner von Eschenbach schuf er ferner die zwölf Blätter der „Ebnerschen Güter" sowie neun Tafeln mit den Darstellungen der Reichskleinodien, die allerdings erst 1790, lange nach dem Tod des Künstlers, herausgegeben worden sind. *Sc*

Lazarus Carl von Wölckern · Vorderer Rechtskonsulent   1695 — 1761

Lazarus Carl von Wölckern — an ihn erinnert eine Straße im Stadtteil Galgenhof — wurde am 26. April 1695 zu Nürnberg als jüngster von drei Söhnen des Ratskonsulenten Georg Carl Wölcker und seiner Frau Sibylla Dorothea → Imhoff geboren. In Altdorf, Straßburg und Leyden studiert er Rechtswissenschaften und Geschichte. 23jährig tritt er wie sein Vater in den Justizdienst der Stadt. 1723 heiratet er Sabina Fink, mit der er elf Kinder hat, darunter zwei Söhne, die später ebenfalls Stadtbedienstete werden. 1728 bestätigt Kaiser → Karl VI. die drei Brüder Wölckern wegen ihrer Verdienste um Nürnberg und das Reich in ihrem Adelsstand. Die Familie wird 1788 unter die ratsfähigen Familien eingereiht.

Neben seiner Tätigkeit als Ratskonsulent entfaltet Wölckern eine umfangreiche schriftstellerische Tätigkeit. Insbesondere verfaßt er (1731) eine „Historia Norimbergensis Diplomatica" und (1739) den ersten und einzigen Kommentar zum Nürnberger Stadtrecht, der „Verneuten Reformation" von 1564. Im 45. Lebensjahr erreicht Wölckern das höchste Justizamt der Stadt, das eines Vorderen Ratskonsulenten. Als Rechtsgutachter, Berater und

Gesandter leistet er seiner Vaterstadt bis zu seinem Tode (1761) wertvolle Dienste. Seine größte Leistung blieb jedoch die Kommentierung des Nürnberger Stadtrechts, die ihre Bedeutung als Nürnbergs Beitrag zur Entwicklung eines einheitlichen deutschen Rechts bis in unser Jahrhundert behalten hat. (Nach ihm benannt: Wölckernstraße) *Büh*

Christoph Jakob Trew · Arzt   1695 — 1769

Dem 1695 in Lauf geborenen Apothekersohn ermöglichte, nach dem Medizinstudium in Altdorf, ein Stipendium der Stadt Nürnberg eine dreijährige Bildungsreise durch die Schweiz, Frankreich und Holland; in Paris und Danzig hielt er sich längere Zeit auf. 1720 fand er Aufnahme in das Nürnberger Collegium medicum, dem er trotz ehrenvoller Rufe an verschiedene Universitäten bis zu seinem Tod im Juli 1769 treu blieb. Von fern und nah suchte man seinen ärztlichen Rat, 1736 wurde er Leibarzt des Ansbacher Markgrafen. Seine speziellen Forschungsgebiete waren Anatomie, worin er anfangs die Nürnberger Wundärzte unterwies, und Botanik, zu der ihn sein Vater frühzeitig hingeführt hatte. Er erwarb sich große Verdienste um Erhaltung und Veröffentlichung des botanischen Nachlasses des Zürchers Konrad Gessner und war Mitglied der Naturforscher-Akademie Leopoldina, seit 1743 Herausgeber ihrer Periodika. Bleibenden Nutzen stiftete seine vielseitige Sammlertätigkeit. Er hinterließ der Universität Altdorf außer einer Naturaliensammlung eine Bibliothek von ca. 25 000 Bänden und eine umfangreiche Briefsammlung, die heute zu den größten Schätzen der Erlanger Universitätsbibliothek zählen. *Wei*

Cornelius Heinrich Dretzel · Komponist   1697 — 1755

Cornelius Heinrich Dretzel (auch Drexel; 1697 — 1755) war der jüngste und bekannteste Sproß einer weitverzweigten Nürnberger Musikerfamilie. Schon mit 14 Jahren war er Organist an der Frauenkirche. Der damalige Musikchronist Christian Friedrich Daniel Schubart nennt ihn einen „Schüler Johann Sebastian Bachs und zwar einen seiner besten". Im „Nürnbergischen Gelehrtenlexikon" des → G. A. Will wurde er als „einer der größten Virtuosen seiner Zeit im Spielen und Componieren" gerühmt. Auf der Stufenleiter der Nürnberger Organisten-Hierarchie stieg er denn über Egidien (1819), St. Lorenz (1743) bis zur wichtigsten Position in St. Sebald (1764 als Nachfolger des Pachelbel-Sohns Wilhelm Hieronymus). Während von seinen Instrumentalwerken wenig erhalten ist (ein Bach zugeschriebenes Klavier-Präludium BMV 897 soll von ihm stammen), gewann sein umfängliches Choralbuch von 1731 („Des evangelischen Zions musikalische Harmonie") dauerhaftere Bedeutung. Vor allem in dem handlicheren Neudruck durch den Nürnberger Notenstecher Balthasar Schmid (1748) war diese aus prominenten Komponisten-, aber auch aus überlieferten Melodie-Quellen schöpfende Sammlung lange Zeit ein Standardwerk der Nürnberger Kirchenmusik. *WW*

A. J. Roesel v. Rosenhof · Maler und Kupferstecher   1705 — 1759

Obwohl im thüringischen Augustusburg bei Arnstadt 1705 geboren, entstand das Lebenswerk des A. J. Roesel von Rosenhof, der bei seinem Onkel Wilhelm in die Lehre ging, in Nürnberg, wo er zunächst die Kunstakademie besuchte, um Miniaturmalerei und Technik des Kupferstichs zu erlernen. Auch das Angebot des Dänischen Königshofes, in Kopenhagen, wo er aus eigenem Interesse 1726 hingereist war, eine Lebensstellung anzunehmen, konnte ihn nicht davon abhalten, 1728 nach Nürnberg zurückzukehren, dort 1737 zu heiraten und bis zu seinem Tode (1759) zu arbeiten.
Seine künstlerische Tätigkeit stellte er vorrangig in den Dienst der zoologischen Forschung.

Das Beispiel der → Maria Sibylla Merian (1647 — 1717) hatte ihn dazu angeregt, so berichtet sein Schwiegersohn C. F. C. Kleemann (1735 — 1789) in der ausführlichen Biographie, die dem vierten, posthum erschienenen Band „Der monathlich-herausgegebenen Insecten-Belustigung" vorangestellt ist. Dieses Hauptwerk Roesels, das eigene Tierbeobachtungen mit den selbst gezeichneten und selbst gestochenen Kupfertafeln enthält, zählt zu den Kostbarkeiten der entomologischen Literatur Deutschlands. Es erschien im Eigenverlag des Künstlers von 1740 bis 1761, wobei nach seinem Tode die Erben das Werk fortführten. Mit seinem anderen, weniger umfangreichen Werk „Historia naturalis Ranarum. . . ", für das ihm → Albrecht von Haller ein Vorwort schrieb, erwies sich Roesel auch als ein guter Anatom. Nächst dieser Monographie über die Frösche plante er noch ein Werk über die Eidechsen, zu dem jedoch nur einige Tafeln fertiggeworden sind. In der Werderau ist eine Straße nach ihm benannt. *Rü*

Barbara Regina Dietzsch · Malerin   1706 — 1783

Barbara Regina Dietzsch (1706 — 1783 in Nürnberg) dürfte das bekannteste Glied der Malerfamilie Dietzsch sein. Der wahrscheinlich aus Coburg stammende Vater Johann Israel (1681 — 1754), ein Schüler von → Johann Daniel Preisler, legte, wohl zugleich als Modellsammlung für sich und seine Kinder, ein Kunst- und Naturalienkabinett an, das am Ende des 18. Jahrhunderts von → Johann Chr. Gottlieb von Murr erwähnt wird. Geschwister waren Johann Sigmund (1707 — 75), Johann Christoph (1710 — 69), Johann Jacob (1713 — 62), Johann Georg Albrecht (1720 — 82) und schließlich Margarethe Barbara (1726 — 95). Jeder in der eng zusammenhaltenden Familie hatte sich auf bestimmte Themen spezialisiert. Barbara Reginas Ruhm bewirkten ihre außerordentlich fein und ganz naturgetreu gemalten, geschickt ins Bild gebrachten Gouachen zumeist von einzelnen Blumen mit Insekten, seltener von Blumensträußen, von Vögeln auf Zweigen, gern vor einfarbigem, häufig schwarzem Grund. Die vom Gegenstand her ähnlichen Arbeiten der Schwester erfassen die Natur vielleicht nicht ganz so sensibel, dafür mit einer delikaten Verspieltheit. Vom Vater und den Brüdern gibt es „heroische" südliche und einheimische Landschaften, Küchenstilleben (Johann Jacob) und Genreszenen mit stillebenhaften Requisiten (Johann Christoph). *LW*

Johann Ulrich Haffner · Musikverleger   1711 — 1767

Nürnberg war schon längst keine Stadt der ausübenden Musiker mehr, da war es doch immer noch eine Stadt der Notendrucker und Musikverleger. Einer der letzten und wohl auch bedeutendsten Vertreter dieses im 16. und 17. Jahrhundert blühenden Gewerbes war der 1711 geborene Johann Ulrich Haffner. Sein Geburtsort ist unbekannt; er muß jedoch bereits 1730 als Lautenist in Nürnberg gelebt haben, bevor er um das Jahr 1742 eine Musikalienhandlung eröffnete.
Zwei Jahre später brachte er eines seiner wichtigsten Verlagswerke heraus, die sechs Sonaten für das Cembalo von Carl Philipp Emanuel Bach, dem zweitältesten Sohn Johann Sebastians. In der Folgezeit verstand er weitere bedeutende Komponisten für seinen Verlag zu interessieren, so den Bach-Schüler und Rigaer Organisten Johann Gottfried Müthel und den Hamburger Musikgelehrten Johann Mattheson. Als erster deutscher Verleger gab er 1754 sechs Klaviersonaten des italienischen Komponisten Domenico Scarlatti heraus.
In einem 1759 erschienenen Katalog ruft Haffner die Komponisten seiner Zeit auf, ihm neue Klaviersonaten einzusenden; dafür bot er ihnen kein Honorar, sondern als Gegengabe sechs Exemplare des Heftes, in dem die eingesandte Sonate abgedruckt war. Im Gegensatz zu den meisten Verleger-Kollegen hielt Haffner auch nach der Erfindung des verbesserten Typen-

drucks durch J. G. I. Breitkopf am alten Notenstich fest und sicherte dadurch seinen Verlagswerken vor allem in ästhetischer Hinsicht einen Vorsprung vor der Konkurrenz. *stö*

Christoph Friedrich Stromer · Vorderster Losunger 1712—1794

 In der Zeit der Agonie der Reichsstadt war Christoph Friedrich Stromer von Reichenbach, geb. 10. Februar 1712, das am längsten amtierende Stadtoberhaupt Nürnbergs. 1737 begann seine Ratslaufbahn, 1763 wurde er Losunger und von Frühjahr 1764 bis zu seinem Tod am 4. Dezember 1794 amtierte er als Vorderster Losunger und Reichsschultheiß. Sein Amtsvorgänger hatte 1762 die Stadt kampflos Friedrichs des Großen Reitertruppen unter General v. Kleist übergeben, der zwei Millionen als Kontribution erpreßte und dafür Stromer und andere Ratsherren als Geiseln verschleppte. Zurückgekehrt, fand Stromer bei Amtsantritt eine immense Schuldenlast des Stadtstaates vor. Deretwegen erfolgte in seinem letzten Amtsjahr 1794 endlich eine erste Änderung der Stadtverfassung nach 500 Jahren patrizischer Alleinherrschaft. In einem „Grundvertrag" wurde dem berufsständisch aus Kaufleuten, Unternehmern und Handwerksmeistern zusammengesetzten Kollegium der Genannten des Größeren Rats die Entscheidung über die Staatsfinanzen übertragen. Zwei Fliegen mit einer Klappe wollte C. F. Stromer schlagen, als er zur Hebung der Finanzen und der öffentlichen Sittlichkeit die „Jungfernsteuer" einführte. Ein ähnliches, mit widerlicher Sittenschnüffelei verbundenes Verfahren war jahrelang in Österreich dank Kaiserin Maria Theresia praktiziert worden. Als jedoch der aus Nürnberg in die fränkische Reichsritterschaft übergewechselte Wolfgang Christoph Winkler von Mohrenfels anonym in dem satyrischen Roman „Hebe" die eigenartige Steuer anprangerte, war das Geschrei groß. Man ließ die Steuer wieder fallen. Vielleicht aus ihrem Ertrag jedoch prägte man ihrem Erfinder eine Portraitmedaille schwer aus Gold, deren Widmung zart auf eine ähnliche Steuer des römischen Kaisers Vespasian anspielte. *St*

Johann Siebenkees · Organist 1714—1781

Siebenkees — im Dezember 1714 geboren — war der letzte Vertreter der alten Nürnberger Organistenschule, die hauptamtlich ihren Dienst versah. Sein Orgel-, Klavier- und Flötenspiel wird gerühmt. Mehrere Kantatenjahrgänge, Orgelwerke und andere Kompositionen sind verloren. Erhalten blieb nur ein kleines Menuett für Klavier und die bedeutende Kirchweihkantate „Kommt herzu, laßt uns dem Herrn frohlocken" (um 1760), die uns die Größe des Verlustes der anderen Werke erahnen läßt.
Das eigentlich Interessante an ihm ist für uns aber sein höchst ungewöhnlicher Lebenslauf: Er war Sproß eines bis heute existierenden weit verzweigten fränkischen Müller- und Bäckergeschlechtes. Als zwölfjähriger, hochbegabter Pianist wird er von Nikolaus Ludwig Graf von Zinzendorf, der zu dieser Zeit als Hof- und Justizrat im Dresdener Staatsdienst stand, in Nürnberg entdeckt und zum Studium beim Hofkapellmeister J. D. Heinichen mit nach Dresden genommen. Als Fünfzehnjähriger schlägt er einen Ruf nach Petersburg aus. Er spielt Klavier vor dem sächsischen und preußischen König, auch vor dem Kronprinzen Friedrich (dem Großen). Auf Verlangen des Vaters übernahm er trotzdem in Nürnberg dessen Bäckerei. Jahre später wird er dann doch in Nürnberg Organist, schlägt einen Ruf nach Hamburg aus als Nachfolger Telemanns, „weil er sein Vaterland höher schätzte", wurde ab 1664 Organist an St. Lorenz, von 1672 bis zu seinem Tode am 22. Januar 1781 an St. Sebald. Er war zweimal verheiratet und hatte 10 Kinder. *hss*

Johann Augustin Dietelmaier · Theologe 1717 — 1785

Dieser aus dem Pfarrhaus Nürnberg St. Sebald stammende Professor der Theologie und der griechischen Sprache an der Universität Altdorf gewann internationalen Ruf, seit er ab 1750 die Herausgabe der alttestamentlichen Bände des sog. Englischen Bibelwerks mit Anmerkungen übernahm. Neben seiner Professur versah er die vierte Pfarrstelle in Altdorf und machte sich einen Namen als Mitglied des Pegnesischen Blumenordens (vgl. → G. Ph. Harsdörffer). Nennenswert sind einige für ihn und seine Zeit bezeichnende Notizen: Das Studium in Altdorf unterbrach er durch zwei Jahre eines Aufenthalts in Halle. Dort wollte er Alexander Gottlieb Baumgarten hören. — Seine Frau, die Nürnberger Pfarrerstochter Maria Barbara Michahelles, war bereits vor der Eheschließung (1745) geübt in Latein, Französisch, Griechisch und in der Dichtkunst. — Eine wissenschaftliche Chronik weiß zu berichten, daß Dietelmaier „Berufungen an andere Universitäten aus Liebe zu seinem Vaterland ausgeschlagen" hat. — Wie sehr er seinen Glauben auch im eigenen Leben praktizierte, besagt ein Nachruf: „Und selbst des nahen Todes traur'ge Bahn — Gingst Du sie nicht mit Heiterkeit hinan?" Als Mitarbeiter am Englischen Bibelwerk schrieb er u. a. über Beichte und Kirchengesang. *svs*

Johann Eberhard Ihle · Direktor der Malerakademie 1727 — 1814

Drei Bewerber standen zur Debatte, als der Direktor der Nürnberger Maler- und Zeichen-Akademie, Johann Justin Preißler, zu Beginn des Jahres 1771 starb: Der Altdorfer Maler → Kleemann, der Landschaftsmaler → Chr. K. Gottlieb van Bemmel und der Maler Johann Eberhard Ihle, ein sehr begabter Portraitist. Ihle, 1727 in Esslingen geboren und seit 1751 Mitglied der Akademie, war der Auserwählte und mehrte schon nach kurzer Zeit wieder die Zahl der Akademie-Schüler. Gewiß, Ihle, der bei seinem Vater in Esslingen die Lehrzeit absolviert, zwei Wanderjahre und 20 Jahre als Akademielehrer hinter sich hatte, war kein „Reformer" nach dem Geschmack der jungen Schüler und mußte manch harte Kritik bis hin zur Verleumdung über sich ergehen lassen. Aber es gelang ihm, die Angriffe seiner Gegner in Nürnberg abzuschlagen und seine Position als ein vom Zeitgeschmack unabhängiger Künstler und Lehrer „gründlicher Zeichenkunst für junge Leute und Liebhaber aus allen Ständen" — so der Titel einer selbstverfaßten Schrift — zu festigen. Damit schuf er sich das Fundament für seine vierzig Nürnberger Dienstjahre; eine Schaffensperiode, die vom Rokoko bis zum frühen Klassizismus reichte. In dieser Zeit rettete er die Existenz der von → J. von Sandrart gegründeten Akademie.

Das war für ihn keine leichte Aufgabe; denn die Reichsstadt Nürnberg, in deren Dienst er stand, befand sich damals in einer außergewöhnlich schwierigen Lage. Die politischen Verhältnisse der Noris wurden von der Verwirklichung der Nationalstaaten, von den Schlesischen Kriegen, vom Bayerischen Erbfolgekrieg, von der heraufziehenden Französischen Revolution und von der schweren Schuldenlast der Stadt (Geldverluste in Frankreich, Spanien, Portugal und Antwerpen) gekennzeichnet. Die wirtschaftliche Lage war miserabel. Die meisten Mitglieder der Akademie waren so arm, daß sie nicht einmal mehr ihren Beitrag, den „Monatsbatzen", bezahlen konnten. Der Rat der Stadt hatte zwangsläufig als „Dienstaufsichtsbehörde" kein Interesse an Reformen der Akademie; sie hätten nur Geld gekostet. Ihle hatte ihm wohl entsprechende Vorschläge weitergeleitet, aber vom Rat kam — wie W. Schwemmer schilderte — keine Antwort. Ähnlich wie in Sachen der „Reichsstädtischen Universität" Altdorf herrschte im Rat auch über die Zukunft der Akademie Unsicherheit und Entschlußlosigkeit. Ihle mußte hochbetagt sogar um die ihm zustehenden Bezüge kämpfen. Was also blieb dem in seiner Zeit so bedeutsamen Portraitmaler anderes übrig, als die Akademie während der letzten Jahre seines Wirkens (1807 — 1811) in den Besitz des

Königreichs Bayern zu überführen und damit die älteste deutsche Maler-Akademie zu bewahren? Das bleibt sein großes Verdienst. Auf seinen Vorschlag wurde → A. Chr. Reindel sein Nachfolger. *Pu*

Georg Andreas Will · Verfasser des Gelehrtenlexikons   1727 — 1798

Georg Andreas Will, Sohn eines Pfarrers, der sein Amt zuletzt in St. Lorenz versah, wurde am 30. August 1727 in Nürnberg geboren. Er bezog als Theologiestudent bereits mit 17 Jahren die Universität Altdorf. Ein zweijähriger Aufenthalt an der Universität Halle war für seine weitere wissenschaftliche Tätigkeit bestimmend; denn er kam dort in den Kreis um Christian von Wolff, führender Vertreter des Rationalismus. Will gab die Theologie auf und wandte sich der Philosophie zu. 1748 kehrte er nach Altdorf zurück und habilitierte sich; 1757 wurde er Ordinarius. Seine Lehrfächer waren Philosophie, Gelehrtengeschichte und die „Schönen Wissenschaften". Er war fünfmal Rektor und zwölfmal Dekan. Seine Lehrtätigkeit wird als klar, lebendig und angenehm gerühmt. Sein bekanntestes Werk ist das „Nürnbergische Gelehrten-Lexikon", 1755/58 in vier Bänden erschienen. Es wurde in vier Supplementbänden, 1802/1808 von Nopitsch ergänzt. Der Begriff des Gelehrten ist darin weit gefaßt. In der Hauptsache sind Akademiker, aber auch Techniker, Künstler und sogar Frauen aufgeführt. Für Nürnberg besonders bedeutsam ist seine „Bibliotheca Norica Williana", ein in acht Bänden von 1772 bis 1792 erschienener Katalog des Schrifttums aus und über Nürnberg. Wo nötig, skizziert er den Inhalt der Bücher; was er nicht selbst besitzt, führt er an und gestaltet so den Katalog zu einer Bibliographie Nürnbergs. Er verkaufte seine Sammlung mit über 8.000 Bänden an die Stadt Nürnberg und starb im September 1798. In Gostenhof ist eine Straße nach ihm benannt. *Gem*

Christoph Gottlieb von Murr · Polyhistor   1733 — 1811

Einer der vielseitigen und bedeutenden Gelehrten Nürnbergs im 18. Jahrhundert war Christoph Gottlieb von Murr, geboren am 6. August 1733 in Nürnberg. Auf langjährigen Reisen nach Frankreich, Holland, England, Österreich und Italien gewann er viele Freunde. Er führte einen ausgedehnten Briefwechsel mit Künstlern, Gelehrten, Schriftstellern, Dichtern, Musikern, aber auch mit Cardinälen und Fürsten, auch gekrönten Häuptern seiner Zeit. Vielfältig waren dementsprechend die Themen seiner Schriften: Geschichte, Altertumskunde, Rechts- und Staatswissenschaften, Völkerkunde, Sprachwissenschaften, Orientalistik, Kunst, Literatur, Musik und Naturwissenschaften samt den verwandten Gebieten.

Seine Werke umfassen rd. 200 Titel. Besonders zustatten kam ihm bei seinen Arbeiten wie im persönlichen Verkehr seine schon im Nürnberger Egidiengymnasium begonnene Ausbildung in alten und modernen Sprachen. Murrs dichterische Versuche waren unbedeutend, von um so größerem Wert aber die von ihm angelegten Sammlungen, mit denen er übrigens gewinnbringend Handel betrieben hat. Einmal beschwerte sich Goethe über einen zu hohen Preis Murrs. Von großem Wert sind für uns Murrs Verzeichnisse von Sammlungen, pedantisch genau verfaßt, und seine Forschungen über → Albrecht Dürer und dessen Zeitgenossen. Wir wissen, daß er dem Zaren → Alexander von Rußland im August 1805 u. a. drei von

→ Regiomontan persönlich geschriebene Codices schenkte, für die er einen wertvollen Brillantring als „Gegenleistung" erhielt. Viele wissenschaftliche Gesellschaften ehrten Murr durch Ernennung zum Mitglied, so das Kgl. Hist. Institut zu Göttingen, die Gesellschaft der Naturforscher zu Berlin, die Kgl. Bayer. Akademie der Wissenschaften.

Murr stammt aus einem alten fränkischen Geschlecht. Ein Vorfahre Heinrich besaß 1345 Güter im Bambergischen, dessen Enkel Friedrich siedelte 1481 nach Nürnberg über. Ein Hieronymus wurde 1451 von → Kaiser Karl V. in den Reichsadelsstand erhoben. Der Vater und der Großvater Christoph Gottliebs waren als angesehene Pfleger in Gostenhof ansässig.

Murrs Ausbildung — ursprünglich wollte er Soldat werden — begann nach Absolvierung des Gymnasiums im Jahr 1751 in der Universität Altdorf. Rechts- und Staatswissenschaften waren seine Hauptfächer, Philosophie, Mathematik, Naturwissenschaften, Archäologie und Geschichte seine „Nebenfächer". 1754 promovierte er in Altdorf, forschte dann in der Geschichte der staufischen Kaiser und verwandte seine Untersuchung 1756 in einer Disputationsschrift.

Schon ein knappes Jahr danach begann er mit seinen wissenschaftlichen Reisen, erst nach Straßburg, wo Schöplin eine bedeutende Bibliothek und große Kunstsammlungen besaß — mit freiem Zugang für Murr, ebenso zur Bibliothek der Jesuiten. Der hier geknüpfte Kontakt mit dem Orden veranlaßte Murr, sich publizistisch für ihn zu verwenden, als dieser unter unwürdigen Umständen aufgelöst und die Ordensangehörigen persönlich verfolgt wurden. Dieses Engagement löste auf protestantischer Seite ein Mißtrauen aus, das nie mehr ganz beseitigt werden konnte. Murrs Aufenthalt in Straßburg führte zu Arbeiten über sprachliche, mathematische und medizinische Themen und zum Studium der Experimentalphysik bei Grauel.

Anschließend reiste er nach Rotterdam, Amsterdam, Leyden und Utrecht wo er von berühmten Gelehrten seiner Zeit — Meermann, Albinus, den Orientalisten Schultens, Reiz u. a. m. — gut aufgenommen wurde. Wahrscheinlich galt der nächste Besuch der Stadt Herborn, wo er Schultens treffen konnte, der dort an der Universität lehrte. Von Belgien schiffte er sich nach Britannien ein. In London, Oxford und Cambridge pflegte er Kontakte mit Gelehrten, Künstlern und Schauspielern. In dieser Zeit konzipierte er seine (1770 herausgegebene) „Bibliothèque de Peinture, de Sculpture es de Gravure" und wurde zum Empfang bei König Georg II. gebeten. Über Holland kehrte er nach Nürnberg zurück. Schon 1760 treffen wir ihn in Geschäften in Wien, Ende des gleichen Jahres in Oberitalien, u. a. in Venedig, Padua, Vicenza, Verona, Orte, in denen er Goldoni, den Bibliothekar der St. Markusbibliothek Zanetti, Ugolino und Costadoni trifft. Die großen Gemäldesammlungen, Skulpturen und Bibliotheken der Adeligen werden ihm bereitwillig gezeigt. In Padua kam er mit Vallisneri, Morgagni, Fasciolati und dem Musiker Tartini zusammen; in Verona mit den Malern Cignaroli und Lorenzi sowie der Pastellmalerin Angelica Perotti, einer Schülerin der Rosalba Carriera. Nach einem kurzen Aufenthalt in Wien traf er in Salzburg Mozart und in Augsburg den Philosophen Joh. Jak. Brucker. Im September 1761 nimmt er an der Krönung Georgs III. in London teil und schifft sich nach elf Monaten 1762 nach Hamburg ein, wo er Reimarus, Telemann und Schmiedlin, den Verfasser des Katholicon, besucht.

1770 wurde er dann in Nürnberg Waag- und Zollamtmann. Reiste aber schon 1771 für ein knappes Jahr nach Wien, wo er u. a. mit van Swieten, Metastasio, Meytens und besonders mit berühmten Jesuiten zusammentraf, damals dort noch nicht verboten. Sie verfügten aufgrund ihrer Missionstätigkeit über Kenntnisse, die für Murrs Nürnberger Arbeiten wichtig gewesen sind. Diese Gespräche und Erfahrungen hat er später in seinem Journal (1775 — 1789 in 17 Bänden, zwischen 1798 und 1800 zwei weitere) aber auch in Einzelpublikationen ausführlich beschrieben. Seine Werke verfaßte er in seiner Nürnberger Freizeit, in der er auch seinen umfangreichen Briefwechsel geführt hat. Seine wissenschaftliche Arbeit als Schriftsteller über 50 Jahre erweist ihn als einen Polyhistor des 18. Jahrhunderts.

Er starb 1811 nach kurzem Krankenlager mit 78 Jahren. Seinen Nachlaß hat er seinem Freund Dr. Joh. Albert Colmar testamentarisch vermacht. Noch im Todesjahr Murrs erschien der Auktionskatalog seiner 5835 Titel umfassenden Bibliothek. Eine von → Joh. Ferd. Roth verfaßte lateinische Biographie wurde bei dieser Gelegenheit mit veröffentlicht. Sie ist bis heute die Grundlage für unsere spärlichen Kenntnisse über Murr geblieben. *Hoc*

Johann Konrad Grübel · Mundartdichter 1736—1809

Meriten um seine Vaterstadt und Muttersprache hat sich Grübel (Sohn eines Flaschners und Harnischmachers, bei dem er seine Lehre und selbst noch die Gesellenzeit absolviert) auf mehrfache Weise erworben. Da ist zunächst der mit kommunalen Aufgaben betraute Bürger Grübel, vor allem aber der *exzellente Handwerksmann.* Beizeiten, so scheint es, hat er sich auf heikle Projekte spezialisiert, so daß man ihm den Auftrag erteilt, den Sebalder Nordturm zu decken. Nicht viel später ehelicht er die Tochter des Mesners von St. Sebald. Seit 1775 finden wir ihn als Flaschnermeister in städtischen Diensten; noch als 68jähriger macht er das Dach des Betzensteiner Schlosses wetterfest. Da ist ferner Grübel als *Geschworener* seines Gewerbes, der die zwischen dem Rat der Stadt und dem Flaschnerhandwerk anhängigen Probleme umsichtig regelt. Und da ist schließlich auch der *Gassenhauptmann* Grübel, der — etwa bei der leidigen Einquartierung der Franzosen im Jahr 1801 — die aufgebrachten Gemüter dämpft und für Auskömmlichkeit sorgt. Ehrenvolle Aufträge und Ehrenstellen, die Grübel zufallen, machen ihn als fachliche wie menschliche Autorität kenntlich.

Dieselbe Förderung des Gemeinwohls ist ihm nun aber auch angelegen aus sozusagen umgekehrter, idealer Perspektive. Denn dem Mundartdichter Grübel geht es um Selbstdarstellung und Selbstverständigung des handwerktreibenden Stadtbürgertums im Medium einer ortsständigen Poesie. Hier wird er um die Wende zum 19. Jahrhundert tonangebend und populär. Er übertrifft nicht nur seine gelegenheitsreimenden Vorgänger bei weitem: er verschafft der Nürnberger Mundartdichtung erst jene unverwechselbare Kontur, die seine poetischen Nachfahren dann beizubehalten bemüht sind, nicht immer zu ihrem und ihrer Leser Glück. Reste von Grübels Popularität haben sich erhalten bis auf den heutigen Tag, wenn etwa sein Name sogleich in Verbindung gebracht wird mit *Der Käfer* oder auch *Der Schlosser und sein Gesell,* mit Gedichten also, die nach wie vor geläufig in Nürnberg sind. Doch hinterließ Grübel ein auch äußerlich respektables Werk von über 20 000 Versen, welche das ganze Spektrum stadtbürgerlicher Lebenswelt einfangen. Da finden sich Gelegenheitsgedichte aller Art, abgesehen von den traditionellen Neujahrsgrüßen etwa auch versifizierte Lobreden auf Kaffee und beiderlei Tabak, auf Wein und medizinisches Pflaster, auf das geliebte Musikinstrument wie auch die festlichen Kirchweihgenüsse. Da gibt es Erzählendes und Schwankhaftes mit vergnüglichen Pointen, aber Grübel wagt sich auch an idyllisierend-phantastische Sujets wie die Zwiesprache von Ofen und Stubentür, oder er läßt die seiner fachlichen Obhut unterstellten städtischen Wasserpumpen zu Wort kommen. Eingestreut sind kleine Versdialoge, ja es gibt sogar einen lustigen Einakter von ihm *(Der unterbrochene Spaziergang).* Selbst einigermaßen verfänglichen Gegenständen ist er nicht ausgewichen und läßt zuweilen ein politisches Urteil durchblicken. Alles in allem handelt es sich um mehr als nur ein achtunggebietendes Zeitdokument, das Grübel in Versform vor uns ausbreitet; es ist zugleich das liebenswerte Zeugnis von einem, der sich nie versteigt zu etwas, das jenseits seiner Kraft und Grenzen liegt. Er ist geleitet von einer realistischen Einschätzung seiner selbst wie der Dinge des Alltags, geleitet auch von einem Bedürfnis nach Behaglichkeit, von dem er sich freilich hie und da, sieht man genau zu, auf eine rokokohaft anmutende Weise fast schon wieder etwas distanziert.

Neben den drei Bändchen Gedichte, die Grübel seit 1798 nach und nach herausbringt und selbst vertreibt (der früheste Druck eines seiner Gedichte *Der Steg* wurde 1790 bezeichnenderweise ohne sein Wissen unternommen), erscheint ein Jahr vor seinem Tod noch ein Bändchen mit gereimter Korrespondenz. Seine poetischen Werke qualifizierte er selbst als *mei bißla Dichterei* und *bißla woar:* auch hierin Bescheidenheit übend und den Rahmen ortsüblicher Zurückhaltung nicht sprengend. Das besorgten ganz andere für ihn, was dann seiner Muse zu überregionalem Ansehen verhalf. Goethe hat ihn, mit Schillers Beifall, zweier lobender Rezensionen gewürdigt und hervorgehoben, daß — wo der Dichter *mit Bewußtsein Mensch* — Grübel *mit Bewußtsein ein Nürnberger Philister* sei und gerade darin bürgerliche Mündigkeit verkörpere: *ein unerreichbares Beispiel an Geradsinn, Menschenverstand, Scharfblick, Durchblick in seinem Kreise.* Dieser Grübel war es, den der Weimarer Olympier namhaft machte als Zeugen gegen jene ihm suspekte, gesuchte und tiefgründelnde Volkstümlichkeit, die sich im Zeichen der Hochromantik anbahnte und ein verhängnisvolles Erbe vorbereiten sollte. So kamen Goethe die poetischen Arbeiten Grübels gelegen zur Demonstration einer *schönen sittlichen Natur,* der ungetrübter Menschenverstand *wie ein Kapital* zugrundeliegt. Mit diesem Kapital hat Grübel poetisch gewuchert. Wenn andererseits Grübels Hang zum Moralisieren schon bei Goethe auf milden Tadel traf, so blieb doch die zugleich selbstsichere wie selbstgenügsame Heiterkeit seiner Werke ganz ungefährdet von aufklärerischer Pflichtübung.

Von den zahlreichen Kindern überlebt ihn keines, auch seine Frau stirbt vor ihm. So kann er sich im Alter nur noch seiner Kunst, seiner weiten Anerkennung unter den Mitbürgern und fördernder Freundschaften erfreuen, etwa der Johann Heinrich Witschels (Theologe und Schriftsteller, aus Henfenfeld gebürtig, Prediger an der Dominikanerkirche, später in Gräfenberg und dann Dekan in Kattenhochstadt b. Weißenburg a. S.) Im Herbst 1808 wird Grübel in den Pegnesischen Blumenorden aufgenommen. Er stirbt am 8. März 1809 und wird, mit dem Dichterkranz geschmückt, auf dem Johannisfriedhof bestattet. Seit 1982 ist sein Denkmal (1881) wieder aufgestellt — am Inneren Laufer Platz, unweit seines zerstörten Wohnhauses am ehemaligen Schießgraben, der heutigen Grübelstraße.   *S-k*

Georg Theodor Strobel · Pfarrer   1736 — 1794

Unter den wertvollen älteren Beständen der Nürnberger Stadtbibliothek befindet sich eine in ihrer Art fast einzigartige Sammlung, die Melanchthonbibliothek des Pfarrers Georg Theodor Strobel aus dem Jahre 1792. In ihr sind beinahe alle Schriften von und über Luthers Weggenossen vereinigt, soweit sie zu Strobels Lebzeiten vorhanden waren, ca. 2000 Bände. Von den „Loci communes" besaß er allein 45 lateinische und 23 deutsche Ausgaben. Bemerkenswert sind auch verschiedene Handschriften aus der Reformationszeit sowie weiteres Sammlungsgut um Melanchthon.

Zusammengetragen hat diesen Bestand der 1736 in Hersbruck geborene und dort zur Lateinschule gegangene Bäckersohn. Nach dem Besuch der gelehrten Sebalder Schule in Nürnberg studierte er in Altdorf Theologie, Philosophie und Geschichte. Zunächst in Rasch als Pfarrer angestellt, zugleich Vikarius beim Geistlichen Ministerium in Altdorf, hatte er

Muße genug, sich anhand der reichen Schätze der Altdorfer Universitätsbibliothek mit Kirchengeschichte, insbesondere mit der Reformationszeit zu befassen.

Als er 1774 in die Nürnberger Vorstadt Wöhrd kam, wo auch eine Straße nach ihm benannt ist, fand er in der Stadtbibliothek die geeigneten Hilfsmittel für seine gelehrten Forschungen. Er hinterließ bei seinem Tod 1794 einen umfangreichen Briefwechsel, der, an vielen Stellen verstreut, der Gesamtausgabe harrt. *Bai*

Johann Ferdinand Roth · Pfarrer, Forscher, Lehrer   1748 — 1814

Der Ausgang aus der selbstverschuldeten Unmündigkeit, als den Kant die Aufklärung beschrieb, war für viele Gebildete nicht leicht; vor allem wenn sie in religiöser Tradition befangen waren. Noch schwerer aber war er für die breite Masse der einfachen Leute, deren mangelnde Lese- und Sprachkompetenz die kompliziert geschriebenen wissenschaftlichen Quellen kritischen Denkens verschloß. In beiden Bereichen — der kritischen Haltung zur eigenen religiösen Tradition und der Aufklärung anderer — erfolgreich gewesen zu sein, ist das große Verdienst des Nürnberger Pfarrers, Historikers und Pädagogen Johann Ferdinand Roth.

Am 7. Februar 1748 als Sohn eines Nürnberger Buchbinders geboren, besuchte Roth zunächst die „Trivialschule an der Kirche zum heiligen Geist", wo der wißbegierige Knabe nebenher noch Privatunterricht in Französisch nahm. Auf Empfehlung seiner Lehrer begann Roth 1768 ein Theologiestudium an der Universität Altdorf, das ihm aber erst einige Jahre nach Abschluß eine Anstellung als Stadtvikar in Nürnberg einbrachte.

Die geistliche Karriere ging nur mühsam voran. Im September 1781 wählte ihn der reichsstädtische Magistrat zum Diakon an St. Jakob, eine Stelle, „die man unstreitig zu den ziemlich gering besoldeten rechnen mußte", wie ein Nachruf vermerkt, den ihm der Pegnesische Blumen-Orden 1815 widmete. Immerhin genügten die Einkünfte, daß der 34jährige nunmehr heiraten konnte. Aus der Ehe mit Maria Helena Cnopf, Pfarrerstochter aus Kraftshof bei Nürnberg, gingen vier Söhne und drei Töchter hervor.

Anfang 1798 berief der Nürnberger Magistrat den inzwischen schon publizistisch hervorgetretenen Mann zum Diakon an der Hauptkirche St. Sebald, einer „einträglicheren Stelle". Erst 1813, kurz vor seinem Tod, wurde er zum Stadtpfarrer berufen. Am 21. Januar 1814 starb Roth 66jährig nach kurzer Krankheit.

Die Schriften, mit denen sich der Pfarrer als Aufklärer und Historiker einen Namen gemacht hat, umfassen im Titelverzeichnis des → Willschen Gelehrtenlexikons mehr als drei Druckseiten. Anlaß zu seinen bedeutendsten Werken war das Interesse an seiner von reichsstädtischem Niedergang geprägten Vaterstadt. Beschrieb er mit der Geschichte des Kartäuserklosters noch seinen eigenen Wohnsitz, so verfolgten seine Lebensbilder von „merkwürdigen Nürnbergern und Nürnbergerinnen aus allen Ständen" (1796) schon den pädagogischen Zweck, Vorbilder zu bieten zur „Beförderung patriotischer Gesinnungen und bürgerlicher Tugenden". Ein „Verzeichnis aller Genannten des größeren Raths" (1802) beschäftigte sich — ebenso wie seine „Fragmente zur Geschichte der Bader, Barbierer, Hebammen, Erbarn Frauen und Geschworenen Weiber" von 1792 — mit der bürgerlich-handwerklichen Tradition Nürnbergs. Direkt an die „kleinen Leute", wie er sie von Kanzel und Seelsorgearbeit her kannte, wandte sich Roth mit einem „Gemeinnützigen Lexikon für Leser aller Klassen, besonders für Unstudierte", das 1788 zweibändig in erster Auflage erschien. Die Zielsetzung dieses Buches weist Roth als Aufklärer aus, der sich hervorragend um Breitenwirkung für die zahlreichen theoretischen, oft schwer verständlichen Schriften seiner Zeit bemüht: „Sollen die ruhmwürdigen Bemühungen der Gelehrten, welche unter allen Volksklassen Aufklärung zu verbreiten und zu befördern suchen, ihre volle Wirkung hervorbringen, so ist es nöthig, daß der Unstudierte und der gemeine Mann ein Buch an der Hand habe, in welchem er Kunstworte und solche Ausdrücke, die aus andern Sprachen entlehnt sind, erklärt findet."

Da Aufklärung nicht möglich ist ohne Fähigkeit zur Kritik und diese gebunden ist an Wissen, mußte der Aufklärer zum Pädagogen werden. Veröffentlichungen von Predigttexten und biblischen Erzählungen deuten in diese Richtung. Roths einschlägiges Engagement macht deutlich, daß Aufklärung nicht areligiös war; der Pfarrer als Aufklärer ist so wenig ein Widerspruch wie der Aufklärer als Historiker. Aber die Frömmigkeit ging jetzt stärker von der Natur aus, versuchte, in physikalischen Gesetzen und in der Struktur der Lebewesen die Weisheit des großen „Weltmechanikus" Gott zu erkennen. Schon als junger Diakon bei St. Jakob griff Roth diesen Ansatz auf, bezeichnenderweise mit einem Kinderbuch. „Die Welt im Kleinen, zum Nuzen und Vergnügen lieber Kinder" nannte er sein Belehrungsbuch, „welches eine Beschreibung der bekanntesten vierfüßigen Thiere enthält" (1784).

Kritik an kirchlichen Institutionen war nicht risikolos für den auf Gehalt angewiesenen Pfarrer. Trotzdem veröffentlichte er 1789 eine kenntnisreiche und äußerst kritische „Beschreibung des Religionswesens in der Reichsstadt Nürnberg, welche vielleicht auf mehrere Städte paßt" — freilich sicherheitshalber anonym. Darin heißt es beispielsweise „von der Kinderlehre": „Das unentbehrlichste und wichtigste Buch in einem christlichen Staate ist gewiß ein Religions-Lehrbuch für die Jugend, und doch ist dieses fast am meisten verwahrloset worden . . . ja — es fehlt nicht an solchen, die den Aberglauben unterhalten und verbreiten." Obwohl Roth auch etliches zu loben weiß — die Abschaffung des Exorzismus bei der Taufe beispielsweise oder das Verbot des „schädlichen Gewitterläutens" — zieht er es doch vor, seine Identität als Autor klug zu kaschieren: „Ob ich, der Verfasser dieser Schrift, ein Kleriker oder ein Laie bin, daran liegt nichts. Meine Leser mögen urtheilen, zu welchem Stande ich am besten taugen möchte." Der Beitritt zur 1789 in Nürnberg gegründeten Loge „Zu den drei Pfeilen" war die konsequente Fortsetzung dieser kritischen Geisteshaltung.

Für Roth sollte Aufklärung auch praktisch wirksam werden. So wie er nie sein Seelsorgeamt aufgab zugunsten publizistischen Wirkens, so begnügte er sich auch nicht mit der geistlichen Betreuung. Auf seine Anregung ging 1792 die Gründung der „Gesellschaft zur Beförderung der vaterländischen Industrie in Nürnberg" (vgl. → P. W. Merkel) zurück, die mit Preisausschreiben zur Lösung konkreter ökonomischer Probleme beizutragen suchte. So fragte die Preisaufgabe für 1793 nach dem Nutzen der Stallfütterung für die Nürnbergische Landwirtschaft und forderte sachkundig auf, dabei auch das Verhältnis von Düngergewinnung und Brachlandnutzung zu bedenken. Das Hauptwerk Roths stellt zweifellos seine „Geschichte des Nürnbergischen Handels" (1800 — 1802) dar. Was er selbst bescheiden einen „Versuch" nannte, kann mangels späterer ähnlich umfangreicher Ansätze bis heute als bedeutende Materialsammlung gelten. Mit vier Bänden von insgesamt fast 1500 Seiten begründete Roth seinen Ruf als beachtenswerter Historiker Nürnbergs.

Fast könnte man dem vielseitigen Gelehrten noch den Titel eines Fremdenführers verleihen, hat er doch als „Vermächtnis an seine Mitbürger" diesen noch kurz vor seinem Tod ein „Nürnbergisches Taschenbuch" hinterlassen, das seinen historischen wie aufklärerischen Impetus mit der stets gezeigten Liebe zu seiner Vaterstadt verbindet. „Es sollte ein Wegweiser gleichsam werden für alle Merkwürdigkeiten hiesiger Stadt, für Einheimische und Fremde, doch nicht nach dem niedrigen Maasstab, den gewöhnlich solche oft höchst magere Werke haben." Daß Roth all diese Aufgaben wahrnehmen konnte, ohne sein Pfarramt zu vernachlässigen — Klagen darüber liegen nicht vor —, zeugt von dem gewaltigen aufklärerischen Streben, das diesen Mann mit zunehmendem Alter immer mehr ausgezeichnet hat. Aufklärung war bei ihm nicht nur Geisteshaltung, sondern Aufforderung an den Forscher und Lehrer zum Handeln.   *Ross*

Christian Gottfried Junge · Stadtdekan   1748 — 1814

Christian Gottfried Junge, Nürnbergs erster protestantischer Stadtdekan, wurde am 21. Oktober 1748 in Nürnberg als Sohn eines Farbenhändlers geboren, besuchte die Schulen seiner Heimatstadt und studierte von 1765 ab Theologie an der Universität Altdorf. Danach wurde er durch Predigten in Nürnberg bekannt. 1772 erhielt er für zehn Jahre die Pfarrstelle St. Helena (bei Simmelsdorf). Von dort aus hat er wissenschaftlich publiziert. 1782 wurde er als Nachfolger Johann Christoph Döderleins Theologieprofessor und Pfarrer in Altdorf. 1793 kehrte er endgültig nach Nürnberg zurück, zunächst als Prediger bei St. Lorenz, Inspektor der Kandidaten und Professor am Melanchthongymnasium. Zwei Jahre später wurde er Pfarrer von St. Sebald und damit ranghöchster Geistlicher von Nürnberg. Der ausgezeichnete Prediger hatte solchen Zulauf, daß für die anfahrenden Kutschen eine eigene Regelung getroffen werden mußte, um ein Verkehrschaos zu verhindern.
Als die Reichsstadt 1806 nach Bayern eingegliedert worden war, errichtete man in Nürnberg ein protestantisches Stadtdekanat. Junge wurde Nürnbergs erster Dekan. Bis zu seinem Tod am 27. März 1814 hat er dieses Amt geführt. In seinen wissenschaftlichen Veröffentlichungen vertrat er konsequent den Geist der Aufklärung, die auch seine praktischen Reformen bestimmte. Er drang damit freilich nur in abgemilderter Form durch; die Nürnberger waren dafür noch zu konservativ. Schon von Altdorf aus hat er bei der Abschaffung der Privatbeichte in Nürnberg mitgeholfen. Eine von ihm verfaßte Kinderfibel verdrängte die bis dahin üblichen Lesehilfen, Bibel und Katechismus, aus der Schule. Im Gesangbuchstreit der Nürnberger Landgemeinden 1791 war Junge der entschiedenste Verfechter eines seichten Aufklärungsgesangbuches, in dem klassische Choräle von Luther und Paul Gerhardt als unbrauchbar zugunsten neuerer Dichter ausgeschieden wurden. In die gleiche Richtung wirkten seine gedruckten Andachten. Die von ihm verfaßte Gottesdienstordnung löste → Veit Dietrichs Agendbüchlein von 1543 ab, wurde allerdings schon ein halbes Jahrhundert später von der Generalsynode der bayrischen Landeskirche wieder verboten. Junges Wirken wird aus der Verflachung der allgemeinen Kirchlichkeit wohl verständlich. Kritisch betrachtet, hat er aber mit dazu beigetragen, so treu er der Kirche seiner Stadt auch diente. *Di*

Johann Philipp Lobenhofer · Tuchfabrikant   1750 — 1824

Der Händler und Tuchfabrikant Johann Philipp Lobenhofer, geboren 1750 in Nürnberg, hat mit der Einführung einer neuen Produktionstechnik auf dem Gebiet der Tuchherstellung bahnbrechend gewirkt. Gegen den hartnäckigen Widerstand der Nürnberger Tuchbereiter errichtete er 1822 im Vorort Wöhrd die erste und einzige größere Tuchfabrik in Nürnberg, die sich rasch zu einer der größten in Bayern entwickelte. Lobenhofers Betrieb war eine der ersten Tuchfabriken im Lande, in der alle zur Tuchbereitung notwendigen Arbeiten (waschen, färben, spinnen, weben, appretieren) selbst ausgeführt wurden. Der entscheidende Fortschritt war jedoch die Einführung von Maschinen. Aus Aachen und Verviers holte Lobenhofer Spinn-, Scher- und Bürstenmaschinen. Mit der Gründung von Lobenhofers Tuchfabrik begann das Ende des Nürnberger Tuchmachergewerbes auf handwerklicher Basis. 1827 verfügte die Lobenhofer'sche Fabrik bereits über 56 Maschinen und beschäftigte 118 Personen. Lobenhofer verheiratete sich am 14. Juli 1774 mit Anna Krauß und starb am 19. Februar 1824 in Nürnberg. Zwei seiner Söhne führten die Firma bis zum Jahr 1867 weiter. *Ba*

Philipp Ludwig Wittwer · Arzt   1752—1792

Philipp Ludwig Wittwer, Sohn eines Nürnberger Arztes, hat sich um sein Vaterland verdient gemacht, indem er zum zweihundertjährigen Bestehen des Nürnberger Collegium medicum eine Geschichte dieser Einrichtung schrieb. Geboren wurde er am 19. Mai 1752. Er absolvierte sein Medizinstudium an den Universitäten Altdorf und Straßburg, gönnte sich zur Fortsetzung der Studien dort noch ein Jahr, wurde aber auf der ersten Station seiner anschließenden Studienreise, in Paris, wegen des plötzlichen Todes seines Vaters nach Hause berufen. 1776 wurde er in das Nürnberger Collegium medicum aufgenommen, im selben Jahr heiratete er die Predigertochter Maria Mörl. 1784 folgte er einem Ruf an die Universität Altdorf, gab seine Professur indessen schon nach einem Jahr krankheitshalber wieder auf. Vergeblich suchte er auf Reisen nach Wien, an den Rhein und in Franken, die ihn mit namhaften Kollegen zusammenbrachten, Heilung von seiner „hypochondrischen Schwermut". Erst 40jährig, starb er am 24. Dezember 1792 in seiner Vaterstadt. Durch Krankheit und frühen Tod bedingt, blieb die Zahl seiner wissenschaftlichen Werke gering. Noch heute bemerkenswert ist sein Versuch, eine ganz der Medizingeschichte gewidmete Zeitschrift ins Leben zu rufen.   *Wei*

Christoph Andreas IV. Imhoff · Numismatiker   1734—1817

Unter die bedeutenden Mitglieder der weitverzweigten Familie Imhoff gehört auch Christoph Andreas IV. Seine Familie hatte ihren Sitz in Helmstadt bei Würzburg. Er machte nach seinem Studium in Altdorf eine Bildungsreise, die ihn 1756 durch Deutschland, Frankreich und Italien führte. Nach juristischer Tätigkeit in Nürnberg wurde er hier 1780 Mitglied des Inneren Rates, 1793 Rugspräses und 1804 Kriegsoberst. Neben seinen beruflichen Tätigkeiten widmete er sich mit großer Intensität der Numismatik und trat als Sammler wie auch als Forscher wissenschaftlich hervor. Neben zahlreichen Beiträgen zu → Will's „Nürnbergischen Münzbelustigungen" ist vor allem die zweibändige Ausgabe eines „Nürnbergischen Münz-Cabinets" zu nennen (1780 und 1782 in Nürnberg gedruckt). Christoph Andreas, vierter dieses Namens in der Familie, beschreibt darin seine eigene Norica-Sammlung, die so umfänglich war und so zahlreiche Unica enthielt, wie sie später nie wieder zusammengekommen sind. Teile hiervon haben sich bis heute in der Sammlung → Kress erhalten. Der erste Band des Werkes umfaßt die Münzen und in einem Anhang Marken und Zeichen, der zweite alle dem Autor bekannten Medaillen, die auf Nürnberg oder auf die mit der Stadt verbundenen Personen gegossen oder geprägt wurden. Während der Nürnberger Münz-Katalog durch jüngere Publikationen weitgehend ersetzt wurde, gilt Imhoffs Band „Nürnberger Medaillen" auch heute noch als Standardwerk. Die Gliederung seiner Sammlung von Personenmedaillen war für seine, mit den Nürnberger Ständen vertrauten Zeitgenossen leicht verständlich. Der Band beginnt mit den „Altadeligen Reichsfähigen blühenden Familien", es folgen die „Altadeligen Gerichts- und Amtsfähigen Familien" die „Ausgestorbenen Adeligen Familien" und schließlich in der letzten Abteilung „Neugeadelte Personen, Gelehrte, Geistliche, Künstler und andere Personen".
Imhoffs Beschreibungen (weitgehend ohne Abbildungen) sind außerordentlich exakt und ausführlich; über die eigentliche Beschreibung hinaus werden gekürzte Um- und Inschriften vervollständigt, historische Fakten mitgeteilt und ausführliche genealogischen und heraldische Bezüge hergestellt. Damit ist bis heute Imhoffs Medaillen-Werk eine Fundgrube zur Geschichte Nürnbergs.   *M-é*

Im Königreich Bayern

Am Anfang vom Ende des Stadtstaates Nürnberg stehen im Ablauf von 44 Jahren drei Besatzungsmächte: Preußen, Bayern und Frankreich. 1762 erzwingen die Preußen während des Siebenjährigen Krieges eine politische Kapitualtion der Freien Reichsstadt. 1792 schieben sie, Erben der Markgrafen von Ansbach und Bayreuth, die preußischen Staatsgrenzen bis an die Mauern von Nürnberg vor. Vergleichsverhandlungen scheitern an dem seit 1521 (Tanzstatut) zur Oligarchie gewordenen Rat der Stadt. 1790 okkupieren die Bayern den gesamten Nürnberger Streubesitz in der Oberpfalz und den pfalz-neuburgischen Ämtern. 1791 erklärt München die seit 1521 mit der Noris geschlossenen Verträge als ungültig. Die Steuergelder des Landbesitzes fließen nun in preußische und bayerische Staatskassen. Nürnbergs Schuldenberg steigt ins Ungemessene. 1796 erhöhen die französischen Besatzer während der Napoleonischen Kriege durch schwere Schädigungen die Stadtschulden um $1^1/_2$ Mill. Gulden. Machtlos muß der Kaiser, Schirmherr der Noris, zusehen. 1794 gibt sich die Stadt nach langem Ringen endlich eine neue Verfassung („Grundvertrag"), die dem Genanntenkollegium des Größeren Rats (mit der neuen bürgerlichen Kaufmannsschicht im Hintergrund) das Entscheidungsrecht über die Staatsfinanzen zuspricht. Ein subdelegierter Reichskommissär des Kaisers wird mit Entscheidungsbefugnissen eingesetzt und entbindet die Behörden von ihrem, dem Rat der Stadt geleisteten Eid (1797). Dem einstigen Rat verbleibt nur das Ressort Außenpolitik. Seit März 1806 ist Nürnberg fest in französischer Hand. Am 5. August erklärt der französische Gesandte in München dem Nürnberger Abgeordneten, daß die am 12. Juni in Paris paraphierte „Rheinbundakte" Nürnberg samt allen Landgebieten (auch den preußischen) der Souveränität der Krone Bayerns zugewiesen habe. Am Tag danach legt Franz II. die Kaiserkrone nieder und löst das Heilige Reich auf. Nürnberg hat keinen Schutzherrn mehr. Die Stadt wird am 15. September 1806 um 10 Uhr vormittags durch den französischen Bevollmächtigten Inspekteur Fririon dem bayerischen Generalkommissär Graf Thürheim unter Glockengeläut und Kanonendonner übergeben. Die Nationalstaatsidee der Französischen Revolution beendet Nürnbergs Selbständigkeit als Freie Reichsstadt und die Herrschaft der „Bürger im Rat" (Patriziat). Die Noris wird Provinzstadt im Königreich Bayern. Bewährte Bürger wie Merkel, Scharrer, Ohm, Platner schaffen noch während der Ära Wurm die erste Plattform für neue Initiativen im Zeitalter der Elektrizität. Sie knüpfen an alte Traditionen der Nadler, der Drahtzieher und des übrigen Nürnberger Handwerks an und finden damit — wenn auch gegen manchen Widerstand Münchens — Anschluß an die industrielle Revolution des 19. Jahrhunderts. Sichtbarstes Zeichen: Die erste deutsche Eisenbahn zwischen Nürnberg und Fürth. Nach Jahrzehnten der Agonie ein Wiedererwachen der Stadt! Im Hohenzollernreich (ab 18. 1. 1871) wird sie deutsche Industriemetropole.

Er war einer der namhaftesten Bürger in der Zeit von
Nürnbergs Eingliederung in das Königreich Bayern.
Paul Wolfgang Merkel wurde am 1. April 1756 in
Nürnberg geboren. Sein Vater Caspar Gottlieb war
Teilhaber im hochangesehenen Handelshaus Merz.
Mit 14 Jahren schon mußte der Sohn den Vater auf
einer Handelsreise nach Venedig begleiten. Er sollte
berufliche Kenntnisse erwerben. Obwohl der junge
Paul Wolfgang nach dem Gymnasium gerne einen
wissenschaftlichen Beruf ergriffen hätte, beugte er sich
dem Wunsche der Eltern und führte das Manufaktur-
geschäft weiter.

Durch die Heirat mit Margarete Elisabeth Bepler 1784
vereinigte er die Handlung des Schwiegervaters mit
dem eigenen Geschäft unter dem Firmennamen Lödel
& Merkel. Unter dem in Rechts- und Tariffragen
beschlagenen Kaufmann erlebte die Großhandlung einen starken Aufschwung. Zwischen
1787 und 1791 erhöhte sich das Eigenkapital der Firma von 222 000 Gulden auf 318 000
Gulden. Zwei stattliche Bürgerhäuser in der Karlstraße und ein Garten an der Sulzbacher
Straße gehörten der Familie.
Aber einen Mann wie Merkel konnte die Arbeit eines Kaufmanns allein nicht voll befriedigen. Er war ein politischer Kopf, dem das Wohl und Wehe seiner Vaterstadt am Herzen lag.
Durch das Vertrauen des „Handelsstandes", der Vertretung der Nürnberger Kaufleute,
wurde er 1786 zum Marktadjunkten, fünf Jahre später zu einem der vier Marktvorsteher
gewählt. Nach dem Übergang der Reichsstadt an Bayern 1806 ernannte man ihn zum
Finanzrat, 1809 zum Assessor am Handels-Appellationsgericht, der dann Initiativen für
verschiedene Projekte entwickelte, an denen er z. T. maßgeblich beteiligt war; z. B. die Neuorganisation der Handelsgerichte, Vorschläge zur Wiederbelebung des Nürnberger Handels und Vorbereitungen zu einem geplanten Handelsgesetzbuch.
Seine Bemühungen, der Stadt Nürnberg 1810 den Sitz einer Kreisregierung zu erhalten,
blieben leider erfolglos. Als man ihn 1819 als Vertreter Nürnbergs in den ersten bayerischen
Landtag wählte, arbeitete er im Steuerausschuß mit. Die Beratung eines neuen Zollgesetzes
lag ihm besonders am Herzen. Der Kaufmann Merkel trat energisch für eine Befreiung von
den Fesseln der Schutzzölle ein. Leider wurde nur ein geringer Teil seiner Forderungen verwirklicht, obwohl der Referent für das Zollwesen am Ende der Landtagsverhandlungen
zugeben mußte, daß Merkels Ansichten und Anträge richtig gewesen seien. Mehr Erfolg
hatte er bei den Verhandlungen zur Übernahme der erheblichen reichsstädtischen Schulden
durch den bayerischen Staat.
Die entsprechende Ministerialvorlage wurde im Juli 1819 angenommen. Dem Interessen-
vertreter der Stadt Nürnberg kam zustatten, daß der zuständige Referent im Finanzministe-
rium, → Friedrich Roth, während seiner früheren Tätigkeit in Nürnberg Schwiegersohn Merkels geworden war.
Dem heimkehrenden Abgeordneten, im Rathaussaal feierlich empfangen, wurde von Bürgermeister Lorsch der Dank für seine erfolgreiche Arbeit ausgesprochen. Zu all dem kam
bei Merkel noch die angesehene Stellung im gesellschaftlichen Leben der Stadt. In verschiedenen Zusammenschlüssen der bürgerlichen Oberschicht war er anregend tätig. 1789 zählte
er zu den Begründern der Loge „Zu den drei Pfeilen im Orient". In ihr übernahm er das Amt
eines Schatzmeisters. Noch aktiver war er in der 1792 gegründeten „Gesellschaft zur Beför-

derung der Vaterländischen Industrie" (1798 dritter, ein Jahr später zweiter Direktor) und 1810 bei der Gründung der Gesellschaft „Museum", deren Vorstand er angehörte.

Geistige Anregung bot Paul Wolfgang Merkel die langjährige Freundschaft mit Goethes → „Urfreund" Major von Knebel. Dieser vermittelte seine Begegnung mit Goethe 1797 in Nürnberg. Wiederholt erledigte der Kaufmann Aufträge, die aus Weimar an ihn gerichtet wurden. Mit dem Philosophen → Hegel hatte er während dessen Rektorat am Nürnberger Gymnasium (1808 — 1816) gute Kontakte.

Ein bleibendes, bis in die Gegenwart wirkendes Verdienst erwarb sich Merkel mit dem Ankauf kunst- und kulturgeschichtlich wertvoller Sammlungen und Gegenstände. Er hat zwar nicht selbst über Jahrzehnte hinweg gesammelt. Aber er erkannte, wo sich wertvolle Sammlungen befanden und griff mit gutem Gespür rasch zu, wenn diese zum Verkauf oder zur Versteigerung anstanden. So hat er z. B. die wertvolle Norica-Sammlung der Familie → von Welser, die umfangreiche Porträtsammlung des Pfarrers → Georg Wolfgang Panzer, zwei Bände mit → Dürers Holzschnitten und Kupferstichen und den kostbaren Tafelaufsatz von → Wenzel Jamnitzer aus dem Besitz des Rates erworben. Dadurch blieb das Kunstwerk vor dem Einschmelzen bewahrt, wenngleich es auch nicht auf Dauer in Nürnberg festgehalten werden konnte. Merkels Nachkommen errichteten 1855 eine Stiftung für die Sammlungen ihres Großvaters. Sie werden heute im Germanischen Nationalmuseum verwaltet. Am 16. Januar 1820 starb der verdiente Mann, von der ganzen Bürgerschaft tief betrauert. Seine letzte Ruhestätte fand er auf dem Johannisfriedhof. Zur Erinnerung an den hervorragenden Mitbürger ließ der Handelsvorstand eine Porträtmedaille prägen, in deren Inschrift Merkel lobend als „civis primarius" bezeichnet wird.

Sein ältester Sohn Johannes (1785 — 1838) führte das väterliche Geschäft weiter. Auch er wurde zum Marktvorsteher, zum Mitglied des Landtages und zum Zweiten Bürgermeister von Nürnberg gewählt. Der Enkel → Gottlieb von Merkel (1835 — 1921) wurde Schöpfer und Direktor des Nürnberger Krankenhauses. Dessen Sohn Johannes (1875 — 1960) war bis 1933 in seiner Vaterstadt als berufsmäßiger Stadtrat tätig, während dessen jüngerer Bruder Pfarrer Georg Merkel (1882 — 1968) an der Heilig-Geist-Kirche ein hochgeschätzter Prediger gewesen ist. *Hi*

Johann Michael Leuchs · Handelswissenschaftler 1763 — 1836

Seit 1965 erinnert im Stadtteil St. Johannis die „Leuchsstraße" an den bedeutenden Handelswissenschaftler Johann Michael Leuchs, der im Alter von zwölf Jahren als kaufmännischer Lehrling nach Nürnberg kam. Geboren ist er 1763 in Bechhofen bei Ansbach. Nach einem intensiven Eigenstudium und einer Tätigkeit als Handlungsgehilfe gründete er 1791 eine Manufakturhandlung und erwarb im gleichen Jahre das Bürgerrecht. Mit seinem Werk „Allgemeine Darstellung der Handlungswissenschaft" (1791) machte er sich um die Begründung der modernen Handelswissenschaft verdient. Seit 1794 gab er die „Allgemeine Handlungszeitung" heraus.

Als Kaufmann lag ihm aber nicht nur die Theorie am Herzen, sondern auch die Praxis. Dazu bildete er in der von ihm errichteten „Handlungsakademie" Lehrlinge umfassend aus. Als Gemeindebevollmächtigter setzte sich Leuchs für eine bessere Besoldung der Lehrer ein. Ende 1836 starb der hochangesehene Bürger der Stadt.

Sein Sohn Erhard Friedrich (1800 — 1837) führte den väterlichen Verlag weiter. Wahrscheinlich ist er der Autor des berühmten Aufrufs zur Gründung einer Eisenbahn zwischen Nürnberg und Fürth, der am 2. Januar 1833 in der Allgemeinen Handlungszeitung erschien. — Ein weiterer Sohn Johann Carl (1797 — 1877) erwarb Ansehen als äußerst vielseitiger kaufmännischer und technischer Schriftsteller. Weit über 100 technischer, merkantiler und ökonomischer Aufsätze und Bücher sind aus seiner Feder erschienen. 1871 gründete er den „Generalanzeiger für Deutschland" als neue Nürnberger Tageszeitung.   *Hi*

Martin Wilhelm von Neu · Magistratsrat   1765—1834

Der Nürnberger Advokat und Magistratsrat Dr. Martin Wilhelm von Neu wurde am 1. Mai 1765 als zweiter Sohn des Wirts Philipp Friedrich von Neu (†1770) und der Barbara Friederika Zeltner in Nürnberg getauft. 1779—1785 arbeitete er bei der → Tucherschen Stiftungsverwaltung. Ab 1785 studierte er Jurisprudenz an der Universität in Altdorf und promovierte dort 1790. Seit 1791 als Advokat der Reichsstadt Nürnberg tätig, heiratete er 1793 Magdalena Margarete Schönauer (1768—1800) in erster und Anna Elise Scheuerpflug in zweiter Ehe. Durch seine erste Frau wurde Dr. v. Neu Besitzer des Hauses Karlstraße 13. Im Jahre 1793 zum Ebrachischen Rat und Pfleger ernannt, bezog er auch Wohnung im Ebracher Hof am Roßmarkt, der heutigen Adlerstraße in Nürnberg.
Schon in jungen Jahren einflußreich und begütert, erwarb er 1805 (zusammen mit seinem Bruder) das Schloßgut des Ober- und Unterveilhofes, wobei ihm selbst der Oberveilhof mit den dazugehörigen Liegenschaften zufiel. Seit 1810 Munizipalrat wurde von Neu 1817 wegen seiner großen Kenntnisse in Geld- und Finanzfragen in das „Comité zur Errichtung einer Sparkasse in Nürnberg" berufen. Als einer der vier rechtskundigen Magistratsräte Nürnbergs (seit 1818) hatte er dabei die Aufgabe, den Burgfrieden mit der seit 1806 auf ihren Mauerring beschränkten Stadt wieder zu vereinen. Er befürwortete die Rückführung der Reichskleinodien nach Nürnberg, die 1796 nach Wien gebracht worden waren. Neu war Verfasser von Flugschriften und Mitglied in der Gesellschaft „Museum", sowie des 1819 gegründeten Industrie- und Kulturvereins. Er verstarb am 10. März 1834 in Nürnberg. *Bsl*

Johann Benjamin Erhard · Arzt-Philosoph, Künstler   1766—1827

Johann Benjamin Erhard(t) wurde im Jahr 1766 in Nürnberg als Sohn einer alten ortsansässigen Familie von Scheibenziehern geboren; mütterlicherseits war er Nachkomme der Gilde der „Rußigen", also der Feuerarbeiter und Metallgießer, die in Nürnberg seit je ein gegen das Stadtregiment der „Bürger vom Rat" aufbegehrendes Element der Unruhe waren.
Dennoch konnte der Sohn die städtische Lateinschule besuchen, wurde aber nach zwei Jahren der Anstalt verwiesen — möglich, daß die schwärmerische Begeisterung des Halbwüchsigen für den amerikanischen Unabhängigkeitskrieg (1776—1783) eine Rolle bei der Relegation gespielt hat. Von seinem zwölften bis zum 22. Lebensjahr arbeitete Erhard als Scheibenzieher und Glasgraveur in der väterlichen Werkstatt, bemühte sich aber in der Freizeit seine Sprachkenntnisse in Latein, Englisch und Französisch soweit zu vervollkommen, daß er in die teilweise schon spezialisierten Natur- und Geisteswissenschaften eindringen konnte. Als Zwanzigjähriger hatte er nach glaubhaftem Zeugnis Immanuel Kants „Kritik der reinen Vernunft" bewältigt. Der Handwerker Erhard erlebte am eigenen Leib, wie sein Beruf — Folge von Nürnbergs politischem und merkantilem Abstieg — zu den ärmsten Gewerben abgesunken und folgerichtig im Größeren Rat der Stadt politisch unterrepräsentiert war. Der Funke der

Französischen Revolution mußte bei diesen Unterprivilegierten auf besonders fruchtbaren Boden fallen.

Mit 22 Jahren nahm Erhard — im Elternhaus nicht mehr gelitten — ein Medizinstudium in Würzburg auf, das er 1790 mit Promotion in Altdorf abschloß. 1790/91 widmete er sich dem Philosophie-Studium in Jena. Eine vorteilhafte Heirat ermöglichte ihm gesellschaftlichen Aufstieg und eine ausgedehnte Reise, die ihn in persönlichen Kontakt mit Kant, Schiller, Reinhold, → Goethe, Herder, Klopstock, Fichte, Novalis und Pestalozzi brachte. Seine große Reise führte ihn nach Göttingen, Kopenhagen, Memel, Königsberg, Wien und Oberitalien. Nach der Rückkehr von dieser Reise im Frühjahr 1792 ließ er sich als Arzt in Nürnberg, 1799 als Modearzt in Berlin nieder. Er schrieb mehrere Bücher über das Grenzgebiet zwischen Medizin, Philosophie und Rechtswissenschaft. Aber seine finanzielle Lage blieb dürftig.

Er war als Scheibenzieher und Arzt-Philosoph gleichermaßen mit Praxis und Theorie revolutionärer Umwälzung vertraut; als unbeirrbarer Jakobiner pflegte er mit führenden Atheisten und Kantianern engen Gedankenaustausch. Da er und nicht der berühmte Kunsthändler → Johann Friedrich Frauenholz als erster unter gleichen im September 1972 das Gründungskonzept der heutigen „Albrecht-Dürer-Gesellschaft", damals „Nürnberger Kunstverein" genannt, unterzeichnete und dessen erster Vorsitzender wurde, darf man das Wort Kunst in der Titulatur getrost in Anführungszeichen setzen. In Wirklichkeit war der Kunstverein ein jakobinisch bestimmter Zirkel, der Kunstdebatten vorschützte, um politische Meinungsbildung betreiben zu können. Der Nürnberger Kunstverein (seit 1964 „Albrecht-Dürer-Gesellschaft") steht also in der Tradition der barocken Geheimgesellschaften, die am Ende des 18. Jahrhunderts in Nürnberg wie andernorts eine gewisse Bedeutung erlangt hatten. Eine Italienreise Erhards im Jahr 1794 bot Anlaß, den Nürnberger Kunstverein in Abwesenheit seines radikalen Tribunen in gemäßigt-bürgerliches Fahrwasser zu lenken. Der idealistische Feuerkopf, der „Nürnberger Jean Jacques", wie er im Ausland genannt wurde, war nicht mehr gefragt. Nach dem Obermedizinalrat Erhard (er wurde es 1822) ist eine Straße in Mögeldorf benannt.

Johann Philipp Palm · Buchhändler 1766—1806

Zu Beginn des Jahres 1806 gab Joh. Philipp Palm, Besitzer der Steinschen Buchhandlung in Nürnberg, die Flugschrift „Deutschland in seiner tiefen Erniedrigung" heraus. Ihr Verfasser war vermutlich Justizrat → Joh. Georg Leuch. Palm vertrieb die Schrift an eine Reihe von Buchhändlern in Augsburg und München. Sie wurde ihm zum Verhängnis.

Deutschland in den napoleonischen Wirren: Krieg, eine ausgesogene, gedemütigte Bevölkerung, mißbraucht für die gigantischen Eroberungspläne des Korsen. Franz II. legte die deutsche Kaiserkrone nieder und nahm damit Nürnberg seinen einzigen Rückhalt im Reich. Die Schrift nannte die Zustände beim Namen. Napoleon ordnete exemplarische Bestrafung an. Palm verbarg sich zwar, wurde aber während eines Besuchs bei Frau und Kindern von einem Spitzel aufgespürt. Der Buchhändler wurde

Palm-Figur am Haus Winklerstraße 29, 1945 zerstört

am 22. August 1806 ins französisch besetzte Braunau gebracht. Die Verhandlung vor dem Kriegsgericht war eine Farce, weil Napoleon bereits am 5. August von Paris aus die Exekution befohlen hatte. Am 26. August 1806 wurde Palm erschossen.

Joh. Philipp Palm, 1766 im württembergischen Schorndorf geboren, war der Sohn eines angesehenen Wundarztes. Bei seinem Onkel, dem Hofbuchhändler Joh. Jakob Palm in Erlangen, lernte er den Buchhandel. Von einer längeren Wanderung über Frankfurt/Main nach Göttingen kehrte er 1792 zurück und wurde Mitbesitzer der Buchhandlung Joh. Adam Steins, dessen Tochter Anna Maria er 1796 heiratete; fast gleichzeitig hatte er das Nürnberger Bürgerrecht erworben. Bis zu seinem Tode galt der Buchhändler als urteilsfähig, tolerant und hilfsbereit. Er hinterließ neben seiner Frau noch zwei Töchter und einen Sohn. Im Stadtteil St. Johannis trägt ein Platz seinen Namen.   *Sch*

Georg Leonhard Aurnheimer · Theatergründer   1767 — 1829

1784 hielt Friedrich Schiller seinen berühmten Vortrag über die Schaubühne als moralische Anstalt. 15 Jahre später wurde in Nürnberg heftig über die Schaubühne als unmoralische Anstalt diskutiert. Die Freie Reichsstadt hatte damals noch kein festes Theater, und der Wirt des Gasthauses „Zum goldenen Reichsadler", Georg Leonhard Aurnheimer (geb. 1767), kämpfte mit dem Rat der Stadt um das Privileg, eine „Nürnberger National-Schau-Bühne" zu erbauen und zu betreiben. Ein Anonymus verfaßte eine Flugschrift, um das Gerede vom „sittenverderbenden Unternehmen" zurückzuweisen. Schließlich durfte Aurnheimer auf dem Platz des alten Opernhauses, hinter der Lorenzkirche, seine neue Schaubühne bauen, ein klassizistisches, für ein Theater relativ niedriges Gebäude. Aurnheimer engagierte — zum ersten Mal in Nürnberg — ein festes Ensemble. Kotzebues „Bayard" eröffnete den neuen Theaterbetrieb. Der Spielplan hielt sich an die beliebten Autoren der Zeit, aber er enthielt auch fast den ganzen Schiller und immerhin fünf Mozart-Opern. Aurnheimer, ein unruhiger Mann, legte einigemale sein Amt als „Theater-Entrepreneur" zeitweilig nieder, 1808 verkaufte er endgültig das Theaterprivileg und betätigte sich wieder als Gastwirt. Auch die Gründung der Gesellschaft „Museum" gehört zum Werk dieses Mannes, den seine Zeitgenossen wegen seines liberalen Geistes und seiner Unternehmungslust hoch schätzten. Er starb 1829 in Nürnberg.   *roe*

Ulrich Kugel · Pfarrer   1769 — 1831

Johann Ulrich Matthäus Kugel (im Taufbuch „Gugel" geschrieben) war der erste katholische Pfarrer, der nach der Reformation wieder in Nürnberg amtieren durfte. Ab 1. Mai 1805 war er Präses der katholischen Kirche in Nürnberg. Mit zwei Kaplänen hatte er die Katholiken der Stadt und ihrer näheren Umgebung zu betreuen. Ihre Zahl wird auf etwa 2000 geschätzt.
Der 1769 als ältestes von sechs Geschwistern in Ellingen geborene Ulrich Kugel war Sohn des Mesners an der Pfarrkirche in Ellingen. Möglich, daß sein Taufpate, später Deutschordenspriester und Pfarrer in Zipplingen in seinem Schützling den Wunsch geweckt hat, Priester zu werden; sicher, daß ihn der Orden finanziell gefördert hat. Denn Ulrich trat nach dem Studium von Philosophie und Theologie in das Deutschordensseminar zu Mergentheim ein und wurde 1792 in Würzburg zum Priester geweiht. Ehe er nach Nürnberg berufen wurde, war er Kooperator in Halsbach, später Kaplan in Mergentheim.
In der Noris traf er während der Zeit des Umbruches ein. Das Jahr 1803 brachte die Säkularisation, das Jahr 1806 das Ende des „Heiligen Römischen Reiches deutscher Nation" und — als Folge der Eingliederung Nürnbergs in das Königreich Bayern — das Ende der Reichsstadt und seiner Eigenstaatlichkeit als protestantischer Stadtstaat. Bis dahin konnten Katholiken keine Häuser kaufen und kein Bürgerrecht erwerben. Sie hatten nur das Recht auf pri-

vate Ausübung der katholischen Religion, durften keine Glocken haben und waren bei Trauungen, Taufen und Beerdigungen auf das zuständige evangelische Pfarramt angewiesen. Entsprechend dem Toleranzedikt von 1803 und der damit verbundenen Gleichberechtigung der drei christlichen Konfessionen, wurden die kirchlichen Verhältnisse durch das königliche Edikt vom 1. Mai 1810 neu geordnet: fünf protestantische, eine reformierte und eine katholische Pfarrkirche, die Kirche „Unserer lieben Frau" (Frauenkirche, von → Kaiser Karl IV. gestiftet). Ausgesprochen wurde diese Erhebung der Gemeinde zur Pfarrei zwar nie — weder vom König noch (wegen Vakanz) vom Bischof, genau wie Kugel niemals zum Pfarrer ernannt wurde. Aber die Nürnberger nahmen die Fakten an, wie sie waren.

Kugel selbst stand vor zwei Aufgaben: Die Kirche mußte völlig restauriert werden, weil die Inneneinrichtung bis hin zum steinernen Fußboden entfernt worden war. Die Gemeinde aber — heute Mutterpfarrei aller katholischen Pfarreien von Nürnberg und Fürth, soweit sie zur Erzdiözese Bamberg gehören — war zu arm, um einen raschen Aufbau zu sichern. So konnte die Benedizierung samt dem ersten feierlichen Gottesdienst erst am 7. Juli 1816 vollzogen werden. Die zweite Aufgabe — unerläßlich für eine erspießliche Seelsorge — war ein gutes Einvernehmen mit der evangelischen Bevölkerung. Die Protestanten, vornan deren Geistliche, hatten schwer daran getragen, daß Nürnberg keine protestantische Stadt mehr war und daß den Katholiken pfarrliche Rechte zugestanden wurden. Durch Freundlichkeit und Klugheit suchte Kugel die Vorurteile abzubauen. Dies ist ihm auch zu einem guten Teil gelungen. Ulrich Kugel — nach dem Urteil des staatlichen Kommissärs — „ein in jeder Beziehung sehr würdiger Geistlicher, der wegen seines moralischen Betragens, klugen Benehmens und seines Eifers für seinen Beruf die höchste Achtung in Nürnberg genießt und zwar in höherem Grade als die große Zahl der protestantischen Geistlichen daselbst", starb am 12. November 1831 an Lungenlähmung. Die sterblichen Überreste wurden von einem mit vier Pferden bespannten Peuntwagen zum Johannisfriedhof gebracht. An der Beisetzung nahmen viele Katholiken, die Honoratioren des Staats und der Stadt und, damals gar nicht selbstverständlich, evangelische Geistliche teil. Am Ende des Jahrhunderts war, mitbedingt durch Zuwanderung aus der Oberpfalz und Eingemeindungen, die Zahl der Katholiken von 500 im Jahre 1805 auf 73 000 gestiegen, der katholische Volksteil also von 2 auf 28% angewachsen.   *U*

Karl Valentin Veillodter · Theologe   1769 — 1828

Als zutiefst rationalistisch geprägter Theologe gehörte der 1769 in Nürnberg geborene Kaufmannssohn zu denen, die in ihrer Studienzeit in Jena Schiller gehört hatten. Sein Ziel war sich erhöhende Veredelung durch religiöse Selbstachtung, heute profan Selbstverwirklichung bezeichnet. Nie schwankte er in seinen religiösen Ansichten, von denen ein spätgeborener Kritiker meinte, seine Kunst bestand darin, Predigten zu halten, die den biblischen Text überhaupt nicht streiften. Reine Absicht blieb sein Bestreben einer gänzlichen Umgestaltung der christlichen Sittenlehre, geschieden von jeglicher Dogmatik.

Erfüllung brachte ihm der Ruf als Mittagsprediger an die Heilig-Kreuz-Kirche in Nürnberg 1793. Seine würdevolle Eigentümlichkeit scharte eine zahlreiche Zuhörerschar um seine Kanzel, wobei er stets Empfindung durch Empfindung ansprach. Am sichtbarsten trat der Rationalismus in seinen Andachtsbüchern hervor, die von hier aus übers Land gingen. Die Einheit einer Landeskirche lag ihm am Herzen. Unbestritten sind seine Verdienste um das Nürnberger Schulwesen, dessen Leitung er als Hauptprediger von St. Sebald 1814 übernahm, bald darauf auch die des Lehrerseminars. Große Freude bereitete ihm die Gründung eines Nürnberger Missionsvereins 1819; die Krönung seines Lebens war der Centralbibelverein für das Königreich Bayern und der Vorsitz der hiesigen Bibelgesellschaft. (Die nach ihm benannte Veillodterstraße kreuzt südlich des Stadtparks die Bayreuther Straße.)   *Bai*

G. W. Friedrich Hegel · Lehrer und Philosoph   1770 — 1831

Georg Wilhelm Friedrich Hegel, geboren 1770 in Stuttgart, Tübinger „Stiftler", Freund Hölderlins und Schellings, der Verfasser des umfassendsten und einheitlichsten Lehrgebäudes der deutschen Philosophie aus der Zeit des Deutschen Idealismus, wirkte vom November 1808 bis zum Herbst 1816 als Rektor der „Königlichen Gymnasialanstalt" (später: Melanchthongymnasium) und Philosophieprofessor in Nürnberg. Hier vollendete er sein zweites philosophisches Hauptwerk „Die Wissenschaft der Logik", das zwischen 1812 und 1816 im Nürnberger Verlag → Schrag herausgegeben wurde. Im Herbst 1811 heiratete er → Marie Freiin von Tucher, die schräg gegenüber dem Gymnasium im Tucherhaus auf dem Egidienberg lebte. Seine Schwiegereltern hatten zunächst Bedenken gegen die Ehe mit einem „Bürgerlichen". Deshalb wohl hat Immanuel Niethammer, Zentralschulrat im bayerischen Innenministerium, seinem Freund Hegel in einem Brief — wahrscheinlich zur Vorlage bei der Familie Tucher gedacht — mitgeteilt, daß seine Berufung auf einen Lehrstuhl in Erlangen so gut wie sicher sei. Im übrigen könne er sich auch als Professor und Rektor eines der berühmtesten königlichen Gymnasien „für angesehen und würdig erachten"; denn persönliches Verdienst und selbsterworbener Rang adle nunmehr in einem höheren Maße als alle Ahnen.

Hegel übernahm 1808 eine Schule, die äußerlich und innerlich nur noch eine Ruine war — Räume seit fünfzig Jahren nicht mehr getüncht, Fenster, Türen und Fußböden in einem unbeschreiblichen Zustand. Berichte von 1803 bezeugen die empörend unwürdigen und miserablen Besoldungsverhältnisse der damaligen Nürnberger Gymnasiallehrer. Daß unter solchen äußeren Verhältnissen die Schule auch geistig bankrott war, ist kein Wunder. Praktisch war Hegels Amtsantritt einer Neugründung gleichzusetzen. Es gelang ihm rasch, das Ansehen seiner Schule zu neuem Glanz zu bringen. Als sich 1810 die bayerische Regierung mit dem Gedanken trug, das Gymnasium in Nürnberg aus Sparsamkeitsgründen zu schließen, bat die Bürgerschaft die höchste Stelle in einer Petition nachdrücklich darum, „die alte ehrwürdige und jetzt herrlich erneuerte Anstalt unseres Gymnasiums möge erhalten bleiben". Wie mißlich die Verhältnisse auch unter bayerischer Regie noch gewesen waren, kann man daraus ersehen, daß Hegels Hochzeit, die auf den 16. September 1811 festgesetzt war, beinahe hätte verschoben werden müssen, weil am 16. August noch die Besoldung für fünf Monate ausstand. Hegel übernahm nicht selten die Vertretung erkrankter Lehrer. Die Schüler waren beeindruckt, wenn er nicht nur im Griechischen und anderen Fächern, sondern auch in der Differential- und Integralrechnung den Unterricht ohne Mühen fortsetzte. Clemens von Brentano mokierte sich indessen einmal in einem Brief über den Philosophen: „In Nürnberg fand ich den ehrlichen hölzernen Hegel als Rektor des Gymnasiums; er las Heldenbuch und Nibelungen und übersetzte sie sich unter dem Lesen, um sie genießen zu können, ins Griechische." Karl Rosenkranz, der Biograph des Philosophen, betont jedoch: „Ohne die Schule des Nürnberger Gymnasiums würde Hegels Tiefe eine so große Klarheit, als sie erreichte, wahrscheinlich nicht errungen haben; in dieser pädagogischen Zucht . . . gewann er auch durch eigene That die Überzeugung, daß die Philosophie schlechthin lehrbar sei. Und so ist denn dieser Übergang zum Rectorat nicht bloß etwas äußerlich, sondern auch innerlich Notwendiges für Hegel gewesen. . . Er machte mit seinem System auf dem Gymnasium gleichsam die Probe der Verständlichkeit." Ab 1813 war Hegel als Lokalschulrat auch für das Volksschulwesen verantwortlich. Einem im Stadtarchiv Nürnberg vorhandenen Protokollbuch über Fortbildungskonferenzen der Volksschullehrer ist das Kuriosum zu entnehmen, daß er bei einer solchen Veranstaltung am 12. Februar 1814 empfahl, den Schülern zur Erlernung der richtigen Orthographie die Gedichte → Grübels zu diktieren und diese dann in reines Deutsch übertragen zu lassen.

Als man ihm 1816 in Heidelberg, Erlangen und Berlin einen Lehrstuhl anbot, ließ der preußische Minister v. Schuckmann Bedenken äußern, ob Hegel wohl, nachdem er viele Jahre lang keine Vorlesungen mehr an der Universität gehalten hatte, noch die Befähigung zu einem akademischen Vortrag haben würde. Der Philosoph schrieb zurück, die achtjährige Übung auf dem Gymnasium sei eine vielleicht „wirksamere Gelegenheit zur Befreiung des Vortrags gewesen als der akademische Katheder" selbst.

1818 ging Hegel als Universitäts-Professor nach Heidelberg, 1818 wurde er auf den Lehrstuhl von Johann Gottlieb Fichte nach Berlin gerufen. Dort starb er am 14. November 1831. In Nürnberg-Großreuth h. d. Veste ist eine Straße nach ihm benannt.   *Schf*

Christian Heinrich Cl. Wurm · Polizeidirektor   1771 — 1835

Der Polizeidirektor des Königreichs Bayern in der Noris — er amtierte vom Herbst 1806 bis zum Herbst 1818 — ist in den Augen vieler Nürnberger kein „berühmter", sondern eher ein „berüchtigter" Mann. Der zwiespältige Ruf des Christian Heinrich Clemens Wurm, der ihn in die Nähe der Berühmtheit gebracht hat, gründet sich auf politische Voreingenommenheit der Nürnberger und auf die harte Amtsführung Wurms, die ihm schon als Assessor der Polizeikommission Fürth (1800 — 1806) nachgesagt wurde.

Wurm wurde als Sohn eines Kanzleisekretärs für den Ritterkanton Altmühl 1771 in Ansbach geboren. Großvater Wurm war Bürgermeister und Steuereinnehmer in Feuchtwangen. Die Mutter des späteren Polizeidirektors war das Kind eines markgräflichen Kapellmeisters. Die fränkische Abstammung ist also — entgegen einstiger Vermutung — nicht anzuzweifeln. Aber für die Nürnberger von damals kam Wurm eben aus einer Landschaft, die zu Preußen gehört und den Nürnbergern durch die Markgrafenkriege vergangener Jahrhunderte sehr viel Ärger und Geldverlust eingebracht hatte. Noch dazu war Wurm, der in Erlangen Jurisprudenz studiert hatte, Beamter der bayerischen Krone, vor der die Nürnberger Republikaner ähnlich geringe Achtung hatten wie vor den Markgrafen in der unmittelbaren Nachbarschaft.

Als Wurm am 15. September 1806 unter dem bayerischen Generalkommissär in Franken, Graf Thürheim, die Polizeidirektion in der Noris übernahm, löste dies bei der Bevölkerung begreifliche Ressentiments aus. Denn in diesem Amt mußte er als nüchterner Anhänger der Aufklärung den Beschluß der Rheinbundakte von 1806 — Ende des selbständigen Stadtstaates Nürnberg und dessen Überleitung in das Königreich Bayern, also auch Entmachtung des patrizischen Rats — vollstrecken; eine harte Aufgabe für Wurm, weil Nürnberg noch an der schweren Schuldenlast des Dreißigjährigen Krieges, an den Folgen der preußischen Besatzung und an den Kontributionen der französischen Revolutionsgarden zu tragen hatte. Nürnberg war verarmt und in Agonie geraten; so mußte Wurm seiner Aufgabe inmitten einer Umbruchzeit nachkommen. Dabei wurde zu einem Mittel gegriffen, das politisch-psychologisch zumindest sehr unklug gewesen ist; gleich ob die militärische „Besatzungstruppe" des Königreichs dies eigenmächtig angeordnet hat oder ob ein höherer Befehl (etwa des Grafen Montgelas, der als „Gründer des modernen bayerischen Staates" gilt) vorgelegen hatte — Wurm wird von der Bevölkerung (bis heute) dafür wohl zu Unrecht ebenso verantwortlich gemacht, wie für die Beendigung schöner alter Bräuche: Die Gitter Peter Vischers im Großen Rathaussaal wurden teilweise zerstört, teils verkauft; der dem kostbaren Sebaldussarg sehr ähnlich Sarkophag des heiligen Deocarus (Beichtvater Karl des Großen) in St. Lorenz wurde eingeschmolzen; die „Alte Schau", schönstes und ältestes gotisches Haus in Nürnberg und dazu Qualitätsprüfungsamt für Nürnberger Handwerkserzeugnisse, in dem über Nürnbergs wirtschaftlichen Ruf entschieden wurde, wurde abgerissen; an ihrer Stelle wurde gegenüber dem Rathaus der bis dahin freien Reichsstadt die Hauptwache für das bayerische Militär errichtet. Für Wurm wurde damals die Polizeidirektion in der Theresienstraße gebaut. Es sind nur drei Beispiele für viele Maßnahmen, die Nürnbergs und Bayerns Geldnot lindern sollten. Aber sie vernichteten Nürnberger „Heiligtümer". Dies alles löste den Zorn der Nürnberger gegen Wurm aus und machten ihn zum „Symbol der bayerischen Verwaltung".

Der verdiente langjährige Nürnberger Polizeipräsident → Horst Herold hat, als ihm die Bürgermedaille verliehen wurde, „Entschlossenheit und Härte" Wurms bis zu einem gewissen Grad gerechtfertigt wie vor ihm 1958 der frühere Archivdirektor Dr. Gerhard Hirschmann und 150 Jahre zuvor u. a. der des Opportunismus nicht verdächtige Nürnberger Marktvorsteher → Paul Wolfgang Merkel, der dem Polizeidirektor 1807 bestätigt, daß er „außerordentlich viel Gutes in Nürnberg veranlaßt, gewöhnlich den kürzesten und sichersten Weg" gewählt habe und „als höchst partheilos und uneigennützig anerkannt" sei. Deshalb wurde Wurm auch 1809 definitiv von München als Polizeidirektor bestätigt. Danach heiratete er Maria Regina von Buckingham. Es war eine glückliche Ehe mit fünf Töchtern und zwei Söhnen, auf die er, nach Unterlagen bei seinen Nachkommen, viel Liebe und Fürsorge konzentrierte.

Mit sehr weitgehenden Kompetenzen ausgestattet, die in dieser Form für einen Polizeidirektor in unseren Augen ungewöhnlich sind, verwandte er erhebliche Kraft darauf, den Anforderungen des napoleonischen Krieges u. a. durch Einberufung in die napoleonische Armee gerecht zu werden, ohne Nürnberg dabei allzu hart zu treffen. Seine erste Aufgabe war die Neuordnung des darniederliegenden Polizeiwesens in der Stadt, die zweite die Reorganisation des städtischen Bauwesens. Als 1809 ein österreichisches Streifenkorps die Stadt besetzte, wurden u. a. er und sein Vorgesetzter, Graf Thürheim, in Bayreuth als Geiseln festgesetzt. Dabei wurde Wurm von Thürheim verleumdet, was nach dem plötzlichen Abzug der Österreicher zur Abberufung Thürheims führte, aber für Wurm nicht ohne späte Folgen blieb. Seit 1810 wurde durch die neue Kreiseinteilung das Generalkreiskommissariat in Nürnberg aufgelöst, ohne daß dadurch Wurms Position berührt worden wäre. Dies hat seine Beweglichkeit erhöht. Er schlug die Modernisierung des Stadtkerns vor. Sein Vorschlag, den Mauerring abzubauen, wurde zwar — Gott Lob! — verworfen, aber die Kramläden um die beiden Hauptkirchen sollten um der Kirchen willen verschwinden. Der Bau von Laden-Kolonaden am Hauptmarkt wurde verwirklicht. Er half beim Aufbau der Gesellschaft Museum, regelte das Volksschulwesen neu, nun für arme Kinder unentgeltlich, widmete sich dem Findelhaus, dessen Finanzgrundlagen immer geringer geworden waren, obwohl die Not anstieg, und förderte die Kunst.

Entscheidend für das Verhältnis zwischen Bürgerschaft und Polizeidirektor aber war die Installation des Municipalrates aufgrund des bayerischen Gemeindeediktes von 1808. Diesem Gremium hatte der Polizeidirektor vorzustehen, er allein konnte es einberufen. Aber die gewählten Nürnberger verlangten mehr Kompetenzen und Wurms Ablösung von der Leitung des Rats, freilich vergeblich. Auch durch Neuwahlen änderte sich nichts. Es blieb beim Rücktritt der Gewählten. Wurm war damit vereinsamt. Die neue bayerische Gemeindeordnung von 1818 brachte dann auch das Ende der Munizipalräte und Polizeidirektionen. Die Staatsaufsicht erhielt gemildertere Formen. Wurm sollte auf Verordnung des alten Generalkommissars und späteren bayerischen Innenministers Graf Thürheim nach Regensburg kommen, was er nicht akzeptierte. Nürnbergs neugewählter Erster Bürgermeister, → Christian Gottfried Lorsch, hat Wurm damals mit Worten großen Dankes verabschiedet. Für die Noris endete damit „die Ära Wurm", das Wirken eines Mannes, der „mit vielen Mißständen aufgeräumt und als überdurchschnittlicher und tüchtiger Verwaltungsbeamter" gewertet wird, der aber einen Fehler hatte: Er ging bei „Durchführung notwendiger Maßnahmen häufig nicht schonend genug vor". Nach einem unruhigen, von Krankheit, Geldsorgen und Verbitterung getragenen Pensionistendasein starb er 1835 in München. *Im*

Kostbarster Besitz der Glyptothek zu München sind die archäologischen Funde aus Griechenland und seiner Inselwelt. Sie sind untrennbar mit dem Namen Carl Frhr. Haller von Hallerstein verbunden, der als Sohn des reichsstädtischen Pflegers aus einer Nürnberger Ratsfamilie am 10. Juni 1774 auf der Burg Hilpoltstein geboren wurde. Als Architekt war er prädestiniert für die exakte Aufnahme und Vermessung archäologischer Ausgrabungen. Seine Ausbildung hatte er erst an der Hohen Carlsschule zu Stuttgart, dann in der damals in der Baukunst führenden Stadt Berlin bei Friedrich Gylli erfahren. Die Jahre 1806 — 08 als Bauinspektor in Nürnberg konnten ihm bei der finanziell trostlosen Lage der Stadt keine Befriedigung geben. Deshalb setzte er seinen alten Plan einer Studienreise nach Italien trotz widrigster Umstände in die Tat um. In Rom kam er mit Künstlern aus allen Ländern rasch in Kontakt. Die Dänen Brønstedt und Koës animierten den fast mittellosen Haller zu dem kühnen Entschluß, eine Reise nach Griechenland zu wagen.

Engländer und Franzosen bekriegten sich im Mittelmeer; Griechenland unterstand türkischer, oft willkürlicher Herrschaft, Räuberbanden machten das Land unsicher. Es war schon ein abenteuerliches Unternehmen, dem sich der baltische Baron Stackelberg und der Stuttgarter Maler Linckh noch anschlossen. Ihr und Hallers Ziel war die wissenschaftliche Erforschung griechischer Baukunst. Im Herbst 1810 landete die Gesellschaft in Athen. Dazu stieß der englische Architekt Cockerell, der sich besonders eng an Haller anlehnte. Im folgenden Frühjahr landeten Haller, Cockerell, dessen Kollege Foster und Maler Linckh auf der Insel Aegina, wo sie schon nach kurzer Zeit die Skulpturen des Aphaia-Tempels aus der Zeit um 500 v. Chr. ausgraben konnten; ein Fund, der internationales Aufsehen erregte. Welches Land aber sollte nun in den Besitz dieser Kunstwerke kommen? Endlosen Bemühungen Hallers ist es zu verdanken, daß trotz massiven Eingreifens der Engländer und trotz zaghafter Haltung von Martin Wagner, des Kunstagenten → Kronprinz Ludwigs von Bayern, die Aegineten von Ludwig erworben werden konnten. Dabei half der Umstand, daß der Kronprinz per Brief Haller zu seinem Kunstagenten in Griechenland bestellte. Er solle aber nur „Erstklassiges" erwerben.

In seiner Antwort informierte er Ludwig mit genauen Beschreibungen und Zeichnungen über die Aegineten, damit er anhand anschaulicher Vorlagen seine Ankaufsentscheidung treffen konnte. Mehrfach verlängerte der Kronprinz den Auftrag, was zu Hallers langem Aufenthalt in Griechenland und dann in der Türkei beitrug. Im Sommer 1811 begannen Haller und Cockerell den Apollo-Tempel in Phigalia-Bassae zu untersuchen. Sie bargen 1812 den großartigen Fund des Tempelfrieses. Haller wollte auch diese Antiken seinem Land zukommen lassen; aber Wagner hielt sie nicht für wertvoll, so daß Ludwig diesen Schatz ins Britische Museum abwandern ließ. Das Itinerar Hallers aus den Jahren 1810 — 1817 — nach seinen Briefen, Tagebüchern und über 1300 erhaltenen Zeichnungen zusammengestellt — zeigt, daß er einen großen Teil Griechenlands durchstreift hat: Delphi, Eleusis, Lamia, Larissa, Marathon; auf der Peloponnes: Kalamata, Korinth, Mykene, Nauplia, Olympia, Patras, Tripolis; die Inseln Delos, Hydra, Ithaka, Korfu, Tenos und Zanthe. Ausführlich befaßte er sich mit Grabungen und Vermessungen des Theaters auf Milo. Dazwischen hielt er sich von 1814 bis 1816 in Konstantinopel auf und besuchte u. a. Bursa, Troja, Naxos und Paros.

Der Aufenthalt in Konstantinopel wurde vom Kronprinzen veranlaßt, der Haller gebeten hatte, dort bei einem bankrotten Bankhaus seine Interessen wahrzunehmen. In dieser Zeit fertigte Haller die Entwürfe für das Preisausschreiben Ludwigs zum Bau einer Glyptothek und der Walhalla an. Die Aufträge gingen dann an Leo Klenze, der aber Hallers Entwürfe mitbenützte. Bis zuletzt beschäftigte ihn die Frage der Rekonstruktion der Akropolis und der Propyläen zu Athen. Als Architekt übernahm er einen Auftrag des Veli Pascha für den Bau einer Brücke im Tempetal zwischen Ossa und Olymp. Er zog über Theben, die Thermopylen und Larisa dorthin. In Ampelakia warf ihn das Fieber nieder, dem er einsam am 5. November 1817 erlag. Er soll in Athen begraben worden sein; doch sein Grab ist unbekannt geblieben. Sein umfangreicher Nachlaß an Briefen, Tagebüchern, Zeichnungen, Dokumenten etc. befindet sich heute vorwiegend in München, Straßburg und im Haller-Schloß Gründlach. Eine späte Ehrung erfuhr der Archäologe durch die 1982 gegründete „Carl Haller von Hallerstein Gesellschaft für baugeschichtliche Forschungen und Denkmalpflege im griechischen Kulturbereich e. V." Carls Bruder Christoph (1771 - 1839) war Galerieinspektor in Nürnberg und ist als Radierer und Zeichner bekannt geworden.   *H*

Friedrich Campe · Buchhändler   1777 — 1846

In Friedrich Campe begegnet uns eine Persönlichkeit, in der sich verlegerischer Unternehmungsgeist und politisch-soziales Wirken in glücklicher Weise verbinden. Als er im Sommer 1802 um das Nürnberger Bürgerrecht ansucht, tritt ein Weltbürger in eine Umgebung ein, die vom politischen und wirtschaftlichen Niedergang geprägt ist. Der 1777 in Deensen bei Hannover geborene Campe kann auf eine weltbürgerliche, von den Ideen der Aufklärung geprägte Erziehung zurückblicken. Sie verdankt er besonders seinem Onkel Joachim Heinrich Campe, einem vielgelesenen Jugendschriftsteller und erfahrenem Buchhändler, bei dem der junge Friedrich auch eine gediegene berufliche Ausbildung erhielt. Sprachstudien und Philosophie beschäftigten ihn in Königsberg (wo er bei Kant hörte) und in Leipzig. In Nürnberg sucht er eine selbständige berufliche Basis. Doch der ihm bewilligte einjährige Aufenthalt scheitert bald daran, daß er mit dem Rat und seinen Nürnberger Buchhandelskollegen in Konflikt gerät, weil er sich in seinem Tätigkeitsdrang nicht an jene beengenden Auflagen halten kann, die ihm gemacht wurden. Nach einer kurzen Zwischenzeit in Fürth, mit seiner liberalen Gewerbeverfassung, kann er sich aber 1805 endgültig in Nürnberg niederlassen und gründet im „Haus zum Römischen Kaiser" (Kaiserstraße 37) die „Campesche Buch-, Kunst-, Musikalien- und Landkartenhandlung". Bis 1815 erwirbt er drei weitere Geschäfte hinzu, eines davon durch die Ehe mit der Kunsthändlerstochter Margarete Salome Trautner. Seine Verlagsbuchhandlung, der er 1825 eine Druckerei angliedert, wird im zweiten Viertel des Jahrhunderts zur bedeutendsten der Stadt gehören.
Der politisch aufgeschlossene und geschäftstüchtige Campe schätzt die Bedürfnisse seiner Mitbürger in diesen Jahren mit sicherem Blick ein und reagiert auf die Veränderungen der politischen Landkarte und auf die Napoleonischen Kriege: Mit ausgesuchten Zeichnern und Stechern sowie eigens ausgebildeten Illuministen produziert er eine Fülle von Bilderbögen, die die politischen Ereignisse ebenso widerspiegeln wie das Lebensgefühl der Bürger. Durch geschickte, bisher in Nürnberg unbekannte Werbung, die patriotische Einstellung und Selbstwertgefühle anspricht, bemüht er sich um neue Käuferschichten. Belastend wirkt sich die Zensur aus, die in den Jahren bis 1818 die Buchhändler besonders einengt. Sie mag hier aber auch zur Solidarisierung mit dem weltbürgerlichen Neuerer beigetragen haben, denn 1811 tritt Campe als Sprecher der Nürnberger Buchhändler gegenüber den Behörden auf. Seiner intensiven überregionalen Arbeit für Buchhandelsfragen verdankt der 1825 in Leipzig gegründete „Börsenverein des deutschen Buchhandels" seine Entstehung; die ersten drei Jahre ist Campe dessen erster Vorsitzender.

In diese Zeit fällt auch die bedeutende öffentliche Wirksamkeit in Nürnberg als Gemeindebevollmächtigter (ab 1818) und dann als Magistratsrat (ab 1821). Hier erwirbt er sich zahlreiche Verdienste: Neubau und Neuordnung des städtischen Waisenhauses, der Findel, sowie Errichtung einer Stiftung (1822) gehen auf ihn ebenso zurück, wie Verbesserungen im Schulwesen, bei der Heilanstalt für Geisteskranke und die Initiative zur Gründung einer höheren Mädchenschule (1823). Auch für die gleichzeitige Gründung der Polytechnischen Schule ist sein Beitrag wichtig. Seiner weltbürgerlichen Offenheit, seiner Geschäftstüchtigkeit, seiner Lebensfreude und seinem Kunstsinn kommen die Reisen zugute, die ihn öfters nach England, Frankreich und Spanien führten.

Die in dreißig Jahren erworbene, bedeutende Sammlung von Gemälden, Zeichnungen und Stichen wird allerdings schon bald nach seinem Tode von den Erben verschleudert.

Fünfundzwanzig Jahre ist Campes Leben geprägt von ausfüllenden stadtpolitischen Ämtern, daneben steht die unermüdliche Sorge für Geschäft und Familie, in der zwölf Kinder zu versorgen waren. Bedeutende Männer Nürnbergs wie → Grübel und → Heideloff zählen zu seinen Freunden. Er führt ein gastliches Haus; seine nüchtern-weltoffene Lebensart („Mein Vaterland ist die Welt") und sein zupackender Geschäftssinn haben ihm nicht nur Freunde, aber viel Anerkennung gebracht. Als er am 9. August 1846 stirbt, hinterläßt er eine hochentwickelte Verlagsbuchhandlung, der jedoch kein günstiger Fortgang beschieden war. Bereits um 1860 finden sich über ihre Wirksamkeit keine Nachweise mehr.   *Th*

Rud. Sigm. Frhr. v. Holzschuher · Landtagsabgeordneter   1777 — 1861

Er war Diplomat, Syndikus, Rechtstheoretiker und bayerischer Landtagsparlamentarier. Das Leben des Rudolph Sigmund Frhr. v. Holzschuher, das er in den Dienst Nürnbergs stellte, trägt die Züge seiner Zeit: Merkmale revolutionären Umbruchs, beharrende Tradition; Mut, das Unabweisbare anzunehmen und es, gestaltend in neue, lebensfähige Formen einzubringen. → Albrecht Dürer hat seinen Ahnherrn Hieronymus Holzschuher porträtiert, → Kaiser Karl V. hat seinem Geschlecht alle Edelmannesfreiheiten bestätigt und das Wappenrecht erneuert. Rudolph Sigmund war also Träger reichsstädtischer Tradition und verkörperte die Tugenden des Stadtadels, der sich gleichermaßen durch Weltläufigkeit wie durch urbanen Patriotismus, durch kaufmännische Weitsicht und strenges Ordnungsdenken ausgezeichnet hat.

Als er am 22. Januar 1777 in Nürnberg geboren wurde, zuckte das Wetterleuchten der nahen Französischen Revolution auch über den deutschen Himmel; die Ideen der Aufklärung, die politisch-liberalen Gedanken, die eben zum amerikanischen Unabhängigkeitskrieg gegen England geführt hatten, begeisterten die deutsche Jugend an den Universitäten. Achtzehnjährig schrieb sich der Patriziersohn an der reichsstädtischen Universität zu Altdorf ein. Im Vordergrund seiner studentischen Bemühungen standen nicht die Rechtswissenschaften, sondern philosophische Studien, die ihn 1797 als Studenten in Jena zum Hörer von Johann Gottlieb Fichte werden ließen. Mit 22 Jahren erwarb er in Altdorf den Doktor iuris utriusque. Schon am 2. April 1799 wurde er zum Advokaten ernannt. Schon früh richtete sich sein Interesse auf die verfassungsrechtlichen Strukturen der Reichsstadt Nürnberg, deren Konsulent er mit 27 Jahren geworden ist. Wie vielen Gleichgesinnten galt seine Sorge der trostlosen Finanzlage seiner Vaterstadt und der veralteten Finanzverwaltung der Nürnberger Administration. Er scheute nicht Kontroversen mit der kaiserlichen Subdelegation und erprobte in dieser Zeit seine juristischen Fähigkeiten und seine frühen Erfahrungen hauptsächlich in Strafsachen. Das hat ihm wohl den Auftrag der Familie Palm eingebracht, beim französischen Marschall Bernadotte in Ansbach, wenn auch ohne Erfolg, zu intervenieren, als der Buchhändler → Johann Philipp Palm 1806 wegen einer Streit-Schrift von den französischen Besatzungstruppen verhaftet worden war.

Am 15. September 1806 fiel der selbständige Stadtstaat Reichsstadt Nürnberg an das Königreich Bayern. Die damit verbundenen politischen, rechtlichen, wirtschaftlichen und organisatorischen Aufgaben erforderten jahrelange Verhandlungen und mühevolle Anstrengungen. Es ging zunächst um die Übernahme der Nürnberger Staatsschuld durch das neue Königreich und nicht zuletzt um die Berücksichtigung der Interessen der alten Ratsfamilien (inzwischen Patriziat) gegenüber dem neuen königlichen Landesherrn. Als Abgeordneter der Ständeversammlung in München und als bedeutendster Vertreter der Nürnberger Patrizier vertrat er deren Interessen im Landtag. Darüber hat er ausführlich publiziert. Er wollte damit das politische Interesse am bayerischen Parlament wecken und gleichzeitig versuchen, den Gemeinsinn „für das Gedeihen und für die kräftige Entwicklung unserer liberalen Institutionen" zu schärfen.

Holzschuher hatte sich rasch in das Haushalts- und Finanzrecht eingearbeitet und dadurch mancherlei Widerwillen bei den Münchener Ministerien erregt. Deshalb wurde ihm 1840 die Bewilligung zur Übernahme des Mandats verweigert. Der liberale und streitbare Patrizier zog sich nicht schmollend und stumm zurück, sondern veröffentlichte zwischen 1843 und 1845 sein juristisches Hauptwerk: „Theorie und Casuistik des römischen Rechtes". Mit seinem ausgeprägten Geschichtsbewußtsein und seinem wachen Sinn für die Möglichkeiten und Chancen seiner Zeit, blieb er auf der einen Seite seinem Stand und seiner Familie verpflichtet; andererseits ließ er sich nicht über das Ende der Geschichtsepoche täuschen, in der der oligarchische Rat Nürnbergs Stadtgeschichte ausschließlich bestimmt und verantwortet hatte. So lehnte er es ab, einem Nürnberger Adelsclub beizutreten, weil er die Adelsverfassung für ein „baufälliges Haus" hielt, an dem er nicht mehr mitbauen wolle. Der juristische Ruf Holzschuhers war unbestritten. Ihm wurde der bayerische Ehrentitel eines Justizrats verliehen; unter seinen Standeskollegen galt er als der vielseitigste und erfolgreichste Advokat.

Holzschuher stellte sich auch für die 1835 neu konstituierte Nürnberger Kirchenverwaltung zur Verfügung und wirkte an der inneren Ausgestaltung der Evangelischen Kirche in Bayern mit. Das Nürnberger Patriziat war dabei bestrebt, auch das kirchliche Leben mit dem Geist der Aufklärung und der rational-liberalen Theologie zu erfüllen. Wie das patrizische Erbe in die neue demokratische, von der Verfassung her geprägte Entwicklung hinübergerettet werden könne, war umstritten. Immer wieder kam es zu höchstrichterlichen Entscheidungen über den Rechtsbestand von Stiftungen und von Ansprüchen gegen sie. Die Nachwirkungen der juristischen und politischen Arbeiten Holzschuhers waren groß. Seine „Theorie und Casuistik des römischen Rechtes" fand bei Studenten, Praktikern und Gerichten großen Zuspruch. Selbst nach dem Tod des Verfassers, am 20. Juli 1861, wurde es 1865 nochmals neu bearbeitet und erweitert herausgegeben. *S*

Friedrich von Roth · Oberkonsistorialpräsident   1780 — 1852

Karl Johann Friedrich Roth, geboren am 23. Januar 1780 in Vaihingen/Enz, hat die Erlanger theologische Fakultät aufgebaut. Seine Jugend wird bestimmt von der klassischen Bildung der Antike und dem Geist aufklärerischer Revolution. Sein Vater hätte ihn gerne zum Theologen gemacht; aber der 17jährige lehnte dies leidenschaftlich ab. Er wird in Tübingen Jurist. 1802 kommt er nach Nürnberg als Rechtskonsulent und Finanzrat des Pegnitzkreises;

1806 wird er in bayerische Dienste übernommen. Noch in seiner Nürnberger Zeit wendet sich Roth bewußt dem neu erwachenden Glauben der Erweckungsbewegung zu. Er heiratet die kindlich fromme Tochter des Nürnberger Bürgermeisters → Paul Wolfgang Merkel. Von 1810 ab lebt Roth, zum Oberfinanzrat und Ministerialrat befördert, ständig in München; allerdings verbringt er die Sommermonate regelmäßig auf seinem Landgut bei Nürnberg. Aufsehen erregt er, als er 1817 eine dreibändige Ausgabe aus Luthers Schriften publiziert und 1825 die Werke des Theologen Johann Georg Hamann herausgibt.

Friedrich von Roth, inzwischen geadelt, wird 1828 durch König Ludwig I. zum Präsidenten des Oberkonsistoriums ernannt. Er ist der erste bedeutende Leiter der bayerischen Landeskirche. In diesem Amt, durch das er Mitglied des Reichsrats der Krone Bayerns wurde, wird er zum Beschützer der Erweckungsbewegung, die den Rationalismus kraftvoll zurückdrängt. Vor allem bemüht er sich um die Heranbildung des Pfarrerstandes. Der Aufbau der Erlanger theologischen Fakultät ist im wesentlichen sein Werk. 1834 gründet er das Münchner Predigerseminar für die Elite des theologischen Nachwuchses. Tatkräftig und fürsorglich begleitet er die Kandidaten. Am Schicksal der ihm unterstellten Pfarrer nimmt er persönlich Anteil. So gelingt ihm eine wirkliche Erneuerung der Landeskirche. Als Mann von umfassender Bildung ist Roth auch Mitglied der Akademie der Wissenschaften. Über 15 Jahre lang führt er die Schriftleitung für deren „Gelehrten Anzeiger".

Da erscheint unter dem antiprotestantischen Minister Abel 1838 der „Kniebeugeerlaß": Während der katholischen Militärgottesdienste und Fronleichnamsprozessionen haben alle bayerischen Soldaten vor der Monstranz auf Kommando niederzuknien. Die evangelische Bevölkerung ist empört; es kommt zu einem siebenjährigen Streit. Man hat Roth vorgeworfen, daß er dabei dem König gegenüber zu nachgiebig aufgetreten sei und den protestantischen Standpunkt nicht energisch genug geltendgemacht habe. Jedenfalls verliert er durch seine unentschlossene Haltung im Kniebeugestreit an Popularität. Er kapselt sich persönlich immer mehr von den Strömungen seiner Zeit ab. Bei der Revolution von 1848 agitieren Nürnbergs letzte Aufklärer gegen ihn beim König. Roth wird abgesetzt, ohne daß sich jemand für ihn verwendet. Innerlich einsam, stirbt er am 21. Januar 1852. Wegen der widersprüchlichen Züge in seinem Charakter haben ihn schon seine Zeitgenossen sehr unterschiedlich beurteilt. *Di*

Georg Zacharias Platner · Großkaufmann 1781 — 1862

Der Großkaufmann Georg Zacharias Platner wäre vielleicht längst vergessen, hätte er nicht neben seiner Berufsarbeit zwanzig Jahre im Nürnberger Handelsvorstand, fünfundzwanzig Jahre im Gemeindekollegium, mehrere Jahre ab 1834 als Mitbegründer, Direktor und Kassierer der Ludwigsbahn-Gesellschaft und schließlich auch als Abgeordneter der Bayerischen Städtekammer die Wege für Nürnbergs Wirtschaft und Industrie geebnet.

Er entstammte einer alten Kaufmannsfamilie aus Chemnitz, die es in mehreren Generationen in der Noris zu Wohlstand und Ansehen gebracht hatte. Eine Grundlage seiner Erfolge bildete nach einer soliden Schulausbildung die Lehre im väterlichen Handelsgeschäft und die jeweils zweijährige Tätigkeit in Basel und Hamburg (1797 — 1801). Mit 30 Jahren übernahm er das väterliche Handelshaus, das u. a. Indigo importierte, erweiterte die Geschäftstätigkeit 1815 durch Niederlassungen in Hamburg und Rotterdam, gründete eine Tabakfabrik und erwarb Beteiligungen u. a. bei der 1847 vollendeten Nürnberger Gasfabrik.

Was Platner aber über eine ganze Reihe von engagierten Handelsvorständen und Stiftern hinaushebt, war seine führende Rolle bei der Gründung der ersten deutschen Eisenbahn Nürnberg-Fürth. Beginnend mit ersten Gesprächen nach Leuchs' Aufruf vom 2. Januar 1833 über die Vorarbeiten zur Gesellschaftsgründung stand Platner an der Spitze einer Gruppe fortschrittlicher Nürnberger und Fürther Bürger, darunter sein Freund → Johannes Scharrer. Die Wahl zum Direktor der kgl. priviligierten Ludwigs-Eisenbahn-Gesellschaft am 21. 11. 1833 bestätigte diese Position auch formal. Wenngleich Johannes Scharrer die Hauptlast der Geschäftsführung zu tragen hatte und → Paul Camille v. Denis die Bauleitung übernahm, so ist Platners engagiertes persönliches Wirken vielfach nachweisbar. Gerade die für den Technologie-Transfer von England nach Deutschland entscheidenden Vorgänge waren Platners Werk, so die Vereinbarung mit Robert Stephenson über die Lieferung der ersten Lokomotive am 3. Mai 1835 in Brüssel. Als das Werk gelungen und der Eisenbahnbetrieb eingelaufen war, trat Platner am 12. Dezember 1836 zurück und schlug seinen bisherigen Stellvertreter Scharrer als seinen Nachfolger zum nunmehr berufsmäßigen Direktor vor. Platners Handelshaus führte jedoch die Kassengeschäfte für die Eisenbahn-Gesellschaft kostenfrei weiter. Als Dank und Anerkennung seiner Verdienste wählten ihn die Aktionäre zum Ehrenmitglied des Direktoriums auf Lebenszeit. Von seinen großzügigen kommunalen und sozialen Stiftungen trägt die erste öffentliche Grünanlage Nürnbergs, die Platnersberganlage, seinen Namen. Platner starb am 9. Juli 1862 in seiner Heimatstadt. *Wt*

Christoph Albert Reindel · Kunstschuldirektor   1784 — 1853

Ein veraltetes Institut, das starr stehen blieb, sei nach 159 Jahren in sich zerfallen und aus seiner Asche eine neue Pflanzschule junger Künstler entstanden. So charakterisierte Christoph Albert Reindel, der bei dem Preissler-Schüler → Christoph Johann Sigmund Zwinger (Maler und Kupferstecher) die Nürnberger Zeichenschule besucht hatte, die Situation der Nürnberger Kunstschule, deren Direktor er seit 1811 geworden war. Im Jahr 1821 veranstaltete Reindel eine große Kunstausstellung, die weit über Nürnberg hinaus in ganz Deutschland Beachtung fand. 1824 folgte eine zweite, 1827 eine dritte, ebenso erfolgreiche Ausstellung. Reindel stand auf der Höhe seines Ruhmes. Aber nun fürchtete König Ludwig I. von Bayern, daß die Nürnberger Kunstschule eine Konkurrenz für die Münchner Akademie bilden könnte. Er wollte, „daß in Nürnberg überhaupt nicht getrachtet werde, eigentliche Künstler zu bilden, sondern, daß Kunst in die Gewerbe komme".
Da der König unerbittlich blieb, wandelte das Ministerium die Nürnberger Kunstschule 1833 in eine Kunstgewerbeschule um. Das war ein schwerer Schlag für Reindel; aber er verwand ihn, denn im Unterrichtsbetrieb veränderte sich dadurch zu seinen Lebzeiten überhaupt nichts. Reindel erhielt auch ehrenvolle Aufträge, wie z. B. die Erneuerung des Schönen Brunnens mit Hilfe von → Prof. Alexander v. Heideloff 1821 — 1824. Im übrigen widmete er sich hauptsächlich der Kupferstecherkunst und darf auch als einer der ältesten Koryphäen des Nürnberger Stahlstichs gelten. In großformatigen, prächtigen Blättern stellte er Hauptwerke der alten Nürnberger Kunst dar, z. B. → Dürers Vier Apostel, das Sebaldusgrab und den Schönen Brunnen. Dadurch machte er diese Werke in ganz Deutschland und im Ausland bekannt und leistete so seiner Vaterstadt unermeßlichen Dienst. Er erwarb sich Achtung und Ansehen von allen Seiten, erfreute sich allgemeiner Anerkennung und Liebe der Kunstgenossen und Mitbürger, die ihn in das Gemeindekollegium wählten.
Die Berliner und Münchener Akademie ernannten ihn zum Ehrenmitglied. Auf einer Kunstausstellung im Louvre zu Paris 1837 zeigte er den Stich „König Ludwig I. im Krönungsornat", wofür ihm König Louis Philippe von Frankreich eine Goldene Medaille zuerkennen ließ. Eine ganze Generation namhafter Nürnberger Graphiker, Maler und Bild-

hauer ist aus seiner Schule hervorgegangen. Er hat der Nürnberger Kunst frisches Leben eingehaucht; sein Mitverdienst war es, daß Nürnberg in der ersten Hälfte des 19. Jahrhunderts unter den deutschen Kunststädten noch eine führende Stellung einnahm. Am 23. Februar 1853 starb Reindel und wurde auf dem St. Johannisfriedhof bestattet. (Die Stadt hat eine Straße im Stadtteil St. Peter nach ihm benannt.) *Schw*

Johann Froescheis · Bleistiftmacher 1784 — 1869

Johann Grasser

Im Jahre 1806, als Nürnberg bayerisch wurde, begann Johann Froescheis, als Sohn eines Gastwirtes und Branntweinbrenners (die Familie hieß früher Frischeisen) in Gostenhof 1784 geboren, aus der Bleiweißschneiderei hervorgegangen, das „Bleistiftmachen" an der Großweidenmühle. Er ging 1796 zu dem Fürther Bleiweißmacher Johann Ziegler in die Lehre, erhielt 1818 die Meisterwürde und vertrieb seine Produkte über Nürnberger Kommissionshäuser. Georg Andreas Froescheis verkaufte diese nur mit Firmen-Bezeichnung: er trug schon am 29. Februar 1868 das Zeichen „Lyra" beim Magistrat ein. Friedrich Froescheis wurde 1870 Teilhaber. Die auf Dauer unzulängliche Wasserkraft führte 1877 zur Grundsteinlegung einer neuen Fabrik an der Großweidenmühlstraße. 1878 schied G. A. Froescheis aus der Firma Lyra-Bleistift-Fabrik aus.

Karl Grasser trat ein, verstarb aber schon 1885. Der 24jährige Sohn Johannes Grasser, zu dieser Zeit bereits in USA und Kanada für die Firma tätig, teilte sich mit F. Froescheis die Firmenleitung bis zu dessen Ausscheiden 1902. Der Vertrieb der Produkte nahm weltweit stark zu. Erfindungen, z. B. für mechanische Bleistifte, wurden patentiert, und Warenzeichen, wie das Wort „Orlow" für Spitzenerzeugnisse, wurden eingetragen. 1927 verstarb nach überaus erfolgreicher Tätigkeit Geheimrat J. Grasser ohne männliche Erben. Sein Schwiegersohn, Ludwig Blaul, fiel 1914 an der Front. Dr. W. Koerper, der zweite Ehemann seiner Tochter, brachte die Firma dann über schwere Zeiten hinweg und leitete sie bis lange nach Ende des Zweiten Weltkrieges. Weitere Schutzrechte, so die Befreiung der Kopiermine von ihren unangenehmen Eigenschaften, stärkten die Leistungskraft. An den Gründer eines der vier noch am Ort bestehenden Unternehmen aus der Zeit der Bleiweißschneider erinnert der Froescheisweg in Stein bei Nürnberg. *Bl*

Johann Leonhard Schrag · Verlagsbuchhändler 1783 — 1858

Der Nürnberger Verlagsbuchhändler Johann Leonhard Schrag entstammte einer alten elsässischen Familie, die über Mainz nach Landshut kam. Dort wurde Schrag 1783 geboren und zum Buchhändler ausgebildet. Im November 1807 übernahm er die Leitung der J. A. Steinschen Buchhandlung in Nürnberg, deren Besitzer → Johann Philipp Palm 1806 auf Befehl Napoleons in Braunau erschossen worden war. Schrag heiratete die Nichte der Witwe Palms, Johanna Maria Sophia, Tochter des Marktvorstehers Johann Wolfgang Keßler, im Oktober 1810. Nach dem Kauf einer Buchhandlungsgerechtigkeit von der Verlegerswitwe → Felsecker am 30. Januar 1810 begründete Schrag eine eigene Verlagsbuchhandlung. 1842 erwarb er eine weitere reale Buchhandlungsgerechtigkeit aus der Soergelschen Konkursmasse, erhielt 1843 die Konzession für eine Buch-, Kunst- und Landkartenhandlung und errichtete 1847 für seinen zweiten Sohn Heinrich ein Sortimentsgeschäft unter dem Firmennamen „Schragsche Buch- und Kunsthandlung". Das erste Verlagshaus befand sich in der Königstraße 14; das gegenüberliegende Geschäftshaus Königstraße 15 wurde 1864 erworben. Der Schragsche Verlag veröffentlichte von 1810 bis 1858 über 350 Werke mit rund 1200 einzelnen Bänden, Teilen und Lieferungen. Bedeutende Autoren: Adelbert von Chamisso, Joseph v. Eichendorff, → Georg Wilhelm Friedrich Hegel, Jean Paul, Stadtarchivar → Lochner, Rektor Wilhelm Bernhard Mönnich, → Georg Simon Ohm, → Hans Sachs, Friedrich Wilhelm Joseph von Schelling. Schrag stand mit vielen seiner Autoren in enger Fühlung, die oft zur Freundschaft wurde. Als einer der angesehensten Verlagsbuchhändler seiner Zeit wurde er 1825 in den Vorstand des Börsenvereins der Deutschen Buchhändler in Leipzig gewählt. Ab 1821 war er Mitglied im Kollegium der Gemeindebevollmächtigten, ab 1827 gehörte er 18 Jahre dem Stadtmagistrat an. Er starb 1858. *S-r*

Johannes Scharrer · Schulreformer u. Eisenbahndirektor 1785—1844

Johannes Scharrer, Reformer des gewerblichen Schulwesens und der Nürnberger Wirtschaftskraft in der ersten Hälfte des 19. Jahrhunderts, ist am 30. Mai 1785 als Sohn eines Metzgers und Bierbrauers in Hersbruck geboren. Er besuchte dort noch die drei ersten Klassen der Lateinschule, begann aber 1798 in Nürnberg die Kaufmannslehre, war zwischen 1800 und 1809 als Handlungsgehilfe tätig und gründete im Jahr seiner Hochzeit mit Katharina Barbara Weiß (1809) zusammen mit seinem Schwager → J. S. Amberger ein Geschäft für Gewürze und Landprodukte. Bald schon konzentrierte sich dieses Geschäft auf den Hopfenhandel und hatte wesentlichen Anteil daran, daß Nürnberg als Hopfenmarkt im 19. Jahrhundert eine zentrale Stellung eingenommen hat (heute: Hopunion, Raiser, Scharrer KG).

Die begrenzte Selbstverwaltung bayerischer Stadt- und Landgemeinden (Gemeindeedikt 1818) ermöglichte seine Berufung zum ehrenamtlichen Magistratsrat. 1822 wurde er zum Zweiten Bürgermeister von Nürnberg gewählt. Damit wurde das Fundament seines Wirkens verbreitert. Er ordnete die Finanzverwaltung der Stadt neu. Das trug ihm zwar Angriffe ein und verhinderte die Erneuerung seines Mandats im Jahr 1829. Aber wichtiger für ihn war die Anerkennung seiner Leistungen durch viele seiner Zeitgenossen; denn Scharrer hatte während seiner Bürgermeisterjahre das Unterrichtswesen geordnet und harmonisiert. Die Elementarbildung löste er aus der privaten Sphäre der Rechen- und Schulmeister heraus und schuf durch die Einrichtung von 24 Klassen mit festen Sprengeln wie durch den Erwerb von Schulgebäuden ein städtisches Volksschulwesen. Er kümmerte sich um die Reform des Gymnasiums und bemühte sich durch die Begründung einer Höheren Töchterschule (1823) um die Erziehung der Mädchen. Außerdem reorganisierte er die Höhere Bürgerschule (gegr. 1816), die auf gehobene Stellungen in Wirtschaft, Gewerbe, Fabrikwesen und in den Künsten vorbereiten sollte.

Die seit dem späten 18. Jahrhundert vieldiskutierte Frage der gewerblichen Erziehung löste Scharrer durch Planung und Gründung einer Polytechnischen Schule. Sie wurde 1823 im Augustinerkloster eröffnet und siedelte später in das ehemalige Rentamt im Peunthof über. Ziel war eine enge Verflechtung von Unterricht und Praxis mit den Bedürfnissen der Nürnberger Gewerbe. In diesem Zusammenhang ist auch das aus konservativen Nürnberger Bürgerkreisen befehdete Konzept der Lehrwerkstätten zu sehen. Längst war erkannt, daß Fortschritte in den Gewerben auf der Verfügbarkeit von guten Geräten und Mustern beruhte. Dementsprechend wollte Scharrer die Schule so einrichten, daß durch Zusammenarbeit verschiedener, sonst in ihrer Tätigkeit streng getrennter Handwerkszweige Werkzeuge und Maschinen erstellt, Muster und Modelle für die heimischen Handwerksbetriebe entwickelt wurden. Nach seiner Bürgermeisterzeit wurde Scharrer Direktor der von ihm ins Leben gerufenen Polytechnischen Schule, die 1833 verstaatlicht wurde. Dort begegnete er → Georg Simon Ohm. Im Zusammenhang mit der Reorganisation des gewerblichen Schulwesens wurde Scharrer auch Leiter der neu formierten Kreis-, Landwirtschafts- und Gewerbeschule (früher: Höhere Bürgerschule).

Zur Abklärung aktueller Notwendigkeiten der Gewerbeförderung richtete Scharrer seinen Blick zurück auf Nürnbergs große Zeit. Die einst in der Reichsstadt übliche Verbindung von Gewerbefleiß, Kunst und Wissenschaft wurde ihm zum Vorbild für Bestrebungen der Gegenwart. Deshalb hat Scharrer sich mannigfach für die Erhaltung der Denkmäler aus Nürnbergs reichsstädtischer Vergangenheit und für die Pflege des heimischen Geschichtsbewußtseins engagiert. Schon während seiner Tätigkeit als Bürgermeister wurden der große Rathaussaal und die Jakobskirche restauriert. Das Dürerhaus wurde durch die Stadt erworben. Mit der Einrichtung der Moritzkapelle zur Aufnahme der von König Ludwig I. zur Verfügung gestellten Gemäldesammlung gewann die Stadt einen Bildersaal, der die Blütezeit deutscher Malerkunst vorzüglich veranschaulichte.

Zur 300-Jahrfeier des später nach → Melanchthon benannten Gymnasiums wurde dem Reformator und Humanisten ein Denkmal gesetzt. Scharrer lud auch 1828 durch eine eigene Schrift zur Grundsteinlegung des → Albrecht-Dürer-Denkmals ein und ließ den kleinen Rathaussaal durch Bildnisse und Namen der bedeutendsten Stifter und Wohltäter schmücken. Scharrers Pläne zur Hebung der Gewerbe zielten auf die handwerkliche Produktion, die er durch Neuerungen konkurrenzfähig zu erhalten trachtete. Gegenüber der fortschreitenden Industrialisierung war er skeptisch, weil er die negativen Folgen dieser Entwicklung in England und Frankreich für breitere Bevölkerungsschichten beobachtete. Gegenüber den Gefahren der Proletarisierung setzte er auf die Freiheit und Selbständigkeit des Bürgers.

Seine Einsichten in die Volkswirtschaft nutzte er für die 1821 von ihm begründete und mehr als acht Jahre verwaltete Nürnberger Sparkasse. Darüber hinaus beschäftigten ihn Fragen des Zolls, die er aufgrund seiner Erfahrungen als Geschäftsmann und als Kommunalpolitiker auch publizistisch behandelte. Er befürwortete den 1834 verwirklichten Zollverein und war im Auftrag des Staates dafür beratend tätig. Eng verflochten damit waren Initiativen zur Erneuerung des Verkehrswesens, wobei sein Hauptaugenmerk den Eisenbahnprojekten galt.

Scharrer gehörte, wohl auch aufgrund seiner Stellung an der Polytechnischen Schule, zum Kreis der Initiatoren der ersten Eisenbahn mit Dampfkraft zwischen Nürnberg und Fürth, auch wenn die neuere Forschung gegenüber seinem Beitrag den Anteil von → G. Z. Platner stärker herausstellt. Auf der Gründungsversammlung der Ludwigs-Eisenbahn-Gesellschaft 1833 berichtete er über finanzielle und technische Aspekte des Projekts und regelte als zweiter Direktor die organisatorischen und technischen Vorbereitungen. Mit dem Rücktritt von Platner 1836 übernahm er mit dem Direktorat den weiteren Ausbau des Unternehmens, dem er, seit 1842 gesundheitlich geschwächt, bis zu seinem Tode am 30. März 1844 vorstand. Scharrer hinterließ zwei Söhne und vier Töchter, seine Witwe überlebte ihn drei Jahre. Er wohnte in der Johannisstraße 39, dort noch Portraitbüste und Gedenktafel; nach ihm benannt sind das Scharrergymnasium am Paniersplatz und die Scharrerstraße mit dem gleichfalls nach Scharrer benannten Schulgebäude in Gleishammer.   *De*

Geboren am 14. Juni 1786 als Sohn eines Müllers zu Ismannsdorf in Mittelfranken, erlernte Johann Wilhelm Spaeth das Handwerk seines Vaters. Ohne den Anstoß höherer Bildung und ohne Vermögensrückhalt führte ihn ein starker Aufstiegswille nach Nürnberg. Dort hat er nur wenige Jahre als Mühlbursche in der Pfannenmühle gearbeitet. Schon vor seinem 20. Lebensjahr muß er Werkführer in der Rohresmühle zu Schwabach gewesen sein. 1807 begibt er sich auf eine mehrjährige Wanderschaft durch Deutschland. Sie führt ihn auch in die Hansestädte, wo er mit englischen Maschinen, den wegweisenden jener Zeit, vertraut wird. Seinen in den Wanderjahren kräftig stimulierten, konstruktiven Genius nutzt er erst als Maschinenmeister in der Kattunfabrik Stirner und Co. zu Schwabach, anschließend ab 1815 in Nürnberg als „Mühlenarzt" (Mühlenreparaturen und Mühlenbau).

Am 9. Mai 1815 heiratet Spaeth Helene Wilhelmine Schöberlein, die er schon als Mühlbursche kennengelernt hatte. Er baut weiter Mühlen, z. B. die Mühle zu Penzendorf bei Schwabach, deren Geschäftsführer er seit 1817 ist. 1820 gründet → Johann Philipp Lobenhofer zu Wöhrd eine Tuchfabrik, die von der Rohwolle bis zur Appretur alles im eigenen Hause bewältigt. Sie wird 1822 in Verbindung mit einer mechanischen Werkstätte unter Spaeth in Betrieb genommen. Der Antrieb dieser Fabrik durch Wasserkraft und mehrere Maschinen offenbart die ersten, weithin sichtbaren Neukonstruktionen Spaeths. Als Pächter der Werkzeuge und Räume bezog er auch das Roheisen und die Halbzeuge von Lobenhofer, gewann aber im gleichen Jahre das Bankhaus Lödel und Merkel als Partner und firmierte jetzt, faktisch noch immer Angestellter, als „Spaeth und Co.". Die Teilhaberschaft dieses Bankhauses ist in Jahren extremer Verknappung von Krediten sicherlich der Grundstein künftiger Entwicklung gewesen und zugleich ein Vertrauensbeweis für die Fähigkeiten des vermögenslosen, aber alsbald berühmten Mechanikers.

Spaeth produziert von nun an Wasserwerke, Pumpzugwerke, Kamm- und Schwungräder für Transmissionen. Vor allem aber konstruiert er für Nürnberg und sein Umland industrielle Verarbeitungsmaschinen zum Tabak- und Farbholzschneiden, solche zum Messingsägen, Scherenschleifen, Bügeln usf. Zugleich konstruiert er Betriebsausrüstungen in Augsburg und Schweinfurt. 21 Handwerker sind ab 1827 in der Dreherei mit Wasserantrieb, in der Zimmerei und Schreinerei beschäftigt.

Spaeth plante weitsichtig. Bei Lobenhofer in Wöhrd wird es eng. 1833 wird er zwar selbständig, zieht aber noch im selben Jahr an den Dutzendteich mit seinem reichen Wasserangebot. Dort hatte er 1825 mit seinem Bruder Michael eine Mühle mit kleinen Beiunternehmungen und großem Grundstück erworben. Nach 1827 baute sie Spaeth nach dem englisch-amerikanischen System zur sog. Saigerhütte um und erhält für diese Pionierleistung 1828 einen Staatspreis von 3000 fl. 1833 baut er auf diesem Anwesen mit eigenen Mitteln eine Maschinenfabrik, die im März 1835 eröffnet wird. Bis zu seinem Tod hat sie sich aus ihren Erträgen finanzieren können. Glücklicherweise! Denn auf dem Höhepunkt seines Ruhmes in den Jahren 1853/54 hat man dem Unternehmen staatliche Darlehen vorenthalten.

Spaeth beginnt in drei Geschossen zweier Häuser mit einem Zeichner, der zugleich Werkmeister ist. Im Laufe der folgenden Jahre sind bedeutende bayerische und auch ausländische Ingenieure von Spaeth ausgebildet worden. 1840 beschäftigt das Werk 50 Arbeiter mit wachsenden Aufgaben. Die Kattunfabrik Schöppler und Hartmann in Augsburg wird eingerichtet. Große Mühlenaufträge werden bewältigt, Bleiweiß- und Schwerspatmühlwerke z. B. für H. v. d. Osten in Göggingen, Walkwerke, Bleichanlagen, Walzendruckmaschinen, Dampfapparate, Kalanderwerke, Appreturmaschinen und Pressen werden konstruiert, gebaut und quer durch Oberdeutschland geliefert. Ein Merkzeichen in der Industriegeschichte ist die Leonische Drahtfabrik Johann Balthasar Stieber u. Sohn in Mühlhof an der Rednitz. Spaeth hat sie ausgestattet.

Die großen öffentlichen Arbeiten, die den verdienten Ruhm gewähren, beginnen 1835 mit der Ludwigseisenbahn. Spaeth liefert sieben Drehscheiben, beteiligt sich am Waggonbau und montiert gemeinsam mit dem Mechaniker Wilson der Firma Stephenson die erste Lokomotive „Adler" auf deutschem Boden. Wagen werden auch für die Eisenbahn Leipzig—Dresden, Gußwerk jeder Art zur Ausstattung der alsbald entstehenden großen Bahnhöfe geliefert.

Wichtiger aber für das Geschick des Unternehmens zu Lebzeiten Spaeths wurde der Bau des Ludwig-Donau-Main-Kanals von 1836 — 1846. Er konstruierte eine Baggermaschine und bewältigt damit den „Dörlbacher Einschnitt" bei Neumarkt, eine technische Großtat. Zudem liefert er die meisten Schleusen, Stauwehre, Regulierschützen, Schlagbrücken, Hafenkräne usf. 1842 wird endlich die seit 1825 beantragte Konzession für eine Eisengießerei und Maschinenfabrik erteilt. Endlich kann Spaeth die Endprodukte selbständig verrechnen. 1851 erwirtschaften 131 Beschäftigte 276 000 fl. Umsatz. Drei Wasserräder und eine Dampfmaschine mit vier Atmosphären treiben 31 Verarbeitungsmaschinen. Seit 1853 arbeitet die zweite, nun ausgemusterte, Lokomotive der Ludwigseisenbahn, „Pfeil", als Dampfmaschine bei Spaeth.

Die Weltausstellung in London 1852 bringt internationale Anerkennung. Als Spaeth in München die Deutsche Industrieausstellung vorbereitet, erkrankt er an Cholera, deren erstes Opfer er am 10. August 1854 wird. Die Prämierung seiner Produkte durch zwei große Ehrenmünzen hat er nicht mehr erlebt. In der Überlieferung steht sein Werk vor seiner Person, die mit der Wilhelm-Spaeth-Straße in bleibender Erinnerung gehalten wird.   *Bg*

Wolfgang Konrad Schultheiss · Schulmeister   1786 — 1866

Das Wirken von Wolfgang Konrad Schultheiss fiel in eine pädagogisch bewegte Zeit, in der das Schulwesen auf öffentlicher Grundlage neu geordnet wurde. Der Weberssohn aus Langenzenn, geboren 1786 in Nürnberg, war Schullehrling, besuchte ein halbes Jahr ein Lehrerseminar und danach die Lateinschule. 1806 wurde ihm die Schulstelle in Tafelhof zugewiesen, die er zu einer Musterschule ausbaute. In zwei Zimmern mußte er mit einem Gehilfen 250 Kinder unterrichten. 1821 wurde er an die Schule bei St. Sebald versetzt. Schultheiss besondere Aufmerksamkeit galt dem Erstunterricht. Zur Erleichterung des Lesenlernens entwickelte er, entgegen der damals üblichen Buchstabiermethode, eine Lautiermethode. Aus seiner schriftstellerischen Arbeit ragen hervor: „Das Schulehalten im 19. Jahrhundert oder vom Element an lückenlos fortschreitender, ineinandergreifender Unterricht für 2080 Lehrerstunden in der Volksschule" (1835/36). Schon im Titel wird sein Bestreben nach systematischem Stoffaufbau deutlich. In zwei Bänden seines „Pädagogischen Reisetagebuches" (1839/1841) beschreibt er seine Reisen — zu Fuß —, die ihn in 130 Schulorte Deutschlands führen. Zwischen 1853 und 1857 gibt Schultheiss eine fünfbändige „Geschichte der Schulen in Nürnberg" heraus, das erste umfassende Werk dieser Art. Er starb im Juli 1866.   *Gem*

Friedrich Gotthelf Metzger · Lebküchner   1787 — 1861

Als 14jähriger begann der gebürtige Dinkelsbühler Friedrich Gotthelf Metzger am 24. April 1802 in Nördlingen eine Lebküchnerlehre, die sich im Laufe seines Lebens für Nürnberg als „Lebkuchenstadt" bezahlt machte. Nach seinen Gesellenjahren kam er 1810 nach Nürnberg, um hier seine Kenntnisse zu erweitern. Die Stadt lockte ihn, denn sie war seit Anfang des 15. Jahrhunderts für seine guten Honigkuchen („Lebzelten") bekannt. Ihre Herstellung war durch die Honiggewinnung der in den umliegenden Wäldern schon seit dem 13./14. Jahrhundert tätigen Zeidler (Imker) begünstigt. Bereits 1409 findet sich im Zinsbuch des Elisabethenspitals eine entsprechende Aufzeichnung; auch Kaiser Friedrich III. verteilte beim Reichstag von 1487 Lebkuchen, sogenannte „Kaiserlein" an Schulkinder. Da Metzger in Nürnberg keinen geeigneten Arbeitsplatz fand, wanderte er seit 1810 durch Sachsen, Schlesien und Schwaben und kehrte 1816 als Meister, mit mancherlei Rezepturen im Gepäck, nach Nürnberg zurück. Hier heiratete er die Witwe des Lebküchners Michael Bühler. Das war der Beginn der Firma Metzger, deren Stammhaus sich in der Vorstadt Wöhrd befand. Sie kann bis 1598 zurückverfolgt werden. Es wurde später in die Rathausgasse und 1872 in die Regensburger Straße verlegt. Das große Verdienst Metzgers ist es, als einer der ersten die handwerkliche Tradition der Lebküchner mit ihren Qualitätsmerkmalen in die beginnende Großproduktion zu übertragen und durch seine kaufmännische Leistung und seine geschickte Firmenpolitik den Ruf der Nürnberger Lebkuchen weltweit zu begründen. Am 5. Juni 1920 wurde seine Firma mit der Lebküchnerei Haeberlein zur Firma Haeberlein & Metzger zusammengelegt. So sollten die durch den Ersten Weltkrieg entstandenen wirtschaftlichen Schwierigkeiten überwunden werden. 1978 wurde die Firma in das Großunternehmen Schöller eingegliedert.   *Am*

Jakob Friedrich Binder · Erster Bürgermeister   1787 — 1856

Jakob Friedrich Binder war der erste Nürnberger, der nach der Einverleibung des Stadtstaates Nürnberg in das Königreich Bayern (1806) — entsprechend der seit 1818 gültigen Gemeindeordnung — lebenslänglich zum Ersten Bürgermeister gewählt worden ist. Er war ein Pfarrersohn aus Oberferrieden (Landkreis Nürnberger Land), wurde 1787 geboren, erst vom Vater, dann in der Altdorfer Lateinschule unterrichtet und besuchte von 1803 — 1806 die Universität Erlangen als Student der Rechtswissenschaften; möglich — wir wissen es nicht — daß er noch an einem anderen Ort sein Studium weiterführte. 1812 jedenfalls finden wir ihn als Assessor am Stadtgericht Bayreuth, fünf Jahre später als Untersuchungsrichter in Nürnberg. Als der 1818 für drei Jahre gewählte Erste Bürgermeister Gottfried Lorsch 1821 nicht mehr kandidieren wollte, wurde Binder im gleichen Jahr zum Stadtoberhaupt gewählt. Er versah das Amt 32 Jahre, bis 1853.

Dem äußerst engagierten und begabten, offenbar aber unglücklich verheirateten Mann, stand als Zweiter Bürgermeister bis 1829 der Unternehmer → Johannes Scharrer zur Seite. Scharrer und sein Unternehmer-Kollege Georg Zacharias Platner (daher Platnersberg) hatten zusammen mit anderen Kaufleuten und Kommunalpolitikern den Plan gefaßt, Nürnberg und Fürth durch die erste deutsche Eisenbahn (entlang der heutigen Fürther Straße) zu verbinden. Binder unterstützte dieses Unternehmen und gilt als Mitbegründer der Ludwigs-Eisenbahn. Dann begann er mit dem Versuch, den entlang der Karolinenstraße offen durch die Stadt fließenden Fischbach zu kanalisieren und der zunehmenden Versandung der Pegnitz samt den damit verbundenen Gefahren von Überschwemmungen entgegenzuwirken, indem er ein neues Flußbett unterhalb der Weidenmühle anlegen und damit eine umfangreiche Regulierung des Flußes vornehmen ließ. Er veranlaßte Verbesserung und Neubau von Brücken und Stegen (Kettensteg 1824, Maxbrücke 1852). Auf seine Anregung beschloß der Magistrat die Stadtmauer zu durchbrechen und das Färber- und das Königstor zu bauen, um dem immer stärker werdenden Verkehr gerecht werden zu können; sicherlich ein schwerwiegender, aber doch wohl notwendiger Eingriff in die Substanz der alten Stadtumwallung. 1825 wurde der sog. Burgfrieden eingemeindet, damit also das bisher durch die Stadtmauer begrenzte Stadtgebiet erweitert. 1826 folgte der Abbruch des alten Ungeldamtes, des „Fünferhauses", in dem früher fünf Ratsherrn kleinere Vergehen aburteilten. Auch dadurch wurde neuer Raum gewonnen, selbst wenn die alten malerischen Ziehbrunnen zweckmäßigeren, wenn auch weniger romantischen Pumpen weichen mußten.

Nachdem Binder schon in seinem ersten Amtsjahr das Projekt einer städtischen Sparkasse realisieren half, nahm er in der Folgezeit eine Neuordnung des städtischen Schulwesens vor; es entstanden eine höhere Töchterschule, eine Handelsschule und eine Polytechnische Schule (heute Georg Simon Ohm-Fachhochschule), die nach zehn Jahren dem Königreich Bayern übertragen werden mußte. Am Lorenzer Platz entstand ein neues Theatergebäude, die Moritzkapelle wurde zur Gemäldegalerie, später dann in die Kaiserburg verlegt. Als Bauinspektor amtierte der Architekt → K. A. Heideloff, dessen neugotischer Stil damals sehr goutiert, von späteren Generationen aber als „Kümmelgotik" abgelehnt wurde. In enger Zusammenarbeit mit dem Eisenbahndirektor → Georg Hennch erfolgte der Anschluß Nürnbergs an das Staats-Eisenbahnnetz; vor dem Frauentor entstand der Staatsbahnhof. Freilich gab es in Binders Amtszeit auch Spannungen, zumal die von Scharrer initiierten Baumaßnahmen erhebliche Geldmittel beanspruchten. Deshalb wurde Scharrer — ein Verlust für Binder — als Zweiter Bürgermeister abgewählt, obwohl sich Scharrer selbst in einer sehr aufschlußreichen Denkschrift gegen die Anschuldigungen zur Wehr setzte. Außerdem kam es zu Reibereien mit der Regierungspolitik König Ludwigs I. von Bayern, z. B. bei der königlichen Verordnung über die Pressezensur, die der Nürnberger Magistrat als verfassungswidrig ablehnte. Ein anderes Beispiel: Als der König dem in Nürnberg zum Landtagsabgeordneten gewählten Kaufmann → Bestelmeyer die Ausübung des Mandats untersagte, protestierte der Magistrat, worauf dem Bürgermeister eine königliche Rüge erteilt wurde, obwohl Binder — er hat es in dem politisch, auch in Nürnberg, so erregten Jahr 1832 bewiesen — letztlich auf der Seite der staatlichen Ordnungsmacht zu finden war.

Das 25jährige Amtsjubiläum Binders brachte ihm 1846 mit Fackelzug, Festsitzungen und Jubiläumsschrift große Ehren ein. Schon im Jahr zuvor ließ ihn der Kaiser von Österreich mit der goldenen Medaille samt der Kette dekorieren. 1843 hatte ihn die Universität in Erlangen mit dem Ehrendoktor der Rechtswissenschaft ausgezeichnet.

Im Jahr 1848 allerdings ging es durch Kundgebungen der verschiedenen politischen Richtungen in Nürnberg ziemlich turbulent zu. Die Wahl zur Frankfurter Nationalversammlung sorgte für weitere Erhitzung der Gemüter. Anders allerdings als z. B. der Amtskollege in Würzburg hielt sich Binder zurück und sorgte mit der ihm unterstellten Polizei, soweit möglich, für Ruhe und Ordnung. Am 1. Mai 1849 warnte er durch einen Aufruf vor Aufruhr und verwies die aufgebrachte Menge auf die bevorstehende Einberufung des Landtages.

In den Jahren nach 1850 stand es mit Binders Gesundheit nicht zum Besten. Wiederholte Kuraufenthalte brachten keine Heilung. Deshalb bat er am 16. September 1853 um seine Pensionierung, die ihm unter Beibehaltung des vollen Gehalts bewilligt wurde. Eine Abordnung des Magistrats und der Gemeindebevollmächtigten sagten ihm in einer Dankadresse

„ihren tiefgefühlten Dank für das segensreiche Wirken seit einer Reihe von 32, oft tief-bewegten Jahren". Schon im Dezember 1856 starb Binder und wurde unter starker Anteil-nahme der Bevölkerung auf dem Johannisfriedhof zu Grabe getragen.   *Prö*

Georg Simon Ohm · Forscher   1789—1854

Er wurde zwar in Erlangen als Sohn eines Universi-tätsschlossermeisters geboren (16. 3. 1789); aber Georg Simon Ohm — der das Einmaleins der Elektro-technik, dazu das Ohm'sche Gesetz der Akustik, in der Optik die gegenseitige Einwirkung von Lichtstrahlen aufeinander erforschte und der Molekularphysik ent-Lebensleistung in der heutigen (seit dem Jahr 1983) nach ihm benannten Georg-Simon-Ohm-Fachhoch-schule erlebt.

Vom mathematisch interessierten und gebildeten Vater angeregt, wandte er sich 1805 zusammen mit seinem jüngern Bruder Martin nach Beendigung der Schule und nach Erlernen des Schlosserhandwerks beim Vater, an der Universität Erlangen dem Studium der Mathematik und Physik zu. Aus Mangel an Mit-teln mußte er jedoch nach drei Semestern sein Stu-dium unterbrechen und ging Ende 1806 als Lehrer für Mathematik in die Schweiz. Erst 1811 kehrte er nach Erlangen zurück, um an der Universität, die ihn am 25. Oktober desselben Jahres zum Doktor der Philosophie promoviert hatte, Privatdozent zu werden. Geldmangel zwang ihn 1812 als Mathematik-Lehrer an die Realschule in Bamberg. Von 1817 bis 1826 lehrte er am Gymnasium in Köln; dann siedelte er nach Berlin über. Dort erschien 1827 sein Werk „Die galvanische Kette, mathematisch behandelt", das seinen weltweiten wissen-schaftlichen Ruhm begründen sollte. Er hatte darin den mathematischen Zusammenhang zwischen dem elektrischen Strom, der elektrischen Spannung mit der von ihm definierten Größe des elektrischen Widerstandes beschrieben, dessen Einheit später — und bis heute weltweit — nach ihm benannt wurde. In Berlin erteilte Ohm in den nächsten Jahren Mathe-matik-Unterricht an der Kriegsschule. Er lebte in schlechten wirtschaftlichen Verhältnissen, die ein Dekret des Bayerischen Königs Ludwig I. vom 3. Juli 1833, wendete. Ludwig berief ihn als Professor für Physik an die „Polytechnische Schule" zu Nürnberg.
Diese Schule war durch „Allerhöchste Verordnung" vom 16. Februar 1833 zum König-lichen Institut erhoben worden und begann ihren Lehrbetrieb gleichzeitig mit dem Dienst-antritt Ohms am 11. November 1833. Sie war ein Vorläufer der heutigen „Georg-Simon-Ohm-Fachhochschule Nürnberg". Anderthalb Jahre nach seiner Berufung übernahm Ohm auch den Lehrstuhl der höheren Mathematik zugleich mit dem Inspektorat des wissen-schaftlichen Unterrichts und 1839, als Johannes Scharrer von der Leitung der technischen Lehranstalten zurücktrat, das Rektorat. Zehn Jahre lang verwaltete er es. Zeitgenossen rüh-men seine eindrucksvolle Lehrweise. Viele seiner Schüler sind berühmt geworden. Vom 6. Juni 1842 an gewährte König Ludwig dem Forscher Ohm auf dessen Wunsch für zwei Jahre eine teilweise Befreiung von seiner Lehrverpflichtung. Er konnte sich dadurch erneut seinen wissenschaftlichen Arbeiten widmen. In kürzester Zeit fand er sein akustisches Gesetz, das 1843 veröffentlicht wurde.
Während der Zeit seines Rektorates an der Königlichen Polytechnischen Schule zu Nürn-

berg wurden Ohm höchste wissenschaftliche Ehrungen zuteil. 1839 ernannte ihn die Königlich Preußische Akademie der Wissenschaften in Berlin zu ihrem korrespondierenden Mitglied, 1841 verlieh ihm die Royal-Society in London die Copley-Medaille. Im gleichen Jahr wurde er in die Physikomathematische Klasse der Königlichen Akademie der Wissenschaften in Turin als korrespondierendes Mitglied aufgenommen. 1845 wurde er ordentliches Mitglied der mathematisch-physikalischen Klasse der Königlich bayerischen Akademie der Wissenschaften in München.

Am 23. November 1849 ernannte König Maximilian II. den Forscher und Erfinder zum zweiten Konservator der mathematisch-physikalischen Sammlung des bayerischen Staates in München; zugleich wurde er zum ordentlichen Professor der Mathematik und Physik an der Universität München berufen. Aber schon nach wenigen Jahren, am 6. Juli 1854 verstarb Georg Simon Ohm. Er wurde in München beigesetzt. *sta*

Carl Alexander v. Heideloff · Architekt u. Konservator   1789 — 1865

„Stadtbildpflege" — weniger „Denkmalpflege" — würde man heute nennen, was der Maler, Bildhauer, Architekt, Radierer und Kunstschriftsteller Heideloff im zweiten Viertel des 19. Jahrhunderts in Nürnberg betrieb. Der „Blick zurück" läßt ihn die Erkenntnis bestätigen, die gesamte Altstadt Nürnbergs als ein einzigartiges Denkmal für Kunst und Kultur zu sehen. Denn er stellt im Vorwort seines Buches „Nürnbergs Baudenkmale der Vorzeit" 1839 fest: „seine Privathäuser, die noch so freundlich aus dem Mittelalter auf uns hersehn, sind ein Schatz, den in solcher Größe keine Stadt aufweisen kann." Baudenkmale in Verbindung mit profanen Bauten unter Einbeziehung der Straßenräume formen das unverwechselbare Gesicht der Stadt. Der moderne Begriff des „Ensembles" ist hier mit anderen Worten vorweggenommen.

Am 2. Februar 1789 als Sohn des Stuttgarter Hof- und Theatermalers Wilhelm Victor Peter Heideloff und der Maria Anna Franziska Keim geboren, erlernte er nach seiner Gymnasialzeit die graphischen Techniken an der Kunstakademie, der einstigen Hohen Carl-Schule. Die Theatermalerei beeinflußt die sensible, vorwiegend malerische Begabung des jungen Künstlers nachhaltig. Doch bleibt, gleich nur einer einmaligen Inszenierung auf der Theaterbühne, sein architektonisches Schaffen nur der einen Epoche der Romantik verhaftet. Nach dem Tod des Vaters finden wir ihn im Dienst des Herzogs Ernst von Sachsen-Coburg-Gotha bei der Ausmalung des nach Plänen Schinkels umgebauten Schlosses Ehrenburg in Coburg. Mit dem Angebot, in Nürnberg die Leitung des höheren Bauwesens zu übernehmen, übersiedelt Heideloff 1820 nach Nürnberg und wendet sich mehr der Bildhauerei und der Architektur zu. Pläne für einen neuen Hochaltar in St. Sebald und für eine Gartenanlage samt zwei Wachhäuschen am Laufer Tor sind seine ersten Arbeiten in der Stadt. Es folgt der → Dürer-Pirckheimer-Brunnen am Maxplatz. Sein ab 1808 erarbeitetes Wissen löst, verbunden mit seiner Neigung zu belehrender Tätigkeit, die Gründung einer anfänglich privaten Fortbildungsanstalt für die von ihm beschäftigten Handwerker aus. Sie wird 1823 in die städtische Polytechnische Schule, Keimzelle der heutigen Georg Simon Ohm-Fachhochschule, übergeführt.

Seine aus der Lehrtätigkeit erwachsende architektonisch schriftstellerische Tätigkeit kann nicht hoch genug angesetzt werden. Handbüchern für verschiedene Gewerbezweige (z. B. Stukkateure, Tüncher, Ebenisten) folgen Publikationen über „Ornamentik des Mittelalters" (1838), „Christlicher Altar" (1838), „Nürnbergs Baudenkmale der Vorzeit" (1838), „Die Bauhütte des Mittelalters in Deutschland" (1844) und neben vielem anderen das umfangreiche Sammelwerk „Der kleine Altdeutsche" (1849/52).

Die Themen deuten auf das Januusköpfige in Heideloffs Wesen und Schaffen hin. In der Gotik sieht er einen „Nationalstil der Deutschen". Bei der Suche nach der geometrischen

Symbolik im mittelalterlichen Kirchenbau glaubt Heideloff „den Ursprung, die Bedeutung und die Grundlage zur Idee" zu finden. So bleibt ihm der Zugang zum Klassizismus verwehrt. Er wendet sich — mehr als sein vergleichbarer Kollege im Norden Deutschlands, Karl Friedrich Schinkel — der Neugotik zu. Sie ist für ihn nicht Fortführung und Nachahmung, sondern eigenständige Wiederbelebung und Erneuerung einer „echt deutschen und echt christlichen Kunst". Seine strenge Bindung an den gotischen Stil und der Wunsch nach Aktualität prägen, bei gleichzeitiger Ablehnung des ungebundenen Historismus, seine Architekturauffassung. Daher auch seine zwiespältige Äußerung in einem undatierten Konzept, „er habe viele Gotteshäuser restauriert und neu erbaut, darunter auch einige protestantische Kirchen, welche [er] aber rein in katholischem Sinne ausführte, mit der festen Überzeugung, daß die Zeit kommen wird, in welcher die verirrten Schafe wieder zu ihrem guten Hirten zurückkehren werden, und in dieser Zeit sind dann [seine] Kirchen sogleich zu gebrauchen . . ."

Die umfangreiche Tätigkeit Heideloffs als Architekt in Nürnberg ist nicht unumstritten. Neben Neubauten von Stadthäusern für Nürnberger Bürger ist er an fast allen Nürnberger Kirchen beider Konfessionen tätig. Die Stationen des Kraft'schen Kreuzweges nach St. Johannis werden unter seiner Leitung restauriert, die Kaiserburg teilweise umgebaut und der Lorenzer Pfarrhof neu errichtet. 1821 übergeht man ihn bei der Wahl eines neuen Stadtbaurats. Drei seiner Projekte für einen Theaterneubau in Nürnberg bleiben unausgeführt.

Seine Tätigkeit als Konservator findet fast immer Anerkennung, auch wenn der Stadtratsbeschluß vom 24. Juli 1835 Heideloff „in Fällen der höheren Architektur gutachtlich zu hören" unter dem Aspekt des mit der Umwandlung der Polytechnischen-Schule verbundenen Übertrittes aus dem städtischen in den staatlichen Dienst zu sehen ist. Bestärkt wird dieser Beschluß durch das königliche Reskript zum Schutz der Baudenkmale der Vorzeit (12. April 1836) und durch die Ernennung zum königlichen Konservator am 10. März 1837. Heideloff sucht damit den Anspruch abzuleiten, der Begründer der Denkmalpflege seiner Zeit zu sein. Bei seinem Bemühen die Marienkapelle im Kloster Alpirsbach zu erhalten, formuliert er neben der religiösen Verpflichtung auch die ethischen Gesichtspunkte, wobei ihm der „ursprüngliche Gedanke" stets als Leitbild vor Augen steht. Um so schwerer verständlich ist das Phänomen in seinem Wirken, die Ausstattung der von ihm betreuten Objekte wenn möglich mit originalen, mittelalterlichen Werken vorzunehmen. Als Beispiele mögen die Vorhaben dienen, den Creglinger Marienaltar nach St. Sebald, den Blaubeurer Hochaltar nach Stuttgart und den Schwabacher Speisealtar-Kruzifix nach St. Lorenz zu transferieren. Denn Heideloff hat sich ja andererseits ebenso vehement für den Verbleib von Kunstwerken am angestammten Ort verwandt. Die unter seiner Leitung von den → Brüdern Rotermund durchgeführte Wiederherstellung des Engelsgrußes von → Veit Stoß in der Lorenzkirche (nach dessen unglückseligem Absturz 1817) ist auch unter den heute zu stellenden Ansprüchen der Kunstgutrestaurierung anerkennenswert.

Wegen eines sich stets verschlechternden Gehörleidens und starkem Asthma wird Heideloff 1856 von seinen Verpflichtungen als Professor entbunden. Er verläßt Nürnberg, um sich verstärkt und ausschließlich der Restaurierung der Ritterkapelle in Haßfurt am Main zu widmen. Dort verstirbt der als Ritter des königlich-bayerischen Verdienstordens vom hl. Michael geadelte Carl Alexander von Heideloff am 28. September 1865.

Den Stellenwert des bildenden Künstlers hat er selbst im Vorwort zu seinem Buch „Der kleine Altdeutsche (Gothe)" im Jahre 1849 umrissen: „Nur wer solch ein Schauen und Ahnen der hohen Welt in sich trägt und die Gabe hat, dies Ideal der höchsten Schönheit, der vollkommensten Ordnung und der reinsten Harmonie in einzelnen Gebilden darzustellen, kann in Wahrheit sagen, daß er den Beruf eines Künstlers in sich trage." Mit unermüdlichem Fleiß lebte und wirkte er in seiner Zeit. Dennoch ist es kaum verwunderlich, daß die Auswirkung seines Tuns weitgehend auf diese Zeit beschränkt bleiben mußte.   *Stz*

Georg Paul Amberger · Großkaufmann 1789 — 1844

Georg Paul Amberger, einer der Pioniere des bürgerlichen Nürnberg nach dem Untergang der Reichsstadtzeit, wurde 1789 in Nürnberg geboren. Sein Vater, Sohn eines Bierwirtes, war Spezereihändler. Georg Paul heiratete 1813 in der Jakobskirche die Bierbrauerstochter Clara Leykam. Er war einer der angesehensten Großkaufleute seiner Zeit und wurde nach Erlaß der neuen bayerischen Gemeindeordnung (1818) in den Nürnberger Magistratsrat gewählt. Seit 1801 führte Amberger eine Chronik über die Stadt Nürnberg. Sie ist spürbar von einem Laien geschrieben, also nicht exakt wissenschaftlich. Sie ist aber aufschlußreich. Amberger überließ bei seinem Tode im Jahr 1844 das Werkchen der Stadtbibliothek zu treuen Händen mit der Auflage, es in seinem Sinne gewissenhaft weiterzuführen und auszubauen (was bis zum heutigen Tage, jetzt in der Obhut des Stadtarchivs, auch geschehen ist). Als Gegenleistung vererbte er seine reiche Privatsammlung von Nürnberger Handschriften, Handzeichnungen und Büchern der Stadt, die ihn später durch Straßenbezeichnung („Ambergerstraße") geehrt hat. *Hä*

Konrad Georg Kuppler · „Mechanikus" Mathematiker 1790 — 1842

Konrad Georg Kuppler, geboren am 10. Mai 1790 zu Nürnberg, gilt in der Geschichte Nürnbergs als der Mann, der als einer der ersten die „Darstellende Geometrie" als Lehrfach in die deutsche Ingenieursausbildung eingeführt hat. Er war nach seiner Ausbildung zunächst „Mechanikus" in seiner Heimatstadt und wurde 1823 in die „Städtische Polytechnische Schule", Vorläuferin der heutigen → „Georg-Simon-Ohm-Fachhochschule", berufen. Der Magistrat machte ihn zum Lehrer für die Fächer Mathematik und Maschinenzeichnen. Er übertrug ihm die praktischen Übungen in den Werkstätten. Aus dem mathematischen Zeichnen hatte Gaspard Monge (1746 — 1818) das noch heute für jeden Ingenieur des Maschinenbaus grundlegende Fach, eben die „Darstellende Geometrie", entwickelt, die schließlich Kuppler zum Lehrfach entwickelt hat. Im Jahr seiner Berufung hatte sich der „Mechanikus" einen Namen gemacht, als er das seit Jahren stillstehende „Männlein-Laufen" an der Frauenkirche wieder in Gang brachte. Ein Jahr später schuf er den heute noch existierenden Kettensteg über die Pegnitz nahe der Hallerwiese, eine für damals völlig neuartige Stahlbau-Konstruktion. Auch an den Vorbereitungen für die erste deutsche Eisenbahn von Nürnberg nach Fürth, 1835 eröffnet, war Kuppler auf Anregung von → Johannes Scharrer maßgeblich beteiligt. Zwar wurde ein von ihm bereits 1833 ausgearbeiteter Plan für die Bahn nicht ausgeführt. Er hielt jedoch als erster Lehrer in Deutschland Vorlesungen über das Eisenbahnwesen. 1835 nutzte er einen längeren Urlaub von seinem Lehramt zum Studium des Eisenbahnwesens in England. Er starb 1842 in Nürnberg. *sta*

Ernst Georg Christoph Schmidmer · Drahtfabrikant 1792 — 1868

Er war der Sohn des Goldspinners Georg Christian Gottlieb Schmidmer und wuchs, 1792 geboren, in einfachen Verhältnissen auf, lernte als Kaufmann, war in Nürnberg und München tätig und erbte durch die Heirat mit der Tochter des → Dr. Gottfried Lorsch (1818 bis 1821 Bürgermeister in Nürnberg) die Kuhnsche Drahtfabrik am Egidienberg. Seine Tatkraft, verbunden mit den profunden Kenntnissen eines gewiegten Kaufmanns, führte bald zu Produktionsausweitung, Verbesserung und Spezialisierung des Betriebs. Als eines der ersten Nürnberger Unternehmen führte die Firma Exporte, vor allem von dünnen Aluminiumdraht, im Großen durch, besonders nach England und in den Orient. Gleichzeitig baute Schmidmer eine bedeutende Eisenhandlung auf. Es gelang ihm, die Erlaubnis zum

Verkauf von Produkten ausländischer Firmen zu erwerben. Lange Jahre hat er dem Kollegium der Gemeindebevollmächtigten und dem Armenpflegschaftsrat angehört und sich dabei besonders mit der Finanzverwaltung der Stadt beschäftigt. Am 18. Februar 1868 ist Ernst Schmidmer in Nürnberg gestorben. Seine Söhne und Enkel haben im Wirtschaftsleben der Stadt Nürnberg in den folgenden Jahrzehnten eine hervorragende Stellung eingenommen. *Ba*

Johann Adam Klein · Zeichner und Graphiker   1792 — 1875

Zu den bekanntesten Söhnen Nürnbergs in der ersten Hälfte des 19. Jahrhunderts gehört Johann Adam Klein, der Sohn eines Weinhändlers, 1792 in eine Zeit großer politischer und gesellschaftlicher Veränderungen hineingeboren. Seit der Mitte des 18. Jahrhunderts stagnierte das wirtschaftliche und kulturelle Leben Nürnbergs. Um so bemerkenswerter ist die Förderung, die junge künstlerische Talente, wie Klein, seit der Jahrhundertwende erfuhren. Zwar existierten noch die (von → Sandrart begründete) Malerakademie, die älteste Deutschlands, und die 1716 gegründete Zeichenschule; doch waren es vielmehr Privatleute, wie der angesehene Graphiker und Maler → Ambrosius Gabler und der Kunsthändler und Verleger → Johann Friedrich Frauenholz, die den richtigen Weg wiesen.
Kleins Werdegang ähnelt dem anderer Künstler der Zeit. Frühzeitig wurde seine Begabung erkannt. Bereits mit acht Jahren erhielt er seinen ersten Zeichenunterricht bei dem Nürnberger Landschaftsmaler → Georg Christoph Gottlieb II. van Bemmel. Seit 1802 besuchte er die Städtische Zeichenschule. Dem Berufswunsch des Sohnes jedoch begegneten die Eltern zunächst zurückhaltend. Als Kompromiß bot sich eine solide druckgraphische Ausbildung in der geschätzten Werkstatt Ambrosius Gablers an. Gabler förderte Kleins, an niederländischen Vorbildern geschultes, realistisches Zeichentalent nach Kräften. In den Werkstattgenossen → Johann Christoph Erhard, → Georg Christoph Wilder und Conrad Wießner fand Klein eine verwandte Auffassung der Natur- und Landschaftsdarstellung. Zwischen ihm und Erhard entwickelte sich eine innige Freundschaft, wie sie dem romantischen Gemeinschaftsgefühl entsprach. Nach Beendigung seiner Lehrjahre 1811 drängte Klein hinaus in die große Welt der Kunst. Sein Ziel war Wien, das in diesen Jahren des politischen Widerstandes gegen Napoleon ganz im Zeichen einer erstarkenden nationalen Bewegung stand. Vermittelnd für Klein, der noch in Nürnberg mit 46 Druckgraphiken an die Öffentlichkeit getreten war, schuf der Verleger Frauenholz die nötigen Verbindungen zu dem Wiener Verlagshaus Artaria & Comp. und vermutlich auch zu Wiener Künstlern. Die künstlerischen Tendenzen der Gruppe um Erzherzog Johann bestätigten Klein in seinen Ansichten und entfalteten seinen zeichnerischen Realismus. Auch das bürgerliche Wiener Genrebild blieb nicht ohne Einfluß auf sein Schaffen. Nach einem kurzen Aufenthalt in der Heimat 1815 und einer Studienreise an Main und Rhein kehrte der Künstler, diesmal begleitet von seinem Freund Erhard, 1816 nach Wien zurück. Als ein nicht mehr unbekannter Graphiker lebte er in gesicherten Verhältnissen. Eine Reise nach Ungarn im Herbst 1816 brachte neue Eindrücke, eine im Sommer 1817 ins Salzburger Land wurde zum großen künstlerischen Erlebnis.
Nach kurzen Aufenthalten in München und Nürnberg brach er 1819 zu seiner letzten großen Studienreise quer durch die Schweizer Alpen nach Rom auf. Dort traf er in der deutschen Künstlerkolonie auch Erhard und eine Reihe Wiener Freunde wieder. Unter dem Einfluß der deutsch-römischen Maler intensivierte sich in diesen Jahren Kleins Interesse an der Ölmalerei. Seine gefestigte realistische Naturauffassung, die ihre Objekte in den einfachen Dingen des alltäglichen Lebens suchte und fand, unterlag jedoch keinen weiteren Wandlungen mehr. Als Klein im Sommer 1821 schweren Herzens nach Nürnberg zurückkehrte, waren seine Skizzenbücher reich gefüllt mit Naturstudien der unterschiedlichsten Art.

Rasch erhielt er Aufträge für Ölgemälde — und doch fühlte er sich in der Vaterstadt unverstanden und einsam. Um so härter traf ihn die Nachricht vom Selbstmord Erhards in Rom 1822. Im gleichen Jahr starb auch sein alter Nürnberger Mäzen Frauenholz. Die Begegnung mit seiner ersten Frau, Caroline Wüst, bestimmte ihn, von einer Rückkehr nach Rom abzusehen und sich endgültig in Nürnberg niederzulassen. In rastloser Tätigkeit entstanden in den folgenden Jahren zahlreiche Gemälde, wie 1823 die bayerische Postkutsche (→ vgl. J. Trost), vor dem Neutor in Nürnberg, die heimziehende Viehherde bei Mögeldorf 1827, Schloß Gleißhammer bei Nürnberg 1828, der Hohenstein bei Hersbruck 1830. Er verarbeitete die Eindrücke seiner Studienjahre in Aquarellen, Graphiken und Gemälden. Die Motive von italienischen Landschaften mit bäuerlichen Staffagefiguren, Schiffszügen auf der Donau, Fuhrwerken, Stallszenen und militärischen Biwaks wiederholen sich.

Aber mit dem Verblassen der unmittelbaren Erinnerung erhalten die eigenen Arbeiten eine gewisse routinierte Glätte und Kälte; deshalb stieß sein Schaffen immer mehr auf die Ablehnung der Kunstkritiker und Kunstsammler. Auch eine erhoffte Berufung an die inzwischen aufgeblühte Nürnberger Kunstgewerbeschule blieb aus. 1837 war Kleins erste Frau gestorben, 1838 hatte er Catharina Wolf, die Witwe des Kupferstechers Georg Wolf, geheiratet. Verbittert und enttäuscht zog Klein 1839 mit seiner vielköpfigen Familie nach München. Doch auch dort erlebt er Mißerfolge; Krankheiten und finanzielle Not machten sich breit. Erst durch eine Staatspension in Höhe von 300 fl. seit dem Jahre 1849 war die Existenz des Künstlers einigermaßen gesichert. Ein ständig sich verschlimmerndes Augenleiden zwang Klein, 1854 seine graphische Tätigkeit einzustellen.

Die Feierlichkeiten zu seinem 70. Geburtstag, von der Münchener Künstlerschaft ausgerichtet, bedeuteten noch einmal einen Höhepunkt. Aus diesem Anlaß erschien der von Kleins Freund C. Jahn herausgegebene Katalog der Druckgraphiken. Auch Klein selbst meldete sich 1862/63 noch einmal mit drei letzten Radierungen zu Wort, die gleichsam die wichtigsten Stationen seines Lebens zusammenfassen. Nahezu vergessen starb er am 21. Mai 1875 mit fast 83 Jahren in München. Bedeutender als seine Ölgemälde sind seine Zeichnungen und Graphiken, von denen viele den Rang eines selbständigen Kunstwerks erreichen. *Stdl*

Siegmund Frhr. v. Tucher · Brauereigründer 1794 — 1871

Der Mohrenkopf im Tucherwappen wurde zum Firmenschild der „Freiherrlich von Tucher'schen Brauerei". Ihre Anlage — es war das ehemalige reichsstädtische Brauhaus in der damaligen Weizenstraße (heute Grillenberger Straße) — wurde im August 1855 durch die „Dr. Lorenz von Tucher-Stiftung" dem Königreich Bayern für 118 000 Gulden abgekauft. Der Berufsoffizier, Major à la suite Siegmund Frhr. v. Tucher wurde so als damaliger Familienbevollmächtigter zum Begründer der nach seiner Familie benannten Brauerei.

Er war 1794 in Nürnberg geboren worden, heiratete 1823 → Marie von Grundherr, die ihm sechs Kinder schenkte. Die älteste Tochter Susanne heiratete 1850 Dr. Karl Ritter von Hegel, Historiker an der Universität Erlangen, Sohn des berühmten, ebenfalls mit einer Tucher verheirateten Staatsphilosophen → G. F. W. Hegel. (Siegmunds Bruder Gottlieb, Ober-Appellationsgerichts-Rat in Nürnberg, nahm sich der Behausung und Erziehung von → Kaspar Hauser an.)

Als Siegmund von Tucher 1855 seine Unternehmertätigkeit begann, war er 61 Jahre. Ein Mann, der in den Traditionen eines alt-berühmten Nürnberger Handelshauses aufgewachsen war, hat damit — gestützt durch Stiftung und Familienrat — die alten kaufmännischen Fähigkeiten der Familie in eine neue Wirtschaftsepoche hineingeführt und damit in der Gründerzeit Erfolg gehabt. Wenige Jahre nach seinem Tod (Sommer 1871) zählte die Frhrl. v. Tucher'sche Brauerei — in den 90er Jahren mit den verschiedenen Betriebsteilen zu einem

Braubetrieb in der Langen Gasse (heute Universitätsgelände) zusammengefaßt — zu den zehn größten Brauhäusern im einstigen Reichsgebiet. Um 1890 war der wachsende Kapitalbedarf des Unternehmens für die Familienstiftung Anlaß zur Umwandlung der Brauerei in eine Aktiengesellschaft. Danach zog sich die Stiftung bis 1930 aus dem Unternehmen zurück, erwarb dann wieder Aktien der „Tucher-Bräu-A. G." und ist seit 1966 mit dem „Brauhaus Nürnberg, I. G. Reif A. G." fusioniert (Standort Schillerstraße auf dem Gelände des alten Brauhauses Nürnberg, also „vor den Toren" der Altstadt, da in der Innenstadt Raum für ein großes Brauhaus nicht gegeben war). Die Fusionierung war die Folge einer wirtschaftlichen Entwicklung, die eine größere Zahl bayerischer Brauereien vollzogen hat. *Tu*

Jakob Daniel Burgschmiet · Erzgießer   1796 — 1858

Im Leben des Erzgießers und Bildhauers Burgschmiet, der um die Mitte des 19. Jh. weit über seine Heimatstadt hinaus als einer der größten Künstler seiner Zeit gefeiert wurde, scheint das Märchen vom bettelarmen Waisenkind Wirklichkeit geworden zu sein, das — dank der Wiegengeschenke einer guten Fee — zu Glück und Ruhm gelangte; sein Vater, ein Steinhauergeselle, stammte aus einer Wöhrder Familie der sozial untersten Schicht.
Geboren wurde Jakob Daniel 1796 in einem angemieteten Zimmer eines Gasthofs. Seine Grundkenntnisse im Lesen, Schreiben und Rechnen verdankte er einem Leichenbitter und Hochzeitslader, der sich seiner annahm; im Zeichnen und Schnitzen dürften ihm solche durch seine dafür begabte Mutter vermittelt worden sein, die er aber bereits als Neunjähriger verlor.

Zwei Jahre später, 1807, starb auch sein Vater. Während dessen langer Krankheit verdiente der Junge für sich und den Kranken den Lebensunterhalt durch Kolorieren von Bilderbogen und Schnitzen von hölzernen Brillenfutteralen. Vor der nun drohenden Einweisung in das Waisenhaus wurde er durch Drechslermeister Maichel, einen Freund des Vaters, bewahrt, der sich auf die Herstellung von bunt bemaltem Spielzeug spezialisiert hatte. Bei ihm arbeitete er vier Jahre als Lehrling und sechs weitere als Geselle, in den letzten Jahren mit der Anfertigung von „künstlichen kleinen Kindertheatern mit vollständiger Maschinerie" beschäftigt. Als 1819, erstmals in Nürnberg, ein Steiermärker Mechaniker mit großem Erfolg automatische Spielwaren vorführte, beschlossen Burgschmiet, Maichel und ein Lithograph deren Technik nachzuerfinden und stellten, als ihnen dies gelungen war, ein figuren- und szenerienreiches mechanisches Theater zusammen, das sie 1820 in Nürnberg und Umgebung und nach Maichels Tod in vielen deutschen Städten gegen Eintritt zeigten. Nach seiner Rückkehr in die Heimatstadt — das Theater war inzwischen verkauft worden — stellte Burgschmiet 1821 den Antrag auf Aufnahme als Schutzbürger, um sich als „Maler und Künstler" niederlassen zu können. Dieser wurde mit der Auflage genehmigt, seine Verlobte Anna Margarethe Lutz, uneheliche Tochter einer Strickerin und eines Baders, mit der er bereits ein Kind hatte, zu heiraten oder die Wohngemeinschaft mit ihr aufzugeben. Am 22. November war er verheiratet und „Schutzverwandter".
Er fand rasch Zugang zu Kreisen von Künstlern und Kunstfreunden, die ihn förderten. Seine ersten Bildwerke waren Skulpturen für das umgestaltete Waisenhaus. 1822 — 1824 arbeitete er mit anderen Bildhauern an der Wiederherstellung des Schönen Brunnens, restau-

rierte im Sinne des damaligen Kunstverständnisses die Kreuzwegstationen von Adam Kraft (in der heutigen Burgschmietstraße) und besuchte nebenbei den Unterricht an der Kunstakademie. 1825 schuf er seine erste Großplastik, das Melanchthondenkmal für den Egidienplatz, das er ohne Modell, nur nach einer Zeichnung → Heideloffs, aus dem Sandsteinblock meißelte. Durch weitere Arbeiten, darunter Reliefs und Vollfiguren für den Hochaltar der St. Jakobskirche, hatte er sich nun als Bildhauer bereits so profiliert, daß ihm 1826 das Lehramt für Plastik an der Polytechnischen Schule übertragen wurde. Mit dessen Übernahme begann er, nun selbst wieder ein Lernender, sich mit der Kunst des Bronzegusses vertraut zu machen, der er seinen späteren Ruhm verdanken sollte.

Auf Anregung → König Ludwigs I. von Bayern hatte der Rat der Stadt beschlossen, → Albrecht Dürer 1828 zu seinem 300. Todestag durch ein Bronzedenkmal zu ehren. Im Rathaus war man übereingekommen, daß der Guß nach dem originalgroßen Modell des damals berühmtesten deutschen Bildhauers → Christian Daniel Rauch (Berlin) nicht in München, wie es der König wünschte, sondern in Nürnberg durch Burgschmiet erfolgen solle. Der Rat gewährte ihm nach der feierlichen Grundsteinlegung ein sechsmonatiges Reisestipendium nach Paris, um sich dort im Atelier des berühmten Erzgießers Crossatière weiterbilden zu können, und verlieh ihm nach seiner Rückkehr im Herbst 1828 das Bürgerrecht.

Burgschmiet blieben neun Jahre, sein Können in der Erfüllung von Aufträgen zu vervollkommnen; denn Rauch lieferte das Modell für die obere Hälfte des Denkmals, das in zwei Teilen gegossen werden sollte, erst im Februar 1837. Nun aber erwies sich Burgschmiets hohe Kunst; denn erstmals in der Geschichte der deutschen Bronzeplastik gelang ihm ein Guß „alla prima", ohne nachgearbeitet werden zu müssen. Als ebenso vollkommen der Guß der unteren Hälfte erfolgt war, konnte am 21. Mai 1838 das Denkmal in Anwesenheit vieler Tausender auf dem Albrecht-Dürer-Platz enthüllt werden. Burgschmiet, von Rauch unter Tränen umarmt, war nun hochberühmt „. . . geehrt wie keiner; die Stadt hatte einen zweiten Peter Vischer wiedergefunden, er selbst für sich einen unsterblichen Namen gewonnen, dauernder, als das Bild von Erz". So 1852 die Leipziger Zeitung.

Nun strömten die Aufträge herbei, um nur die bedeutendsten zu nennen: das Beethovendenkmal für Bonn, die Bronzetüren für die Goethegalerie in Weimar, die Lutherstatue für dessen Heimatstadt Möhra, die Kolossalstatue → Karls IV. für Prag und ebenfalls für Prag sein letztes und monumentalstes Werk, das Radetzki-Denkmal, mit dem Feldherrn in dreifacher Lebensgröße, von acht Kriegern auf den Schild erhoben.

Kurz vor Vollendung der letzten Güsse starb Burgschmiet, einen Tag nachdem er am 6. März 1858 beim Billardspiel einen Schlaganfall erlitten hatte. „Sein Leichenbegängnis gestaltete sich unter dem Zudrang einer unübersehbaren Menschenmenge zu einem der eindrucksvollsten, von denen die Nürnberger Geschichte zu berichten weiß".

Burgschmiets zeitgenössischer Ruhm gründete weitgehend in der bis dahin unerreichten technischen Perfektion seiner Bronzegüsse. Aber sie allein vermag die Liebe und Verehrung seiner Mitbürger nicht zu erklären. „Unser → Peter Vischer" wurde er von ihnen genannt. Durch Gleichsetzung mit einem der Großen aus Nürnbergs größter Zeit dankten sie ihm, daß die einst so stolze Stadt nach einer langen Zeit demütigenden Niedergangs durch ihn zu neuem Ruhm gelangt war. Sein Name wird der Nachwelt durch die nach ihm benannte Straße in St. Johannis, wo seine Werkstatt stand, sein Bildnis durch den Brunnen am Beginn der Straße (Ecke Neutorgraben) in Ehren gehalten. Seine letzte Ruhestätte fand der Künstler auf dem Johannisfriedhof (F 33). Die Grabplatte schmückt ein Epitaph mit einem Wappen über der Inschrift „Bildhauer Burgschmiet'sches Begräbnis". Im Schild steht ein Schmied am Amboß, mit kraftvoller Hand den Hammer schwingend. Man „könnte" in diesem Wappen mehr sehen als nur ein redendes, den Namen ausdeutendes Wappen, war Burgschmiet doch ganz aus eigener Kraft Schmied seines Lebensglücks gewesen.   *Schö*

Joh. Wolfg. Hilpert · Pfarrer und Zweiter Bürgermeister 1796 — 1876

Johann Wolfgang Hilpert, erst Pfarrer, dann Zweiter Bürgermeister in Nürnberg, wurde 1796 in Erlangen geboren und erlernte zunächst beim Vater das Schneiderhandwerk. Später konnte er die Erlanger Realschule, dann bis 1812 das Gymnasium besuchen. Dort war er (1813 — 1816) zunächst Collaborator und trug sich mit der Absicht, Mathematik zu studieren, folgte aber dem Rat, die Theologenlaufbahn einzuschlagen. Er wirkte in Hernitzheim (Bezirk Markt Einersheim) und einigen anderen fränkischen Gemeinden als Vikar. 1816 legte er in Erlangen die theologische Endprüfung ab. Seine erste selbständige Pfarrstelle war Bayreuth, 1818 folgten Wendelstein bei Nürnberg und Bechingen. Von 1820 bis 1823 war er Pfarrer in Windsbach. Danach kam ein Ruf auf die dritte Pfarrstelle von St. Lorenz in Nürnberg. 1831 wurde er mit dem Diakonat und der zweiten Pfarrstelle betraut und rückte 1835 zum Vorstand der Lorenzer Kirchenverwaltung auf.

1848 wählten ihn die Gemeindebevollmächtigten der Stadt zum Zweiten Bürgermeister in Nürnberg. Neben seinem geistlichen Amte und seiner kommunalpolitischen Tätigkeit war Hilpert mit den Belangen des kulturellen Lebens der Stadt eng befaßt. Schon 1823 wurde er Mitglied der Naturhistorischen Gesellschaft. Er arbeitete darin so begeistert und begeisternd, daß er zehn Jahre nach deren Auflösung (1836) zum erfolgreichen Initiator ihrer Neugründung werden konnte. Seit 1849 (bis 1856) fungierte er als ihr Direktor. Ebenso fruchtbar wurde seine Mitarbeit im Germanischen Nationalmuseum, wo man ihm die Würde des Ehrenmitgliedes antrug.

Der im öffentlichen Leben vielseitig tätige und ambitionierte Mann, der als besonderen Vertrauensbeweis der Nürnberger Öffentlichkeit seine Wiederwahl als Zweiter Bürgermeister im Jahre 1855 (bis 1861) verbuchen durfte, starb am 13. Januar 1876 zu Nürnberg. Er liegt auf dem Rochusfriedhof begraben.   *Hä*

Georg Christoph Wilder · Architekturzeichner 1797 — 1855

Wilder war Zeichner und Radierer. Er wurde 1797 als Pfarrerssohn in Nürnberg geboren und ist Schüler von → A. Gabler und → A. C. Reindel gewesen. Seit 1819 ist er zur Weiterbildung in Wien und als Architekturzeichner tätig. 1828 kehrte er nach Nürnberg zurück, wo er 1855 unverheiratet starb.

Zu künstlerischem Höhenfluge nicht berufen, erwarb sich der bescheidene und liebenswerte Meister große Verdienste durch sein rastloses Bemühen, mit Stift und Feder, Pinsel und Radiernadel die historischen Bau- und Kunstdenkmäler seiner Vaterstadt für die Nachwelt festzuhalten. Besondere Aufmerksamkeit widmete er dabei den von Zerstörung oder Abwanderung bedrohten Werken. Ob Plätze oder Straßenzüge, kirchliche oder profane Architektur, Bauteile oder Ornamente, ob Altäre, Statuen, Wandbilder oder kunsthandwerkliche Objekte — alles ist mit der gleichen zeichnerischen Akribie, der unbedingten Sachtreue und Liebe zum Detail aufgenommen. Neben dem umfangreichen Radierwerk und bildmäßigen Aquarellen wie den Innenansichten von St. Sebald und St. Lorenz haben besonders die zahlreichen vor Ort entstandenen Skizzen der Wissenschaft als verläßliche Zeugen gedient.   *Hef*

Georg Wolfgang Karl Lochner · Historiker   1798 — 1882

Lochner, am 29. August 1798 als Sohn des Kupferstechers Karl Friedrich Lochner in Nürnberg geboren, besuchte hier von 1809 — 1815 das Gymnasium. An der Universität Erlangen studierte er ab 1815 Theologie und Philosophie. Ab 1826 war er als Lehrer, ab 1846 als Rektor am Nürnberger Gymnasium tätig. Von 1865 bis zu seinem Tode am 3. Dezember 1882 war er erster Archivar des neugeschaffenen Stadtarchivs in Nürnberg. 1854 zum Ehrendoktor der Philosophischen Fakultät der Universität Erlangen ernannt, war er auch noch Mitglied des Verwaltungsrats und des Gelehrtenausschusses des Germanischen Nationalmuseums in Nürnberg. Neben zahlreichen Veröffentlichungen zur Geschichte Nürnbergs, war er Herausgeber von „Des → Johann Neudörfer Nachrichten von Künstlern und Werkleuten" in Nürnberg. Er trug den Michaelsorden I. Klasse. *Bsl*

Hans Frhr. von und zu Aufsess · Museumsgründer   1801 — 1872

Zwischen dem Geburtsjahr (1801) und dem Sterbejahr (1872) des Hans von Aufsess hatte der Tornado Napoleon die veraltete Ordnung Europas und selbst die der kleinen reichsunmittelbaren Ritterherrschaften von Grund auf umgeworfen. Die geistigen Strömungen und Gegenströmungen danach gehören ebenso, wie die persönlichen Daten aus dem Leben des Reichsfreiherrn Hans von und zu Aufsess zum Gesamtbild der verworrenen Zeit und zu der von Leidenschaften zerrissenen Persönlichkeit des Gründers des Germanischen Nationalmuseums.

Im Geburtsjahr von Aufsess, am Eingangstor des 19. Jahrhunderts, war im alten Reich äußerlich noch alles in Ordnung. Noch regierte Franz II. als Kaiser über die buntscheckige Kleinstaaterei der deutschen Länder. Noch strahlte über dem Wiener Hof der Glanz des Gottesgnadentums und der Nimbus einer uralten sakralpolitischen Ordnung. Doch die Zeit stand 1801 schon auf Sturm. Um die Habsburgischen Länder vor Napoleon zu retten, proklamierte Kaiser Franz II. im Jahr 1804 das österreichische Kaisertum und erklärte 1806 das „Heilige Römische Reich deutscher Nation" für erloschen. Am schmerzlichsten waren hiervon die Freien Reichsstädte und die kleinen Reichsstände betroffen. Dazu gehörten Nürnberg und die Aufsess. Die Reichsunmittelbarkeit ihrer Träger, die deren Verantwortungsbewußtsein für das Reich geweckt und ihr politisches Denken geformt hatte, war zu Ende gegangen.

In den folgenden Jahren, bis zum Rückzug der in Rußland geschlagenen Armee Napoleons, reißen im ganzen Reich, also auch in Oberfranken, die Requisitionen, Kriegssteuern und Durchzüge aller Truppen des Kontinents nicht mehr ab. Sie reizen den jungen, in Schloß Oberaufsess geborenen Hans, zusammen mit den Dorfbuben in Aufsess, zum Nachspielen der wilden Soldateska. Unterricht konnte in den verwahrlosten Kriegszeiten nur mangelhaft gegeben werden. Aber Hans holt 1817 als Erlanger Student schnell Versäumtes nach. Er besteht seine juristischen Examen mit Glanz. Noch mehr aber wirken auf seinen lebhaften Geist die neuen Strömungen der Zeit. In seiner Begeisterungsfähigkeit schloß sich der junge Student, erfüllt noch vom frischen Patriotismus der Befreiungskriege, der neuen gesamtdeutschen Bewegung der Burschenschaften an. Teils trieb ihn die uralte, herkunftsmäßig reichsunmittelbare Verbundenheit hin zu einem großen Reich; teils rissen ihn die Ausbrüche des Unmuts der gärenden deutschen Jugend mit. Aber er mußte wegen seines Vaters Tod das Studentenleben abbrechen und die schwierige Verwaltung der Güter übernehmen, die durch die Notzeit stark in Mitleidenschaft gezogen waren.

Auch wenn Hans von Aufsess nur nebenbei Studien vollenden und an Protesten gegen die Beschneidung der Freiheitsrechte (Metternich) teilnehmen konnte — sein Hang zu Wissenschaft und Forschung, besonders aber seine Begeisterung für das Mittelalter ließen ihm die uralte vorväterliche Ritterburg als geradezu idealen Studienort erscheinen. Verkleidet, als ein Doctor Faustus, zog er sich dorthin mit frühen Akten aus dem eigenen Archiv zurück. Aus jener Zeit stammen wissenschaftliche Veröffentlichungen, die ihn in den Kreisen der Historiker weithin bekanntgemacht und ihm Freunde und Gegner eingebracht haben.

Noch mehr aber entwickelte sich seine schon von Jugend an gepflegte Sammelleidenschaft. Mit Neid müssen Sammler heute an jene Zeit denken, in denen die herrlichsten Kunstschätze gleichsam auf der Straße lagen. Aus den säkularisierten Klöstern wurde wertvollstes Tafelsilber von berühmten Meistern zum Wert des Silbergewichts verkauft oder gotischer Goldschmuck zum Feingehalt des Goldes abgegeben. In den abgepackten Altpapierbündeln der Papiermühlen fielen Hans die wertvollsten Urkunden haufenweise in die Hände. Durch 30jähriges intensives Zusammentragen wurde so der Grundstock für das spätere Germanische Nationalmuseum (GNM) in Nürnberg gelegt. Es waren fürstliche Schätze, die Aufsess als kleiner Landadeliger, begütert auf dem kargen Jura, durch Anlegen von Realkatalogen sehr geistvoll zu verbinden wußte. Die gefährdeten Zeugnisse großer Vergangenheit sollten in größerem Zusammenhang so vergegenwärtigt werden, daß sie in der Ära nach Napoleon als politischer Auftrag wirken und nationales Streben wecken konnten.

Eine von solchem nationalen Sendungsbewußtsein getragene, umfangreiche Sammlung konnte der Öffentlichkeit nicht verborgen bleiben. Der kunstliebende und stets wohlinformierte → König Ludwig I. von Bayern regte daher in einem ehrenvollen Schreiben vom 15. September 1830 Aufsess an, seine Sammlung einem größeren Kreis zugänglich zu machen. Die Worte des Königs waren nicht an einen beliebigen Sammler geschrieben, sondern an einen, der in seinem Herzen ein Reichsunmittelbarer geblieben war. Er trug den Glanz des alten Reiches in sich und wollte ihn für die Nachwelt erhalten. Nach unendlichen Mühen, nach Verhandlungen mit Rückschlägen und Enttäuschungen in den Jahren zwischen 1830 und 1852 ist Aufsess auf der „Versammlung deutscher Geschichts- und Altertumsforscher" vom 16. bis 18. August 1852 in Dresden die Gründung des Museums in Nürnberg gelungen. Die Schätze des Hans von Aufsess wanderten bis dahin vom alten → Scheurl'schen Haus am Burgberg über den Tiergärtnertorturm, das Pilatushaus (1832 zugleich Wohnstätte von Aufsess) bis zum Petersen'schen Haus am Paniersplatz, aber schon der Öffentlichkeit zugänglich. Das Ringen um den Standort aber war erst in Dresden entschieden worden. Bis dahin war noch Coburg und Schleißheim als möglicher Museumsstandort im Gespräch. Und selbst nach der Gründung dauerte es noch bis zum 5. Oktober 1857, ehe das alte → Mendel'sche Zwölfbruderhaus, das einstige Kartäuserkloster, durch königliche Order zum festen Platz des Museums geworden war. (Die Festschrift des → Dr. Theodor Hampe zur Fünfzigjahrfeier des GNM, hat all dieses Tauziehen um Gründung und Standort des Museums festgehalten und die Verdienste von Aufsess in dieser schweren Zeit ausführlich gewürdigt.)

Aufsess war mit der Gründung auch der erste Direktor des GNM geworden. Seine sich selbst gestellte Hauptaufgabe war es, ein „Repertorium" der deutschen Geschichte zu erstellen, also ein Sachverzeichnis oder eine Dokumentation, das als wissenschaftliches Nachschlagewerk dienen sollte. Er ist 1862 zurückgetreten. Sein Nachfolger, Geheimrat Dr. Andreas Ludwig Jakob Michelsen aus Satrup in Holstein, der sein Amt 1863 antrat, war mehr eine — dazu noch umstrittene — Übergangsfigur, die im März 1866 durch → Dr. August Ottmar Ritter von Essenwein abgelöst wurde. Damit begann die Phase der Stabilisierung des GNM, in der aber — bis heute — der Museumsgründer als das große Beispiel gilt. Er starb am 6. Mai 1872 in Münsterlingen bei Konstanz und ist als des Heiligen Reiches erster und aufopferungsvollster Konservator in die Geschichte eingegangen. (Nach ihm benannt: Aufsessplatz in der Südstadt). *vA*

Ernst Julius Lützelberger · Pfarrer und Bibliothekar   1802 — 1877

Es gibt Menschen, deren Bedeutung für die Mitwelt sich in einer knappen Lebensspanne konzentriert, die blitzartig eine historische Situation beleuchtet. Das scheint bei Ernst Julius Lützelberger (geboren im Oktober 1802 zu Nürnberg) der Fall zu sein, der 1838 sein Pfarramt in St. Jobst unter Anteilnahme vieler Nürnberger niederlegte. Bei seinem Studium schien er den Väterglauben in romantischer Repristination nachvollziehen zu können, aber nach dem Studium der historischen Theologie kam er zu der Überzeugung, daß die Bibel nicht schlicht als das Wort Gottes angenommen werden könne und daß die Kirchenlehre nicht der Bibel wirklich konform sei. Das nach seiner Überzeugung ein freudiges Bekenntnis der Wahrheit erfordernde geistliche Amt war für ihn untragbar geworden. Er veröffentlichte noch bis 1845 einige bibelwissenschaftliche Arbeiten, die ihm natürlich auch nicht die absolute Wahrheit erschlossen. Er entschwand den Blicken der Öffentlichkeit, und die ihn beobachtende Behörde stellte nichts Nachteiliges in seinem Verhalten fest. Vielleicht fand er, wie mancher seiner Amtsbrüder, in der Journalistik ein mageres Auskommen, bis er 1854 als Sekretär am Germanischen Nationalmuseum, 1856 als Stadtbibliothekar eine neue Tätigkeit fand, neben der er im Comité für Schleswig-Holstein, als Schatzmeister der Maximilians-Augen-Heilanstalt und als Vorsitzender des Ausschusses für die Errichtung des Hans Sachs-Denkmals in weiteren Kreisen dankbare Beachtung fand. Lützelberger starb im Sommer 1877. *Pf*

Johann von Schwarz · Fayencefabrikant   1802 — 1885

Im Jahre 1712 wurde in der Kartäusergasse eine Fayencemanufaktur gegründet. Sie erlosch 1840. Unabhängig von der alten Nürnberger Fayencemanufaktur begann Johann Christoph David von Schwarz (7. 9. 1802 — 13. 9. 1885) im Jahre 1867 mit der Herstellung von Terrakottawaren und drei Jahre später von Fayencen.
Schwarz war der Sohn eines Nürnberger Kaufmanns, der 1791 von Lindau nach Nürnberg zog und hier eine Materialienhandlung eröffnete. Zu Ansehen und Wohlstand gekommen, wurde Vater Benedict 1816 in den Adelsstand erhoben. Sein naturwissenschaftlich gebildeter Sohn begann nach Erwerb der Abbaurechte an Specksteingruben im Fichtelgebirge im Jahre 1850 zunächst mit der Herstellung von Knöpfen, Perlen, Würfeln und Dominosteinen aus diesem Mineral im Anwesen Lorenzer Platz 17 — 19. Im Jahr 1854 begann Johann — unterstützt vom Chemiker → Justus von Liebig — als erster Fabrikant in Deutschland mit der Produktion von Gasbrennern aus Speckstein.
Dabei waren die Specksteinrückstände, die zwischen achtzig und neunzig Prozent des verarbeiteten Materials ausmachten, das Hauptproblem. Um die Halden gewinnbringend verwerten zu können, entschloß sich Johann von Schwarz, „artistische Fayencen" herzustellen, die auf der Wiener Weltausstellung 1873 Aufsehen erregten. 1880 hatte die Firma J. von Schwarz 120 Beschäftigte bei der Gasbrennerproduktion aus Speckstein und 30 Mitarbeiter in der Fayenceherstellung. Das Auslandsgeschäft gedieh und auf nationalen wie internationalen Ausstellungen wurde den „artistischen Fayencen" große Anerkennung zuteil.
Mit dem Tode des Firmengründers (1885) ging das Unternehmen an die Söhne Benedict und Ludwig über, die den Betrieb nach Schoppershof verlegten. 1897 entstanden die ersten Arbeiten im Sinne des Jugendstils mit seiner vegetabilen Ornamentsprache, die wegen ihrer

perfekt ausgeführten Unterglasurmalerei zu den besten Fayencen zählen, die um die Jahrhundertwende in Deutschland hergestellt worden sind. 1906 wurde die Produktion der 1898 in „Norica-Fayencen" umbenannten Kunstwerke aus Keramik aufgegeben.   *P*

Gustav Blumröder · Arzt   1802—1853

Der am 27. Juni 1802 geborene Sproß einer Nürnberger Bürgerfamilie, der nach anfänglicher Neigung zur Theologie in Erlangen und Würzburg Medizin studiert und seine Ausbildung an Kliniken in Berlin, Wien und Paris vervollkommnet hatte, wurde 1828 Armen- und Spitalarzt in Hersbruck, wo er eine Bürgerstochter ehelichte, seit 1835 war er Gerichtsarzt in Kirchenlamitz (Fichtelgeb.). 1848 wurde er Abgeordneter seines Bezirkes in der Frankfurter Nationalversammlung und nach deren Auflösung Mitglied des Stuttgarter Rumpfparlaments, was ihm eine viermonatige Haft eintrug. Da diese ein altes Leiden verschlimmerte, wurde er vorzeitig pensioniert. In seine Vaterstadt zurückgekehrt, starb er am 23. Dezember 1853 an Lungentuberkulose.
Sein fachliches Interesse galt vornehmlich der Psychiatrie. Obgleich ihm die angestrebte Universitätslaufbahn versagt blieb und seine abgelegene Wirkungsstätte weder Gelegenheit zu praktischer Anstaltstätigkeit noch zu wissenschaftlichem Austausch bot, veröffentlichte er neben zahlreichen kleineren Beiträgen ein psychiatrisches Lehrbuch und war Mitherausgeber der „Blätter für Psychiatrie". Seine stark von naturphilosophischer Spekulation geprägten Vorstellungen vom Wesen seelischer Krankheiten gründen sich auf eine ganzheitliche Sicht des Menschen.   *Wei*

Joh. Dietrich Carl Kreul · Maler   1803 — 1867

Johann Dietrich Carl Kreul, am 6. August 1803 zu Ansbach geboren, war der Sohn eines Malers (Johann Lorenz). Es war fast selbstverständlich, daß der künstlerisch begabte junge Kreul ebenfalls Maler wurde. Sein Vater, mit dem er als Kind nach Nürnberg zog, weihte ihn gründlich in alle Geheimnisse seines Berufs ein. Dann studierte er an der durch ihren neuen Direktor in eine Kunstschule umgewandelten Nürnberger Malerakademie. 1820 ging C. Kreul nach Dresden zur weiteren Ausbildung und kopierte in der dortigen Galerie Rembrandts Selbstbildnis mit Saskia und das Selbstbildnis des Raphael Mengs. Schon 1822 durfte er den damals 42jährigen Direktor → Albert Reindel sitzend in einem repräsentativen Ölgemälde im Profil porträtieren (jetzt Stadtmuseum Fembohaus). 1826/27 begleitete er seinen Vater nach München um sich an der dortigen Akademie weiterzubilden, 1827 erhielt er eine Einladung nach Öttingen, um die Prinzessin von Wallerstein im Ölmalen und in der Kunst des Bildnisses zu unterrichten. 1828 war er in den bayerischen und in den Tiroler Bergen. Zeichnungen bezeugen seinen Aufenthalt in Partenkirchen, Mittenwald, Zell am See, in der Jachenau und im Zillertal. 1829 — 31 folgten Zeichnungen von Markt Erlbach, aus der Fränkischen Schweiz (Muggendorf, Gößweinstein) und nochmals aus den bayerischen Bergen (z. B. „Schliersee", „Von der Kreuzalpe", „Wallersee" und „Moosbach"). Dann ließ sich der Künstler in Nürnberg nieder und wurde hier Porträtist der gehobenen Bürgerschicht (Bildnisse aus den Familien → v. Ebner, → v. Löffelholz, des Krankenhausdirektors Dr. Geist und des Großkaufmanns → Georg Paul Amberger). Er hatte sich aber schon längst auch einer anderen Sparte der Malerei zugewandt, dem Genrebild. Großes Aufsehen erregte z. B. sein Gemälde „Der Dorfhirte als Arzt", um das sich das Hersbrucker Hirtenmuseum lange, aber schließlich mit Erfolg bemüht hat. 1834 und 1836 beschickte Kreul die Berliner Kunstausstellungen; seine ausgestellten Arbeiten wurden sofort verkauft. Die damals sehr begehrten und hoch im Preis stehenden Genrebilder begründeten seinen Ruhm, so z. B. „Der blinde Geiger mit seiner Enkelin", das 1844 auf der Berliner Ausstellung den Dichter

Franz Frhr. Gaudy zu einem Gedicht begeisterte, oder „Der blinde Waldhornbläser mit harfenspielender Tochter", 1835, „Kind unter dem Weihnachtsbaum", eine der frühesten Darstellungen des reichgeschmückten Nürnberger Christbaums (jetzt Stadtmuseum Fembohaus), „Krankenbesuch eines Geistlichen bei einer Witwe", „Das Bäckermädchen", „Das Kapuzinerkloster", „Mädchen, den Hut des Geliebten schmückend" (1837, 1839 und 1845 auf Ausstellungen in Leipzig), „Die falsche Münze" (1841 von der Neuen Pinakothek in München angekauft). Sein letztes Genrebild war: „Bauernmädchen auf der Wallfahrt". Mehrere dieser Gemälde wurden von Nürnberger Künstlern in Stahl gestochen und von Vereinen an ihre Mitglieder verteilt.

Carl Kreul beschäftigte sich lange Jahre mit der chemischen Zusammensetzung der Farben und gründete 1840 in Nürnberg eine Farbenfabrik, für die er zwei eigenartig konstruierte Maschinen zum Zerreiben feiner Wasser-, Öl- und Schmelzfarben mittels „Menschen-, Tier-, Dampf- und Wasserkraft" erfand. Er erhielt dazu die behördliche Konzession, die alle vier Jahre erneuert werden mußte. 1853 hatte er für die Genehmigung der Verlängerung 150 Gulden zu bezahlen und erhielt dazu eine prächtige Urkunde mit der Unterschrift König Max II. von Bayern, ausgestellt zu Palermo.

Im Jahre 1842 verlegte Kreul seine Fabrik und seinen Wohnsitz nach Forchheim. Er wohnte dort in einem kleinen Haus am Bamberger Tor. Kurz vor seinem Tode verkaufte er die Fabrik, die jedoch unter seiner Firma weiterbestand und noch heute besteht unter dem Namen: C. Kreul, GmbH u. Co., Künstlerfarben- und Maltuchfabrik, Forchheim. Die von ihm erfundenen Maschinen waren noch vor einigen Jahrzehnten in Betrieb. Kreul starb zu Forchheim am 12. März 1867. Am Hause erinnert an ihn eine Gedenktafel; sein Grabstein wurde im Jahre 1940 entfernt. Die eigenartig starke Nachwirkung der Kunst C. Kreuls wird auch daraus erkennbar, daß z. B. von seinem Gemälde „Eine schöne Nürnbergerin" (Bürgermädchen, 1827, Stadtmuseum Fembohaus) in Nürnberg noch heute farbige Reproduktionen in Warenhäusern und an großen Ansichtskartenständen erhältlich sind. Im Gegensatz zu seinem Vater, der hauptsächlich in Pastell arbeitete, bevorzugte Carl die Ölmalerei und stärkere Farbkontraste. Er gilt bis heute als einer der bedeutendsten deutschen Genre- und Bildnismaler seiner Zeit. In Großreuth h. d. V. trägt eine Straße Kreuls Namen.   *Schw*

Ludwig Feuerbach · Philosoph   1804—1872

Der Philosoph Ludwig Feuerbach entwickelte von der Theologie her seine Denkrevolution. Er hat mit heute noch aufreizend anziehender Dialektik die „Wissenschaft von Gott" aufgedeckt als eine Wissenschaft vom Menschen und seinem Willen, sich Gott vorzustellen. Sein System der Beweisführung desillusioniert allen Existenzanspruch Gottes durch die Kirche und idealisiert die Kraft des Menschen, sich aus ethischem Bedürfnis Gott aufzubauen. Der Geist der Epoche scheint dafür reif gewesen zu sein, Mystik und Spekulation gleichermaßen analysierend zu überwinden und eine Philosophie des Sinnlichen zu entfalten, welche Moral und Gemeinschaftsgebote der Menschen umgreift. Gott wird entgöttlicht und der Mensch verklärt. Dies zog und zieht bis heute Freidenker, Liberalisten und Sozialisten an. Die Gedanken Feuerbachs erregen Begeisterung und Kritik an der jede Präzision und Logik letztlich sprengenden

Hoffnung auf die kommunikative Glückseligkeit des Menschen, der dem Du der Gott ist! Die Entwicklung Feuerbachs von der Basis der Theologie über → Hegels „Panlogismus" zu jeder Befreiung von spekulativer Dogmatik hin zu einem Sensualismus, aus dem er ethische Kriterien ableitet, fesselt wie das Abenteuer eines aufrechten Kämpfers für einen alle Widersprüche einbeziehenden Anthropologismus. Jede Wahrheitsfindung, jede Realität werden umgriffen von einem Denken, das den Willen und die Liebe zu einer Antriebseinheit werden läßt. Fühlten sich Marxisten wie etwa Friedrich Engels von der Lehre Ludwig Feuerbachs angezogen, ja mitgerissen, so konnten sie diese letztlich nur sehr bedingt in ihr rein materialistisches Weltbild einfügen. Es bleibt aber in kritischer Spannung lebendig, was Ludwig Feuerbach anregte: Die Auseinandersetzung zwischen fortschrittlichem Menschheitsbewußtsein und dem dies in seinen Grenzen korrigierenden Christentum und seiner Dogmatik. So hat z. B. der vor mehr als fünf Jahrzehnten verstorbene Freigeist und Lehrer des Bundes für Geistesfreiheit, Dr. Hans Schmidt, zusammen mit anderen Gesinnungsgefährten und Nürnbergs Sozialdemokraten dahin gewirkt, daß die Stadt 1930 auf dem Rechenberg, wo Ludwig Feuerbach vereinsamt und verarmt gelebt hat, ihm ein Denkmal setzte.

Absurdität der Geschichte: 1933 rissen die kurze Zeit mit der Kirche paktierenden Nationalsozialisten dieses Denkmal wieder ab! Monate vorher war Hans Schmidt gestorben. Rebellion und Tragik — wie so oft auch bei Ludwig Feuerbach selbst; Lebensakzente, noch in den weiterführenden Spuren!

Feuerbachs Leben wurde mitbestimmt durch das hochintelligente, jedoch in seinem Ordnungsgefüge zerrissene Elternhaus und später durch seine vergeblichen Anstrengungen, eine besoldete akademische Laufbahn einschlagen zu können. Seine Veröffentlichungen standen dem von Beginn an im Wege. Mittelfranken und seine Städte bleiben die Lebensstationen Ludwig Feuerbachs. Er wurde 1804 in Landshut, als vierter Sohn des bald ins Fränkische versetzten Kriminalisten Anselm Ritter von Feuerbach, geboren. Nach dem Besuch des Ansbacher Gymnasiums studierte er in Heidelberg zwei Semester Theologie und begegnete dem Hegelianer Karl Daub. Der Studienwechsel nach Berlin ist auch ein Fakultätswechsel: Feuerbach betreibt gegen den Willen des Vaters und als Hörer und Verehrer Hegels Philosophie. In Erlangen erfolgt 1828 die Promotion. Dort auch hat Feuerbach mit der Hoffnung auf endgültige Bestallung bis 1832 eine Privatdozentur inne. Jedoch die anonym veröffentlichte Arbeit „Gedanken über Tod und Unsterblichkeit" wird als die seine entdeckt und verhindert in ihrer Eigenwilligkeit seine weitere akademische Karriere. 1837 heiratet er die Fabrikantentochter Bertha Löw und siedelt über nach Schloß Bruckberg bei Ansbach. 1839 wird die Tochter Leonore geboren. Die Jahre um diese Ehe sind ausgefüllt mit Arbeiten, die in Frankfurt/Main, Ansbach, Erlangen und Nürnberg vorgetragen werden. Die Ehe wird durch eine unglückliche Liebe getrübt. 1841 erscheint das Hauptwerk „Das Wesen des Christentums" und scheidet in seiner Konsequenz und unerbittlichen Kritik an der „Gottlüge" die Geister. In den Revolutionsjahren 1848/49 hält Feuerbach auf Aufforderung der Studenten in Heidelberg öffentliche Vorlesungen über das Wesen der Religion. Religion ist danach „das Bewußtsein des Menschen von seinem unendlichen Wesen." Die „Grundsätze der Philosophie der Zukunft" (1843) unterstreichen Feuerbachs Vorstellung von der Autorität menschlichen Geistes und Wesens und fordern allein dessen Verwirklichung. Feuerbachs wirtschaftliche Not wächst. Er muß von Bruckberg in ein bäuerliches Anwesen auf dem Rechenberg bei Nürnberg übersiedeln. Man unterstützt den Philosophen aus aller Welt, maßgeblich sind auch Freunde und Gönner aus Nürnberg und die Sozialdemokratische Arbeiterpartei beteiligt. Aber Krankheit und geistige Müdigkeit nehmen bei Ludwig Feuerbach zu. Er stirbt 1872 und wird auf dem Johannisfriedhof beigesetzt. Sein Beitrag für die Geschichte der modernen Philosophie bleibt aktuell. Er fordert besonders in der Gegenwart heraus. *MG*

Johannes Zeltner, der Prototyp eines Unternehmers im 19. Jahrhundert, wurde am 12. April 1805 als Sohn des Landwirts und Hopfenhändlers Johann Zeltner in Eschenbach bei Hersbruck geboren. Er besuchte dort die Schule und übernahm 1823 die Aufgabe, auf Reisen in Sachsen und Preußen das väterliche Geschäft auszuweiten. 1830 ließ er sich in Nürnberg nieder und widmete sich erfolgreich dem Hopfenhandel, daneben auch dem Weinhandel. Die Voraussetzungen dafür erfüllte Zeltner, als Autodidakt mit guter Allgemeinbildung und kaufmännischen Kenntnissen versehen, indem er sich der Kaufmannsprüfung unterzog.

Im Jahre der Geschäftseröffnung verheiratete sich Zeltner mit → Johanna Sibylla Amberger, die schon nach kurzem verstarb. Aus einer zweiten, 1833 begründeten Ehe mit Käthe Scharrer, der Tochter von → Johannes Scharrer, stammen sechs Kinder.

Zeltner blieb dem Hopfenhandel zeitlebens verbunden. Noch 1875 leitete er eine Sitzung des deutschen Hopfenbauvereins in Tettnang. Seine unternehmerische Gesinnung aber veranlaßten ihn zu ausgreifenden Aktivitäten. Sie prägten seinen Lebensstil und gaben ihm eine herausragende Stellung im Wirtschaftsleben Nürnbergs. Seinen Bruder Johann Georg unterstützte er 1836 bei der Gründung einer bis in die Gegenwart fortbestehenden Brauerei. Das vom Lehrer für Chemie an der Polytechnischen Schule zu Nürnberg, → Thomas Leykauf, entwickelte Verfahren einer Darstellung des Ultramarins förderte Zeltner, indem er dessen Schüler → Friedrich Wilhelm Heyne, der mit Zeltners Schwester verlobt war, Geldmittel für Versuche zur Verfügung stellte. Schließlich ließ er auf einem ca. 6 ha großen Gelände in Nürnberg, ostwärts der heutigen Zeltnerstraße, die erste Ultramarinfabrik in Bayern errichten. (Ihr vorausgegangen war die Aufnahme der Ultramarinherstellung in der chemischen Fabrik von Carl Friedrich Leverkus in Wermelskirchen 1834). 1877 erhielt Zeltner für das Verfahren zur Produktion einer roten Ultramarinfarbe, die der in seiner Fabrik tätige → Justin Wunder (1838—1910) erfand, das erste deutsche Reichspatent. Weitere Patente betrafen die Herstellung des violetten Ultramarins (Nr. 228) und nochmals die Erzeugung des roten Ultramarins aus Ultramarinviolett (Nr. 8327). Das Unternehmen begann 1839 unter dem Firmennamen Leykauf, Heyne & Co. mit der Erzeugung des blauen und grünen Ultramarins, das wegen seiner Qualitäten an Deckkräftigkeit, Lichtechtheit, Laugenstabilität und Unschädlichkeit als Farbstoff damals allgemein anerkannte Vorteile hatte. Anwendungsgebiete waren der Anstrich, zu dem das Pulver mit Wasser, Kalk, Öl oder Lack vermischt wurde, die Färbung von Textilien, Papier und Tapeten, der Druck auf Papier und Gewebe, das Bläuen der Wäsche und des Zuckers. Nach dem Ausscheiden von Leykauf 1841 führte Zeltner das Unternehmen, das nunmehr „Nürnberger Ultramarinfabrik" hieß, aus den sehr erheblichen Anfangsschwierigkeiten heraus.

In den folgenden Jahren entstanden ausgedehnte Geschäftsverbindungen mit dem entscheidenden Durchbruch auf dem englischen Markt. Nach einem Bericht von 1851 exportierte die Nürnberger Ultramarinfabrik in alle Länder Europas, ausgenommen das durch Schutzzölle abgesicherte Frankreich. Exporte gingen auch nach Nord- und Südamerika, nach Neuholland, in Teile Asiens und nach Afrika, soweit es der Oberhoheit der Türkei zugehörte. Die Gewinne stiegen seit 1843 auf über 200.000 Gulden an, so daß der Betrieb Ende der vierziger Jahre zu den größten Ultramarinfabriken Europas zählte. Er hatte mit

108 fest angestellten Arbeitern und 30 Hilfsarbeitern, zwei Dampfmaschinen zu 12 und 42 Pferdekräften (Verbrauch pro Jahr ca. 56.000 t Steinkohle), die ausländische Konkurrenz überflügelt. Nach 1860 waren es drei Dampfmaschinen und 210 Arbeiter, dazu eine wechselnde Zahl von Tagelöhnern und Bauarbeitern. Schon früh errichteten die Firmeninhaber soziale Einrichtungen: 1839 eine Kranken- und Beerdigungskasse, 1841 (aus Geldmitteln von Heyne und Zeltner) eine Pensionskasse. 1859 schied der Schwager Heyne aus der Leitung der Fabrik aus, Zeltner wurde, allerdings mit Übernahme einer erheblichen Schuldenlast, ihr Alleininhaber. Er nahm seinen Bruder Heinrich, 1861 seinen Schwiegersohn Carl Mahla und 1862 seinen Sohn Johannes als Teilhaber auf. Als es in den folgenden Jahrzehnten zu Absatzkrisen kam, fusionierten 14 Unternehmen, darunter auch das Nürnberger, am 31. Mai 1890, zu den Vereinigten Ultramarinfabriken, mit dem Sohn Johannes als Vorstand des Aufsichtsrates und dessen Schwager → Hermann Dietz als Generaldirektor. Die Nürnberger Fabrik wurde 1893 nach Leverkusen verlegt.

Abgesehen von seiner Tätigkeit als Ultramarinfabrikant engagierte sich Zeltner für die von Liquidation bedrohte Nürnberger Kammgarnspinnerei AG (gegr. 1846), sicherte das Fortbestehen der Firma, bis diese aus seinem Eigentum (seit 1868) 1876 an die Stadt überging. Außerdem gehörte Zeltner dem Verwaltungsausschuß der Hüttensteinacher Eisenwerksgesellschaft in Nürnberg (seit ca. 1840) an und übernahm 1852 die Hakenfabrik Oertle & Hertlein, um sie seiner Heimatstadt zu sichern.

Zeltners Lebenshaltung war religiös geprägt. Er bedachte kirchliche und soziale Einrichtungen mit Stiftungen, förderte den Bau von Gotteshäusern und sorgte mit der „Herberge zur Heimat" für arme Handwerker. Als Ersatzmann gehörte er von Ende 1848 bis Mai 1849 zum Paulskirchenparlament in Frankfurt a. M., war von 1845 bis 1848 Gemeindebevollmächtigter, seit 1846 Mitglied der Handelskammer in Nürnberg und seit 1836 zweiter, von 1851 bis 1855 erster Direktor des Industrie- und Kulturvereins Nürnberg. Seit 1858 war er Direktor der Aktiengesellschaft zur Unterstützung des Germanischen Nationalmuseums und seit 1872 Mitglied von dessen Verwaltungsrat. Zeltner, eine typische Unternehmerpersönlichkeit des 19. Jahrhunderts, erwarb den Herrensitz Gleißhammer (1845 nach ihm Zeltnerschloß benannt) und wurde 1866 Eigentümer des Rittergutes Obersteinbach bei Neustadt. Ein Schlaganfall lähmte 1878 Arme und Beine; am 1. Juni 1882 ist er gestorben. *De*

Ernst von Bibra · Chemiker 1806 — 1878

Ernst Frhr. von Bibra wurde 1806 als Sproß einer alten Familie in Schwebheim (bei Bad Windsheim) geboren. Die Familie besaß mit Brennhausen und Irmelshausen (nördlich von Königshofen an der Grenzlinie zur DDR) im Grabfeldgau zwei sehenswerte Schlösser aus dem 16. Jahrhundert. Ernst studierte in Würzburg zuerst Rechts-, dann Naturwissenschaften, besonders Chemie, und entwickelte sich zu einem begabten Naturforscher und Schriftsteller. Mit Arbeiten, wie „Chemische Untersuchungen verschiedener Eiterarten" (Berlin 1842), „Chemische Fragmente über die Leber und Galle" (Braunschweig 1849) oder dem chemischen Teil der zusammen mit → Lorenz Geist veröffentlichten „Untersuchungen über die Krankheiten der Arbeiter in den Phosphorzündholzfabriken" (Erlangen 1847) gehört er zu den Pionieren der physiologischen und klinischen Chemie in Deutschland. Ferner befaßte er sich mit der Analyse von Nahrungs- und Genußmitteln, sowie von Mineralien. 1849 reiste Bibra um das Kap Horn nach Chile; einen anschaulichen Reisebericht gab er in seinem zweibändigen Werk „Reisen nach Südamerika", die 1854 in Mannheim erschienen sind. Nach seiner Rückkehr lebte er vorwiegend in Nürnberg, wo er auch seine umfangreichen ethnographischen und naturhistorischen Sammlungen aufstellte. Mit weiteren Reiseerinnerungen (u. a. „Erinnerungen aus Südamerika", Leipzig 1861, 3 Bde.; „Aus Chile,

Peru und Brasilien", Leipzig 1862, 3 Bde.) lieferte Bibra, in den 15 letzten Jahren seines Lebens (er starb 1878), eine Reihe belletristischer Arbeiten, die sich besonders durch ihre einprägsamen landschaftlichen Schilderungen auszeichneten.   *Am/Wei*

Johann Michael Romig · Rektor   1807 — 1868

Der Nachfolger des Rektors → Geog Simon Ohm an der Polytechnischen Schule zu Nürnberg hieß Johann Michael Romig. Er war am 13. Oktober 1807 zu Hallstadt bei Bamberg als Sohn eines Lehrers geboren und studierte in München Mathematik. Später war er Lehrer an der Landwirtschafts- und Gewerbeschule in Bamberg, dann in Passau und — ab 1843 — Professor an der Augsburger Gewerbeschule und an der Polytechnischen Schule zu Nürnberg. Als Georg Simon Ohm nach München berufen worden war, übernahm Romig 1850 dessen Nürnberger Amt. In die Zeit seines Rektorats fiel eine grundlegende Reform des technischen Schulwesens im Königreich Bayern. An ihr und an der Neukonstituierung der Ingenieurausbildung hatte er durch Erfahrung und Phantasie wesentlichen Anteil. Am Ende dieser Reform standen zwar die Erhebung der Polytechnischen Schule zur „Technischen Hochschule" und die Gründung von „Realgymnasien". Aber Romigs und des Nürnberger Magistrats wesentlichstes Bemühen, Nürnberg zum Standort der einzigen bayerischen Technischen Hochschule zu machen, blieb ohne Erfolg. Die Nürnberger Polytechnische Schule wurde im Herbst 1868 zur Industrieschule umgewandelt. Sie wurde unter Romigs Einfluß in eine mechanisch-technische, eine chemisch-technische und eine bau-tiefbau-technische Abteilung gegliedert. Aber noch vor Eröffnung der neuen Industrieschule starb Rektor Romig am 2. November 1868.   sta

Familie Heinrichsen · Zinnfiguren-Hersteller   19./20. Jahrhundert

Die Heinrichsen hießen ursprünglich Hinrichsen und stammen aus Dänemark. Ihr rötlichblondes Haar haben sie bis heute auf ihre Nachkommen vererbt. Wilhelm Heinrichsen kennzeichnete ein gewaltiger roter Vollbart. Er bezeichnete sich selbst als „von jütischem Typ". Der Weg der Familie führte über Schlesien nach Nürnberg. Carl Peter Ernst Heinrichsen, der Gründer der später weltberühmten Firma, wurde 1806 in Reichenbach/Schlesien geboren. Er erlernte das Gravieren in Schweidnitz, kam als Geselle zwischen 1825 und 1830 nach Nürnberg und arbeitete zunächst bei Christoph Ammon (1812 — 1872). Auch als Siegelschneider war er tätig und lernte bald → Karl Alexander von Heideloff kennen, mit dem er lange Jahre freundschaftlich verbunden war. Heideloff war mit zahlreichen Vorzeichnungen für ihn tätig. Ende der Dreißiger Jahre wandte sich Heinrichsen ganz der Produktion von Zinnfiguren zu und erlangte 1839 von der Stadt Nürnberg „die Lizenzierung zum Gießen bleierner Kinderspielwaren aus sogenanntem Rosé'schen schnellflüssigen Metalle". Dies trug dem Neuling in Nürnberg nicht gerade die Freundschaft der alteingesessenen Graveure ein.
Ernst Peter Heinrichsen war ein künstlerisch und kaufmännisch sehr begabter Mann. → Theodor Hampe schreibt: „. . . War es bei seiner künstlerischen Veranlagung, seinem kaufmännischen Geschick, seinem technischen Können, seinem Fleiß und der Regsamkeit seines Geistes nur natürlich, daß er in kurzer Zeit die anderen Nürnberger Offizinen. . . überflügelte und auch fast die gesamte auswärtige Konkurrenz aus dem Felde schlug." Die „Zinn-Kompositions-Figuren-Fabrik Ernst Heinrichsen in Nürnberg" erlangte dann auch bald eine erste silberne Medaille im Jahre 1842.
1833 heiratete Heinrichsen Babette Frosch (gest. 27. Juli 1876). Erster Sohn war Wilhelm (geb. 16. April 1834). Als die Firma sich gut eingeführt hatte, brachte der Krimkrieg (1854—

1856) eine große Nachfrage nach jenen Zinnfiguren, die Soldaten der kriegführenden Mächte darstellten. Dies brachte der Firma eine wirtschaftliche Blütezeit; denn die Zinnfigur war damals nicht nur eine Abschilderung des täglichen Lebens, sondern auch eine Art Reportage der Zeitgeschichte. Mit den Jahren wurde Ernst etwas schwerfälliger. Er war mit persönlichen Problemen beschäftigt. Die nächsten Jahre waren nicht leicht; denn die Konkurrenz schlief nicht. 1869 zog sich Ernst Peter Heinrichsen ganz vom Geschäft zurück und überließ es seinem Sohne Wilhelm. Ernst übersiedelte nach Greinau und starb dort am 1. Oktober 1888.

Wilhelm war Zeit seines Lebens begeisterter Turner, natürlich mit der dazugehörigen liberalen und nationalen Gesinnung. Nachdem der Verein in den Jahren nach der Revolution von 1848 verboten war, gehörte Wilhelm 1861 zu dessen Neugründern. Im späteren offiziellen Nachruf der Stadt heißt es, „seinem organisatorischen Talent und seiner Opferwilligkeit ist es mit zu danken, daß der Turnverein eine eigene Turnhalle ... besitzt" (Turnstraße). Wilhelm Heinrichsen ging am liebsten in der Turnerjacke ohne Weste, den gestickten Turnergürtel um den Leib. Beim 10. deutschen Turnerfest 1903 saß er im Ehrenwagen des Festzuges. Auch in der freiwilligen Feuerwehr war er aktiv tätig. Sein gesellschaftliches Engagement brachte es mit sich, daß er am 1. Dezember 1869 in das Gemeindekollegium gewählt wurde, dem er bis 1872 angehörte. Er war Marktadjunkt und Gemeindebevollmächtigter, Mitglied der Handelskammer und Vorsitzender des Gewerbevereins. Am 19. Oktober 1882 wurde er kgl. bayerischer Kommerzienrat. Im gleichen Jahr wurde die Firma mit der goldenen Medaille ausgezeichnet.

Seit 1872 befanden sich Wohnung, Werkstätten und Büro in dem Anwesen Johannisstraße 19. Wilhelm war verheiratet mit Hermine Grobe; er hatte die künstlerische Begabung seines Vaters, des Firmengründers, ererbt. Sie wurde im Unterricht bei Bildhauer Konrad Krauser (1815 — 1873), dem Schöpfer des → Hans-Sachs-Denkmals, ausgebildet. Seit 1895 fand er einen hochkünstlerischen Mitarbeiter in dem Meistergraveur → Ludwig Frank. Daneben war Wilhelm Heinrichsen auch literarisch tätig. Sein bisher unveröffentlichter Lebensbericht ist höchst amüsant zu lesen. Unter ihm erlangte die Firma Heinrichsen ihren größten internationalen Ruf. Beweis: Der russische Zar Nikolaus II. bestellte bei Heinrichsen Figuren für eine Parade russischer Truppen. Die Parade ist — wenigstens in Teilen — heute noch in einem der ehemaligen Zarenschlösser zu sehen. 1902 zog sich Wilhelm vom Geschäft zurück, um sich in Wendelstein ganz seinen literarischen Neigungen zu widmen. Es ist das Jahr, in dem ihm — wie vielen anderen Fabrikanten jener Zeit — das Verbot der Kinderarbeit bei den (mit der Bemalung der Figuren beschäftigten) Heimarbeitern finanzielle Schwierigkeiten bereitete. Am 8. Juli 1908 ist Wilhelm in Wendelstein gestorben. Er wurde auf dem Johannisfriedhof beigesetzt.

Kommerzienrat Wilhelm Heinrichsen war ein typischer deutscher Bürger und Unternehmer seiner Zeit. Beruflich war er einer Miniaturwelt, dem „Taschenweltchen" Jean Pauls, verschrieben. Er war aber weniger als sein Vater eine rein künstlerische Natur. War Ernst Heinrichsen vielleicht so etwas wie ein kleiner Bohémien, so war der Sohn ein künstlerisch begabter, liberal und national denkender Unternehmer, der aus der Turnerbewegung kam. Er war seiner Heimatstadt Nürnberg und seinem Berufsstand eng verbunden, wußte aber genau, wie man aus einer Werkstatt einen großen Betrieb macht, der diese Art des „Nürnberger Tand" in alle Länder der Welt brachte.

Wilhelms Sohn Ernst Wilhelm (geb. 1898) ist 18jährig während des Ersten Weltkrieges in Frankreich gestorben. Damit ist dieser Zweig der Familie (nicht die ganze Familie) Heinrichsen im Mannesstamm ausgestorben. Die Familie Dr. Grobe bewahrt seither dessen Erbe in Nürnberg. Sie war zwar 1981 gezwungen, das Haus Johannisstraße 19 zu verkaufen, hat aber den Firmenbestand samt allen Urkunden gerettet. Die Firma existiert bis heute unter dem alten Namen. *Jae*

Friedrich Wilhelm Ghillany · Stadtbibliothekar   1807 — 1876

Friedrich Wilhelm Ghillany, im April 1807 geboren, widmete sich dem Studium der Theologie, die sich im Kampffeld zwischen dem Rationalismus und der als Mystizismus bekämpften Erweckung befand. Sein Ausweg war die historisch-kritische Betrachtung der Bibel, die ihm aber keinen Zugang zu den spekulativen Lehren von den zwei Naturen Christi, der Trinität, der Erbsünde und Erlösung durch den Opfertod Christi bot. Anfänglich als gewandter Prediger nicht ohne Resonanz im Nürnberger Bürgertum, hatte er wegen seiner religiösen Auffassungen keine Aussicht auf ein städtisches Pfarramt, fand Anstellung als Lehrer an der Kreisgewerbeschule und 1840 als Stadtbibliothekar. Er griff pseudonym theologische Probleme auf: 1839 Glaubensbekenntnis; ein zeitgemäßes Wort für die endliche Geltendmachung der Würde und Rechte der Vernunft, 1840 anläßlich des Kölner Kirchenstreits: Die Unduldsamkeit der christlichen Confessionen. Er trennte sich von den Junghegelianern in religiöser und politischer Hinsicht und stand 1848 mit dem führenden Bürgertum gegen die freireligiösen Gemeinden Ronges und gegen republikanische Tendenzen. Er gab 1856 das Nürnberger Amt auf und verbrachte seinen Lebensabend am Starnberger See, unermüdlich tätig als Reiseschriftsteller, als Sammler historischer Dokumente (Diplomatisches Handbuch 1855), als Heimatschriftsteller (Nürnberg historisch und topographisch) und Erforscher des Lebens Jesu (Theologische Briefe an die Gebildeten der Nation), wo sich anregende Beobachtungen und abstruse Anschauungen mischen. Wegen der rückhaltlosen Offenheit, mit der er zu seiner Meinung stand, spiegelt er Verhaltensweisen im Nürnberger Bürgertum in der Mitte des 19. Jahrhunderts. Er starb im Sommer 1876.   *Pf*

Lorenz Melchior Geist · Arzt   1807 — 1867

Am 20. Januar 1807 als Sohn eines Nürnberger Siegellackmachers geboren, bezog Lorenz Geist 1826 die Universität Erlangen, um Philosophie, Mathematik, Geschichte und Psychologie zu studieren, wandte sich jedoch nach kurzer Zeit der Medizin zu. Angezogen von Berichten über die embryologischen Studien Ignaz Döllingers in München, wechselte er zur dortigen Universität über, wo er 1830 promovierte. Nachdem er mit Hilfe von Stipendien seine Praktikantenzeit in Würzburg und Wien absolviert hatte, legte er ein glänzendes Staatsexamen ab und ließ sich 1833 in Nürnberg als praktischer Arzt nieder. 1835 erhielt er die Oberwundarzt-Stelle am dortigen Krankenhaus und heiratete im folgenden Jahr die Ansbacher Uhrmacherstochter Margaretha Baumann. 1844 wurde er Hausarzt des Heilig-Geist-Spitals, von 1855 bis zu seinem Tod am 20. Oktober 1867 wirkte er als Ordinarius der inneren Abteilung am damals neuen Städtischen Krankenhaus.

Seine Studienjahre fallen zusammen mit der Nachblüte der romantischen Medizin, die unter dem Einfluß der Naturphilosophie (Schelling u. a.) steht. Ihre Denkweise kommt seiner Neigung zu philosophischer Spekulation entgegen. Vertieft wird sie durch die Eindrücke, die er an der Universität München empfängt, wo namhafte Vertreter naturphilosophisch orientierter Medizinschulen wie Andreas Röschlaub, Johann Nepomuk Ringseis und Ignaz Döllinger lehren. Diese Strömung bleibt für sein weiteres medizinisches Denken bestimmend. Bei aller Aufgeschlossenheit für die Fortschritte seines Faches eignet er sich die positivistisch-naturwissenschaftliche Betrachtungsweise, die seit den vierziger Jahren des 19. Jahrhunderts die Heilkunde zu beherrschen beginnt, nicht an.

Seinem kontemplativen Charakter sagt die Tätigkeit als Oberwundarzt am Nürnberger Krankenhaus wenig zu. Aber erst nach neun Jahren darf er das ungeliebte Amt mit der Stelle eines Hausarztes am Heilig-Geist-Spital vertauschen, wo er in der Betreuung der betagten Pfründner eine seinem Wesen gemäßere Aufgabe findet. Seinen wohl größten wissenschaftlichen Erfolg aber verdankt er seiner chirurgischen Praxis, in der ihm ein damals neues Krankheitsbild zu Gesicht kommt. 1832 werden die Phosphorzündhölzer erfunden, nur wenige Jahre danach treten bei den mit ihrer Herstellung Beschäftigten erstmals krankhafte Veränderungen der Kieferknochen auf. 1845 prägt Friedrich Wilhelm Lorinser in Wien dafür den Namen „Phosphornekrose", im selben Jahr berichtet neben dem Erlanger Professor Johann Ferdinand Heyfelder auch Geist über Kieferschädigungen bei Nürnberger Zündholzarbeitern. Daraufhin schlägt ihm der Chemiker → Ernst von Bibra, der eine Erforschung der neuen Gewerbekrankheit von der chemischen Seite her plant, eine Zusammenarbeit vor. Geist steuert zu ihrem 1847 veröffentlichten bahnbrechenden Werk „Die Krankheiten der Arbeiter in den Phosphorzündholzfabriken" den klinischen, chirurgischen und gewerbehygienischen Teil bei, in dem nachgewiesen wird, daß die Kiefernekrose durch Phosphordämpfe verursacht wird, deren Vordringen zum Knochen durch Zahnlücken und schadhafte Zähne Vorschub geleistet wird.

Geist, der sich in vier großen Nürnberger Betrieben über den Herstellungsprozeß gründlich informiert hat, ermittelt auf statistischem Wege, durch Vergleich der Erkrankungsziffern, bei welchen Produktionsschritten die Arbeiter den gefährlichen Dämpfen besonders ausgesetzt sind, und arbeitet entsprechende Vorbeugungsmaßregeln aus. Für seinen Beitrag erhält er den „Prix Montyon" der Pariser „Académie des Sciences", die königlich-preußische Goldmedaille für Wissenschaft sowie eine Belobigung von der bayerischen Staatsregierung.

Es schließen sich zwölf Jahre am Heilig-Geist-Spital an. Diese Betreuung seiner mehr als 300 greisen Insassen bietet ihm die einmalige Gelegenheit zu klinischen Beobachtungen und pathologisch-anatomischen Studien über die Alterskrankheiten. Seine 1860 erschienene Monographie „Die Klinik der Greisenkrankheiten" ist in Deutschland die erste zu diesem Thema, die vorwiegend auf eigenen Erfahrungen des Verfassers beruht. Zwar bleibt in Geists Interpretation der Befunde und Klassifizierung der Erscheinungen manches noch sehr spekulativ. Indessen fördert sein Bemühen, die registrierten Symptome systematisch mit den bei der Sektion gefundenen Organveränderungen in Verbindung zu bringen, die Kenntnis von den Vorgängen im alternden Organismus beträchtlich. Vereinzelt läßt er Harn- und Blutproben chemisch untersuchen und versucht, mittels physiologischer Experimente, insbesondere Messungen von Puls, Temperatur und Atemkapazität, die Altersveränderungen auch quantitativ zu erfassen.

Große Verdienste erwirbt sich Geist um die Organisation der Nürnberger Ärzteschaft. Schon 1842 entsteht in Mittelfranken ein ärztlicher Kreisverein zum Zweck wissenschaftlichen Austauschs. Er ist in vier nicht sonderlich aktive Bezirksvereine untergliedert. Erst das Revolutionsjahr 1848, in dem ein gesamtbayerischer Ärztekongreß zur Beratung von Vorschlägen für Reformen im Medizinalwesen zusammentritt, gibt dem ärztlichen Vereinswesen neue Impulse. Da überörtliche Zusammenschlüsse nicht effektiv genug arbeiten, propagiert der Kreisverein 1851 die Einrichtung von Lokalvereinen. Mit der Gründung eines solchen in Nürnberg wird, als ehemaliger Sekretär des Kreisvereins, Geist betraut, der sich überdies durch seine verbindlichen Umgangsformen und seine vorbildliche Kollegialität für dieses Amt empfiehlt. Dank seinen Bemühungen finden sich überraschend viele Ärzte zur Mitgliedschaft bereit. 1852 wird der Nürnberger Ärzteverein ins Leben gerufen, der neben wissenschaftlichen bald auch standespolitische Aufgaben wahrnimmt. Auf allseitiges Drängen behält Geist den Vorsitz, bis der Fortbestand seines Werkes gesichert erscheint. Der Nürnberger Ärzteverein existiert noch heute. (Nach Geist ist eine Straße in Eibach benannt.) *Wei*

Johann Ludwig Werder · Techniker   1808 — 1885

Der Techniker, Erfinder und Maschinenbauer Johann Ludwig Werder wurde am 17. Mai 1808 in Narwa bei St. Petersburg geboren. Hier hatte sein Vater, der aus Küßnacht (Schweiz) stammte, einen Gutshof gepachtet. Bereits 1817 kehrte Werder nach dem Tode seiner Eltern nach Küßnacht zurück und begann bei seinem Onkel eine Schlosserlehre. Mit seinem Gesellenbrief ging der junge Werder auf Wanderschaft und arbeitete u. a. in Basel, Salzburg und München. In der bayerischen Metropole erhielt er eine erste Stelle bei J. M. Mannhardt. 1845 trat er in den bayerischen Staatsdienst ein und wurde bald Vorstand der Königlichen Eisenbahnwagen-Bauwerkstätte in Nürnberg. Wenig später betraute man ihn mit der Leitung der Klettschen Maschinenfabrik. Dort nahm er den Wagenbau wieder auf. Vor allem aber entwickelte Werder durch neue Erfindungen und Konstruktionen immer besser arbeitende Maschinen. U. a. war er der Erfinder von Materialprüfmaschinen. Er schuf den Dachstuhl der Walhalla bei Regensburg. 1851/52 erbaute er in hundert Tagen den Münchner Glaspalast, 1857 die Eisenbahnbrücke über die Isar bei Großhesselohe mit ihrem Werderschen Tangentiallager. Um 1870 wurde das „Werdergewehr" in die Bayerische Armee eingeführt und bewährte sich. Zu Beginn der 60er Jahre beteiligte er sich an Unternehmungen zur fabrikmäßigen Herstellung von Maßstäben, Schreibtafeln und Stoppuhren. 1873 legte Werder die eigentliche Leitung der Klettschen Maschinenfabrik nieder und trat in den Aufsichtsrat der gegründeten Aktiengesellschaft ein. Am 4. August 1885 starb Werder in Nürnberg. Die Nürnberger Siedlung „Werderau" wurde nach ihm benannt. *Bsl*

Johann Caspar Beeg · Technologe   1809 — 1867

J. C. Beeg wurde als Sohn einer armen Seifensiederfamilie 1809 in Nürnberg geboren. Nach dem Besuch des Altdorfer Lehrerseminars (1826 — 28) war Beeg in Nürnberg und in München als Lehrer tätig. 1834 wurde er zum Schul- und Seminarinspektor, in Verbindung mit dem bayerischen Königtum in Griechenland, ernannt. Nach einem naturwissenschaftlichen Studium in München (1839 — 41) und der Promotion an der Universität Erlangen (1844) wurde Beeg 1844 Lehrer an der Gewerbeschule in Fürth. Als Rektor der Schule (1845 — 64) engagierte sich Beeg als Promotor der Naturwissenschaften. Er verhalf seiner Schule zu großem Ansehen. 1850 heiratete Beeg → Mathilde von Aufsess, die älteste Tochter des Gründers des Germanischen Nationalmuseums. Als zweiter Vorstand des Germanischen Nationalmuseums (1853 — 59) sowie als Vorstand des Fürther Gewerbevereins (1849 — 64) förderte er mit viel Einsatz und Geschick die wissenschaftlich-kulturellen und technisch-industriellen Bestrebungen in Bayern. Als bayerischer Kommissär übernahm er wichtige Funktionen bei Industrieausstellungen in London (1851), München (1854), Paris (1855) und London (1862). 1864 ernannte ihn die Stadt Nürnberg zum hiesigen Gewerbekommissär. Seiner Initiative verdankt Nürnberg sein Gewerbemuseum. Beeg wurde u. a. von Napoleon III. mit dem Orden der Ehrenlegion, von Fürth mit der Ehrenbürgerwürde ausgezeichnet. Im Januar 1867 starb Beeg und wurde auf dem St. Rochus-Friedhof begraben. Die Stadt Nürnberg errichtete ihm ein Epitaph. *muh*

Maximilian von Waechter · Erster Bürgermeister   1811 — 1884

Maximilian Ritter von Waechter war in den Jahren 1854 — 1867, also zu einer Zeit Erster Bürgermeister von Nürnberg, als die Mauern durch den wachsenden Bevölkerungszuzug und den Anfang der Industrialisierung zu eng geworden waren. Diese Enge suchte Waechter zu überwinden, indem er die Stadt über die Mauern hinweg nach allen Himmelsrichtungen ausdehnte.

Das Maxfeld, früher „Judenbühl" genannt, Gleißbühl und der Flaschenhof wurden zum alten Stadtgebiet hinzugekauft. Auf dem Areal zwischen Frauentor und Pegnitz entstanden die Grundrisse der heutigen „Marienvorstadt", zu der das von → Solger 1859 erbaute Marientor den Verkehr vermittelte. Der wachsende Verkehr machte solche Durchbrüche in der Stadtmauer notwendig. Zum Marientor kam das Maxtor, das Mohrentor und das Ludwigstor. In den Jahren 1862 bis 1867 wurde die erste systematische Kanalisation der Innenstadt und die Versorgung mit Trinkwasser durchgeführt. Dazu diente das Wasserwerk in der Schwabenmühle (südl. der Pegnitz, Innenstadt), das Quellen der Innenstadt zusammenfaßte und zum Hochbehälter auf der Burg führte; dem schloß sich später noch das Wasserwerk an der Tullnau an. Feuerlöschwesen und Wohlfahrtspflege wurden von Waechter verbessert. Der Peststadel in der Tetzelgasse wurde zu einer von vielen neuen Schulen umgebaut. Durch ein Arbeitsbeschaffungsprogramm (Aushebung des Dutzendteichs und Erneuerung der Straßen im Burgfrieden) kamen brotlos gewordene Gewerbeleute wieder in Arbeit. Waechter ließ die Archivschätze der Stadt 1865 durch ein Stadtarchiv zusammenfassen (heute im alten → Imhoffhaus auf dem Egidienberg).

Die eindrucksvollsten Amtstage v. Waechters waren die während der Besetzung Nürnbergs durch die Preußen im Jahr 1866. Er erklärte das befestigte Nürnberg zur „Offenen Stadt" und konnte durch sein persönliches Engagement und geschickte Verhandlungsführung die Stadt vor größerem Schaden bewahren. Dadurch erhielt er sich die Gunst des Königs von Bayern und die Wertschätzung des Kommandierenden Generals des II. Preußischen Reservekorps, Friedrich Großherzog von Mecklenburg, die später in eine persönliche Freundschaft überging.

In den dreizehn Jahren seiner Amtszeit legte Maximilian Ritter von Waechter die Grundlagen für die Modernisierung Nürnbergs und für die Arbeit aller künftigen Oberbürgermeister dieser Stadt. Waechter war am 14. April 1811 in Neustadt/Aisch geboren worden. Er studierte Jura und wurde nach seinem freiwilligen Rücktritt als Erster Bürgermeister im Jahr 1867 Regierungsdirektor in Augsburg. Für seine Leistungen in Franken wurde er vom Bayerischen König mit dem Komturkreuz des Verdienstordens ausgezeichnet. Waechter starb am 27. April 1884 in Nürnberg. Er war in dritter Ehe verheiratet mit der Tochter des späteren Bürgermeisters, Hofrat Ferdinand von Jäger. Waechters Nachkommen leben bis heute in Nürnberg, wo eine Straße in Wöhrd nach ihm benannt ist.   *Wae*

Bernhard Solger · Stadtbaurat   1812—1889

Am baulichen Gesicht Nürnbergs haben viele Hände gemeißelt. Sie haben Werke geschaffen, die heute noch als Zeugnisse ihrer Zeit bewundert werden, aber auch andere, die wieder weichen mußten und heute so gründlich vergessen sind, als hätte es sie nie gegeben. Das Lebenswerk Bernhard Solgers, des „Baureferenten" der sich dehnenden und reckenden Stadt in der Mitte des 19. Jahrhunderts, gehört fast ausschließlich zur letzteren Kategorie, und sein Name ist den meisten Nürnbergern nur noch durch eine kurze Straße nahe der Rosenau bekannt.

Bernhard Solger wurde 1812 in Rentweinsdorf (nördlich von Bamberg) geboren. Er besuchte in Nürnberg Gymnasium und Polytechnische Schule, wo er von → Heideloff unterrichtet wurde. Seine eigentliche Ausbildung zum Architekten erhielt er aber erst 1831—1834 in München als Schüler Friedrich von Gärtners. Solgers Werdegang ist also sowohl von der Neugotik als auch vom späten Klassizismus her beeinflußt. Daß hier Spannungen herrschten, zeigte schon sein erstes Engagement als Bauführer bei der Restaurierung des Bamberger Doms 1834—1838, nachdem die Leitung der Arbeit Heideloff entzogen und Gärtner übertragen worden war.

Am 15. Februar 1838 tritt Solger sein neues Amt als städtischer Baurat in Nürnberg an. Die Berufung markiert einen wichtigen Einschnitt: Die Stadt verläßt den bisher stets bevorzugten Klassizismus Wolffs und Schmidtners (charakterisiert etwa durch das im Zweiten Weltkrieg zerstörte Stadttheater am Lorenzer Platz). Aber auch Heideloffs eifriges Werben für eine aufwendige Neugotik, die als Erneuerung der großen kulturellen Tradition und als ganzheitliche, schöpferische Denkmalpflege verstanden werden sollte, hatte amtlicherseits keine Chance. Solger schien beides vereinbaren zu können: Die Einfügung in das überkommene Stadtbild (wofür, auch durch Heideloffs Vorarbeit, der „gothische Styl" die beste Gewähr zu bieten schien), und das Berücksichtigen moderner Anforderungen (für die ein Weiterentwickeln klassizistischer Gedanken durchaus Ausgangspunkt sein konnte). Die aus diesem pragmatischen Kompromiß hervorgegangene reduzierte Neugotik auf funktioneller Basis ist dann allerdings später oft unterschätzt und als trocken oder steif bezeichnet worden. Vor einem solchen Urteil sollte nicht nur Solgers anerkanntes Können als Architekt und sein oft spürbares Gefühl für Proportionen bewahren, sondern auch das Lob des kritischen Zeitgenossen Ralph von Rettberg für „die Neubauten des Bauraths Solger, welcher wiederum mit freiem Geist und nicht bloss äusserlich sich dem Alten anschloss, ohne zu vergessen, dass er für die Leute des neunzehnten Jahrhunderts baute".

Zu den großen Aufträgen Solgers gehörte das Krankenhaus (1845) an der Stelle des heutigen Opernhauses, die Königliche Bank (1849) und die Handelsschule (1845) am Lorenzer Platz sowie das Justizgebäude (1877) in der Augustinerstraße. Bei dem flachgedeckten, die Kleingliedrigkeit des alten Stadtbildes sprengenden Block des Justizgebäudes verzichtete Solger fast gänzlich auf historische Reminiszensen — nicht zum Vorteil des Baus. Stärkere neugotische Züge weisen dagegen die Arkaden im Johannisfriedhof von 1860 und die Kirche in Stein von 1861 (beide heute noch erhalten) auf. Dazwischen stehen Einzelobjekte wie das Becksche Haus am Kornmarkt, die neue Schwabenmühle an der Kaiserstraße, das Leihhauslokal an der Königstraße (südlich der Klarakirche) und das Telegraphenamtsgebäude (1872, südlich der Frauenkirche). Bei diesem Haus am Hauptmarkt mit dem schwach nachempfundenen Giebel der ehemaligen „Schau" über einer Backsteinfassade gelang ihm ein ausgesprochenes Stadtgreuel, das nach 1933 schleunigst notdürftig umgestaltet wurde.

Solgers Kräfte wurden auch durch technische Verbesserungen in der wachsenden Stadt gefordert: Kanalisation, Wasserwerke (1868 Tullnau), Brücken (1847 Vorläufer der Steubenbrücke, 1852 Maxbrücke). Zwischen 1847 und 1866 hatte er die neuen Mauerdurchbrüche am Färber-, Königs-, Max-, Marien-, Mohren- und Ludwigstor mit Überbauungen zu schließen, eine Aufgabe, die er meist unpathetisch in dezenter Neugotik löste. 1859 lieferte er die Pläne für die erste wirkliche Stadterweiterung, das Marienviertel, das nach seinen Vorschlägen mit freistehenden zwei- bis dreigeschossigen Häusern hinter Vorgärten gestaltet wurde.

Was ist von diesem umfangreichen Werk geblieben? Die neuen Tore, die dem Verkehr freie Bahn schaffen sollten, wurden alle von eben diesem Verkehr selbst wieder beseitigt. Das Krankenhaus und das Justizgebäude erhielten eine Generation später größere Nachfolger. Die Steubenbrücke wurde viermal verbreitert (immerhin erkennt man von unten noch, ganz innen, Solgers Bogen). Das Marienviertel füllte sich zur Bürohaus-City auf (das letzte Haus aus der Ära Solger fiel vor 15 Jahren). Was sonst noch genannt wurde, verschlang fast ausnahmslos der Krieg. Wer den letzten Solger-Bau in der Altstadt erleben will, muß über die Maxbrücke gehen: Gediegen, funktionell, aber doch nicht ohne Gliederung und Zier. Die gußeisernen Maßwerke muten dabei wie eine Verbindung von Kunst und Technik, von alter und neuer Zeit an.

Solger hat zu Lebzeiten viele Ehrungen erfahren: 1863 zum 25jährigen Dienstjubiläum mit Fackelzug, Ständchen, Brillantring und Orden; 1878 (schon nach der Pensionierung 1872, aber immer noch tätig) die königliche Beförderung zum Oberbaurat. Er muß aber auch gemerkt haben, daß die Zeit über ihn und seine Werke hinwegzurollen begann. Es war sein Schicksal, am Anfang einer Wandlung zu stehen, deren Dynamik seine Maßstäbe bald sprengte. Auch die Stadtentwicklung frißt ihre Kinder! Am 11. Juli 1889 starb Solger. Sein Epitaph am Johannisfriedhof ist mit reichen gotischen Zierformen geschmückt. *Mz*

Kaspar Hauser · Ein ewiges Rätsel um 1812 — 1833

Angenommen, Tratschke, der bekannte Rätselsteller der „Zeit", sollte in diesem Falle seine Gretchenfrage stellen: Wer war's? — böte ihm jemand mehr Möglichkeiten zur Verschlüsselung eines Lebensrätsels als dieser Fall, der bis heute ein Rätsel geblieben ist?

Führen wir, beispielsweise, so er sich läßt, den geneigten Leser aufs literarische Glatteis:

„Frühling und Sommer und schön der Herbst
Des Gerechten, sein leiser Schritt
An den dunklen Zimmern Träumender hin.
Nachts blieb er mit seinem Stern allein;
Sah, daß Schnee fiel in kahles Gezweig
Und im dämmernden Hausflur den Schatten des Mörders.
Silbern sank des Ungeborenen Haupt hin."

Das ist von Georg Trakl. Wüßte man, wenn's nicht im Titel dieses Kapitels stünde, wen es behandelt? Auch wenn man's, gegebenenfalls, mit Paul Verlaine fortsetzt:

„Kam ich zu früh in die Welt?
Was fang ich an? Kam ich zu spät?
Kam, da ich ging. Wenns euch gefällt,
Sprecht für den Armen ein Gebet!"

Oder führte den Irritierten etwa ein jüngerer Autor auf die Spur des Gesuchten, jener, der durch seine Sprechstücke bekannt wurde, von denen er eins nach dem zu Findenden nannte und um einen einzigen Satz gruppierte, den dieser, wenn auch mit deutlich altbayerisch gefärbter Zunge, auch in der Wirklichkeit ähnlich gesprochen haben soll: „Ich möcht ein solcher werden, wie einmal ein anderer gewesen ist."

Begnügen wir uns mit diesen elf Wörtern Peter Handkes, auch wenn ihre Deutung schlüssiger in die Nähe eines Zieles führte, das immer nur annähernd, aber niemals sicher zu treffen ist, denn was anderes bleibt als die Annäherung durch Sprache, wenn die Tatsachen jederzeit auf den Kopf zu stellen sind? Wie etwa in unserer zweiten Version:

Da torkelt am Pfingstmontag (26. Mai) des Jahres 1828, nachmittags zwischen 4.00 und 5.00 Uhr, als sei er eben vom Himmel gefallen, am Eingang zur Kreuzgasse einer großen süddeutschen Stadt ein etwa sechzehnjähriges Bürschchen herum, das den Eindruck eines Betrunkenen macht. Ein hechtgrauer Spenzer, dem die Schöße abgeschnitten waren, graue Hosen, rote Weste, breitkrempiger schwarzer Hut und Nagelschuhe, aus denen die Zehen lugten, waren seine Bekleidung, die ferner einen Brief an den „Titl. Herrn wohlgeborner Rittmeister bey der 4. Esgatoron 6tes Schwolisches Regement in Nierberg!" enthielt, dem zu entnehmen war, daß der Überbringer ein Findelkind, Tagelöhnern am 7. Oktober 1812 (angebliches Geburtsdatum 30. April) auf die Schwelle gelegt und nie aus dem Hause gelassen, jedoch im Schreiben und Lesen und überhaupt christlich erzogen worden sei.

Genügt es nicht, daß er seinen Namen schreiben, wie eine Maschine den Satz wiederholen konnte: „A söchtener Reuter möcht i wern, wie mei Voater gwen is!" und Speise und Trank, bis auf Wasser und Brot, mit allen Anzeichen des Entsetzens zurückwies, um ihn als bedürftigen Exoten aus einer gleichsam anderen Welt neben, gewiß, einigen schon damals wichtigen Vorbehalten, zum Liebkind der ganzen Nation zu machen? War er indessen nicht weniger scheu als dreist, verlogen statt ehrlich und geltungssüchtig obendrein? Verschliß er doch, neben zahlreichen Freundschaften, zwei Nürnberger Pflegeväter (Professor G. F. Daumer und → Gottlieb v. Tucher, den Vormund) innerhalb kürzester Zeit und sogar das Vertrauen des ihm aufs äußerste zugetanen großen Juristen P. J. Anselm von Feuerbach (Vater des → Ludwig Feuerbach). Als die Aufmerksamkeit an seinem Schicksal erlahmte, täuschte er im Oktober 1829 im Hause seines musischen Ziehvaters Daumer ein Attentat vor und brachte sich vier Jahre später (am 17. Dezember 1833) im Ansbacher Hofgarten einen Messerstich bei, an dem er wenige Tage später starb, weil Herzspitze, Zwerchfell, Leber und Magen verletzt worden waren.

Anders herum erzählt, gewiß, wurden daraus die von Gerichten untersuchten und mehr als hundert Zeugen geschilderten Attentate und die bis heute dominierenden Hypothesen der badischen Prinzentheorie, nach denen er der älteste Sohn von Großherzog Carl und dessen Gemahlin Stefanie gewesen, im Alter von knapp drei Wochen gegen ein fast gleichaltriges, todkrankes Kind vertauscht, das kurz darauf starb und, teils unter Morphium, so lange in Dunkelhaft gehalten worden sei, bis sich die politischen Verhältnisse, in die übrigens Bayern durchaus verwickelt war, zu Gunsten der Erbschleicher geklärt hatten. Blieb das im Volksmund nicht viel besser haften, als die prosaischen Versuche, einen Betrüger zu entlarven, dessen Betrugsversuchen man zwar Motive unterstellen, aber keineswegs den geringsten Sinn zusprechen konnte? Fielen da die berühmte Flaschenpost, die am 23. Oktober 1816 bei Großkembs unterhalb Basel auf dem linken Rheinufer angeschwemmt wurde — „Mein Kerker ist unterirdisch und nicht kennt den Ort jener der sich jetzt meines Thrones bemächtigt hat" — und die Fama, der Gesuchte sei ein im Ehebruch gezeugter Sohn Napoleons und seiner Adoptivtochter Stefanie Beauharnais, der Markgräfin und späteren Großherzogin von Baden, nicht viel mehr ins Gewicht bzw. Gerücht?

Selbstverständlich heißt die Lösung der doppelt gestellten Rätselfrage: Kaspar Hauser. Wer aber war, muß sich der Rätselsteller weiterfragen lassen, dieser Kaspar Hauser?

Nahezu zweieinhalbtausend Veröffentlichungen, darunter mehr als 400 Bücher, haben sich mit seinem Fall beschäftigt. Vor allem Adolf Bartning und Hermann Pies, der dafür Ehrenbürger von Ansbach wurde, haben durch ihre Dokumentationen Licht ins Dunkel gebracht, das sie gleichwohl nicht völlig zu erhellen vermochten. Wen wundert es also, daß nach über 150 Jahren Kaspar-Hauser-Exegese nun das Pendel zur Skepsis jener beiden schlichten Nürnberger Bürger, des Schusters Georg Weickmann und eines gewissen Beck, zurückkehrt, die den Findling seinerzeit als erste in der Nähe des Unschlittplatzes sichteten? Für den Autor einer der letzten Untersuchungen, Walter Schreibmüller (im 91. Jahrbuch des Historischen Vereins für Mittelfranken 1982/83), spricht jedenfalls alles dafür, „daß Kaspar Hauser nicht der badische Erbprinz war und daß er auch nicht ermordet wurde". Als ein besonders gravierendes „Beispiel eines Verbrechens am Seelenleben des Menschen" hingegen wird die Geschichte solange bleiben, wie ihr nicht endgültig das Gegenteil nachgewiesen ist. Aber auch dann, oder sogar dann erst recht, dürfte seine Wahrheit finden, was Nicolò Paganini, der „Geiger des Teufels", an seinen Freund Gerni schrieb, als man Hauser gerade gefunden hatte: „Niemand weiß, woher er kommt. Vielleicht ist er ein Dämon, wie Faust und Mephistopheles". *Bu*

Thomas Leykauf · Chemiker   1815 — 1871

Die „Nürnberger Ultramarinfabrik" ist ohne Thomas Leykauf, den Sohn eines Mühl-knechts, nicht zu denken. Von 1826 bis 1830 besuchte er die Waisenhausschule an der Wei-denmühle. Sein brillantes Abgangszeugnis brachte ihm ein Stipendium des Stadtmagistrats ein, mit dem er 1830 — 1834 an der Kreislandwirtschafts- und Gewerbeschule und ab 1834 an der Polytechnischen Schule in Nürnberg studieren konnte. Dort war der Chemiker → Friedrich Wilhelm Engelhart sein Lehrer, der in Leykauf das Interesse für Chemie weckte. Nach kurzem Studium an der Universität Erlangen wurde Leykauf 1836 Assistent von Prof. Engelhart und übernahm — erst 21 Jahre alt — nach dessen plötzlichem Tod im Juni 1836 sein Lehramt zunächst als „Verweser", später als Professor. Leykaufs bedeutendste Lei-stung war die Erfindung und technische Darstellung des Nürnberger blauen und grünen Farbstoffs Ultramarin durch Verschmelzen von Kaolin mit Natriumsulfid. Er gründete zusammen mit → F. W. Heyne und → Johannes Zeltner die „Nürnberger Ultramarinfabrik" und entdeckte den Farbstoff „Nürnberger Violett", ein Ammonium-Mangan-III-Phosphat, das in einer eigens dafür erbauten Fabrik in Mögeldorf hergestellt wurde. Joh. Zeltner stellte rotes Ultramarin durch Behandlung von blauem Ultramarin mit konzentrierter Salpeter-säure her. Mögen diese Farbstoffe heute auch keine praktische Bedeutung mehr haben, so kommt Leykauf doch das Verdienst zu, die chemische Industrie in Nürnberg ins Leben geru-fen zu haben. Am 12. Oktober 1868 wurde Leykauf zum Professor der Chemischen Techno-logie an der „Königlichen Industrieschule" ernannt, der neue Titel für die staatliche Poly-technische Schule; er leitete dort die chemisch-technische Abteilung bis zu seinem Tode am 15. September 1871. *sta*

Johann Paul Priem · Dichter und Historiker   1815 — 1890

Johann Paul Priem, geboren 1815 und gestorben 1890 in Nürnberg, besuchte die Latein- und Realschule und erlernte das Schreinerhandwerk. Dem Brauch der Zeit gemäß, ging er 1835 auf Wanderschaft. Die Eindrücke der Fremde haben den Kern seiner Persönlichkeit freigelegt. Er wurde erst Korrektor einer Nürnberger Buchhandlung, 1843 Theatersekretär in Regensburg, 1850 Redakteur in Landshut. 1853 kehrte er nach Nürnberg zurück, stieg dort 1861 in die Buchhandlung Merz ein und wurde 1864 als Bibliotheksassistent am Ger-manischen Nationalmuseum angestellt. Er schrieb Schauspiele und Lustspiele und belebte alte Nürnberger Sagen und Geschichten neu. 1867 zum Kustos von Nürnbergs Stadtbiblio-thek und Stadtarchiv bestellt (die damals noch als gemeinsames Amt verwaltet wurden), schenkte er seiner Vaterstadt die erste große Geschichte Nürnbergs im großen, wissenschaft-lichen Format. Sie ist jener von → Emil Reicke, die „als Bibel der Nürnberger Geschichte" apostrophiert wird, vorausgegangen. In seltenen Exemplaren befindet sich das Buch heute noch in Privathaushalten und gilt als hohe bibliophile Kostbarkeit. *Hä*

Theodor von Cramer-Klett · Großindustrieller   1817 — 1884

Er war keineswegs der Gründer der M. A. N., wie manche meinen, denn die Maschinen-fabrik Augsburg — Nürnberg wurde unter diesem Namen erst 14 Jahre nach seinem Tod konstituiert. Auch die Keimzelle dieses Weltunternehmens, die Maschinenfabrik Klett & Co. in Wöhrd, ist nicht von Anfang an sein Werk: Er heiratete ein. Dennoch gehört Theodor Freiherr von Cramer-Klett, geborener Theodor Cramer, durch seinen unternehmerischen Weitblick, zu den großen Nürnbergern in der neuen Blüte der Stadt während der zweiten Hälfte des 19. Jahrhunderts. Aus der relativ kleinen Firma seines Schwiegervaters Johann Friedrich Klett, die 1837 mit zwölf Beschäftigten begonnen hatte, entwickelte er ein Industriewerk, das im Boomjahr 1872 u. a. nicht weniger als 3544 Eisenbahn-Güterwagen und 488 Eisenbahn-Personenwagen herstellte und zu dieser Zeit mehr als 3300 Arbeitskräfte beschäftigte.

Theodor Cramer-Klett, geboren 1817 in Nürnberg, war kein Selfmademan, kein Bilderbuch-Handwerker, der sich durch Geschick, Fleiß und Ingenium zum Fabrikherrn hocharbeitete. Er war ein Mann der „zweiten Generation". Und zugleich „ein exemplarischer Vertreter jenes Typus des deutschen Unternehmers in der Mitte des 19. Jahrhunderts, der seine ganze Kraft auf den industriellen Aufbruch konzentrierte" (Wolfgang Ruppert). Sein Lebens- und Berufsweg schien ihm anders vorgezeichnet. Vater Johann betrieb Großhandel mit Kolonial- und Textilwaren, vor allem auch mit Tuchen über holländische Verbindungen. Theodor besuchte vier Klassen der kgl. Studienanstalt in Nürnberg und begann eine Kaufmannslehre. 1834 mußte der Vater jedoch sein Handlungshaus liquidieren — er hatte sich bei dem Versuch übernommen, am Schmausenbuck eine Art Freizeitpark einzurichten. Die Familie zog um nach Wien, der Sohn nahm Kaufmannsunterricht an der dortigen Handelsakademie. Es folgten für Theodor Cramer die Wanderjahre — auch in geistiger Hinsicht. Philosophische Systeme dieser Zeit, die Auseinandersetzung mit der sozialen Frage, das aufbrechende Bürgerbewußtsein, waren solche Stationen. In München faszinierten ihn die Gedanken Schellings, in der Schweiz kam er mit der politisch-philosophischen Opposition des deutschen Vormärz in Berührung. Schließlich faßte er den Plan, in seiner Heimatstadt Nürnberg ein Verlagsgeschäft zu gründen. Sein Programm sollte „Werke und Broschüren umfassen, welche die staatlichen, sozialen und bürgerlichen Verhältnisse nach den Grundsätzen der wahren fortschreitenden Aufklärung beleuchten". 1844 übernahm er zusätzlich die Redaktion des „Nürnberger Kuriers", die er bis Anfang 1848 beibehielt. Ein Jahr zuvor (1847) bereits war die entscheidende Änderung in seinem Leben eingetreten: Er heiratete Emilie Klett, die Tochter des Eisengießers und Fabrikanten Johann Friedrich Klett. Nach Schweizer Sitte fügte er den Namen seiner Frau dem seinigen bei — Theodor Cramer-Klett also. Noch im gleichen Jahr mußte er, da sein Schwiegervater starb, dessen Firma übernehmen.

Der Erbe war alles andere als ein schwächlicher Nachfahre des Gründers, brachte vielmehr alle Anlagen zum erfolgreichen Unternehmer mit. Theodor Cramer-Klett investierte sein Vermögen in die zwar erfolgreiche, aber angesichts des industriellen Aufbruchs relativ biedere Eisengießerei und Maschinenfabrik. Er erkannte die Bedeutung des Eisenbahnwesens für die Zukunft. Schon Anfang der fünfziger Jahre nahm er den Eisenbahnwagenbau in das Produktionsprogramm der Firma auf, stieg also rechtzeitig in den gewaltigsten Boom des Jahrhunderts ein. Voraussetzung für die Bewältigung der hereinströmenden Aufträge war die Entwicklung von Technologien für die Massenproduktion — und selbstverständlich auch die unternehmerische Entscheidung für diese grundsätzliche Umstrukturierung. Die Herstellung von Eisenbahnwagen in diesen stürmischen 50er Jahren machte schon bald drei Viertel des Gesamtumsatzes aus. Zusammen mit dem weiteren Produktionszweig des Eisenhochbaues und dem Brückenbau (mit so spektakulären Leistungen wie der Errichtung des „Königlichen Glaspalastes" zur Münchener Gewerbeausstellung [1854] innerhalb von hundert Tagen und dem Bau der 1000 Meter langen Rheinbrücke bei Gustavsburg 1862) qualifizierte sich Theodor Cramer-Klett als einer der wichtigsten Unternehmer Bayerns. Im

Eisenbahnwesen, auf den Gebieten der Waggons, Räder, technischem Zubehör und bei Dampfmaschinen entwickelte er seine Fabrik zum führenden deutschen Unternehmen. Eine der großen Leistungen Cramer-Kletts bestand in der frühen Nutzung arbeitsteiliger Fertigungsverfahren, also die Organisation verschiedener Träger eines Projekts. Durch diese Arbeiten war er am Wiederaufstieg Nürnbergs im 19. Jahrhundert aus scheinbar hoffnungslosem Dahindämmern in der historischen Kulisse des romantischen Mißverständnisses entscheidend mitbeteiligt.

Schon frühzeitig, verstärkt noch in den sechziger und siebziger Jahren, suchte Cramer-Klett eine enge Kooperation mit potenten Geldinstituten, um so dem Unternehmen zu einem größeren Handlungsspielraum zu verhelfen. Dieser Spielraum erweiterte sich noch, als er 1873 die „Maschinenbaugesellschaft Nürnberg" in eine Aktiengesellschaft umwandelte. Cramer-Kletts Aktivitäten im Finanz-Management führten sogar dazu, daß er 1871 die Gründung der „Süddeutschen Bodenkreditbank" betrieb und maßgeblich an der Konstituierung der „Münchner Rückversicherungsgesellschaft" beteiligt war. Zu dieser Zeit hielt er sich oft, um notwendige persönliche Verbindungen zur „Schaltzentrale" zu pflegen, in München auf, kaufte dort 1877 das Palais Schönborn und hatte schon frühzeitig Drähte zur Regierung und in die Verästelungen der Ministerialbürokratie hinein gesponnen. Sein personenbezogener Ehrgeiz hielt sich in Grenzen; den Kronenorden, mit dem der persönliche Adel verbunden war, die erbliche Freiherrenwürde und das Ehrendoktorat der Staatswissenschaftlichen Fakultät der Universität München — sie ehrten ihn, waren für ihn aber auch Instrumente der unternehmerischen Reputation, der nach außen hin sichtbaren Bonität.

Sein privates, kulturelles und gesellschaftliches Leben in Nürnberg blieb nach wie vor von seinen geistigen Interessen bestimmt, wenngleich er sich mittlerweile vom Aufklärer der vierziger Jahre zum Nationalliberalen der siebziger gewandelt hatte. Er pflegte persönlichen Umgang mit Künstlern und Wissenschaftlern, begründete mit anderen zusammen die → Albrecht-Dürer-Haus-Stiftung, zeichnete einen namhaften Betrag für den Plan des Künstlerhauses (vgl. → C. Walther) und half mit, das Gewerbemuseum zu realisieren. Seine zweite, musisch, literarisch und philosophisch sehr gebildete Frau (Elisabeth Curtze, die er 1866 kurz nach dem Tod seiner ersten heiratete) war daran maßgeblich beteiligt. 1884 starb Theodor Frhr. von Cramer-Klett. Er ist auf dem Johannisfriedhof begraben. Im Stadtteil Wöhrd ist eine Straße nach ihm benannt. *NN*

Rotermund · Bildhauerfamilie 19. Jahrhundert

In der Zeit der Stilwende vom Rokoko zum Klassizismus war der Bildhauer Johann Gottfried Rotermund (1761 Bamberg — 1824 Nürnberg) in Bamberg tätig. Dort hatte er auch seine Ausbildung erhalten und wurde zur Ausstattung mehrerer Kirchen herangezogen. Seine Übersiedlung nach Gostenhof, damals noch Vorort Nürnbergs, muß vor 1796 geschehen sein, da die Geburt seines dritten Sohnes, von insgesamt fünf Söhnen und zwei Töchtern, für dieses Jahr in Nürnberg bezeugt ist. Mit Ausnahme des Sohnes Franz, der als Buchdrucker in Nürnberg arbeitete, erlernten die Söhne bei ihrem Vater das Bildhauerhandwerk, aber nur Lorenz (1798 — 1866) konnte sich neben dem Vater einen bleibenden Namen schaffen.

Gottfrieds erste große bauplastische Arbeit in Nürnberg bestand in der Restaurierung der Frauenkirche unter Anleitung von Fritz Keim. Gottfried Rotermund arbeitete dort bis 1816. „Lange Zeit beschäftigte er sich in Nürnberg eigentlich nur mit Bildschnitzerei, bis er in dem letzten Abschnitt seines Lebens Gelegenheit fand, unter Anleitung und nach Zeichnungen des Architekten → Heideloff Arbeiten im altdeutschen Style auszuführen, worin er als in einem ihm früher ganz fremden Fache mehr leistete, als man billiger Weise hätte erwarten dürfen". Von 1821 bis 1824 war er zusammen mit drei Söhnen an der Wiederherstellung des

Schönen Brunnens beteiligt, die → Albert Reindel überwachte. In seinem letzten Lebensjahr (1823) wurde Gottfried zu den Ausbesserungsarbeiten an der Jakobskirche herangezogen, für die Heideloff die Pläne lieferte. Von Gottfrieds Hand stammen auch wesentliche Teile des Hochaltars in der Sebalduskirche und des Hauptportals von St. Lorenz; Hochaltar wie Hauptportal waren in ihrer Substanz damals kaum mehr im Original erhalten.

Als Gottfried Rotermund 1824 starb, führte zunächst seine Frau Maria Franziska die Bildhauerwerkstatt in Gostenhof weiter, in der hauptsächlich Modelle aus Stein, Holz und Elfenbein hergestellt wurden. Dann übernahm Sohn Lorenz die Geschäfte. „Schon im Jahre 1822 wurde von Heideloff die Vorhalle in der Frauenkirche und der sogenannte Oelberg an der Lorenzkirche wieder hergestellt, sowie 1823 nach seiner Angabe der neue Hauptaltar in der Lorenzkirche von Lorenz Rotermundt gefertigt." (Andere Angaben sprechen von 1835 als Jahr der Restaurierung des Hauptaltars.) In den Jahren um 1825 restaurierte Lorenz den Engelsgruß von → Veit Stoß, der erhebliche Beschädigungen erlitten hatte, als er 1817 von der Frauenkirche in die Lorenzkirche zurückgebracht worden war und beim Aufhängen von seinem angestammten Platz herabfiel. In den folgenden Jahrzehnten war Lorenz Rotermund ein vielbeschäftigter Künstler und Restaurator. Für die Kirchen St. Jakob und St. Lorenz schuf er Altäre und Kanzeln. Von seiner Hand stammen zahlreiche Kirchenausstattungen in Fürth, Leerstätten, Münnerstadt, Rottweil und Schwabach. Sein letztes nachweisbares Werk waren die künstlerischen Bauteile der im Zweiten Weltkrieg zerstörten Deutschhauskaserne neben der Elisabethkirche. *P*

Ludwig Christoph Lauer · Medailleur   1817—1873

Die Nürnberger Medaillenkunst erlangte in der zweiten Hälfte des 19. Jahrhunderts einen neuen Höhepunkt. Dies war das Verdienst Ludwig Christoph Lauers (19. 11. 1817 Nürnberg — 4. 9. 1873 Salzburg), der innerhalb weniger Jahrzehnte aus einer kleinen Rechenpfennigschlagerei eine der bedeutendsten Münzprägeanstalten Deutschlands machte.

Von 1828 bis 1831 hatte er bei seinem Vater, dem Rechenpfennigmachermeister Johann Jacob Lauer, gelernt. 1842 stellte der Sohn ein Niederlassungsgesuch, das, wie in Nürnberg üblich, mit der Ernennung zum Meister verknüpft war. „Er hat bis dorthin bei seinem Vater als Geselle gearbeitet, sich aber selbständig auch im Gravieren ausgebildet, was dem Vater Johann Jakob des öfteren, wie sich in der Familientradition erhalten hat, Anlaß zu lebhaftem Unwillen gab!" (C. F. Gebert).

Nachdem Ludwig Christoph Lauer 1847 als Meister die Werkstatt seines Vaters übernommen haben soll, fertigte er neben Rechenpfennigen auch Medaillen. Sie werden wohl im Revolutionsjahr 1848 oder kurze Zeit danach entstanden sein. Mit dem Erwerb einer Münzschnellprägemaschine stellte er 1854 die Produktion auf maschinellen Betrieb um.

Nach dem Tode Ludwig Christoph Lauers führte seine Frau Betty die Münzanstalt L. Chr. Lauer an der Kleinweidenmühle bis 1888 weiter. Dann übernahmen ihre Söhne Johann Jakob Philipp als Kaufmann, Ernst Ludwig Sigmund als Techniker und Johann Wolfgang als Medailleur die Firma. Seit 1915 ist sie im Besitz der Familie Rockstroh.

Die Münzanstalt L. Chr. Lauer beteiligte sich mit Erfolg an nationalen wie internationalen Ausstellungen. Im Jahre 1893 zählte das Unternehmen ca. 100 Mitarbeiter. Auf der zweiten Bayerischen Landesausstellung des Jahres 1896 gewann die Firma eine Goldmedaille. Ihre Produktionspalette war damals sehr vielfältig und umfaßte „Medaillen, Vereinszeichen, Bier-, Wert-, Fabrik- und Brauereimarken, Faßbleche (und) Metallschilder". Die Medaillen der Münzanstalt L. Chr. Lauer gehören zu den künstlerisch wie technisch besten Leistungen ihrer Art in der Epoche des Historismus. *P*

Johann Lothar von Faber · Fabrikant   1817 — 1896

Lothar von Faber war einer der berühmtesten und dazu reich geehrten Unternehmer während der Industrialisierung Bayerns im 19. Jahrhundert. Er wurde am 12. Juni 1817 als Sohn des Bleistiftmachers Georg Leonhardt und als Enkel des Anton Wilhelm Faber — der dem Unternehmen den Namen gegeben hatte — in Stein geboren. Lothar erhielt als erster in der vier Generationen hindurch arbeitenden Handwerkerfamilie der Faber akademische Bildung. Er besuchte die Lateinschule in Nürnberg; seine später so bedeutenden kaufmännischen Fähigkeiten wurden anschließend im Handels- und Bankhaus J. C. Cnopf geschult. Der Vater schickte den Neunzehnjährigen 1836 zur Fortbildung für drei Jahre nach Paris und für ein halbes Jahr nach London. In Paris erlernte Lothar das Conté'sche graphitsparende Verfahren der Minenherstellung (durch Beimischung von Ton), das 1795 auf dem Kontinent eingeführt und 1800 von Joseph Hardtmuth in den österreichischen Erblanden imitiert worden war. In London begegnete er der in der Welt unbestritten führenden Bleistiftfabrikation, die sich auf das spärliche Vorkommen des Cumberland-Graphits stützte.

1839 starb plötzlich Lothars Vater. 1840 übernahm der Sohn die Manufaktur, die damals mit 20 Beschäftigten einen Umsatz von 12.000 fl erwirtschaftete. Lothar, ein guter Kaufmann mit großem technischen Verständnis, mechanisierte das kleine Unternehmen und trennte sich sofort von den Ramschproduktionen anderer Verleger. Er nutzte französische und englische Erfahrungen und schuf erstmals den sechseckigen Markenbleistift mit verschiedenen Längen und Härtegraden, der — verglichen mit dem Nürnberger Durchschnittspreis — relativ teuer war, was durch die Qualitätsgarantie aufgewogen wurde.

Mit seiner Musterkollektion auf langen Reisen zu großen und kleinen Kaufleuten erschloß Faber neue Märkte in Deutschland, Rußland, Österreich, Belgien, Holland, Frankreich, Italien, der Schweiz und sogar in England, dem Lande seiner Hauptkonkurrenz. Fabrikation und Umsätze wuchsen. 1849 schon läßt sich die Firma „A. W. Faber" mit Lothars jüngstem Bruder Eberhard in New York nieder. Um 1850 produziert das Unternehmen mit etwa 200 Beschäftigten 36.000 Gros Stifte für Europa, für Amerika, für Indien.

Kennzeichnet die Ehe von Lothars Vater mit Sophie Kupfer, Bierbrauers-, Gastwirts- und Gemeinderatstochter in Stein, den ersten, so die des Sohnes Lothar mit Ottilie Richter, Tochter eines Apellationsgerichtsrats, den zweiten und entscheidenden Aufstieg der Firma. Auf den Weltausstellungen 1851 in London, 1853 in New York, 1854 in München, 1855 in Paris usf. werden Fabersche Produkte prämiiert. Bei Paris und in London entstehen eigene

Fertigungsanlagen. 1856 gelingt der große Wurf: Lothar erwirbt und erschließt mit Hilfe des Geologen Alibert aus Moskau ein Graphitbergwerk im Bathogolgebirge bei Irkutsk in Sibirien. Er verfügt nun über den besten Graphit der Welt in reichlichen Vorkommen. 1866/67 gehört A. W. Faber zu den größten Fabriken in Europa und produziert mit 500 Beschäftigten 1,32 Mill. Dutzend Bleistifte, fast soviel wie die großen Nürnberger Produzenten (→ Schwanhäuser, → Staedtler, → Lyra) zusammen genommen. In den Hallen zu Stein arbeiten zwei Dampfmaschinen zu je 20 PS, zwei Wasserräder zu je 12 PS, zehn Pressen, 92 Mühlen, über 20 andere Hilfsmaschinen. 1861 hatte Faber mit den Stiften „Polygrades" die britische Konkurrenz bereits hinter sich gelassen.

1861 war auch die Diversifizierung der Produktion in Geroldsgrün im Fichtelgebirge mit Schiefertafeln, Griffeln und Zeichenbedarfswaren begonnen worden. 1874 erfand Faber den Kopierstift, und alsbald erweiterte er den Angebotskatalog mit Farb- und Patentstiften, Bürorequisiten, Tinten und Farben für Aquarell und Ölmalerei. Den Zweigunternehmungen in New York, Paris, London und Berlin wurden Agenturen in Wien, Petersburg und Hamburg hinzugefügt. Das größte Unternehmen der Branche in Europa mit 1.100 Arbeitern war entstanden.

Als dritte Unternehmung richtet er 1844 eine Betriebskrankenkasse ein und einen Fond für Arbeiter mit 25 Jahren Dienstzeit. Schulen in Stein, Sparkasse und Konsumverein, Stiftungen für Erziehungs- und Bildungszwecke folgen. 20 Arbeiterwohnhäuser baut er auf eigene Kosten, andere bezuschußt er. In 50 Häusern entstehen Wohnungen für 208 Arbeiterfamilien. Seine und seiner Frau Stiftungen belaufen sich auf vier Millionen Mark. Der Öffentlichkeit hat Faber mit seinen Bemühungen um die Gewerbefreiheit in der ersten bayerischen Kammer gedient. An der Gründung des bayerischen Gewerbemuseums in Nürnberg war er mit einer Spende von 50.000 fl. beteiligt. 1871 schuf er zusammen mit anderen aus der königlichen Bank die „Vereinsbank Nürnberg" mit Bodenkreditanstalt und übernahm die Initiative zur Begründung der Nürnberger Lebensversicherung A.G. Außerdem stiftete er die von → Bernhard Solger erbaute Stadtkirche in Stein und forderte 1874 vom Deutschen Reichstag für seine Firma einen Markenschutz. 1884 führte seine Initiative zur Gründung der „Nürnberger Lebensversicherungsgesellschaft". Er wollte damit weiten Bevölkerungsschichten helfen, Nürnberger Wirtschaftsinteressen abrunden und eine Marktlücke schließen.

Drei Jahre nach dem fünfzigjährigen Firmenjubiläum endete am 26. Juli 1896 sein hartes und persönlich sehr schlichtes Leben in Stein. 1861 war ihm das Ehrenbürgerrecht in Nürnberg, 1863 der Zivilverdienstorden der Bayerischen Krone mit persönlichem Adel, 1864 die lebenslange Mitgliedschaft im Reichsrat, 1889 die erbliche Würde eines Reichsrats verliehen worden. 1881 hatte ihn der König von Bayern in den Freiherrenstand gehoben. (Die Faberstraße in Großreuth b. Schweinau ist nach ihm benannt.) · *Bg*

Gustav Diezel · Publizist und Politiker   1817 — 1856

Die Aufrührer kommen häufig aus dem Ausland. So auch Gustav Diezel, Redakteur des bei Tümmel in Nürnberg in den unruhigen Jahren von 1848 bis 1850 erschienenen „Freien Staatsbürger" und Gründer des Nürnberger „Politischen Vereins". Er stammte aus Nassau im königlich-württembergischen Oberamt Mergentheim (geb. 1817). Das spielte bei den Maßnahmen der bayerischen Regierung gegen ihn eine wichtige Rolle. Denn er stand auf der äußersten Linken, und es ist schwer zu beurteilen, ob er als Agitator in Versammlungen oder als Journalist wirkungsvoller war. In einem „Kongreß der fränkischen Demokraten" in Bamberg am 29. April 1848 führte er den Vorsitz, und das Flugblatt, das nach diesem Kongreß unters Volk gebracht wurde, verrät seine Handschrift: „Franken hat jetzt eine große

Aufgabe, es muß den Altbayern vorangehen im Kampfe für die Freiheit, für Deutschland ... Die Franken müssen Bayern deutsch und frei machen." Im Dezember 1850 stand er wegen Majestäts- und Amtsehren-Beleidigung vor dem Schwurgericht für Schwaben und Neuburg. Eine bei Tümmel erschienene Niederschrift des Prozesses brachte dann geschickt alles Aufrührerische in den Handlungen und Äußerungen Diezels nochmals unters Volk. Wegen Majestätsbeleidigung, „verübt durch Mißbrauch der Presse", und wegen zweier Vergehen der Amtsehren-Beleidigung mußte er für 18 Monate ins Gefängnis. Seine 1849 in der Schweiz erschienene Schrift „Baiern und die Revolution" wurde vom Gericht besonders hart beurteilt, spielte aber in der Straf-Erkenntnis keine Rolle. Er starb 1856 in Nürnberg. *roe*

August von Kreling · Kunstschuldirektor 1818—1876

Am 23. Mai 1818 wurde August Friedrich Kreling, fast ein Vierteljahrhundert Direktor der Kunstschule Nürnberg (daher: Krelingstraße), als Sohn eines Brotbäckers in Osnabrück geboren. Eine begonnene Bäckerlehre brach er 1835 zugunsten einer Ausbildung an der polytechnischen Schule in Hannover ab. Schon damals begann er mit einer Bildhauerausbildung im Atelier von Ernst von Bandel, dem späteren Erbauer des Hermanndenkmals im Teutoburger Wald, der in jungen Jahren wesentlichen Anteil an der Restaurierung des „Schönen Brunnens" (1821—1824) in Nürnberg gehabt hatte. Bandels Beziehungen zum Kunstleben Münchens ermöglichten Kreling die Aufnahme an der Kunstakademie in München, wo er zunächst bei Ludwig von Schwanthaler Bildhauerei, dann bei Peter Cornelius Malerei studierte.

Diese Einflüsse erwiesen sich als prägend für die künstlerische Arbeit Krelings, die in der deutschen Romantik ihre Wurzeln hat. Selbst noch ein reifes Werk Krelings — „Erwin von Steinbach" (Hannover, Niedersächsische Landesgalerie) — verbindet sich thematisch mit der romantischen Auffassung, gotische Gewölbeformen als Nachahmungen natürlichen Astwerkes zu verstehen. Auf dem Bild empfängt der legendäre Erbauer des Straßburger Münsters die Inspiration zur Konstruktion gotischer Architektur durch das Spaziergangserlebnis in einem Buchenwald. Zur Zeit der Entstehung dieses Opus war Kreling bereits stark in die Münchener Künstlergesellschaft integriert. Dennoch erhielt er seinen bis dahin größten Auftrag aus seiner norddeutschen Heimat: die Ausmalung der Decke im Logenhaus des Hoftheaters zu Hannover (1852). Der Erfolg dieser Arbeit war wichtig für seine Berufung als 1. Vorstand der Kunstschule Nürnberg (1853); er trat dort die Nachfolge → Albert Christoph Reindels an. Zugleich bedeutete der Ruf nach Nürnberg einen Einschnitt im Kunstleben der Stadt, die Ablösung einer Generation, die stark von der Neugotik → Heideloffs geprägt war.

In Nürnberg hatte man für die Erneuerung des Unterrichts an der Kunstschule einen Historienmaler gesucht, „weil dieses Kunstfach das tiefste Eindringen in den Geist der Kunst erfordert". Dieser Forderung entsprach August von Kreling in allem, gemessen an den Möglichkeiten, die das Ansehen der Kunstschule zu diesem Zeitpunkt bot. Seine enge persönliche Beziehung zum damals bedeutendsten Historienmaler Wilhelm von Kaulbach, Direktor der Münchener Akademie, hat Kreling damals, über seine Eignung hinaus, für diese Position favorisiert. Die Verbindung verstärkte sich, als Kreling 1854 dessen älteste Tochter Johanna heiratete.

Die auch künstlerische Abhängigkeit von der Münchener Schule Kaulbachs konnte jedoch in Nürnberg durchaus Resentiments wecken, die in der alten Rivalität der beiden größten Städte Bayerns ihren Grund hatten. So beklagte sich beispielsweise 1856 der Maler und Radierer → Lorenz Ritter bei seinem Lehrer Heideloff über den Münchener Zuschnitt von Krelings Entwürfen. Doch gelang es Kreling in der Folgezeit tatsächlich, das Ansehen der Schule erheblich zu verbessern, indem er die Bestimmung, zum Kunstgewerbe auszubilden, aufnahm und dadurch die Schule an die nationalen und internationalen Bestrebungen einer Zusammenführung von Kunst und Industrie heranführte. Die Beteiligung der Schule an den Weltausstellungen wurde durch Preise für ihre Leistungen anerkannt. In Nürnberg war Kreling 1859 als Maler an der Ausführung von Kaulbachs nicht mehr erhaltenem Gemälde „Otto III. an der Gruft Kaiser Karls des Großen" an der Südwand der Kartäuserkirche im Germanischen Nationalmuseum beteiligt. Im selben Jahr entstand als Auftrag des Bayern-Königs → Maximilian II. das Historiengemälde „Kaiserkrönung Ludwigs des Bayern in Rom 1328" (München, Maximilianeum). Für das Germanische Nationalmuseum lieferte Kreling auch die Entwürfe, für das im Zweiten Weltkrieg zerstörte große Glasfenster „Die Gründung der Nürnberger Kartause" (1869). 1861 gestaltete er mit seinen Schülern die Dekorationen zum 2. Deutschen Sängerfest in Nürnberg.

Große Kaiserbilder als Wandschmuck der Nürnberger Burg blieben unausgeführt, doch schuf Kreling mit seinen Schülern das Mobiliar für die im Auftrag des Königs restaurierte Kaiser-Burg. Als kulturgeschichtlich bemerkenswertes Zeugnis historisierender Kunst im Industriezeitalter wurde 1980 das nach Krelings Entwürfen von → Hermann Kellner für den Nürnberger Gaswerkdirektor Emil Spreng 1864 und 1867 gefertigte dreiteilige Glasgemälde „Die Gewinnung und die Segnungen des Gaslichts" für die Öffentlichkeit wiederentdeckt (Germanisches Nationalmuseum). 1870 wurde in Weil der Stadt das von Kreling entworfene Kepler-Denkmal enthüllt, 1871 sein monumentalstes Werk, der 12 m hohe Tayler-Davidson-Brunnen in Cincinnati. Krelings bedeutendste Arbeit für den Buchschmuck sind die Illustrationen zu Goethes Faust, die als Prachtausgabe des Bruckmann-Verlages erst nach seinem Tod ausgeliefert und auf der Jubiläumsausstellung des Bayerischen Kunstgewerbevereins vorgestellt wurden.

In einer kleinen Schrift „Über Kunst und Kunstgewerbe" hatte der Künstler für diese Ausstellung noch einmal rückblickend das Ziel seiner Unterrichtsmethode formuliert. Er wandte sich vor allem gegen den Zeichenunterricht nach Stichvorlagen. Stattdessen ließ er nach plastischen Vorbildern arbeiten, um „. . . das Auge daran zu gewöhnen, in der graphischen Wiedergabe des ‚Runden' nicht Linien, Licht und Schattenmasse, sondern plastische Formen in allen ihren Verkürzungen und inneren Bewegungen zu sehen". Die geachtete Stellung, die Kreling und seine Schule innerhalb der Kunstgewerbebewegung in Deutschland einnahmen, sollte jedoch nicht über sein Selbstverständnis als Künstler hinwegtäuschen. Wenn er sich 1876 zum Primat der Kunst und deren eigengesetzlichen Leistungen als Voraussetzung für die Entwicklung einer hochstehenden Kunstindustrie bekannte, so charakterisiert dies auch das Bemühen Krelings, als Künstler im Sinne der Zeit akzeptiert zu werden. Sein aufwendiger Lebensstil, der sich nach außen in seinem villenartigen Wohnhaus am Vestnertorgraben ausdrückte und seine Stellung im gesellschaftlichen Leben der Stadt (→ Ehrenbürger 1864), zeigen, daß der sich herausbildende Typus des „Künstlerfürsten", wie ihn Krelings Schwiegervater Kaulbach bereits repräsentierte, im Grunde auch Krelings Leitbild war. Von den vielen offiziellen Ehrungen, die ihm zuteil wurden, sei nur das 1866 verliehene nicht erbliche Adelsprädikat erwähnt.

Trotz allem blieb Krelings Streben nach Anerkennung als Künstler von einigen bitteren Rückschlägen getrübt. Sein umfänglich größter malerischer Auftrag, der Zyklus mit Szenen aus dem Leben Karls des Großen, den er 1860 bis 1868 für den Altonaer Kaufmann Bernhard Donner malte, galt weit über Krelings Lebzeiten hinaus als Werk Kaulbachs, besonders in Norddeutschland. Kaulbach hatte den Auftrag ohne Wissen Donners stillschweigend an seinen Schwiegersohn weitergegeben und diesem die Ausführung gänzlich überlassen. Nachdem es dem Auftraggeber um die reine Prestigefrage ging, Kaulbach in seinem Salon zu präsenticrcn, unterschlug er die Autorschaft Krelings, obwohl Kaulbach ihm diese nachträglich gestand, und beharrte auf den ihm vertraglich verpflichteten Namen Kaulbach.

Selbst in Nürnberg gelang es Kreling nicht, mit der Ausführung eines großen Auftrages deutliche Spuren seines Wirkens innerhalb der Stadt zu hinterlassen. Das Projekt eines Monumentalbrunnens nach seinem Entwurf für den Egidienberg, das 1874 öffentlich zur Debatte stand, kam aus finanziellen Gründen nicht zustande. Nach Krelings Tod 1876 entschloß sich die Stadt, für eine bedeutende Summe neben einigen Skizzen auch das monumentale Historiengemälde „Szenen aus der Belagerung von Magdeburg" (1862, Stadtgeschichtliche Museen) zu erwerben. Dies löste posthum eine öffentliche Debatte um Person und Stellung Krelings aus. *Göt*

Maximilian Reck · Direktor des Stadttheaters   1818 — 1885

„Er hat erreicht, was kräftig er erstrebt. Für was er stets gewirkt hat und gelebt: Der Muse ein Asyl in Freud und Frieden in seiner lieben Vaterstadt zu bieten." So tönte es in einem von J. Priem verfaßten Prolog zur „Feier des 50jährigen Bestehens des Stadttheaters in Nürnberg und der 25jährigen Leitung desselben durch Herrn Direktor Maximilian Reck" am 1. Oktober 1883. Der gefeierte, in der ganzen deutschen Theaterwelt hoch angesehene Maximilian Reck (geboren 1818) sollte sein „Musen-Asyl" dann nur noch zwei Jahre leiten können. Er wurde 1885 auf dem Rochusfriedhof beigesetzt.

Maximilian Reck stammt aus einer Nürnberger Offiziersfamilie, wurde selbst Offizier, beschäftigte sich mit fremdsprachiger Literatur, trat als Übersetzer hervor und gründete, nachdem er den Militärdienst quittiert hatte, den „Plakatanzeiger", ein reines Anzeigenblatt, das der Tagespresse unliebsame Konkurrenz machte. Er hatte, als er 1858 auch noch an die Spitze des Nürnberger Stadttheaters trat, wohl nicht die Absicht, künstlerisch tätig zu werden. Aber schon nach zwei Jahren übernahm er zur geschäftlichen auch noch die künstlerische Leitung. Seine Inszenierungen wurden die Höhepunkte des Spielplans, und der Ruf des Nürnberger Theaters wuchs. Freilich war er nicht besonders wagemutig; Wagner fand nur zögernd Eingang in das Repertoire; 1856 wurde in Nürnberg zum erstenmal eine Wagner-Oper (Tannhäuser) gegeben, und die vom Komponisten angebotene Uraufführung der „Meistersinger" nahm er gar nicht an. Sein Sohn Hans Reck war ein würdiger Nachfolger. *roe*

Friedrich von Grundherr · Großhändler   1818 — 1908

Zwei der ehemals ratsfähigen Geschlechter knüpften im 19. Jahrhundert an die alte kaufmännische Erfahrung der Nürnberger Patrizier an und erneuerten sie höchst erfolgreich: Die → Tucher und die Grundherr, die schon Ende des 12. Jahrhunderts aus dem Aischgrund nach Nürnberg gekommen sein sollen, bereits 1340 zu Rate gingen und damit zu den ältesten Ratsfamilien gehörten; sie stellten zwischen dem 15. und 18. Jahrhundert auch vier Vorderste Losunger. An diese vom Kaufmannsberuf herrührende Tradition knüpfte Friedrich von Grundherr an, der seinen Weg im Großhandelsgeschäft machte. Er wurde im Familienbesitztum Glockenhof am 15. März 1818 geboren. Nach einer kaufmännischen Lehre, die ihn bis nach Bordeaux führte, war er Associé des Handelshauses Riemann in Nürnberg. Mit einem Vermögen von 20000 Gulden konnte er sich 1848/49 durch den Erwerb dieser Handlung selbständig machen. Durch seine Heirat mit Karoline von Schwarz, der Tochter des neugeadelten Großhändlers und Rittergutbesitzers → Benedikt von Schwarz, ließ sich die wirtschaftliche Basis des Unternehmens noch entscheidend verbreitern. Der erfolgreiche Großhändler mit Drogerie- und Farbwaren wurde bald mit Ehrenämtern betraut: Seit 1862 war er Assessor des Nürnberger Handelsappellationsgerichtes, seit 1869 Marktvorsteher und einige Jahre später Vorstand der Handels- und Gewerbekammer von Mittelfranken. 1884 zählte v. Grundherr zu den Mitbegründern der „Nürnberger Lebensversicherungs AG“. Der Kommerzienratstitel, der bayerische Kronenorden und der preußische Rote Adlerorden waren äußere Zeichen der hohen Anerkennung, die sich der für Nürnbergs Wirtschaft so aktiv wirkende Mann erworben hat. Bis ins hohe Alter tätig, starb er am 24. April 1908. Die Firma wurde von seinem Sohn Benno weitergeführt, der als Kommerzienrat 1888 holländischer Konsul in Nürnberg wurde (gest. 1909).   *Hi*

Georg Eberlein · Architekt 1819 — 1884

Der am 13. April 1819 in Linden (an der Straße von Markt Erlbach nach Bad Windsheim) geborene Georg Eberlein war zu seiner Zeit ein im Süden Deutschlands hochgeachteter Architekt und in Nürnberg ein gefeierter Lehrer seines Faches. Er wurde 1833 Schüler der Polytechnischen Schule zu Nürnberg. Im selben Jahr wurde der Physiker und Mathematiker → Georg Simon Ohm an diese seit 1823 zunächst als städtische Einrichtung geleitete Schule berufen. Hier nahm Eberlein u. a. am Unterricht des Architekten → Carl Alexander Heideloff teil. Mit ihm arbeitete er später am Bau des Schlosses Landsberg bei Meiningen zusammen. Die figürliche und ornamentale Dekoration dieses Schlosses ist größtenteils sein Werk. Der Architekt und Architekturmaler Eberlein beteiligte sich nach jahrelanger Tätigkeit für den Württembergischen Altertumsverein an der Wiederherstellung der Burg Hohenzollern. In den folgenden Jahren war er mit der Restaurierung des Doms zu Erfurt, des Kreuzgangs zu Aschaffenburg und der Kirche St. Emmeram in Regensburg beschäftigt. Anschließend wurde er mit dem Bau der zweiten protestantischen Kirche, St. Markus, in München betraut. Sein Höhepunkt: Er gab seine praktischen Erfahrungen als verehrter Professor der Architektur (seit 1855) an der Kunstgewerbeschule in Nürnberg an ungezählte Schüler weiter. Erfolgreich stellte er 1875 in München und 1878 in Berlin aus.   *Am*

Heinrich Haeberlein · Lebküchner 1820 — 1867

Es gehört zu unserer Stadt, daß man in Altbaiern noch heute als „Lebkuchenpreiß“ angefrozzelt werden kann. Zu den Männern, die Nürnbergs Ruhm als Lebkuchenstadt in die Welt hinaustrugen, gehört Heinrich Haeberlein, geboren 1820 in Gostenhof. Schon sein Vater war Lebküchner. So erlernte auch er dieses Handwerk. Als seine sehr geliebte Mutter starb, hielt den strebsamen damals 16 jährigen nichts mehr in Nürnberg. Unterbrochen von der Militärzeit zog Heinrich Haeberlein in die Welt hinaus, kehrte aber nach einigen Jahren — reich an Erfahrung — in seine Heimatstadt zurück. Beim Lebküchner Schorres in der Äußeren Laufer Gasse, dessen Geschäft sich bis 1492 zurückverfolgen läßt, nahm er „Condition“. Es dauerte nicht lange, da kaufte der junge Haeberlein 1846 Haus und Betrieb seines bisherigen Chefs und heiratete gleich auch noch dessen Tochter, die aber schon nach der Geburt des ersten Kindes starb; seine zweite Frau schenkte ihm sieben weitere Nachkommen. Heinrich war Gemeindebevollmächtigter und Magistratsrat. Mit dem Geschäft ging es auch nach seinem frühen Tod 1867 weiter steil aufwärts. Seine Witwe errichtete 1875/76 in der Flaschenhofstraße ein neues Fabrikgebäude. 1878 übernahmen die Tochter Madlon Haeberlein und ihr Ehemann Erdmann Staudt, der aus der Nürnberger Spielwarenbranche stammte, das Geschäft, das — ungeachtet eines schweren Brandunglücks im Jahr 1886 — wuchs und wuchs. Der ältere der beiden Söhne, Adolf Staudt, war zur Ausbildung in Amerika, später in einer Kölner Zuckerfabrik und dann zum landwirtschaftlichen Studium in Berlin. 1904 heiratete er Luise Kerber, deren Eltern das einstige Hotel Württemberger Hof westlich des Hauptbahnhofes gegründet hatten. Unter Adolf und Hans Staudt erfolgte 1920 schließlich der Zusammenschluß mit der auch schon seit 1598 nachweisbaren Lebküchnerei → F. G. Metzger zur „Vereinigten Nürnberger Lebkuchen- und Schokoladenfabrik Haeberlein-Metzger A.G." unter Leitung von Adolf und Hans Staudt und Fritz Metzger. Die Firma blieb bis 1976 im Familienbesitz und hat auch heute noch, als Teil der Firma → Schoeller, einen guten Klang.   *Hg/Uch*

Christoph von Seiler · Zweiter Bürgermeister   1822—1904

Christoph von Seiler repräsentiert exemplarisch den Beamtenadel unserer Stadt, wie er sich durch Leistung, Weitsicht, phantasievolle Zukunftsplanung und schöpferischen Mut im Nürnberg des 19. Jahrhunderts gebildet hat. Als er geboren wurde, fuhr noch keine Eisenbahn über den europäischen Kontinent; als er 1904 starb, hatte sich die Bevölkerung Nürnbergs vervielfacht; die industrielle Revolution hatte das äußere Erscheinungsbild Nürnbergs grundlegend verändert: Nürnberg war zur wichtigsten Industriestadt im Königreich Bayern aufgestiegen. In ihr blühte das mittelständische Handwerk ebenso wie Großbetriebe, die am Welthandel teilnahmen und die Steuerkraft der alten Reichsstadt erheblich erweiterten. Am Anfang von Seilers Leben stand die biedermeierliche Ruhe nach den napoleonischen Kriegen, am Ende drängte die Arbeitnehmerschaft in ihrer sozialdemokratischen Organisationsstruktur ins Rathaus, in dem Christoph von Seiler unter zwei großen Ersten Bürgermeistern so große Leistungen vollbracht und anhaltende Organisations- und Verwaltungsstrukturen geprägt hatte.

Als Sohn eines Pfarrers bei St. Sebald am 22. Mai 1822 geboren, empfing er eine gründliche rechtswissenschaftliche Ausbildung an den Universitäten zu Erlangen, Heidelberg und München. Er muß ein zielstrebiger und sehr begabter Student gewesen sein; denn schon mit 22 Jahren hat er seine Studien abgeschlossen, begann er das Praktikum am Landgericht Kulmbach. In Nürnberg amtierte er am Kgl. Kreis- und Stadtgericht; in Ansbach war er am Kriminalsenat und am Schwurgericht tätig. Mit 29 Jahren kehrte er nach Nürnberg zurück, wo er sich zunächst zehn Jahre lang als rechtskundiger Magistratsrat beruflich bewähren und das Vertrauen seiner Vorgesetzten gewinnen konnte. Erst 39 Jahre war er alt, als er 1861 zum Zweiten Bürgermeister gewählt wurde. In diesem Amt hat er (unter den Ersten Bürgermeistern → v. Waechter und → v. Stromer) über 30 Jahre lang auf die Nürnberger Stadtverwaltung und Kommunalpolitik bestimmenden und fachlich hochqualifizierten Einfluß genommen. Die Länge seiner Amtszeit — sie dauerte vom 22. Mai 1861 bis 31. August 1893 — steht in der Nürnberger Ratsgeschichte beispiellos da. Am Ende ernannte ihn der Rat zum Ehrenbürger, und Prinzregent Luitpold verlieh ihm mit der Auszeichnung des Ritterkreuzes der Bayerischen Krone den persönlichen Adel.

Es gibt fast keinen Verwaltungszweig, keine Disziplin der kommunalen Politik und keine Anliegen gesellschaftlichen Strebens und mitbürgerlicher Verantwortung, bei dem er nicht mitgewirkt und maßgeblich Inhalt und Richtung des Handelns auch im Sinne seines jeweils vorgesetzten Ersten Bürgermeisters mitbestimmt hätte. Das gilt für das Bau- und Gewerbewesen, das Krankenhaus- und Schulwesen, die Stadtbibliothek, die städtischen Kunstsammlungen, die Musikpflege und die Bestrebungen, Nürnberg in einem eindrucksvollen, gepflegten Erscheinungsbild zu erhalten. Von herausragender Bedeutung waren seine haushaltsrechtlichen Untersuchungen und die Reorganisation des Rechnungs- und Kassenwesens der Stadt. Er wurde zum Vorstand des Albrecht-Dürer-Vereins (vgl. → J. B. Erhard) gewählt. Er kümmerte sich um vielfältigste Vereinsangelegenheiten in Nürnberg und Mittelfranken, etwa um Zeidlervereine und Bienenzucht. Seiler stand auch in außergewöhnlichen Situationen seinen Mann; dort wo es darauf ankam, sofort das Zweckmäßige und Mögliche zu tun. Ein solcher Fall war eingetreten, als 1866 preußische Truppen Nürnberg besetzten und 8000 Soldaten in Quartieren unterzubringen waren. Hier vermochte die örtliche Administration bei gebührender Rücksicht auf die leidvoll betroffene Bevölkerung zu zeigen, daß sie sich durch Entschlußkraft, praktischen Sinn, nötige Entschiedenheit und Durchsetzungsvermögen auszeichnete. Nur so konnten Zwangsmaßnahmen der preußischen Truppen verhindert und größere Härten für die Nürnberger und ihre Verwaltung vermieden werden. Die umsichtige Handlungsweise des Zweiten Bürgermeisters verschonte die Stadt vor Kontribution; die Magazine für das bayerische Militär blieben dem Zugriff der Okkupationsarmee versperrt. Die Vielfalt und die Qualität seiner Tätigkeit konnte der Öffentlichkeit und den staatlichen Stellen in München nicht verborgen bleiben. 1879 wirkte er an der Bayerischen Steuerreform mit.

Seilers hohe Begabungen erschöpften sich aber nicht im Administrativen. Er war ein musischer Mensch, von hoher Vaterlandsliebe erfüllt. Dies bewies er beim ersten deutschen Sängerfest im Jahre 1861 in Nürnberg. In der Stadt des Germanischen Nationalmuseums war ihm auch gelegen, das bauliche Erbe der gotisch geprägten Reichsstadt vor sinnlosen Eingriffen zu schützen. Dies ist ihm nicht in allen Fällen gelungen. So hatte er sich für die Stadterweiterung und die Anlage der Marienvorstadt ausgesprochen und dafür die ersten Grundstückskäufe durchgeführt; es gelang ihm aber nicht, den Abbruch der schönsten und architektonisch eindrucksvollsten Bastei am Wöhrder Tor zu verhindern. Was er an landschaftlichen Schönheiten und baulichen Großartigkeiten vorfand, hielt er schon in jungen Jahren mit dem Bleistift oder durch Aquarelle fest. Seine Skizzenbücher bezeugen sein scharfes Auge und seine analytische Fähigkeit, das Einzigartige und Typische vorzuheben. Persönlichkeit und Werk des Christoph von Seiler gerieten in Vergessenheit: Tüchtigkeit und Erfolg eines Menschen werden durch die Geschichte nicht belohnt. Unvergänglich aber bleibt der sittliche Anspruch einer Lebensleistung und das moralische Vorbild einer Bürgermeisterpersönlichkeit, die aus persönlicher Begabung das Beste für seine Mitbürger gegeben hat. Im Oktober 1904 starb Christoph von Seiler in Nürnberg.   *S*

Julius Cnopf · Kinderarzt   1823 — 1906

Dr. Julius Cnopf, geboren 1823, entstammte einer angesehenen Nürnberger Familie. Nach dem Studium der Medizin in Erlangen, Berlin und Heidelberg und nach einer Weiterbildung in Prag und Wien eröffnete er 1851 eine Praxis in Nürnberg. Schwerpunkt seiner Tätigkeit war dabei die Behandlung kranker Kinder. 1863 übernahm er — zunächst mit zwei weiteren Ärzten — die Betreuung des Krankenzimmers der 1859 von der Diakonisse Helene von Meyer gegründeten Krippenanstalt.

Mit großer Energie setzte Dr. Cnopf in den folgenden Jahren, entsprechend dem großen Bedarf, den Ausbau dieses „Krankenzimmers" zu einer regelrechten Kinderklinik durch, die er dann viele Jahre hindurch als Chefarzt überaus erfolgreich leitete. 1876 konnte auf dem Gelände der Hallerwiese — gegen den z. T. heftigen Widerstand der Anwohner, die eine Seuchengefahr fürchteten — die später nach ihrem Gründer „Cnopf'sches Kinderspital" benannte Kinderklinik gebaut werden. Die von Julius Cnopf gegründete Kinderklinik war nicht nur die erste Kinderklinik in Nürnberg, sondern eine der ersten Kinderkliniken in Deutschland. Das Verdienst Cnopfs liegt in seiner Pionierarbeit. Er erkannte schon zu einer Zeit, als es die Kinderheilkunde als selbständiges Fach noch nicht gab — die „Deutsche Gesellschaft für Kinderheilkunde" wurde erst 1883 gegründet — die Notwendigkeit, daß kranke Kinder in kindgerechter Umgebung (Kinderklinik) von speziell geschultem Personal betreut werden müßten. Diese Erkenntnis setzte er mit großer Energie und mit hohem fachlichen Können in die Tat um. Mit zahlreichen wissenschaftlichen Abhandlungen trug Julius Cnopf zur Entwicklung der Pädiatrie zu einem selbstständigen medizinischen Fachgebiet bei. In Nürnberg-Eibach wurde eine Straße nach ihm benannt. *Tie*

Gabriel Löwenstein · Journalist und Landtagsabgeordneter 1825—1911

Gabriel Löwenstein, 1825 in Fürth geboren, war einer der Väter der Sozialdemokratie in Nürnberg. Er war Vollblutpolitiker, der mit Leidenschaft und Hingabe die Ziele einer freiheitlichen Demokratie verfocht. Aus einer in Fürth ansässigen armen jüdischen Familie stammend, kannte er die Nöte der Masse der Bevölkerung, gründete eine Borstenfabrik in Fürth, schuf dort den Bürgerbund und war Zeit seines Lebens Verfechter einer fortschrittlichen Sozialgesetzgebung. Bei der eigentlichen Gründung der Sozialdemokratischen Partei Deutschlands auf dem fünften Vereinstag des Verbandes der deutschen Arbeitervereine im Jahre 1868 in Nürnberg war er Stellvertreter des 1. Vorsitzenden August Bebel. Die von Löwenstein mitgegründete und redigierte Parteizeitung „Nürnberg-Fürther Sozialdemokrat" war Vorläufer der ab 1878 erscheinenden „Fränkischen Tagespost", deren Redaktion er bis zum Jahre 1907 angehörte. Von 1872 bis 1878 war er sozialdemokratischer Magistratsrat in Fürth, was einmalig in Bayern war. 1884 übersiedelte er nach Nürnberg, gab dort sehr wesentlich seiner Partei das Gepräge und war 1893 unter den ersten vier Abgeordneten, die die Nürnberger SPD nach dem Fall des Sozialistengesetzes in den Bayerischen Landtag entsenden konnte. Löwenstein gehörte diesem Gremium bis zum Jahr 1906, also noch als 81jähriger an. 1911 starb er in Nürnberg. *G*

Julius Tafel · Gründer des Eisenwerks 1827 — 1893

Julius Tafel gehört, zeitlich gesehen, zur zweiten Generation von Unternehmern, die im 19. Jahrhundert die Industrialisierung in der Stadt vorantrieben. Tafel wurde am 26. November 1827 in Stuttgart geboren. Seine Berufslaufbahn begann er als Praktikant im kgl. württembergischen Hüttenwerk Königsbronn. Schon bald wünschte sich der junge Techniker eine verantwortungsvollere Tätigkeit und übernahm deshalb die Stelle eines Direktors in den v. Roll'schen Eisenwerken in der französischen Schweiz. Doch strebte er nach noch mehr Unabhängigkeit und entschloß sich deshalb 1875 in Deutschland ein eigenes Werk zu gründen, für einen 48jährigen Mann mit acht Kindern fürwahr kein leichter Entschluß.
Die Verwirklichung seines Planes ermöglichte ihm → Theodor Frhr. v. Cramer-Klett, der als stiller Teilhaber in die Kommanditgesellschaft „Eisenwerk Julius Tafel & Co." eintrat. In der außerhalb des Stadtgebietes bei St. Jobst neu errichteten Fabrikanlage verarbeitete der reicherfahrene Tafel Schrott-Eisen, das er von der Firma Cramer-Klett geliefert erhielt, in einem besonderen Schmelz- und anschließenden Walzverfahren zu verschiedenartigem Stabeisen. Nach gewissen Anfangsschwierigkeiten erlebte das Walzwerk bis zum Ersten

Weltkrieg eine Blütezeit. Julius Tafel zog sich 1891 aus dem Werk zurück und starb zwei Jahre später in Stuttgart. Ihm folgten seine beiden Söhne Hermann und Wilhelm in der Geschäftsführung nach. Sie wandelten die Firma 1900 in eine AG um, die seit 1920 als Tochtergesellschaft der Gutehoffnungshütte weitergeführt wurde. 1975 wurde das Werk stillgelegt.   *Hi*

Die Maler Trost   1828 — 1959

Friedrich Trost d. Ä.

Das Kunstleben im Nürnberg des 19. Jahrhunderts wurde durch die Künstlerfamilie Trost maßgeblich mitgeprägt. Ab 1800 wirkten sie hier als Maler, Zeichner und Xylographen. Gelang es Michael Trost 1828 die Kunst der alten Glasmalerei neu zu entdecken, so erfand sein Sohn Wilhelm die „Rauchmalerei". Einen besonderen Namen machte sich Georg Friedrich Trost (1844 — 1922). Nach auswärtigen Studien- und Schaffensjahren kehrte er 1868 nach Nürnberg zurück. Als Gründer einer privaten Zeichenschule förderte er über drei Jahrzehnte die künstlerische Ausbildung junger Handwerker und schloß damit eine Lücke im öffentlichen Schulsystem. Daneben arbeitete er als Illustrator für Bücher, Zeitschriften und Heimatblätter. Aufträge zu festlichen oder informativen Publikationen für politische, wirtschaftliche und kulturelle Vereinigungen wußte er künstlerisch zu gestalten. Seine Motive fand er in den stillen Gassen und Winkeln seiner Heimat. So wurde er zum Chronisten, wenn er mit Pinsel, Stift oder Feder festhielt, was abgebrochen werden sollte. Als Aktiver der Kunstszene und Mitglied im Künstlerverein war er um die Entdeckung und Förderung des Nachwuchses bemüht. Er war seinem begabten Sohn Friedrich (1878 — 1959), genannt der Jüngere, der das Werk des Vaters in dessen Sinne fortführte, ergänzte und dabei Angefangenes vollendete, ein Vorbild. Besonders bekannt wurde dieser durch seine Liebe zum Postkutschen-Motiv. In vielen bedeutenden Ausstellungen des In- und Auslandes waren die Werke zu sehen, die der „Maler Alt-Nürnbergs" geschaffen hat.   *Hz*

Christoph Lenz · Erzgießer   1829 — 1915

Als Schwiegersohn des großen Bildkünstlers → Jakob Daniel Burgschmiet wurde Christoph Lenz, geboren 1829, auch dessen begabtester Schüler und übernahm 1858 dessen Erzgießerei in der Burgschmietstraße 18. Das Unternehmen besteht heute noch. Christoph Lenz, der 1871 den Titel eines „Königlichen Professors" verliehen bekam, war ein Künstler von großer Ausstrahlungskraft und schöpferischer Vitalität. Dem ist es zuzuschreiben, daß praktisch alle zu seiner Lebenszeit in Nürnberg entstehenden bedeutenden Denkmale und Brunnen — und jene Zeit war wirklich sehr viel „denkmalfreudiger" als unsere — seine und seiner Mitarbeiter Handschrift tragen. Lenz goß sowohl das Großdenkmal des → Hans Sachs auf dem gleichnamigen Platz 1874 (Entwurf Konrad Krausser), als auch das des → Martin Behaim auf dem Theresienplatz 1890 (Entwurf: Hans Rößner); aus seiner Werkstatt kam sowohl die beflügelte „Victoria" für die Siegessäule auf dem Köpfleinsberg in der Altstadt (1876) wie jenes ganz anders mentierende Kriegerdenkmal, das uns als „Trauernde Noris" (Westfriedhof), als Inbild der Tragik sinnlosen Leides und Todes vertraut ist. Es ist das wohl ausdrucksmächtigste Standbild im Stile einer vereinfachenden, die Hauptkonturen wirksam überzeichnenden Bildsprache, das je aus der Lenz'schen Werkstätte hervorgegangen ist. Lenz starb mit 86 Jahren im zweiten Jahr des Ersten Weltkrieges. *Hä*

Anselm Feuerbach · Maler   1829 — 1880

In dem wiederaufgebauten Gebäude der Industrie- und Handelskammer in Nürnberg nimmt das 876 cm breite und 240 cm hohe Wandbild von Anselm Feuerbach „Kaiser Ludwig erteilt Nürnberger Bürgern Privilegien" aus dem Jahr 1878 eine ganze Wand im sog. Feuerbach-Saal ein. Es stammt aus dem Sitzungssaal des Handelsvorstandes im Nürnberger Justizpalast. Der am 12. September 1829 als Sohn eines bayerischen Gymnasiallehrers in Speyer geborene Maler, fühlte sich Nürnberg und Franken vielfach verbunden. Der Vater und dessen Brüder hatten in Erlangen studiert, die Mutter, Amalie Keerl, war Tochter eines Appellationsrates in Ansbach. Ein halbes Jahr nach seiner Geburt starb seine Mutter. Der Vater heiratete die Pfarrerstochter Henriette Heydenreich aus Ansbach, die nur 17 Jahre älter war als ihr Stiefsohn. Sie fühlte sich stets für ihn, seine privaten Wünsche und seine künstlerische Karriere, verantwortlich, ebnete ihm alle Wege, war für ihn Antriebskraft, Schutzengel und Hemmnis zugleich.

Feuerbach begann sein Studium an der Düsseldorfer Akademie bei → Schadow, 1848 besuchte er seine Großmutter in Nürnberg und zeichnete nach → Dürer'schen und Kraft'schen Vorbildern. Nach dem Besuch der Akademie in München hielt er sich in Antwerpen und Paris auf und erhielt 1855 ein Stipendium nach Rom. Dort schloß er Freundschaft mit Victor von Scheffel und traf 1860 „sein" Modell, die Schustersfrau Anna Risi, die er in vielen Gemälden als „Nanna" oder in der ersten Fassung der „Iphigenie", als heroische Frauenfigur festhält.

In Adolf Friedrich von Schack fand er einen, in München ansässigen Mäzen. Anna Risi verließ ihn 1865. Nach einer schweren Krise des Malers bot sich ihm 1865 in der Gastwirtsfrau Lucia Brunacci eine „zweite" Iphigenie. Die Beziehungen zu Franken führten den stets um Anerkennung kämpfenden Maler 1871 für einen Sommer nach Nürnberg, seinem „deutschen Florenz". Eine Medea-Figur bestimmte er für das Germanische Nationalmuseum. Damals wurde in ihm der Wunsch laut, in diesem Herzen Europas eine dauerhafte Bleibe zu finden. Da erreichte den Maler 1872 der Ruf als Professor und Leiter eines Spezialateliers für Historienmalerei an die Wiener Akademie zu kommen. Aber schon nach kurzer Zeit bat er die Mutter, eine Wohnung in Nürnberg zu suchen. Feuerbach siedelte 1876 in die gründlich für ihn hergerichtete Nürnberger Villa, Haus Nr. 17 in der Rosenau (heute Spittlertorgraben, das Haus wurde 1980 abgerissen), um. Dort versammelte er seine Freunde und erhielt seine ersten großen Aufträge.

1878 saß Feuerbach, fasziniert von der im Nürnberger Stadtbild sichtbaren, großen Geschichte, an dem „Historienbild" „Einzug → Kaiser Maximilians II. in Nürnberg" (249,5 cm breit und 44,5 cm hoch). Die Stiefmutter schenkte es 1880 dem Germanischen Nationalmuseum. Es verbrannte im Jahr 1945 in der Städtischen Galerie (erhalten ist eine Feder-Bleistift-Skizze im GNM). Feuerbach erhoffte sich von Nürnberg aus eine Direktorenstelle an der Münchener Kunstakademie, als Nachfolger von Piloty. Aber Piloty räumte seinen

Platz nicht. Feuerbach pendelte unruhig zwischen Italien und Nürnberg hin und her. Vielfache Ablehnung seiner Kunst brachte Enttäuschungen und Nöte, bis er völlig unerwartet, am 4. Januar 1880 mit fünfzig Jahren, in Venedig starb. Die Mutter ordnete eine Überführung seiner Leiche nach Nürnberg an, wo er, nur fünf Meter vom Grab Albrecht Dürers „auf dem campo santo der Nürnberger", dem St. Johannisfriedhof, am 12. Januar 1880 unter großer Anteilnahme der Künstlerschaft aus ganz Deutschland und der Nürnberger Bürger, „die während des ganzen Tages … in dichtgedrängten Reihen den reichgeschmückten Sarg umstanden", zu Grabe getragen wurde. Professor Heinrich Schwabe ist das bronzene Medaillonbildnis Feuerbachs am pultförmigen Aufsatz des Grabsteins zu verdanken.
Erst nach seinem Tode erhielt Anselm Feuerbach eine erste große Ausstellung seiner Werke in der Nationalgalerie in Berlin. Aus Anhänglichkeit an Nürnberg schenkte Henriette Feuerbach 1889 „Anselms Lieblingsbild" (405 cm mal 693 cm), die 1874 erstmals in Wien ausgestellte „Amazonenschlacht", der Stadt Nürnberg (heute im Opernhaus Nürnberg). *Bo*

Johann Heinrich Petzet · Theologe   1829 — 1889

Demütige Selbsterkenntnis, der es nicht um Buhlen nach dem Lob der Menge ging, behielt der 1829 in Hof geborene Johann Heinrich Petzet bis an sein Lebensende bei. Dennoch konnte der vergnügte Jugendliche und Heißsporn der Studenten- und Burschenschaftszeit seine dichterischen Neigungen trotz angestrengter Arbeit nie verleugnen. Aus der Zeit Jean Pauls ist dem Vielseitigen ein Hang zur Überschwenglichkeit lebendig geblieben.
Von Harleß, dem späteren bayerischen Oberkonsistorialpräsidenten, als Lehrer tief begeistert, ließ ihn sein überschäumender Idealismus bis zuletzt an den politischen Straßenkämpfen in Dresden 1849 gegen die Reaktion teilnehmen. Dem späteren Mitglied des Pegnesischen Blumenordens blieb das Dichten, der Theologie widmete er sich ganz. Als erster bayerischer Theologe, der sein letztes Semester nicht in Erlangen ablegte, wurde er in Ansbach examiniert, ging nach Warschau, um dann in Unterfranken seinen Dienst aufzunehmen. 1865 begann seine Nürnberger Wirksamkeit, 1875 an der Lorenzkirche als Prediger mit Zulauf. Weit hinaus wirkten seine Predigten. Jahrelange Tätigkeit im Roten Kreuz, in der Armenpflege, im Zentralmissions- und Bibelverein wurde durch seine pädagogischen Anlagen als Vorstand des hochangesehenen Port'schen Mädcheninstituts gekrönt: „Mit meiner Schule würde man mir das halbe Leben nehmen." Er starb 1889. *Bai*

Otto Frhr. v. Stromer · Erster Bürgermeister   1831 — 1891

Dreiviertel-Jahrtausend währte die Herrschaft der Ratsgeschlechter in Nürnberg. Allmählich verknöcherten sie; 1806 ging ihre Herrschaft zusammen mit dem Heiligen Reich zu Ende. Um so mehr mußte es erstaunen, daß die Bürger schon 1829 wieder einige aus ihren Reihen wählten. Erst Christoph Carl Frhr. v. Harsdorf, 2. Bürgermeister von 1829—1836, dann 1867—1891 Otto Frhr. v. Stromer.
Otto v. Stromer wurde als fünftes Kind eines Offiziers am 7. August 1831 auf dem Familiensitz Grünsberg bei Altdorf geboren. Nach dem frühen Tod des Vaters zog Mutter Caroline mit den Kindern in das Nürnberger Patrizierhaus Ecke Tetzel- und Stöpselgasse. Die Geschwister wuchsen dort in einem für liberale Ideen begeisterten Kreis auf. Otto besuchte das Melanchthon-Gymnasium, studierte 1849—1855 in München und Berlin Jura, wurde 1853—1855 Praktikant an den Gerichten in Altdorf und Nürnberg, anschließend „Akzessist" (Anwärter auf festbesoldete Stelle) in Bamberg,

1862 fest angestellter Asessor am Stadtgericht und 1867 am kgl. Bezirksgericht Nürnberg (Vorläufer des Landgerichts). 1864 hatte er mit Berta Freiin von Beust aus Altenburg seine Frau gewählt, die eine ebenso begeisterte Liberale war wie die Stromer. Otto hatte sich aber, enttäuscht wie damals viele „Achtundvierziger", den Nationalliberalen und damit Bismarck zugewandt, dessen Politik wenigstens die Verwirklichung eines geeinten Kleindeutschlands versprach. Mit dieser Einstellung und seiner Amtsführung als Richter, die Rechts- und Sachkenntnis mit menschlicher Haltung verband, gewann er bei einem Großteil der Nürnberger rasch Sympathie, die aus ihrer Zuneigung zu Preußen kein Hehl machten.

Als der 36jährige Stromer nach dem Rücktritt des Ersten Bürgermeisters → v. Waechter vom Gemeindekollegium einstimmig im Mai 1867 zum Nachfolger gewählt wurde war man in München schockiert und bestätigte erst nach Wochen die Wahl des „radikalen Barons". Erst am 11. September 1867 konnte er in sein Amt eingeführt werden. Wie sich die Sympathien verteilten, zeigt die Verleihung des Preußischen Kronenordens an Stromer schon im November 1867, während die erste bayerische Auszeichnung erst nach sieben Jahren folgte. Nach einigen anderen bayerischen Orden kam dann, 1885, Preußens Roter-Adler-Orden. Inzwischen war Stromer 1870 einstimmig für weitere zehn Jahre, 1880 fast einstimmig auf Lebenszeit zum Ersten Bürgermeister wiedergewählt worden.

In den 24 Amtsjahren Stromers machte die Stadt eine stürmische Entwicklung durch. Weniger bei den Parteien, um so mehr aber bei der Bevölkerung, bei Bediensteten und Beamten der Stadt erfreute sich Stromer großer Beliebtheit. Er fand eine Stadt und eine Bevölkerung vor, die nach Mentalität und Organisation fast kleinstädtisch war. Aber Dank der auf den Kontinent übergreifenden industriellen Revolution und der seit 1868 in Bayern durchgesetzten Gewerbefreiheit verdoppelte sich unter Stromer die Einwohnerzahl von 72 500 bis 1890 auf 142 500 Seelen. Unter seinem Nachfolger → v. Schuh, stieg die Zahl weiter. Die Stadt — 1867 noch auf die von Mauern und Graben eingeschnürte Altstadt beschränkt — füllte sich mit Fabriken, Arbeitermassen und Mietskasernen. Es war Stromers Kunst, diese Woge in geordnete Bahnen zu lenken, indem er neue Viertel, Flächen für Wohnsiedlungen, Industrie, Gewerbe, Verkehr, öffentliche Dienste, Bildung und Erholung erschließen ließ. Schon unter seinem Vorgänger war die Kanalisierung der Altstadt begonnen worden; unter Stromer wurde sie auf die besiedelte Gesamtfläche erweitert. Die Straßen wurden mit festen Decken, Entwässerungsanlagen und Bürgersteigen versehen; Straßenreinigung wurde seit 1889 von städtischen Arbeitern, die Fernversorgung mit Trinkwasser (als erste deutsche Stadt) durch eine Zentralwasserversorgung wahrgenommen. Pläne für ein neues Krankenhaus in der Flurstraße wurden ausgearbeitet, 1878 wurde der große Westfriedhof neu angelegt. 1891 wurden Viehmarkt und Schlachthof aus der Innenstadt in einen großzügig angelegten Vieh- und Schlachthof mit modernen Einrichtungen nach Gostenhof verlegt. 1871 wurde ein privates Gaswerk für die Stadt erworben. Sie installierte eine öffentliche Straßenbeleuchtung mit Gaslicht; 1882 wurden elektrische Bogenlampen erprobt ein Jahr zuvor die erste Straßenbahn (mit Pferdegespann zwischen Plärrer und Hauptbahnhof) eröffnet. Nur der Plan, die mittelalterlichen Befestigungsanlagen zugunsten von Grünanlagen abzutragen — scheiterte, Gott sei Dank! Stattdessen bügelte Stromer das Defizit an Grünanlagen durch die Erwerbung der Rosenau und die Umgestaltung des verwahrlosten Maxfelds zum Stadtpark etwas aus.

Den wachsenden Verwaltungsaufgaben trug er durch ein Zusatzgebäude zum Renaissance-Rathaus im neugotischen Stil, an der Theresienstraße, Rechnung. Direktor → Essenwein vom Germanischen Nationalmuseum hat ihn entworfen. Im obersten Stockwerk ließ der Erste Bürgermeister 1889 eine städtische Galerie einrichten, um Nürnberger Künstler fördern zu können (z. B. → Paul Ritter, → Friedrich Wanderer). Das Denkmal des Seefahrers → Martin Behaim am Theresienplatz geht auf seine Initiative zurück. Als Ehrenmitglied des Germanischen Nationalmuseums, als Gründungsmitglied des Geschichtsvereins und anderer von ihm geförderten Institutionen vertrat Stromer den Grundsatz: „Eine in Verjüngung begriffene, aufstrebende Stadt darf nicht als Schaustück für Fremde unter den Glaskasten gestellt werden."

Der modernen Erziehung der Jugend galt sein Engagement. Deshalb reformierte er das Schulwesen, da es nach → Scharrers Reformen wieder abgesackt war. Stromer ließ, dem Bevölkerungszuwachs gerecht werdend, sechs neue Volksschulen, eine Fortbildungsschule für Mädchen, die Baugewerbeschule und viele Kindergärten errichten. Aus der städtischen Singschule wurde eine Musikschule. Bahnbrechend für Bayern wurde die Einführung der Simultanschule und weltlicher Schulinspektoren. Zusammen mit → Lothar v. Faber und → Cramer-Klett betrieb Stromer die Errichtung des Bayerischen Gewerbemuseums und der Landesgewerbeanstalt (1869—1871) und präsentierte 1882 die neue Industriewelt in der ersten Bayerischen Landesausstellung in Nürnberg. Er erweiterte den Hauptbahnhof und eröffnete 1874 die Synagoge am Hans-Sachs-Platz mit einer Rede, in der er sich von seinem Vorfahren Ulrich Stromer distanzierte, welcher 1349 Kaiser Karl IV. zur Vertreibung der Juden aus Nürnberg mit veranlaßt hatte. „Die Lösung der Judenfrage geht nur im gleichen Schritt mit der Gesittung der Nation", so Stromer.

Zwei Jahrzehnte (bis 1890) nahm er das Amt des Präsidenten des Landrats (Bezirkstages) von Mittelfranken auf sich und konnte so die Geschicke des Regierungsbezirks beeinflussen. Ämter und Aufgaben verschlissen Otto von Stromer vorzeitig. Er starb gerade 60-jährig am 11. September 1891, dem Tag, an dem er vor 24 Jahren sein Amt übernommen hatte. Eine seltsame „Ehrung" erfuhr er 47 Jahre später, als er am 10. August 1938 beim Abbruch der Nürnberger Synagoge durch Julius Streicher unflätig wegen jener Worte geschmäht wurde, mit denen Stromer 1874 Toleranz und Gesittung bekundete.   *St*

August von Essenwein · Museumsdirektor   1831 — 1892

Als August Essenwein zum 1. März 1866 als 1. Direktor an die Spitze des Germanischen Nationalmuseums in Nürnberg berufen wurde, erwarteten ihn fast desolate Zustände. Das 1852 von Hans von Aufsess gegründete Museum hatte während dessen zehnjähriger Leitung als 1. Vorstand zunächst einen Aufschwung erlebt, sichtbar geworden durch die Übersiedelung in das schuldenfrei erworbene und restaurierte ehemalige Kartäuserkloster. Unter zwei Nachfolgern war die Entwicklung des Museums jedoch binnen weniger Jahre ins Stocken geraten. Die Schulden wuchsen auf 170.000 Gulden (knapp 300.000 Mark) an; eine prekäre Lage, weil der Anstalt kein rentierendes Stiftungsvermögen zur Verfügung stand, sie

also von freiwilligen Spenden abhing. Maßgeblicher Hinderungsgrund für eine Fortentwicklung aber war der satzungsmäßig verankerte Plan des Gründers, wonach das Museum ein Generalrepertorium (möglichst komplettes Sachverzeichnis) über das gesamte Quellenmaterial zur deutschen Geschichte, Literatur und Kunst anstreben sollte. Ein, wie bereits zeitgenössische Kritiker anmerkten, schwer zu verwirklichender Gedanke, der zudem durch eine hohe Beamtenzahl die Verwaltungsausgaben nach oben trieb. Schließlich drohten durch den preußisch-österreichischen Krieg von 1866 alle Einnahmequellen zu versiegen. Welche Fähigkeiten und Charaktereigenschaften mußte der neue Direktor in sich vereinigen, um das Museum nicht nur zu retten, sondern in rund 25 Jahren zu ungeahnter Größe auszubauen?

Der am 2. November 1831 in Karlsruhe geborene August Ottmar Essenwein hatte keine leichte Kindheit und Jugendzeit. Sein Vater, Registrator bei der großherzoglichen Oberforstkommission in Karlsruhe, starb bereits 1833 mit 31 Jahren, was die Mutter, Tochter eines Küfermeisters, mit knapp 150 Gulden Pension in drückende Not versetzte. Sein jüngerer, stets kränkelnder Bruder, starb sechzehnjährig. Das Schulgeld für den Besuch des Lyzeums (1837 — 1847) verdiente er sich selbst, ebenso für das Polytechnikum in Karlsruhe, wo er Baukunst und deren Geschichte studierte. Nach 1851 verbrachte Essenwein die folgenden Jahre mit Studienreisen durch Deutschland und Österreich, hörte im Wintersemester 1852/53 an der Königlichen Akademie der Künste in Berlin Kunst und Kunstgeschichte, arbeitete bei der Zivil-Bau-Direktion in Karlsruhe, dann bei einem dortigen Architekten und 1854/55 in Wien. Die Staatsprüfung als „großherzoglicher Baupraktikant" 1855 in Karlsruhe bestand er nur mit der Note „hinlänglich befähigt", weil er mit seinen Prüfern in „größere Meinungsverschiedenheiten über die höheren Ideale und Aufgaben der Architektur" kam. Reisen durch Holland, Belgien und Frankreich folgten, bis er schließlich nach einem mehrmonatlichen Aufenthalt in Köln am 16. Januar 1857 bei der k.k. privilegierten österreichischen Staats-Eisenbahn-Gesellschaft als „Ingenieur dritter Klasse" angestellt wurde. Essenwein fertigte zahlreiche Entwürfe für Kirchen, Amtsgebäude und verschiedenste Hochbauten, aber auch für die innere Ausschmückung von Kirchen. Im Jahre 1863 wurde er Stadtbaurat in Graz und im folgenden Jahr an der dortigen technischen Hochschule Professor für Hochbau.

Als sich der Verwaltungsausschuß des Germanischen Nationalmuseums im Januar 1866 einstimmig für August Essenwein entschied, war er von seiner künstlerischen und wissenschaftlichen Leistung, die sich bis zu seinem Tode in mehreren größeren und hunderten von kleineren Abhandlungen niederschlug, sowie seinen Charaktereigenschaften überzeugt. Dem neuen Museumsleiter gelang es in kurzer Zeit, die Schulden drastisch zu senken und durch gesteigerte Werbearbeit neue und größere Geldquellen zu erschließen. Gegen heftigen Widerstand erzwang der autokratisch wirkende, in der konsequenten Verfolgung seiner Ziele an Bismarck erinnernde Essenwein 1869 die entscheidende Satzungsänderung: Nicht mehr das Generalrepertorium, sondern der Ausbau der kunst- und kulturgeschichtlichen Sammlungen stand im Mittelpunkt. Und darin war Essenwein ein wahrer Meister. Aus dem gesamten deutschsprachigen Raum und darüber hinaus, etwa aus der Türkei, erwarb er Kunstschätze und Leihgaben. Besondere Erwähnung verdient der Kauf der fürstlich Sulkowskyschen Sammlung, die erhebliche Bestände des früheren reichsstädtischen Nürnberger Zeughauses enthielt, wofür buchstäblich über Nacht bei hiesigen Banken mehr als 200.000 Mark flüssig gemacht wurden. Bezeichnend, daß sich der Kredit ausschließlich auf das Vertrauen in Essenwein stützte und nach wenigen Jahren ordnungsgemäß getilgt war. Die rasche Ausdehnung der Sammlungen, deren Wert 1884 auf etwa fünf Millionen Mark geschätzt wurde (das entsprach dem Jahreseinkommen von etwa 9.000 Arbeitern), machte entsprechende Baumaßnahmen erforderlich. Hier bewies Essenwein, zum romanischen und gotischen Stil hingezogen, erneut seine künstlerischen und architektonischen Fähigkeiten. Sämtliche Bauten — und es sind vom Beginn des Ausbaus der Kartause (1868) bis zum Ende der 80er Jahre viele — hat der Direktor selbst entworfen und ihre Ausführung geleitet. Daß ihre Finanzierung größtenteils aus Reichsmitteln erfolgte, ist Ausdruck eines überzeugenden Verhandlungsgeschickes und des großen Vertrauens, das Essenwein genoß.

Außerhalb seiner eigentlichen Berufsarbeit wirkte er an zahlreichen Kirchenrestaurationen in und außerhalb Deutschlands mit; so war auch die Restaurierung der Nürnberger Frauenkirche sein Werk. Der Erweiterungsbau des Nürnberger Rathauses (1884 — 1889) brachte ihm das Ehrenbürgerrecht ein. Kurz darauf würdigte der bayerische Staat 1891 mit der Verleihung des Kronenordens, verbunden mit dem persönlichen Adelstitel, und des Geheimratstitels die Leistungen eines Mannes, ohne den die Entwicklung des Germanischen Nationalmuseums nicht denkbar ist. Bereits 1872 war ihm von der Universität Erlangen der Titel eines Doctor philosophiae honoris causa verliehen worden.

Geheimrat August Ottmar von Essenwein starb nach jahrelanger Krankheit am 13. Oktober 1892 an einem Schlaganfall. Er war seit 1860 mit seiner Base Erny von Chézy verheiratet (gestorben 1914 in Nürnberg), mit der drei Söhne und eine Tochter trauerten. Die Stadt Nürnberg ließ ihn auf dem St. Johannisfriedhof inmitten vieler ihrer berühmten Söhne begraben und nannte eine Straße in Tafelhof nach ihrem Ehrenbürger. *Gö*

Gottlieb von Merkel · Arzt   1835 — 1921

Dr. Gottlieb von Merkel, der große Arzt am Nürnberger Krankenhaus, ist am 19. Juni 1835 als neuntes Kind und dritter Sohn des Kaufmanns und Bürgermeisters → Johann Merkel geboren worden. Er verlor seine Eltern bereits in den ersten acht Lebensjahren. Pfarrer Zorn aus Bayreuth nahm sich seiner als Pflegevater an, ließ ihn dort das Gymnasium besuchen und sandte ihn zwei Jahre nach dem Absolutorium (1853) als „studiosus medicinae" nach Halle. Dort trat Gottlieb der Landsmannschaft „Salingia" bei und wurde — noch als Student — in die Freimaurerloge „zu den drei Pfeilen" in Nürnberg aufgenommen, in der Großvater, Vater und Brüder schon eine große Rolle gespielt hatten. Nach seinem Staatsexamen in Erlangen hatte die Beschäftigung beim pathologischen Anatomen Dittrich den jungen Merkel der pathologischen Anatomie zugeführt. Nach seiner Assistentenzeit am Nürnberger Krankenhaus wurde er Arzt in seiner Vaterstadt, erwarb sich u. a. in der Funktion des Leichenarztes Anerkennung bei Bürgern und Berufskollegen, ehe man ihn 1868 zum Abteilungsarzt der Medizinischen Abteilung im Nürnberger Krankenhaus berief. Trotz eines verlockenden Rufes nach Hamburg ist er — nun als Direktor des Städtischen Krankenhauses — in Nürnberg geblieben.

1871 wurde er in den mittelfränkischen Kreismedizinalausschuß und an die Spitze des ärztlichen Vereins, später zum Vorsitzenden der mittelfränkischen Ärztekammer berufen. Er war Sachverständiger im Kaiserlichen Gesundheitsamt, hat an vielen gesetzgeberischen Werken mitgearbeitet und wurde schließlich Mitglied des Reichsgesundheitsamtes.

Merkel war wissenschaftlich sehr produktiv. Seine Arbeiten über die Staubinhalationskrankheiten, die Trichinose und die Meningitis haben Anerkennung über die deutschen Grenzen hinaus gefunden. Besonders wertvoll war seine Tätigkeit als hygienischer Berater der Stadt seit 1884. In seine Amtszeit entfallen die großen Schulhausneubauten, die Erbauung des Zentralfriedhofs, der Desinfektionsanstalt, des damals neuen Schlachthofes, die Einführung der obligatorischen Trichinenschau und der Kanalisation und Wasserleitung. Dennoch nahm die Behandlung seiner Patienten und die Heranbildung junger Ärzte im Krankenhaus die erste Stelle ein. Unvergeßlich ist seine Mitwirkung bei Planung und Einrichtung des neuen, pavillonartig konstruierten Krankenhauses an der Flurstraße.

Die Stadt verlieh ihm die goldene Bürgermedaille und das Ehrenbürgerrecht. Merkel starb am 13. Oktober 1921 in Nürnberg. (Eine Gasse in den Gärten bei Wöhrd ist nach der Familie Merkel benannt. Sie besaß einst diese Gärten.) *Bi*

Georg Leonhard Authenrieth · Neuhumanist   1833 — 1900

Georg Authenrieth stammt aus einer Lehrerfamilie. Nach dem frühen Tod des Vaters übersiedelt die Mutter nach Nürnberg, um ihrem begabten Sohn Georg den Besuch des Gymnasiums zu ermöglichen. Authenrieth studiert Philologie und Theologie in Erlangen; bereits in den letzten Semestern unterrichtet er am Erlanger Gymnasium; 1857 erreicht der Hochbegabte in der Anstellungsprüfung „Summa cum laude". 1862 — 63 arbeitet er als Bibliothekar der Universitätsbibliothek Erlangen. Sowohl einen Ruf nach Basel als auch nach Gießen lehnt er ab, siedelt jedoch 1872 nach Zweibrücken über, um als Rektor das dortige Gymnasium zu leiten. 1884 kehrt er nach Nürnberg zurück, um Rektor „seines" Melanchthon-Gymnasiums zu werden.

Authenrieth ist ein typischer und vielleicht auch letzter Vertreter des Neuhumanismus; sein Bildungsideal, dem Humboldts ähnlich, spiegelt sich in seinen Veröffentlichungen. Die Homerforschung als Hauptgebiet — z. B. „homerische Theologie", „Wörterbuch zu homerischen Gedichten", — etymologische und syntaktische Untersuchungen zeigen den Philologen, der aber auch 1866 französische Wörterbücher herausgibt und aus Interesse ein pfälzisches Idiotikon kreiert. Er imponiert durch seine Vielseitigkeit und sein schulisches Engagement. Mit seinem Tod 1900 beginnt eine neue Ära der Gymnasialpädagogik, die einmal das Realgymnasium als gleichwertig dem humanistischen erkämpft und die zum anderen der Reformpädagogik mit ihren sozialpädagogischen Ansätzen den Raum frei macht für das „Jahrhundert des Kindes". Allerdings erkämpft Authenrieth im Ministerium die Vorbildung der Gymnasiallehrer und erweitert das Werk seines Lehrers Nägelsbach, „Gymnasialpädagogik", entscheidend. Er wird auch heute noch bei vielen Altphilologen hochverehrt und hat dem, von Melanchthon gegründeten, Gymnasium in Nürnberg seine einmalige Gestalt erhalten.   *Schl*

Heinrich Berolzheimer · Industrieller und Philanthrop   1836 — 1906

Der Prototyp des Industriellen in der Gründerzeit und Philanthrop Heinrich Berolzheimer gehört zu den Mäzenen des sehr farbigen Kulturlebens in den aufblühenden Industriestädten Nürnberg und Fürth an der Schwelle des 20. Jahrhunderts. Er stammte aus einer Fürther Kaufmannsfamilie und leitete nach Besuch der Handelsschule in Nürnberg und nach einer Banklehre in Hannover schon mit 23 Jahren nach dem frühen Tod seines Vaters Daniel dessen 1856 in Fürth gegründete Bleistiftfabrik zusammen mit den → Brüdern Illfelder. Unter schwierigsten Bedingungen nahm er den Export in die USA auf, gründete in New York zuerst eine Niederlassung und dann, wegen der hohen Einfuhrzölle der USA, eine eigene Fabrikation. Von 1886 bis 1888 hielt er sich in den Vereinigten Staaten auf und übergab nach Rückkehr in die Vaterstadt Fürth sein bedeutendes und florierendes amerikanisches Unternehmen („Eagle Pencil Co.") dem Sohn Emil.

Ein Jahr später, 1889, verlegte Heinrich Berolzheimer seinen Wohnsitz nach Nürnberg. Um sich von dort aus, entsprechend seiner sprichwörtlich gewordenen Hilfsbereitschaft, der Hebung der Allgemeinbildung der breiten Volksschichten voll widmen zu können, übergab er beiden Söhnen, Emil und Philipp, Ende der neunziger Jahre sein Geschäft in Fürth. 1904 gründete er dort das „Berolzheimerianum", das nach dem Vorbild amerikanischer Volksbibliotheken eine unentgeltlich zu nutzende Bücherei mit öffentlichem Lesesaal und Räume für künstlerische und wissenschaftliche Veranstaltungen beherbergte. Gleichzeitig beteiligte er sich in Nürnberg mit Stiftungen u. a. am Bau des Künstlerhauses, dessen Ausführungsausschuß er angehörte. Seine größte Stiftung war das „Luitpoldhaus", in dem der Verein für Volksbildung, die Naturhistorische Gesellschaft und der Ärztliche Verein eine Plattform für ihre Arbeit gefunden haben, auch wenn das Haus erst 1911, fünf Jahre nach Berolzheimers

Tod (1906), feierlich eröffnet worden ist. Aus Dankbarkeit für sein Wirken ernannten ihn die Städte Fürth (1904) und Nürnberg (1905) zu ihrem Ehrenbürger. Prinzregent Luitpold verlieh ihm 1895 die Würde eines kgl. Kommerzienrates und den Michaelsorden. Genau wie → Geheimrat von Gerngroß war er ein treuer Anhänger der israelitischen Kultusgemeinde. Er fand auf dem alten israelitischen Friedhof in der Bärenschanzstraße seine letzte Ruhe. Eine Straße in Röthenbach bei Schweinau trägt seinen Namen.   *Wgn*

Friedrich Heller · Fabrikant   1836—1911

Der 30. November 1983 gilt als historisches Datum für den Fortschritt der Nachrichtentechnik: An diesem Tage konnten erstmals 28 Nürnberger über Bildtelefon miteinander sprechen! Die Deutsche Bundespost hatte die Versuchsreihe „BIGFON" gleichzeitig in sechs deutschen Städten gestartet. Begonnen jedoch hatte diese Entwicklung vor hundert Jahren, als Friedrich Heller, ein von der Elektrizität begeisterter Nürnberger Mechaniker, von der bayerischen Postverwaltung den Auftrag zur Lieferung von 400 Telefonapparaten für das Nürnberg-Fürther Fernsprechamt erhielt.

Im Jahre 1858 eröffnete der 22jährige Friedrich Heller in der Vorderen Sterngasse eine Mechanische Werkstatt, in welcher er physikalische und chemische Apparate, sowie elektrotherapeutische Geräte herstellte. Doch bald wandte er sich der trotz Ohms Erfindung damals noch weitgehend unbekannten Elektrotechnik, insbesondere dem Schwachstrom zu. 1860 führte er als erster in Nürnberg die elektrischen Hausklingeln ein, die der Franzose Miraud erfunden hatte. Im gleichen Jahr stellte Heller wegen der guten Geschäftsentwicklung einen Lehrling ein: → Johann Sigmund Schuckert, später Gründer der Schukkert-Werke.

Als im Jahre 1876 auf der Weltausstellung in Philadelphia Alexander Graham Bell seinen „Fernhörer", das Telefon vorstellte, beschaffte sich Friedrich Heller sofort zwei dieser Wunderapparate. Er versuchte Verbesserungen vorzunehmen und baute weitere Exemplare nach, die er im Sommer 1877 als erster in Bayern der staunenden Öffentlichkeit vorstellte. Unterdessen war in Berlin das erste öffentliche Fernsprechamt eröffnet worden (1881). Sofort nahm Friedrich Heller Kontakt zu den Postbehörden auf; nach gründlicher Prüfung seiner Erzeugnisse wurde er neben einer Münchener Firma zum Hauptlieferanten für Telefonanlagen in Bayern; 1888 hatte die „Friedrich Heller — Fabrik elektrotechnischer Apparate für Telephonie und Signalwesen" 1700 Apparate an Post und Bahn geliefert, die „in sehr zufriedenstellender Weise funktionierten". Friedrich Heller entwickelte Nebenstellenanlagen für den Betrieb mehrerer Apparate an der gleichen Anschlußleitung. Auch im privaten Geschäftsbereich waren Heller'sche Erzeugnisse weiterhin begehrt. Bis 1884 wurden 10 000 Haustelefone produziert und verkauft. Im Ganzen gesehen, war der Werdegang Hellers typisch für die stürmische Zeit der Industrialisierung in der zweiten Hälfte des vergangenen Jahrhunderts in Nürnberg, dem damaligen industriellen Zentrum des Königreiches Bayern.

Fr. Heller war ein dynamischer, sehr aktiver Mann. Neben seinen handwerklichen Fertigkeiten als Mechaniker besaß er auch gründliche Kenntnisse der Elektrotechnik. Er war die

Seele seines Betriebes — und alles in einer Person: sein eigener Entwicklungsingenieur, Konstrukteur, Fabrikationsleiter und Vertriebsmann mit Verbindungen im In- und Ausland. Seine Geräte zeigte er auf zahlreichen Ausstellungen auch jenseits der Staatsgrenzen. Die Werkstatt in der Vorderen Sterngasse war längst zu klein geworden. Im Jahre 1889 konnte die „mit allen Mitteln der modernen Technik" erbaute Fabrik in der Peterstraße im Vorort Gleißhammer bezogen werden. Während die Installationsabteilung für den Bau von Licht- und Kraftanlagen in den alten Räumen zurückblieb, waren in der neuen Fabrik „25 Beamte und 150 Arbeiter" mit dem Bau von Telefonen aller Art beschäftigt, die quer durch Deutschland, in England, Holland, Schweiz, Spanien, Rußland und Übersee ausgeliefert wurden. Elektrische Läutewerke, Signalapparate für das Eisenbahnwesen, Haustelegrafen, Wasserstands-Fernmelder und elektrische Uhren wurden gefertigt.

Nachdem die beiden Söhne des Firmengründers, Alexander und Carl Heller (eine Tochter heiratete den Architekten → H. Ißmayer), in die Firmenleitung eingetreten waren, konnte sich Friedrich Heller verstärkt der Forschungstätigkeit zuwenden. Zahlreiche Veröffentlichungen und Patentbeschreibungen seiner Erfindungen und Erzeugnisse lassen die Bedeutung der von ihm ausgegangenen Impulse für die Fernmeldetechnik erkennen. 1895 gab die Kgl. bayerische Post- und Telegraphen-Direktion eine umfassende Beschreibung der damals in Bayern verwendeten Telefonapparate heraus; darin sind Heller'sche Apparate ausführlich dokumentiert. In der Sonderausstellung des Verkehrsmuseums 1983 in Nürnberg „100 Jahre Telefon in Bayern" wurden Heller'sche Geräte, beeindruckend vor allem durch die handwerklich und gestalterisch einwandfreie Qualität, gezeigt.

Trotz seiner Tätigkeit als Mechaniker, Kaufmann und Erfinder widmete er sich auch öffentlichen Aufgaben: 1875 bis 1889 als Mitglied des Gemeindekollegiums, 1902 bis 1908 als Waisenrat. Er starb am 27. Februar 1911 in Nürnberg. Trotz guter Auslastung der Heller'schen Fabrik um die Jahrhundertwende tauchten wenig später erste Schwierigkeiten auf. 1904 geht die Firma in Liquidation und wird zum Kaufpreis von 180 666,56 Reichsmark (ohne Immobilienbesitz) von der Firma Felten & Guilleaume als deren Zweigniederlassung Nürnberg übernommen.   *Scher*

Georg Hennch · Eisenbahndirektor   1839 — 1919

Georg Hennch, ein nachmals um den Ausbau der Bayerischen Staatsbahnen hochverdienter Ingenieur und besonderer Experte des Tunnelwesens, wurde am 6. Juni 1839 in Reistenhausen am Main geboren und starb am 3. August 1919 in Neuhaus an der Pegnitz. In seltener Vitalität und Spannkraft hat er über 40 Jahre seines Lebens dem Dienst am Staate gewidmet. 1866 bis 1869 arbeitete er als Bauführer auf der Bahnstrecke Treuchtlingen — München; bald stieg er auf zum leitenden Sektionsingenieur, als der er von 1870 bis 1879 beim Bau der Pegnitztalbahn von Nürnberg nach Bayreuth mit Station in Neuhaus an der Pegnitz fungierte. Im Zeichen der flächenerfassenden Pionierarbeit, wie sie für die Endstufe der Entwicklung des mitteleuropäischen Bahnnetzes im späten 19. Jahrhundert typisch ist, steht auch Hennchs weitere Tätigkeit: ab Oktober 1882 leitete er den Bau der Bahnstrecke von Gemünden nach Hammelburg (Neubau-Sektor Hammelburg): als Leiter der Neubau-Sektion Erlangen oblag ihm der Bau der Sekundärbahn Erlangen — Gräfenberg (im Volksmund „Seekuh"). Daran schloß sich die Projektierung und der teilweise Bau der Bahnstrecken Erlangen — Herzogenaurach und Forchheim — Ebermannstadt. 1889 wurde Hennch als Bezirks- und späterer Oberingenieur an das Oberbahnamt Augsburg berufen. Er leitete von dort aus den Bau der Ammerseebahn und anderer schwäbischer Bahnstrecken. Als Hauptaufgabe wuchs ihm jedoch der Bau der Augsburger Industriegürtel- oder Güterringbahn (eine Entsprechung zur später auch in Nürnberg entstehenden Ringbahn) zu, die in ihrer technischen Mustergültigkeit Modellcharakter für ähnliche Anlagen anderer Großstädte und Bahnknotenpunkte erhielt.

1899 wurde er als Direktor in die Eisenbahndirektion Nürnberg berufen, wo er bis zur Neuordnung der Verkehrsverwaltung wirkte; 1907 trat er in den Ruhestand. Wesentlich verdient machte er sich in seinem neuen Wirkungskreis durch Beeinflussung und Förderung der neuen Bahnhofbauten und des neu anzulegenden Bahngleiskörpers. Hennch stand vor folgendem Problem: Nürnberg war zum Eisenbahnknotenpunkt erster Ordnung geworden. Der Gleiskörper, über den zunächst noch ein Großteil des Güterverkehrs abgewickelt worden ist, bedurfte dringend der Modernisierung und Erweiterung. Außerdem bedurfte die Nürnberger Südstadt neuer leistungsfähiger Verkehrsverbindungen zur Nürnberger City; denn die eisenverarbeitende Großindustrie wuchs ständig an, mit ihr wuchsen aber auch die Siedlungsflächen der arbeitenden Bevölkerung. Der Verkehr konnte nicht länger auf Eisenbahnbrücken über den straßenebenen alten Bahnkörper abgewickelt werden. Deshalb mußte der Bahnkörper um drei Meter angehoben, breite Tunnels mußten zur Verflüssigung des Zivilverkehrs und des Warentransports zum Nürnberger Süden angelegt werden. So konnte der Süden Nürnbergs in die Gesamtstadt eingebunden werden. In Verbund mit dieser Großbaumaßnahme galt es, das alte, kleine neugotische Bahnhofsgebäude aus der Biedermeierzeit durch einen neuen, großen und repräsentativen Bahnhofsbau zu ersetzen. Dadurch sollte sich ein neuer gesellschaftlicher Mittelpunkt und ein neues Geschäftszentrum für die aufblühende Industriemetropole des bayerischen Nordens entfalten. All diese Aufgaben, in der Hauptsache bis 1906/07 bewältigt, fielen in die späten Dienstjahre von Bahndirektor Georg Hennch. Er hat entscheidend dazu beigetragen, Nürnberg zu Beginn des 20. Jahrhunderts ein neues Gesicht zu geben. *Hä*

Ludwig von Gerngros · Kaufmann und Mäzen   1839 — 1916

Ludwig von Gerngros, der Hopfengrossist und große Mäzen, ist in die Lokalgeschichte unserer Stadt vor allem in der Verbindung mit der Tradition und Erneuerung eines großen Brunnenbauwerks, des Neptunbrunnens aus dem 17. Jahrhundert von → Ritter und → Schweigger, eingegangen. Sein Einstand ins Leben begann recht „prosaisch" und nüchtern: Geboren zu Baiersdorf, besuchte er die Handelsschule zu Fürth und erwarb sich dort den letzten Schliff für seine kommerzielle Tüchtigkeit als Lehrling, Angestellter und Reisender für das Handelshaus Mayer-Kohn. 1866 erwarb er das Nürnberger Bürgerrecht und gründete, noch im selben Jahr, zusammen mit dem Kaufmann Moritz Frauenfeld die Nürnberger Hopfenhandels-Gesellschaft Gerngros-Frauenfeld. Gerngros war ein tüchtiger Geschäftsmann, aber seiner ureigensten Neigung nach ein wohltätig-philanthroper und musischer Mensch. Als solcher setzte er sich auch ein großes bleibendes Denkmal. 1898 zog er sich vom Geschäftsleben zurück, um nur noch — im besten Sinne des Wortes — Mensch zu sein. Seine Leistungen auf kommerziellem Feld wurden 1889 durch die Verleihung des Titels „Kommerzienrat" anerkannt; wohltätige Stiftungen führten zur Verleihung des bayerischen Michaels-Ordens. Zum 70. Geburtstag des bayerischen Prinzregenten Luitpold stiftete er ein großes Gemälde in den damaligen Standesamtssaal des Rathauses, das den Einzug des Regenten am 27. September 1886 wiedergibt.

Im Jahre 1901 initiierte er, bei gleichzeitiger Bereitstellung der nötigen Geldmittel, die Schaffung einer Kopie des um 1800 an den kaiserlichen Hof nach Petersburg verkauften

Neptunbrunnens und deren Aufrichtung in Nürnberg — an eben der Stelle, wofür ihn schon dic Vorwelt bestimmt hatte, nämlich ins Zentrum des Nürnberger Hauptmarktes. Um dieser mäzenischen Leistung willen, die maßstabsmäßig und an städtebaulicher Bedeutung ihresgleichen suchte, wurde Gerngros zum Nürnberger Ehrenbürger ernannt, eine Ehrung, der „von Staats wegen", ein Jahr später noch die Verleihung des Ritterkreuzes des Bayerischen Kronenordens folgte. An der Finanzierung des nachmaligen Künstlerhauses (heute: Komm), beteiligte er sich, wodurch das Projekt seiner Realisierung wesentlich näherkam. Die Stadt Nürnberg, deren Beamte und Bedienstete er 1908 durch die Errichtung einer großen Wohltätigkeitsstiftung erfreute, verlieh ihm als höchste Auszeichnung die Goldene Bürgermedaille. Durch eine neue Ordensverleihung 1910 wurde er gar in den Ritterstand erhoben; und im Jahre seines Todes, 1916, erhielt er noch das König-Ludwig-Kreuz. Die Enthüllung des (kopierten) Neptunbrunnens, zu dessen Nachguß die Erlaubnis der Kaiserlichen Regierung in Petersburg eingeholt werden mußte, wurde in Gegenwart von Prinzregent Luitpold am 22. Oktober 1902 vorgenommen. Er stand in überaus reizvoller Diagonale zu dem damals ebenfalls neu aufgerichteten Schönen Brunnen. Unverdientermaßen, ein Stück „Monument" gewordener „Verlegenheit", wanderte der Monumentalbrunnen des Neptun in den Stadtpark am Maxfeld, wo er in grüner Umhüllung schlecht plaziert ist.   *Hä*

Johannes Sperl · Maler   1840 — 1914

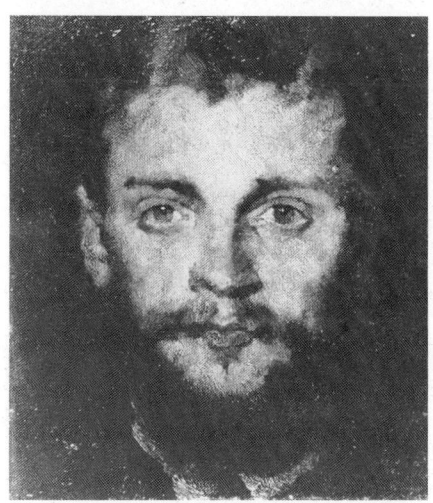

Bildnis Johannes Sperl 1872

Gäbe es nicht Gemälde mit dem Titel „Fränkische Bauernstube" (1872) und zahlreiche Zeichnungen von Nürnberg und der benachbarten fränkischen Landschaft, so würde man kaum auf den Gedanken kommen, daß der der Münchener Kunstszene zuzurechnende Johannes Sperl ein geborener „Stadtrand"-Nürnberger war. Die Malerfreundschaft mit Wilhelm Leibl bestimmt in der Kunstgeschichte den Standort des Malers; eine Gemeinsamkeit, die so weit ging, daß Johannes Sperl, gestorben 1914, sich im gleichen Grab wie Leibl beisetzen ließ. Für dessen Grabstein in Würzburg fertigte er 1900 einen Entwurf in Jugendstilmanier. Sein Name ist in den Stein gemeißelt, neben dem des Freundes.

Als einziger Sohn eines Holzhackers und Nachtwächters wurde Johannes Sperl 1840 in der Erlanger Straße, Haus Nr. 68 in Buch geboren. Schon in der Kraftshofer Schule wurde die künstlerische Begabung des Knaben entdeckt, die zu Lehrjahren bei einem Nürnberger Lithographen führte. Seit 1860 besuchte Sperl die Abendklasse der „Nürnberger Kunstgewerbeschule". Hier traf er zwei junge Maler, deren Freundschaft er viel verdankte: Theodor Alt aus Döblau bei Hof und Rudolf Hirth aus Gräfentonna bei Gotha (der sich nach seiner Mutter noch „du Frénes" nannte). Von 1863 — 1865 war Sperl als Lithograph in Arnstadt/Thüringen tätig. Mit seinen beiden Freunden Alt und Hirth schrieb er sich im Oktober 1865 an der Münchener Akademie in die Klasse Hermann Anschütz ein.

Gleich nach seiner Ankunft in München nahm sich der athletisch wirkende Kölner Wilhelm Leibl des schüchternen und schmächtigen Franken an, der sich anfangs in dem mächtig aufblühenden und mit großem Wirbel sich aufblähenden Münchener Kunstleben nicht sehr wohl fühlte. Sperl und Leibl besuchten gemeinsam die Klasse Arthur von Rambergs, der

Genrebilder mit „süddeutscher Sonnigkeit" liebte. Sperl malte in der Manier des Lehrers und erhielt als sein Meisterschüler viele Aufträge.

In den Bildern aus dieser Zeit „Heimkehr eines Urlaubers" oder der „Aufforderung zum Tanz" verarbeitete Sperl Motive aus seiner Heimat, z. B. das malerische Ortsbild von Pinzberg (Fränkische Schweiz) oder Fachwerkgiebel eines Frankendorfes. Erst die „Internationale Kunstausstellung 1869" im Münchener Glaspalast mit Bildern von Corot, Courbet und der Schule von Barbizon öffnete ihm die Augen. Die Bekanntschaft Courbets mit Leibl, die diesem einen Aufenthalt in Paris ermöglichte, hatte seine Wirkung auch auf den fränkischen Maler Sperl. Der Krieg 1870/71 veranlaßte Leibl, nach München zurückzukehren. Hier mietete er zusammen mit den alten Freunden Alt, Hirth und Sperl ein Atelier in der Arcisstraße. Mit vielen anderen Münchener Künstlern (z. B. Haider, Schuch, Trübner, Thoma) floh auch Sperl vor dem hektischen Münchener Kunstleben in die ländliche Umgebung Münchens. Leibl und Sperl siedelten nach Bernried (Starnberger See) über, standen einander Modell und malten am Seeufer oder im gemeinsamen Atelier. Die „Künstlerkolonie" nach französischem Vorbild brachte viele neue Erkenntnisse und Erfolge. Doch Johannes Sperl litt wirtschaftliche Not, die ihn dazu trieb, wieder lithographische Gelegenheitsarbeiten zu übernehmen.

Da entschloß sich Wilhelm Leibl, Junggeselle wie Sperl, mit diesem zusammen einen Hausstand in Bad Aibling zu gründen. So wohnten beide Künstler seit 1878 zusammen, erst im Moorbad, danach in Berbling und schließlich in Kutterling. Während Sperl der Freilichtmalerei in der Natur zugeneigt war, malte Leibl im Atelier, in Wirtshäusern, Bauernstuben und Kirchen. Der immer weltfremder werdende Leibl suchte oft den Rat des ein wenig älteren fränkischen Malerfreundes, der ihn bis zu seinem frühen Tod treu zur Seite stand. Die unverbrüchliche Malerfreundschaft Leibl — Sperl stand ganz im Zeichen der so oft gepriesenen „fränkischen" Charaktereigenschaften, die in der Person Sperls vereint waren: Bescheidenheit, Aufrichtigkeit und unantastbare Verläßlichkeit. *Bo*

Ignaz Bing · Industrieller   1840 — 1918

Ignaz Bing, Nürnberger Kaufmann und Industrieller, war ein ausgesprochener Selfmademan, der seinen kleinen kaufmännischen Betrieb schließlich zu einem namhaften Fabrikunternehmen mit weltweitem Absatz entwickelte. Am 29. Januar 1840 wurde er als zweiter Sohn des jüdischen Färbermeisters Salomon Bing in Memmelsdorf im Itzgrund geboren; bereits als Siebenjähriger verlor er die Mutter. Der Vater siedelte, wieder verheiratet, 1853 nach Gunzenhausen, wo er sich jetzt im einträglicheren Hopfenhandel betätigte. Mit 14 Jahren kam Ignaz nach Ansbach in ein Handelslehrinstitut, wo er auch kaufmännische Kenntnisse praktischer Art erwarb, da der Schule ein kleines Handelsgeschäft angegliedert war. Schon nach einem Jahr verließ er das Institut als Commis mit einem Zeugnis des Ansbacher Magistrats, versuchte aber zunächst seine Kenntnisse noch zu erweitern und zu vervollständigen, indem er bei der Bank J. E. Westheimber eine Tätigkeit als Voluntär antrat. Weitere Erfahrungen sammelte er in der Folgezeit in Fürth bei der Firma Berneis, „Mercerie", danach in ähnlichen Geschäften in Aschaffenburg, Wallerstein und nochmals in Fürth. So lernte er sämtliche Spielarten des Kleinhandels in Stadt und Land kennen und gewann Einblick in dessen Möglichkeiten und Schwierigkeiten.

Mit 24 Jahren machte sich Ignaz Bing in Gunzenhausen vom Geschäft seines Vaters unabhängig und gründete 1864 mit seinem Bruder Adolf ein Engrosgeschäft für Garn-, Band- und Kurzwaren. Bald wies dieses Geschäft die beiden Brüder nach Nürnberg. Dort konnte aufgrund der hier entwickelten Hausindustrie eine längere und damit teuere Lagerhaltung vermieden werden. 1865 mieteten die Gebrüder Bing für fünf Jahre einen kleinen Laden in der Karolinenstraße und nahmen zugleich in ihr Verkaufsangebot auch Metall- und Galanteriewaren auf. Einen beträchtlichen Aufschwung erlebte das Geschäft 1866 durch die einquartierten preußischen und mecklenburgischen Soldaten. Daraufhin wurde 1868 ein größerer Laden angemietet und das Sortiment auf Metallwaren spezialisiert. Nach dem Krieg 1870/71 nahm das Geschäft einen neuerlichen Aufschwung. Die allgemeine Wirtschaftskrise von 1873 fing Ignaz Bing geschickt auf durch den Verkauf von Gewichten und Maßen des neugegründeten Deutschen Reiches, die jetzt auch in Süddeutschland sehr gefragt waren. Zu ihrer Herstellung stützten sich die Gebrüder Bing auf die Nürnberger Heimindustrie. Der Geschäftsabschluß mit der Neufeld'schen Fabrik bei Kassel, die für Monopollieferungen gewonnen wurde, machte den Erwerb neuer Geschäftsräume in Nürnberg (Pfannenschmiedsgasse und Marienstraße) notwendig. Ignaz Bings außergewöhnlicher Geschäftssinn zeigte sich auch im Vertrieb einer billigen Petroleumlampe, die als Massenprodukt durch Nürnberger Heimarbeiter hergestellt wurde. Auf der Landesausstellung für Gewerbe und Industrie 1882, an deren Vorbereitung Ignaz Bing selbst beteiligt war, gewann die Firma Bing für ihre Produkte die goldene Staatsmedaille.

Nachdem die Firma Neufeld das Verkaufsmonopol gekündigt hatte und zudem die Nürnberger Hausindustrie den hohen Bedarf nicht mehr decken konnte, stand die Firma Bing vor der Entscheidung, die Fabrikation in eigener Regie aufzunehmen. Während Adolf Bing das hohe Risiko scheute, errichtete sein Bruder Ignaz in der Scheurlstraße eine neue Fabrik, in der bald 3000 bis 4000 Arbeiter tätig waren. Wenige Jahre später folgten Fabriken in der Blumenstraße und in Gleishammer und schließlich eine Fabrik für Emaillespielwaren in Grünhain in Sachsen. Gleichzeitig wurden die Absatzgebiete ausgeweitet, zunächst auf ganz Deutschland und dann sogar mit Hilfe von Hamburger, Lübecker, Bremer und Berliner Exporteuren auf Europa und nach Amerika. Die Exportländer in Übersee wurden sogar durch die „Bingkaufleute", auf deren Ausbildung man besonderen Wert legte, direkt bereist. Gleichermaßen zog sich auch Ignaz Bing einen Stamm von qualifizierten und zuverlässigen Arbeitern heran, die er angemessen entlohnte, so daß er voll Stolz vermerken konnte, daß in den Bing'schen Fabriken nie ein Streik stattgefunden hatte. Selbstverständlich war die Firma auf den Weltausstellungen in Chicago und Paris vertreten, wo ein breites Sortiment an Blechspielwaren in Spitzenqualität und -technik vorgezeigt wurde. Im Jahre 1895 wurde die Firma Bing in eine Aktiengesellschaft umgewandelt, deren Aufsichtsratsvorsitz Ignaz Bing übernahm. Während des ersten Weltkrieges stellten auch die Bingwerke ihre Produktion um und fertigten hauptsächlich Helme und Kochgeschirre.

Das erfolgreiche Wirken von Ignaz Bing fand öffentliche Anerkennung: 1891 wurde er Kommerzienrat und erhielt die Silberne Bürgermedaille der Stadt Nürnberg; er wurde Ehrenbürger von Streitberg und Grünhain; 1910 wurde er Geheimer Kommerzienrat. Neben seinem hohen Engagement in der Firma fand er noch Zeit für die Mitarbeit in der Deutschen Anthropologischen Gesellschaft und im Verein Merkur. Als leidenschaftlicher Naturforscher entdeckte und erschloß er die nach ihm benannte „Binghöhle" bei Streitberg. Am 25. März 1918 verstarb Ignaz Bing. Er hatte das alte Sprichwort „Nürnberger Tand geht durch alle Land" neubelebt. In Nürnberg-Zerzabelshof ist zu seinem Gedenken eine Straße nach ihm benannt. *En*

Adolph Gnauth · Architekt 1840 — 1884

Die Entwicklung der bildenden Künste in Nürnberg wurde in der zweiten Hälfte des 19. Jahrhunderts von dem Architekten, Maler und Kunstpädagogen Adolph Gnauth (1. 7. 1840 Stuttgart — 19. 11. 1884 Nürnberg) stark beeinflußt.
Im Alter von fünfzehn Jahren verließ der naturwissenschaftlich begabte Adolph Gnauth das Gymnasium, um sich am Polytechnikum seiner Heimatstadt Stuttgart zum Architekten aus-

bilden zu lassen. Nach kurzer Tätigkeit beim Eisenbahnbau ging er für einige Jahre nach Italien. 1865 gab Gnauth in Wien eine Bauzeitung heraus, die ein Jahr später ihr Erscheinen einstellen mußte. 1866 wurde er Lehrer an der Baugewerkschule in Stuttgart. Ein Jahr später zog es ihn wieder nach Italien. Von 1870 bis 1872 wirkte er als Lehrer am Polytechnikum in Stuttgart. Aber diese Beschäftigung erfüllte ihn nicht.

Mit der damals vielbewunderten Villa Siegle am Rheinsburghügel und weiteren Bauten in Stuttgart erlangte Gnauth zwar Berühmtheit, ohne sie gewinnbringend für sich nutzen zu können. 1874 scheiterte er erneut bei der Herausgabe einer kunsthandwerklichen Zeitschrift. Nach zwei Jahren freischaffender Künstlertätigkeit in München kam Adolph Gnauth im Jahre 1877 nach Nürnberg, um als Nachfolger → August von Krelings die Leitung der Kunstgewerbeschule anzutreten. In den nur sieben Jahren seines Wirkens in Nürnberg reorganisierte er diese Anstalt und präsentierte sich mit einer Fülle von künstlerischen Entwürfen und Architekturprojekten. Mit dem neuen Lehrplan aber wurde das Kunsthandwerk nur auf dem Papier verstärkt gefördert. Auch unter Gnauth blieb die Kunstgewerbeschule eine heimliche Akademie.

Gnauth schuf 1882 die Bauten für die erste Bayerische Landesausstellung in Nürnberg. Mit seinem Ringstraßenprojekt, das er im Auftrag → Lothar von Fabers mit dem Ziel entwarf, Nürnbergs Stadtmauer zu beseitigen und an deren Stelle herrschaftliche Prachtbauten zu errichten, konnte er sich ebenso wenig durchsetzen wie mit seinem kühnen Entwurf für den Neubau des Bayerischen Gewerbemuseums.   *P*

Gustav Schwanhäußer · Fabrikant   1840 — 1908

Der 25jährige Gustav Schwanhäußer (geb. 1840) hatte es vielleicht etwas leichter als manch anderer Nürnberger „Bleistiftmacher"; denn er — Nachkomme einer aus Schwanhausen (fränkisch-thüringische Grenze) stammenden alten Familie — konnte 1865 die von Georg Großberger und Hermann Kurz gegründete und nach beiden benannte Firma übernehmen. Beide hatten 1854 (Staatslizenz von 1855) mit der fabrikmäßigen Herstellung von Bleistiften begonnen und zugleich ein „Grundstück vor dem Maxtor" (heute ein Teil des Firmengeländes in der Maxfeldstraße) erworben. Der Rahmen für Gustav Schwanhäußer, der nach der Lehre als Kaufmannskommis in der Pinselfabrik Gonnermann in Nürnberg tätig war, war also gegeben. Aber er sprengte ihn durch große Tatkraft, durch ungewöhnliches kaufmännisches und technisches Geschick und entwickelte daraus eine Weltfirma. Im Anklang an seinen Namen wählte er den Schwan als Gütezeichen und Schutzmarke seines Hauses, das von da ab als „Schwan-Bleistift-Fabrik, Schwanhäußer, vorm. Großberger & Kurz" firmierte, heute „Schwan-STABILO, Schwanhäußer GmbH & Co" in Nürnberg.

Unter ihm wuchs in kurzer Zeit die Fabrikation und das Ansehen des Werkes. Auf Ausstellungen in allen Erdteilen — er beschickte zuerst die Wiener Weltausstellung 1873 — erhielten die Schwanstifte goldene Medaillen und erste Preise. Schwanhäußer selbst erfand den später in aller Welt verwendeten farbig schreibenden Kopierstift (Patent 1875), gründete

Auslandsvertretungen in London (für das britische Kolonialreich) und in Wien (für die österreichisch-ungarische Donaumonarchic, bis heute mit dem Stammhaus in Nürnberg eng verbunden) und besuchte auch selbst Absatzmärkte, die USA eingeschlossen.

Neben dieser Berufsarbeit, die später durch seine Söhne Eduard und August, und deren Nachfolgern fortgesetzt wurde, war Gustav Schwanhäußer als Handelsrichter, als Markt-Adjunkt und Gemeindebevollmächtigter tätig. Er gründete die Kinderschule in der Max-feldvorstadt und den Kindergarten in Neu-Großreuth. Der Titel eines kgl. bayer. Kommer-zienrats und die Verleihung des Verdienstkreuzes vom Hl. Michael waren für ihn ehrenvolle Anerkennungen durch das Königshaus. Der Name der heute in der vierten Generation von der Familie geleiteten Firma ist zudem von der Stadt in der Schwanhäußerstraße (nahe der Maxfeldstraße) festgehalten. *schw*

Georg Frhr. Kreß v. Kressenstein · Jurist und Historiker 1840 — 1911

Schon der Gymnasiast Georg Frhr. Kress von Kressenstein (geb. 1840 in Nürnberg) war für Historie, Literatur und Kunst zu begeistern. Dennoch studierte er in Würzburg, Heidelberg und München Rechts-wissenschaft, verband aber schon in seiner ersten Nürnberger Stellung als Angehöriger einer Rechtsanwaltskanzlei Recht und Kunst mitein-ander. Er war ein besonderer Kenner des Verwaltungsrechts und galt als Autorität im Mutterschutz. Wenige Jahre nach seiner Eheschlie-ßung (1869) mit → Amalie Haller von Hallerstein wurde er erst Mit-glied des Kollegiums der Gemeindebevollmächtigten, 1878 Rechtskonsulent und noch im gleichen Jahr bis zu seinem Tode Vorsitzender des von ihm mitbegründeten „Verein für Geschichte der Stadt Nürnberg". Besondere Pflege ließ er den Nürnberger Privatarchiven, der Denkmalspflege und der Erforschung der Geschichte angedeihen. Beispiele: Er war Schöpfer und langjähriger Leiter der Stiftung des → Albrecht-Dürer-Hauses, gehörte zum Vorstand des Vereins zur Restaurierung der Sebalduskirche, war Mitglied des Verwaltungs-ausschusses des Germ. Nationalmuseums, vorübergehend sogar dessen Erster Direktor und ab 1891 Vorsitzender von dessen Verwaltungsausschuß. In dieser Funktion hatte er schwie-rige Verhandlungen mit Reichs- und Landesbehörden zu führen, die der Neuorganisation des Museums galten.

Unter seinen zahlreichen kunsthistorischen Vorträgen und Schriften aus seiner Feder hat jene Studie besondere Bedeutung gewonnen, die sich mit der „Stiftung der Nürnberger Kaufleute für den St. Sebald-Altar in der St. Bartholomäus-Kirche zu Venedig" befaßt. Die Schriften von Kress sind bis heute erhalten. Seine Arbeiten und sein Engagement ließen ihn schon bald zu einem geistigen Mittelpunkt Nürnbergs werden. Für seine Geschichtsfor-schung und die Erhaltung des Familienbesitzes in Kraftshof erhielt er zahlreiche Ehrungen: Der bayerische St. Michaelsorden, das Ritterkreuz des Verdienstordens der Bayer. Krone, der Ehrentitel eines Justizrates, der philosophische Ehrendoktor der Universität Erlangen und eine silberne Plakette des Germ. Nat. Mus. mit seinem Bildnis. Kress starb am 1. März 1911. (An seine Familie erinnert die Kressenstraße im Stadtteil St. Johannis) *Kr*

Friedrich Wanderer · Künstler 1840 — 1910

Wanderer, Sohn des in der Biedermeierzeit lebenden Bildnis- und Genremalers Georg Wil-helm Wanderer, stammte aus Rothenburg o. d. T. und war um 1830 in Nürnberg tätig. Zehn Jahre später lebte er in München und kehrte erst 1850 nach Nürnberg zurück. Hier erhielt der Sohn als Schüler → August von Krelings seine Ausbildung an der Kunstschule. Nach Reisen ins Ausland avancierte er 1863 zum Hilfslehrer und 1868 zum Professor für Kunst-

gewerbliches Zeichnen an seiner ehemaligen Ausbildungsstätte. Seit Krelings und →
Gnauths Tod war er der offiziell führende Künstler in Nürnberg (1888 Ehrenbürger) geworden und erwarb sich zunehmend eine Schlüsselstellung im gesellschaftlichen und künstlerischen Leben der Stadt.

Mit zahlreichen Arbeiten, deren Spannweite von teilweise sehr sensibel kolorierten Ehren-
adressen und Illustrationen über historisierende Raumausstattungen (Dürer-Haus, um
1880) bis zu Denkmal- und Brunnenentwürfen (Paulibrunnen in Erlangen [enthüllt 1890],
Kriegerdenkmal [1876], Grübel-Brunnen [1881] und Kolossalvasen im Stadtpark [aufge-
stellt 1891 und 1896] in Nürnberg) reicht, war Wanderer im Nürnberg der Jahre nach 1875
Hauptvertreter einer künstlerisch stark die Vergangenheit der Stadt reflektierenden Kunstrichtung. Ein bevorzugtes Arbeitsgebiet war die Entwerfertätigkeit für Glasmalereien
sakraler und profaner Thematik: die Kaiserfenster für die Kirchen St. Lorenz in Nürnberg
(1881) und St. Georg in Nördlingen (1890), Hauptereignisse der deutschen Geschichte des
19. Jahrhunderts für das Germanische Nationalmuseum (1884) (alle im Zweiten Weltkrieg
zerstört) sowie das Bismarck-Fenster im Germanischen Nationalmuseum (1883).

Wanderers Einfluß als künstlerischer Berater der Stadtverwaltung unter den Ersten Bürgermeistern → von Stromer und → von Schuh reichte bis zu Vorschlägen von Bauten im Bereich
der Nürnberger Stadtmauer. Als Maler trat er — sicher auch bedingt durch die kunstgewerbliche Ausrichtung der Nürnberger Schule — nicht in dem Maße hervor, wie es seiner Stellung
im Nürnberger Kunstleben entsprochen hätte. Mit der Wiederherstellung des Kleinen Rathaussaales, die dem „Künstler und Kenner der frühen Nürnberger Kunstrichtung" von seiten der Stadt übertragen wurde, erhielt er jedoch — wenn auch spät — den Auftrag zu großen
Gemälden (1895 — 1901) mit der Darstellung bedeutender Männer aus der Vergangenheit
Nürnbergs (teilweise erhalten: Nürnberg, Stadtgeschichtliche Museen). Zu seiner Erinnerung: Die Wandererstraße.   *Göt*

Georg Meisenbach · Erfinder der Autotypie   1841 — 1912

Georg Meisenbach erfand 1881 die Autotypie. Die Patent-
schrift No. 22244 — wirksam ab 9. Mai 1882 — spricht von
„Neuerungen in der Herstellung photographischer Platten
für Hoch- und Tiefdruck-Clichés".

Mit manueller Druckgraphik illustrierte Einblattdrucke und
Bücher gab es schon seit Jahrhunderten. Die im Laufe der
Zeit qualitativ und quantitativ steigenden Ansprüche, vor
allem wohl der Wandel der ästhetischen Anschauungen,
bewirkten ständig druckgraphische Neuerungen. Schließlich
setzte die 1839 erfundene Photographie Künstlern und Tech-
nikern absolute Naturtreue als Ziel. Dieses Problem suchte
nicht nur Georg Meisenbach zu lösen, aber er wurde fündig
und hat damit den Printmedien ein neues Zeitalter, das der
realistischen Photoreproduktion, eröffnet.

Georg Meisenbach kam 1841 in der Breiten Gasse zu Nürnberg zur Welt. Seine Eltern,
Zeugschmiedemeister Johann Paul und Maria Elisabetha Florentina geborene Wild, waren
damals die Wirtsleute zum Weißen Einhorn. Von ihren elf Kindern lebten beim Tod des
Vaters 1855 nur noch vier. Georg, der Jüngste, zeigte — Zeichnungen aus späteren Jahren
lassen das erkennen — künstlerisches Talent und wurde deshalb 1855 Kupferstecher wie
sein Schwager Rorich, mit dem zusammen er viele Jahre bei der Mayer'schen Kunstanstalt in
Nürnberg arbeitete. Die Niederlassungsakte des Georg Meisenbach von 1865 und das
Archiv der von ihm später gegründeten Firmen sind im Zweiten Weltkrieg verbrannt. Mei-

senbach erhielt wohl eine Conzession für die selbständige Ausübung seines Berufes und übersiedelte verheiratet 1874 nach München. Die dortigen Adreßbücher führen ihn seit 1875 unter wechselnden Adressen als „Künstler". 1876 gründete er die erste chemigraphische Kunstanstalt Münchens, in der er nach Schwarzweiß-Vorlagen (ohne Halbtöne) Zinkotypien fertigte; sein Ziel aber war die Autotypie, das Druckcliché für Halbtonbilder. Um ihre zwischen ganz hell und ganz dunkel liegenden, meist stufenlos verlaufenden Schattierungen reproduzieren zu können, muß man das Bild in sehr kleine Partikel auflösen (rastern). Die Bildpartikel (Punkte) müssen von Mittelpunkt zu Mittelpunkt gleich weite Abstände haben. Von Rand zu Rand gemessen sind die Abstände, verursacht durch unterschiedliche Durchmesser der Punkte, jedoch ungleich. Das ist mit Schwierigkeiten verbunden, weil helle Bildpartien mit kleinen („spitzen") Punkten besetzt sind, deren Ränder relativ weit voneinander abstehen; dagegen stehen in dunklen Bildpartien große Punkte mit geringeren Zwischenräumen, soweit sie nicht völlig entfallen. Den wenigsten Betrachtern gedruckter Bilder wird deren Aufrasterung bewußt; sie lassen sich optisch täuschen. Zur Verwirklichung seines Vorhabens experimentierte Meisenbach mit allen damals bekannten Rastern. Da sie seinen technischen Ansprüchen nicht genügten, druckte Meisenbach von einer selbst gravierten Kupferplatte einen Linear-Raster, den er dann auf eine Photoplatte belichtete. Der Weg zur Autotypie war frei.

In der Frühzeit der Erfindung verlief er so: Ein von einer Halbton-Vorlage in der Kamera photographisch genommenes Negativ wurde auf positiv umkopiert. Dieses Positiv und das Raster-Negativ (beides Glasplatten) wurden aufeinander gelegt und gemeinsam nochmals umkopiert. Dabei wurde — bei kurz unterbrochener Belichtung — der Linienraster um 90 Grad gedreht, damit auf dem entstehenden Negativ ein Kreuzraster erschien. Dieses Negativ mit dem kreuzgerasterten Bild wurde auf eine lichtempfindlich beschichtete Metallplatte (meist Zink) umkopiert. Die nicht belichteten Stellen wurden dann mit Säure tiefer geätzt, die Rasterpunkte dagegen blieben erhaben stehen. Um nicht so oft umkopieren zu müssen, nahm Meisenbach die Rasterplatte später in die Kamera vor die zu belichtende Photoplatte und erzielte — wieder mit 90 Grad-Drehung nach halber Belichtungszeit — ohne Umwege ein kreuzgerastertes Negativ. Meisenbachs Freund und Compagnon, der Architekt Joseph Ritter von Schmaedel, hat 1884 eine Liniermaschine konstruiert, mit der er Rasterlinien in präzisen Abständen mit einem Diamant in oberflächig geschwärzte Spiegelglasplatten gravieren konnte. Das hat die Qualität der Autotypien beträchtlich gesteigert und zu vermehrter Nachfrage nach Lizenzen für deren Herstellungsverfahren geführt. Seit 1888 hat Georg Meisenbach auch mehrfarbige Autotypien angefertigt und von 1889 an nur noch mit Kreuzrastern gearbeitet, die Methode aber zunächst noch geheimgehalten.

Um Drucker und Verleger, sowie Wirtschaft und Wissenschaft von Brauchbarkeit und Vorteilen der Autotypie überzeugen zu können, hat Meisenbach 1882 den Autotypie-Verlag gegründet. Dessen erste große Publikation (1883), der offizielle Bericht über die Münchener internationale Elektricitäts-Ausstellung von 1882, ist mit 225 hervorragend gedruckten Autotypie-Illustrationen ausgestattet. Gerasterte Halbton-Reproduktionen sind für alle heute bekannten Druckverfahren geeignet. Sogar die Digitalisierung von Bildern für elektronische Aufzeichnung und Wiedergabe beruht auf dem Prinzip der Rasterung.

Der wirtschaftliche Ertrag seiner Erfindung ermöglichte Georg Meisenbach ausgedehnte Jagdreisen z. B. in die Karpaten, nach Bosnien, in die Vereinigten Staaten und 1897 nach Spitzbergen, wo er Salomon Andrée und dessen Begleiter kurz vor ihrer tragischen Ballonfahrt kennenlernte. 1891 zog Georg Meisenbach sich vom Geschäft zurück und lebte abwechselnd in München und in Emmering bei Fürstenfeldbruck, wo er 1912 starb. Seine Firma — 1892 mit der des Heinrich Riffarth vereinigt — besteht heute noch in Berlin als Meisenbach Riffarth & Co — Bruns & Stauff GmbH. Nach ihm ist eine Straße im Stadtteil Großreuth h. d. Veste benannt. *MM*

Friedrich Glauning · Schulreferent   1842 — 1911

Der Sohn eines Lehrers, im Januar 1842 in Nürnberg geboren, studierte Alt- und Neuphilologie, war Studienlehrer in Augsburg und Nördlingen und wurde 1868 als Lehrer und Professor an die Industrieschule in Nürnberg berufen. 1879 wurde Friedrich Glauning als Schulreferent im Nebenamt und 1892 zum hauptamtlichen Schulrat und Schulreferenten für Volksschulen und Töchterschulen ernannt. In seiner Amtszeit entwickelte sich das Schulwesen stürmisch. Von 1871 bis 1903 stieg die Schülerzahl von 6.720 auf 31.086 an. In einer Schulbauepoche ohnegleichen wurden von 1890 an die Raumprobleme gelöst. Viele dieser imponierenden „Schulburgen" zeugen heute noch von solider Bauweise und einem tragfähigen pädagogischen Konzept. Der innere Ausbau stand nicht nach; ab 1892 wurden eingeführt: Handarbeitsunterricht für Mädchen, Heilkurse für Stotterer, Hilfsschulklassen, die freiwillige 8. Klasse an Volksschulen, der Kochunterricht. Der Grund für das Berufsschulwesen wurde mit der Bildung von Fachklassen gelegt, 1901 für Kaufleute, 1902 für Metzger, Friseure, 1904 für Schlosser, Mechaniker u. a., 1910 für Verkäuferinnen. 1910 wurde der „offene Zeichensaal" zur Fortbildung junger Handwerker, der Vorläufer der R.-Diesel-Schule, eingerichtet. Die städt. höheren Mädchenschulen führten 1907 die ersten Absolventinnen zum Abitur. Glauning starb in Nürnberg im Januar 1911.   *Gem*

Ernst Plank · Spielwarenfabrikant   1844 — 1914

Zu den interessantesten Figuren des Nürnberger Wirtschaftslebens im 19. und Anfang des 20. Jahrhunderts, gehört der Handwerksmeister Ernst Plank, geboren 1844 in Nürnberg. Obwohl er sich im Jahre 1866 als Flaschnermeister selbständig gemacht hatte, baute er bald eine eigene Spielwarenfabrik auf, die Weltruf genoß. Er stand damit in Nürnberg in einer guten Tradition, denn in der ehemaligen Freien Reichsstadt war ein großer Teil der deutschen Spielwarenindustrie konzentriert. Von den 331 in Bayern ansässigen Spielwarenfirmen finden wir im Jahre 1913 allein 282 im Raum Nürnberg und Fürth versammelt.
Ernst Plank stellte in seinem, nach heutigen Maßstäben „mittelständischen" Betrieb mit 130 Arbeitnehmern u. a. Laternae magicae, Schattenbildwerfer, Modelldampfmaschinen, Lokomotiven, Dampfschiffe und elektrophysikalische Geräte her. Auf den Weltausstellungen in Wien von 1873, Philadelphia 1876, Chicago 1893, in Nürnberg 1879 und 1882 und Amsterdam 1883, wurden die Produkte der Firma Ernst Plank prämiert. Im Nürnberger Spielzeugmuseum werden noch eine Reihe von Produkten der Firma Plank aufbewahrt. Als echter Unternehmer stellte Plank seine großen Fähigkeiten auch in den Dienst seiner Vaterstadt. Er war Armenpflegschafts- und Waisenrat, Mitglied des Gemeindekollegiums und Magistratsrat. Für seine Verdienste wurde er mit der Silbernen Bürgermedaille ausgezeichnet. Er starb 1914.   *Pi*

Johann Sigmund Schuckert · Gründer der Schuckertwerke   1846 — 1895

Sigmund Schuckert war ein für Nürnberg charakteristischer Pionier des im 19. Jahrhundert beginnenden Industriezeitalters, die noch aus der reichsstädtischen Frühindustrie herauswuchs. Er war der Unternehmer, der aus kleinsten Anfängen ein Werk der Elektroindustrie schuf. Bei seinem Tode hat er bereits mehr als 3.000 Arbeiter, rd. 600 Angestellte beschäftigt und Kunden in der ganzen damals entwickelten Welt beliefert. Durch sein Unternehmen hat er Nürnberg einen herausgehobenen Platz in der Entwicklung der Elektrotechnik seit der Mitte des 19. Jahrhunderts verschafft.
Sigmund Schuckert wurde 1846 als Sohn eines Büttnermeisters in der Johannisgasse in Nürnberg geboren. Bereits in der Volksschule machte er bei Laboratoriumsversuchen die

erste Bekanntschaft mit der Elektrik. Mit Hilfe seines Lehrers gelang es ihm, bei der ältesten Nürnberger Elektrofirma → Friedrich Heller eine Mechanikerlehre zu beginnen. Er bemühte sich, sein Wissen durch Selbststudium und durch zusätzliche Privatausbildung zu vertiefen. Die Elektrotechnik schlug ihn in Bann. Dann machte er sich als Geselle auf die Wanderschaft, die ihn nach München, Stuttgart, Düsseldorf, Hannover und auch nach Berlin zu → Siemens & Halske führte. Überall war er darauf bedacht, die besten Fachleute und renommierte Betriebe kennenzulernen, um so sein Fachwissen zu verbreitern und sich zu eigenen Ideen anregen zu lassen. Von der Nähmaschinentechnik bis zur Herstellung astronomischer Geräte spannte sich der Bogen der Wissensgebiete, in die er sich intensiv einarbeitete. Bedeutsam für ihn war ein mehrjähriger Aufenthalt in den USA. Er besuchte Baltimore, Philadelphia und arbeitete auch in Cincinnati in der Firma von Thomas A. Edison. Vier Jahre später kehrte er nach Europa zurück und besuchte 1873 die Wiener Weltausstellung.

Im gleichen Jahr noch eröffnete er in seiner Vaterstadt in der Schwabenmühle zwischen Kaiserstraße und Pegnitz eine eigene kleine Werkstatt — die Keimzelle des späteren riesigen Schuckert-Unternehmens. Neben seiner Arbeit bildete er sich ständig autodidaktisch weiter und erkannte dabei die große Zukunft der Elektroindustrie. Erstes Aufsehen erregte er mit der Konstruktion des Dynamos von 1874 unter Anwendung des Siemens'schen dynamoelektrischen Prinzips. Dafür wurde ihm 1874 das Gewerbeprivileg erteilt. Mit 1.000 in Amerika ersparten Dollars fing er an; schon 1875 war er mit seinen Maschinen auf dem Markt und ein Jahr später erhielt er vom bayerischen König eine staatliche Subvention von 50.000 Mark „in Anerkennung der wesentlichen Verbesserungen einzelner Teile der dynamoelektrischen Maschine". Im gleichen Jahr schuf er die Beleuchtung des Kriegerdenkmals zwischen Kaiserstraße und Adlerstraße mit einer selbst konstruierten Bogenlampe, die von einer durch Wasserkraft angetriebenen Dynamomaschine gespeist wurde. Da der Raum der Werkstatt an der Pegnitz zu klein wurde, mietete er 1878, angeregt durch den Kaufmann → Alexander Wacker, den späteren kaufmännischen Leiter seines Unternehmens, einen Teil der Werkstätten der → Meßthaler'schen Maschinenfabrik. In der neuen Fabrikationsstätte wurden vor allem Bogenlampen in größeren Stückzahlen in einer Qualität gebaut, die der Schuckert-Lampe auf der Pariser Welt-Ausstellung 1881 viel Anerkennung einbrachte. Schuckerts Bogenlampen wurden in vielen Städten zur Beleuchtung von Straßen, Höfen und größeren Räumen verwendet. Dies machte den Ausbau der elektrischen Straßenbeleuchtung Nürnbergs in den 70er Jahren möglich. Als sich in der Folgezeit immer mehr die von Edison 1879 erfundene Glühbirne durchsetzte, übernahm sie Schuckert in sein Fabrikationsprogramm und führte auf der Bayerischen Landesausstellung in Nürnberg 1882 und der Internationalen Elektrizitätsausstellung in München Glüh- und Bogenlampen in Parallelschaltung vor. Dabei stellte er erstmals seine Scheinwerfer vor, mit denen er seine Zeitgenossen stark beeindruckte.

Da inzwischen auch die bei Meßthaler gemieteten Räume zu eng geworden waren, baute er an der Schloßäckerstraße eine eigene große Fabrikanlage und wurde damit zum Unternehmer im eigentlichen Sinn: Er ließ jene handwerkliche Tradition hinter sich, die jedes Stück selbst konstruieren, bearbeiten und prüfen wollte. Erst jetzt stellte er einen Ingenieur und einen Kaufmann ein und nahm 1885 Alexander Wacker, seinen bisherigen Vertreter, als Teilhaber auf und stellte technische Spitzenleute ein, mit deren Hilfe er in den 80er Jahren die Fertigung von Elektrozählern und Scheinwerfern auf- und weiter ausbauen konnte. Zum raschen Aufstieg trug der Scheinwerfer wegen seiner Einmaligkeit bei. Von der Idee über die Konstruktion des Glasparabolspiegels bis hin zur feinen Schleifarbeit des Glases und des Silberbelages aus der heimischen Spiegelindustrie war er Nürnberger Arbeit. In aller Welt wurde er verwendet. Als Schuckert auch komplette elektrische Zentralen baute, wurden sie und der Bau von Straßenbahnen immer mehr die tragenden Säulen des Schukkert'schen Unternehmens.

Um die großen Aufträge erfüllen zu können, wurden 1889 weitere Grundstücke an der Landgrabenstraße bebaut. Gleichzeitig setzten Schuckerts Sozialmaßnahmen für Angestellte und Arbeiter des Werkes ein, die weit über das gesetzliche Muß hinausgingen. Während der stärksten sozialen Spannungen im Industrie-Milieu nannten die Schuckert'schen Firmenmitglieder ihren Dienstherrn vertrauensvoll „Vater Schuckert", der spürbare Dank für seine soziale Rahmenfürsorge, in die auch die Familien eingeschlossen waren. Sein größtes soziales Denkmal setzte er sich in der Stiftung der „Wohnungsbaugemeinschaft Sigmund Schuckert", deren gediegene Wohnlichkeit damals Modellcharakter für das Genossenschaftswesen im Arbeiterwohnungsbau für das Deutsche Kaiserreich erlangte. Seine Mitarbeiter ehrten ihn, der nur zum Teil noch die Fertigstellung der neuen Fabrikationsstätten — das Fundament für den Aufschwung der Firma — erlebte, durch ein Denkmal, das, im Zweiten Weltkrieg zerstört, durch ein neues (1961) auf dem Schuckert-Platz (Lichtenhof) ersetzt wurde. Schuckert wohnte selbst in der Johannisstraße 20. 1892 mußte sich Schuckert wegen eines Nervenleidens aus seiner Arbeit zurückziehen. Er starb 1895, noch nicht 50 Jahre alt, in Wiesbaden. Sein 1893 in eine Aktiengesellschaft umgewandeltes Werk wurde später als „Siemens-Schuckert-Werke" mit Siemens fusioniert. *Sti*

Conradin Walther · Architekt   1846 — 1910

Conradin Arnold Ferdinand Walther ist am 11. Mai 1846 in Schwäbisch Hall zur Welt gekommen. Er war der Sohn des Emil Konrad Walther, Regierungsrat in Ludwigsburg und dessen Frau Julie, geborene Arnold. Walthers Ahnenliste enthält viele bedeutende Namen, darunter den des berühmten württembergischen Theologen, D. Johann Albrecht Bengel. Seine berufliche Ausbildung erhielt Walther auf der technischen Hochschule in Stuttgart. Der für seinen Werdegang als Architekt maßgebende Lehrer war Professor Christian Friedrich von Leins. Mit 29 Jahren folgte Walther einem Ruf an die Kunstgewerbeschule in Nürnberg. Fünf Jahre nachdem er die Lehrtätigkeit in Nürnberg als kgl. Professor aufgenommen hatte, heiratete er am 3. August 1878, die in Iserlohn geborene Anna Schrimpff, Schwester des Gründers der Bayerischen Kabelwerke in Roth, Geh. R. → Otto Schrimpff. Mit seinem erfolgreichen, von Wohlwollen und Liebe gegenüber jedem Strebsamen erfüllten Wirken als Lehrer, verband Walther eine rege und weitgespannte Tätigkeit als planender und ausführender Architekt auch außerhalb Nürnbergs (Berlin, Tübingen, Rudolstadt, Bamberg u.a.m.), als Sammler historischer Bauformen und handwerklicher Details und als Herausgeber einschlägiger Mappenwerke. Viele Jahre diente er seiner Wahlheimat Nürnberg auch ehrenamtlich als Vorsitzender des städtischen Kunstausschusses. Er war Inhaber des bayerischen Verdienstordens vom Hl. Michael mit der Krone. Eine Herzerkrankung war im Jahre 1908 so weit fortgeschritten, daß Walther sich aus seiner Berufsarbeit zurückziehen mußte. Er starb nach schwerem Leiden, am 20. Mai 1910 in Nürnberg.

Walther war einer der Begründer der Richtung, die im achten Jahrzehnt des neunzehnten Jahrhunderts im engen Anschluß an die vorbildlichen Schöpfungen der Nürnberger Spät-Renaissance eine Bereinigung und Neubelebung der Baukunst in dieser Stadt verfolgte. Um die Jahrhundertmitte herrschte in Nürnberg die Neugotik → Heideloffs. Auch Formenelemente der Romantik und der italienischen Renaissance wurden angewandt. Pseudo-mittelalterliche Villen wurden gebaut. Aber immer mehr hatten sich Renaissance-Formen in einer dem Mode-Geschmack angepaßten, romantisch-malerischen Verfremdung durchgesetzt. Walthers Bestreben inmitten der divergierenden künstlerischen und technischen Leitbilder und Moden seiner Zeit ist auf Nürnberg, auf einen ortstypischen „Nürnberger Stil" fixiert und sucht seine Wurzeln in der Tradition dieser Stadt. Mit dem Instrumentarium eines seriösen, puristischen Historismus wollte er die herrschende eklektizistische Willkür überwinden. Er war ein Meister gewissenhafter Aufnahme und material- und werkgerechter Übernahme historischer Bauformen und hinterließ hunderte von Photographien, die ihm als Studienmaterial dienten. Die von ihm angewandten Renaissance-Details sind authentisch. Auch bei seinen selbständig-schöpferisch modifizierten Entwürfen blieb er sich darin im höchsten Maße treu. Seine Werke sind von hervorragender baumeisterlicher Qualität.

Von Walthers wichtigen Bauten in Nürnberg sind zu nennen: die Villa Nister, das Nistersche Kunstarchiv, das Restaurant auf dem Ludwigstorzwinger und das Hotel Deutscher Kaiser. Die als restaurierte Teilruine erhaltene ehemalige Königliche Kunstgewerbeschule in der Flaschenhofstraße, deren prächtiges Portal verschwunden ist und deren Proportionen durch ein zusätzliches, drittes Obergeschoß mit flachem Dach verändert sind, beeindruckt durch ihre gezügelte Monumentalität und ihre noble, großartige Fassade. Walthers letztes großes Werk ist das erst nach des Meisters Tod vollendete, im Zweiten Weltkrieg teilzerstörte Künstlerhaus (heute „Komm") am Königstor. Vor allem in diesen beiden Werken gewinnt er die Form, deren Ausdruck uns nach einer langen Periode der Verachtung stilnachahmender Kunst wieder erreicht.

Conradin Walther war ein Zeichner und Aquarellist von hohen Graden. Die Zahl der Blätter mit genauesten Maßaufnahmen Nürnberger Renaissance-Details war unübersehbar. Sie wurde auch durch Studien während seiner fünf großen Italienreisen ergänzt. Auch diese Arbeiten zeugen von der ernsten Gesinnung, in der Walther die Grundlagen schuf, auf denen er sein Lebenswerk errichten konnte. Der Bau des Künstlerhauses fiel bereits in eine Zeit, in der die Richtungen im architektonischen Zeitgeschmack sich von der Linie, die Walther gefunden und verfolgt hatte, weit entfernten. Dies beweisen nicht nur die Widerstände, die schon dem Entwurf durch einige Zeitgenossen entgegengestellt wurden. Unter dem Ruf:„Befreiung vom Banne der historisierenden und stilnachahmenden Schaffensweise", war die Zeit der damaligen „Moderne" angebrochen.

Aus der großen Zahl von Walthers Schülern sind zu nennen die Architekten → Otto Seegy, Johann Will, Friedrich Küfner, Hans Pylipp und → Heinrich Wallraff. Otto Seegy hat den Waltherschen Plan für den Neubau des Künstlerhauses zu Ende geführt. Jeder von Walthers Schülern hat später zu einer eigenen künstlerischen Handschrift gefunden. Der Lehrer, der größten Fleiß und hohe Leistung forderte, hat die ihm Anvertrauten innerlich frei gelassen. Er pflegte seinen aus Nürnberger Künstlern bestehenden Freundeskreis. Dazu zählten u. a. die → Prof. Behrens, H. Heim, auch Jüngere wie → E. Loesch, → R. Schiestl, → M. Heilmaier, C. Dotzler, → H. Beck-gran, → L., P. u. W. Ritter und die Brüder → Kellner.

Walther war ein Bürger des ausgehenden neunzehnten Jahrhunderts, einer Epoche, von deren Dichte, Gedrängtheit und Expansionskraft wir uns keine ausreichende Vorstellung mehr machen, dieses großartigen, lange verkannten neunzehnten Jahrhunderts, mit dem ein ganzes Zeitalter zu Ende ging, um einer neuen Evolution Platz zu machen, von der wir heute nur dunkel ahnen, wo ihre Zukunftsziele liegen. Walther war, wie sein großer Lehrer Leins, kein Neuerer, sondern ein Erfüller. Er hat die gärende Bewegung seiner Zeit, mit seinen Mitteln, zu bändigen versucht, wohl auch wissend, daß stets die Ganzheit gewahrt werden müsse, auch im Abschiednehmen von einer schönen Tradition. Sein Werk war geprägt von Würde, Anstand und menschlichem Maß. In dieser Gesittung liegen sein bleibendes Verdienst und seine Größe. *See*

Georg Ritter von Schuh · Oberbürgermeister 1846 — 1918

Seine Amtszeit (1892 — 1913) war geprägt vom stürmischen Aufstieg Nürnbergs zu einer neuzeitlichen Großstadt: die Einwohnerzahl verdoppelte sich auf mehr als 360 000 Einwohner; durch Eingemeindungen stieg die Fläche des Stadtgebietes auf ca. 6400 ha (Berlin hatte damals 6350 ha). Diese beiden Zahlen belegen die Erwartungen der Bürgerschaft an eine durch den industriellen Aufstieg und den technischen Fortschritt geprägte „Großstadt". Die Nachfahren interessiert es, was jener Oberbürgermeister an der Schwelle zum 20. Jahrhundert für eine Persönlichkeit gewesen ist.

Am 17. November 1846 kam Johann Georg Schuh als drittes von fünf Kindern in Fürth zur Welt. Er wuchs in „einfachen Familienverhältnissen" auf und besuchte bis zum 14. Lebensjahr die Volksschule. Obwohl er ursprünglich Holzschnitzer werden sollte, ließen sich die Eltern überzeugen und willigten ein, den Sohn „wenigstens" zum Schullehrer ausbilden zu lassen. Im Herbst 1863 bestand er die Aufnahmeprüfung für das Schullehrerseminar Schwabach. Sein Interesse für Bildungsfragen und sein Engagement für das Volksschulwesen entwickelte sich in jener Zeit. Dank seiner Energie, seiner Ausdauer und seines unermüdlichen Fleißes bestand der 22jährige das Absolutorium des Gymnasiums. Das Jurastudium absolvierte er vorwiegend in München und leistete dort auch seine einjährige Militärdienstzeit 1872 ab. Mit hervorragenden Noten legte der inzwischen 29jährige sein juristisches Staatsexamen in Ansbach ab und heiratete noch im gleichen Jahr Maria Schmidt. Während dieser Zeit arbeitete er in verschiedenen Kanzleien als „Rechtskonzipient", bis er am 19. Februar 1878 einstimmig zum „rechtskundigen Magistratsrat" in Nürnberg gewählt wurde. Zuständig für das Baupolizeiwesen, als Referent für Straßen und Kanäle sowie für das Polizeiwesen erwarb er sich erste Verdienste in einer öffentlichen Verwaltung, die er später so wirkungsvoll führte.

Ein weiterer Schritt in seinem kommunalen Aufstieg folgte mit der Wahl zum „rechtskundigen Bürgermeister" in Erlangen am 30. April 1881. Mit 35 Jahren übernahm er die Leitung der Stadtverwaltung dieser Universitätsstadt und setzte eine Entwicklung in Gang, die hier nur stichpunktartig wiedergegeben werden kann: vollständige Kanalisierung, Bau einer allgemeinen Wasserleitung, Errichtung des Kollegienhauses, Verlegung des 19. Infanterie-Regiments nach Erlangen, Bau des ersten Schlachthofes in Bayern mit eigenem Kühlhaus, Einweihung der Sekundärbahn Erlangen — Eschenau — Gräfenberg, Immatrikulation des tausendsten Studenten im Jahre 1890.

Schuhs Erlanger Zeit fand ein plötzliches Ende durch den Tod des Nürnberger Oberbürgermeisters → Otto Freiherr von Stromer am 11. September 1891. Obwohl sich Schuh um das

Amt nicht beworben hatte, wurde er am 19. Januar 1892 einstimmig zum Ersten Bürgermeister Nürnbergs gewählt. Entsprechend der Bayerischen Gemeindeordnung von 1869 bestand der Magistrat einer Großstadt wie Nürnberg aus zwei Bürgermeistern, sieben rechtskundigen und 17 bürgerlichen Magistratsräten, einem Baurat und einem Schulrat. Das zweite Kollegium, das der 51 Gemeindebevollmächtigten, vertrat die mit dem Bürgerrecht ausgestatteten Einwohner gegenüber dem Magistrat. Der Erwerb des Bürgerrechts, eine Voraussetzung für die Ausübung des aktiven Wahlrechts, war an einen bestimmten Vermögensnachweis gebunden und deshalb nur von einer relativ geringen Zahl der Einwohner erlangt worden. So wird es verständlich, daß in beiden Kollegien die Freisinnige Volkspartei und die Nationalliberale Partei über die Mehrheit verfügten, während die rasch zunehmende Arbeiterschaft bis 1908 von jeder kommunalen Mitbestimmung ausgeschlossen blieb.

Die Verdienste und Leistungen des neu gewählten Ersten Bürgermeisters, der während seiner Erlanger Amtszeit auch Landtagsabgeordneter der Freisinnigen Partei war, seien hier schlagwortartig genannt: 1894—1897 Neubau des Krankenhauses mit fünf Krankenabteilungen; 1896 zweite Bayerische Landes-, Industrie-, Gewerbe- und Kunstausstellung; 1898 Errichtung einer Handelsschule für Mädchen; 1898 Überwachung des Gesundheitszustandes der Schülerinnen und Schüler durch nebenamtliche Schulärzte; 1898 Übernahme der Straßenreinigung im gesamten Stadtgebiet durch die Stadt Nürnberg; 1900 Inbetriebnahme der Heilstätte in Engelthal; 1900—1904 Errichtung eines neuen Gaswerkes in Sandreuth; 1902 Aufstellung des Neptunbrunnens auf dem Hauptmarkt; 1903 Überführung der Straßenbahn in städtischen Besitz; 1903/04 Erweiterung des Westfriedhofes; 1904 erster Internationaler Kongreß für Schulgesundheitspflege in Nürnberg; 1905 Errichtung des Opernhauses, Neubau der Hauptfeuerwache am Kornmarkt sowie der Feuerwachen West und Ost, Einführung der Berufsfeuerwehr, Einweihung des Kaiser-Wilhelm I.-Denkmals auf dem Egidienberg in Anwesenheit Kaiser Wilhelms II.; 1906 dritte Bayerische Landes-, Industrie-, Gewerbe- und Kunstausstellung (Hundertjahrfeier der „Einverleibung" der Stadt Nürnberg in das Königreich Bayern am 15. September 1806); 1907 Errichtung einer städtischen Leichenbestattungsanstalt; 1908 Inbetriebnahme der Strecke Nürnberg—Eschenau; 1910 Eröffnung des Künstlerhauses, Fertigstellung des Schulhauses Reutersbrunnenstraße und Inbetriebnahme der Schulhäuser am Nordbahnhof und in Gibitzenhof; 1911 Errichtung des von Kommerzienrat → Heinrich Berolzheimer gestifteten Luitpoldhauses, das die naturhistorischen Sammlungen aufnahm; 1913 Fertigstellung des Südfriedhofes und Vollendung des Großkraftwerkes.

Vor dem Hintergrund solcher Leistungen wird es verständlich, wenn der vom Hilfslehrer zum Oberbürgermeister Avancierte mit einer Vielzahl von Auszeichnungen geehrt wurde: 1892 durch Verleihung des Verdienstordens der bayerischen Krone in den Ritterstand erhoben, 1902 Geheimer Hofrat, 1910 Geheimer Rat. Erlangen und Nürnberg ernannten ihn zum Ehrenbürger; die Medizinische Fakultät der Universität Erlangen zeichnete ihn 1910 mit der Ehrendoktorwürde aus; 1913 wurde er durch den erblichen Adel und 1917 durch das Prädikat Exzellenz ausgezeichnet.

Am 31. Dezember 1913 schied Georg von Schuh aus dem Amt und zog sich auf seinen Privatbesitz am Starnberger See zurück. Dort starb er am 2. Juli 1918. Er wurde auf dem Johannisfriedhof beigesetzt.

Schuh war einer der großen Oberbürgermeister dieser Stadt. Seine rasche Auffassungsgabe und die Fähigkeit, Wesentliches vom Marginalen zu unterscheiden, ermöglichten die Verwirklichung der selbstbewußt gesteckten Ziele. Unermüdlicher Fleiß, Pragmatismus und eine nahezu grenzenlose Energie verbanden sich bei ihm mit der Begabung, das Neue mit dem Bewährten sinnvoll zu kombinieren. *Hlzb.*

Im ersten Viertel dieses Jahrhunderts wurde Nürnbergs Stadtgeschichtsforschung maßgeblich und nachhaltig von dem profilierten Archivar und Historiker Ernst Mummenhoff geprägt. Mit einer seltenen Schaffenskraft schrieb dieser energische, streitbare Westfale viele Abhandlungen über nahezu alle Gebiete der Nürnberger Historie. Spekulationen und Hypothesen lehnte er ab. Er stützte sich auf vorhandene Quellen und räumte — seit 1883 Direktor des Stadtarchivs und seit 1891 zusätzlich noch Leiter der Stadtbibliothek Nürnberg, beides bis zur Pensionierung 1920 — mit manchen liebgewonnenen Ansichten auf. Außerdem betrieb er seit 1883 die längst notwendig gewordene Neuordnung des Stadtarchivs.

Mummenhoff wurde am 22. Dezember 1848 in Nordwalde bei Münster i. W. als Lehrersohn geboren, besuchte das Gymnasium in Recklinghausen, studierte Geschichte, historische Hilfswissenschaften samt klassischer und germanistischer Philologie in Münster und München und begann beim Bayerischen Reichsarchiv in München (heute Hauptstaatsarchiv) als Praktikant. Im Kreisarchiv Nürnberg (heute Staatsarchiv) wurde er 1877 Archivsekretär. Aus seiner 1880 in Nürnberg geschlossenen Ehe mit Mathilde Söllner, stammen fünf Kinder. Drei Jahre nach der Eheschließung wurde er der Nachfolger des verstorbenen Stadtarchivars Georg Wolfgang Lochner und ging auch sogleich — im Rahmen der Neuordnung des Archivs — an die Herausgabe eines Nürnberger Urkundenbuchs. Aber die Doppelfunktion als Leiter von Archiv und Bibliothek und seine umfangreiche wissenschaftliche Tätigkeit ließen Mummenhoff Zeit nur für umfangreiche Vorarbeiten, die dann für die Veröffentlichung des Urkundenbuchs — es umfaßt die Zeit bis 1300 — im Jahr 1959 verwendet werden konnten. Aus seiner Tätigkeit für die Stadtbibliothek sei nur die Übernahme der rund 20 000 Bände umfassenden → Fenitzer-Bücherei genannt.

Mit besonderem Nachdruck betrieb Mummenhoff topographische Studien. Dazu gehören einige seiner bedeutendsten Arbeiten, wie etwa das Werk von 1891 über Entstehung und Geschichte des Nürnberger Rathauses (→ vgl. Jakob Wolff d. J.) oder die Abhandlung über das „Nassauer" (Schlüsselfelder) Haus. Den Häuserstudien am Hauptmarkt entsprang eine Arbeit über die Juden in Nürnberg und deren tragisches Schicksal im einstigen Ghetto am Hauptmarkt; ein Thema, das er in einer Reihe von Vorträgen und Aufsätzen ausführlich behandelte. Die unterirdischen Gänge in der Sebalder Stadthälfte deutete er als Wasserleitungsgänge und nicht, wie vorher behauptet, als militärische Anlagen.

Zum Leidwesen des damaligen Ersten Bürgermeisters → Otto v. Stromer wies Mummenhoff nach, daß die Pläne zur Fleischbrücke (1596—1598) und zum Renaissance-Rathaus (1616—1622) nicht vom damaligen Leiter des Baureferats, Wolf Jakob v. Stromer, stammen. Die Versuche des Stadtoberhauptes, den ihm untergebenen Stadtarchivar zu einer Meinungsänderung zu bewegen, schlugen fehl. Mummenhoff blieb bei seiner Darstellung, und wollte lieber den städtischen Dienst quittieren statt dieser Sache nachzugeben. Als eifriger Wanderer hat Mummenhoff aufmerksam die nähere und weitere Umgebung der Stadt durchstreift und darüber manch lesenswerte Abhandlung verfaßt. Ein weiterer Schwerpunkt seiner Forschungen war Nürnbergs Handwerk. In der Reihe „Monographien zur deutschen Kulturgeschichte" erschien 1901 von ihm der reich illustrierte Band über das deutsche Handwerk, der sich im wesentlichen auf Nürnberger Verhältnisse stützte und auch außerhalb Nürnbergs viele Leser gefunden hat. Maßgeblich hat Ernst Mummenhoff bei der Herausgabe von Festschriften mitgewirkt, z. B. 1893 anläßlich der Versammlung der Naturforscher und Ärzte in Nürnberg und 1898 zur Eröffnung des neuen Krankenhauses. In beiden Bänden hat er die Geschichte der öffentlichen Gesundheitspflege in Nürnberg behandelt.

Entstehen, Entwicklung und Gedeihen des „Vereins für Geschichte der Stadt Nürnberg" sind aufs engste mit seinem Namen verbunden. Er war 1878 eines der 60 Gründungsmitglieder und der erste Schriftführer des Vereins. In den Jahren 1891 bis 1911 war er als sein zweiter, von 1911 bis 1926 als sein erster Vorsitzender tätig; 1928 wurde er sein Ehrenvorsitzender. Von Anbeginn war Mummenhoff an der Herausgabe der wissenschaftlichen Vereinspublikationen beteiligt. Ab 1893 redigierte er sie alleine. Zahlreiche seiner Arbeiten sind in den „Mitteilungen" des Vereins erschienen, darunter auch Buchbesprechungen, die manchmal recht kritisch ausfielen und den streitbaren Verfasser zeigen, dessen Polemik gefürchtet war. Vor dem Verein hat er nicht weniger als 68 Vorträge gehalten. Daneben aber fand er noch immer Zeit, z. B. die Historische Ausstellung auf der 3. Bayerischen Landesausstellung 1906 in Nürnberg maßgeblich zu gestalten. 1912 redigierte er die Festzeitung des in Nürnberg stattfindenden Deutschen Sängerfestes. Sein Organisationstalent zeigte sich in dem von ihm geplanten und geleiteten Festzug beim Hans-Sachs-Jubiläum 1894.

Mummenhoff war, trotz mancher äußerlichen Schroffheit, ein musischer Mensch mit beachtlicher dichterischer Begabung. Gerne spielte er selbst den Hans Sachs und fand viel Beifall, wenn er bei Tagungen im historischen Gewand das Podium bestieg und in Anlehnung an die Knittelverse von Sachs humorvoll den Anlaß zur Feier behandelte. Am 25. April 1931 ist dieser so profilierte Stadthistoriker gestorben. In die folgende Zeit der „Anpassung" hätte er sich nicht fügen können. *Ba*

Alexander von Wacker · Kaufmann   1846—1922

Alexander von Wacker, der Pionier der technischen Elektrochemie, wurde am 29. Mai 1846 zu Heidelberg als Sohn eines Privatgelehrten geboren. Nach einer kaufmännischen Ausbildung und Tätigkeit als Commis bei Unternehmen der Textilbranche in Schwerin und Leipzig begann er 1872 seine unternehmerische Tätigkeit als Teilhaber einer Textilhandelsfirma in Kassel. 1875 gründete er in Leipzig ein Handelsgeschäft für Maschinen, was ihn 1877 mit → Sigmund Schuckert zusammenführte, der zu dieser Zeit an der Schwabenmühle in Nürnberg eine bescheidene mechanische Werkstätte zur Herstellung elektrischer Maschinen betrieb. Wacker nahm diese Maschinen in sein Vertriebssortiment auf. 1883 trat er dann auf Drängen Schuckerts als Teilhaber in dessen Offene Handelsgesellschaft ein und übernahm die gesamte kaufmännische Leitung.

Er siedelte 1884 nach Nürnberg über. Das rasch wachsende Unternehmen stellte vor allem Dynamomaschinen für elektrische Beleuchtungsanlagen und elektrische Straßenbahnen, sowie elektrische Meßgeräte her. Als 1888 die Firma S. Schuckert u. Co. in eine Kommanditgesellschaft umgewandelt wurde, waren Schuckert und Wacker persönlich haftende Gesellschafter geworden. Der 1889 erstellte Neubau in der Landgrabenstraße in Nürnberg mußte 1892 erheblich erweitert werden, nachdem die Zahl der Beschäftigten 1890 bereits 1000 überschritten hatte. Da Sigmund Schuckert im August 1892 krankheitshalber von der Geschäftsleitung zurückgetreten war und drei Jahre später starb, gründete Alexander von Wacker im Sommer 1892 eine Aktiengesellschaft. Sie trat in die Rechte der S. Schuckert KG ein und firmierte „Elektrizitäts AG (E.A.G.) vormals Schuckert u. Co.". Wacker übernahm als Generaldirektor die verantwortliche Leitung.

In den zehn Jahren bis 1902 vollzog sich dann der Aufstieg der Schuckertwerke zum Weltunternehmen mit ca. 7¹/₂ Tausend Beschäftigten. Alexander von Wacker blieb die Antriebskraft. Bereits 1890 hatte er begonnen, sich der chemischen Industrie zuzuwenden. Die Firma Schuckert u. Co. lieferte Gleichstrommaschinen und schließlich ganze Anlagen zur Herstellung von Caliumcarbid, das man damals für die Grundlage der künftigen Raumbeleuchtung mit Acetylenlicht hielt. Bald setzte sich jedoch die elektrische Beleuchtung durch. Für Calciumcarbid, für das große Produktionskapazitäten aufgebaut waren, mußten neue Verwendungsmöglichkeiten gesucht werden. Dazu gründete Wacker bereits 1896 in Nürnberg das „Consortium für elektrochemische Industrie GmbH", eine zentrale Forschungsstätte. Ihr war die Aufgabe zugewiesen, Verfahren zur chemischen Verwertung von Acetylen auszuarbeiten. Bedeutende chemische Verfahren z. B. zur Herstellung von Lösungsmitteln und Kunststoffen, hatten dort ihren Ursprung. Alexander von Wacker wurde so zum Pionier der technischen Elektrochemie. Er schied 1902 als Generaldirektor der „E.A.G. vorm. S. Schuckert und Co." aus, wechselte in den Aufsichtsrat und widmete sich ausschließlich seinen elektrochemischen Interessen in Österreich und in Norwegen zur Herstellung von Calciumcarbid, Ferrosilizium und zur Chloralkalielektrolyse. 1914 gründete er die „Dr. Alexander Wacker Gesellschaft für elektrochemische Industrie" in Burghausen, den Vorläufer der heutigen „Wacker-Chemie GmbH München", des bedeutendsten Unternehmens der Chemischen Industrie in Bayern. Am 6. April 1922 verstarb Dr. phil. h. c., Dr. jur. h. c. Alexander Ritter von Wacker in Schachen am Bodensee. *sta*

Karl Grillenberger · Initiator der Arbeiterbewegung   1848 — 1897

Karl Grillenberger, der Führer der Nürnberger Arbeiterbewegung, wurde am 22. Februar 1848 in Zirndorf bei Nürnberg geboren. Durch den frühen Tod seines Vaters, eines Volksschullehrers, wurde die Familie in große Not gestürzt. Der junge Karl mußte auf höhere Schulbildung verzichten und kam mit 13 Jahren nach Nürnberg, um das Schlosserhandwerk zu erlernen. Nach Abschluß der vierjährigen Lehrzeit ging er nach altem Handwerksbrauch auf die Wanderschaft, die ihn durch große Teile Deutschlands, der Schweiz und Tirols führte.

Als Karl Grillenberger 1869 nach Nürnberg zurückkehrte und als Arbeiter in der Werder'schen Gewehrfabrik tätig wurde, war der Umwandlungsprozeß Nürnbergs von der mittelalterlich geprägten, in sich geschlossenen Stadt zur aufstrebenden, alle bisherigen Grenzen überschreitenden Industrie- und Arbeiterstadt in vollem Gange. Gleichwohl hatte die neu entstandene Schicht der Fabrikarbeiter, der in der Klassengesellschaft des Deutschen Kaiserreiches die gesellschaftliche Anerkennung ebenso vorenthalten wurde wie die politischen Rechte, bis dahin nur zaghafte Versuche unternommen, ihre Lage durch gemeinsames und organisiertes Vorgehen zu verbessern. In Karl Grillenberger erwuchs der Nürnberger Arbeiterschaft und später der Arbeiterschaft in ganz Deutschland der führende, weil in die Zukunft sehende Kopf, der der noch jungen Bewegung Schubkraft und Richtung gab. In kürzester Zeit verschaffte sich der junge Mann durch sein Engagement und sein Können die unbestrittene Führerschaft in der Nürnberger Arbeiterbewegung.

Mitte der Siebziger Jahre verheiratete er sich mit Margarete Reuter, die nicht nur treusorgende Mutter zweier Kinder, sondern auch verständnisvolle Mitstreiterin bei seinen politischen Zielsetzungen war. Im Jahre 1881 schaffte es Grillenberger, trotz aller Hindernisse, die das Sozialistengesetz aufgebaut hatte, den Nürnberger Wahlkreis zu erobern und in den Reichstag einzuziehen. In allen folgenden Wahlen hat er sein Mandat erfolgreich gegen die bürgerlichen Mitbewerber in Nürnberg verteidigen können. 1893 gelang ihm auch noch der Sprung in den Bayerischen Landtag, so daß er Nürnberg in beiden Parlamenten vertreten konnte. Während er im Reichstag besonders für eine verbesserte Sozialgesetzgebung eintrat und mit seinen Gedanken und Initiativen manche Beachtung fand, galt sein Bestreben im Bayerischen Landtag vorzüglich der von ihm längst als überfällig erachteten Wahlrechtsreform. Sie sollte die krasse Benachteiligung weniger begüterter Wählerschichten abschaffen. Und dies gelang ihm durch die von ihm leidenschaftlich im Landtag verfochtene Initiative, die schließlich mit Mehrheit beschlossen wurde und deren Inhalt bei den Kommunalwahlen des Jahres 1908 erstmals verwirklicht werden konnte.

Große Bedeutung hatte Grillenbergers Organisations- und Aufbauarbeit für die Sozialdemokratische Partei in den siebziger und achtziger Jahren des 19. Jahrhunderts und nach Auslaufen des Sozialistengesetzes. Zusammen mit Georg von Vollmar hat er quer durch Bayern eine gut gegliederte und damit schlagkräftige Parteiorganisation aufgebaut, die auch politisch wirksam werden konnte. Auf Grillenbergers Anregung hin entstand in Nürnberg zur Beratung hilfesuchender Arbeiter das erste Arbeitersekretariat Deutschlands; diesem Beispiel folgend wurden weitere Arbeitersekretariate bald darauf in anderen Städten Deutschlands eingerichtet. Starkes Profil gewann er als Verleger und Redakteur. Er gründete die „Fränkische Tagespost" und schuf damit in Nürnberg ein Presseorgan, das, von allzu engen parteilichen Bindungen und Abhängigkeiten befreit, als Sprachrohr der Arbeiterbewegung viele Jahrzehnte hindurch ein Gegengewicht zur bürgerlichen Presse bilden konnte.

Diese Erfolge verdankte Grillenberger seinem vielseitigen Talent als Volksredner, der die Massen bewegen und begeistern konnte, weil er ihre Sprache zu sprechen verstand. Als Parlamentsredner war er in den Debatten des Reichstages ob seiner Schlagfertigkeit, seinem Witz und seiner umfassenden Kenntnis der Materie gefürchtet. Grillenbergers Hand führte die feine Feder des Redakteurs ebenso geschickt wie den schweren Hammer des Schlossers. Seine gestochen schöne Handschrift, sein fehlerfreies Deutsch widerlegten manch weit verbreitetes Vorurteil. Als Kenner der Arbeitswelt aus eigener Erfahrung verstand er es, Ursachen und Wirkungen der sozialen Verhältnisse zu analysieren; zugleich konnte er seine Erfahrungen in der Parlamenttätigkeit umsetzen und in die Gesetzgebungsarbeit einführen. Außerdem beeindruckte Grillenberger durch seine äußere Erscheinung: hünenhaft seine Gestalt, sympathisch das Gesicht mit den strahlend blauen Augen und mächtig seine Stimme, die ihm bei Massenversammlungen sehr zustatten kam.

Grillenberger kam aus der Mitte der Arbeiterbewegung, hatte schon als Kind genügend Armut und Not kennengelernt und als Handwerksgeselle und Fabrikarbeiter Schicksal und Los des Proletariats geteilt. Die Arbeiterschaft sah ihn immer als einen der ihren an und nannte ihn stets „unseren Karl". Seine Unerschrockenheit und seine Opferbereitschaft waren für viele Beispiel und Ermutigung, Schikanen und Verfolgungen zu trotzen, denen damals organisierte Arbeiter ausgesetzt waren. Als er 1897, erst 49 Jahre alt, plötzlich verstarb — wie man vermutete an den Spätfolgen einer schweren Kopfverletzung, die ihm ein Polizeispitzel Jahre vorher beigebracht hatte —, zeigte die große Anteilnahme der Bevölkerung, welche Bedeutung Grillenberger weit über die Arbeiterschaft hinaus für die deutsche Politik gewonnen hatte.　*schön*

Hans Bösch · Museumsdirektor   1849 — 1905

Der Sohn eines Ansbacher Kaufmanns kam bereits mit achtzehn Jahren 1867 an das Germanische Nationalmuseum in Nürnberg. Nach zehn Jahren als Kanzlist und zweien als Sekretariatsverweser wurde Hans Bösch 1879 Sekretär des Museums. Dank seiner von einem hervorragenden kulturgeschichtlichen Interesse unterstützten Begabung erwarb er sich die großen Kenntnisse, die ihn schließlich zur Leitung des Museums befähigten. 1890 wurde er zu dessen Zweitem Direktor gewählt und mit dem Finanzwesen betraut. Während → August von Essenweins Krankheit und nach dessen Tod führte er zwei Jahre lang bis 1894 die Direktion selbständig. Danach wurde ihm auch die Leitung des Kupferstichkabinetts übertragen, wo er die Grundlage zu der einzigartigen Sammlung der Historischen Blätter gelegt hat und sie tatkräftig förderte. Neben seiner umsichtigen und erfolgreichen Tätigkeit bei der finanziellen Konsolidierung des sich in jenen Jahren stetig erweiternden Museums veröffentlichte Bösch zu einer Vielzahl kulturgeschichtlicher Themen, zumeist aus den Sammlungen des Museums: Kataloge der Bronzeepitaphien und Holzstöcke, Tafelwerke von Öfen, Möbeln, Schmiedearbeiten, sowie eine Fülle von Aufsätzen und das Buch „Kinderleben in der deutschen Vergangenheit". Bösch starb am 12. November 1905 in Nürnberg.   *LW*

Sigmund von Forster · Arzt und Naturforscher   1851 — 1939

Sigmund von Forster, Geheimer Sanitätsrat und „Vater der Blinden" — so nannte man ihn im Nürnberg seiner Zeit — stammt aus einer Familie, deren Stammvater — 1607 in Moosbach geboren — als Bürgermeister und Stiftungsverwalter in Weiden tätig war. Schon der Sohn siedelt zur Kaufmannslehre nach Nürnberg über, und der Enkel heiratet die Tochter des → Johann Magnus Volckamer in Nürnberg und wird damit Teilhaber in der Firma des Schwiegervaters, die damals — wie die Forstersche Familienchronik sagt — „ausser der Messinghandlung in Nürnberg und der Fabrik Hammer auch eine umfangreiche Seidenhandlung in Rovereto umfaßte". Diese Fabrik Hammer, älteste Fabrik im östlichen Nürnberger Umland (heute ein Teil der Stadt Nürnberg), war im ausklingenden Mittelalter von einem Mitglied der Ratsfamilie → Cammerer (Camerarius, Cammermeister) gegründet worden und ging dann über die → Haller und Kandler auf Georg Nürnberger über, ehe sie in den Besitz des → J. M. Volckamer (vgl. auch → Johann Christoph Volckamer) gekommen ist. Der Enkel aus der Ehe Forster-Volckamer, Georg Christoph Forster, übernahm — nach dem Aussterben des männlichen Zweiges der Volckamer, die alleinige Leitung des Hammer-Werkes, wurde 1816 in den erblichen Adelsstand erhoben und 1827 Alleinbesitzer und Eigentümer des Hammer. (Die Familie v. Forster blieb dies bis 1977, als die Firma beendet wurde.)
Der jüngste Enkelsohn dieses Georg Christoph, Sohn des Fabrikbesitzers Karl v. Forster, war der 1851 in Nürnberg geborene spätere Arzt Sigmund von Forster. Er studierte in Erlangen, Würzburg und Tübingen und ließ sich nach seiner Tätigkeit als Assistenzarzt in den Universitätsaugenkliniken Erlangen und Würzburg 1881 als Augenarzt in Nürnberg nieder. Neben dem am Plärrer gelegenen Ambulatorium, unterhielt er in seinem Haus am Egidienberg (heute Egidienplatz 35) eine Privatklinik. 1883 heiratete er → Helene Schmidmer. Im Laufe seiner ärztlichen Praxis hat er rund 3000 Staroperationen durchgeführt. Über 35 Jahre stand er im Dienste der Blindenfürsorge. Als Vorstand der Nürnberger Blindenanstalt und des Mittelfränkischen Blindenvereins genoß er großen Ruf. Forster war zudem ein Vorgeschichtsforscher von Rang, der bedeutsame Arbeiten veröffentlicht hat. Ihm wurde 1882

die Leitung der neu gegründeten Sektion für Anthropologie, Ethnologie und Urgeschichte der Naturhistorischen Gesellschaft Nürnberg übertragen, die ihn 1921 zu ihrem Ehrenmitglied ernannte. Er hat beim Zustandekommen des heutigen Landesamts für Denkmalspflege ebenso mitgewirkt wie bei dem des Verbandes der bayerischen Geschichts- und Urgeschichtsvereine, dem er bis 1930 vorstand. Ein weiteres reiches Betätigungsfeld fand er in der Volksbildung; die Volksbildungsgesellschaft mit ihren Lesehallen ging auf seine Initiative zurück. An seinem 80. Geburtstag zeichnete ihn die Stadt Nürnberg mit der goldenen Bürgermedaille aus und Erlangen verlieh ihm das Ehrenbürgerrecht. *Ba*

Franz Brochier · Architekt   1852—1926

Am 1. November 1897 wurde der Architekt Franz Brochier zum Direktor der Kunstgewerbeschule in Nürnberg ernannt, nachdem er acht Jahre zuvor als Professor für Ornamentszeichnen nach Nürnberg berufen worden war. Nach seiner schulischen und fachlichen Ausbildung in München führte Franz Brochier, schon 25jährig, selbständig Aufträge aus (Atelier für Architektur und Kunstindustrie Brochier und Schmid). Seine Planungen für Inneneinrichtung und Gartenanlagen des Schlosses Herrenchiemsee im Auftrag des Bayerischen Königs sind besonders hervorzuheben. Mit der Planung des Geschäftshauses → Georg Leykauf an der Ecke Königs-/Karolinenstraße — das Ergebnis eines beschränkten Architektenwettbewerbes — wurde Prof. Franz Brochier in Nürnberg als Architekt bekannt. Dieses Gebäude im eklektizistischen Stil des Neubarock, 1897 fertiggestellt, bedeutete eine teilweise Abkehr von dem seit den 1880er Jahren praktizierten „Nürnberberger Stil" (vgl. → Conradin Walther), einer Orientierung der Gebäudeformen an Vorbildern der Deutschen Renaissance.
Als Direktor der Kunstgewerbeschule setzte er dringend notwendig gewordene Neuorganisationspläne durch. Mit der Erneuerung des Lehrkörpers durch die Berufung tüchtiger junger Künstler und Architekten gewann die Nürnberger Kunstgewerbeschule bald hohes Ansehen, das weit über die Grenzen der Stadt hinausreichte. *scher*

Anton von Rieppel · Gründer der M.A.N.   1852—1926

Seit 1841 hatte die Klettsche Maschinenfabrik über Jahrzehnte die Entwicklung der Nürnberger Maschinenindustrie entscheidend geprägt. 1884 starb der Alleininhaber und Leiter des nunmehr „Maschinenbau Aktiengesellschaft, Nürnberg" firmierenden Unternehmens (→ Theodor von Cramer-Klett). In der Gründerkrise und den folgenden Jahren mußte die Firma schwere Belastungen überstehen. Die Verantwortlichen sahen, „daß junge Kräfte für einen neuen Aufstieg vonnöten waren . . . In Anton Rieppel, dem 36jährigen Leiter der Brückenwerkstätte Gustavsburg . . . sah man den richtigen Mann für die große Aufgabe" (Fritz Büchner). 1888 wurde er nach Nürnberg berufen, 1889 Vorstandsmitglied und 1892 alleiniger Vorstand der „Maschinenbau AG, Nürnberg". Rieppel hatte sich bereits als Techniker, Kaufmann und Organisator ausgezeichnet.
1852 in Hopfau/Opf. als Sohn eines Hammerwerksbesitzers geboren, sollte er den väterlichen Betrieb übernehmen. Dieser geriet jedoch wegen der immer schwieriger werdenden Lage der oberpfälzischen Eisenwerke in Not. Rieppel verdiente sich seine Ausbildung an der Gewerbeschule in Wunsiedel, der Industrieschule Nürnberg und dem Polytechnikum München selbst. Dort wurde der Direktor, der zur „Maschinenbau AG Nürnberg" gehörenden „Süddeutschen Brückenbau AG", Heinrich Gerber, auf ihn aufmerksam. 1874 trat Rieppel in diese Firma ein. Bereits 1876 wurde er Betriebsleiter des Brückenbauwerkes in

Gustavsburg. Durch energische Rationalisierungs- und Modernisierungsmaßnahmen, Ausweitung des Geschäfts und verbesserte Erträge, konnte er die drohende Schließung des Werks abwenden und dauerhaft sichern.

Auch in Nürnberg ging Rieppel unverzüglich an eine umfassende Verbesserung der Fabrik. Die gesteigerte Leistungsfähigkeit nutzte er, um neben dem Hauptgeschäft der vergangenen Jahrzehnte, den Bau von Eisenbahnwagen, die Dampfmaschinenfertigung voranzutreiben. Neu wurde der Bau von Gasmaschinen sowie von mechanischen Eis- und Kälteerzeugungsmaschinen aufgenommen. In den folgenden Jahren setzte er eine Entscheidung von größter Bedeutung für sein Unternehmen und für die Stadt Nürnberg durch: Die Aufgabe des bisherigen Standortes im Stadtteil Wörth zugunsten einer vollständigen Neuanlage im Süden Nürnbergs.

In einer Denkschrift von 1895 hatte Rieppel das Für und Wider dieser Maßnahme abgewogen und begründet. Für die Stadt Nürnberg stand dabei viel auf dem Spiel. Die Analyse zeigte nämlich, daß ein Standort im Bereich der Rheinschiffahrt oder des kanalisierten Mains zu erheblichen Frachtvorteilen führen würde. Deshalb wurden die Standorte Gustavsburg und Stockstadt genau geprüft. Die Entscheidung für Nürnberg fiel schließlich (unter Inkaufnahme der Nachteile) deshalb, weil hier die bewährten Facharbeiter vorhanden waren.

Die Arbeiten am neuen Werk begannen im Frühjahr 1897. Das Unternehmen entwarf den Bau selbst und führte ihn aus. 1901 waren ohne Betriebsunterbrechung alle Arbeiten abgeschlossen und die Verlagerung durchgeführt. In den Jahren des Fabrikneubaus entwickelte Rieppel eine für die Zukunft noch wichtigere Initiative. Er betrieb und erreichte die Fusion seiner „Maschinenbau AG, Nürnberg" mit der „Maschinenfabrik Augsburg AG". Nach komplizierten, ausschließlich auf Rieppels Betreiben geführten Verhandlungen, wurde die neue Firma „Vereinigte Maschinenfabrik Augsburg und Maschinenbaugesellschaft Nürnberg AG" Ende 1898, bzw. Anfang 1899 in die Handelsregister der Städte Augsburg und Nürnberg eingetragen. Rieppel hatte die M.A.N., das bedeutendste Maschinenbauunternehmen Bayerns, geschaffen.

Es galt nun, die Chancen dieser Vereinigung zu nutzen. Zwei traditionsreiche, renommierte Firmen waren zwar verbunden, aber noch keine Einheit. Zusätzlich zum Nürnberger Produktionsprogramm brachte das Augsburger Werk in diese Ehe reiche Erfahrungen im Druckmaschinen-, Dampfmaschinen- und Wasserturbinenbau sowie die zur Serienreife gebrachten Eismaschinen nach „Linde" und den unter noch größeren Schwierigkeiten entwickelten Dieselmotor ein. In den folgenden Jahren wurde Rieppel, der die M.A.N. zusammen mit dem früheren Augsburger Vorstand, Heinrich von Buz, leitete, zum unermüdlichen Motor einer optimalen Bereinigung der Produkte. Sinnvoll wurden sie auf die einzelnen Fabriken des Unternehmens verteilt. Es entstand eine neue Gesamtorganisation. Der Verkauf nach Übersee wurde dadurch entscheidend gefördert. Zu dem bisherigen Angebot kamen Spitzenprodukte des Dampfturbinen- und Großgasmaschinenbaus.

Die M.A.N. wurde zu einem der großen Exportunternehmen der deutschen Wirtschaft. Um die Revierferne endlich dauerhaft zu mindern, wurde 1911 in Duisburg ein Zweigwerk für den Bau schwerer Maschinen und eine Gießerei eingerichtet. 1913 schied Heinrich von Buz aus dem Vorstand aus. Rieppel wurde als Generaldirektor die Leitung des gesamten Unternehmens übertragen. Der im folgenden Jahr ausbrechende Weltkrieg traf die M.A.N. samt Mitarbeiter sehr hart und forderte von dem verantwortlichen Direktor außerordentliche Anstrengungen. Nach und nach wurde die gesamte Wirtschaft in die Kriegsproduktion, in die schrecklichen Zusammenhänge des „Materialkrieges" einbezogen. Trotzdem gelang es Rieppel und seinen Mitarbeitern drei entscheidende Schwerpunkte zu bilden, die Grundlagen für eine sinnvolle Produktion im Frieden werden sollten: Den Dieselmotorenbau in Augsburg, den Bau und die Wiederherstellung von Brücken in den Kriegsgebieten durch das Werk Gustavsburg und die 1915 im Werk Nürnberg eingeführte Lastwagenproduktion. Besonders ehren Anton Rieppel die schon bei Beginn des Krieges und in den folgenden vier Jahren von ihm persönlich ergriffene Initiativen, um die Not der zum Krigsdienst eingezogenen Arbeiter und ihrer Familien zu mindern. Er setzte in dem von ihm gegründeten und lange Jahre geleiteten Verband Bayerischer Metallindustrieller die finanzielle Unterstützung von Arbeitern und deren Familien durch, die durch die Kriegsereignisse betroffen wurden und mühte sich um eine bessere Lebensmittelversorgung der Arbeiterfamilien. Durch seine Initiative entstand das Siedlungswerk Werderau. Am 15. 11. 1918 unterzeichnete Rieppel mit anderen Verantwortlichen der deutschen Wirtschaft das Generalabkommen mit den Gewerkschaften, das die Fortführung der deutschen Industrie nach dem Zusammenbruch gewährleistete.

Nach dem Ende des Krieges wurde die ständig gefährdete Rohstoffversorgung des eisenverarbeitenden Unternehmens M.A.N. ein existentielles Problem. Rieppel überzeugte seinen Aufsichtsrat von der Notwendigkeit die Verbindung mit einem leistungsfähigen Rohstoffkonzern aufzunehmen. Die folgenden Verhandlungen führten 1920 dazu, daß die Gutehoffnungshütte die Aktienmehrheit der M.A.N. übernahm. Ende 1920 trat Anton Ritter von Rieppel (seit 1906), dreifacher Ehrendoktor, Reichsrat der Krone Bayerns, Vorsitzender des Verwaltungsrates der Bayerischen Landesgewerbeanstalt, des Bayerischen Gewerbemuseums und Mitglied des Verwaltungsrates des Germanischen Nationalmuseums, Träger hoher und höchster nationaler und internationaler Auszeichnungen in den Ruhestand. Er starb am 31. Januar 1926 und liegt auf dem Johannisfriedhof (Grab Nr. E 181). *DO*

Theodor von Kramer · Leiter des Gewerbemuseums 1852 — 1927

Die Entwicklung des Nürnberger Gewerbelebens wurde während der zweiten Hälfte des 19. Jahrhunderts in seiner technischen und ästhetischen Ausprägung von den Aktivitäten des Bayerischen Gewerbemuseums (heute Landesgewerbeanstalt Bayern) entscheidend geprägt. Diese Anstalt wurde von 1888 bis 1919 durch Theodor von Kramer (1852 Augsburg — 1927 Traunstein) geleitet. Er war Nachfolger von Carl Stegmann.

Nach seiner Schulausbildung in Augsburg studierte Kramer zwischen 1871 und 1874 Architektur an der Technischen Hochschule München. Sie stand damals unter dem Einfluß Gottfried von Neureuthers. Nach Studienaufenthalten in Italien und erster Betätigung als Architekt in München wurde er 1878 als Lehrer für Freihandzeichnen und Dekorationsmalerei an die Baugewerkschule in Kaiserslautern

berufen. Von 1884 bis 1888 war Theodor von Kramer Direktor der Kunstgewerbeschule in Kassel.

In seiner Nürnberger Zeit suchte er das Unterrichtsangebot auszubauen und die Zahl der Ausstellungen zu vermehren, um das äußere Erscheinungsbild der Erzeugnisse von Industrie und Handwerk zu verbessern. Dazu gehörten auch die Bayerischen Landesausstellungen von 1896 und 1906, die er durchzuführen hatte.

Drei Bauwerke Kramers haben im Nürnberger Stadtbild der Jahrhundertwende Akzente gesetzt: das bis heute bestehende Bayerische Gewerbemuseum am Marientorgraben (1892 — 1897); der Saalbau des Industrie- und Kulturvereins Nürnberg (1902 — 1905) am Frauentorgraben, der 1968 abgerissen wurde; der Erweiterungsbau des Schlosses in Stein

(1903 — 1906). Das besondere Verdienst Kramers aber war es, mit den von ihm ins Leben gerufenen kunstgewerblichen Meisterkursen am Bayerischen Gewerbemuseum, Nürnberger Kunsthandwerker aus dem traditionellen Schaffen herausgelöst und mit der Formensprache des Jugendstils bekanntgemacht zu haben. Die Stadt Nürnberg hat ihn mit der Goldenen Bürgermedaille ausgezeichnet; er war Mitglied des Verwaltungsausschusses des Germanischen Nationalmuseums; nach ihm ist die Stiftung der Bayerischen Gewerbeanstalt benannt. *P*

J. E. H. Saueracker · Kunstdrechsler   1855 — 1943

Unter den zahlreichen Kunstdrechslern im Nürnberg der letzten Jahrhundertwende, erlangte Johann Engelhard Hermann Saueracker (10. 3. 1855 — 30. 11. 1943) herausragende Bedeutung. Er war hauptsächlich Nachtlichterfabrikant und übte die Kunstdrechslerei nur als Nebenerwerb aus. Mit der Herstellung der heute längst vergessenen Nachtlichter — das sind mit Wachs getränkte und durch Papier gesteckte Dochtstücke, die, auf einer mit Öl gefüllten Schale entzündet, die Nacht hindurch mit kleiner Flamme brennen — hatte Sauerackers Großvater in Nürnberg begonnen. Er gab die Firma an seinen Sohn weiter, der nach Abschluß einer Drechslerlehre 1873 auf Wanderschaft ging. 1884 nahm er für fünf Jahre eine Lehrtätigkeit an der neugegründeten Deutschen Fachschule für Drechsler und Bildschnitzer in Leisnig (Sachsen) auf. 1889 übernahm er von seinem Vater die Nachtlichterfabrikation in der Firma J. C. Herrmann, Lederer & Büttner im Anwesen Schütt 28 und betrieb sie bis 1920.

Hermann Sauerackers eigenwillige Kunstdrechslerarbeiten in Holz, Bein und Elfenbein, mit denen er sich an der manieristischen Drechslerkunst des 17. Jahrhunderts orientierte, brachten ihm bei der Bayerischen Landesausstellung 1896 in der Gruppe Holzindustrie und Kurzwaren „für vollendete Beherrschung der Drehkunst und Überwindung aller technischen Schwierigkeiten der Ausführung, dargetan an einer Reihe kunstvoller Drechslerarbeiten", die Goldmedaille. Auf der Pariser Weltausstellung 1900 war Saueracker mit „Kunstdreharbeiten in verschiedenem Material, hauptsächlich Elfenbein und Holz" vertreten. In seiner Anlehnung an überkommene künstlerische Vorbilder blieb er ein für den Historismus typischer Kunsthandwerker. *P*

Friedrich Conradty · Erfinder und Unternehmer   1858 — 1909

In der Geschichte der Nürnberger Großindustrie nimmt die Firma C. Conradty eine hervorragende Stellung ein. Friedrich Conradty (Nürnberg 1858 — 1909 ebenda) zählt zu den wichtigsten Repräsentanten dieser Fabrik, die heute „als eines der bedeutendsten europäischen Unternehmen auf dem Sektor der Kunstkohle- und Elektrografitherstellung" gilt. 1855 gründete Friedrichs Vater Conrad eine Bronzefabrik in Nürnberg, an der auch dessen Bruder Johann Friedrich bis 1857 mitarbeitete, dann aber die Fertigung von Bleistiften aufnahm. Gut zehn Jahre später überließ Conrad Conradty seinem Bruder die Bronzefarben-Fabrikation und widmete sich ganz der Herstellung von Bleistiften. In Röthenbach gründete er im Jahr 1880 die noch heute bestehende Firma C. Conradty.

Dank der inzwischen entwickelten großtechnischen Nutzung von Grafit für die Herstellung elektrischer Bogenlampen und der Arbeiten des Vaters Conrad konnte Friedrich einen für das Nürnberger Umland neuen Gewerbezweig einführen und bald ausbauen. „Er war 'sowohl am Tag wie am späten Abende in seinem Laboratorium in Hemdsärmeln, schwarzen Händen und rußigem Gesicht zu sehen, sinnend, mischend und probierend. Eines Tages nun hieß es, es wäre erfunden. Ein neues Licht.' Trotz wiederholter Fehlschläge und Enttäuschungen war Friedrich durch Energie und Ausdauer 1884 ein Verfahren gelungen, konkurrenzfähige Kohlenstifte für die Industrie der elektrischen Bogenlampen herzustellen." Gegen Ende des 19. Jahrhunderts waren in der Firma C. Conradty bis zu 900 Mitarbeiter beschäftigt. Die Betriebe Friedrich Conradtys genossen zu Beginn des 20. Jahrhunderts „Weltruf, ebenso bekannt ist seine weitgehende Fürsorge für die Arbeiter und Beamten seiner Fabriken. . . Auch hatte er für alle gemeinnützigen Bestrebungen eine offene Hand." 1904 wurde Friedrich Conradty Kommerzienrat. Als er 1909 starb, führten seine Söhne die Firma weiter. Sie ist heute eine Kommanditgesellschaft. An ihren Gründer erinnert eine Straße in Gibitzenhof. *P*

Paul Johannes Rée · Kunsthistoriker und Publizist   1858 — 1918

In zahllosen Schriften und Vorträgen forderten gegen Ende des 19. Jahrhunderts Künstler und Kunstgelehrte eine neue, zeitgemäße Kunst. Auch in Nürnberg wurden Stimmen laut, die einer Abkehr vom Historismus das Wort redeten. Zu ihnen zählte Paul Johannes Rée (13. 3. 1858 Hamburg — 24. 11. 1918 Nürnberg).
Nachdem er seine Schulzeit in Hamburg beendet hatte, ging Rée zunächst an das Polytechnikum in Stuttgart, studierte dann aber ab 1881 Kunstgeschichte, Archäologie und Philosophie in Bonn, Berlin und zuletzt in Leipzig. Dort promovierte er 1885. Nach kurzer Assistentenzeit in den Sammlungen des Germanischen Nationalmuseums erhielt er 1887 einen Lehrauftrag für Kunstgeschichte und Geschichte der technischen Künste an der Königlichen Kunstgewerbeschule (heute Akademie der bildenden Künste), den er bis 1902 innehatte. Von 1888 bis zu seinem Tode war er als Sekretär und Bibliothekar am Bayerischen Gewerbemuseum (heute Landesgewerbeanstalt Bayern) tätig. „In dieser Stellung entfaltete er eine vielumfassende, höchst ersprießliche Tätigkeit, indem er durch Wort und Schrift unablässig auf die Bildung des künstlerischen Geschmackes nicht nur beim schaffenden Handwerker, sondern auch beim Käufer handwerklicher Erzeugnisse hinarbeitete."
Rée erlangte als Publizist große Bedeutung: zahlreiche Fachschriften des Bayerischen Gewerbemuseums, Kataloge zu den bayerischen Landesausstellungen von 1896 und 1906, Bücher über Nürnberg. Rées Hauptverdienst lag aber in der Förderung guten Geschmacks im Kunsthandwerk. Hierzu ein Beispiel: Im Sommer 1901 besuchten → Theodor von Kramer und P. J. Rée die Ausstellung „Ein Dokument Deutscher Kunst" auf der Mathildenhöhe in Darmstadt. Daraufhin wurden am Bayerischen Gewerbemuseum kunstgewerbliche Meisterkurse eingeführt, in denen sich Nürnberger Kunsthandwerker mit den künstlerischen Ausdrucksmöglichkeiten des Jugendstils auseinandersetzen konnten. *P*

Heinrich Wallraff · Architekt   1858 — 1930

Als der Stadtmagistrat Nürnberg im Jahre 1883 Direktor Dr. August von Essenwein den Auftrag für Ausführung und Leitung des Rathauserweiterungsbaues am Fünferplatz übertrug, wurde ihm Architekt Heinrich Wallraff als Werkmeister und Bauleiter beigegeben. „Mit gründlichen Kenntnissen, reiche Erfindungsgabe und feines Formgefühl verbindend, dabei rührig und energisch, hat er Essenweins Ideen zum Teil in durchaus selbständiger Weise verkörpert", schreibt → Ernst Mummenhoff. So hatte der am 25. Januar 1858 in Gernsbach gebürtige Badener, der an der Technischen Hochschule in Stuttgart sein Architekturstudium abgeschlossen hatte, in Nürnberg bereits bestes Renommee.
1889 zum Leiter des Hochbauamtes berufen, wurde ihm die Planung und Baudurchführung mehrerer stadtbildprägender öffentlicher Gebäude anvertraut: Städtische Musikschule am Hallertor 1893/94; das Neue Krankenhaus in Johannis 1894/97; Markthalle an der Karlsbrücke 1895/97; Rathaus-Amtsgebäude Theresienstraße/Burgstraße (fertiggestellt 1910);

Städtische Sparkasse in der Laufer Gasse 1914/16; Volksschule am Paniersplatz 1915/16. 1903 wurde Heinrich Wallraff, der auch bedeutender Kunstsammler gewesen ist, mit der Renovierung des „Schönen Brunnens" beauftragt. Nach den Handzeichnungen von → Georg Pencz. 1540 und Originalteilen im → Germanischen Nationalmuseum fertigte er alle erforderlichen Zeichnungen und bestimmte die Farbtönungen und Vergoldungen um die ursprüngliche Wirkung wieder herzustellen. Wallraffs Sammlungen von Kunstschlosserarbeiten sind im Besitz der Stadt Nürnberg. *scher*

Johann Adam Rennebaum · Architekt   1858 — 1937

Johann Rennebaum war einer der Bannerträger deutscher Kultur und Ingenieurkunst während des 19. Jahrhunderts in Übersee. Er war das fünfte von sieben Kindern aus der Ehe zwischen Karl F. Chr. Rennebaum mit Ida Notthaft, wurde am 4. Oktober 1858 in Nürnberg geboren und wuchs in der renommierten väterlichen Weinhandlung in der Adlerstraße auf. Die älteste Schwester Auguste, Meisterschülerin von Franz Liszt, wurde erster weiblicher Professor der k. u. k. Monarchie am Konservatorium Budapest, während Johann nach Abschluß seines Architektur- und Bauingenieur-Studiums nach Ägypten ging. Dort wirkte er, unterbrochen nur durch den Ersten Weltkrieg, volle 50 Jahre. Im Dienst des Wakf, der Moscheen-Verwaltung, konservierte und restaurierte er Moscheen Kairos, die zu den ältesten und wertvollsten Kultbauten des islamischen Ägyptens gehören, u. a. die im Jahr 876 erbaute Moschee Ibn Tulun.

Durch eine von ihm entwickelte Fundierungstechnik bewahrte er die berühmte, damals baufällige Sultan-Hasan-Moschee vor dem Einsturz. Dem Khediven errichtete er ein Landschloß bei Damiette, den deutschen Diakonissen ein großes Hospital in Kairo. Dort im Zentrum beim Ezbekiya Garten baute er ab 1895 dem österreichischen Hotelier Ph. Zech das Shepheard's Hotel, weltberühmt als Schauplatz zahlloser Orient-Romane. Dafür lieferte die von Rennebaum den Hotelräumen gegebene Ausstattung in „altägyptischem und maurischem Stil" die phantastische Szenerie. Als vermeintliches Denkmal britischer Fremdherrschaft wurde das Hotel beim Nasser-Aufstand eingeäschert.

J. R. Rennebaum heiratete 1893 die fünfzehnjährige Luise Ried aus Ulm und hatte mit ihr sieben Kinder. Er wurde zum Doyen der deutschen Kolonie. Kein Forscher, Künstler, Ingenieur oder Diplomat aus der Heimat — Deutschland und Österreich-Ungarn — der in Kairo nicht Gast im Hause Rennebaum war. Als Administrator-Direktor einer belgischen Immobiliengesellschaft 1911 — 1915 durfte er in Kairo zunächst weiterarbeiten, als Ägypten unter Englands Druck schon 1914 die deutschen Vermögen beschlagnahmte, die Deutschen auswies und 1915 in den Krieg eintrat. Rennebaum konnte schwimmend fliehen, bis ihn außerhalb der ägyptischen Hoheitsgewässer ein neutrales Schiff aufnahm. Beim deutschen Generalgouverneur im besetzten Belgien wurde er bis Kriegsende als Spezialkommissar für Handel und Gewerbe eingesetzt. Er führte dies Amt so untadelig, daß er auf Vorschlag Belgiens, trotz des dort lohnenden Deutschenhasses, in die Internationale Kommission für Kriegsentschädigungen berufen wurde. Sein eigenes großes, von Ägypten konfisziertes Vermögen wurde ihm vom Reich Ende 1923 in Inflationsmark 1 : 1 entschädigt. Als erster

Deutscher durfte er schon 1922 wieder nach Ägypten reisen. Er wirkte als Spezialgutachter zur Rettung einsturzgefährdeter Bauten und führte neue Kraftmaschinen ein, für die er 1926 auf der „Exposition Générale Agricole et Industrielle" in Kairo die Silbermedaille erhielt. Er starb während einer Kur am 4. Dezember 1937 in Kempten/Allgäu. Ihm zu Ehren wurde der von ihm neben einem versteinerten Wald entdeckte inaktive Vulkan ostwärts Kairo „Rennebaum-Vulkan" benannt. Er erinnert im Ausland an sein in Deutschland schier vergessenes Wirken. *St*

Georg Falkner · Drechslermeister und Mundartdichter 1858 — 1944

An Nachruhm kann es Georg Falkner nicht mit Hermann Strebel aufnehmen, aber seine Gedichte zählen zu den Geheimtips unter den Liebhabern der Nürnberger Mundart. Die Bände „Gout g'launt" und „Saure Eier" werden von ihren Besitzern gehütet und bewahrt, weil ihre Verse eine Zeit widerspiegeln, die heute gerne als die „gute alte Zeit" gepriesen wird.

Georg Falkners Leben begann und vollendete sich in Nürnberg. Der Altmeister der Mundartdichtung, der mit seinem Stil in der Tradition von → Konrad Grübel steht, wurde am 29. Juni 1858 als „Pöiterlasbou" geboren, er schloß die Augen am 28. Juni 1944 — einen Tag vor seinem 86. Geburtstag — im Sebastianspital. In seinem Beruf als Drechslermeister kam er mit vielen Menschen zusammen, lernte er seine Vaterstadt von vielen Seiten kennen. Daher gehen auch viele seiner Verse auf tatsächliche Begebenheiten zurück.

Der „Falkner's Görg" reimte zu seiner Freude und zur Freude seiner Freunde. Seine Gedichte trug er im kleinen Kreis im „Tucherbräustübl" (Vordere Ledergasse), im „Schlüsselloch" gegenüber und im „Weißen Turm" vor, ehe er sie bei vielen Veranstaltungen von Vereinen und anderen Gesellschaften zum besten gab. Deftig, wie es in Nürnberger Mundart häufig ist, schrieb auch Georg Falkner — so deftig, daß sich sogar die Richter mit seinem Werk „Saure Eier" beschäftigten. Die prüden Zeiten haben sich gewandelt wie der Dialekt auch, so daß heute manche Verse zum besseren Verständnis sogar ein wenig „übersetzt" werden müssen. Sein Name ist in einem Straßennamen in Großreuth h. d. Veste festgehalten. *Scha*

Theodor Wieseler · Kaufmann und Mäzen 1859 — 1924

„Aus eigener Kraft". Das von Theodor Wieseler gewählte Motto über dem Eingang des 1923 errichteten Wieseler Hauses in Nürnberg kennzeichnet Person und Lebenswerk des ungewöhnlichen Mannes. Als siebtes Kind eines Oberlehrers in Langendorf, Thüringen geboren, finanzierte er seinen Gymnasialbesuch durch Stundengeben, absolvierte eine kaufmännische Lehre und arbeitete als Reisender. 1886 gründete er in Nürnberg die Firma C. W. Schefflers' Glaswarenmanufaktur, aus der „Wieseler & Mahler", eines der bis heute führenden Fachgeschäfte der Glas- und Porzellanbranche, wurde.

Früher als die meisten seiner Berufskollegen erkannte Theodor Wieseler die existentielle Gefahr, die dem mittelständischen Einzelhandel durch die um die Jahrhundertwende mächtig aufkommenden Warenhäuser drohte. Mit größten Anstrengungen gelang es ihm 1901, den „Nürnberger Bund" als Einkaufsgenossenschaft der Hausratsgeschäfte zu gründen. Bis zu seinem Tode leitete er diese epochemachende Vereinigung — heute die größte europäische Einkaufsgenossenschaft der Branche. Sie hielt den Einzelhändler wettbewerbsfähig gegen die großen Kapitalkonzentrationen und wurde für die gesamte Wirtschaft beispielhaft. Unter ausdrücklichem Bezug auf Theodor Wieseler schrieb 1928 der Nestor der Markt- und Absatzforschung, Wilhelm Vershofen (1878 — 1960): „Die geniale Konstruktion der Genossenschaften, die die Kapitalmacht des Warenhauses erreichten, . . . , ohne die Selbständigkeit der Spezialgeschäfte zu opfern, verdient dabei besondere Beachtung".

Für Nürnberg erwies sich das Lebenswerk des Kommerzienrates Theodor Wieseler von besonderer Bedeutung. Er vertrat die örtliche Wirtschaft in hohen und höchsten Gremien. Von ihm soll der Begriff „Deutsche Wertarbeit" stammen. Für dieses Ziel schuf er die Zeitschrift „Kunst und Kunstgewerbe" und war Gründungsmitglied der Werkbund-Bewegung. Die seit Bestehen des Nürnberger Bundes alljährlich zweimal in Nürnberg abgehaltenen Einkaufsbörsen wurden eine der Wurzeln des internationalen Messeplatzes Nürnberg. Die Internationale Spielwarenmesse Nürnberg entstand nach dem zweiten Weltkrieg in dem Börsengebäude Wieseler-Haus. Zu früh für Nürnberg starb der unermüdliche Anreger, Mäzen und Förderer Ende 1924. (Eine Straße in Schoppershof ist nach ihm benannt.)   *Do*

Helene von Forster · Frauenrechtlerin   1859 — 1923

In den letzten Jahrzehnten des 19. Jahrhunderts gewann auch in Nürnberg die Frauenbewegung an Bedeutung. In erster Linie ist dies Helene von Forster zu verdanken, die am 27. August 1859 als Tochter des Fabrikanten → Christian Schmidmer geboren wurde. Durch den Besuch des Port'schen Instituts und einen Aufenthalt in Lausanne erhielt sie eine vorzügliche Ausbildung. Entscheidend wurde ihr Lebensweg beeinflußt durch die Eheschließung mit dem Augenarzt → Sigmund von Forster (1882). Sie wurde zu einer engagierten Helferin in der Privat-Klinik ihres Mannes und nahm sich der Not und der Sorgen vieler Patienten an. Durch ihre dichterische Begabung gewann sie bald einen angesehenen Platz im gesellschaftlichen Leben der Stadt, in der sie sich mit großer Hingabe sozialen und politischen Aufgaben widmete. In Verbindung mit der Frauenbewegung gründete sie 1893 in Nürnberg den Verein „Frauenwohl", der für Frauen und Mädchen vielseitige nützliche Aktivitäten entwickelte. 1894 nahm Helene v. Forster an der Gründung des Bundes deutscher Frauenvereine in Berlin teil und wurde dort in den Vorstand gewählt. In zahlreichen Vorträgen trat sie für liberale Auffassungen und damit für die Gleichberechtigung der Frau in Beruf und Politik ein. Im Ersten Weltkrieg wuchs ihr mit der Einrichtung eines Rot-Kreuz-Lazaretts eine neue Aufgabe zu. Als die Weimarer Verfassung 1919 den Frauen das aktive und passive Wahlrecht zuerkannte, kandidierte Frau v. Forster auf der Liste der Demokratischen Partei für den Nürnberger Stadtrat und engagierte sich nach erfolgreicher Wahl im Stadtparlament zusammen mit ihrer Parteifreundin Agnes Gerlach für das Mädchenschulwesen und die Wohlfahrtspflege. Nach nur kurzem Wirken setzte eine heimtückische Krankheit ihrem Leben am 21. März 1923 ein Ende. An ihrem einstigen Wohnhaus, Egidienplatz 33, wurde für die „Förderin edlen Frauenstrebens und Kämpferin für Frauenrecht" eine Gedenktafel angebracht.   *Hi*

In der Weimarer Republik

Nürnberg wird in der kurzlebigen Weimarer Republik zum politischen und wirtschaftlichen Paradebeispiel für das im Ersten Weltkrieg (1914 — 1918) unterlegene Deutschland. 32 Tage vor dem Waffenstillstand von Compiègne (11. 11. 1918) fordert die „Fränkische Tagespost", Sprachrohr der Nürnberger Sozialdemokratie, als erste deutsche Tageszeitung am 10. Oktober den Rücktritt Kaiser Wilhelms II. Am 8. November — Kurt Eisner (1907 — 1910 Chefredakteur der „Fränkischen Tagespost") war am gleichen Tag Ministerpräsident der Republik Bayern geworden — erklärt sich Nürnbergs Oberbürgermeister→ Otto Geßler, württembergischer Demokrat, auch namens seiner Rechts- und Magistratsräte, zur Zusammenarbeit mit dem am gleichen Tag konstituierten Provisorischen (ab 12. Nov. endgültigen) Arbeiterrat bereit. In der folgenden Nacht übernehmen→ Hermann Georg Ewinger und der SPD-Landtagsabgeordnete → Ernst Schneppenhorst die Geschäfte des Nürnberger Generalkommandos. Am 9. November spricht sich die Nürnberger Arbeiterschaft auf einer Großkundgebung im Luitpoldhain für die Republik aus. Einer der Wortführer ist der Sozialdemokrat und Gemeindebevollmächtigte, Rechtsanwalt→ Max Süßheim. Am 10. November geht der Kaiser ins Exil; tags darauf Vereidigung der Nürnberger Garnison auf die Münchener Regierung. Es ist keine von ständigen Gewalttätigkeiten und Blutvergießen begleitete Revolution, sondern eine Ablösung des bisherigen Herrschaftssystems, auch wenn es noch öfter zu ernsten Zusammenstößen mit den Spartakisten und zu kurzfristiger Verhängung des Standrechts kommt. Die Partei der Mehrheitssozialisten (ab Herbst 1922 mit den Unabhängigen Sozialisten zur SPD vereinigt) setzt sich mit der Parole sozialer Gleichberechtigung durch und wird bei den Stadtratswahlen im Juni 1919 mit absoluter Mehrheit gewählt. Seit 28. Juni wird der nun von der Reichsregierung unterzeichnete Versailler Vertrag zur schweren Hypothek auch für Nürnberg. Er belastet das durch den Kriegsausgang ins Wanken geratene Gefüge der Stadt und den nationalen Stolz der meisten Nürnberger. In dieser Situation wird→ Dr. Hermann Luppe, Mitglied der demokratischen Partei, am 18. Januar 1920 als Nachfolger Geßlers zum Oberbürgermeister gewählt. Seit 1. März 1920 im Amt, prägt er durch Lauterkeit, Energie und Selbstbewußtsein das Bild der Noris, deren Oberstes Amt er am 5. März 1933 durch einen Gewaltakt→ Streichers verlassen muß. In diesen 13 Jahren schafft er — immer in den Grenzen des Versailler Vertrags — der Wirtschaft freien Spielraum, läßt Siedlungen bauen, um die Wohnungsnot zu steuern, vergrößert das Stadtgebiet durch Eingemeindungen. Unter Luppe überschreitet Nürnberg die Zahl von 400 000 Einwohnern. Er fördert den Sport (50 000 Mitglieder in Turn- und Sportvereinen) und gibt der Kunst freien Spielraum. Erfolgreich wehrt er sich gegen die Verleumdungskampagnen des 1924 in den Stadtrat gewählten Julius Streicher, der durch die Parteitage der NSDAP 1927 und 1929 Unterstützung bekommt. Unbegreiflich bleibt für Luppe, der unter der Last von 57 500 Arbeitslosen leidet, die Haltung der Konservativen (Deutschnationale Volkspartei), die er nicht für seine Politik gewinnen kann. Seit dem „Deutschen Tag" (1923) zeigen sie ihm, daß sie die Republik für illegitim halten und für die Rückkehr zur Monarchie arbeiten.

„Besser zu wenig als zu viel restaurieren!" Unter dieses Motto wurde die Wiederherstellung der Sebalduskirche gestellt, als 1888 Prof. Georg Joseph Hauberrisser aus München diesen Auftrag übernahm und seinen Schüler Josef Schmitz, geboren 1860 als Sohn eines Glasmalers in Aachen, mit der Wahrnehmung der örtlichen Bauleitung betraute. Es war eine glückliche Entscheidung, diese beiden „Gotiker" zu berufen. Kurz vorher war es in Frankreich Violett-le-Duc, der mit großer Wissenschaftlichkeit die großen Kathedralen restaurierte und dabei versuchte, sie rekonstruierend und ergänzend in ihren mittelalterlichen Zustand zu versetzen. → Heideloff und → Solger waren Vertreter dieser Richtung des „reinen" Stiles. In unmittelbarer Folge aber wurde eine Gegenströmung erkennbar, die auch spätere Zutaten und Ausstattungsstücke in einem mittelalterlichen Bauwerk anerkannte und ihnen die erhaltenswerte Mitträgerschaft des historischen Ausdruckswertes eines Monumentes zuerkannte. Diese wissenschaftlich fundierte, vorwiegend konservierende Zielsetzung wird erkennbar in der gutachtlichen Stellungnahme zu Beginn der Wiederherstellungsarbeiten, wenn sämtlichen Teilen des Baues wie des Inventares die gleiche Existenzberechtigung zuerkannt wird, gleichviel ob künstlerische oder historische Interessen in Frage standen.

Der Erfolg der Restaurierungsarbeiten an St. Sebald bewog dann auch 1903 die Kirchengemeinde St. Lorenz in Nürnberg, für die gleichen Maßnahmen Professor Schmitz zu berufen und sich so die Erfahrung dieses Fachmannes zunutze zu machen. Die von weiten Teilen der Bürgerschaft getragenen und von Schmitz mit großer Sachkenntnis betriebenen Restaurierungsarbeiten fanden beim 6. Deutschen Denkmalpflegetag in Nürnberg 1905 besondere Anerkennung. Der Grundsatz, den Professor Schmitz in seinem ersten Gutachten vom Spätherbst 1903 aufstellte, daß „der defekte Originalstein, solange er nur einigermaßen Formen erkennen lasse, an sich künstlerisch und archäologisch wertvoller als eine noch so gute Kopie sei", blieb die Maxime für die umfangreichen Instandsetzungsarbeiten, die sich bis zum Zweiten Weltkrieg hinziehen sollten. Sie entspricht in ihrer Grundidee noch heute den gestellten Forderungen der Denkmalpflege. Bei diesen Aufgaben kam dem Architekten Schmitz, der bei Röhn in Burscheid, bei Geheimrat Josef Stübben in Münster und beim Kölner Domarchitekten Franz Schmitz gelernt hatte, seine Gründlichkeit, Selbstbescheidung und Pietät zustatten. Dies alles war verbunden mit einem geschulten Blick, einer spontanen Auffassungsgabe, immerwährender Beschäftigung mit dem Detail und einer stets wachen, aber wohlüberlegten Entscheidungsfreude. Zur Übernahme eines ihm angetragenen Lehrstuhles als Hochschulprofessor konnte er sich nicht entschließen, er blieb lieber der Praxis verbunden.

Die vorzüglichen Leistungen von Schmitz gaben der Obersten Baubehörde im Bayerischen Staatsministerium des Innern 1923 den Anlaß, ihn zum Geheimrat und Dombaumeister für die Instandsetzung der Dome in Bayern zu ernennen. Nachdem er vorher ähnliche Berufungen nach Ulm, Köln und Straßburg ausschlug und die Betreuung in Mainz und Breslau abgelehnt hatte, stand er nun für fünf Jahre den lokalen Bauämtern in Regensburg, Augsburg und Würzburg mit Rat und Tat zur Verfügung.

Neben den Wiederherstellungsarbeiten an beiden Hauptkirchen der Stadt sind Professor Schmitz zahlreiche Neubauten zu verdanken: die Peterskirche (1902), St. Anton in Gostenhof (1911), die ehemalige Poliklinik am Marientorgraben u. a. m. Wie hoch seine Kunst auch außerhalb dieser Stadt geschätzt wurde, beweisen seine Bauten St. Adalbero und St. Joseph in Würzburg, St. Joseph in Königshütte/Oberschlesien, die Marien-Kirche in Innsbruck/Pradl, die Klosterkirche der Barmherzigen Schwestern in Würzburg, die Pfarr-Kirchen in Dorfprozelten, Wörth a. Main, Mönchengladbach und Stadtsteinach und der Campo Santo in Meran.

Sein Lebenswerk wurde durch zahlreiche Auszeichnungen und Ehrungen anerkannt. Die Technische Hochschule München verlieh ihm die Würde eines Dr. ing. e. h. Er war Ehrenmitglied der Akademie der Bildenden Künste in München, Mitglied der Akademie der Künste in Berlin und der preußischen Akademie des Bauwesens. Trotz aller Erfolge ist der unverheiratete Josef Schmitz aber immer ein stiller und zurückhaltender Künstler geblieben, den Bürgerschaft und Kollegen gleichermaßen als den „Erretter" der beiden Stadtkirchen St. Sebald und St. Lorenz priesen; so der „Fränkische Kurier" am 4. Juli 1928, als Schmitz die Betreuung der St. Lorenzkirche in die Hand des von ihm geschulten Professors → Otto Schulz legte. Schmitz starb am 29. März 1936 und wurde auf dem Johannisfriedhof (Grab 808) beerdigt. *Stz*

Oskar von Petri · Ingenieur und Großkaufmann 1860 — 1944

Oskar Wilhelm Ritter von Petri, Ehrenbürger von Nürnberg, geboren am 24. Februar 1860 in Elberfeld, war für die Stadt Nürnberg als führender Mann der Wirtschaft und als kunstsinniger Mäzen gleichermaßen von Bedeutung. Nach dem Studium an den technischen Hochschulen Karlsruhe und Berlin trat er in den Dienst Preußens und war u.a. an der Eisenbahnhauptwerkstätte in Dortmund tätig. 1889 berief man den jungen Beamten als technischen Berater an die deutsche Gesandtschaft nach Washington. Dort beschäftigte er sich vor allem mit dem damals schon weit entwickelten amerikanischen Eisenbahnwesen. Nach seiner Rückkehr war er an der Eisenbahndirektion Hannover tätig und konnte hier bei Einführung der Schnellzüge und Güterwagen an der preußischen Staatsbahn die in den USA gemachten Erfahrungen verwerten.

Wegen schlechter Beförderungsmöglichkeiten sattelte Petri in die freie Wirtschaft um und wurde 1894 in Nürnberg mit der Leitung der von der Firma → Schuckert u. Co neugegründeten „Continentalen Gesellschaft für elektrische Unternehmungen" betraut. In dieser Stellung hat Petri in den folgenden Jahren seine Fähigkeiten bewiesen. Für Städte und Staat war es damals ein Wagnis, elektrische Zentralen, Straßen- und Kleinbahnen in eigener Regie zu errichten. Deshalb erwarben vielfach Firmen der Elektroindustrie Konzessionen und gründeten mit Banken Konsortien zur Bildung von Gesellschaften, die in der Lage waren, derartige Anlagen zu errichten und zu betreiben. Durch solche Dachgesellschaften sollten die Stammunternehmen nicht zu sehr belastet werden.

Die schwierige Aufgabe des Leiters des neuen Unternehmens „Continentale" bestand darin, große und gewinnbringende Aufträge hereinzubekommen; dies gelang Petri. Die Liste all der Anlagen und Verkehrsgesellschaften, die damals die „Continentale" unter Petris Leitung bearbeitete, ist lang, sie beschränkt sich nicht nur auf Unternehmungen in

Deutschland, sondern auch auf Projekte im europäischen Ausland, besonders in Norwegen. Eines der zahlreichen Unternehmungen im Inland war die erste deutsche Schwebebahn zwischen den Städten Elberfeld und Barmen. In den Fällen, in denen im Laufe der Entwicklung durch das Hinzutreten öffentlicher Stellen aus den Privatgesellschaften gemischtwirtschaftliche Betriebe wurden, verstand es Petri, privatwirtschaftliche und öffentliche Belange auszugleichen.

Wegen seiner erfolgreichen Tätigkeit bei der „Continentale", wurde er 1902 Mitglied des Vorstandes der Schuckert-Werke, 1908 Generaldirektor, gleichzeitig Mitglied des Aufsichtsrates, der nun vereinigten Firmen Schuckert und → Siemens/Halske und 1927 Vorsitzender dieses Aufsichtsrates. Seine Erfahrungen und Kenntnisse brachten ihm auch Sitz und Stimme in einer Reihe von Aufsichtsräten anderer Firmen: Seit 1921 Aufsichtsratsvorsitzender der Maschinenfabrik Augsburg—Nürnberg (→ A. v. Rieppel) und Aufsichtsratsmitglied der Bayerischen Vereinsbank. Petri war von nun an anerkannter Mittelpunkt und Repräsentant der nordbayerischen Industrie. Für seine erfolgreiche Tätigkeit verliehen ihm die Technische Hochschule Karlsruhe, sowie die Philosophische und Naturwissenschaftliche Fakultät der Universität Erlangen den Ehrendoktor. Beide Hochschulen ernannten ihn zum Ehrensenator. 1908 erhielt er den Titel eines Geheimen Kommerzienrats. Von den zahlreichen Ordensverleihungen ist vor allem die Auszeichnung mit dem Bayerischen Kronenorden zu nennen (1910), mit der die Erhebung in den Adelsstand verbunden war.

Die großen Erfolge auf wirtschaftlichem Gebiet und die damit verbundenen beträchtlichen finanziellen Einkünfte ermöglichten es von Petri, unterstützend und fördernd für Kunst und Wissenschaft tätig zu werden. In diesen Bereichen hat seine Frau Elisabeth, geborene Sack, Tochter des Gründers der Ackerbaugerätefabrik Sack in Leipzig, mit ihm zusammen gewirkt. Die Ehe wurde 1887 geschlossen. Das Ehepaar förderte kulturelle und gemeinnützige Bestrebungen der Stadt Nürnberg. Bereits 1901 hatte Petri eine beträchtliche Summe zur Errichtung des Prinzregentendenkmals auf dem Bahnhofsvorplatz gespendet. Unvergessen bleibt die Stiftung der Kunstausstellungshalle am Marientor, 1912/13 nach den Plänen des städtischen Oberingenieurs → Otto Seegy erbaut, am 12. Oktober 1913 mit einer Ausstellung der Nürnberger Kunstgenossenschaft feierlich eingeweiht. Die städtischen Kollegien verliehen dem Stifterpaar dabei die goldene Medaille der Stadt Nürnberg, Vorgängerin der Bürgermedaille. Besonderes Interesse galt der Nürnberger Künstlervereinigung, dem Albrecht-Dürer-Verein, dessen Ehrenmitglied er war, und dem Germanischen Nationalmuseum; allen ließ er namhafte Spenden zukommen. Er gründete ein Genesungsheim für Angehörige bayerischer Unteroffiziere, seine Frau stiftete während des Ersten Weltkriegs einen komplett ausgestatteten Lazarettzug.

An seinem 70. Geburtstag, am 24. Februar 1930, wurde Oskar von Petri, einstimmig vom Stadtrat „wegen seiner hervorragenden Verdienste um die Stadt und insbesondere um Kunst und Wissenschaft" das Ehrenbürgerrecht verliehen. Oskar von Petri starb am 26. Mai 1944 in Nürnberg und wurde auf dem Johannisfriedhof beigesetzt. *Ba*

Künstlerfamilie Kellner   19. und 20. Jahrhundert

Dynastien von Künstlern, die sich über mehrere Generationen erstrecken, sind in Nürnberg zu allen Zeiten eine Seltenheit gewesen. Eine der wenigen Ausnahmen ist — neben den Familien → Trost und → Ritter — die Künstlerfamilie Kellner, die mehr als ein Jahrhundert lang die bildenden Künste in Nürnberg heute noch sichtbar mitgeprägt hat.

An ihrem Anfang stand der Kupferstecher, Schriftstecher und Jugendschriftsteller Joseph Kellner (1749 — 1814), von dessen Hand nur wenige Werke überliefert sind. Seine beiden Söhne Johann Konrad (geb. 1777 Nürnberg) und Johann Jacob (1788 Nürnberg — 1873

Schwabach) waren bei ihrem Vater in die Lehre gegangen und übersiedelten zu Beginn des 19. Jahrhunderts nach Bruckberg bei Ansbach, wo sie von 1809 bis 1821 in der markgräflichen Porzellanmanufaktur als Porzellanmaler arbeiteten. Gegen Ende der zwanziger Jahre des 19. Jahrhunderts gründete Johann Jacob Kellner eine Glasmalereiwerkstatt in Nürnberg, in der er seine vier Söhne Georg (1811 Oberreichenbach — 1892 Nürnberg), Stephan (1812 Bruckberg — 1867 Nürnberg), Hermann (1814 Bruckberg — 1877 Friedrichshafen) und Johann (1825 Nürnberg — 1859 ebenda) beschäftigte. In den Jahren von 1831—1840 restaurierten Johann Jacob Kellner und seine Söhne die Chorfenster der Lorenz- wie der Sebalduskirche.

Georg und Stephan Kellner besuchten nach der Lehre bei ihrem Vater die kgl. Kunstgewerbeschule (heute Akademie der Bildenden Künste). 1846 machte sich Stephan, 1849 Georg selbständig; sie arbeiteten zuweilen zusammen und waren bis zu ihrem Tode in Nürnberg tätig. Hermann blieb bis 1846 bei seinem Vater und kam dann über Ulm nach Friedrichshafen. Johann Kellner, der jüngste, widmete seine kurze Schaffenszeit der väterlichen Werkstatt. In der Zeit dieser zweiten und dritten Künstlergeneration zwischen 1840 und 1880 entstanden die bedeutendsten Werke der Nürnberger Glasmalerei im 19. Jahrhundert. Es wurden unter anderem Scheiben für Schloß Hohenschwangau, das Marienmünster in Ingolstadt, für die Stadtpfarrkirche in Amberg und das Münster Heilig Kreuz in Rottweil hergestellt. Die Arbeiten der Glasmalerfamilie Kellner waren über ganz Deutschland verstreut und wurden sogar nach Belgien, Frankreich, Großbritannien, Österreich-Ungarn und Rußland verkauft.

Die Künstler der vierten und fünften Generation waren vorwiegend als Maler und Grafiker tätig. Den Söhnen von Georg, Stephan, Hermann und Johann Kellner konnte dank der zu Wohlstand gekommenen Väter eine langjährige und kostspielige Künstlerausbildung gewährt werden. Nur zwei von ihnen, Johann (geb. 1852 Nürnberg), einziger Sohn Georg Kellners, und Jakob (geb. 1848 Nürnberg), ältester Sohn Hermann Kellners, ergriffen keinen künstlerischen Beruf. Der ältere Sohn Stephan Kellners, Samuel (1848 Nürnberg — 1905 ebenda), führte bis zu seinem Tode die Glasmalereiwerkstatt seines Vaters in Nürnberg weiter. Sein jüngerer Bruder Herrmann (1849 Nürnberg — 1926 München) erlernte bis 1867 die Glasmalerei bei seinem Vater. Vor seiner Tätigkeit als Zeichenlehrer am Gymnasium in Nürnberg (1873 — 1876), war er Schüler an der kgl. Kunstgewerbeschule seiner Heimatstadt und Mitarbeiter seines Bruders Samuel. Von 1876 bis 1884 studierte Herrmann Kellner an der Münchner Akademie. Er blieb fortan als Maler und Entwerfer für künstlerische Fensterverglasung und für kunsthandwerkliche Gegenstände in München. Die beiden jüngeren Söhne Hermann Kellners, Stephan (geb. 1851 Nürnberg, gest. Friedrichshafen) und Carl (geb. 1852 Nürnberg, gest. Friedrichshafen), arbeiteten in Friedrichshafen, wo ihr Vater die Glasmalereiwerkstatt Kellner & Söhne gegründet hatte.

Mit der fünften Generation ging die künstlerische Tradition der Familie Kellner zu Ende. Die letzten Künstler aus dieser Familie waren Georg (1874 Nürnberg — 1924 ebenda), August (1885 Nürnberg — 1944 Egloffstein) und Carl (1886 Nürnberg — 1953 ebenda), die Söhne jenes Johann Kellners, der keinen künstlerischen Beruf hatte. Die Gebrüder Kellner erhielten ihre erste Ausbildung an der kgl. Kunstgewerbeschule in Nürnberg. Darüber hinaus studierte Georg von 1892—1895 an der Münchner Akademie. Nach einem längeren Studienaufenthalt in Italien kehrte er nach Nürnberg zurück und ließ sich hier als freischaffender Künstler nieder. In seinem Atelier, in dem anfänglich auch seine jüngeren Brüder tätig waren, wurden vor allem größere dekorative Arbeiten wie Wandmalereien und Fassadenbilder entworfen und deren Ausführung vorbereitet. Die Glasmalerei wurde nur von Georg und August Kellner betrieben. Sie nahm in deren künstlerischem Schaffen aber einen geringen Stellenwert ein. Daneben haben sich Georg und Carl Kellner mit druckgrafischen Techniken beschäftigt. Die Zahl der von diesen Brüdern geschaffenen Werke ist schier unübersehbar, die Vielseitigkeit ihrer künstlerischen Betätigung beachtlich, ihr Einfluß auf das Nürnberger Kunstleben groß.

Was Georg in den Jahren vor 1914 und zwischen den Weltkriegen an Zeichnungen, Radierungen, Skizzen, Portraits und an grafischer Gestaltung von Büchern (Festschrift zur 50-Jahrfeier des Germanischen Nationalmuseums) geschaffen hat, wirkte noch weit in die fünfziger Jahre hinein. Georgs bekanntestes Werk ist 1910 entstanden und ziert unter der Bezeichnung „Nürnberger Kaufmannszug mit Geleite" bis heute die Fassade der Industrie- und Handelskammer am Hauptmarkt. An dieser exponierten Stelle dokumentiert es das Fortleben des Historismus in der bildenden Kunst und die Erinnerung an eine große Tradition der Noris.   *P*

Malerfamilie Ritter   19. und 20. Jahrhundert

Zu Kaiser Wilhelms I. Geburtstag, am 22. März 1883, wurde im Treppenhaus des Rathauses das vier auf drei Meter große Gemälde „Die Einbringung der Reichskleinodien in Nürnberg am 22. März 1424" von Johann *Paul* Ritter, geboren am 4. März 1829, enthüllt. Musikalisch umrahmt geriet der anschließende „solenne Frühschoppen" im großen Rathaussaal zu einer „Feier für Künstler und Kunst". In der Tat sollte dieses Bild (heute in der Industrie- und Handelskammer) das populärste Werk des Malers werden. Es zeigt die Ankunft des von Geistlichen, Ratsherrn und den beiden Nürnberger Abgesandten → Sigmund Stromer und → Georg Pfinzing begleiteten Wagens mit den Reichskleinodien auf dem Hauptmarkt. Rings festlich gekleidetes Volk, am linken Bildrand die Frauenkirche, im Hintergrund der Plobenhof und die Türme von St. Lorenz.

Mit solchen Darstellungen geschichtlich bedeutsamer Ereignisse aus der ruhmreichen Vergangenheit der einstigen Reichsstadt fand Johann Paul Ritter viel Anerkennung. Der Maler verband die Schilderung des historischen Geschehens mit der Wiedergabe der topographischen Situation. Plätze, Straßen, Höfe und Kircheninteriurs bilden stets den Rahmen, ob es sich nun um die Begrüßung →König Gustav II. Adolf 1632 durch den Rat vor der alten Schau neben St. Sebald handelt (1884), um den Aufbruch einiger Herren im Rathaushof nach dem Friedensmahl 1649 (1886) oder um den Einzug Kaiser Matthias' durch die eigens unterhalb der Burg errichtete Ehrenpforte 1612 (1890). Die dokumentarische Einstellung des Künstlers zeigt sich im Bemühen um historische Wahrscheinlichkeit und authentisches Milieu. Mit liebevoller Sorgfalt wird nicht nur das Zeitkostüm wiedergegeben, auch die Bauten erscheinen in ihrem damaligen Zustand — die Vergangenheit wird scheinbar mit dem Blick des Augenzeugen gesehen. Das alte Nürnberg lebt wieder auf und weckt patriotische Erinnerungen. Von zusätzlichem Reiz für den Betrachter war sicherlich die Eigenart des Malers, Porträts prominenter Zeitgenossen oder deren Auftraggeber in seine Historienbilder einzufügen. Die Gesamtwirkung auch großer Formate bleibt dank der perspektivischen Überschaubarkeit bei aller fast altmeisterlich anmutenden Detailgenauigkeit erhalten. Die koloristisch bunte Vielfalt in den Kostümen wird eingebunden in einen von der Farbigkeit der Architektur bestimmten Gesamtton.

Johann Paul war der Sohn des Nürnberger Rotschmiedemeisters Johann *Jakob* Ritter. Seit seinem vierten Lebensjahr war er taubstumm, erlernte aber doch nach dem Besuch der 1832 gegründeten Taubstummenschule neun Jahre lang bei → Karl A. Heideloff das Zeichnen, Malen und Radieren. Studienreisen führten ihn durch Deutschland, Dänemark, Frankreich, Österreich und Italien, bevor er sich endgültig in Nürnberg niederließ. 1889 erfolgte die Ernennung zum Professor. Am 27. November 1907 verstarb Johann Paul Ritter. Er wurde auf dem Johannisfriedhof beigesetzt.

Johann *Lorenz* Ritter wurde am 27. November 1832 geboren. Auch er besuchte wie sein älterer Bruder Paul die Nürnberger Kunstgewerbeschule unter Karl A. Heideloff und begleitete anschließend seinen Bruder nach Berlin. Die Brüder studierten an der Kunstakademie und arbeiteten danach bis 1858 als Kupferstecher für Berliner Verleger. Zurück in Nürnberg, betätigte sich Lorenz als Theatermaler und Zeichner für architektonische Vorlagenwerke. Obwohl er auch Reproduktionen nach einigen Gemälden Paul Ritters schuf und im Zentrum seiner eigenen künstlerischen Arbeit Motive aus Nürnberg und Umgebung standen, entschied er sich gegen die historisierende Anschauungsweise seines Bruders und für eine sachliche Wiedergabe der Stadtansichten, wie sie sich zu seiner Zeit seinen Augen boten. Lorenz fand seine reinsten Ausdrucksmöglichkeiten in der Technik der zeichnenden Aquarellmalerei. Seine Arbeiten vereinen Liebe zum Detail mit Sinn für Oberflächenreize, zeichnerische Feinheit mit malerischem Reichtum. Den differenzierten Farbnuancen seiner Aquarelle entspricht die Vielfalt der Tonvariationen in seinen Radierungen; auch hier genaue Definition des Sichtbaren, verbunden mit effektvollem Wechsel von Licht und Schatten. Als sein graphisches Hauptwerk gelten die seit 1871 in Lieferungen, 1876 als Mappe in Berlin verlegten „Malerischen Ansichten aus Nürnberg". Eine weitere Folge mit Nürnberger Motiven legte der Künstler um 1900 vor, außerdem gab er eine Reihe von Einzelblättern heraus. Er zeichnete Vorlagen für Holzschnitte und Stahlstiche mit Ansichten aus anderen deutschen, österreichischen und italienischen Städten, die von fremder Hand ausgeführt wurden. Hochbetagt starb der Nestor der Nürnberger Künstler am 3. September 1921.

Zwei der drei künstlerisch tätigen Söhne Lorenz Ritters, der 1859 geborene Porträtmaler und Radierer *Paul d. J.* und sein 1868 geborener Bruder *Fritz* starben 1888. Der am 24. August 1860 geborene *Wilhelm* erhielt seine Ausbildung an der Kunstgewerbeschule in Nürnberg und an den Akademien in München und Karlsruhe. Er malte in der Familientradition Architekturansichten aus Nürnberg, dem übrigen Deutschland, Holland, Italien und den USA. Vor allem seine Aquarelle zeigen Sinn für die malerische Schönheit stiller Winkel und Hinterhöfe, für die farbigen Reize verwitternden Gemäuers und die bunte Vielfalt der Vegetation. Seine Entwicklung führte von einer mehr zeichnerischen Darstellungsweise zu freier malerischer Auflösung. Seine Bilder aus der Altstadt und seine Innenansichten von St. Sebald und St. Rochus (heute im Privatbesitz) dokumentieren es. Ungewöhnliches Aufsehen erregte seine kolossale Idealansicht Alt-Nürnbergs (15:10 m) für die Nürnberg-Fürther Abteilung auf der Weltausstellung 1893 in Chicago, von Vater Lorenz radiert. Wilhelm Ritter, bis ins Alter hinein tätig, starb 1949 in Eschenbach bei Hersbruck.   *Isph*

Jakobus von Hauck · Erzbischof von Bamberg   1861 — 1943

Am 19. Dezember 1898 ernannte Prinzregent Luitpold von Bayern den Professor am Alten Gymnasium zu Bamberg, Johann Jakobus Hauck, zum Stadtpfarrer von St. Elisabeth in Nürnberg. Das war für viele eine Überraschung; denn Hauck hatte — nach seinem Philosophie- und Theologiestudium 1884 in Würzburg zum Priester geweiht — nur kurze Zeit als Kaplan in Obertheres, Mellrichstadt und Eltmann als Seelsorger gearbeitet; die Diasporasituation war ihm fast unbekannt geblieben. Wie also sollte er die neue Aufgabe meistern, die in der größten Diaspora-Gemeinde Bayerns und dazu noch in einer Arbeiterstadt auf ihn wartete? St. Elisabeth war als zweite katholische Pfarrei in Nürnberg 1896 von Prinzregent Luitpold gegründet und bis dahin von einem Pfarrverweser verwaltet worden. Es war eine Pfarrei ohne Pfarrhaus mit einer im Inneren nur halbfertigen Kirche und einem Sprengel, der einen Teil der Altstadt und die südlichen und westlichen Stadtteile und Ortschaften bis zu einer Entfernung von sieben Kilometern umfaßte.

Den neu ernannten Pfarrer, 1861 in Miltenberg geboren, erwartete eine Fülle von Aufgaben: Ausbau der Seelsorge in dem weiten, schwer überschaubaren Pfarrbezirk; Ausbau der bisher vernachlässigten sozial-caritativen Arbeit; Stärkung der lokalen katholischen Presse, damit sich die Katholiken Gehör verschaffen konnten. Die Probleme drängten. Wenn sie auch nicht zu gleicher Zeit gelöst werden konnten, so mußten sie doch fast gleichzeitig angepackt werden. 1902 wurde das Haus am Jakobsplatz 17 gekauft; es wurde Pfarramt, in dem zugleich Wohnungen für den Pfarrer und die Kapläne untergebracht wurden. Schon 1900 war in Gostenhof eine Notkirche eingeweiht worden. Die Renovierung der Elisabethkirche dauerte fast zwei Jahre, sodaß bis 1903 darin kein Gottesdienst gehalten werden konnte; die Konsekration fand erst am 25. Juni 1905 statt. 1910 wurde in Gostenhof anstelle der Notkirche die im neuromanischen Stil erbaute St. Antoniuskirche geweiht. Im Süden des Pfarrbezirks (Steinbühl-Gibitzenhof), wo MAN und Siemens-Schuckert ihre Fabriken hatten, entstand ein Arbeiterwohnviertel. Dort wurde die Notkirche von Gostenhof aufgestellt. Um den Sprengel betreuen zu können, erbat Hauck, inzwischen Dekan geworden, von den Franziskanern in München Priester. Die Provinz sagte ebenso zu wie der liberale Oberbürgermeister → von Schuh, auch wenn Protestanten und Magistrat erhebliche Bedenken hatten.

In einer Arbeiterstadt wie Nürnberg bedurfte es der sozialen und caritativen Seelsorge. Schon 1890 waren Niederbronner Schwestern aus dem Elsaß gekommen, um in der ambulanten Krankenpflege tätig zu werden und die, meist neu zugezogenen, katholischen Dienstmädchen zu betreuen. Es fehlten Kindergärten, die bitter notwendig waren, da oftmals beide Elternteile arbeiten mußten, um die Familie ernähren zu können. Deshalb wurden zwischen 1907 und 1910 vier katholische Kindergärten gegründet, drei davon in Stadtteilen ohne katholischen Kirchenraum. Wegen der langen Arbeitszeit der Eltern mußte der Aufenthalt im Kindergarten zeitlich ausgedehnt werden. Das kostete Geld. Mit staatlichen und städtischen Zuschüssen war nicht zu rechnen. Die Kirche mußte allein für alle Kosten aufkommen. Deshalb gründete Pfarrer Hauck den „Charitas-Verein Nürnberg, e. V." und bat mit Erfolg gutsituierte Katholiken um ihre Mitgliedschaft. Ziel: In jedem Stadtviertel einen Kindergarten, um über die Kinder auch in den Eltern Gemeindebewußtsein zu wecken. Ähnlich organisierte Hauck die Öffentlichkeitsarbeit. Da den Katholiken ein Sprachrohr fehlte — die Zeitungen waren liberal oder sozialdemokratisch — versandte Hauck Bettelbriefe, in denen er auf die Notwendigkeit einer katholischen Presse hinwies. Er bat die Nürnberger Katholiken, Anteilscheine (pro Stück 500 Mark) zu zeichnen, um eine katholische Zeitung aus Privatbesitz, die nicht viel leisten konnte, in eine Gesellschaft überführen zu können. Der spätere Presseprälat Balthasar Moeckel wurde für die Pressearbeit freigestellt. Es dauerte zwar noch viele Jahre, bis die katholische Zeitung — erst „Nürnberger", später „Bayerische Volkszeitung" genannt — mit den anderen Blättern konkurrieren konnte. Aber es gelang. Doch auch den Alltagsaufgaben der Seelsorge hat er sich nicht entzogen. Er schrieb selbst die Gottesdienstordnung für die Pfarr- und Filialkirche; als guter Pianist suchte er beim Klavierspiel Entspannung und Erholung, er war ein leidenschaftlicher Bergsteiger (und den Annehmlichkeiten des Lebens zugetan).

Durch seine vielseitige Tätigkeit war Hauck über die Grenzen der Stadt und der Diözese bis zum königlichen Hof bekannt geworden. Als am 23. April 1912 der Erzbischof von Bamberg, Dr. Friedrich Philipp von Abert, gestorben war, nominierte Prinzregent Luitpold am 4. Mai Hauck zu seinem Nachfolger. Papst Pius X. erteilte (am 18. Juni) die Präkanonisation, und am 25. Juli, seinem Namenstag, wurde er (im hohen Dom zu Bamberg) zum Bischof konsekriert. Sein Wahlspruch: „Omnia ex caritate". Mehr als dreißig Jahre hat er den Hirtenstab geführt, war Mitglied des Reichsrats der Krone Bayerns und Finanz- und Schulreferent der bayerischen Bischofs-Konferenz. Auch als Erzbischof von Bamberg ist er Seelsorger geblieben, dem die Diaspora besonders am Herzen lag. Neue Seelsorgestellen wurden eröffnet, Kuratien zu Pfarreien erhoben; viele Kirchen wurden gebaut. In Nürnberg hat sich die Zahl der Pfarreien während seiner Amtszeit in Bamberg von drei auf vierzehn erhöht. 1928 konnte das neue Priester- und Knabenseminar der Diözese in Bamberg bezogen werden. In den Berichten der Präsidenten von Ober- und Mittelfranken an den bayerischen Innenminister wurde der Name Hauck während der NS-Zeit 65 mal kritisch erwähnt. Als der Erzbischof 1937 sein Silbernes Bischofsjubiläum feierte, waren — wie schon beim Goldenen Priesterjubiläum 1934 — an die 60.000 Katholiken zu den Feiern in die Bischofsstadt gekommen. Von den Nationalsozialisten war dies als Demonstration gegen Staat und Partei registriert worden. Am 20. Januar 1943 ist Jakobus Ritter von Hauck gestorben und wurde im Dom beigesetzt.   *U*

Philipp Kittler · Bildhauer   1861 — 1944

Der Bildhauer und Ton-Modelleur Philipp Kittler, gebürtig aus Schwabach, stammte aus einer Kunsthandwerkerfamilie und machte seine ersten plastischen Versuche im elterlichen Töpferladen. 1887 bis 1890 besuchte er die damalige Kunstgewerbeschule (jetzt Akademie der bildenden Künste) in Nürnberg, wo er mit Terrakotta-Arbeiten hervortrat. Zwischen 1890 und 1896 bildete er sich, unter anderem als Schüler von Professor Wilhelm Rühmann (1901 Entwerfer des Prinzregent-Luitpold-Denkmals, einst am Hauptbahnhof, und des Kaiser-Wilhelm-Reiter-Standbilds am Egidienplatz 1905), an der Münchner Kunstakademie weiter. Frühe Achtungserfolge für ihn waren monumentale Aufträge zur Ausgestaltung der beiden Bayerischen Landesausstellungen 1896 (Stadtpark) und 1906 (Luitpoldhain), deren plastischer Schmuck auf seine Entwürfe zurückging. Nach der Landesausstellung 1906 blieben die Kittler'schen Figuren auf dem Ausstellungsgelände und wurden in die neuen Parkanlagen des Luitpoldhains mit einbezogen. Sie verblieben dort bis zur Umgestaltung des Luitpoldhains durch die nationalsozialistische Führung in die „Luitpoldarena" (1935). Einzelne Stücke davon, dem pathetischen Schönheitsideal und dem Anflug von Wagnerschwärmerei des frühen Jugendstiles verpflichtet, wurden später im Garten der Waldgaststätte „Zollhaus" entdeckt.
Seit 1912 gestaltete Kittler den „Minnesänger-Brunnen" an der Oberen Turnstraße mit bronzener Figur, dessen einfache sphärische Formen auf die „Neue Sachlichkeit" vorausweisen. Von zeitloser Schönheit sind die beiden lebensgroßen Bronzefiguren (Mann mit Löwe und Frau mit Löwin), womit 1912 die beiden Eingangs-Pylonen des alten Nürnberger Tiergartens an der Bayernstraße bekrönt wurden. Nach Entwürfen des Architekten → German Bestelmeyer schuf Kittler vor der Südseite der Nürnberger Friedenskirche (erbaut 1928) einen stark im Sinn der frühchristlichen Symbolik motivierten Brunnen (Friedenstaube mit Ölzweig über einem Kranz von Delphinen), 1918 verlieh ihm die bayerische Krone den Titel eines „Königlichen Professors", wiewohl er offenbar keinen akademischen Lehrauftrag hatte.
Als besonders repräsentativ für das Kunstschaffen im Nürnberger Raum darf Kittlers architekturgebundene Plastik gelten. Von ihm stammte die Drei-Figuren-Gruppe am Ostgiebel des Opernhauses (1905; im II. Weltkrieg eingeschmolzen), dazu Figuren am Justizpalast in

der Fürther Straße und der gesamte plastische Fassadenschmuck des alten Kulturvereinsbaus am Ring (erbaut 1905, untergegangen im Zweiten Weltkrieg; die Portalfiguren „Gesang" und „Tanz", überlebensgroß aus Stein, sind erhalten). Der „Arbeiterjüngling" an einem Anwesen des sozialen Wohnblocks Denisstraße (um 1924/25) zeigt jene seinerzeit sehr beliebte, blockhafte Stilisierung, die aus den avantgardistischen Impulsen der Arbeiterkunst erwachsen war. Bedeutendstes Reliefwerk Kittlers ist der Puttenfries im Repräsentationssaal der Bayerischen Landesgewerbeanstalt.

Weil aus kunsthandwerklicher Überlieferung kommend, näherte sich Kittlers Schaffen zu keiner Zeit den modernen Richtungen wie Expressionismus oder Kubismus etc. Kittlers bedeutendstes Werk in der Zwischenkriegszeit wurde das Gefallenen-Denkmal für die im Ersten Weltkrieg gebliebenen Söhne Nürnbergs, die Trauernde Noris, 1928 am Rathenauplatz enthüllt und später auf den Westfriedhof überführt. Die überlebensgroße Frauengestalt mit ihrem gramzerfurchten Gesicht und ihren verkrampften Bethänden verkörpert die Tragödie des Völkermordens.   *Hä*

Christian Geyer · Hauptprediger   1862 — 1929

Als der Sebalder Hauptprediger Christian Geyer am 2. Weihnachtsfeiertag 1929 auf dem Nürnberger Johannisfriedhof zu Grabe getragen wurde, war das Echo auf sein Wirken zwiespältig. Ein Journalist schrieb, man habe „von Nürnbergs bestem geistigen Besitz Abschied genommen". Ein Pfarrer nannte seinen Tod im „Fränkischen Kurier" einen „schweren Verlust für die Nürnberger Gemeinde und die bayerische evangelische Kirche". Und die Evang.-Lutherische Kirchenzeitung beklagte es im Nachhinein als „unglaublich", daß dieser Theologe über Jahre hinweg an der Fortbildung der Pfarramtskandidaten im Dekanat Nürnberg beteiligt gewesen sei. Freilich war höheren Orts bereits 1916 in seinem Personalakt vermerkt worden: „Eignet sich wegen seiner theologischen Stellung zum Bekenntnis nicht zu höheren Kirchenämtern", was sich als ein Glück für Nürnberg herausstellen sollte. Wer also war er wirklich?

Er war „der Nürnberger Hauptprediger", der viele Tausend Menschen aus allen Schichten des Volkes regelmäßig in seine Kirche zu locken vermochte. Dazu kam die schicksalhafte Fügung, daß fast gleichzeitig ein anderer begnadeter Prediger nach Nürnberg kam, → Friedrich Rittelmeyer. Bald verband die beiden eine auf gemeinsame Überzeugungen fest gegründete Freundschaft. Geyer war außerdem volksbildnerisch tätig und hielt ungezählte Vorträge vor verschiedensten Gruppen der Stadt und der weiten Umgebung. Er war ein gern aufgesuchter Seelsorger. Sein reiches musikalisches Wissen ließ ihn daneben auch als Kunstkritiker tätig sein. Zugleich war er ein Pädagoge von hohen Graden und prägte über Jahrzehnte hinweg die heranwachsenden Lehrerinnen. Sie wurden am Lohmannschen Institut ausgebildet, wo Geyer in Religion und Pädagogik unterrichtete. Vor allem aber muß Geyer eine außergewöhnlich lebendige Persönlichkeit von starker Ausstrahlung gewesen sein. Rittelmeyer schrieb über die Wirkungen seiner Predigten: „ Gerade schwerlebende Menschen gingen gern zu ihm und nahmen förmlich in ihm ein Sonnenbad. . . Mit der Gewalt der Liebenswürdigkeit führte er die Menschen auf eine Höhe, wo sie die Dinge im

Licht sahen, wie er sie sah. . . Was er gesagt hatte, wirkte die ganze Woche hindurch weiter wie aufgespeicherter Sonnenschein". Eine Nichte nannte den geliebten Onkel Christian den „Sonnenmann". Köstlich ist im Selbstzeugnis auch sein Humor, für ihn eine Erscheinungsform der Religion.

Er wurde am 1. Oktober 1862 im unterfränkischen Manau als Pfarrerskind geboren. Die Stationen, seines im Grunde vorgezeichneten Weges, waren Röckingen/Hesselberg, Altdorf, Nördlingen und ab 1902 Nürnberg. Dort präsentierte ihn der Stadtrat für die seit Jahrzehnten vakante Hauptpredigerstelle an St. Sebald. Dieses noch aus vorreformatorischer Zeit stammende Amt, mit dem damals keinerlei üblicher Pfarrdienst verbunden war, und — wegen der schon apostrophierten Einschätzung durch das Kirchenregiment — auch keine Leitungsfunktion, verwies Geyer auf die Predigerkanzel. Darüber hinaus hatte er alle Freiheit, seine ungewöhnlich reichen Gaben zu entfalten, wurde aber auch durch heftige theologische Auseinandersetzung stark in Anspruch genommen. Den Ton in der Landeskirche gab zu Anfang des Jahrhunderts die neulutherische Orthodoxie an. Geyer warf ihr gelegentlich vor, „daß die Theologen vor lauter Dogmatik ihre Bibel nicht mehr lesen", was natürlich so nicht stimmte. Aber das Gewicht lag in der Tat auf der bis ins Detail ausformulierten Lehre, also auf dem „ich glaube, daß. . ." auf Kosten des „ich glaube an. . .". Geyer hatte hier bereits frühzeitig eine Wende erlebt, die er als „Erfahrung des lebendigen Christus" beschrieb. Sie ließ ihn immer konsequenter über das Dogma hinaus nach dem dahinter stehenden religiösen Lebensgrund fragen. Er suchte „Lebensreligion statt Lehrreligion" und „Gegenwartsreligion statt Vergangenheitsreligion". Er setzte bei der Wirklichkeit der Menschen unter seiner Kanzel ein. Wegen seiner bewußt unpathetischen Art stieß er dabei zuweilen auf uns fast lächerlich anmutende Schwierigkeiten. Geyer wollte ein Dolmetscher Christi für die in Materialismus, Geistlosigkeit und Vielbeschäftigtheit Befangenen sein. Obwohl er also, theologisch gesehen, „zentral" predigte, wenn auch ungewohnt, wurde er als „liberal" angefeindet. Der Rückgriff direkt auf den Jesus der Bibel, die Offenheit gegenüber den kritischen Aussagen der Bibelwissenschaft, die er als befreiend empfand, die Frage nach der religiösen Substanz der Dogmen, all das erschien den Gegnern allzu subjektiv. Sie befürchteten eine innere Auflösung und Aushöhlung des Glaubens. Sie erkannten damit wohl eine Gefahr. Sie nahmen aber nicht wahr, welche missionarische Funktion der Hauptprediger unter dem Bürgertum der sich wandelnden Großstadt ausübte.

Neben den vielen Heften der von ihm mit Rittelmeyer zusammen herausgegebenen Zeitschrift „Christentum und Wirklichkeit" sind ein paar Predigtbände sein wesentlichstes Vermächtnis. An der chronologischen Abfolge der Titel („Gott und die Seele", „Leben aus Gott", „Der menschensuchende Gott") ist die innere Entwicklung des Hauptpredigers abzulesen. Der letzte Band erschien bereits nach seiner Trennung von Rittelmeyer, der sich mehr und mehr den anthroposophischen Gedanken → Rudolf Steiners angenähert und deren kultische Variante, die Christengemeinschaft begründet hat. Obwohl Geyer unter dem Verlust des Freundes und Kampfgenossen entsetzlich litt, konnte er ihm nicht folgen. Der „unverbesserliche Protestant", wie er sich selbst nannte, wußte mit Luther, daß der Mensch nie mehr sein würde als ein begnadigter Sünder. Geyer konnte nicht Kultpriester werden, er blieb Prediger und hat bis zur Schwelle des Dritten Reiches das Nürnberger Bürgertum entscheidend beeinflußt. Daß es auch in Nürnberg später eine Bekennende Kirche geben konnte, hängt wohl damit zusammen. Wenn die Nürnberger Hauptkirchen St. Lorenz und St. Sebald bis heute einen nicht gering einzuschätzenden Stellenwert im Gefüge des modernen Gemeinwesens haben, dann auch wegen dieses begnadeten Mannes, der fast drei Jahrzehnte lang für eine offene, menschliche und aus den Wurzeln des Evangeliums lebende Kirche stand. *Bib*

Hans Ißmayer · Architekt 1861—1942

Hans Ißmayer wurde bereits mit 25 Jahren nach seiner Ausbildung an der Industrieschule Nürnberg und mit der Urkunde des Diplom-Ingenieurs der Technischen Hochschule München als Lehrer an die Städtische Bauschule Nürnberg berufen, die — 1870 gegründet — sich bald eines ausgezeichneten Rufes erfreute.

Der Oberbaurat, seit 1887 mit → Marie Heller, der Tochter eines Fabrikanten, verheiratet, widmete sich 37 Jahre lang, bis 1924, der Ausbildung junger Bauschaffender. Mit größter Sorgfalt und hoher Leistungsanforderung bereitete er sie auf ihren späteren Beruf vor. Durch seine Lehre im Entwerfen nahm er Einfluß auf die Gestaltung der späteren Bauten seiner Schüler, die als Architekten, Baumeister und Baubeamte das Bild der Stadt prägen halfen.

Neben seiner Lehrtätigkeit als Professor wirkte Hans Ißmayer als Privatarchitekt. Nach seinen Plänen entstanden zahlreiche Villenbauten für das Großbürgertum der Gründerzeit (heute noch erhalten u. a. Haus des Kunstmalers → Wilhelm Ritter, Berckhauserstraße 17, 1895; Villa Pflaum, Pirckheimerstraße 14, 1899; Villa Reif, Königstorgraben, 1902/03; Landhaus Schwarzmann in Behringersdorf, 1910). Seine frühen Bauten lehnen sich an die romantische Formensprache des sog. „Nürnberger Stils" (vgl. → Conradin Walther) an. In späteren Jahren wendet er sich klassischen Vorbildern mit strenger Achsialität zu. Viele seiner Bauten wurden im Zweiten Weltkrieg zerstört oder schwer beschädigt. Die erhaltenen Gebäude jedoch stehen heute wegen ihrer architektonischen Qualität unter Denkmalschutz. *scher*

Jean Fleischmann · Spielzeugfabrikant 1864 — 1917

Der im November 1864 geborene Bauernsohn aus Ermhof bei Sulzbach-Rosenberg (Opf.) war künstlerisch begabt. Er lernte als Graveur und Modelleur und arbeitete in seinen Wanderjahren an der Ausgestaltung der Schlösser des bayerischen Märchenkönigs Ludwig II. Zinnteller und aus Bronze gegossene Figurengruppen aus Fleischmanns erster Schaffensperiode befinden sich noch heute im Familienbesitz. Entsprechend seiner Begabung gründete Jean Fleischmann dann im Jahr 1887 in Nürnberg in der Martin-Behaim-Straße Nr. 3 eine Gravieranstalt für Formen und entschloß sich bald darauf, magnetische Spielzeug-Schwimmtiere und Spielzeugschiffe herzustellen. Seitdem ist die Firma Fleischmann eine der ältesten, wenn nicht gar die älteste im Familienbesitz befindliche Spielwarenfabrik, die in der Spielwarenwelt für das In- und Ausland zu einem Begriff geworden ist. In dieser Zeit, am 30. August 1888, heiratete Jean in Nürnberg Käthe Fleischmann; es wurde eine glückliche Ehe mit fünf Söhnen und zwei Töchtern. Schon 1890 führte er im Fabrikneubau in der Bielingstraße 25 in einer inzwischen erstellten Modellbau-Abteilung Aufträge u. a. des Norddeutschen Lloyd aus. Es sind Modellschiffe großer Überseedampfer, die in einer Länge bis zu 2,50 m noch heute in vielen Museen ausgestellt sind. Freilich konnte der so erfolgreiche Firmengründer (gest. Januar 1917) nicht ahnen, daß einmal elektrische Modelleisenbahnen und Autorennbahnen die Artikel des Graveurs und Modelleurs Jean Fleischmann ablösen würden. *Fl*

Georg Gärtner · Chronist und Schriftsteller   1864 — 1939

Georg Gärtner, der ab 1889 vierzig Jahre lang Redakteur der sozialdemokratischen Zeitung „Fränkische Tagespost" gewesen ist und als verantwortlicher „Sitzredakteur" mehrfach für seine politische Überzeugung ins Gefängnis ging, ist „daneben" dreifach hervorgetreten: er gilt mit seinem 1908 erschienenen Buch „Die Nürnberger Arbeiterbewegung" als Chronist der frühen Sozialdemokratie in Nürnberg; er hat als Heimatschriftsteller mit mehreren Wanderbüchern und einer Reihe populär geschriebener lokalhistorischer Bücher die Masse der Bevölkerung erstmals mit der Geschichte der Stadt und den Schönheiten Frankens vertraut gemacht; er hat, von langer Wanderschaft her der holländischen und flämischen Sprache mächtig, als erster Werke so bekannter Autoren wie Charles de Coster, A. M. de Jong, Cyriel Buysse und Hendrik Conscience ins Deutsche übertragen, was ihn weit über Nürnberg hinaus bekannt gemacht hat. Georg Gärtner, 1864 geboren, gelernter Korbmacher aus Schney bei Lichtenfels, war Zeit seines Lebens Autodidakt. Erstmals wurde er von dem „Vater" der Nürnberger SPD, → Karl Grillenberger, gefördert. Dessen Biographie hat er später auch geschrieben. Er war Freund und Berufskollege des Arbeiterdichters → Karl Bröger, der ihm die Materialsammlung für seine historischen Romane verdankte. Er starb wenige Wochen vor Beginn des Zweiten Weltkrieges, im Juli 1939.   *G*

Emil Reicke · Chronist, Archivdirektor   1865 — 1950

Die Bedeutung des Historikers, Bibliothekars und Stadtarchivdirektors Emil Reicke für die Nürnberger Stadtgeschichtsforschung ist durch den 1893 erfolgten Nachdruck seiner 1896 erschienenen „Geschichte der Reichsstadt Nürnberg bis zum Jahr 1806" bestätigt worden. Obwohl inzwischen eine Reihe von neueren Darstellungen zur Stadtgeschichte erschienen sind, erfolgte dieser Nachdruck nicht aus bibliophilen Gründen; das Werk Emil Reickes ist, wenn auch in vielen Einzelheiten durch neuere Forschungen überholt, wegen der Fülle des gebotenen Materials auch heute noch unentbehrlich. Die Leistung des Verfassers, der diese Arbeit als junger, mit Nürnberger Verhältnissen vorher nicht vertrauter Wissenschaftler in nur zweieinhalb Jahren vollendet hat, ist erstaunlich. Der Ostpreuße Emil Reicke, geboren am 16. Januar 1865 in Königsberg als Sohn des Oberbibliothekars an der dortigen Universitätsbibliothek, studierte an der Universität seiner Heimatstadt Altphilologie, Geographie und besonders alte Geschichte. Seine Dissertation befaßt sich mit den Ereignissen in Babylon nach dem Tod Alexander des Großen und ist in elegantem Latein geschrieben. Nach dreijähriger Hilfstätigkeit an der Arbeitsstätte des Vaters und einem Referendarjahr an einem Königsberger Gymnasium kam er mit 26 Jahren als Assistent 1891 an die Stadtbibliothek Nürnberg. Die 1075 Seiten umfassende Geschichte der Reichsstadt war sein Introitus. Der Schwerpunkt des Werkes liegt in dem Jahrhundert zwischen 1450 und 1550, also bei Humanismus und Reformation; dieses kulturgeschichtliche Thema hat ihn auch in den folgenden Jahrzehnten immer wieder beschäftigt, in denen er ab 1921 als Nachfolger von → Ernst Mummenhoff bis zu seiner Pensionierung 1930 Direktor des Stadtarchivs Nürnberg (und nicht, wie zusätzlich bei Mummenhoff, Direktor der Stadtbibliothek) tätig gewesen ist.

Für seine spezielle Neigung zum Studium des Humanismus hatte er in Nürnberg einen guten Boden; denn hier lebte → Willibald Pirckheimer als einer der bedeutendsten Vertreter des Humanismus jener Zeit. Wegen seines Engagements hat die „Gesellschaft zur Erforschung der Geschichte der Reformation und Gegenreformation" Reicke mit der Herausgabe des umfangreichen — und bis heute noch nicht voll ausgeschöpften — Schriftswechsels von Pirckheimer betraut. Nach langen Vorarbeiten konnte er 1940 den ersten Band dazu vorlegen. Aus dem Nachlaß des Vaters veröffentlichte der Sohn Siegfried (1897 — 1972), Professor für Rechtswissenschaft in Heidelberg, 1956 den zweiten Teil der Pirckheimer-Briefe. Emil Reickes Interesse ging aber weit über diesen Themenkreis hinaus. Seine Veröffentlichungen befassen sich mit Biographien, Pädagogik (zwei Bände der „Monographien zur deutschen Kulturgeschichte": Lehrer und Unterrichtswesen in der deutschen Vergangenheit, 1901; Der Gelehrte in der deutschen Vergangenheit, 1924), Reisebeschreibungen, Festschriften, Prologen und Gelegenheitsgedichten. Er hat in diesen Arbeiten gerne Themen aufgegriffen, bei denen er bislang unbekannte Quellen verwerten konnte.

Besondere Verdienste hat er sich um den „Verein für Geschichte der Stadt Nürnberg" erworben, dem er kurz nach seiner Übersiedlung aus Königsberg nach Nürnberg (1891) beitrat. Unter seiner Leitung, die er auch hier als Nachfolger Mummenhoffs 1926 übernahm, erschien u. v. a. 1928 die Festschrift des Vereins zum Albrecht-Dürer-Jahr. Dank Reickes intensiver Werbung erreichte der Verein in diesem Jubiläumsjahr die Zahl von 622 Mitgliedern, die erst 1966 übertroffen wurde. 1933 legte Reicke im Zug der „Gleichschaltung" den Vereinsvorsitz nieder, wurde aber 1941 wegen seiner großen Verdienste zum Ehrenvorsitzenden gewählt. Aus Reickes Feder stammen zahlreiche wesentliche Aufsätze und Buchbesprechungen zur Stadtgeschichte. Da er für alles Literarische aufgeschlossen war, wurde er eifriges Mitglied des Pegnesischen Blumenordens (s. → Harsdörffer, Birken, Greiffenberg, Dietelmaier). Der 1920 erschienene Druckkatalog der Ordensbibliothek nennt ihn als Verfasser. Auch die Jubiläumsschrift „125 Jahre Gesellschaft Museum" stammt von ihm.

Reicke hat sich 1894 mit Eugenie Erhard, Tochter des langjährigen Chefredakteurs des „Fränkischen Kurier", verheiratet. Aus der Ehe stammen drei Kinder, zwei Töchter und ein Sohn. Als er am 29. Mai 1850 im Alter von 85 Jahren starb, trug man den nach Johannes Müllner bedeutendsten Chronisten der Reichsstadt Nürnberg für das 17. Jahrhundert, der noch kurz vor seinem Tode einen Aufsatz über Aufstieg und Niedergang der Reichsstadt Nürnberg und eine Kurzbiographie über Pirckheimer geschrieben hatte, im Dorffriedhof Windach/Obb. zu Grabe. (Der Reickeweg in Großreuth h. d. Veste erinnert an ihn.) *Ba*

Otto Bräutigam · Zweiter Bürgermeister   1866 — 1923

Der am 28. Mai 1866 in Kulmbach geborene Lehrersohn Otto Bräutigam begann seine berufliche Tätigkeit nach dem Jurastudium als Konzipient in einer Rechtsanwaltskanzlei. Als Ersatzmann der Freisinnigen Partei trat er 1901 in das Nürnberger Kollegium der Gemeindebevollmächtigten ein. 1905 wurde er dessen Vorstand. Eine vorgesehene Berufung in die Staatsanwaltschaft lehnte er ab, um sich als Rechtsanwalt öffentlichen Aufgaben widmen zu können. Den Höhepunkt seiner politischen Karriere bildete die Wahl zum Zweiten Bürgermeister Nürnbergs am 11. November 1910. Mit diesem Amt übernahm er auch die Funktion eines Referenten für Finanzen und Kunst. Hatte die Liebe des Juristen schon immer der Politik gegolten, so wechselte er jetzt völlig von erfolgreicher Anwaltstätigkeit in die öffentliche Verantwortung. Die Novemberrevolution überdauerte der inzwischen zum Hofrat ernannte liberale Politiker noch im Amt; erst nach der Neuwahl des Stadtrats trat er zum 1. August 1919 in Ruhestand. Doch blieb er auch dann noch als frisch ernanntes Vorstandsmitglied der Allgemeinen Deutschen Treuhand AG juristisch aktiv. Am 22. Juni 1923 erlag Bräutigam auf der Rückreise von einem Aufenthalt in Bad Reichenhall am Münchener Bahnhof einem Schlaganfall. Seine Asche wurde auf dem Nürnberger Südfriedhof beigesetzt. *Ross*

Theodor Hampe · Historiker und Germanist   1866 — 1933

Theodor Eduard Hampe (28. 1. 1866 Bremen — 30. 7. 1933 Nürnberg) war das zweitjüngste von den sieben Kindern des Buchhändlers Eduard Hampe. Nach bestandenem Abitur studierte Hampe 1886 in Marburg und später in Bonn Geschichte und Germanistik (Promotion 1890) und legte die Staatsprüfung für Deutsch und Geschichte ab. Nach kurzem Studienaufenthalt in Berlin kam Theodor Hampe als Assistent der kunst- und kulturgeschichtlichen Sammlungen des Germanischen Nationalmuseums 1893 nach Nürnberg, wurde Konservator und Leiter der Bibliothek und des Kupferstichkabinetts. 1909 wurde er zweiter Direktor des Germanischen Nationalmuseums. Von 1911 bis zu seinem Tode (1933) war er zweiter Vorsitzender des „Vereins für Geschichte der Stadt Nürnberg". 1927 wurde er Geheimer Regierungsrat. 1931 trat Hampe in den Ruhestand. Als Publizist bewies er große Vielseitigkeit. Er konnte sich mit den Meistersingern und Hans Sachs ebenso beschäftigen wie mit der Entwicklung des Theaterwesens in Nürnberg, mit Albrecht Dürer als Künstler und Mensch, mit Zinnsoldaten, Medaillen oder Problemen der Bildhauerkunst. Die Zahl der von Theodor Hampe verfaßten Schriften ist Legion. Darunter gewann seine Festschrift „Das Germanische Museum 1852 — 1902" besondere Bedeutung. *P*

Alexander Frankenburger · Arzt   1868 — 1938

Die Frankenburgerstraße in Herrenhütte und der gleiche Name als Titel der Untersuchungs- und Beobachtungsstelle der Landesversicherungsanstalt für Ober- und Mittelfranken erinnern an einen hochgeachteten und verdienstvollen medizinischen Forscher, der bis zum 16. November 1938 in Nürnberg gelebt hat: Geheimrat Dr. Alexander Frankenburger. Er war ein Neffe des Justizrats und Abgeordneten Wolf Frankenburger, der im Landtag und im Reichstag bis 1889 — zuletzt für die Deutsche Freisinnige Partei — wie als Mitglied des Verwaltungsrats des Bayerischen Gewerbemuseums in Nürnberg tätig war. Alexander Frankenburger, geboren am 26. Juli 1868 in Nürnberg, beschäftigte sich schon sehr früh mit der Bekämpfung der Tuberkulose, gründete den entsprechenden Verein dazu 1906 in Nürnberg und 1913 die Beobachtungsstelle für Lungenkranke. Die „Kristallnacht" in Nürnberg (9. 11. 1938) trieb ihn wenige Tage danach in den Freitod. *Bsl.*

Heinrich v. Pechmann · Philanthrop   1868 — 1935

Heinrich Freiherr von Pechmann (geb. 1868) gilt in Nürnberg als der „Promotor" für die Gründung des Nürnberger Tiergartens. Er war einziges Kind eines Offiziers; seine Mutter Katharina war Tochter des Bruders von → Johannes Zeltner. Aus Gesundheitsgründen nahm Pechmann 1908 als Hauptmann des Nürnberger Hausregiments IR 14 seinen Abschied und ging seinen philanthropischen Neigungen nach, die der Stadt, ihrer Bevölkerung, besonders aber Kindern und Kranken galten. Zusammen mit → Rechtsrat W. Weigel und Kommerzienrat → F. C. Zahn widmete er sich nun der Ausgestaltung des Nürnberger

Tierparks, dessen Bauausschuß er bis zur Eröffnung (1912) leitete und dessen Vorstand er bis 1931 angehörte. Die schon zu Lebzeiten Pechmanns veröffentlichten Würdigungen sagen, daß es dem Bauausschuß gelungen sei „Deutschlands schönsten Tiergarten" geschaffen zu haben. Pechmanns Tierliebe veranlaßte ihn, einen Teil der für den Tiergarten erworbenen Tiere bis zur Fertigstellung der Gehege im eigenen Garten aufzunehmen und zu pflegen; seiner Kinderliebe entsprachen seine in schweren Zeiten berühmt gewordenen Kinderfeste im Tiergarten. Bis zu seinem Tode (1935) führte er zudem den Vorsitz im Verwaltungsrat der Maximilian-Augen-Heilanstalt.

Ebenso gewichtig erscheinen Pechmanns private Hobbies, die er zunächst für seine Kinder und Enkel, später mit viel Echo auch für einen breiteren Kreis betrieb: Zum einen hat er sich mit dem Bildhauer und Maler Johannes Seiler (1871 — 1954), Sohn des Bürgermeisters → Chr. v. Seiler, zusammengetan, um mit ihm, dem Gründer des „Bundes fränkischer Künstler", den schon im 17. Jahrhundert entstandenen Rauschgoldengel, Inbegriff des Nürnberger Weihnachtsfestes, nach langer Pause wiederzubeleben; zum anderen baute er, in Erinnerung an → Anna Köferlins Puppenhaus, neuartige Puppenküchen mit Speisekammer und Spültisch und schuf kleine Puppentheater in eigener Werkstatt. Dabei half ihm Hilde Barthel aus Berlin, die damals wegen ihrer beweglichen Puppen berühmt geworden ist. Diese Puppen gaben dem Miniaturtheater eine gewisse Vollendung, durch die Pechmann mit seiner Frau, geborene Karoline Förster, und seiner Tochter vor vielen großen und kleinen Zuschauern u. a. „Hänsel und Gretel" und den „Gestiefelten Kater" spielen konnte. H. Barthel und Pechmann wollten eine kleine zerlegbare Bühne erstellen. Zehn solcher Musterbühnen vollendete er noch in seinen letzten Lebenstagen. Das Germanische Nationalmuseum hat damals diese Puppenspiele, Musterbühnen und Puppenküchen einer breiten Öffentlichkeit vorgestellt. Das Puppentheater wird bis heute im Münchener Stadtmuseum gezeigt. *Im*

Max Freudenthal · Rabbiner   1868 — 1936

„Voilà un homme! Gelehrsamkeit, kristallklarer Verstand, Geistigkeit und Rhythmus sind die Quellen, aus denen sich die unerhörte Wirkung zusammensetzt, die Freudenthal auf die Gemeinde ausübt." So charakterisierte 1932 Ludwig Rosenzweig, damals Vorsitzender der israelitischen Kultusgemeinde in Nürnberg, den Rabbiner Dr. Max Freudenthal, dem 1907 das Rabbinat in Nürnberg angetragen wurde. Er nahm diese Berufung an, weil er wieder in seine bayerische Heimat zurückkehren wollte, in der er 1868 als Sohn eines bayerischen Volksschullehrers (in Neuhaus an der fränkischen Saale) geboren worden war. 1874 erhielt sein Vater den Ruf an die Simultanschule in Grünstadt in der Pfalz. Dort absolvierte Max die Volksschule, später das Gymnasium in Worms. Er studierte gleichzeitig an der Universität und am jüdisch-theologischen Seminar zu Breslau. 1890 promovierte er in Greifswald mit einer Abhandlung über „Die Erkenntnislehre Philos von Alexandria" zum Doktor der Philosophie. Unter Anleitung des Breslauer Gemeinderabbiners Dr. Ferdinand Rosenthal setzte er darauf seine theologischen Studien fort und erwarb die Autorisation als Rabbiner. 1893 wurde Freudenthal zum Rabbiner von Dessau berufen und von Herzog Friedrich von Anhalt zum Landesrabbiner von Anhalt ernannt. Seine siebenjährige Tätigkeit fand dort hohe Anerkennung: Der Herzog verlieh ihm die silberne Jubiläumsmedaille und den Goldenen Verdienstorden für Wissenschaft und Kunst. Da ihm weit über Anhalt hinaus der Ruf vorausging, Gemeinden mit einer unerhörten geistigen Kraft und Beweglichkeit zusammenhalten zu können, erhielt Freudenthal 1900 den Ruf, das Rabbinat in Danzig zu übernehmen; ein Amt in dem sich sein Renommé mehr als bestätigte. Nach sieben Jahren wechselte er dann in sein Nürnberger Amt über, in das er am 1. September 1907 eingeführt wurde.

Seinen religiösen Anschauungen entsprechend, schloß er sich der liberalen Richtung an; er gehörte zu den Begründern und Führern der „Vereinigung für das liberale Judentum in Deutschland", war also einer der führenden jüdischen Köpfe in der Weimarer Republik. Für die große jüdische Gemeinde in Nürnberg war er während seines 25jährigen Wirkens in schwierigster Zeit die entscheidende Kraft. 1922 beriefen ihn die bayerischen Rabbiner — zusätzlich zu seinem Amt in der Noris — zum Vorsitzenden der bayerischen Rabbinerkonferenz, später noch als Präsidiumsmitglied in den Verband bayerischer israelitischer Kultusgemeinden. Auf seine Anregung war der Judenstein, Nürnbergs ältester jüdischer Grabstein (heute im Stadtmuseum Fembohaus), in die Wand der in den Jahren 1869 — 1874 neu errichteten Synagoge am Hans-Sachs-Platz eingemauert worden, die dann 1938, zwei Jahre nach Freudenthals Tod, auf Befehl des damaligen Regimes erst devastiert und dann abgerissen wurde. Bei der Weihe des Steins sprach der Rabbiner die prophetischen Worte: „Stein um Stein wurde zusammengebracht, bis ein Haus (Synagoge) zustande kam, in dem wir leben konnten. Eine schwere Zeit rüttelt an den Grundfesten dieses Baues, die Steine lockern sich zusehends, sie fallen heraus. Aber es wird auch eine Zeit kommen, in der sie wieder aufgerichtet werden, in der wieder ein Haus entsteht, in dem wir Juden in Frieden werden leben können." Dr. Freudenthal starb 1936 achtundsechzigjährig im Ruhestand zu München und wurde dort auf dem jüdischen Friedhof beigesetzt. *Hbg.*

Hermann Bek-gran · Zeichner und Graphiker 1869—1909

Hermann Bek-gran, 1869 in Mainz geboren, dann in Nürnberg aufgewachsen, war seit 1905 als Nachfolger von Professor → Behrens Professor für Freie und Angewandte Graphik an der Kunstgewerbeschule in Nürnberg. Er hatte seinen Militärdienst in Nürnberg abgeleistet, ging dann von 1889 bis 1892 als Student an die Akademie der Bildenden Künste nach München, unternahm Studienreisen nach Österreich und Italien und heiratete 1894 Miriam Maison. Mit ihr wechselte er nach Nürnberg über und gehörte dort bald zum Kreis um → Rudolf Schiestl, → Conradin Walther, → Ernst Loesch usw., hinterließ aber nur wenige große Gemälde, heute — soweit erhalten — zumeist in Familienbesitz.
Mit zwei großen Begabungen zog er die Jugend seiner Zeit an: Mit kleinen, zarten Zeichnungen und mit neu in seiner Zeit auftretender Industriegraphik. Er zeichnete für viele Firmen Reklameplakate, darunter für den Oldenburg-Verlag, für den er auch Kalender entwarf. Inmitten der Jugendstilzeit wurde er zum Schöpfer einer reichverzierten Schrift, die gelegentlich heute noch verwandt wird. Seine große Liebe auch auf Bildern, Zeichnungen und Studien galt den Kindern (er arbeitete für die Zeitschrift „Kind und Kunst"); den mittelalterlichen Landstreicher stellte er mit sehr viel Humor dar. Besonders lag ihm die Ausbildung von Zeichenlehrern am Herzen, was ihn auch 1908 zur Teilnahme an einem Zeichenlehrer-Kongreß in London veranlaßte. Im gleichen Jahr wurden seine Arbeiten auf einer viel beachteten Wanderausstellung gezeigt. Auf dem Totenbett erreichte ihn der Auftrag, eine Kinderfibel herauszugeben. Er wollte noch diesen größten Wunsch erfüllt sehen, hatte aber nicht mehr die Kraft dazu. Er zeichnete nur noch die ersten Buchstaben. Noch nicht Vierzigjährig starb der Vorsitzende der Nürnberger Kunstgenossenschaft am 9. Juli 1909. Er liegt auf dem Johannisfriedhof begraben. Sein Nachfolger an der Kunstgewerbeschule wurde → Georg Kellner. *Hoe*

Max Heilmaier · Bildhauer 1869 — 1923

Der Bildhauer Max Heilmaier, geboren am 19. Juni 1869 zu Isen bei München, war der Sohn eines ländlichen Kaufmanns. Die ersten Anfänge im Zeichnen und Modellieren erlernte er schon als Dreizehnjähriger in der Bildhauerwerkstatt Jakob Bradls in München. Ab 1891 war er an der dortigen Kunstakademie als Schüler bei Syrius Eberle, dem Erst—Entwerfer des späteren Kaiser-Wilhelm-Denkmals in Nürnberg (Egidienplatz). Zwischen 1896 und 1899 schuf er (zusammen mit zwei Freunden) das Friedensdenkmal in München (am östlichen Ende der Prinzregentenstraße), im Jahr vorher erhielt er die Grosse Medaille der Akademie. 1902 — 1906 schuf er die zwölf Apostel für die Pfarrkirche zu Wasserburg, 1907 die Fassade des Sparkassengebäudes in Bozen und die Orgelempore in der Pfarrkirche zu Neumarkt/Opf. Bildungsreisen führten den zum Lehrer an der Münchener Kunstgewerbeschule avancierten Bildhauer nach Frankreich und Spanien, ehe er 1907 als Professor an die Kunst- und Gewerbeschule in Nürnberg berufen wurde. Dort gehörte er bald zu dem engen Freundeskreis um → Rudolf Schiestl, → Conradin Walther, → Ernst Loesch, → Georg Kellner, → Hermann Bek-gran, Carl Dotzler, → Wilhelm Ritter, Heim, → Behrens u. v. a., die meistens der noch heute bestehenden Künstlervereinigung „Die Niederländer" angehörten. Seither treffen wir ihn auch als Bildhauer in Nürnberg und in der fränkischen Landschaft an. 1912 schuf er die (im Zweiten Weltkrieg zerstörte) Kanzel in der Heilig-Geist-Kirche zu Nürnberg, 1916 — 1919 die vier Evangelisten in Bechhofen b. Ansbach und Altäre in der Klarakirche in Nürnberg. Bei der Einweihung des Künstlerhauses (heute: Komm) war er 1910 in einer großen Kunstausstellung unter den Bildhauern am stärksten vertreten. Dort offenbarte er die Liebe zum Wechsel und zur Mannigfaltigkeit bei aller Bestimmtheit, die durch seine Arbeiten zieht. Er war zu seiner Zeit berühmt als Kleinplastiker (u. a. der Kinderfries für das Nistersche Grabmal) und Medaillenkünstler (z. B. zur Einweihung des Künstlerhauses). In Nürnberg (auch auf fränkischen Kirchhöfen, wie etwa in Effeltrich) erinnern an ihn Kriegerdenkmäler nach dem Ersten Weltkrieg an der Johanniskirche (bes. das für die Toten des Nürnberger „Haus-Regiments" I. R. 14), das Großstandbild der „Kapitolinischen Wölfin", das 1911 im vitalen Stil der Spätantike für den Bau des Melanchthon-Gymnasiums entstand (es blickt heute noch vom Dachfirst) und das Portal am Neubau des damaligen Handelsvorstands (heute: Industrie- und Handelskammer auf dem Hauptmarkt). Max Heilmaier starb im Jahr 1923. *Hä/Im*

Emil Kellermann · Elfenbeinbildhauer   1870 — 1934

Der Nürnberger Elfenbeinbildhauer Emil Kellermann (1.1.1870 Berlin — 1.4.1934 Nürnberg) zählt zu den größten Talenten seines Metiers und zu den konsequentesten Vertretern des Historismus im ersten Drittel des 20. Jahrhunderts. Der Sohn eines Berliner Schreinermeisters besuchte die Kunstschule in seiner Heimatstadt, wo er sich zum Graveur ausbilden ließ. An der Berliner Kunstakademie lernte er bei Reinhold Begas Bildhauerei. Danach ging er auf Wanderschaft und ließ sich 1894 in Nürnberg nieder. Hier war Kellermann bis 1910 bei der Elfenbeinfirma F. G. Behl beschäftigt; dort kam er erstmals mit der Elfenbeinschnitzerei in Berührung. Noch im gleichen Jahr machte er sich als Elfenbeinbildhauer, am Obstmarkt 26, selbständig.
Entscheidend für Kellermanns künstlerische Entwicklung wurde seine Teilnahme am neunten kunstgewerblichen Meisterkurs des Bayerischen Gewerbemuseums 1910 (→ Theodor v. Kramer), geleitet von Friedrich Adler (Hamburg). Unter der Regie seines Lehrers entstanden kleine Kunstwerke von höchster Prachtentfaltung, die immer Bilder vom Menschen zeigen: romantische Themen, die der Künstler in Elfenbein und im Zusammenspiel mit Edelhölzern, Halbedelsteinen und Perlen dargestellt hat. Sie kommen aus dem Bereich der antiken wie der nordischen Mythologie und haben in Statuetten, Reliefs und Behältnissen symbolhaft Gestalt angenommen.
Kellermanns Bestreben, „die Elfenbeinplastik aus dem heute noch in der Elfenbeinindustrie herrschenden Barock herauszuführen, jedoch unter Ablehnung aller Versuche, das

Elfenbein dem jeweiligen 'Kunstgeschmack der letzten 14 Tage' unterzuordnen", ist gescheitert, weil er in all seinen Werken ein unzeitgemäßes Kunstwollen ausdrückte und weil er nach der kurzlebigen Epoche des Jugendstils auf Traditionen des Historismus zurückgriff, ohne nach neuartigen Ausdrucksmitteln zu suchen.   *P*

Friedrich Frhr. Kreß v. Kressenstein · General d. Artillerie 1870 — 1948

Friedrich Frhr. Kreß von Kressenstein gehört zu Nürnbergs großen Soldaten während und nach dem Ersten Weltkrieg. Er war der Sohn eines alten, vermutlich aus dem Raume Würzburg — Rothenburg o. T. stammenden Geschlechts, das schon Ende des 13. Jahrhunderts nach Nürnberg einwanderte. Der Vater → Georg von Kreß war Mitglied im Kollegium der Gemeinde-Bevollmächtigten und als Justizrat ein bedeutsamer Nürnberger Geschichtsforscher.

Friedrich, im April 1870 in Nürnberg geboren, besuchte das Egidien-Gymnasium und begann seine Offizierslaufbahn als Artillerist in Augsburg, wurde Adjutant des bayerischen Kriegsministers und anschließend Generalstabsoffizier in dessen Ministerium. Mit seiner Berufung als Leiter der Feldartillerieschule in der Türkei schied er offiziell aus dem bayerischen Heeresdienst aus, übernahm bei Beginn des Ersten Weltkrieges die Mobilmachungsabteilung im türkischen Kriegsministerium und wurde kurze Zeit später Chef der Operationsabteilung im türkischen Großen Hauptquartier unter Dschemal Pascha, dann Chef des Stabes des VIII. türkischen Armeekorps, verbunden mit der Beförderung zum türkischen Oberst mit der Bezeichnung „Pascha" und zum Oberstleutnant der bayerischen Armee.

Er schlug erfolgreiche Schlachten im Vorderen Orient, darunter auch die um Jerusalem, erhielt das Ritterkreuz des Bayerischen Militär-Max-Josephs-Ordens, wurde 1915 Kommandant der Wüste, Chef des Stabes der 4. türkischen Armee, Kommandeur des I. türkischen Expeditionskorps, leitete danach als Oberbefehlshaber das Expeditionskorps gegen Ägypten gegen eine englische Übermacht auf der Sinai-Halbinsel und im südlichen Palästina. Am Suezkanal band er (zur Entlastung der deutschen Front in Westeuropa) starke britische Kräfte. 1917 brachten ihm zwei erfolgreiche Abwehrschlachten zur Verteidigung Palästinas gleichzeitig die Beförderung zum bayerischen Oberst, zum türkischen Brigadegeneral und die Beförderung zum Oberbefehlshaber der Sinaifront. Nach den Rückzugsgefechten, die er als Oberbefehlshaber der 8. türkischen Armee bei Gaza gegen eine riesige britische Übermacht führte, wurde er wieder ins bayerische Kriegsministerium gerufen und mußte nach Kriegsende als Chef der Delegation des Deutschen Reiches in Tiflis mit den Delegierten der transkaukasischen Republiken verhandeln. Nach kurzer Internierung kehrte Kreß-Pascha im Juni 1919 nach Deutschland zurück und wurde sofort an den Arbeiten zur Neuaufstellung der Reichswehr beteiligt. Am 1. Januar 1928 wurde er zum General der Artillerie befördert und erhielt am Ende seiner Militärlaufbahn den Oberbefehl im Gruppenkommando II. der Reichswehr in Kassel.

Nach dem Ersten Weltkrieg unternahm Kreß-Pascha Reisen nach Palästina und Syrien, folgte einer ehrenvollen Einladung englischer Offiziere nach London und hielt auf Bitten der Regierung Argentiniens zu Beginn der dreißiger Jahre militärwissenschaftliche Vorträge in Rio de Janeiro und Sao Paulo. Im zerstörten Kraftshof ordnete er nach dem Zweiten Welt-krieg als Administrator der Familienstiftung Archivalien und Familienstücke, heute Leih-gaben im Germanischen Nationalmuseum, gründete eine Wohltätigkeitsstiftung für die Familie und fand in → Claude Washington Kress in USA, Nachkomme eines im 17. Jahrhun-dert ausgewanderten Kreß, einen selbstlosen Stifter starker finanzieller Mittel, die zum Wie-deraufbau von Kraftshof und St. Lorenz entscheidend beitrugen. Kreß starb in München am 16. Januar 1948. In der Familiengruft zu Kraftshof ist seine Urne beigesetzt worden.   *Kr*

Ludwig Frank · Graveur   1870 — 1957

Ludwig Frank gilt bis heute als der größte Graveur für Zinnfiguren in Schieferstein. Zu sei-nen Lebzeiten entwickelte sich die Zinnfigur vom Kinderspielzeug zum Sammelobjekt. Frank war mit seiner Meisterschaft in der Gravur von historisch getreuen Zinnfiguren maß-geblich daran beteiligt. Ludwig Frank wurde im August 1870 in Nürnberg geboren und starb hier im Oktober 1957. Sein Wunsch, Kunstmaler zu werden, konnte nicht in Erfüllung gehen. Er mußte seine Studien bei Kunstmaler Trost abbrechen und bei dem Graveur Städ-ler in die Lehre gehen. Als er 1888 ausgelernt hatte, bekam er den Wittelsbacher Preis für hervorragende Leistungen. Dann ging er auf Wanderschaft und trat im Mai 1895 bei der → Firma Heinrichsen (Johannisstraße 19) ein. Hier blieb er bis 1924. Freundschaftliche Zusammenarbeit verband ihn mit Wilhelm Heinrichsen, dem (gleichfalls künstlerisch begabten) Inhaber der Firma. Die damals entstandenen Figuren sind noch heute in der Sammlerwelt gesucht. Als nach der Inflation der Sammler anstelle des Kindes zum Auftrag-geber wurde, schuf Frank kostbare Figuren für Privatsammler. Den zweiten Weltkrieg über-stand er gut. 1955 feierte er sein 70jähriges Berufsjubiläum. Ein Jahr nach seiner diamante-nen Hochzeit (Ehefrau Babette geb. Sixt) im Jahr 1956 ereilte den 87jährigen Vertreter Nürnberger Kunsthandwerks der Tod.   *Jae*

Karl Schwemmer · Radrennfahrer und Fabrikant   1870 — 1938

In die Reihen der großen Nürnberger ist er im Zeichen des Zweirades eingetreten — als sein virtuoser Benützer einerseits, andererseits als einer seiner erfolgreichsten Hersteller. Karl Schwemmers steiler Aufstieg zum Weltrekordinhaber im Fahrradrennen begann in seiner Heimatstadt Nürnberg (hier am 17. Oktober 1870 geboren), wurde fortgesetzt in England, wo er als Reisender Gelegenheit zu brillanten Rennfahrten fand, vor allem zu Birmingham und Coventry. Zuerst Spezialist für Hochradfahren, ging er in England zum Niederrad über und erwarb sich den Ruf eines der besten Dauerradfahrer der Welt.
Aus den Erfahrungen mit seinen Rennfahrten gewann Schwemmer auch reiche technische Kenntnisse über das Zweiradwesen. Sie verhalfen ihm bei der Gründung der Triumph-AG in Nürnberg 1896 bald zum Posten des Direktors, dann des Generaldirektors. Sein Ver-dienst war es, daß das Triumphrad die führende Radmarke in Deutschland wurde; aus Eng-land führte er den ersten Motorrad-Zweitakter ein und brachte es auch auf dem Motorrad-Sektor zu hohem Erfolg. Nebenher produzierte er auch Schreibmaschinen, die bis heute den Inbegriff von hoher Qualität verkörpern. Er führte bei Triumph die Förderband-Produktion ein. Aus Altersgründen zog er sich im Januar 1929 von seinem Direktorsposten zurück, diente indes seiner Firma noch weiterhin als Aufsichtsratsmitglied. Er starb am 9. August 1938 in Nürnberg.   *Hä*

Lu (Julie) Volbehr · Schriftstellerin 1871 — 1945

Lu (Julie) Volbehr entstammt einer in Nürnberg zu hohem Ansehen gelangten Familie. Sie war die Urenkelin von → Johannes Scharrer (Bürgermeister, Direktor der Ludwigs-Eisenbahn, Gründer des Polytechnikums). In ihrem schriftstellerischen Werk lebt — in spannende dichterische Form gebracht — fort, was schon den Urahn zu seinem, die Entwicklung Nürnbergs vorantreibenden Schaffen prädestiniert haben mochte: ein heftiges Teilnehmen an der Zeit mit ihrem technischen, sozialen und gesellschaftlichen Fortschreiten, eingebettet in ein großes Wissen um Historie, und das gleichzeitige tiefe Verwurzeltsein mit dem persönlich-geographischen Lebensraum.

Am 5. Juni 1871 wurde Lu Volbehr in Nürnberg als Tochter von Johannes Scharrer II. geboren; nach ihrer Eheschließung (1893) mit dem Kunsthistoriker und Lyriker Dr. Theodor Volbehr, siedelte sie nach Magdeburg über, wo ihr Mann den Posten des Direktors des Städtischen Museums annahm; nach der Pensionierung Volbehrs lebte sie ab 1923 mit ihrer Familie in München und kehrte nach dem Tod ihres Mannes (1932) mit den zwei Töchtern nach Nürnberg zurück. Dort arbeitete sie bis zu ihrem Tod erfolgreich als Schriftstellerin und nahm engagiert am kulturellen Leben der Stadt teil. Am 2. Januar 1945 wurde auch ihre Wohnung am Neutorgraben durch Bomben zerstört. Die an leichter Bronchitis erkrankte 74jährige wurde noch nach Neustadt a. d. Aisch ausquartiert, wo sie am 13. Januar starb. In einer Pause zwischen zwei Angriffen kehrte Lu Volbehr ein letztes Mal nach Nürnberg zurück: sie wurde in der Scharrer-Gruft auf dem Johannisfriedhof beigesetzt.

In den rund fünfzig Jahren ihres Schaffens schrieb Lu Volbehr über dreißig Familienromane, Zeitromane, Kriminalromane, Frauenromane, historische Romane, Kaufmannsromane, Dramen und Erzählungen, die in namhaften Verlagen, verstreut über ganz Deutschland, verlegt wurden. Akribische historisch-topographische Recherche sowie eine außergewöhnliche Begabung zur vital-psychologischen Menschenzeichnung — handle es sich um Ratsherren, Wissenschaftler, Künstler, Bürger, Bauern oder Kinder aus lange vergangenen Epochen oder der Gegenwart — kennzeichnen ihren Stil; eine geradezu leidenschaftliche Verbundenheit zur Heimat, zum Fränkischen, zeichnet die Personen und das Werk von Lu Volbehr vorrangig aus. Doch war sie mehr als eine „Heimatdichterin". Lu Volbehr war eine professionelle Schreiberin ohne jede Einschränkung. Ihre wichtigsten Bücher porträtieren Nürnberg und seine Bürger. Besonders genannt werden sollen aus einer langen Liste: der (Scharrer-) Roman „Die neue Zeit" (1909), „Das Buch von Nürnberg. Bilder aus dem Frühling der Renaissance" (1925) und das Veit Stoß-Bändchen „Der Englische Gruß" (1926). (Eine Straße in Erlenstegen trägt ihren Namen.) *Schu*

Carl Schmidt-Helmbrechts · Maler und Grafiker 1872 — 1936

Carl Schmidt-Helmbrechts (1872 Helmbrechts — 1936 Nürnberg) ist der Hauptrepräsentant einer Gruppe Nürnberger Maler und Grafiker, die sich im ersten Drittel des 20. Jahrhunderts der Landschaftsdarstellung widmete.

Nach dem Besuch der Königlichen Kunstgewerbeschule (heute Akademie der bildenden Künste) in Nürnberg war Carl Schmidt-Helmbrechts für einige Jahre als Lithograf in einer Fürther Kunstanstalt beschäftigt. Von 1891 bis 1896 studierte er an der Münchner Akademie bei Karl Raupp, Johann Leonhard Raab und Nikolaus Gysis und blieb im Anschluß daran als freischaffender Künstler in München. Im Jahre 1900 kehrte Carl Schmidt-Helmbrechts nach Nürnberg zurück, wo er bei der Nisterschen Kunstanstalt als Maler und Zeichner tätig war. Nebenher übte er hier an der städtischen Fachschule eine Lehrtätigkeit aus. Er bevorzugte alpenländische Motive.

Abgesehen von seiner Teilnahme an zahlreichen Ausstellungen ist Carl Schmidt-Helmbrechts kaum in Erscheinung getreten. Er lebte und arbeitete zurückgezogen von einer Welt, die nach neuen künstlerischen Ausdrucksmitteln suchte. Seine Gestaltungskraft lag in der traditionellen Malweise, wie sie im Verlauf des 19. Jahrhunderts an den Akademien entwikkelt worden war, und in der deutschen Variante des in Frankreich begründeten Impressionismus. *P*

Friedrich Rittelmeyer · Prediger   1872 — 1938

In einem Gespräch über die Mitte des Glaubens stellte ein hoch in den Jahren stehender, durch den Reichtum seines Wissens und Denkens imponierender Nürnberger Philologe eine These auf, die mich lange beschäftigte. Er meinte, man könne über Jesus von Nazareth nur sagen: „Mit ihm war Gott". Ich konnte nicht spontan beipflichten, vor mir stand das riesige Gebäude der Christologie, dessen Grundriß schon in den paulinischen Briefen und in den Evangelien gezeichnet wurde — mit Widersprüchen von Anfang an. Der alte Herr, an den ich denke, hatte sich nicht mit Rudolf Bultmanns „Entmythologisierung" befaßt. Er schilderte mir mitunter gerne das Nürnberg vor 1914, als die Pfarrer → Christian Geyer und Friedrich Rittelmeyer das gebildete Bürgertum um sich versammelten.
Aus eigenem Erleben bestätigte mir mein Onkel, was sich wie eine Legende liest: an den Sonntagen strebten die Leute morgens nach St. Sebald, zum Hauptprediger Geyer, und gegen Abend nach Heilig Geist, zum dortigen dritten Pfarrer Rittelmeyer. Erst lange nach dem Tode meines Gewährsmannes und Zeugen der Zeitgeschichte habe ich den Zusammenhang zwischen der theologischen These und der Erinnerung an Nürnberg zu Beginn des zwanzigsten Jahrhunderts hergestellt. Die Distanzierung vom Komplex traditioneller kirchlicher Lehre durch Geyer und Rittelmeyer wurde für aufstrebende, liberal gesinnte Nürnberger jener Zeit zu einem Erlebnis, das ihr Leben prägte. Das zitierte Wort über Jesus, das läßt sich so auch bei Rittelmeyer finden.
Friedrich Rittelmeyer, von dem hier berichtet werden soll, wurde am 5. Oktober 1872 als Pfarrerssohn in Dillingen an der Donau geboren. Bald danach wechselte die Familie ins Fränkische, nach Schweinfurt. Seiner Herkunft folgend, war es fast selbstverständlich, daß sich Rittelmeyer als Achtzehnjähriger in Erlangen, der Alma Mater evangelischer Pfarrer in Bayern, für Theologie und Philosophie einschrieb. Erwähnt sei aber auch, daß er seine Studien in Berlin fortsetzte, der Stadt, in der er nach seiner Nürnberger Tätigkeit wirken sollte. Der Studiosus, soweit sich das anhand seines Tagebuchs rekonstruieren läßt, zeigte etwas verklemmte Züge. Er gab sich selber Vorschriften, die so anfingen: „Von jetzt ab muß ich täglich vier Stunden Theologica studieren. Schande, wenn ich es versäume." Zur eigenen Ermunterung notierte er: „Große Gefahr ist für mich die wissenschaftliche Schwerfälligkeit, welche jetzt mit allen Mitteln bekämpft und durch spielende Leichtigkeit ersetzt werden muß."
Ein Springinsfeld ist Rittelmeyer freilich darüber nicht geworden. Vielmehr beschäftigte er sich grüblerisch, nicht aufblühend, mit Musik und Philosophie. Als Student und anschließend als Vikar in Würzburg meinte er immer deutlicher zu wissen, daß er zwar predigen wolle, daß er aber kein Pfarrer im hergebrachten Verständnis der evangelisch-lutherischen Kirche in Bayern sein könne. Er erklärte offen, daß es ihm nicht möglich sei, die „geoffenbarte Lehre" rein und lauter zu verkündigen. Rittelmeyers Aufstieg begann, als er 1903 nach Nürnberg berufen wurde und zusammen mit seinem Freunde Geyer einem liberalen Protestantismus den Weg bereitete. Nach dem Abschluß einer Dissertation über Nietzsche befaßte sich der seit 1904 verheiratete Theologe mit Tolstoi, Buddha und immer wieder mit einer undogmatischen Jesusdeutung. Er fand seine Bewunderer und seine Neider. Die Landeskirche, die nominell vom bayerischen König und faktisch vom Oberkonsistorialratsprä-

sidenten Hermann Bezzel geleitet wurde, hatte mit ihm einige Mühe. Dabei ist Bezzel nachzurühmen, daß er, ein geradliniger Lutheraner, allerhand Verständnis für den liberalen Abweichler aufbrachte. Er widerstand allen Aufforderungen, Rittelmeyer aus der Kirche auszuschließen. Sein Argument: „Er ist mir zu religiös."

Allerdings konnte aus dem freisinnigen Prediger, der 1911 die erste, für sein späteres Leben bereits entscheidende Begegnung mit dem Antroposophen Rudolf Steiner hatte, in Nürnberg nichts mehr werden. 1912 kam es zu einem damals viel beachteten, die Gemüter aufrührenden „Kirchenstreit". Rittelmeyer hatte sich um die ausgeschriebene Stelle des ersten Pfarrers an St. Lorenz beworben, doch wollte ihn der dortige Kirchenvorstand nicht haben. (Wobei einzuflechten ist, daß in Nürnberg seit Zeiten zwei Pfarrstellen vor allen anderen rangieren, die Lorenzer und die Sebalder). Zusammen mit Christian Geyer verfaßte Rittelmeyer 1913 noch eine trotzige Schrift „Warum wir in der Kirche bleiben". Doch ließ er sich 1916 nach Berlin berufen, wobei er die innere Trennung von der protestantischen Amtskirche wohl schon endgültig vollzogen hatte.

In den Vordergrund seiner Theologie trat die Frage, ob und wie sich biblische Botschaft und Antroposophie zu einem „neuen Christentum" verschmelzen ließen. Das Ergebnis war dann, durchaus folgerichtig, die 1922 erfolgte Gründung der „Christengemeinschaft". Sie hatte ihren Anfang in Dornach (Schweiz) und ihre Zentrale alsbald in Stuttgart, wo auch Friedrich Rittelmeyer seinen Wohnsitz aufschlug. Mein oben erwähnter Onkel konnte nie recht akzeptieren, daß der von ihm zu Beginn des Jahrhunderts geschätzte und eifrig besuchte Rittelmeyer in der Christengemeinschaft zum „Erzoberlenker" avancierte. Ihm paßte schon das gekünstelte Wort nicht, das ihn wohl irgendwie an „Erzbischof" erinnerte. Rittelmeyers Verdienst, der Stadt Nürnberg als der nach ihrem Selbstverständnis ersten protestantischen Stadt in Bayern neue Impulse gegeben zu haben, bleibt ungeschmälert. Der Theologe, der sein Lebenswerk nach 1922 noch durch eine rege Vortragstätigkeit und eine Fülle von Publikationen abrundete, starb am 23. März 1938 in Hamburg.   *As*

Hermann Luppe · Oberbürgermeister   1874 — 1945

„Ich bin ein Mensch gewesen, und das heißt Kämpfer sein". Unter dieses, frei nach Goethe gewählte Motto stellte Hermann Luppe seine umfangreichen Lebenserinnerungen, die er in den Jahren der erzwungenen Untätigkeit nach seiner Amtsenthebung als Oberbürgermeister von Nürnberg 1933 verfaßt hat. Nichts charakterisiert ihn besser als diese Devise, unter der auch sein kommunalpolitisches Wirken in Nürnberg stand. Es war ihm wesenseigen, für das als richtig Erkannte einzutreten, es durchzusetzen und es auch da mutig zu bekennen, wo er möglicherweise auf verlorenem Posten stand.

Hermann Luppe wurde am 6. August 1874 in Kiel geboren als Sohn des späteren Direktors der Kieler Oberrealschule Dr. Gustav Hermann Luppe und seiner Frau Marie, geb. May. Im weltoffenen, liberalen und gutbürgerlichen Elternhaus wurden Reisen, Bildung und Kultur hoch geschätzt. Damit wurden die Grundlagen gelegt für Luppes später oft bewiesene Vielseitigkeit und Aufgeschlossenheit, weit über seine amtliche Tätigkeit hinaus. Nach Abschluß des Studiums der Rechte und der Nationalökonomie in Genf, Leipzig, Berlin und Kiel und nach der Promotion entschied er sich für den kommunalen Verwaltungsdienst.

Seine Laufbahn begann er als Magistratsassessor in Frankfurt am Main im Jahre 1900. Er wurde dem sozialen Referat zugeteilt und fand hier einen Schwerpunkt seiner ganzen Tätigkeit. Zeitlebens beschäftigten ihn die Fragen der sozialen Fürsorge, der Jugendfürsorge, der Arbeitslosenunterstützung, der Arbeitsgerichtsbarkeit, überhaupt alle sozialen Fragen, die damals noch in den großen kommunalen Zuständigkeitsbereich fielen. Seine Neuorganisation des gesamten Fürsorgewesens und die Errichtung eines Jugendamtes wurden Vorbild in ganz Deutschland. Als berufsmäßiger Stadtrat und als Bürgermeister seit 1913 durchlief er in Frankfurt fast alle städtischen Referate mit großem Erfolg und erwarb so seine erstaunlichen Detailkenntnisse aus beinahe allen Bereichen einer großstädtischen Verwaltung. In Luppes frühe Frankfurter Zeit fällt seine Heirat. 1901 verband er sich mit Hulda Lamp, Tochter eines Kieler Professors der Astronomie. Aus der glücklichen Ehe gingen vier Kinder hervor. Die Familie bedeutete Luppe viel, sie bot ihm Halt, gerade auch in den Zeiten härtester politischer Kämpfe, die noch auf ihn zukommen sollten.

Der Zusammenbruch 1918 veranlaßte Luppe zu einem entscheidenden Schritt: Er betrat spontan die politische Arena, die er bis 1933 nicht mehr verlassen sollte. Als einer der Gründungsväter der liberalen Weimarer Verfassungspartei, der Deutschen Demokratischen Partei (DDP), zog er in die Nationalversammlung ein. Sein besonderes kämpferisches und gefühlsmäßig fundiertes Treueverhältnis zum Weimarer Staat und seiner liberalen Verfassung hatte hier seine Wurzel. Als Luppe am 1. März 1920 als Nachfolger → Otto Geßlers sein Amt als Oberbürgermeister der Stadt Nürnberg antrat, war er bereits einer der profiliertesten deutschen Kommunalpolitiker. Sein „Regierungskonzept" war das der „Weimarer Koalition", also die Zusammenarbeit jener Kräfte im Stadtrat, die sich als Weimarer Verfassungsparteien verstehen durften. Entsprechend den Nürnberger Mehrheitsverhältnissen hatte sich Luppe während seiner ganzen Amtszeit maßgeblich auf die Sozialdemokraten zu stützen, die in ihm wegen seines kompromißlosen demokratischen und republikanischen Engagements und seiner sozial-liberalen Grundhaltung einen Verbündeten sahen. Gerade deshalb kämpften seine Gegner, allen voran die Nationalsozialisten unter → Julius Streicher, in zügellosem Haß, mit beispielloser Niedertracht und durch primitive Diffamierungskampagnen gegen den Weimarer „Systempolitiker" Luppe.

Es bedurfte großer psychischer Energie, ungebrochenen Standvermögens, enormer Arbeitskraft und Festigkeit in den Grundüberzeugungen, kurz eines außerordentlichen Charakters, um Luppe diese viel beachteten politischen Auseinandersetzungen weitgehend unbeschädigt überstehen zu lassen und dabei noch die Nürnberger Stadtverwaltung zu Leistungserfolgen zu führen, die unbestritten und in vieler Hinsicht beispielgebend waren: Das gesamte Fürsorgewesen wurde neu organisiert und musterhaft ausgebaut; durch die Neuordnung aller städtischen Betriebe und die kluge Führung der städtischen Haushalts-, Finanz- und Kreditpolitik war es möglich, daß ohne Überschuldung Erstaunliches geleistet werden konnte, z. B. im Wohnungsbau, in der Verkehrs- und Erschließungspolitik, bei Großbauten und in der Altstadterhaltung, in der Schul-, Kultur- und Sportpflege. 1928 wurden die Nürnberger kommunalen Leistungen gekrönt durch die Eröffnung des Nürnberger Stadions und die Feier des Dürer-Jahres. Über Nürnberg hinaus war Luppe maßgeblich tätig u. a. als führendes Mitglied der DDP, in republikanischen Organisationen, im Deutschen Städtetag, in der Reichssozialisierungskommission und im Vorstand des Vereins für öffentliche und private Fürsorge. Seine zahlreichen Verbindungen sicherten ihm Einflußmöglichkeiten bis in die Landes- und Reichspolitik und in die Gesetzgebung hinein.

Ihn, der sich so sehr für den Weimarer Staat einsetzte, mußte es geradezu persönlich treffen, daß die Demokratie scheiterte und Deutschland dem Nationalsozialismus anheimfiel. An seiner demokratischen Grundüberzeugung wurde er dennoch nicht irre. Am 3. April 1945 kam Luppe in Kiel bei einem Bombenangriff ums Leben. Durch seinen Tod in den letzten Kriegstagen ist ihm die Mitarbeit am Wiederaufbau Deutschlands versagt geblieben. (Nach ihm benannt ist der Dr.-Luppe-Platz in Nürnberg-Gibitzenhof.)   *HH*

German Bestelmeyer · Architekt   1874 — 1942

Die große Eingangshalle des Germanischen Nationalmuseums (Baujahr 1916 — 1920), mit dem unmittelbar dahinter sich erhebenden Obergeschoß des Galeriebaus am Kornmarkt, die Friedenskirche zu St. Johannis (1925 — 28) und die Gustav-Adolf-Kirche in Nürnberg-Lichtenhof (1927 — 30), gehören zu den eindrucksvollsten Großbauten, die der Architekt, Professor Dr. h. c. German Bestelmeyer den Nürnbergern in der Zeit zwischen 1916 und 1930 hinterlassen hat. Er war der Sohn einer alten Nürnberger Kaufmannsfamilie, der Vater war Generalstabsarzt; seine Mutter stammte aus einer traditionsreichen Glockengießer-Familie. Geboren wurde er im Juni 1874 in einem alten Bürgerhaus auf dem Weinmarkt Nr. 1, absolvierte seine Staatsprüfung 1897 als Bester seines Jahrgangs, hatte als Staatsbaupraktikant am Landbauamt einen Teil der (im Zweiten Weltkrieg zerstörten) Staatsbank zu entwerfen und baute das Regierungsgebäude an der Weintraubengasse, Ecke Augustiner- und Karlstraße.

1906 konnte er seine Fähigkeit am Erweiterungsbau der Universität, zehn Jahre später an den beiden großen Anbauten zur Technischen Hochschule — beides in München — messen. Während bei den frühen Bauten noch der Einfluß seines Lehrmeisters Friedrich von Thiersch zu spüren ist, hat sich bei den Anbauten zur Münchner TH bereits sein eigener Stil herausgebildet: knappe, strenge Formen und starke Mitsprache der dabei verwendeten Baumaterialien. Das Schicksal wollte es, daß er im Jahr 1922 auf den Lehrstuhl eben dieses Friedrich von Thiersch berufen wurde, der das Gesicht Münchens in den Gründerjahren entscheidend mitgeprägt hatte. Doch schon ab 1909 hatte Bestelmeyer neben seiner künstlerisch-gestalterischen Architektentätigkeit als Ordinarius der Technischen Hochschule in Dresden und zugleich als Leiter des Meisterateliers für Baukunst, das vorher Paul Wallot leitete, Gelegenheit, sein Wissen und Können einer größeren Schülerzahl weiterzugeben. Ab 1915 tat er dies in Berlin, zunächst an der Akademie der Bildenden Künste und dann zusätzlich auch an der dortigen Technischen Hochschule. In München konnte er sich durch das Angliedern des Kongreßbaues zum Deutschen Museum mit dem bekannten Festsaal und dem Trakt für Bibliothek und Studienräume an die Seite der Architekten Gabriel und Emanuel von Seidel, den Erbauern des eigentlichen Museumsbaues, stellen. Wie später beim Bau des Münchener Studentenhauses (Luisenstraße) konfrontierte er den ausklingenden Überschwang der Gründerjahre mit der von ihm gepflogenen schlichten Monumentalität. Beim Bau des Luftgaukommandos an der Prinzregentenstraße in München nahm er — wie schon zwischen 1921 und 1923 beim Bau der Reichsschuldenverwaltung in Berlin — Schinkel'sche Städtebaugedanken wieder auf. Sein Bankhaus Kroch (eines der ersten Hochhäuser mit 12 Stockwerken, 1928 errichtet) gab dem Augustusplatz in Leipzig den entscheidenden Akzent.

Der Bau des „Germanischen Museums" der Harvard-Universität in Boston, des deutschen Kunstausstellungsgebäudes in Rom und vor allem die Errichtung des Deutsch-Türkischen Hauses der Freundschaft in der Türkei, haben sein Renommee ins Ausland getragen. Die breiten Volksschichten aber wurden durch Bestelmeyers Sakralbauten am meisten beeindruckt (Gräflich Doernbergisches Mausoleum Regensburg, Melanchthonkirche Nürnberg-Ziegelstein, Stephanuskirche und Auferstehungskirche München, weitere Kirchen in Aichach, Bad Kohlgrub, Bamberg, Ellingen, Fürstenfeldbruck, Garmisch, Gersthofen, Grafing, Gundelfingen, Murnau, Neuburg a. D.). Die kirchlich geleitete Klinik Hallerwiese in Nürnberg zeigt, wie Bestelmeyer Künstlerisches und Sachliches zu vereinen wußte. Die

Anstaltskirche Neuendettelsau tut kund, wie er sich an Vorhandenes anzupassen wußte. Die Pfarrkirche in Prien macht seine Geschicklichkeit deutlich, seine Bauten in die Landschaft einzufügen. Der Meister des genius loci starb im Juni 1942 in Tegernsee. *Li*

Fritz Neumeyer · Industriepionier   1875 — 1935

Unter der Nummer 346 wurde am 1. Oktober 1903 die Firma „Fritz Neumeyer, Nürnberg" in das Nürnberger Handelsregister eingetragen. Dies ist die erste amtliche Dokumentation der Tätigkeit Fritz Neumeyers als Unternehmer in Nürnberg. Über 30 Jahre lang prägte er als großer Anreger, Industriepionier und seiner sozialen Verpflichtung bewußter Kaufmann die wirtschaftlich-technische Struktur Süddeutschlands und vor allem Nürnbergs. Er besaß ein erstaunlich sicheres Gefühl für die grundlegenden Entwicklungen und Möglichkeiten seiner Zeit. Er hatte den Mut, diese unternehmerisch aufzugreifen und zu realisieren, aber auch die abwägende Nüchternheit zu riskant erscheinende, wenn auch lockende Engagements wieder aufzugeben. Fritz Neumeyer ist ein klassisches Beispiel der These Schumpeters, wonach die eigentliche Aufgabe des Unternehmers im Erkennen und Durchsetzen von Innovationen besteht.

Er wurde am 10. September 1875 in Egloffstein, Fränkische Schweiz, als Sohn eines Revierförsters geboren. In Nürnberg besuchte er die Handels- und Realschule und begann 1890 eine kaufmännische Lehre in einer Armaturenfabrik. Dort fiel er schnell durch Initiative und Selbständigkeit auf. Bereits 1895 versetzte man ihn zur Zweigstelle nach Zürich. Fritz Neumeyer hielt es nicht lange in einer unselbständigen Position. 1897 gründete er in Zürich seine erste Firma.

Mit der sogenannten Gründerkrise 1876 ging in Deutschland die erste stürmische Epoche der Industriellen Revolution, die Epoche der Dampfmaschine, zu Ende. Die folgenden Jahre waren äußerlich depressiv, von nur kurzen Aufschwüngen und Abschwüngen der Wirtschaftslage geprägt. Aber in dieser Zeit wurden die entscheidenden Basiserfindungen für die weitere Entfaltung des Industriellen Systems erarbeitet:

Bereits 1866 hatte → Siemens das dynamo-elektrische Prinzip entdeckt; 1882 baute Edison das erste öffentliche Kraftwerk der Welt in New York; 1891 übertrug Oskar von Miller erstmals Drehstrom von Lauffen nach Frankfurt. Zwischen 1877 und 1897 entwickelten Otto und Diesel die nach ihnen benannten Verbrennungskraftmaschinen; daraus zogen Daimler und Benz ab 1885 die Nutzanwendung für das Kraftfahrzeug. 1876 baute Bell das erste voll brauchbare Telefon. Mit diesen und vielen anderen einschlägigen Erfindungen waren die Voraussetzungen für den zweiten großen Entwicklungsschub des Industriezeitalters geschaffen: Elektrizität, Massenmotorisierung und vernetzte Kommunikation.

Fritz Neumeyer griff mit jeweils eigenständigen Ansätzen und Lösungen diese Chancen auf. Seine 1903 in Nürnberg registrierte Firma erwarb die Spiel- und Metallwarenfabrik Köllisch. Diese produzierte bis dahin klassische Nürnberger Metallwaren: Spielzeugdampfmaschinen und -eisenbahnen, Laterna Magicas u. a. m. Neumeyer entwickelte die diesem Sortiment zugrunde liegende Technik weiter, veränderte jedoch die Produktpalette systematisch auf Gegenstände des neuen technischen Bedarfs. Hierzu führte sein Mitarbeiter Dr. Fritz Singer ein neues Verfahren des Rohrpressens für nahtlose Messingrohre ein. Die Erfolge kamen schnell. Man wurde Spezialist für Kühlerröhrchen für Automobilkühler und baute selbst Autokühler. Später wurden außerdem Kühler für Flugzeuge und Luftschiffe und Ballastwasser-Gewinner für Luftschiffe gebaut. Wenige Jahre nach der Firmengründung wurden ausschließlich Zieh- und Stanzteile für den technischen Bedarf meist neuer, innovativer Anwendungsbereiche hergestellt.

Mangelnde Geländereserven an Gibitzenhof- und Haslerstraße und die Anforderungen des

Ersten Weltkriegs zwangen Neumeyer 1916 die Fertigung in das neue Werk im Stadtteil Herrnhütte zu verlegen. Damit entstand in einer großzügigen Anlage nach der Erschließung der großen Industrieareale im Süden ein weiteres ausgedehntes Gewerbegebiet im Nordosten der Stadt. Hier wurden ab 1919 ein modernes Halbzeugwerk und Strang- und Rohrpressen eingerichtet. Hier entwickelte Singer das nach ihm benannte Rohrpreß-Verfahren für Messingrohre und für das Warmpressen von Stahlrohren. Diese Technik fortführend, erfand Adolf Liebergeld 1935 das Kaltfließpressen von Hohlkörpern aus Stahl, eine der großen Erfindungen des 20. Jahrhunderts. Bis 1945 arbeiteten 62 Firmen als Lizenznehmer nach diesem Verfahren.

Nach dem Ersten Weltkrieg wandte sich Neumeyer neuen Aufgaben zu. In richtiger Einschätzung der kommenden Entwicklung gründete er 1920 auf dem Gelände seines Werkes Herrnhütte die „Kabelwerk Nürnberg AG" die er 1922 mit der „Fritz Neumeyer AG" zur „Kabel- und Metallwerke Neumeyer AG" vereinigte. (Die Kabelwerke in Roth b. Nürnberg wurden bereits 1885 durch → Otto Schrimpff aus Iserlohn mit privatem Engagement aus Nürnberg — darunter Riffelmeyer und Engelhardt, → Conradin Walther — gegründet.) Dabei übernahm Neumeyers Partner , die „Hackethal Draht- und Kabelwerke AG", seine Anteile. Dieses Unternehmen erlangte in den folgenden Jahren mit Leitungen und Kabeln für die Energie- und Nachrichtenübertragung Weltgeltung.

Ebenfalls nach dem Ersten Weltkrieg hatte Neumeyer eine Tochtergesellschaft „Fenag" in Nürnberg für Kraftfahrzeugzubehör gegründet. Sie ging nach einigen Jahren mit allen Patenten in die Fa. „Noris-Zünd-Licht" auf, die später Teil der „Bosch AG" wurde. Da er außerdem als Folge des geplanten Ausbaus der bayerischen Wasserkraft einen großen Bedarf an Wasserturbinen erwartete, gründete er 1922 in München-Freimann eine Turbinenfabrik, die zwar im Inland und auch im Export zunächst erfolgreich arbeitete, 1925 aber wieder aufgegeben wurde.

In diesen Jahren führte Neumeyer eine andere Aufgabe zum Erfolg. Er hatte am 17. September 1917 zusammen mit den Partnern „Friedrich Krupp AG", Essen und „Gebr. Thiel", Ruhla in Nürnberg die „Zünder- und Apparatebau GmbH." für die Produktion von Artilleriezündern gegründet, die spätere „Zündapp". 1919 schieden beide Partner aus. Neumeyer erkannte nach verschiedenen, sehr gründlichen Vorstudien die Marktlücke zwischen dem Fahrrad und hubraumstarken Motorrädern. Seine Techniker konstruierten „Volksmotorräder", preiswerte, unkomplizierte und doch leistungsfähige Fahrzeuge für Jedermann. Das Konzept war erfolgreich. 1924 wurde bereits die Fließbandproduktion eingerichtet, 1925 eine straffe Typisierung, Ersatzteil- und Kundendienstorganisation geschaffen, 1929 wurden die alten Fertigungsstätten im damals modernsten Motorradwerk der Welt in Nürnberg-Schweinau zusammengefaßt. Vor dem Zweiten Weltkrieg deckte „Zündapp" mit seinen Motorrädern den gesamten Markt ab, hatte in Deutschland einen Marktanteil von ca. 16 % und war in 69 Ländern vertreten.

Bereits in den Zwanziger Jahren hatte sich Neumeyer immer wieder mit dem Gedanken beschäftigt, seine Idee vom Volksmotorrad auf das Auto zu übertragen. Im September 1931 schloß er mit → Ferdinand Porsche einen Entwicklungsvertrag über einen „Volkswagen". Nach genauen Spezifikationen entwickelte Porsche den Typ 12. Er entsprach in seinen wesentlichen Grundzügen dem späteren Volkswagen. Nach dem Bau von drei Prototypen in Nürnberg gab Neumeyer auf dem Höhepunkt der Weltwirtschaftskrise 1932 den Plan jedoch wieder auf, eine Entscheidung, die in ihrer sozialen Verantwortung für das ganze Werk soviel Respekt verdient, wie die Idee selbst.

Neumeyers Arbeit wurde öffentlich anerkannt: Die Technische Hochschule München verlieh ihm den Ehrendoktor, der Bayerische Staat den Titel eines Geheimen Landesbaurats, die Universität Erlangen die Ehrenbürgerrechte. Nürnberg benannte eine Straße im Nordosten Nürnbergs nach ihm. Er starb am 10. 9. 1935, seinem sechzigsten Geburtstag. *Do*

Otto Geßler · Oberbürgermeister   1875 — 1955

→ Theodor Heuss charakterisierte Otto Gessler als einen Mann von „altfränkischer, nie etwa provozierend auftrumpfender Art". Damit wollte er die gelassene innere Unabhängigkeit des Juristen schildern, der aus dem schwäbischen Ludwigsburg (geb. 1875) kam, in Bayern ein bedeutender Politiker wurde und schließlich in Berlin bis 1928 in allen 14 Kabinetten saß, davon dreizehnmal als Reichswehrminister — eine merkwürdige Konstante auf brisantem Posten.
Von Hitler wurde er im Zusammenhang mit dem 20. Juli 1944 ins KZ gesteckt, aber dieses Martyrium löschte nicht die Vorurteile aus, die nach 1945 gegen die Weimarer Minister herrschten; Geßler konnte nicht an Fritz Schäffers Seite ins bayerische Kabinett eintreten. In der Leitung des Bayerischen Roten Kreuzes fand der umkämpfte Mann eine neue Aufgabe.
Nach dem Studium trat Geßler in den bayerischen Staatsdienst, wurde Oberbürgermeister von Regensburg und 1914 als Nachfolger → Georg von Schuhs nach Nürnberg berufen. In den schwierigen Kriegsjahren gelang es ihm, in Nürnberg die Nahrungsnot nicht zur Hungersnot werden zu lassen; die „Volksspeiseanstalt Nürnberg" war sein Werk. Beim Sturz der Monarchie behielt er die Übersicht. Sein Abschied von Nürnberg fiel ihm allerdings leicht; mit der sozialistischen Zweidrittelmehrheit im Stadtrat von 1919 mochte sich der liberale Geßler, ein Anhänger Friedrich Naumanns, nicht abfinden.   *roe*

Max Süßheim · Politiker   1876 — 1933

Max Süßheim gehörte, wie sein Bruder → Karl, zu den vielen, die sich wegen ihrer jüdischen Herkunft der Verfolgung durch den braunen Terror ausgesetzt sahen. Sein radikaldemokratisches politisches Engagement brachte ihn jedoch, verglichen mit dem Bruder, in eine wesentlich exponiertere Stellung und ließ ihn zugleich zu einem der bedeutendsten jüdischen Politiker im Nürnberg des frühen zwanzigsten Jahrhunderts werden.
Er wurde am 20. Juli 1876 in Nürnberg als Sohn eines Hopfenhändlers geboren und war als zweifacher Doktor (phil. et jur.) durchaus zur akademischen Laufbahn befähigt. Aber er fühlte sich bei aller Liebe zur Juristerei vor allem der Tradition seines Großvaters mütterlicherseits verbunden, dem leidenschaftlichen 48er Demokraten David Morgenstern, dessen Tätigkeit im bayerischen Landtag er eine kleine Gedenkschrift widmete. Auch der Führer der Fürther Sozialdemokraten, → Gabriel Löwenstein, hatte die Verdienste des linksliberalen Volksparteilers an dessen Grab gewürdigt.
Der Enkel Süßheim schloß sich schon als junger Rechtsanwalt der Sozialdemokratischen Partei an, ein Schritt, der seine weitere Laufbahn prägte: In der unruhigen Nürnberger SPD der Vorkriegszeit wurde er schon 1906 in den Bayerischen Landtag gewählt und trat 1914 in das Kollegium der Nürnberger Gemeindebevollmächtigten ein. Nach der Revolution (1918/19) war er Mitglied des Provisorischen Nationalrats, 1919 — 1920, dann wieder des Bayerischen Landtags. Sein Hauptinteresse galt jetzt jedoch der Kommunalpolitik. Seit 1919 bis zu seinem Tod gehörte er dem neu gegründeten Stadtrat zu Nürnberg an. Obwohl Max Süßheim auch in der Zeit der Spaltung immer bei den Mehrheitssozialisten blieb, war er einer der Wortführer jener Revolution, die am Ende des Ersten Weltkriegs stand. Schon 1917 verlangte er im Landtag gemeinsam mit Auer die Aufhebung der adeligen Ersten Kammer, Beseitigung aller Adelsprivilegien, Trennung von Kirche und Staat, sowie die Einführung des parlamentarischen Systems. Sein Antrag scheiterte damals an der mangelnden Einsicht aller anderen Parteien. Die Revolution, die auf die versäumten Reformen folgte, sah Süßheim in Nürnberg in vorderster Linie. Auf einer Großkundgebung im Luitpoldhain begrüßte er am 9. November 1918 Mitbürger und einquartierte Soldaten als Angehörige der

361

„Freien Sozialistischen Republik Bayern"; zwei Tage später ließ er sich als Beauftragter des örtlichen Arbeiter- und Soldatenrats wählen.

Süßheim stand stets auf dem linken Flügel seiner Partei. Während etliche Nürnberger Delegierte — entgegen dem Votum ihrer Parteibasis — in der die SPD erschütternden Budgetfrage sich nicht festlegen wollten, votierte er 1910 als einziger Nürnberger dafür, in den Landtagen den Haushalt solange grundsätzlich abzulehnen, als sozialdemokratische Forderungen nicht wenigstens ansatzweise erfüllt wären. Eine Nürnberger Zeitung schrieb damals über den parteiinternen Konflikt: „An der Spitze der 'Revolution' steht kein geringerer als der Landtagsabgeordnete Dr. Süßheim. Er ist der kommende Mann!" Der „linksradikale" Reserve-Unteroffizier war es auch, der es noch am 29. Juli 1914, mitten im allgemeinen Begeisterungstaumel des Kriegsausbruchs, wagte, im überfüllten Herkulesvelodrom (an der Stelle der heutigen Kammerspiele) eine flammende Rede gegen den sich abzeichnenden Krieg zu halten. Es war die letzte dieser Art in Nürnberg.

Mit Hugo Haase war Süßheim freundschaftlich verbunden. Aber als dieser während des Krieges zur neu gegründeten USPD überwechselte, die er auch im Rat der Volksbeauftragten vertrat, folgte ihm Süßheim nicht. Diesem linken Flügel der MSPD um Süßheim ist es zu verdanken, daß die USPD in Nürnberg zwar Fuß fassen konnte, größere Konflikte zwischen beiden Parteien jedoch ausblieben.

Als Stadtrat erwarb sich Süßheim große Verdienste um die Förderung von Kunst und Wissenschaft in Nürnberg. Auch privat galt er als ein Kunstsammler von großem Verständnis und Geschmack. Seine Wohnung glich einem kleinen Museum. Als Rechtsanwalt war er für seine Fraktion ein wertvoller Ratgeber; größere Aufmerksamkeit erlangte er jedoch erst mit der Vertretung des liberalen Nürnberger Oberbürgermeisters → Dr. Luppe in dessen Prozessen gegen Streicher. Der NS-„Frankenführer" → Streicher hatte auf der Suche nach neuen Verleumdungen die Behauptung erfunden, Luppe sei Jude und habe sich an öffentlichen Vermögen vergangen. Der Jude Süßheim übernahm die gerichtliche Vertretung des Stadtoberhaupts und setzte gegen eine sehr nazifreundliche Justiz die Verurteilung Streichers durch. Luppe hat dem Freund aus der anderen Partei diesen gefährlichen Einsatz nie vergessen — Streicher offenbar ebenso wenig.

Als Süßheim am 1. März 1933 unerwartet einem Schlaganfall erlag, widmete ihm Luppe namens der Stadt einen herzlichen Nachruf gegen den neuerwachten „braunen Zeitgeist". In seinen Memoiren erinnert Luppe sich: „Während andere nur seine charakterliche Weichheit und Labilität sahen, rühmte ich seine Lauterkeit und Uneigennützigkeit, seine Überzeugungstreue und seine Liebe zu seiner Vaterstadt Nürnberg. Er starb zur rechten Zeit, ihm wäre sicher als Juden und Marxistenführer bös mitgespielt worden." Der Nachruf war die letzte Amtshandlung des Oberbürgermeisters, bevor SA-Trupps eine Woche später die Hakenkreuzfahne am Rathaus hißten und Luppe zum Rücktritt zwangen. Süßheims Frau Hedwig suchte am 10. November 1938 einen Ausweg aus den Verfolgungen durch einen freiwilligen Tod. Im Stadtteil St. Johannis/Schniegling ist ein Weg nach ihm benannt.   *Ross*

Hermann Strebel · Humorist   1877 — 1949

Die Nürnberger nennen ihn „unser Strebala". Sie zählen Hermann Strebel zu den Ihren, obwohl er das Licht der Welt am 18. Dezember 1877 in Mühdorf am Inn erblickt hatte und am 5. Dezember 1949 in München gestorben ist. Dennoch durfte der Volkshumorist mit Fug und Recht behaupten, daß seine Wiege in Nürnberg gestanden habe, darf ihm auch die Nachwelt bescheinigen, daß er als Nürnberger Original von urwüchsigem Humor in die Geschichte eingegangen ist.

Hermann Strebels Vater hatte es als kleinen Beamten kurz nach seiner Heirat von Neustadt an der Aisch nach Mühldorf am Inn verschlagen. Bei der Geburt des fünften Kindes, eben jens späteren „Strebala", bat ihn ein Bruder, ein Lebküchner in Nürnberg, den Buben aufziehen zu dürfen, weil seine Ehe kinderlos geblieben war. So übersiedelte Hermann, noch nicht ganz zehn Wochen alt, nach Nürnberg, das seine große Liebe werden, dem seine ganze Liebe gelten sollte. Der Bub wuchs im Bleiweißviertel (Nürnberg-Lichtenhof) auf, bis er zehnjährig an die Lateinschule nach Dinkelsbühl kam. Sein Vater war dorthin versetzt worden. In „Mei Lebensleifla" schreibt Strebel über diese Zeit: „Für das Große, das man mit mir vorhatte, zeigte ich nur ein ganz kleines Verständnis. Ein Rektor und vier Professoren haben sich ehrlich bemüht, aus mir einen akademisch gebildeten Menschen zu machen." Das redliche Bemühen blieb ohne Erfolg.

Mit der sechsten Klasse am Münchener Luitpoldgymnasium ging für Hermann Strebel die Schulzeit zu Ende, weil er — nach eigenem Bekunden — den Homer mit dem Humor vertauschte. Eine Lehrzeit als Maurer und Bautechniker erwiesen sich nur als Intermezzo auf dem Weg zur Bühne, zumal er schon damals die Komikerei bei vielen Vereinen, Stiftungsfesten und Christbaumverlosungen nebenbei betrieb. Tagsüber am Bau, abends auf dem Podium spielte sich „Strebalas" Leben ab, bis er den Direktor des damaligen Nürnberger Noriskinos (Karolinenstraße) kennenlernte, der für ihn zum 1. September 1901 einen Vertrag an das „Varieté" Zeughaus in Nürnberg machte und damit die Laufbahn des Humoristen in geordnete Bahnen lenkte. Jahrzehntelang trug Hermann Strebel vor und nach dem ersten Weltkrieg in diesem Apollo-Theater seine Couplets vor, riß er mit seinem trockenen Humor seine Zuhörer zu Lachsalven hin. In den dreißiger Jahren gab er zahlreiche Gastspiele auf auswärtigen Kleinkunstbühnen.

Erst 1935 nahm das „Strebala" seinen ständigen Wohnsitz in Nürnberg, wie es ihm als Direktor seiner eigenen Varieté-Bühne im Hotel „Wittelsbach" geziemte. Seine Auftritte mit manchen Anzüglichkeiten gegen das nationalsozialistische Regime und vor allem den Gauleiter → Julius Streicher brachten ihn wiederholt in Schwierigkeiten, aber nicht um seinen Humor. Hermann Strebel verließ 1942 Nürnberg, um sich in München zur Ruhe zu setzen; er hinterließ sich und der Stadt seines langjährigen Wirkens ein Denkmal der Nürnberger Mundart als Glanzpunkt seines Werkes: „Das ist doch der allerschönste Dialekt". *Scha*

Rudolf Schiestl · Maler und Graphiker   1878 — 1931

Selbstporträt

Wollte er etwas mit den Augen entdecken, erfassen, so hat er — schon als er noch in den Kinderschuhen steckte — gerne seine Beine benutzt: Nicht unlieb waren ihm, scheint es, die sonntäglichen Ausflüge mit der Familie durch das fränkische Land. Bemerkenswertes zu sehen, gab es für sie alle draußen in der Natur, für ihn selbst, für die beiden Brüder, den späteren Bildhauer Heinz und den späteren Maler Matthäus d. J., aber auch für den Vater Matthäus d. Ä., das Haupt der Schiestl-Familie aus Tirol. Von ihm, dem Mann aus dem Volk, der ein wahrer Volkskünstler gewesen ist, haben sie dann, einer nach dem anderen, das Sehen gelernt, die Schiestl-Söhne; Rudolf, der jüngste, gewiß nicht zuletzt.

Rudolf war 1878 geboren, fünf Jahre nach dem Umzug der Familie von Tirol nach Würzburg. Schöne Wanderwege hin zu malerischen Flecken boten sich der Familie in der engeren und weiteren Umgebung der Stadt, und Rudolf, der Künstlersohn, der bald auch die eigene künstlerische Begabung wahrnahm, hielt unterwegs, was ihm gefiel, mit dem Zeichenstift fest: die Scherenburg, die Karlsburg, die Homburg, Burgen also und Burgruinen, aber auch kleine Kirchen, Kapellen, später sogar eine menschliche Gestalt, einen ihm auffallenden Kopf.

Als Zwölfjähriger, nach dem Schulabschluß, hatte er, dem Beispiel seiner Brüder folgend, in der väterlichen Werkstatt seine Lehre begonnen. In der Obhut dieses Lehrmeisters — ein Erbe, der das Ererbte zu bewahren und damit sich zu bewähren vermochte — war er sechs Jahre. Schnitzen und Vergolden hat er bei ihm gelernt, Grundieren, aber auch Restaurieren. Auch das mehr Kunsthandwerkliche kam ihm später zugute. Bildhauer, Bildschnitzer freilich — wie sein Vater — ist Rudolf, der immer mit Lust gezeichnet, gemalt hat, dann nicht geworden. Zunächst in Würzburg, danach auswärts, zuletzt an der Münchner Kunstakademie, wo er u. a. Schüler → Franz von Stucks wurde, setzte er seine Ausbildung fort. So recht nach seinem Sinn war der Akademiebetrieb allerdings nicht. Am Theoretisieren fand er wenig Geschmack, auch nicht am Experimentieren. Als es ihm zuviel wurde, brach er sein Studium ab. Wie so manchen zivilisationsmüden Künstler in dieser Zeit zog es ihn zum einfachen Leben: Wo anders als auf dem Lande konnte er es, der Natur-, der Wanderfreund, finden? Ein kleines Steigerwalddorf, Kornhöfstadt, war verlockend; ungestört konnte er sich dort dem Naturstudium widmen.

Doch bald arbeitete Rudolf Schiestl, dieser produktive Mann, dessen künstlerisches Werk mehr und mehr wuchs, wieder in Städten: in Innsbruck als Entwurfzeichner in einer Glasmalerei-Werkstatt, in Germersheim und Landau, wo er zusammen mit seinem Bruder Matthäus Wandbilder malte, und seit 1908, jetzt weit und breit angesehen, als Professor für Buchdruck und Graphik an der königlichen Kunstgewerbeschule in Nürnberg. Dort fand er bald Eingang in den Künstlerkreis, der sich um → Conradin Walther, → Max Heilmaier, → Carl Dotzler, → Ernst Lösch u. v. a. m. gebildet hatte, der auch im Weltkrieg zusammenhielt, als Schiestl eingezogen und, wie immer, mit viel Humor und auch mit hintergründigen Frontskizzen schwere Tage festhielt und überwunden hat. (Einberufung 1916, Frontkämpfer in Lothringen, künstlerischer Leiter der Liller Kriegszeitung, dann bei der Armeezeitung „Heer und Heimat".) Mitten im Krieg heiratete er seine Schülerin → Margarethe zur Bentlage, aus dem Emsland, die sich als Schriftstellerin einen geachteten Namen erwarb (nach 1931 in zweiter Ehe mit dem Verleger Paul W. List/München verheiratet, gestorben 1954). Sie schenkte dem Maler und Graphiker die sehr geliebte und oft von ihm gezeichnete Tochter Notburg. 1931 ist Schiestl dann — für Freunde und Verehrer viel zu früh — in Nürnberg gestorben und auf dem Johannisfriedhof bestattet worden.

Volksnahe, volkstümlich ist Rudolf Schiestl — darin den anderen Angehörigen dieser Künstlerfamilie nicht unähnlich — in allen diesen Jahrzehnten geblieben, voll frommer Beschaulichkeit, gemütvoll, gemütstief auf die herbere Art, kantig manchmal im zeichnerischen Duktus, aber nicht aggressiv-eckig und schon gar nicht bizarr. Zum Expressionismus führte von ihm, der auf Schlichtheit hielt, mit seiner Schlichtheit auch überzeugte, kein Weg. Die alten Meister schätzte, verehrte er, in seiner Jugend kopierte er die Maler der Gotik; ihr Epigone wurde er nicht. Er war auf realistische Art ein Naturromantiker, auch ein Geschichtsromantiker, wie seine historischen Bilder, vor allem die zum Bauernkrieg, zeigen. Erneuert, wiederbelebt hat sich da Altdeutsches; Verbindungen zum Jugendstil, zur Jugendbewegung sind zu erkennen: Rudolf Schiestl, der Wanderfreund, hätte auch als Wandervogel durchs Land ziehen können. Ein bißchen atmet man bei ihm immer Landluft, er war kein urbaner Künstler, schon gar nicht ein Ästhetizist.

Die Äcker und die Ackersleute, die Wirtshäuser, die Wallfahrer und der Bettler am Weinberg, der Pfeifer von Niklashausen und der „Singende Schäfer", die Mainfähre und die Heiligen Drei Könige, das Liebespaar und die Sautreiber, auch Christus am Kreuz, auch der einen Bauern holende Teufel — heimatlich berühren sie alle diese Motive.

Den süddeutschen-österreichischen Lebens- und Vorstellungskreis hat Rudolf Schiestl umschritten, der Maler, der Radierer, der Lithograph, von dem es zudem viele hunderte unveröffentlichte Skizzen noch gibt. Gezeigt habe er uns — so schrieb einmal einer, der ihn noch gekannt hat — worauf es ankam. Manchen habe er so geholfen, ein Maß zu gewinnen in einer so maßlosen Zeit. *SR*

Karl Süßheim · Islamwissenschaftler 1878 — 1947

Als Jude war er Flüchtling vor dem braunen Terror. Er ist bis heute in Deutschland noch kaum ein Begriff. Erst jüngste Forschungen haben diesen Gelehrten wieder als bedeutenden Islamwissenschaftler entdeckt.

Karl Süßheim wurde am 21. Januar 1878 in Nürnberg geboren. Nach humanistischem Gymnasium und Militärzeit studierte er in Jena, München, Erlangen und Berlin Geschichte, daneben ein wenig Naturwissenschaften, Philosophie und Medizin. Erst nach seiner Dissertation über „Preußische Annexionsbestrebungen in Franken 1791 — 1797" wandte er sich seinem später eigentlichen Forschungsgebiet zu: der Islamwissenschaft. Schon während seiner Berliner Studienzeit schloß Süßheim Freundschaft mit dort lebenden Türken und begann, Türkisch und Arabisch zu lernen. Nach seiner Promotion ging er 1902 für vier Jahre zu einem Studienaufenthalt nach Istanbul, wo er unter dem absolutistischen Polizeiregime der späten hamidischen Ära erste Kontakte mit türkischen Intellektuellen knüpfte, die dort überall — freiheitlicher Gesinnung verdächtig — bespitzelt und von Verbannung bedroht waren. Süßheim widmete sich in dieser Zeit der persischen Geschichtsschreibung und reiste, als die türkischen Behörden auch ihm Schwierigkeiten machten, zur Drucklegung seiner Seldschuken-Geschichte nach Kairo.

1908, nach Ausbruch der jungtürkischen Revolution, kehrte der 30jährige gemeinsam mit politischen Exulanten wieder nach Istanbul zurück, begeistert von der wieder in Kraft gesetzten Verfassung. Wieder in Deutschland, habilitierte sich Süßheim 1911 an der Universität München mit einer „Chronik des Seldschukischen Reiches", die noch heute historiographischen Wert besitzt. Am 4. Oktober 1911 wurde er als Privatdozent für Geschichte der mohammedanischen Völker und türkische Sprache in die Philosophische Fakultät aufgenommen; Ende 1915 erwarb er zudem die Lehrbefähigung für Persisch und Neuarabisch. 1919 zum außerordentlichen Professor ernannt, lehrte Süßheim die Geschichte der islamischen Völker und ihre Sprachen bis zum Juni 1933. Die Hörerschaft des sehr genauen, aber wenig mitreißenden Gelehrten war stets klein — ein ständiges Finanzproblem für den nicht beamteten Professor, der vom Hörgeld seiner Studenten leben mußte. Das politische Interesse stand für den Gelehrten stets im Hintergrund seiner Forschungen, war darin jedoch immer spürbar. Die Zeitgeschichte des Islam, die sich dem Sprachenkundigen unmittelbar erschloß, ließ ihn nie völlig los. Er schrieb für Istanbuler Zeitungen, übersetzte während des Krieges ehrenamtlich bei der Militärischen Postüberwachung in München und hielt Vorträge zur aktuellen Entwicklung in der Türkei. All dies endete schlagartig 1933. Im Juni wurde dem Juden aufgrund des „Gesetzes zur Wiederherstellung des Berufsbeamtentums" jede Lehrtätigkeit untersagt, das Betreten von Universität und Bibliothek verboten. Mit heimlich beschafften Büchern arbeitete Süßheim weiter und hielt seine Familie mit Privatstunden mühsam über Wasser.

Trotz einiger Angebote von Freunden blieb der Verfolgte in seinem Vaterland. Erst als die Terrorakte der „Kristallnacht" im November 1938 die Frau seines verstorbenen Bruders Max in den Selbstmord getrieben hatten, entschloß er sich 1939, in die Türkei auszuwandern. Hier erhielt der wohlbekannte Forscher eine befristete Anstellung an der Istanbuler Universität, die seinen Lebensunterhalt sicherstellte. Es ist überliefert, daß die ungewohnt große Anzahl türkischer Studenten, die er jetzt zu unterrichten hatte, dem stillen Gelehrten nicht wenig Mühe bereitete. Als die Herrschaft der Nationalsozialisten 1945 im Schutt Europas zusammenbrach, war es für Süßheim zu spät, zur früheren Arbeit zurückzukehren. Am 13. Januar 1947 starb er in seiner zweiten Heimat Istanbul. Er liegt auf dem Friedhof von Ortaköy begraben, nahe seiner langjährigen Wohnung, dort wo heute die große Autobrücke Europa und Asien verbindet — für sein lebenslanges Wirken ein treffendes Symbol. *Ross*

Friedrich Pöhlmann · Goldschmied 1881 — 1914

Eines der hoffnungsvollsten Talente der Nürnberger Goldschmiedekunst des frühen 20. Jahrhunderts war Friedrich Pöhlmann (31. 1. 1881 Offingen — 8. 10. 1914 Souchez). Er besuchte in München die Gewerbeschule, dann durch ein Stipendium die dortige Kunstgewerbeschule und war Schüler von Fritz von Miller und Heinrich Waderé. „Als bei der Erweiterung der Fortbildungsschule für Juweliere, Gold- und Silberschmiede eine Lehrkraft für den praktischen Unterricht benötigt wurde, erhielt Pöhlmann diese Stelle. Die allgemeinere Aufmerksamkeit lenkte er durch die von ihm auf der Ausstellung 1908 in München zur Schau gebrachten Arbeiten auf sich." 1910 übernahm der Goldschmied, Ziseleur und Bildhauer bis zur Einberufung als Soldat, eine Stelle als Fachlehrer für Ziselieren und Gravieren an der Königlichen Kunstgewerbeschule in Nürnberg (heute Akademie der Bildenden Künste). Auf der Brüsseler Weltausstellung von 1910 gewann er die Goldmedaille in der Gruppe Juwelierarbeiten und Schmucksachen. Zwei Jahre später stellte er auf der Bayerischen Gewerbeschau in München Goldschmiedearbeiten, Plaketten, Medaillen und Elfenbeinarbeiten aus. Der Einfluß seines Münchner Lehrers v. Miller, einer der großen Goldschmiede des Historismus, prägte entscheidend das künstlerische Schaffen Pöhlmanns, ausgenommen seine Medaillen, bei denen er sich von der historistischen Tradition befreien konnte. Durch seine Lehrtätigkeit in Nürnberg gab Friedrich Pöhlmann dem Nürnberger Kunsthandwerk neue Impulse. *P*

Hermann Gradl · Maler 1883 — 1964

Die Entwicklung zur modernen Kunst, die in den letzten Jahren vor dem Ersten Weltkrieg in Deutschland mit dem Expressionismus und der totalen Abstraktion neue ästhetische Wertmaßstäbe zu setzen begann, ist an Nürnberg weitgehend vorbeigegangen. Hier, wo „des deutschen Volkes tiefstes Wesen" die Kunstszene beherrschte, behielten die am romantischen Realismus orientierten Künstler die Oberhand. Auch Hermann Gradl (15. 2. 1883 Marktheidenfeld — 15. 2. 1964 Nürnberg) gehörte zu dieser heimatverbundenen Gruppe mit ihrem „gesunden Naturgefühl". Für die „Metallwarenfabrik für Kleinkunst Walter Scherf & Co." in Nürnberg lieferte er zahlreiche Entwürfe in der Formensprache des Jugendstils, die er als Schüler der Städtischen Gewerbeschule in München und ab 1901 der Münchner Kunstgewerbeschule angefertigt hatte. Im Jahre 1907 kam Gradl nach Nürnberg, wo er im Alter von 24 Jahren Fachlehrer für Weberei und Keramik an der Königlichen Kunstgewerbeschule (heute Akademie der Bildenden Künste) wurde.
Gradls Interesse galt aber der Malerei und der Zeichnung. In Anlehnung an den fünf Jahre älteren → Rudolf Schiestl (1874 — 1931) entstand in der Zeit vor dem Ersten Weltkrieg eine Vielzahl von meist kleinformatigen Ölbildern und Handzeichnungen. Als Bildgegenstand wählte Gradl Portraits, Genreszenen des Landlebens und Landschafts- bzw. Architekturmotive mit typisch fränkischem Lokalton; Bilder, die an die Werke Ludwig Richters und Moritz von Schwinds erinnern. Bemerkenswert an den Arbeiten Gradls ist das hohe handwerkliche Können. Er vermochte mit Pinsel und Zeichenstift minutiös umzugehen. Hierin liegt die regionale Bedeutung dieser Spielart fränkischer Heimatkunst. Nach dem Ersten

Weltkrieg lockerte Gradl das Kolorit seiner Gemälde zugunsten einer impressionistischen Farbgebung auf. Bildgegenstand und Formgestaltung änderte er kaum. 1938 erhielt Gradl an der damaligen „Staatsschule für angewandte Kunst" eine Klasse für Landschaftsmalerei. Ein Jahr später wurde Gradl Direktor dieser Anstalt, die 1941 in Akademie der Bildenden Künste umbenannt wurde. Dort lebte er bis 1945. Sein künstlerisches Schaffen hatte keine Wandlungen mehr erfahren. Seine Bilder erfreuten sich in jenen Jahren großer Beliebtheit. Als Dank für die von Hitler ihm entgegengebrachte Anerkennung schuf Gradl eine Fülle von Stadtansichten, darunter „Braunau am Inn"; Werke mit „biedermeierlicher Kleinstadtperspektive", die heute im Kunsthandel hoch im Kurs stehen.   *P*

Karl Schmidt · Gründer der FAUN-WERKE   1884 — 1938

„... bewahrt das Feuer und auch das Licht, damit niemand kein Schad' geschicht!" Dieser Vers des Nachtwächters aus Richard Wagners „Meistersinger von Nürnberg" war das Leitmotiv von Karl Schmidt, dessen Vater Schmiede- und Innungsobermeister in Nürnberg gewesen war. Dieser Handwerksmeister ließ aucn seinen 1884, mitten in der Gründerzeit, geborenen Sohn dieses in Nürnberg traditionelle Handwerk erlernen. Nach seiner Lehrzeit absolvierte er noch die Wagenbauschule und sammelte auf In- und Auslandsreisen große Erfahrungen im Fahrzeugbau, ehe er Auguste Stegleiter, eine Fabrikantentochter aus Speyer, heiratete und 1910 die „Nürnberger Wagenbau & Radfabrik Karl Schmidt" gründete. Zwei Jahre später schon wurde daraus die „Nürnberger Feuerlöschgeräte & Fahrzeugfabrik Karl Schmidt".

Zusammen mit seinem Schwager Heinrich Diehl pachtete er 1913 die stillgelegten Fabrikanlagen der ehem. Firma „Justus Christian Braun-Premier-Werke AG." in der Wächterstraße, die ihm ein großes Erbe hinterlassen hatte; denn → Justus Christian Braun (1814 — 1877) hatte in seiner „Maschinen-Metallgußwarenfabrik und Eisengießerei" Bierbrauerei-Apparate mit Luftdruckpumpen, Luftreinigungsapparaten, hydraulische Preßpumpen und vor allem Feuerlöschmaschinen mit allen notwendigen Zutaten, mit Dampfspritzen und sich ständig wandelnden Feuerleitern produziert. Sie brachten ihm große Aufträge im In- und Ausland bis hin nach Niederländisch Indien ein, dazu noch in den Jahren 1876 bis 1896 große Anerkennung auf nationalen und internationalen Ausstellungen durch goldene und silberne Medaillen.

Diese Tradition wahrte Karl Schmidt, der ja schon Brauns Wahlspruch übernommen hatte, als er auf Brauns altem Fabrikgelände, das er später auch käuflich erwarb, mit dem Bau von Transportfahrzeugen begann und dabei, wenn auch nicht so ausschließlich wie Braun, die Herstellung von Feuerlöschfahrzeugen wieder aufnahm. Schmidt, stark engagiert für Kommunalfahrzeuge aller Art, konstruierte als gelernter Wagenbauer die meisten dieser Fahrzeuge selbst. Er paßte sich mit viel Geschick, Erfahrung und Einfühlungsvermögen der technischen Gesamtentwicklung in Europa an, kannte die Bauwirtschaft und ihren Bedarf, hatte die modernen Verkehrsnotwendigkeiten studiert und schaltete sich durch modernes Angebot von Spezialfahrzeugen in den Kriegsbedarf ein. Ab 1914 war seine Frau, die inzwischen Prokura erhalten hatte, seine tatkräftigste Helferin. Später wurde sie Mitinhaberin der Firma.

1919 wurde der Firmentitel — entsprechend den neuen Konstellationen — zum dritten Mal geändert. Die Firma hieß nun „Fahrzeugfabrik Ansbach und Nürnberg AG". Aus den Anfangsbuchstaben der vier Worte entstanden nach Ausscheiden des Ansbacher Vorstandsmitgliedes Wilhelm Gerhard Deussen im November 1920 die heute weltberühmt gewordenen „FAUN-WERKE", die nach verschiedenen Übergangslösungen 1938 erst auf ihren Inhaber Karl Schmidt und dessen Frau und nach beider Tod im gleichen Jahr (1938) auf deren Sohn Karl Heinz (1910—1979) und dessen Frau überschrieben wurde. 1943 wurde die Fabrik in der Wächterstraße völlig zerstört, aber schon ein Jahr später auf einem Gelände bei Lauf a. d. Pegnitz schrittweise wieder aufgebaut. Nach dem Ende des Zweiten Weltkrieges folgte ein zügiger Ausbau der Fabrikationsanlagen zur Produktion von schweren Lastkraftwagen, Kranwagen, Kommunalfahrzeugen und Muldenkippern. Zahlreiche Tochterunternehmen für Vertrieb und Kundendienst wurden im In-und Ausland errichtet. Die Baumaschinen-Fabrik Frisch GmbH in Augsburg wurde mit den Produkten Radlader und Motorgrader 1977 in den Firmenverband eingegliedert. 1978 wurde das Baumaschinenprogramm durch Hydraulikbagger und 1980 durch eine komplette Reihe von Hydraulik-Kranen erweitert. Seit 1979 besitzt FAUN mit dem Werk Trojan Industries Inc. in Batavia N. Y. einen Zweigbetrieb in den USA. Nach dem Tode von Karl Heinz Schmidt gingen die Firmenanteile auf seine Erben über. 1984 wurden die FAUN-WERKE KG in eine Aktiengesellschaft umgewandelt und firmieren nunmehr als FAUN Aktiengesellschaft. *mt*

Karl Thäter · Tiergartendirektor 1886 — 1946

Unmittelbar unter der Nürnberger Burgfreiung hebt sich ein einzelnes, den Bomben entgangenes Fachwerkhaus von der Menge der schmucklosen Nachkriegs-Neubauten ab. In diesem geschichtsträchtigen Anwesen Ölberg 9 wurde am 15. Februar 1886 Karl Thäter geboren. Sein Vater Jean, der dort eine kleine Fabrikation von Spiel- und Metallwaren betrieb, konnte auch dem fünften seiner sechs Kinder das Abitur am Gymnasium und anschließend ein Studium der Zoologie in Erlangen ermöglichen, das der Sohn mit der Promotion abschloß. Da er sich mit dem Lehrerberuf — er gab Unterricht an einer Mädchenschule in Bonn — nicht anfreunden konnte, praktizierte er nebenher im Zoologischen Garten zu Köln, sattelte dann ganz um und betätigte sich als Assistent an den Zoos von Hamburg und Berlin. Im September 1911 wurde er, erst 26 Jahre alt, unter zahlreichen Bewerbern vom Aufsichtsrat der Tiergarten-AG zum Direktor des neuentstehenden Nürnberger Tiergartens gewählt (zu dessen Gründung Oberbürgermeister → v. Schuh und 153 Bürger am 15. März 1910 aufgerufen hatten). Im März 1912 heiratete Karl Thäter, am 1. April 1912 trat er seine neue Stelle an, und am 11. Mai gleichen Jahres wurde der Nürnberger Tiergarten feierlich eröffnet. Die Anteilnahme der Bevölkerung übertraf alle Erwartungen: Nach zehn Tagen hatten schon 100 000 Besucher die Kassen passiert.

In der Erinnerung vieler älterer Nürnberger ist dieser Tiergarten mit seinen eng gedrängten Gehegen, der Papageien-Allee, dem künstlichen Gebirge und dem Aquariumhaus als eine Art Jugendparadies lebendig geblieben. Die Idee und die glückliche publikumsfreundliche Gestaltung gehen vorwiegend auf die eigentlichen Väter dieser Einrichtung, Major a. D. → Heinrich Frhr. v. Pechmann und Rechtsrat → Wilhelm Weigel, zurück. Sie bildeten zusammen mit Kommerzienrat → Friedrich Carl Zahn auch den ersten Vorstand der Tiergarten-AG. Dagegen war es die Aufgabe Dr. Thäters als zoologischem Fachmann, den Betrieb zu leiten. Und hier muß die verklärte Rückerinnerung korrigiert werden: Nur wenige der 33 Jahre, die Dr. Thäter dem Tiergarten diente, fielen in eine normale Zeit.

Es begann mit dem Ersten Weltkrieg, in dessen Hungerwintern der teure Tierbestand auf einen Rest zusammenschmolz. In der Inflationszeit mußten die Besucher mit Tierdressuren, Kinderfesten und Konzerten angelockt werden, um die finanziellen Verluste in Grenzen zu halten. Ähnliche Nöte brachte dann wieder die Zeit der Wirtschaftskrise und der Arbeitslosigkeit. In den dreißiger Jahren hing das Damoklesschwert der Verlegung zugunsten des Reichsparteitagsgeländes jahrelang über dem Tiergarten. Freilich konnte dadurch nun einer der neuzeitlichsten Tierparks geplant werden, und das dabei angewandte Konzept der landschaftsnahen Gestaltung und der gitterlosen Käfige hat Dr. Thäter entscheidend mitgeprägt. Aber kaum war der neue Tiergarten am Schmausenbuck 1939 fertiggestellt und von der Stadt (in deren Dienste nun auch Dr. Thäter trat) großzügig ausgestattet worden, da richtete der Bombenangriff vom 27./28. August 1943 ein Chaos an. Auch Dr. Thäters Haus, rechts neben dem Haupteingang, verbrannte dabei. Nach Kriegsende, als die Reste des Tiergartens einer wüsten Plünderung ausgeliefert waren, brachten die Amerikaner den Direktor in „automatischen Arrest" ins Lager Hammelburg. Zwei Wochen nach seiner Entlassung starb er am 19. Juli 1946 an den Strapazen der Haft.

Dr. Karl Thäter gehörte zu den Stillen im Lande; er ging ganz in seiner Arbeit auf. Ihren Umfang wird man nach der Vernichtung fast aller Unterlagen nie mehr ermessen können. Greifbare Zeugnisse sind die von ihm geschriebenen Tiergarten-Führer (insgesamt 14 Auflagen), aber auch herausragende Ereignisse wie die erste Aufzucht eines zoogeborenen Orang-Utan-Babys 1928. Am deutlichsten jedoch hat sich Dr. Thäters Wirken im Bild des neuen Tiergartens am Schmausenbuck niedergeschlagen, das trotz aller (nicht immer vorteilhaften) seitherigen Änderungen bis heute beeindruckend geblieben ist.

Nicht weit davon entfernt, im Stadtteil Mögeldorf, erinnert seit 1962 eine Straße an Nürnbergs ersten Tiergartendirektor. *Mz*

Karl Bröger · Arbeiterdichter   1886—1944

Karl Bröger zählt durch sein Leben und sein Werk zu den interessantesten Arbeiterdichtern unseres Jahrhunderts. Seine Dichtung, eng verbunden mit dem literarischen Erlebnis der Großstadt und des technischen Fortschritts, steigerte sich in den Glauben an die Befreiung des arbeitenden Menschen durch sich selbst in ein erleichtertes Leben. Seine Begeisterung für die Zukunft zeigte expressive Kraft, ließ aber auch die Grenzen der Verwirklichung aller Hoffnung ahnen. Zum Arbeiter-Selbstbewußtsein gesellte sich mit dem Ersten Weltkrieg ein starker Patriotismus in den Tendenzen des dienenden Opfers. Eine Dichter-Schule bildete sich nicht, wohl aber formten sich verwandte poetische Handschriften. So stand Karl Bröger dem Rheinländer Heinrich Lersch nahe und wurde, gleich diesem, später in seinen hymnischen vaterlandsliebenden Gedichten mißbraucht.

Verbunden mit den „Werkleuten auf Haus Nyland" in Westfalen, teilte Bröger deren Liebe zur engeren Heimat, bei ihm also zu Franken. Brögers Sohn Friedrich, der ihm wohl von seinen vier Kindern in der literarischen Arbeit am nächsten stand, spricht davon, daß das Schicksal des Vaters mit seiner Geburtsstadt Nürnberg eng verknüpft blieb. Dies gilt auch für Brögers Werk. Brögers Leben: Aus Armut, krimineller Abenteuerlichkeit, Soldatendasein wuchs er in die Ordnung einer gegründeten Familie, in die Ordnung auch eines literarischen Broterwerbs. Brögers Werk: Aus den leidenschaftlichen Konflikten, die sich da spiegeln und das Ich und seine Umwelt in kritische Spannung setzen, die Sehnsucht nach einer lohnenden Aufgabe für die Allgemeinheit. Sie wird gefunden im Sozialismus, der mitgeprägt ist vom rauhen, belasteten, nie verleugneten Gesicht der Arbeiterstadt Nürnberg. Aber auch der alte historische Glanz dieser Stadt belebt Lyrik und Prosa.

Selten kam dieses Doppelgesicht der Noris so realistisch wie schwungvoll zum Ausdruck. Sprache und Bildungskraft muß man in ihrer Kraft-Innigkeit respektieren, wenn dies auch literarisch bereits zur Chronik unseres Jahrhunderts gehört. Aus der Raffinesse des Dritten Reiches ist das Absurde begreifbar: Brögers, des verfolgten, inhaftierten Sozialisten in Dachau, geschriebenes „Bekenntnis" — Gedicht aus dem Ersten Weltkrieg, wurde anonym verbreitet zum Vaterlands-„Reißer" der Nazis:

> „Immer schon haben wir eine Liebe zu dir gekannt,
> bloß wir haben sie nie bei ihrem Namen genannt.
> Herrlich zeigte es aber deine größte Gefahr,
> daß dein ärmster Sohn auch dein getreuester war.
> Denk es, o Deutschland."

Neben diesem Gedicht hat der autobiographische Roman von 1919 „Der Held im Schatten", sein überzeugendes Gewicht als Milieudichtung aus Nürnbergs Arbeiterbezirken behalten.

Bröger wurde in solcher Umgebung, in Wöhrd, 1886 in bitterer Armut der Fabrikarbeiter-Eltern geboren als ältestes von neun Kindern. Schmächtig und aufsässig, verpatzt sich der Junge fördernde Schulen. Seine „Universitäten" werden nach den Worten seines Sohnes Friederich „Fabriken, das Gefängnis und Obdachlosenasyle". Aber der Wildling liebt seit je das Wort, schreibt besessen. Seine Schwester, trotz wenig Verbundenheit mit ihm, trägt die Arbeitsproben zum späteren Schulrat Grimm in Nürnberg. Das ist der Anfang akzeptierter Förderung! Bröger kann journalistisch zu arbeiten anfangen, publiziert seit 1910, heiratet 1912, wird bald Soldat. Die deutsche Niederlage im Ersten Weltkrieg läßt den lebensleidenschaftlichen Vater und Sozialisten, der schließlich SPD-Stadtrat wird, den Glauben an eine von Arbeitern getragene Demokratie nicht verlieren. Der Schwerverwundete muß zunächst Sanatorien aufsuchen, dann aber widmet er sich verstärkt, auch als Redakteur der Nürnberger „Fränkischen Tagespost" seiner schriftstellerischen und kulturpolitischen Arbeit.

Die Wende der Weimarer Zeit ins diktatorische Dritte Reich bedingt 1933 Brögers Entlassung und Inhaftierung in Dachau, wo man ihn nach Besuch von Mitgliedern der britischen Arbeiterpartei wieder entläßt. Er emigriert nicht. 1935 erscheint sein Roman einer Stadt, „Nürnberg", ein historisches Panorama von der Urzeit bis zur Gegenwart, die allerdings, damit das Buch erscheinen kann, einen euphorischen „Reichsparteitags-Rahmen" der Handlung erhält. 1937 erscheint noch der Roman „Licht auf Lindenfeld", mit dem Bröger nach seinen Einleitungsworten seinem Landsmann →Siegmund Schuckert und der Gewinnung von „Licht aus Wasserkraft" ein Denkmal setzte. Hier verdeutlicht sich nochmals der Fortschrittsglaube des 19. Jahrhunderts, aus dem die deutsche ältere Abeiterdichtung lebte.

Karl Bröger als einer der ihren starb, nachdem sein Haus 1943 zerbombt wurde, 1944 in der Erlanger Klinik. *MG*

Georg Brunner · Höhlenforscher   1887 — 1959

Was haben das Handwerk eines Kunstuhrmachers und die Arbeit eines Paläontologen gemeinsam? Beide so unvereinbar anmutende Tätigkeiten setzen ein scharfes, geschultes Auge, größte Sorgfalt, sowie ungewöhnliche Geduld voraus. Georg Brunner, geboren am 24. März 1887 in Fürth, vereinigte offenbar diese Eigenschaften in sich und bewies, daß eine Person auf zwei so unterschiedlichen Gebieten zum Meister werden kann. Sein Leben verlief zunächst in den damals üblichen Bahnen. Nach seiner Schulausbildung in Nürnberg ging er

als Mechaniker, Uhrmacher und technischer Zeichner in Deutschland auf Wanderschaft. Nach dem Ersten Weltkrieg arbeitete er selbständig in Nürnberg als Spezialist für Kunst-, Spiel- und Antik-Uhren; unter anderem reparierte er das „Männleinlaufen" an der Frauenkirche. Nach eigenen Entwürfen fertigte er 25 Kunstuhren an.

In den zwanziger Jahren begann er, zunächst als Stekkenpferd, innerhalb der „Section Heimatforschung" der Naturhistorischen Gesellschaft Nürnberg, sich an prähistorischen und paläontologischen Ausgrabungen in Höhlen zu beteiligen. Werden Überreste tierischer Lebensgemeinschaften in eine der — im fränkischen Jura recht häufigen — Höhlen eingeschwemmt und dort vom Höhlenlehm konserviert, können sie sich bis auf den heutigen Tag erhalten und wieder ausgegraben werden. Ein Spezial-Zweig der Lehre von ausgestorbenen Lebewesen befaßt sich mit diesen aus Höhlen geborgenen fossilen Faunen. Georg Brunner hatte sich in diese Materie soweit eingearbeitet, daß er eigene wissenschaftliche Arbeiten abfassen und sie in international anerkannten Fachzeitschriften publizieren konnte.

Beim großen Angriff auf Nürnberg wurde Georg Brunner im Januar 1945 ausgebombt. Nach Pottenstein (Oberfranken) evakuiert, lebte er jahrelang in enger Nachbarschaft mit seinen Höhlen. Von diesen grub er selbständig insgesamt 24 aus und beschrieb sie in teilweise umfangreichen Aufsätzen. Die Anerkennung dieser wissenschaftlichen Leistungen schlug sich in der Ernennung zum Höhlenwart (als Beauftragter der Regierung von Oberfranken) und in der Verleihung des Ehrendoktors durch die Naturwissenschaftliche Fakultät der Universität Erlangen (1951) nieder. Als weitere Anerkennung folgte 1952 die Verleihung des Bundesverdienstkreuzes. 1959 endete Brunners Leben. *bau*

Georg Schönweiß · Pfarrer und Sozialpionier   1889 — 1963

Ohne Georg Schönweiß ist der Start der 1923 neu gegründeten Großstadtgemeinde Lichtenhof nicht denkbar. Denn er war der Initiator der von → German Bestelmeyer erbauten Gustav-Adolf-Kirche und als Leiter der Nürnberger Stadtmission (seit 1921) zugleich Gründer des Vereins „Christliche Arbeitsgemeinschaft" (1922). Das waren für den 1889 in Elpersdorf bei Ansbach geborenen Georg Schönweiß die Fundamente, von denen aus er das volksmissionarische Wirken der evangelischen Kirche in Nürnberg zu einer bis dahin unerreichten Blüte und Lebendigkeit führen konnte. Von 1927 — 1936 wurden unter ihm fünf Heime zur Betreuung sozial schwacher Gemeindeglieder errichtet. Während der NS-Zeit weigerte er sich erfolgreich gegen die Ermordung schwachsinniger Insassen seiner Heime. Nach dem Krieg kamen zu den meist zerstörten Heimen, die wieder aufgebaut werden mußten, zwölf neue hinzu, in denen nun auch viele ausländische Arbeiter Unterkunft fanden. Das größte von Georg Schönweiß in Angriff genommene Bauprojekt ist die 1958 fertiggestellte „Johann-Wolfgang-Siedlung" auf dem Hasenbuck mit 174 Wohnungen, benannt nach Vater und Sohn des Erbauers. Von den von Pfarrer Schönweiß ins Leben gerufenen diakonischen Einrichtungen haben sich Bahnhofsmission und Telefonseelsorge bis heute erhalten. 1946 gründete er den „Bund für lebendige Kirche", später „Protestantenwerk" genannt, dessen bis 1963 erschienene „Rundbriefe" Beiträge fast aller bedeutenden Persönlichkeiten des evangelischen Lebens in Deutschland enthielten. Schönweiß starb 1963 in Nürnberg. *Br*

Otto Ernst Schweizer · Architekt 1890 — 1965

In der zweiten Hälfte der zwanziger Jahre gehörte Otto Ernst Schweizer zu den führenden Architekten Deutschlands. Seine Bauten waren denen von Walter Gropius und Hannes Meyer gleichrangig und ihnen auch deshalb nahe, weil sie eine soziale Verpflichtung ausdrückten — fast alle Bauten Schweizers waren für eine breite Öffentlichkeit bestimmt. In Nürnberg errichtete er in seiner Funktion als Oberbaurat: das Arbeitsamt (1925 —1927), das ehemalige Planetarium auf dem heutigen Rathenauplatz (1926), das Stadion (1927/28), das Johannisheim (1929), den Milchhof Nürnberg und das Stadion in Wien (1930). Durch diese sehr klaren und äußerst disziplinierten Bauten gehörte Nürnberg damals zu den Städten, die ein besonderes Ansehen durch ihre Förderung der modernen Architektur genossen. Es rückte damit in die Nähe von Berlin, Frankfurt und Stuttgart. Die Basis hierfür bildeten die sehr aufgeschlossenen kultur- und sozialpolitischen Vorstellungen des Oberbürgermeisters → Hermann Luppe, bei denen das Bekenntnis zur neueren Architektur ein wesentlicher Bestandteil war. Diese fortschrittliche Situation kehrte sich durch die nationalsozialistische Machtübernahme in ihr Gegenteil um. Man riß 1934 das von Schweizer errichtete Planetarium ab, weil es angeblich so sehr den Geist der Weimarer Zeit verkörperte, daß es vernichtet werden mußte. Die ausgedehnte Stadion-Anlage ging jedoch in die Gesamtplanung des Reichsparteitagsgeländes ein.

Als der Hochbaureferent der Stadt, Ludwig Wagner, 1928 Nürnberg verließ, wurde nicht Schweizer, sondern Oberbaurat Walter Brugmann sein Nachfolger — ein fortschrittlicher Architekt, wenn auch nicht im Range Schweizers. Das geschah offenbar mit Billigung Luppes, der - so sehr er Schweizer einerseits bei Aufträgen förderte -, ihn doch andererseits mehrfach überging und verletzen konnte, wenn es galt, ihn anzuerkennen. Möglicherweise lag der Anlaß dazu im selbstbewußten Auftreten Schweizers, der deshalb in Luppes Augen als schwieriger Verwaltungsbeamter galt. Schweizer nahm schließlich 1930 einen Ruf an die Karlsruher Hochschule an und baute seitdem nur noch wenig. Architekturtheoretische Arbeiten und städtebauliche Überlegungen traten in den Vordergrund. Ein Alterswerk, das an die Nürnberger Bauten anknüpfte, war das Fakultätsgebäude der Karlsruher Hochschule (1955 — 1959). Ursprünglich war Otto Ernst Schweizer Geometer, ein Beruf, den er im Geburtsort Schramberg/Württemberg gelernt hat (1890 geboren). Über die Anfertigung von Bebauungsplänen kam er zur Architektur. Er studierte zuerst in Stuttgart, dann in München bei Theodor Fischer, der ihn sehr förderte. Einer Anstellung in Gmünd folgte 1925 der Ruf nach Nürnberg durch Ludwig Wagner. Otto Ernst Schweizer ist 1965 in Karlsruhe gestorben. *Sem*

Heiner Stuhlfauth · Fußball-Torwart 1896 — 1966

In einer bis dahin beispiellosen Industrialisierungswelle wächst der 1896 als Sohn eines Metallarbeiters geborene Heiner Stuhlfauth auf. Als gelernter Elektromonteur ist er viel auf Reisen. Dabei lernt er auch seine spätere Ehefrau Liesel kennen, die Tochter eines Würzburger Winzers. Seit seinem Wechsel zum 1. FC Nürnberg 1915 glänzt der 184 cm große Torwart durch Reaktionsschnelligkeit, Fangsicherheit und instinktsicheres Stellungsspiel. Besonderes Kennzeichen aber sind seine riskanten „Ausflüge ins Gelände". Er bezeichnet sich als „dritten Verteidiger" und eilt oft blitzschnell 30 und mehr Meter aus seinem Tor. Heiner Stuhlfauth ist an guten Tagen — und er hat deren viele — fast unschlagbar. Im Zenit seines Könnens macht er in seinem zwanzig Jahre alten, verwaschenen grauen Trikot am 28. April 1929 im Hexenkessel des Turiner Stadions gegen Italien das Spiel seines Lebens und rettet den deutschen 2 : 1 Sieg. „Stuhlfauth ist Stuhlfauth", so sagte man damals. Zum Abschluß seiner einzigartigen Karriere, nach 605 Spielen für seinen „Club" und 21 Länder-

spielen, wird ihm im Juli 1930 im Auftrag des Reichs-präsidenten Paul von Hindenburg die Deutsche Adler-plakette verliehen. Heiner Stuhlfauth und einer seiner Freunde, der Spanier Ricardo Zamora, gelten als die weltbesten Torhüter ihrer Zeit.

Auch außerhalb des Spielfeldes steht Stuhlfauth im Mittelpunkt. Keine Gesellschaft, in der er nicht humor-voll und schlagfertig das Wort führt. In seiner gepachte-ten althistorischen Weinstube „Sebaldus-Klause", neben dem heutigen Bratwurst-Häusle, verkehrte allerdings weniger die breite Masse seiner Bewunderer. Dafür war sein Wein zu teuer. Nachdem im Bomben-hagel des Zweiten Weltkrieges auch die „Sebaldus-Klause" untergegangen war, reist ihr ehemaliger Wirt als Werbeleiter der Deutschen Shell AG durch Nord-bayern, um Sport- und Lehrfilme vorzuführen. Nach der Einladung durch den Deutsch-Amerikanischen Fußball-Bund in die USA kehrt er mit einer ansehnlichen Geldsumme zurück: Er hat in Amerika 10.000 seiner Fotos mit Unterschrift zum Stückpreis von einem Dollar verkauft. Heiner Stuhlfauth, der in fünf siegreichen Meisterschaftsendspielen kein einziges Gegentor zuließ, starb überraschend im September 1966. In der Nähe des ehemaligen Zabo-Sport-geländes erinnert eine Straße mit seinem Namen an Nürnbergs Torwartidol. *Gö*

Hans Kalb · Fußballspieler   1899 — 1945

Sepp Herberger, einstiger Bundestrainer der deut-schen Nationalmannschaft, bezeichnete Hans Kalb als Ausnahmeerscheinung und als den besten deutschen Fußballspieler aller Zeiten.

Der 1899 geborene Kalb feiert am 17. Juli 1919 seinen Einstand in der 1. Mannschaft des 1. FC Nürnberg. Innerhalb eines halben Jahres schleift der damalige Spielertrainer, der berühmte Ungar Alfred „Spezi" Schaffer, aus einem Rohdiamanten einen nahezu per-fekten Spieler. Elegante Technik, beidfüßige Ball-sicherheit und Zweikampfstärke sind seine Merkmale. Als offensiver Mittelläufer dirigiert er das Spiel mit präzisen Vorlagen, wuchtigen Kopfbällen und lauten Anweisungen. Seine Freistöße sind bei allen Tor-stehern gefürchtet. Die Fäden des taktischen Vor-gehens werden von ihm geknüpft. Hans Kalb ist ebenso wie Stuhlfauth bei allen fünf Meisterschaften der 20er Jahre dabei. Es ist bezeichnend, daß in den

denkwürdigen zwei unentschiedenen Endspielen 1922 gegen den Hamburger SV Kalb wegen eines zuvor erlittenen Beinbruches fehlt. „Club ohne Kalb — halb", wird zum geflü-gelten Wort. Auch einen zweiten Beinbruch binnen Jahresfrist überwindet der 185 cm große Mittelläufer mit eiserner Energie. Später verliert er aber einen anderen Kampf gegen sich selbst: Im Vorschlußrundenspiel gegen Hertha BSC Berlin im Jahre 1930 hat Kalb bereits weit über einen halben Zentner Übergewicht. Bevor dem überragenden Regisseur in der brütenden Junihitze die Kräfte verlassen, führt der „Club" souverän mit 2 : 0. Am Ende steht eine damals unfaßbare 3 : 6 Niederlage.

In seiner vierzehnjährigen Karriere (1919 — 1933) hat Kalb, der Schachspieler auf dem Fußballrasen, 681 Spiele für den 1. FC Nürnberg und 15 Spiele für Deutschland bestritten. Nachdem er im Anschluß an die Meisterschaft 1927 das Staatsexamen und später die Doktorprüfung der Zahnmedizin ablegte, praktizierte Dr. Kalb in Nürnberg als Zahnarzt. Vermutlich waren es die Folgen seiner früheren schweren Verletzungen, als er am 5. April 1945 in Altdorf bei Nürnberg 45jährig nach einer Infektion und anschließender Embolie starb. Er ahnte wohl seinen Tod, denn während der Bahnfahrt nach Altdorf sagte er zu einem Mitreisenden, daß er Nürnberg wahrscheinlich nicht mehr wiedersehen werde. Seine Frau Anni, mit der er seit rund zwölf Jahren verheiratet war, und seine schwer vom Krieg gezeichnete Heimatstadt trauerten um einen beliebten, auch außerhalb des Spielfeldes gewandten Menschen und Sportler, dem zu seiner Zeit nur der Tscheche Kada und der Ungar Orth ebenbürtig waren. Nahe dem heutigen Nürnberger Stadion ist Dr. Hans Kalb durch eine Straßenbenennung verewigt. *Gö*

Hugo Distler · Organist und Komponist 1908 — 1942

Wie sein kurzes, von geheimnisvoller Unruhe durchpulstes Leben die Zeichen überschäumenden Künstlerstolzes und anhaltender Niedergeschlagenheit gleichermaßen an sich trug, stand auch das musikalische Schaffen des Frühvollendeten in jenem Spannungsfeld zwischen seherischem Sendungsbewußtsein und abgrundtiefer Weltangst. Nicht irgendeine Musik zu machen, empfand Hugo Distler als seinen Auftrag, sondern er wollte erklärtermaßen mit seinem Werk die Schranken zwischen Musizierenden und Hörern beseitigen und aus der Gebundenheit des bloß Zeitgemäßen wieder vorstoßen in das Reich des Endgültigen. Deshalb komponierte er aus dem erhebenden Gefühl heraus, „Sänger einer neuen Gemeinschaft" zu sein und war überzeugt, daß eine Gesundung des Musiklebens „nur aus dem Gesang, aus der Chormusik heraus" erfolgen könne. So wurde er in bewußter Auseinandersetzung mit dem reichen Erbe der Vokalmusik des 16. und 17. Jahrhunderts zum Wegbereiter eines neuen Chorstils und darüber hinaus zum bahnbrechenden Erneuerer evangelischer Kirchenmusik überhaupt.

Schon in seiner ersten gedruckten geistlichen Komposition, der durch die kirchenmusikalische Tradition der Leipziger Thomaner angeregten doppelchörigen Choralmotette „Herzlich lieb hab' ich dich" op. 2 (1929), legt der jugendliche Komponist eine eindrucksvolle Probe seines satztechnischen Könnens und seiner kontrapunktischen Gesinnung ab. Aber erst in den Lübecker Werken entwickelt sich von der „Deutschen Choralmesse" op. 3 (1931) und der „Choralpassion" op. 7 (1932) an seine eigengeprägte und erregende, äußerst persönlich gefärbte Tonsprache. Wie diese Werke und die „Weihnachtsgeschichte" op. 10 (1933) bis hin zu den „Liturgischen Sätzen über altevangelische Kyrie- und Gloriaweisen" op. 13 (1933 — 1935) und den ersten sieben Motetten der „Geistlichen Chormusik" op. 12 (1934 — 1936) entsteht nahezu sein ganzes geistliches Vokalschaffen aus der Kirchenmusikpraxis des Lübecker Kantorats heraus als gottesdienstliche Gebrauchsmusik zur Auferbauung der Gemeinde: organischer Bestandteil der Liturgie im Dienste von Wortverkündigung und Anbetung. Mit der kleinen Choralmotette „Lobe den Herrn" aus op. 6 (1933) erringt Distler eine Popularität, wie sie keinem zweiten deutschen Komponisten seiner Zeit je zuteil wird. Kaum weniger schnell und weit verbreitet sich der „Jahrkreis" op. 5 (1931/ 32), eine Sammlung einfacher, 2- oder 3stimmiger Choral- und Spruchmotettensätze, erwachsen aus dem „Bedürfnis nach leichter, gottesdienstlicher de tempore-Musik". Die nach den Lübecker Jahren eintretende Unterbrechung des kirchlichen Schaffens ist krisenhaft bedingt durch die Erkenntnis der Gefahr, einem verspielten Manierismus zu erliegen.

Erst die letzten beiden Motetten der „Geistlichen Chormusik", „Das ist je gewißlich wahr" und „Fürwahr, er trug unsere Krankheit" (1941), scheinen in ihrer unerhört differenzierten Satztechnik und kühnen Erweiterung der Tonalität eine neue Stilphase der geistlichen Komposition einzuleiten, doch kommt es nicht mehr zu ihrer letzten Reife und Vollendung.

In Stuttgart komponierte Distler das großangelegte, dreiteilige „Mörike-Chorliederbuch" op. 19, sein reifstes Werk, zu dem ihn neben der elementaren rhythmischen Kraft und Freizügigkeit der Lyrik des schwäbischen Dichters, neben ihrer Gemütstiefe und formalen Schönheit besonders die „an das alte deutsche Volkslied gemahnende Objektivierung des poetischen Gehalts durch die künstlerische Formung" hingezogen hatte. Was hier seine kongeniale Klangphantasie schuf, war eine organische Weiterentwicklung und sinnvolle Ergänzung seiner geistlichen Chormusik auch insofern, als für ihn — darin den auf dem Boden der lutherischen Orthodoxie stehenden Musikern von Schütz bis Bach verwandt — der Unterschied zwischen Geistlich und Weltlich nur ein äußerlicher sein konnte. Selbst reine Instrumentalmusik, wie die ebenfalls in Stuttgart entstandenen „Dreißig Spielstücke für die Kleinorgel" op. 18,I (1938), sollte dazu dienen, „den Alltag zu erhöhen". Abgesehen von den beiden großen Orgelpartiten op. 8, „Nun komm, der Heiden Heiland" und „Wachet auf, ruft uns die Stimme", mit denen er neue Maßstäbe der Cantus-firmus-Behandlung, Variationstechnik und Figuration setzte, treten im übrigen seine Instrumentalwerke an Bedeutung hinter das inzwischen klassisch gewordene Chorschaffen zurück.

Hugo Distler wurde am 24. Juni 1908 als unehelicher Sohn der Damenschneiderin Helene Distler und des Ingenieurs August Gotthilf Roth in Nürnberg geboren. In wirtschaftlich gesicherten, aber kleinbürgerlichen Verhältnissen vorwiegend bei den Großeltern aufgewachsen, besuchte er in seiner Geburtsstadt das Realgymnasium und erhielt privaten Musikunterricht bei Carl Dupont (Klavier) und Erich Rhode (Theorie, Komposition). Seine Allgemeinbildung erweiterte er zielstrebig durch Lektüre. Die Verweigerung einer Freistelle am Städtischen Konservatorium wegen angeblich „mangelnder Begabung" löste ein seelisches Trauma aus, dessen Nachwirkungen bis zu seinem frühen Tod anhielten und das Verhältnis zu Nürnberg lebenslang belasteten. Am Landeskonservatorium in Leipzig wurde Distler Schüler von Hermann Grabner in der Komposition, Günther Ramin und Friedrich Högner im Orgelspiel, Carl Adolf Martienssen im Klavierspiel und kam dort mit der Neuen Musik Hindemiths, Honeggers u. a. in Berührung. Ohne Abschlußexamen ging er 1931 für sechs Jahre als Organist und Kantor nach St. Jakobi in Lübeck, wo in lebendiger Wechselbeziehung zu Pfarrer und Gemeinde die meisten seiner geistlichen Werke heranreiften. Nach dreieinhalbjähriger Tätigkeit als Professor an der Musikhochschule in Stuttgart, der glücklichsten Zeit seines Lebens, übernahm er 1940 eine Professur für Chorleitung, Komposition und Orgelspiel an der Staatlichen Hochschule für Musik in Berlin-Charlottenburg, dazu im Frühjahr 1942 noch die Leitung des Berliner Staats- und Domchores. Berufliche Überforderung, der ständige Kampf gegen die Zugriffe des Naziregimes, die anhaltende Gefahr der Einberufung zu dem ihm zutiefst verhaßten Kriegsdienst und das Elend des Krieges selbst trieben ihn in völliger körperlicher und seelischer Erschöpfung am 1. November 1942 in den Freitod. *Kra*

Hanns Porst · Pionier der Volksfotografie   1896 - 1984

Hanns Porst, Gründer des gleichnamigen Foto-Unternehmens, verkörperte jenen Typ des Wirtschaftspioniers, der von Kind auf die enge Perspektive des Pfenningrechnens kannte und daraus für die eigene Existenz die Kunst erlernte, aus Wenigem viel zu machen.

Er begann als kleiner städtischer Bediensteter; nach den Begriffen seiner Angehörigen war dies eine beachtliche Erfolgsposition. Als er sich selbständig machte, riet man ihm zuhause sogar ab, weil er damit ein unwägbares Risiko eingehe. Aber der Arbeitersohn aus Wöhrd, geboren 1896, gründete, nach Absolvierung der Realschule und dem Kriegsdienst bis zum Leutnant, 1919 sein erstes Fotogeschäft.

Verkaufsstellen in der Laufer Gasse, am Hauptmarkt und in der Augustinerstraße folgten. Ein größeres Geschäftshaus hinter der Lorenzkirche krönte die Reihe der Ersterfolge. Er wollte von vornherein das Interesse des breiten Volkes erschließen. Werbe-Gags waren das Amateur-Fotomännchen auf dem Dach des Lieferwagens und der Slogan: Wer fotografiert, hat mehr vom Leben. Porst veranstaltete Foto-Kurse und Fotoexkursionen und er schaffte den Einstieg in den Versandhandel. Erstmals 1927 setzte er eine Million um, 1932 waren es bereits fünf Millionen. Er war der erste Unternehmer in Nürnberg, der die Fünf-Tage-Woche einführte und er baute Wohnungen für seine Mitarbeiter.

Den Zerstörungen des Zweiten Weltkrieges rückte er zäh zu Leibe. Daraus erwuchs ein rasanter Aufstieg: 1954 waren es 1000 Belegschaftsmitglieder. Die Anerkennung blieb nicht aus: Bundesverdienstkreuz 1. Klasse, Ehrensenator der Wirtschaftshochschule und Wahlkonsul der Republik Chile. Er starb im Juni 1984.   *Hä*

Anhang

Der Textteil dieses Buches endet mit sechs Aufsätzen: Die deutschen Kaiser in der Noris; Die Bürger vom Rat (Patriziat); Nürnberg und seine Burggrafen; Nürnbergs Handwerker; Der Handelsvorstand; „Sporthochburg" Nürnberg.

Die Aufsätze dienen dazu, die wichtigsten Gruppen der Ständegesellschaft Nürnbergs in der Spätgotik, der Renaissance und dem frühen Barockzeitalter verständlich zu machen. Sie sollen aber auch Verzahnungen, die inneren Zusammenhänge, die familiären Bande und die gegenseitigen Abhängigkeiten zwischen diesen Ständen und Gruppen erklären. Es schließen sich die amtlichen Listen der Ehrenbürger und der Inhaber der Bürgermedaille an.

Der Kaiser, der die Anfänge Nürnbergs geprägt hat, war → Heinrich III. (1039 — 1056) aus dem Haus der Salier. Er, der große Politiker des östlichen Mitteleuropa, gilt als der Gründer der Nürnberger Burg, einer Reichsburg. Durch die Anlage von Königsgütern im weiten Umkreis dieser Burg hat er die Grundlagen für die Reichspolitik der späten Salier, der Hohenstaufen und der Luxemburger geschaffen und verwirklichte zu seinem Teil ein Gegenkonzept zur klerikal bestimmten Reichskirchenpolitik seines Vor-Vorgängers, des letzten Ottonenkaisers → Heinrich II. (1002 — 1024). Wahrscheinlich hat Heinrich III. die Nürnberger Reichsburg auf den Ruinen eines Vorläufers (Reichslehen der Babenberger von Schweinfurt oder Gut der 1007 gegründeten Bamberger Reichskirche) errichten lassen. Sie hatte die Aufgabe, die zentrale Funktion der Kaiserpfalz abzusichern, die sich vermutlich auf den Königshof nördlich der Pegnitz stützte. Hier stand seit dem späten 7. oder dem frühen 8. Jahrhundert bereits eine nach dem Frankenheiligen benannte Martinskapelle, sicherlich verbunden mit einem Großwirtschaftshof (= Königshof, heute Areal der Egidienkirche und des Willstädter Gymnasiums).

Politik der Ministerialität

Unter diesem Kaiser wird Nürnberg urkundlich zum ersten Mal genannt. Da er zugleich Herzog von Bayern, Schwaben und Franken gewesen war, versammelte er die Großen aus diesen Regionen im Jahr 1050 in Nürnberg, setzte mit dem Freispruch der „Leibeigenen" → Sigena ein sichtbares Zeichen für die Politik der Ministerialität und beriet mit seinen Vertrauten die kaiserliche Ungarnpolitik. So etwa wäre die Urkunde über diese Konferenz zu deuten, die zum ersten Mal Nŏrenberc (Nŏrimberg, Nurenberc, Nuerenberc, Norinberc, Nuorenberch) nennt. Am Unterzeichnungsort dieser Urkunde befand sich auch das etwa um 1046 von Heinrich III. gestiftete Schotten-Kloster (Benediktinerkloster, heute St. Egidien), das in der Legende des heiligen → Sebald in der unmittelbaren Folgezeit eine bedeutende Rolle spielt. In etwa der gleichen Zeit übertrug der Kaiser den Bambergischen Markt Fürth samt dessen Zoll- und Münzrecht an Nŏrenberc, das später als „castrum oppidum" bezeichnet wurde, sich — trotz der Rückgabe des Marktes an Bamberg (1062) — zu einer verkehrspolitisch wichtigen Kreuzung großer Straßen entwickelte und Nürnbergs gesamte künftige Geschichte prägte.

Der Bau der Reichsburg hängt zusammen mit der Markenpolitik Heinrichs III. im bayerischen Nordgau, in dem er die Marken Cham und Nabburg errichtet hat. In diesen Jahren wurde auch die enge Verbindung Nürnbergs und seines Reichslandes zu dem Land vor Böhmen begründet, das ein Eisenland gewesen ist. Damit verbunden war die vom Kaiser angeordnete Siedlungserschließung rings um Nürnberg (Forsten). Sie war damals den Reichsdienstmannen (Ministerialen) aufgetragen worden, um das Königsland gegenüber den aus Bamberg und Eichstätt erhobenen fürstbischöflichen Territorialansprüchen auf Nürnberger Gebiet abzusichern und den Handelsverkehr abzustützen. Dieser förderte die schon um 1072 beginnenden Wallfahrten zum Grab des wundertätigen Hl. Sebald in der Peterskirche (Vorläufer der Sebalduskirche). Umgekehrt förderten die Wallfahrten auch den städtischen Handel.

Nürnberg — Zentrum Frankens

All das hat die salischen Nachfolger Heinrichs III. wahrscheinlich veranlaßt, die Reichsburg in der Zeit vor und nach 1108 weiter auszubauen und die Bande zum königlichen Umland zu festigen. In dieser Zeit wurde der erste Mauerbau vollendet. Im Zentrum der noch kleinen Siedlung nördlich der Pegnitz stand St. Peter. Die Mauern reichten bis an die Stelle, an der heute die Fleischbrücke die Pegnitz überquert. Heinrich V., der letzte Salier (1106 — 1125), hielt im Jahr 1108 auf der Burg Hoftag und bestätigte 1112 den Wormsern Zollfreiheit in Nürnberg. Auch die beiden Forstbereiche des Sebalder und Lorenzer Waldes wurden ebenso wie die Neusiedlungen zwischen den drei Grenzwassern (Erlanger Schwabach, Rednitz, Schwarzach) als Domanialgericht organisiert, das späterhin auf Ostfranken und den Nordgau ausgriff (Kaiserliches Landgericht). Gericht, Grafenrechte, Befehl über die Reichsburg lagen seit etwa 1093 in den Händen der Nürnberger Burggrafen aus dem Geschlecht der → Grafen von Raabs (Vorgänger der Zollern), wahrscheinlich aus Niederösterreich stammend.

Die Schlüsselstellung der Reichsburg zwischen Sachsen und Bayern und in den Kriegen von 1125 zwischen → König Lothar von Supplinburg und den Staufern als Erben der Salier um die Trennung von Reichs- und Hausgut zeigt, daß Nürnberg Zentrum Frankens geworden war und Würzburg verdrängt hatte, das noch 1105 diese Stellung eingenommen hat. Königsprivilegien förderten seither Nürnbergs Aufstieg zum großen Handelsplatz mit Königsherrschaft, Kron- und Reichsgut, Pfalz- und Reichsburgfunktion. So wurde Nürnberg damals die größte Reichsstadt des „Heiligen Reiches" mit dem größten reichsstädtischen Territorium.

Beginnend mit → Konrad III. (1138 — 1152), dem ersten Stauferkönig, der daraus das Zentrum einer „terra imperii" (königliches Land oder Reichsland zwischen Ulm und Eger) machte, erlebte die salische Reichsburg und befestigte Reichssiedlung Nürnberg ihren ersten großen Aufstieg. Man muß annehmen, daß unter diesem Kaiser der Ansatz zum zweiten Mauerring (heute noch sichtbar am Lauferschlagturm, Schuldturm, Vischergasse, Mauthalle, Weißer Turm) gemacht wurde, der über die Pegnitz führt und unter den Staufern komplettiert wurde. Königsprivilegien förderten den Aufstieg des vergrößerten Nürnberg zum großen Handelsplatz. Schon 1112 war es in die Reihe der großen Königsorte wohl auch deshalb aufgerückt, weil die Staufer ihre eirunde Plansiedlung auf dem Südufer, unmittelbar neben dem zweiten Königshof im Bereich der späteren, autonomen Deutschordenskommende St. Jakob (bis 1945 Deutschhauskaserne, heute Polizeipräsidium), angelegt hatten. Er hatte eine Ausdehnung bis hin zur Rosenau, dem Himpfelshof (Himpfelshofstr.) und zur Flußniederung der Pegnitz im Westen des Gemeinwesens.

An beiden Pegnitzufern

Von beiden Königshöfen aus entwickelte sich also die Stadt an beiden Ufern der Pegnitz. Der südliche Teil gehörte — ausgenommen die Königskirche St. Jakob — kirchlich zur Pfarrei Poppenreuth; der nördliche mit der Peterskapelle (später Sebalduskirche) muß auf bambergischem Kirchenboden entwickelt worden sein. Der damit verbundene weitere wirtschaftliche Aufschwung der Noris, die Entfaltung einer Kaufmannschaft, die den Fernhandel im Reich betrieben hat, und der Aufstieg eines ministerialen Verwaltungsbürgertums werden erst zu Ende der Stauferzeit im 13. Jahrhundert genannt. → Kaiser Friedrich Barbarossa weilte besonders häufig zu Hof- und Festtagen in Nürnberg und erbaute nun zusätzlich zu den Salierbauten auf der Burg die mächtige Kaiserpfalz. 1163 betonte er die Sicherheit und Freiheit der Nürnberger Kaufleute im ganzen Reich und präsentierte sie den Kaufleuten in Bamberg und Amberg als Idealtyp. Das bedeutete — abgesichert durch die Reichsministerialen-Burgen (Eschenau, Gründlach, Altenberg, Bürglein usw.) — wirtschaftliche Vorrangstellung. 1192/96 wurde Nürnberg unter Barbarossas Nachfolger, → Heinrich VI., unabhängige Pfarrei (St. Sebald), nachdem die Marktsiedlung schon 1163 unter Barbarossa erstmals selbständig neben der Burg genannt wurde.

Der erste Staufer und alle seine Nachfolger haben, um dieses Ziel zu erreichen, Machtmittel der (Bamberger) Reichskirche in den Dienst ihrer Königsstaatpolitik gestellt, deren Grundzüge sie von den späten Saliern übernommen hatten. In der Rivalität mit Herrenstand und Kirche glich diese Politik die Schäden des Investiturstreites (→ Heinrich IV., 1056 —

1106) aus und sollte einen territorialen Königsstaat schaffen. Gelungen ist ihnen eine sehr enge Beziehung von Edelfreien, Ministerialen, Bürgern im Rat, Handwerkern und Arbeitern zu Kaiser und Reich.

Nürnberg war für das oberste Ziel der Staufer der Idealtypus; denn sein Reichsterritorium gewann über die regionale Bedeutung hinaus seit der Übernahme des Egerlandes 1146 eine übergreifende Brückenkopfstellung zwischen der Kernlandschaft des Reiches am Oberrhein und dem Pleißenland im nordöstlichen Rodungsland. Die königlichen Hoheitsrechte vertrat der Burggraf als Träger der kaiserlichen Landesherrschaft in Nürnberg.

Unter Friedrich II.

Diese Entwicklung des Nürnberger Gemeinwesens schloß → Friedrich II. (1212 — 1250), der als Staufenkaiser Nürnberg zwölf Mal besuchte, 1219 auf einem Hoftag zu Nürnberg mit dem sog. Freiheitsbrief ab. In Wirklichkeit war dieser Brief ein großes Vogteiprivileg, bezeugt also, daß die Stadt (seit 1206 civitas genannt) nicht auf Königsboden stand. Der König überspiegelte mit seiner Schirmvogtei über der Stadt die potentielle Stadtherrschaft des Bamberger Bischofs. Diese Schirmvogtei des Königs ist der Rechtsgrund des Reichsstadtcharakters von Nürnberg. Das Privileg wollte die wirtschaftliche, handelspolitische und rechtliche Stellung der Bürgerschaft (civitas), vor allem der Fern-Kaufleute sichern und deren Steuerkraft heben. Die große Chance für den Ausbau der städtischen Selbstverwaltung und der bürgerlichen Autonomie bot der Grundsatzstreit zwischen Europas Universalmächten: Kaiser Friedrich II. auf der einen und das Papsttum auf der anderen Seite. Die Führungsschicht im Reichsland und die Reichsbeamten (Butigler, Schultheiß) bildeten mit den führenden Bürgern (cives) eine potente gesellschaftliche Einheit. Ein Siegel der Stadtgemeinde taucht erstmals zwischen 1236 und 1242 auf. Der zweite Mauerbau von 1256, unter Friedrich II. vollendet, ferner die Ausbildung des Ratsgremiums und der Beitritt zum Rheinischen Städtebund im gleichen Jahr wurden Stützen einer kraftvollen Landfriedens-, Reichsgut- und Stadtpolitik.

Nürnberg unter Karl IV.

Das waren die entscheidenden Grundlagen für die Nürnberg-Politik des Wittelsbacher Kaisers, → Ludwigs des Bayern (1314—1347), der vom Nürnberger Rat und von Schultheiß → Konrad Groß als einem reichen Bürger der Stadt viel Unterstützung erfahren hatte, ihrer aber auch bedurfte, weil er seinem Sohn Ludwig nach dem Aussterben der Askanier die Mark Brandenburg verliehen hatte und der Weg dorthin über Nürnberg führte. Stärker aber als er waren seine Nachfolger auf dem Kaiserthron, die Luxemburger. Sie wußten die von Saliern und Hohenstaufen geschaffene Position in Franken für ihre Reichspolitik auszubauen. → Kaiser Karl IV. (1348 — 1378) trieb in der Erkenntnis, daß nur der stärkste Landesherr ein guter König und Kaiser im Reich sein könne, eine intensive Territorialpolitik in Böhmen, in der Oberpfalz und in Franken — bis hin nach Frankfurt und Aachen. Er förderte vor allem den Aufstieg Nürnbergs, das halberwegs zwischen der Kaiserlichen Dauerresidenz Prag und der Krönungsstadt Aachen gelegen war, durch zahlreiche Privilegien (17) und stärkte die Rats- und Handelsfamilien (Patriziat). Er residierte — alle Besuche zusammengenommen — etwa 4 1/2 Jahre auf der Nürnberger Kaiserburg und sicherte durch die Goldene Bulle, das bis 1806 gültige Reichsgrundgesetz, die Königswahl. Das Wahlrecht der Kurfürsten wurde reichsgesetzlich festgelegt; die Teilung der Kurfürstentümer wurde verboten. Der Reichsstadt Nürnberg verlieh er das politisch wie wirtschaftlich gleichbedeutende Privileg, daß jeder König seinen ersten Hoftag (Reichstag) hier abhalten solle.

1361 half Karl IV. der fränkischen Städtegruppe gegen die Pfandpolitik der Burggrafen und verschaffte Nürnberg eine Hegemonialstellung in der fränkischen Stadtlandschaft. Unter seiner Regierung galt Nürnberg als die „vornehmste und bestgelegene Stadt des Reiches".

Nürnberg nahm nach dem mit der ersten Pestwelle verbundenen Pogrom von 1348/49 Juden in einem neuen Ghetto an der Judengasse wieder auf, plünderte sie aber auch als Mitglied des Schwäbischen Städtebundes gründlich aus. Eine zweite Pestwelle stand 1377 am Ende von Karls Regierungszeit.

Der in Nürnberg geborene Kaiser Wenzel (1378 — 1400) bedeutete für die Stadt wenig. Er war ein schwacher Kaiser. Umso bedeutsamer war für Nürnbergs Zukunft der (möglicherweise auch in Nürnberg) im Jahr 1368 geborene Kaiser Sigismund, zweiter Sohn Karls IV. Er gilt als der Konzilskaiser (Konzile von Konstanz 1414 — 1418 und Basel 1431—1449), als Hussitenstreiter, Reichsreformer und Landfriedenspolitiker. Er bestieg den Thron im Jahr 1410 und verkündigte 1414 bei seinem Einzug in Nürnberg einen neuen Fränkischen Landfrieden, der nach dem Beitritt der fränkischen Reichsstädte bis 1417 wirksam gewesen ist. Allerdings hat er durch sein zeitweiliges Handelsverbot mit Venedig (Vgl. → Markus von Nürnberg), das dem Reich dienen sollte, die Interessen der Nürnberger Kauf- und Handelsherrn geschädigt. Aber er hat den gleichen Kaufleuten auch geholfen, indem er den Hussitenkrieg (1419 — 1436), der ja auch Nürnberg und sein Umfeld bedrohte, zum Erfolg zu führen suchte, auch wenn dies zumeist nur durch Verhandlungen gelang. Ihm, dem Kaiser, und den Nürnberger Handelshäusern ging es dabei um den freien Handelsverkehr auf der für beide Teile so wichtigen Straße von Italien über Nürnberg nach Prag. Die Straße führte seit Karl IV. von Prag durch den sehr intakten modernen Staat Neuböhmen, die heutige Oberpfalz samt einem Stück Mittelfranken, bis vor die östlichen Tore Nürnbergs; eine Staatsgründung Karls IV., die wegen des oberpfälzischen Erzreichtums für die Noris und ihre montanverarbeitende Industrie von großer Bedeutung gewesen ist.

Die Blütezeit

Um alle diese Konzeptionen durchführen zu können, mußte sich Sigismund der Finanzkraft der Nürnberger durch Darlehen bedienen; seine persönlichen und finanziellen Beziehungen kamen vor allem dem Rat und der Bürgerschaft zugute. Er verlieh um 1430 dem Rat die Münze, also das Münzrecht (Sebalder und Lorenzer Gulden). Nur mit des Kaisers Rückendeckung konnte Konrad Konhofer mit dem päpstlichen Stuhl verhandeln, die 1424 die Überführung der Reichskleinodien von der Karlsburg (b. Prag) nach Nürnberg und 1425 die Kanonisierung, die Heiligsprechung des Nürnberger Stadtpatrons Sebaldus, ermöglichten. Beides war für die Reichsstadt, die ohne Bischofssitz und ohne landesherrliches Fürstenschloß nur dem Kaiser unterstand, ein ausschlaggebender Prestigegewinn. 1426 unterstellte Sigismund das nun reformierte Egidienkloster dem Rat der Stadt. Mit der Errichtung des Hofgerichts in Nürnberg vollendete Sigismund die zentrale Position der Noris im großen Reichsverband. Das kaiserliche Landgericht der Burggrafen bekam zwar großes Gewicht, aber die Stadt wußte sich von den außerstädtischen Hoheiten, den Zollern, durch Befürwortung einer Berufung der Burggrafen als Kurfürsten von Brandenburg zu befreien. Die Folge dieser von den Luxemburgern betriebenen Politik war Nürnbergs Aufstieg zu einem überragenden Fernhandels-, Produktions-, Informations-, Kommunikations-, Geistes- und Kulturzentrum des Reiches vom 14. bis zum 16. Jahrhundert.

Unter den Habsburgern

Von diesem Aufstieg profitierten die nun folgenden Kaiser aus dem Hause Habsburg, angefangen (nach der kurzen Regierungsperiode → Albrechts II. 1438/39), mit → Friedrich III. (1440 — 1493), der die Stadt des öfteren besuchte. Er war der letzte in Rom gekrönte deutsche Kaiser. In seiner langen Regierungszeit blühten zwar langsam der Humanismus in Nürnberg und die Kunst zu einer dann ungeahnten Größe auf. Aber der Kaiser sah untätig dem Markgrafenkrieg des Brandenburger Kurfürsten → Albrecht Achilles gegen die Noris zu (1449 — 1453); ein Krieg, der der Stadt sehr viel Geld und Kraft kostete. Sein Nachfolger, → Maximilian I. (1493 — 1519), wie sein Vorgänger in der Amtszeit von zwei Nürnberger Pestwellen gehemmt, führt den auf dem Wormser Reichstag (1495) beschlossenen Ewigen Landfrieden, der nur kurze Zeit dauerte, auch in Franken durch und machte von der 1487 beschlossenen „kaiserlichen Proposition" Gebrauch, wonach neben Kurfürsten, geistlichen und weltlichen Fürsten auch die Reichsstädte zu eigenen Beratungen auf den Reichstagen zugelassen wurden. Maximilian war der Kaiser, unter dem der deutsche Humanismus, wenn auch mit erheblichen Reibungsflächen verbunden, voll erblühte. Das Weltbild hatte sich durch die Entdeckung der Seewege nach Amerika und Indien, durch → Kopernikus' Lehre vom Sonnensystem (in Nürnberg erstmals publiziert), durch die Forschungen → Regiomontans und seiner Schüler (darunter → Martin Behaim) völlig verschoben. Nürnberg hatte mit → Dürer und seinem Freund → W. Pirckheimer, dem Humanisten, zusätzlich an Ausstrahlungs- und Anziehungskraft gewonnen. Der Kaiser ließ sich von → Dürer malen und berief Pirckheimer in den Stab seiner Berater. Beide mühten sich im Haus des Humanisten am heutigen Hauptmarkt — der eine als Philosoph, Jurist, Politiker und Pädagoge, der andere als welterfahrener Zeichner und Maler — um eine neue geistig-ideologische Fundamentierung des Kaisertums, nachdem die Krönung des deutschen Imperators nicht mehr durch den Papst in Rom erfolgte (Folge der Goldenen Bulle). Dürers „Triumphpforte" und „Triumphwagen" sind aus diesem Bemühen entstanden. Maximilian war also in der Reichsstadt ein ebenso wertvoller wie gefeierter Gast, stützte sich aber nicht mehr allein auf Nürnberg und seinen Handel, sondern lehnte sich nun stärker an das stark aufstrebende Augsburg. Dort war parallel zu den → Welsern inzwischen → Jakob Fugger zu einen Geld- und Handelsmagnaten großen Stils aufgestiegen. → Konrad Peutinger, Augsburger Humanist und Factor der Welser, der zusammen mit seinem Freund Pirckheimer auf einer alten römischen Weltkarte (Peutinger-Karte genannt) den Seeweg nach Ostindien entschlüsseln half, mobilisierte eine kleine Handelsflotte, die zusammen mit Nürnberger Handelshäusern (vgl. → L. Hirschvogel) im Pestjahr 1505 im Gefolge der portugiesischen Flotte mit Erfolg um das Kap der Guten Hoffnung nach Ostindien segelte. Damit wurde die Osmanische Handelssperre im östlichen Mittelmeer umgangen, die Westeuropas Handel mit dem Orient abriegeln sollte. Der Unterlegene hieß Venedig; denn an seine Stelle traten nun Antwerpen, Madrid und vor allem Lissabon. Dies alles war zeitlich verbunden mit dem spürbaren Beginn der Reformation → Martin Luthers, die Maximilian noch in seinen beiden letzten Regierungsjahren bis 1519 miterlebt hat.

Augsburg als Konkurrent
Drei Ereignisse hatten den Nachfolger Maximilians, → Kaiser Karl V. (1519 — 1556), bewogen, Nürnberg nicht mehr das herkömmliche politische und wirtschaftliche Gewicht beizumessen, sondern sich vorwiegend auf Augsburg abzustützen: Einmal war er, der Spanier, der mit Nürnberger und Augsburger Geld gegen den Bewerber → Franz I. von Frankreich zum Kaiser gewählt wurde, auch König von Spanien und nach der Entdeckung Amerikas durch Spanien der „Monarch, in dessen Reich die Sonne nicht unterging". Damit waren der spanische Teil seines Reiches und die Häfen an Spaniens Küste zum Schlüsselpunkt seiner Weltmachtstellung geworden. Zum zweiten war die kaiserliche Residenz vom Luxemburger Zentrum Prag nach Wien und in die Erblande der Habsburger (Ober- und Niederösterreich) verlagert worden. Wien lag näher an Augsburg als an Nürnberg. Zudem waren für das katholische Denken des Spaniers Karl die Städte Wien und Augsburg bessere Reichsfundamente als Böhmen und Nürnberg mit ihren Hussiten bzw. Lutheranern. Zum Dritten war Augsburg an einem entscheidenden Wegekreuz gelegen, das Straßen durch die Schweiz nach Südfrankreich, Spanien und Portugal ebenso freigab wie solche nach Italien, Österreich und dem Balkan. Die naturwissenschaftlichen Erkenntnisse jener geistigen und geographischen Revolutionszeit, an denen Nürnberg und Augsburg bestimmend beteiligt

waren, lieferten Karl also die Mittel zur weltweiten Machtausübung auch in Übersee.

Die Regierungszeit Karls V. war eine unruhige Zeit, markiert durch die Bauernkriege (1524/25), durch den vom Kaiser präsidierten Reichstag zu Augsburg (1530), auf dem → Melanchthon die „Confessio Augustana" überreicht, durch den Nürnberger Religionsfrieden (1532), der nach der Nürnberger Reformation (1525) den Protestanten freie Religionsausübung zusichert, durch die Wiedertäuferbewegung (1534/35), durch den Türkenkrieg (1526/32), durch vier Kriege mit Franz I. von Frankreich (1521 — 26, 1527 — 29, 1536 — 38, 1542 — 44), den Schmalkaldischen Krieg (1546/47) und durch den Augsburger Religionsfrieden von 1555, der den Auswirkungen der Reformation einigermaßen gerecht wird. Diese von Deutschland ausgehende religiöse Bewegung und die darauf folgenden Kämpfe in der Ära Karls V. beflügeln aber angesichts des wachsenden Merkantilismus und des Nationalbewußtseins auch eine schrittweise Neuordung des europäischen Staatensystems, das den Nürnbergern schwer zu schaffen macht, weil es ihre insgesamt 93 kaiserlichen Zoll-, Münz- und Handelsfreiheiten mehr und mehr durch ein neues Schutzzollsystem einengt. Mit Karl V. geht Nürnbergs große Zeit zu Ende. Seine Nachfolger sind politisch nicht mehr sonderlich an Nürnberg interessiert. Nur Kaiser Rudolf II. (1576 — 1612), der große Dürersammler, nimmt sich der Schätze der Reichsstadt an und kauft Dürers Werke zu Unterpreisen für Prag auf (heute u. a. in der Albertina in Wien).   *Karl Bosl*

DIE BÜRGER VOM RAT

Heute spricht man vom „Patriziat", wenn man die alten Familien nennt, denen es in Nürnberg, als es freie Reichsstadt war, oblag, die Stadt zu leiten und zu repräsentieren. Diese Bezeichnung „Patriziat" aber wurde erst im Hochbarock, aus Italien kommend, auf die „Ratsfähigen Familien" Nürnbergs übertragen. Die eigentliche Geschichte dieses „Patriziats" aber war sehr viel komplizierter; denn erst im Verlauf von zwei Jahrhunderten nach dem etwa um 1040 gegründeten königlichen Stützpunkt „Nörenberc", der vom selben Kaiser — Heinrich III. — noch zum Markt erhoben worden ist, hat sich eine gewisse Selbstverwaltung entwickelt. Ihre Träger waren die späteren „Bürger vom Rat". Sie erscheinen seit dem ersten Viertel des 13. Jahrhunderts namentlich als Zeugen in den Urkunden, ab 1240 mit dem Zusatz „cives de Nurenberc". 1256 treten erstmals die Ratsmannen (consules) und 1263 die Schöffen (scabini) handelnd auf. Dieser Personenkreis ging aus einer Bevölkerungsschicht hervor, die ihr Ansehen und ihre Geltung auf herkunftsmäßige und verwandtschaftliche Beziehungen zum Kreis der Dienstmannen aus den Herrscherhäusern der Salier und Staufer und der durch Fernhandel reich gewordenen, in den Urkunden von 1163 und 1219 nur allgemein faßbar werdenden Kaufleute stützte.

Der Freiheitsbrief 1219

Im „Nürnberger Freiheitsbrief" von 1219 bestätigt der Stauferkaiser Friedrich II. die Sicherung der Gerichtssondergemeinde und deren Gesamthaftung für die Steuerleistung. In erster Linie erweitert er die rechtliche und wirtschaftliche Existenz ihrer Kaufmannschaft. Noch bleibt dabei Nürnberg der königlichen Stadtherrschaft voll unterstellt; aber es muß sich ein Organ gebildet haben, das die Steuerumlage regelte. Im Interregnum (1256—1273) ergreifen die Nürnberger Bürger 1264 die Initiative und lassen → Merkelin Pfinzing als ihren Vertreter gegenseitige Zollfreiheit mit Mainz vereinbaren.

Aus den inzwischen verschmolzenen Gruppen der Ministerialen und der Kaufleute bildete sich als Organ der Bürgerschaft der Rat, der 1285 erstmals nachzuweisen ist und bis zum Ende der Reichsstadtzeit 1806 als Rechtsinstitut bestehen blieb. Konnten wir bisher nur die Namen der maßgebenden Bürger und dabei viele der später bekannten Ratsfamilien in den

Urkunden und Rechtsquellen finden (s. Liste 1 am Ende dieses Aufsatzes), so ist erstmals aus dem Jahr 1318 eine namentliche Liste von 12 (statt, wie üblich 13) consules und der 13 scabini überliefert (s. Liste 2). Das nächste Verzeichnis stammt aus dem Jahr 1332 (s. Liste 3). Viele Namen der im 13. Jahrhundert auftretenden „Nobiles Norimbergenses", wie sie neuerdings nicht zu Unrecht bezeichnet werden, sind darin schon nicht mehr enthalten. Von 1332 an lassen sich die Bürger vom Rat dann mit wenig Unterbrechungen in fortlaufenden Listen bis 1806 verfolgen.

Zäsur 1348

Dazwischen aber gab es eine Zäsur, die bisher allgemein in die soziale Revolution der sogenannten Zunftkämpfe eingereiht wurde. In den meisten Städten des damaligen Reiches brachen um die Mitte des 14. Jahrhunderts Aufstände aus, die auf der Forderung nach Mitbestimmung seitens der Handwerker gegenüber der herrschenden Schicht der Ratsfamilien beruhten. Fast überall führte dies dazu, daß die Handwerker beziehungsweise ihre Zünfte in Zukunft Einfluß auf die städtische Verwaltung nehmen konnten und die bisherige Alleinherrschaft der Ratsfamilien gebrochen wurde. Auch in Nürnberg kam es 1348, zwei Jahre nach der Wahl des Luxemburgers Karl IV. zum König, zu einer Revolte. Jedoch hatte sie nur am Rande soziale Ursachen; vielmehr standen hier reichs- und handelspolitische Interessen dahinter. Viele Familien des Rats, der gewerblichen Unternehmer und der maßgebenden Handwerke standen gegen den Luxemburger → Karl IV. auf Seiten der Wittelsbacher Partei. Diese wurde nach dem plötzlichen Tod Kaiser Ludwigs des Bayern im Oktober 1347 durch dessen Sohn, Markgraf Ludwig von Brandenburg repräsentiert. Daß es kein gegen die Geschlechterherrschaft gerichteter Umsturz war, beweist schon, daß in dem 1348 eingesetzten „Aufruhr-Rat" Angehörige der → Ebner, Katerpeck, Maurer, → Ortlieb, → Pfinzing, Puck, → Stromer, Vorchtel und Weigel vertreten waren. Sie und viele andere der Empörerfamilien finden wir nach der 1349 erfolgten Unterwerfung unter Karl IV. wieder im Rat oder sie wurden in diesen aufgenommen, wie die Flexdorfer, Kestel, → Schürstab, Seibold und Wagner. Die am Aufstand beteiligten Handwerker wurden allerdings in ihre ursprüngliche Rolle zurückversetzt. So wurde die Alleinherrschaft der Geschlechter wieder hergestellt. Damit wurde der Grund gelegt zu der oligarchischen Verfassung Nürnbergs bis zum Ende des alten Reiches. Nur in ganz wenigen anderen deutschen Städten kam es zu einer ähnlichen Entwicklung, wenn auch mit größeren Unterbrechungen als in Nürnberg. Zwar wurden in den Rat auch acht Vertreter der vornehmsten und ältesten Handwerke aufgenommen, gleichzeitig aber zu den üblichen 13 Ratsmannen und 13 Schöffen noch acht „Alte Genannte" aus den Geschlechtern berufen. Einen politisch bestimmenden Einfluß konnten die Handwerker im Rat aber nicht ausüben.

Das Führungsgremium in Verwaltung und Handel

Es waren etwa 30 bis 35 Familien, die im Rat vertreten waren. Sie entstammten, wie erwähnt, zum großen Teil aus der Ministerialität des Reiches und einiger Dynasten; sie trieben aber auch frühzeitig Handel. Noch war es kein geschlossener Kreis, da nach 1332 eine ganze Anzahl von Familien zum Rat zugelassen wurde (s. Liste 4). Besonders nach dem Aufstand wurde der Kreis erweitert. Es zeigt sich jedoch frühzeitig die Potenz einer Spitzengruppe von etwa einem Dutzend Geschlechter, die fast ständig „zu Rat gingen", davon sechs mit meistens zwei Angehörigen gleichzeitig (→ Ebner, → Haller, → Holzschuher, → Pfinzing, → Stromer und Vorchtel). Drei Familien entsandten etliche Jahre sogar drei Vertreter in den Rat: die Haller 1411 bis 1429, die Stromer 1411 bis 1419 und die Pfinzing fünfmal zwischen 1413 bis 1421.

Auch wichtige Ämter, wie das des Schultheißen, des Münzmeisters und der Verwaltung des Reichswaldes wurden von Mitgliedern der Geschlechter besetzt. Unter den Ratsfamilien rangierten die Genannten, die vor Gericht als glaubwürdige Zeugen auftreten und untere Positionen in der Stadtverwaltung bekleiden konnten. Der sogenannte „Größere Rat" bildete das Gremium der etwa 200 Genannten, wurde aber nur in wenigen Sonderfällen zur Beratung hinzugezogen. Im „Kleineren Rat" wirkte ein Fünferkolleg als geschäftsführender Ausschuß, während die sieben „Älteren Herren" (Septemvirn) die eigentlichen Regierer waren. An ihrer Spitze standen die drei Obersten Hauptleute, davon zwei als Losunger. Ab 1617 war der Vorderste Losunger zugleich der Reichsschultheiß. Auch diese Ämter wurden von einer nur kleinen Anzahl von Geschlechtern besetzt.

Nicht nur in Verwaltung und Politik der Reichsstadt waren die Ratsfamilien führend, sie waren auch die Träger der Fernhandelsgesellschaften, wie die der → Groß, → Holzschuher, → Pfinzing und der weit ausgreifenden → Stromer, denen die, → Behaim, → Ebner, → Grundherr, → Haller, → Imhoff, → Kreß, → Schopper, → Tetzel und andere zur Seite traten. Gleichzeitig drangen sie in das Montangeschäft der nahen Oberpfalz (auch des Erzgebirges, der Steiermark und andernorts ein und verschafften damit dem für Nürnbergs Aufstieg so wichtigen Metallgewerbe die erforderlichen Rohstoffe. Die Aufnahme der Papierherstellung und die Einführung der Nadelholzsaat durch die Stromer, sowie die Erfindung des Saigerungsverfahrens bei der Kupfererzeugung seien hier nur beispielhaft erwähnt. → Hans Tetzel wurde durch die Gründung des Kupferhüttenwerks auf Cuba einer der ersten Montanunternehmer der „Neuen Welt". Die → Fürer waren neben anderen maßgebend im Mansfelder Bergbau. Dazu kam allerdings eine immer größer werdende Zahl von nicht ratsfähigen, aber meist gerichtsfähigen Familien, die sich in den Fernhandel und das Montangeschäft einschalteten, damit aber auch zu Vermögen kamen. Um 1500 konnten allein 100 solcher Unternehmer nachgewiesen werden, wobei es sich vorwiegend um Neubürger handelt, während wir für die Altansässigen leider keine Zahlen kennen. Sie alle trugen wesentlich zum Aufschwung Nürnbergs bei und verbanden sich auch verwandtschaftlich mit den Geschlechtern.

Kunst und Wissenschaft

Auch Kunst und Wissenschaft kamen bei den „Bürgern des Rats" nicht zu kurz. Davon zeugen noch heute die Kirchen Nürnbergs und dessen ehemaligen Landgebiets, die Bestände und Leihgaben des Patriziats im Germanischen Nationalmuseum und bis zur Zerstörung im letzten Krieg die patrizischen Handels- und Stadtpaläste und ihr zum Teil gerettetes Inventar. → Martin Behaim hatte durch seine Verbindungen zu Portugal, seine Weltkarte und seinen Erdglobus zur Entdeckung der Neuen Welt beigetragen. → Willibald Pirckheimer gehörte zu den großen Humanisten der Zeit und war außerdem mit den → Hirschvogel an der Erschließung des Handelsweges nach Indien beteiligt. Vom Kunstverständnis und der Gelehrsamkeit zeugen die in aller Welt berühmt gewordenen Kunstkabinette der → Imhoff, → Praun und anderer, die die Begehrlichkeit der Fürsten erweckten. Die großen Bibliotheken der Ebner, des Scholarchen Christoph Joachim Haller, dem die Stadtbibliothek Nürnberg den großen Pirckheimer-Fundus verdankt, der Pfinzing, um nur einige zu nennen, bilden heute in der ganzen Welt verstreute wichtige Bestände staatlicher Sammlungen. Daß Nürnberg eine eigene Universität in Altdorf errichtete, beweist das Bemühen des Rats um Geltung auch in wissenschaftlichen Disziplinen.

Nürnbergs Blüte auf allen Gebieten im 15. und 16. Jahrhundert führte zu Reichtum und damit gehobenem Lebenswandel. War vom 13. bis zum Ende des 15. Jahrhunderts das Connubium zwischen Land- und Stadtadel selbstverständlich - es ist in Nürnberg vielfach nachzuweisen — so setzte sich inzwischen die ständische Aufspaltung durch. Gegen den Ranganspruch der reichsstädtischen Oberschichten schloß die Ritterschaft in Turnierordnungen, zuletzt in der Heidelberger von 1485, diese, soweit sie Bürgerrecht besaßen, von Domstiftsstellungen und von Turnieren aus. Die Nürnberger hielten dafür eigene Turniere, sogenannte Gesellenstechen, ab, an denen auch hohe Herren, wie die Markgrafen von Brandenburg und (1491) Kaiser Maximilian I. teilnahmen. Im übrigen konnten sich die Ratsgeschlechter viel eher ein feudales Leben leisten, als so manche vom wirtschaftlichen Abstieg betroffene Ritterfamilie.

„Tanzstatut" und Folgezeit

In Nürnberg führte der Versuch der Herabstufung der Geschlechter gegenüber dem Landadel zur Gegenreaktion. Einerseits bemühten sich die Ratsfamilien in kostbaren Geschlechtsbüchern die eigene adelige Herkunft nachzuweisen, andererseits schlossen sie sich ihrerseits enger zusammen. Mit dem sogenannten „Tanzstatut" von 1521, in dem geregelt wurde, wer auf dem Rathaus am Tanz teilnehmen durfte, wurde eine Abgrenzung eingeführt. Eine erste Gruppe bildeten die zwanzig „alten Geschlechter", eine zweite die sieben „neuen" (nach 1385 hinzugelassenen) und eine dritte die fünfzehn „erst zugelassenen" (ab 1440). Zugleich wurden, mit einer Ausnahme 1536 für die Schlüsselfelder, keine neuen Familien in den Rat mehr aufgenommen. Damit wurde die Reichsstadt von einer oligarchischen Aristokratie beherrscht. Man hat später diesen Vorgang als Ausgangspunkt für den wirtschaftlichen Niedergang Nürnbergs angesehen. Dies trifft keineswegs zu. Wohl zogen sich viele Geschlechter ab Mitte des 16. Jahrhunderts schrittweise vom Fern- und Montanhandel zurück. Doch immer noch blieben einige bis ins 17. Jahrhundert darin tätig, die → Imhoff dabei am längsten bis in das letzte Drittel des Dreißigjährigen Krieges. Inzwischen hatten sich die nichtratsfähigen Familien umsomehr den Handelsgeschäften zugewandt. Dazu stießen von auswärts Zugezogene, wie die → Furtenbach, → Peller, → Praun, → Petz und Viatis (aus Italien) und andere. 1621 wurde auf Initiative dieser Kaufmannsschicht der Bancho Publico gegründet.

Die meisten Ratsfamilien hatten längst schon im Umland Grund und Boden erworben, Herrensitze, Burgen und Schlösser übernommen, neu errichtet oder umgebaut. Sie waren „Landsässige" geworden, von denen einige in den Kreis der Reichsritterschaft aufgenommen wurden, wie zum Beispiel die Geuder, ausgewanderte Zweige der Imhoff (die Hauptlinie blieb in Nürnberg), → die Kreß, → Muffel und → Rieter. Daneben aber widmeten sich die Angehörigen der Geschlechter immer mehr dem Reichs- und Fürstendienst. Waren es unter Ludwig dem Bayern, Karl IV. und deren Nachfolgern nur einige wenige gewesen, so tauchen unter Maximilian I. und erst recht unter Karl V. und seinem Bruder Ferdinand I. die Namen der Nürnberger im Fürstendienst immer häufiger auf, wie die Haller, Holzschuher, Löffelholz, Pfinzing usw. Wurde der Kriegsdienst schon immer bevorzugt, so stiegen im 18. Jahrhundert etliche Patriziatsangehörige zu hohen Chargen auf, wie Georg Wilhelm Löffelholz 1705 zum Generalfeldzeugmeister, sein Vetter Johann Sigmund 1730 zum Generalmajor, Paul Tucher 1709 zum Generalfeldmarschall-Leutnant, einem Rang, den 1743 auch Johann Sebastian Haller erreichte.

Nachdem in den Jahren 1706 bis 1726 fünf Ratsfamilien ausgestorben waren, entschloß man sich 1729 sechs gerichtsfähige Familien in den Kreis der Geschlechter neu aufzunehmen (s. Liste 5). Abermals erloschen bis 1786 weitere acht Familien, was im folgenden Jahr zur Anerkennung der Ratsfähigkeit für noch drei Familien führte (s. Liste 5). Damit gab es bis 1804 noch 23, bis zum Ende der Reichsstadtzeit 1806 noch 22 Ratsfamilien. Heute blühen noch fünfzehn Geschlechter, davon sechs von den „uralten", das heißt vor 1300 bekannten (s. Liste 6).

Die Zeit nach 1806

Mit dem Privileg Kaiser Leopolds I. (1658 — 1705) von 1696, der Gleichstellung der reichsstädtischen Ratsfamilien mit dem reichsritterlichen Adel, fand der Wettstreit zwischen Stadt- und Landadel offiziell sein Ende. Zugleich wurde der längst bestehende Zustand, daß das Stadtregiment nur den Ratsfamilien zukam, formell anerkannt. Für etliche Nürnberger Familien, oder Familienzweige, war aber Ritterschaft und Adelszugehörigkeit längst bestätigt. Einige hatten bereits Linien mit Grafen-, Reichsfreiherrn- oder Freiherrn-Prädikat, wie die Behaim, Haller, Imhoff, Löffelholz u.a. Für sie hatte der einstige Gegensatz seine Bedeutung also schon verloren. Bedauerlich war daran nur, daß man damals glaubte, die große Vergangenheit weltumspannender Handelstätigkeit unterdrücken zu müssen. Wertvolle archivalische Zeugnisse wurden dabei großenteils vernichtet.

Mit dem Übergang Nürnbergs an das Königreich Bayern (1806) ging die Aufgabe des Nürnberger Rats zu Ende. Das bedeutete aber nicht den Rückzug des Patriziats aus der öffentlichen Verantwortung. In der Stellung als Kommunaladministrator, Municipalrat, Magistratsrat und Bürgermeister zu Nürnberg finden wir Angehörige der Geuder, Haller, Harsdorf, Holzschuher, Kreß, Löffelholz und Stromer. Ebenso gehörten sie der Ständeversammlung, wo Dr. Rudolph Frhr. von Holzschuher sich als Landtagsabgeordneter hervortat, und dem Landrat von Mittelfranken an. Da Nürnberg selbst keine annehmbaren Stellungen sonst zu bieten hatte, traten die Patriziatsangehörigen, ab 1809 in die bayerische Adelsmatrikel aufgenommen, vor allem in die Militärlaufbahn, in den Forstdienst und in den sonstigen höheren Staatsdienst ein. Allein 15 Generäle wurden bis 1918 von den ehemaligen Ratsfamilien gestellt, und ein Kreß war von 1912 bis 1916 bayerischer Kriegsminister. Als Landgerichtspräsident wirkte ein Ebner und ein Harsdorf, als Regierungspräsident ein Praun und ein Welser. Auch in Wissenschaft und Kunst finden wir Angehörige der alten Ratsfamilien. Von den Brüdern → Carl und Christoph v. Haller war der erste Architekt und erfolgreicher Archäologe, der zweite Radierer und Galerieinspektor. Vater und Sohn Adolf und Eberhard v. Scheurl machten sich als Universitätsprofessoren verdient. Ernst v. Stromer hat sich als Paläontologe und Geologe mit Forschungen in Ägypten einen Namen gemacht und war als Universitätsprofessor in München auch Mitglied der Bayerischen Akademie der Wissenschaften. Noch in jüngster Zeit wirkte Eberhard v. Praun als Chefarzt und Direktor des Pathologischen Instituts am Münchener Krankenhaus r. d. Isar.

Fünfeinhalb Jahrhunderte lang hat der Rat die Reichsstadt Nürnberg beherrscht. Er hat eiserne Disziplin gegen sich selbst geübt und schreckte dabei nicht zurück, seine eigenen Mitglieder in strenge Zucht zu nehmen. Das beweisen, allein nicht selten auch gegen Ratsangehörige, verhängte Turmstrafen. Neben dem Aufstand von 1348 drangen nur zweimal innere Konflikte an die Öffentlichkeit: Die Hinrichtung des Losungers → Nicolaus Muffel 1469 und die 1514 über den nachfolgenden Losunger Anton Tetzel verhängte lebenslange Haft. Daß die Reichsstadt bei dem immer geringer werdenden Rückhalt am deutschen Kaiser und trotz der ständigen Bedrohung durch ihre Erzfeinde, die Burggrafen, spätere Markgrafen von Brandenburg, teils auch der bayerischen Herzöge und des Bamberger Bistums, zu solcher Bedeutung aufsteigen konnte, verdankt sie dem diplomatischen Geschick ihrer Geschlechter. Man hat dem Rat oft Wankelmut und Entschlußlosigkeit vorgeworfen. Tatsächlich konnte Nürnberg nur durch kluges politisches Lavieren und Taktieren zwischen den Mächten seine Freiheit behaupten und sich seit 1504 ein riesiges Landgebiet sichern. Die Leistungen, die die „Bürger vom Rat" in politischer, wirtschaftlicher, militärischer, aber auch in kultureller Hinsicht aufzuweisen haben, können auch durch manche Fehlentwicklungen nicht gemindert werden. Diese Leistungen wurden in sozialer Verantwortung für die Gesamtgemeinschaft aller Bürger der Stadt erbracht, ebenso aber auch für das Reich und die europäische Kultur.

Die Bürger vom Rat (Liste 1)

Vor 1300 in Urkunden häufiger auftretende Nürnberger Bürger *(die Jahreszahlen geben die erste Nennung an).*

Anguilla	1233	Katerpeck	1283	Roter	1245
Behaim	1285	Kelberherre	1263	Ruthmannsberg	1233
Bigenot	1219	Koler	1246	Sachs	1282
Burlzin	1249	Kraft	1253	Schopper	1267
Ebner	1251	Kranfuz	1259	Schürstab	1299
Eisvogel	1296	Krumpsit	1253	Schuzelfleisch	1265
Esler	1274	Kuedorfer	1236	Schuteloc	1233
Eulfuz	1251	Maler	ca. 1251	Staudigl	1242
Forstmeister	1243	Meurin	1249	Stein(er)	ca. 1242
Fürer	1295	Muffel	1286	Streckfaden	1288
Geuschmid	1270	Mumler	1267	Stromer	ca. 1236
Graf	1255	Nadler	1281	Teufel	1233
Groß	1274	Neuenmarkter	1259	Tockler	1254
Grundherr	1265	Nützel	1272	Turbrech	1228
Haller	1293	Ortlieb	1260	Ungelter	1253
Hennagel	1226	Pfinzing	1233	Viehtel	1285
Hönighauser	1279	Ratzhard	1251	Vorchtel	1243
Holzschuher	1228	Reinger	1255	Weigel	1281
Kaeswazzer	1276	Rosa	1251	Willekin	1255

Die Bürger vom Rat 1318 (Liste 2)

In dieser und der folgenden Liste bedeutet:
- — *ununterbrochene Ratszugehörigkeit*
- ··· *unterbrochene Ratszugehörigkeit*
- + *bis zum genannten Jahr bzw. bis zum Aussterben oder auch Wegzug nach auswärts, sonst „a"*
- E *bis Ende der Reichsstadtzeit*
- (2x) *zwei Angehörige derselben Familie im Rat (nur für die Listen 2 und 3)*

Behaim	··· E, +1962	Ortlieb	···1442, +1478
Ebner 2x	··· E	Pecus (Viehtel?)	1318
Geuschmid	1347	Pfinzing 2x	··· +1764
Haller	— E	Pilgram	···1357, a
Holzschuher	··· E	Puel	1318
Katerpeck	···1347, +1395	Schmugenhofer	···1378, +1469
Koler	··· +1688	Schopper	··· +1489
Kuedorfer	···1369, +1598	Stromer 2x	··· E
Mentelein*	···1344, +1361?	Teufel	···1441, +1451
Muffel	··· +1784	Vorchtel 2x	···1447, + c.1505
Nützel	··· +1747		

*Wahrscheinlich identisch mit Mendel, s. Liste 4

Die Bürger vom Rat 1332 (Liste 3)

Ebner 2x		Nützel	
Eisvogel	···1401, +1420	Ortlieb 2x	
Groß	···1558, +1589	Pfinzing 2x	
Haller		Pilgram	
Holzschuher 2x		Schopper	
Katerpeck		v. Stein	···1365, +1395
Kuedorfer		Stromer	
Mentelein		Teufel	
Muffel		Vorchtel 2x	
Neuenmarkter	··· +1361	Weigel 2x	···1374, +1430

Ab 1332 neu in den Rat aufgenommene Familien (Liste 4)
Die Jahreszahl gibt das erste Auftreten im Rat an, sonst wie Vorbemerkung zu Liste 2.
Die nicht authentischen Listen für 1348 bis 1351 sind hier nicht berücksichtigt.

Grundherr	1340 ··· E	Paumgartner	1396 ··· +1726
Tucher	1340 ··· E	Steinlinger	1397 ···1455, +1477
Maurer	1342 ···1357, +1358	Imhoff	1402 ··· E
Tetzel	1343 ··· +1736	Rummel	1402 ··· +1575
Puck	1344, +1427	Zollner	1402 ···1471, +1543
Groland	1346 ··· +1720	Valzner	1403 ···1418, +1426
Nadler	1347, 1352, + c.1360	Schütz	1404, 1405, a
Hüller	1352, 1353, + c.1360	Kreß	1418 ··· E
Krauter	1352 ···1369, + c.1450	Münzmeister	1418 ···1423, a
Langmann	1352 ···1369, +1381	Zingel	1435 ···1481, +1539
Seibold	1352, +1369 ?	Rieter	1437 ··· +1753
Geuder*	1353 ··· E, +1963	Löffelholz	1440 ··· E
Mendel**	1354 ···1508, +1519	Hegner	1441 ···1459, a
Derrer	1355 ··· +1706	Kammermeister	1443, 1445, +1741
Kestel	1355, +1355	Lemmel	1447 ···1473, +1513
Schürstab	1355 ··· +1743	Reich	1447 ···1535, +1578
Ammann	1357 ···1380, +1483	Harsdorfer	1450 ··· E
Haid	1357 ···1396, + c.1500	Hirschvogel	1450, +1550
Ehinger	1360, 1362, a	Meichsner	1453 ···1466, + c. 1640
Sachs	1360 ···1372, + c.1500	Starck	1453 ···1659, +1715
Volckamer	1362 ··· E	Prünsterer	1455, + c. 1495
Zenner	1377, 1379	Rehlinger	1468—1473, a
Flexdorfer	1380 ···1393, +1450	Topler	1475, +1687
Wagner	1380, + c.1400	Wolf	1499—1504, a
Grabner	1381, +1458	Fürer	1504 ··· E
Pirckheimer	1386 ···1522, +1530	Fütterer	1504 ···1574, +1586
Graser	1395 ···1451, +1470	Welser	1504 ··· E, +1878
Pömer	1395 ··· E, +1814	Schlüsselfelder	1536 ··· +1709

* In den USA leben noch Nachkommen ohne Adelstitel; in der BRD führt der Enkel der Charlotte Geuder (+ 1933) für sich und seine Kinder den Namen Brunel-Geuder.

** Vergleiche Mentelein Liste 2.

Die Bürger vom Rat (Liste 5)

1729 wurden als ratsfähig anerkannt:
Gugel + 1804, Oelhafen, Preßler + 1786, Scheurl, Thill + 1771, Waldstromer + 1844.

1788 wurden als ratsfähig anerkannt:
Peller + 1870, Praun, Woelckern + 1909.

Die Bürger vom Rat (Liste 6)

1984 blühen noch von den ehemaligen Patriziatsfamilien:
(Kursiv sind die vor 1300 nachgewiesenen Familien gesetzt)
Ebner, Fürer, Grundherr, Haller, Harsdorf, *Holzschuher,* Imhoff, Kreß, Löffelholz,
Oelhafen, Praun, Scheurl, *Stromer,* Tucher, Volckamer, (Welser nur in der Ulmer Linie).

Helmut Frhr. Haller von Hallerstein

NÜRNBERG UND SEINE BURGGRAFEN   12. — 15. Jahrhundert

Das Burggrafenwappen

Die Burggrafen von Nürnberg waren von früh an eng mit der Stadt verbunden; allmählich freilich wurde daraus erbitterte Gegnerschaft. Anfangs waren sie Hüter der kaiserlichen Burg, Stadtkommandanten und oberste Richter im Stadtgebiet. Ihr Reichsamt wurde als Reichslehen innerhalb seiner Trägerfamilie weitervererbt. Schon seit Beginn des 12. Jahrhunderts sind die niederösterreichischen → Grafen von Raabs als Inhaber dieses Amtes nachweisbar. Als die Familie mit Konrad von Raabs nach 1190 im Mannesstamm erlosch, ging das Burggrafenamt an Friedrich von Zollern über. Er war mit der Erbtochter Sophia von Raabs verheiratet. So wurde das aus Schwaben kommende Geschlecht der Zollern in Nürnberg und von dort aus in Franken heimisch.

Das Amt umfaßte die Bewachung und Verteidigung der königlichen bzw. kaiserlichen Burg Nürnberg, des Zentrums der staufischen Hausmacht- und Reichspolitik in Ostfranken. Nach dem Interregnum belehnte König Rudolf von Habsburg den Burggrafen Friedrich III. als Dank für kraftvolle Wahlhilfe mit der Burggrafschaft unter Zusicherung der weiblichen Erbfolge. Zugleich erhielt er eine eigene Burg neben der Kaiserburg, die Burgtorhut (über das Vestner Tor), das — später kaiserliche — Landgericht Nürnberg sowie, zusammen mit dem Schultheißen, den Vorsitz im Stadtgericht, zwei Drittel der anfallenden Gerichtseinnahmen u. a. m.

Die Burggrafenburg entstand auf dem östlichen Burgfelsen aus der vormals salischen Königsburg. Von ihr stehen noch der Fünfeckige Turm und die (äußerlich wieder aufgebaute) Walburgiskapelle. Gegen sie schloß sich die aufstrebende Stadt durch eine Mauer ab. Die Burghut, die Aufsicht über die Kaiserburg, gehörte schon 1273 nicht mehr zu den Kompetenzen des Burggrafen. Sie war von der Stadt übernommen worden, der dann König Sigismund 1422 die gesamte Baulast übertrug. Die Burggrafenburg, von Anfang an eingeengt durch die Kaiserburg und die unmittelbar angrenzenden Befestigungswerke der Stadt, verlor als burggräflicher Wohnsitz bald an Bedeutung. Im 14. Jahrhundert wurde in ihr nur bei Aufenthalt des Reichsoberhaupts in der Kaiserburg und zu Messezeiten Hof gehalten. Sonst wohnte der Burggraf auf seinen anderen Burgen im Frankenland, vornehmlich auf der

391

Cadolzburg oder auf der Plassenburg ob Kulmbach. Bei seinen Nürnberg-Aufenthalten zog er die Gästezimmer im Heilsbronner Hof (Lorenzerplatz) oder behagliche Stadtwohnungen vermögender Bürger der von einem Burgvogt verwalteten, unwirtlichen Feste vor.

Die 1414 an einen Nürnberger Bürger verpfändete Burggrafenburg wurde am 21. Oktober 1420, während einer Fehde mit Herzog Ludwig von Bayern-Ingolstadt, vom Pfleger zu Lauf eingenommen und ausgebrannt. Ein letzter Schritt war nur noch der Verkauf der Burgruine und der den Burggrafen gehörigen Reichswälder an die Stadt im Jahre 1427. Der damalige Vorbehalt sämtlicher Regalien (insbes. Geleitsrecht und Wildbann) wurde zum Keim späterer Reibereien und Prozesse zwischen den Zollern und der Reichsstadt.

Als Burggraf Friedrich I. (ca. 1192 — 1200), der den gesamten zollerischen Besitz in Schwaben und Franken in einer Hand zusammengehalten hatte, um 1200 starb, teilten seine Söhne Konrad und Friedrich 1214 so, daß der ältere Konrad I. († 1261) die Burggrafschaft Nürnberg, der jüngere Friedrich II. die schwäbischen Stammlande (Hohenzollern-Sigmaringen) erhielt. Grundstock der burggräflichen Besitzungen bildeten die spärlichen Eigengüter um Nürnberg und die um 1200 ererbten Besitzungen der Grafen von Abenberg (u. a. mit Abenberg und Cadolzburg). Hinzu kam das Erbe der 1248 erloschenen Herzöge von Andechs-Meranien (u. a. Bayreuth, Hof), 1340 nach Aussterben der Grafen von Orlamünde die aus Andechser Erbe stammende Herrschaft Plassenburg (mit Kulmbach und Berneck). Durch kluge Erwerbs- und Hausmachtpolitik konnten die Burggrafen ihren Besitz beträchtlich erweitern (z. B. 1331 Ansbach) und sich ein eigenes ansehnliches Territorium aufbauen — Wurzeln der späteren Markgraftümer Ansbach und Kulmbach bzw. Bayreuth.

Die im Reichsdienst groß gewordenen Burggrafen hatten engste Verbindungen zum jeweiligen Reichsoberhaupt: Friedrich III. (1261 — 1297), der Wahlhelfer Rudolfs von Habsburg, trug 1278 in der Schlacht auf dem Marchfeld gegen Ottokar von Böhmen die Sturmfahne des Reiches dem Heer voran. Sein Sohn Friedrich IV. (1300 — 1332) hatte großen Einfluß auf Kaiser Ludwig den Bayern. Durch sein tapferes Eingreifen in der Schlacht von Mühldorf 1322 wurde er zum „Salvator imperii". Der als Friedensstifter allseits hochgeachtete Burggraf Friedrich V. († 1398) konnte dank seiner verwandtschaftlichen Beziehungen zum Kaiser 1363 in den Reichsfürstenstand aufsteigen. Sein Sohn Johann III. († 1420) ehelichte Margarethe, eine Tochter Kaiser Karls IV.; seine Tochter Elisabeth war mit König Ruprecht von der Pfalz vermählt. Friedrich VI. (1398 — 1440), der jüngere Bruder Johanns III., wurde 1415 Markgraf von Brandenburg und Kurfürst (feierliche Belehnung durch König Sigismund 1417 in Konstanz). Dieser letzte Nürnberger Burggraf, als Markgraf von Brandenburg Friedrich I. genannt, hat sich und damit die Zollern mit dem Verkauf der Kaiserburg 1427 ganz aus Nürnberg zurückgezogen. Übrig blieb die Bezeichnung „Burggraf von Nürnberg" in der Titulatur aller zollerischen Markgrafen, Kurfürsten von Brandenburg und späteren preußischen Könige bis 1918.   *Günther Schuhmann.*

NÜRNBERGS HANDWERKER

Um 1500 stand die Reichsstadt Nürnberg auf dem Höhepunkt territorialer Ausdehnung, politischer Bedeutung, wirtschaftlicher Macht. Nürnbergs Kaufleute bereisten die Welt, und Erzeugnisse der Nürnberger Handwerkerschaft bildeten aufgrund ihrer hohen Qualität einen nicht unwesentlichen Posten in ihren Geschäften. Die Handwerker hingen davon ab, daß sie durch die Handelshäuser der Kaufleute die Lieferungen besonders von Montanerzen aus der Oberpfalz (Neuböhmen), Steiermark, Tirol und aus dem Mansfeldischen zur Herstellung ihrer Ware erhielten. Die seit 1363 vorliegenden Meisterbücher zeigen, daß es schon in der zweiten Hälfte des 14. Jahrhunderts rd. 1200 Handwerksmeister in 50 verschiedenen Berufssparten gegeben hat. Bäcker, Fleischer, Schneider, Schuster stellten dabei mit je 70 — 100 Meistern ein Viertel der Gesamtzahl. Ein weiteres Viertel stellten die Metall-handwerker, die zu Nürnbergs Weltruf beitrugen, weil ihre Produkte — man vergleiche die venetianischen Handelsbücher — im Orient zu den gesuchtesten europäischen Exportarti-keln gehörten, von Nadeln über Löffel und Kunstpokalen bis zu Waffen aller Art. 200 Mei-ster stellten die Lederer, 70 das Textilgewerbe (Wolltuche aus Wöhrd und Gostenhof wur-den auf dem Balkan gehandelt).

Keine Zünfte

Während in vielen Städten des Reiches im Lauf des 14. Jahrhunderts die Zünfte, in denen sich die Handwerke organisiert hatten, bedeutenden politischen Einfluß gewannen, nahm die Entwicklung in Nürnberg einen anderen Verlauf. Zwar versuchten im Zuge der Ausein-andersetzungen um die Nachfolge → Kaiser Ludwigs des Bayern Handwerker 1347 auch hier, größere Selbständigkeit und politisches Mitspracherecht zu erkämpfen, doch scheiter-ten sie am Widerstand der von → Kaiser Karl IV. unterstützten Mitglieder des Rates, dem späteren Patriziat. Die Einigung in Zünften wurde den Handwerkern für alle Zeiten unter-sagt; die Weichen für Nürnbergs Sonderentwicklung waren gestellt.
Seit 1370 entsandten die acht ratsfähigen Handwerke der Kürschner, Färber, Schneider, Metzger, Bäcker, Schmiede, Bierbrauer und Lederer je einen Vertreter in den Kleinen Rat. Sie aber erwiesen sich oft selbst als große Gewerbetreibende, Hammerherrn oder Fernhänd-ler mit internationalen Geschäftsverbindungen. Diesen acht Handwerksherrn oder Rats-freunden saßen aber 26 Bürgermeister und acht Ältere Genannte aus den Ratsfamilien gegenüber, die fast alle aus den Handelshäusern kamen, welche die Wirtschaftspolitik der Stadt bestimmten. Den beiden Losungern, die das Stadtregiment führten, wurde zwar ein dritter aus dem Handwerkerstand beigestellt, doch verlor dieses Amt bereits während des 15. Jahrhunderts wieder an Bedeutung.

Das Rugamt

In den Jahrzehnten nach dem von Wittelsbachern und Bamberg unterstützten Handwerker-aufstand reformierte der Rat das Gewerberecht grundlegend und ließ die Gewerbeordnun-gen im Ämterbuch von 1357/58 erstmals aufzeichnen. Jeder Handwerksmeister mußte von nun an das Nürnberger Bürgerrecht besitzen; das Erbrecht wurde geregelt; die Rechte der Lehrlinge und Gesellen wurden festgeschrieben und deren zulässige Zahl für jedes Gewerbe genau festgelegt. Geregelt wurden auch Mitarbeit von Familienangehörigen und Arbeits-zeit. Es gab Ansätze frühkapitalistischer Arbeitsteilung, wie sie in den Metallgewerben sichtbar wurden, die teilweise bereits im „Verlagssystem" produzierten. Der Rat verbot allerdings, daß ein Handwerksmeister seine Mitmeister „verlegte", weil er sie damit von sich abhängig machen könnte.
Für die Aufgaben der Gewerbeaufsicht und -gerichtsbarkeit bildete sich im 15. Jahrhundert eine eigene Ratsbehörde, das Rugamt. Es war besetzt mit dem „Pfänder" und zwei, seit 1498 vier Deputierten des Inneren Rates, überwachte alle die Handwerke betreffenden Angelegenheiten bis in die kleinsten Details, nahm Beschwerden und Wünsche der einzel-nen Handwerksmeister entgegen, schlichtete Kompetenzstreitigkeiten zwischen einzelnen Handwerkern und entschied über die Änderung und Ergänzung der Handwerksordnun-gen. Auch die Korrespondenz mit den Zünften anderer Städte lief ausschließlich über das Rugamt!
Die Möglichkeiten der Handwerke, in ihren eigenen Angelegenheiten zu bestimmen, waren äußerst gering. Die „ordentlichen Handwerke", die im Gegensatz zu den „freien Künsten" über eine kodifizierte Gewerbeordnung verfügten, ernannten „geschworene Meister", deren Zahl je nach Handwerk zwischen drei und sechs schwankte. Bei Amtsantritt wurden sie vereidigt. Sie vermittelten zwischen den Meistern ihres Handwerks und dem Rugamt und

wurden bei Entscheidungen von einiger Wichtigkeit in der Regel befragt, konnten diese aber nicht direkt beeinflussen. Bei der „Schau", der Qualitätskontrolle der Waren, gingen sie dem „Pfänder" zur Hand.

Reglementierung und Freiheiten

Die strenge Reglementierung aller Handwerke durch den Rat eröffnete andererseits der Nürnberger Gewerbestruktur Freiheiten, die in Städten mit ausgebildeter Zunftverfassung unvorstellbar waren. Nach den Bedürfnissen des Marktes erschwerte oder erleichterte der Rat den Zuzug auswärtiger Handwerker. So bot er 1489 den bis dato in Nürnberg nicht ansässigen Barchentwebern sehr vorteilhafte Bedingungen und ließ sogar 15 Häuser für sie erbauen, denen einige Jahrzehnte später noch einmal sechs folgten. Auch über die von den Zünften geforderte eheliche Geburt eines jeden Lehrlings, Gesellen, Meisters setzte sich der Rat von Fall zu Fall hinweg. Die über die Handwerke ausgeübte Kontrolle war nicht für alle von gleicher Intensität. Am wenigsten reglementiert wurden die „freien Künste". Im Prozeß fortlaufender Spezialisierung entstanden, vor allem in der sehr differenzierten metallverarbeitenden Branche (vorwiegend montanverarbeitende Betriebe), neue Gewerbe, die erst um ihre Erhebung zu einem Handwerk mit fester Ordnung und geschworenen Meistern kämpfen mußten. Bis dahin stand der Zugang zu ihnen allen offen. Im 15. Jahrhundert erhielt eine ganze Reihe von Gewerben diesen Status, anderen blieb er für immer versagt. Eine Nürnberger Besonderheit waren die „gesperrten Handwerke", zu denen als wichtigste Drahtzieher, Brillenmacher und Trompetenmacher zählten. Lehrjungen, die eines dieser Handwerke erlernen wollten, mußten sich bei Beginn der Lehrzeit verpflichten, später nur in Nürnberg zu arbeiten. Die Wanderschaft, in den „ordentlichen Handwerken" zwingend vorgeschrieben, war den Gesellen dieser Handwerke verboten. Streng untersagt war es auch, in diesen Gewerben benötigte Werkzeuge aus der Stadt zu schaffen. Hinter diesen Maßnahmen stand die Absicht, für bestimmte Techniken und Produkte quasi ein Monopol zu halten. Diese Politik erwies sich im 16. und noch mehr im 17. Jahrhundert als Bumerang. Nürnberger Handwerker exportierten zwar keinerlei Kenntnisse, hatten aber auch nicht mehr Teil an der außerhalb fortschreitenden Entwicklung.

Das 15. Jahrhundert und die ersten Jahrzehnte des 16. Jahrhunderts waren die Blütezeit des Nürnberger Handwerks. Nürnberger Produkte waren allenthalben wegen ihrer Qualität geschätzt, Harnische und Büchsen, Werkzeuge und Instrumente sogar in ganz Europa und Übersee begehrt; manche in Nürnberger Werkstätten entstandenen Stücke zählen zu den Spitzenwerken spätmittelalterlicher europäischer Kunst (s. Germanisches National- museum). Des Christoph Kolumbus stählerne Schatztruhe, heute noch in seinem Palast in Havanna zu sehen, ist z. B. Nürnberger Arbeit. Nürnbergs Handwerker, Väter und Vorbil- der der Nürnberger Industrie von heute, lebten in der Regel in angenehmen wirtschaftlichen Verhältnissen; einzelne Handwerksmeister erlangten beträchtlichen Wohlstand. Reiches kulturelles Leben steht dafür als Zeuge: feierliche Umzüge einzelner Handwerke, wohl- inszenierte öffentliche Tänze, vielfältige Fastnachtsbräuche, zu denen auch dramatische Darbietungen gehörten, und die für Nürnberg fast sprichwörtlich gewordenen Meistersin- ger, vornan → Hans Sachs.   *Irene Stahl*

DER HANDELSVORSTAND

Am 9. Februar 1560 wandten sich 61 Nürnberger Großkaufleute, darunter sieben Bürger vom Rat (Patrizier) und acht Ehrbare, mit einer Eingabe an den Rat der Reichsstadt. Darin beklagten sie sich über die dauernde Unordnung, da die Kaufleute, einheimische wie fremde, nach Belieben zum Markt kämen. Sie ersuchten den Rat, nach dem Vorbild von Venedig und Antwerpen, die Marktzeiten mit einem Glöcklein ein- und abläuten zu lassen und erklärten sich bereit, die Kosten für dieses Glöcklein und für seine Anbringung am Chor der Sebalduskirche zu übernehmen. Der Rat kam dem Wunsch der Nürnberger Kaufmannschaft durch Beschluß am 16. März nach. Wenige Tage später fanden die „Älteren Handelsleute" einen Handwerker in Marktnähe, der gegen 10 fl pro Jahr den Markt ein- und abläutete. Außerdem wurde ihm eine Büchse übergeben, in die alle Kaufleute, die noch nach Abläuten auf dem „Herrenmarkt" (heute Hauptmarkt), zwischen Sebalduskirche und Fleischbrücke Geschäfte tätigten, zur Strafe einen Goldschilling einzahlen mußten. Am 16. April 1560 wurde erstmals das Marktglöcklein geläutet. Eine Inschriftentafel hielt dieses Ereignis für die Nachwelt fest. Die Kaufleute feierten das Aufhängen des „Börsglöckleins" mit einem Festbankett zu Ehren des Messinghändlers → Wolf Kern (1503 — 1582), auf dessen Initiative die neue Marktordnung zurückging.

Das Börsglöcklein von 1560 zeigt, daß sich auch in Nürnberg gleich anderen großen Handelsplätzen, wie etwa Lyon, Antwerpen, Venedig oder Hamburg, der Marktverkehr zum Börsenhandel gewandelt hatte. Nicht mehr nur während der privilegierten Märkte und Messen wurde an den großen Handelsplätzen Warenhandel getrieben, sondern das ganze Jahr hindurch. Deshalb war es notwendig, diesen Großhandel und die Geldabrechnungen zu reglementieren, so daß die einheimischen und fremden Großhändler zu bestimmten Börsenstunden ihre Geschäfte tätigen konnten. Mit der Einführung fester Markt- und Börsenzeiten für den Herrenmarkt, der deutlich vom Kleinverkauf getrennt war, hatte Nürnberg auch organisatorisch zu den großen internationalen Handelsplätzen aufgeschlossen.

„Die Ältesten Handelsleute"
Mit der Marktordnung von 1560 hatte außerdem der Nürnberger Handelsstand, schon 1163 erstmals erwähnt, seine Vertretung gefunden, nämlich die „Ältesten Handelsleute". Die korporative Organisation der Nürnberger Großkaufmannschaft war damit offiziell anerkannt und zugleich auch ihr Selbstverwaltungsrecht in Markt- und Börsenangelegenheiten. Allerdings haben sich anfänglich die „Älteren Handelsleut" nicht sofort durchsetzen können, weshalb sie beim Rat Beschwerde einlegten, daß etliche Kaufleute sich bezüglich der Marktordnung als „ungehorsam und widerspenstig" erwiesen. Der Rat setzte daraufhin zwei seiner Mitglieder, → Martin Pfinzing und → Hans Welser, als Marktherren oder Obermarktherren ein. Sie waren die ersten „Deputierten zum Markt"; diese Einrichtung blieb bis zum Ende der reichsstädtischen Freiheit lückenlos erhalten. Die beiden Ratsherren verhandelten mit den „Ältesten des Marktes" über die künftige Marktordnung und schlugen dem Rat vor, diese nicht in die Eigenverantwortung der Kaufmannschaft zu stellen, sondern obrigkeitlich anzuordnen und zu überwachen. Diese Aufgabe wurde dem Marktläuter und einem Stadtknecht übertragen, die Straffällige zur Kasse bitten oder gar dem Bürgermeister melden mußten. Daß der Rat mit der Einhaltung der neuen Marktordnung Ernst machte, zeigt sich u. a. daran, daß er 1567 gegen den italienischen Kaufmann Bartolomeo Odescalco sogar mit Gefängnisstrafe vorging.

Neben den vom Rat entsandten „Deputierten zum Markt" arbeiteten die „Ältesten Kaufleute am Markt" weiter. Sie mußten den Marktabläuter bezahlen, die Strafgelder verwalten und für die Einhaltung der Marktordnung sorgen. Zur besseren Wahrnehmung ihrer Aufgaben mieteten sie am 1. Mai 1563 zwei Läden am Herrenmarkt für ein Marktgewölbe, um dort ihre Sitzungen abhalten zu können. Zum Hausmeister des Gewölbes wurde der Markt-abläuter bestellt. Er mußte sogar für Blumensträuße für die „Herren Kaufleute" sorgen.

Marktvorsteher und Marktvorgeher

Die verschiedenen Aufgaben am Markt machten eine eigene Organisation der Kaufleute notwendig, die 1566 endgültig geschaffen wurde, als die „Ältesten Handelsleute am Markt" beschlossen, daß künftig immer „ihrer fünf am Markt von Handelsleuten zu Verwaltern der Marktordnung" bestellt werden sollten. Seit 1574 setzte sich dieses Kollegium nur noch aus vier „Marktvorstehern" oder „Marktvorgehern" zusammen, deren Reihe bis auf den heutigen Tag nicht unterbrochen wurde. Beim Tode eines dieser vier Vertrauensleute wählten die übrigen drei einen neuen Vertrauensmann aus der Kaufmannschaft dazu. Das Kollegium der Marktvorsteher bildete also zunächst eine Korporation, die sich selbst ergänzte. Ab 1603 aber setzte der Rat die Marktherren eigenmächtig ein, allerdings aufgrund einer Vor-schlagsliste der Marktvorsteher.

In unmittelbarem Zusammenhang mit der Entstehung des Handelsvorstandes ist die neue Ordnung der Herrentrinkstube von 1562 zu sehen, in der der Kreis der „ehrbaren Personen" umschrieben wurde, die auf der Trinkstube verkehren durften, nämlich: die „ehrbaren Geschlechter" mit ihren Verwandten und Gesellschaftern, die adeligen Reisigen und Hauptleute der Stadtmiliz; ferner alle „ehrbaren Kaufleute", ihre Verwandten und Geschäftsfreunde sowie ehrbare fremde Kaufleute, die sich zu Geschäften in Nürnberg auf-hielten. Aus der Handwerkerschaft, der Beamtenschaft und anderen bürgerlichen Kreisen durften nur diejenigen auf der Herrentrinkstube mit den Honoratioren der Reichsstadt ver-kehren, die dem Genanntenkolleg angehörten. Ergänzt wurde die Ordnung der Herren-trinkstube durch die Kleiderordnung von 1562, die die Oberschicht aus dem Kreis der Bür-ger vom Rat und den sozial gleichgestellten Ehrbaren, zu denen die meisten Großkaufleute zählten, von der übrigen Bevölkerung abhob.

Transportwesen neu organisiert

Der Handelsvorstand war anfänglich eine Korporation, die Funktionen eines Börsenvor-standes wahrnahm und im Marktgewölbe auch als kaufmännisches Schiedsgericht tätig war. Bald aber weiteten sich die Aufgaben des Handelsvorstandes aus. 1570 führten die Markt-vorsteher eine Neuorganisation des Botenwesens mit den wichtigsten Handelsplätzen in Europa durch. Seitdem gingen regelmäßig Boten von Nürnberg nach Lyon, Frankfurt, Leip-zig, Breslau und Wien, und bald folgten Botenlinien nach Antwerpen und Hamburg. In Botenordnungen wurden die Taxen und Gebühren für die Beförderung der Sendungen genau geregelt. Im 17. und 18. Jahrhundert allerdings mußte das Nürnberger Botenwesen schwer gegen die Konkurrenz der Thurn- und Taxis-Post ankämpfen. Die Marktherren organisierten auch die Geleitzüge zu den Messen in Frankfurt und Leipzig und richteten hierfür eine gemeinsame Geleitskasse ein, aus der die jeweiligen Geleitsherren bezahlt wur-den. Da der Kaufmann — im Gegensatz zu früherer Zeit — nur noch selten seinen Waren-transport selbst leitete, sondern diesen einem Fuhrmann überließ, wurden die Transportver-mittler, die „Güterbestätter", immer wichtiger. Auf Drängen der Marktvorsteher ließ der Rat 1627 die „Pflicht der Güterbestätter" überarbeiten und nahm damit eine Neuorganisa-tion des Nürnberger Transportwesens vor, die bis ins 19. Jahrhundert hinein Bestand hatte. Auf Initiative des Handelsvorstandes kam 1767 auch die Neuordnung des Nürnberger Zoll-wesens zustande, die sich für den Nürnberger Handel als besonders vorteilhaft erwies.

Die Marktherren wuchsen also in immer mehr Aufgaben am Markte hinein und wurden auch bei kleineren Streitigkeiten zur Schlichtung gerufen, woraus sich bald eine Schiedsge-richtsbarkeit in Handelssachen entwickelte. Immer wichtiger wurden auch der Börsenhan-del und der Börsenverkehr. Daher wurde für die Warenmakler und die Wechselsensale

(Wechselmakler) eine eigene Ordnung erlassen, derzufolge die Sensale genau Protokoll über alle Wechselgeschäfte führen, die Makler alle Geschäftsabschlüsse im städtischen Zollamt melden und betrügerische Kaufabschlüsse anzeigen mußten. Als Geschäftsbuch legten die Marktherren 1582 erstmals ein Marktbuch an.

Binnen kurzer Zeit war die Börse in Nürnberg so gefestigt, daß sie zu offiziellen Devisenkursnotierungen übergehen konnte. 1583 beriefen die Marktvorsteher eine Zusammenkunft aller „Hantierenden am Markt" ein; 114 Firmen und Kaufleute einigten sich über die Annahme fremder Währungen. Auf Drängen der Augsburger Kaufleute schritt → Kaiser Rudolf II. zwar gegen diese Kursnotierungen ein, doch die Nürnberger Kaufmannschaft blieb hart und setzte sich mit ihren Notierungen der Devisenkurse durch. Selbstbewußtsein und Selbstverständnis der Nürnberger Kaufmannschaft war mit diesem Erfolg beträchtlich gewachsen. Dies äußerte sich auch in ihrem steigenden Ansehen in der Öffentlichkeit, wo sie sich auf kulturellem und karitativem Gebiet als Mäzene und Spender auf vielfältige Weise betätigte.

Gründung des Banco Publico

Während der Kipper- und Wipperzeit (Geldinflation vor dem Dreißigjährigen Krieg) schlug 1615 der Marktvorsteher Bartolomäus Viatis, einer der erfolgreichsten Kaufleute seiner Zeit, im Namen der Nürnberger Kaufmannschaft die Gründung einer Bank vor, da die schlechten Münzen einen stabilen Handel unmöglich machten. Erst als sich der Großkaufmann und Vorderste Losunger → Andreas III. Imhoff im Rat des Planes annahm, kam es schließlich 1621 zur Gründung des Banco Publico, in dem nach dem Vorbild der Banken von Amsterdam, Venedig und Hamburg der Giroverkehr der Kaufleute bargeldlos geregelt wurde. Die Bank, die im neuen Gewölbe unter dem Rathaus untergebracht war, stand unter der Aufsicht des Rates. Alle Kaufleute mußten, entsprechend der Größe ihres Geschäftes, gutes Geld in der Bank hinterlegen und sich verpflichten, alle Zahlungen von 200 fl aufwärts bargeldlos über die Bank abzuwickeln. Durch diesen Zwang und durch die Matrikel des Bancoamtes wurde nun zugleich der Handelsplatz oder die Kaufmannschaft in Nürnberg namentlich erfaßt. Erst 1827 wurde die Bank durch die bayerische Regierung aufgelöst und das Vermögen mit der Handelskasse vereinigt.

Beaufsichtigt wurde der Banco Publico von dem Bancoamt, einem gemischten Gremium aus zwei deputierten Ratsmitgliedern und zwei Stadtjuristen, den Bancokonsulenten, sowie den vier Marktvorstehern als Vertreter des Handelsplatzes. Als der Rat in den Wirren des Dreißigjährigen Krieges glaubte, auch auf die in der Bank deponierten Gelder zurückgreifen zu können, wies dies die Kaufmannschaft mit Empörung zurück. Da die Marktvorsteher als vom Rat eingesetztes und damit von ihm abhängiges Kollegium den Eingriff des Rates nicht hatten verhindern können, bildeten die Kaufleute 1635 einen Ausschuß, aus dem der Rat 12 Adjunkten wählte, die künftig die Bankaufsicht mit wahrnahmen. Zugleich verpflichtete sich der Rat, aus diesen Adjunkten immer die frei gewordenen Plätze der Marktvorsteher zu besetzen, während freie Plätze im Kollegium der Marktadjunkten durch Zuwahl aus der Kaufmannschaft besetzt wurden, die ihr Amt, wie auch die Marktvorsteher, stets als Ehrenamt ausübten.

Unter dem auch literarisch tätigen Kaufmann → Andreas Ingolstätter, seit 1676 Adjunkt und seit 1690 Marktvorsteher, erlebte der Handelsvorstand einen neuen Höhepunkt. In seiner Amtszeit wurde 1706 das Gebäude mit dem Marktgewölbe am Hauptmarkt gekauft, das noch heute dem Handelsvorstand gehört und zugleich der Dienstsitz der Industrie- und Handelskammer ist. Auf Ingolstätters Initiative geht die Umwandlung der Schiedsgerichtsbarkeit im Bancoamt zum „Mercantil- und Bancogericht" 1697 zurück, also zu einer eigenständigen Gerichtsinstanz. Da aber hier nicht nur Streitigkeiten zwischen Kaufleuten behandelt, sondern auch Gutachten für auswärtige Handelsgerichte erstellt wurden, wuchs das internationale Ansehen des Nürnberger Handelsplatzes. Unter Ingolstätters Amtszeit wurde auch das zukunftsweisende Statut erlassen, wonach zum Kaufmannstand nur gezählt werden dürfe, wer den Nachweis entsprechender Ausbildung und Befähigung erbracht und eine Konzession des Handelsvorstandes erlangt hatte.

Bürger im Rat — Kaufmannschaft

Während der Auseinandersetzungen um die Gelder im Banco Publico waren 1635 die Gegensätze zwischen den ratsfähigen Geschlechtern, die sich vom Geschäftsleben weitgehend zurückgezogen hatten, und der Kaufmannschaft offenkundig geworden. Nach der endgültigen exklusiven Abkapselung der Bürger im Rat (Patriziat) 1696/97 und deren Anspruch auf unumschränkte Herrschaft in der Reichsstadt, kam es zu internen Auseinandersetzungen im sog. „Kaufmannsprozeß", in dem die vermögende Kaufmannschaft als die hauptsächlich die Steuern zahlende Schicht die Offenlegung der Finanzverwaltung des patrizischen Rates verlangte. Bereits 1716 beklagten sich 40 Kaufleute über das Darniederliegen des Handelsplatzes und fünf Jahre später wiederholten 21 Kaufleute ihre Vorwürfe, doch ohne Erfolg beim Rat. 1730 verließ dann der Kaufmann Zacharias Puck in einem demonstrativen Akt die Stadt und gab sein Bürgerrecht auf. Daraufhin wandten sich die „Genannten des größeren Rats von der Kaufmannschaft" an den Kaiser mit einer Anklage gegen den patrizischen Rat, dessen verfehlte Politik die Kaufleute in Nürnberg förmlich zur Emigration zwingen würde; außerdem drohten sie mit einem Steuerboykott. Die Vorsteher des Marktes stellten sich hinter die Anklage und baten um Entsendung einer kaiserlichen Untersuchungskommission. Doch Wien zog die Streitsache bis 1754 hin und entschied letztlich zugunsten des Rates, dem allerdings eine Reform der Verwaltung und die Unterstützung der „Commerzien" anempfohlen wurde. Im Verlauf des Streites hatte die Kaufmannschaft verlangt, bei der Durchführung von Reformen und Sparmaßnahmen mitbeteiligt zu werden, was aber der Rat als Verlangen nach einer Mitregentschaft ansah und als eine „den Kaufleuten unzukömmliche Curiosität" ablehnte. Außerdem betrieb der Rat in den folgenden Jahrzehnten eine gezielte Berufungspolitik für den Genanntenstand: er berief hauptsächlich Handwerker und Subalternbeamte, die dem Rat die politischen Entscheidungen überließen. So waren 1787 unter den 279 Genannten nur noch rund 30 Kaufleute.

Der Grundvertrag von 1794

Am 13. Dezember 1785 machten Marktvorsteher und Marktadjunkten eine Eingabe beim Rat, in der sie dagegen protestierten, daß der Rat die Steuern erhöht habe, ohne zuvor die Genannten zu befragen. Bald entwickelte sich daraus ein grundsätzlicher Streit um eine Steuerreform, um die Sanierung des Stadthaushalts, um eine Verwaltungsvereinfachung und vor allem um die Anerkennung des Budgetrechts für das Genanntenkolleg. Als der Rat diese politischen Forderungen ablehnte, wandten sich die Genannten, unter Anführung des Handelsvorstandes, erneut an den Kaiser, der diesmal eine Kommission nach Nürnberg entsandte. Als wichtigstes Ergebnis wurde 1794 der „Grundvertrag" abgeschlossen, in dem u. a. die Rechte des Genanntenkollegs fixiert und die Anteile der Stände festgeschrieben wurden: unter den 250 Genannten sollten 70 aus den alten Ratsfamilien, 70 aus der Kaufmannschaft und 70 aus der Handwerkerschaft stammen, sowie je 20 aus den „Gelehrten" und städtischen Beamten. Die Akten des Genanntenkollegs wurden beim Handelsvorstand hinterlegt. Damit war die seit 1521 (Tanzstatut) herrschende patrizische Oligarchie gebrochen; die Kaufmannschaft hatte entscheidende politische Mitspracherechte erlangt; doch die reichsstädtische Freiheit fand wenige Jahre später ihr Ende.

Beim Übergang der Reichsstadt an das junge Königreich Bayern im Sommer 1806 waren es gerade der Handelsvorstand und die Kaufleute, die sich von der Integration neuen wirtschaftlichen Aufschwung erhofften. Die Marktvorsteher → Kießling, → Reichel, → Merkel und Börner konnten beim König den Fortbestand der bisherigen korporativen Verfassung der Nürnberger Kaufmannschaft sicherstellen. Zudem wurde die Kaufmannschaft nach der Entmachtung der Patrizier zu jenem ersten Stand in der Stadt, der auch in der Selbstverwaltung seit 1818 tonangebend war. Im Handelsvorstand ragte Paul Wolfgang Merkel heraus, der als Experte für Handelsfragen auch in München gesucht war, zuletzt sogar im Landtag. Generell erfüllte der Nürnberger Handelsvorstand die Aufgabe eines offiziellen Beraters der bayerischen Krone in Wirtschaftsfragen. So waren Johannes Merkel, → Georg Zacharias Platner und → Johannes Scharrer entscheidend am Bau der Ludwigseisenbahn beteiligt und auch an der Gründung des Deutschen Zollvereins von 1833. In Nürnberg hatten sie maßgeblichen Anteil an der Errichtung der Gasanstalt und waren darüber hinaus in zahlreichen karitativen und künstlerischen Einrichtungen und Stiftungen tätig.

Seit 1830 wurde die Gründung einer Handelskammer nach französischem Vorbild diskutiert. Schließlich konnte König Ludwig I. von dem Nutzen einer solchen Behörde zur Wirtschaftsförderung überzeugt werden, woraufhin er am 19. September 1842 die Errichtung von Handelskammern genehmigte, allerdings unter der Voraussetzung, daß diese zur Hälfte mit Fabrikanten besetzt sein müßten. Als Aufgaben wurden den neuen Kammern die Beratung der Regierung in Fragen des Handels und der Industrie übertragen. Gebildet wurden sie vorerst aufgrund königlicher Ernennung: alle zwei Jahre sollte ein Drittel der Mitglieder ausgetauscht werden, wofür die Kammer für jeden Ausscheidenden eine Dreierliste zu erstellen hatte, aus der der König dann das neue Mitglied auswählte. Sitzungen waren alle zwei Monate abzuhalten, doch konnte der zuständige Regierungspräsident (Ansbach) auch zu Sondersitzungen aufrufen.

Die Industrie- und Handelskammer

In Nürnberg wandte sich der Handelsvorstand entschieden gegen die Einrichtung einer Kammer, da er deren Aufgaben seit Jahrhunderten erfüllt habe und noch erfülle; außerdem sprach er sich gegen die Beiziehung der Nachbarstädte Fürth, Erlangen und Schwabach aus. Der Nürnberger Magistrat dagegen sprach sich für eine Handelskammer für ganz Mittelfranken aus und schlug als Sitz der zu errichtenden Industrie- und Handelskammer die Nürnberger Herrentrinkstube vor. Die Regierung in Ansbach machte sich die Vorschläge des Nürnberger Magistrats zu eigen; auch die Regierung in München schloß sich diesen an. Am 15. Mai 1843 konstituierte der von der Regierung abgeordnete Frhr. von Rotenhan im Prunksaal des Rathauses die „Industrie- und Handelskammer für Mittelfranken". Von den 18 vom König berufenen Mitgliedern hatten sich allerdings nur neun eingefunden; die beiden Marktvorsteher Fuchs und Merk hatten es sogar abgelehnt, in das neue Gremium einzutreten. Erst in der zweiten Sitzung konnte die neue Körperschaft ihren Vorstand wählen, nämlich Crämer aus Nürnberg und Billing von Fürth.

Damit standen der traditionsreiche und verdienstvolle Handelsvorstand und die neue Industrie- und Handelskammer nebeneinander, ja vorerst sogar feindlich gegeneinander. Erst nach langem Zögern erklärte sich der Handelsvorstand bereit, die Hälfte der Regiekosten des neuen Instituts aus der Handelskasse zu übernehmen. Es dauerte einige Zeit und bedurfte mancher organisatorischen Veränderungen, bis sich in Nürnberg die Kammer durchgesetzt hatte. So wurde durch Gesetz vom 17. Dezember 1853 die Möglichkeit eröffnet, auf lokaler Ebene Wirtschaftsräte zu bilden, die getrennt die Interessen des Handwerkerstandes, der Fabrikindustrie und des Handels vertreten sollten. In Nürnberg betonten Marktvorsteher und Adjunkten noch einmal, daß für Nürnberg kein Fabrik- und Handelsrat notwendig sei; würde er geschaffen, sei der Handelsvorstand überflüssig und könne aufgelöst werden. Gegen seine Auflösung aber spreche die Tatsache, daß seine Mitglieder zugleich Assessoren des Kgl. Handelsgerichts und des Merkantil-Friedens- und Schiedsgerichts seien. Es sei daher sinnvoller, den Handelsvorstand bestehen zu lassen und ihm die

Aufgaben des Fabrik- und Handelsrates zu übertragen, was auch vom Nürnberger Magistrat und von der Handelskammer vertreten wurde. Als auf eine Anfrage des Ministeriums die Nürnberger Fabrikanten sich ausnahmslos bereit erklärten, sich dem Handelsrat anzuschließen, auch wenn seine Funktionen vom Handelsvorstand wahrgenommen werden sollten (womit sie dem Handelsvorstand ihr volles Vertrauen aussprachen), erteilte die Regierung in München am 25. September 1854 die Genehmigung dafür, daß dem Handelsvorstand die Funktion eines Handels- und Fabrikrates übertragen werde. Der Handelsvorstand nahm also die Interessen der Kaufleute und der Industriellen in Nürnberg wahr.

Handelsvorstand und IHK

Die Dezentralisierung von 1853 erwies sich bald als nachteilig. Deshalb wurde durch Gesetz vom 20. Dezember 1868 Abhilfe geschaffen, indem die lokalen Handelsgremien auch in den kleineren Städten zwar weiter existieren durften, doch wurde das Hauptgewicht der Arbeit an die „Handels- und Gewerbekammer" überwiesen, die aus den Vorsitzenden der lokalen Gewerbe-, Fabrik- und Handelsräte gebildet wurde und deren Leitung seit 1854 beim Nürnberger Handelsvorstand lag. In Nürnberg kam man überein, daß der Handelsvorstand mit seinen vier Vorstehern und zwölf Adjunkten als Bezirksgremium für den Stadtbezirk Nürnberg fortbestehen und die Gesamtfunktion der Handelskammer wahrnehmen sollte. Am 20. Oktober 1869 wurde dieser Vorschlag von der Regierung genehmigt. Der Handelsvorstand war fortan Glied der Industrie- und Handelskammer und führte den Titel „Handelskammer für Handel und Fabriken". Allerdings erfolgte nun die Zuwahl neuer Mitglieder durch allgemeine und direkte Wahl, womit die Mitglieder der Handelskammer zu echten Repräsentanten des Nürnberger Handels- und Wirtschaftslebens wurden. Die Wahl erfolgte jedoch noch immer auf Lebenszeit, da die gewählten Vertreter weiterhin im Merkantil-Friedens- und Schiedsgericht amtierten. Durch eine Neuordnung von 1908 wurde die bisherige Konstruktion nur dahingehend geändert, daß nun zwei auswärtige Mitglieder dazugewählt und die Zahl der Adjunkten auf 18 erhöht wurde.

Die enge personelle Verflechtung von Handelsvorstand und Industrie- und Handelskammer besteht auch heute noch, da die in die Vollversammlung der Industrie- und Handelskammer gewählten Unternehmervertreter zugleich auch den Handelsvorstand bilden bzw. die 18 Marktvorsteher zugleich auch Mitglieder der Industrie- und Handelskammer sind. Weiterhin gehört das Haus am Hauptmarkt, in dem die Industrie- und Handelskammer tagt und arbeitet, dem Nürnberger Handelsvorstand, der hier vor 425 Jahren als Selbstverwaltungsorgan der Nürnberger Kaufmannschaft gegründet wurde. Die Reihe der Marktvorsteher ist in diesen 425 Jahren lückenlos und reicht von Wolfgang Kern bis zu Konsul Senator Walter Braun. *Rudolf Endres*

„SPORTHOCHBURG" NÜRNBERG

Die Anfänge des Nürnberger Sports reichen weit in das Mittelalter zurück. In jener Zeit hatte der ritterliche Stand bezüglich der Leibesübungen neue Impulse geschaffen, nachdem im Jahre 521 n. Chr. die Olympischen Spiele verboten worden waren. In der Junker- und Knappenausbildung, im höfischen Tanz und im Turnierwesen wurden Übungen eigener Prägung entwickelt. Reiten, Schwimmen, Schießen, Klettern, Turnieren, Ringen/Fechten und Tanzen galten als die sieben ritterlichen Fertigkeiten. Obwohl bereits im 12. Jahrhundert vom Papst geächtet, blühten die ritterlichen Kampfspiele bis gegen Ende des 15. Jahrhunderts, um dann rasch zu verfallen. Die erste Nachricht von einem ritterlichen Turnier in Nürnberg stammt aus dem Jahre 1197, als Kaiser Heinrich VI. dort seinen Reichstag abhielt. Die sportliche Betätigung des mittelalterlichen Bürgertums ähnelte derjenigen der Ritter. Sie hing teilweise mit der Entfaltung des Städtewesens zusammen. Das Fechten und Schießen rückte in den Vordergrund. Zahlreiche Fechtschulen und Schützenvereine wurden gegründet. Die Schützenfeste mit ihrem Bogen-, Armbrust- und Büchsenschießen erreichten um 1500 ihre Blütezeit. Das läßt sich auch für Nürnberg nachweisen. Die Fechter erhielten 1487 von → Kaiser Friedrich III. einen Privilegienbrief und etwas später schuf → Albrecht Dürer in Zusammenarbeit mit → Willibald Pirckheimer ein Fechtbuch. Die Ende des 15. Jahrhunderts entstandenen Handschriften des Nürnberger Fechtmeisters Hans Lekküchner gehören zu den klassischen Schriften der Fechtliteratur. Als gegen Ausgang des 16. Jahrhunderts bei den Nürnberger Ratsfamilien die italienische Fechtkunst Eingang fand, wurden von der Stadt eigene Fechtmeister eingestellt. Einer der namhaftesten von ihnen, Sebastian Heusler, übersetzte als erster das damals bekannteste italienische Lehrbuch ins Deutsche. Auch den Studenten der reichsstädtischen Universität Altdorf wurde ein Fechtboden eingerichtet und ein eigener Fechtmeister zugeteilt.

Die Armbrustschützen
Für die Armbrustschützen gab es drei Schießstätten, wobei die Eibenschützen bis 1485 auf der Insel Schütt und seit 1501 im Lorenzer Graben untergebracht waren, während die Stahlbogenschützen ihre Übungen im Herrenschießgraben am Laufer-Schlagturm bis hinein ins späte 18. Jahrhundert abhielten. Daran beteiligten sich auch die Ratsherren. Der Rat selbst unterhielt mit all den Schützengilden durch Deputierte enge Verbindungen. (Beispiel: Nürnbergs 1. Bürgermeister (seit 1758), Georg Christoph Gottlieb Imhoff zu Ziegelstein (1701 — 1768), war Kriegsrat im Siebenjährigen Krieg und Deputierter des Rats zum Schießhaus und zum Schießgraben am Laufer-Schlagturm, hat dessen Förderung sehr systematisch betrieben und es selbst zum Meisterschützen gebracht. Sein Bild (von → Georg Christoph Gottlieb I. van Bemmel) hängt bis heute im Schießhaus Erlenstegen. Auf dem Judenbühl (heute Stadtpark am Maxfeld) wurde seit 1562 mit der Armbrust geschossen. Den Büchsenschützen stand das 1462 erbaute Schießhaus bei St. Johannis zur Verfügung. Eigene Schießplätze hatten die Vororte Wöhrd und Gostenhof bereits in der ersten Hälfte des 16. Jahrhunderts. Zu den häufigen Schützenfesten wurden auch Schützen von auswärts eingeladen. Diese Feste fanden meist auf der Hallerwiese statt, die als ältester deutscher Sportplatz gilt, und seit 1826 auf der Petersheide.
Gegen Ende des 16. Jahrhunderts nahmen sowohl im Adel wie auch im Bürgertum die sportlichen Aktivitäten ab, die sich nicht wesentlich von den in England verbreiteten unterschieden. Dort schälte sich jedoch im 17. Jahrhundert allmählich ein anderes Sportverhalten heraus und zwar wesentlich vor dem Beginn der industriellen Revolution. Vieles spricht dafür, daß sich in England die wirtschaftliche und sportliche Entwicklung auf dieselben geistigen Ursprünge zurückführen lassen, nämlich eine bestimmte Art von Rationalismus. Er bewirkte im Sport ein zweckorientiertes Wettkampf- und Leistungsverhalten.

Turnvereine

In Nürnberg nahm, ebenso wie in ganz Deutschland, der Sport einen ganz anderen Verlauf. Während sich in England der moderne Sport, insbesondere Kricket, Rudern, Boxen und später Fußball, zunächst in den höheren Gesellschaftsschichten rasch verbreitete, verhalf in Deutschland Friedrich Ludwig Jahn dem Turnen zum Durchbruch, wobei auf das Adjektiv „deutsch" großer Wert gelegt wurde. Aus politischen Gründen war Turnen in weiten Teilen Deutschlands von 1820 bis etwa 1842 verboten. Danach entwickelte sich eine rege Vereinsbewegung. In Nürnberg wurde der TV 1846 gegründet, später der TV Jahn 1863 und Tuspo Nürnberg. Trotzdem hatte das Turnen, wie überhaupt in Bayern, noch keine allzu große Breitenwirkung. An den Volksschulen wurde erst seit 1861 Unterricht im Turnen gestattet. Vor allem seit den 1880er Jahren entwickelte sich ein lebhafter Turn- und Sportbetrieb. Nicht zufällig war dies die Zeit einer starken und nachhaltigen Industrialisierung. Die Ansicht, daß die Welt des Sports ein Abbild der industriellen Welt sei, gilt als gesichert. Daß Nürnberg schon vor dem Ersten Weltkrieg den Beinamen „Sporthochburg" erhielt, verdankte es hauptsächlich seinen starken Männern, insbesondere den Ringern. Der SC-Nürnberg 04 entwickelte sich zu einer wahren Talenteschmiede. An der Olympiade 1912 in Stockholm nahmen erstmals auch Nürnberger teil: Georg Gerstacker vom SCN 04 holte im Ringen (Federgewicht) eine Silbermedaille. Außerdem wurde er 1924, 1925 und 1927 Deutscher Meister. Als nach dem Ersten Weltkrieg Deutschland bei der Olympiade 1928 erstmals wieder teilnehmen durfte, waren gleich zwei Ringer vom SCN 04 erfolgreich. Kurt Leucht, Deutscher Meister von 1926 und 1931 Vize-Europameister, wurde als erster Nürnberger Olympiasieger im Bantamgewicht, sein Vereinskamerad Eduard Sperling, Deutscher Meister 1927, Silbermedaillengewinner im Leichtgewicht. Bei derselben Olympiade lief Marie Dollinger vom 1. FC Nürnberg über 800 m im Vorlauf Weltrekord, Seppl Blank vom Schwimmerbund Bayern 07 erkämpfte im Wasserball eine Goldmedaille, und sein Vereinskamerad Hans Schulz schwamm über 100 m Rücken nur knapp an einer Medaille vorbei.

Domäne Radsport

Bei der Olympiade 1932 in Los Angeles war die kleine Schar Nürnberger Teilnehmer wieder überaus erfolgreich. Im Ringen (Bantamgewicht) wurde der fünfmalige Deutsche Meister und zweimalige Vize-Europameister Jakob Brendel Olympiasieger, die über 100 m startende Marie Dollinger Vierte und mit der 4 x 100 m - Staffel Sechste. Olga Jordan von SB Bayern 07 erreichte im Kunstspringen vom 3 m - Brett immerhin einen vierten Rang. Die für Deutschland so erfolgreiche Olympiade von 1936 in Berlin sah die Turnerin Friedl Iby vom NTV als Olympiasiegerin in der Gesamtwertung. Erfolgreichste Nürnberger Turnerin überhaupt war aber Irma Walther-Dumbsky mit neun Deutschen Meistertiteln. Jakob Brendel stand 1936 wieder mit auf dem Siegerpodest, diesmal als Bronzemedaillengewinner. Die gleiche Plazierung schaffte der Schwergewichtsringer Kurt Hornfischer, ebenfalls SCN 04, der es auf zwölf Deutsche Meisterschaften brachte und in 22 Länderkämpfen erfolgreich eingesetzt wurde. Eine Silbermedaille holte Dr. Gustav Schürger (SB Bayern 07) im Wasserball. Vierte Plätze erkämpften Marie Dollinger, inzwischen sechsfache Deutsche Meisterin im 100 m - Lauf, Gerda Daumerlang (SB Bayern 07) im Kunstspringen und schließlich Fritz Scheller vom Tourenclub Nürnberg im Radrennfahren. Überhaupt war der Radsport lange eine Domäne der alten Noris. Seine große Verbreitung hat hier wesentlich dazu beigetragen, daß eine blühende Fahrradindustrie (Expreß, Mars, Triumph, Victoria, Hercules) entstand. Der älteste Verein ist der RV 1886 Nürnberg, die bekannten Meister waren neben Scheller und Georg Umbenhauer zuvor Fritz Schwemmer, August Heinz, Georg Reichert und Josef Jacobi.

Fußballfieber

Während in England der zunächst an Schulen und Universitäten betriebene Fußball gegen Ende des 19. Jahrhunderts längst zum Massensport geworden war und auch professionell betrieben wurde, stagnierte diese Sportart in Deutschland. Hier wehrten sich vor allem die Turner. Fußball galt als „nicht gesellschaftsfähig". In Bayern existierte von 1912 bis 1920 ein Ministerialerlaß gegen das Fußballspielen an Schulen unter dem Vorwand gesundheitsschädigender Wirkungen. Der 1900 gegründete 1. Fußballclub Nürnberg lockte jedoch wenige Jahre später schon 5.000 Zuschauer zu seinen Spielen an. Kurz vor dem Ersten Weltkrieg grassierte unter der Jugend bereits das Fußballfieber; es gab nur wenige Straßen, auf denen nicht mit leeren Konservendosen gespielt wurde.

In den 20er Jahren erspielte sich der 1. FC Nürnberg, mittlerweile nur noch als „Club" bezeichnet, fünf Deutsche Fußballmeisterschaften (1920, 21, 24, 25, 27) und stellte für die Olympiamannschaft 1928 in Amsterdam sechs Spieler. Nun war aus der „Sporthochburg" insbesondere auch eine „Fußballhochburg" geworden. Namen wie → Heiner Stuhlfauth, → Hans Kalb, Luitpold Popp, Heiner Träg, Karl Riegel, Hans Sutor, Willy Böß, Wolfgang Strobel, Anton Kugler, Emil Köpplinger, Michael Grünerwald, Seppl Schmitt, Ludwig Wieder, Georg Hochgesang, Hans Schmidt und nicht zuletzt der Schweizer Gustav Bark und die Ungarn Alfred Schaffer und Peter Szabo schrieben Fußballgeschichte. Sie hatten nicht nur in Nürnberg und Deutschland einen guten Klang. In den 30er Jahren war eine neuformierte Mannschaft herangewachsen. Köhl, Billmann, Uebelein I, Oehm, Gußner, Eiberger und Carolin waren die Stützen, die 1935 den ebenfalls ruhmreichen FC Schalke 04 im Pokalendspiel mit 2 : 0 schlugen und 1936 gegen Fortuna Düsseldorf nach einer dramatischen Verlängerung mit 2 : 1 die sechste Deutsche Meisterschaft in die Noris holten. Trotzdem zeichnete sich der Nürnberger Sport weiterhin durch seine Vielseitigkeit aus. Neben den bereits erwähnten Sportarten blühten auch der Hockey-, Tennis-, Ruder-, Schieß-, Fecht- und Boxsport, um nur einige zu nennen. Es gab kaum eine Sportart, für die es nicht wenigstens einen Verein oder eine Unterabteilung gab.

Das 1928 fertiggestellte Nürnberger Stadion, dessen Hauptkampfbahn für 56.000 Zuschauer von vier großen Sportplätzen, zwölf Tennisplätzen, zwei Spielwiesen für Tausende von Kindern, einem Tanzring und einem großen Schwimmbad für 7.000 Besucher eingerahmt war, wurde auf der Amsterdamer Olympiade mit einer Goldmedaille an den damaligen Stadtgartendirektor Hensel ausgezeichnet. Es war gleichzeitig eine Auszeichnung für die gesamte damalige Sporthochburg.   *Rainer Gömmel*

EHRENBÜRGER DER STADT NÜRNBERG

1819　Karl Josef Graf **von Drechsel** (1778—1838)
Staatsrat, Generalkommissär in Ansbach

Gottfried Albrecht **Freudel** (1775—1851)
Dr. jur. h. c., Regierungsdirektor

1823　Karl Ludwig Philipp Freiherr **von Kesling** (1763—1843)
Reichsrat der Krone Bayerns

Karl Theodor Friedrich Graf **zu Pappenheim** (1771—1853)
Erbl. Reichsrat der Krone Bayerns, Generaladjudant des Königs

1825　Daniel Gustav Ritter **von Bezold** (1783—1870)
Kgl. bay. Regierungsrat in Ansbach, Geheimer Rat im Staatsministerium d. Kgl.
Hauses und d. Äußeren

1828　Wilhelm **Cramer** (1762—1848)
Kaufmann, Wohlfahrtsstifter

Arnold Friedrich Freiherr **von Mieg** (1778—1842)
Kgl. bay. Staatsrat, Regierungspräsident in Ansbach, bayerischer Finanzminister
(1832)

1830　Friedrich Wilhelm **van Hoven** (1759—1838)
Dr. med., Prof. in Würzburg (1803), Freund Schillers

1833　Ludwig Kraft Ernst Fürst **von Oettingen-Wallerstein** (1791—1870)
Kgl. bayerischer Staatsminister des Innern (1831)

1837　Peter Freiherr **von Lamotte** (1765—1837)
Generalleutnant

1843　Heinrich Theodor **von Kohlhagen** (1781—1860)
Stadtgerichtsdirektor in Ansbach, Appellationsgerichtsdirektor (1838)

Karl Ludwig **Roth** (1790—1868)
Dr. theol., Rektor der Studienanstalt in Nürnberg (1821—1843), Prälat in
Tübingen

1845　Wilhelm Bernhard **Mönnich** (1799—1868)
Dr. phil., Gymnasiallehrer, pädagogischer Schriftsteller

1848　Johann Gottfried **Eisenmann** (1795—1867)
Dr. med., Politiker in Nürnberg, Abgeordneter zum Frankfurter Parlament
(1848)

1850   Georg Simon **Ohm** (1789—1854)
Dr. phil., Physiker, Entdecker des nach ihm benannten Gesetzes,
Rektor der Staatlichen Polytechnischen Schule in Nürnberg (1839—1869),
Universitätsprofessor in München

1857   Georg Karl **von Seuffert** (1800—1870)
Dr. jur., Präsident d. Kgl. bayerischen Appellationsgerichts in Nürnberg

1861   Johann Lothar Freiherr **von Faber** (1817—1896)
Erbl. Reichsrat der Krone Bayerns, Bleistift-Fabrikant in Stein b. Nürnberg

1869   August Friedrich Ritter **von Kreling** (1819—1876)
Dr. phil. h. c., Maler, Bildhauer, Direktor der Kunstgewerbeschule (1853)

1871   Johann Wilhelm Friedrich Ritter **Walther von Walderstötten** (1805—1889)
General d. Kav. Kdr. d. 3. Division (1869),
Ritter des Militär-Max-Joseph-Ordens

1878   Heinrich Wilhelm **Heerwagen** (1811—1888)
Dr. phil., Professor, Gymnasiallehrer, Mitglied des Obersten Schulrates an der
bayerischen Akademie der Wissenschaften

1888   Karl Ritter **von Crämer,** gen. Crämer von Doos (1818—1902)
Werkmeister und Fabrikleiter, Politiker, Landtagsabgeordneter (1848—1893),
Reichstagsabgeordneter (1871—1874)
Friedrich Wilhelm **Wanderer** (1840—1910)
Maler, Graphiker, Illustrator, Kunstschriftsteller, Kgl. Professor an der Kunst-
gewerbeschule Nürnberg (1868—1906), Schöpfer des Grübelbrunnens

1891   August Ottmar Ritter **von Essenwein** (1831—1892)
Dr. phil. h. c., Professor an der Hochschule Graz, Architekt, Erster Direktor des
Germanischen Nationalmuseums (1866), Geheimrat
Christoph Wilhelm Christian Heinrich Ritter **von Seiler** (1822—1904)
Jurist, rechtskundiger Magistratsrat (1852), Zweiter Bürgermeister (1861—1893)

1894   Julius **Stief** (1827—1896)
Kommerzienrat (1889), Apotheker, Leiter der Kunstanstalt Karl Mayer,
Kaufmann und Spielwarenfabrikant, Verlagsbuchhändler, Mitbegründer des
Volksbildungsvereins

1898   Christian Rudolf Friedrich **Schwemmer** (1828—1899)
Städt. Rechtsrat

1900   Friedrich Krafft Graf **von Crailsheim** (1841—1926)
Dr. h. c., Kgl. Kämmerer, Staatsminister, Staatsrat, Reichsrat d. Krone Bayerns

1901 Ludwig Ritter **von Gerngros** (1839—1916)
Kgl. Geh. Kommerzienrat (1908), Hopfengroßhändler, bedeutender Stifter

1905 Heinrich **Berolzheimer** (1863—1906)
Bleistiftfabrikant in Fürth, Kommerzienrat, Stifter des Luitpoldhauses, Förderer
des Künstlerhauses

Gottlieb Ritter **von Merkel** (1835—1921)
Dr. med., Obermedizinalrat, Krankenhausdirektor, Vors. d. mittelfränk. Ärztekammer (1872—1898)

1910 Ferdinand Ritter **von Jäger** (1839—1916)
Kgl. Geh. Hofrat, Zweiter Bürgermeister der Stadt Nürnberg (1898—1910)

1913 Johann Georg Ritter **von Schuh** (1846—1918)
Dr. jur., Dr. med. h. c., Geheimer Hofrat, Oberbürgermeister der Stadt
Nürnberg (1892—1913), Landtagsabgeordneter (1888—1893)

1928 Ernst **Mummenhoff** (1848—1931)
Dr. phil. h. c., Städt. Archivdirektor, Historiker, Mitbegründer und Vorsitzender
des Vereins für Geschichte der Stadt Nürnberg

1930 Oskar Wilhelm Ritter **von Petri** (1860—1944)
Dr. phil. h. c., Dr. Ing. h. c., Geheimer Kommerzienrat, Generaldirektor der
Elektrizitäts-AG, Ehrensenator der Universität Erlangen und der TH Karlsruhe

1932 Paul von Beneckendorff und **von Hindenburg** (1847—1934)
Generalfeldmarschall, Reichspräsident (1925—1932)

1948 Martin **Treu** (1871—1952)
Gelernter Schneider, Parteisekretär der SPD in Nürnberg, Magistratsrat (1908),
Oberbürgermeister (1945)

1965 August **Meier** (1885—1976)
Mitglied des Nürnberger Stadtrates ab 1919, Vorsitzender der Stadtratsfraktion
der SPD

1976 Dr. Joseph E. **Drexel** (1896—1976)
Verleger und Herausgeber der Nürnberger Nachrichten

1980 Käte **Strobel** (geb. 1907)
Bundesministerin für Gesundheitswesen bzw. für Jugend, Familie und Gesundheit (1969)

Max **Hintermayr** (geb. 1893)
Industrieller und Stifter

Hermann **Kesten** (geb. 1900)
Dr. phil. h. c. der Universität Erlangen (1980), Schriftsteller

INHABER DER NÜRNBERGER BÜRGERMEDAILLE

1960 Constantin **Brunck,** Konzertkritiker, Komponist, Musikpädagoge (1884—1964)
Joseph **Hemmersbach,** Werkzeugmacher, Stadtrat (1879—1961)
Erich **Hesse,** städtischer Sprengmeister (geb. 1910)
Heinrich **Stuhlfauth,** Nationaltorwart des 1. FCN (1896—1966)

1961 Dr. h. c. Hanns **Baum,** Begründer der Nürnberger Nothilfe (1900—1974)
Konrad **Gröschel,** Vorsitzender der Kreishandwerkerschaft (1892—1971)
Dr. Karl **Kaspar,** Chefarzt des Knopfschen Kinderspitals (1881—1970)
Waldemar **Klink,** Chordirektor, Begründer der Singschule (1894—1979)
Georg **Maier,** Berufsschuldirektor (1875—1962)
Georg **Merkel,** Evangelischer Pfarrer, Kirchenrat (1882—1968)

1962 Lina **Ammon,** Wohlfahrtspflegerin, Stadträtin (1889—1969)
Dr. Hans **Gänßbauer,** Stadtmedizinaldirektor (1888—1973)
Dr. Rudolf **Kreutzer,** Direktor der Fa. J. S. Staedtler (1887—1976)
Dr. Fridolin **Solleder,** Staatsarchivdirektor, Honorarprofessor (1886—1972)

1963 Martin **Bächer,** Armenrat (1878—1967)
Otto **Barthel,** Oberschulrat (1895—1975)
Karl **Kellermann,** Gewerkschaftsfunktionär (1883—1967)
Adolf **Konrad,** Oberregierungsrat (1880—1968)
Dr. Antonie **Nopitsch,** Vorsitzende des Deutschen Müttergenesungswerkes
(1901—1975)

1964 Gustav **Joseph,** Geschäftsführer (geb. 1901)
Dr. Hans **Kirste,** Arzt und Schriftsteller (1893—1976)
Friedrich **Maser,** Industrie- und Handelskammer Nürnberg (1889—1976)
Dr. Hans **Raab,** Schulreferent, Berufsmäßiger Stadtrat (1889—1975)
Theo **Ungerer,** Geschäftsinhaber, Ehrenpräsident der Internationalen Zweirad-
Union (1899—1977)

1965 **Consalva** (Anastasia Kirner), Pfarrschwester (geb. 1898)
Hans **Feller,** Baumeister (1895—1974)
Elisabeth **Schmidt,** Krankenschwester (1884—1967)
Hermann **Wilhelm,** Akademie-Professor (1897—1970)

1966 Otto **Döbereiner,** Musikprofessor, Gründer des Nürnberger Madrigalchores
(1890—1969)
Max **Hintermayer,** Industrieller, Erfinder und Stifter (geb. 1893)
Thomas **Kalb,** Kommunalpolitiker in Reichelsdorf, Nürnberger Stadtrat
(1885—1975)
Else **Urlaub,** Oberstudiendirektorin, Stadträtin (1892—1972)

1967 Dr. Hans **Bühler,** Generaldirektor der AEG (geb. 1903)
Karl **Diehl,** Uhren-Großindustrieller und Stifter (geb. 1907)
Christoph **Lenz,** Erzgießermeister (1884—1975)

1968 Adolf **Hamburger,** Schlächtereibesitzer (1900—1974)
Dr. Wilhelm **Schwemmer,** Direktor der Städtischen Kunstsammlungen
(1901—1983)
Andreas **Staudt,** Berufsmäßiger Stadtrat und Schulreferent (1893—1977)
Dr. Georg Gustav **Wieszner,** Oberstudiendirektor der Volkshochschule
(1893—1969)

1970 Dr. Fritz **Erler,** Klinik-Chef (geb. 1899)
Wilhelm **Riepekohl,** Chefredakteur der Fränkischen Tagespost (1893—1975)
Franz **Bauer,** Volksschuldirektor (1901—1969)

1971 Karl **Heil,** Schulrektor (1890—1980)
Sebastian **Jordan,** Angestellter des Deutschen Gewerkschaftsbundes (1894—
1973)
Babette **Müller,** Funktionärin des Arbeiter-Samariter-Bundes (1899—1982)
Baptist **Reich,** Kolonnenführer des Bayerischen Roten Kreuzes (1907—1984)
Dr. Ing. e. h. Heinz **Schmeißner,** Berufsmäßiger Stadtrat, Baureferent (geb.
1905)
Carl **Weiß,** Schulrektor (1892—1974)

1972 Dr. Hellmuth **Kunstmann,** Urologe, Burgenforscher (1908—1979)
Dr. Fritz **Scharlach,** Präsident der Industrie- und Handelskammer Mittelfranken
(geb. 1901)
Jakob **Schmidt,** Steinmetzmeister, Bildhauer (geb. 1910)

1973 Harald **Clauß,** Städtischer Baudirektor (1909—1984)
Franz **Haas,** Bürgermeister (geb. 1904)
Helmuth **Könicke,** Vorsitzender der AFAG-Ausstellungs-Gesellschaft am Messe-
zentrum (geb. 1905)
Elisabeth **Naegelsbach,** Funktionärin der Inneren Mission — MdL und Stadträtin
(1894—1984)

1974 Elisabeth **Bach,** Städtische Angestellte, Stadträtin (1908—1976)
Dr. Friedrich **Bergold,** Rechtsanwalt, Stadtrat (1899—1983)
Friedrich **Drescher,** Direktor der Messehallen-GmbH (1906—1984)
Otto **Kraus,** 1. Bevollmächtigter der IG Metall/Nürnberg (geb. 1908)
Karl **Maly,** Direktor des städtischen Jugendamtes (geb. 1905)
Georg **Mörsberger,** Journalist, Lokalredakteur (1908—1983)
Franz **Schlosser,** Sporterzieher, Gewerkschafter, Stadtrat (1902—1974)

1975 Paul **Baruch,** Ehrenvorsitzender der Israelitischen Kultusgemeinde (geb. 1895)
Gertrud **Buschmann-Gerardi,** Pressephotographin, Leiterin der Bildstelle des
städtischen Hochbauamtes (geb. 1914)
Agnes **Gerlach,** Frauenrechtlerin, Stadträtin (1888—1976)
Karl Borromäus **Glock,** Verleger, Buchhändler (geb. 1905)
Paul **Holzmann,** Dekan der kath. Kirche in Nürnberg, päpstl. Hausprälat (geb.
1907)
Fritz **Kelber,** Nürnberger Dekan der ev.-luth. Kirche, Kirchenrat (geb. 1907)

1976 Andreas **Egerer,** Gastwirt (geb. 1909)
Georg **Gewinner,** Katholischer Stadtpfarrer, Geistlicher Rat (geb. 1902)
Josef **Reindl,** berufsmäßiger Stadtrat, Personalreferent (1896—1976)
Hans **Wagner,** Leiter der städtischen Altersversorgungsanstalten, Stadtrat, (geb. 1905)

1977 Josef Gütling, Elektroprüfer (geb. 1901)
Richard **Hüttner,** Ehrenkommandant der Freiwilligen Feuerwehr Nürnberg (1913—1982)
Prof. Dr. Josef **Ipfelkofer,** Generaldirektor der Stadtwerke (geb. 1907)
Dr. Gustav **Lotz,** Hotelbesitzer, Stadtrat (geb. 1906)
Otto **Schweikart** S. J., Direktor des Caritas-Pirckheimer-Hauses (geb. 1916)
Dr. Rudolf **Strohbach,** Direktor des Evangelischen Siedlungswerkes (geb. 1907)
Anton **Zahn,** Schulrektor (geb. 1895)

1979 Leni **Müller,** Oberin (geb. 1910)
Käte **Reichert,** Stadträtin, Geschäftsführerin der Arbeiterwohlfahrt (1907—1983)
Alwin **Ulbricht,** Volksschullehrer (geb. 1909)

1980 Hans **Bender,** Schulrat (geb. 1912)
Grete **Leicht,** Vorstandsmitglied der Arbeiterwohlfahrt (geb. 1906)
Wilhelm **Malter,** Bankbeamter, Mundartdichter und Schriftsteller (geb. 1900)
Hans **Nützel,** Schreinermeister, Stadtrat (geb. 1904)

1981 Otto **Frey,** Presseberichterstatter (geb. 1900)
Maria **Löser,** Altenbetreuerin (geb. 1921)
Dr. Günter **Steger,** Professor, Oberveterinärdirektor (geb. 1913)
Otto **Müller,** Kreisbeauftragter des Technischen Hilfswerkes Nürnberg (geb. 1909)

1982 Dr. Christoph Freiherr **von Imhoff,** Schriftsteller und Journalist (geb. 1912)
Karl **Schäfer,** Landtagsabgeordneter, Einzelhandelskaufmann, Vizepräsident des Bayerischen Landessportverbandes (geb. 1912)

1983 Ferdinand **Drexler,** Vorsitzender des Bürgervereins Langwasser, MdL i. R. (geb. 1912)
Karl **Mikorey,** Operetten-Sänger und Schauspieler (geb. 1903)

1984 Dr. Horst **Herold,** Nürnberger Polizeipräsident, Präsident des Bundeskriminalamtes in Wiesbaden (geb. 1923)
Julius **Lincke,** Stadtbaudirektor, Berater der Altstadtfreunde (geb. 1909)
Dr. Friedrich **Seegy,** Architekt, Landesvorsitzender des Bundes Deutscher Architekten in Bayern, Vizepräsident des BDA, Vorsitzender des Nürnberger Baukunstausschusses (geb. 1909)

PERSONENREGISTER

A

Abenberg, Graf von 392
Abert, Fr. Ph. von 342
Adler, Friedrich 351
Agricola, Rudolf 72
Albrecht II. 382
Albrecht V. von Bayern 138, 139
Albrecht, Achilles von Brandenburg,
(Kurfürst von Brandenburg),
35, 36, 382
Albrecht, Alcibiades von Branden-
burg, Markgraf 40
Albrecht, Bischof von Bamberg 25
Albrecht von Brandenburg,
Kardinal 130
Albrecht von Preussen, Herzog 134
Aldrovandi, Ulisse 142
Alexander, Zar von Rußland 225
Alt, Georg 61
Alt, Theodor 307
Altdorfer, Albrecht 130
Amado di Amadi 27
Amberger, Georg Paul **260**, 269
— J. S. 251
— Klara, geb. Leykam 260
Amman, Barbara, geb. Wilke 146
— Jost 134, 142, **146**, 154
Ammon, Christoph 274
Ammon, Hans 171
Andechs-Meranien, Herzöge von
392
Anschütz, Hermann 307
Anton Ulrich von Braunschweig,
Herzog 194
Apian, Philipp 146
Arnschwanger, Joh. Christoph **192**
Auer, Paul 211
Aufsess, Hans Frhr. von u. zu **266**
August d. J. von Braunscheig-
Wolfenbüttel 174, 176
August d. Starke, König von Polen
215
Aurnheimer, Georg Leonhard **239**
Authenrieth, Georg Leonhard **303**

B

Bach, Carl Philipp Emanuel 222
Bach, Johann Sebastian 150, 206,
208, 221, 222, 375
Bandel, Ernst von 289
Barbari, Jacopo de 93
Bark, Gustav 403
Barthel, Hilde 348
Baumgarten, Alexander Gottlieb 224
Baumgartner, Anton 40, 43, 103,
— Hieronymus 97, **120**, 122, 125, 150
— Kunigunde 43
Bebel, August 295
Beck-gran, Hermann 317, **350**, 351
Beeg, Joh. Caspar 278
— Mathilde, geb. von Aufsess 278
Begas, Reinhold 351
Behaim, Leonhard 70
— Lorenz 82
— Martin 47, 51, 52, 57, **70**, 76, 88,
151, 296, 383, 386, 388
— Paulus 125
— Sigmund 70
Beham, Bartel 126, **129**
— Sebald 113, 126, **129**
Beheim, Hans d. Ä. 37, **62**, 158, 171,
— Martin 171
Behrens, Wilhelm 317, 350, 351

B (column 2)

Bell, A. Graham 359
Bemmel van, Familie **213**
—Agnes 214
— Chr. K. Gottlieb 224
— Georg 214
— Georg Christoph Gottlieb I.
214, 401
— Georg Christoph Gottlieb II.
214, 261
— Sebastian 214
— Willem 213
Bengel, Johann Albrecht 316
Benz, Karl 359
Berlichingen, Götz von 46, 86
Berolzheimer, Heinrich **303**, 319
Besler, Basilius 106, **157**
Bestelmeyer, German 256, 342,
358, 371
Beurer, J. A. 106
Bezzel, Hermann 356
Bibra, Ernst Frhr. von **273**, 277
Bien, Hans 152
Billing, Albert 399
Billmann, Willy 403
Binder, Jakob Friedrich **255**
Bing, Adolf 308
— Ignaz **308**
Birken, Clara Katharina,
geb. Amrosius 194
— Magdalena Margareta,
geb. Göring 194
— Sigmund von 181, 182, 183, **193**,
195, 197, 199, 200, 204, 347
Blank, Seppel 402
Blaul, Ludwig 250
Blendinger, Joh. Georg 216
Blumröder, Gustav **269**
Bock, Hieronymus 106
Böhmer, Jakob 123
Boehner, Johann Alexander
205, 219, 237
Börner, Georg Wolfgang 399
Bösch, Hans **324**
Böß, Willy 403
Brahe, Tycho 45, 217
Brandenburg, Markgraf
Georg Friedrich von 164
Braun, Hieronymus 152
Braun, Justus Christian 367
Braun, Walter 400
Bräutigam, Otto **347**
Breitengraser, Wilhelm **117**
Breitkopf, J. G. I. 223
Brendel, Jakob 402
Brentano, Carlo 215
Brentano, Clemens von 241
Brentano-Cimaroli 217, 218
Brentano-Mezzagra, Friedrich von
218
Brenz, Johannes 118
Brochier, Franz **325**
Bröger, Friedrich 369
— Karl 346, **369**
Brugmann, Walter 372
Brun, Rudolf s. a. Praun 148
Brunacci, Lucia 297
Brunfels, Otto 106
Brunner, Georg 370
Bühler, Michael 255
Bulmann, Hans 138
Burgkmair, Hans 73
Burgschmiet, Jakob Daniel **263**, 296
Butz, Heinrich von 326
Buysse, Cyriel 346

C

Camerarius, Joachim 88, 90, 92, 106,
122, 142, 143, 146, 158
Camerer, Familie 324
— Marcus 34
— Ulrich **27**, 33, 34
Campe, Friedrich 120, **245**
— Joachim Heinrich 245
Carl, Johann 63, 152, 160, **175**
— Johann Daniel 175
— Magnus 175
— Peter 160, 175
Carolin, Heinz 403
Celtis, Conrad 16, 44, 54, 55, 61, 65,
69, **72**, 78, 84, 94, 168
Christian I. von Sachsen 139
— Christian II. von Sachsen 161
— Johann Georg I. 161
Christian Ernst, von Brandenburg,
Markgraf 206
Claus, B. 215
Cles, Bernhard von, Kardinal 113
Cnopf, I. C. 287
Cnopf, Julius **294**
Cochlaeus, (Dobeneck) Johannes **89**,
106, 108, 125
Cockerell, Charles Robert 244
Coiter, Volcher **142**
Coler, Ott 21
Columbus, Christoph (Kolumbus)
51, 71
Colmar, J. Albert 227
Conradty, Friedrich **328**
— Friedrich Konrad 328
— Johann Friedrich 328
Conscience, Hendrik 346
Copernicus (Kopernicus), Nicolaus
45, 52, 87, 88, 118, 119, 217, 383
Cordus, Valerius 106, 107
Cornelius, Peter 289
Corvinus, Malthias 50
Coster, Charles de 346
Cramer-Klett, Elisabeth, geb. Curtze
284
— Emilie, geb. Klett 284
— Johann 284
— Theodor **283**, 295, 300, 325
Crämer, Karl Benedikt 399
Cranach, Lukas 47, 171
Crescentii de Bologna, Petrus, 22
Crossatière 264
Culmann, Leonhard **127**

D

Daimler, Gottlieb 359
Danhauser, Peter 59, 72
Danner, Wolf 138
Daub, Karl 271
Daumer, G. F. 282
Daumerlang, Gerda 402
Deichsler, Heinrich **48**
Delsenbach, Johann 205, **219**
Denis, Paul Camille von 249
Denner, Familie **177**
— David 178
— Hans Joachim 201
— Heinrich 177
— Jakob 178
— Johann Christoph 177
— Sebastian 201
Deokarus, Heiliger 242
Deschler, J. 106
Deussen, Wilhelm Gerhard 367

ALLGEMEINE BIBLIOGRAPHIE
Abkürzungsverzeichnis für zitierte Literatur

ABD	Allgemeine Deutsche Biographie, Hsg. Historische Kommission der Bayer. Akad. der Wissenschaften, München u. Leipzig, 1875—1912.
AGNM	Anzeiger des Germanischen Nationalmuseums, Nürnberg.
AD	Albrecht Dürer 1471—1971, Ausstellungsgs. Kath. Nürnberg, GNM.
BL	Das Bayerland, Illustr. Wochenschrift f. bayer. Geschichte und Landeskunde, München.
BEB	Biographisches Wörterbuch zur Deutschen Geschichte, München, 1973—1975.
Buhl	Wolfgang Buhl, Fränkische Klassiker, Nürnberg 1971.
BGNM	Bibliothek d. Germ. Nat.-Mus. Nbg. z. dtschen. Kunst- u. Kulturgesch., München.
Bosl	Karl Bosl, Bosl's Bayerische Bibliographie, Regensburg, 1983.
Daniels/Hirsch	A. Hirsch u. C. E. Daniels Biographisches Lexikon der hervorragenden Ärzte aller Zeiten und Völker, Berlin/Wien, 1932.
Doppelmayr	J. G. Doppelmayr, Historische Nachricht von den Nürnbergischen Mathematicis u. Künstlern, Nürnberg, 1730, Hildesheim — New York, 1972.
Fehring/Ress	G. P. Fehring u. A. Ress, Die Stadt Nürnberg, München 1961, Bayer. Kunstdenkmale.
GNM	Das Germ. Nat. Museum 1851—1977, Nürnberg, 1978.
Hist. Stätten	K. Bosl, Handbuch der Historischen Stätten Deutschlands, Stuttgart, 1961/1965.
IKN	H. Glaser, W. Ruppert, N. Neudecker, Industriekultur i. Nbg.; München 1980.
Juden	A. Müller, Geschichte der Juden in Nürnberg, 1146—1945, Nürnberg 1968; Encyclopaedia Judaica, Jerusalem, 1971.
Kusch	Nürnberg, Lebensbild einer Stadt, Nbg. 1951
Lebensb. Franken	G. Pfeiffer, Fränkische Lebensbilder, Würzburg, 1967 ff.
Lochner	G. W. K. Lochner, Lebensläufe berühmter u. verdienter Nürnberger, Nürnberg, 1861.
Maas	Herbert Maas, Nürnberg, Geschichte und Geschichten; Nürnberg, 1979.
Meusel	J. G. Meusel, Das gelehrte Deutschland i. 19. Jhdt., Leipzig, 1809 ff.
MGG	Die Musik in Geschichte und Gegenwart, Kassel u. Basel, 1949 ff.
MOÖL	Mitteilungen des Ob.-Österr. Landesarchiv, Linz — Graz — Köln, 1950 ff.
Murr	Christoph Gottlieb von Murr, Vornehmste Merkwürdigkeiten der Reichsstadt Nürnberg, Nürnberg, 1778/1807.
MVGN	Mitteilungen des Vereins f. Geschichte der Stadt Nürnberg, 1879 ff.
Neudörfer	Johannes Neudörfer, Nachrichten von den vornehmsten Künstlern und Werkleuten, Nürnberg, 1547.
NDB	Neue Deutsche Biographie, Berlin, 1953 ff.
Nbg.-Bibliographie	1975—1980, einschl. d. Verzeichn. der von 1941—1950 erschienenen Schriften zur Geschichte der Stadt Nbg. u. ihres ehem. Gebietes (K. Fischer und Fr. Bock) (Selbstverlag der Stadtbibl. Nbg.).
Nbger. Gestalten	Nürnberger Gestalten aus neun Jahrhunderten (hrsg. vom Stadtrat Nürnberg), Nürnberg, 1950.
Patriziat	Patriziat (Bürger vom Rat), Wilhelm Frhr. v. Imhoff, Genealogisches Handbuch, Nürnberg, 1900; G. Hirschmann, Das Nürnberger Patriziat im Königreich Bayern, 1806—1918, Ver. f. Geschichte der Stadt Nürnberg, 1971.
Pfeiffer	Gerhard Pfeiffer, Nürnberg — Geschichte einer europäischen Stadt, München, 1971.
PK St. A. Nbg.	Personenkartei des Stadtarchivs Nürnberg.
Roth	Joh. Ferd. Roth, Lebensbeschreibungen u. Nachrichten v. merkwürdigen Nürnbergern u. Nürnbergerinnen aus allen Ständen, Nürnberg, 1706.
Roepke	Claus-Jürgen Roepke, Die Protestanten in Bayern, München, 1972.
Reicke	Emil Reicke, Die Geschichte der Reichsstadt Nürnberg, Nürnberg, 1896.
Rößler	H. Rößler, Fränkischer Geist, deutsches Schicksal, 1500—1800, Kulmbach, 1953.
RGG	Die Religion in Geschichte und Gegenwart, Tübingen, 1957 ff.
Simon	M. Simon, Nürnberger Pfarrbuch, 1525—1806, Nürnberg, 1965.
Stadtchronik	Nürnberger Stadtchronik, 1919.
Städte-Chronik	Die Chronik der deutschen Städte zw. 14. u. 16. Jhdt., Göttingen, 1965/66.
W. v. Stromer	Oberdeutsche Hochfinanz 1350—1450, Wiesbaden, 1970.
Schwemmer/Kriegbaum	Nürnberg, Historische Bilderfolge einer deutschen Stadt, Text. Dr. Wilhelm Schwemmer, Nürnberg, 1955.
Schwemmer	Wilhelm Schwemmer, Nürnberger Kunst im 18. Jhdt., Nürnberg, 1974.
Th. B.	U. Thieme, F. Becker, Allgemeines Lexikon der bildenden Künstler v. d. Antike bis zur Gegenwart, Leipzig, 1907—1947/50/54.
Wiest	Eckehard Wiest, Entwicklung des Nürnberger Gewerbes zwischen 1648 u. 1806; Stuttgart 1968.
Will-Nopitsch	G. A. Will, Nürnbergisches Gelehrten-Lexicon, Nürnberg, 1833.

LITERATURNACHWEIS

Gg. P. Amberger, Gg. Schrötter, Gesch. d. Stadt Nbg., Nürnberg 1913; Jubiläums-Chronik Nürnberg 1806 — 1905, StAV Nbg.
Jost Amman, Kurt Pilz, Jost Amman, MVGN 37/1940; The Book of Trades (Ständebuch), Jost Amman and Hans Sachs, New York 1973.
J. Chr. Arnschwanger, E. E. Koch, Geschichte des Kirchenliedes, Bd. 3, 1866, 3. Aufl.
G. Authenrieth, Karl Lösch, Nürnberg, Jhsber. ü. d. Fortschritte d. classischen Altertumswissenschaften, Necrologe 1900.

Hieronymus Baumgartner, Eighdg. Bericht über s. Gefangennahme 1544, Bibl. d. Germ. Nat. Museums; 33. Jahresbericht d. Histor. Vereins v. Mittelfranken, 1865; G. E. Waldau, Lebensgeschichte des ersten Kirchenpflegers zu Nürnberg. Nbg. 1770; Will III. u. VII. Teil; N. Müller, Beiträge zum Briefwechsel des älteren Hieronymus Baumgärtner u. s. Familie, MVGN 10/1893; A. Engelhardt, Die Reformation in Nürnberg, MVGN 1936, 1937, 1939; K. Schornbaum, Zum Briefwechsel Philipp Melanchthons, Ztschr. für bayer. Kirchengesch. 1938.
Hermann Beck — gran, Urkunden, Bilder u. Unterlagen aus Privatbesitz.
Martin Beheim, Maler, Mittlgn. a. d. Germ. Nationalmus. 1899; Theodor Hampe, Nürnberger Ratsverlässe II.
Willem van Bemmel, W. Schwemmer, Willem van Bemmel u. seine Nachkommen; Fränk. Lebensbilder 8/1978.
German Bestelmeyer, Fritz Stahl, German Bestelmeyer, Berlin — Leipzig — Wien 1928; Julius Linke, German Bestelmeyer, Nürnberger Schau, Nürnberg 1942.
Ernst v. Bibra, Franz v. Kobell: Ernst Frhr. v. Bibra; Sitzungsberichte der Bayer. Akad. d. Wissschft., Kl. 9 (1879).
Johann Friedr. Binder, Ernst Mummenhoff, Die Bürgermeister Nürnbergs seit dem Übergang der Stadt an Bayern (1818 — 1927), in Monographien Deutscher Städte, Bd. XXIII Nürnberg, 1927, S. 237 f.
Ignaz Bing, K. Lebermann, Die Konzentration der Bingewerke Nürnberg, Leipzig, Erlangen 1924; A. Müller, Geschichte d. Juden i. Nbg. 1146 — 1945, Nbg. 1968; Nbger. Gestalten aus neun Jahrhunderten, Nbg. 1950.
Gustav Blumröder, Ärzte, Bd. 1, Alfred Angst; Die ersten psychiatrischen Zeitschriften in Deutschland, (Diss.), Würzburg 1975; Eichbaum, Gustav Blumröder, 1802 — 1853, Deutsche Irrenärzte, Bd. 1, Berlin 1921; G. Rubner: Dr. Gustav Blumröder. Ärztliches Intelligenzblatt 1 (1854).
Joh. Alexd. Boehner, Wilhelm Schwemmer, Johann Alexander Boehner, Die Reichsstadt Nürnberg und ihr Umland um 1700, Schriftenreihe der Alt-Nürnberger Landschaft Bd. 29, Nürnberg 1981 (mit Angaben weiterer Literatur).
Franz Brochier, Wilhelm Schwemmer, Das Bürgerhaus in Nürnberg, Tübingen; Peter Behrens und Nürnberg, München 1980; Norbert Götz, Um Neugotik und Nürnberger Stil, Nürnberger Forschungen 23/1981; Die Akademie der Bildenden Künste in Nürnberg, Nbg. 1984.
Karl Bröger, Das vergriffene Gesamtwerk ist nur verstreut über Bibliotheken einsehbar. Karl Bröger; Bekenntnis, Aus meiner Kriegszeit, Gedichte, Nürnberg o. J.; Der Held im Schatten, Roman, Jena 1919; Nürnberg, Der Roman einer Stadt, Berlin 1935, Licht auf Lindenfeld, Roman eines deutschen Handwerkers und Erfinders, Leipzig 1937. Phantasie und Erziehung, Leipzig 1923; Friedrich Bröger, Karl Bröger, Fränkische Klassiker, Nürnberg 1971.

Johann Carl, E. Königer, Das Kleine Nürnberger Zeughaus (Bilderhefte des Germanischen Nationalmuseums 3), Nürnberg 1967; W. Pfeiffer Addenda z. Ausstattung der Dreieinigkeitskirche i. Regensburg, Verhandlungen des Hist. Ver. f. Opf. u. Regensburg, Bd. 107, 1967.
Friedrich Campe, August Jegel, Friedrich Campe, Das Leben eines deutschen Buchhändlers, Nürnberg 1947; Elisabeth Reynst, Friedrich Campe und sein Bilderbogenverlag zu Nbg., Nürnberg 1962.
Conrad Celtis, Dieter Wuttke, Dürer und Celtis. Von der Bedeutung des Jahres 1500 für den deutschen Humanismus; Jahrhundertfeier als symbolische Form, The Journal of Medieval and Renaissance Studies 10 (1980). Celtis, Conradus, Protucius, Lexikon des Mittelalters 2 (1983/4).
Johannes Cochlaeus, Franz Machilek, Johannes Cochlaeus, Fränkische Lebensbilder Bd. 8, 1978; Remigius Bäumer, Johannes Cochlaeus, Münster 1980; Niklas Holzberg, Willib. Pirckheimer, München 1981; W. P. Eckert / Chr. v. Imhoff, Willibald Pirckheimer, Dürers Freund, Köln 1982; Martin Luther und die Reformation in Deutschland, Ausstellg. zum 500. Gbtg. Luthers, Frankfurt/M. 1983; F. Machilek, Kartographie, Welt- und Landesbeschreibung in Nürnberg um 1500, Landesbeschreibungen Mitteleuropas vom 15. bis 17. Jahrhundert, Köln — Wien 1983.
Volcher Coiter, R. Herrlinger, News on Coiter, Journal of the History of Medicine and allied Science 12/1957.
Friedrich Conradty, Roland Kraus: Die Firma C. Conradty in Nürnberg und später in Röthenbach an der Pegnitz bis 1945; Nürnberg 1973 (Ms.); Festschrift zur 40. Hpt.-Vers. d. Vereins Dtsch. Ingenieure i. Nürnberg 1899, Nürnberg 1899; Verwaltungsbericht d. Stadt Nürnberg für das Jahr 1909, Nürnberg 1911; Walter Gerlach: Das Buch der alten Firmen der Stadt Nürnberg im Jahre 1930, Leipzig 1930.
Leonhard Culmann, M. W. Senger, Leonhard Culmann, A literary Biography and an Edition of five Plays, Nieukoop 1982.

Heinr. Deichsler, Helgard Umschneider, Heinrich Deichsler, Die Deutsche Literatur d. Mittelalters, Verfasserlexikon, Bd. 2/1980; Die Chronik d. dtsch. Städte 11/1874.
Joh. Ad. Delsenbach, Wilhelm Schwemmer, Johann Adam Delsenbach und sein Werk, MVGN 52/1963/64.
Sebastian Denner, Doppelmayr; Th.-B. Otto Baumgärtel, Enkele in Neurenberg gemaakte geelkoperen voorwerpen met ongebruikelijke versieringen, in: Antiek 15/1981.
Joh. Aug. Dietelmaier, M. Simon, Nürnbergisches Pfarrerbuch 1524 — 1806.
Die Dietherr, J. G. Biedermann, Geschlechtsregister des hochadelichen Patriciats zu Nürnberg. Bayreuth 1748; Hans Bösch, Vertrag zwischen Bartholomäus Albrecht und Paulus Dietherr zu Nürnberg über die Prägung von Dukaten und anderen Münzen. 1594, Mtlgn. des Germ. Nat. Mus. I/1884/86; Carl Friedrich Gebert, Geschichte der Münzstätte der Reichsstadt Nürnberg. Nürnberg 1890; Hans-Jörg Kellner, Die Münzen der Freien Reichsstadt Nürnberg, Grünwald 1957; Ludwig Veit, das liebe geld, München 1969.
Veit Dietrich, B. Klaus, V. Dietrich, Leben und Werk, Nbg. 1958.
J. M. Dilherr, G. Schröttel, J. M. Dilherr u. d. vorpietistische Kirchenreform i. Nürnberg, 1962.
Hugo Donellus, Ernst Holthöfer, Hugo Donellus, Fränkische Lebensbilder, Bd. 10/1982.
Albrecht Dürer, Peter Strieder/Arno Schönberger, 1471 Albrecht Dürer 1971, Ausstellung d. Germ. Nationalmuseums, Katal. 1971, Nürnberg; Wilhelm Waetzoldt, Dürer u. seine Zeit, Wien 1935/36; Peter Strieder, Dürer, Königstein/Taunus 1981.

Christine Ebner, Fritz Schnelbögl, Kirche und Caritas, Pfeiffer.

August von Essenwein, Theodor Hampe, Essenwein, August Ottmar von, Architekt, Direktor des Germanischen Nationalmuseums zu Nürnberg, Lebensläufe aus Franken, Bd. 3; Georg Frhr. v. Kreß, Erinnerungen an Geheimrat A. v. Essenwein, Festgabe zur Feier des fünfzigjährigen Bestehens des Germanischen Nationalmuseums, Nürnberg 1902; Th. Hampe, Das Germanische Nationalmuseum, Das Museum unter Aug. v. Essenwein, Leipzig 1902; Das Germanische Nationalmuseum Nbg., 1852 — 1977, München/Berlin 1978.

Erhard Etzlaub, Herbert Krüger, Die Romweg-Karte Erhard Etzlaubs in ihren verschiedenen Ausgaben seit 1492. Petermanns Geograph. Mtlgn. 1942, 11/12; Das Heilige Jahr 1500 und Erhard Etzlaubs Romweg-Karte, „Erdkunde", Bonn 1950; Des Nürnberger Meisters Erhard Etzlaub älteste Straßenkarten von Deutschland, 1500/1501. Jahrb. f. fränk. Landesforschg. 18/1958; Fritz Schnelbögl, Zur Geschichte der älteren Nürnberger Kartograpie. MVGN/1959/62. Dokumente zur Nürnberger Kartographie. Nürnberg 1966.

Anselm Feuerbach, Markus Schüßler, Zum Gedächtnis an Anselm Feuerbach. Votivschrift, Nürnberg 1880; Jörn Bahns, Anselm Feuerbachs Nürnberger Historienbilder, 1976; Anselm Feuerbach 1829 — 1880, Hsg. Landesbildstelle Rheinland-Pfalz, Kunst und Künstler in Rheinland-Pfalz 8, 1980.

Ludwig Feuerbach, Ludwig Feuerbach, Werke in 6 Bd. Hsg. Erich Thies, Frankfurt/M. 1975; Das Wesen des Christentums. Reclam o. J., Hamburg; Hans-Martin Sass, Ludwig Feuerbach, Rowohlts Monographien, 1978.

Joh. Conr. Feuerlein, Hildegart Schlee, Erhard Weigel und sein sudetendtsch. Schülerkreis, Heidelberg 1968.

Peter Flötner, Wolfgang Wegner, Peter Flötner. NDB, Bd. 5.

Georg Forstenheuser, L. Sporhan-Krempel, Nürnberg als Nachrichtenzentrum zw. 1400 u. 1700, Nbger. Forschungen X/1968; Georg Forstenheuser aus Nbg. i. Archiv f. Gesch. d. Buchwesens XI/1971, Frankfurt/M. 1971.

Helene von Forster, Bertha Kipfmüller, Helene von Forster, Philanthropin und Vorkämpferin der Frauenrechte, Fränkische Lebensläufe Bd. III, 1927.

Hans Frey, G. W. K. Lochner, Neudörfer, Neudruck Osnabrück 1970; Elfried Bock, Die Zeichnungen in der Universitätsbibliothek Erlangen, Frankfurt a. M. 1929; H. R. Weihrauch, Europäische Bronzestatuetten 15. — 18. Jahrhundert, Braunschweig 1967; Heinrich Kohlhaussen, Nürnberger Goldschmiedekunst des Mittelalters 1240 bis 1540, Berlin 1968; G. Hirschmann, Albrecht Dürers Abstammung und Familienkreis, Nürnberger Forschungen 15/1971; Albrecht Dürer 1471/1971. Katalog der Ausstlg Nürnberg, München 1971.

Rudl Geispart, W. v. Stromer, Die Metropole im Aufstand gegen Karl IV, MVGN 65/1978; G. W. K. Lochner, Gesch. d. Reichsstadt Nbg. z. Z. Karls IV., 1347 — 1378, Berlin 1873; W. Schultheiß, Die Achtbücher. . . Nbg., 1959.

Lorenz Melchior Geist, Julius Cnopf: Geschichte des Ärztlichen Vereins, Festschrift 1852 — 1902, Nürnberg 1902; J. S. v. Dietz/Julius Cnopf: Zur Geschichte des ärztlichen Standes und des ärztlichen Vereinswesens in Nürnberg. Denkschrift, Nürnberg 1877; G. Merkel: Zwei Typen bayerischer Ärzte aus der Mitte des 19. Jh., Münchener mediz. Wochenschr. 50/1903.

L. von Gerngros, Verw. Ber. d. Stadt Nürnberg, Nürnberg 1916; Personenkartei d. Stadtarchivs Nbg.

Christian Geyer, Schriften u. Veröfftlgen. Geyers, Angaben in Friedrich Rießbeck, Christian Geyer als „moderner Prediger" in: 600 Jahre Ostchor St. Sebald — Nürnberg 1379 — 1979, Neustadt/Aisch, 1979; Die Predigt b. Chr. Geyer (Diss), 1978.

F. W. Ghillany, Gerhard Pfeiffer, F. W. Ghillany, MVGN 41/1950.

Friedr. Glauning, Friedrich Glauning, Das Schulwesen der Stadt Nürnberg, Festschrift zur 40. Hauptversammlung d. Vereins Dtsch. Ingenieure i. Nürnberg 1988; Otto Barthel, Die Schulen in Nürnberg 1905 bis 1960, Nbg 1964.

G. u. N. Glockendon, GWK Lochner, Des Johann Neudörfer, Schreib- und Rechenmeister zu Nürnberg, Nachrichten von Künstlern und Werkleuten daselbst a. d. Jahre 1574, Wien 1875; NDB/Bd. 6; Staatsarchiv Nbg., Fürstentum Ansbach, Religionsakten Tom. ad VII.

Adolf Gnauth, Th.-B. Band 14. Lothar von Faber: Die Zukunft Nürnbergs, Nürnberg 1879; Cl. Pese: Das Nürnberger Kunsthandwerk des Jugendstils, Nürnberg 1980; Nürnberger Werkstücke Band 30.

Hermann Gradl, Rudolf Rösermüller: Nürnberger Kunst der Gegenwart, Augsburg 1928; Eberhard Lutze: Der Künstler und sein Werk, Hermann Gradl, Deutsche Landschaft, Stuttgart 1943; Hans Vollmer: Allgemeines Lexikon der bildenden Künstler des 20. Jahrhunderts Band 2, Leipzig 1955; Claus Pese: Das Nürnberger Kunsthandwerk des Jugendstils, Nürnberger Werkstücke zur Stadt- und Landesgeschichte Band 30.

Jörg Graff, Ph. Wackernagel, Das dtsch. Kirchenlied v. d. ältesten Zeit bis zum Anfang des XVII. Jh., 1870; M. Walser, Das Sauspiel, 1977; G. Eder, Die Lieder des Jörg Graff, Erlangen 1975.

Catharina Regina von Greiffenberg, Horst-Joachim Frank, Catharina Regina von Greiffenberg. Leben und Welt der barocken Dichterin, Göttingen 1967; Ruth Liwerski, Das Wörterwerk der C. R. v. Greiffenberg, Bern 1978; Heimo Cerny, C. R. v. Greiffenberg. Herkunft, Leben und Werk, Amstettner Beiträge 1983, Amstetten, NÖ. 1983. MVGN 69/1982.

Joh. Konr. Grübel, Wolfg. Buhl, Fränkische Klassiker, Verl. Nürnberger Presse 1971; Grübel's Sämtliche Werke. Neu herausgegeben und mit einem grammatikalischen Abriß und Glossar versehen von Georg Karl Frommann, Nürnberg 1857; Friedrich Bock: Johann Konrad Grübel, ein Nürnberger Volksdichter, Festschrift, Nürnberg 1936.

Theodor Hampe, F. T. Schulz, Theodor Hampe zu seinem 60. Geburtstage, Festschrift, Anzeiger des Germanischen Nationalmuseums 1924/1925; E. Reicke, Theodor Hampe, MVGN 31/1924; Karl Hampe, Das Schriftwerk Theodor Hampes, Anzeiger des Germanischen Nationalmuseums 1934/1935; Theodor Eduard Hampe, Lebensläufe aus Franken 5/1936; NDB, 7/1966; B. Deneke u. R. Kahsnitz, Das Germanische Nationalmuseum 1852 — 1977, München/Berlin 1978.

Johann Harrich, Ernst Mummenhoff, Rathaus i. Nürnberg, 1891; Mittlgn. a. d. Germanische Nationalmuseum; Th. Hampe, Nürnberger Ratsverlässe, Quellenschr. f. Kunstgesch., N. F. XIII, 1904.

Kaspar Hauser, Johannes Mayer, Peter Tradowsky, Kaspar Hauser, Das Kind von Europa 1984, Urachhaus.

G. W. Friedrich Hegel, Karlheinz Goldmann, Hegel als Referent für das Nürnberger Lehrerseminar und Volksschulwesen 1813 — 1816. Beitr. z. Gesch. u. Kultur d. Stadt Nürnberg Band 13, 1966; Franz Haas, Hegel und Nürnberg. Festschrift Nürnberg 1966; Karl Rosenkranz, G. W. F. Hegels Leben, Berlin 1844, Nachdruck Darmstadt 1969; Hugo Steiger, Hegel als Rektor des Melanchthon-Gymnasiums i. Nbg., Zeitwende, München 12/1931.

Friedrich Heller, „Bavaria", Bayer. Landes- und Volkskunde, München 1867; „TE KA DE, 100 Jahre im Dienst des Telefons", TE KA DE Felten & Guilleaume Nürnberg; Festschrift z. 40. Hptvers. d. Vereins Deutscher Ingenieure, Nürnberg 1899; Elektro-Technische Zeitschrift (ETZ) 1882 — 1902.

Sebald Heyden, G. G. Zeltner, Erläuterung der Nürnberger Schul- und Reformationsgeschichte, aus dem Leben und Schriften des berühmten Seb. Heiden, Nbg. 1732, 4° (NSB Amb 495 4°); A. Kosel, Sebald Heyden (Diss.), Würzburg 1940; K. Leder, Kirche und Jugend in Nürnberg und seinem Landgebiet 1400 — 1800, Neustadt/Aisch 1973.

Joh. Wolfg. Hilpert, Weidenhammer, Förderer der Nürnbger Naturhist. Gesellsch., Nbg. 1941; Scharrer-Schauenburg, Nürnberg 100 Jahre unter d. Krone Bayerns, Nbg. 1806. Verw. Ber. d. Stadt, Nbg. 1876.

Hirschvogel (Hirsvogel), Thieme—Becker, Gottfried Frenzel, Veit Hirsvogel, Eine Nürnberger Glasmalerwerkstatt der Dürerzeit, Zeitschr. f. Kunstgeschichte, Bd. 23, 1960; Entwurf und Ausführung i. d. Nürnberger Glasmalerei der Dürerzeit, Zeitschrift für Kunstwissenschaft 15/1961; Karl Schwarz, Augustin Hirschvogel, (Diss.) München. Heidelberg 1915; Jane Susan Peters, Early Drawings by Augustin Hirschvogel, Master Drawings 17 (1979); Frühe Glasgemälde von Augustin Hirschvogel, AGNM 1980; The Illustrated Bartsch, Hrsg. W. L. Strauss, Bd. 18, bearb. v. J. S. Peters. New York 1982.

Berchtold Holzschuher, Hundert Jahre Nürnberger Versicherungen; Patriziat, Die Holzschuher; Pfeiffer MVGN Bd 68; Peter Koch „Pioniere des Versicherungsgedankens", Nürnberg 1968.

Joh. Bapt. Homann, Ausstellgs. Kat. Stadtbibliothek Nbg. Nr. 36; F. Bock, Nürnberger Gestalten aus 9 Jahrhunderten, Nürnberg 1950; W. Eberle, Der Nürnberger Geograph J. B. Homann, Nürnberg 1923/24; F. Schnelbögl, Dokumente zur Nürnberger Kartographie, 1966.

Kunz Horn, G. Hirschmann, Kunz Horn, Wirtschaftskräfte u. Wirtschaftswege, Festschrift f. Hermann Kellenbenz, 5 Bde, Stuttgart 1975; v. Murr, Beschreibung d. vornehmsten Merkwürdigkeiten, Nbg. 1778; Otto Rainer, Wo das Eisen blüht, Graz — Wien; Eisen und Erz i. d. Grünen Mark, Ausstellungskatalog 1984; Gaflenzer Mirakelbuch; vgl. Hieronymus Holzschuher; Dokumente im NÖ Landesarchiv Linz/Donau; Information Prof. L. Schmidt, Leoben; Leop. Schmidt, Volksglaube u. Volksbrauch 1966; Georg Grüll, Sankt Sebald am Heiligenstein, Linz 1973, vgl. auch St. Sebald.

Andreas (Endres) Imhoff, Pfeiffer; Bosl; NDB; Chr. v. Imhoff, Ztschr. Merian, Juni 1981, Andreas Imhoff, Kaufherr u. kluger Regent; Fam. Archiv i. Germanischen Nationalmuseum; Patriziat; Familienbuch; Dokumente i. Stadtbibl.; Chr. v. Imhoff, Die Imhoff-Hdlsh. u. Kunstliebhaber, MVGN 62/1975.

Willibald Imhoff, A. Gümbel: Die englische Mission des Grafen von Arundel in Nürnberg, Mai und November 1636, Archivalische Zeitschrift NF 11 (1904); Theodor Hampe, Kunstfreunde im alten Nürnberg und ihre Sammlungen nebst Beiträgen zur Nürnberger Handelsgeschichte; MVGN 16 (1904); Helga Jahnel: Die Imhoff (Diss.) Würzburg 1950. Christoph v. Imhoff: Die Imhoff-Handelsherren u. Kunstliebhaber. MVGN 62 (1975); Ders. u. W. P. Eckert: Willibald Pirckheimer, Köln (1971); Walter Koschatzky/Alice Strobl: Die Dürerzeichnungen der Albertina. Salzburg 1971; Kurt Pilz: Willibald Pirckheimers Kunstsammlungen und Bibliothek; Ludwig Veit, Die Imhoff, Handelsherren und Mäzene des ausgehenden Mittelalters und der beginnenden Neuzeit, Düsseldorf-Wien 1982.

Peter Isselburg, J. J. Merlo, Kölnische Künstler i. alter u. neuer Zeit, Düsseldorf 1895; M. Mende, Das Alte Nürnberger Rathaus, Nbg. 1979.

Jamnitzer, Klaus Pechstein, Jamnitzer NDB Bd. 10.

Ch. G. Junge, Klaus Leder, Universität Altdorf, Nürnberg 1965.

Emil Kellermann, Claus Pese, Das Nürnberger Kunsthandwerk des Jugendstils, Nürnberg 1980; Nürnberger Werkstücke Bd. 30; Das Nürnberger Kunsthandwerk des Jugendstils, Katalog Ausstellung Nürnberg 1980.

Künstlerfamilie Kellner, Georg Schrötter: Geschichte der Stadt Nürnberg, Nürnberg 1909; Fritz Traugott Schulz, Festschrift zur Einweihung des Künstlerhauses in Nürnberg 1910, Teil 2; Rudolf Rösermüller, Nürnberger Kunst der Gegenwart, Augsburg 1928; Nürnberger Zeitung 5. 5. 1934; Fränkischer Kurier 12. 9. 1934 u. 22. 1. 1935; Nürnberger Zeitung 22. 1. 1935; Fränkische Tageszeitung 22. 1. 1935; Ernst Ortloph: Neue Kirchenmalerei, Kirche und Kunst, Nbg. 3/1939; Rainer Kahsnitz: Das Licht aus dem Dunkel und der Glanz der neuen Zeit, ein Glasfenster aus der Nürnberger Glasanstalt, Katalog Ausstellung Nürnberg, Die Nützlichen Künste, Berlin 1981.

Philipp Kittler, Chronik d. Stadt Nbg., 1931.

Anton Koberger, Oskar Hase, Die Koberger; Darstellung des buchhändl. Geschäftsbetriebes i. d. Zeit d. Übergangs vom Mittelalter zur Neuzeit, Leipzig 1885; Friedrich Bock, Anton Koberger, Nürnberger Gestalten, Nbg. 1950; Leonhard Sladeczek, Albrecht Dürer und die Illustrationen zur Schedelchronik, Baden-Baden/Strasbourg 1965; P. Zahn, Neue Funde zur Entstehung der Schedelschen Weltchronik 1493, Vortrag, Nürnberg 1973.

Conrad Konhofer, M. Weigel, Dr. Conrad Konhofer, MVGN 29/1928. 500 Jahre Hallenchor St. Lorenz 1977.

Adam Kraft, Wilhelm Schwemmer, Adam Kraft, Nbg. 1958; Heinrich Schlüpfinger, Der Nürnberger Bildhauer Adam Kraft, seine Werke und seine letzten Tage im Spital zu Schwabach, Schwabacher Heimat, „Schwabacher Tagblatt", 1. 2. 1981; vgl. Lit. z. Veit Stoß u. Wolf Traut.

Theodor von Kramer, Paul Johannes Rée, Offizielle Ausstellungs-Zeitung. Organ d. Bayer. Landes-Ausstellg. Nürnberg 1896; Mtlgn. d. Bayer. Landesgewerbeanstalt Nürnberg 7/1927, Nürnberg; Claus Pese, Das Nürnberger Kunsthandwerk des Jugendstils, Nürnberg 1980, Nürnberger Werkstücke Bd. 30; Karen Kuehl, Schloß Stein, (Inventarband i. Vorber.).

August v. Kreling, Ilsetraut Lindemann, August von Kreling, Leben und Werke, Kat. Kulturgeschichtliches Museum Osnabrück, 1976; August von Kreling, Industriekultur in Nürnberg, München 1980; Norbert Götz, Um Neugotik und Nürnberger Stil, Nürnberger Forschungen 23/1981.

Friedrich Kreß von Kressenstein, K. F. v. Frank zu Döfering, Die Kressen, eine Familiengeschichte, Schloß Senfteneck NÖ, 1936; Fr. v. Kreß, Mit den Türken zum Suezkanal, Berlin 1938.

Ulrich Kugel, Staatsarchiv, Regierungsabgabe 1932, Titel XIV; Stadtarchiv, Stadt-Chronik vom 12. 11. 1831; Staatsarchiv, Manuskripte Nr. 252; Georg Schrötter, die Frauenkirche in Nürnberg.

Markus und Math. Landauer, J. Ahlborn, Die Familie Landauer, Nbger. Forschungen Bd. 11/1969; Die Landauerschen Brüderbücher, 1975/1976; Marg. Wagner, Das alte Nürnberg, Hürtgenwald 1980.

Ludwig Christoph Lauer, C. F. Gebert: Geschichte der Nürnberger Rechenpfennigschlager, Nürnberg 1918; Mtlgn. d. Bayer. Numismatischen Gesellschaft Band 35; Th.-B. Band 22; Cl. Pese: Nürnberger Medaillen — Kulturgeschichte mit Stil, Nürnberger Medaillen 1806 bis 1981, Nürnberg 1984.

Christoph Lenz, Franz Grimme, Bronzekunstguß i. Nbg. 1829 — 1979, Festschr. z. 150jährigen Bestehen d. Kunstgießerei Burkschmiet — Lenz, Nürnberg 1979.

Joh. Mich. Leuchs, R. Seyffert, Joh. Mich. Leuchs als Handelswissenschaftler, Einltg. zur Facs. Ausg. s. Werkes „System des Handels" (1804), 1933.

Wenzeslaus Linck, Wilhelm Reindell, Doktor Wenzeslaus Linck aus Colditz, 1483 — 1547, Marburg 1892; H. v. d. Kolk, Wenzeslaus Linck, Erbauungsschriften, Amsterdam 1978; Jürgen Lorz, Bibliographia Linckiana, Bibliographie der gedruckten Schriften Dr. Lincks, Nieuwkoop 1977; Das reformatorische Wirken Lincks in Altenburg und Nürnberg (1523 — 1547), Nürnberg 1978.

Sebastian Lindenast, Heinz Stafski, Das „Männleinlaufen" des Sebastian Lindenast, 95. Jhg. Bericht Germanisches Nationalmuseum 1950.

Joh. Philipp Lobenhofer, P. Schröder, Entwickl. d. Nbger. Großgewerbes 1806 — 1870, Nürnberger Werkstücke 8/1971.

G. W. K. Lochner, E. Georg Mummenhoff, Wolfg. Karl Lochner, MVGN 5/1884.

Ernst Loesch, Hanna Heuberger, Ernst Loesch u. eine Familie unserer Heimat, Der Schlern 1937; Fr. v. Boetticher, Kunstwerke d. 19. Jh. Bd. I/2, Leipzig, Neudruck 1941; R. Heuberger, Ein d. Eisacktal verbundener Nbger. Meister, Der Schlern; Th. B, Bd. 23/1929; H. Vollmer, Allg. Lexikon d. bildenden Künstler, Leipzig 1956, Bd. 3; H. Atzwanger, Ernst Loesch z. Gedenken, Der Schlern, Bozen 1946.

E. J. Lützelberger, Fritz Strachotta, E. C. J. Lützelberger, Pfarrer u. Stadtbibliothekar i. Nbg., Nürnberg 1952.

Hermann Luppe, H. Hanschel, Hermann Luppe, Nürnberger Forschungen Bd. 21, 19.

Marcus von Nürnberg, Elémer Malyusz, Die Zentralisationsbestrebungen König Sigismunds in Ungarn. Studia Historica Academiae Scientiarum Hungaricae, Bd. 50, Budapest 1960; W. v. Stromer, König Siegmunds Gesandte in den Orient. (Festschrift für Hermann Heimpel) Göttingen 1972; Gründung der Baumwollindustrie in Mitteleuropa, Stuttgart 1978; Die ausländischen Kammergrafen d. Stephanskrone unter d. Königen aus den Häusern Anjou, Luxemburg und Habsburg, Exponenten des Großkapitals, Hamburger Beiträge zur Numismatik, Heft 27/1975 (1982).

Georg Meisenbach, Landeskirchliches Archiv; Stadtarchiv Nürnberg; Familienpapiere; Fritz Hansen, Georg Meisenbach, dem Wegbereiter der photomechanischen Reproduktionstechnik zum 100. Gebtg., 1941; Meinh. Meisenbach, Georg Meisenbach 1841 — 1912, Bamberg 1983 (Dokumentation).

Sigmund Meisterlin, Paul Joachimsohn, Die humanistische Geschichtsschreibung in Deutschland 1, Sigmund Meisterlin. 1895; Arno Borst, Die Sebaldslegenden in der mittelalterl. Geschichte Nbgs., Jahrb. f. fränk. Landesforschung, 26/1966.

Die drei Brüder Mendel, J. F. Roth, Geschichte und Beschreibung der Nürnberger Karthause, Nürnberg 1790; Das Hausbuch der Mendel'schen Zwölfbrüderstiftung zu Nürnberg, Dtsch. Handwerkerbilder des 15. u. 16. Jhdts., München 1955; W. v. Stromer, Handel und Geschäfte der Mendel v. Nürnberg, Tradition (Ztschr. f. Firmengeschichte) 11/1966.

Fr. Gotth. Metzger, Otto Barthel, Nbger. Heimatgeschichtliches Lesebuch, Nbg. 1957.

Johannes Müllner, Johannes Müllner, Die Annalen d. Reichsst. Nbg. von 1623. Teil I: Von den Anfängen bis 1350. Mit e. Einleitg. v. Gerhard Hirschmann, Nbg., 1972, Teil II: 1351 bis 1469, Nbg. 1983.

Hieronymus Münzer, Joseph Fischer, Der Nürnberger Arzt Dr. Hieronymus Münzer († 1508), aus Feldkirch, als Mensch und als Gelehrter. Stimmen der Zeit 96 (1918/19); Walter Fränkel, Dr. Hieronymus Münzer, ein Nürnberger Arzt der Frührenaissance 1440 — 1508. Schweizerische medizinische Wochenschrift, N. F. 16 1934; Georg Carl Frommann, Dr. Hieronymus Münzer. Anzeiger für die Kunde der deutschen Vorzeit, N. F. 26, 1879; Ernst Philipp Goldschmidt, Hieronymus Münzer und seine Bibliothek (Studies of the Warburg Institute), London 1938; Anton Ruland, Des Nürnberger Arztes Hieronymus Münzer Reisebemerkungen über die von ihm gesehenen Bibliotheken. Serapeum 21, (1860); Werner Schultheiß, Die Entdeckung Amerikas und Nürnberg. Jahrbuch für fränkische Landeskunde 15/1955; Ernst Zinner, Nürnbergs wissenschaftliche Bedeutung am Ende des Mittelalters, MVGN 50/1960.

Nicolaus Muffel, G. Hirschmann, Nicolaus Muffel, Fränkische Lebensbilder, Band 3.

Chr. G. v. Murr, Polyhistor, Joh. Ferd. Roth, Cat. Librorum, Nürnberg 1811 (lat. Sprache); Chr. Gottl. Jöcher, Allgem. Gelehrten-Lex., Hildesheim 1961; Will.

Konrad Nachtigall, Irene Stahl, Die Meistersinger von Nürnberg. Archivalische Studien, Nürnberg 1982.

M. Wilh. v. Neu, G. Hirschmann, Zwischen Frankreich, Preußen und Bayern. Die Lebensschicksale d. Brüder v. Neu, MVGN 64/1977.

Fritz Neumeyer, H. G. Ascherl, Der Absatz der Leonischen Industrie, Drahtwelt, 54, Jg. (1968); M. Beck, Die Nürnberger echte und Leonische Gold- und Silberdrahtindustrie, München 1917; I. Bog, Der Reichsmerkantilismus, Stuttgart 1959; R. H. Seitz, Anfänge der Leonischen Drahtindustrie in Freystadt, Oberpfälzer Heimat, 20 (1976); A. Tausendpfund, Die Manufaktur im Fürstentum Neuburg, Nürnberger Werkstücke 16, Nürnberg 1975.

Lienhard Nunnenbeck, Th. Hampe, Lienhard Nunnenbeck, MVGN 11/1895; Eva Klesatschke, Lienhard Nunnenbeck, Die Meisterlieder u. d. Spruch, Göppingen 1984.

Oelhafen, Nürnberger Forschungen, Bd. 15, Festschr. z. Dürer; Patrizier; A. Sieghard, Nbger. Nachr. 26.6.1961.

Gg. Oellinger und G. v. Merkel, F. A. Reuß, Die ersten Botanischen Gärten Bayerns, 1862; Karlheinz Bartels, Deutsche Apotheker-Biographie, Veröffentl. d. Intern. Gesell. f. Geschichte d. Pharmazie, Bd. 43/1975, Bd. 46/1978, s. S. 48, 50, 108, 365, 366, 475, 487, 497, 656, 688, Nbger. Apotheker.

Georg Simon Ohm, E. Deuerlein, 100 Jahre staatliches technisches Schulwesen in Nürnberg 1833 - 1933, Festschirft, Nürnberg 1933; F. Nagel, Die Entwicklung der Chemie an den technischen Lehranstalten Nürnberg von 1829 bis heute, Jubiläumsfestschrift, Ohm-Polytechnikum Nürnberg, Staatliche Akademie für angewandte Technik, Nürnberg; 150 Jahre Studium f. d. Praxis i. Nbg., F. H. N. Nachrichten d. Georg-Simon-Ohm-Fachhochschule Nbg., 2/1983.

Andreas Osiander, Gottfried Seebaß, Das reformatorische Werk des Andreas Osiander, Selbstverl. d. Vereins f. bayer. Kirchengeschichte, Nürnberg 1967; Gerh. Müller (Hsg.), Andr. Osiander, Gesamtausg., Gütersloh 1975 — 1983, 5 Bde.

J. Ph. Palm, Willy Andreas, Johann Philipp Palm Zeitschr. f. bayer. Landesgeschichte 21, 1958; Konrad Lengenfelder, Ex Officina Hesseliana, 1963.

Heinrich v. Pechmann, Stadtarchiv; Familienpapiere i. Priv.-Bes.; Gedenkartikel Fränk. Kurier 1935.

Martin Peller, Gerh. Seibold, Die Viatis u. Peller, Köln/Wien 1977.

Georg Pencz, Hans Georg Gmelin, Georg Pencz als Maler, Münchener Jahrbuch der Bildenden Kunst 1966; David Landau, Catalogo completo dell'opera grafica di Georg Pencz. Milano 1978.

Oskar v. Petri, Slg. Genealogische Papiere, Stadtarch. Nbg.

Hans Petzolt, Ernst Böhm, Hans Petzolt, ein deutscher Goldschmied, München 1939.

Melchior Pfinzing, Teuerdank, hsg. Karl Goedeke, Deutsche Dichter des 16. Jh. Bd. 10/1878, Leipzig; Adolf Engelhardt, Die Reformation i. Nbg. I/1936; Karl Schlemmer, Gottesdienst und Frömmigkeit i. d. Reichsstadt Nbg. a. Vorabd. d. Reformation, Würzburg 1980.

Paul Pfinzing, E. Gagel/F. Schnelbögl, P. Pfinzing, Der Kartograph der Reichsstadt Nürnberg, Schriftenr. Altnürnberger Landschaft IV./Hersbruck 1957; Schnelbögl, Nbger. Kartographie, Dokumente, Kat. u. Beiträge zur Geschichte u. Kultur d. Stadt Nürnberg, Bd. 10/1966; MVGN, Etzlaub, 57/1970.

Caritas Pirckheimer, Th. Keller / L. Kurras / F. Machilek, Caritas Pirckheimer 1467 — 1532, Kat. d. gleichnamigen Ausstellg. d. Kath. Stadtkirche Nbg. 1982, Kaiserburg; Gg. Deichstätter SJ, Die Denkwürdigkeiten der Äbtissin Caritas Pirckheimer, EOS Verlag Erzabtei St. Ottilien, 1983; Dr. Karl Schlemmer, Caritas Pirckheimer, Münsterschwarzach 1982; Gg. Deichstetter, Caritas Pirckheimer, Festschrift, Köln 1982; W. P. Eckert / Chr. v. Imhoff, Willibald Pirckheimer, 2. erweiterte Auflage, Köln 1982; Deichstetter, Gebetbuch a. d. St. Klara-Kloster z. Nbg., St. Ottilien 1984. Vgl. Lit. z. Willibald Pirckheimer.

G. Z. Platner, Stadtrat Nbg., Nürnberger Gestalten; K. Lösch, Leichenrede für Georg Zacharias Platner 9. 7. 1862; Horst Weigelt, Bayerische Eisenbahnen, Vom Saumpfad zum Intercity, Stuttgart 1982.

Friedrich Pöhlmann, F. T. Schulz, Festschrift zur Einweihung des Künstlerhauses i. Nbg. 1910; Kunst und Handwerk, Bände 56, 58, 59, 61, 62, 63, 65, 74, 75, München; Velhagen & Klasings Monatshefte, 23. Jahrgang, Leipzig 1908/1909 Band 1; Journal der Goldschmiedekunst, 30. u. 32. Jg., Leipzig 1909, 1911; Weltausstellung Brüssel 1910, Amtlicher Bericht, Berlin 1912; Deutsche Goldschmiede-Zeitung, Band 15, Leipzig 1912, Seite 251, Abb. Seite 153, 173 — 174; Claus Pese, Das Nürnberger Kunsthandwerk des Jugendstils, Nürnberg 1980; Nürnberger Werkstücke z. Stadt- und Landesgesch. Bd. 30.

Joseph Pöhlmann, Kunst und Handwerk Band 61, 62, 63, München; Die Goldschmiedekunst, 34. Jahrgang, Leipzig 1913; Deutsche Goldschmiede-Zeitung, Bd. 21, 22, 23, Leipzig; Rudolf Rösermüller, Nürnberger Kunst der Gegenwart, Augsburg 1928; Eberhard Lutze, Zum 60. Geburtstag von Professor Pöhlmann, Nürnberger Schau, Bd. 1, Nürnberg 1942; Matthias Mende, Dürer-Medaillen, Nürnberg 1983.

Willibald Pirckheimer, W. P. Eckert, Chr. v. Imhoff, Willibald Pirckheimer, Dürers Freund, Köln 1970/1982; A. Reimann, Die Älteren Pirckheimer, Leipzig 1944; Lebensbilder Franken, Bd. 1; Germ. Nat.-Mus., Ausstellg. Will. Pirckheimer zum 450. Todestag, Katalog, Nürnberg 1980; Niklas Holzberg, W. Pirckheimer, griechischer Humanismus in Dtschld., München 1981. Vgl. Lit. z. Caritas Pirckh.

Paulus II. Praun, Gerhard Weber, Das Praun'sche Kunstkabinett, MVGN, 70/1983; Katrin Achilles, Die Kunstsammlung des Nürnberger Kaufmanns Paulus II. Praun (1548 — 1616), Diss. TU Berlin (i. Vorbtg.); Mtlgn. Fam. v. Praun, Gauting b. München; Patriziat.

J. P. Prisam, Chronik d. St. Nürnberg, 1980, PK d. Stadtarch. Nbg.

Paul Johannes Rée, Th. Hampe, Nachruf auf Paul Johannes Rée, Kunstchronik und Kunstmarkt, N. F. Bd. 30, Leipzig 1918/1919; B. Deneke und R. Kahsnitz, Das Germanische Nationalmuseum Nürnberg, München/Berlin 1978; Dokumente i. Priv.-Bes. d. Hsg.; vgl. Lit. z. Conradin Walther.

J. Regiomontanus, Germ. Nat.-Museum, 500 Jahre Regiomontan — 500 Jahre Astronomie, Katalog z. Ausstellg. 1976/ 1977; Kurt Pilz, 600 Jahre Astronomie in Nürnberg, Nürnberg 1977; Ernst Zinner, Leben und Wirken des Joh. Müller von Königsberg, gen. Regiomontanus (München 1938, 2. Aufl. Osnabrück 1968); Die fränkische Sternkunde im 11. bis 16. Jahrhundert.

Christoph Ritter, Klaus Pechstein, Zum Werk des Christoph Ritter, AGNM 1976.

Malerfamilie Ritter, Oskar Franz Schardt, Die Künstlerfamilie Ritter; Fränkischer Kurier, 24. u. 25. 01. 1928.

Konrad u. Georg Rittershausen, Friedrich Merzbach, Konrad Rittershausen, in: Fränkische Lebensbilder, Bd. 7; Carl Rittershausen, Vom fränkischen Gelehrtengeschlecht der Rittershausen, in: Reichsstadt Nürnberg, Fr. Schriftenfolge d. Ges. f. Famforsch. i. Franken, Bd. 6 (1954); Niklas Frhr. Schrenck von Notzing, Die „Genealogiae" des Nicolaus Rittershausen, in: „Totum me Libris Dedo", Festschr. f. Adolf Seebaß, Basel 1979.

Johann Michael Romig, E. Deuerlein, 100 Jahre staatliches technisches Schulwesen in Nürnberg 1833 — 1933, Festschrift, Hsg. Direktorat der Höheren technischen Staatslehranstalt, Nürnberg 1933.

J. G. Romsteck, Doppelmayr; Th.-B.; Otto Baumgärtel, Enkele in Neurenberg gemaakte geelkoperen voorwerpen met ongebruikelijke versieringen, in Antiek 15/1981.

Bildhauerfamilie Rotermund, Carl Mainberger, Die Neue Kanzel in der St. Lorenzkirche, Nürnberg 1839; Johann Paul Priem, Geschichte der Stadt Nürnberg, Nbg. 1875; G. Schrötter, Geschichte der Stadt Nürnberg, Nbg. 1909; PKStA Nbg.

Hans Sachs, Barbara Könnecker, Hans Sachs, Stuttgart 1971 (Sammlung Metzler, Bd. 84); Dieter Wuttke, Fastnachtspiele des 15. und 16. Jahrhunderts. Stuttgart 1978; Horst Brunner, Hans Sachs als Schuster, MVGN 64/1977; Die alten Meister, München 1975; Irene Stahl, Die Meistersinger v. Nürnberg, Nbger. Werkstücke, Bd. 33/1982; Katalog zur Ausstellung, Göttingen 1979, Hans Sachs.

Susanne Maria Sandrart, Lore Sporhan-Krempel, Susanne Maria Sandrart u. ihre Familie, Archiv f. Gesch. d. Buchwesens, Bd. XXI., Frankfurt/M. 1980.

J. Saubert, Richard van Dülmen, Orthodoxie und Kirchenreform, Der Nürnberger Prediger Johannes Saubert (1592 — 1646), Zeitschr. f. bayer. Landesgeschichte 1970, Band 33, Heft 2; Will, 3. Teil.

Saueracker, J. E. H. Saueracker, Nürnberger Kunstdreharbeiten, Nürnberg 1896; Die Sammlung der Nürnberger Kunstdrechslerarbeiten von J. E. H. Saueracker, Nürnberg 1907/1908; K. Hermannsdörfer: Nbger. Kunstdrechsler, Fachblatt f. Holzarbeiter 9/1914, Berlin; Pk. Kitzing: Meisterwerke der höheren Drehkunst, Fachbl. für Holzarbeiter, 18/1923, 19/1924.

Joseph Schaitberger, Joseph Schaitberger, „Neuvermehrter Evangelischer Sendbrief", Nürnberg 1733; Gerhard Florey, „Geschichte der Salzburger Protestanten und ihrer Emigration 1731/32, Wien — Köln — Graz 1977; Reformation, Emigration, Protestanten in Salzburg, Kat. z. Ausstellung i. Schloß Goldegg 1981, Salzburg 1981; Angelika Marsch, „Die Salzburger Emigranten in Bildern", Weißenhorn 1977; Roepke; H. Kellenbenz, Wirtschaftsleben i. Ztalter d. Reformation i. Pfeiffer.

Johannes Scharrer, Karl Maximilian v. Bauernfeind, Johannes Scharrer, ADB 1890; Ernst Mummenhoff, Johannes Scharrer, Lebensläufe aus Franken, 1/1919; W. K. Mück, Deutschlands erste Eisenbahn mit Dampfkraft, Fürth 1968.

Dominikus Schleupner, Konrad Müller, Dominicus Schleupner — ein Schlesier auf der Nürnberger Sebalduskanzel; Jahrbuch für Schlesische Kirche und Kirchengeschichte, N. F. Bd. 32/1953, Johann Adam Goz, Über Valentin Karl Veillodter. Nürnberg 1829; Johann Heinrich Petzet, Hermann Ackermann, Vater und Sohn, Heinrich und Hermann Petzet, zwei fränkische Gestalten des vorigen Jahrhunderts; Die Stimme Frankens; Nr. 6, 1966.

E. G. Chr. Schmidmer, Albert Barthelmeß, Drei Nürnberger Eisenhandlungen im 19. Jahrhundert, MVGN 62.

Franz Schmidt, Maister Franntzn Schmidts Nachrichters inn Nürmberg all sein Richten. Nach der Hdschr. herausg. von Albrecht Keller, 1913, Neudruck mit Einleitung v. W. Leiser, Neustadt/Aisch (1979).

Carl Schmidt-Helmbrechts, Hans Vollmer, Allgemeines Lexikon der Bildenden Künstler des 20. Jahrhunderts Band 6, Leipzig 1962; F. T. Schulz: Festschrift Künstlerhaus 1910; R. Rösermüller, Nürnberger Kunst d. Gegenwart, Augsburg 1928.

Erhard Schön, Heinrich Röttinger, Erhard Schön und Niklas Stör, Straßburg 1925.

Johannes Schöner, Otto Jakob, Johannes Schöner aus Karlstadt (1477 — 1547), Beiträge z. Geschichte der Stadt Karlstadt u. d. Umlandes, Karlstadt 1981.

Sebald Schreyer, Elisabeth Caesar, Sebald Schreyer, ein Lebensbild a. d. vorreformat. Nürnberg, MVGN 56/1969; Dokumente Pfarrei St. Sebald.

J. S. Schuckert, MVGN, 1981; Nbger. Gestalten.

Georg Schwanhardt, Klaus Pechstein, Bildnisse und Lebensdaten d. Glasschneiderfamilie Schwanhardt, AGNM, 1978.

Gustav Schwanhäußer, Chronik der Schwan-Bleistift-Fabrik, Schwanhäuser u. Co, Nürnberg 1962.

Johann v. Schwarz, Claus Pese, Das Nürnberger Kunsthandwerk des Jugendstils, Nürnberg 1980; Nbger. Werkstücke; Michael Weisser, Kacheln & Fliesen im Jugendstil, Münster 1980; Frauenbilder auf Jugendstilkacheln, artis , Konstanz 7/1980.

St. Sebaldus, Lampert von Hersfeld († 1088), MGSS Schulausgabe Pertz: „Clara et celebris valde his temporibus per Gallias est memoria Sti Sebaldi in Nuorinberg ... et magno populorum concursu cottidie frequentantur ..."; Arno Borst, Die Sebalduslegende i. d. mittelalterl. Geschichte Nbgs., Jahrb. f. fränk. Landesforschung, 26/1966; K. Bosl, Kirchl. Frühgeschichte, i. Pfeiffer; Chr. v. Imhoff, Magnet Sebald, i. 600 Jahre Ostchor St. Sebald 1379 — 1979, dazu Beiträge. Eberh. Bibelriether, W. Schwemmer, M. Brix, K. Kohn, W. v. Stromer, E. Eichhorn, H. Fischer, U. Mende, L. v. Wilckens, F. Machilek, Chr. Schaper, L. Veit, H. Maas, Fr. Rießbeck; E. Roth, St. Sebald — Verehrung durch neun Jahrhunderte, Festvortrag, Ausstellungskatalog Landeskirchl. Archiv, Nürnberg 1979.

Johann Sensenschmid, Ferdinand Geldner, Die Buchdruckerkunst im alten Bamberg 1458/59 bis 1519, Bamberg 1964.

Sigena, Nbger. Urkundenbuch, Nürnberg 1959, Quellen u. Forschungen, Bd. 1; E. Keyser — H. Stoob, Bayerisches Städtebuch, Teil 1, Franken (Nürnberg), Stuttgart 1971; H. H. Hofmann, Nürnberg. Gründung und Frühgeschichte, JbFL 10, 1950; Fehring/Ress; K. Bosl, Drei Jahrhunderte Entwicklung zur Reichsstadt (1050 — 1347), Pfeiffer; E. Frhr. v. Guttenberg/A. Wendehorst, das Bistum Bamberg, Berlin 1966.

Virgil Solis, Ilse O'Dell-Franke, Kupferstiche und Radierungen aus der Werkstatt des Virgil Solis, Wiesbaden 1977.

Johannes Sperl, W. Schwemmer, Joh. Sperl u. d. Leibl-Kreis, Katalog z. Ausstellung i. d. Fränkischen Galerie, 1953, Georg Hetzelein, Die Malerfreundschaft Leibl-Sperl, Nürnberg 1982.

Wolf-Jacob Stromer, Wolfg. v. Stromer, Ein Lehrwerk der Urbanistik aus der Spätrenaissance; Die Baumeister-Bücher des Wolf-Jacob Stromer 1561 — 1614, Jahresgabe 1984 d. Willibald-Pirckheimer-Gesellschaft Nürnberg; Familienarchiv d. Frhr. v. Stromer; L. Sporhan-Krempel, W.-J. Stromer, Ratsbaumeister i. Nbg., MVGN 51/1962.

Hans Suess von Kulmbach, Friedrich Winkler, Hans v. Kulmbach, Kulmbach 1959; NDB Bd. 13/1982 v. Peter Strieder.

Friedrich Staedtler, Rudolf Geiger, Die Bleistiftmacher Staedtler, ihre Bedeutg. f. d. Geschichte d. Bleistifts, Nürnberg 1952.

Veit Stoß, Eberhard Lutze, Veit Stoß (Deutsche Lande, deutsche Kunst), 4. Aufl., München u. Berlin 1968; Veit Stoß in Nürnberg, ein Handbuch zum Werk des Nürnberger Bildhauers, zur 450. Wiederkehr seines Todesjahres, Hsg. v. Germ. Nat.-Mus. Nürnberg, Ausstellungskatalog, München 1983.

Georg Strauch, Hannshubert Mahn, Lorenz und Georg Strauch, Beiträge z. Kunstgesch. Nbgs. im 16. und 17. Jh., Reutlingen 1927; Günther Schiedlausky, Beiträge zum Werk des Georg Strauch, Festschrift f. P. Metz, Berlin 1964; Gabriel Weyer, Maler um 1600, nähere Angaben in M. Mende, Das Alte Nürnberger Rathaus (Bd. 1).

Georg Theodor Strobel, Ludwig Ziegelmeier: die Melanchton-Sammlung des Wöhrder Pfarrers G. Th. Strobel; Mittlg. a. d. Stadtbibliothek Nürnberg, Jg. 1/1952.

Peter Stromeir, Lore Sporhan-Krempel und Wolfgang v. Stromer, Die Nadelholzsaat in den Nürnberger Reichswäldern. Altnürnberger Landschaft, Mitteilungen 18/1969; Die Erfindung der Nadelwald-Saat durch Peter Stromeir, 13/1968; Der Reichswald als Geburtsstätte der Forstkultur, in: Georg Sperber, Der Reichswald bei Nürnberg, München 1968.

Ulman Stromeir, Ulman Stromeir, Püchel von meim geslecht vnd von abentewr; Die Chroniken der Deutschen Städte, Bd. I, Leipzig 1862; W. E. Vock, Ulman Stromeir (1329 — 1407) und sein Buch, MVGN 29/1928; Ernst Frhr. Stromeir v. Reichenbach, Unsere Ahnen in der Reichsstadt Nürnberg 1250 — 1806, Grünsberg bei Nürnberg 1951; Lore Sporhan-Krempel und W. v. Stromer, Das Handelshaus der Stromer von Nürnberg und die Geschichte der ersten deutschen Papiermühle, Vierteljahrschrift für Sozial- und Wirtschaftsgeschichte, 47/1960; Die früheste Geschichte eines gewerblichen Unternehmens in Deutschland, Ulman Stromeirs Papiermühle in Nürnberg, Archiv für Geschichte des Buchwesens ,4/1963.

Heiner Stuhlfauth, Theo Riegler, Als Stuhlfauth noch im Tor stand, ein Buch vom deutschen Fußball, München 1953; Georg Wich und Hildebrand Kelber: Der Meisterclub. Geschichte des 1. FC Nürnberg, München 1968.

Wolf Traut, Ch. Rauch, Die Trauts. Straßburg 1907; F. T. Schulz, Wolf Traut, Allg. Lex. d. bildend. Künstler, Leipzig 1939; G. Bauer, Der Hochaltar der Schwabacher Stadtkirche, Schwabach 1983.

Christoph Jacob Trew, Daniels/Hirsch; Julius Pirson, Der Nürnberger Arzt und Naturforscher Chr. J. Trew (1695 — 1769). MVGN 4 (1953); Eleonore Schmidt-Herrling, Die Briefsammlung des Nürnberger Arztes Christoph Jakob Trew (1695 — 1769), Katalog der Handschr. d. Universitätsbibliothek Erlangen-Nbg., Erlangen 1940; Chr. J. Trew, 1695 — 1769, Mediz. Monatsschrift, 7/1953; Dieter Jung, Fränkische Lebensbilder. Bd. 8; R. N. Wegner, Chr. J. Trew, Mtlg. zur Geschichte der Medizin, der Naturwissenschaften und der Technik 39/1940; ADB, Bd. 38; J. C. Ziehl, Erinnerungen an Chr. J. Trew u. s. Zeit, Nürnberg 1857.

Johann Trost, Doppelmayr 1730.

Gottlieb Trost, Gg. E. Waldau (Hsg.), Vermischte Beiträge zur Geschichte der Stadt Nürnberg, Eigenverlag 1788; Ernst Mummenhoff, MVGN 16; Stadtgeschichtliche Sammlung Nürnberg, StA.

Anton II. Tucher, Ludwig Grote, Die Tucher, Bildnis einer Patrizierfamilie, München 1961; Tucherbuch, Prachthandschrift 1592, GNM.

Bartholomäus Viatis, Gerhard Seibold, Die Viatis und Peller, Beiträge z. Gesch. ihrer Handelsgsch., Köln/Wien 1977.

Peter Vischer d. Ä., Dieter Wuttke, Die Histori Herculi des Nürnberger Humanisten und Freundes der Gebrüder Vischer, Köln-Graz 1964; Heinz Stafski, Der jüngere Peter Vischer, Nürnberg 1962; Klaus Pechstein, Beiträge zur Geschichte der Vischerhütte in Nürnberg,)Diss.), Berlin 1962.

Lu (Julie) Volbehr, Lu Volbehr, Die neue Zeit, Dresden 1909; Das Buch von Nürnberg, Bilder aus dem Frühling der Renaissance, München 1925; Der Englische Gruß, Nürnberg 1926.

Joh. Chr. Volckamer, J. Chr. Volckamer, Nürnberger Hesperiden, Nürnberg 1708/1714; AGNM.

Paulus Volckamer, Kat. Veit Stoß in Nürnberg. München 1983.

Alexander Wacker, W. Freisleben, Im Wandel gewachsen, Wiesbaden 1964; G. Eibert, Unternehmenspolitik Nbger. Maschinenbauer, Stuttgart 1979.

Ulrich Wagner, Friedrich Unger, Die Methodik d. praktischen Arithmetik in hist. Entwicklung, Leipzig 1888; Adolf Jäger, Der Nürnberger Rechenmeister Ulrich Wagner, Verfasser des ersten gedruckten deutschen Rechenbuches, Mitlg. z. Geschichte d. Medizin u. Nat.-Wiss., Nr. 120 XXVI. Bd., Nr. 1, Leipzig 1927; Heinrich Brunner, Das erste deutsche Rechenbuch, MVGN 1937; K. Vogel, Das älteste gedruckte deutsche Rechenbuch, Festschrift, München, 1949.

Heinrich Wallraff, Ernst Mummenhoff, Das Rathaus in Nürnberg, Nürnberg 1891.

Bernhard Walther, Bedeutende Nürnberger Bürger von 1758.

Conradin Walther, Georg Schrötter, Geschichte d. Stadt Nürnberg, Nbg. 1909; Fritz Traugott Schulz, Festschrift z. Einweihung des Künstlerhauses in Nürnberg, Nbg. 1910; Nachlaß Johann Will, i. Besitz v. Prof. Chr. Will; Otto Seegy, Tagebuch, Nachlaß; H.-G. Evers, Vom Historismus zum Funktionalismus, Baden-Baden 1967; Familiengeschichtl. Dokumente u. Festansprache v. Paul Rée z. 13. Juli 1899, Privatbesitz d. Hsg.

Friedrich Wanderer, Mathias Mende, Dürer-Mentalität und Malerei, Nürnberg um 1900, Kat. Peter Behrens und Nürnberg, Germ. Nat.-Mus., Nürnberg 1980; Norbert Götz, Um Neugotik und Nürnberger Stil, Nürnberger Forschungen 23/1981.

Erhard Weigel, H. Schlee, Erhard Weigel und sein sudetendeutscher Schülerkreis, Heidelberg 1965.

Familie Weinmann, Th.-B.; Peter Zahn, Beiträge zur Epigraphik d. 16. Jh., Kallmünz 1966.

Johann Weinreich, Lore Sporhan-Krempel, Nürnberg als Nachrichtenzentrum zw. 1400 u. 1700, Nbg. 1968, Nürnberger Forschungeen Bd. 10.

Jakob Welser, Friedrich Blendinger, Die wirtschaftlichen Führungsschichten in Augsburg 1430 — 1740, Führungskräfte der Wirtschaft in Mittelalter und Neuzeit 1350 — 1850, T. 1, Limburg/L. 1973; Hermann Kellenbenz, Handelsbräuche des 16. Jahrhunderts, Wiesbaden 1972; J. M. Frhr. v. Welser, Die Welser, Nürnberg 1917.

Sebald Welser, Ursula Koenigs — Erffa, Das Tagebuch des Sebald Welser a. d. Jahre 1577, in Blätter aus dem Tagebuch des M. v. Waechter, Augsburg 1870.

Joh. L. Werder, L. C. Matschose, Geschichte der Maschinenfabrik Nürnberg, Berlin 1913; Bosl.

Theodor Wieseler, Wilhelm Vershofen, Die Marktverbände, Nürnberg 1928.

Georg Christoph Wilder, Johannes Marlo, Kölnische Künstler i. alter u. neuer Zeit, Düsseldorf 1895; M. Mende, Das Alte Nbger Rathaus, Nbg 1979; Georg Arnold, Das Werk v. Gg. Chr. Wilder jun., Nbg. 1871.

G. A. Will, Friedrich Bock, Georg Andreas Will, Lebensbild a. d. Spätzeit d. Universität Altdorf. MVGN 1950; J. K. S. Kiefhaber, Leben und Verdienste G. A. Will's, Nürnberg 1799.

Philipp Ludwig Wittwer, Dorothee Flessa, Die Professoren der Medizin zu Altdorf von 1580 — 1809. (Diss.) Erlangen-Nürnberg 1969; ADB, Bd. 43; Daniels/Hirsch;Will, Bd. 8, 1806.

Lazarus Carl v. Wölckern, Ernst Paul, Lazarus Carl v. Wölckern und seine Commentatio succincta in Codicem Juris Statutarii Norici, (Diss.) Erlangen 1952.

Christian Wurm, G. Hirschmann, Die „Ära Wurm" in Nürnberg 1806 — 1818, MVGN. 48/1958; Pfeiffer.

Johannes Zeltner, Max Beckh, Johannes Zeltner, Lebensläufe aus Franken, Bd. 6, Würzburg 1960; Hermann Beckh: Johannes Zeltner (1805 — 1882) ein Nürnberger Unternehmer, MVGN 1971; Eberh. Schmauderer, Die Entwicklung der Ultramarin-Fabrikation im 19. Jahrhundert, Tradition 14/1969; P. Schröder: Die Entwicklung des Nürnberger Großgewerbes, Nürnberg 1971.

Bürger vom Rat (Patriziat), Original-Dokumente d. Fam. Frhrn. Haller v. Hallerstein; Dokumente i. d. Fam. Archiven d. Frhrn. v. Scheurl, Frhr. v. Imhof(f), Frhrn. v. Stromer, Frhrn. v. Löffelholz, v. Grundherr, v. Praun, Pfinzing, Muffel, Baumgartner, Frhr. v. Geuder, Frhrn. v. Behaim, Frhrn. v. Ebner, Frhrn. v. Harsdorf, Frhrn. v. Holzschuher, Frhrn. Kress u. Kressenstein, v. Oelhafen, Peller, Frhrn. v. Tucher — teils in Privatbesitz, teils als Leihgaben i. Germ. Nat.-Mus. oder i. Stadtarchiv Nbg.; Patriziat; Pfeiffer; H. v. Haller, Größe u. Quellen d. Vermögens v. 100 Nbger. Bürgern um 1500, Beitr. z. Wirtschaftsgesch. Ngbs. 1/1967.

Nürnberg und seine Markgrafen, Günther Schuhmann, Die Markgrafen von Brandenburg-Ansbach. Eine Bilddokumentation zur Geschichte der Hohenzollern in Franken, Historischer Verein für Mittelfranken, Ansbach 1980. Chr. v. Imhoff, Nürnberg, Franken u. d. Preußen, Vortrag, Studienzentrum Hl. Geist, 1981.

Handelsvorstand, Archiv des Handelsvorstandes im Stadtarchiv Nürnberg, Staatsarchiv Nürnberg, Protokolle der IHK. Porträts der Marktvorsteher in den Marktbüchern im Stadtarchiv; Kalender für den Handelsstand und den Banco Publico i. Stadtarchiv, i. Germ. Nat. Mus. u. i. d. Stadtbibliothek Nürnberg. P. Dirr, Der Handelsvorstand Nürnberg 1560 — 1910, 1910; G. Pfeiffer, 400 Jahre Handelsvorstand Nürnberg 1560 — 1960, Nürnberg 1960; R. Fuchs, Der Banco Publico zu Nürnberg, Nbger. Abhandlungen 6/1954; 125 Jahre Industrie- und Handelskammer Nürnberg 1843 — 1968, Nürnberg, 1968; W. Schultheiß, Die Entstehung des Handelsvorstands Nürnberg 1560, Die Stimme Frankens 1960; H. Rehm, Die Nürnberger Handelsgerichtsbarkeit (Nürnberger Werkstücke 14), 1974; B. Zinner, Die Handelskammer von Mittelfranken (Nürnberger Werkstücke 19), 1976.

Die Kaiser in der Noris/Sigena, Karl Bosl, die Reichsministerialität d. Salier und Staufer, Stuttgart 1968/69; Die Reichsministerialität als Träger staufischer Staatspolitik in Ostfranken und auf dem bayerischen Nordgau, JB. Hist. Ver. Mittelfranken 1941; Matthias Mende, Das alte Nürnberger Rathaus, Nürnberg 1979; H. H. Hofmann, Hist. Atlas von Bayern; Harms, Neuer deutscher Geschichts- und Kulturatlas, Ausg. B, Leipzig 1934; H. Fiedler, Dome u. Politik, 1937.

BILDNACHWEIS

Bildarchiv, Graphische Sammlungen, Bibliothek und Bildstelle des Germanischen Nationalmuseums Nürnberg; Stadtarchiv der Stadt Nürnberg; Städtische Bildstelle; Bauamt der Stadt Nürnberg; Städtische Museen; Privatarchive der Familien v. Haller, v. Imhoff, v. Stromer; Landeskirchliches Archiv; Nürnberger Versicherungen; Fa. Schwanhäusser; Johannes Zeltner; P. Dr. Deichstetter/Caritas Pirckheimer Haus; Architekt Georg Stolz/St. Lorenz; Georg-Simon-Ohm Fachhochschule/Nürnberg; Archiv und Privatbesitz der Autoren i. d. Universität Erlangen-Nürnberg; Industrie- und Handelskammer Mittelfranken; Pfarrer Martin Lagois; Private Sammlungen einzelner Autoren u. d. Herausgebers; Staatsarchiv Nürnberg; Lyra Bleistiftfabrik.

Inhaltsübersicht

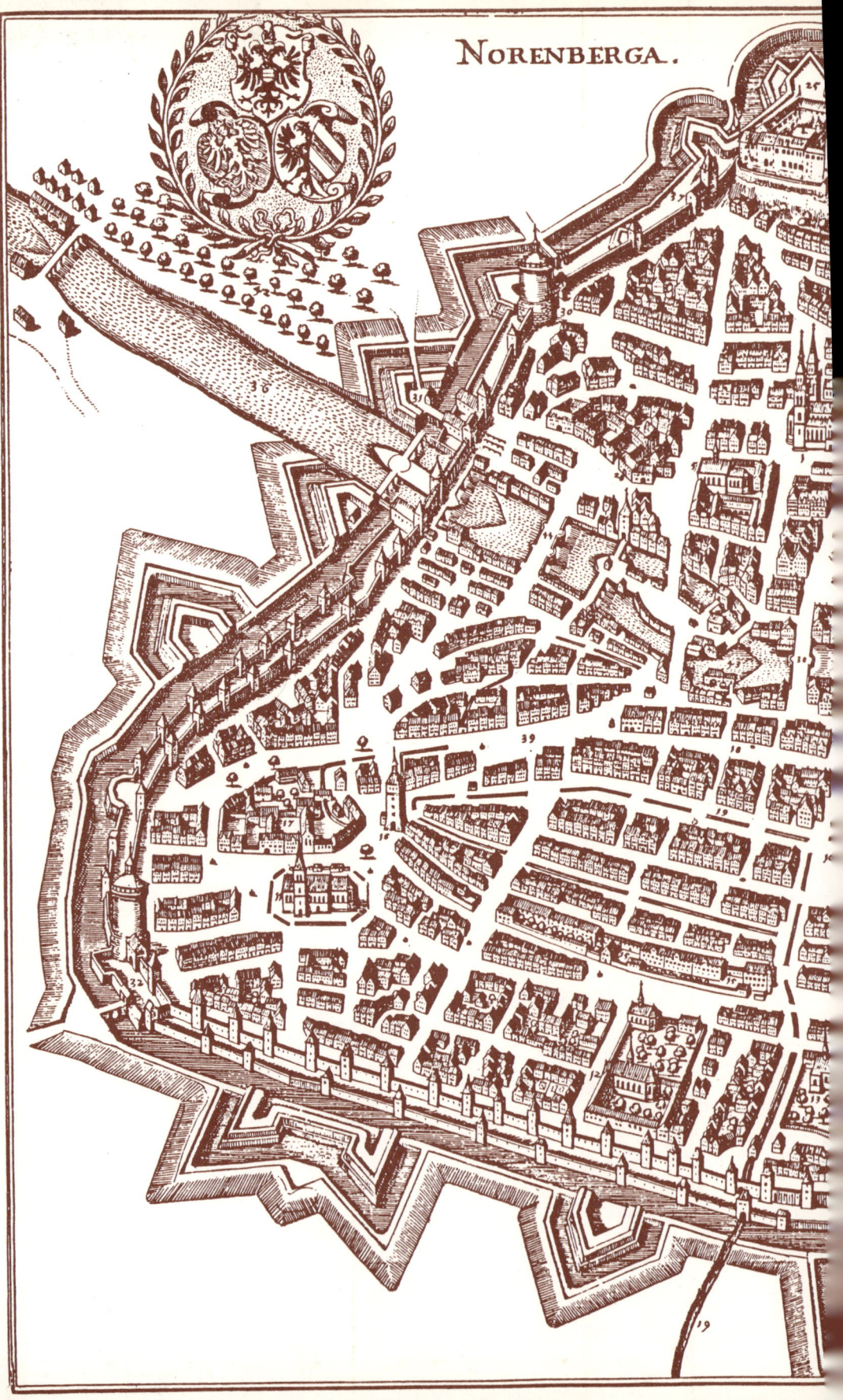

NORENBERGA.